Springer-Lehrbuch

Weitere Bände in dieser Reihe
http://www.springer.com/series/1183

Dennis Bock

Strafrecht Allgemeiner Teil

2. Auflage

Dennis Bock
Institut für Kriminalwissenschaften
Christian-Albrechts-Universität zu Kiel
Kiel, Deutschland

ISSN 0937-7433 ISSN 2512-5214 (electronic)
Springer-Lehrbuch
ISBN 978-3-662-63565-0 ISBN 978-3-662-63566-7 (eBook)
https://doi.org/10.1007/978-3-662-63566-7

Die Deutsche Nationalbibliothek verzeichnet diese Publikation in der Deutschen Nationalbibliografie; detaillierte bibliografische Daten sind im Internet über http://dnb.d-nb.de abrufbar.

Springer
© Springer-Verlag GmbH Deutschland, ein Teil von Springer Nature 2018, 2021
Das Werk einschließlich aller seiner Teile ist urheberrechtlich geschützt. Jede Verwertung, die nicht ausdrücklich vom Urheberrechtsgesetz zugelassen ist, bedarf der vorherigen Zustimmung des Verlags. Das gilt insbesondere für Vervielfältigungen, Bearbeitungen, Übersetzungen, Mikroverfilmungen und die Einspeicherung und Verarbeitung in elektronischen Systemen.
Die Wiedergabe von allgemein beschreibenden Bezeichnungen, Marken, Unternehmensnamen etc. in diesem Werk bedeutet nicht, dass diese frei durch jedermann benutzt werden dürfen. Die Berechtigung zur Benutzung unterliegt, auch ohne gesonderten Hinweis hierzu, den Regeln des Markenrechts. Die Rechte des jeweiligen Zeicheninhabers sind zu beachten.
Der Verlag, die Autoren und die Herausgeber gehen davon aus, dass die Angaben und Informationen in diesem Werk zum Zeitpunkt der Veröffentlichung vollständig und korrekt sind. Weder der Verlag noch die Autoren oder die Herausgeber übernehmen, ausdrücklich oder implizit, Gewähr für den Inhalt des Werkes, etwaige Fehler oder Äußerungen. Der Verlag bleibt im Hinblick auf geografische Zuordnungen und Gebietsbezeichnungen in veröffentlichten Karten und Institutionsadressen neutral.

Springer ist ein Imprint der eingetragenen Gesellschaft Springer-Verlag GmbH, DE und ist ein Teil von Springer Nature.
Die Anschrift der Gesellschaft ist: Heidelberger Platz 3, 14197 Berlin, Germany

Vorwort zur 2. Auflage

Die nun vorliegende 2. Aufl. der Darstellung zum „Strafrecht Allgemeiner Teil" baut auf den im Vorwort zur Erstauflage geschilderten Überlegungen auf, auf die verwiesen sei.

Die Neuauflage dient zum einen – selbstverständlich – der Aktualisierung in Haupttext und wissenschaftlichem Apparat inkl. neuester Rspr. sowie verschiedentlichen Korrekturen von Errata aller Art (mein Dank gilt allen, die mit ihrem Feedback dazu beigetragen haben). Zum anderen aber hat sich der Fokus des Werks ein wenig dahingehend verschoben, Vorgehensweisen und Standpunkte der „h.M." in inhaltlicher und methodischer Hinsicht verstärkt zu hinterfragen und eine vertiefte – auch möglichst noch stärker am genauen Normtext orientierte – argumentative Auseinandersetzung auch dort nicht zu scheuen, wo man Studierenden davon abraten muss, von einer „ganz h.M." in Inhalt oder Aufbau abzuweichen. Erstrebt war dabei eine Verbesserung der systematischen Konsistenz unterschiedlicher Deliktsformen und insofern auch ein didaktischer Mehrwert ein Stück weit weg vom ergebenen Auswendiglernen von Schemata, Kurzdefinitionen und Detailfragmenten hin zu einer Einordnung von Wissen in ein streng nach dem Gesetz gebildetes widerspruchsarmes System. An mancher Stelle folgen die Ausführungen eher einem „Enrichment"-Ansatz, der über das für Prüfungen nötige Kernwissen hinausweist. Bei alledem bleibt es aber wie bei der Erstauflage das Ziel, den Studierenden eine materiell-rechtliche Einarbeitung in den examensrelevanten Prüfungsstoff zu ermöglichen, zumal das Erlernen der dort im Mittelpunkt stehenden Rspr. und h.L. gerade durch eine kritische Diskussion der entsprechenden Positionen und das damit beförderte Verständnis zur Herkunft von „Streitständen" und ihrer Bewältigung nach Maßgabe der Auslegungsmethoden schon mnemotechnisch erfahrungsgemäß erleichtert und für gesteigerte Nachhaltigkeit des Erlernten sorgt (selbst wenn man „klausurtaktisch" sich nicht getraut, vom mehrheitlichen Vorgehen abzuweichen).

Ich danke meinem aktuellen Lehrstuhlteam (Jan Pinkepank, Gero A. Gaethke, Magnus Wittern, Jan Nicklaus, Nikolas Ritscher, Cathrin Lebro, Alina Gardthausen) sowie ehemaligen Mitarbeiterinnen und Mitarbeitern für wertvolle Unterstützung bei der Erstellung und Überarbeitung dieser Neuauflage.

Für Verbesserungsvorschläge und Feedback aller Art bin ich dankbar, bitte per E-Mail an: dbock@law.uni-kiel.de.

Kiel
April 2021

Dennis Bock

Vorwort zur ersten Auflage

Der vorliegende Band ist der erste eines dreiteiligen Gesamtwerks zur Darstellung des materiellrechtlichen Pflichtfachwissens im Grundstudium (Allgemeiner Teil; Besonderer Teil – Nichtvermögensdelikte; Besonderer Teil – Vermögensdelikte), aber auch zur prägnanten Wiederholung und Vertiefung in der Phase der „Übungen" und der Examensvorbereitung. Die Darstellung ist aus den grundständigen Vorlesungen zum materiellen Strafrecht an der Christian-Albrechts-Universität zu Kiel hervorgegangen und daher basisdidaktisch orientiert. Die Publikation soll eine Nutzung außerhalb des Teilnehmerkreises der Vorlesungen ermöglichen; ein Wunsch, der verschiedentlich an mich herangetragen wurde.

Ich habe mich zur Anfertigung einer eigenen Reihe entschieden, obwohl an Lehrwerken kein Mangel besteht, da ich ein eigenes Konzept verfolgen wollte. Die Texte sind nach folgenden Überlegungen entstanden:

1. Die Darstellung soll in systematisch geordneter Form das grundlegende Rüstzeug für die Bearbeitung der strafrechtlichen Klausuren von der Zwischenprüfungs- bis zur Examensklausur enthalten. Das schließt insbesondere Aufbauschemata sowie Definitionen der examensrelevanten Gesetzesmerkmale ein.
2. Wo erforderlich, sind die zu besprechenden Gesetzestexte mit abgedruckt. Dies gilt auch dahingehend, dass bei der Erläuterung des Allgemeinen Teils beispielhaft angeführte Tatbestände des Besonderen Teils eingefügt sind. Dieses Vorgehen wird im Kollegenkreise unterschiedlich beurteilt; zuzugeben ist, dass Studierende sich früh an eine gleichzeitige Handhabung von Lehrbuch und Gesetzessammlung gewöhnen sollten. Die „Serviceleistung" des Normabdrucks zielt aber erstens darauf, den Leser zu noch häufigerer und intensiverer Beschäftigung mit dem Gesetzestext anzuhalten, zweitens, ein normorientiertes Lernen auch dort zu ermöglichen, wo es die äußeren Umstände nicht erlauben, ein Gesetzeswerk zusätzlich aufzuschlagen (z. B. in der Bahn oder im Freien).
3. In den drei Bänden finden sich insgesamt ca. 1600 z. T. umfangreiche Beispielsfälle, von denen die große Mehrheit aus weitgehend wortgetreuen Originalentscheidungen besteht. Auf diesem Wege sollen dem Leser nicht nur prüfungstypische Fallkonstellationen erläutert und Auslegungsfragen veranschaulicht werden; im Sinne eines „Casebooks" soll das Werk möglichst viele neuere

und klassische Entscheidungen der höchstrichterlichen Rechtsprechung (d. h. zunächst einmal die Sachverhalte) nahebringen. Gerade skurrilere Geschehnisse – vom „Sirius-" über den „Katzenkönig-" bis zum „Taschenbuch"-Fall – verankern Wissen im Gedächtnis. Die Verwendung echter Sachverhalte soll auch das Bewusstsein der Studierenden dafür offenhalten, dass die Strafrechtspflege ernste soziale Konflikte mit schwersten Folgen für Beschuldigte und Geschädigte in verantwortungsvoller Weise zu bewältigen hat. Die Konzentration auf die Rechtsprechung soll nicht dazu anregen, Fälle auswendig zu lernen, sondern ist neben der Praxisrelevanz der Rechtsprechung auch der Tatsache geschuldet, dass „echte" Fälle erfahrungsgemäß häufig schriftlich und mündlich abgeprüft werden. Zwar konnten die Beispielsfälle im zur Verfügung stehenden Rahmen nicht komplett gelöst werden, geschweige denn im Gutachtenstil; stets finden sich aber Hinweise auf die Kernproblematik sowie auf zur Entscheidung ergangene didaktische und wissenschaftliche Anmerkungen zur eigenständigen Vertiefung. Zur inhaltlichen und stilistisch-methodischen Anwendung und Erweiterung des grundständig Erlernten dienen meine ebenfalls im Springer-Verlag erschienenen Fallsammlungen „Wiederholungs- und Vertiefungskurs Strafrecht" (drei Bände). Die Beispielsfälle eignen sich auch für eine Behandlung im Rahmen privater Arbeitsgemeinschaften.
4. Da „Streitstände" das strafrechtliche Ausbildungsgeschehen prägen, nehmen diese auch in der vorliegenden Darstellung großen Raum ein. Ziel war es, ein für Klausuren erlernbares – in der Komplexität also des Öfteren reduziertes, im Stil schlicht gehaltenes – Meinungs- und Argumentationsspektrum abzubilden, weitgehend unter Konzentration auf die h.M. und Hintanstellung der Entwicklung eigener Positionen. Vollständigkeit strafrechtlichen Wissens kann es kaum geben, auch nicht eine lückenlose Darstellung des im Examen abprüfbaren Stoffes. Es ist aber sehr wohl Ziel dieser Reihe, dass, wer die Bände durchgearbeitet hat (inkl. des z. T. erforderlichen Auswendiglernens von Definitionen oder Auslegungskontroversen), sich ruhigen Gewissens strafrechtlichen Prüfungen stellen kann, gerade auch deshalb, weil die Summe der aufgezeigten Streitigkeiten und Argumentationsmuster Problembewusstsein ausbildet und vielfältige Anregungen zur Bewältigung neuer oder unbekannter Zweifelsfragen gibt.
5. Bei der Gestaltung des wissenschaftlichen Apparats habe ich die Literaturnachweise im Hinblick auf Lehrbücher und Kommentare auf das Nötigste beschränkt. Umfangreicher fallen die Hinweise auf weiterführende Aufsätze aus. Die Rechtsprechungsnachweise mussten aus Platzgründen ganz exemplarisch bleiben, so dass entweder ältere, aber bekannte Entscheidungen angeführt werden oder die jüngste themenbezogene. Für weitere Fundstellen muss auf die Großkommentare zum StGB verwiesen werden. Dies täuscht die Studierenden hoffentlich nicht über die enorme praktische, aber auch wissenschaftliche Bedeutung der Rechtsprechung hinweg.

Ich danke meinem aktuellen Lehrstuhlteam (Klara Malberg, Leonie Kersken, Lena von Zech; Jan Pinkepank, Gero A. Gaethke, Tim-Jannes Wieck und Magnus

Wittern) sowie ehemaligen Mitarbeiterinnen und Mitarbeitern für wertvolle Unterstützung bei der Erstellung und Überarbeitung dieses Lehrbuchs.

Für Verbesserungsvorschläge und Feedback aller Art bin ich dankbar, bitte per E-Mail an: dbock@law.uni-kiel.de.

Kiel   Dennis Bock
Mai 2017

Inhaltsverzeichnis

Teil I Einführung in das Strafrecht
**1. Kapitel: Begriffliches; Inhalt der Strafnormen; Quellen
   des Strafrechts; Unterteilungen** 3
   A. Grundbegriffe. 3
      I.   Strafrecht, Straftat, Strafbarkeit, Straftäter; Kriminalität,
           Delinquenz. 3
      II. Verbrechen und Vergehen, § 12 StGB 4
      III. Formeller und materieller Straftatbegriff. 9
      IV. Strafe 9
      V.   Exkurs: Latein im (Straf-)Recht 10
   B. Strafrechtliche Gesetzgebung 11
      I.   Allgemeines. 11
      II. Zuständigkeit 12
      III. Einteilung der strafrechtlichen Regelungen; Systematik des
           StGB 12
           1. Materielles und formelles Strafrecht. 13
              a) Materielles Strafrecht 13
                 aa) Materielles Strafrecht als Kern- und
                     Nebenstrafrecht. 13
                 bb) Recht der Straftatvoraussetzungen als Teil des
                     materiellen Rechts 14
                 cc) Recht der Straftatrechtsfolgen als Teil des
                     materiellen Rechts 16
                 dd) Allgemeiner Teil und Besonderer Teil: Gliederung
                     des StGB. 17
                     (1) Allgemeiner Teil. 18
                     (2) Besonderer Teil 19
                         (a) Allgemeines. 19
                         (b) Minder schwere und besonders schwere
                             Fälle. 21
                         (c) Sog. Qualifikationen und Privilegierungen... 24

(d) Einteilung der Straftatbestände nach Art der geschützten Rechtsgüter: Individualrechtsgüter, Allgemeinrechtsgüter 25
(e) Einteilung der Straftatbestände nach der Intensität des Angriffs auf das Rechtsgut: Erfolgs- und Tätigkeitsdelikte (?); Verletzungsdelikte, konkrete Gefährdungsdelikte, abstrakte Gefährdungsdelikte, Eignungsdelikte 28
(f) Einteilung der Straftatbestände nach dem Erfolgswillen: Vorsatz- und Fahrlässigkeitsdelikte 35
(g) Einteilung der Straftatbestände nach Art der Tatbestandsverwirklichung: Begehungs- und Unterlassungsdelikte................... 38
(h) Einteilung der Straftatbestände nach dem Täterkreis: Sog. Allgemein- und Sonderdelikte 41
(i) Verwirklichungsstadium: Vollendete und versuchte Delikte 43
(j) Unternehmensdelikte, § 11 I Nr. 6 StGB..... 45
(k) Beteiligung: Täterschaft und Teilnahme..... 47
b) Formelles Strafrecht 51
2. Besondere Rechtsgebiete innerhalb des Strafrechts 53
C. Strafrecht als Teilgebiet des Rechts; Verknüpfungen der Rechtsgebiete ... 54
D. Abgrenzungen des Strafrechts und Strafens zu verwandten Disziplinen bzw. Eingriffen; Strafrecht als Teil der gesamten Kriminalwissenschaften...................................... 59
  I. Ordnungswidrigkeitenrecht............................. 60
  II. Disziplinar- und Berufsrecht 60
  III. Strafrecht als Teil der gesamten Kriminalwissenschaften........ 61

2. Kapitel: Funktion des Rechts; Funktion des Strafrechts: Strafzwecke.. 63
A. Funktion des Rechts................................... 63
B. Funktion des Strafrechts: Strafzwecke........................ 65
  I. Allgemeines... 65
  II. Absolute Strafzwecke 68
  III. Relative Strafzwecke 70
    1. Allgemeines..................................... 70
    2. Generalprävention................................. 72
    3. Spezialprävention 73
  IV. Vereinigungslehren; Strafzwecke im StGB und im Strafvollzugsrecht 75

3. Kapitel: Verfassungsrechtliche Grenzen des Strafrechts ... 79
A. Strafrecht als Grundrechtseingriff ... 79
B. Pflicht zur Pönalisierung (Untermaßverbot) ... 86
C. Garantiefunktion des Strafgesetzes, Art. 103 II GG; §§ 1, 2 StGB; Art. 7 I EMRK ... 87
    I. Allgemeines ... 87
        1. Rechtsquellen, Rechtsnatur, Folgen einer Verletzung ... 87
        2. Bestrafung und Strafbarkeit ... 88
        3. Gesetzlich bestimmt: Der Begriff des Gesetzes ... 90
    II. Rückwirkungsverbot (*nulla poena sine lege praevia*), § 2 StGB ... 90
        1. Allgemeines ... 91
        2. § 2 I StGB ... 91
        3. § 2 II StGB ... 95
        4. § 2 III StGB ... 95
        5. § 2 IV StGB ... 95
        6. § 2 V StGB ... 96
        7. § 2 VI StGB ... 96
    III. Bestimmtheitsgebot/Unbestimmtheitsverbot (*nulla poena sine lege certa*) ... 97
    IV. Gewohnheitsrechtsverbot (*nullum crimen sine lege scripta*) ... 99
    V. Analogieverbot (*nullum crimen sine lege stricta*) ... 99

Teil II Vorsätzliches vollendetes täterschaftliches Begehungsdelikt

4. Kapitel: Struktur, Aufbau, Prüfung ... 105

5. Kapitel: Tatbestand ... 109
A. Grundlagen; Unterteilung; Begriffliches ... 109
B. Objektiver Tatbestand ... 113
    I. Allgemeines ... 113
    II. Täterkreis (Tatsubjekt) ... 116
    III. Tatgegenstand (insbesondere: Tatobjekt; Tatopfer) ... 116
    IV. Tatsituation ... 119
    V. Handlung ... 120
        1. Allgemeine Anforderungen ... 120
            a) Grundlagen ... 120
            b) (Objektive) Voraussetzungen ... 122
                aa) Mensch ... 122
                      (1) Allgemeines ... 122
                      (2) Juristische Personen und Personenvereinigungen ... 122
                      (3) Naturereignisse, Tiere, Maschinen ... 125
                bb) Körperbewegung ... 125
                cc) Aus eigener Kraft ... 125

  c) Subjektive Voraussetzungen (?). 126
   aa) Grundlagen; Vorsatz bzgl. Körperbewegung aus
    eigener Kraft. 126
   bb) Reflexbewegungen. 127
   cc) Geistiger Steuerungsapparat ausgeschaltet. 127
 2. Tatbestandsspezifische Anforderungen 129
  a) Grundlagen 129
  b) Besonderer Handlungsinhalt. 129
  c) Besonderes Handlungswerkzeug. 130
  d) Handlungswiederholung. 131
VI. Unerlaubte Schaffung einer des Erfolgseintritts („objektive
 Zurechnung" I). 131
 1. Aufbau; Begriffliches; „objektive Zurechnung" (?) 132
 2. Grundlagen zur „objektiven Zurechnung" in der h. L. 133
 3. Schaffung einer Gefahr des Erfolgseintritts 137
  a) Allgemeines. 137
  b) Bezugspunkt: Erfolg 137
  c) Schaffung einer Gefahr(steigerung) 138
  d) Naturwissenschaftliche Anforderungen an die
   Gefahrschaffung; Grenzen des Erkenntnisstands 140
  e) Gleichwertigkeit (Äquivalenz). 142
 4. Unerlaubtheit der Gefahrschaffung. 142
  a) Abstrakte Unerlaubtheit. 142
   aa) Allgemeines 142
   bb) Hinreichende Höhe der geschaffenen Gefahr 143
   cc) Rechtsnormen. 145
   dd) Abwägung (sog. Sozialadäquanz): Überwiegender
    gesellschaftlicher Nutzen der Gefahrschaffung 149
    (1) Allgemeines; Begriffliches. 149
    (2) Nichtstaatliche Normen 151
    (3) Vertrauensgrundsatz. 152
     (a) Allgemeines. 152
     (b) Straßenverkehr 152
     (c) Arbeitsteiliges Zusammenwirken 153
  b) Konkrete Unerlaubtheit: Verhalten des Gefährdeten. 154
   aa) Allgemeines 154
   bb) Gefährdetenzustimmung vor der Täterhandlung
    (Einverständnis; Einwilligung). 155
    (1) Allgemeines 155
    (2) Arten der Gefährdetenzustimmung (?):
     Einverständnis und Einwilligung 156
    (3) Arten der Gefährdung(sherrschaft):
     Unterscheidung von Fremdgefährdung und
     Selbstgefährdung (?) 159
     (a) Die Unterscheidung der h. M. 160

(b) Kritik; Konsequenzen aus der
Gleichbehandlung der
Gefährdetetenzustimmungen 161
(4) Voraussetzungen......................... 162
(a) Disponibilität des Rechtsguts 162
(b) Verfügungsberechtigung 163
(c) Gefahrwissen......................... 164
(d) Zustimmender Wille; Erklärung (?);
Reichweite 169
(e) Fähigkeit zur rechtlich relevanten
Zustimmung 171
(f) Willensmangelfreiheit 173
(g) Bei Körperverletzung: Verstoß der Tat trotz
der Einwilligung gegen die guten Sitten,
§ 228 StGB 175
cc) Gefahrsteigerung des Gefährdeten durch
Anknüpfung an vorherige Tätergefahrschaffung
(„Dazwischentreten") 183
(1) Grundlagen............................ 183
(2) Insbesondere: Herausforderung von Rettern
und Verfolgern 184
(3) Insbesondere: Nichtinanspruchnahme ärztlicher
Behandlung 186
(4) Fahrlässige Verkennung der Gefahr durch
Geschädigten, Obliegenheitsverletzung,
Mitverschulden (?)...................... 186
VII. Erfolgseintritt... 187
VIII. Verursachung (Ursächlichkeit, Bedingungszusammenhang;
Kausalität) 187
1. Grundlagen; Begriffliches.......................... 188
2. Condicio-Formel; Kritik; weitere Ansätze 190
3. Logische Anforderungen an die Verursachung 191
4. Naturwissenschaftliche Anforderungen an die
Verursachung; Grenzen des Erkenntnisstands
(Gesetzlichkeit/Sicherheit vs. Wahrscheinlichkeit),
einheitlicher Verursachungsbegriff, Gefahrschaffung als
Verursachung (?) 192
5. Wahrhaftigkeit der Bedingung (Unbeachtlichkeit von
Ersatzursachen/Reserveursachen/hypothetischen
Kausalverläufen)................................. 193
6. Gleichwertigkeit (Äquivalenz) aller Bedingungen 194
7. Mehrzahl von Bedingungen; Mitverursachung........... 196
a) Grundlagen 196
b) Mehrstufige Bedingungen; überholende (abgebrochene)
Verursachung................................. 196

		c) Notwendigerweise einander ergänzende Bedingungen (sog. kumulative Kausalität)	199
	8.	Überbedingtheit (Mehrzahl hinreichender Bedingungen mit unterschiedlichen Bestandteilen)	199
		a) Grundlagen; sog. alternative Kausalität	199
		b) Gremienentscheidungen (Kollegialentscheidungen)	201
IX.	Verwirklichung der unerlaubten Gefahrschaffung im Erfolgseintritt („objektive Zurechnung" II).................		203
	1.	Grundlagen	203
	2.	Verwirklichung gerade der Unerlaubtheit der Gefahrschaffung: Rechtswidrigkeits- /Pflichtwidrigkeitszusammenhang/rechtmäßiges Alternativverhalten /Vermeidbarkeit..................................	204
		a) Allgemeines....................................	205
		b) Insbesondere: Sog. Atypischer (unvorhersehbarer) Kausalverlauf	208
	3.	Verwirklichung gerade des generellen Schutzzwecks der Norm (Schutzzweckzusammenhang i. e. S.)..............	211
	4.	Verhalten Dritter („Dazwischentreten"); Regressverbot?...	214
		a) Allgemeines....................................	214
		b) Vorsätzliches „Dazwischentreten" eines Dritten........	214
		c) Fahrlässiges „Dazwischentreten" eines Dritten	217
X.	Täterschaft (Begehen der Straftat), § 25 StGB		220
	1.	Grundlagen; Täterschaft (Begehen der – eigenen – Straftat) im Lichte der Teilnahme (an fremder Tat)	220
	2.	Straftat selbst Begehen (sog. unmittelbare Täterschaft), § 25 I 1. Var. StGB.................................	225
		a) Allgemeines....................................	225
		b) Bei Alleinhandeln	225
		c) Bei Handeln mehrerer Menschen (Mehrpersonenkonstellationen).................................	225
		aa) Grundlagen.................................	225
		(1) Allgemeines...........................	225
		(2) Berücksichtigung des § 25 I 2. Var. StGB	226
		(3) Berücksichtigung des §26 StGB	226
		(4) Berücksichtigung des § 25 II StGB	227
		(5) Berücksichtigung des § 27 StGB	227
		bb) Grundansätze zur Unterscheidung von Straftatselbstbegehung und Teilnahme an Straftatbegehung eines anderen („Abgrenzung" von Täterschaft und Teilnahme).................	228
		cc) Subjektive Täterschaftsbegründung?	230
		dd) Objektive Täterschaftsbegründung?..............	232
		ee) Sonderfall: Täterschaft in Abhängigkeit zu besonderer Tatsubjektsstellung (?)	234

ff) Sonderfall: Eigenhändige Delikte (?) 235
3. Straftat durch einen anderen Begehen (sog. mittelbare
   Täterschaft), § 25 I 2. Var. StGB 235
   a) Aufbau in Falllösung 235
   b) Grundlagen 236
      aa) Allgemeines 236
      bb) Berücksichtigung des § 25 I 1. Var. StGB 237
      cc) Berücksichtigung des § 25 II StGB 240
      dd) Berücksichtigung des § 26 StGB 240
      ee) Berücksichtigung des § 27 StGB 240
      ff) Folgerungen 241
         (1) Unterlegenheit des Vordermanns;
             Strafbarkeitsmangel; Rechtsnatur der
             Unterlegenheit 241
         (2) Steuernde Überlegenheit des Hintermanns:
             Zusammenhang zwischen Einwirkung des
             Hintermanns und Strafbarkeitsmangel des
             Vordermanns (unerlaubt gefährliche
             Verursachung der Unterlegenheit) 242
   c) Unterlegenheit des Vordermanns 242
      aa) Unterlegenes Wissen: Strafrechtlich relevante
          Unkenntnis 242
         (1) Unkenntnis, die den subjektiven Tatbestand
             entfallen lässt 242
             (a) Vorsatzlos handelndes Werkzeug 242
             (b) Sonderfall: Objektiv tatbestandslos
                 handelndes Werkzeug, das nicht um den
                 schädigenden Charakter seines Handelns
                 weiß. 244
             (c) Fehlendes sonstiges subjektives
                 Tatbestandsmerkmal; absichtslos-doloses
                 Werkzeug. 248
         (2) Unkenntnis, die die Rechtswidrigkeit entfallen
             lässt: Gerechtfertigt handelndes Werkzeug 249
         (3) Unkenntnis, die die Schuld entfallen lässt 251
         (4) Unkenntnis, die die vertypte Strafzumessung
             betrifft, insbesondere: Täter hinter dem Täter
             bei vermeidbarem Verbotsirrtum 252
         (5) Irrtümer über den konkreten Handlungssinn ... 254
             (a) Allgemeines. 254
             (b) Manipulierter *error in persona vel obiecto*
                 (sog. Dohna-Fall) 254
             (c) Unrechtsquantifizierung (gradueller
                 Tatumstandsirrtum, Irrtum über
                 Schadenshöhe) 255
             (d) Unrechtsqualifizierung 255

           bb) Gestörtes Wollen 256
               (1) Nötigungslage 256
               (2) Schuldunfähiges Werkzeug 258
           cc) Organisationsunterlegenheit (?) 258
               (1) Voraussetzungen und Behandlung 258
               (2) Übertragung auf wirtschaftliche
                   Unternehmen 261
        d) Steuernde Überlegenheit des Hintermanns:
           Zusammenhang zwischen Einwirkung des
           Hintermanns und Defekt des Vordermanns............ 264
           aa) Allgemeines 264
           bb) Überlegenes Wissen 264
           cc) Überlegenes Wollen 266
           dd) Organisationsüberlegenheit
               (Organisationsherrschaft)..................... 267
   4. Mehrere begehen Straftat gemeinschaftlich
      (Mittäterschaft), § 25 II StGB 267
        a) Aufbau in Falllösung............................. 267
        b) Grundlagen 268
           aa) Allgemeines 268
           bb) Berücksichtigung des § 25 I 1. Var., 2. Var. StGB ... 268
           cc) Berücksichtigung des § 27 StGB 269
           dd) Falllösung nach Zurechnungsüberlegungen........ 269
        c) Sog. gemeinsamer Tatentschluss/-beschluss/-plan:
           Tat- und Arbeitsteilungsverabredung 270
           aa) Grundlagen................................. 270
           bb) Sog. sukzessive Mittäterschaft.................. 272
        d) Gleichordnung/Eigenbezug........................ 277
        e) Sog. gemeinsame Tatausführung/wesentlicher
           Tatbeitrag: Erfüllung der Tat- und
           Arbeitsteilungsverabredung durch den zu Prüfenden.... 281
        f) Hinreichende Kongruenz des Tatbeitrags mit der
           Tat- und Arbeitsteilungsverabredung................ 282
           aa) Grundlagen; sog. Exzess...................... 282
           bb) Aufkündigung der Tat- und
               Arbeitsteilungsverabredung; Ausscheiden eines
               Mittäters 284
   5. Nebentäterschaft 287
C. Subjektiver Tatbestand...................................... 287
   I. Grundlagen: Elemente des subjektiven Tatbestands 288
   II. Vorsatz, §§ 15, 16 I 1 StGB 290
       1. Bedeutung und Rechtsnatur des Vorsatzes 290
       2. Inhalt und Gegenstand des Vorsatzes 291
           a) Normative Grundlagen: § 16 I 1 StGB; Begriffliches.... 291

		b) Grundform des Vorsatzes i. S. d. § 15 StGB; sog. Eventualvorsatz (*dolus eventualis*, bedingter Vorsatz): Anforderungen, „Abgrenzung" zur Fahrlässigkeit	293

          b) Grundform des Vorsatzes i. S. d. § 15 StGB; sog. Eventualvorsatz (*dolus eventualis*, bedingter Vorsatz): Anforderungen, „Abgrenzung" zur Fahrlässigkeit 293
              aa) Überblick: Vorsatzarten 293
              bb) Anforderungen: Wissenskomponente, Wollenskomponente (?) 293
              cc) Sachgedankliches Mitbewusstsein, Begleitwissen ... 303
              dd) Exkurs: Feststellung (Nachweis), Auswertung von Sachverhalten 304
        3. Zeitpunkt 307
        4. Sog. kumulativer und alternativer Vorsatz 308
   III. Qualifizierte Erscheinungsformen des Vorsatzes 311
        1. Absicht (*dolus directus* ersten Grades) 311
        2. Wissentlichkeit (*dolus directus* zweiten Grades) 314
   IV. Irrtum über Tatumstände, § 16 StGB 315
        1. Vorab: Grundlagen der Irrtumslehre 315
        2. Grundlagen des Irrtums über Tatumstände 317
        3. Irrtum über Tatumstände i. e. S.: Tatbestandsmerkmalsgehalt, Tatsachen- und Bedeutungskenntnis 318
            a) Grundlagen 318
            b) Deskriptive Tatbestandsmerkmale 319
            c) Normative Tatbestandsmerkmale; insbesondere: Grenzziehung zum Verbotsirrtum nach § 17 StGB 319
            d) Insbesondere: Qualifizierende Tatbestandsmerkmale 323
            e) Insbesondere: Privilegierende Tatbestandsmerkmale 324
            f) Insbesondere: Vorfeldirrtümer 325
        4. Irrtum über tatbestandsexterne Umstände; erfolgs-, tatobjektsbezogene Vorsatzkonkretisierung (?) 328
            a) Grundlagen 328
            b) Sog. *error in persona vel obiecto* 328
            c) Sog. *aberratio ictus (Fehlgehen der Tat)* 330
        5. Irrtümer über die Schaffung einer unerlaubten Gefahr (sog. Irrtum über den Kausalverlauf) 334
            a) Allgemeines 335
            b) Verfrühte Erfolge 338
            c) Verspätete Erfolge 339
        6. Insbesondere: Irrtümer über die Täterschaft 340
            a) Irrtümer im Bereich der sog. mittelbare Täterschaft, § 25 I 2. Var. StGB 341
            b) Mittäterschaft, § 25 II StGB 343

6. Kapitel: Rechtswidrigkeit 345
  A. Allgemeines 345
    I. Grundlagen 345

II. Subjektive Voraussetzungen der Rechtfertigung 349
    1. Erforderlichkeit subjektiver Voraussetzungen der Rechtfertigung; Anforderungen. 349
    2. Folgeproblem: bei Fehlen Vollendung oder (untauglicher) Versuch? 352
B. Rechtfertigungsgründe. 352
  I. Notwehr, § 32 StGB. 352
    1. Aufbau. 352
    2. Allgemeines. 353
    3. Objektive Voraussetzungen 354
      a) Sog. Notwehrlage, § 32 II StGB: Gegenwärtiger rechtswidriger Angriff. 354
        aa) Angriff. 355
          (1) Ausgangsdefinition. 355
          (2) Individualrechtsgut. 355
            (a) Grundlagen 355
            (b) Beschränkung auf strafrechtlich geschützte Güter bzw. objektive Straftatbestandverwirklichung durch den Angriff? 356
          (3) Einem Menschen zurechenbar 359
            (a) Grundlagen 359
            (b) Beschränkung auf auch mit Handlungsunrecht geführte Angriffe bzw. subjektive Straftatbestandverwirklichung durch den Angriff? 360
          (4) Angriffserfolg: Gefährdung 361
          (5) Sog. Nothilfe; insbesondere: staatliches Handeln 362
        bb) Rechtswidrig 365
        cc) Gegenwärtigkeit 368
          (1) Grundlagen. 368
          (2) Unmittelbar bevorstehend 369
          (3) Noch andauernd 373
        dd) Schuldhaft?. 375
      b) Sog. Notwehrhandlung 375
        aa) Verteidigung 375
        bb) Erforderlich 377
          (1) Geeignetheit 377
          (2) Mildestes Mittel und möglichst schonender Einsatz 378
        cc) Geboten, § 32 I StGB 381
          (1) Allgemeines 381
          (2) Bagatellangriffe, krasses Missverhältnis, Unfugabwehr 381

		(3)	Art. 2 I, II lit. a EMRK: Keine Tötung eines Menschen zur Verteidigung von Sachwerten?	383

        (3) Art. 2 I, II lit. a EMRK: Keine Tötung eines
            Menschen zur Verteidigung von Sachwerten? 383
        (4) Notwehrprovokation (provozierte,
            verschuldete Notwehrlage). 384
        (5) „Zu Recht" Erpresste 389
        (6) Angriffe von schuldlos Handelnden und
            schuldlos Irrenden 391
        (7) Nahestehende Angreifer (enge persönliche
            Beziehungen) 391
        (8) Verstoß gegen die Menschenwürde,
            Art. 1 GG, insbesondere: Folter 393
        (9) Rechtswidrige staatliche Maßnahmen 396
        (10) Aufgedrängte Nothilfe 396
    4. Subjektive Voraussetzungen 397
  II. Rechtfertigender Notstand 397
    1. § 34 StGB 397
       a) Aufbau 397
       b) Allgemeines. 398
       c) Objektive Voraussetzungen 399
          aa) Sog. Notstandslage: Gegenwärtige Gefahr für
              Leben, Leib, Freiheit, Ehre, Eigentum oder ein
              anderes Rechtsgut 399
              (1) Leben, Leib, Freiheit, Ehre, Eigentum oder
                  ein anderes Rechtsgut (sog. notstandsfähiges
                  Rechtsgut) 399
              (2) Gefahr. 400
                  (a) Grundlagen 400
                  (b) Sog. Notstandshilfe, insbesondere:
                      staatliches Handeln 401
              (3) Gegenwärtig 401
          bb) Sog. Notstandshandlung. 405
              (1) Nicht anders abwendbar 406
                  (a) Abwendbar: Geeignetheit 406
                  (b) Nicht anders: Mildestes Mittel und
                      möglichst schonender Einsatz 406
              (2) Bei Abwägung der widerstreitenden Interessen
                  wesentliches Überwiegen des geschützten
                  Interesses gegenüber dem beeinträchtigten 407
                  (a) Betroffene Rechtsgüter: Abstrakter Wert . . . 407
                  (b) Grad der den Rechtsgütern drohenden
                      Gefahren: Konkreter Wert und
                      Wahrscheinlichkeit 408
                  (c) Unbenannte Kriterien 411
                  (d) Wesentlichkeit des Überwiegens. 416
              (3) Angemessenheit, § 34 S. 2 StGB 416

     (a) Allgemeines........................ 416
     (b) Gesetzesvorbehalt: Abschließende gesetzliche Entscheidung (rechtlich geordnete Verfahren)................... 417
     (c) Verstoß gegen die Menschenwürde, Art 1 I GG............................... 417
     d) Subjektive Voraussetzungen.............. 418
   2. Zivilrechtlicher Notstand........................... 418
    a) Strafrechtliche Relevanz......................... 418
    b) (Sog. defensiver) Notstand, § 228 BGB.............. 419
     aa) Aufbau.................................... 419
     bb) Allgemeines............................... 419
     cc) Objektive Voraussetzungen................... 419
      (1) Notstandslage: Drohende Gefahr durch eine fremde Sache.......................... 419
      (2) Notstandshandlung...................... 420
     dd) Subjektive Voraussetzungen................... 420
    c) (Sog. aggressiver) Notstand, § 904 S. 1 BGB.......... 420
     aa) Aufbau................................... 420
     bb) Erläuterungen.............................. 421
III. Vorläufige Festnahme, § 127 I 1 StPO..................... 421
   1. Aufbau.. 421
   2. Grundlagen...................................... 422
   3. Objektive Voraussetzungen.......................... 423
    a) Auf frischer Tat betroffen oder verfolgt.............. 423
    b) Festnahmegründe: Fluchtverdacht, Identitätsfeststellung... 425
    c) Festnahmehandlung............................. 425
   4. Subjektive Voraussetzungen......................... 427
IV. „Einwilligung".. 427
V. Mutmaßliche Zustimmung............................... 427
   1. Grundlagen...................................... 427
   2. Mutmaßliches Interesse des Betroffenen................ 428
    a) Aufbau.. 428
    b) Objektive Voraussetzungen....................... 429
    c) Subjektive Voraussetzungen...................... 431
   3. Mutmaßliche Gleichgültigkeit des Betroffenen.......... 431
VI. Erziehungsrecht; Züchtigungsrecht........................ 432
VII. Besitzkehr, § 859 II, III BGB............................. 435
VIII. Selbsthilfe, § 229 BGB................................. 435
IX. Grundrechte.. 438
X. Öffentlich-rechtliche Eingriffsbefugnisse von Amtsträgern.... 441
XI. Befehl; dienstliche Weisung 442
XII. Behördliche Genehmigung 443
XIII. Völkerrechtliche Erlaubnisse............................ 444

C. Irrtum über Rechtfertigungsumstände (Erlaubnistatumstandsirrtum, Rechtfertigungsumstandsirrtum) 444
    I. Grundlagen; Voraussetzungen 445
    II. Rechtsfolgen 447

7. Kapitel: Schuld 451
  A. Grundlagen 451
  B. Schuld(un)fähigkeit und verminderte Schuldfähigkeit 455
    I. Schuldunfähigkeit, §§ 19, 20 StGB, 3 JGG................. 455
      1. Kinder, § 19 StGB................................. 455
      2. Jugendliche, § 3 JGG.............................. 456
      3. Schuldunfähigkeit (Erwachsener) wegen seelischer Störungen, § 20 StGB 457
        a) Grundlagen 457
        b) Seelische Störung (sog. biologische Ebene)........... 459
          aa) Allgemeines 459
          bb) Krankhafte seelische Störung................... 459
          cc) Tiefgreifende Bewusstseinsstörung 460
            (1) Allgemeines........................... 460
            (2) Alkoholisierung 461
            (3) Hochgradiger Affekt..................... 463
          dd) Intelligenzminderung (bis 01.01.2021: „Schwachsinn") 463
          ee) Schwere andere seelische Störung (bis 01.01.2021: „Abartigkeit").............................. 463
        c) Deswegen Unfähigkeit, das Unrecht der Tat einzusehen oder nach dieser Einsicht zu handeln (sog. psychologische Ebene).......................... 464
          aa) Allgemeines 465
          bb) Unrecht der Tat.............................. 465
          cc) Unfähigkeit, das Unrecht der Tat einzusehen (sog. Einsichtsfähigkeit) 465
          dd) Unfähigkeit, nach der Einsicht in das Unrecht der Tat zu handeln (sog. Steuerungsfähigkeit)......... 465
          ee) Wegen..................................... 466
        d) Bei Begehung der Tat 466
          aa) Allgemeines 466
          bb) *Actio libera in causa* (*sed non libera in actu*) 466
    II. Verminderte Schuldfähigkeit, § 21 StGB 472
      1. Grundlagen 472
      2. Voraussetzungen 472
        a) Einer der in § 20 StGB bezeichneten Gründe.......... 472
          aa) Allgemeines 472
          bb) Insbesondere: Alkoholisierung.................. 472
        b) Deswegen Fähigkeit des Täters, das Unrecht der Tat einzusehen oder nach dieser Einsicht zu handeln erheblich vermindert.............................. 473

		aa) Allgemeines	473
		bb) Verminderung der sog. Einsichtsfähigkeit	473
		cc) Verminderung der sog. Steuerungsfähigkeit	473
		dd) Erheblichkeit der jeweiligen Verminderung	473
		ee) „Aus einem der … Gründe"	474
		c) Bei Begehung der Tat	474
	3.	Rechtsfolge	474
		a) Allgemeines	474
		b) Insbesondere: Eigenes Verschulden	475
C. Verbotsirrtum, § 17 StGB	476
I.	Grundlagen	476
II.	Täter	479
III.	Einsicht, Unrecht zu tun, fehlt (Vorliegen eines Verbotsirrtums)	479
	1. Gegenstand: Unrecht zu tun	479
		a) Unrecht	479
		b) Tatbestandsbezug/Rechtsgutsbezug; Teilbarkeit	480
	2. Inhalt: Einsicht fehlt	481
		a) Grundlagen	481
		b) Arten fehlender Einsicht, Unrecht zu tun	483
		aa) Unkenntnis der Verbotsnorm (direkter, unmittelbarer Verbotsirrtum)	483
		bb) Annahme einer Rechtfertigung (Erlaubnisirrtum; indirekter Verbotsirrtum)	485
IV.	Bei Begehung der Tat	486
V.	Diesen Irrtum – nicht – vermeiden konnte (Un-/Vermeidbarkeit des Verbotsirrtums)	487
	1. Grundlagen	487
	2. Objektive Voraussetzungen	489
		a) Situation: Fehlende Unrechtseinsicht	489
		b) Unerlaubtes Unterlassen, Unrechtseinsicht zu erlangen	489
		aa) Täter nimmt ihm mögliche Handlung, die Chance zur Unrechtseinsicht bot, nicht vor	489
		bb) Unerlaubtheit des Unterlassens, Unrechtseinsicht zu erlangen	489
		(1) Grundlagen	489
		(2) Anlass zur Prüfung der Rechtswidrigkeit des Verhaltens und entsprechende Bemessung des zumutbaren Aufwands	490
		(3) Insbesondere: Vertrauendürfen auf frühere unrechtsverneinende Ergebnisse	491
		(a) Allgemeines	491
		(b) Auskunft eines Dienstleisters	491
		(c) Staatliche Auskunft	492

			(d) Auskunft durch Vereinigungen und Verbände	492

                    (d) Auskunft durch Vereinigungen und
Verbände 492
                    (e) Frühere Gesetzeslage 492
                    (f) Bisherige Rechtsprechung.............. 492
           (4) Insbesondere: Vertrauen(dürfen) auf
Rechtmäßigkeitsauffassung bei umstrittener
oder offener Gesetzesauslegung............. 493
       c) Unterlassene Handlung hätte Unrechtseinsicht
verursacht 493
       d) Verwirklichung der unerlaubten Gefahr in
(fortbestehender) fehlender Unrechtseinsicht 494
    3. Subjektive Voraussetzungen 494
D. Entschuldigungsgründe 494
  I. Entschuldigender Notstand, § 35 StGB.................... 494
    1. Aufbau... 495
    2. Grundlagen 495
    3. Objektive Voraussetzungen 498
       a) Sog. Notstandslage 498
          aa) Gefahr für Leben, Leib oder Freiheit 498
          bb) Persönliche Nähebeziehung: „von sich, einem
Angehörigen oder einer anderen ihm
nahestehenden Person"....................... 499
          cc) Gegenwärtigkeit 500
       b) Sog. Notstandshandlung 500
          aa) Nicht anders abwendbar 500
          bb) Keine Zumutbarkeit, § 35 I 2 StGB 500
              (1) Allgemeines 500
              (2) Täter hat die Gefahr selbst verursacht......... 500
              (3) Täter stand in besonderem Rechtsverhältnis ... 502
              (4) Weitere Umstände 502
    4. Subjektive Voraussetzungen 503
       a) Grundlagen; Unkenntnis......................... 503
       b) Entschuldigungstatumstandsirrtum, § 35 II StGB 503
          aa) Voraussetzungen 503
          bb) Rechtsfolge................................ 504
    5. Exkurs: Übergesetzlicher entschuldigender Notstand (?) ... 505
  II. Überschreitung der Notwehr, § 33 StGB................... 507
    1. Aufbau... 508
    2. Grundlagen; Einordnung........................... 508
    3. Objektive Voraussetzungen 509
       a) Notwehr...................................... 509
       b) Grenzen Überschreiten 509
          aa) Überschreiten der sog. Notwehrhandlung
(sog. intensiver Notwehrexzess).................. 509
              (1) Überschreiten der Verteidigung? 509

                (2) Überschreiten der Erforderlichkeit........... 510
                (3) Überschreiten der Gebotenheit.............. 510
            bb) Überschreiten der sog. Notwehrlage 511
                (1) Überschreiten des Angriffs?................ 511
                (2) Überschreiten der Rechtswidrigkeit des
                    Angriffs?............................... 511
                (3) Überschreiten der Gegenwärtigkeit des
                    Angriffs (sog. extensiver Notwehrexzess)?.... 511
                (4) Sog. Putativnotwehrexzess................. 513
        4. Subjektive Voraussetzungen 513
            a) Grundlagen; Überschreiten der subjektiven Grenzen
               der Notwehr (?).................................. 513
            b) Bewusste und unbewusste Überschreitung............ 513
            c) Aus Verwirrung, Furcht oder Schrecken (sog.
               asthenischer Affekt).............................. 514
    III. Gewissensnot, Art. 4 GG?.............................. 515
    IV. Befehl; dienstliche Weisung 516
  E. Spezielle Schuldmerkmale................................... 516
  F. Schuldform... 516

8. Kapitel: Sonstige Strafvoraussetzungen........................ 517
  A. Sog. objektive Bedingungen der Strafbarkeit 517
  B. Sog. Strafausschließungsgründe 518
  C. Sog. Strafaufhebungsgründe 519
  D. Strafantrag, §§ 77 ff. StGB; Verfolgungsverjährung, §§ 78–78c
     StGB (?)... 520

9. Kapitel: Strafzumessung 523
  A. Allgemeines.. 523
  B. Strafrahmenverschiebungen im Allgemeinen Teil................. 523
  C. Strafrahmenverschiebungen im Besonderen Teil.................. 524
    I. Allgemeines... 524
    II. Strafrahmenschärfungen: Besonders schwere Fälle 524
        1. Allgemeines....................................... 524
        2. Benannte besonders schwere Fälle (sog. Regelbeispiele)... 524
        3. (Ausschließlich) Unbenannte besonders schwere Fälle 526
    III. Strafrahmenschärfungen: Strafrahmenmilderungen: Minder
         schwere Fälle 526
        1. Allgemeines....................................... 526
        2. Benannte minder schwere Fälle 527
        3. (Ausschließlich) Unbenannte minder schwere Fälle........ 527

Teil III   Besondere Erscheinungsformen der Straftat

10. Kapitel: Versuchtes täterschaftliches Begehungsdelikt............. 531
   A. Grundlagen 531
      I.   Allgemeines; Stufen/Stadien der Deliktsverwirklichung
           (*iter criminis*)... 531
      II. Strafgrund 534
   B. Aufbau 536
   C. „Vorprüfung" (?) 537
      I.   Allgemeines.. 537
      II. Keine Strafbarkeit wegen vollendeten Delikts (?)............ 537
      III. Strafbarkeit des Versuchs, § 23 StGB 537
   D. Tatbestand, § 22 StGB..................................... 538
      I.   Allgemeines.. 538
          1. Grundlagen 538
          2. Unterscheidung von objektivem und subjektivem
              Tatbestand, Existenz eines objektiven Tatbestands (?) 539
          3. Reihenfolge von objektivem und subjektivem Tatbestand... 540
      II. Objektiver Tatbestand 541
          1. Grundlagen; Handlung 541
          2. Existenz weiterer objektiver Tatbestandsmerkmale (?)..... 541
              a) Allgemeines................................... 541
              b) Schaffung einer Gefahr des Erfolgseintritts (?) 541
                  aa) Allgemeines 541
                  bb) Aber: Strafbarkeit des sog. untauglichen Versuchs... 542
                  cc) Aber: Strafbarkeit nicht nur des sog. beendeten,
                      sondern auch des sog. unbeendeten Versuchs....... 546
              c) Unerlaubtheit der Handlung (?).................... 546
      II. Subjektiver Tatbestand................................ 547
          1. Grundlagen 547
          2. Vorsatz: Tatbestandsverwirklichungsentschluss und
              Ablaufplan (Tatentschluss; Tatplan; Vorhaben).......... 548
              a) Grundlagen 548
                  aa) Normative Grundlagen: § 22 StGB und § 43 I
                      StGB a. F.; Begriffliches...................... 548
                  bb) Übereinstimmung mit dem Vorsatz des
                      Vollendungsdelikts (?); Modifikationen; sog.
                      beendeter und unbeendeter Versuch............... 548
              b) Tatentschlossenheit (?) 549
              c) Mangelnder Vorsatz beim sog. Wahndelikt............ 552
                  aa) Begriff..................................... 552
                  bb) Unterscheidungsproblematik: sog. Wahndelikt vs.
                      sog. untauglicher Versuch...................... 553

c) Mangelnder Vorsatz beim sog. abergläubischen (irrealen)
Versuch 555
3. Unmittelbares Ansetzen zur Verwirklichung des
Tatbestandes nach Vorstellung (des Täters) von der Tat 557
a) Einordnung des objektiven Geschehens in den
tatbestandsbezogenen Vorsatz als Ansetzen und als
(Handlungs-)Unmittelbarkeit 557
b) Basis: Nach Vorstellung (des Täters) von der Tat 558
c) Ansetzen zur Verwirklichung des Tatbestandes nach
Vorstellung (des Täters) von der Tat 558
d) Unmittelbarkeit des Ansetzens nach Vorstellung
(des Täters) von der Tat.......................... 559
aa) Perplexität der normativen Grundlage(n) im Lichte
der Strafbarkeit (mancher) sog. unbeendeter
Versuche 559
bb) Sog. beendeter Versuch 561
cc) Sog. unbeendeter Versuch..................... 562
(1) Grundlagen............................. 562
(2) Fallbearbeitung: Arbeitsdefinition und
Kriterien 563
(3) Unmittelbarkeit als Gefahr der Fortsetzung
eines sog. unbeendeten Versuchs zu einem
sog. beendeten 567
dd) Besonderheiten bei der sog. mittelbaren
Täterschaft (inkl. Opferselbstschädigung),
§ 25 I 2. Var. StGB 568
ee) Besonderheiten bei der Mittäterschaft,
§ 25 II StGB 573
ff) Besonderheiten bei der sog. *actio libera in causa*.... 576
4. Ggf.: Sonstige subjektive Tatbestandsmerkmale.......... 577
E. Rechtswidrigkeit 577
F. Schuld.. 577
G. Rücktritt, § 24 StGB 577
I. Allgemeines.. 578
1. Grundlagen 578
2. Einordnung der Nichtbestrafung/Straflosigkeit.......... 579
3. Grund für die Nichtbestrafung/Straflosigkeit 580
II. „Vorprüfung": „Wegen Versuchs": Keine
Vollendung(sstrafbarkeit)............................. 583
III. „Anwendung des § 24 I StGB oder des § 24 II StGB";
Verhältnis dieser zueinander 584
IV. Rücktritt des Alleintäters, § 24 I StGB 585
1. Gefüge des § 24 I StGB............................ 585
a) Allgemeines................................... 585
b) Verhältnis von § 24 I 1 und 2 StGB 585
c) Verhältnis von § 24 I 1 1. Var. und 2. Var. StGB 587

2. Rücktritt nach § 24 I 1 StGB 588
   a) Rücktritt (schon) durch Aufgeben der weiteren
      Ausführung der Tat, § 24 I 1 1. Var. StGB 588
      aa) Aufbau 588
      bb) Grundlagen 588
      cc) Objektive Voraussetzungen 588
      dd) Subjektive Voraussetzungen 589
          (1) Grundlagen 589
          (2) Rücktrittsvorsatz im Zeitpunkt des geprüften
              Unterlassens (sog. Rücktrittshorizont) 589
          (a) Grundlagen 589
          (b) Vorsatz bzgl. Erforderlichkeit einer weiteren Handlung
              für die Schaffung einer unerlaubten Gefahr des
              Erfolgseintritts (Annahme eines sog. unbeendeten
              Versuchs) 589
          (c) Vorsatz bzgl. Handlung (in Gestalt eines
              Unterlassens) 593
          (d) Vorsatz bzgl. „der Tat": Unterlassene Handlung
              wäre Teil desselben tatbestandsmäßigen Versuchs
              gewesen (kein sog. fehlgeschlagener Versuch I) 593
          (e) Vorsatz bzgl. Möglichkeit einer Handlung in Gestalt
              fortgesetzten unmittelbaren Ansetzens (kein sog.
              fehlgeschlagener Versuch II) 599
          (f) Vorsatz bzgl. Ausbleiben des Erfolgs (Erlöschen des
              Vorsatzes bzgl. Erfolgsherbeiführung, auch in
              Unterscheidung zum Aufschieben) 607
          (g) Vorsatz bzgl. Verursachung des Ausbleibens des
              Erfolgs durch das Unterlassen 608
          (3) Freiwillig 608
   b) Rücktritt (erst) durch Verhindern der Vollendung,
      § 24 I 1 2. Var. StGB 615
      aa) Aufbau 615
      bb) Grundlagen 616
      cc) Objektive Voraussetzungen 616
          (1) Grundlagen 616
          (2) Bestehen einer Gefahr des Erfolgseintritts
              aufgrund der Verwirklichung des
              Versuchsstatbestands (sog. tauglicher
              beendeter Versuch) 616
          (3) Handlung 616
          (4) Schaffung einer Chance des Ausbleibens
              der Vollendung 617
          (5) Ausbleiben des Erfolgs 617
          (6) Verursachung 617
          (7) Verwirklichung der Chance im Ausbleiben der
              Vollendung 618

      (8) Weitere objektive Voraussetzungen (?) 618
     dd) Subjektive Voraussetzungen................... 619
      (1) Grundlagen............................ 619
      (2) (Rücktritts-)Vorsatz im Zeitpunkt der
        geprüften Handlung (sog. Rücktrittshorizont)... 619
      (3) Freiwillig.............................. 619
      (4) Ernsthaft (?).......................... 619
      (a) Anwendbarkeit des ernsthaften Bemühens auf
       § 24 I 1 2. Var. StGB 619
      (b) Anforderungen; Konsequenzen, insbesondere sog.
       suboptimaler Rücktritt.......................... 620
   3. Rücktritt nach § 24 I 2 StGB........................ 624
    a) Aufbau... 624
    b) Grundlagen.................................... 625
    c) Objektive Voraussetzungen....................... 625
     aa) Tat wird ohne Zutun des Zurücktretenden nicht
      vollendet................................... 625
      (1) Tat nicht vollendet...................... 625
      (2) Nichtvorliegen der objektiven
        Voraussetzungen des § 24 I 1 2. Var. StGB 626
     bb) Bemühen, die Vollendung zu verhindern.......... 628
    d) Subjektive Voraussetzungen 628
     aa) Rücktrittsvorsatz im Zeitpunkt der geprüften
      Handlung (sog. Rücktrittshorizont) 628
     bb) Freiwillig.................................. 628
     cc) Ernsthaft................................... 628
 V. Rücktritt bei mehreren Beteiligten, § 24 II StGB 628
   1. Grundlagen 629
   2. Rücktritt nach § 24 II 1 StGB 629
    a) Grundlagen.................................... 629
    b) Aufgeben als Verhinderung....................... 629
   3. Rücktritt nach § 24 II 2 StGB 630
H. Strafzumessung 631
 I. Grundsätzliche Rechtsfolge, § 23 II StGB 631
 II. Grober Unverstand, § 23 III StGB....................... 631
 III. Strafrahmenverschärfung, insbesondere: „Versuch" eines
   Regelbeispiels 634

11. Kapitel: Fahrlässiges Begehungsdelikt, § 15 StGB 637
A. Reine Fahrlässigkeitsdelikte 637
 I. Aufbau... 637
 II. Allgemeines... 638
   1. Grundlagen; Strafbarkeit........................... 638
   2. Struktur des Fahrlässigkeitsdelikts; Maßstab der
    Fahrlässigkeit; Konsequenzen für den Aufbau 641

		a) Fahrlässigkeit als Tatbestands- und/oder Schuldfrage ...	641
		b) Unterscheidung von objektivem und subjektivem Tatbestand beim Fahrlässigkeitsdelikt	642
		c) Maßstab der Fahrlässigkeit: Individualisierung (Subjektivierung) vs. Generalisierung (Objektivierung); Sonderwissen, Sonderfähigkeiten	643
		d) Verhältnis von Vorsatz und Fahrlässigkeit.	646
	III.	Tatbestand	646
		1. Objektiver Tatbestand	646
		a) Grundlagen	646
		b) Insbesondere: Objektive Fahrlässigkeit als Schaffung einer unerlaubten Gefahr des Erfolgseintritts und Verwirklichung dieser darin („objektive Zurechnung"); Verarbeitung der h. M.	647
		aa) Grundlagen	647
		bb) Schaffung einer unerlaubten Gefahr des Erfolgseintritts	648
		cc) Realisierung des unerlaubten Risikos: Objektive Vorhersehbarkeit des Erfolgseintritts	648
		c) Insbesondere: Täterschaft (und Teilnahme) beim Fahrlässigkeitsdelikt	649
		aa) Allgemeines	649
		bb) Fahrlässige Mittäterschaft (?).	650
		2. Subjektiver Tatbestand: Subjektive Fahrlässigkeit	652
		a) Grundlagen; Verarbeitung der h. M.	652
		b) Bewusste und unbewusste Fahrlässigkeit	652
		3. Ggf.: Leichtfertigkeit.	654
	VI.	Rechtswidrigkeit	657
	VI.	Schuld	658
		1. Allgemeines.	658
		2. Spezieller Entschuldigungsgrund: Unzumutbarkeit normgemäßen Verhaltens?.	658
B.	Vorsatz-Fahrlässigkeits-Kombinationen (Teilvorsatzdelikte)		659
	I.	Sog. echte/eigentliche Vorsatz-Fahrlässigkeits-Kombinationen . . .	659
	II.	Sog. erfolgsqualifizierte Delikte (unechte/uneigentliche Vorsatz-Fahrlässigkeits-Kombinationen).	662
		1. Vollendetes sog. erfolgsqualifiziertes Delikt.	662
		a) Aufbau.	662
		b) Grundlagen	663
		c) Erforderlichkeit, Prüfung und Bejahung eines sog. Grunddelikts	667
		d) Tatbestand	668
		aa) Grundlagen	668
		bb) Objektiver Tatbestand.	668
		(1) Handlung i. R. d. Grunddelikts	668

            (a) Grundlagen; Handlung zur Vollendung
                des Grunddelikts 668
            (b) Handlung nach Vollendung des Grunddelikts
                als Anknüpfungspunkt einer
                Erfolgsqualifikation (sukzessive
                Erfolgsqualifikation) (?) 669
            (c) Versuch des Grunddelikts als
                Anknüpfungspunkt einer Vollendung
                der Erfolgsqualifikation (?) 669
        (2) Schaffung einer unerlaubten Gefahr des
            Eintritts der sog. schweren Folge durch die
            Verwirklichung des Grunddelikts 670
            (a) Grundlagen; Bezugspunkt der sog.
                schweren Folge 670
            (b) Grundsatz des § 18 StGB: wenigstens
                Fahrlässigkeit 670
            (c) Spezialregelungen im Besonderen Teil 671
            (d) Begründung der unerlaubten Gefahr bereits
                durch Verwirklichung des Grunddelikts (?) . . . 671
            (e) Mangelnde Schaffung einer unerlaubten
                Gefahr trotz Verwirklichung des
                Grunddelikts 672
        (3) Eintritt der sog. schweren Folge 673
        (4) Verursachung der sog. schweren Folge durch
            die Verwirklichung des Grunddelikts 673
        (5) Verwirklichung der unerlaubten Gefahr durch
            die Verwirklichung des Grunddelikts im Eintritt
            der sog. schweren Folge (erfolgsqualif-
            ikationsspezifische, Unmittelbarkeits-, Risiko-,
            Gefahrverwirklichungszusammenhang) 673
            (a) Grundlagen 673
            (b) Anforderungen 674
        (6) Täterschaft, § 25 StGB 676
      cc) Subjektiver Tatbestand 676
   2. Versuchtes sog. erfolgsqualifiziertes Delikt 677
      a) Allgemeines 677
      b) Durchgängiger Vorsatz bzgl. sog. Grunddelikt und sog.
         Erfolgsqualifikation 677
         aa) Allgemeines 677
         bb) Versuch bei Ausbleiben der sog. schweren Folge . . . 677
            (1) Sog. Grunddelikt vollendet 677
            (2) Sog. Grunddelikt nur versucht 679

cc) Versuch bei Eintritt der sog. schweren Folge 680
dd) Rücktritt, § 24 StGB 684
c) Nur Fahrlässigkeit bzgl. sog. Erfolgsqualifikation 685

12. **Kapitel: Begehen durch Unterlassen (sog. unechtes Unterlassungsdelikt), § 13 StGB** 687
    A. Grundlagen 687
    B. Vorsätzliches vollendetes täterschaftliches unechtes Unterlassungsdelikt 691
        I. Aufbau 691
        II. Allgemeines 692
        III. Vorprüfung (?); Unterscheidung von Begehen (aktivem Tun) und Unterlassen; Behandlung eines Begehens als Unterlassen.. 692
            1. Grundlagen 692
            2. Unterscheidung von Begehen (aktivem Tun) und Unterlassen 693
            3. Lediglich Unterlassungsstrafbarkeit trotz Begehens (?) 696
                a) Allgemeines 696
                b) Rücknahme von Rettungsbemühungen 697
                c) Sog. *Omissio libera in causa* 697
                d) Sog. Sterbehilfe 698
                e) Sog. Produkthaftung 698
        IV. Tatbestand 699
            1. Objektiver Tatbestand 699
                a) Grundlagen 699
                b) Tatsituation: Gefahr des Erfolgseintritts 700
                c) Unterlassen (der Erfolgsabwendung) 701
                    aa) Grundlagen 701
                    bb) Nichtvornahme einer möglichen Handlung 701
                    cc) Unterlassene Handlung hätte Gefahr verringert 703
                d) Täterkreis (Tatsubjekt): Rechtlich dafür einzustehen haben, dass der Erfolg nicht eintritt; Einstandsperson (sog. Garantenstellung) 704
                    aa) Allgemeines 705
                        (1) Grundlagen 705
                        (2) Begriffliches 705
                        (3) Allgemeine Anforderungen 705
                        (4) Unterteilungen der Einstandspersonen 708
                        (5) Pflichtenumfang als Frage der Einstandsperson (?) 709
                    bb) Sonderbeziehung zum Tatgegenstand (insbesondere: Tatopfer): Sog. Obhutsgarant/Beschützergarant 709
                        (1) Allgemeines 709

		(2)	(Rein) Gesetzliche (außervertragliche) Sonderbeziehung zum konkreten Tatgegenstand..........................	710

        (2) (Rein) Gesetzliche (außervertragliche) Sonderbeziehung zum konkreten Tatgegenstand.......................... 710
            (a) Allgemeines......................... 710
            (b) Eltern-Kind-Verhältnis, §§ 1601, 1618a, 1626, 1626a, 1631 BGB 710
            (c) Sonstige Familie/Angehörige (?) 712
        (3) Gewillkürte Sonderbeziehung zum konkreten Tatgegenstand.......................... 713
            (a) Allgemeines......................... 713
            (b) In Vollzug gesetzte Vereinbarung 713
            (c) Sonderfälle 716
    cc) Sonderbeziehung zur Tatsituation (in Gestalt der Gefahr des Erfolgseintritts): Sog. Überwachergarant........................... 722
        (1) Allgemeines 722
        (2) (Rein) Gesetzliche (außervertragliche) Sonderbeziehung zur Tatsituation 722
            (a) Allgemeines......................... 722
            (b) Gesetzliche Beaufsichtigungspflicht....... 722
        (3) Gewillkürte Sonderbeziehung zur Tatsituation... 723
            (a) Allgemeines......................... 723
            (b) Gewillkürte Beaufsichtigung des Verhaltens anderer Menschen............ 725
            (c) Gewillkürte tatsächliche Gewalt über die Gefahrenquelle (Verkehrssicherungspflicht)............... 728
            (d) Vorherige eigene unerlaubte Gefahrschaffung (sog. Ingerenz).......... 733
  e) Unerlaubtheit des Unterlassens (der Erfolgsabwendung), „objektive Zurechnung" I, „Zumutbarkeit"............ 739
    aa) Grundlagen; erlaubtes (Rest-)Risiko der Unterlassung................................ 739
    bb) Sog. Zumutbarkeit (?) 740
    cc) Sog. Pflichtenkollision 741
    dd) Insbesondere: Gefährdetenzustimmung........... 743
        (1) Grundlagen............................ 743
        (2) Insbesondere: Zustimmung bzgl. §§ 216, 13 StGB................................. 743
        (3) Insbesondere: Reichweite des § 228 StGB i. F. d. Unterlassens 749
f) Erfolgseintritt.................................... 749
g) Verursachung (hypothetische/Quasi-Kausalität)........ 749

        h) Verwirklichung des unerlaubten Unterlassens der Erfolgsabwendung im Erfolgseintritt („objektive Zurechnung" II) 753
        i) Unterlassen entspricht der Verwirklichung des gesetzlichen Tatbestandes durch ein Tun (sog. Entsprechungsklausel, Modalitätenäquivalenz) 753
        j) Täterschaft, § 25 StGB 754
    2. Subjektiver Tatbestand 757
        a) Allgemeines 757
        b) Unterlassen entspricht der Verwirklichung des gesetzlichen Tatbestandes durch ein Tun (sog. Entsprechungsklausel, Modalitätenäquivalenz) 757
  V. Rechtswidrigkeit 758
  VI. Schuld 758
  VII. Strafzumessung 758
C. Versuchtes täterschaftliches unechtes Unterlassungsdelikt 759
  I. Aufbau 759
  II. Allgemeines 759
  III. „Vorprüfungen" 760
  IV. Tatbestand 761
    1. Grundlagen 761
    2. Insbesondere: Unmittelbares Ansetzen zur Verwirklichung des Tatbestandes nach Vorstellung (des Täters) von der Tat . . . 761
  V. Rechtswidrigkeit 762
  VI. Schuld 762
  VII. Strafzumessung 762
  VIII. Rücktritt, § 24 StGB 762
D. Fahrlässiges unechtes Unterlassungsdelikt 762
  I. Aufbau 763
  II. Erläuterungen 763

13. Kapitel: Teilnahmedelikte (Anstiftung und Beihilfe; Versuch der Beteiligung), §§ 26 ff. StGB 765
A. Grundlagen 765
  I. Allgemeines; Begriffliches 765
  II. (Gemeinsamer?) Strafgrund 767
B. Vollendete Teilnahme durch Begehen 769
  I. Allgemeines 769
  II. Anstiftung, § 26 StGB 770
    1. Aufbau 770
    2. Allgemeines 770
    3. Tatbestand 771
        a) Objektiver Tatbestand 771
            aa) Grundlagen 771
            bb) Handlung 771

cc) Bestimmen: Unerlaubte Schaffung einer Gefahr, dass ein anderer Mensch einen (ggf. weiteren) Beweggrund für die Begehung einer vorsätzlichen rechtswidrigen (Haupt-)Tat fasst und diese deshalb begeht 771
   (1) Allgemeines; Form der Einflussnahme 771
   (2) Bezugspunkt Zwischenerfolg: Unerlaubte Schaffung einer Gefahr, dass anderer Mensch einen (ggf. weiteren) Beweggrund für die Begehung einer vorsätzlichen rechtswidrigen (Haupt-)Tat fasst. 775
      (a) Grundlagen 775
      (b) Sog. *omnimodo facturus* (?) 776
   (3) Bezugspunkt Erfolg: Begehung einer vorsätzlichen rechtswidrigen (Haupt-)Tat durch anderen Menschen 782
      (a) Allgemeines; sog. limitierte Akzessorietät ... 782
      (b) (Haupt-)Tat 783
      (c) Vorsätzlich begangen; rechtswidrig. 785
   (4) Schaffung einer Gefahr 788
   (5) Unerlaubtheit der Gefahrschaffung 789
      (a) Grundlagen 789
      (b) Abstrakte Unerlaubtheit 789
      (c) Konkrete Unerlaubtheit................. 795
dd) Zwischenerfolgseintritt: Anderer Mensch fasst Beweggrund für die Begehung einer vorsätzlichen rechtswidrigen (Haupt-)Tat 797
ee) Erfolgseintritt: Begehung einer vorsätzlichen rechtswidrigen (Haupt-)Tat durch anderen Menschen 797
ff) Verursachung von Zwischenerfolg und Erfolg 797
gg) Verwirklichung der unerlaubten Gefahrschaffung im Eintritt von Zwischenerfolg und Erfolg 797
hh) „Täterschaft" bzgl. Bestimmen 798
b) Subjektiver Tatbestand 799
  aa) Allgemeines; Irrtum über Tatumstände, § 16 StGB. . . 799
  bb) Insbesondere: Auswirkung eines *error in persona* des (Haupt-)Täters 801
4. Rechtswidrigkeit 805
5. Schuld 805
6. Strafzumessung.................................... 805
  a) Allgemeines..................................... 805
  b) Besondere persönliche Merkmale, § 28 StGB 805
    aa) Grundlagen................................. 806
    bb) Begriff der „besonderen persönlichen Merkmale". . . 807

		(1)	Verweis auf § 14 I StGB:
			„Merkmal" 807
		(2)	„Persönliche" 808
		(3)	„Besondere"; täter- und
			tatbezogene Merkmale (?) 808
	cc) § 28 I StGB 810
	dd) § 28 II StGB 810
III.	Beihilfe, § 27 StGB 812
	1. Aufbau 812
	2. Allgemeines 813
	3. Tatbestand 814
	a) Objektiver Tatbestand 814
	aa) Allgemeines 814
	bb) Handlung 814
	cc) Hilfeleisten: Unerlaubte Schaffung einer
	Gefahr(steigerung) bzgl. der vorsätzlichen
	rechtswidrigen (Haupt-)Tat eines anderen
	Menschen 814

(1) Grundlagen 814
(2) Bezugspunkt Erfolg: Begehung
    einer vorsätzlichen rechtswidrigen
    (Haupt-)Tat durch anderen
    Menschen 816
    (a) Allgemeines 816
    (b) Beihilfe nach Vollendung der
        (Haupt-)Tat, sog. sukzessive
        Beihilfe (?) 816
(3) Schaffung einer Gefahr 820
(4) Unerlaubtheit der Gefahrschaffung ... 822
    (a) Allgemeines 823
    (b) „Neutrale" Beihilfe 823

dd) Erfolgseintritt: Begehung einer
    vorsätzlichen rechtswidrigen (Haupt-)
    Tat durch anderen Menschen 827
ee) Verursachung des Erfolgseintritts 827
ff) Verwirklichung der unerlaubten
    Gefahrschaffung im Erfolgseintritt 827
gg) „Täterschaft" bzgl. Hilfeleisten 828
b) Subjektiver Tatbestand 828
    aa) Grundlagen 828
    bb) Konkretisierung der Vorstellung von
        der Haupttat (?) 828
4. Rechtswidrigkeit 830
5. Schuld 830
6. Strafzumessung 830

C. Vollendete Teilnahme durch Unterlassen, §§ 26 ff., 13 StGB 830
D. Versuchte Teilnahme durch Begehen, „Versuch der Beteiligung",
§ 30 StGB... 831
   I. Allgemeines.. 832
   II. § 30 I StGB 833
      1. Aufbau.. 833
      2. Grundlagen 833
      3. „Vorprüfung"................................... 835
         a) Allgemeines................................. 835
         b) Keine Strafbarkeit wegen vollendeter Anstiftung....... 835
         c) Strafbarkeit des Versuchs: Verbrechen als (Haupt-)Tat... 835
      4. Tatbestand 837
         a) Grundlagen 837
         b) Objektiver Tatbestand 837
         c) Subjektiver Tatbestand 837
            aa) Grundlagen 837
            bb) Vorsatz: Tatbestandsverwirklichungsentschluss
                und Ablaufplan (sog. Tatentschluss; Tatplan)........ 837
                (1) Versuchte Anstiftung 837
                (2) Versuchte Anstiftung zur Anstiftung (sog.
                    Kettenanstiftung) 838
            cc) Unmittelbares Ansetzen zur Verwirklichung des
                Tatbestandes nach Vorstellung (des Täters) von
                der Tat.................................... 838
      5. Rechtswidrigkeit 839
      6. Schuld 839
      7. Rücktritt, § 31 I Nr. 1, II StGB 839
         a) Allgemeines................................. 839
         b) Rücktritt nach § 31 I Nr. 1 StGB................... 840
            aa) Grundlagen 840
            bb) Aufgeben des Versuchs, einen anderen zu einem
                Verbrechen zu bestimmen 841
            cc) Abwenden einer etwa bestehenden Gefahr, dass der
                andere die Tat begeht 841
         c) Rücktritt nach § 31 II StGB...................... 841
      8. Strafzumessung 842
   III. § 30 II StGB....................................... 842
      1. Aufbau.. 842
      2. Grundlagen 842
      3. Tatbestand 843
         a) Allgemeines................................. 843
         b) Objektiver Tatbestand 843
            aa) Grundlagen 843
            bb) Sich-bereit-Erklären, ein Verbrechen zu begehen
                oder zu ihm anzustiften, § 30 II 1. Var. StGB 843

cc) Erbieten eines anderen Annehmen, ein Verbrechen zu begehen oder zu ihm anzustiften, § 30 II 2. Var. StGB 845
dd) Mit einem anderen Verabreden, ein Verbrechen zu begehen oder zu ihm anzustiften, § 30 II 3. Var. StGB 846
    c) Subjektiver Tatbestand 848
  4. Rechtswidrigkeit 849
  5. Schuld 849
  6. Rücktritt, § 31 I Nr. 2, 3, II StGB 849
    a) Allgemeines..................................... 850
    b) Rücktritt nach § 31 I Nr. 2 StGB................... 850
    c) Rücktritt nach § 31 I Nr. 3 StGB................... 850
    d) Rücktritt nach § 31 II StGB 850
  7. Strafzumessung 850
E. Versuchte Teilnahme/„Versuch der Beteiligung" durch Unterlassen, §§ 30, 13 StGB.. 851
F. Teilnahme an den Teilnahmedelikten........................... 851

14. Kapitel: „Mehrere Gesetzesverletzungen" (sog. Konkurrenzen), §§ 52 ff. StGB 853

A. Grundlagen 854
B. Erste Vorüberlegung: Mehrheit von Strafgesetzverletzungen; Tatbestandserfüllungseinheit (tatbestandliche Bewertungseinheit; tatbestandliche Handlungseinheit; Erfolgseinheit) 858
  I. Allgemeines; Begriffliches; Grundfall der Tatbestandserfüllungseinheit 858
  II. Sog. mehraktige, zusammengesetzte und pauschalierende Delikte, Organisationsdelikte........................... 859
  III. Aufrechterhaltung eines sog. Dauerdelikts 861
  IV. Sog. iterative oder sukzessive Tatbestandserfüllung zu Lasten desselben Rechtsguts(trägers) 862
  V. Erfüllung mehrerer Tatbestandsvarianten 864
  VI. Exkurs: Fortgesetzte Handlung und Fortsetzungstat (Fortsetzungszusammenhang) – überholt 865
C. Zweite Vorüberlegung: Sog. Gesetzeseinheit (Gesetzeskonkurrenz, unechte, scheinbare Konkurrenz, Scheinkonkurrenz) 866
  I. Allgemeines.. 867
  II. Sog. Spezialität 869
  III. Sog. Subsidiarität................................. 871
    1. Sog. ausdrückliche (formelle) Subsidiarität 871
    2. Sog. stillschweigende (materielle) Subsidiarität......... 873
      a) Allgemeines................................... 873
      b) Versuchsdelikt gegenüber Vollendungsdelikt 873
      c) Fahrlässigkeitsdelikt gegenüber Vorsatzdelikt 873

    e) Unterlassungsdelikt gegenüber Begehungsdelikt 873
    f) Teilnahmedelikt gegenüber Täterschaftsdelikt 874
    g) Durchgangsdelikt 874
    h) Gefährdungsdelikt gegenüber Verletzungsdelikt 875
  IV. Sog. Konsumtion 876
    1. Allgemeines..................................... 876
    2. Bei Gleichzeitigkeit: Sog. mitbestrafte Begleittat......... 877
    3. Bei Vor- oder Nachzeitigkeit: Sog. mitbestrafte Vor- oder
      Nachtat... 878
      a) Sog. mitbestrafte Vortat.......................... 878
      b) Sog. mitbestrafte Nachtat 879
D. Tateinheit, § 52 StGB..................................... 880
  I. Allgemeines.. 880
  II. „Dieselbe Handlung" im körperlichen Sinne (natürliche
    Handlungseinheit) 882
  III. „Dieselbe Handlung" im normativen Sinne (juristische
    Handlungseinheit) 883
    1. Teilidentität 883
    2. Klammerwirkung (Verklammerung)................... 885
    3. Sog. natürliche Handlungseinheit..................... 888
E. Tatmehrheit, §§ 53 ff. StGB................................. 891

15. Kapitel: Materiell-rechtliche Handhabung unvollständiger Tatsachenfeststellungen 893

A. Grundlagen 893
B. Vorab: Lebensnahe Auslegung (Ergänzung) eines Sachverhalts in der Fallbearbeitung... 894
C. Grundsatz: *in dubio pro reo*, Art. 6 II EMRK, § 261 StPO 894
D. Ausnahmen 895
  I. Allgemeines.. 895
  II. Sog. unechte (gleichartige) Wahlfeststellung 895
  III. Stufenverhältnis 897
  IV. Sog. Post- und Präpendenz 897
  V. Sog. echte (ungleichartige) Wahlfeststellung (?)............. 898
    1. Allgemeines..................................... 899
    2. Zulässigkeit (?) 900
    3. Ggf.: Verhältnis der Delikte zueinander 901
    4. Fallgruppen 902

Teil I
Einführung in das Strafrecht

1. Kapitel: Begriffliches; Inhalt der Strafnormen; Quellen des Strafrechts; Unterteilungen

A. Grundbegriffe

I. Strafrecht, Straftat, Strafbarkeit, Straftäter; Kriminalität, Delinquenz

Strafrecht ist derjenige Teil der Rechtsordnung, der die Voraussetzungen und Rechtsfolgen der Straftaten regelt.[1]

Straftat (auch: Delikt) ist ein menschliches Verhalten, für das eine Rechtsnorm Strafe vorsieht.[2]

Ein solches Verhalten ist also **strafbar** (umgangssprachlich: kriminell).

Man spricht auch davon, dass die Rechtsnorm das Verhalten **pönalisiert** (von lateinisch *poena* = Strafe).

Derjenige, der sich strafbar gemacht hat, ist ein **Straftäter**.[3]

> **Beispiel 1**
>
> B versetzte Z einen Faustschlag. ◄

Hierzu s. aus dem Strafgesetzbuch (StGB):

§ 223 I StGB (Körperverletzung)
Wer eine andere Person körperlich misshandelt oder an der Gesundheit schädigt, wird mit Freiheitsstrafe bis zu fünf Jahren oder mit Geldstrafe bestraft.

---

[1] Hoyer, AT, 1996, S. 1; Kindhäuser/Hilgendorf, LPK, 8. Aufl. 2019, vor § 1 Rn. 1.
[2] Hoyer, AT, 1996, S. 1.
[3] Hoyer, AT, 1996, S. 1.

> **Beispiel 2**
> B rempelte Z absichtlich an, griff in dessen Hosentasche, zog das Portemonnaie des Z heraus und steckte es in seine eigene Tasche, um das dort enthaltene Geld für sich zu verwenden. ◄

Hierzu s.:

> **§ 242 I StGB (Diebstahl)**
> Wer eine fremde bewegliche Sache einem anderen in der Absicht wegnimmt, die Sache sich oder einem Dritten rechtswidrig zuzueignen, wird mit Freiheitsstrafe bis zu fünf Jahren oder mit Geldstrafe bestraft.

Die Verwirklichung von Straftaten wird auch als **Kriminalität**[4] oder Delinquenz[5] bezeichnet.

Im juristischen Sinne ist die Existenz von Kriminalität mithin von der Existenz der Strafnormen abhängig, so dass eine Abschaffung aller Strafnormen die Abschaffung der Kriminalität bewirkt. Nicht abgeschafft wird damit natürlich die jeweilige Verhaltensweise.

II. Verbrechen und Vergehen, § 12 StGB

2   Die umgangssprachlich synonym für Kriminalität und Straftaten verwendeten Begriffe **Verbrechen** und **Vergehen** haben im Strafrecht gem. § 12 StGB eine genau festgelegte Bedeutung.

> **§ 12 I, II StGB (Verbrechen und Vergehen)**
> (1) Verbrechen sind rechtswidrige Taten, die im Mindestmaß mit Freiheitsstrafe von einem Jahr oder darüber bedroht sind.
> (2) Vergehen sind rechtswidrige Taten, die im Mindestmaß mit einer geringeren Freiheitsstrafe oder die mit Geldstrafe bedroht sind.

Ein (weiteres, §§ 223, 242 StGB s.o.) Beispiel für ein Vergehen ist:

> **§ 263 I StGB (Betrug)**
> Wer in der Absicht, sich oder einem Dritten einen rechtswidrigen Vermögensvorteil zu verschaffen, das Vermögen eines anderen dadurch beschädigt, dass er durch Vorspiegelung falscher oder durch Entstellung oder Unterdrückung wahrer Tatsachen einen Irrtum erregt oder unterhält, wird mit Freiheitsstrafe bis zu fünf Jahren oder mit Geldstrafe bestraft.

---

[4] S. nur Hassemer/Neumann, in: NK-StGB, 5. Aufl. 2017, vor § 1 Rn. 3; zu weiteren Kriminalitätsbegriffen Schwind, Kriminologie, 23. Aufl. 2016, § 1 Rn. 1 ff.
[5] S. Meier, Kriminologie, 6. Aufl. 2021, § 1 Rn. 13.

A. Grundbegriffe

Im examensrelevanten Bereich sind die wichtigsten Vergehen die §§ 113, 114, 123, 132, 132a, 133, 134, 136, 138, 142, 145d, 153, 156, 160, 161, 164, 185, 186, 187, 201, 201a, 202, 202a, 202b, 202c, 202d, 203, 216, 217, 221 I, 222, 223, 224, 225 I, 229, 231, 238 I, II, 239 I, 240, 241, 242, 244 I, 246, 248b, 248c, 253, 257, 258, 258a, 259, 260, 261, 263 I, 265, 265a, 266, 267 I, 268, 269, 271, 274, 281, 289, 292, 293, 303, 303a, 303b, 304, 305, 305a, 306d, 306f, 315b I, IV, V, 315c, 315d I, II, IV, 316, 323a, 323c I und II, 331, 332 I, 333, 334, 340, 348 StGB.

Ein Beispiel für ein Verbrechen ist § 249 I StGB (Raub):

> **§ 249 I StGB (Raub)**
> Wer mit Gewalt gegen eine Person oder unter Anwendung von Drohungen mit gegenwärtiger Gefahr für Leib oder Leben eine fremde bewegliche Sache einem anderen in der Absicht wegnimmt, die Sache sich oder einem Dritten rechtswidrig zuzueignen, wird mit Freiheitsstrafe nicht unter einem Jahr bestraft.

Im examensrelevanten Bereich sind die wichtigsten Verbrechen die §§ 154, 212 I, 211, 221 II, 225 III, 226, 227, 238 III, 239 III, IV, 239a, b, 244 IV, 244a, 249, 250, 251, 252, 255, 260a, 263 V, 267 IV, 306, 306a, 306b, 306c, 315b III i. V. m. 315 III, 315d V, 316a, 332 II, 339 StGB.

Verbrechen und Vergehen werden nach Maßgabe der **Untergrenze des Regelstrafrahmens** unterschieden, unabhängig von einer erwarteten oder später tatsächlich festgesetzten Strafe.[6]

Strafrahmenverschiebungen durch besonders schwere oder minder schwere Fälle werden nicht berücksichtigt, § 12 III StGB.

> **§ 12 III StGB (Verbrechen und Vergehen)**
> Schärfungen oder Milderungen, die nach den Vorschriften des Allgemeinen Teils oder für besonders schwere oder minder schwere Fälle vorgesehen sind, bleiben für die Einteilung außer Betracht.

Schärfungen, die nach den Vorschriften des Allgemeinen Teils vorgesehen sind, existieren nicht.

Milderungen (mit der Folge der Anwendung des § 49 I StGB), die nach den Vorschriften des Allgemeinen Teils vorgesehen sind, sind die §§ 13 II, 17 S. 2, 21, 23 II, 27 II, 28 I, 30, 35 II, 46a, 46b StGB.

So heißt es z. B. für die Strafbarkeit eines Versuchstäters:

> **§ 23 II StGB**
> Der Versuch kann milder bestraft werden als die vollendete Tat (§ 49 Abs. 1).

---

[6] S. nur B. Heinrich, AT, 6. Aufl. 2019, Rn. 152.

Besonders schwere und minder schwere Fälle regelt der Gesetzgeber bei den einzelnen Delikten, insbesondere im Besonderen Teil des StGB.

4 In Anwendung des § 12 III StGB bleibt es allerdings beim Verbrechenscharakter, auch wenn die Mindeststrafe durch Annahme eines minder schweren Falls unter ein Jahr fällt, z. B. § 249 StGB (Raub):

> **§ 249 StGB (Raub)**
> (1) Wer mit Gewalt gegen eine Person oder unter Anwendung von Drohungen mit gegenwärtiger Gefahr für Leib oder Leben eine fremde bewegliche Sache einem anderen in der Absicht wegnimmt, die Sache sich oder einem Dritten rechtswidrig zuzueignen, wird mit Freiheitsstrafe nicht unter einem Jahr bestraft.
> (2) In minder schweren Fällen ist die Strafe Freiheitsstrafe von sechs Monaten bis zu fünf Jahren.

Andersherum wird ein Vergehen nicht dadurch zum Verbrechen, dass ein besonders schwerer Fall vorliegt, auch wenn dessen Mindeststrafe bei einem Jahr oder darüber liegt, z. B. § 253 I, IV StGB (Erpressung):

> **§ 253 StGB (Erpressung)**
> (1) Wer einen Menschen rechtswidrig mit Gewalt oder durch Drohung mit einem empfindlichen Übel zu einer Handlung, Duldung oder Unterlassung nötigt und dadurch dem Vermögen des Genötigten oder eines anderen Nachteil zufügt, um sich oder einen Dritten zu Unrecht zu bereichern, wird mit Freiheitsstrafe bis zu fünf Jahren oder mit Geldstrafe bestraft.
> [...]
> (4) In besonders schweren Fällen ist die Strafe Freiheitsstrafe nicht unter einem Jahr. Ein besonders schwerer Fall liegt in der Regel vor, wenn der Täter gewerbsmäßig oder als Mitglied einer Bande handelt, die sich zur fortgesetzten Begehung einer Erpressung verbunden hat.

Erhöhungen des Strafrahmens, die von bestimmten Voraussetzungen abhängig gemacht werden, die aber nicht zwingend und nicht abschließend sind („in der Regel"), sind sog. **Regelbeispiele**.[7]

Diese unterscheidet man von den **unbenannten besonders schweren Fällen**.

---

[7] S. nur Fischer, StGB, 68. Aufl. 2021, § 46 Rn. 90 ff.

A. Grundbegriffe

Demgegenüber sind zwingend anzuwendende Strafrahmenänderungen beachtlich, und zwar sowohl straferhöhende (sog. **Qualifikationen**) als auch strafsenkende (sog. **Privilegierungen**).

Ein Beispiel für eine Qualifikation, die im Unterschied zum sog. Grunddelikt ein Verbrechen ist, ist § 263 V StGB:

> **§ 263 StGB (Betrug)**
> (1) Wer in der Absicht, sich oder einem Dritten einen rechtswidrigen Vermögensvorteil zu verschaffen, das Vermögen eines anderen dadurch beschädigt, dass er durch Vorspiegelung falscher oder durch Entstellung oder Unterdrückung wahrer Tatsachen einen Irrtum erregt oder unterhält, wird mit Freiheitsstrafe bis zu fünf Jahren oder mit Geldstrafe bestraft.
> [...]
> (5) Mit Freiheitsstrafe von einem Jahr bis zu zehn Jahren, in minder schweren Fällen mit Freiheitsstrafe von sechs Monaten bis zu fünf Jahren wird bestraft, wer den Betrug als Mitglied einer Bande, die sich zur fortgesetzten Begehung von Straftaten nach den §§ 263 bis 264 oder 267 bis 269 verbunden hat, gewerbsmäßig begeht.

Ein Beispiel für eine sog. Privilegierung, die im Unterschied zum sog. Grunddelikt ein Vergehen ist, ist § 216 I StGB (im Verhältnis zum Grunddelikt des § 212 I StGB)[8]:

> **§ 216 I StGB (Tötung auf Verlangen)**
> Ist jemand durch das ausdrückliche und ernstliche Verlangen des Getöteten zur Tötung bestimmt worden, so ist auf Freiheitsstrafe von sechs Monaten bis zu fünf Jahren zu erkennen.

An die Einordnung als Verbrechen oder Vergehen schließen sich materiellrechtliche (§§ 23 I, 30, 45, 126 I, 138 I Nr. 6, 241 II StGB) und prozessuale (§§ 53 II 2, 81h I, 140 I Nr. 2, 153, 153a, 154c II, 373a I, 407 StPO, §§ 24, 25, 74 I GVG, § 1 II Nr. 2 OEG) **Rechtsfolgen** an.

Zum Beispiel gilt für eine etwaige Versuchsstrafbarkeit § 23 I StGB.

> **§ 23 I StGB (Strafbarkeit des Versuchs)**
> Der Versuch eines Verbrechens ist stets strafbar, der Versuch eines Vergehens nur dann, wenn das Gesetz es ausdrücklich bestimmt.

---

[8] Ganz h.M., s. nur Kindhäuser/Hilgendorf, LPK, 8. Aufl. 2019, § 216 Rn. 1.

Auch die Bedrohung gem. § 241 StGB bezieht sich z. T. nur auf Verbrechen.

> **§ 241 StGB (Bedrohung)**
> (1) Wer einen Menschen mit der Begehung einer gegen ihn oder eine ihm nahestehende Person gerichteten rechtswidrigen Tat gegen die sexuelle Selbstbestimmung, die körperliche Unversehrtheit, die persönliche Freiheit oder gegen eine Sache von bedeutendem Wert bedroht, wird mit Freiheitsstrafe bis zu einem Jahr oder mit Geldstrafe bestraft.
> (2) Wer einen Menschen mit der Begehung eines gegen ihn oder eine ihm nahestehende Person gerichteten Verbrechens bedroht, wird mit Freiheitsstrafe bis zu zwei Jahren oder mit Geldstrafe bestraft.
> (3) Ebenso wird bestraft, wer wider besseres Wissen einem Menschen vortäuscht, daß die Verwirklichung eines gegen ihn oder eine ihm nahestehende Person gerichteten Verbrechens bevorstehe.
> (4) Wird die Tat öffentlich, in einer Versammlung oder durch Verbreiten eines Inhalts (§ 11 Absatz 3) begangen, ist in den Fällen des Absatzes 1 auf Freiheitsstrafe bis zu zwei Jahren oder auf Geldstrafe und in den Fällen der Absätze 2 und 3 auf Freiheitsstrafe bis zu drei Jahren oder auf Geldstrafe zu erkennen.
> (5) Die für die angedrohte Tat geltenden Vorschriften über den Strafantrag sind entsprechend anzuwenden.

In strafprozessualer Hinsicht ist beispielsweise eine Verfahrenseinstellung nach § 153 I 1 StPO nur bei Vergehen und nicht bei Verbrechen möglich.

> **§ 153 I 1 StPO (Absehen von der Verfolgung bei Geringfügigkeit)**
> Hat das Verfahren ein Vergehen zum Gegenstand, so kann die Staatsanwaltschaft mit Zustimmung des für die Eröffnung des Hauptverfahrens zuständigen Gerichts von der Verfolgung absehen, wenn die Schuld des Täters als gering anzusehen wäre und kein öffentliches Interesse an der Verfolgung besteht.

6 § 12 StGB hat rein gesetzestechnische Bedeutung, indem er die materiellrechtliche und prozessualen Abschichtungen zwischen leichteren und schwereren Delikten mithilfe einer Globalverweisung erleichtert. Der sachliche Unterschied (gerade bzgl. der konkreten Strafhöhe im Einzelfall) zwischen Verbrechen und Vergehen wird durch die Existenz zahlreicher benannter und unbenannter schwerer und minder schwerer Fälle sowie allgemeine Strafrahmenüberschneidungen nivelliert.

III. Formeller und materieller Straftatbegriff

Zu unterscheiden sind die formellen, legalistischen, technischen, strafrechtlichen Begriffe des positiven Rechts von **materiellen** Konzepten von Straftaten, Kriminalität, Delinquenz etc.[9] Diese beschäftigen sich insbesondere

- erstens damit, ob alles, was nach geltender Rechtslage strafbar ist, dies richtigerweise so ist oder eine Straflosstellung (Entkriminalisierung) aus verfassungsrechtlichen Gründen geboten oder aus kriminalpolitischen Gründen vorzugswürdig wäre,
- zweitens (quasi umgekehrt) damit, ob andererseits die Straflosigkeit bestimmter Verhaltensweisen durch Schaffung einer entsprechenden Strafnorm aus verfassungsrechtlichen Gründen aufgehoben werden muss oder aus kriminalpolitischen Gründen aufgehoben werden sollte.

IV. Strafe

Das StGB verwendet den Begriff der **Strafe** für die Rechtsfolgen der §§ 38–60 StGB, insbesondere Geld- und Freiheitsstrafe.

Der Begriff der Strafe ist insofern nicht deckungsgleich mit den geltenden Rechtsfolgemöglichkeiten nach Begehung einer Straftat, denn es können z. B. auch „Maßregeln der Besserung und Sicherung" gem. §§ 61 ff. StGB unter den dort genannten Voraussetzungen verhängt werden, z. B.:

> **§ 63 StGB (Unterbringung in einem psychiatrischen Krankenhaus)**
> Hat jemand eine rechtswidrige Tat im Zustand der Schuldunfähigkeit (§ 20) oder der verminderten Schuldfähigkeit (§ 21) begangen, so ordnet das Gericht die Unterbringung in einem psychiatrischen Krankenhaus an, wenn die Gesamtwürdigung des Täters und seiner Tat ergibt, daß von ihm infolge seines Zustandes erhebliche rechtswidrige Taten, durch welche die Opfer seelisch oder körperlich erheblich geschädigt oder erheblich gefährdet werden oder schwerer wirtschaftlicher Schaden angerichtet wird, zu erwarten sind und er deshalb für die Allgemeinheit gefährlich ist. Handelt es sich bei der begangenen rechtswidrigen Tat nicht um eine im Sinne von Satz 1 erhebliche Tat, so trifft das Gericht eine solche Anordnung nur, wenn besondere Umstände die Erwartung rechtfertigen, dass der Täter infolge seines Zustandes derartige erhebliche rechtswidrige Taten begehen wird.

Erstens ist der rechtstechnische, enge Gebrauch der Strafe im StGB zu unterscheiden von dem der sog. „**Sanktion**" als Oberbegriff für alle anlässlich einer Straftat verhängbaren Rechtsfolgen.

---

[9] Zsf. zum materiellen Verbrechens-/Kriminalitätsbegriff Schwind, Kriminologie, 23. Aufl. 2016, § 1 Rn. 1 ff.; Meier, Kriminologie, 6. Aufl. 2021, § 1 Rn. 10 ff.

10 Zweitens wird der Begriff der Strafe auch in **anderen Gesetzen** verwendet und dort anders verstanden (ausgelegt).

> **Art. 103 II GG**
> Eine Tat kann nur bestraft werden, wenn die Strafbarkeit gesetzlich bestimmt war, bevor die Tat begangen wurde.

> **Art. 6 I, II EMRK (Recht auf ein faires Verfahren)**
> (1) Jede Person hat ein Recht darauf, dass […] über eine gegen sie erhobene strafrechtliche Anklage von einem unabhängigen und unparteiischen, auf Gesetz beruhenden Gericht in einem fairen Verfahren, öffentlich und innerhalb angemessener Frist verhandelt wird. […]
> (2) Jede Person, die einer Straftat angeklagt ist, gilt bis zum gesetzlichen Beweis ihrer Schuld als unschuldig.

Strafe im Sinne der Art. 103 II GG und 6 I, II EMRK umfasst auch die Verhängung einer Maßregel, obwohl das StGB diese von den Strafen unterscheidet.

Auch manche Sanktionen, die das deutsche StGB nicht enthält, werden unter „bestraft" und „Strafbarkeit" i. S. d. § 103 II GG bzw. „strafrechtliche Anklage" und „einer Straftat angeklagt" subsumiert, z. B. Geldbußen nach dem Ordnungswidrigkeitenrecht gem. dem OWiG und entsprechenden Spezialgesetzen.

11 Drittens ist der **formelle** Begriff der Strafe i. S. d. StGB von **materiellen Strafbegriffen** zu unterscheiden. Diesen liegen rechtstheoretische, rechtsphilosophische oder rechtspolitische Anliegen zu Grunde, im Rahmen derer Wesensgehalt, Charakteristika und Implikationen staatlichen Strafens kontrovers diskutiert werden, um hieraus Erwägungen für die Strafrechtsauslegung *de lege lata* oder die Strafrechtsreformierung *de lege ferenda* abzuleiten.

Hierbei stellen sich auch problematische Fragen der Unterscheidung des Strafens bzw. des Strafrechts von anderen belastenden, in die Grundrechte der Bürger eingreifenden Maßnahmen des Staates, z. B. bei der Auferlegung von Steuern, Berufsverboten oder der disziplinarischen Ahndung von Dienstvergehen bei Beamten und Soldaten.

12 Viertens muss der Rechtsbegriff der Strafe von **umgangssprachlichen Verwendungen** (Eltern „bestrafen" ihre Kinder, Lehrer ihre Schüler usw.) unterschieden werden, was für alle Rechtsbegriffe gilt.

V. Exkurs: Latein im (Straf-)Recht

13 Anstelle von Begriffen, die aus dem deutschen Wort „Strafe" etc. gebildet werden, finden auch eine Vielzahl von aus dem **Lateinischen** abgeleiteten Begriffen Verwendung, welche synonym gebraucht werden. Das ist auch in anderen Rechts-

gebieten (vor allem im Bürgerlichen Recht) und auch in ausländischen Rechtsordnungen (vor allem in europäischen sowie der anglo-amerikanischen) so. Dies betrifft insbesondere Ableitungen von

- *crimen* (*criminis*, n.): z. B. Kriminalwissenschaften, Kriminalrecht, Kriminalität, kriminell, Kriminologie, Kriminalistik
- *delictum* (-i, n.): z. B. Delikt, deliktisch
- *delinquere*: z. B. Delinquenz, Delinquent
- *poena* (-ae, f.): z. B. pönal, pönalisieren, vgl. auch peinliches Recht
- *punire*: z. B. punitiv.

Auch einzelne Rechtsbegriffe werden lateinisch umschrieben (z. B. *dolus* für Vorsatz), ebenso bestimmte Problemkreise (z. B. *error in persona vel obiecto*, *aberratio ictus*), Schlagworte (z. B. *condicio sine qua non*) oder Merksätze (z. B. *nulla poena sine lege*; *in dubio pro reo*; *nemo tenetur, se ipsum accusare*). Hinzu kommen allgemein gängige Redewendungen (z. B. *ultima ratio, de facto, expressis verbis*) sowie Ausdrücke der allgemeinen Wissenschaftssprache (z. B. *ex ante, ex post, argumentum e contrario, argumentum ad absurdum, petitio principii*; *de lege lata, de lege ferenda, contra legem, non liquet*).[10]

14

Für die Auslegung der Rechtsnormen ist allerdings allein der amtliche deutsche Gesetzestext maßgebend. Der Wert der oft erst in der Neuzeit geprägten lateinischen Begriffe und Redewendungen ist eher akademischer und didaktischer Natur. Kenntnis und Verwendung entsprechen aber rechtshistorisch begründeter rechtswissenschaftlicher Tradition und Allgemeinbildung.

B. Strafrechtliche Gesetzgebung

I. Allgemeines

Welches Verhalten strafbar ist, wie es bestraft werden kann und welches Verfahren zu beschreiben ist, regelt der demokratisch legitimierte Gesetzgeber nach Maßgabe und im Rahmen des formellen und materiellen Verfassungsrechts.

15

Fachgesetzliche (sog. einfachgesetzliche) Regelungen und das Verfassungsrecht des GG bilden die wichtigsten **Quellen des Strafrechts**.[11]

---

[10] Zu lateinischen Ausdrücken in der Rechtswissenschaft Lieberwirth, Latein im Recht, 5. Aufl. 2007; Adomeit/Hähnchen, Latein für Jurastudenten, 7. Aufl. 2018; Filip-Fröschl/Mader, Latein in der Rechtssprache, 4. Aufl. 2014; Liebs, Lateinische Rechtsregeln und Rechtssprichwörter, 7. Aufl. 2007; Benke/Meissel, Juristenlatein, 3. Aufl. 2010.

[11] Zu diesen Jescheck/Weigend, AT, 5. Aufl. 1996, §§ 10 ff.

II. Zuständigkeit

16 **Zuständig** für die Schaffung, Änderung und Abschaffung strafrechtlicher Gesetzgebung ist gem. Art. 74 I Nr. 1 GG der **Bund**.[12]

> **Art. 74 I Nr. 1 GG**
> Die konkurrierende Gesetzgebung erstreckt sich auf folgende Gebiete:
>
> 1. [...] das Strafrecht, die Gerichtsverfassung, das gerichtliche Verfahren (ohne das Recht des Untersuchungshaftvollzugs) [...]

Für eine Gesetzgebung der **Länder** gilt Art. 72 I GG.

> **Art. 72 I GG**
> Im Bereich der konkurrierenden Gesetzgebung haben die Länder die Befugnis zur Gesetzgebung, solange und soweit der Bund von seiner Gesetzgebungszuständigkeit nicht durch Gesetz Gebrauch gemacht hat.

Regelungen zum Verhältnis des Bundesstrafrechts zum sog. **Landesstrafrecht** finden sich in den Art. 1–4 und 288–292 EGStGB.

Die Länder haben von ihrer (Rest-)Zuständigkeit auf dem Gebiet des Strafrechts in unterschiedlichem Maße Gebrauch gemacht. Echte Straftatbestände sind selten geschaffen worden (s. aber z. B. § 15 PresseG SH), deutlich häufiger erlässt der Landesgesetzgeber Ordnungswidrigkeitentatbestände mit Bußgeldandrohungen.

17 Die **Ausführung** der strafrechtlichen Gesetze – auch der Gesetze des Bundes – liegt gem. Art. 83, 84, 92 GG in der grundsätzlichen Zuständigkeit der Länder, die hierfür Landesbehörden (z. B. Polizei, Landeskriminalämter) und Landesgerichte (Amtsgerichte, Landgerichte und Oberlandesgerichte) geschaffen haben.

Aufgrund Art. 95 I GG besteht allerdings der Bundesgerichtshof (BGH); Näheres zu diesem regeln StPO und GVG. Ferner gibt es einen Generalbundesanwalt (auch sog. Bundesanwaltschaft),[13] §§ 142 I Nr. 1, 142a GVG, ein Bundeskriminalamt (gem. BKAG) und die Bundespolizei (gem. BPolG).

III. Einteilung der strafrechtlichen Regelungen; Systematik des StGB

▶ **Didaktische Aufsätze**
  - Hettinger, Zur Systematisierung der Strafrechtsnormen, JuS 1986, L81 und 1987, L1
  - Hettinger, Zur Systematisierung der Strafrechtsnormen, JuS 1997, L33 und L41

---

[12] Hierzu Seiler, in: BeckOK-GG, Stand 15.02.2021, Art. 74 Rn. 4 f.; näher Lenzen JR 1980, 133; Dannecker/Pfaffendorf NZWiSt 2012, 212 und 252; aus der Rspr. vgl. zuletzt BVerfG B. v. 15.10.2014 – 2 BvR 920/14 – NJW 2015, 44 (Anm. Köpferl HRRS 2015, 81).

[13] Hierzu Bock Jura 2017, 895.

- Baur, Tatbestandstypenlehre und ihre Bedeutung für die Fallbearbeitung, ZJS 2017, 529 und 655

1. Materielles und formelles Strafrecht

Nach dem Regelungsinhalt lassen sich das sog. **materielle** und das **formelle Strafrecht** unterscheiden.[14]

a) Materielles Strafrecht

Das **materielle Strafrecht** legt erstens die Voraussetzungen der Strafbarkeit (also das „Ob" der Verwirklichung einer Straftat) und weitens die daher drohenden Sanktionen (das „Wie" der Bestrafung) fest.

aa) Materielles Strafrecht als Kern- und Nebenstrafrecht
Normen des materiellen Strafrechts enthält insbesondere das **StGB** (sog. **Kern-**,[15] **Grund-** oder **Hauptstrafrecht**).
  S. außer den obigen Beispielen z. B.:

> **§ 239 I StGB (Freiheitsberaubung)**
> Wer einen Menschen einsperrt oder auf andere Weise der Freiheit beraubt, wird mit Freiheitsstrafe bis zu fünf Jahren oder mit Geldstrafe bestraft.

Daneben gibt es strafrechtliche Regelungen in einer Vielzahl von weiteren Gesetzen (z. B. VStGB, WiStG) und Gesetzesteilen (z. B. die §§ 21 ff. StVG, 29 ff. BtMG; 51 ff. WaffG, 17 ff. TierSchG, 370 AO sowie weite Teile des Wirtschaftsstrafrechts[16]), sog. **Nebenstrafrecht,**[17] z. B.:

> **§ 6 I VStGB (Völkermord)**
> Wer in der Absicht, eine nationale, rassische, religiöse oder ethnische Gruppe als solche ganz oder teilweise zu zerstören,
> 1. ein Mitglied der Gruppe tötet,
> 2. einem Mitglied der Gruppe schwere körperliche oder seelische Schäden, insbesondere der in § 226 des Strafgesetzbuches bezeichneten Art, zufügt,
> 3. die Gruppe unter Lebensbedingungen stellt, die geeignet sind, ihre körperliche Zerstörung ganz oder teilweise herbeizuführen,
> 4. Maßregeln verhängt, die Geburten innerhalb der Gruppe verhindern sollen,
> 5. ein Kind der Gruppe gewaltsam in eine andere Gruppe überführt, wird mit lebenslanger Freiheitsstrafe bestraft.

---

[14] S. die Übersicht bei Hoyer, AT, 1996, S. 1f.
[15] Lagodny/Mansdörfer, in: MK-StGB, 3. Aufl. 2017, Einleitung Nebenstrafrecht I, Rn. 1 ff.
[16] Hierzu s. nur die Kommentierung der verschiedenen Gesetze(-steile) bei Graf/Jäger/Wittig, Wirtschaftsstrafrecht, 2. Aufl. 2017.
[17] Umfassend Erbs/Kohlhaas, Strafrechtliche Nebengesetze, Stand: 233. Lfg. Oktober 2020.

> **§ 21 I Nr. 1 StVG (Fahren ohne Fahrerlaubnis)**
> Mit Freiheitsstrafe bis zu einem Jahr oder mit Geldstrafe wird bestraft, wer
>
> 1. ein Kraftfahrzeug führt, obwohl er die dazu erforderliche Fahrerlaubnis nicht hat oder ihm das Führen des Fahrzeugs [...] verboten ist [...].

> **§ 29 I Nr. 1 BtMG**
> Mit Freiheitsstrafe bis zu fünf Jahren oder mit Geldstrafe wird bestraft, wer
>
> 1. Betäubungsmittel unerlaubt anbaut, herstellt, mit ihnen Handel treibt, sie, ohne Handel zu treiben, einführt, ausführt, veräußert, abgibt, sonst in den Verkehr bringt, erwirbt oder sich in sonstiger Weise verschafft [...].

> **§ 370 I AO (Steuerhinterziehung)**
> Mit Freiheitsstrafe bis zu fünf Jahren oder mit Geldstrafe wird bestraft, wer
>
> 1. den Finanzbehörden oder anderen Behörden über steuerlich erhebliche Tatsachen unrichtige oder unvollständige Angaben macht,
> 2. die Finanzbehörden pflichtwidrig über steuerlich erhebliche Tatsachen in Unkenntnis lässt
> [...]
> und dadurch Steuern verkürzt oder für sich oder einen anderen nicht gerechtfertigte Steuervorteile erlangt.

21 Es existiert also **keine Kodifikation** des gesamten Strafrechts in einem einzigen Gesetzbuch. Der Gesetzgeber hat sich stattdessen aus Gründen des Sachzusammenhangs oft dazu entschieden, die Strafnormen als Annex der Fachmaterie im jeweiligen Spezialgesetz (meist am Ende) zu regeln.

Die Bezeichnung als Nebenstrafrecht ist aber irreführend und lediglich im Hinblick auf traditionelle Ausbildungsinhalte zutreffend: Die Straftatbestände außerhalb des StGB sind zahlreich und ausweislich der Fallzahlen von erheblicher praktischer Bedeutung, zumal die Strafrahmen oft nicht hinter denen des Kernstrafrechts zurückstehen.

bb) Recht der Straftatvoraussetzungen als Teil des materiellen Rechts

22 Der Gesetzgeber beschreibt in den sog. **Tatbeständen** die objektiven (äußerlichen) und subjektiven (innerlichen) Voraussetzungen (sog. **Tatbestandsmerkmale**), deren Erfüllung die Strafbarkeit begründet.

Dies ist zum einen im StGB (§§ 80 ff. StGB) geschehen, zum anderen im sog. Nebenstrafrecht.

Man prüft die Strafbarkeit eines Straftäters, indem man den sog. **Sachverhalt**[18] ermittelt und das festgestellte Verhalten mit den Voraussetzungen aller Strafgesetze vergleicht (sog. **Subsumtion** des Verhaltens unter[19] die Strafnormen[20]). Nach Bejahung der Strafbarkeit kann die Rechtsfolge festgelegt werden.

Hierbei kann ein Verhalten auch wegen Erfüllung mehrerer Tatbestände strafbar sein:

23

Beispiel 3

B fuhr stark alkoholisiert Auto und übersah dabei aufgrund seiner eingeschränkten Sinne den Radfahrer G und erfasste ihn tödlich. ◄

Hierzu s.:

---

§ 316 I StGB (Trunkenheit im Verkehr)
Wer im Verkehr [...] ein Fahrzeug führt, obwohl er infolge des Genusses alkoholischer Getränke oder anderer berauschender Mittel nicht in der Lage ist, das Fahrzeug sicher zu führen, wird mit Freiheitsstrafe bis zu einem Jahr oder mit Geldstrafe bestraft, [...].

---

§ 315c I Nr. 1 lit. a StGB (Gefährdung des Straßenverkehrs)
Wer im Straßenverkehr

1. ein Fahrzeug führt, obwohl er
a. infolge des Genusses alkoholischer Getränke oder anderer berauschender
   Mittel oder
[...]
und dadurch Leib oder Leben eines anderen Menschen oder fremde Sachen von bedeutendem Wert gefährdet, wird mit Freiheitsstrafe bis zu fünf Jahren oder mit Geldstrafe bestraft.

---

§ 222 StGB (Fahrlässige Tötung)
Wer durch Fahrlässigkeit den Tod eines Menschen verursacht, wird mit Freiheitsstrafe bis zu fünf Jahren oder mit Geldstrafe bestraft.

---

[18] Zur Unterscheidung der Begriffe Sachverhalt und Tatbestand Kindhäuser/Hilgendorf, LPK, 8. Aufl. 2019, vor § 1 Rn. 9.
[19] Eigentlich unnötige, aber übliche Doppelung („*sub*" bedeutet bereits „unter").
[20] S. nur Rengier, AT, 12. Aufl. 2020, § 11 Rn. 1 ff.

24 Zu den einzelnen Straftatvoraussetzungen, die der Gesetzgeber in den **einzelnen Tatbeständen** normiert hat, kommen allgemeine Grundsätze der Strafbarkeit aus dem sog. **Allgemeinen Teil** des StGB (insbesondere gem. §§ 1–35 StGB) hinzu. So heißt es z. B. in § 15 StGB:

> **§ 15 StGB (Vorsätzliches und fahrlässiges Handeln)**
> Strafbar ist nur vorsätzliches Handeln, wenn nicht das Gesetz fahrlässiges Handeln ausdrücklich mit Strafe bedroht.

Der Gesetzgeber konnte aufgrund dieser Regelung darauf verzichten, in den einzelnen Tatbeständen ein jeweiliges Vorsatzerfordernis aufzunehmen.

cc) Recht der Straftatrechtsfolgen als Teil des materiellen Rechts

25 Die Strafnormen enthalten nicht nur die Voraussetzungen dafür, dass ein Verhalten strafbar ist, sondern auch Rechtsfolgenregelungen.

Bei den einzelnen Tatbeständen beschränkt sich der Gesetzgeber darauf, einen sog. **Strafrahmen** zu regeln, z. B.:

> **§ 303 I StGB (Sachbeschädigung)**
> Wer rechtswidrig eine fremde Sache beschädigt oder zerstört, wird mit **Freiheitsstrafe bis zu zwei Jahren oder mit Geldstrafe** bestraft.

Zu den einzelnen Strafrahmen, die der Gesetzgeber in den einzelnen Tatbeständen normiert hat, kommen allgemeine Grundsätze der Straftatrechtsfolgen aus dem sog. Allgemeinen Teil des StGB (§§ 38 ff. StGB) hinzu.

26 Wenn der Gesetzgeber keine Unter- oder Obergrenze angibt, so ergibt sich diese für die Geldstrafe aus § 40 I und II StGB.

> **§ 40 StGB (Verhängung in Tagessätzen)**
> (1) Die Geldstrafe wird in Tagessätzen verhängt. Sie beträgt mindestens fünf und, wenn das Gesetz nichts anderes bestimmt, höchstens dreihundertsechzig volle Tagessätze.
> (2) Die Höhe eines Tagessatzes bestimmt das Gericht unter Berücksichtigung der persönlichen und wirtschaftlichen Verhältnisse des Täters. Dabei geht es in der Regel von dem Nettoeinkommen aus, das der Täter durchschnittlich an einem Tag hat oder haben könnte. Ein Tagessatz wird auf mindestens einen und höchstens dreißigtausend Euro festgesetzt.

B. Strafrechtliche Gesetzgebung

Für die Freiheitsstrafe gilt § 38 StGB.

> **§ 38 StGB (Dauer der Freiheitsstrafe)**
> (1) Die Freiheitsstrafe ist zeitig, wenn das Gesetz nicht lebenslange Freiheitsstrafe androht.
> (2) Das Höchstmaß der zeitigen Freiheitsstrafe ist fünfzehn Jahre, ihr Mindestmaß ein Monat.

S. z. B.:

> **§ 212 I StGB (Totschlag)**
> Wer einen Menschen tötet, ohne Mörder zu sein, wird als Totschläger mit Freiheitsstrafe nicht unter fünf Jahren bestraft.

Wer einen Totschlag begeht, kann also mit Freiheitsstrafe zwischen fünf und fünfzehn Jahren bestraft werden.

Ein Sonderfall ist die alternativlos (sog. absolut) angeordnete lebenslange Freiheitsstrafe bei § 211 StGB (Mord). **27**

> **§ 211 StGB (Mord)**
> (1) Der Mörder wird mit lebenslanger Freiheitsstrafe bestraft.
> (2) Mörder ist, wer
> aus Mordlust, zur Befriedigung des Geschlechtstriebs, aus Habgier oder sonst
>   aus niedrigen Beweggründen,
> heimtückisch oder grausam oder mit gemeingefährlichen Mitteln oder
> um eine andere Straftat zu ermöglichen oder zu verdecken,
> einen Menschen tötet.

Dies gibt es ansonsten nur noch beim Völkermord gem. § 6 VStGB.

Besondere Rechtsfolgeanordnungen für Jugendliche und Heranwachsende enthält das Jugendgerichtsgesetz (JGG), sog. Jugendstrafrecht.[21]

dd) Allgemeiner Teil und Besonderer Teil: Gliederung des StGB

Das StGB ist gegliedert in einen Allgemeinen Teil (AT, §§ 1–79b StGB) und einen Besonderen Teil (BT, §§ 80–358 StGB).[22] Der **Allgemeine Teil** enthält Regelungen, die für alle Straftatbestände gelten. Im **Besonderen Teil** finden sich die einzelnen **28**

---

[21] Zum Jugendstrafrecht s. die Lehrbücher von Ostendorf/Drenkhahn, Jugendstrafrecht, 10. Aufl. 2020; Streng, Jugendstrafrecht, 5. Aufl. 2020; Meier/Bannenberg/Höffler, Jugendstrafrecht, 4. Aufl. 2019; Laubenthal/Baier/Nestler, Jugendstrafrecht, 3. Aufl. 2015.

[22] Zsf. zum Aufbau des StGB auch Fischer, StGB, 68. Aufl. 2021, Einleitung Rn. 1; zum Verhältnis von Allgemeinem und Besonderem Teil des StGB näher Tiedemann FS Baumann 1992, 7.

Straftatbestände sowie Sonderregelungen, die sich nur auf bestimmte Straftatbestände oder Straftatbestandsgruppen beziehen.

(1) Allgemeiner Teil

29 Beispielsweise enthält § 32 StGB den Rechtfertigungsgrund der Notwehr.

> **§ 32 StGB (Notwehr)**
> (1) Wer eine Tat begeht, die durch Notwehr geboten ist, handelt nicht rechtswidrig.
> (2) Notwehr ist die Verteidigung, die erforderlich ist, um einen gegenwärtigen rechtswidrigen Angriff von sich oder einem anderen abzuwenden.

Für die Anwendbarkeit der Notwehr kommt es nicht darauf an, welchen Straftatbestand der Straftäter verwirklicht hat, also ob er sich z. B. gegen einen Angreifer durch Zufügung einer Körperverletzung (§ 223 I StGB) oder durch Totschlag (§ 212 I StGB) verteidigt hat, solange nur die in § 32 StGB genannten Rechtfertigungsvoraussetzungen erfüllt sind.

30 Die Gesetzestechnik, allgemeine Regelungen „**vor die Klammer**" zu ziehen, findet nicht nur im StGB, sondern z. B. auch im BGB Anwendung. Im Verwaltungsrecht gibt es eigene Gesetze mit allgemeinen Rechtsnormen, insbesondere das VwVfG des Bundes (bzw. die entsprechenden Landesgesetze) und das SGB I.

Der Allgemeine Teil des StGB besteht aus fünf **Abschnitten**:

1. Abschnitt: Das Strafgesetz (§§ 1–12)
2. Abschnitt: Die Tat (§§ 13–37)
3. Abschnitt: Rechtsfolgen der Tat (§§ 38–76b)
4. Abschnitt: Strafantrag, Ermächtigung, Strafverlangen (§§ 77–77e)
5. Abschnitt: Verjährung (§§ 78–79b)

Die ersten beiden Abschnitte enthalten Regelungen zu den Straftatvoraussetzungen (etwa das o. a. Vorsatzerfordernis gem. § 15 StGB) und zu Gründen, die eine Strafbarkeit ausschließen (insbesondere Rechtfertigungs- und Entschuldigungsgründe).

Der dritte Abschnitt enthält allgemeine Regelungen zur Rechtsfolge der Straftat (Sanktionenrecht).

Der vierte und fünfte Abschnitt beinhalten nach heutiger Auffassung keine Normen des materiellen Strafrechts, da es weder um Straftatvoraussetzungen noch um die Rechtsfolgenausgestaltung geht. Vielmehr werden Strafantragserfordernisse und Fragen der Verjährung dem Strafprozessrecht zugeordnet; es handelt sich um Prozessvoraussetzungen bzw. – hindernisse.[23] Wenn aufgrund erforderlichen, aber mangelnden Strafantrags oder aufgrund Verjährung der Tat der Straftäter nicht

---

[23] Fischer, StGB, 68. Aufl. 2021, vor § 77 Rn. 4; vor § 78 Rn. 1 ff.; Kindhäuser/Hilgendorf, LPK, 8. Aufl. 2019, vor § 77 Rn. 2 und vor § 78 Rn. 2.

B. Strafrechtliche Gesetzgebung

bestraft wird, kann dies aber natürlich auch als Bestimmung einer Rechtsfolge (Nichteinleitung oder Einstellung des Strafverfahrens, Freispruch) gedeutet werden.

Allgemeine Lehren finden sich außer im Allgemeinen Teil des StGB auch in anderen Gesetzen. 31

Dies gilt z. B. für Rechtfertigungsgründe. So rechtfertigt etwa § 127 I 1 StPO insbesondere Freiheitsberaubungen:

> **§ 127 I 1 StPO (Vorläufige Festnahme)**
> Wird jemand auf frischer Tat betroffen oder verfolgt, so ist, wenn er der Flucht verdächtig ist oder seine Identität nicht sofort festgestellt werden kann, jedermann befugt, ihn auch ohne richterliche Anordnung vorläufig festzunehmen.

(2) Besonderer Teil

(a) Allgemeines

Im **Besonderen Teil** des StGB umschreibt der Gesetzgeber in den einzelnen Straftatbeständen das strafbare Verhalten und legt die Strafrahmen fest. 32

Besondere Regelungen enthält aber auch das Nebenstrafrecht (s.o.), so dass der Besondere Teil des StGB nicht einen gesamten Besonderen Teil des Strafrechts darstellt.

Der Besondere Teil des StGB besteht aus 30 Abschnitten:

1. Abschnitt: Friedensverrat, Hochverrat und Gefährdung des demokratischen Rechtsstaates (§§ 80–92b)
2. Abschnitt: Landesverrat und Gefährdung der äußeren Sicherheit (§§ 93–101a)
3. Abschnitt: Straftaten gegen ausländische Staaten (§§ 102–104a)
4. Abschnitt: Straftaten gegen Verfassungsorgane sowie bei Wahlen und Abstimmungen (§§ 105–108e)
5. Abschnitt: Straftaten gegen die Landesverteidigung (§§ 109–109k)
6. Abschnitt: Widerstand gegen die Staatsgewalt (§§ 110–122)
7. Abschnitt: Straftaten gegen die öffentliche Ordnung (§§ 123–145d)
8. Abschnitt: Geld- und Wertzeichenfälschung (§§ 146–152c)
9. Abschnitt: Falsche uneidliche Aussage und Meineid (§§ 153–163)
10. Abschnitt: Falsche Verdächtigung (§§ 164–165)
11. Abschnitt: Straftaten, welche sich auf Religion und Weltanschauung beziehen (§§ 166–168)
12. Abschnitt: Straftaten gegen den Personenstand, die Ehe und die Familie (§§ 169–173)
13. Abschnitt: Straftaten gegen die sexuelle Selbstbestimmung (§§ 174–184k)
14. Abschnitt: Beleidigung (§§ 185–200)
15. Abschnitt: Verletzung des persönlichen Lebens- und Geheimbereichs (§§ 201–210)
16. Abschnitt: Straftaten gegen das Leben (§§ 211–222)
17. Abschnitt: Straftaten gegen die körperliche Unversehrtheit (§§ 223–231)

18. Abschnitt: Straftaten gegen die persönliche Freiheit (§§ 232–241a)
19. Abschnitt: Diebstahl und Unterschlagung (§§ 242–248c)
20. Abschnitt: Raub und Erpressung (§§ 249–256)
21. Abschnitt: Begünstigung und Hehlerei (§§ 257–262)
22. Abschnitt: Betrug und Untreue (§§ 263–266b)
23. Abschnitt: Urkundenfälschung (§§ 267–282)
24. Abschnitt: Insolvenzstraftaten (§§ 283–283d)
25. Abschnitt: Strafbarer Eigennutz (§§ 284–297)
26. Abschnitt: Straftaten gegen den Wettbewerb (§§ 298–302)
27. Abschnitt: Sachbeschädigung (§§ 303–305a)
28. Abschnitt: Gemeingefährliche Straftaten (§§ 306–323c)
29. Abschnitt: Straftaten gegen die Umwelt (§§ 324–330d)
30. Abschnitt: Straftaten im Amt (§§ 331–358)

33 Die Abschnitte sind teils nach den geschützten Rechtsgütern benannt (z. B. 15.-18., 29. Abschnitt), teils nach Deliktsbezeichnungen (z. B. 14., 19.-23. Abschnitt), teils nach besonderen Situationen (24., 30. Abschnitt).

Die Einteilung des Gesetzgebers[24] ist nicht gänzlich konsequent.

So ist z. B. § 142 StGB im 7. Abschnitt eingeordnet, obwohl er ausschließlich die zivilrechtlichen Interessen des Unfallgegners schützt,[25] nicht aber die „öffentliche Ordnung".

---

§ 142 I, II StGB (Unerlaubtes Entfernen vom Unfallort)

(1) Ein Unfallbeteiligter, der sich nach einem Unfall im Straßenverkehr vom Unfallort entfernt, bevor er

1. zugunsten der anderen Unfallbeteiligten und der Geschädigten die Feststellung seiner Person, seines Fahrzeugs und der Art seiner Beteiligung durch seine Anwesenheit und durch die Angabe, dass er an dem Unfall beteiligt ist, ermöglicht hat oder
2. eine nach den Umständen angemessene Zeit gewartet hat, ohne dass jemand bereit war, die Feststellungen zu treffen,

wird mit Freiheitsstrafe bis zu drei Jahren oder mit Geldstrafe bestraft.

(2) Nach Absatz 1 wird auch ein Unfallbeteiligter bestraft, der sich

1. nach Ablauf der Wartefrist (Absatz 1 Nr. 2) oder
2. berechtigt oder entschuldigt

vom Unfallort entfernt hat und die Feststellungen nicht unverzüglich nachträglich ermöglicht.

---

[24] Hierzu näher Dedes FS Oehler 1985, 265.
[25] Ganz h.M., s. nur Fischer, StGB, 68. Aufl. 2021, § 142 Rn. 2; Joecks/Jäger, StGB, 13. Aufl. 2021, § 142 Rn. 1.

Ferner finden sich z. B. im 27. Abschnitt Delikte, bei denen gerade keine Sache beschädigt wird, z. B. § 303a StGB (Datenveränderung).

> **§ 303a I StGB (Datenveränderung)**
> Wer rechtswidrig Daten [...] löscht, unterdrückt, unbrauchbar macht oder verändert, wird mit Freiheitsstrafe bis zu zwei Jahren oder mit Geldstrafe bestraft.

Auch die Reihenfolge der Abschnitte ist teils fragwürdig (z. B. der Beginn mit den Staatsschutzdelikten statt etwa mit den Delikten gegen das Leben).

Der Besondere Teil des StGB enthält nicht nur Regelungen des materiellen Strafrechts, sondern auch solche des **Strafprozessrechts**.

Insbesondere sind Strafantragserfordernisse normiert, z. B. in den §§ 123 II, 230 I StGB.

> **§ 123 StGB (Hausfriedensbruch)**
> (1) Wer in die Wohnung, in die Geschäftsräume oder in das befriedete Besitztum eines anderen oder in abgeschlossene Räume, welche zum öffentlichen Dienst oder Verkehr bestimmt sind, widerrechtlich eindringt, oder wer, wenn er ohne Befugnis darin verweilt, auf die Aufforderung des Berechtigten sich nicht entfernt, wird mit Freiheitsstrafe bis zu einem Jahr oder mit Geldstrafe bestraft.
> (2) Die Tat wird nur auf Antrag verfolgt.

> **§ 230 I StGB (Strafantrag)**
> Die vorsätzliche Körperverletzung nach § 223 und die fahrlässige Körperverletzung nach § 229 werden nur auf Antrag verfolgt, es sei denn, dass die Strafverfolgungsbehörde wegen des besonderen öffentlichen Interesses an der Strafverfolgung ein Einschreiten von Amts wegen für geboten hält. Stirbt die verletzte Person, so geht bei vorsätzlicher Körperverletzung das Antragsrecht nach § 77 Abs. 2 auf die Angehörigen über.

(b) Minder schwere und besonders schwere Fälle
Das Gesetz beschränkt sich nicht immer darauf, Tatbestandsmerkmale und Strafrahmen festzulegen. Bei manchen Delikten sind **minder schwere oder besonders schwere Fälle** normiert. Liegt ein solcher Fall vor, wird der anzuwendende Strafrahmen verändert.

Ein Beispiel für einen an **bestimmte Voraussetzungen** gekoppelten minder schweren Fall ist § 213 1. Var. StGB (Minder schwerer Fall des Totschlags).

> **§ 213 StGB (Minder schwerer Fall des Totschlags)**
> War der Totschläger ohne eigene Schuld durch eine ihm oder einem Angehörigen zugefügte Misshandlung oder schwere Beleidigung von dem getöteten Menschen zum Zorn gereizt und hierdurch auf der Stelle zur Tat hingerissen worden oder liegt sonst ein minder schwerer Fall vor, so ist die Strafe Freiheitsstrafe von einem Jahr bis zu zehn Jahren.

§ 213 2. Var. StGB ermöglicht dem Gesetzesanwender, sonstige mildernde Umstände als sog. **unbenannten minder schweren Fall** zu berücksichtigen.

Ein Beispiel für einen durchweg nicht an normierte Voraussetzungen gekoppelten (sog. unbenannten) minder schweren Fall ist § 306 II StGB.

> **§ 306 StGB (Brandstiftung)**
> (1) Wer fremde
> 1. Gebäude oder Hütten,
> 2. Betriebsstätten oder technische Einrichtungen, namentlich Maschinen,
> 3. Warenlager oder -vorräte,
> 4. Kraftfahrzeuge, Schienen-, Luft- oder Wasserfahrzeuge,
> 5. Wälder, Heiden oder Moore oder
> 6. land-, ernährungs- oder forstwirtschaftliche Anlagen oder Erzeugnisse
> in Brand setzt oder durch eine Brandlegung ganz oder teilweise zerstört, wird mit Freiheitsstrafe von einem Jahr bis zu zehn Jahren bestraft.
> (2) In minder schweren Fällen ist die Strafe Freiheitsstrafe von sechs Monaten bis zu fünf Jahren.

Ein Beispiel für an bestimmte Voraussetzungen gekoppelte **besonders schwere Fälle** ist § 243 I 2 StGB.

> **§ 243 I StGB (Besonders schwerer Fall des Diebstahls)**
> In besonders schweren Fällen wird der Diebstahl mit Freiheitsstrafe von drei Monaten bis zu zehn Jahren bestraft. Ein besonders schwerer Fall liegt in der Regel vor, wenn der Täter
>
> 1. zur Ausführung der Tat in ein Gebäude, einen Dienst- oder Geschäftsraum oder in einen anderen umschlossenen Raum einbricht, einsteigt, mit einem falschen Schlüssel oder einem anderen nicht zur ordnungsmäßigen Öffnung bestimmten Werkzeug eindringt oder sich in dem Raum verborgen hält,

2. eine Sache stiehlt, die durch ein verschlossenes Behältnis oder eine andere Schutzvorrichtung gegen Wegnahme besonders gesichert ist,
3. gewerbsmäßig stiehlt,
4. aus einer Kirche oder einem anderen der Religionsausübung dienenden Gebäude oder Raum eine Sache stiehlt, die dem Gottesdienst gewidmet ist oder der religiösen Verehrung dient,
5. eine Sache von Bedeutung für Wissenschaft, Kunst oder Geschichte oder für die technische Entwicklung stiehlt, die sich in einer allgemein zugänglichen Sammlung befindet oder öffentlich ausgestellt ist,
6. stiehlt, indem er die Hilflosigkeit einer anderen Person, einen Unglücksfall oder eine gemeine Gefahr ausnutzt oder
7. eine Handfeuerwaffe, zu deren Erwerb es nach dem Waffengesetz der Erlaubnis bedarf, ein Maschinengewehr, eine Maschinenpistole, ein voll- oder halb automatisches Gewehr oder eine Sprengstoff enthaltende Kriegswaffe im Sinne des Kriegswaffenkontrollgesetzes oder Sprengstoff stiehlt.

Ferner z. B. § 113 II StGB (Widerstand gegen Vollstreckungsbeamte).

§ 113 I, II StGB (Widerstand gegen Vollstreckungsbeamte)
(1) Wer einem Amtsträger oder Soldaten der Bundeswehr, der zur Vollstreckung von Gesetzen, Rechtsverordnungen, Urteilen, Gerichtsbeschlüssen oder Verfügungen berufen ist, bei der Vornahme einer solchen Diensthandlung mit Gewalt oder durch Drohung mit Gewalt Widerstand leistet, wird mit Freiheitsstrafe bis zu drei Jahren oder mit Geldstrafe bestraft.
(2) In besonders schweren Fällen ist die Strafe Freiheitsstrafe von sechs Monaten bis zu fünf Jahren. ²Ein besonders schwerer Fall liegt in der Regel vor, wenn
1. der Täter oder ein anderer Beteiligter eine Waffe oder ein anderes gefährliches Werkzeug bei sich führt,
2. der Täter durch eine Gewalttätigkeit den Angegriffenen in die Gefahr des Todes oder einer schweren Gesundheitsschädigung bringt oder
3. die Tat mit einem anderen Beteiligten gemeinschaftlich begangen wird.

Diese sog. **Regelbeispiele** für die Annahme eines besonders schweren Falls sind **weder zwingend noch abschließend**, so dass der Gesetzesanwender einerseits trotz Vorliegens eines Regelbeispiels einen besonders schweren Fall aufgrund kompensierender, mildernder Umstände verneinen kann, andererseits einen besonders

36

schweren Fall annehmen kann, obwohl kein Regelbeispiel verwirklicht wurde (sog. unbenannter besonders schwerer Fall).[26]

Ein Beispiel für einen nicht an normierte Voraussetzungen gekoppelten, reinen **unbenannten besonders schweren Fall** ist § 212 II StGB.

> **§ 212 StGB (Totschlag)**
> (1) Wer einen Menschen tötet, ohne Mörder zu sein, wird als Totschläger mit Freiheitsstrafe nicht unter fünf Jahren bestraft.
> (2) In besonders schweren Fällen ist auf lebenslange Freiheitsstrafe zu erkennen.

(c) Sog. Qualifikationen und Privilegierungen

37 In vielen Fällen baut der Gesetzgeber Tatbestände aufeinander auf: Sog. **Qualifikationen** bauen strafschärfend, **Privilegierungen** strafmildernd auf dem Grundtatbestand auf. Sie unterscheiden sich von den Regelbeispielen dadurch, dass ihre Anwendung bei Vorliegen der Voraussetzungen zwingend ist, ebenso ihre Nichtanwendung bei fehlenden Voraussetzungen.

Eine Qualifikation des Diebstahls enthält z. B. § 244 I StGB (Diebstahl mit Waffen; Bandendiebstahl; Wohnungseinbruchdiebstahl).

> **§ 244 I StGB (Diebstahl mit Waffen; Bandendiebstahl; Wohnungseinbruchdiebstahl)**
> Mit Freiheitsstrafe von sechs Monaten bis zu zehn Jahren wird bestraft, wer
>
> 1. einen Diebstahl begeht, bei dem er oder ein anderer Beteiligter
> a) eine Waffe oder ein anderes gefährliches Werkzeug bei sich führt,
> b) sonst ein Werkzeug oder Mittel bei sich führt, um den Widerstand einer anderen Person durch Gewalt oder Drohung mit Gewalt zu verhindern oder zu überwinden,
> 2. als Mitglied einer Bande, die sich zur fortgesetzten Begehung von Raub oder Diebstahl verbunden hat, unter Mitwirkung eines anderen Bandenmitglieds stiehlt oder
> 3. einen Diebstahl begeht, bei dem er zur Ausführung der Tat in eine Wohnung einbricht, einsteigt, mit einem falschen Schlüssel oder einem anderen nicht zur ordnungsmäßigen Öffnung bestimmten Werkzeug eindringt oder sich in der Wohnung verborgen hält.

---

[26] Zur Regelbeispielstechnik z. B. (zum besonders wichtigen § 243 StGB) Wittig, in: BeckOK-StGB, Stand 01.02.2021, § 243 Rn. 1 ff.; näher Wahle GA 1969, 161; Blei FS Heinitz 1972, 419; Wessels FS Maurach 1972, 295; Maiwald FS Gallas 1973, 137; Calliess JZ 1975, 112; Maiwald NStZ 1984, 433; Montenbruck NStZ 1987, 311; Wessels FS Lackner 1987, 423; Calliess NJW 1998, 929; Zieschang Jura 1999, 561; Gössel FS H. J. Hirsch 1999, 183; Hirsch FS Gössel 2002, 287; Hettinger FS Maiwald 2010, 293.

Eine Privilegierung des Totschlags[27] normiert § 216 I StGB (Tötung auf Verlangen).

> **§ 216 I StGB (Tötung auf Verlangen)**
> Ist jemand durch das ausdrückliche und ernstliche Verlangen des Getöteten zur Tötung bestimmt worden, so ist auf Freiheitsstrafe von sechs Monaten bis zu fünf Jahren zu erkennen.

Einen Sonderfall bilden sog. **erfolgsqualifizierte Delikte**, bei denen ein vorsätzlich verwirklichtes sog. Grunddelikt durch eine sog. schwere Folge ergänzt wird, die gem. § 18 StGB nur fahrlässig verwirklicht worden sein muss, z. B.: 38

> **§ 227 I StGB (Körperverletzung mit Todesfolge)**
> Verursacht der Täter durch die Körperverletzung (§§ 223 bis 226a) den Tod der verletzten Person, so ist die Strafe Freiheitsstrafe nicht unter drei Jahren.

> **§ 18 StGB (Schwerere Strafe bei besonderen Tatfolgen)**
> Knüpft das Gesetz an eine besondere Folge der Tat eine schwerere Strafe, so trifft sie den Täter oder den Teilnehmer nur, wenn ihm hinsichtlich dieser Folge wenigstens Fahrlässigkeit zur Last fällt.

(d) Einteilung der Straftatbestände nach Art der geschützten Rechtsgüter: Individualrechtsgüter, Allgemeinrechtsgüter

Üblich ist es, Straftatbestände danach einzuteilen, welche sog. Rechtsgüter der Gesetzgeber schützen möchte, indem er von ihm als schädlich eingestuftes Verhalten unter Strafe stellt.[28] Rechtsgüter sind alle Gegebenheiten und Zwecksetzungen, die für eine freie Entfaltung des Einzelnen, die Verwirklichung seiner Grundrechte und das Funktionieren eines auf dieser Zielvorstellung aufbauenden staatlichen Systems notwendig sind.[29] 39

Man unterscheidet Straftatbestände zum Schutz von **Individualrechtsgütern** von Straftatbeständen zum Schutz von **Allgemeinrechtsgütern**.[30] Erstere dienen dem Schutz des einzelnen Menschen, letztere dem Schutz von Gemeinschaftswerten. Bei den individualschützenden Straftatbeständen wird zwischen Delikten zum Schutz der Persönlichkeitswerte und Vermögensdelikten differenziert.

---

[27] Ganz h.M., s. nur Kindhäuser/Hilgendorf, LPK, 8. Aufl. 2019, § 216 Rn. 1.
[28] S. nur den Aufbau der Lehrbücher von Eisele, BT I und BT II, 5. Aufl. 2019.
[29] Roxin/Greco, AT I, 5. Aufl. 2020, § 2 Rn. 7; insgesamt höchst umstritten.
[30] B. Heinrich, AT, 6. Aufl. 2019, Rn. 7.

Ein Straftatbestand zum Schutz eines **individuellen Persönlichkeitswerts** ist z. B. § 223 I StGB (Körperverletzung).

> **§ 223 I StGB (Körperverletzung)**
> Wer eine andere Person körperlich mißhandelt oder an der Gesundheit schädigt, wird mit Freiheitsstrafe bis zu fünf Jahren oder mit Geldstrafe bestraft.

Die Strafandrohung dient dem Schutz der körperlichen Unversehrtheit jedes einzelnen Menschen.[31]

Ein Straftatbestand zum Schutz eines **individuellen Vermögenswerts** ist z. B. § 242 I StGB (Diebstahl).

> **§ 242 I StGB (Diebstahl)**
> Wer eine fremde bewegliche Sache einem anderen in der Absicht wegnimmt, die Sache sich oder einem Dritten rechtswidrig zuzueignen, wird mit Freiheitsstrafe bis zu fünf Jahren oder mit Geldstrafe bestraft.

Die Strafandrohung dient dem Schutz von Eigentum[32] und Besitz bzw. Gewahrsam[33] an beweglichen Sachen.

Ein Straftatbestand zum Schutz eines **Allgemeinrechtsguts** (auch **Kollektiv-, Universalrechtsgut**) ist z. B. § 316 I StGB (Trunkenheit im Verkehr).

> **§ 316 I StGB (Trunkenheit im Verkehr)**
> Wer im Verkehr [...] ein Fahrzeug führt, obwohl er infolge des Genusses alkoholischer Getränke oder anderer berauschender Mittel nicht in der Lage ist, das Fahrzeug sicher zu führen, wird mit Freiheitsstrafe bis zu einem Jahr oder mit Geldstrafe bestraft, wenn die Tat nicht in § 315a oder § 315c mit Strafe bedroht ist.

Geschützt wird die generelle Sicherheit des öffentlichen Straßen- sowie Bahn-, Schiffs- und Luftverkehrs.[34]

40 Es zeigt sich allerdings, dass auch Straftatbestände zum Schutz von Allgemeinrechtsgütern diese nicht um ihrer selbst willen schützen, sondern letztlich immer

---

[31] Statt aller Eisele, BT I, 5. Aufl. 2019, Rn. 281.
[32] Genauer (da § 935 BGB den Eigentumserwerbs ausschließt): Das durch § 903 BGB geschützte Recht, faktisch mit der Sache nach Belieben zu verfahren und andere von jeder Einwirkung auszuschließen, s. nur Kindhäuser/Hilgendorf, LPK, 8. Aufl. 2019, § 242 Rn. 1.
[33] Hoyer, in: SK-StGB, 9. Aufl. 2019, vor § 242 Rn. 11f.: kumulativer Schutz von Gewahrsam und Eigentum; a.A. Kindhäuser/Hilgendorf, LPK, 8. Aufl. 2019, § 242 Rn. 1.
[34] Fischer, StGB, 68. Aufl. 2021, § 316 Fn. 2, 3.

B. Strafrechtliche Gesetzgebung

dem (vorgelagerten) Schutz des einzelnen Menschen dienen,[35] bei §§ 316 StGB also die Individualrechtsgüter der Verkehrsteilnehmer.

Die rechtswissenschaftliche Literatur, insbesondere die Ausbildungsliteratur, nimmt i. d. R.[36] eine andere Zweiteilung vor, indem sie die Darstellung der Straftatbestände des Besonderen Teils des StGB in Nichtvermögensdelikte und Vermögensdelikte gliedert, wobei zu den Nichtvermögensdelikten sowohl Straftatbestände zum Schutz von Individualrechtsgütern als auch solche zum Schutz von Allgemeinrechtsgütern gehören.[37]

Nicht selten ist umstritten, welches Rechtsgut oder welche Rechtsgüter geschützt werden.

Zum Beispiel bei:

> **§ 164 I, II StGB (Falsche Verdächtigung)**
> (1) Wer einen anderen bei einer Behörde oder einem zur Entgegennahme von Anzeigen zuständigen Amtsträger oder militärischen Vorgesetzten oder öffentlich wider besseres Wissen einer rechtswidrigen Tat oder der Verletzung einer Dienstpflicht in der Absicht verdächtigt, ein behördliches Verfahren oder andere behördliche Maßnahmen gegen ihn herbeizuführen oder fortdauern zu lassen, wird mit Freiheitsstrafe bis zu fünf Jahren oder mit Geldstrafe bestraft.
> (2) Ebenso wird bestraft, wer in gleicher Absicht bei einer der in Absatz 1 bezeichneten Stellen oder öffentlich über einen anderen wider besseres Wissen eine sonstige Behauptung tatsächlicher Art aufstellt, die geeignet ist, ein behördliches Verfahren oder andere behördliche Maßnahmen gegen ihn herbeizuführen oder fortdauern zu lassen.

Umstritten[38] ist, ob es sich bei § 164 StGB (zumindest auch) um ein Delikt gegen die Rechtspflege handelt (so die ganz h.M.[39]) oder (so eine Gegenauffassung[40]) um ein rein individualschützendes.[41]

Die Bestimmung des Rechtsguts bzw. der Rechtsgüter des jeweiligen Straftatbestands ist dabei von **Relevanz**

---

[35] B. Heinrich, AT, 6. Aufl. 2019, Rn. 7.
[36] S. aber Maurach/Schroeder/Maiwald/Hoyer/Momsen, BT 1, 11. Aufl. 2019 bzw. Maurach/Schroeder/Maiwald, BT 2, 10. Aufl. 2012.
[37] S. nur die Aufteilung bei Eisele, BT I und II, 5. Aufl. 2019.
[38] Zsf. Kindhäuser/Hilgendorf, LPK, 8. Aufl. 2019, § 164 Rn. 1.
[39] S. nur Fischer, StGB, 68. Aufl. 2021, § 164 Rn. 2 und 10; Eisele, BT I, 5. Aufl. 2019, Rn. 1475.
[40] Etwa Vormbaum, in: NK-StGB, 5. Aufl. 2017, § 164 Rn. 10 und 66.
[41] Zum Problem der Rechtsgüterkombinationen näher Jansen ZIS 2019, 2.

- erstens für die Möglichkeit einer Einwilligung (die sog. Disponibilität des Rechtsguts[42] fehlt bei Allgemeinrechtsgütern, s.u.),
- zweitens für die Strafantragsberechtigung (§ 77 I StGB) und
- drittens im Rahmen einer teleologischen Argumentation bei der Bewältigung von Auslegungsproblemen.

(e) Einteilung der Straftatbestände nach der Intensität des Angriffs auf das Rechtsgut: Erfolgs- und Tätigkeitsdelikte (?); Verletzungsdelikte, konkrete Gefährdungsdelikte, abstrakte Gefährdungsdelikte, Eignungsdelikte

▶ **Didaktische Aufsätze**

- Ostendorf, Grundzüge des konkreten Gefährdungsdelikts, JuS 1982, 426
- Hoyer, Zum Begriff der „abstrakten Gefahr", JA 1990, 183
- Rönnau, Grundwissen – Strafrecht: Erfolgs- und Tätigkeitsdelikte, JuS 2010, 961

(aaa) Erfolgs- und Tätigkeitsdelikte (?)

42   Die ganz h.M.[43] unterscheidet zwischen sog. Erfolgs- und sog. Tätigkeitsdelikten. Als **Erfolgsdelikte**[44] bezeichnet man Straftatbestände, bei denen der Täter einen von seiner Handlung unterscheidbaren Erfolg (eine aus Sicht der Alltagssprache, die Erfolg und Misserfolg gegenüberstellt, kontraintuitive Bezeichnung; der Begriff wird aber z. B. in den §§ 8 S. 2, 9 I, 13 I, 78a StGB verwendet) bewirkt.

In diesen Tatbeständen zeigt sich, dass die zur Verhaltensumschreibung verwendeten Verben sich dahingehend zerlegen lassen, dass sich die Handlung des Täters, der Eintritt des Erfolgs und die ursächliche Verknüpfung unterscheiden lassen.

Beispiel 4

B schoss aus einiger Entfernung mit einem Gewehr auf G. Eine Sekunde später traf die Kugel G, welcher daher starb. ◀

§ 212 I StGB (Totschlag)
Wer einen Menschen tötet, ohne Mörder zu sein, wird als Totschläger mit Freiheitsstrafe nicht unter fünf Jahren bestraft.

Die Handlung des B bestand in der Betätigung des Auslösers am Gewehr; der Erfolg trat mit dem Tod des G ein. Für den Todeseintritt war B ursächlich, so dass die Prüfung, ob er G i. S. d. § 212 I StGB getötet hat, die Bejahung der Tatbestandsverwirklichung ergibt.

---

[42] B. Heinrich, AT, 6. Aufl. 2019, Rn. 455.
[43] S. nur Fischer, StGB, 68. Aufl. 2021, vor § 13 Rn. 18.
[44] Kindhäuser/Hilgendorf, LPK, 8. Aufl. 2020, vor § 13 Rn. 251; näher Schöneborn GA 1981, 70; Degener ZStW 1991, 357.

B. Strafrechtliche Gesetzgebung

Rechtspolitisch kann man Kritik an der Normierung von Erfolgsdelikten dahingehend üben, dass sich die Strafbarkeit eines Täters nach Umständen richtet, auf deren Eintreten er keinen Einfluss hatte (**Zufallselement**).[45] So kann es sein, dass ein von ihm gezeigtes Verhalten keinen Erfolg, einen Gefahrerfolg oder einen Verletzungserfolg bewirkt, obwohl *ex ante* das Risiko gleich groß war.

43

Beispiel 5

B fuhr stark alkoholisiert mit seinem Wagen bei Rot über eine Ampel.

1. Var.: Er kollidierte mit einem Fahrzeug, wobei dessen Fahrer getötet wurde.
2. Var.: Er kollidierte mit einem Fahrzeug, wobei dessen Fahrer verletzt wurde.
3. Var. Er kollidierte beinahe mit einem Fahrzeug; dessen Fahrer konnte aber gerade noch ausweichen.
4. Var.: An der Kreuzung herrschte keinerlei Verkehr. ◄

In der 4. Var. hat sich B nur nach § 316 StGB (Trunkenheit im Verkehr) strafbar gemacht.

§ 316 I StGB (Trunkenheit im Verkehr)

Wer im Verkehr […] ein Fahrzeug führt, obwohl er infolge des Genusses alkoholischer Getränke oder anderer berauschender Mittel nicht in der Lage ist, das Fahrzeug sicher zu führen, wird mit Freiheitsstrafe bis zu einem Jahr oder mit Geldstrafe bestraft, wenn die Tat nicht in § 315a oder § 315c mit Strafe bedroht ist.

In der 3. Var. hat sich B wegen § 315c I Nr. 1 lit. a StGB[46] (Gefährdung des Straßenverkehrs) strafbar gemacht.

§ 315c I Nr. 1 lit. a StGB (Gefährdung des Straßenverkehrs)

Wer im Straßenverkehr

1. ein Fahrzeug führt, obwohl er
   a) infolge des Genusses alkoholischer Getränke oder anderer berauschender Mittel oder
   […]
   und dadurch Leib oder Leben eines anderen Menschen oder fremde Sachen von bedeutendem Wert gefährdet, wird mit Freiheitsstrafe bis zu fünf Jahren oder mit Geldstrafe bestraft.

---

[45] Hierzu näher Wimmer NJW 1958, 521; Blume NJW 1965, 1261; Dornseifer GS Armin Kaufmann 1989, 427; Dencker GS Armin Kaufmann 1989, 441.

[46] Bei angenommenem Vorsatz, s. sonst § 315c III StGB.

In der 1. Var. liegt zudem § 222 StGB vor (Fahrlässige Tötung).

> **§ 222 StGB (Fahrlässige Tötung)**
> Wer durch Fahrlässigkeit den Tod eines Menschen verursacht, wird mit Freiheitsstrafe bis zu fünf Jahren oder mit Geldstrafe bestraft.

In der 2. Var. § 229 StGB (Fahrlässige Körperverletzung).

> **§ 229 StGB (Fahrlässige Körperverletzung)**
> Wer durch Fahrlässigkeit die Körperverletzung einer anderen Person verursacht, wird mit Freiheitsstrafe bis zu drei Jahren oder mit Geldstrafe bestraft.

Obwohl der Täter nicht beeinflussen konnte, ob an der Ampel ein Auto kreuzte, ob es zu einer Kollision kam und welche Folgen diese hatte, richtet sich seine Strafbarkeit entscheidend nach dem verursachten Erfolg und damit letztlich nach dem Zufall. Je nachdem, ob sich eine Gefahrschaffung wirklich verwirklicht oder nicht, wird die Gefahrschaffung unterschiedlich bestraft, obwohl das Verbot, gegen das der Täter verstößt, sich nur auf die Handlung und nicht auf den Erfolg beziehen kann. Bei Fahrlässigkeitsdelikten ist es sogar häufig so, dass nicht die Vornahme der fahrlässigen Handlung als solche bestraft wird (anders z. B. bei § 316 II StGB sowie bei einer Fülle von Ordnungswidrigkeiten), sondern nur dann, wenn diese in einem Erfolg mündet (z. B. Tötung oder Verletzung, §§ 222 bzw. 229 StGB).

Die strafschärfende Berücksichtigung von Erfolgseintritten entspricht aber – weltweit bis heute geübter – strafrechtlicher Tradition und dem Rechtsempfinden der Mehrheit der Bevölkerung. Gleiches gilt für die Unterscheidung von Versuch und Vollendung einer Straftat. Immerhin wird der Täter nur unter bestimmten Voraussetzungen für den Erfolgseintritt verantwortlich gemacht.

44 Die h.M.[47] nimmt an, dass sog. **Tätigkeitsdelikte** keinen Erfolg aufweisen, sondern bei ihnen schlichtes Handeln den Tatbestand erfülle. Hierunter soll z. B. § 153 StGB und § 316 StGB fallen (s. ferner etwas die §§ 123, 132, 154 I, 173, 176, 264, 306a I StGB).

> **§ 153 StGB (Falsche uneidliche Aussage)**
> Wer vor Gericht oder vor einer anderen zur eidlichen Vernehmung von Zeugen oder Sachverständigen zuständigen Stelle als Zeuge oder Sachverständiger uneidlich falsch aussagt, wird mit Freiheitsstrafe von drei Monaten bis zu fünf Jahren bestraft.

> **§ 316 I StGB (Trunkenheit im Verkehr)**
> Wer im Verkehr […] ein Fahrzeug führt, obwohl er infolge des Genusses alkoholischer Getränke oder anderer berauschender Mittel nicht in der Lage ist, das Fahrzeug sicher zu führen, wird mit Freiheitsstrafe bis zu einem Jahr oder mit Geldstrafe bestraft, wenn die Tat nicht in § 315a oder § 315c mit Strafe bedroht ist.

---

[47] B. Heinrich, AT, 6. Aufl. 2019, Rn. 159.

Gegen die Unterscheidung der h.M. ist aber vorzubringen,[48] dass auch die in den o. g. Vorschriften verwendeten Verben („aussagt", „führt") sich dergestalt zerlegen lassen, dass sich Handlung und Erfolg trennen lassen. Dies wird deutlich im Lichte zeitlicher Streckung: Für eine Falschaussage i. S. d. § 153 StGB ist nicht nur ein Sprechakt des Zeugen erforderlich, sondern auch ein Zugang des Gesagten beim Richter, außerdem muss dieser die Vernehmung abschließen; auch bei § 316 StGB besteht eine – wenn auch kurze – zeitliche Verzögerung – zwischen z. B. einem Treten des Gaspedals und dem Anrollen des Pkw. Zwar mag die Verknüpfung von Handlung und Erfolg faktisch seltener problematisch sein als bei den auch von der h.M. als solche bezeichneten Erfolgsdelikten, dies ändert aber am grundsätzlichen normativen Deliktscharakter nichts. Auch die Anwendung derjenigen Normen, die differenzierend auf Handlung/Erfolg rekurrieren (§§ 8 S. 2, 9 I, 13 I, 78a StGB), sofern diese nicht ohnehin schon korrigierend ausgelegt werden, kann durchaus sinnvoll erfolgen, so dass daraus kein Gegenargument abzuleiten ist. Vergleichbares gilt für Tatbestandsmerkmale, die eher subjektiviert gehandhabt werden (z. B. tätlich Angreifen in § 114 StGB, Zueignung in § 246 StGB, Handeltreiben in § 29 BtMG); auch dort ist (wenn schon nicht die subjektivierte Grunddefinition grundsätzlich zu kritisieren und durch rein objektive zu ersetzen ist) eine objektive Manifestation erforderlich, bei der sich wiederum Fälle konstruieren lassen, bei denen sich Handlung und Eintritt eines davon zu unterscheidenden Erfolgs trennen lassen. Richtigerweise gibt es keine schlichten Tätigkeitsdelikte, so dass die für Erfolgsdelikte entwickelten (v. a. Zurechnungs-)Anforderungen gleichermaßen gelten.

Zuzugeben ist freilich, dass ein derartiges Erfolgsverständnis dazu führen kann, dass der Bezug zum Rechtsgut des jeweiligen Delikts noch recht entfernt von dessen Verletzung sein kann. Möchte man klarstellen, dass sich ein Erfolg bereits direkt auf das Rechtsgut bezieht (mitsamt den Problemen, die eine Rechtsgutsbestimmung aufwerfen kann), so kann man z. B. von einem Rechtsgutsverletzungserfolg o. ä. sprechen; die Zurechnungsgrundsätze sind aber nicht nur auf derartig enge Erfolgsdefinitionen anzuwenden, so dass sich deren Wert minimiert.

(bbb) Verletzungsdelikte, konkrete Gefährdungsdelikte, abstrakte Gefährdungsdelikte, Eignungsdelikte

Die Delikte lassen sich nach der Nähe zum Rechtsgut unterscheiden:

45

Der tatbestandsmäßige Erfolg kann in einer Schädigung des Handlungsobjekts und damit einer Beeinträchtigung des von der Norm geschützten Rechtsguts liegen, es handelt sich dann um ein sog. **Verletzungsdelikt**.[49]

Zum Beispiel.: § 212 I StGB (Totschlag).

---

§ 212 I StGB (Totschlag)
Wer einen Menschen tötet, ohne Mörder zu sein, wird als Totschläger mit Freiheitsstrafe nicht unter fünf Jahren bestraft.

---

[48] S. auch Walter, in: LK-StGB, 13. Aufl. 2020, vor § 13 Rn. 63; näher Walter FS Beulke 2015, 327.
[49] B. Heinrich, AT, 6. Aufl. 2019, Rn. 161.

Der Erfolg liegt hier in dem Tod des Menschen.
Oder § 303 I StGB (Sachbeschädigung).

> **§ 303 I StGB (Sachbeschädigung)**
> Wer rechtswidrig eine fremde Sache beschädigt oder zerstört, wird mit Freiheitsstrafe bis zu zwei Jahren oder mit Geldstrafe bestraft.

Der Erfolg liegt hier in der Zerstörung oder Beschädigung der Sache.
Bei den sog. **kupierten Erfolgsdelikten**[50] muss ein Täter einen bestimmten Erfolg nur erstreben, aber nicht objektiv verwirklichen, z. B. die Zueignung bei § 242 I StGB (Diebstahl).

> **§ 242 I StGB (Diebstahl)**
> Wer eine fremde bewegliche Sache einem anderen in der Absicht wegnimmt, die Sache sich oder einem Dritten rechtswidrig zuzueignen, wird mit Freiheitsstrafe bis zu fünf Jahren oder mit Geldstrafe bestraft.

Der objektive Erfolg des Diebstahlstatbestands ist die Wegnahme; die Zueignung muss der Täter lediglich beabsichtigen.

46 Der in einem Straftatbestand normierte Erfolg kann auch in einer bloßen konkreten Gefährdung liegen, sog. **konkrete Gefährdungsdelikte** (besser: Delikte konkreter Gefährdung),[51] z. B.:

> **§ 221 I StGB (Aussetzung)**
> Wer einen Menschen
> 1. in eine hilflose Lage versetzt oder
> 2. in einer hilflosen Lage im Stich lässt, obwohl er ihn in seiner Obhut hat oder ihm sonst beizustehen verpflichtet ist,
> und ihn dadurch der Gefahr des Todes oder einer schweren Gesundheitsschädigung aussetzt, wird mit Freiheitsstrafe von drei Monaten bis zu fünf Jahren bestraft.

---

[50] B. Heinrich, AT, 6. Aufl. 2019, Rn. 160.
[51] Hierzu B. Heinrich, AT, 6. Aufl. 2019, Rn. 163; näher Schröder ZStW 1969, 7; Gallas FS Heinitz 1972, 171; Ostendorf JuS 1982, 426; Kindhäuser FS Krey 2010, 249.

> **§ 315c I StGB (Gefährdung des Straßenverkehrs)**
> Wer im Straßenverkehr
>
> 1. ein Fahrzeug führt, obwohl er
> a) infolge des Genusses alkoholischer Getränke oder anderer berauschender Mittel oder
> b) infolge geistiger oder körperlicher Mängel
> nicht in der Lage ist, das Fahrzeug sicher zu führen, oder
> 2. grob verkehrswidrig und rücksichtslos
> a) die Vorfahrt nicht beachtet,
> b) falsch überholt oder sonst bei Überholvorgängen falsch fährt,
> c) an Fußgängerüberwegen falsch fährt,
> d) an unübersichtlichen Stellen, an Straßenkreuzungen, Straßeneinmündungen oder Bahnübergängen zu schnell fährt,
> e) an unübersichtlichen Stellen nicht die rechte Seite der Fahrbahn einhält,
> f) auf Autobahnen oder Kraftfahrstraßen wendet, rückwärts oder entgegen der Fahrtrichtung fährt oder dies versucht oder
> g) haltende oder liegengebliebene Fahrzeuge nicht auf ausreichende Entfernung kenntlich macht, obwohl das zur Sicherung des Verkehrs erforderlich ist,
> und dadurch Leib oder Leben eines anderen Menschen oder fremde Sachen von bedeutendem Wert gefährdet, wird mit Freiheitsstrafe bis zu fünf Jahren oder mit Geldstrafe bestraft.

Bei den konkreten Gefährdungsdelikten genügt der Eintritt des normierten Gefahrerfolgs zur Tatbestandsvollendung. Für die Strafbarkeit des Täters aus einem solchen Straftatbestand spielt es also keine Rolle, dass es letztlich zu keiner Schädigung (eines Menschen oder einer Sache) kam. Es handelt sich also um eine Vorverlagerung der Strafbarkeit, damit der Täter es bereits unterlässt, gefährliche Situationen herbeizuführen, in denen ein Schadenseintritt derart nahe liegt, dass er nur noch vom Zufall abhängt.[52]

Abstrakte Gefährdungsdelikte (besser: Delikte abstrakter Gefährdung): stellen generell Gefährliches unter Strafe, das Gefahrenmoment war aber bloßes Motiv des Gesetzgebers und wurde nicht zum Tatbestandsmerkmal erhoben. Das Ausbleiben einer Rechtsgutsgefährdung hängt also von Umständen ab, auf die es nach Ansicht des Gesetzgebers nicht ankommen soll.

> **§ 153 StGB (Falsche uneidliche Aussage)**
> Wer vor Gericht oder vor einer anderen zur eidlichen Vernehmung von Zeugen oder Sachverständigen zuständigen Stelle als Zeuge oder Sachverständiger uneidlich falsch aussagt, wird mit Freiheitsstrafe von drei Monaten bis zu fünf Jahren bestraft.

---

[52] Fischer, StGB, 68. Aufl. 2021, § 315c Rn. 15a.

Bereits die Aussage vollendet den Tatbestand. Zwar hat der Gesetzgeber die Norm geschaffen, um der Gefahr zu begegnen, dass aufgrund einer falschen Aussage fehlerhafte Urteile erlassen werden, diese Gefahr ist aber kein Tatbestandsmerkmal. Daher ändert sich an der Erfüllung des Tatbestands nichts dadurch, dass das Gericht dem Zeugen oder Sachverständigen zu keiner Zeit Glauben schenkt.[53]

Auch die Strafbarkeit der Trunkenheit im Verkehr, § 316 StGB, setzt keine konkrete Gefährdung voraus:

> **§ 316 I StGB (Trunkenheit im Verkehr)**
> Wer im Verkehr [...] ein Fahrzeug führt, obwohl er infolge des Genusses alkoholischer Getränke oder anderer berauschender Mittel nicht in der Lage ist, das Fahrzeug sicher zu führen, wird mit Freiheitsstrafe bis zu einem Jahr oder mit Geldstrafe bestraft, wenn die Tat nicht in § 315a oder § 315c mit Strafe bedroht ist.

Ferner z. B. § 306a I StGB (Schwere Brandstiftung).

> **§ 306a I StGB (Schwere Brandstiftung)**
> Mit Freiheitsstrafe nicht unter einem Jahr wird bestraft, wer
>
> 1. ein Gebäude, ein Schiff, eine Hütte oder eine andere Räumlichkeit, die der Wohnung von Menschen dient,
> 2. eine Kirche oder ein anderes der Religionsausübung dienendes Gebäude oder
> 3. eine Räumlichkeit, die zeitweise dem Aufenthalt von Menschen dient, zu einer Zeit, in der Menschen sich dort aufzuhalten pflegen,
>
> in Brand setzt oder durch eine Brandlegung ganz oder teilweise zerstört.

Die hohe Mindeststrafe des § 306a I StGB erklärt sich daraus, dass sich in den dort enthaltenen Räumlichkeiten häufig Menschen aufhalten, deren Gesundheit durch die Brandstiftung gefährdet werden kann. Dass wirklich Menschen in der Nähe sind und tatsächlich gefährdet werden können, setzt der Tatbestand nicht voraus.

Zwar wird gerade für § 306a I StGB diskutiert, ob die Norm auch in Fällen konkreter, erwiesener Ungefährlichkeit für Menschen greift.[54]

---

[53] Kindhäuser/Hilgendorf, LPK, 8. Aufl. 2019, vor § 153 Rn. 2.
[54] Hierzu zsf. Eisele, BT I, 5. Aufl. 2019, Rn. 1049f.; Joecks/Jäger, StGB, 13. Aufl. 2021, § 306a Rn. 9 ff.; Hillenkamp, 40 Probleme aus dem Strafrecht BT, 12. Aufl. 2013, 15. P.

> **Beispiel 6**
>
> B zündete das Einfamilienhaus des Z an, nachdem er in allen Zimmern nachgeschaut hatte, dass niemand zu Hause war. ◄

Aufgrund des eindeutigen gesetzgeberischen Willens wird jedoch die Anwendbarkeit des § 306a I StGB in solchen Fällen von der Rspr. und der h.L. bejaht.[55]
Eine besondere Deliktskategorie sind die **Eignungsdelikte** (auch: potenzielle Gefährdungsdelikte), die u. a. charakteristisch für die Umweltdelikte sind, z. B.:

48

> **§ 325 I 1 StGB (Luftverunreinigung)**
> Wer beim Betrieb einer Anlage, insbesondere einer Betriebsstätte oder Maschine, unter Verletzung verwaltungsrechtlicher Pflichten Veränderungen der Luft verursacht, die geeignet sind, außerhalb des zur Anlage gehörenden Bereichs die Gesundheit eines anderen, Tiere, Pflanzen oder andere Sachen von bedeutendem Wert zu schädigen, wird mit Freiheitsstrafe bis zu fünf Jahren oder mit Geldstrafe bestraft.

Hierbei handelt es sich um eine „mittlere" Kriminalisierung zwischen konkreten und abstrakten Gefährdungsdelikten. Die geforderte Schädigungseignung setzt voraus, dass nach gesicherter naturwissenschaftlicher Erkenntnis feststeht, dass das Verhalten nach den konkreten Umständen Schäden an den im Tatbestand genannten Handlungsobjekten generell verursachen kann.[56]

(f) Einteilung der Straftatbestände nach dem Erfolgswillen: Vorsatz- und Fahrlässigkeitsdelikte
Das deutsche Strafrecht kennt Straftatbestände, die nur vorsätzlich verwirklicht werden können, und Straftaten, die ausschließlich oder auch fahrlässig verwirklicht werden können.
Es gilt:

49

> **§ 15 StGB (Vorsätzliches und fahrlässiges Handeln)**
> Strafbar ist nur vorsätzliches Handeln, wenn nicht das Gesetz fahrlässiges Handeln ausdrücklich mit Strafe bedroht.

Grundsätzlich muss der Täter mithin vorsätzlich im Hinblick auf die Begehung der objektiven Tatbestandsmerkmale handeln; § 15 StGB ersetzt die ausdrückliche Klarstellung im jeweiligen Tatbestand.

---

[55] Fischer, StGB, 68. Aufl. 2021, § 306a Rn. 2a.
[56] S. Bock, in: Graf/Jäger/Wittig, Wirtschaftsstrafrecht, 2. Aufl. 2017, vor § 324 Rn. 40 f.; näher Schröder JZ 1967, 522; Gallas FS Heinitz 1972, 171; Zieschang FS Wolter 2013, 557.

50　Manche Tatbestände enthalten allerdings strengere Anforderungen an das Wissen oder Wollen des Täters, z. B.:

> **§ 258 I StGB (Strafvereitelung)**
> Wer absichtlich oder wissentlich ganz oder zum Teil vereitelt, dass ein anderer dem Strafgesetz gemäß wegen einer rechtswidrigen Tat bestraft oder einer Maßnahme […] unterworfen wird, wird mit Freiheitsstrafe bis zu fünf Jahren oder mit Geldstrafe bestraft.

51　Der Gesetzgeber hat aber auch eine beträchtliche Anzahl an **Fahrlässigkeitstatbeständen** geschaffen, insbesondere im Nebenstrafrecht (v. a. im Wirtschafts- und Umweltstrafrecht), aber auch im StGB. Hier genügt es, wenn der Täter sorgfaltswidrig handelt, z. B.:

> **§ 222 StGB (Fahrlässige Tötung)**
> Wer durch Fahrlässigkeit den Tod eines Menschen verursacht, wird mit Freiheitsstrafe bis zu fünf Jahren oder mit Geldstrafe bestraft.

> **§ 229 StGB (Fahrlässige Körperverletzung)**
> Wer durch Fahrlässigkeit die Körperverletzung einer anderen Person verursacht, wird mit Freiheitsstrafe bis zu drei Jahren oder mit Geldstrafe bestraft.

> **§ 306d StGB (Fahrlässige Brandstiftung)**
> (1) Wer in den Fällen des § 306 Abs. 1 oder des § 306a Abs. 1 fahrlässig handelt oder in den Fällen des § 306a Abs. 2 die Gefahr fahrlässig verursacht, wird mit Freiheitsstrafe bis zu fünf Jahren oder mit Geldstrafe bestraft.
> (2) Wer in den Fällen des § 306a Abs. 2 fahrlässig handelt und die Gefahr fahrlässig verursacht, wird mit Freiheitsstrafe bis zu drei Jahren oder mit Geldstrafe bestraft.

> **§ 316 StGB (Trunkenheit im Verkehr)**
> (1) Wer im Verkehr (§§ 315 bis 315e) ein Fahrzeug führt, obwohl er infolge des Genusses alkoholischer Getränke oder anderer berauschender Mittel nicht in der Lage ist, das Fahrzeug sicher zu führen, wird mit Freiheitsstrafe bis zu einem Jahr oder mit Geldstrafe bestraft, wenn die Tat nicht in § 315a oder § 315c mit Strafe bedroht ist.
> (2) Nach Absatz 1 wird auch bestraft, wer die Tat fahrlässig begeht.

B. Strafrechtliche Gesetzgebung

Sonderfälle des Fahrlässigkeitsdelikts sind die sog. **erfolgsqualifizierten Delikte**, z. B.:

> **§ 221 I, III StGB (Aussetzung mit Todesfolge)**
> (1) Wer einen Menschen
> 1. in eine hilflose Lage versetzt oder
> 2. in einer hilflosen Lage im Stich lässt, obwohl er ihn in seiner Obhut hat oder ihm sonst beizustehen verpflichtet ist,
> und ihn dadurch der Gefahr des Todes oder einer schweren Gesundheitsschädigung aussetzt, wird mit Freiheitsstrafe von drei Monaten bis zu fünf Jahren bestraft.
> [...]
> (3) Verursacht der Täter durch die Tat den Tod des Opfers, so ist die Strafe Freiheitsstrafe nicht unter drei Jahren.

Hier gilt § 18 StGB:

> **§ 18 StGB (Schwerere Strafe bei besonderen Tatfolgen)**
> Knüpft das Gesetz an eine besondere Folge der Tat eine schwerere Strafe, so trifft sie den Täter oder den Teilnehmer nur, wenn ihm hinsichtlich dieser Folge wenigstens Fahrlässigkeit zur Last fällt.

Der Täter muss also zwar das Grunddelikt vorsätzlich begehen, hinsichtlich der schweren Folge (hier: des Todes) muss er aber lediglich fahrlässig handeln.
Bisweilen sind die Anforderungen an die Fahrlässigkeit dahingehend erhöht, dass der Gesetzgeber **Leichtfertigkeit** verlangt, z. B. in § 251 StGB (Raub mit Todesfolge):

> **§ 251 StGB (Raub mit Todesfolge)**
> Verursacht der Täter durch den Raub (§§ 249 und 250) wenigstens leichtfertig den Tod eines anderen Menschen, so ist die Strafe lebenslange Freiheitsstrafe oder Freiheitsstrafe nicht unter zehn Jahren.

Ein weiterer Sonderfall des Fahrlässigkeitsdelikts sind die sog. **echten Vorsatz-Fahrlässigkeits-Kombinationen**, bei denen der Täter nur einen Teil der Tatbestandsmerkmale vorsätzlich verwirklichen muss, während hinsichtlich eines anderen Teils Fahrlässigkeit genügt, z. B. bei:

> **§ 315c I, III Nr. 1 StGB (Gefährdung des Straßenverkehrs)**
> (1) Wer im Straßenverkehr
> 1. ein Fahrzeug führt, obwohl er
> a) infolge des Genusses alkoholischer Getränke oder anderer berauschender Mittel oder
> b) infolge geistiger oder körperlicher Mängel
> nicht in der Lage ist, das Fahrzeug sicher zu führen, oder
> 2. grob verkehrswidrig und rücksichtslos
> a) die Vorfahrt nicht beachtet,
> b) falsch überholt oder sonst bei Überholvorgängen falsch fährt,
> c) an Fußgängerüberwegen falsch fährt,
> d) an unübersichtlichen Stellen, an Straßenkreuzungen, Straßeneinmündungen oder Bahnübergängen zu schnell fährt,
> e) an unübersichtlichen Stellen nicht die rechte Seite der Fahrbahn einhält,
> f) auf Autobahnen oder Kraftfahrstraßen wendet, rückwärts oder entgegen der Fahrtrichtung fährt oder dies versucht oder
> g) haltende oder liegengebliebene Fahrzeuge nicht auf ausreichende Entfernung kenntlich macht, obwohl das zur Sicherung des Verkehrs erforderlich ist,
> und dadurch Leib oder Leben eines anderen Menschen oder fremde Sachen von bedeutendem Wert gefährdet, wird mit Freiheitsstrafe bis zu fünf Jahren oder mit Geldstrafe bestraft.
> [...]
> (3) Wer in den Fällen des Absatzes 1
> 1. die Gefahr fahrlässig verursacht
> [...] wird mit Freiheitsstrafe bis zu zwei Jahren oder mit Geldstrafe bestraft.

Hinsichtlich des sog. Handlungsteils muss der Täter vorsätzlich handeln, hinsichtlich des Eintritts des Gefahrerfolgs genügt i. F. d. § 315c III Nr. 1 StGB Fahrlässigkeit.

(g) Einteilung der Straftatbestände nach Art der Tatbestandsverwirklichung: Begehungs- und Unterlassungsdelikte

55 Der Gesetzgeber normiert in seinen Straftatbeständen überwiegend sog. **Begehungsdelikte**. Hier erfüllt der Täter die Tatbestandsmerkmale durch ein **aktives Verhalten**.

Beispiel 7

B vergiftete Z. ◄

B. Strafrechtliche Gesetzgebung

In einigen Straftatbeständen ist aber die Nichtvornahme einer vom Gesetz geforderten vollständig umschriebenen Handlung bestraft, sog. **echte Unterlassungsdelikte** (auch: *delicta omissiva*). Auch das Unterlassen kann also ein strafbares Verhalten, eine strafbare Handlung sein, z. B.:

> **§ 138 StGB (Nichtanzeige geplanter Straftaten)**
> (1) Wer von dem Vorhaben oder der Ausführung
> [...]
> 5. eines Mordes (§ 211) oder Totschlags (§ 212) [...]
> 6. einer Straftat gegen die persönliche Freiheit in den Fällen des § 232 Absatz 3 Satz 2, des § 232a Absatz 3, 4 oder 5, des § 232b Absatz 3 oder 4, des § 233a Absatz 3 oder 4, jeweils soweit es sich um Verbrechen handelt, der §§ 234, 234a, 239a oder 239b,
> 7. eines Raubes oder einer räuberischen Erpressung (§§ 249 bis 251 oder 255) oder
> 8. einer gemeingefährlichen Straftat in den Fällen der §§ 306 bis 306c oder 307 Abs. 1 bis 3, des § 308 Abs. 1 bis 4, des § 309 Abs. 1 bis 5, der §§ 310, 313, 314 oder 315 Abs. 3, des § 315b Abs. 3 oder der §§ 316a oder 316c [...]
> zu einer Zeit, zu der die Ausführung oder der Erfolg noch abgewendet werden kann, glaubhaft erfährt und es unterläßt, der Behörde oder dem Bedrohten rechtzeitig Anzeige zu machen, wird mit Freiheitsstrafe bis zu fünf Jahren oder mit Geldstrafe bestraft.
> [...]
> (3) Wer die Anzeige leichtfertig unterlässt, obwohl er von dem Vorhaben oder der Ausführung der rechtswidrigen Tat glaubhaft erfahren hat, wird mit Freiheitsstrafe bis zu einem Jahr oder mit Geldstrafe bestraft.

> **§ 221 I Nr. 2 StGB (Aussetzung)**
> Wer einen Menschen
> [...]
> 2. in einer hilflosen Lage im Stich lässt, obwohl er ihn in seiner Obhut hat oder ihm sonst beizustehen verpflichtet ist,
> und ihn dadurch der Gefahr des Todes oder einer schweren Gesundheitsschädigung aussetzt, wird mit Freiheitsstrafe von drei Monaten bis zu fünf Jahren bestraft.

> **§ 323c I StGB (Unterlassene Hilfeleistung; […])**
> Wer bei Unglücksfällen oder gemeiner Gefahr oder Not nicht Hilfe leistet, obwohl dies erforderlich und ihm den Umständen nach zuzumuten, insbesondere ohne erhebliche eigene Gefahr und ohne Verletzung anderer wichtiger Pflichten möglich ist, wird mit Freiheitsstrafe bis zu einem Jahr oder mit Geldstrafe bestraft.

56 Neben diesen sog. echten Unterlassungsdelikten hat der Gesetzgeber eine allgemeine Regelung geschaffen, die unter bestimmten Voraussetzungen jedes eigentlich aktivisch normierte Delikt als sog. **unechtes Unterlassungsdelikt** (*delictum commissivum per omissionem*) unter Strafe stellt, nämlich **§ 13 I StGB**.

> **§ 13 I StGB (Begehen durch Unterlassen)**
> Wer es unterlässt, einen Erfolg abzuwenden, der zum Tatbestand eines Strafgesetzes gehört, ist nach diesem Gesetz nur dann strafbar, wenn er rechtlich dafür einzustehen hat, dass der Erfolg nicht eintritt, und wenn das Unterlassen der Verwirklichung des gesetzlichen Tatbestandes durch ein Tun entspricht.

Der Täter wird hier, wenn er als sog. Garant „rechtlich dafür einzustehen hat, dass der Erfolg nicht eintritt", zur Abwendung eines Erfolgs verpflichtet. Strafbar ist aufgrund des jeweiligen Straftatbestands des Besonderen Teils i. V. m. § 13 StGB also auch bloße Passivität (eines sog. „**Garanten**"), obwohl der Tatbestand des Besonderen Teils ein aktives Tun beschreibt.[57]

> **Beispiel 8**
> B sah, dass seine Ehefrau G gestürzt war und sich am Kopf verletzt hatte. Obwohl er erkannte, dass sie in Lebensgefahr schwebte, rief er keinen Arzt. G, die bei rechtzeitigem Verständigen eines Arztes gerettet worden wäre, starb. ◄

B, der als Ehegatte sog. Garant für den Schutz seiner Ehefrau war (vgl. § 1353 I 2 BGB: „Die Ehegatten sind einander zur ehelichen Lebensgemeinschaft verpflichtet; sie tragen füreinander Verantwortung."), hat sich nach §§ 212 I, 13 StGB wegen Totschlags durch Unterlassen strafbar gemacht.

Für die Strafe gilt:

> **§ 13 II StGB (Begehen durch Unterlassen)**
> Die Strafe kann nach § 49 Abs. 1 gemildert werden.

---

[57] S. Joecks/Jäger, StGB, 13. Aufl. 2021, § 13 Rn. 2 ff.

Der **Begriff** des **Begehungsdelikts** als **Gegenstück zum Unterlassungsdelikt** 57
ist üblich, aber **nicht optimal**, da § 13 StGB ein „Begehen durch Unterlassen" normiert. Gemeint ist also mit „Begehungsdelikt" immer eine Begehung nicht erst durch die Unterlassensnorm des § 13 StGB. Das StGB verwendet den Begriff der Begehung umfassend inkl. Unterlassen – im Allgemeinen Teil z. B. in den §§ 2 II, 5 Nr. 12, 13, 14; 16, 17, 19, 20, 21, 25, 30, 31, 34, 35, im Besonderen Teil z. B. (wobei aber ohnehin eine Umwandlung durch § 13 StGB erfolgt) in den §§ 145d III Nr. 1, 164 III, 202c I Nr. 2, 218 III, 221 II Nr. 1, 224 I, 241 I, 244 I, 244a I, 250 I Nr. 2, 258 VI, 260 I, 260a, 261 VI, 263 V, 263a III, 267 IV, 303b I Nr. 1, 316 II, 316a I, 323a I, 340 StGB.

(h) Einteilung der Straftatbestände nach dem Täterkreis: Sog. Allgemein- und Sonderdelikte

▶ **Didaktischer Aufsatz** Nestler/Lehner, Was ist so besonders an Sonderdelikten?, Jura 2017, 403

Der Gesetzgeber normiert in seinen Straftatbeständen überwiegend sog. **Allgemein-** 58
delikte.[58] Diese können durch jedermann begangen werden.
Der Gesetzgeber verwendet hierfür meist das Wort „wer", z. B.:

§ 267 I StGB (Urkundenfälschung)
Wer zur Täuschung im Rechtsverkehr eine unechte Urkunde herstellt, eine echte Urkunde verfälscht oder eine unechte oder verfälschte Urkunde gebraucht, wird mit Freiheitsstrafe bis zu fünf Jahren oder mit Geldstrafe bestraft.

Eine Ausnahme (in der Formulierung, nicht in der Sache) ist z. B. § 185 StGB (Beleidigung).

§ 185 StGB (Beleidigung)
Die Beleidigung wird mit Freiheitsstrafe bis zu einem Jahr oder mit Geldstrafe und, wenn die Beleidigung öffentlich, in einer Versammlung, durch Verbreiten eines Inhalts (§ 11 Absatz 3) oder mittels einer Tätlichkeit begangen wird, mit Freiheitsstrafe bis zu zwei Jahren oder mit Geldstrafe bestraft.

Sog. **Sonderdelikte**[59] setzen demgegenüber bestimmte Tätereigenschaf- 59
ten voraus.
Dies betrifft insbesondere die Eigenschaft als Amtsträger, § 11 I Nr. 2, 2a StGB.

---
[58] Hierzu B. Heinrich, AT, 6. Aufl. 2019, Rn. 172.
[59] Hierzu Kindhäuser/Hilgendorf, LPK, 8. Aufl. 2020, vor § 13 Rn. 254 ff.; näher Nestler/Lehner Jura 2017, 403; Schünemann GA 2017, 678.

> **§ 11 I Nr. 2, 2a StGB (Personen- und Sachbegriffe)**
> (1) Im Sinne dieses Gesetzes ist
> […]
> 2. Amtsträger:
> wer nach deutschem Recht
> a) Beamter oder Richter ist,
> b) in einem sonstigen öffentlich-rechtlichen Amtsverhältnis steht oder
> c) sonst dazu bestellt ist, bei einer Behörde oder bei einer sonstigen Stelle oder in deren Auftrag Aufgaben der öffentlichen Verwaltung unbeschadet der zur Aufgabenerfüllung gewählten Organisationsform wahrzunehmen;
> 2a. Europäischer Amtsträger:
> wer
> a) Mitglied der Europäischen Kommission, der Europäischen Zentralbank, des Rechnungshofs oder eines Gerichts der Europäischen Union ist,
> b) Beamter oder sonstiger Bediensteter der Europäischen Union oder einer auf der Grundlage des Rechts der Europäischen Union geschaffenen Einrichtung ist oder
> c) mit der Wahrnehmung von Aufgaben der Europäischen Union oder von Aufgaben einer auf der Grundlage des Rechts der Europäischen Union geschaffenen Einrichtung beauftragt ist

60 Sog. **echte Sonderdelikte** sind solche, bei denen die besondere Tätereigenschaft überhaupt erst strafbegründend wirkt, z. B.:

> **§ 331 I StGB (Vorteilsannahme)**
> Ein Amtsträger, ein Europäischer Amtsträger oder ein für den öffentlichen Dienst besonders Verpflichteter, der für die Dienstausübung einen Vorteil für sich oder einen Dritten fordert, sich versprechen läßt oder annimmt, wird mit Freiheitsstrafe bis zu drei Jahren oder mit Geldstrafe bestraft.

> **§ 339 StGB (Rechtsbeugung)**
> Ein Richter, ein anderer Amtsträger oder ein Schiedsrichter, welcher sich bei der Leitung oder Entscheidung einer Rechtssache zugunsten oder zum Nachteil einer Partei einer Beugung des Rechts schuldig macht, wird mit Freiheitsstrafe von einem Jahr bis zu fünf Jahren bestraft.

Nur die im Tatbestand genannten Personen können den Tatbestand täterschaftlich verwirklichen.

61 Sog. **unechte Sonderdelikte** sind solche, bei denen die besondere Tätereigenschaft strafschärfend (qualifizierend) wirkt, z. B.:

§ 258a I StGB (Strafvereitelung im Amt)
Ist in den Fällen des § 258 Abs. 1 der Täter als Amtsträger zur Mitwirkung bei dem Strafverfahren oder dem Verfahren zur Anordnung der Maßnahme (§ 11 Abs. 1 Nr. 8) oder ist er in den Fällen des § 258 Abs. 2 als Amtsträger zur Mitwirkung bei der Vollstreckung der Strafe oder Maßnahme berufen, so ist die Strafe Freiheitsstrafe von sechs Monaten bis zu fünf Jahren, in minder schweren Fällen Freiheitsstrafe bis zu drei Jahren oder Geldstrafe.

§ 258a StGB qualifiziert § 258 StGB (Strafvereitelung).

§ 258 StGB (Strafvereitelung)
(1) Wer absichtlich oder wissentlich ganz oder zum Teil vereitelt, dass ein anderer dem Strafgesetz gemäß wegen einer rechtswidrigen Tat bestraft oder einer Maßnahme (§ 11 Abs. 1 Nr. 8) unterworfen wird, wird mit Freiheitsstrafe bis zu fünf Jahren oder mit Geldstrafe bestraft.
(2) Ebenso wird bestraft, wer absichtlich oder wissentlich die Vollstreckung einer gegen einen anderen verhängten Strafe oder Maßnahme ganz oder zum Teil vereitelt.

Siehe ferner:

§ 340 StGB (Körperverletzung im Amt)
Ein Amtsträger, der während der Ausübung seines Dienstes oder in Beziehung auf seinen Dienst eine Körperverletzung begeht oder begehen lässt, wird mit Freiheitsstrafe von drei Monaten bis zu fünf Jahren bestraft. In minder schweren Fällen ist die Strafe Freiheitsstrafe bis zu fünf Jahren oder Geldstrafe.

§ 340 StGB qualifiziert § 223 StGB (Körperverletzung).

§ 223 StGB (Körperverletzung)
(1) Wer eine andere Person körperlich misshandelt oder an der Gesundheit schädigt, wird mit Freiheitsstrafe bis zu fünf Jahren oder mit Geldstrafe bestraft.
(2) Der Versuch ist strafbar.

(i) Verwirklichungsstadium: Vollendete und versuchte Delikte
Der Gesetzgeber normiert in seinen Straftatbeständen **vollendete** Delikte. Das StGB verwendet den Begriff der Vollendung z. B. in den §§ 11 I Nr. 6, 23 II, III, 24 StGB.

I.R.d. §§ 22–24 StGB ist aber auch die **versuchte** Tatbegehung strafbar.

> **§ 22 StGB (Begriffsbestimmung)**
> Eine Straftat versucht, wer nach seiner Vorstellung von der Tat zur Verwirklichung des Tatbestandes unmittelbar ansetzt.

Wann eine versuchte Deliktsbegehung strafbar ist, regelt § 23 I StGB.

> **§ 23 I StGB (Strafbarkeit des Versuchs)**
> Der Versuch eines Verbrechens ist stets strafbar, der Versuch eines Vergehens nur dann, wenn das Gesetz es ausdrücklich bestimmt.

Zum Beispiel ist der versuchte Totschlag aufgrund seines **Verbrechenscharakters** (§ 12 I StGB) strafbar, ohne dass es einer ausdrücklichen Regelung bedarf.

Bei bloßen **Vergehen** (§ 12 II StGB) muss der Gesetzgeber die Versuchsstrafbarkeit ausdrücklich anordnen, das hat er überwiegend auch getan, z. B. in § 223 II StGB für die Körperverletzung:

> **§ 223 StGB (Körperverletzung)**
> (1) Wer eine andere Person körperlich misshandelt oder an der Gesundheit schädigt, wird mit Freiheitsstrafe bis zu fünf Jahren oder mit Geldstrafe bestraft.
> (2) Der Versuch ist strafbar.

Hingegen sind u. a. die Delikte der §§ 123, 185 ff., 221, 238, 257, 266, 323c, 331 ff. StGB mangels Regelung eines strafbaren Versuchs nur als vollendete Tat strafbar.

Der klassische Fall der Versuchsstrafbarkeit besteht darin, dass es einem Täter nicht gelingt, einen erstrebten Erfolg herbeizuführen.

Beispiel 9

B wollte Z töten, schoss auf ihn, verfehlte ihn aber knapp. ◄

Der Totschlag ist als Versuch strafbar (§§ 23 I, 12 I StGB), eine Vollendung des Tatbestands hat mangels Todeserfolgs nicht stattgefunden, B hatte jedoch entsprechenden sog. Tatentschluss (Vorsatz zur Verwirklichung der Tatumstände) und setzte i. S. d. § 22 StGB durch seinen Schuss unmittelbar zur Tat an, so dass sich B wegen versuchten Totschlags strafbar gemacht hat.

Für das **Strafmaß** gilt § 23 II StGB.

> **§ 23 II StGB (Strafbarkeit des Versuchs)**
> Der Versuch kann milder bestraft werden als die vollendete Tat (§ 49 Abs. 1).

B. Strafrechtliche Gesetzgebung

Von einem Versuch kann man unter den Voraussetzungen des § 24 I, II StGB strafbefreiend **zurücktreten**. 63

> **§ 24 StGB (Rücktritt)**
> (1) Wegen Versuchs wird nicht bestraft, wer freiwillig die weitere Ausführung der Tat aufgibt oder deren Vollendung verhindert. Wird die Tat ohne Zutun des Zurücktretenden nicht vollendet, so wird er straflos, wenn er sich freiwillig und ernsthaft bemüht, die Vollendung zu verhindern.
> (2) Sind an der Tat mehrere beteiligt, so wird wegen Versuchs nicht bestraft, wer freiwillig die Vollendung verhindert. Jedoch genügt zu seiner Straflosigkeit sein freiwilliges und ernsthaftes Bemühen, die Vollendung der Tat zu verhindern, wenn sie ohne sein Zutun nicht vollendet oder unabhängig von seinem früheren Tatbeitrag begangen wird.

> **Beispiel 10**

B stach auf Z mit einem Messer ein, um diesen zu töten. Er erkannte, dass er Z nur leicht verletzt hatte, verzichtete aber auf weitere Stiche, da Z ihm nun leidtat. ◀

B trat gem. § 24 I 1. Var. StGB vom versuchten Totschlag gem. §§ 212 I, 22, 23 StGB (insofern) strafbefreiend zurück. Es bleibt die Strafbarkeit wegen (vollendeter) gefährlicher Körperverletzung gem. §§ 223 I, 224 I Nr. 2 StGB.

(j) Unternehmensdelikte, § 11 I Nr. 6 StGB
- Didaktische Aufsätze   Mitsch, Das Unternehmensdelikt, Jura 2012, 526
- Mitsch, Das unechte Unternehmensdelikt, JuS 2015, 97

Gem. § 11 I Nr. 6 StGB ist „das Unternehmen einer Tat: deren Versuch und deren Vollendung". 64
Gebraucht der Gesetzgeber in einem Tatbestand das Verb „unternehmen", so handelt es sich um ein sog. **echtes Unternehmensdelikt**,[60] bei dem Versuch und Vollendung gem. § 11 I Nr. 6 StGB gleichgestellt werden, ohne dass es auf §§ 22 ff. StGB ankäme, z. B.:

> **§ 81 I StGB (Hochverrat gegen den Bund)**
> Wer es unternimmt, mit Gewalt oder durch Drohung mit Gewalt
>
> 1. den Bestand der Bundesrepublik Deutschland zu beeinträchtigen oder
> 2. die auf dem Grundgesetz der Bundesrepublik Deutschland beruhende verfassungsmäßige Ordnung zu ändern,
> wird mit lebenslanger Freiheitsstrafe oder mit Freiheitsstrafe nicht unter zehn Jahren bestraft.

---

[60] Zum Unternehmensdelikt Kindhäuser/Hilgendorf, LPK, 8. Aufl. 2020, § 11 Rn. 35 ff.; näher Schröder FS Kern 1968, 457; Burkhardt JZ 1971, 352; Mitsch Jura 2012, 526.

> **§ 357 I StGB (Verleitung eines Untergebenen zu einer Straftat)**
> Ein Vorgesetzter, welcher seine Untergebenen zu einer rechtswidrigen Tat im Amt verleitet oder zu verleiten unternimmt oder eine solche rechtswidrige Tat seiner Untergebenen geschehen lässt, hat die für diese rechtswidrige Tat angedrohte Strafe verwirkt.

Als „**unechte Unternehmensdelikte**" bezeichnet man Straftatbestände, bei denen die verwendeten Verben dahingehend ausgelegt werden, dass Verhaltensweisen, die an sich nur einen Versuch darstellen würden, für eine Vollendung ausreichen,[61] weil sie sich als finale Tätigkeitsworte verstehen lassen.

Zum Beispiel § 114 I StGB (tätlicher Angriff auf Vollstreckungsbeamte):

> **§ 114 I StGB (Tätlicher Angriff auf Vollstreckungsbeamte)**
> Wer einen Amtsträger oder Soldaten der Bundeswehr, der zur Vollstreckung von Gesetzen, Rechtsverordnungen, Urteilen, Gerichtsbeschlüssen oder Verfügungen berufen ist, bei einer Diensthandlung tätlich angreift, wird mit Freiheitsstrafe von drei Monaten bis zu fünf Jahren bestraft.

„Tätlich angreift" wird so ausgelegt, dass eine in feindseliger Willensrichtung unmittelbar auf den Körper eines anderen zielende Einwirkung (also das Unternehmen einer Körperverletzung) ausreicht.[62]

> **§ 145d I, II StGB (Vortäuschen einer Straftat)**
> (1) Wer wider besseres Wissen einer Behörde oder einer zur Entgegennahme von Anzeigen zuständigen Stelle vortäuscht,
> 1. dass eine rechtswidrige Tat begangen worden sei oder
> 2. dass die Verwirklichung einer der in § 126 Abs. 1 genannten rechtswidrigen Taten bevorstehe,
> wird mit Freiheitsstrafe bis zu drei Jahren oder mit Geldstrafe bestraft, wenn die Tat nicht in § 164, § 258 oder § 258a mit Strafe bedroht ist.
> (2) Ebenso wird bestraft, wer wider besseres Wissen eine der in Absatz 1 bezeichneten Stellen über den Beteiligten
> 1. an einer rechtswidrigen Tat oder
> 2. an einer bevorstehenden, in § 126 Abs. 1 genannten rechtswidrigen Tat
> zu täuschen sucht.

---

[61] Kindhäuser/Hilgendorf, LPK, 8. Aufl. 2020, § 11 Rn. 40; näher Sowada GA 1988, 195; Mitsch JuS 2015, 97.
[62] Lackner/Kühl, StGB, 29. Aufl. 2018, § 114 Rn. 2.

Es genügt das Vortäuschen (§ 145d I StGB) bzw. das zu täuschen Suchen (§ 145d II StGB).⁶³

> **§ 292 I Nr. 1 StGB (Jagdwilderei)**
> Wer unter Verletzung fremden Jagdrechts oder Jagdausübungsrechts
>
> 1. dem Wild nachstellt, es fängt, erlegt oder sich oder einem Dritten zueignet oder
> [...]
>
> wird mit Freiheitsstrafe bis zu drei Jahren oder mit Geldstrafe bestraft.

Ein Nachstellen ist bereits jede Handlung, die mit Jagdwillen des Täters unmittelbar auf das Fangen, Erlegen oder Zueignen des Wildes gerichtet ist.⁶⁴

Eine (zu) extensive Auslegung der Tathandlungen unterläuft allerdings die generelle Straflosigkeit des Versuchs von Vergehen, wenn der Tatbestand gerade keine ausdrückliche Versuchsstrafbarkeit vorsieht. Daher wird vielfach kontrovers diskutiert, welche Straftatbestände sich als unechte Unternehmensdelikte verstehen lassen.

(k) Beteiligung: Täterschaft und Teilnahme

▶ **Didaktische Aufsätze**

- Haft, Eigenhändige Delikte, JA 1979, 651
- Satzger, Die eigenhändigen Delikte, Jura 2011, 103

Der Gesetzgeber formuliert Straftatbestände i. d. R. so, dass er die Täterschaft eines einzelnen Menschen zugrunde legt, z. B.:

> **§ 265a I StGB (Erschleichen von Leistungen)**
> Wer die Leistung eines Automaten oder eines öffentlichen Zwecken dienenden Telekommunikationsnetzes, die Beförderung durch ein Verkehrsmittel oder den Zutritt zu einer Veranstaltung oder einer Einrichtung in der Absicht erschleicht, das Entgelt nicht zu entrichten, wird mit Freiheitsstrafe bis zu einem Jahr oder mit Geldstrafe bestraft, wenn die Tat nicht in anderen Vorschriften mit schwererer Strafe bedroht ist.

---

⁶³ Zum problematischen Deliktscharakter Zopfs, in:, 3. Aufl. 2017, § 145d Rn. 6 ff.
⁶⁴ Zeng, in: MK-StGB, 3. Aufl. 2019, § 292 Rn. 27.

Außer diesem Normalfall der sog. **unmittelbaren Täterschaft** normiert § 25 StGB auch die sog. mittelbare Täterschaft gem. § 25 I 2. Var. StGB und die Mittäterschaft gem. § 25 II StGB.

> **§ 25 StGB (Täterschaft)**
> (1) Als Täter wird bestraft, wer die Straftat selbst oder durch einen anderen begeht.
> (2) Begehen mehrere die Straftat gemeinschaftlich, so wird jeder als Täter bestraft (Mittäter).

67 Sog. **Mittelbarer Täter** gem. § 25 I 2. Var. StGB ist z. B., wer einen anderen Menschen als sog. vorsatzloses Werkzeug einsetzt.

Beispiel 11

B bat den gutgläubigen Z1 darum, aus dem Garten des Z2 eine angeblich dem B gehörende Statue abzuholen und dem B zu bringen, was Z1 auch tat. In Wahrheit gehörte die Statue dem Z2. ◄

Dies ist ein von B begangener Diebstahl in sog. mittelbarer Täterschaft gem. §§ 242 I, 25 I 2. Var. StGB. Z1 ist mangels Vorsatzes straflos.

68 Die **Mittäterschaft** gem. § 25 II StGB erfasst Fälle gleichberechtigter Arbeitsteilung.

Beispiel 12

B1 und B2 überfielen den Passanten Z. Wie vorher abgesprochen hielt einer von ihnen den Z fest, während der andere das Portemonnaie des Z aus dessen Hosentasche an sich nahm. ◄

Beiden Mittätern werden wechselseitig die Tathandlungen des jeweils anderen zugerechnet, so dass es einerlei ist, dass B1 das Portemonnaie nicht an sich nahm und dass B2 nicht den Z festhielt (oder andersherum, was also sogar offen bleiben kann).

69 Bei einer Reihe von Delikten wird allerdings verbreitet angenommen, dass eine Erfüllung des tatbestandsmäßigen Verhaltens in eigener Person erforderlich ist, so dass Mittäterschaft (entgegen § 25 II StGB) und sog. mittelbare Täterschaft (entgegen § 25 I 2. Var. StGB) nicht möglich seien, sog. **eigenhändige Delikte**.[65] Hierzu sollen z. B. die §§ 153, 154, 156, 173 ff., 315a I, 316, 323a, 339 StGB zählen.

---

[65] Kindhäuser/Hilgendorf, LPK, 8. Aufl. 2020, vor § 13 Rn. 258; näher Schröder FS von Weber 1963, 233; Haft JA 1979, 651; Schünemann FS Jung 2007, 881; Satzger Jura 2011, 103; Gerhold/Kuhne ZStW 2012, 943; aus der Rspr. vgl. BGH B. v. 14.04.2020 – 5 StR 37/20 – BGHSt 64, 314 = NJW 2020, 2201 = NStZ 2021, 38 (Anm. Bosch Jura 2020, 994; RÜ 2020, 585; Mitsch NStZ 2021, 39; Bock ZIS 2021, 193).

Zum Beispiel:

> **§ 153 StGB (Falsche uneidliche Aussage)**
> Wer vor Gericht oder vor einer anderen zur eidlichen Vernehmung von Zeugen oder Sachverständigen zuständigen Stelle als Zeuge oder Sachverständiger uneidlich falsch aussagt, wird mit Freiheitsstrafe von drei Monaten bis zu fünf Jahren bestraft.

Nur derjenige, der selbst falsch aussagt, soll Täter sein können.
Ferner:

> **§ 316 I StGB (Trunkenheit im Verkehr)**
> Wer im Verkehr (§§ 315 bis 315e) ein Fahrzeug führt, obwohl er infolge des Genusses alkoholischer Getränke oder anderer berauschender Mittel nicht in der Lage ist, das Fahrzeug sicher zu führen, wird mit Freiheitsstrafe bis zu einem Jahr oder mit Geldstrafe bestraft, wenn die Tat nicht in § 315a oder § 315c mit Strafe bedroht ist.

Nur der Fahrzeugführer selbst könne § 316 I StGB täterschaftlich verwirklichen. Bei einigen dieser Delikte (z. B. bei § 176 StGB[66]) ist das Erfordernis der Eigenhändigkeit allerdings umstritten. In der Tat ist sogar insgesamt unerklärlich, warum bei einigen Delikten die Gleichstellung von Mittäterschaft und sog. mittelbarer Täterschaft, die § 25 StGB anordnet, nicht gelten soll. Der jeweilige Wortlaut des Tatbestands ist insofern unergiebig, als der Gesetzgeber alle Straftatbestände dergestalt formuliert hat, dass er stets eine sog. unmittelbare Täterschaft bzw. eigenhändige Verwirklichung umreißt. Begründet wird der Charakter als eigenhändiges Delikt jeweils damit, dass der Unrechtsgehalt dieser Tatbestände durch die besondere Verwerflichkeit des unmittelbaren Täterhandelns geprägt werde.[67] Dies ist allerdings eine auf naturalistischer Grundlage fußende Behauptung und keine dem Gesetz standhaltende Begründung.

Außer Tätern i. S. d. § 25 StGB gibt es auch noch andere **Beteiligte** an einer Straftat. Gem. der Legaldefinition des § 28 II StGB ist Beteiligter der Oberbegriff für Täter und Teilnehmer.
Teilnehmer sind nach der Legaldefinition des § 28 I StGB Anstifter und Gehilfen.
Die **Anstiftung** regelt § 26 StGB.

> **§ 26 StGB (Anstiftung)**
> Als Anstifter wird gleich einem Täter bestraft, wer vorsätzlich einen anderen zu dessen vorsätzlich begangener rechtswidriger Tat bestimmt hat.

---

[66] Renzikowski, in: MK-StGB, 3. Aufl. 2017, § 176 Rn. 62; Frommel, in: NK-StGB, 5. Aufl. 2017, § 176 Rn. 28.
[67] S. nur B. Heinrich, AT, 6. Aufl. 2019, Rn. 176.

Beispiel 13

B1 bot dem B2 5000 Euro, wenn er den Z verprügelt. B2 tat dies. ◄

B2 ist Täter einer Körperverletzung gem. § 223 I StGB. B1 ist Anstifter zu dieser gem. §§ 223 I, 26 StGB.

Die **Beihilfe** regelt § 27 StGB.

§ 27 StGB (Beihilfe)
(1) Als Gehilfe wird bestraft, wer vorsätzlich einem anderen zu dessen vorsätzlich begangener rechtswidriger Tat Hilfe geleistet hat.
(2) Die Strafe für den Gehilfen richtet sich nach der Strafdrohung für den Täter. Sie ist nach § 49 Abs. 1 zu mildern.

Beispiel 14

Damit B1 einen geplanten Wohnungseinbruchdiebstahl begehen konnte, lieh B2 dem B1 ein Brecheisen. B1 führte die Tat unter Einsatz des Brecheisens aus. ◄

B1 ist Täter eines Wohnungseinbruchdiebstahls gem. §§ 242 I, 244 I Nr. 3 StGB. B2 leistete zu dieser Tat als Gehilfe Beihilfe.

Ferner gibt es einen **Versuch der Beteiligung** i. R. d. § 30 StGB.

§ 30 StGB (Versuch der Beteiligung)
(1) Wer einen anderen zu bestimmen versucht, ein Verbrechen zu begehen oder zu ihm anzustiften, wird nach den Vorschriften über den Versuch des Verbrechens bestraft. Jedoch ist die Strafe nach § 49 Abs. 1 zu mildern. § 23 Abs. 3 gilt entsprechend.
(2) Ebenso wird bestraft, wer sich bereit erklärt, wer das Erbieten eines anderen annimmt oder wer mit einem anderen verabredet, ein Verbrechen zu begehen oder zu ihm anzustiften.

Beispiel 15

B bot dem Z1 1000 Euro dafür, die Z2 zu töten. Z1 lehnte ab. ◄

Totschlag (§ 212 I StGB) und Mord (§ 211 StGB) sind Verbrechen, § 12 I StGB, so dass sich B wegen versuchter Anstiftung zum Totschlag bzw. Mord gem. §§ 212/211, 30 I StGB strafbar gemacht hat.

Beispiel 16

B1 und B2 wollten den Z töten und besprachen einen Tatplan. ◄

Hier greift § 30 II StGB in der Variante der Verabredung, so dass sich B1 und B2 gem. §§ 212/211, 30 II StGB strafbar gemacht haben.

Von einem Versuch der Beteiligung kann man gem. § 31 StGB zurücktreten.

> **§ 31 StGB (Rücktritt vom Versuch der Beteiligung)**
> (1) Nach § 30 wird nicht bestraft, wer freiwillig
> 1. den Versuch aufgibt, einen anderen zu einem Verbrechen zu bestimmen, und eine etwa bestehende Gefahr, dass der andere die Tat begeht, abwendet,
> 2. nachdem er sich zu einem Verbrechen bereit erklärt hatte, sein Vorhaben aufgibt oder,
> 3. nachdem er ein Verbrechen verabredet oder das Erbieten eines anderen zu einem Verbrechen angenommen hatte, die Tat verhindert.
> (2) Unterbleibt die Tat ohne Zutun des Zurücktretenden oder wird sie unabhängig von seinem früheren Verhalten begangen, so genügt zu seiner Straflosigkeit sein freiwilliges und ernsthaftes Bemühen, die Tat zu verhindern.

Beispiel 17

B bot dem Z1 1000 Euro dafür, die Z2 zu töten. Z1 erbat einen Tag Bedenkzeit. Noch am gleichen Tag suchte B den Z1 erneut auf, nahm sein Angebot zurück und vergewisserte sich, dass Z1 keine Schritte gegen Z2 unternehmen werde. ◄

B ist gem. § 31 I Nr. 1 StGB von der versuchten Anstiftung zum Totschlag bzw. Mord (§§ 212/211, 30 I StGB) strafbefreiend zurückgetreten.

b) Formelles Strafrecht

Das sog. formelle Strafrecht regelt die Geltendmachung und Durchsetzung des Rechts zum Bestrafen.[68] Es lässt sich weiter unterteilen[69] in das Strafprozessrecht, das Strafvollstreckungsrecht und das Strafvollzugsrecht.

Das **Strafprozessrecht** regelt das Erkenntnisverfahren, d. h. die Frage, wer wie feststellt, ob jemand eine Straftat begangen hat. Festgelegt wird also das Nachweis-

---

[68] Hoyer AT, 1996, S. 1.
[69] S. die Übersicht bei Hoyer, AT, 1996, S. 1.

verfahren für eine Straftat inkl. Bestimmungen über die Organe der Strafrechtspflege. Es ist Gegenstand einer eigenen Vorlesung, eigener Lehrbücher[70] etc.[71]

Das Strafprozessrecht wird insbesondere durch die Strafprozessordnung (StPO) gebildet, daneben durch eine Vielzahl weiterer Gesetze, z. B. das Gerichtsverfassungsgesetz (GVG). Verfassungsrechtliche Schranken enthält das Grundgesetz, insbesondere in den Art. 101, 103, 104 GG sowie dem Rechtsstaatsprinzip, welches sich den Art. 20, 23, 28 GG entnehmen lässt.

Auch zahlreiche Spezialgesetze enthalten strafprozessuale Regelungen, z. B. die §§ 385 ff. AO für das Steuerstrafverfahren.

73 Das **Strafvollstreckungsrecht** befasst sich mit der Umsetzung der strafgerichtlichen, sanktionierenden Entscheidungen.[72] Bei freiheitsentziehenden Sanktionen gilt folgende Abgrenzung von Strafvollstreckungsrecht i.e.S. und **Strafvollzugsrecht**[73]: Das Strafvollzugsrecht erfasst den Bereich von der Aufnahme der sanktionierten Person in der Vollzugseinrichtung bis hin zu seiner Entlassung, und zwar das „Wie" der Sanktionsverwirklichung, also die Art der praktischen Durchführung und Gestaltung. Das Strafvollstreckungsrecht i.e.S. umfasst bzgl. freiheitsentziehender Sanktionen die Herbeiführung des Aufenthalts in der Vollzugseinrichtung bis zum Antritt, die generelle Überwachung der Durchführung und die Beendigung (also das „Ob" der Sanktionsverwirklichung). Rechtsgrundlagen des Strafvollstreckungsrecht bilden v. a. die §§ 449 ff. StPO, 56 ff., 61 ff., 79 ff. StGB, 82 ff. JGG. Rechtsgrundlagen des Strafvollzugsrecht sind die StVollzG des Bundes und der Länder.

74 Besondere Regelungen zum formellen Strafrecht für Jugendliche und Heranwachsende enthält das Jugendgerichtsgesetz (JGG), sog. Jugendstrafrecht.[74]

75 Die gesetzliche und wissenschaftliche Trennung von materiellem und formellem Strafrecht, die auch die universitäre Strafrechtsausbildung prägt, darf nicht darüber hinwegtäuschen, dass aus der Perspektive der Strafrechtspraxis Beweisbarkeit und Bewiesenheit (s. auch Art. 6 II EMRK) einer Tat im Ergebnis ebenso Strafbarkeitsvoraussetzungen sind wie die Elemente des materiellen Strafrechts, so dass materielles und formelles Recht in der Anwendung verschwimmen können.

---

[70] Z. B. Krey/Heinrich, Deutsches Strafverfahrensrecht, 2. Aufl. 2018; Heger/Pohlreich, Strafprozessrecht, 2. Aufl. 2018; Beulke/Swoboda, Strafprozessrecht, 15. Aufl. 2020; Engländer Examens-Repetitorium Strafprozessrecht, 10. Aufl. 2020; Volk/Engländer, Grundkurs StPO, 9. Aufl. 2018; Roxin/Schünemann, Strafverfahrensrecht, 29. Aufl. 2017; Ostendorf/Brüning, Strafprozessrecht, 4. Aufl. 2021; s. auch Joecks, Studienkommentar StPO, 4. Aufl. 2015; maßgeblicher Praktiker-Kommentar: Meyer-Goßner/Schmitt, StPO, 64. Aufl. 2021.

[71] Zur Bedeutung des Strafprozessrechts für Studium, Prüfung und Praxis Heger/Pohlreich, Strafprozessrecht, 2. Aufl. 2018, Rn. 7 ff.

[72] S. nur Laubenthal/Nestler, Strafvollstreckung, 2. Aufl. 2018, Rn. 1f.

[73] Ausf. Laubenthal, Strafvollzug, 8. Aufl. 2019.

[74] S. zum Jugendstrafrecht die Lehrbücher von Ostendorf/Drenkhahn, Jugendstrafrecht, 10. Aufl. 2020; Streng, Jugendstrafrecht, 5. Aufl. 2020; Meier/Bannenberg/Höffler, Jugendstrafrecht, 4. Aufl. 2019; Laubenthal/Baier/Nestler, Jugendstrafrecht, 3. Aufl. 2015.

2. Besondere Rechtsgebiete innerhalb des Strafrechts

Aufgrund thematischen Zusammenhangs ist es gebräuchlich, bestimmte Untergebiete des Strafrechts mit selbstständigen Bezeichnungen zu versehen. Dies hat aber allein deskriptiven Charakter, maßgebend für die Rechtsanwendung bleibt der einzelne Normtext. Insbesondere für Praktiker und Studenten sind aber zusammenhängende Darstellungen bestimmter Themenbereiche nützlich.

So spricht man z. B. von Wirtschaftsstrafrecht,[75] Steuerstrafrecht,[76] Insolvenzstrafrecht,[77] Kapitalmarktstrafrecht,[78] Umweltstrafrecht,[79] (Criminal) Compliance,[80] Internationalem Strafrecht,[81] Europäischem Strafrecht,[82] Völkerstrafrecht,[83] Medienstrafrecht,[84] Medizinstrafrecht bzw. Arzt- oder Gesundheitsstrafrecht,[85] Betäubungsmittelstrafrecht,[86] Terrorismusstrafrecht,[87] Sexualstrafrecht,[88] Ausländerstrafrecht,[89] Verkehrsstrafrecht,[90] Wehrstrafrecht,[91] Arbeitsstrafrecht,[92] Computerstrafrecht bzw. Internetstrafrecht,[93] Revisionsrecht,[94] Sanktionenrecht,[95] Strafvollzugsrecht[96] und Strafvollstreckungsrecht.[97]

Darstellungen dieser strafrechtlichen Spezialgebiete befassen sich i. d. R. sowohl mit der Anwendung des Allgemeinen Teils auf den jeweiligen Bereich (Straftatvoraussetzungslehre und Sanktionenrecht) als auch mit tatbestandsspezifischen Fra-

---

[75] S. nur Wittig, Wirtschaftsstrafrecht, 5. Aufl. 2020; Hellmann, Wirtschaftsstrafrecht, 5. Aufl. 2018.
[76] Rolletschke, Steuerstrafrecht, 5. Aufl. 2021.
[77] Bittmann, Insolvenzstrafrecht, 2. Aufl. 2017.
[78] Schröder, Handbuch Kapitalmarktstrafrecht, 4. Aufl. 2020; Park (Hrsg.), Kapitalmarktstrafrecht, 5. Aufl. 2019.
[79] Saliger, Umweltstrafrecht, 2. Aufl. 2020; Krell, Umweltstrafrecht, 2017.
[80] Bock, Criminal Compliance, 2. Aufl. 2013; Rotsch (Hrsg.), Criminal Compliance, 2015.
[81] Satzger, Internationales und Europäisches Strafrecht, 9. Aufl. 2020.
[82] Hecker, Europäisches Strafrecht, 5. Aufl. 2015.
[83] Werle/Jeßberger, Völkerstrafrecht, 5. Aufl. 2020.
[84] Mitsch, Medienstrafrecht, 2012.
[85] Roxin/Schroth, Handbuch des Medizinstrafrecht, 4. Aufl. 2010; Frister/Lindemann/Peters, Arztstrafrecht, 2011; Kraatz, Arztstrafrecht, 2. Aufl. 2018.
[86] Malek, Betäubungsmittelstrafrecht, 4. Aufl. 2014.
[87] Zöller, Terrorismusstrafrecht, 2009.
[88] Laubenthal, Handbuch Sexualstraftaten, 2012.
[89] Kretschmer, Ausländerstrafrecht, 2011.
[90] Janizewski, Verkehrsstrafrecht, 5. Aufl. 2004.
[91] Lingens/Korte, WStG, 5. Aufl. 2012.
[92] Gercke/Kraft/Richter, Arbeitsstrafrecht, 3. Aufl. 2021.
[93] Hilgendorf/Valerius, Computer- und Internetstrafrecht, 2. Aufl. 2012.
[94] Weidemann/Scherf, Revision im Strafrecht, 3. Aufl. 2017; Hamm, Revision in Strafsachen, 7. Aufl. 2010.
[95] S. nur Meier, Strafrechtliche Sanktionen, 4. Aufl. 2014; Streng, Strafrechtliche Sanktionen, 3. Aufl. 2012; Schäfer/Sander/van Gemmeren, Praxis der Strafzumessung, 6. Aufl. 2017.
[96] Laubenthal, Strafvollzug, 8. Aufl. 2019.
[97] Laubenthal/Nestler, Strafvollstreckung, 2. Aufl. 2018.

gen (im StGB und/oder im Nebenstrafrecht) sowie mit strafprozessualen Besonderheiten, bisweilen auch mit kriminologischen und sonstigen kriminalwissenschaftlichen Aspekten.

C. Strafrecht als Teilgebiet des Rechts; Verknüpfungen der Rechtsgebiete

▶ Didaktischer Aufsatz – Wagner, Die Stellung des Strafrechts im System der Rechtsordnung – Ein Überblick über das Verhältnis des Strafrechts zu den übrigen (Teil-)Rechtsgebieten, ZJS 2020, 575

78 Das neuzeitliche deutsche Recht unterscheidet drei große Rechtsgebiete: Das Privatrecht (Zivilrecht, vgl. auch Bürgerliches Recht), das Strafrecht und das Öffentliche Recht.[98]
Während das **Privatrecht** die Beziehungen von rechtlich gleichgestellten Rechtssubjekten regelt (z. B. Voraussetzungen und Rechtsfolgen von Verträgen),[99] regelt das **Öffentliche Recht** das Verhältnis zwischen Trägern der öffentlichen Gewalt („Hoheitsträgern") und den Privatrechtssubjekten.[100] Die Selbstständigkeit des **Strafrechts** als Rechtsgebiet ist historisch-traditionell zu erklären; der Sache nach handelt es sich um einen Bestandteil des Öffentlichen Rechts, da das Auferlegen strafrechtlicher Rechtsfolgen einen Eingriff in die Grundrechte der Rechtssubjekte im Rahmen eines Subordinationsverhältnisses darstellt.[101] Die staatstheoretisch durchaus problematische Legitimität des Bestrafens einzelner Bürger ergibt sich aus den mit dem Strafrecht verfolgten Zielen zum Schutz von individuellen und kollektiven Werten.

79 Dem Schutz dieser Werte dienen auch das Privatrecht und das öffentliche Recht i.e.S. Ersteres zeigt sich z. B. an zivilrechtlichen Schadensersatzpflichten (z. T. mit pönalen Elementen, etwa beim sog. Schmerzensgeld nach § 253 II BGB), letzteres insbesondere im Gefahrenabwehrrecht des Bundes und der Länder. Die drei Rechtsgebiete ergänzen einander insofern.

Beispiel 18

vgl. LG Essen U. v. 26.03.2007 – 56 KLs 7/06 („Gammelfleisch"):
Fleischhändler B verkaufte 80 Tonnen Putenhack, obwohl das Mindesthaltbarkeitsdatum bereits abgelaufen war, wobei er seinen Abnehmer Z1 überlistete, indem er das Fleisch umetikettierte. Am Verzehr des Fleisches erkrankte

---

[98] S. nur B. Heinrich, AT, 6. Aufl. 2019, Rn. 1.
[99] Köhler, BGB AT, 44. Aufl. 2020, § 2 Rn. 2.
[100] Köhler, BGB AT, 44. Aufl. 2020, § 2 Rn. 3 f.; zur problematischen Unterscheidung zwischen öffentlichem Recht und Privatrecht (z. B. i.R.d. § 40 I VwGO) Reimer, in: BeckOK-VwGO, Stand 01.04.2020, § 40 Rn. 45; zur Abgrenzung von Zivil- und Strafrecht näher Hirsch FS Engisch 1969, 304.
[101] Roxin/Greco, AT I, 5. Aufl. 2020, § 1 Rn. 5; Gropp/Sinn, AT, 5. Aufl. 2021, § 1 Rn. 29 ff.

Restaurantbesucher Z2, der eine Woche lang seiner selbstständigen Arbeit nicht nachgehen konnte. ◄

Aufgabe des Privatrechts ist es hier v. a., einklagbare (Schadensersatz)Ansprüche von Z1 und Z2 gegen B zu normieren, sei es aufgrund einer Vertragsverletzung, vgl. nur § 280 I 1 BGB („Verletzt der Schuldner eine Pflicht aus dem Schuldverhältnis, so kann der Gläubiger Ersatz des hierdurch entstehenden Schadens verlangen.") oder aufgrund sog. Delikts, z. B. § 823 I BGB („Wer vorsätzlich oder fahrlässig das Leben, den Körper, die Gesundheit, die Freiheit, das Eigentum oder ein sonstiges Recht eines anderen widerrechtlich verletzt, ist dem anderen zum Ersatz des daraus entstehenden Schadens verpflichtet."). Im obigen Beispiel wird insbesondere Z2 Ersatz für seinen Verdienstausfall begehren.

Aufgabe des Öffentlichen Rechts i.e.S. ist die präventive (prospektive) Gefahrenabwehr und -vorsorge. So wird die zuständige Ordnungsbehörde zu prüfen haben, ob gegenüber dem Fleischhändler B eine Gewerbeuntersagung wegen Unzuverlässigkeit auszusprechen ist, um zukünftige ähnliche Vorfälle zu verhindern.

> **§ 35 I 1 GewO (Gewerbeuntersagung wegen Unzuverlässigkeit)**
> Die Ausübung eines Gewerbes ist von der zuständigen Behörde ganz oder teilweise zu untersagen, wenn Tatsachen vorliegen, welche die Unzuverlässigkeit des Gewerbetreibenden oder einer mit der Leitung des Gewerbebetriebes beauftragten Person in bezug auf dieses Gewerbe dartun, sofern die Untersagung zum Schutz der Allgemeinheit oder der im Betrieb Beschäftigten erforderlich ist.

Bei einem bösgläubigen Gaststättenbetreiber kommt ein Entzug der Erlaubnis zur Gaststättenbetreibung und eine Schließung der Gaststätte nach §§ 15 I, 4 GastG in Betracht.

> **§ 4 I Nr. 1 GastG (Versagungsgründe)**
> Die Erlaubnis ist zu versagen, wenn Tatsachen die Annahme rechtfertigen, dass der Antragsteller die für den Gewerbebetrieb erforderliche Zuverlässigkeit nicht besitzt, insbesondere dem Trunke ergeben ist oder befürchten lässt, dass er Unerfahrene, Leichtsinnige oder Willensschwache ausbeuten wird oder dem Alkoholmissbrauch, verbotenem Glücksspiel, der Hehlerei oder der Unsittlichkeit Vorschub leisten wird oder die Vorschriften des Gesundheits- oder Lebensmittelrechts, des Arbeits- oder Jugendschutzes nicht einhalten wird.

Aufgabe des Strafrechts ist die (retrospektive) Ahndung der vergangenen Tat nach Maßgabe der Strafgesetze. Gegenüber Z1 kommt eine Strafbarkeit des B wegen Betrugs gem. § 263 I StGB in Frage.

> **§ 263 I StGB (Betrug)**
> Wer in der Absicht, sich oder einem Dritten einen rechtswidrigen Vermögensvorteil zu verschaffen, das Vermögen eines anderen dadurch beschädigt, dass er durch Vorspiegelung falscher oder durch Entstellung oder Unterdrückung wahrer Tatsachen einen Irrtum erregt oder unterhält, wird mit Freiheitsstrafe bis zu fünf Jahren oder mit Geldstrafe bestraft.

Im Hinblick auf die Erkrankung des Z2 könnte sich B (je nach Vorstellung) wegen vorsätzlicher oder fahrlässiger Körperverletzung strafbar gemacht haben:

> **§ 223 I StGB (Körperverletzung)**
> Wer eine andere Person körperlich misshandelt oder an der Gesundheit schädigt, wird mit Freiheitsstrafe bis zu fünf Jahren oder mit Geldstrafe bestraft.

> **§ 229 StGB (Fahrlässige Körperverletzung)**
> Wer durch Fahrlässigkeit die Körperverletzung einer anderen Person verursacht, wird mit Freiheitsstrafe bis zu drei Jahren oder mit Geldstrafe bestraft.

Hinzu kommen Straftatbestände des sog. Nebenstrafrechts, v. a. die heutigen §§ 58, 59 LFBG (Lebensmittel-, Bedarfsgegenstände- und Futtermittelgesetzbuch).

Die Bestrafung des B dient ebenfalls dazu, zukünftige ähnliche Verstöße – des B oder anderer – zu unterbinden und somit andere Personen zu schützen.

80 Im Lichte der Strafzwecke ist Strafrecht mithin ein Gefahrenabwehrrecht (in Bundeskompetenz, Art. 74 I Nr. 1 GG), welches die Besonderheit aufweist, dass die Gefahrenabwehr durch Ausspruch einer Strafbarkeit mit daran anknüpfender Sanktion erzielt werden soll.

81 Zivilrecht, Strafrecht und Öffentliches Recht sind überdies auf verschiedene Weise **miteinander verknüpft**.

Etliche strafrechtliche Normen verwenden zivilrechtlich auszulegende Begriffe, z. B.:

> **§ 242 I StGB (Diebstahl)**
> Wer eine fremde bewegliche Sache einem anderen in der Absicht wegnimmt, die Sache sich oder einem Dritten rechtswidrig zuzueignen, wird mit Freiheitsstrafe bis zu fünf Jahren oder mit Geldstrafe bestraft.

Wann eine Sache fremd i. S. d. § 242 I StGB ist, richtet sich nach der zivilrechtlichen Eigentumsordnung: Fremd ist eine Sache, die nach bürgerlichem Recht im Eigentum eines anderen steht.[102]

Ein Strafrichter muss also aufgrund sog. **Zivilrechtsakzessorietät**[103] inzident Zivilrecht anwenden, um die Strafbarkeit des Beschuldigten zu prüfen, und zwar völlig eigenständig, § 262 StPO.

> **§ 262 StPO (Entscheidung zivilrechtlicher Vorfragen)**
> (1) Hängt die Strafbarkeit einer Handlung von der Beurteilung eines bürgerlichen Rechtsverhältnisses ab, so entscheidet das Strafgericht auch über dieses nach den für das Verfahren und den Beweis in Strafsachen geltenden Vorschriften.
> (2) Das Gericht ist jedoch befugt, die Untersuchung auszusetzen und einem der Beteiligten zur Erhebung der Zivilklage eine Frist zu bestimmen oder das Urteil des Zivilgerichts abzuwarten.

Ein durch eine Straftat Geschädigter hat im sog. **Adhäsionsverfahren** (§§ 403 ff. StPO) die Möglichkeit, im Strafverfahren zivilrechtliche Ansprüche durchzusetzen.

> **§ 403 StPO (Geltendmachung eines Anspruchs im Adhäsionsverfahren)**
> Der Verletzte oder sein Erbe kann gegen den Beschuldigten einen aus der Straftat erwachsenen vermögensrechtlichen Anspruch, der zur Zuständigkeit der ordentlichen Gerichte gehört und noch nicht anderweit gerichtlich anhängig gemacht ist, im Strafverfahren geltend machen [...].

Andersherum greift auch das Zivilrecht bisweilen auf das Strafrecht zurück. **82**

> **§ 823 BGB (Schadensersatzpflicht)**
> (1) Wer vorsätzlich oder fahrlässig das Leben, den Körper, die Gesundheit, die Freiheit, das Eigentum oder ein sonstiges Recht eines anderen widerrechtlich verletzt, ist dem anderen zum Ersatz des daraus entstehenden Schadens verpflichtet.
> (2) Die gleiche Verpflichtung trifft denjenigen, welcher gegen ein den Schutz eines anderen bezweckendes Gesetz verstößt. Ist nach dem Inhalt des Gesetzes ein Verstoß gegen dieses auch ohne Verschulden möglich, so tritt die Ersatzpflicht nur im Falle des Verschuldens ein.

---

[102] Fischer, StGB, 68. Aufl. 2021, § 242 Rn. 5.
[103] Für § 242 StGB s. z. B. Schmitz, in: MK-StGB, 3. Aufl. 2017, § 242 Rn. 33 ff.; allgemein näher zur (i.E. problematischen) Zivilrechtsakzessorietät des Strafrechts Lüderssen FS Hanack 1999, 487; Hoyer FS Kreutz 2010, 691.

Strafgesetze können Schutzgesetze i. S. d. § 823 II BGB sein, so dass durch Strafbarkeit zivilrechtliche Ansprüche des Geschädigten entstehen können.[104]

83 Das Strafrecht weist nicht nur zivilrechtsakzessorische Straftatbestände auf, sondern auch solche, die in einem Akzessorietätsverhältnis zum **öffentlichen Recht**, genauer zum Verwaltungsrecht stehen, sog. **Verwaltungsrechtsakzessorietät**.[105] Betroffen sind v. a. Straftatbestände aus dem Wirtschafts- und Umweltstrafrecht, z. B.:

> **§ 324a I StGB (Bodenverunreinigung)**
> Wer unter Verletzung verwaltungsrechtlicher Pflichten Stoffe in den Boden einbringt, eindringen lässt oder freisetzt und diesen dadurch
>
> 1. in einer Weise, die geeignet ist, die Gesundheit eines anderen, Tiere, Pflanzen oder andere Sachen von bedeutendem Wert oder ein Gewässer zu schädigen, oder
> 2. in bedeutendem Umfang
>
> verunreinigt oder sonst nachteilig verändert, wird mit Freiheitsstrafe bis zu fünf Jahren oder mit Geldstrafe bestraft.

Die Verletzung verwaltungsrechtlicher Pflichten als Tatbestandsmerkmal setzt eine verwaltungsrechtliche Vorprüfung inzident voraus.

Das Öffentliche Recht enthält ferner Rechtfertigungsgründe. So kann etwa § 204 LVwG SH eine polizeiliche tatbestandsmäßige (§ 239 I StGB) Freiheitsberaubung rechtfertigen.

> **§ 239 I StGB (Freiheitsberaubung)**
> Wer einen Menschen einsperrt oder auf andere Weise der Freiheit beraubt, wird mit Freiheitsstrafe bis zu fünf Jahren oder mit Geldstrafe bestraft.

> **§ 204 I LVwG SH (Gewahrsam von Personen)**
> Eine Person kann nur in Gewahrsam genommen werden, wenn dies
>
> 1. zu ihrem Schutz gegen eine Gefahr für Leib oder Leben erforderlich ist, insbesondere, weil sie sich erkennbar in einem die freie Willensbestimmung ausschließenden Zustand oder sonst in hilfloser Lage befindet,
> 2. unerlässlich ist, um die unmittelbar bevorstehende Begehung oder Fortsetzung einer Straftat oder einer Ordnungswidrigkeit von erheblicher Bedeutung für die Allgemeinheit zu verhindern [...]

---

[104] S. etwa Förster, in: BeckOK-BGB, Stand 01.02.2021, § 823 Rn. 267; näher von Olshausen FS Bemmann 1997, 125; Deutsch FS Schreiber 2003, 43; zum Verhältnis von Strafurteil und Zivilprozess Sachers FS Rittler 1957, 341; Beulke FS Schroeder 2006, 663; Hiebl FS Wessing 2016, 761.
[105] S. nur B. Heinrich, AT, 6. Aufl. 2019, Rn. 52a.

Das **Verfassungsrecht** als Teil des Öffentlichen Rechts wirkt im Rahmen der verfassungsrechtlichen Verfahren (Art. 93 GG, § 13 BVerfGG) und im Hinblick auf wgesetze begrenzend.

Der Einfluss des Strafrechts auf das öffentliche Recht zeigt swich in öffentlich-rechtlichen Gesetzen, die eine Straftat als Voraussetzung einer verwaltungsrechtlichen Rechtsfolge normieren, z. B. bzgl. des Entzugs einer Erlaubnis oder der Versagung einer Genehmigung, im Ausländer-, Beamten- oder Steuerrecht.

All diese Querverbindungen geben Anlass, als Ideal (?) eine sog. **Einheit der Rechtsordnung** zu erwägen. Allerdings stellt das Strafrecht im Wege einer sog. **asymmetrischen Akzessorietät** nicht selten strengere Voraussetzungen als das Zivilrecht oder das Öffentliche Recht auf. Dies findet seinen Grund in den eingriffsintensiven Rechtsfolgen des Strafrechts und der damit zusammenhängenden Funktion des Strafrechts als *ultima ratio* des Staats zur Erreichung seiner Schutzziele.

Man sieht, dass angehende Juristen aus gutem Grund in allen Rechtsgebieten ausgebildet („Volljurist") werden, während eine echte Spezialisierung erst bei der Berufswahl möglich ist. Selbst in der **Praxis** entspricht es allerdings der beruflichen Kompetenz, zwar zwischen den Rechtsgebieten präzise zu trennen, jedoch Rechtsfolgen aller Rechtsgebiete zu prüfen. Insbesondere wird ein Mandant von seinem Rechtsanwalt eine umfassende Beratung im Hinblick auf alle (drohenden) Rechtsfolgen verlangen, auch jenseits von Akzessorietätsfragen. Den Rechtsunterworfenen ist nicht selten einerlei, auf welcher Rechtsgrundlage eine nachteilige Sanktion (z. B. die Verpflichtung zur Zahlung einer Geldsumme oder die Untersagung der Berufsausübung) verhängt wird, und z. B. bei der Frage der Abgabe einer geständigen Einlassung wird eine Gesamtabwägung erforderlich sein. Auch die Polizei prüft – von der Rechtsfolge einer Handlungsbefugnis (z. B. Durchsuchung, Beschlagnahme, Festnahme) denkend – sowohl Eingriffsermächtigungen aus dem Gefahrenabwehrrecht („Polizeirecht"; in Schleswig-Holstein insbesondere aus dem LVwG) als auch solche aus dem Strafprozessrecht (v. a. aus der StPO).

D. Abgrenzungen des Strafrechts und Strafens zu verwandten Disziplinen bzw. Eingriffen; Strafrecht als Teil der gesamten Kriminalwissenschaften

Das (formale) Strafrecht ist abzugrenzen von Rechtsgebieten, die ebenfalls Sanktionen aufweisen.[106]

---

[106] Im Folgenden Beschränkung auf die Abgrenzung zum Ordnungswidrigkeitenrecht und zum Disziplinar- und Berufsrecht; weitere Abgrenzungen bei Roxin/Greco, AT I, 5. Aufl. 2020, § 2 Rn. 138 ff. (Ordnungs- und Zwangsmittel, z. B. nach den §§ 51, 70 StPO, 380, 390, 890 ZPO; Privatstrafen, §§ 339 ff. BGB).

I. Ordnungswidrigkeitenrecht

87 Das (Kriminal-)Strafrecht ist vom Ordnungswidrigkeitenrecht zu unterscheiden. Das Ordnungswidrigkeitenrecht enthält Tatbestände, deren Erfüllung mit einer Geldbuße belegt wird, z. B.:

> **§ 24a StVG (0,5 Promille-Grenze)**
> (1) Ordnungswidrig handelt, wer im Straßenverkehr ein Kraftfahrzeug führt, obwohl er 0,25 mg/l oder mehr Alkohol in der Atemluft oder 0,5 Promille oder mehr Alkohol im Blut oder eine Alkoholmenge im Körper hat, die zu einer solchen Atem- oder Blutalkoholkonzentration führt.
> [...]
> (4) Die Ordnungswidrigkeit kann mit einer Geldbuße bis zu dreitausend Euro geahndet werden.

Die formal evidente Unterscheidung zwischen Strafrecht und Ordnungswidrigkeitenrecht (ordnungswidrig vs. strafbar; Geldbuße vs. Geldstrafe etc.) darf nicht darüber hinwegtäuschen, dass der materielle Unterschied zwischen einem Ordnungswidrigkeitentatbestand und einem Straftatbestand – in Gesetzeszielen, Tatbestandsvoraussetzungen und Rechtsfolgen – eher[107] quantitativer und rechtspolitischer Natur ist: Relativ leichtes Fehlverhalten soll mit der Normierung von Ordnungswidrigkeiten und mithin relativ leichten Rechtsfolgen bekämpft werden, erst relativ schweres Fehlverhalten soll mit dem „scharfen Schwert" des Strafrechts bekämpft werden. Aufgrund der großen Zahl normierter Ordnungswidrigkeiten und durchaus beträchtlichen Bußgeld-Obergrenzen kommt dem Ordnungswidrigkeitenrecht allerdings große praktische (wenn auch nur begrenzte universitäre) Bedeutung zu.

Bei geringfügigen Ordnungswidrigkeiten gilt § 56 I OWiG.

> **§ 56 I OWiG (Verwarnung durch die Verwaltungsbehörde)**
> Bei geringfügigen Ordnungswidrigkeiten kann die Verwaltungsbehörde den Betroffenen verwarnen und ein Verwarnungsgeld von fünf bis fünfundfünfzig Euro erheben. Sie kann eine Verwarnung ohne Verwarnungsgeld erteilen.

II. Disziplinar- und Berufsrecht

88 Zweitens ist das Strafrecht zu unterscheiden von disziplinarrechtlichen Sanktionen, die bestimmten Berufsgruppen drohen.[108] Zu diesen Berufen zählen insbesondere Beamte, Soldaten, Notare, Rechtsanwälte und Ärzte.

---

[107] Zur seit langem geführten Kontroverse bzgl. der materiellen Unterschiede von Straftat und Ordnungswidrigkeit Krey/Esser, AT, 6. Aufl. 2016, Rn. 20 ff.; näher Wimmer NJW 1957, 1169.
[108] Hierzu Roxin/Greco, AT I, 5. Aufl. 2020, Rn. 134 ff.

Beispielsweise gilt bei Dienstvergehen von Bundesbeamten das BDG (Bundesdisziplinargesetz). Die drohenden Disziplinarmaßnahmen enthält § 5 BDG.

> **§ 5 I, II BDG (Arten der Disziplinarmaßnahmen)**
> (1) Disziplinarmaßnahmen gegen Beamte sind:
> 1. Verweis (§ 6)
> 2. Geldbuße (§ 7)
> 3. Kürzung der Dienstbezüge (§ 8)
> 4. Zurückstufung (§ 9) und
> 5. Entfernung aus dem Beamtenverhältnis (§ 10).
> (2) Disziplinarmaßnahmen gegen Ruhestandsbeamte sind:
> 1. Kürzung des Ruhegehalts (§ 11) und
> 2. Aberkennung des Ruhegehalts (§ 12).

Das Verhältnis von Strafrecht und Disziplinarrecht ist insbesondere vor dem Hintergrund des Art. 103 III GG („Niemand darf wegen derselben Tat auf Grund der allgemeinen Strafgesetze mehrmals bestraft werden."; sog. *ne bis in idem*) problematisch.[109] Bei erfolgter Bestrafung wird jedenfalls eine sinngemäße Berücksichtigung des Art. 103 III GG naheliegen.

III. Strafrecht als Teil der gesamten Kriminalwissenschaften

Die Gesamtheit der Wissenschaften, die sich juristisch und empirisch mit Straftaten befassen, wird Kriminalwissenschaften genannt.[110]

Das juristische Studium beschäftigt sich vor allem mit den **normativen** Disziplinen und innerhalb dieser aus Gründen der Stoffbeschränkung vor allem, soweit das Strafrecht betroffen ist, mit dem materiellen Strafrecht des StGB sowie Grundzügen des Strafprozessrechts. Vertiefungen in anderen kriminalwissenschaftlichen Rechtsgebieten (z. B. dem Sanktionen- Strafvollstreckungs-, Strafvollzugsrecht) sind dem Schwerpunktstudium (s. § 5a DRiG) vorbehalten.

Hinzu kommen Grundlagen der **empirischen** Kriminalwissenschaft, der **Kriminologie**, welche sich u. a. mit Ursachen und Verbreitung von Kriminalität beschäftigt.[111]

Unentbehrlich für die polizeiliche (und staatsanwaltliche) Arbeit ist die **Kriminalistik**, welche sich mit Taktiken und Techniken der Aufklärung und Verhütung von Straftaten beschäftigt.[112]

---

[109] S. nur B. Heinrich, AT, 6. Aufl. 2019, Rn. 51.
[110] Hierzu Schwind, Kriminologie, 23. Aufl. 2016, § 1 Rn. 11 ff.
[111] S. nur Eisenberg/Kölbel, Kriminologie, 7. Aufl. 2017; Neubacher, Kriminologie, 4. Aufl. 2020; Göppinger, Kriminologie, 6. Aufl. 2008; Meier, Kriminologie, 6. Aufl. 2021; Kunz/Singelnstein, Kriminologie, 7. Aufl. 2016; Schwind, Kriminologie, 23. Aufl. 2016.
[112] S. nur Weihmann/de Vries, Kriminalistik, 13. Aufl. 2014.

Auch gewisse Fächer anderer Studienrichtungen zählen zu den Kriminalwissenschaften, insbesondere die **Rechtsmedizin,** die **Rechtspsychiatrie** und die **Rechtspsychologie.**

2. Kapitel: Funktion des Rechts; Funktion des Strafrechts: Strafzwecke

A. Funktion des Rechts

Rechtstheorie[1] und Rechtsphilosophie[2] beschäftigen sich seit jeder damit, was Recht ist und was es bewirken kann und soll, welche Funktion es hat. Hier genügt es, Recht als Summe der staatlichen gesetzlichen Bestimmungen anzusehen, die das gesellschaftliche Zusammenleben regeln.[3]

Diese Rechtsordnung soll das friedliche Zusammenleben von Menschen sichern, indem (idealerweise) das richtige Verhalten jedes Menschen in jeder Situation bestimmt wird. Nötig wird dies, da Menschen sich bei ihren Verhaltensweisen typischerweise gegenseitig behindern und miteinander um dieselben Ressourcen konkurrieren, dabei also notwendigerweise immer wieder in Konflikt geraten.

Damit nicht (immer) der faktisch Stärkere siegt, stellt der Staat eine Rechtsordnung zur Verfügung, die dem gerechten Ausgleich konkurrierender Interessen verpflichtet ist und dementsprechend Rechte gewährt und Pflichten auferlegt. Dies soll auch **Rechtsfrieden** dahingehend gewähren, dass die Bürger nicht selbst zur Durchsetzung ihrer Ansprüche und Positionen schreiten und dabei evtl. eine Spirale der – gewalttätigen – Eskalation begründen, sondern staatliche Stellen hierfür anrufen.

Die geschützten Rechtspositionen finden in Deutschland als Grundrechte des Grundgesetzes (GG) ihren Ausdruck.

---

[1] S. etwa Rüthers/Fischer/Birk, Rechtstheorie, 11. Aufl. 2020.
[2] S. etwa Seelmann/Demko, Rechtsphilosophie, 7. Aufl. 2019.
[3] Zu Definitionen des Rechts Rüthers/Fischer/Birk, Rechtstheorie, 11. Aufl. 2020, § 2.

So enthält z. B. Art. 2 II GG das Grundrecht auf Leben und körperliche Unversehrtheit:

> **Art 2 II GG**
> Jeder hat das Recht auf Leben und körperliche Unversehrtheit. Die Freiheit der Person ist unverletzlich. In diese Rechte darf nur auf Grund eines Gesetzes eingegriffen werden.

Art. 14 GG schützt das Eigentum:

> **Art. 14 I, II GG**
> (1) Das Eigentum und das Erbrecht werden gewährleistet. Inhalt und Schranken werden durch die Gesetze bestimmt.
> (2) Eigentum verpflichtet. Sein Gebrauch soll zugleich dem Wohle der Allgemeinheit dienen.

2 Die Grundrechte schützen nicht nur den Bürger vor Eingriffen des Staates, sondern begründen auch eine **Schutzverpflichtung des Staates** zugunsten seiner Bürger.[4] Hierzu bedient sich der Staat des Zivilrechts, des Öffentlichen Rechts (i.e.S.) und des Strafrechts.

Das Leben der Bürger schützt der Staat u. a. durch die Straftatbestände der §§ 212, 211, 222 StGB, die körperliche Unversehrtheit v. a. durch die §§ 223 ff. StGB, das Eigentum u. a. durch die §§ 242 ff. StGB.

Im Zivilrecht greift z. B. die Anspruchsgrundlage des § 823 I BGB; im Öffentlichen Recht z. B. (im Vorfeld) das Polizei- und Ordnungsrecht (Gefahrenabwehr).

3 Dass aber selbst im Strafrecht die Verbote nicht absolut gelten, sondern Gegenstand der Abwägung sind, zeigen die Rechtfertigungsgründe, z. B.:

> **§ 32 StGB (Notwehr)**
> (1) Wer eine Tat begeht, die durch Notwehr geboten ist, handelt nicht rechtswidrig.
> (2) Notwehr ist die Verteidigung, die erforderlich ist, um einen gegenwärtigen rechtswidrigen Angriff von sich oder einem anderen abzuwenden.

Unter den Voraussetzungen des § 32 StGB darf man z. B. töten (§§ 212, 211 StGB) oder Körper (§§ 223 ff. StGB) und Eigentum (u. a. §§ 242, 303 StGB) verletzen.

---

[4] Hierzu Herdegen, in: Maunz/Dürig, GG, 87. Lfg. 2019, Art. 1 Abs. 1 Rn. 78 ff.

Auch Privatrecht und Öffentliches Recht bestehen aus Abwägungen, z. B. bei der Meinungsfreiheit des Art. 5 I GG (vs. z. B. Schutz der Ehre, s. Art. 5 II GG) oder bei der Eigentumsfreiheit des Art. 14 GG (beschränkt z. B. durch Belange des Naturschutzes).
Erst recht gilt dies im Anwendungsbereich der sog. Allgemeinen Handlungsfreiheit des Art. 2 I GG:

> **Art. 2 I GG**
> Jeder hat das Recht auf die freie Entfaltung seiner Persönlichkeit, soweit er nicht die Rechte anderer verletzt und nicht gegen die verfassungsmäßige Ordnung oder das Sittengesetz verstößt.

Das staatlich gesetzte und ggf. mit Zwangsmitteln durchsetzbare Recht ist bei alledem – schon aus Gründen der Ressourcenknappheit – darauf angewiesen, dass es lediglich hilfsweise im Falle ansonsten unlösbarer Konflikte eingreifen muss. I.Ü. muss die außerrechtliche Sozialkontrolle, z. B. in Familie, Schule und Nachbarschaft, Mechanismen der privaten Streitbeilegung entwickeln. 4

B. Funktion des Strafrechts: Strafzwecke

I. Allgemeines

▶ Didaktische Aufsätze:

- Roxin, Sinn und Grenzen staatlicher Strafe, JuS 1966, 377
- Hassemer, Prävention im Strafrecht, JuS 1987, 257
- Lüderssen, Krise des Sozialisierungsgedankens im Strafrecht?, JA 1991, 222
- Lesch, Über den Sinn und Zweck staatlichen Strafens, JA 1994, 510 und 590
- Bock, Prävention und Empirie – Über das Verhältnis von Strafzwecken und Erfahrungswissen, JuS 1994, 88
- Koriath, Über Vereinigungstheorien als Rechtfertigung staatlicher Strafe, Jura 1995, 625
- Ambos/Steiner, Vom Sinn des Strafens auf innerstaatlicher und supranationaler Ebene, JuS 2001, 9
- Momsen/Rackow, Die Straftheorien, JA 2004, 336
- Kudlich, An den Grenzen des Strafrechts, JA 2007, 90
- Hefendehl, Der fragmentarische Charakter des Strafrechts, JA 2011, 401
- Walter, Einführung in das Strafrecht, JA 2013, 727
- Lichtenthäler, Warum nicht Blumen statt Mauern? – Zu den Straftheorien, ZJS 2020, 566

5   Das Strafrecht partizipiert an der allgemeinen Aufgabe des Rechts. Es schützt mit seiner spezifischen Herangehensweise private und öffentliche Güter vor schädlichen Verhaltensweisen (**Rechtsgüterschutz**).[5] Der staatliche Eingriff in die Grundrechte des Bürgers durch die strafrechtlichen Sanktionen gegen Straftäter legitimiert sich durch den Schutz potenzieller Opfer.[6]

Da aber das Strafrecht ein bereits abgeschlossenes Geschehen betrachtet, insofern rückwärtsgewandt (**retrospektiv**) vorgeht, anders als das an die Gefahr anknüpfende Verwaltungsrecht, bedarf die Funktion des Strafrechts doch einer erweiterten Betrachtung, da es sich um eine genuin eigenartige **Prävention durch Repression** handelt.

6   Dieses repressiv-präventive Konzept überzeugt – ganz abgesehen von praktischen Ernüchterungen – bereits theoretisch nicht durchweg in allen Facetten.

Beispiel 19

vgl. LG München U. v. 12.05.2011 – II 1 Ks 115 Js 12496/08; BVerfG B. v. 17. 06.2009 – 2 BvR 1076/09 – BVerfGK 15, 570:

John Demjanjuk, geboren 1920, gehörte während des Zweiten Weltkrieges zu Hilfstruppen der SS, die Personal für den Betrieb von Konzentrationslagern stellten. 2009 wurde von der Staatsanwaltschaft München I Anklage gegen ihn wegen Beihilfe zum Mord in mindestens 27.900 Fällen im Vernichtungslager Sobibor erhoben. Das Landgericht sprach ihn schuldig und verurteilte ihn zu fünf Jahren Freiheitsstrafe. Demjanjuk legte Revision ein und verstarb noch vor der Entscheidung des BGH. ◄

Welche Funktion hatte das Strafverfahren gegen einen 89jährigen Beschuldigten bzgl. seiner Taten im Zweiten Weltkrieg? Bedurfte es – Jahrzehnte nach dem Ende des Nationalsozialismus – einer Besserung des Beschuldigten? Musste die Be-

---

[5] B. Heinrich, AT, 6. Aufl. 2019, Rn. 3; Jäger, in: SK-StGB, 9. Aufl. 2017, vor § 1 Rn. 1 ff.; näher Prittwitz StV 1991, 435; Kudlich JA 2007, 90; Murmann FS Loos 2010, 189; zum Konzept des Rechtsguts näher (z. T. krit.) Rudolphi FS Honig 1970, 151; Lampe FS Welzel 1974, 151; Müller-Emmert GA 1976, 291; Suhr JA 1990, 303; Frisch FS Stree/Wessels 1993, 69; Stratenwerth FS Lenckner 1998, 377; Koriath GA 1999, 561; Bottke FS Lampe 2003, 463; Bacigalupo FS Jakobs 2007, 1; Jakobs FS Amelung 2009, 37; Hilgendorf NK 2010, 125; Roxin FS Hassemer 2010, 573; Stuckenberg GA 2011, 653; Heinrich FS Roxin 2011, 131; Romano FS Roxin 2011, 155; Polaino Navarrete FS Roxin 2011, 169; Scheinfeld FS Roxin 2011, 183; Greco FS Roxin 2011, 199; Volk FS Roxin 2011, 215; Kim ZStW 2012, 591; Roxin GA 2013, 433; Jakobs FS Frisch 2013, 81; Paeffgen FS Wolter 2013, 125; Maas NStZ 2015, 305; Engländer ZStW 2015, 616; Kudlich ZStW 2015, 635; Frisch NStZ 2016, 6; Lagodny ZIS 2016, 672; Stuckenberg ZStW 2017, 349; Vogel ZStW 2017, 629; Müssig FS Fischer 2018, 171; Neumann FS Fischer 2018, 183; Mitsch KriPoZ 2019, 29; Kubiciel/Weigend KriPoZ 2019, 35; Pawlik FS Kindhäuser 2019, 351; Schick GA 2020, 14.

[6] Zur Rolle des Opferschutzes bei der Legitimation des Strafrechts näher Seelmann JZ 1989, 670; Jerouschek JZ 2000, 68; Prittwitz KritV-FG Hassemer 2000, 162; Hörnle JZ 2006, 950; Anders ZStW 2012, 374; Kölbel StV 2014, 698; Greco GA 2020, 258; aus der Rspr. vgl. OLG Hamburg, U. v. 28.12.2016 – 1 Rev 78/16 – NStZ 2017, 584 = NStZ-RR 2017, 72 (Anm. Peglau jurisPR-StrafR 4/2017 Anm. 4).

völkerung vor einer Nachahmung dieser Taten (im Friedenszustand, bei gefestigter Grundrechte-Demokratie in Deutschland) abgeschreckt werden? Vergleichbare Fragen lassen sich auch zur strafrechtlichen Erfassung von DDR-Unrecht stellen.[7]

Beispiel 20

vgl. BGH U. v. 08.06.1993 – 5 StR 88/93 – NStZ 1993, 488:
Im September 1971 war B als wehrpflichtiger Angehöriger der Grenztruppen der DDR an der Grenze zwischen den Berliner Bezirken Mitte und Kreuzberg eingesetzt. Ein Turm an der Lindenstraße war u. a. mit B besetzt. B war mit einem Schnellfeuergewehr vom Typ Kalaschnikow ausgerüstet. Bei der Vergatterung war ihm befohlen worden, Fluchtversuche auf jeden Fall zu verhindern: Flüchtende sollten zunächst durch Anruf zum Stehenbleiben aufgefordert werden; sodann sollte ein Warnschuss abgegeben werden; anschließend sollte gezielt auf die Beine geschossen und als letztes Mittel der „Grenzverletzer" „vernichtet", d. h. unter bestimmten Voraussetzungen getötet werden, wenn das die letzte und einzige Möglichkeit zur Verhinderung der Flucht war. Z wollte am 05.09.1972 gegen 13.20 Uhr über die Mauer in den Westteil Berlins flüchten. B rief ihm zu, er solle stehen bleiben. Z lief weiter im Zickzack auf die Mauer zu. B schoss in Richtung des Flüchtenden, und zwar mit Dauerfeuer. Er zielte absichtlich so, dass die Schüsse 2 bis 3 m hinter S einschlugen. B zielte nun erneut auf Z, und zwar auf die Beine. Er gab aus der auf Dauerfeuer eingestellten Waffe zwei kurze Feuerstöße ab und traf Z mit zwei der Geschosse. Ein Geschoss durchschlug den rechten Unterschenkel des Z. Das andere Geschoss schlug dicht über dem Knie in den rechten Oberschenkel ein und durchtrennte einen Nerv. Z blieb etwa 30 m vor der Mauer liegen. ◄

Ebenso zweifelhaft kann die Verfolgung ausländischer Beschuldigter sein, die unter ganz anderen Lebensumständen als den deutschen straffällig wurden:

Beispiel 21

vgl. LG Hamburg U. v. 19.10.2012 – 603 KLs 17/10:
Somalische Piraten kapern den deutschen Frachter „Taipan" Ostern 2010 vor der Küste Somalias am Horn von Afrika, um vom Reeder „Lösegelder" zu erlangen. ◄

---

[7] V. a. bzgl. den sog. Mauerschützen und ihre Vorgesetzten, hierzu Grünwald JZ 1966, 633; Arnold/Kühl JuS 1992, 991; Schroeder JZ 1992, 990; Maiwald NJW 1993, 1881; Laskowski JA 1994, 151; Jakobs GA 1994, 1; Pawlik GA 1994, 472; Kaufmann NJW 1995, 81; Amelung GA 1996, 51; Erb ZStW 1996, 266; Ambos JA 1997, 983; Willnow JR 1997, 221 und 265; Dreier JZ 1997, 421; Kirchner Jura 1998, 46; Classen GA 1998, 215; Frisch FS Grünwald 1999, 133; Schünemann FS Grünwald 1999, 657; Zielinski FS Grünwald 1999, 811; Ebert FS Hanack 1999, 501; Hassemer FG 50 Jahre BGH IV 2000, 439; Ambos KritV 2003, 31.

Dient das Strafverfahren dazu, die deutschen Bürger davor abzuschrecken, selbst zu Piraten zu werden?

II. Absolute Strafzwecke

7   Üblicherweise unterscheidet man bei der Bestimmung der sog. Strafzwecke[8] **absolute** und **relative** Strafzwecke.

Nach den sog. **absoluten** Strafzwecklehren[9] kommt der strafrechtlichen Sanktion allein die rückwärtsgewandt-repressive Funktion zu (man spricht nach einer Seneca-Sentenz auch von *„punitur, quia peccatum est"*), das begangene Unrecht zu sühnen, zu vergelten, die Tatschuld durch Übelszufügung zu kompensieren und somit die Rechtsordnung wiederherzustellen. Auf eine zukünftige Wirkung wird hier nicht abgestellt.

Hierzu heißt es bei **Kant**[10]:

„Richterliche Strafe [...] kann niemals bloß als Mittel, ein anderes Gute zu befördern, für den Verbrecher selbst, oder für die bürgerliche Gesellschaft, sondern muss jederzeit nur darum wider ihn verhängt werden, weil er verbrochen hat; denn der Mensch kann nie bloß als Mittel zu den Absichten eines anderen gehandhabt und unter die Gegenstände des Sachenrechts gemengt werden."

„Welche Art aber und welcher Grad der Bestrafung ist es, welche die öffentliche Gerechtigkeit sich zum Prinzip und Richtmaße macht? Kein anderes, als das Prinzip der Gleichheit [...], sich nicht mehr auf die eine, als auf die andere Seite hinzuneigen [...] Nur das Wiedervergeltungsrecht (*ius talionis*), aber, wohl zu verstehen, vor den Schranken des Gerichts (nicht in deinem Privaturteil), kann die Qualität und

---

[8] Zu den Strafzwecken Krey/Esser, AT, 6. Aufl. 2016, Rn. 130; näher Schmidt ZStW 1955, 177; Roxin JuS 1966, 377; Noll FS Mayer 1966, 219; Hoerster ZStW 1973, 220; Koller ZStW 1979, 45; Roxin JA 1980, 221; Streng ZStW 1980, 637; Otto GA 1981, 481; Schreiber ZStW 1982, 279; Müller-Dietz GA 1983, 481; Baumann GS Noll 1984, 27; Kaufmann FS Wassermann 1985, 889; Kunz ZStW 1986, 823; Hassemer JuS 1987, 257; Calliess NJW 1989, 1338; Kratzsch GA 1989, 49; Kindhäuser GA 1989, 493; Seelmann ZStW 1989, 335; Bielefeldt GA 1990, 108; Lüderssen JA 1991, 222; Herrmann GA 1992, 516; Lampe FS Baumann 1992, 21; Lesch JA 1994, 510 und 590; Bock JuS 1994, 88; Baurmann GA 1994, 368; Koriath Jura 1995, 625; Freund GA 1995, 4; Hörnle/von Hirsch GA 1995, 261; Hassemer ZRP 1997, 316; Lüderssen FS Bemmann 1997, 47; Kargl GA 1998, 53; Walther ZStW 1999, 123; Ambos/Steiner JuS 2001, 9; Calliess FS Müller-Dietz 2001, 99; Roxin FS Müller-Dietz 2001, 701; Günther FS Lüderssen 2002, 205; Momsen/Rackow JA 2004, 336; Hassemer FS Schroeder 2006, 51; Neumann FS Jakobs 2007, 435; Naucke FS Hassemer 2010, 559; Achenbach StraFo 2011, 422; Hörnle FS Roxin 2011, 3; Kaspar StV 2014, 250; Klocke/Müller StV 2014, 370; Fabricius/Kahle StV 2014, 437; Martins ZIS 2014, 514; Frisch GA 2015, 65; Roxin GA 2015, 185; Frisch FS Beulke 2015, 103; Sánchez Lázaro ZStW 2017, 177; Walter JZ 2019, 649; Frisch GA 2019, 185; Wohlers GA 2019, 425; Frisch GA 2019, 537; Bruckmann KriPoZ 2019, 105; Lichtenthäler ZJS 2020, 566zu Strafzwecken bereits im antiken römischen Strafrecht Wacke FS Weber 2004, 155.

[9] Hierzu zsf. etwa Heinrich, AT, 6. Aufl. 2019, Rn. 14 f.; näher Moos FS Pallin 1989, 283; Kahlo FS Hassemer 2010, 383; Wohlers GA 2019, 425.

[10] Kant, Metaphysik der Sitten, 1797.

Quantität der Strafe bestimmt angeben [...] Hat er aber gemordet, so muss er sterben."

Und in seinem berühmten Inselbeispiel:

„Selbst, wenn sich die bürgerliche Gesellschaft mit aller Glieder Einstimmung auflöste (z. B. das eine Insel bewohnende Volk beschlösse, auseinander zu gehen, und sich in alle Welt zu zerstreuen), müsste der letzte im Gefängnis befindliche Mörder vorher hingerichtet werden, damit jedermann das widerfahre, was seine Taten wert sind und die Blutschuld nicht auf dem Volke hafte, das auf diese Bestrafung nicht gedrungen hat [...]."

Bei **Hegel**[11] heißt es:

„Die geschehene Verletzung des Rechts als Rechts ist zwar eine positive, äußerliche Existenz, die aber in sich nichtig ist. Die Manifestation dieser ihrer Nichtigkeit ist die ebenso in die Existenz tretende Vernichtung jener Verletzung, – die Wirklichkeit des Rechts, als seine sich mit sich durch Aufhebung seiner Verletzung vermittelnde Notwendigkeit. [...] Die Verletzung dieses als eines da seienden Willens also ist das Aufheben des Verbrechens, das sonst gelten würde, und ist die Wiederherstellung des Rechts [...].

Die Verletzung, die dem Verbrecher widerfährt, ist nicht nur an sich gerecht, als gerecht ist sie zugleich sein [...] Recht. [...] Dass die Strafe darin als sein eigenes Recht enthaltend angesehen wird, darin wird der Verbrecher als Vernünftiges geehrt. – Diese Ehre wird ihm nicht zuteil, wenn aus seiner Tat selbst nicht der Begriff und der Maßstab seiner Strafe genommen wird; – ebenso auch, wenn er nur als schädliches Tier betrachtet wird, das unschädlich zu machen sei, oder in den Zwecken der Abschreckung und Besserung [...] Es ist mit der Begründung der Strafe auf diese Weise, als wenn man gegen einen Hund den Stock erhebt, und der Mensch wird nicht nach seiner Ehre und Freiheit, sondern wie ein Hund behandelt."

Selbst wenn es aus Präventionssicht sinnlos ist, gebietet mithin hiernach die Gerechtigkeit um ihrer selbst willen die sog. Negation der Negation.

Auf diese Weise lässt sich jede strafrechtliche Verfolgung legitimieren, da über den Inhalt der Norm keine Aussage getroffen wird.

Gegen derartige, von Präventionsgedanken losgelöste – daher auch „absolute" – Ansätze, wird vorgebracht, dass jedenfalls nach Maßgabe des deutschen Grundgesetzes (welches zur Zeit Kants und Hegels noch nicht galt, so dass die Überholtheit früherer Auffassungen in Frage steht) das staatliche Eingriffshandeln verfassungsrechtlich durch einen Zweck legitimiert werden muss, so dass Strafe kein Selbstzweck sein kann. Die Welt ist auch keine Maschine, die irgendwie im Gleichgewicht gehalten werden muss. Die Negation der Negation ist zunächst einmal nichts als ein weiteres Übel, so dass insgesamt zwei Übel – bei Täter und Opfer – in der Welt sind, wobei das zweite Übel das erste naturgemäß nicht ungeschehen machen kann. Ehrlicherweise geht es hier immer um Vergeltung für das Getane und Rache am Straftäter; eine verständliche Emotion, aber eben nicht recht rational.

---

[11] Hegel, Grundlinien der Philosophie des Rechts, 1821; zur Straftheorie Hegels Seelmann JuS 1979, 687.

9 Der Vergeltungskomponente des Strafens kommen aber zwei derzeit unentbehrliche Funktionen zu.[12]

Indem erstens der Staat Vergeltung übt, kanalisiert er die Rache(gefühle) bei Opfern und sonstigen Mitmenschen gegenüber dem Täter, so dass er – in Ausfüllung des staatlichen Gewaltmonopols – für **Rechtsfrieden**[13] sorgt und ein **Grundbedürfnis** der Menschen befriedigt (die dann auf eigene, ggf. eskalierende, Schritte verzichten). Soweit dies das Gerechtigkeitsgefühl der Bürger trifft – dies wäre eine Aufgabe empirischer Studien –, steigt deren Einverständnis mit ihrer Rechtsordnung, so dass die eigene Normtreue wächst. Die absolute Strafzwecklehre war daher wohl niemals frei von Erwägungen der Staatsraison und in diesem Sinne durchaus präventiv wirksam und mithin insoweit eine relative Strafzwecklehre, s. sogleich. Ob man diesen, in einer Demokratie in gewisser Weise unvermeidlichen, Zusammenhang zwischen Strafrecht und Bevölkerungsanschauung für wünschenswert hält, hängt davon ab, wie sehr man der Bevölkerung eine verständige Auffassung jenseits – ggf. durch Medien befeuerter – emotionaler, irrationaler und ggf. kurzfristiger Stimmungen zutraut.

Zweitens wirkt die absolute Straflehre gegenüber Präventionsansprüchen dahingehend begrenzend, dass die Sanktionshöhe in **angemessenem Verhältnis** zur begangenen Tatschuld stehen muss. Bereits das biblische Prinzip (nur ein) „Auge um Auge, Zahn um Zahn" hatte gerade die Funktion, Eskalation durch überharte Reaktion auszuschließen. Während Prävention prinzipiell unbegrenzte Rechtsfolgen legitimiert (z. B. unbefristetes Einsperren von Wiederholungstätern), sichert der Vergeltungsgedanke – archaischem Ursprung zum Trotz – eine Verhältnismäßigkeit zwischen Tat und Sanktion.

III. Relative Strafzwecke

1. Allgemeines

10 Die sog. **relativen** Strafzwecklehren sehen den Zweck der Strafe in der Verhütung künftiger Straftaten und mithin dem Schutz potenzieller Opfer (d. h. ihrer Grundrechte, z. B. Art. 2 II oder Art. 14 GG) und der Gesellschaft. Strafandrohung und Strafvollstreckung sollen mithin durch Repression **präventiv** wirken (nach Seneca: *„Punitur, ne peccatur"*). Die Rechtsgüterverletzung beim Täter dient dem Rechtsgüterschutz in Bezug auf künftige Straftaten.

Dem Strafrecht ist dabei nach wie vor eine Retrospektive immanent: Die Strafrechtspflege bewertet ein vergangenes (ggf. noch andauerndes) Geschehen nach Maßgabe der Straftatbestände. An sich kommt das Strafrecht daher immer zu spät: Die Tat ist bereits begangen, so dass für das konkrete Opfer keine Prävention mehr möglich ist. Die Funktionalität des Strafrechts beschränkt sich von vornherein auf eine erhoffte Abhilfe im Hinblick auf potenzielle zukünftige Opfer.

---

[12] Hierzu näher Walter ZIS 2011, 636; Klocke/Müller StV 2014, 370; Walter JZ 2019, 649.

[13] Zum Rechtsfrieden als Strafzweck näher Würtenberger FS Peters 1974, 209.

Die Menschen sollen vorbeugend zur Vermeidung unerwünschten Verhaltens veranlasst werden, welches rechtlich anerkannte Werte (erhaltenswerte Zustände und angestrebte Zustände) gefährden würde. Dem liegt auch ein bestimmtes Menschenbild zu Grunde, nämlich das der **„Rational Choice"**. Für eine Präventionswirkung wird vorausgesetzt, dass der Mensch ein vernünftiges ansprechbares Wesen ist, welches die Vor- und Nachteile des Verhaltens abwägt (auch sog. *homo oeconomicus*). Angesichts vielfältiger irrationaler Kriminalität, bei der auch schärfste Strafandrohungen und hohe Entdeckungswahrscheinlichkeit ihre Wirkung nicht erzielen, überzeugt dies nicht in allen Deliktsbereichen (etwa bei der Gewalt- und Sexualkriminalität). Zweifelhaft ist ebenfalls, ob die Einwirkung auf den konkreten Täter durch strafrechtliche Sanktionen „wirkt".

In Politik, Medien und Bevölkerung herrscht ggf. eine zu große Erwartungshaltung bzgl. der Schutzwirkung des Strafrechts, in gewisser Weise eine Form der Staatsgläubigkeit und Steuerungsillusion, welche zur Überforderung der Strafrechtspflege – insbesondere im Lichte finanzierbarer Kapazitäten – führt.

Ob das Strafrecht als *ultima ratio* und schärfstes Schwert des Staates (subsidiär, sekundär)[14] erst dann zum Einsatz kommen darf oder sollte, wenn andere Mittel unzureichend sind, d. h. insoweit nur **fragmentarisch**[15] für besonders schädliche Verhaltensweisen als Schutz des ethischen Minimums, oder ob dem Strafrecht „sittenbildende Kraft des Strafrechts" in dem Sinne zukommt, dass Strafrechtsnormen zur Bildung von Werten (und nicht nur zu deren Erhaltung) geschaffen werden dürfen und sollten, ist verfassungsrechtlich und kriminalpolitisch problematisch. Jedenfalls die politische Praxis geht in letzterem Sinne vor (z. B. bei der Förderung des Umweltbewusstseins durch Strafnormen des StGB).

Eine pluralisierte Gesellschaft in einer Demokratie zeichnet sich dabei dadurch aus, dass permanent über Kriminalisierungs- und Entkriminalisierungsbedürfnisse debattiert wird. Dem entsprechen auch durchaus beträchtliche Unterschiede in den verschiedenen Nationalstaaten innerhalb und außerhalb Europas.

Der Hinweis auf ein zu schützendes Rechtsgut[16] ist mangels bestimmter Rechtsgutsdefinition und mangels der Rechtsordnung vorgegebener Maßstäbe, was strafrechtlich geschützt werden muss, von zweifelhaftem Ertrag,[17] zumal bei Kollektiv- und Universalrechtsgütern in Abgrenzung zu bloßer Moralität (oder gar Religiosität

---

[14] Hierzu Lahti FS Hassemer 2010, 439; Prittwitz FS Roxin 2011, 23; Jahn/Brodowski JZ 2016, 969; Jahn/Brodowski ZStW 2017, 363; Kindhäuser ZStW 2017, 382.

[15] Zum (bloß) fragmentarischen Rechtsgüterschutz durch Strafrecht Maiwald FS Maurach 1972, 9; Hefendehl JA 2011, 401; Walter JA 2013, 727; Kulhanek ZIS 2014, 674.

[16] Nachweise zur Rechtsgutsdiskussion s.o.

[17] Zur mangelnden verfassungsrechtlichen Relevanz BVerfG B. v. 26.02.2008 – 2 BvR 392/07 – BVerfGE 120, 224 = NJW 2008, 1137 = NStZ 2008, 614 (Anm. Kudlich JA 2008, 549; Hufen/Jahn JuS 2008, 550; RÜ 2008, 304; LL 2008, 324; Hörnle NJW 2008, 2085; Ziethen NStZ 2008, 617; Zabel JR 2008, 453; Greco ZIS 2008, 234; Steinberg FS Rüping 2008, 91; Noltenius ZJS 2009, 15; famos 1/2009; Roxin StV 2009, 544; Thurn KJ 2009, 74; Bottke FS Volk 2009, 93; Androulakis FS Hassemer 2010, 271; Krauß FS Hassemer 2010, 423; Kühl FS Maiwald 2010, 433; Fröhlich/Siebenhüner DRiZ 2012, 344; Otto Jura 2016, 361).

oder Ideologie). Letztlich erfolgt die Grenzziehung nach Maßgabe des Zeitgeists und eigenen rechtspolitischen Vorstellungen.

Auch Zivil- und Öffentliches Recht dienen z. T. der präventiven Verhaltenssteuerung der Bürger; z. B. fungiert das Steuerrecht durchaus als Lenkungsmittel, vgl. z. B. Tabak, Alkopops, Kfz, „Ökosteuer", steuerliche Abschreibungsmöglichkeiten.

Die Präventionswirkung durch monetäre Maßnahmen – z. B. auch eine Verpflichtung zum Schadensersatz oder zu einem Unterlassen – versagt aber bei sehr Vermögenden (oder Versicherten), die der Zahlungspflicht unbekümmert nachkommen, und bei Insolventen, die z. B. durch Unpfändbarkeiten (§§ 811, 850 ff. ZPO) geschützt werden. Bei Versuchshandlungen und opferlosen Delikten geraten zivilrechtliche und verwaltungsrechtliche Maßnahmen auch an ihre Grenzen.

12 Bei den relativen Strafzwecken lassen sich zwei Ansätze bzw. Aspekte unterscheiden: **General-** und **Spezialprävention**, und zwar jeweils **positiv** und **negativ** gewendet.

2. Generalprävention

13 Der Ansatz der Generalprävention[18] bezieht sich auf die **Allgemeinheit** als Adressaten.

Diese soll die Strafnormen und die Bestrafung des Straftäters zur Kenntnis nehmen, daraus schließen, dass Straftaten sich nicht lohnen und dadurch von eigenen Straftatbegehungen abgeschreckt werden (**negative Generalprävention**) bzw. im eigenen Rechtsbewusstseins und Vertrauen in die Unverbrüchlichkeit der Rechtsordnung gestärkt werden (**positive Generalprävention**).

Bei Paul Johann Anselm von **Feuerbach**[19] heißt es:

„Alle Uebertretungen haben einen psychologischen Entstehungsgrund, in der Sinnlichkeit, inwiefern das Begehrungsvermögen des Menschen durch die Lust an oder aus der Handlung zur Begehung derselben angetrieben wird. Dieser sinnliche Antrieb wird dadurch aufgehoben, dass jeder weiß, auf seine That werde unausbleiblich ein Übel folgen, welches größer ist, als die Unlust, die aus dem nichtbefriedigten Antrieb zur That entspringt."

„Unter Zweck der Strafe wird die Wirkung verstanden, deren Hervorbringung als Ursache des Daseyns einer Strafe gedacht werden muss, wenn der Begriff von Strafe vorhanden seyn soll. I. Der Zweck der Androhung der Strafe im Gesetz ist Abschreckung aller Bürger als möglicher Beleidiger von Rechtsverletzungen. II. Der Zweck der Zufügung derselben ist die Begründung der Wirksamkeit der gesetzlichen Drohung, inwiefern ohne sie diese Drohung eine leere (unwirksame)

---

[18] Hierzu Wessels/Beulke/Satzger, AT, 50. Aufl. 2020, Rn. 23; näher Bruns FS von Weber 1963, 75; Badura JZ 1964, 337; Hoerster GA 1970, 272; Schöneborn ZStW 1980, 682; Wolff ZStW 1985, 786; Müller-Dietz FS Jescheck 1985, 813; Schöch FS Jescheck 1985, 1081; Bertel FS Pallin 1989, 31; Moos FS Pallin 1989, 283; Zipf FS Pallin 1989, 479; Dölling ZStW 1990, 1; Schmidhäuser FS Wolff 1998, 443; Curti ZRP 1999, 234; Hassemer FS Lüderssen 2002, 221; Fabricius FS Schwind 2006, 269; Feijoo Sánchez FS Jakobs 2007, 75.

[19] In dessen Lehrbuch des Peinlichen Rechts, 1801; sog. Theorie vom psychologischen Zwang; zu Feuerbach Lüderssen JuS 1983, 910.

Drohung seyn würde. Da das Gesetz alle Bürger abschrecken, die Execution aber dem Gesetz Wirkung geben soll, so ist der mittelbare Zweck (Endzweck) der Zufügung ebenfalls bloße Abschreckung der Bürger durch das Gesetz."

Gegen die Heranziehung generalpräventiver Überlegungen sprechen aber zahlreiche Erwägungen: Die Bestrafung des konkreten Täters kann mit der Generalprävention an sich nicht legitimiert werden, da dessen Tat bereits begangen und Prävention unmöglich ist. Stattdessen wird der Täter als Demonstrationsobjekt für andere gebraucht, als mahnend-belehrendes Exempel („unter die Gegenstände des Sachenrechts gemengt"[20]), mithin als Objekt staatlichen Handels, worin man einen Menschenwürdeverstoß (Art. 1 I GG) sehen kann. Generalprävention geht ins Leere, wenn in der Bevölkerung keine Wiederholungs- bzw. Nachahmungsgefahr besteht, wie z. B. hinsichtlich NS- oder DDR-Unrecht sowie bei ausländischer Piraterie, abgesehen davon, dass die behauptete und nicht beweisbare Abschreckungs- und Verdeutlichungswirkung auf empirisch zweifelhaften bzw. nicht beweisbaren Prämissen zur Handlungsrationalität aufbaut.

Mit generalpräventiven Erwägungen lässt sich überdies jede Strafhöhe legitimieren, ein begrenzender Maßstab existiert nicht, so dass bei Bagatelldelikten überharte Strafen drohen.

3. Spezialprävention

Der Ansatz der Spezialprävention[21] bezieht sich auf den **konkreten Straftäter** als Adressaten. Dieser soll aufgrund der Strafandrohung bzw. der Bestrafung von zukünftigen – erstmaligen oder erneuten – Straftaten abgehalten werden (**negative Spezialprävention**) bzw. aufgrund Resozialisierungswirkung der strafrechtlichen Sanktionierung gebessert werden, so dass es zu keiner Rückfälligkeit kommt (**positive Spezialprävention**).

Bei Franz **von Liszt**[22] heißt es:

„[…] Die richtige, d. h. die gerechte Strafe ist die notwendige Strafe. Gerechtigkeit im Strafrecht ist die Einhaltung des durch den Zweckgedanken erforderten Strafmaßes. Wie die Rechtsstrafe als Selbstbeschränkung der Strafgewalt durch die Objektivierung entstanden ist, so erhält sie ihre höchste Vollkommenheit durch die Vervollkommnung der Objektivierung. Das völlige Gebundensein der Strafgewalt durch den Zweckgedanken ist das Ideal der strafenden Gerechtigkeit. Nur die notwendige Strafe ist gerecht. Die Strafe ist uns Mittel zum Zweck. Der Zweckgedanke aber verlangt Sparsamkeit in seiner Verwendung. Diese Forderung gilt ganz besonders der Strafe gegenüber; denn sie ist ein zweischneidiges Schwert: Rechtsgüterschutz durch Rechtsgüterverletzung. […] Besserung, Abschreckung, Unschädlichmachung: das sind demnach die unmittelbaren Wirkungen der Strafe; die in ihr liegenden Triebkräfte, durch welche sie den Schutz der Rechtsgüter bewirkt […]."

---

[20] Kant, Metaphysik der Sitten.
[21] Hierzu Wessels/Beulke/Satzger, AT, 50. Aufl. 2020, Rn. 23; näher Breland ZRP 1972, 183; Naucke ZStW 1982, 525; Albrecht ZStW 1985, 831; Bock ZStW 1990, 504; Dölling FS Lampe 2003, 597.
[22] Der Zweckgedanke im Strafrecht, 1883.

Wenn aber Besserung, Abschreckung, Unschädlichmachung wirklich die möglichen wesentlichen Wirkungen der Strafe und damit zugleich die möglichen Formen des Rechtsgüterschutzes durch Strafe sind, so müssen diesen drei Strafformen auch drei Kategorien von Verbrechern entsprechen.

1) Besserung der besserungsfähigen und besserungsbedürftigen Verbrecher;
2) Abschreckung der nicht besserungsbedürftigen Verbrecher;
3) Unschädlichmachung der nicht besserungsfähigen Verbrecher [...].

Gegen die Unverbesserlichen muss die Gesellschaft sich schützen; und da wir köpfen und hängen nicht wollen und deportieren nicht können, so bleibt nur die Einsperrung auf Lebenszeit (bzw. auf unbestimmte Zeit)."

16 Auch gegen die Heranziehung spezialpräventiver Überlegungen gibt es **Bedenken**: Diese gehen zunächst dahin, dass die Erhebungen zur Abschreckung und zur Resozialisierung (Rückfalluntersuchungen) ernüchternd sind. Strafnormen und Strafvollstreckung wirken nicht; der Strafvollzug hat z. T. sogar kontraproduktive Folgen aufgrund entsozialisierender Wirkung (Verlust von Familie, Freunden, Arbeitsplatz; Erziehung zur Unselbstständigkeit) sowie Defiziten bei den resozialisierenden Maßnahmen, vgl. auch Überbelegung, Personalmangel, Sprachprobleme, Drogen, unzureichende Weiterbildung, zu wenig sinnvolle Freizeitbeschäftigung, zu wenig Sozialarbeit; Kontakt mit Schwerkriminellen.

Je nach konkreter Tat und konkretem Täter besteht auch keine Wiederholungsgefahr, eine Abschreckung bzw. Besserung ist dann unnötig. Dies betrifft nicht nur politische Wechsel (NS-, DDR-Unrecht), sondern z. B. auch besondere Tatgelegenheiten und -motivationen (z. B. bei familiären Konflikten).

Da bei der Konzentration auf die Zukunft des Täters dessen konkret begangene Tat ausgeblendet zu werden droht, ist die Logik der Spezialprävention täterbezogen (man spricht in Ablehnung nationalsozialistischer Ansätze von einem – abzulehnenden – Täterstrafrecht) uferlos: Bei bestehender Wiederholungsgefahr kann letztlich lebenslange Freiheitsstrafe legitimiert werden, selbst bei Bagatelltaten.

Schwierig gerät auch die Abgrenzung zum Gefahrenabwehrrecht (Polizeirecht) als Teil des Verwaltungsrechts, welches zudem in der Zuständigkeit der Länder liegt. Da sich das Strafrecht gerade sanktionsabhängig definiert (Verhängung einer Strafe), muss sich dessen Zweck von dem anderer Rechtsgebiete trennen lassen. Es droht die Verpolizeilichung des – eigentlich retrospektiven – Strafrechts.[23]

In der isolierenden Betrachtung „gefährlicher Menschen" liegt auch eine Gegenüberstellung von „ordentlichen Bürgern" und „Feinden" der Gesellschaft, welche insofern missbrauchsanfällig ist, als rasch in Vergessenheit geraten kann, dass alle Menschen (auch Beschuldigte, auch Verurteilte) Grundrechtsträger sind.[24]

---

[23] Hierzu Paeffgen/Zabel, in: NK-StGB, 5. Aufl. 2017, vor § 32 Rn. 223a; näher Schoreit StV 1989, 449; Strate ZRP 1990, 143; Paeffgen Symposium Rudolphi 1995, 13; Albrecht KritV-FG Hassemer 2000, 17; Denninger StV 2002, 96; Schaefer StraFo 2002, 118; Wolter FS Rolinski 2002, 273; Walter GA 2005, 489; Hassemer StV 2006, 321; Hassemer ZIS 2006, 266; Hassemer HRRS 2006, 130; Sieber ZStW 2007, 1; Zabel ZStW 2008, 68; Zabel StraFo 2011, 20; Dallmeyer FS von Heintschel-Heinegg 2015, 87.

[24] Zum sog. Feindstrafrecht Paeffgen/Zabel, in: NK-StGB, 5. Aufl. 2017, vor § 32 Rn. 223 f.; Jakobs HRRS 2004, 88; Jakobs ZStW 2005, 839; Albrecht ZStW 2005, 852; Saliger JZ 2006, 756; Hörnle GA 2006, 80; Greco GA 2006, 96; Fahl StraFo 2006, 178; Sinn ZIS 2006, 107, Crespo ZIS 2006,

IV. Vereinigungslehren; Strafzwecke im StGB und im Strafvollzugsrecht

Der geltenden Rechtslage liegen Vergeltung, Generalprävention und Spezialprävention **kumulativ** zugrunde.
In § 46 I 1 StGB heißt es: 17

> **§ 46 I 1 StGB (Grundsätze der Strafzumessung)**
> Die Schuld des Täters ist Grundlage für die Zumessung der Strafe.

Dies rekurriert auf die objektive und subjektive Intensität des Fehlverhaltens des Täters und ist somit Ausdruck des Vergeltungsgedankens. Die Grundlage der Strafzumessung ist also nicht die Prävention, sondern der repressive Ausgleich.
Direkt im Anschluss aber, in § 46 I 2 StGB, heißt es:

> **§ 46 I 2 StGB (Grundsätze der Strafzumessung)**
> Die Wirkungen, die von der Strafe für das künftige Leben des Täters in der Gesellschaft zu erwarten sind, sind zu berücksichtigen.

Dies ist eine spezialpräventive Erwägung.
So auch in § 56 I StGB (Strafaussetzung):

> **§ 56 I StGB (Strafaussetzung)**
> Bei der Verurteilung zu Freiheitsstrafe von nicht mehr als einem Jahr setzt das Gericht die Vollstreckung der Strafe zur Bewährung aus, wenn zu erwarten ist, dass der Verurteilte sich schon die Verurteilung zur Warnung dienen lassen und künftig auch ohne die Einwirkung des Strafvollzugs keine Straftaten mehr begehen wird. Dabei sind namentlich die Persönlichkeit des Verurteilten, sein Vorleben, die Umstände seiner Tat, sein Verhalten nach der Tat, seine Lebensverhältnisse und die Wirkungen zu berücksichtigen, die von der Aussetzung für ihn zu erwarten sind.

413; Bung HRRS 2006, 63, Jakobs HRRS 2006, 289, Aponte HRRS 2006, 297, Arnold HRRS 2006, 303, Malek HRRS 2006, 316, Bung HRRS 2006, 317; Schünemann FS Nehm 2006, 219; Gössel FS Schroeder 2006, 33; Kindhäuser FS Schroeder 2006, 81; Schefflere FS Schwind 2006, 123; Pérez del Valle FS Jakobs 2007, 515; Polaino Navarrete FS Jakobs 2007, 529; Heinrich ZStW 2009, 94; Paeffgen FS Amelung 2009, 81; Asholt ZIS 2011, 180; Jäger FS Roxin 2011, 71; Polaino-Orts FS Roxin 2011, 91; Schick ZIS 2012, 46; Erb FS Wolter 2013, 19; Leitmeier HRRS 2015, 128.

S. auch:

> **§ 2 I JGG (Ziel des Jugendstrafrechts; Anwendung des allgemeinen Strafrechts)**
> Die Anwendung des Jugendstrafrechts soll vor allem erneuten Straftaten eines Jugendlichen oder Heranwachsenden entgegenwirken. Um dieses Ziel zu erreichen, sind die Rechtsfolgen und unter Beachtung des elterlichen Erziehungsrechts auch das Verfahren vorrangig am Erziehungsgedanken auszurichten.

> **§ 2 StVollzG (des Bundes)**
> Im Vollzug der Freiheitsstrafe soll der Gefangene fähig werden, künftig in sozialer Verantwortung ein Leben ohne Straftaten zu führen (Vollzugsziel). Der Vollzug der Freiheitsstrafe dient auch dem Schutz der Allgemeinheit vor weiteren Straftaten.

Eher auf den Gedanken der Generalprävention stellt § 47 I StGB ab (Kurze Freiheitsstrafe nur in Ausnahmefällen).

> **§ 47 I StGB (Kurze Freiheitsstrafe nur in Ausnahmefällen)**
> Eine Freiheitsstrafe unter sechs Monaten verhängt das Gericht nur, wenn besondere Umstände, die in der Tat oder der Persönlichkeit des Täters liegen, die Verhängung einer Freiheitsstrafe zur Einwirkung auf den Täter oder zur Verteidigung der Rechtsordnung unerlässlich machen.

Die Verteidigung der Rechtsordnung (auch in § 56 III StGB enthalten) nimmt nämlich die Wirkung des Strafurteils auf das Bewusstsein der Bevölkerung in den Blick.

S. zuletzt § 59 I 1 StGB (Voraussetzungen der Verwarnung mit Strafvorbehalt):

> **§ 59 I 1 StGB (Voraussetzungen der Verwarnung mit Strafvorbehalt)**
> Hat jemand Geldstrafe bis zu einhundertachtzig Tagessätzen verwirkt, so kann das Gericht ihn neben dem Schuldspruch verwarnen, die Strafe bestimmen und die Verurteilung zu dieser Strafe vorbehalten, wenn
>
> 1. zu erwarten ist, dass der Täter künftig auch ohne Verurteilung zu Strafe keine Straftaten mehr begehen wird,
> 2. nach der Gesamtwürdigung von Tat und Persönlichkeit des Täters besondere Umstände vorliegen, die eine Verhängung von Strafe entbehrlich machen, und
> 3. die Verteidigung der Rechtsordnung die Verurteilung zu Strafe nicht gebietet.

Die Voraussetzung der Nr. 1 ist spezialpräventiv motiviert, Nr. 2 kumuliert Vergeltungsgedanke, Spezial- und Generalprävention, Nr. 3 ist generalpräventiv.

Nach alledem wirken *de lege lata* Vergeltung und Prävention nur kumulativ strafbegründend und damit zugleich alternativ strafbegrenzend. In Ansehung eines rechtfertigungsbedürftigen Grundrechtseingriff beim Beschuldigten geht die wohl h.L. dabei davon aus, dass der Ausgangspunkt spezialpräventiv zu fassen ist, dass aber der Präventionsbedarf durch Generalprävention und Schuldvergeltung begrenzt wird; z. T. wird auch differenziert zwischen der Strafandrohung (generalpräventiv), der Strafverhängung (vergeltend) und der Strafvollstreckung (spezialpräventiv).[25]

18

Die Kumulation teleologischer Erwägungen führt zu einer gewissen Beliebigkeit, gerade auch bzgl. Strafzumessung und Strafvollzug, zumal die verschiedenen Strafzwecke durchaus kollidieren, z. B. Vergeltung und Resozialisierung.

---

[25] Zsf. Kindhäuser/Hilgendorf, LPK, 8. Aufl. 2019, vor § 1 Rn. 28.

3. Kapitel: Verfassungsrechtliche Grenzen des Strafrechts

Der formelle Straftatbegriff stellt allein auf die Existenz einer Strafnorm im StGB oder im Nebenstrafrecht ab s.o. Die Strafrechtswissenschaft i. e. S. beschäftigt sich dann mit der Anwendung dieser bestehenden Regelungen. Die sog. einfachen Gesetze, die das Strafrecht bilden, müssen aber mit dem Verfassungsrecht, d. h. dem Grundgesetz (GG) vereinbar sein.[1] Anderenfalls könnten sich insbesondere Verurteilte vor dem BVerfG erfolgreich mit der Verfassungsbeschwerde (Art. 93 I Nr. 4a GG, §§ 13 Nr. 8a, 90 ff. BVerfGG) wegen einer Grundrechtsverletzung wehren. Gerade im Hinblick auf das Strafrecht zieht das Grundgesetz Lehren aus den Erfahrungen des Nationalsozialismus.[2]

Das Verfassungsrecht begrenzt die Voraussetzungen, unter denen der Gesetzgeber ein gewisses Verhalten unter Strafe stellen bzw. deshalb eine Strafe verhängen darf. Abzugrenzen ist dies von der Frage, wann ein Staat etwas pönalisieren *sollte*, hiermit befasst sich die Kriminalpolitik.

1

A. Strafrecht als Grundrechtseingriff

Strafrechtspflege besteht aus einer Vielzahl von Grundrechtseingriffen.[3]

Jede Strafnorm verbietet den Menschen bestimmte Verhaltensweisen und greift somit in den Schutzbereich der Allgemeinen Handlungsfreiheit gem. Art. 2 I GG

2

---

[1] Zu grundgesetzlichen Grenzen des Strafrechts schon Schwarz NJW 1950, 124; zum Verhältnis von Verfassungs- und Strafgerichtsbarkeit Küpper FS Krey 2010, 335.

[2] Zum Strafrecht im Nationalsozialismus Vormbaum, Einführung in die moderne Strafrechtsgeschichte, 4. Aufl. 2020, § 5 V; Rüping/Jerouschek, Grundriss der Strafrechtsgeschichte, 6. Aufl. 2011, Rn. 273 ff.

[3] Zum Strafrecht als Grundrechtseingriff näher Gallwas MDR 1969, 892; Amelung JZ 1987, 737; Wolter NStZ 1993, 1; Weigend FS H. J. Hirsch 1999, 917; Kudlich JZ 2003, 127; Hefendehl JA 2011, 401; Stuckenberg GA 2011, 653; Frisch NStZ 2013, 249; Deckert ZIS 2013, 266; Hamm NJW 2016, 1537; Frisch NStZ 2016, 6; Bittmann NStZ 2016, 249; Gärditz JZ 2016, 641; Jahn/Brodowski JZ 2016, 969; Jahn/Brodowski ZStW 2017, 363; Prittwitz ZStW 2017, 390.

ein. Freiheitsentziehende Sanktionen greifen in Art. 2 II 2 GG ein; finanzielle Sanktionen in Art. 14 GG, eine Hausdurchsuchung im Ermittlungsverfahren (§§ 102 ff. StPO) in Art. 13 GG usw.

All diese strafrechtlichen Fragen – Gesetze, Ermittlungsmaßnahmen, Urteile, Vollstreckung, Vollzug – sind mithin auch Verfassungsfragen.

3   Dies birgt zum einen die Auslegungsmethode der verfassungsorientierten/–, konformen Auslegung.[4]

Zum anderen unterliegt das Strafrecht den verfassungsrechtlichen Anforderungen an die formelle (Zuständigkeit, Verfahren, Form) und materielle Verfassungsmäßigkeit. Im Folgenden sei nur die materielle Verfassungsmäßigkeit näher betrachtet.

Der Eingriff in den Schutzbereich der o. g. und anderer Grundrechte ist dann **verfassungsrechtlich gerechtfertigt**, wenn ausdrückliche (Gesetzesvorbehalte) bzw. verfassungsimmanente Schranken (kollidierende Verfassungspositionen, insbesondere Grundrechte anderer) Anwendung finden und die Inanspruchnahme der Schranke nicht gegen den Verhältnismäßigkeitsgrundsatz (das Übermaßverbot) als sog. Schranken-Schranke verstößt.

Art. 2 II 3 GG enthält etwa die **Schranke**:

> **Art. 2 II 3 GG**
> In diese Rechte darf nur auf Grund eines Gesetzes eingegriffen werden.

Das StGB und die anderen strafrechtlichen Gesetze sind in diesem Sinne hinreichende Schranken.

Damit aber der Gesetzgeber nicht einfach die Grundrechte aushöhlen und damit faktisch abschaffen kann – so war es nach der Weimarer Reichsverfassung, die in die Katastrophe des Nationalsozialismus geführt hat: dort galten die Grundrechte nur im Rahmen der Gesetze, im heutigen Deutschland des Grundgesetzes gelten Gesetze nur im Rahmen der Grundrechte –, gibt es die **Schranken-Schranken**: Das Strafgesetz als Grundrechtsschranke muss bestimmte Voraussetzungen erfüllen, damit der Eingriff in das Grundrecht gerechtfertigt wird.

Zwar ist der **Verhältnismäßigkeitsgrundsatz** nur selten ausdrücklich normiert (z. B. in §§ 112 I 2 StPO, 62 StGB), jedoch gilt er, abgeleitet aus dem Rechtsstaatsprinzip (entnommen den Art. 20, 23, 28 GG) umfassend für Eingriffe des Staates in die Grundrechte.

Gewahrt ist er, wenn der Eingriff einem legitimen Ziel dient, zur Erreichung des Ziels geeignet sowie erforderlich und ferner angemessen ist.

Beispiel 22

BVerfG B. v. 26.02.2008 – 2 BvR 392/07 – BVerfGE 120, 224 = NJW 2008, 1137 = NStZ 2008, 614 (Anm. Kudlich JA 2008, 549; Hufen/Jahn JuS 2008, 550; RÜ 2008, 304; LL 2008, 324; Hörnle NJW 2008, 2085; Ziethen NStZ 2008, 617; Zabel JR 2008, 453; Greco ZIS 2008, 234; Steinberg FS Rüping

---

[4] Hierzu Hecker, in: Schönke/Schröder, StGB, 30. Aufl. 2019, vor § 1 Rn. 33 f.; näher Hecker JuS 2014, 385.

2008, 91; Nolteniuis ZJS 2009, 15; famos 1/2009; Roxin StV 2009, 544; Thurn KJ 2009, 74; Bottke FS Volk 2009, 93; Androulakis FS Hassemer 2010, 271; Krauß FS Hassemer 2010, 423; Kühl FS Maiwald 2010, 433; Fröhlich/Siebenhüner DRiZ 2012, 344; Otto Jura 2016, 361):

Die Ehe der Eltern des B1 und seiner leiblichen Schwester B2 wurde kurz vor der Geburt von B2 geschieden. B2 und B1 wuchsen getrennt auf, so dass B1 erst im Jahr 2000 seine Schwester, von deren Existenz er bis dato nichts wusste, kennen lernte. Zwischen B1 und B2 entwickelte sich eine Beziehung, die dazu führte, dass B2 in den Jahren 2001 bis 2005 vier Kinder zur Welt brachte, deren leiblicher Vater B1 ist. B1 wurde wegen des unzulässigen Beischlafs zwischen Geschwistern zu einer Freiheitsstrafe von einem Jahr und zwei Monaten durch das Amtsgericht verurteilt. Die gegen die amtsgerichtliche Verurteilung gerichtete Revision des B1, bei der die Verfassungswidrigkeit des § 173 StGB gerügt wurde, verwarf das OLG als offensichtlich unbegründet. Mit seiner Verfassungsbeschwerde wendet sich B1 unmittelbar gegen das Urteil des Amtsgerichts und die Revisionsentscheidung des OLG. ◄

Hat der Staat das Recht, in die Grundrechte des B1 durch das Verbot des Beischlafs mit seiner Schwester und die ausgesprochene Strafe einzugreifen?

§ 173 I, II StGB (Beischlaf zwischen Verwandten)
(1) Wer mit einem leiblichen Abkömmling den Beischlaf vollzieht, wird mit Freiheitsstrafe bis zu drei Jahren oder mit Geldstrafe bestraft.
(2) Wer mit einem leiblichen Verwandten aufsteigender Linie den Beischlaf vollzieht, wird mit Freiheitsstrafe bis zu zwei Jahren oder mit Geldstrafe bestraft; dies gilt auch dann, wenn das Verwandtschaftsverhältnis erloschen ist. Ebenso werden leibliche Geschwister bestraft, die miteinander den Beischlaf vollziehen.

Beispiel 23

vgl. BVerfG B. v. 09.03.1994 – 2 BvL 43/92 u. a. – BVerfGE 90, 145 = NJW 1994, 1577 = NStZ 1994, 397 = StV 1994, 295 (Anm. Sachs JuS 1994, 1067; Nelles/Velten NStZ 1994, 366; Schneider StV 1994, 390; Weiß JR 1994, 490; Gusy JZ 1994, 863; Zimmermann NJW 1995, 2471):

B wurde durch Urteil des Amtsgerichts wegen unerlaubter Abgabe von Haschisch (§ 29 I 1 Nr. 1 i.V.m. § 1 I BtMG und dessen Anlage I) zu einer Freiheitsstrafe von zwei Monaten verurteilt. Nach den Feststellungen des Amtsgerichts besuchte sie ihren Ehemann im Gefängnis, der sich wegen des Vorwurfs in Untersuchungshaft befand, gegen das Betäubungsmittelgesetz verstoßen zu haben. Bei der Begrüßung umarmte B ihren Ehemann und übergab ihm dabei ein Briefchen mit 1,12 Gramm Haschisch. Sie wendete sich gegen dieses Urteil mit dem Rechtsmittel der Berufung. Die Berufungsstrafkammer des Landgerichts sah sich an einer Bestrafung der B gehindert und war der Überzeugung, dass die einschlägigen Strafvorschriften des Betäubungsmittelgesetzes verfassungswidrig seien. Sie setzte das Verfahren aus und legte die Sache dem BVerfG gemäß Art. 100 I GG zur Prüfung vor, ob § 29 BtMG mit dem Grundgesetz vereinbar sei. ◄

Gibt es ein durchgreifendes Grundrecht auf (THC-) Rausch oder durfte der Gesetzgeber durch § 29 BtMG die allgemeine Handlungsfreiheit beschränken?

Zu beachten ist, dass es für den Schutzbereich der sog. Allgemeinen Handlungsfreiheit nach ganz h.M. nicht darauf ankommt, ob es sich um ein besonders wertvolles Verhalten handelt; geschützt wird nämlich jegliches menschliche Verhalten. Der Bürger darf im Ausgangspunkt tun und lassen, was er will.

4   Strafrechtliche Grundrechtseingriffe dienen den Strafzwecken, mithin einem **legitimen Ziel**, jedenfalls soweit es die relativen Strafzwecke betrifft.

Nach Auffassung des BVerfG[5] unterliegen Strafnormen von Verfassungs wegen keinen darüber hinausgehenden, strengeren Anforderungen hinsichtlich der mit ihnen verfolgten Zwecke. Insbesondere ließen sich solche nicht aus der strafrechtlichen Rechtsgutslehre ableiten: Es bestehe schon keine Einigkeit über den Begriff des Rechtsguts; ggf. handle es sich um eine bloße Umschreibung der *ratio legis*, der dann keine Leitfunktion für den Gesetzgeber zukommen könne; naturalistische Rechtsgutstheorien bzw. überpositive Rechtsgutsbegriffe gerieten (als verfassungsrechtliche Kategorie) in Widerspruch dazu, dass es nach der grundgesetzlichen Ordnung Sache des demokratisch legitimierten Gesetzgebers ist, ebenso wie die Strafzwecke auch die mit den Mitteln des Strafrechts zu schützenden Güter festzulegen und die Strafnormen gesellschaftlichen Entwicklungen anzupassen. Diese Befugnis könne nicht unter Berufung auf angeblich vorfindliche oder durch Instanzen jenseits des Gesetzgebers anerkannte Rechtsgüter eingeengt werden; sie finde ihre Grenze vielmehr auf dem Gebiet des Strafrechts wie anderswo nur in der Verfassung selbst, wenn und soweit diese die Verfolgung eines bestimmten Zwecks von vornherein ausschließe.

5   Die **Geeignetheit** oder Eignung des – hier strafrechtlichen – Grundrechtseingriffs für die Erreichung des Zwecks liegt nach der Rspr. bereits dann vor, wenn eine Förderung des gewünschten Erfolgs möglich ist. Dies lässt sich bei aller empirischen Zweifelhaftigkeit der strafrechtlichen Erfolge nicht in Abrede stellen.

Auch aus der tatsächlichen Zahl der Verfahren und Verurteilungen kann man nichts ableiten: Gibt es viele Verurteilungen, lässt sich vom großen Bedarf nach strafrechtlicher Einwirkung auf die Täter sprechen. Aber auch, wenn es keine einzige tatsächliche Verurteilung gibt: Denkbar ist, dass gerade wegen der abschreckenden Wirkung der Strafnorm alle potenziellen Täter abgeschreckt wurden.

6   **Erforderlich** ist der Grundrechtseingriff dann, wenn keine anderen, gleich wirksamen, aber das Grundrecht weniger stark einschränkenden Mittel zur Verfügung stehen. An sich ist das eingriffsintensive (Freiheitsentzug) Strafrecht mithin als *ultima ratio* gegenüber milderen Steuerungsmitteln – z. B. des Zivil- oder Verwaltungsrechts – subsidiär. Das BVerfG erkennt aber einen nur begrenzt verfassungsrechtlich überprüfbaren Beurteilungsspielraum des Gesetzgebers an.[6] Hinzu kommt, dass prinzipiell nicht überprüfbar ist, welche (Abschreckungs-)Wirksamkeit einer Strafnorm zukommt, so dass auch keine vergleichende Betrachtung möglich ist. Bei Betonung des Vergeltungsgedankens gibt es bereits im Ansatz überhaupt keine Alternative.

---

[5] Zum Folgenden BVerfG B. v. 26.02.2008 – 2 BvR 392/07 – BVerfGE 120, 224 (241 ff.).
[6] S. schon BVerfG B. v. 16.07.1969 – 2 BvL 2/69 – BVerfGE 27, 18 = NJW 1969, 1619.

A. Strafrecht als Grundrechtseingriff

Auf der Ebene der **Angemessenheit** (auch: Verhältnismäßigkeit i.e.S.) findet eine Gesamtabwägung statt zwischen der Schwere des Eingriffs und dem Gewicht sowie der Dringlichkeit der ihn rechtfertigenden Gründe. Die Schwere einer Straftat und das Verschulden des Täters müssen in einem gerechten Verhältnis zu der Strafe stehen, was auch dem sog. Schuldprinzip[7] entspricht. 7

Rechtssichere Maßstäbe für diese Abwägung existieren nicht. Ob mithin die (problematischen) Schutzgüter bei § 173 StGB[8] schwerer wiegen als die (sexuelle) Handlungsfreiheit, ob das (problematische) Rechtsgut des BtMG[9] schwerer wiegt als das Recht auf Cannabiskonsum, ist nicht allgemeingültig entscheidbar, sondern steht im zeitgeschichtlichen und persönlichen Kontext.

Zwar verbalisiert das BVerfG in ständiger Rspr., dass das Strafrecht als *„ultima ratio"* des Rechtsgüterschutzes einzusetzen sei, wenn ein bestimmtes Verhalten über sein Verbotensein hinaus in besonderer Weise sozialschädlich und für das geordnete Zusammenleben der Menschen unerträglich, seine Verhinderung daher besonders dringlich ist. Wegen des in der Androhung, Verhängung und Vollziehung von Strafe zum Ausdruck kommenden sozialethischen Unwerturteils komme dem Übermaßverbot als Maßstab für die Überprüfung einer Strafnorm besondere Bedeutung zu.[10] Es sei aber grundsätzlich Sache des Gesetzgebers, den Bereich strafbaren Handelns verbindlich festzulegen. Er sei bei der Entscheidung, ob er ein bestimmtes Rechtsgut, dessen Schutz ihm wesentlich erscheint, gerade mit den Mitteln des Strafrechts verteidigen und wie er dies gegebenenfalls tun will, grundsätzlich frei. 8

Dies führt – in der Literatur vielfältig kritisiert[11] – zu einem im Ergebnis eher großzügigen Überprüfungsmaßstab, ausgerechnet beim Strafrecht, dem schärfsten Schwert des Gesetzgebers. Der fragmentarische Charakter des Strafrechts hat keine verfassungsrechtliche, sondern allenfalls eine beschreibende Funktion. 9

Das BVerfG beanstandete in den jeweiligen Verfahren weder die Pönalisierung des Inzests noch die nach § 29 BtMG.

Deutlich größer ist allerdings die verfassungsrechtliche Kontrolldichte bei strafprozessualen Maßnahmen, insbesondere bei Blutentnahmen (§ 81a StPO), Durchsuchung (§§ 102 ff. StPO) und Untersuchungshaft (§§ 112 ff. StPO); ferner beim Strafvollzug.

Immer wichtiger als weitere „Instanz" zur Überprüfung strafrechtlicher Eingriffe wird der Europäische Gerichtshof für Menschenrechte (**EGMR**), welcher deutsche Strafurteile etc. an den völkerrechtlichen Gewährleistungen der Europäischen Menschenrechtskonvention (**EMRK**) misst (v. a. Art. 5 und 6 EMRK).[12] 10

---

[7] Hierzu B. Heinrich, AT, 6. Aufl. 2019, Rn. 41.
[8] S. nur Fischer, StGB, 68. Aufl. 2021, § 173 Rn. 2 ff.
[9] S. nur Oğlakcıoğlu, in: MK-StGB, 3. Aufl. 2017, vor §§ 29 ff. BtMG, Rn. 1 ff.
[10] BVerfG B. v. 26.02.2008 – 2 BvR 392/07 – BVerfGE 120, 224 (240).
[11] S. nur die o. a. Anm. zu BVerfG B. v. 26.02.2008 – 2 BvR 392/07 – BVerfGE 120, 224.
[12] Hierzu Satzger, Internationales und Europäisches Strafrecht, 9. Aufl. 2020, § 11; Ambos, Internationales Strafrecht, 5. Aufl. 2018, § 10 Rn. 5 ff.

Art. 5 EMRK (Recht auf Freiheit und Sicherheit)
(1) Jede Person hat das Recht auf Freiheit und Sicherheit. Die Freiheit darf nur in den folgenden Fällen und nur auf die gesetzlich vorgeschriebene Weise entzogen werden:
a) rechtmäßige Freiheitsentziehung nach Verurteilung durch ein zuständiges Gericht;
b) rechtmäßige Festnahme oder rechtmäßiger Freiheitsentziehung wegen Nichtbefolgung einer rechtmäßigen gerichtlichen Anordnung oder zur Erzwingung der Erfüllung einer gesetzlichen Verpflichtung;
c) rechtmäßige Festnahme oder rechtmäßiger Freiheitsentziehung zur Vorführung vor die zuständige Gerichtsbehörde, wenn hinreichender Verdacht besteht, dass die betreffende Person eine Straftat begangen hat, oder wenn begründeter Anlass zu der Annahme besteht, dass es notwendig ist, sie an der Begehung einer Straftat oder an der Flucht nach Begehung einer solchen zu hindern;
d) rechtmäßige Freiheitsentziehung bei Minderjährigen zum Zweck überwachter Erziehung oder zur Vorführung vor die zuständige Behörde;
e) rechtmäßige Freiheitsentziehung mit dem Ziel, eine Verbreitung ansteckender Krankheiten zu verhindern, sowie bei psychisch Kranken, Alkohol- oder Rauschgiftsüchtigen und Landstreichern;
f) rechtmäßige Festnahme oder rechtmäßige Freiheitsentziehung zur Verhinderung der unerlaubten Einreise sowie bei Personen, gegen die ein Ausweisungs- oder Auslieferungsverfahren im Gange ist.
(2) Jeder festgenommenen Person muss unverzüglich in einer ihr verständlichen Sprache mitgeteilt werden, welches die Gründe für ihre Festnahme sind und welche Beschuldigungen gegen sie erhoben werden.
(3) Jede Person, die nach Absatz 1 Buchstabe c von Festnahme oder Freiheitsentziehung betroffen ist, muss unverzüglich einem Richter oder einer anderen gesetzlich zur Wahrnehmung richterlicher Aufgaben ermächtigten Person vorgeführt werden; sie hat Anspruch auf ein Urteil innerhalb angemessener Frist oder auf Entlassung während des Verfahrens. Die Entlassung kann von der Leistung einer Sicherheit für das Erscheinen vor Gericht abhängig gemacht werden.
(4) Jede Person, die festgenommen oder der die Freiheit entzogen ist, hat das Recht zu beantragen, dass ein Gericht innerhalb kurzer Frist über die Rechtmäßigkeit der Freiheitsentziehung entscheidet und ihre Entlassung anordnet, wenn die Freiheitsentziehung nicht rechtmäßig ist.
(5) Jede Person, die unter Verletzung dieses Artikels von Festnahme oder Freiheitsentziehung betroffen ist, hat Anspruch auf Schadensersatz.

> **Art. 6 EMRK (Recht auf ein faires Verfahren)**
> (1) Jede Person hat ein Recht darauf, dass über Streitigkeiten in bezug auf ihre zivilrechtlichen Ansprüche und Verpflichtungen oder über eine gegen sie erhobene strafrechtliche Anklage von einem unabhängigen und unparteiischen, auf Gesetz beruhenden Gericht in einem fairen Verfahren, öffentlich und innerhalb angemessener Frist verhandelt wird. Das Urteil muss öffentlich verkündet werden; Presse und Öffentlichkeit können jedoch während des ganzen oder eines Teiles des Verfahrens ausgeschlossen werden, wenn dies im Interesse der Moral, der öffentlichen Ordnung oder der nationalen Sicherheit in einer demokratischen Gesellschaft liegt, wenn die Interessen von Jugendlichen oder der Schutz des Privatlebens der Prozessparteien es verlangen oder – soweit das Gericht es für unbedingt erforderlich hält – wenn unter besonderen Umständen eine öffentliche Verhandlung die Interessen der Rechtspflege beeinträchtigen würde.
> (2) Jede Person, die einer Straftat angeklagt ist, gilt bis zum gesetzlichen Beweis ihrer Schuld als unschuldig.
> (3) Jede angeklagte Person hat mindestens folgende Rechte:
> a) innerhalb möglichst kurzer Frist in einer ihr verständlichen Sprache in allen Einzelheiten über Art und Grund der gegen sie erhobenen Beschuldigung unterrichtet zu werden;
> b) ausreichende Zeit und Gelegenheit zur Vorbereitung ihrer Verteidigung zu haben;
> c) sich selbst zu verteidigen, sich durch einen Verteidiger ihrer Wahl verteidigen zu lassen oder, falls ihr die Mittel zur Bezahlung fehlen, unentgeltlich den Beistand eines Verteidigers zu erhalten, wenn dies im Interesse der Rechtspflege erforderlich ist;
> d) Fragen an Belastungszeugen zu stellen oder stellen zu lassen und die Ladung und Vernehmung von Entlastungszeugen unter denselben Bedingungen zu erwirken, wie sie für Belastungszeugen gelten;
> e) unentgeltliche Unterstützung durch einen Dolmetscher zu erhalten, wenn sie die Verhandlungssprache des Gerichts nicht versteht oder spricht.

Gem. Art. 34 EMRK steht u. a. jedem Menschen die Individualbeschwerde zum EGMR zu.[13]

---

[13] Hierzu näher Bleckmann JA 1984, 705; Murswiek JuS 1986, 8 und 175; Fahrenhorst Jura 1987, 130; Wittinger NJW 2001, 1238; Heuchemer NZWiSt 2016, 231.

> **Art. 34 EMRK (Individualbeschwerden)**
> Der Gerichtshof kann von jeder natürlichen Person, nicht staatlichen Organisation oder Personengruppe, die behauptet, durch eine der Hohen Vertragsparteien in einem der in dieser Konvention oder den Protokollen dazu anerkannten Rechte verletzt zu sein, mit einer Beschwerde befaßt werden. Die Hohen Vertragsparteien verpflichten sich, die wirksame Ausübung dieses Rechts nicht zu behindern.

B. Pflicht zur Pönalisierung (Untermaßverbot)

▶ Didaktischer Aufsatz:

- Erichsen, Grundrechtliche Schutzpflichten in der Rechtsprechung des Bundesverfassungsgerichts, Jura 1997, 85

11 Das sog. Untermaßverbot[14] begrenzt ebenfalls verfassungsrechtlich die Strafrechtssetzung des Gesetzgebers, allerdings mit umgekehrten Vorzeichen: Hier geht es nicht um die Abwehrrechte des Bürgers gegen staatliche Eingriffe, sondern um die Grundrechte als objektive Wertordnung, die den Staat verpflichtet, die Rechtsgüter seiner Bürger zu schützen. Es ist daher Gegenstand des Untermaßverbots, den Gesetzgeber verfassungsrechtlich dazu zu zwingen, ein bestimmtes Verhalten zu bestrafen. Dies greift stark in die gesetzgeberische Freiheit ein und beschränkt sich daher auf seltene Ausnahmefälle.

Bedeutsam sind die Entscheidungen des BVerfG zum **Schwangerschaftsabbruch** aus den Jahren 1975 und 1993.[15] Der Gesetzgeber hatte jeweils nach heftigen Kontroversen mühsam ein Ergebnis gefunden, welches den Frauen weitere Rechte zur straflosen Abtreibung verschaffte. Das Bundesverfassungsgericht erklärte diese Straflosstellungen allerdings für nichtig und zwang so den Gesetzgeber, die heutigen §§ 218 ff. StGB zu schaffen.

Nach Auffassung des BVerfG zählte zu den staatlich – und zwar sogar strafrechtlich – zu schützenden Rechtsgütern auch das werdende Leben, welches (bereits) durch Art. 2 II 1 GG geschützt werde, und zwar auch gegenüber der Mutter.

---

[14] Zum Untermaßverbot Krey/Esser, AT, 6. Aufl. 2016, Rn. 24 ff.; Radtke, in: MK-StGB, 4. Aufl. 2020, vor § 38 Rn. 7; näher Müller-Dietz FS Dreher 1977, 97; Erichsen Jura 1997, 85; Müller-Dietz GS Zipf 1999, 123.

[15] BVerfG U. v. 25.02.1975 – 1 BvF 1-6/74 – BVerfGE 39, 1 = NJW 1975, 573 (Anm. Weber JuS 1975, 323; Goerlich JR 1975, 177; Kriele JZ 1975, 222; Schmitt JZ 1975, 356; Heimeshoff DRiZ 1975, 213; Abendroth KJ 1975, 121; Hülsmann StV 1992, 78; Hossen JA-Ü 1993, 1); BVerfG U. v. 28.05.1993 – 2 BvF 2/90, 2 BvF 4/92, 2 BvF 5/92 – BVerfGE 88, 203 = NJW 1993, 1751 = NStZ 1993, 483 (Anm. Incesu JA 1993, 313; Deutsch NJW 1993, 2361; Hermes/Walther NJW 1993, 2337; Hartmann NStZ 1993, 483; Weiß JR 1993, 449; Weiß JZ 1993, 449; Starck JZ 1993, 816; Sachs JuS 1994, 69; Schulz StV 1994, 38; Gropp GA 1994, 147; Raasch FS Mahrenholz 1994, 607; Hassemer FS Mahrenholz 1994, 731; Geiger/von Lampe Jura 1995, 20).

Ob dies allgemein und erst recht für die Frage des Schwangerschaftsabbruchs überzeugt, sei dahingestellt. Immerhin gibt es keinen weiteren Fall einer solchen Anwendung des Untermaßverbots.

Spätestens seit den Terroranschlägen des 11.09.2001 wird die staatliche Schutzpflicht als sog. „**Grundrecht auf Sicherheit**" stark betont.[16] Eine Fehlgewichtung der Abwägungen verkehrt aber den historischen, primären Zweck der Grundrechte, gegen staatliche Eingriffe zu schützen, ins Gegenteil. Freiheitsrechte werden zugunsten eines kaum greifbaren und tendenziell uferlosen Sicherheitsbedürfnisses beschnitten.

C. Garantiefunktion des Strafgesetzes, Art. 103 II GG; §§ 1, 2 StGB; Art. 7 I EMRK

▶ Didaktische Aufsätze:

- Lenckner, Wertausfüllungsbedürftige Begriffe im Strafrecht und der Satz „nullum crimen sine lege", JuS 1968, 249 und 304
- Hettinger, Die zentrale Bedeutung des Bestimmtheitsgrundsatzes (Art. 103 II GG), JuS 1986, L17 und L33, JuS 1997, L17 und L25
- Bott/Krell, Der Grundsatz „nulla poena sine lege" im Lichte verfassungsrechtlicher Entscheidungen, ZJS 2010, 694
- Kertai, Strafbarkeitslücken als Argument – Gesetzesauslegung und. Bestimmtheitsgebot, JuS 2011, 976
- Walter, Einführung in das Strafrecht, JA 2013, 727

I. Allgemeines

1. Rechtsquellen, Rechtsnatur, Folgen einer Verletzung

Gem. Art. 103 II GG[17] und (wortgleich) § 1 StGB kann eine Tat „nur bestraft werden, wenn die Strafbarkeit gesetzlich bestimmt war, bevor die Tat begangen wurde", sog.[18] Bestimmtheitsgrundsatz, Gesetzlichkeitsprinzip, *nulla poena sine lege.*[19]

§ 2 StGB enthält mit dem Rückwirkungsverbot eine nähere Ausgestaltung, hierzu sogleich.

Für Ordnungswidrigkeiten ordnet § 3 OWiG Vergleichbares an.

---

[16] Näher hierzu Hassemer StraFo 2005, 312.
[17] Hierzu näher Schönke MDR 1947, 85; Meyer-Ladewig MDR 1962, 262; Woesner NJW 1963, 273; Grünwald ZStW 1964, 1; Ostermeyer NJW 1967, 1595; Lenckner JuS 1968, 249 und 304; Heinitz FS E. Hirsch 1968, 47; Müller-Dietz FS Maurach 1972, 41; Krey/Weber-Linn FS Blau 1985, 123; Schmitt FS Jescheck 1985, 223; Hettinger JuS 1986, L17 und L33; Hettinger JuS 1997, L17 und L25; Luther FS Bemmann 1997, 202; Müller-Dietz FS Lenckner 1998, 179; Schroeder NJW 1999, 89; Naucke KritV-FG Hassemer 2000, 132; Paeffgen StraFo 2007, 442; Kuhlen FS Otto 2007, 89; Kühl FS Seebode 2008, 61; Bott/Krell ZJS 2010, 694; Jähnke ZIS 2010, 463; Kertai JuS 2011, 976; Walter JA 2013, 727; Sinn FS Wolter 2013, 503.
[18] S. nur Fischer, StGB, 68. Aufl. 2021, § 1 Rn. 1.
[19] S. zum Folgenden insbesondere Bock, in: Graf/Jäger/Wittig (Hrsg.), Wirtschaftsstrafrecht, 2. Aufl. 2017, § 1 StGB Rn. 1 ff.

> **§ 3 OWiG (Keine Ahndung ohne Gesetz)**
> Eine Handlung kann als Ordnungswidrigkeit nur geahndet werden, wenn die Möglichkeit der Ahndung gesetzlich bestimmt war, bevor die Handlung begangen wurde.

Der Bestimmtheitsgrundsatz ist auch Teil der EMRK, s. nämlich Art. 7 I EMRK.[20]

> **Art. 7 I EMRK (Keine Strafe ohne Gesetz)**
> Niemand darf wegen einer Handlung oder Unterlassung verurteilt werden, die zur Zeit ihrer Begehung nach innerstaatlichem oder internationalem Recht nicht strafbar war. Es darf auch keine schwerere als die zur Zeit der Begehung angedrohte Strafe verhängt werden.

13 Art. 103 II GG hat Verfassungsrang und damit Geltungsvorrang gegenüber dem StGB. Der Bestimmtheitsgrundsatz ist auch ein Aspekt der deutschen Rechtsstaatlichkeit. Das Votum für den Gesetzesstaat und gegen den Richterstaat trägt dem Umstand Rechnung, dass im Strafen auf die Persönlichkeit durch hoheitliche Missbilligung von Schuld zugegriffen wird und eine solche Wertung besondere Sicherungen erfordert, um den Bürger vor Willkür zu schützen.

Weil die Norm den Bürger schützen und die Staatsgewalt disziplinieren soll, kann ihre Verletzung mit der Verfassungsbeschwerde gerügt werden.[21] Das Verfahrensrechtliche regelt das BVerfGG. Das BVerfG erklärt, wenn die Strafnorm selbst gegen Art. 103 II GG verstößt, diese für nichtig. Verstößt nur die richterliche Anwendung der Strafnorm gegen den Bestimmtheitsgrundsatz, hebt das BVerfG die angegriffene Entscheidung auf.

Hält ein Strafgericht ein Strafgesetz für verfassungswidrig, so muss es das Verfahren aussetzen und gem. Art. 100 I 1 GG die Entscheidung des BVerfG einholen.

2. Bestrafung und Strafbarkeit

14 Die Bestrafung ist der Bezugspunkt der Bestimmtheit. Art. 103 II GG bezieht sich auf einen Strafrechtsbegriff i.w.S. und erfasst nicht nur die echten Kriminalstrafen, sondern alle staatlichen Maßnahmen, die eine missbilligende hoheitliche Reaktion auf ein schuldhaftes Verhalten enthalten, z. B. auch berufsgerichtliche Sanktionen und beamtenrechtliche Disziplinarstrafen.[22]

§ 2 VI StGB macht allerdings eine Ausnahme.

---

[20] Hierzu näher Renzikowski FS Krey 2010, 407.
[21] Radtke, in: BeckOK-GG, Stand 15.11.2020, Art. 103 Rn. 18.
[22] Bock, in: Graf/Jäger/Wittig (Hrsg.), Wirtschaftsstrafrecht, 2. Aufl. 2017, § 1 StGB Rn. 20, 23; zum Begriff der Strafe näher Volk ZStW 1971, 405.

> **§ 2 VI StGB (Zeitliche Geltung)**
> Über Maßregeln der Besserung und Sicherung ist, wenn gesetzlich nichts anderes bestimmt ist, nach dem Gesetz zu entscheiden, das zur Zeit der Entscheidung gilt.

Die deutsche Rspr. samt BVerfG[23] wendete das Bestimmtheitsgebot auf **Maßregeln** nicht an. Die Maßregeln seien keine Strafe, sondern dienten allein präventiven Zwecken. Dem hat der EGMR[24] im Hinblick auf Art. 7 EMRK widersprochen. Strafbarkeit meint zunächst die eigentliche Norm aus dem Besonderen Teil. Nach h.M.[25] gilt das Gesetzlichkeitsprinzip aber nicht nur für die Regelungen des **Besonderen Teils**, sondern auch für die Regeln des **Allgemeinen Teils**. Hierfür spricht, dass es sich bei den Vorschriften des Allgemeinen Teils um vor die Klammer gezogene, ergänzende Bestandteile der im Besonderen Teil vertypten Verbote handelt. Die einfachrechtliche Zuordnung der strafbegründenden Merkmale kann nicht von verfassungsrechtlicher Bedeutung sein. Erfasst sind also auch etwa das Strafanwendungsrecht der §§ 3 ff. StGB, die Rechtfertigungsgründe und Fragen der Schuld.

Auch wenn der Wortlaut des Art. 103 II GG sich nur auf die Strafbarkeit bezieht, ist es anerkannt,[26] dass das Gesetzlichkeitsprinzip auch für die **Folgen** der Strafbarkeit gilt. Das Gewicht einer Straftat ergibt sich erst aus der Höhe der angedrohten Strafe. Auch die Rechtsfolge muss daher bestimmt sein. Dies gilt sowohl für die Art als auch für das Ausmaß der Strafe. Der Bürger muss das Maß der jeweils verwirkten Strafe abschätzen können

Die Strafzumessung fällt ebenfalls unter den Bestimmtheitsgrundsatz.[27] Gerade diese ist für den Betroffenen regelmäßig viel wichtiger als die straftatdogmatischen Feinheiten. Allerdings steht die vorherige Präzisierung des Strafmaßes in einem Spannungsverhältnis zum Prinzip der Einzelfallgerechtigkeit. Der Gesetzgeber darf und muss daher Strafrahmen festlegen. Aber auch angesichts des großzügigen Maßstabs sind die Regelungen zur Strafzumessung wenig ergiebig, weil kaum Leitlinien hinsichtlich der Auswahl und Bemessung der Sanktion vorgegeben werden.

Verfahrensrecht ist keine Bestrafung i.S.d. Vorschrift.[28] Hier wird nicht die Strafandrohung an sich, sondern nur die Verfolgbarkeit betroffen.

---

[23] S. nur BVerfG U. v. 05.02.2004 – 2 BvR 2029/01 – BVerfGE 109, 133 = NJW 2004, 739 = StV 2004, 267 (Anm. Sachs JuS 2004, 527; Kinzig NJW 2004, 911); s. auch BGH U. v. 02.03.1971 – 1 StR 1/71 – BGHSt 24, 103 = NJW 1971, 948 (Anm. Weber JuS 1971, 425; Schroeder JR 1971, 379).
[24] EGMR U. v. 17.12.2009 – 19359/04 (Mücke) – NJW 2010, 2495 = NStZ 2010, 263 = StV 2010, 181 (Anm. Dörr JuS 2010, 1121; RÜ 2010, 97; Kinzig NStZ 2010, 233; Radtke NStZ 2010, 537; Müller StV 2010, 207; Klesczewski HRRS 2010, 394).
[25] Bock, in: Graf/Jäger/Wittig (Hrsg.), Wirtschaftsstrafrecht, 2. Aufl. 2017, § 1 StGB Rn. 24 ff.; näher Jähnke FS 50 Jahre BGH 2000, 393; Dannecker FS Otto 2007, 25.
[26] Bock, in: Graf/Jäger/Wittig (Hrsg.), Wirtschaftsstrafrecht, 2. Aufl. 2017, § 1 StGB Rn. 26; näher Perron JZ 1993, 918; Dannecker FS Roxin 2011, 285.
[27] Bock, in: Graf/Jäger/Wittig (Hrsg.), Wirtschaftsstrafrecht, 2. Aufl. 2017, § 1 StGB Rn. 27.
[28] Hierzu näher Mann/Mann ZStW 1964, 264; Jäger GA 2006, 615; Meyer-Goßner FS Jung 2007, 543.

Nach zutreffender h.M.[29] fällt auch die Rechtsanwendung, also die **Rspr.**, nicht unter Art. 103 II GG, weil sonst eine Fortentwicklung der Rechtsauslegung unmöglich würde. Der Richter kann also eine Tat bestrafen, obwohl die zur Tatzeit praktizierte Rspr. dies nicht getan hätte.

3. Gesetzlich bestimmt: Der Begriff des Gesetzes

17 Mit Gesetz meint Art. 103 II GG, § 1 StGB die einzelne schriftlich fixierte, materiellrechtliche Strafvorschrift, nicht das Gesetzeswerk im Ganzen.[30]

> **Art 104 I GG**
> Die Freiheit der Person kann nur auf Grund eines förmlichen Gesetzes und nur unter Beachtung der darin vorgeschriebenen Formen beschränkt werden.

Der Begriff des Gesetzes wird, soweit es um freiheitsbeschränkende Maßnahmen geht, durch Art. 104 I 1 GG präzisiert.
Mithin ist der Begriff des Gesetzes im Sinne eines formellen Parlamentsgesetzes zu deuten.
Für fortgeltende Strafgesetze des früheren Reichsrechts, das sind noch zahlreiche Tatbestände des StGB, gilt Art. 103 II GG nicht.[31]
Üblicherweise unterscheidet man vier Ausformungen des Gesetzlichkeitsprinzips: Rückwirkungsverbot, Bestimmtheitsgebot i.e.S., Verbot des Gewohnheitsrechts und Analogieverbot.

II. Rückwirkungsverbot (*nulla poena sine lege praevia*), § 2 StGB

▶ Didaktische Aufsätze:

- Satzger, Die zeitliche Geltung des Strafgesetzes – ein Überblick über das „intertemporale Strafrecht", Jura 2006, 746
- Blaue, Die Zeitweiligkeit des Rechts – Das verfassungsrechtliche Rückwirkungsverbot und die lex mitior-Regel (Art. 103 Abs. 2 GG, §§ 3, 4 OWiG bzw. §§ 1, 2 StGB), ZJS 2014, 371

---

[29] Bock, in: Graf/Jäger/Wittig (Hrsg.), Wirtschaftsstrafrecht, 2. Aufl. 2017, § 1 StGB Rn. 29; näher (insbesondere zum wichtigsten Fall einer Rechtsprechungsänderung – Änderung der Promillegrenzen im Verkehrsstrafrecht) Händel NJW 1967, 537; Boers NJW 1967, 1310; Naucke NJW 1968, 2321; Riese NJW 1969, 549; Straßburg ZStW 1970, 948; Schreiber JZ 1973, 713; Tröndel FS Dreher 1977, 117; Salger DRiZ 1990, 16; Bernreuther MDR 1991, 829; Neumann ZStW 1991, 331; Hettinger/Engländer FS Meyer-Goßner 2001, 145; Geipel StraFo 2010, 272; Kempf/Schilling NJW 2012, 1849; Satzger Jura 2013, 345; Leite GA 2014, 220.

[30] Bock, in: Graf/Jäger/Wittig (Hrsg.), Wirtschaftsstrafrecht, 2. Aufl. 2017, § 1 StGB Rn. 30.

[31] Bock, in: Graf/Jäger/Wittig (Hrsg.), Wirtschaftsstrafrecht, 2. Aufl. 2017, § 1 StGB Rn. 33.

1. Allgemeines

Die Rechtsordnung ist nicht statisch. Strafgesetze werden zur Bewältigung neuer **18**
Formen sozialschädlichen Verhaltens und als Reaktion auf technische, wissenschaftliche und kulturelle Veränderungen laufend geschaffen, abgeschafft und geändert. Zwischen Tatbegehung und Aburteilung vergeht eine gewisse Zeit, innerhalb derer sich das verletzte Strafgesetz geändert haben kann. § 2 StGB, der Art. 103 II GG umsetzen soll, enthält die Regeln der zeitlichen Geltung der Strafnorm[32] und insofern zum sog. **intertemporalen Strafrecht**.[33]

---

§ 2 StGB (Zeitliche Geltung)
(1) Die Strafe und ihre Nebenfolgen bestimmen sich nach dem Gesetz, das zur Zeit der Tat gilt.
(2) Wird die Strafdrohung während der Begehung der Tat geändert, so ist das Gesetz anzuwenden, das bei Beendigung der Tat gilt.
(3) Wird das Gesetz, das bei Beendigung der Tat gilt, vor der Entscheidung geändert, so ist das mildeste Gesetz anzuwenden.
(4) Ein Gesetz, das nur für eine bestimmte Zeit gelten soll, ist auf Taten, die während seiner Geltung begangen sind, auch dann anzuwenden, wenn es außer Kraft getreten ist. Dies gilt nicht, soweit ein Gesetz etwas anderes bestimmt.
(5) Für Einziehung und Unbrauchbarmachung gelten die Absätze 1 bis 4 entsprechend.
(6) Über Maßregeln der Besserung und Sicherung ist, wenn gesetzlich nichts anderes bestimmt ist, nach dem Gesetz zu entscheiden, das zur Zeit der Entscheidung gilt.

---

§ 2 StGB hat durchaus beträchtliche praktische Bedeutung, auch wenn die Erforderlichkeit zeitlicher Anwendungsregeln sich auf die kurze Zeitspanne zwischen Gesetzesänderung und Abschluss aller Verfahren, die sich mit Taten zum alten Rechtszeitpunkt befassen, beschränkt.[34] In einer Zeit präventiv motivierter, häufiger Gesetzesänderungen (fast immer Verschärfungen) gewinnt das intertemporale Strafrecht zwangsläufig an Bedeutung.

2. § 2 I StGB

§ 2 I StGB normiert eine Anwendung des Tatzeitrechts. **19**
Dies ist als Regel keineswegs selbstverständlich. Denkbar wäre auch, dass das Gericht das Gesetz anwendet, das im Zeitpunkt der Entscheidung gilt. Der Grund-

---

[32] Zum Rückwirkungsverbot näher Gross GA 1971, 13; Tiedemann FS Peters 1974, 193; Mohrbotter ZStW 1976, 923; Schroeder FS Bockelmann 1979, 785; Schröder ZStW 2000, 44; Satzger Jura 2006, 746; Blaue ZJS 2014, 371.
[33] S. insbesondere Bock, in: Graf/Jäger/Wittig (Hrsg.), Wirtschaftsstrafrecht, 2. Aufl. 2017, § 2 StGB Rn. 1 ff.
[34] Bock, in: Graf/Jäger/Wittig (Hrsg.), Wirtschaftsstrafrecht, 2. Aufl. 2017, § 2 StGB Rn. 5.

satz „*lex posterior derogat legi priori*" (das spätere Gesetz hebt das frühere auf) bringt zum Ausdruck, dass nach modernem Rechtsdenken das aktuellste Gesetz besser als alle vorherigen ist.[35] Das Rückwirkungsverbot birgt erhebliche praktische Probleme, da alle am Strafverfahren Beteiligten unter Umständen noch über Jahre hinweg das vergangene Recht kennen und anwenden müssen.

Dass § 2 I StGB das Gesetz zur Zeit der Tat zur Entscheidungsgrundlage macht, ist wegen Art. 103 II GG verfassungsrechtlich geboten. Die Änderung einer Strafnorm ist nämlich nichts Anderes als die Aufhebung einer existierenden Norm und die Einführung einer neuen Norm. Das Rückwirkungsverbot schützt den Täter vor der Anwendung eines eigentlich „besseren", da aktuelleren Gesetzes, auf das er sich bei seiner Tat noch gar nicht einstellen konnte – ein Akt des Vertrauensschutzes. Der Sinn der Regelung lässt sich auch vor seinem kriminalpolitischen Hintergrund erkennen: Die mit den Straftatbeständen verbundene Erwartung, den Einzelnen zu einem erwünschten Verhalten zu bestimmen, kann naturgemäß immer nur von bereits existierenden Normen ausgehen.

War eine Tat zu ihrem Zeitpunkt straflos, so kann sie nicht rückwirkend für strafbar erklärt werden. Gleiches gilt für nachträgliche Strafverschärfungen. Da Art. 103 II GG, § 1 StGB Änderungen zugunsten des Täters nicht ausschließen, durfte der einfache Gesetzgeber in § 2 III StGB Milderungen allerdings auch rückwirkend für maßgeblich erklären, hierzu sogleich.

Gesetz meint in § 2 StGB den gesamten Rechtszustand hinsichtlich des „Ob" (Strafbegründung, sowohl durch Regelungen des AT als auch BT) und „Wie" (Tatfolgen) der Strafbarkeit.[36] Die Norm betrifft nur das gesamte materielle Recht inklusive Strafzumessungsregeln, wie bei § 1 StGB.

20 Wechsel im **Verfahrensrecht** bleiben wiederum unberücksichtigt.[37] Es gilt das neue Recht, da nicht die Strafandrohung an sich, sondern nur die Verfolgbarkeit betroffen wird. Es fehlt insofern an einem Bedürfnis für Vertrauensschutz, wie er dem Rückwirkungsverbot zugrunde liegt. Relevant geworden sind der rückwirkende Wegfall des Erfordernisses eines Strafantrags und die Änderung der Verjährungsfrist.

Nach zutreffender h.M.[38] ist auch die rückwirkende **Änderung der Rspr.** zulässig.[39]

---

[35] Bock, in: Graf/Jäger/Wittig (Hrsg.), Wirtschaftsstrafrecht, 2. Aufl. 2017, § 2 StGB Rn. 9.
[36] Bock, in: Graf/Jäger/Wittig (Hrsg.), Wirtschaftsstrafrecht, 2. Aufl. 2017, § 2 StGB Rn. 13.
[37] Bock, in: Graf/Jäger/Wittig (Hrsg.), Wirtschaftsstrafrecht, 2. Aufl. 2017, § 2 StGB Rn. 16; näher Naegele/Banner/Erichsen/Wendland NJW 1960, 889; Lackner NJW 1960, 1046; Bemmann JuS 1965, 333; Calvelli-Adorno NJW 1965, 273; Schmid NJW 1965, 1952; Calvelli-Adorno NJW 1965, 1953; Fuhrmann JR 1965, 15; Arndt JZ 1965, 145; Klug JZ 1965, 149; Grünwald MDR 1965, 521; Schreiber ZStW 1968, 348; Pawlowski NJW 1969, 594; Willms JZ 1969, 60; Pfeiffer DRiZ 1979, 11; Heimeshoff DRiZ 1979, 139; Heimeshoff DRiZ 1979, 214; Böckenförde ZStW 1979, 888; Schumann StV 1992, 392; Knauth StV 2003, 418; Gerhold/El-Ghazi ZIS 2012, 600.
[38] Bock, in: Graf/Jäger/Wittig (Hrsg.), Wirtschaftsstrafrecht, 2. Aufl. 2017, § 2 StGB Rn. 17.
[39] Hierzu näher Händel NJW 1967, 537; Boers NJW 1967, 1310; Naucke NJW 1968, 2321; Riese NJW 1969, 549; Straßburg ZStW 1970, 948; Schreiber JZ 1973, 713; Tröndel FS Dreher 1977, 117; Salger DRiZ 1990, 16; Bernreuther MDR 1991, 829; Neumann ZStW 1991, 331; Hettinger/

Gem. § 2 I StGB ist die **Zeit der Tat** für die Bestimmung des anzuwendenden Gesetzes maßgeblich. Wann die Zeit der Tat ist, normiert § 8 StGB.

> **§ 8 StGB (Zeit der Tat)**
> Eine Tat ist zu der Zeit begangen, zu welcher der Täter oder der Teilnehmer gehandelt hat oder im Falle des Unterlassens hätte handeln müssen. Wann der Erfolg eintritt, ist nicht maßgebend.

Die Anwendung des Rückwirkungsverbots war in der wechselhaften deutschen Geschichte nicht frei von Zweifeln.

21

> **Beispiel 24**
>
> BGH U. v. 03.11.1992 – 5 StR 370/92 – BGHSt 39, 1 = NJW 1993, 141 = NStZ 1993, 129 = StV 1993, 9 (Anm. Solbach JA 1993, 90; Jung JuS 1993, 601; Amelung JuS 1993, 637; Herrmann NStZ 1993, 118; Günther StV 1993, 18; Schroeder JR 1993, 45; Fiedler JZ 1993, 206; Dannecker Jura 1994, 585; Wilms/Ziemske ZRP 1994, 170):
>
> B1 und B2 waren als Angehörige der Grenztruppen der DDR – B1 als Unteroffizier und Führer eines aus zwei Personen bestehenden Postens, B2 als Soldat – an der Berliner Mauer eingesetzt. Dort schossen sie am 01.12.1984 um 03.15 Uhr auf den 20 Jahre alten, aus der DDR stammenden G, der sich anschickte, die Mauer vom Stadtbezirk Pankow aus in Richtung auf den Bezirk Wedding zu übersteigen. G starb. B1 und B2 hatten die Möglichkeit eines tödlichen Treffers erkannt. Auch um diesen Preis wollten sie aber gemäß dem Befehl, den sie für bindend hielten, das Gelingen der Flucht verhindern. Nach § 27 II 1 DDR-GrenzG war die Anwendung der Schusswaffe „gerechtfertigt, um die unmittelbar bevorstehende Ausführung oder die Fortsetzung einer Straftat zu verhindern, die sich den Umständen nach als ein Verbrechen darstellt". ◄

Bei tatbestandlicher Anwendbarkeit des bundesdeutschen § 212 I StGB ist fraglich, ob § 27 DDR-GrenzG als Rechtfertigungsgrund den Schusswaffengebrauch erlaubte. Allerdings enthielt die DDR-Verfassung Grundrechte. Der BGH verweist hierauf und behauptet, dass eine rechtsstaatliche Auslegung des § 27 DDR-GrenzG dazu führen müsse, dass auf einen ungefährlichen Flüchtling nicht geschossen werden dürfe. Die faktische realsozialistische Auslegung, also die Praxis der Grenztruppen war aber anders. War diese Handhabung des § 27 DDR-GrenzG also nichtig? Der BGH verfolgte zwei Begründungslinien.[40]

Engländer FS Meyer-Goßner 2001, 145; Geipel StraFo 2010, 272; Kempf/Schilling NJW 2012, 1849; Satzger Jura 2013, 345; Leite GA 2014, 220.

[40] Zum Folgenden BGH U. v. 03.11.1992 – 5 StR 370/92 – BGHSt 39, 1 (15 ff.).

Die erste ist naturrechtlich: Die sog. „**Radbruch'sche Formel**".[41] Diese lautet, 1946 von Gustav Radbruch entwickelt, in ihrer längeren Form:

„Der Konflikt zwischen der Gerechtigkeit und der Rechtssicherheit dürfte dahin zu lösen sein, dass das positive, durch Satzung und Macht gesicherte Recht auch dann den Vorrang hat, wenn es inhaltlich ungerecht und unzweckmäßig ist, es sei denn, dass der Widerspruch des positiven Gesetzes zur Gerechtigkeit ein so unerträgliches Maß erreicht, dass das Gesetz als ‚unrichtiges Recht' der Gerechtigkeit zu weichen hat. Es ist unmöglich, eine schärfere Linie zu ziehen zwischen den Fällen des gesetzlichen Unrechts und den trotz unrichtigen Inhalts dennoch geltenden Gesetzen; eine andere Grenzziehung aber kann mit aller Schärfe vorgenommen werden: wo Gerechtigkeit nicht einmal erstrebt wird, wo die Gleichheit, die den Kern der Gerechtigkeit ausmacht, bei der Setzung positiven Rechts bewusst verleugnet wurde, da ist das Gesetz nicht etwa nur ‚unrichtiges' Recht, vielmehr entbehrt es überhaupt der Rechtsnatur. Denn man kann Recht, auch positives Recht, gar nicht anders definieren als eine Ordnung und Satzung, die ihrem Sinne nach bestimmt ist, der Gerechtigkeit zu dienen."

Der BGH ließ offen, ob das, was Radbruch für das nationalsozialistische Unrechtssystem annahm, auch für die DDR galt. Er nahm vielmehr eine völkerrechtliche Verpflichtung der DDR an[42]; diese hatte 1966 den IPBPR unterzeichnet, der u. a. die Garantie der Ausreisefreiheit und das Recht auf Leben enthielt. Der Pakt sei zwar nicht innerstaatlich umgesetzt worden, dennoch führe er zur Nichtigkeit des § 27 DDR-GrenzG. Der Grenzsoldat wurde rechtskräftig verurteilt.

Zweifelhaft ist aber, ob sich der einzelne DDR-Bürger als Grenzsoldat strafrechtlich nachteilig zurechnen lassen muss, dass die DDR sich nicht an den völkerrechtlichen Pakt gehalten hat. Wenn der BGH annimmt, dass die Bestrafung des Grenzsoldaten nicht dem Art. 103 II GG widerspreche, beachtet er die Schutzfunktion des Bestimmtheitsgrundsatzes nicht hinreichend. Wie soll der Mauerschütze vorhersehen, dass sein Staat untergeht und die Gesetze gleich mit?

Die Anwendung der Radbruch'sche Formel – Kurzformel: „extremes Unrecht ist kein Recht" – auf den Nationalsozialismus wird heute wohl überwiegend begrüßt. Die verwendeten vagen Begriffe sind allerdings kaum geeignet, geschriebene Gesetze zu derogieren. Radbruch behauptete, der Rechtspositivismus – also die Treue zum Gesetz – habe die Juristen wehrlos gemacht gegenüber dem Missbrauch der nationalsozialistischen Machthaber.[43] Die Frage des Widerstands gegen Unrechtsregime ist aber nicht justiziabel. Es ist von Staatsbürgern kaum zu erwarten, dass diese entscheiden, welche staatlichen Gesetze richtig und welche falsch sind. Wenigstens im grundrechtseingreifenden Strafrecht sind das Gesetz und der Gesetzeswortlaut ernst zu nehmen, auch wenn das Ergebnis einmal (rechtspolitisch) nicht „passen" sollte – wie etwa die Straflosigkeit der Mauerschützen. Das Rückwirkungs-

---

[41] Radbruch, Gesetzliches Unrecht und übergesetzliches Recht. Süddeutsche Juristenzeitung 1946, 105.
[42] BGH U. v. 03.11.1992 – 5 StR 370/92 – BGHSt 39, 1 (16 ff.).
[43] Radbruch, Gesetzliches Unrecht und übergesetzliches Recht. Süddeutsche Juristenzeitung 1946, 105.

verbot ist eine derart wichtige Errungenschaft, dass man sich nicht darüber hinwegsetzen sollten, auch nicht zugunsten der moralischen Richtigkeit.

3. § 2 II StGB

§ 2 II StGB betrifft Dauerstraftaten, z. B. Freiheitsberaubung oder unerlaubten Waffenbesitz. Aus der Einheitlichkeit des Dauerdelikts folgt die Notwendigkeit einer einheitlichen Beurteilung. Die praktische Bedeutung ist aber gering.

4. § 2 III StGB

§ 2 III StGB enthält das sog. **Meistbegünstigungsprinzip**, den *lex-mitior*- (milderes Gesetz) Grundsatz.[44]

Der Bestimmtheitsgrundsatz schützt den Bürger, den Beschuldigten; für ihn soll daher immer das mildeste Recht gelten, auch wenn im Tatzeitpunkt ein strengeres Gesetz galt. Ein milderes Gesetz ist daher zu seinen Gunsten auf zurückliegende Fälle anwendbar. Das Meistbegünstigungsprinzip ist Teil rechtsstaatlicher Tradition und Bestandteil eines auf rechtsstaatlichen Grundsätzen aufbauenden Strafrechts. Es legitimiert sich aus der materiellen Gerechtigkeit heraus[45]: Ein Täter soll nicht mehr nach einem Gesetz bestraft werden, zu dessen Strenge sich der Gesetzgeber im Entscheidungszeitpunkt nicht mehr bekennt. Eine derart verhängte Strafe könnte auch die mit der Strafe verbundenen spezial- und generalpräventiven Zielsetzungen nicht mehr erfüllen.

Zur Ermittlung des mildesten Gesetzes ist der konkrete Sachverhalt unverändert unter die zu vergleichenden Rechtszustände (einschließlich der Zwischengesetze) zu subsumieren. Relevant ist die konkrete Betrachtungsweise, nicht ein abstrakter Vergleich der Tatbestände und Strafdrohungen.[46] Die Frage ist für jeden Tatbeteiligten gesondert zu untersuchen. Die Prüfung umfasst den gesamten weiten Gesetzesbegriff des § 2 StGB und damit nicht nur die Strafdrohungen und Deliktstatbestände, sondern auch Änderungen im Allgemeinen Teil.[47]

5. § 2 IV StGB

§ 2 IV StGB stellt eine Ausnahme zum Meistbegünstigungsprinzip des § 2 III StGB und damit eine Rückkehr zur Grundregel des § 2 I StGB dar (Anwendung des Tatzeitrechts).[48]

Der rechtfertigende Grund für diese für den Täter ungünstigen Regelung liegt darin, dass ein sog. Zeitgesetz ansonsten gegen Ende seiner Geltungsdauer kaum noch Autorität besäße. Ein Täter könnte ohne die Anwendung des Tatzeitrechts darauf spekulieren, dass bei Aburteilung seiner (potenziellen) Straftat das Gesetz be-

---

[44] Hierzu Bock, in: Graf/Jäger/Wittig (Hrsg.), Wirtschaftsstrafrecht, 2. Aufl. 2017, § 2 StGB Rn. 29 ff.; näher Mazurek JZ 1976, 233; Gleß GA 2000, 224; Bohlander StraFo 2011, 169; Sturm NStZ 2017, 553.
[45] Bock, in: Graf/Jäger/Wittig (Hrsg.), Wirtschaftsstrafrecht, 2. Aufl. 2017, § 2 StGB Rn. 31.
[46] Bock, in: Graf/Jäger/Wittig (Hrsg.), Wirtschaftsstrafrecht, 2. Aufl. 2017, § 2 StGB Rn. 52.
[47] Bock, in: Graf/Jäger/Wittig (Hrsg.), Wirtschaftsstrafrecht, 2. Aufl. 2017, § 2 StGB Rn. 52.
[48] Hierzu Drost MDR 1949, 454; Kunert NStZ 1982, 276; Rüping NStZ 1984, 450.

reits wieder außer Kraft getreten ist, so dass er bei Geltung des *lex-mitior*-Grundsatzes keine Strafe zu fürchten hätte.

6. § 2 V StGB

25 § 2 V StGB betrifft Einziehung und Unbrauchbarmachung. Auf Einzelheiten wird hier verzichtet.

7. § 2 VI StGB

Beispiel 25

EGMR U. v. 17.12.2009 – 19359/04 (Mücke) – NJW 2010, 2495 = NStZ 2010, 263 = StV 2010, 181 (Anm. Dörr JuS 2010, 1121; RÜ 2010, 97; Eschelbach NJW 2010, 2499; Kinzig NStZ 2010, 233; Radtke NStZ 2010, 537; Müller StV 2010, 207; Laue JR 2010, 198; Klesczewski HRRS 2010, 394):
B, 1957 geboren, befindet sich in der JVA Schwalmstadt. 1986 hatte ihn das LG Marburg wegen versuchten Mordes in Tateinheit mit Raub zu fünf Jahren Freiheitsstrafe verurteilt und seine Unterbringung in der Sicherungsverwahrung angeordnet. Nach Verbüßung seiner Strafe befindet sich B im Maßregelvollzug. Nach § 67d I StGB in der damals geltenden Fassung betrug die Höchstfrist der Sicherungsverwahrung bei erstmaliger Unterbringung zehn Jahre. Diese Frist ist durch das Gesetz zur Bekämpfung von Sexualdelikten und anderen gefährlichen Straftaten vom 26.01.1998 gestrichen worden. Mehrere Anträge auf Entlassung, die B noch 1991 gestellt hatte, haben die zuständigen Gerichte zurückgewiesen. Auf seine Verfassungsbeschwerde hat das BVerfG am 05.02.2004 entschieden, dass § 67d III StGB i.V. mit Art. 3 EGStGB mit dem GG vereinbar ist. B hat am 24.05.2004 Beschwerde beim EGMR eingelegt und Verletzung von Art. 5 und Art. 7 EMRK gerügt. ◄

26 § 2 VI StGB normiert eine Ausnahme vom Rückwirkungsverbot: es gilt hier der Rechtszustand im Zeitpunkt der Entscheidung. Der Norm liegt die Annahme zugrunde, dass das verfassungsrechtliche Rückwirkungsverbot nur für Strafen, nicht für die präventiv ausgerichteten Maßregeln der §§ 61–72 StGB gelte.[49] Diese scharfe Unterscheidung von Strafen und Maßregeln wird bzw. wurde auch gegenüber Einwänden aus Art. 103 GG und Art. 7 EMRK vorgebracht.

27 Die Regelung des § 2 VI StGB ist – auch verfassungsrechtlich, nicht nur rechtspolitisch – zu kritisieren. Das Rückwirkungsverbot des Art. 103 II GG muss nämlich entgegen der bislang h.M. auch für alle der Strafe an Schwere gleichstehenden Eingriffe aus Anlass einer Straftat gelten. Die Verfassungsmäßigkeit wird daher in der Literatur schon lange mit guten Gründen bestritten.[50] Maßregeln lassen sich von den Strafen nicht so scharf unterscheiden, dass ihre Sonderregelung hinsichtlich der

---

[49] Bock, in: Graf/Jäger/Wittig (Hrsg.), Wirtschaftsstrafrecht, 2. Aufl. 2017, § 2 StGB Rn. 78.
[50] Nachweise bei Bock, in: Graf/Jäger/Wittig (Hrsg.), Wirtschaftsstrafrecht, 2. Aufl. 2017, § 2 StGB Rn. 79.

zeitlichen Geltung zu rechtfertigen wäre. Die Unterscheidungen von Strafen (anknüpfend an die Vergangenheit) und Maßregeln (ausgerichtet auf die Zukunft) versagen sowohl in der Straf- und Maßregelzwecklehren als auch in der Praxis. Auch Geld- und Freiheitsstrafen dienen der Prävention. Auch Maßregeln gibt es nur anlässlich einer Straftat. Die Sicht des Betroffenen auf den Grundrechtseingriff, den er wegen seiner Tat erleidet, kann in einem Rechtsstaat nicht begrifflich beiseite geschoben werden. Dies gilt ebenso für die Frage der zeitlichen Geltung.

Das BVerfG[51] hatte sich für die Verfassungsmäßigkeit von § 2 VI StGB ausgesprochen: Die Maßregeln dienten allein präventiven Zwecken und hätten sich daher tatsächlich ausschließlich am aktuellen Schutzzweck zu orientieren. Rechtspolitisch unklar bleibt, ob derartige Gefahrenabwehr-Maßnahmen dann überhaupt ins Strafrecht gehören oder nicht vielmehr ins Polizeirecht der Bundesländer.[52]

28

Mit Urteil vom 17.12.2009 sah allerdings der EGMR[53] in der rückwirkenden Verlängerung einer befristet angeordneten Sicherungsverwahrung zutreffend eine Verletzung des Art. 7 I EMRK. Der EGMR stellte klar, dass auch Maßregeln als Strafen i.S.d. EMRK anzusehen seien, da sie anlässlich einer Straftat verhängt würden. Sowohl Strafen als auch Maßregeln sollen spezial- und generalpräventiv wirken. Ohnehin gebe es keine wesentlichen Unterschiede im Vollzug von Freiheitsstrafe und Sicherungsverwahrung.

III. Bestimmtheitsgebot/Unbestimmtheitsverbot (*nulla poena sine lege certa*)

Der zweite Aspekt des Gesetzlichkeitsprinzips ist der Bestimmtheitsgrundsatz i.e.S.[54]

29

Dieser betrifft die Fassung des Gesetzes, wendet sich also an den Gesetzgeber. Die Anwendung des Gesetzes durch den Strafrichter fällt unter das Analogieverbot, hierzu sogleich.

Nutznießer des Bestimmtheitsgebots sind die von der Strafdrohung Betroffenen – also letztlich alle Bürger – in ihrer Erwartungssicherheit und Orientierung: Die Rechtsanwender, die von der Klarheit der Handlungsanweisungen profitieren, aber auch der Strafgesetzgeber selbst, der dazu angehalten wird, seinen Normierungswillen durch Gesetze durchzusetzen, deren Anwendungsreichweite er selbst beherrscht.[55]

Das moderne Rechtsdenken erkennt aber die Grenzen positivistischer Rechtsfestlegung an und hegt keine Illusionen (mehr), dass einzelfallbeurteilende Richter durch präzise und vollständige Gesetze entbehrlich gemacht werden können. Die

---

[51] S.o.
[52] Bock, in: Graf/Jäger/Wittig (Hrsg.), Wirtschaftsstrafrecht, 2. Aufl. 2017, § 2 StGB Rn. 80.
[53] S.o.
[54] Hierzu B. Heinrich, AT, 6. Aufl. 2019, Rn. 28 ff.; näher Rotsch ZJS 2008, 132.
[55] Bock, in: Graf/Jäger/Wittig (Hrsg.), Wirtschaftsstrafrecht, 2. Aufl. 2017, § 1 StGB Rn. 51.

Schaffung eindeutiger, nicht auslegungsbedürftiger Tatbestände, die den Richter lediglich zum Munde des Gesetzes werden lassen – so ein Bild von Montesquieu –, ist unmöglich. Die Anforderungen an die Bestimmtheit dürfen also nicht übersteigert werden, da der Gesetzgeber ohne allgemeine, normative und wertausfüllungsbedürftige Begriffe nicht in der Lage wäre, der Vielgestaltigkeit des Lebens Herr zu werden. Es besteht ein Bedarf an Vagheit. Die Zweifelhaftigkeit von Grenz- und damit Streitfällen (sog. „neutrale Kandidaten") ist unvermeidlich. Auch zunächst eindeutige Begriffe können mit Fortschreiten des sozialen Wandels, z. B. aufgrund technischer Entwicklungen, vage werden.

Das Bestimmtheitsgebot kann auch nicht so verstanden werden, dass der Gesetzgeber die jeweils engste und präziseste Formel zu wählen hat; fast die gesamte Strafrechtsordnung wäre dann verfassungswidrig, da sich fast alles viel genauer fassen ließe, mit Ausnahme der lebenslangen Freiheitsstrafe und festen Zahlensystemen. Besonders deutlich werden die Grenzen einer Pflicht zur Bestimmtheit bei den Rechtsfolgen der Strafbarkeit: Je genauer die Einengung der zu verhängenden Strafe für ein gewisses Verhalten ist, desto weniger können die Besonderheiten des Einzelfalls angemessen – gerecht – berücksichtigt werden. Hieraus ergibt sich die Zulässigkeit weiter Strafrahmen.

30 Selbst Generalklauseln ohne jede Konkretisierung sollen unbedenklich sein, wenn sie zum überlieferten Bestand an Strafrechtsnormen gehören und sich durch den Normzusammenhang sowie die gefestigte Rspr. eine zuverlässige Grundlage für ihre Auslegung und Anwendung finden lässt.[56]

Beispiel 26

B wurde wegen Beleidigung verurteilt. ◄

---

§ 185 StGB (Beleidigung)
Die Beleidigung wird mit Freiheitsstrafe bis zu einem Jahr oder mit Geldstrafe und, wenn die Beleidigung öffentlich, in einer Versammlung, durch Verbreiten eines Inhalts (§ 11 Absatz 3) oder mittels einer Tätlichkeit begangen wird, mit Freiheitsstrafe bis zu zwei Jahren oder mit Geldstrafe bestraft.

Welche Äußerungen eine Beleidigung sind, konkretisiert das Gesetz nicht.

31 Das hohe theoretische Prestige des Bestimmtheitsgrundsatzes findet keine praktische Entsprechung. Auch wenn man nicht (mehr) davon träumt, alles ausdrücklich im Gesetz zu regeln, so bleibt unklar, weshalb nicht wenigstens wesentlich mehr geregelt wird. Eher selten stellt das BVerfG eine Verletzung des Art. 103 II GG aufgrund Unbestimmtheit fest. Auch die fachgerichtliche Rspr. bevorzugt – naheliegenderweise – meist eine flexiblere Auslegung. Bedenken der Literatur, die zugegebenermaßen auch häufig, vielleicht auch zu häufig und leichthin, erhoben werden, bleiben mithin weitgehend akademisch.

---

[56] S. die Nachweise bei Bock, in: Graf/Jäger/Wittig (Hrsg.), Wirtschaftsstrafrecht, 2. Aufl. 2017, § 1 StGB Rn. 60.

IV. Gewohnheitsrechtsverbot (*nullum crimen sine lege scripta*)

▶ Didaktischer Aufsatz:

- Satzger, Gesetzlichkeitsprinzip und Rechtfertigungsgründe, Jura 2016, 154

Der dritte Aspekt des Bestimmtheitsgebots i.w.S. ist das Verbot des Gewohnheitsrechts. **32**
Gewohnheitsrecht entsteht auf Grund einer gleichmäßigen langandauernden Rechtsausübung, die allgemeine Anerkennung genießt.[57] Zu Lasten eines Täters (*in malam partem*) dürfte solches, sofern es überhaupt existiert, nicht angewendet werden. Die Strafbarkeit muss vielmehr vor der Tat in einem formellen Gesetz schriftlich fixiert werden.

> **Beispiel 27**
>
> B beging eine Straftat mit 3,5 % BAK, die er sich angetrunken hatte, um hinreichenden Mut für die Tat zu haben. ◀

B war gem. § 20 StGB schuldunfähig. Dennoch vertreten die Rspr. und die h.L. eine Ausnahme hiervon, die sog. *actio libera in causa*, z. T. als gewohnheitsrechtliche Ausnahme zu § 20 StGB bezeichnet, da die Rechnung des Täters nicht aufgehen dürfe, sich bewusst schuldunfähig zu machen, um eine Tat zu begehen (Rechtsmissbrauchsgedanke).[58]

Gewohnheitsrecht **zugunsten des Täters** (*in bonam partem*) ist zulässig, z. B. in Gestalt gesetzlich nicht geregelter Rechtfertigungs-[59] oder Entschuldigungsgründe, auch wenn z. B. Gewohnheitsrecht auf dem Gebiet der Rechtfertigung (etwa die Einwilligung) insofern mittelbare täterbelastende Wirkung hat, als etwa einem Angegriffenen das Notwehrrecht genommen wird; derartige mittelbare Auswirkungen bleiben außer Betracht.[60]

V. Analogieverbot (*nullum crimen sine lege stricta*)

Das Analogieverbot[61] verlängert das Bestimmtheitsgebot i.e.S. in die Praxis der **33** Gesetzesanwendung. Der Richter muss den Gesetzgeber beim Wort nehmen und darf mangels demokratisch-parlamentarischer Legitimation keine eigenen Strafnormen begründen.[62]

---

[57] Bock, in: Graf/Jäger/Wittig (Hrsg.), Wirtschaftsstrafrecht, 2. Aufl. 2017, § 1 StGB Rn. 66.
[58] Zur a.l.i.c. B. Heinrich, AT, 6. Aufl. 2019, Rn. 597 ff. und s.u.
[59] Hierzu näher Satzger Jura 2016, 154.
[60] Bock, in: Graf/Jäger/Wittig (Hrsg.), Wirtschaftsstrafrecht, 2. Aufl. 2017, § 1 StGB Rn. 67.
[61] Hierzu näher Mayer SJZ 1947, 12; Bindokat JZ 1969, 541; Kuhlen FS Otto 2007, 89.
[62] Bock, in: Graf/Jäger/Wittig (Hrsg.), Wirtschaftsstrafrecht, 2. Aufl. 2017, § 1 StGB Rn. 68; aus der Rspr. vgl. zuletzt BGH U. v. 10.10.2017 – 1 StR 447/14 – NJW 2018, 480 = NStZ 2018, 345 (Anm. Pflaum wistra 2018, 223).

Der noch mögliche Wortsinn bildet die Grenze zulässiger richterlicher Auslegung.[63] Hierin liegt das externe Kriterium, welches dem Rechtsanwender von außerhalb des Rechtsanwendungsprozesses eine Grenze zieht, über die er selbst nicht verfügen kann; der Wortlaut kann eine bestimmte Gesetzesauslegung falsifizieren. Die Anwendung einer Strafnorm auf eine planwidrig nicht geregelte Konstellation ist auch dann unzulässig, wenn es sich um ähnliche Sachverhalte und damit eine vergleichbare Interessenlage handelt.

Das Analogieverbot richtet sich nur gegen Analogien zu Lasten des Täters. Die Analogie zu Gunsten des Täters ist erlaubt.[64]

34 Das eigentliche Problem des Analogieverbots in Unterscheidung zur zulässigen Tatbestandsauslegung ist die Bestimmung des noch möglichen Wortsinns. Aus der vielfachen Vagheit der Sprache und unvermeidlichen Mehrdeutigkeit der Begriffe folgen derart erhebliche Unsicherheiten, dass die praktische Bedeutung des Analogieverbots zweifelhaft ist, insbesondere deshalb, weil das BVerfG große Zurückhaltung bei der Beschränkung strafrichterlicher Auslegung übt und Entscheidungen, die eine Verletzung des Art. 103 II GG rügen, selten sind. Auch historische Absichten der Gesetzgebungsorgane (falls diese überhaupt zu ermitteln sind) können nur dann Berücksichtigung finden, wenn diese im Wortlaut der Norm selbst ihren Niederschlag gefunden haben. Weitere Auslegungsregeln jenseits der grammatikalischen Auslegung finden nur innerhalb des durch die Sprache geschaffenen Rahmens statt.

Ausgangspunkt ist der allgemeine Sprachgebrauch der Gegenwart.[65] Ein juristischer Sprachgebrauch kann nur dann verwendet werden, wenn er mit der allgemeinsprachlichen Bedeutung vereinbar ist.[66]

Menschlich verständlich möchte ein Richter bisweilen gern ein bestimmtes, von ihm als gerecht empfundenes Ergebnis erzielen. Hier bleibt nur der Appell, dass für Korrekturen eines lückenhaften Wortlauts der Gesetzgeber zuständig ist, der seine Fähigkeit zum schnellen Handeln auch schon gezeigt hat, wenn er es für angezeigt hielt.[67] Er ist für die Erfüllung der rechtspolitischen Wünsche zuständig.

Beispiel 28

BVerfG B. v. 01.09.2008 – 2 BvR 2238/07 – BVerfGK 14, 177 = NJW 2008, 3627 = NStZ 2009, 83 = StV 2009, 126 (Anm. RÜ 2008, 709; RA 2008, 652; famos 11/2008; Geppert JK 2009 StGB § 113/7; von Heintschel-Heinegg JA 2009, 68; Jahn JuS 2009, 78; Koch/Wirth ZJS 2009, 90; Wörner ZJS 2009, 236; LL 2009, 102; Simon NStZ 2009, 84; Foth NStZ-RR 2009, 138; Kudlich JR 2009, 210; Hüpers HRRS 2009, 66; Kudlich FS Stöckel 2010, 93):

---

[63] Bock, in: Graf/Jäger/Wittig (Hrsg.), Wirtschaftsstrafrecht, 2. Aufl. 2017, § 1 StGB Rn. 70.
[64] Bock, in: Graf/Jäger/Wittig (Hrsg.), Wirtschaftsstrafrecht, 2. Aufl. 2017, § 1 StGB Rn. 71.
[65] Hierzu näher Lorenz/Pietzcker/Pietzcker NStZ 2005, 429.
[66] Bock, in: Graf/Jäger/Wittig (Hrsg.), Wirtschaftsstrafrecht, 2. Aufl. 2017, § 1 StGB Rn. 73.
[67] Bock, in: Graf/Jäger/Wittig (Hrsg.), Wirtschaftsstrafrecht, 2. Aufl. 2017, § 1 StGB Rn. 76.

B wurde wegen schnellen, die Vorfahrt nicht beachtenden Fahrens in einem Pkw angehalten und kontrolliert. Da B das Verlangen der Beamten nach dem Führerschein als Zumutung empfand, startete er sein Fahrzeug und fuhr los. Einer der Polizeibeamten versuchte, mit einem Arm durch das halb offene Fahrerfenster zu gelangen, und wurde von dem Schwung des anfahrenden Fahrzeugs kurz nach vorne mitgezogen. Die Beamten verfolgten B sodann und stellten ihn. Trotz Anweisung der Beamten, aus dem Pkw auszusteigen, blieb B sitzen. Einer der Beamten versuchte, durch das geöffnete Fahrerfenster hindurch den Zündschlüssel am Fahrzeug des B abzuziehen. Während der Beamte sich mit seinem Oberkörper noch im Fahrzeuginnenraum befand, wehrte B den Griff des Polizeibeamten nach dem Zündschlüssel ab, legte den Rückwärtsgang ein und fuhr mit Vollgas rückwärts. Der Beamte wurde hierdurch, zunächst mit seinem gesamten Oberkörper im Fahrzeug verbleibend, dann herausrutschend, aber mit dem Kopf noch im Fahrzeug befindlich, einige Meter mitgerissen, wobei er neben dem Pkw mitlaufen konnte. Weitere 10 bis 15 Meter rutschte der Beamte auf seinen Schuhen mit, bis er sich vom Fahrzeug des B abdrückte und so von dem Fahrzeug freikam. Verletzt wurde der Beamte nicht. ◄

Das Tatgericht verurteilte B u. a. wegen § 113 I i.V.m. II 2 Nr. 1 StGB damaliger Fassung, d. h. Widerstand gegen Vollstreckungsbeamte unter Beisichführen einer „Waffe". Das BVerfG hat hier Art. 103 II GG als verletzt angesehen: Ein Auto sei keine Waffe. Das trifft zu: Autos werden nicht zu dem Zweck hergestellt, andere Menschen zu verletzen. Diese Rspr. zeigte rasch auch dahingehend Wirkung, dass der Gesetzgeber § 113 StGB mittlerweile erweitert hat um die Tatmodalität des gefährlichen Werkzeugs.

Teil II

Vorsätzliches vollendetes täterschaftliches Begehungsdelikt

4. Kapitel: Struktur, Aufbau, Prüfung

▶ Didaktische Aufsätze:

- Ebert/Kühl, Das Unrecht der vorsätzlichen Tat, Jura 1981, 225
- Werle, Die allgemeine Straftatlehre – insbesondere: Der Deliktsaufbau beim vorsätzlichen Begehungsdelikt, JuS 1986, L41, L49, L65 und L73
- Otto, Die Lehre vom Tatbestand und der Deliktsaufbau, Jura 1995, 468
- Herzberg, Das vollendete vorsätzliche Begehungsdelikt als qualifiziertes Versuchs-, Fahrlässigkeits- und Unterlassungsdelikt, JuS 1996, 377
- Freund, Der Aufbau der Straftat in der Fallbearbeitung, JuS 1997, 235 und 331
- Werle, Die allgemeine Straftatlehre – insbesondere: Der Deliktsaufbau beim vorsätzlichen Begehungsdelikt, JuS 2000, L 33, 41, 49 und 57
- Lesch, Unrecht und Schuld im Strafrecht, JA 2002, 602
- Ambos, Ernst Belings Tatbestandslehre und unser heutiger „postfinalistischer" Verbrechensbegriff, JA 2007, 1
- Becker, Die Bedeutung der Lehre von der Straftat für die Fallbearbeitung, JuS 2019, 513

Der gesetzgeberische „Standardfall" der Verwirklichung eines Straftatbestands zeichnet sich dadurch aus, dass 1

- ein **Täter** (s. § 25 StGB), nicht ein bloßer Teilnehmer, d. h. Anstifter oder Gehilfe, s. §§ 26, 27 StGB
- aktiv etwas tut (**begeht**; zum nicht optimalen Begriff des Begehungsdelikts s. o.) und nicht bloß eine gebotene Handlung – z. B. eine Rettung – unterlässt, s. § 13 StGB,
- dass sein Tun die Tat **vollendet** (zu diesem Begriff s. o.) und diese nicht im bloßen Versuch „steckenbleibt", s. §§ 22, 23 StGB
- und dass er **vorsätzlich** handelt und nicht nur fahrlässig, s. § 15 StGB und z. B. die §§ 222 und 229 StGB.

Man spricht insofern vom vorsätzlichen vollendeten täterschaftlichen Begehungsdelikt.

Es handelt sich um die Deliktsform mit dem schwersten Unrecht und der höchsten Strafe.

Die **Prüfung** erfolgt (heute) zunächst[1] **dreistufig**:[2]

I. **Tatbestand**
II. **Rechtswidrigkeit**
III. **Schuld**

Ein Täter macht sich also strafbar, wenn er (zeitgleich, sog. Koinzidenzprinzip) den Tatbestand erfüllt und dabei rechtswidrig sowie schuldhaft handelt.

Eine nähere, aus dem StGB abzuleitende, Begründung dieser Dreistufigkeit erfolgt in den folgenden Abschnitten.

2 Als erster Überblick mag eine Exemplifizierung an den §§ 223 I, 32 und 20 StGB dienen.

§ 223 I StGB als Norm des Besonderen Teils enthält (i. V. m. Lehren des Allgemeinen Teils) den (hier rein objektiven) **Tatbestand**:

§ 223 I StGB (Körperverletzung)
Wer eine andere Person körperlich mißhandelt oder an der Gesundheit schädigt, wird mit Freiheitsstrafe bis zu fünf Jahren oder mit Geldstrafe bestraft.

§ 15 StGB (Vorsätzliches und fahrlässiges Handeln)
Strafbar ist nur vorsätzliches Handeln, wenn nicht das Gesetz fahrlässiges Handeln ausdrücklich mit Strafe bedroht.

---

[1] Zu sonstigen Strafvoraussetzungen jenseits Tatbestand, Rechtswidrigkeit und Schuld sowie zur etwaigen Ebene Strafzumessung s. u.

[2] Zum Deliktsaufbau und den Elementen der Straftat z. B. Kindhäuser/Hilgendorf, LPK, 8. Aufl. 2020, vor § 13 Rn. 1ff.; näher Schroeder MDR 1950, 646; Mezger NJW 1953, 2; Kaufmann JZ 1954, 653; Sauer FS Mezger 1954, 117; Kaufmann JZ 1955, 37; Gallas ZStW 1955, 1; Kaufmann JZ 1956, 353 und 393; Maihofer FS Rittler 1957, 141; Lampe GA 1959, 367; Krauß ZStW 1964, 19; Schmidhäuser GS Radbruch 1968, 268; Schmidhäuser FS Engisch 1969, 433; Otto ZStW 1975, 539; Stratenwerth FS Schaffstein 1975, 177; Sax JZ 1976, 9, 80 und 429; Rödig FS Lange 1976, 39; Gallas FS Bockelmann 1979, 155; Ebert/Kühl Jura 1981, 225; Werle JuS 1986, L41, L49, L65 und L73; Mir Puig GS Armin Kaufmann 1989, 253; Schünemann FS Schmitt 1992, 117; Otto Jura 1995, 468; Freund JuS 1997, 235 und 331; Samson FS Grünwald 1999, 585; Werle JuS 2000, L33, 41, 49 und 57; Roxin FS Roxin 2001, 45; Lesch JA 2002, 602; Hirsch GS Meurer 2002, 3; Langer GS Meurer 2002, 23; Spendel FS Weber 2004, 3; Ambos JA 2007, 1; Pawlik FS Otto 2007, 133; Puppe FS Otto 2007, 389; Lüderssen FS Herzberg 2008, 109; Hardtung ZIS 2009, 795; Loos FS Maiwald 2010, 469; zur historischen Entwicklung Freund, in: MK-StGB, 4. Aufl. 2020, vor § 13 Rn. 5ff.

Wer also auf ein dort genanntes Tatopfer (Person = Mensch) in der dort genannten Weise (körperliche Misshandlung, Schädigung an der Gesundheit) einwirkt – und das vorsätzlich, was sich aber erst aus dem Zusammenlesen mit § 15 StGB ergibt, s. u. –, verwirklicht den Tatbestand der Körperverletzung und damit typischerweise, aber eben nur typischerweise ein Unrecht.

Ausnahmsweise nämlich kann eine solche tatbestandsmäßige Körperverletzung **gerechtfertigt** sein, so dass ihm die Rechtsordnung aus übergeordneten Interessen sein Verhalten erlaubt, z. B. bei Notwehr gem. § 32 StGB. 3

> **§ 32 StGB (Notwehr)**
> (1) Wer eine Tat begeht, die durch Notwehr geboten ist, handelt nicht rechtswidrig.
> (2) Notwehr ist die Verteidigung, die erforderlich ist, um einen gegenwärtigen rechtswidrigen Angriff von sich oder einem anderen abzuwenden.

Mangelt es an einem Rechtfertigungsgrund, so kann es freilich sein, dass der Täter ohne **Schuld** handelt und ihm daher die Tat aus persönlich-psychischen Gründen nicht vorzuwerfen ist, z. B. aufgrund einer Geisteskrankheit, vgl. § 20 StGB. 4

> **§ 20 StGB (Schuldunfähigkeit wegen seelischer Störungen)**
> Ohne Schuld handelt, wer bei Begehung der Tat wegen einer krankhaften seelischen Störung, wegen einer tief greifenden Bewußtseinsstörung oder wegen einer Intelligenzminderung oder einer schweren anderen seelischen Störung unfähig ist, das Unrecht der Tat einzusehen oder nach dieser Einsicht zu handeln.

Ein solcher Täter wird ggf. Maßregeln unterworfen (z. B. Unterbringung in einem psychiatrischen Krankenhaus (§ 63 StGB)), er wird aber nicht i. e. S. bestraft.

5. Kapitel: Tatbestand

A. Grundlagen; Unterteilung; Begriffliches

Der Tatbestand enthält die Strafbarkeitsvoraussetzungen, die gegeben sein müssen, damit das **typisierte Unrecht** der Tat vorliegt (Unwertverwirklichung vorbehaltlich etwaiger Rechtfertigung). Er umschreibt dabei das objektive und subjektive (hierzu s. sogleich) Geschehen, für das grundsätzlich (vorbehaltlich etwaiger Rechtfertigung oder Schuldlosigkeit) gesetzlich Strafe angeordnet ist. 1

Die deutschen Straftatbestände formulieren dabei streng genommen kein Verbot und keine Verhaltensnorm („… ist verboten") und einen daraus resultierenden Strafanspruch („soll bestraft werden"), sondern verwenden eine deskriptive Formulierung einer nachteiligen (sozusagen Kosten-)Folge („wird … bestraft", Sanktionsnorm). Die Verhaltensnorm ist aber insofern jeder Sanktionsnorm immanent, als nach der Vorstellung des Gesetzgebers die Strafandrohung von dem umschriebenen Verhalten abschrecken soll.

Ausgangspunkt ist die einzelne Norm des **Besonderen Teils** des StGB (bzw. des Nebenstrafrechts); freilich kommt es vielfach zu Verzahnungen mit gesetzlich „vor die Klammer" gezogenen oder in der Lehre entwickelten Tatbestandsvoraussetzungen des **Allgemeinem Teils**, die mithin grundsätzlich für alle Delikte Anwendung finden. 2

Das StGB verwendet diesen **Begriff** in den §§ 9 I, 11 I Nr. 5, II, 13 I, 16 I, II, 22, 46 II, 66 I Nr. 1 lit. c, 74d I 1, III 1, 78 IV, 78a S. 2, 87 II Nr. 1, 218a StGB, allerdings in unterschiedlicher Bedeutung.

Zu unterscheiden ist der (materiell-strafrechtliche) Begriff des Tatbestands von dem in der Umgangssprache oft synonym verwendeten Begriff des **Sachverhalts**. Im Jurastudium ist der Sachverhalt ein als feststehend vorgegebener Geschehensablauf des tatsächlichen Lebens, den es auf die Strafbarkeit der Beteiligten zu prüfen gilt. 3

Jeder Tatbestand besteht aus verschiedenen Merkmalen, sog. **Tatbestandsmerkmalen**. 4

Der Tatbestand wird nach ganz h. M.[1] **untergliedert** in

- erstens den **objektiven Tatbestand** (z. T. – v. a. früher – auch Benennung als äußerer Tatbestand[2]) und
- zweitens den **subjektiven Tatbestand** (z. T. – v. a. früher – auch Benennung als innerer Tatbestand[3]).

Dem folgt die entsprechende Untergliederung in objektive und subjektive Tatbestandsmerkmale.

Was die **objektiven Tatbestandsmerkmale** ausmacht, ist erstaunlich schwierig unter einen vollständigen positiven Oberbegriff zu bringen. Bereits das (Fremd-)Wort objektiv ist in der Allgemeinsprache negativ definiert als außerhalb des subjektiven Bewusstseins bestehend, so dass man als objektiven Tatbestandsmerkmale ebenso negativ definieren muss als all diejenigen, die nicht allein subjektiv im Bewusstsein des Täters stattfinden.[4] Klarzustellen ist hierbei, dass objektiv oder äußerlich nur auf die Psyche des Täters bezogen ist, während die Psyche anderer Menschen sehr wohl Teil eines objektiven Tatbestands sein kann (z. B. ein mangelndes Einverständnis – z. B. i. R. d. § 123 I StGB, ein Irrtum – vgl. § 263 I StGB – oder ein bestimmter Wille des Opfers, z. B. der Gewahrsamswille als Frage des § 242 I StGB), so dass es also nicht auf eine äußere Sichtbarkeit ankommt. Im Mittelpunkt des objektiven Tatbestands steht die Täterhandlung und ihre Folgen, also die (Außen-)Wirkungen dieser Handlung; hierbei ordnen aber zahlreiche Tatbestände bestimmte Modalitäten und Situationen der Täterhandlung an. Insgesamt erfasst der objektive Tatbestand die gesetzlich normierten für eine Strafe notwendigen Tatsachen (Geschehnisse und Zustände) der (aus Sicht des Täters) Außenwelt.

Subjektive Tatbestandsmerkmale sind die im Tatbestand verlangten Inhalte und Vorgänge im Bewusstsein des Täters.

Die Benennung objektiv/subjektiv kommt bei alledem nicht im Gesetz vor und ist eigentlich, unnötig latinisierend; hinzu kommt, dass die Worte in der Umgangssprache eher in Richtung unvoreingenommen/voreingenommen verwendet werden. Mangels anderer griffiger Bezeichnung wird hieran aber festgehalten.

5   Eine **Begründung der Trennung** von objektivem und subjektivem Tatbestand, findet sich, abgesehen von historischen Abläufen, im heutigen StGB, so dass der ganz h. M. bei Vornahme dieser Unterscheidung zu folgen ist. Das StGB verwendet den Begriff des Tatbestands unterschiedlich: Teils ist er umfassend zu verstehen,

---

[1] S. nur Rengier, AT, 12. Aufl. 2020, § 8; kritisch z. B. Freund/Rostalski, AT, 2. Aufl. 2019, 2/71, 2/89, 7/22.
[2] Lackner/Kühl, 29. Aufl. 2018, § 15 Rn. 8f.; aus der Rspr. vgl. BGH U. v. 16.11.1962 – 4 StR 337/62 – BGHSt 18, 133 = NJW 1963, 769 (Anm. Russ NJW 1963, 1165).
[3] Lackner/Kühl, 29. Aufl. 2018, § 15 Rn. 8f.; aus der Rspr. vgl. BGH U. v. 30.07.1963 – 1 StR 136/63 – BGHSt 19, 79 = NJW 1963, 1931.
[4] Vgl. Freund/Rostalski, AT, 2. Aufl. 2019, 7/23.

betrifft also die Gesamtheit objektiver und subjektiver Aspekte (z. B. in den §§ 9 I, 11 I Nr. 5, 13 I, 46 III StGB), teils jedoch kann nur rein Objektives gemeint sein (z. B. in den §§ 16 I 1, II, 22 StGB, die sich gerade mit Divergenzen zwischen Täterpsyche und Außenwelt befassen). Schon deshalb ist eine trennende begriffliche Klärung vorzugswürdig.

Ein (fehlender) Vorsatz nach § 16 I 1 StGB kann nur geprüft werden, wenn klar ist, welchen objektiven Umstand der Täter (nicht) kannte; da hier eine innere Minimalvoraussetzung für ein Vorsatzdelikt umschrieben wird, ist es ferner zweckmäßig, auch ggf. von einem Tatbestand verlangte darüber hinaus weisende innere Voraussetzungen einem alle inneren Merkmale umfassenden subjektiven Tatbestand zuzuschlagen und getrennt einen kompletten objektiven Tatbestand zu prüfen (ähnlich auch § 22 StGB: Verwirklichung des Tatbestandes objektiv, Vorstellung von der Tat subjektiv; vgl. auch § 15 StGB: vorsätzliches Handeln, auch hier findet sich eine Trennung).

Damit zugleich zweckmäßige **Reihenfolge** beim vorsätzlichen vollendeten Begehungsdelikt begründet: Eine Inzidentprüfung äußerer Umstände wird vermieden, wenn zuerst der objektive Tatbestand vollständig abgearbeitet wird, auf den sich der subjektive Tatbestand in Gestalt des Vorsatzes dann bezieht, ggf. ergänzt um weitere subjektive Tatbestandsmerkmale.

Soweit immer wieder in Rspr. und Lehre bestimmte Tatbestandsmerkmale (solche des Besonderen Teils, aber durchaus auch solche des Allgemeinen Teils, im Grunde bereits beginnend mit dem Handlungsbegriff der h. M., s. u.) so definiert werden, dass sie zu **gemischt objektiv-subjektiven Tatbestandsmerkmale** (Subjektivierungen und subjektive Komponenten von objektiven Tatbestandsmerkmalen) mutieren[5] (z. B. bei bestimmten Mordmerkmalen gem. § 211 II StGB wie heimtückisch oder grausam), so ist dem **entgegenzutreten**:[6] Vorrangig ist eine rein objektive Definition anzustreben, hilfsweise ist eine Trennung der Definition in objektive und subjektive Komponenten vorzunehmen, wobei letztere im subjektiven Tatbestand zu prüfen sind. In mancher Hinsicht wäre es von der h. M. ohnehin ehrlicher, die kategoriale Zweiteilung des Tatbestandsaufbaus aufzugeben und direkt jedem äußeren Umstand das gehörige subjektive Erfordernis unmittelbar beizuordnen. Zur i. E. problematischen Relevanz von Individualisierungen und Sonderwissen im objektiven Tatbestand s. u.

In einer Fallbearbeitung mag ggf. aus Gründen des Sachzusammenhangs bzw. der Zeitersparnis die strenge Trennung von Objektivem und Subjektivem aufzubrechen sein, zumal wenn Rspr. und h. L. dies ebenfalls tun. Es droht freilich ein Etikettenschwindel (Prüfung von Subjektivem unter der Überschrift „Objektiver Tatbestand").

Welche Elemente den objektiven und subjektiven Tatbestand bilden, hängt vom **jeweiligen Straftatbestand** ab, i. V. m. den Normen und Lehren des Allgemeinen Teils.

---

[5] Hierzu zsf. Eisele, in: Schönke/Schröder, StGB, 30. Aufl. 2019, vor § 13 Rn. 62; näher Stübinger FS Puppe 2011, 263.
[6] Freund, in: MK-StGB, 4. Aufl. 2020, vor § 13 Rn. 24ff.

Die Bestimmung der einzelnen Tatbestandsmerkmale bei den verschiedenen Delikten ist Gegenstand der Darstellungen zum Besonderen Teil.

Je nach Delikt sind **objektiv** bestimmte sog. **Taterfolge** erforderlich (z. B. der Tod des Geschädigten bei § 212 I StGB; die Wegnahme der Sache bei § 242 I StGB), bestimmte **Tatsubjekte** (z. B. Amtsträger bei den §§ 331, 332 StGB), bestimmte **Tathandlungen** (z. B. falsch Schwören bei § 154 StGB), **Tatobjekte** (z. B. die fremde bewegliche Sache bei § 242 I StGB), sowie weitere Tatmodalitäten (z. B. Beisichführen einer Waffe bei § 244 I Nr. 1 lit. a StGB).

Es existieren allerdings Tatbestandsmerkmale, die nicht auf den ersten Blick erkennbar, sondern aus dem Normtext – allerdings nur in den (Wortlaut-)Grenzen gem. Art. 103 II GG – durch weitere Auslegung zu gewinnen sind, s. i. E. sogleich.

Subjektiv gibt es neben dem Vorsatz bisweilen besondere Absichten (z. B. die Absicht rechtswidriger Zueignung in § 242 I StGB) oder subjektive Tendenzen (z. B. rücksichtslos in § 315c I StGB).

S. z. B. außer dem o. a. § 223 I StGB:

> **§ 242 I StGB (Diebstahl)**
> Wer eine fremde bewegliche Sache einem anderen in der Absicht wegnimmt, die Sache sich oder einem Dritten rechtswidrig zuzueignen, wird mit Freiheitsstrafe bis zu fünf Jahren oder mit Geldstrafe bestraft.

Im objektiven Tatbestand des Diebstahls[7] ist zu prüfen, ob als taugliches Tatobjekt eine fremde (1) bewegliche (2) Sache (3) vorlag, die der Täter wegnahm (4).

Im subjektiven Tatbestand des Diebstahls ist, da im Tatbestand keine Fahrlässigkeit erwähnt wird, nach Maßgabe des § 15 StGB zunächst der **Vorsatz** zu prüfen.

Hinzu kommt i. F. d. § 242 I StGB das **weitere subjektive Tatbestandsmerkmal**, dass der Täter in der Absicht gehandelt haben muss, die Sache sich oder einem Dritten rechtswidrig zuzueignen.[8]

So kommen die didaktisch hilfreichen **Prüfungsschemata** zustande, die in vielen Lehrbüchern enthalten sind. Gerade bei komplexen Tatbeständen, Merkmalen, die sich erst aus Normen des Allgemeinen Teils oder Verweisungen ergeben, und Merkmalen, die herkömmlich in weitere Untermerkmale unterteilt werden, helfen Schemata, den Überblick zu behalten. An sich ergibt sich dabei das zu Prüfende verfassungsrechtlich zwingend (Art. 103 II GG) aus dem Wortlaut der Norm.

8 Aufgabe des universitären und praktischen **Rechtsanwenders** ist es,

- erstens die einzelnen Tatbestandsmerkmale im Normtext sauber voneinander zu trennen,

---

[7] Ausf. Eisele, BT II, 5. Aufl. 2019, Rn. 13ff.
[8] Hierzu Eisele, BT II, 5. Aufl. 2019, Rn. 62ff.

- zweitens festzustellen, welchen Inhalt die jeweiligen Tatbestandsmerkmale haben, was man also im konkreten Fall unter einem bestimmten Begriff versteht (Definition), und
- drittens festzustellen, ob das vorliegende Verhalten des Täters von dem jeweiligen Tatbestandsmerkmal erfasst wird (Subsumtion).

Näheres gehört zur Methodik der Fallbearbeitung.[9]

Bei Verneinung eines Tatbestandsmerkmals ist die Prüfung abzubrechen und festzustellen, dass keine Strafbarkeit nach der geprüften Norm besteht. Ein sog. Hilfsgutachten, das ausführt, was weiter zu prüfen wäre, wenn das Tatbestandsmerkmal doch vorläge, ist nur dann zulässig, wenn die Aufgabenstellung es ausdrücklich verlangt.

B. Objektiver Tatbestand

I. Allgemeines

Zur Definition von objektivem Tatbestand und objektiven Tatbestandsmerkmalen s. o.

Angesichts der großen Zahl und Vielgestaltigkeit der deutschen Straftatbestände im und außerhalb des StGB ist es mit Schwierigkeiten behaftet, ein echtes **allgemeines Schema** i. S. e. eines **echten Allgemeinen Teils** für alle existierenden Tatbestände mit den unterschiedlichsten objektiven Tatbestandsmerkmalen zu bilden, selbst wenn man mit gewissen dogmatischen Folgen nicht alle trennenden Zuschreibungen der h. M. akzeptiert (s. o. zu Erfolgs- und Tätigkeits- sowie eigenhändigen Delikten), zumal angesichts teils sehr überschaubaren Nutzens für Praxis und Fallbearbeitung (wo es fehl am Platze ist, Zeit auf allgemeine Prüfungspunkte zu verwenden, deren Subsumtion im konkreten Fall einfach ist).

Keinesfalls sind in einer Fallbearbeitung alle der unter B II ff. dargestellten Ebenen ausdrücklich anzusprechen.

Das übliche **Musterdelikt** zur Darstellung allgemeiner Lehren ist der **Totschlag** gem. § 212 I StGB (man spricht etwas hämisch auch von „Schwurgerichtsdogmatik" angesichts der Zuständigkeit des Schwurgerichts für Tötungsdelikte, § 74 II GVG). Dies ist erstens deswegen nicht optimal, weil dieser Tatbestand fehlende und scheinbare Tatbestandsmerkmale aufweist, s. u., zweitens, weil die Gefahr besteht, dass die Existenz zahlreicher ganz anders gearteter, komplexerer und in der Praxis viel häufiger vorkommender Tatbestände aus dem Blick zu geraten droht. Eingehegt in

---

[9] S. nur – fächerübergreifend – Bringewat, Klausuren schreiben – leicht gemacht, 19. Aufl. 2017; Schimmel, Juristische Klausuren und Hausarbeiten richtig formulieren, 14. Aufl. 2020; Valerius, Einführung in den Gutachtenstil, 4. Aufl. 2017; speziell zum Strafrecht z. B. Arzt, Die Strafrechtsklausur, 7. Aufl. 2006; Wohlers/Schuhr/Kudlich, Klausuren und Hausarbeiten im Strafrecht, 6. Aufl. 2020.

Klarstellungen und Horizonterweiterungen hat sich das Vorgehen allerdings bewährt.

Soweit im Folgenden der Versuch unternommen wird, **Kategorien von Tatbestandsmerkmalen** zu bilden, so ist darauf hinzuweisen, dass dies darstellerischer Gliederung und eben dem Erhalt eines breiten Bewusstseins für die Deliktsvielfalt dient. Die Systematik ist gesetzlich nicht vorgegeben, aus ihr sind keine Rechtsfolgen abzuleiten.

Dies gilt erst recht bei der Frage einer etwaigen **Prüfungsreihenfolge** (z. B. die Stellung des Erfolgs und der Prüfung der Kausalität und der „objektiven Zurechnung"), zumal in Fallbearbeitung eine Auffächerung ungeschriebener Tatbestandsmerkmale – also sogar das „**Ob**" betreffend – mangels Anlass für Problematisierung oft entbehrlich ist.

Bei Delikten, die **mehrfache Erfolge** enthalten (z. B. beim Betrug gem. § 263 I StGB, bei dem erst ein Irrtum entstanden sein muss, der dann zur Vermögensverfügung führt, welche wiederum einen Vermögensschaden hervorruft), müssen bei Anlass Prüfungsteile innerhalb einer Tatbestandsprüfung **mehrfach angewendet** werden: Jedes Handlungsmerkmal und somit zugleich Erfolgsverursachungsmerkmal bewirkt eine eigene Stufe (auf der sich entsprechende Probleme stellen können).

Bzgl. des **Umfangs** der **Prüfung** einzelner Tatbestandsmerkmale herrscht ebenfalls ein großer Einfluss der **Klausurtaktik** (z. B.: wie evident liegt ein Merkmal vor) sowie stilistischer Zweckmäßigkeit jenseits dogmatischer Richtigkeit und Konsequenz.

10 Während **ausdrückliche** geschriebene Tatbestandsmerkmale dem Normtext durch sorgfältige Lektüre **unmittelbar** entnommen werden könne, gibt es immer wieder **ungeschriebene objektive Tatbestandsmerkmale**, die **mittelbar** dem Normtext als Ergebnis einer Auslegung entnommen werden.

Dies betrifft z. T. einzelne Delikte des **Besonderen Teils**: So wird in § 212 I StGB einhellig das Merkmal „Mensch" durch Hineinlesen des Worts „anderen" ergänzt, weil man die Pönalisierung der (versuchten) Selbsttötung ablehnt. Ein weiteres Beispiele bildet der Betrug gem. § 263 StGB (Merkmale Täuschung, Vermögensverfügung).

Ferner sind große Bereiche des **Allgemeinen Teils** nicht oder nur lückenhaft ausdrücklich normiert; dies betrifft v. a. die ggf. zu prüfenden objektiven Merkmale Erfolg, Handlung, Kausalität, objektive Zurechnung und Täterschaft. Während sich letzteres Erfordernis immerhin aus der allgemeinen Regelung des § 25 StGB ergibt, folgt das Erfordernis eines Erfolgs, zu dem eine Handlung des Täters kausal und objektiv zurechenbar geführt haben muss, allein aus einer Interpretation des Wortlauts der sog. Erfolgsdelikte, z. B.:

---

§ 212 I StGB (Totschlag)
Wer einen Menschen tötet, ohne Mörder zu sein, wird als Totschläger mit Freiheitsstrafe nicht unter fünf Jahren bestraft.

Das **Verb** „tötet" wird gängigerweise dahingehend **zerlegt**, dass es eine Handlung (1) eines Täters (2) gegeben haben muss, die insofern zum Tod eines Menschen als sog. Erfolg (3) geführt haben muss, als sie kausal für diesen war (4) und ein normativer objektiver Zurechnungszusammenhang (5) bestand.

Zur begrifflichen, strukturellen und inhaltlichen Einzelkritik an dieser Zerlegung s. u.

Erst recht gilt eine Auslegungsbedürftigkeit für Einzelfragen, da die Tatbestände sehr abstrakt abgefasst und daher vage sind.

In manchen Tatbeständen finden sich auch **scheinbare Tatbestandsmerkmale**, z. B. in § 212 I StGB der Zusatz „ohne Mörder zu sein": Es handelt sich um einen bloßen Hinweis auf die Existenz des § 211 StGB und ein Relikt aus der NS-Zeit. Ferner dient die Erwähnung der Rechtswidrigkeit ggf. als bloßer Hinweis auf die Prüfung etwaiger Rechtfertigungsgründe, z. B. in den §§ 123 I, 240 I, 303 I StGB.[10]

Viele Tatbestände sind dergestalt aufgebaut, dass der Täter lediglich eine von mehreren **Varianten** verwirklichen muss, z. B. in:

> **§ 211 StGB (Mord)**
> (1) Der Mörder wird mit lebenslanger Freiheitsstrafe bestraft.
> (2) Mörder ist, wer
> aus Mordlust, zur Befriedigung des Geschlechtstriebs, aus Habgier oder sonst
>   aus niedrigen Beweggründen,
> heimtückisch oder grausam oder mit gemeingefährlichen Mitteln oder
> um eine andere Straftat zu ermöglichen oder zu verdecken,
> einen Menschen tötet.

> **§ 223 I StGB (Körperverletzung)**
> Wer eine andere Person körperlich mißhandelt oder an der Gesundheit schädigt, wird mit Freiheitsstrafe bis zu fünf Jahren oder mit Geldstrafe bestraft.

Die Bejahung eines von mehreren Merkmalen entbindet in einem Gutachten nicht davon, auch die übrigen Varianten zu prüfen.

Etwas Anderes gilt dann, wenn ein Tatbestand aus Spezialfällen und einer **Auffangvariante** besteht, z. B.:

---

[10] Die Einordnung des Merkmales „unbefugt" ist im Einzelfall umstritten, s. Freund, in: MK-StGB, 4. Aufl. 2020, vor § 13 Rn. 17.

> **§ 238 I StGB (Nachstellung)**
> Mit Freiheitsstrafe bis zu drei Jahren oder mit Geldstrafe wird bestraft, wer einer anderen Person in einer Weise unbefugt nachstellt, die geeignet ist, deren Lebensgestaltung nicht unerheblich zu beeinträchtigen, indem er wiederholt
>
> 1. die räumliche Nähe dieser Person aufsucht,
> 2. unter Verwendung von Telekommunikationsmitteln oder sonstigen Mitteln der Kommunikation oder über Dritte Kontakt zu dieser Person herzustellen versucht,
> [...]
> 5. zulasten dieser Person, eines ihrer Angehörigen oder einer anderen ihr nahestehenden Person eine Tat nach § 202a, § 202b oder § 202c begeht,
> 6. eine Abbildung dieser Person, eines ihrer Angehörigen oder einer anderen ihr nahestehenden Person verbreitet oder der Öffentlichkeit zugänglich macht,
> 7. einen Inhalt (§ 11 Absatz 3), der geeignet ist, diese Person verächtlich zu machen oder in der öffentlichen Meinung herabzuwürdigen, unter Vortäuschung der Urheberschaft der Person verbreitet oder der Öffentlichkeit zugänglich macht oder
> 8. eine mit den Nummern 1 bis 7 vergleichbare Handlung vornimmt.

Bei § 238 I Nr. 1–7 StGB handelt es sich inhaltlich um ausdifferenzierte Unterfälle von § 238 I Nr. 8 StGB. Nur wenn keiner der Spezialfälle bejaht wird, muss die Auffangvariante geprüft werden.

II. Täterkreis (Tatsubjekt)

13 Das „**Wer**" in einem Straftatbestand wird so ausgelegt, dass nur ein **Mensch** hierunter fällt, s. u. Handlung.

Manche Delikte verlangen darüber hinaus weitere Eigenschaften des Täters, sog. **Sonderdelikte** im Unterschied zu sog. Allgemeindelikten (z. B. §§ 142, 153ff., 183, 203, 258a, 266, 266b, 331, 332, 339, 340, 348 StGB; vgl. auch die Bandenmitglied nach § 244 I Nr. 2 StGB oder das Innehaben eines Mangels i. S. d. § 315c I Nr. 1 lit. b StGB), s. o. und im Besonderen Teil.

Außer der Angehörigkeit zum gesetzlich vorgesehenen Täterkreis ist für die Begehung der Straftat (und nicht eine Teilnahme an einer solchen) die tatsächliche Täterschaft i. S. d. **§ 25 StGB** erforderlich, s. u.

III. Tatgegenstand (insbesondere: Tatobjekt; Tatopfer)

14 Viele Straftatbestände enthalten Merkmale, die die Verkörperung einer Rechtsgutsposition abbilden, auf die der Täter mit seiner Handlung zugreift.

§ 23 III StGB spricht (in einem anderen Zusammenhang, s. beim Versuchsdelikt) von einem Gegenstand, an dem die Tat begangen werden sollte.

B. Objektiver Tatbestand

Diese sind erstens bestimmte sächliche **Tatobjekte**, z. B. die Wohnung etc. beim Hausfriedensbruch gem. § 123 I StGB. **15**

> **§ 123 I StGB (Hausfriedensbruch)**
> Wer in die Wohnung, in die Geschäftsräume oder in das befriedete Besitztum eines anderen oder in abgeschlossene Räume, welche zum öffentlichen Dienst oder Verkehr bestimmt sind, widerrechtlich eindringt, oder wer, wenn er ohne Befugnis darin verweilt, auf die Aufforderung des Berechtigten sich nicht entfernt, wird mit Freiheitsstrafe bis zu einem Jahr oder mit Geldstrafe bestraft.

Oder bei den Brandstiftungsdelikten:

> **§ 306 I StGB (Brandstiftung)**
> Wer fremde
>
> 1. Gebäude oder Hütten,
> 2. Betriebsstätten oder technische Einrichtungen, namentlich Maschinen,
> 3. Warenlager oder -vorräte,
> 4. Kraftfahrzeuge, Schienen-, Luft- oder Wasserfahrzeuge,
> 5. Wälder, Heiden oder Moore oder
> 6. land-, ernährungs- oder forstwirtschaftliche Anlagen oder Erzeugnisse
>
> in Brand setzt oder durch eine Brandlegung ganz oder teilweise zerstört, wird mit Freiheitsstrafe von einem Jahr bis zu zehn Jahren bestraft.

Oder beim Diebstahl die fremde bewegliche Sache (in fremdem Gewahrsam):

> **§ 242 I StGB (Diebstahl)**
> (1) Wer eine fremde bewegliche Sache einem anderen in der Absicht wegnimmt, die Sache sich oder einem Dritten rechtswidrig zuzueignen, wird mit Freiheitsstrafe bis zu fünf Jahren oder mit Geldstrafe bestraft.

Zweitens gibt es ggf. bestimmte **Tatopfer**, z. B. kann die Eigenschaft als (anderer) Mensch erforderlich sein. **16**

> **§ 212 I StGB (Totschlag)**
> Wer einen Menschen tötet, ohne Mörder zu sein, wird als Totschläger mit Freiheitsstrafe nicht unter fünf Jahren bestraft.

Auch § 223 I StGB wird so ausgelegt:

> **§ 223 StGB (Körperverletzung)**
> (1) Wer eine andere Person körperlich misshandelt oder an der Gesundheit schädigt, wird mit Freiheitsstrafe bis zu fünf Jahren oder mit Geldstrafe bestraft.

Bisweilen ist eine große Zahl erforderlich:

> **§ 306b I StGB (Besonders schwere Brandstiftung)**
> Wer durch eine Brandstiftung nach § 306 oder § 306a eine schwere Gesundheitsschädigung eines anderen Menschen oder eine Gesundheitsschädigung einer großen Zahl von Menschen verursacht, wird mit Freiheitsstrafe nicht unter zwei Jahren bestraft.

Besondere Opfereigenschaften betreffen etwa die Amtsstellung oder eine erhöhte Schutzbedürftigkeit:

> **§ 114 I (Tätlicher Angriff auf Vollstreckungsbeamte)**
> Wer einen Amtsträger oder Soldaten der Bundeswehr, der zur Vollstreckung von Gesetzen, Rechtsverordnungen, Urteilen, Gerichtsbeschlüssen oder Verfügungen berufen ist, bei einer Diensthandlung tätlich angreift, wird mit Freiheitsstrafe von drei Monaten bis zu fünf Jahren bestraft.

> **§ 225 I StGB (Mißhandlung von Schutzbefohlenen)**
> Wer eine Person unter achtzehn Jahren oder eine wegen Gebrechlichkeit oder Krankheit wehrlose Person, die
>
> 1. seiner Fürsorge oder Obhut untersteht,
> 2. seinem Hausstand angehört,
> 3. von dem Fürsorgepflichtigen seiner Gewalt überlassen worden oder
> 4. ihm im Rahmen eines Dienst- oder Arbeitsverhältnisses untergeordnet ist,
>
> quält oder roh mißhandelt, oder wer durch böswillige Vernachlässigung seiner Pflicht, für sie zu sorgen, sie an der Gesundheit schädigt, wird mit Freiheitsstrafe von sechs Monaten bis zu zehn Jahren bestraft.

Schützt das Delikt ein Rechtsgut der Allgemeinheit, so lässt sich ein personaler Handlungsrezipient als gewissermaßen stellvertretendes Tatopfer ansehen, so ist z. B. eine Falschaussage nur gegenüber bestimmten Adressaten strafbar:

B. Objektiver Tatbestand

> **§ 153 StGB (Falsche uneidliche Aussage)**
> Wer vor Gericht oder vor einer anderen zur eidlichen Vernehmung von Zeugen oder Sachverständigen zuständigen Stelle als Zeuge oder Sachverständiger uneidlich falsch aussagt, wird mit Freiheitsstrafe von drei Monaten bis zu fünf Jahren bestraft.

Vorteilsgewährungen sind z. B. von § 333 StGB nur erfasst, wenn der anvisierte Empfänger des Vorteils ein Amtsträger o. ä. ist:

> **§ 333 I StGB (Vorteilsgewährung)**
> Wer einem Amtsträger, einem Europäischen Amtsträger, einem für den öffentlichen Dienst besonders Verpflichteten oder einem Soldaten der Bundeswehr für die Dienstausübung einen Vorteil für diesen oder einen Dritten anbietet, verspricht oder gewährt, wird mit Freiheitsstrafe bis zu drei Jahren oder mit Geldstrafe bestraft.

IV. Tatsituation

Einige Delikte beschreiben eine bestimmte Situation, die der Täter vorfindet, bevor er zu seiner Handlung schreitet und mit dieser im betroffenen Bereich tätig wird.
  Dies meint insbesondere gewisse Opfersituationen, z. B. eine sog. Vollstreckungshandlung eines Amtsträgers, auf die i. R. d. § 113 I StGB die Täterhandlung reagiert:

> **§ 113 I StGB (Widerstand gegen Vollstreckungsbeamte)**
> Wer einem Amtsträger oder Soldaten der Bundeswehr, der zur Vollstreckung von Gesetzen, Rechtsverordnungen, Urteilen, Gerichtsbeschlüssen oder Verfügungen berufen ist, bei der Vornahme einer solchen Diensthandlung mit Gewalt oder durch Drohung mit Gewalt Widerstand leistet, wird mit Freiheitsstrafe bis zu drei Jahren oder mit Geldstrafe bestraft.

Gem. § 201a I Nr. 1 StGB greift der Schutz vor Bildaufnahmen nur, wenn das Opfer sich in einer Wohnung o. ä. aufhält:

> **§ 201a I Nr. 1 StGB (Verletzung des höchstpersönlichen Lebensbereichs durch Bildaufnahmen)**
> Mit Freiheitsstrafe bis zu zwei Jahren oder mit Geldstrafe wird bestraft, wer
> 1. von einer anderen Person, die sich in einer Wohnung oder einem gegen Einblick besonders geschützten Raum befindet, unbefugt eine Bildaufnahme herstellt oder überträgt und dadurch den höchstpersönlichen Lebensbereich der abgebildeten Person verletzt

Eine besondere Tätersituation stellt z. B. die Ausübung des Dienstes bei der Körperverletzung im Amt dar:

> **§ 340 I StGB (Körperverletzung im Amt)**
> Ein Amtsträger, der während der Ausübung seines Dienstes oder in Beziehung auf seinen Dienst eine Körperverletzung begeht oder begehen läßt, wird mit Freiheitsstrafe von drei Monaten bis zu fünf Jahren bestraft. In minder schweren Fällen ist die Strafe Freiheitsstrafe bis zu fünf Jahren oder Geldstrafe.

V. Handlung

▶ Didaktische Aufsätze:

- Welzel, Die deutsche strafrechtliche Dogmatik der letzten 100 Jahre und die finale Handlungslehre, JuS 1966, 421
- Kaufmann, Die finale Handlungslehre und die Fahrlässigkeit, JuS 1967, 145
- Bloy, Handlung und Erfolg im Strafrecht, JuS 1988, L25

1. Allgemeine Anforderungen

a) Grundlagen

18 Kriminalpolitik und Strafzwecke beziehen sich auf die Beeinflussung menschlichen Verhaltens (Verhinderung unerwünschten Verhaltens, Anreiz zu erwünschtem Verhalten). Grundlage ist die Anknüpfung an ein bestimmtes körperliches Verhalten (sog. **Tatstrafrecht**[11]), nicht die Würdigung eines kriminellen Charakters – das wäre ein sog. Täterstrafrecht – oder einer bestimmten Gesinnung, das wäre ein sog. Gesinnungsstrafrecht. Anknüpfungspunkt jeder Strafbarkeitsprüfung kann daher nur ein menschliches Verhalten sein, auf welches der jeweilige Mensch Einfluss hat, da er nur dann unter Eindruck der Strafnorm diesen Einfluss ausüben kann.

Bedenkt man, wie vielgestaltig die Möglichkeiten der Straftatbegehung sind – insbesondere Begehen/Unterlassen sowie Vorsatz/Fahrlässigkeit –, ist es **zweifelhaft**, ob es möglich ist, einen sinnvollen **Oberbegriff** als Anknüpfungspunkt jeder Strafbarkeitsprüfung für alle Erscheinungsformen strafwürdigen Verhaltens zu finden, zumal einen, der sachliche **Funktionen** (v. a. eine Zurechnungsfunktion, d. h. die Verknüpfung von Mensch und Erfolg und entsprechend eine negative Abgrenzungs- und Ausscheidungsfunktion) erfüllen kann.

---

[11] Hierzu Eisele, in: Schönke/Schröder, StGB, 30. Aufl. 2019, vor § 13 Rn. 3ff.; näher Hirsch FS Lüderssen 2002, 253.

B. Objektiver Tatbestand

Üblicherweise wird als solcher Oberbegriff der Begriff der **Handlung** gebraucht.[12] Dieser ist freilich angesichts der allgemeinsprachlichen Verwendung im Sinne aktiven Tuns missverständlich, weil das Unterlassungsdelikt aus dem Blick zu geraten droht.

19

Problematisch ist überdies, dass der **Begriff der Handlung im StGB uneinheitlich** verwendet wird, teils ist er, weil das Unterlassen gesondert erwähnt wird, als rein aktives Tun vorzufinden (§§ 8 S. 1, 9 StGB), teils wird er umfassend inklusive Unterlassen eingesetzt (im Allgemeinen Teil die §§ 11 II, 14, 15, 20, 52 I, 74e S. 1 StGB; im Besonderen Teil vielfach).

Schon deshalb ist ein anderer, eindeutiger Oberbegriff zu wählen, z. B. der des **Verhaltens**, wobei mangels Rechtsfolgen der Nutzen eines solchen Oberbegriffs zweifelhaft ist bzw. es von vornherein sinnvoll ist, einen mehrgliedrigen Begriff danach anzunehmen, ob ein aktives Tun vorliegt (Hervorrufung oder Beeinflussung des Geschehens) oder ein Unterlassen (Untätigkeit, obwohl Geschehen beeinflussbar war, so dass Erfolg zu vermeiden gewesen wäre).

Insofern sei hier zunächst nur das (vorsätzliche vollendete täterschaftliche) **Begehungsdelikt** in den Blick genommen (zum Unterlassungsdelikt s. u.), dann wiederum passt der auch Begriff der **Handlung** ohne Gefahr von Missverständnissen.

Über die Definition der Handlung besteht seit langem ein Streit,[13] der angesichts der dem geltendem StGB unterliegenden Trennung von objektivem und subjektivem Tatbestand unter vorrangiger Prüfung des objektiven Tatbestands (s. o.) eher von historischem Interesse ist, so dass hier auf eine Darstellung verzichtet wird.

20

Die heutige ganz h. M.[14] verlangt – nur, aber immerhin – ein menschliches willensgetragenes Verhalten.

Klargestellt sei, dass es eine Reihe von **Delikten** gibt, bei denen **mehrere Handlungen** erforderlich sind, weil der Tatbestand komplexe Abläufe beschreibt, die man mit einer einzigen Bewegung nicht vornehmen kann, z. B. einen Raub gem. § 249 I oder eine Urkundenfälschung gem. § 267 I StGB.

---

[12] Hierzu Fischer, StGB, 68. Aufl. 2021, vor § 13 Rn. 3ff.; Jäger, in: SK-StGB, 9. Aufl. 2018, vor § 1 Rn. 30ff.; näher Niese DRiZ 1951, 221 und 1952, 21; Mezger JZ 1952, 673; Schmidhäuser ZStW 1954, 27; Welzel JZ 1956, 316; Mezger FS Rittler 1957, 119; Fukuda ZStW 1959, 38; Jescheck FS Schmidt 1961, 139; Maihofer FS Schmidt 1961, 156; Roxin ZStW 1962, 515; Mayer FS von Weber 1963, 137; Welzel JuS 1966, 421; Kaufmann FS Mayer 1966, 79; Kaufmann JuS 1967, 145; Welzel NJW 1968, 425; Wolff GS Radbruch 1968, 291; von Weber FS Engisch 1969, 328; Schmidt FS Engisch 1969, 339; Cerezo Mir ZStW 1972, 1033; Rudolphi FS Maurach 1972, 51; Maiwald ZStW 1974, 626; Stratenwerth FS Welzel 1974, 289; Engisch FS Welzel 1974, 343; Suarez Montes FS Welzel 1974, 379; Kaufmann FS Welzel 1974, 393; Schmidhäuser FS Schultz 1977, 61; Bloy ZStW 1978, 609; Hirsch ZStW 1981, 831; Weidemann GA 1984, 408; Bloy JuS 1988, L25; Schmidhäuser GS Armin Kaufmann 1989, 131; Gimbernat Ordeig GS Armin Kaufmann 1989, 159; Baumann GS Armin Kaufmann 1989, 181; Wolter NStZ 1993, 1; Herzberg GA 1996, 1; Schmidhäuser GA 1996, 303; Bunster FS Roxin 2001, 173; Dedes FS Roxin 2001, 187; Jakobs FS Schreiber 2003, 949; Bacigalupo FS Eser 2005, 61; Herzberg FS Jakobs 2007, 147; Gössel FS Küper 2007, 83; Kindhäuser FS Puppe 2011, 39; Merkel FS Kindhäuser 2019, 275.

[13] Zsf. Fischer, StGB, 68. Aufl. 2021, vor § 13 Rn. 4ff.

[14] Fischer, StGB, 68. Aufl. 2021, vor § 13 Rn. 7.

Bereits an dieser Stelle sei ferner betont, dass das StGB im Ansatz von einer **Gleichwertigkeit (Äquivalenz) aller Handlungen** ausgeht, so dass eine Differenzierung nach unterschiedlichen Mitwirkungsarten (wenn überhaupt) erst auf späteren Ebenen greift.

21 In einer **Fallbearbeitung** wird die Handlungsqualität – am Beginn des objektiven Tatbestands – nur dann ausdrücklich geprüft, wenn **Anlass zu Zweifeln** besteht. Ansonsten erfüllt der **Obersatz** in der gutachterlichen Prüfung hinreichend die Funktion, die nun zu prüfende Handlung(en) des Beteiligten klarzustellen („… [Person] könnte sich wegen … [Tatbestand] strafbar gemacht haben, indem er/sie … [dem Sachverhalt den dort verwendeten Verben zu entnehmende Handlung].").

b) (Objektive) Voraussetzungen

aa) Mensch
(1) Allgemeines

22 Nur ein Mensch kann handeln;[15] dies liegt dem StGB als Instrument der Beeinflussung gerade menschlichen Verhaltens zugrunde.

Hierbei wird tatbestandlich ein Mindestalter nicht vorausgesetzt, dieses ist vielmehr eine Frage der subjektiven Voraussetzungen bzw. des § 19 StGB i. R. d. Schuld.

(2) Juristische Personen und Personenvereinigungen

▶ Didaktische Aufsätze:

- Otto, Die Haftung für kriminelle Handlungen in Unternehmen, Jura 1998, 409
- Peglau, Strafbarkeit von Personenverbänden, JA 2001, 606
- Laue, Die strafrechtliche Verantwortlichkeit von Verbänden, Jura 2010, 339

23 Juristische Personen (z. B. Aktiengesellschaften – AG – und Gesellschaften mit beschränkter Haftung – GmbH) sowie Personenvereinigungen (z. B. offene Handelsgesellschaften – oHG) können *de lege lata* **nicht** handeln *Societas delinquere non potest*.

Es gibt keine Verbandsstrafe, lediglich eine Verbandsgeldbuße, § 30 OWiG, die Einziehung (§§ 73ff. StGB oder §§ 22ff. OWiG) und die Mehrerlösabführung nach §§ 8ff. WiStG.

De lege ferenda wird lebhaft diskutiert, ob und wie eine Verbandsstrafbarkeit geschaffen werden sollte,[16] wie dies im Ausland – z. B. in der Schweiz und den USA – teilweise bereits geschehen ist.

---

[15] B. Heinrich, AT, 6. Aufl. 2019, Rn. 197f.
[16] Hierzu Fischer, StGB, 68. Aufl. 2021, § 14 Rn. 1c; näher Lange JZ 1952, 261; Jescheck ZStW 1953, 210; Blau MDR 1954, 466; Lang-Hinrichsen FS Mayer 1966, 49; Stratenwerth FS Schmitt 1992, 295; Volk JZ 1993, 429; Alwart ZStW 1993, 752; Lampe ZStW 1994, 683; Hirsch ZStW

B. Objektiver Tatbestand

Abzuwarten bleibt, ob ein **VerSanG**[17] in Kraft tritt, welches das neue Instrument einer Verbandssanktion einführen würde, welche unter bestimmten Zurechnungsvoraussetzungen anlässlich einer unternehmensbezogenen Straftat gegen das Unternehmen verhängt werden kann.

Für das Verhalten der in der juristischen Person oder Personenvereinigung tätigen Menschen gilt das allgemeine Strafrecht: Diese handeln.

Knüpft ein Straftatbestand an bestimmte **persönliche Merkmale** an, die evtl. eine **juristische Person innehat**, so normiert § 14 StGB die strafrechtliche Haftung der verantwortlichen Menschen.[18]

24

1995, 285; Bottke wistra 1997, 241; Otto Jura 1998, 409; Wegner ZRP 1999, 186; Krekeler FS Hanack 1999, 639; Scholz ZRP 2000, 435; Peglau JA 2001, 606; Dannecker GA 2001, 101; Kremnitzer/Ghanayim ZStW 2001, 539; Jakobs FS Lüderssen 2002, 559; Salditt DRiZ 2006, 128; Pelz DRiZ 2006, 139; Gómez-Jara Díez ZStW 2007, 290; Dannecker FS Böttcher 2007, 465; Böse FS Jakobs 2007, 15; Schmoller FS Otto 2007, 453; von Freier GA 2009, 98; Laue Jura 2010, 339; Trüg wistra 2010, 241; Kelker FS Krey 2010, 221; Trüg StraFo 2011, 471; Vogel StV 2012, 427; Achenbach ZIS 2012, 178; Robles Planas ZIS 2012, 347; Ransiek NZWiSt 2012, 45; Durth WiJ 2012, 7; Willems DRiZ 2013, 354; Kutschaty ZRP 2013, 74; Frisch FS Wolter 2013, 349; Löffelmann JR 2014, 185; Zieschang GA 2014, 91; Böse ZStW 2014, 132; Schünemann ZIS 2014, 1; Hoven ZIS 2014, 19; Kölbel ZIS 2014, 552; Hoven/Wimmer/Schwarz/Schumann NZWiSt 2014, 161, 201 und 241; Helle WiJ 2014, 228; Hein CCZ 2014, 75; Kubiciel ZRP 2014, 133; Rönnau/Wegner ZRP 2014, 158; Pieth KJ 2014, 276; Kutschaty DRiZ 2015, 16; Krings DRiZ 2015, 17; Rogall GA 2015, 260; Greco GA 2015, 503; Kulhanek ZStW 2015, 303; Jahn/Pietsch ZIS 2015, 1; Krems ZIS 2015, 5; Schmitt-Leonardy ZIS 2015, 11; Mansdörfer ZIS 2015, 23; Fischer/Hoven ZIS 2015, 32; Willems ZIS 2015, 40; Engelhart NZWiSt 2015, 201; Trüg WiJ 2015, 65; Grützner CCZ 2015, 56; Hochmayr ZIS 2016, 226; von Hirsch NZWiSt 2016, 161; Dannecker/Dannecker NZWiSt 2016, 162; Kubiciel NZWiSt 2016, 178; Kubiciel/Gräbener ZRP 2016, 137; Frister FS Wessing 2016, 3; Odenthal FS Wessing 2016, 19; Bärlein/Englerth FS Wessing 2016, 33; Zerbes ZStW 2017, 1035; Kubiciel/Hoven jurisPR-StrafR 23/2017 Anm. 1; Weck wistra 2017, 169; Ortmann NZWiSt 2017, 241; Bürger ZStW 2018, 704; Kubiciel jurisPR-StrafR 24/2018 Anm. 1; Jahn/Schmitt-Leonardy/Schoop wistra 2018, 27; Soyer/Schumann wistra 2018, 321; Henssler/Hoven/Kubiciel/Weigend NZWiSt 2018, 1; Korte NZWiSt 2018, 393; Wagner NZWiSt 2018, 399; Kölbel NZWiSt 2018, 407; Wohlers NZWiSt 2018, 412; Beckemper NZWiSt 2018, 420; Zerbes/El-Ghazi NZWiSt 2018, 425; Rübenstahl WiJ 2018, 111; Beisheim/Jung CCZ 2018, 63; Hoven/Weigend ZRP 2018, 30; Renzikowski GA 2019, 149; Nakamichi ZIS 2019, 487.

[17] Hierzu Kubiciel jurisPR-StrafR 21/2019 Anm. 1; Baur/Holle ZRP 2019, 186; Schmitz WiJ 2019, 154; Priewer/Ritzenhoff WiJ 2019, 166; Rostalski NJW 2020, 2087; Knauer NStZ 2020, 441; Trüg StV 2020, 779; von der Meden jurisPR-StrafR 10/2020 Anm. 1; Sartorius/Schmidt wistra 2020, 393; Lawall/Weitzell NZWiSt 2020, 209; Cordes/Wagner NZWiSt 2020, 215; Nienaber/Schauenburg/Wenglarczyk NZWiSt 2020, 223; Krause-Ablaß NZWiSt 2020, 377; Gercke WiJ 2020, 122; Bittmann/Appel/Bott/Daunderer/Ebermann/Junkers/Kiesel/Kohlhof/Mangold/Paradissis/Peukert/Piel/Rosinus/Rübenstahl/Seiler/Schmid/Thorhauer/Travers/Vogel/Waßmer/Yoon/Wengenroth WiJ 2020, 117; Lanzinner/Petrasch CCZ 2020, 109 und 183; Rotsch/Mutschler/Grobe CCZ 2020, 169; von Busekist/Beneke/Izraileyvch CCZ 2020, 189; Wybitul/Klaas CCZ 2020, 199; Lange CCZ 2020, 265; Caracas CCZ 2020, 331; Szesny/Stelten ZRP 2020, 130; Franke/Henseler ZRP 2020, 209; Wimmer KriPoZ 2020, 155; Baur/Holle KriPoZ 2020, 224; Dann/Warntjen MedR 2020, 94; Schweiger ZIS 2021, 137; Schäfer wistra 2021, 89; Fehrenbach wistra 2021, 95; Waßmer NZWiSt 2021, 41; Weidenauer CCZ 2021, 53.

[18] Hierzu Wessels/Beulke/Satzger, AT, 50. Aufl. 2020, Rn. 802; näher Bruns JZ 1954, 12; Rimmelspacher JZ 1967, 472; Schmitt JZ 1967, 698; Schmitt JZ 1968, 123; Schünemann Jura 1980, 354 und 568; Bruns GA 1982, 1; Tiedemann NJW 1986, 1842; Marxen JZ 1988, 286; Valerius Jura 2013, 15.

> **§ 14 StGB (Handeln für einen anderen)**
> (1) Handelt jemand
> 1. als vertretungsberechtigtes Organ einer juristischen Person oder als Mitglied eines solchen Organs,
> 2. als vertretungsberechtigter Gesellschafter einer rechtsfähigen Personengesellschaft oder
> 3. als gesetzlicher Vertreter eines anderen,
>   so ist ein Gesetz, nach dem besondere persönliche Eigenschaften, Verhältnisse oder Umstände (besondere persönliche Merkmale) die Strafbarkeit begründen, auch auf den Vertreter anzuwenden, wenn diese Merkmale zwar nicht bei ihm, aber bei dem Vertretenen vorliegen.
> (2) Ist jemand von dem Inhaber eines Betriebs oder einem sonst dazu Befugten
> 1. beauftragt, den Betrieb ganz oder zum Teil zu leiten, oder
> 2. ausdrücklich beauftragt, in eigener Verantwortung Aufgaben wahrzunehmen, die dem Inhaber des Betriebs obliegen,
>   und handelt er auf Grund dieses Auftrags, so ist ein Gesetz, nach dem besondere persönliche Merkmale die Strafbarkeit begründen, auch auf den Beauftragten anzuwenden, wenn diese Merkmale zwar nicht bei ihm, aber bei dem Inhaber des Betriebs vorliegen. Dem Betrieb im Sinne des Satzes 1 steht das Unternehmen gleich. Handelt jemand auf Grund eines entsprechenden Auftrags für eine Stelle, die Aufgaben der öffentlichen Verwaltung wahrnimmt, so ist Satz 1 sinngemäß anzuwenden.
> (3) Die Absätze 1 und 2 sind auch dann anzuwenden, wenn die Rechtshandlung, welche die Vertretungsbefugnis oder das Auftragsverhältnis begründen sollte, unwirksam ist.

zum Beispiel kann eine GmbH der Betreiber einer luftverschmutzenden Anlage sein, so dass die Strafnorm erst aufgrund § 14 StGB auf die dort genannten Menschen anwendbar wird.

> **§ 325 I StGB (Luftverunreinigung)**
> Wer beim Betrieb einer Anlage, insbesondere einer Betriebsstätte oder Maschine, unter Verletzung verwaltungsrechtlicher Pflichten Veränderungen der Luft verursacht, die geeignet sind, außerhalb des zur Anlage gehörenden Bereichs die Gesundheit eines anderen, Tiere, Pflanzen oder andere Sachen von bedeutendem Wert zu schädigen, wird mit Freiheitsstrafe bis zu fünf Jahren oder mit Geldstrafe bestraft. Der Versuch ist strafbar.

B. Objektiver Tatbestand

(3) Naturereignisse, Tiere, Maschinen

▶ Didaktischer Aufsatz:

- Mitsch, Tiere und Strafrecht, Jura 2017, 1388

An einer menschlichen Handlung fehlt es bei Verhalten von Tieren und bei Naturereignissen.[19] Eine menschliche Handlung kann aber darin liegen, dass z. B. ein Tier aufgehetzt wird.[20] Auch kann ein Tierhalter seine Sorgfaltspflicht verletzen.

Beim Einsatz moderner Maschinen und Roboter inklusive der Software kann ebenfalls eine dem automatischen Vorgang zugrunde liegende menschliche Handlung ermittelt werden, welche dann der strafrechtlichen Prüfung unterliegt.[21]

bb) Körperbewegung

Im Bereich des Begehungsdelikts ist konstituierend für die Handlung die menschliche Bewegung zumindest eines Körperteils (ggf. auch im Inneren des Körpers, vgl. das Sprechen als Tathandlung z. B. der Beleidigung gem. § 185 StGB).

Eine Handlung setzt insofern einen konkreten Außenbezug – Tatstrafrecht statt reinen Täterstrafrechts,[22] s. o. – voraus, i. Ü. gilt: „Die Gedanken sind frei."

Zwar soll auch die nicht mit einer Körperbewegung verbundene Begründung oder Aufrechterhaltung eines verbotenen Zustands strafrechtlich erfasst sein, wie etwa der unerlaubte Besitz oder Gewahrsam an gefährlichen Gegenständen, z. B. Betäubungsmitteln oder Waffen,[23] aber der Sache nach wird hier an die zustandsbegründende Handlung bzw. die Nichtbeendigung des Zustands angeknüpft.

cc) Aus eigener Kraft

Die Körperbewegung muss vom Täter aus eigener Kraft, d. h. durch eine Muskelbewegung, entstanden sein.

---

[19] B. Heinrich, AT, 6. Aufl. 2019, Rn. 197.
[20] S. B. Heinrich, AT, 6. Aufl. 2019, Rn. 197; aus der Rspr. vgl. BGH U. v. 26.02.1960 – 4 StR 582/59 (Hetzen eines Hundes) – BGHSt 14, 152 = NJW 1960, 1022; OLG Hamm U. v. 30.10.1964 – 1 Ss 1163/64 – NJW 1965, 164.
[21] Zu sog. intelligenten Agenten Gleß/Weigend ZStW 2014, 561; zur künstlichen Intelligenz Beck ZIS 2020, 41; Cornelius ZIS 2020, 51; Staffler ZIS 2020, 164; zur Verantwortung einer E-Person (z. B. Roboter) Gless GA 2017, 324; Simmler/Markwalder ZStW 2017, 20; Quarck ZIS 2020, 65; zu autonomen Fahrzeugen Lutz NJW 2015, 119; Gless/Janal JR 2016, 561; Franke DAR 2016, 61; Sander/Hollering NStZ 2017, 193; Weigend ZIS 2017, 599; Hörnle/Wohlers GA 2018, 12; Hilgendorf JA 2018, 801; Hilgendorf ZStW 2018, 674; Mitsch KriPoZ 2018, 70; Wörner ZIS 2019, 41; Sandherr NZV 2019, 1; Staub NZV 2019, 392; Schuster DAR 2019, 6; Steinert SVR 2019, 5; Lenk SVR 2019, 166; Greco FS Kindhäuser 2019, 167.
[22] Eisele, in: Schönke/Schröder, StGB, 30. Aufl. 2019, vor § 13 Rn. 3ff.; näher Hirsch FS Lüderssen 2002, 253.
[23] Fischer, StGB, 68. Aufl. 2021, vor § 13 Rn. 4; aus der Rspr. vgl. BVerfG B. v. 16.06.1994 – 2 BvR 1157/94 – NJW 1994, 2412.

Wer durch äußere Krafteinwirkung (*vis absoluta*) wie ein Gegenstand behandelt wird, handelt nicht.[24]

Beispiel 29

B1 schubste B2 gegen ein Auto, welches dadurch verbeult wurde. ◄

Jemand, der durch eine Drohung zu einem Verhalten gezwungen wird (sog. *vis compulsiva*) handelt hingegen.[25] Es kommt dann erst eine Rechtfertigung gem. § 34 StGB oder Entschuldigung gem. § 35 StGB in Betracht (sog. Nötigungsnotstand).

Beispiel 30

BGH U. v. 05.03.1954 – 1 StR 230/53 – BGHSt 5, 371 = NJW 1954, 1126 (Anm. Roxin, Höchstrichterliche Rspr. AT, 1998, Nr. 40; Nüse JR 1954, 268):
B1 wurde in zwei Strafverfahren gegen B2 vor Gericht zunächst eidlich, sodann zweimal uneidlich und schließlich nochmals eidlich als Zeugin vernommen. Sie sagte jedes Mal zugunsten des B2 wissentlich falsch aus. B2 hatte sie dazu durch die Drohung bestimmt, er werde sie töten, wenn sie nicht die unwahren Aussagen erstatte. ◄

Dass B1 mit dem Tode bedroht worden war, ändert mit Blick auf eine Strafbarkeit nach §§ 153, 154 StGB nichts an der Handlungsqualität ihrer Aussagen.

c) Subjektive Voraussetzungen (?)

aa) Grundlagen; Vorsatz bzgl. Körperbewegung aus eigener Kraft

28 Quasi einhellig schlägt die h. M. dem Handlungsbegriff ein Element des Wollens hinzu, „willentliches", „gewillkürtes" Verhalten o. ä.

Angesichts der im StGB angelegten Trennung objektiver und subjektiver Umstände und Merkmale ist dies inkonsequent;[26] vielmehr ist der Inhalt der Täterpsyche erst im subjektiven Tatbestand, so dass der Wille zur Körperbewegung keine Frage des objektiven Tatbestands wäre, sondern erst des (ggf. gesteigerten) Vorsatzerfordernisses. Zwar sind die §§ 15, 16 StGB eher an der „Abgrenzung" zwischen Vorsatz- und Fahrlässigkeitsdelikt ausgerichtet, aber warum dieselbe Differenzierung zwischen Objektivem und Subjektivem nicht für die Handlung gelten soll, erschließt sich nicht. Immerhin sind die Rechtsfolgen i. d. R. identisch, da bei mangelndem Handlungswillen auch die Voraussetzungen eines Fahrlässigkeitsdelikts nicht erfüllt sind. In diesem Sinne ist entgegen der h. M. auch die Einordnung als Nicht-Handlung im Folgenden zu verstehen.

---

[24] Jäger, in: SK-StGB, 9. Aufl. 2018, vor § 1 Rn. 35.
[25] B. Heinrich, AT, 6. Aufl. 2019, Rn. 203.
[26] S. auch Jakobs, AT, 2. Aufl. 1991, 7/2.

bb) Reflexbewegungen

Reflexbewegungen sind nach h. M. keine Handlungen.²⁷

Hier führt ein äußerer Reiz ohne Zwischenschaltung des Bewusstseins zu einer Körperbewegung, z. B. bei Erbrechen, Krämpfen oder beim Kniesehnenreflex.

Beispiel 31

Arzt Z prüfte bei B den Kniesehnenreflex. Dieser funktionierte und B verletzte den Z durch einen Tritt. ◄

Zu unterscheiden sind Reflexe von Affekt- (z. B. Schreckreaktionen) und Kurzschlusshandlungen sowie Spontanreaktionen und automatisierten Handlungen; hier liegt jeweils eine Handlung vor.²⁸

Beispiel 32

OLG Hamm U. v. 16.07.1974 – 5 Ss 331/74 (Fliege im Auge) – NJW 1975, 657 (Anm. Hassemer JuS 1975, 189):
B fuhr mit ihrem Pkw bei offenem Fenster in eine leichte Rechtskurve. In diesem Moment flog ihr eine Fliege gegen das Auge. B versuchte mit einer Hand die Fliege abzuwehren, während sie mit der anderen Hand das Lenkrad hielt. Die ruckartige Abwehrbewegung der B übertrug sich auf ihren Körper und von dort auf das Steuerrad, was zur Folge hatte, dass der Wagen von der Fahrbahn nach rechts auf den unbefestigten Seitenstreifen abkam und dadurch die B die Gewalt über das Fahrzeug verlor, so dass es schleuderte und auf die Gegenfahrbahn geriet, wo es mit einem entgegenkommenden Pkw zusammenstieß. Dabei wurden sowohl im Wagen der B ihre beiden mitfahrenden Kinder als auch eine Beifahrerin des kollidierenden Pkw verletzt. ◄

Bei der Prüfung der Strafbarkeit der B nach § 229 StGB (Fahrlässige Körperverletzung) steht die Tatsache, dass es sich bei der Insektenabwehr um eine eher instinktive als erwogene Verhaltensweise handelt, der Handlungsqualität nach h. M. nicht entgegen.

cc) Geistiger Steuerungsapparat ausgeschaltet

▶ Didaktischer Aufsatz:

- Fahl, Schlaf als Zustand verminderten Strafrechtsschutzes?, Jura 1998, 456

---

²⁷ B. Heinrich, AT, 6. Aufl. 2019, Rn. 204.
²⁸ H. M., hierzu Jäger, in: SK-StGB, 9. Aufl. 2018, vor § 1 Rn. 34; näher Merkel ZStW 2007, 214; aus der Rspr. vgl. OLG Frankfurt U. v. 16.12.1964 – 2 Ss 1026/64 (Anm. Franzheim NJW 1965, 2000); BGH U. v. 09.09.1967 – 4 StR 82/67; BGH U. v. 14.03.1989 – 1 StR 25/89 – NJW 1989, 2479 = NStZ 1989, 431 (Anm. Otto JK 1990 StGB § 222/4; Hassemer JuS 1990, 147; Küpper JuS 1990, 184; Eue JZ 1990, 765); LG Karlsruhe U. v. 29.07.2004 – 11 Ns 40 Js 26274/03 – NJW 2005, 915 = NStZ 2005, 451 (Anm. RA 2005, 245).

30   Auch wenn der geistige Steuerungsapparat temporär ausgeschaltet ist, mangelt es an einer Handlung. Wer **schläft**, handelt nicht.[29]

> **Beispiel 33**
>
> **BGH B. v. 18.11.1969 – 4 StR 66/69 (Einschlafen beim Autofahren) – BGHSt 23, 156 = NJW 1970, 520:**
> B fuhr mit seinem Pkw auf einer Bundesstraße. Er „nickte" am Steuer ein, geriet in den Gegenverkehr und kollidierte mit einem anderen Fahrzeug, wodurch die Beifahrerin des B getötet und der Fahrer des anderen Pkw verletzt wurde. ◄
>
> Das Verziehen des Lenkrads im Stadium des Schlafes war keine Handlung, so dass hieran keine Strafbarkeit nach §§ 222, 229 StGB geknüpft werden kann.

Vergleichbares gilt bei Ohnmacht[30] oder epileptischen Anfällen.[31]

Auch eine besonders starke **Trunkenheit**, wenn also keine koordinierten Bewegungsabläufe mehr möglich sind, führt zur Handlungsunfähigkeit.[32]

Zu unterscheiden[33] ist dies von bloß starker Trunkenheit, die „nur" zur Schuldunfähigkeit (§ 20 StGB) oder zur verminderten Schuldfähigkeit (§ 21 StGB) führt.

Zu beachten ist allerdings, dass die strafrechtliche Prüfung auch Handlungen in einem **Vorverhalten** finden kann.[34]

---

[29] B. Heinrich, AT, 6. Aufl. 2019, Rn. 204; s. auch Fahl Jura 1998, 456; zum Schlafwandeln Payk MedR 1988, 125; aus der Rspr. vgl. BGH B. v. 14.11.2007 – 2 StR 458/07 – NStZ 2008, 276 = StV 2008, 182 (Anm. Satzger JK 2008 StGB § 13/40; RA 2008, 159; Kühl HRRS 2008, 359; Wilhelm NStZ 2009, 15).

[30] B. Heinrich, AT, 6. Aufl. 2019, Rn. 204; aus der Rspr. vgl. OLG Hamm U. v. 03.06.1976 – 2 Ss 706/75 – NJW 1976, 2307.

[31] B. Heinrich, AT, 6. Aufl. 2019, Rn. 204; aus der Rspr. vgl. OLG Schleswig B. v. 14.02.1983 – Ss 688/82 (epileptischer Anfall beim Autofahren); BGH U. v. 17.11.1994 – 4 StR 441/94 (epileptischer Anfall beim Autofahren) – BGHSt 40, 341 = NJW 1995, 795 = NStZ 1995, 183 (Anm. Foerster/Winckler NStZ 1995, 344); LG Hamburg U. v.05.06.2012 – 628 KLs 18/11.

[32] Kindhäuser/Hilgendorf, LPK, 8. Aufl. 2019, vor § 13 Rn. 63; aus der Rspr. vgl. BGH U. v. 12.04.1951 – 4 StR 78/50 – BGH U. v. 12.04.1951 – 4 StR 78/50 – BGHSt 1, 124 = NJW 1951, 533 (Anm. Kühl, Höchstrichterliche Rspr. BT, 2002, Nr. 85; Lange JZ 1951, 460).

[33] Zur Unterscheidung von Handlungs- und Schuldfähigkeit Heinrich, AT, 6. Aufl. 2019, Rn. 207; aus der Rspr. vgl. BGH B. v. 28.09.1993 – 1 StR 259/93 – StV 1994, 229.

[34] Joecks/Jäger, StGB, 13. Aufl. 2021, vor § 13 Rn. 17; näher Streng FS Kindhäuser 2019, 501; aus der Rspr. vgl. OLG Köln U. v. 21.10.1966 – Ss 382/66 (Mitnahme eines betrunkenen Beifahrers) – NJW 1967, 1240; BGH B. v. 18.11.1969 – 4 StR 66/69 (Einschlafen beim Autofahren) – BGHSt 23, 156 = NJW 1970, 520; OLG Hamm U. v. 10.06.1975 – 5 Ss 407/74 – NJW 1975, 2252; OLG Schleswig B v. 14.02.1983 – 1 Ss 688/82 (epileptischer Anfall beim Autofahren); BGH U. v. 17.11.1994 – 4 StR 441/94 (epileptischer Anfall beim Autofahren) – BGHSt 40, 341 = NJW 1995, 795 = NStZ 1995, 183 (Anm. Foerster/Winckler NStZ 1995, 344); BayObLG U. v. 18.08.2003 – 1 St RR 67/03 – NJW 2003, 3499; OLG Nürnberg U. v. 09.05.2006 – 2 St OLG Ss 53/06 (Alkoholkrankheit) – NStZ-RR 2006, 248 (Anm. Satzger JK 2007 StGB § 222/6).

So kann die Handlung des Täters, die z. B. einen Tod verursachte, darin liegen, dass z. B. die Autofahrt trotz Ermüdung begonnen oder fortgesetzt wurde oder dass trotz bekannter Epilepsie-Erkrankung überhaupt mit dem Auto gefahren wurde.

2. Tatbestandsspezifische Anforderungen

a) Grundlagen
Mancher Tatbestand stellt an die Handlung keine besonderen Anforderungen; hier genügt jede Handlung, die zum Erfolg führt, z. B. erfasst § 212 I StGB alle zum Tode des Opfers führenden Handlungen, wobei es einerlei ist, auf welchem Wege der Täter dies vollbringt.

31

Bei anderen Tatbeständen genügt nicht jede (erfolgsverursachende) Handlung, sondern es werden bestimmte Anforderungen gestellt, die dem jeweiligen Tatbestand zu entnehmen sind. Nicht selten freilich ist es möglich, bestimmte tatbestandsspezifische Aspekte als Zwischenerfolg abzuspalten oder als Tatsituation anzusehen (z. B. die sog. Fahruntüchtigkeit nach § 316 I StGB).

b) Besonderer Handlungsinhalt
Einen bestimmten Inhalt der Handlung setzen insbesondere Tatbestände voraus, die gewisse Arten der menschlichen Kommunikation pönalisieren.

32

So genügt z. B. für einen Betrug i. S. d. § 263 I StGB nicht jede Handlung, die einen Irrtum verursacht, sondern eine sog. Täuschung über Tatsachen ist erforderlich.

> **§ 263 I StGB (Betrug)**
> Wer in der Absicht, sich oder einem Dritten einen rechtswidrigen Vermögensvorteil zu verschaffen, das Vermögen eines anderen dadurch beschädigt, daß er durch Vorspiegelung falscher oder durch Entstellung oder Unterdrückung wahrer Tatsachen einen Irrtum erregt oder unterhält, wird mit Freiheitsstrafe bis zu fünf Jahren oder mit Geldstrafe bestraft.

Eine Beleidigung, § 185 StGB, erfordert sog. ehrenrührigen Inhalt.

> **§ 185 StGB (Beleidigung)**
> Die Beleidigung wird mit Freiheitsstrafe bis zu einem Jahr oder mit Geldstrafe und, wenn die Beleidigung öffentlich, in einer Versammlung, durch Verbreiten eines Inhalts (§ 11 Absatz 3) oder mittels einer Tätlichkeit begangen wird, mit Freiheitsstrafe bis zu zwei Jahren oder mit Geldstrafe bestraft.

Eine Nötigung nach § 240 I StGB erfordert den Einsatz bestimmter Nötigungsmittel (ähnlich die §§ 249 I, 252, 253 I, 255 StGB).

> **§ 240 I StGB (Nötigung)**
> Wer einen Menschen rechtswidrig mit Gewalt oder durch Drohung mit einem empfindlichen Übel zu einer Handlung, Duldung oder Unterlassung nötigt, wird mit Freiheitsstrafe bis zu drei Jahren oder mit Geldstrafe bestraft.

> **§ 249 I StGB (Raub)**
> Wer mit Gewalt gegen eine Person oder unter Anwendung von Drohungen mit gegenwärtiger Gefahr für Leib oder Leben eine fremde bewegliche Sache einem anderen in der Absicht wegnimmt, die Sache sich oder einem Dritten rechtswidrig zuzueignen, wird mit Freiheitsstrafe nicht unter einem Jahr bestraft.

c) Besonderes Handlungswerkzeug

33 Zahlreiche Tatbestände, manche Grunddelikte, insbesondere aber Qualifikationen, setzen voraus, dass der Täter ein bestimmtes Tatwerkzeuge oder Tatmittel (§ 23 III StGB spricht – in einem anderen Zusammenhang, s. beim Versuchsdelikt von einem Gegenstand, mit dem die Tat begangen werden sollte) einsetzt.

Beispielsweise wird die Körperverletzung gem. § 224 I Nr. 1 2 StGB bei Einsatz von Gift etc. bzw. dem einer Waffe oder eines gefährlichen Werkzeugs qualifiziert:

> **§ 224 I StGB (Gefährliche Körperverletzung)**
> Wer die Körperverletzung
> 1. durch Beibringung von Gift oder anderen gesundheitsschädlichen Stoffen,
> 2. mittels einer Waffe oder eines anderen gefährlichen Werkzeugs,
> …
> begeht, wird mit Freiheitsstrafe von sechs Monaten bis zu zehn Jahren, in minder schweren Fällen mit Freiheitsstrafe von drei Monaten bis zu fünf Jahren bestraft.

Der Einsatz gemeingefährlicher Mittel macht aus einem Totschlag einen Mord:

> **§ 211 StGB (Mord)**
> (1) Der Mörder wird mit lebenslanger Freiheitsstrafe bestraft.
> (2) Mörder ist, wer
> aus Mordlust, zur Befriedigung des Geschlechtstriebs, aus Habgier oder sonst aus niedrigen Beweggründen,
> heimtückisch oder grausam oder mit gemeingefährlichen Mitteln oder
> um eine andere Straftat zu ermöglichen oder zu verdecken,
> einen Menschen tötet.

Für eine Trunkenheit im Verkehr muss der Täter ein Fahrzeug führen:

> **§ 316 I StGB (Trunkenheit im Verkehr)**
> Wer im Verkehr (§§ 315 bis 315d) ein Fahrzeug führt, obwohl er infolge des Genusses alkoholischer Getränke oder anderer berauschender Mittel nicht in der Lage ist, das Fahrzeug sicher zu führen, wird mit Freiheitsstrafe bis zu einem Jahr oder mit Geldstrafe bestraft, wenn die Tat nicht in § 315a oder § 315c mit Strafe bedroht ist.

d) Handlungswiederholung

Bemerkenswert ist es schließlich, wenn der Gesetzgeber bisweilen Handlungen nur im Wiederholungsfall für tatbestandsmäßig erachtet: 34

> **§ 238 I StGB (Nachstellung)**
> Mit Freiheitsstrafe bis zu drei Jahren oder mit Geldstrafe wird bestraft, wer einer anderen Person in einer Weise unbefugt nachstellt, die geeignet ist, deren Lebensgestaltung schwerwiegend zu beeinträchtigen, indem er wiederholt
> 1. die räumliche Nähe dieser Person aufsucht,
> 2. unter Verwendung von Telekommunikationsmitteln oder sonstigen Mitteln der Kommunikation oder über Dritte Kontakt zu dieser Person herzustellen versucht,
> [...]
> 5. zulasten dieser Person, eines ihrer Angehörigen oder einer anderen ihr nahestehenden Person eine Tat nach § 202a, § 202b oder § 202c begeht,
> 6. eine Abbildung dieser Person, eines ihrer Angehörigen oder einer anderen ihr nahestehenden Person verbreitet oder der Öffentlichkeit zugänglich macht,
> 7. einen Inhalt (§ 11 Absatz 3), der geeignet ist, diese Person verächtlich zu machen oder in der öffentlichen Meinung herabzuwürdigen, unter Vortäuschung der Urheberschaft der Person verbreitet oder der Öffentlichkeit zugänglich macht oder
> 8. eine mit den Nummern 1 bis 7 vergleichbare Handlung vornimmt.

VI. Unerlaubte Schaffung einer des Erfolgseintritts („objektive Zurechnung" I)

▶ Didaktische Aufsätze:

- Schlüchter, Grundfälle zur Lehre von der Kausalität, JuS 1976, 312, 378 und 518, JuS 1977, 104
- Ebert/Kühl, Kausalität und objektive Zurechnung, Jura 1979, 561

- Bloy, Prinzipien der objektiven Erfolgszurechnung beim vorsätzlichen Begehungsdelikt, JuS 1988, L41
- Otto, Die objektive Zurechnung eines Erfolges im Strafrecht, Jura 1992, 90
- Erb, Die Zurechnung von Erfolgen im Strafrecht, JuS 1994, 449
- von Heintschel-Heinegg, Objektive Zurechnung im Strafrecht, JA 1994, 31, 126 und 213
- Puppe, Die Lehre von der objektiven Zurechnung, Jura 1997, 408, 513, 624 und Jura 1998, 21
- Puppe, Die Lehre von der objektiven Zurechnung und ihre Anwendung, ZJS 2008, 488 und 600
- Schumann, Von der sogenannten „objektiven Zurechnung" im Strafrecht, Jura 2008, 408
- Kudlich, Objektive und subjektive Zurechnung von Erfolgen im Strafrecht, JA 2010, 681
- Frisch, Objektive Zurechnung des Erfolgs, JuS 2011, 19, 116 und 205
- Nestler, Die objektive Zurechnung – nur eine Frage der Wahrscheinlichkeit? Jura 2019, 1049

1. Aufbau; Begriffliches; „objektive Zurechnung" (?)

35   Lehrbücher des Allgemeinen Teils gehen **üblicherweise**[35] so vor, dass nach einer Darstellung der **Handlung** und kurzer Erwähnung des **Erfolgseintritts** (z. B. i. R. d. § 212 I StGB der Tod eines anderen Menschen) sodann die **sog. Kausalität** (als empirischer Ursachenzusammenhang zwischen Handlung und Erfolg) und im Anschluss die **sog. objektive Zurechnung** (als nach der Kausalität erfolgende wertende Einschränkung strafbarkeitsbegründender Erfolgszuschreibung zur Handlung, welche wiederum in zwei Teile zerfällt: Schaffung einer rechtlich missbilligten Gefahr einerseits und Verwirklichung dieser Gefahr im Erfolg andererseits, i. E. s. u.).

Dies ist aber im Hinblick auf Gliederung und Benennungen mehrfach **unglücklich**:

Erstens passt es schlecht zusammen, wenn die meisten Lehrbücher auf der Unterscheidung von Erfolgs- und Tätigkeitsdelikten beruhen, dann aber Kausalität und objektive Zurechnung so schematisch darstellen, dass man den Eindruck erhält, diese Lehren gälten tatsächlich allgemein bei allen Delikten, obwohl für reine Tätigkeitsdelikte ein ganz anderes Schema nötig wäre (welches in üblicher Ausbildungsliteratur meist fehlt[36]); freilich gibt es richtigerweise reine Tätigkeitsdelikte ohnehin nicht (s. o.), so dass sich die Frage auf diese Weise erledigt.

Zweitens ist der Begriff „objektive Zurechnung" für eine der Kausalität nachgelagerte Ebene missverständlich: Auch Kausalität gehört zu einer im Wortsinne objektiven Zurechnung (dem Täter wird aufgrund seines Handelns ein Erfolg zugerechnet).

---

[35] S. nur Rengier, AT, 12. Aufl. 2020, §§ 7, 13.
[36] S. aber etwa Stratenwerth/Kuhlen, AT, 6. Aufl. 2011, 8/8ff.

B. Objektiver Tatbestand

Drittens passt die erste Hälfte der Formel der „objektiven Zurechnung" in der Terminologie der h. M. (Schaffung einer rechtlich missbilligten Gefahr) – abgesehen davon, dass nicht die Gefahr, sondern das Verhalten unerlaubt ist – nicht zum Wort Zurechnung und ist auch zu spät im herkömmlichen Prüfungsschema angesiedelt, da es um die Eigenschaft einer Handlung geht, die sich sehr wohl auch ohne Erfolgseintritt denken lässt, und gerade nicht um eine Frage des Zusammenhangs zwischen einem eingetretenen Erfolg und einer Handlung.[37]

Es ist daher nötig, die beiden Bestandteile der „objektiven Zurechnung" **getrennt** an unterschiedlichen Stellen und unter Verwendung **eindeutiger Terminologie** zu prüfen, so dass der folgende Aufbau ungewohnt gerät, ohne dass damit zwingend Sachfragen beeinflusst werden.

36

Zum Vorgehen in einer Fallbearbeitung vgl. o.; Klausurtaktik in Ansehung eines Korrektorenhorizonts und wissenschaftliche Richtigkeit können divergieren; ggf. mag eine examenskorrekturorientiert-herkömmliche Darstellung ergänzend herangezogen werden.

2. Grundlagen zur „objektiven Zurechnung" in der h. L.

Gegenstand der herrschenden Lehre von der „objektiven Zurechnung"[38] ist die **normative Eingrenzung** (d. h. im Wege einer rechtlichen Bewertung) der – vor dem Hintergrund der Strafzwecke – als zu weit empfundenen Erfassung strafrechtlicher Handlungen, die für einen Erfolg ursächlich (kausal) werden, so dass die h. L. ein zusätzliches **ungeschriebenes Tatbestandsmerkmal** geschaffen hat.

37

Dass z. B. die Eltern von Tätern nicht für dessen Zeugung oder Messerfabrikanten nicht ohne Weiteres dafür bestraft werden sollten, dass ein anderer mit einem der fabrizierten Messer getötet hat, und zwar selbst bei Vorsatz, ist Konsens.

Der Ansatz der objektiven Zurechnung zur Ausscheidung nicht tatbestandsmäßiger Handlungen ist in der **Lehre** weitgehend anerkannt, in der **Rspr.** (des BGH, anders z. T. bei Untergerichten) nicht als Tatbestandskategorie, jedoch der Sache nach in unterschiedlicher Terminologie bei bestimmten Fallgruppen (z. B. als Kausalitätseinschränkung, als Kausalität der Pflichtwidrigkeit, als Vorhersehbarkeit

38

---

[37] Hierzu Freund/Rostalski, AT, 2. Aufl. 2019, 2/83ff.
[38] Hierzu Fischer, StGB, 68. Aufl. 2021, vor § 13 Rn. 24ff.; näher Roth-Stielow MDR 1964, 893; Roxin FS Honig 1970, 133; Otto FS Maurach 1972, 91; Schlüchter JuS 1976, 312, 378 und 518, JuS 1977, 104; Ebert/Kühl Jura 1979, 561; Kaufmann FS Jescheck 1985, 251; Struensee GA 1987, 97; Puppe ZStW 1987, 595; Bloy JuS 1988, L41; Ramirez GS Armin Kaufmann 1989, 213; Roxin GS Armin Kaufmann 1989, 237; Otto Jura 1992, 90; von Heintschel-Heinegg JA 1994, 31, 126 und 213; Erb JuS 1994, 449; Maiwald FS Miyazawa 1995, 465; Puppe Jura 1997, 408, 513, 624 und Jura 1998, 21; Hirsch FS Lenckner 1998, 119; Schünemann GA 1999, 207; Jakobs FS H. J. Hirsch 1999, 45; Frisch FS Roxin 2001, 213; Rengier FS Roxin 2001, 811; Samson FS Lüderssen 2002, 587; Frisch GA 2003, 719; Müssig FS Rudolphi 2004, 165; Kindhäuser FS Hruschka 2005, 527; Müssig FS Jakobs 2007, 405; Kahlo FS Küper 2007, 249; Schumann/Schumann FS Küper 2007, 543; Schumann Jura 2008, 408; Puppe ZJS 2008, 488 und 600; Kudlich JA 2010, 681; Roxin FS Maiwald 2010, 715; Frisch JuS 2011, 19, 116 und 205; Sanchez-Ostiz FS Roxin 2011, 361; Seher FS Frisch 2013, 207; Puppe GA 2015, 203; Schroeder FS von Heintschel-Heinegg 2015, 405; Frisch GA 2018, 553; Nestler Jura 2019, 1049; Wolter GA 2020, 212.

oder als „neutrale Beihilfe" sowie in zahlreichen Auslegungsrestriktionen bei einzelnen Tatbeständen des Besonderen Teils).[39] Z. T. sucht die Rspr. eine Lösung auf subjektiver Ebene, was aber bei Fahrlässigkeitsdelikten versagt. Im Zivilrecht sind Fragen der „objektiven Zurechnung" als Schutzzzweckerwägungen im Rahmen der dortigen Adäquanzlehre seit langem anerkannt.

39 Die **Grundformel** der „objektiven Zurechnung" lautet:[40] Ein durch das Verhalten des Täters verursachter Unrechtserfolg ist ihm nur dann als sein Werk objektiv zuzurechnen, wenn dieses Verhalten eine unerlaubte (auch: rechtlich missbilligte) Gefahr (auch: Risiko) des Erfolgseintritts geschaffen (1) und diese Gefahr sich auch tatsächlich in dem Erfolg realisiert hat (2).

Zur erforderlichen Differenzierung zwischen diesen beiden Säulen s. o. Fragen des Erfolgseintritts vorgelagert[41] ist nämlich das sogleich darzustellende Erfordernis, dass der Täter überhaupt eine Gefahr für den Erfolgseintritt geschaffen bzw. erhöht haben muss, und dass diese Gefahrschaffung von der Rechtsordnung als unerlaubt bewertet wird. Die Gefahrverwirklichung im Erfolgseintritt hingegen wird erst prüfungsrelevant, nachdem der Erfolgseintritt festgestellt und die Handlung des Täters als ursächlich dafür angesehen wurde (s. daher erst u.).

40 Einzelheiten innerhalb der Lehre(n) von der „objektiven Zurechnung" zu Terminologie, Ergebnissen und Begründungen sind ohnehin völlig umstritten.

Aber auch ganz grundsätzlich wird **gegen** die Lehre von der „objektiven Zurechnung" vorgebracht,[42] dass es sich um eine recht unbestimmte „Superkategorie" handelt, bei der sich vielerlei Zweifelsfragen zur Strafwürdigkeit eines Verhaltens sammeln lassen. Was eine rechtlich missbilligte Gefahrschaffung, eine insofern untragbare Risikosetzung ist, ist gerade die Frage der Strafbarkeitsprüfung; die Risikorealisierung droht zur freien Strafwürdigkeitswertung zu geraten.

Gerade bei den klassischen Erfolgsdelikten gegen das Leben und die körperliche Unversehrtheit wird das **Bedürfnis**, bereits auf **Ebene des objektiven Tatbestands** einen **weiteren Filter** zu installieren, deutlich: Auch rechtlich und ethisch neutrale Handlungen bzw. solche, auf die eine Gesellschaft unter Risikoabwägung angewiesen ist, können einen Erfolg verursachen. Bei größeren ehrgeizigen Bauprojekten kommt es regelmäßig zu Todesfällen; der Auftraggeber, der das auch weiß, könnte sich durch seinen Auftrag wegen Totschlags gem. § 212 I StGB oder

---

[39] Zsf. Fischer, StGB, 68. Aufl. 2021, vor § 13 Rn. 31ff.; aus der Rspr. vgl. BGH B. v. 25.09.1957 – 4 StR 354/57 (Radfahrer) – BGHSt 11, 1 = NJW 1958, 149 (Anm. Roxin, Höchstrichterliche Rspr. AT, 1998, Nr. 6; Puppe, AT, 4. Aufl. 2019, § 3 Rn. 18ff.; Kaspar/Reinbacher, Casebook AT, 2020, Fall 4; Hemmer-BGH-Classics Strafrecht, 2003, Nr. 2; Mezger JZ 1958, 281; Fuchs DAR 1960, 5; Spendel JuS 1964, 14); zuletzt LG Köln U. v. 14.04.2016 – 117 KLs 19/15 (Anm. Preuß HRRS 2017, 23); OLG Düsseldorf B. v. 18.04.2017 – III-2 Ws 528-577/16 (Love Parade) (Anm. Grosse-Wilde ZIS 2017, 638).

[40] Vgl. z. B. Kindhäuser/Hilgendorf, LPK, 8. Aufl. 2019, vor § 13 Rn. 103.

[41] Freund/Rostalski, AT, 2. Aufl. 2019, 2/83ff.

[42] Krit. z. B. Hilgendorf FS Weber 2004, 33; Kindhäuser GA 2007, 447; Aichele ZStW 2011, 260; Gössel GA 2015, 18.

sogar Mordes gem. § 211 StGB strafbar machen. Dies würde dazu führen, dass derartige Projekte unterbleiben müssten zum Nachteil gesellschaftlichen Fortschritts (zur sog. Sozialadäquanz als Aspekt erlaubter Gefahrschaffung s. u.). Der vom Täter gesetzte Kausalverlauf muss zu denen gehören, die die Strafnorm sinnvollerweise verhindern soll; natürlich wirft dies unzählige und letztlich Abwägungs- und Wertungsfragen auf. Richtig an der Kritik ist bei alledem daher jedenfalls, dass eine topisch-freie, um nicht zu sagen willkürliche Filterung unerwünschter Ergebnisse nach unvorhersehbaren Strafwürdigkeitsvorstellungen vermieden werden muss, vielmehr muss ein gesetzlich angebundenes, **methodisch** sauberes und möglichst **rechtssicheres** Vorgehen jenseits bloßer Fallgruppen gefunden werden.

Heikel ist – zumal i. R. d. *objektiven* Tatbestands – inwiefern, wie das persönliche Judiz sehr wohl nahelegt, zu berücksichtigen ist, welches **Wissen und Wollen** der Täter aufweist.[43]

41

Beispiel 34

Der Biologiestudent B hat einen Nebenjob im Gastronomie-Service. Er servierte ein Pilzragout mit einem von ihm erkannten, für einen Normalkellner aber nicht erkennbaren Giftpilz. Der Gast starb nach Verzehr. ◄

B könnte sich zumindest wegen Totschlags gem. § 212 I StGB strafbar gemacht, indem er die Mahlzeit servierte. Ist die von B geschaffene Gefahr keine unerlaubte Gefahr, weil von einem „normalen" Kellner nicht erwartet wird, die zu servierenden Speisen auf Gefährlichkeit zu prüfen oder bewirkt sein Gefahrwissen die Unerlaubtheit seiner Gefahrschaffung? Wie passt dies letzterenfalls zu einer im objektiven Tatbestand zu prüfenden „objektiven Zurechnung".

Beispiel 35

B schenkte dem G ein Flugticket, weil er erfahren hatte, dass ein Bombenanschlag auf den betreffenden Flug geplant war. Zu diesem kam es tatsächlich, G starb. ◄

Ist das Verschenken des Flugtickets (deshalb) eine unerlaubte Gefahrschaffung, weil B um die besondere Todesgefahr wusste?

Der Wille, dass der Erfolg eintritt (inkl. Absichten, Plänen, Motiven etc.), kann in einem Tatstrafrecht weder das objektive Faktum einer Gefahrschaffung noch die rechtliche Missbilligung derselben beeinflussen können. Ersteres hingegen beeinflusst notwendigerweise das Verhältnis von Täter und Gefahrenverantwortlichkeit, freilich als Frage eines **generellen Verhaltensmaßstabs**, der über den konkreten

---

[43] Zur subjektiven Seite der „objektiven Zurechnung" Eisele, in: Schönke/Schröder, StGB, 30. Aufl. 2019, vor § 13 Rn. 62, 92a, 93; näher Arzt GS Schlüchter 2002, 163; zum Sonderwissen Murmann FS Herzberg 2008, 123; Serrano González de Murillo FS Roxin 2011, 345; Jakobs FS Kindhäuser 2019, 219.

Täter hinaus die objektiv gegründete **verallgemeinerbare Situation** des Täters bei der Einordnung seiner Handlung in Relation zur Erfolgsgefahr als Ausgangspunkt einer sinnvollen strafrechtlichen Verhaltenssteuerung im Blick behält. Wenn man überhaupt Verhaltensnormen aufstellt, dann kann eine solche nicht für jeden Mensch unterschiedlich sein; soll es sich um einen Aspekt des objektiven Tatbestands handeln, dann sind (nur) objektive Umstände das Subsumtionsmaterial einer solchen Norm. Wissen und Fähigkeiten eines Täters sind in diesem Sinne nach einer objektiven Tatsachenbasis und abstrahierbaren Verhaltenserwartungen zu untersuchen.

In gewisser Weise scheint hier die **Unterscheidung von objektivem und subjektivem Tatbestand** an ihre **Grenzen** zu stoßen (oder soll eine Gesamtbetrachtung etabliert werden, ggf. sogar als eigene Stufe des Tatbestands oder außerhalb desselben?[44]); die wissenschaftliche Diskussion ist bei weitem noch nicht abgeschlossen. Deutlich wird dies – insbesondere das Sonderwissen als Frage einer Individualisierung oder Generalisierung des Maßstabs objektiv erwarteten Gefahrenumgangs – auch beim Fahrlässigkeitsdelikt, s. u., ferner beim sog. unechten Unterlassungsdelikt (mit einem zu besprechenden etwaigen Widerspruch zwischen einer individualisierenden h. M. dort und einer generalisierenden h. M. beim sog. Begehungsdelikt). Wenn die zweigliedrige Trennung des Tatbestands und die Benennung als „objektiver" und „subjektiver" Tatbestand aufrechterhalten werden soll, wofür *de lege lata* aufgrund der Normfassung des StGB vieles spricht (s. o.), so müssen die an zahlreichen Stellen von der meist wohl h. M. etablierten Vermengungen[45] im Allgemeinen und Besonderen Teil unterbleiben;[46] ein inkonsequentes System ist keines.

Der Gegensatz zwischen (subjektiv individuellem) Wissen des Täters und objektiven und generalisierbaren Umständen verliert in der fallbezogenen Anwendung bei nicht zu verknappt festgestellten Sachverhalten an Schärfe: Soweit nämlich das **Wissen** des Täters **auf objektiven Umständen basiert** (z. B. auf bestimmten sinnlichen Wahrnehmungen), können diese zur Bestimmung eines generalisierbaren Maßstabs i. R. e. Gesamteinbeziehung der Situation herangezogen werden. Anknüpfungspunkt ist dann etwa nicht das (subjektive) Sonderwissen, sondern die (objektive) Lage bzgl. der Informationsquellen. Im subjektiven Tatbestand geht es darauf aufbauend darum, zu klären, ob der Täter die situativen Umstände als Ressource der Gefahrenwahrnehmung zutreffend erkannt (nur dann Vorsatz) oder sie vorwerfbar verkannt hat (nur dann Fahrlässigkeit).

Im Einzelfall kann es bei alledem sehr wohl sein, dass sogar ein böswillig agierender Täter straflos bleibt, weil er sich in den Grenzen des objektiv erlaubten Risikos bewegt.[47] Dies ist dann aus den Gründen hinzunehmen, die den Ausschlag dafür geben, die Unerlaubtheit der Gefahrschaffung zu verneinen (hierzu s. u.).

---

[44] S. etwa das Konzept der personalen Straftatlehre, Freund, in: MK-StGB, 4. Aufl. 2020, vor § 13 Rn. 24ff.
[45] Statt vieler Eisele, in: Schönke/Schröder, StGB, 30. Aufl. 2019, vor § 13 Rn. 62.
[46] Ebenso (mit pointierter Kritik: „Wenn man das gut findet, kann man seinen Hund auch Katze nennen") Freund, in: MK-StGB, 4. Aufl. 2020, vor § 13 Rn. 25.
[47] Eisele, in: Schönke/Schröder, StGB, 30. Aufl. 2019, vor § 13 Rn. 93.

3. Schaffung einer Gefahr des Erfolgseintritts

a) Allgemeines

Die Handlung des Täters muss zunächst eine solche sein, die eine Gefahr dafür schafft, dass der Erfolg eintritt; das liegt dann vor, wenn die Wahrscheinlichkeit für den Erfolgseintritt begründet oder erhöht wird.

42

b) Bezugspunkt: Erfolg

Gefahr und Risiko sind Relationsbegriffe, die auf etwas gerichtet sein müssen (Risiko, dass was passiert)? Im strafrechtlichen Sinne sind sie auf den Erfolg gerichtet, welcher wiederum ein Rechtsgut widerspiegelt. Insofern geht es letztlich um rechtsgutsbezogene gefährliche Handlung.[48]

43

Zum Begriff des Erfolgs und des Erfolgsdelikts (inkl. der richtigerweise umfassenden Handhabung dieses Begriffs) sowie den unterschiedlichen Arten von Erfolgen in Relation zum geschützten Rechtsgut vgl. bereits o.

Ein typisches Verletzungsdelikt ist der Totschlag gem. § 212 I StGB; das dort verwendete Verb töten enthält als Erfolg den Tod eines (anderen) Menschen.

> **§ 212 I StGB (Totschlag)**
> Wer einen Menschen tötet, ohne Mörder zu sein, wird als Totschläger mit Freiheitsstrafe nicht unter fünf Jahren bestraft.

Aber auch z. B. der Diebstahl gem. § 242 I StGB setzt i. R. d. Wegnahme eine Gewahrsamsneubegründung bzgl. der Sache bei einem anderen Menschen als dem Opfere voraus und ist damit ein Erfolgsdelikt:

> **§ 242 I StGB (Diebstahl)**
> Wer eine fremde bewegliche Sache einem anderen in der Absicht wegnimmt, die Sache sich oder einem Dritten rechtswidrig zuzueignen, wird mit Freiheitsstrafe bis zu fünf Jahren oder mit Geldstrafe bestraft.

Ein typisches konkretes Gefährdungsdelikt ist § 315c StGB; dort muss ein Mensch in bestimmter Weise bzw. eine fremde Sachen von bedeutendem Wert nur gefährdet werden (ohne dass es etwa zu einer Körperverletzung oder Sachbeschädigung gekommen ist).

---

[48] Vgl. zum Rechtsgutsbezug aus der Rspr. LG Karlsruhe U. v. 19.12.2018 – 4 KLs 608 Js 19580/17 (Darknet-Forumbetreiber, Amoklauf München) – StV 2019, 400 (Anm. Nestler Jura 2019, 898; Eisele JuS 2019, 1122; Nadeborn jurisPR-StrafR 14/2019 Anm. 4; Beck/Nussbaum HRRS 2020, 112).

> **§ 315c I Nr. 1 lit. a StGB (Gefährdung des Straßenverkehrs)**
> Wer im Straßenverkehr
> 1. ein Fahrzeug führt, obwohl er
> a) infolge des Genusses alkoholischer Getränke oder anderer berauschender Mittel [...]
> nicht in der Lage ist, das Fahrzeug sicher zu führen [...]
> und dadurch Leib oder Leben eines anderen Menschen oder fremde Sachen von bedeutendem Wert gefährdet, wird mit Freiheitsstrafe bis zu fünf Jahren oder mit Geldstrafe bestraft.

Auch sog. abstrakte Verletzungsdelikte können einen von der Handlung zu trennenden Erfolg aufweisen (s. o.), z. B. ist ein Führen des Fahrzeugs i. S. d. § 316 I StGB erst mit Einsetzen der Fahrzeugbewegung anzunehmen.

> **§ 316 I StGB (Trunkenheit im Verkehr)**
> Wer im Verkehr [...] ein Fahrzeug führt, obwohl er infolge des Genusses alkoholischer Getränke oder anderer berauschender Mittel nicht in der Lage ist, das Fahrzeug sicher zu führen, wird [...] bestraft.

Nicht selten wird das Überschreiten einer bestimmten Bagatellschwelle verlangt, etwa bzgl. der Körperverletzung gem. § 223 I StGB oder der Freiheitsberaubung gem. § 223 I, 239 I StGB; s. hierzu im Besonderen Teil.

44 Der Grundfall eines Erfolgsdelikts ist der insofern **einstufige** Tatbestand, wo es nur **einen Erfolg** gibt, z. B. §§ 212 I, 242 I StGB.

Es existieren aber auch Tatbestände mit **mehreren Erfolgen**: Diese sind entweder **eigenständige kumulative** Erfolge (wenn z. B. zusätzlich zum Diebstahl in eine Wohnung eingebrochen worden sein muss, § 244 I Nr. 1 StGB) oder es handelt sich um **mehrstufige** bzw. mehraktige Tatbestände mit aufeinander aufbauenden (aneinander anknüpfenden) Erfolgen, bei denen eine vorherige Erfolgsherbeiführung (als überdies insofern tatbestandsspezifische Handlungsanforderung) den Folge-Erfolg herbeiführt, wofür der Betrug gem. § 263 I StGB ein typisches Beispiel ist (die sog. Täuschung des Täters muss zu einem Irrtum des Opfers führen, auf der wiederum die sog. Vermögensverfügung des Opfers beruhen muss, die dann einen Vermögensschaden als Enderfolg bewirkt).

Zur Frage, ob es auf einen „Erfolg in seiner ganz konkreten Gestalt" ankommt, s. u.

c) Schaffung einer Gefahr(steigerung)

45 Im Hinblick auf den im Tatbestand beschriebenen Erfolg muss der Täter *ex ante* die Gefahr dafür geschaffen oder gesteigert haben, dass es zu eben diesem Ereignis (z. B. für § 212 I StGB dem Tod des anderen Menschen) kommt. Gefahr ist nichts anderes als eine Wahrscheinlichkeit größer Null, dass es zum Erfolg kommt (dies nennt man auch Risiko bzw., wenn es um etwas Erwünschtes geht, auch Chance; alle Begrifflichkeiten können synonym verwendet werden). Es gilt ein strafbarkeitseinschränkendes Risikoerhöhungsprinzip.[49]

Die Betrachtung muss den Zeitpunkt der Handlung (*ex ante*) betreffen, da es *ex post* nur Sicherheit gibt. Insofern erfolgt die Maßstabsbestimmung (Maßfigur) im Lichte beschränkter menschlicher Erkenntnisse (Menschen sind kein allwissender Weltgeist/Dämon) bereits als Teil der Risikoprüfung. Hierbei besteht die Grundproblematik, den Inhalt eines für alle geltenden **objektivierten** Ex-ante-Maßstabs (Erkennbarkeit, Vorhersehbarkeit; vgl. auch Staatsräson) zu bestimmen. Eine Überwindung der insofern unvermeidlichen Rechtsunsicherheiten (vgl. auch die Gefahr der Willkür) wäre nur durch einen streng subjektiven *Ex-ante*-Maßstab, fokussiert also auf die konkreten Kenntnisse des Täters, möglich. Dies wäre dann ein subjektiv zentriertes Unrecht, wie es die ganz h. M. in Ansehung der eher objektiv basierten Gesetzesformulierungen ablehnt.

Umgekehrt gesprochen liegt keine Gefahrschaffung oder -steigerung vor, wenn die Handlung des Täters die Wahrscheinlichkeit des Erfolgseintritts nicht erhöht oder diese sogar senkt.[50] **46**

Beispiel 36

B1 wollte Z mit dem Hammer am Kopf verletzen und holte aus. B2 fiel dem B1 in den Arm und es gelang ihm, den Schlag so abzulenken, dass Z nur am Arm getroffen wurde. ◄

Die h. M.[51] hält derartige Rettungshandlungen nicht erst aufgrund mutmaßlicher Einwilligung oder rechtfertigenden Notstands (§ 34 StGB) für gerechtfertigt, sondern schließt bereits die Risikoerhöhung und damit den Tatbestand aus, wenn der Erfolg nach hypothetischem Kausalverlauf auch ohne Täterhandeln zur gleichen Zeit und mit (mindestens) gleicher Intensität bei demselben Geschädigten eingetreten wäre.

Problematisch ist dabei, Milderungen desselben Risikos abzuschichten von der Schaffung eines gänzlich neuen Risikos. **47**

---

[49] Vgl. Otto, AT, 7. Aufl. 2004, § 6; näher Schaffstein FS Honig 1970, 169; Otto NJW 1980, 417; Puppe ZStW 1983, 287.
[50] Eisele, in: Schönke/Schröder, StGB, 30. Aufl. 2019, vor § 13 Rn. 94; näher Schaffstein FS Honig 1970, 169; Stratenwerth FS Gallas 1973, 227; Sancinetti FS Jakobs 2007, 583; Kindhäuser ZStW 2008, 481; de Sousa Mendes GA 2011, 557; Pest/Merget JR 2014, 166; aus der Rspr. vgl. BGH U. v. 28.07.1970 – 1 StR 175/70 (Anm. Ulsenheimer JuS 1972, 252; Spendel JZ 1973, 137); OLG Stuttgart B. v. 19.06.1979 – 3 Ss (8) 237/79 – NJW 1979, 2573 (Anm. Hassemer JuS 1979, 907; Geppert JK 1980 StGB § 263/5; Joecks JA 1980, 127; Loos NJW 1980, 847; Frank NJW 1980, 848; Müller JuS 1981, 255; Heid JuS 1982, 22).
[51] Zsf. und krit. Kindhäuser/Hilgendorf, LPK, 8. Aufl. 2019, vor § 13 Rn. 109ff.

> **Beispiel 37**
>
> vgl. BGH U. v. 28.07.1970 – 1 StR 175/70 (Anm. Ulsenheimer JuS 1972, 252; Spendel JZ 1973, 137):
> B1 und sein Kind wurden in der Dachgeschosswohnung des B1 von einem ausgebrochenen Feuer überrascht. Das Treppenhaus war nicht mehr passierbar. B1 entschied sich daher, sein Kind einem unten bereitstehenden Helfer zuzuwerfen, obwohl er wusste, dass dieses verletzt würde, was auch geschah. ◄

Sieht man das Verletzungsrisiko infolge des Herabwerfens gegenüber dem Risiko, aufgrund des Feuers zu ersticken oder zu verbrennen, als eigenständig an, so liegt ein objektiv zurechenbarer Erfolg vor und es kommt lediglich eine Rechtfertigung in Betracht.

In der Tat dürfte es tatbestandsnäher sein, den **Erfolg in der konkreten Gestalt** in den Blick zu nehmen und keine pauschale Saldo-Betrachtung anzustellen. Die angemessene Lösung derartiger Fallgestaltungen erfolgt auf der Rechtswidrigkeitsebene (v. a. §§ 32, 34 StGB sowie die mutmaßliche Einwilligung).[52]

d) Naturwissenschaftliche Anforderungen an die Gefahrschaffung; Grenzen des Erkenntnisstands

▶ Didaktischer Aufsatz:

- Wohlers, Generelle Kausalität als Problem richterlicher Überzeugungsbildung, JuS 1995, 1019

48 Im Grunde kein rechtliches, sondern ein faktisches Problem besteht darin, Ungewissheiten über die Gefahrschaffung generell sowie im konkreten Einzelfall[53] aufzuklären.[54] Der Stand der (Natur-)Wissenschaft setzt dem Recht Grenzen.

---

[52] Ausf. und zutreffend zu Konstellationen echter Risikoverringerung einerseits und neuen Risikoschaffungen Kindhäuser/Zimmermann, AT, 9. Aufl. 2020, § 11 Rn. 14ff.

[53] Für die h. M. ist dies ein Problem der Kausalität, s. u., zur Unterscheidung von genereller und konkreter Kausalität z. B. Jäger, in: SK-StGB, 9. Aufl. 2017, vor § 1 Rn. 64.

[54] Joecks/Jäger, StGB, 13. Aufl. 2021, vor § 13 Rn. 22; Wachsmuth/Schreiber NJW 1982, 2094; Puppe JZ 1994, 1147; Wohlers JuS 1995, 1019; Hoyer GA 1996, 160; Deutscher/Körner wistra 1996, 292 und 327; Hamm StV 1997, 159; aus der Rspr. vgl. BGH U. v. 06.07.1990 – 2 StR 549/89 (Lederspray) – BGHSt 37, 106 = NJW 1990, 2560 = NStZ 1990, 587 = StV 1990, 446 (Anm. Roxin, Höchstrichterliche Rspr. AT, 1998, Nr. 92; Puppe, AT, 4. Aufl. 2019, § 2 Rn. 9ff. und 27ff.; Kaspar/Reinbacher, Casebook AT, 2020, Fall 2; Hemmer-BGH-Classics Strafrecht, 2003, Nr. 1; Schmidt-Salzer NJW 1990, 2966; Kuhlen NStZ 1990, 566; Brammsen Jura 1991, 533; Hassemer JuS 1991, 253; Samson StV 1991, 182; Beulke/Bachmann JuS 1992, 737; Meier NJW 1992, 3193; Puppe JR 1992, 30; Hirte JZ 1992, 257; Brammsen GA 1993, 97; Hilgendorf NStZ 1994, 561; Jähnke Jura 2010, 582; Rotsch ZIS 2018, 1; Puppe ZIS 2018, 57); LG Frankfurt B. v. 27.07.1990 – 5/26 Kls 65 Js 8793/84 (Holzschutzmittel) – NStZ 1990, 592 (Anm. Rönnau wistra 1994, 203); Spanischer Oberster Gerichtshof U. v. 23.04.1992 – Kassationsverf. 3654/90 (Rapsöl) – NStZ 1994, 37; BGH U. v. 02.08.1995 – 2 StR 221/94 (Holzschutzmittel) – BGHSt 41, 206 = NJW 1995, 2930 = NStZ 1995, 590 = StV 1997, 124 (Anm. Otto JK 1996 StGB vor § 13/8; Schulz JA 1996, 185; Volk NStZ 1996, 105; Puppe JZ 1996, 318; Hamm StV 1997, 159).

Beispiel 38

LG Aachen B. v. 18.12.1970 – 4 KMs 1/68, 15-115/67 (Contergan) (Anm. Kaufmann JZ 1971, 575; Bruns FS Heinitz 1972, 317; Bruns FS Maurach 1972, 469):
B und andere Verantwortliche der G-AG produzierten und verkauften ab dem Jahr 1957 das Schlafmittel „Contergan", das den Wirkstoff Thalidomid enthielt. Dem B wird vorgeworfen, das Schlafmittel trotz Vermutungen, dass Thalidomid, von Schwangeren eingenommen, zu Missbildungen bei Neugeborenen führe, nicht rechtzeitig aus dem Handel genommen zu haben. ◄

Eine Strafbarkeit wegen fahrlässiger Körperverletzung gem. § 229 StGB setzt die Gefahrschaffung von „Contergan" für die Missbildungen voraus. Gefordert war mithin die medizinische Wissenschaft; außer „Contergan" waren u. a. Atomwaffentests als Ursache der Fehlbildungen diskutiert worden.

Ähnliche naturwissenschaftliche Nachweisprobleme stellten sich in der Rspr. zur strafrechtlichen **Produkthaftung**, u. a. bzgl. Lederspray, Rapsöl und Holzschutzmitteln.[55]

Problematisch ist hierbei insbesondere, ob eine Gefahr auch dann rechtsfehlerfrei festgestellt ist, wenn außer einem bestimmten Produkt keine anderen Risikoerhöhungen plausibel in Betracht kommen, aber offen bleibt, welche der enthaltenen Substanzen die gefährliche ist.

Während die Rspr. diese letztlich strafprozessuale Frage unter Hinweis auf die freie Beweiswürdigung (§ 261 StPO) durch Bejahung der rechtsfehlerfrei festgestellten Kausalität löst, äußert die Literatur Kritik.[56]

Zwar ist richtig, dass die exakte Gefahrenquelle oft nicht gefunden werden muss (z. B. bei mit identischem Vorsatz ausgeführte durch denselben Täter mehreren Messerstichen genau der tödliche); wenn allerdings nicht fast absolut sicher ist, dass keine andere Gefahr bestanden hat – das liegt bei Messerstichen sehr nahe, bei komplexen Produkten und ihrer Wirkung auf den komplexen menschlichen Organismus eher fern –, droht eine Verdachtsstrafe entgegen dem Grundsatz „*in dubio pro reo*" und Art. 6 II EMRK – zumal die Wissenschaftsgeschichte durchaus Meinungsänderungen und Irrtümer kennt. Es ist gefährlich, allzu leicht von einer Korrelation auf eine Kausalität zu schließen, wie dies z. B. bei Hexenprozessen geschah. Ein Richter kann keine wissenschaftlichen Streitfragen lösen, die die Wissenschaft selbst noch nicht gelöst hat. Ohnehin gilt es, die Trennung von materiellrechtlichen Anforderungen und strafprozessualen Nachweisproblemen zu beachten.

Darüber hinaus kann es natürlich auch sonstige Fälle geben, in denen erfolgsbezogene Gefahrschaffungen schwierig zu ermitteln sind, z. B. bzgl. Todesursachen,[57] zumal nach längerer Zeit.

---

[55] S. jeweils obige Nachweise.
[56] Hierzu zsf. Kindhäuser/Hilgendorf, LPK, 8. Aufl. 2019, vor § 13 Rn. 77f.
[57] Eschelbach, in: BeckOK-StGB, Stand 01.02.2021, § 212 Rn. 12f.; aus der Rspr. vgl. BGH B. v. 07.05.1996 – 4 StR 198/96 – NStZ-RR 1996, 355 (Anm. Otto JK 1997 StGB vor § 13/10).

49 Im Hinblick auf nach derzeitigem medizinisch-biologischem Stand zahlreich vorhandene Unklarheiten bzgl. **menschlicher Willensbildungsprozesse** (und mithin über Fragen der Willensfreiheit, s. u.) – etwa durch verbale Beeinflussung zum Handeln – reichen auch in diesem Bereich letztlich nachvollziehbar herausgearbeitete Plausibilitäten aus. Zur Vermeidung unterschiedlicher dogmatischer Behandlung von Themenbereichen unterschiedlicher naturwissenschaftlicher Durchdringung und mithin der Spaltung von im Gesetz einheitlich verwendeten Begriffen, muss ein solcher Maßstab umfassend gelten und sogar letztlich kausalitätsersetzend unter Hinnahme von Restunsicherheiten wirken, s. u. Verursachung

e) Gleichwertigkeit (Äquivalenz).

50 Da das StGB im Ansatz von einer **Gleichwertigkeit (Äquivalenz)** aller Handlungen ausgeht (s. o.), ist dies auch hinsichtlich der Gefahrschaffungen und -steigerungen der Fall.

4. Unerlaubtheit der Gefahrschaffung

▶ Didaktischer Aufsatz:

- Mitsch, Das erlaubte Risiko im Strafrecht, JuS 2018, 1161

a) Abstrakte Unerlaubtheit
aa) Allgemeines

51 Eine Schaffung oder Steigerung der Gefahr kann erlaubt sein, wenn eine Verhaltensverbotsnorm ansonsten gesellschaftsschädlich weit gerät. Insbesondere die klassischen Erfolgsdelikten gehen nämlich von einem grundsätzlichen **Verbot aller Erfolgsrisiken** aus (z. B. § 212 StGB: du sollst kein auch noch so geringes Risiko eines Todeseintritts schaffen); dies ist aber nicht sinnvoll, da sonst viele **gesellschaftlich nützliche**, aber statistisch gefährliche Handlungen, unterbleiben müssten (z. B. Mobilität oder Infrastrukturprojekte). Hierhin läge auch eine starke Einschränkung der Grundrechte, mindestens vor dem Hintergrund des Art. 2 I GG, welcher letztlich besagt, dass alles erlaubt ist, was nicht unter Wahrung der Anforderungen an die sog. Schranke verboten ist; freilich ist Strafnorm ggf. gerade die sog. Schranke, allerdings sind dann die Anforderungen an die sog. Schranken-Schranken zu beachten, v. a. also der Verhältnismäßigkeitsgrundsatz).

Daher ist ein weiterer Filter nötig. Dessen Benennung ist uneinheitlich, am verbreitesten dürfte die Sprechweise vom erlaubten/unerlaubten Risiko sein.

52 Die Grundproblematik besteht darin, die Schwelle zur **rechtlichen Missbilligung** als generelle Unerlaubtheit dahingehend, dass ein Verhalten zu unterbleiben hat, in Grenzziehung zum erlaubten Risiko zu ermitteln,[58] und zwar unabhängig von subjektiven Fragen – zur Problematik der (Nicht-)Berücksichtigung subjektiver Aspekte (v. a. Sonderwissen) bei der „objektiven Zurechnung" s. o.

---

[58] Hierzu näher Mitsch JuS 2018, 1161; Pastor Muñoz GA 2021, 16.

B. Objektiver Tatbestand

Fruchtbar machen lassen sich **Lehren**, die üblicherweise (erst) beim **Fahrlässigkeitsdelikt** (s. u.) angeführt werden. Diejenigen Indizien, die dort für fahrlässiges Handelns, d. h., für eine Sorgfaltspflichtverletzung angeführt werden, sind dieselben, die man als Indizien für das Überschreiten des erlaubten Risikos heranzuziehen hat. Unerlaubtes Risiko und **Sorgfaltspflichtverletzung** sind also synonym. Lediglich im subjektiven Bereich unterscheiden sich Vorsatz- und Fahrlässigkeitsdelikt.

Zu beachten ist hierbei, dass aus einem Erfolgseintritt nicht *ex post* geschlossen werden darf, der Täter hätte sich anders verhalten müssen. Der Mensch neigt hier zu Rückschaufehlern und infolgedessen zu einer Überspannung der Sorgfaltspflichten und v. a. der Vorhersehbarkeit, da zufälliges Unglück schwer zu akzeptieren ist und dann eher ein Sündenbock gesucht wird.[59] Bei der Beurteilung der Frage einer Sorgfaltspflichtverletzung ergeben sich Art und Maß der anzuwendenden Sorgfalt aus den Anforderungen, die bei einer Betrachtung der Gefahrenlage *ex ante* an einen besonnenen und gewissenhaften Menschen in der konkreten Lage und der sozialen Rolle des Handelnden zu stellen sind.[60] Je größer eine objektiv bestehende Gesamtgefahr ist – zusammengesetzt aus der Wahrscheinlichkeit des Eintritts des Schadensereignisses und dem Umfang des ggf. entstehenden Schadens –, umso eher wird das diese schaffende Verhalten unerlaubt sein bzw. umso umfangreicher müssen die Bemühungen des Täters zur Risikosenkung sein.

Die Unerlaubtheit der Gefahrschaffung unterliegt **abstrakter Betrachtung**, (zunächst) losgelöst von einem konkret Gefährdeten und seiner evtl. erteilten Erlaubnis bzgl. der Gefährdung gerade seiner Person (zu Relevanz einer solchen sog. Einwilligung als Aspekt der Verwirklichung der unerlaubten Gefahr im konkreten tatbestandsmäßigen Erfolgseintritt s. u.).

Zu erarbeiten ist also, was (eher von einem liberalen Ansatz gedacht) eine solch abstrakte Unerlaubtheit des Handelns zu begründen oder was andersherum (eher von einem autoritär risikoaversen Ansatz gedacht) dazu führt, dass eine Erlaubtheit anzunehmen ist, und das in möglichst rechtssicherer und rationaler Weise *ex ante* und streng objektiv.

bb) Hinreichende Höhe der geschaffenen Gefahr

In (oft bereits sofort absurd anmutenden) Fällen **ganz geringer Wahrscheinlichkeit** dafür, dass eine Rechtsgutsverletzung eintritt, ist schon aufgrund dessen eine Erlaubtheit der Gefahrschaffung anzunehmen, z. B. bzgl. **weit entfernter und beiläufiger Ursachen**, etwa hinsichtlich Eltern eines Mörders oder Herstellern und Händlern von z. B. zur Tötung eingesetzten Alltagsgegenständen.[61]

53

---

[59] Hierzu Fahl JA 2012, 808; s. auch Duttge, in: MK-StGB, 4. Aufl. 2020, § 15 Rn. 2f.
[60] Fischer, StGB, 68. Aufl. 2021, § 15 Rn. 16; aus der Rspr. vgl. OLG Dresden U. v. 14.02.2014 – 2 OLG 25 Ss 788/13 – StV 2015, 120.
[61] Kühl, AT, 8. Aufl. 2017, § 4 Rn. 46.

> **Beispiel 39**
>
> B1 produziert Messer. Mit einem seiner Messer tötete B2 den G. ◀

Gleiches gilt in anderen Fällen, in denen der Handelnde entscheidende Mitursachen nicht beeinflussen kann und das Risiko eines tatsächlichen Erfolgseintritts ganz gering ist.[62]

> **Beispiel 40**
>
> B überredete seinen Erbonkel G zu einer Flugreise und hoffte, dass das Flugzeug abstürzt. So geschah es. ◀

> **Beispiel 41**
>
> B wollte seine Ehefrau G loswerden, traute sich jedoch nicht, diese eigenhändig umzubringen. Daher überredete er sie, allein in den Wald zu gehen, um Pilze zu sammeln, in der Hoffnung, sie werde dort vom Blitz erschlagen. Dies geschah tatsächlich. ◀

Ausgeschieden werden Konstellationen, in denen kein vernünftiger Mensch einen Erfolgseintritt erwartet. Kommt es doch zum Erfolg, realisiert sich lediglich das allgemeine Lebensrisiko. Hieran ändern böse Absichten des Täters nichts.
Zwei Fragen sind entscheidend:
Die erste ist empirisch: Wie hoch ist das Risiko eines bestimmten Verhaltens?
Die zweite ist normativ: Ab welcher Höhe des Risikos ist der Bereich des erlaubten Verhaltens verlassen?[63]

> **Beispiel 42**
>
> B ist HIV[64]-infiziert.[65] Dennoch übte er mit der ahnungslosen Z ungeschützten Geschlechtsverkehr aus. Z wurde infiziert. Das HIV-Infektionsrisiko bei heterosexuellem vaginalen Geschlechtsverkehr liegt zwischen 0,05 und 0,3 %. ◀

Erscheint das HIV-Infektionsrisiko zunächst gering, so ist es im Vergleich zu den Wahrscheinlichkeiten, in Deutschland von einem Blitz getroffen zu werden oder mit einem Flugzeug abzustürzen, die beide nach Statistiken jedenfalls unter 0,0001 % liegen, sehr hoch. Von allgemeinem Lebensrisiko kann nicht gesprochen werden.

---

[62] B. Heinrich, AT, 6. Aufl. 2019, Rn. 245.
[63] Zur Bedeutung der Wahrscheinlichkeit für die Zurechnung Puppe ZStW 1983, 287.
[64] Zu HIV-Fällen Herzog/Nestler-Tremel StV 1987, 360; Prittwitz JA 1988, 427 und 486; Meier GA 1989, 207.
[65] Zu Corona-Infektionen Cerny/Makepeace KriPoZ 2020, 148.

B. Objektiver Tatbestand

Es zeigt sich, dass wohl nur in Fällen absurder Lehrbuchkriminalität eine Erlaubtheit mangels hinreichender Risikohöhe anzunehmen sein wird. Selbst in den Blitzschlag-Fällen wird es zudem je nach Witterung und örtlichen Gegebenheiten rasch unseriös, pauschal auf eine extrem niedrige Wahrscheinlichkeit zu verweisen. Jedenfalls ist bei Anwendung der Wahrscheinlichkeitsargumentation größte Zurückhaltung geboten, und zwar sowohl in Fällen des Vorsatzes als auch der Fahrlässigkeit.

54

Selbst äußerlich unauffälliges Verhalten kann enorm risikoträchtig und eine unerlaubte Gefahrschaffung sein (etwa das Servieren einer Speise, auf die das Opfer stark allergisch reagiert); ob der Täter den subjektiven Tatbestand erfüllt, ist eine andere Frage.

Im Grunde könnte man derartige Geschehensabläufe auch **atypische Kausalverläufe** (i. S. v. seltenen Ereigniswahrscheinlichkeiten) nennen; es ist aber üblich, hierunter Konstellationen zu fassen, in denen eine rechtlich missbilligte Handlung vorliegt und die daraus resultierende Folge für das konkret betroffene Rechtsgut unwahrscheinlich ist (z. B. wenn eine strafrechtlich relevante Beleidigung zum Tod des sich echauffierenden Beleidigten führt), so dass die zweite Säule der „objektiven Zurechnung" bemüht wird, hierzu s. daher noch u.

Ggf. besteht eine niedrige Höhe der Eintrittswahrscheinlichkeit auch nur für einen von mehreren in Bezug genommenen Erfolgen. zum Beispiel steckt in (wohl, je nach Auslegung des § 223 I StGB) jeder Körperverletzung ein zumindest geringes Todesrisiko; ab einem bestimmten Todesrisiko greift freilich § 224 I Nr. 5 StGB (Körperverletzung „mittels einer das Leben gefährdenden Behandlung"), so dass sich das „Abgrenzung"sproblem bzgl. der nötigen Wahrscheinlichkeitshöhe (und wie immer entsprechenden Feststellungsschwierigkeiten in der Praxis) eben tatbestandsspezifisch als Frage der Risikomodifikation stellt.

55

cc) Rechtsnormen

Prima facie naheliegend (zumal aus freiheitlich-grundrechtlicher Sicht) ist es, eine Gefahrschaffung nur dann (und ggf. immer dann) als unerlaubt zu erachten, wenn das entsprechende Verhalten aufgrund einer speziellen staatlichen Norm verboten ist.

56

Beispiel 43

B fuhr innerorts 70 km/h und überfuhr daher G, der an der Unfallstelle starb. ◄

---

§ 3 III Nr. 1 StVO (Geschwindigkeit)
Die zulässige Höchstgeschwindigkeit beträgt auch unter günstigsten Umständen
1. innerhalb geschlossener Ortschaften für alle Kraftfahrzeuge 50 km/h

B verletzte die Verhaltensnorm der StVO und schuf so im Hinblick auf § 222 StGB eine unerlaubte Gefahr.

Nach wohl einhelliger Auffassung ist aber erstens die Existenz und Einschlägigkeit einer solchen Norm keine notwendige Bedingung,[66] zweitens ist umstritten, ob die positive Subsumtion unter eine Verbotsnorm zwingend zur Annahme einer unerlaubten Gefahr im hier verstandenen Sinne führt.

57   Zur Frage der **notwendigen Bedingung**: Durchaus denkbar wäre ein positivistischer und freiheitlicher Ansatz, dass nur präzise abstrakte Verhaltensverbote die grundsätzlich anzunehmende Erlaubnis der Gefahr beseitigen können. Dies wäre – natürlich je nach Inhalt und Formulierung der konkreten Norm – transparent und rechtssicher. Zu konstatieren ist ohnehin eine beträchtliche Anzahl derartige Normen in großen Bereichen des modernen menschlichen Lebens. Eine andere Frage ist, ob man einen Zustand sich dann erwartbar noch verstärkender Normsetzungsaktivität für besser erachtet als den derzeitigen. Freilich muss man in Bereich mangelnder Regulierung eher von Schein-Liberalität sprechen, da das Damokles-Schwert der Strafbarkeit (wenn die Reichweite des erlaubten Risikos unklar bleibt, immer zumal mit Gefahr von Rückschaufehlern) schwebt, nur dass man keine genauen Verhaltensnormen vor Augen hat. Zu konstatieren ist bei alledem aber eine eher geringe Kontrolldichte des BVerfG bzgl. des Bestimmtheitsgrundsatzes nach Art. 103 II GG und bzgl. der allgemeinen Prüfung grundrechtlicher Eingriffe i. R. d. Strafrechts. Bedenklich ist auch im Lichte der Gewaltenteilung die große Bedeutung von Judikaten, die insofern als Ersatz für Gesetzgebung fungieren müssen. Wieder eine andere Frage ist es, inwiefern es hinnehmbar wäre, größere Bereiche strafrechtlich erlaubten Risikos zu dulden (immerhin gilt Strafrecht als *ultima ratio* mit überdies fragmentarischem Charakter) bzw. der zivilrechtlichen Haftung oder verwaltungsrechtlichen Regulierung zu überantworten.

Genau diese Konsequenz ist aber unerwünscht und zuzugeben ist, dass jedenfalls im Lichte der derzeitigen regulierungsfreien Räume in der Tat Handlungen erlaubt wären, die besser verboten gehören (gerade auch in praktischer Konkordanz der betroffenen Grundrechte von Täter und Opfer bzw. bei Universalrechtsgütern von Staatszielbestimmungen. Für weite Felder menschlichen Agierens gibt es nämlich keine Präzisierungen bzgl. sorgfaltsgemäßen Verhaltens; einen abschließenden Katalog risikobegrenzender Verhaltenspflichten kann es aufgrund der immensen Zahl möglicher riskanter Verhaltensweisen nicht geben (vom permanenten Hinzukommen neuer – z. B. technischer – Handlungsmöglichkeiten ganz abgesehen).[67]

> **Beispiel 44**
>
> **BGH U. v. 01.02.2005 – 1 StR 422/04 – NStZ 2005, 446 (Anm. Kudlich JuS 2005, 848; RÜ 2005, 309; RA 2005, 376; Herzberg NStZ 2005, 602; Walther JZ 2005, 686):**

---

[66] Vgl. nur Kindhäuser/Hilgendorf, LPK, 8. Aufl. 2020, § 15 Rn. 52, 47ff.; näher Bohnert JR 1982, 6; Kudlich FS Otto 2007, 373.
[67] Puppe, in: NK-StGB, 5. Aufl. 2017, vor § 13 Rn. 155: Eine abschließende formell-gesetzliche Festsetzung aller Sorgfaltspflichten zu fordern sei vergebliche Liebesmühe.

B. Objektiver Tatbestand

B empfing im Wohnzimmer ihrer Wohnung mehrere Gäste, die gemeinsam mit ihr zahlreiche Zigaretten rauchten und Alkohol tranken. Ihre Kinder schliefen im benachbarten Kinderzimmer. Zwischen 20.30 Uhr und 20.45 Uhr verließ B mit einem der Gäste die Wohnung und suchte eine Gaststätte auf. Kurze Zeit später verließen zwei weitere Gäste die Wohnung. Gegen 22 Uhr folgte die letzte Besucherin, nachdem sie sich vergewissert hatte, dass beide Kinder in ihren Betten fest schliefen. Der Sohn war zu diesem Zeitpunkt an Windpocken erkrankt und hatte Fieber. Gegen 23.30 Uhr kehrte B in die Wohnung zurück, verließ jedoch die Wohnung kurz darauf wieder und ließ die Kinder unbeaufsichtigt zurück. B unterließ es, hierbei das Wohnzimmer auf feuergefährliche Gegenstände, insbesondere auf heruntergefallene brennende oder glimmende Zigarettenreste zu untersuchen. Auf der Couch im Wohnzimmer hinterließ sie in unordentlichem Zustand u. a. ein Feuerzeug, Papier, eine Zeitschrift, ein Kissen und ein Kleidungsstück. Während der Abwesenheit der B entwickelte sich auf der Couch ein Schwelbrand. Im Wohnzimmer entstanden direkte Brandschäden an der Couch, den Fenstern, Wänden und Deckenbalken; sämtliche Zimmer der Wohnung wurden stark verrußt. Als B gegen 4.45 Uhr mit ihren Gästen in die Wohnung zurückkehrte, fand sie die Kinder auf Grund des durch den Schwelbrand freigesetzten Kohlenmonoxyds und Cyanids bewusstlos vor. Beide Kinder verstarben durch Vergiftung bei gleichzeitigem Sauerstoffmangel. ◄

Es gibt kein Gesetz zur Regelung des Umgangs mit Zigarettenresten. Zwar regelt das BGB das Verhältnis der Eltern zu ihren Kindern (§§ 1626 ff. BGB), aber wiederum auf einem hohen Abstraktionsniveau. Es fehlen mithin jegliche gesetzlichen Anhaltspunkte, welche Vorsichtsmaßnahmen erforderlich gewesen wären bzw. andersherum, welche Unterlassungen von risikosenkenden Maßnahmen fahrlässigkeits- und damit strafbarkeitsbegründend wirken.

Dies gilt gerade für besonders sensible Individualrechtsgüter wie Leib, Leben und Fortbewegungsfreiheit, während etwa für die Einwirkung auf Sachen und Ansprüche mit dem BGB eine durchaus umfassende Regelung vorliegt.

Zur Frage der **hinreichenden Bedingung**: Ob das Ergebnis der Subsumtion einer existierenden Sorgfaltsnorm zwingend ist, ist umstritten. Dies betrifft konsequenterweise nicht das Einhalten der Norm: Kommt es auf das Vorliegen einer Rechtsnorm nicht an, dann gilt dies auch insofern, als das Einhalten einer existierenden Sorgfaltsnorm nicht automatisch zu einem erlaubten Risiko führt; es kann also keine Präklusion in dieser Richtung geben,[68] vielmehr werden diese Verbote als reine Mindeststandards, die nie Umstände des Einzelfalls angemessen berücksichtigen können, angesehen.

58

---

[68] Sternberg-Lieben/Schuster, in: Schönke/Schröder, StGB, 30. Aufl. 2019, § 15 Rn. 183; Fischer, StGB, 68. Aufl. 2021, § 15 Rn. 26.

Umgekehrt aber ist fraglich, ob aus einem Verstoß gegen eine solche Verbotsnorm die Unerlaubtheit der Gefahrschaffung folgt[69] oder ob ausnahmsweise aus anderen Gesichtspunkten trotzdem die Erlaubtheit folgen kann.[70] Ein Stück weit wird die Problematik dadurch relativiert, dass häufig generalklauselartige Fassungen der Rechtsnormen einen großen Auslegungsspielraum eröffnen und sich die zentrale Frage also schlicht auf diese Norm verlagert (z. B. „ausreichender Seitenabstand" beim Überholen gem. § 5 IV 2 StVO). Im Übrigen spricht die Rechtssicherheit eines fixierten Mindeststandards und der Respekt vor der gesetzgeberischen Entscheidung i. R. e. abstrakten Risikoabwägung dafür, keinen Gegenbeweis konkreter Ungefährlichkeit zuzulassen. Freilich kann es an der Verwirklichung der Unerlaubtheit der Gefahrschaffung im Erfolg bzw. am Schutzzweckzusammenhang mangeln (s. u.).

Die StVO ist in der Praxis die wohl wichtigste gesetzliche Quelle für strafrechtsrelevante unerlaubte Risiken bzw. Sorgfaltspflichten.[71] Dies ist nicht im Hinblick auf alle Regelungen der StVO unproblematisch, da manche vage oder sehr streng sind.

> **§ 1 II StVO (Grundregeln)**
> Wer am Verkehr teilnimmt hat sich so zu verhalten, dass kein Anderer geschädigt, gefährdet oder mehr, als nach den Umständen unvermeidbar, behindert oder belästigt wird.

> **§ 3 I 4 StVO (Geschwindigkeit)**
> Es darf nur so schnell gefahren werden, dass innerhalb der übersehbaren Strecke gehalten werden kann.

Weitere Rechtsnormen entstammen insbesondere dem sonstigen besonderen Polizei- und Ordnungsrecht.[72]

Klargestellt sei, dass eine soziale Üblichkeit des Verhaltens (z. B. Überschreitungen der zulässigen Geschwindigkeit oder Bedienen des Handys im Straßenverkehr) auf die rechtliche Missbilligung ohne Einfluss bleibt.

---

[69] So Puppe, in: NK-StGB, 5. Aufl. 2017, vor § 13 Rn. 156.

[70] So Fischer, StGB, 68. Aufl. 2021, § 15 Rn. 26: „kann"; Sternberg-Lieben/Schuster, in: Schönke/Schröder, StGB, 30. Aufl. 2019, § 15 Rn. 183.

[71] Kudlich, in: BeckOK-StGB, Stand 01.02.2021, § 15 Rn. 39; aus der Rspr. vgl. zuletzt OLG Hamm B. v. 20.08.2015 – 5 RVs 102/15 – NStZ-RR 2016, 27 (Anm. Satzger Jura 2016, 1456; Eisele JuS 2016, 80; LL 2016, 479; famos 4/2016; Rostalski jurisPR-StrafR 2/2016 Anm. 2); LG Köln U. v. 14.04.2016 – 117 KLs 19/15 (Anm. Preuß HRRS 2017, 23); OLG Brandenburg B. v. 18.10.2018 – 1 Ws 109/18 – StV 2020, 157 (Anm. Zeller/Thomas jurisPR-StrafR 25/2019 Anm. 4); OLG Hamm B. v. 18.07.2019 – 4 RVs 65/19 – NJW 2019, 2868.

[72] Hierzu Duttge, in: MK StGB, 4. Aufl. 2020, § 15 Rn. 138.

B. Objektiver Tatbestand

Strafrechtliche Normen selbst können verselbstständigt pönalisierte abstrakte Gefahrverbote enthalten, die dann auch bei den Delikten, die eine verwirklichte Gefährdung erfassen, heranzuziehen ist (z. B. bestraft § 316 StGB die Trunkenheit im Verkehr; das Überschreiten der dort relevanten Trunkenheitsgrenze begründet auch die Unerlaubtheit der Gefahr für z. B. § 222 StGB). Freilich sind auch derartige Vorfeldpönalisierungen oft selbst auslegungsbedürftig (z. B. enthält § 316 StGB keine Promillegrenzen bzgl. einer Alkoholisierung o. ä.), immerhin kann dann ein diesbzgl. durch Rspr. und Lehre gefundenes Auslegungsergebnis übertragen werden (z. B. die Grenzen der sog. Fahruntüchtigkeit i. R. d. § 316 StGB, s. im Besonderen Teil).

59

Unterlassungsdelikte (s. u., v. a. §§ 13, 138, 323c I StGB), scheinen ebenfalls fruchtbar gemacht werden zu können: Wer angesichts eines bestehenden Gefahr des Erfolgseintritts nicht passiv bleiben darf, darf erst recht nicht eine derartige Gefahr aktiv schaffen. Hierhin aber liegt ggf. nur eine Verlagerung oder Umformulierung des Problems, da die Unterlassungsstrafnormen wiederum vage bleiben, in welcher Situation welche gefahrmindernden Handlungen abverlangt werden. Die Aufgabe, eine rechtlich relevante Grundlage für die Unerlaubtheit des Verhaltens zu finden, ist identisch.

dd) Abwägung (sog. Sozialadäquanz): Überwiegender gesellschaftlicher Nutzen der Gefahrschaffung

▶ Didaktischer Aufsatz:

- Valerius, Zur Sozialadäquanz im Strafrecht, JA 2014, 561

(1) Allgemeines; Begriffliches

Sieht man den Verstoß gegen eine Verbotsnorm nicht als notwendige Bedingung für die Unerlaubtheit einer Gefahrschaffung an, müssen normlosgelöste Maßstäbe gefunden. Hier entstehen große Vertretbarkeitsspielräume und folglich (Rechts-)Unsicherheiten bei den Normunterworfenen. Erstens nämlich ist eine absolute Sicherung gegen Gefahren und Schäden nicht erreichbar, zweitens weiß das auch jeder, so dass sich die gegenseitigen Erwartungen in einer Gesellschaft auf gewisse zumutbare Basisvorsichtsmaßnahmen beschränken, drittens sind etwaige gesellschaftliche Vorteile der Handlungsvornahme in die Betrachtung einzubeziehen, um derentwegen Gefahren notgedrungen auch in erhöhtem Maße akzeptiert werden.[73] Dies führt zu einer gewissen Hilflosigkeit – in der Praxis wie in der Fallbearbeitung –,

60

---

[73] S. aus Warte des Fahrlässigkeitsdelikts Fischer, StGB, 68. Aufl. 2021, § 15 Rn. 16; aus der Rspr. vgl. BGH U. v. 13.11.2008 – 4 StR 252/08 (Abbrucharbeiten) – BGHSt 53, 38 = NJW 2009, 240 = NStZ 2009, 146 = StV 2009, 406 (Anm. Satzger JK 2009 StGB § 222/8; RÜ 2009, 96; RA 2009, 113; Bußmann NStZ 2009, 386; Renzikowski StV 2009, 443; Kraatz JR 2009, 182; Duttge HRRS 2009, 145; Wegner HRRS 2009, 381); BGH U. v. 21.12.2011 – 2 StR 295/11 – NStZ 2012, 319 (Anm. Bosch JK 2012 StGB § 13 I/47; Kudlich JA 2012, 470; Hecker JuS 2012, 755; Brüning ZJS 2012, 691; RA 2012, 353; Murmann NStZ 2012, 387; Oğlakcıoğlu NStZ-RR 2012, 246; Kuhli

da normativierte Verkehrsanschauungen zu ermitteln (oder zu behaupten) sind, zumal i. d. R. ohne solide empirische Grundlagen.

61 Während der Aspekt der Zumutbarkeit von Risikobegrenzungen letztlich zirkulär ist bzw. nur die Aufgabe beschreibt (ebenso wie Sorgfaltswidrigkeit/-gemäßheit, verkehrsrichtiges Verhalten o. ä.), lässt sich der Aspekt der gesellschaftlichen Nützlichkeit – meist als **Sozialadäquanz**[74] bezeichnet – immerhin als transparente utilitaristische **Abwägung** begreifen: Gewisse Risiken überschreiten eine signifikante Größe, werden aber von der Rechtsordnung wegen ihrer gesellschaftlichen Bedeutung hingenommen, obwohl ihre statistische Realisierung vorhergesehen wird. Dies betrifft z. B. die Herstellung gefährlicher Produkte (z. B. Alkohol, Kraftfahrzeuge und Werkzeuge), Interaktionen beim Sport,[75] ferner sog. Ausreißer bei der Produktion (mangelhafte und ggf. gefährliche Produktexemplare).[76]

Dies erinnert – außer an eine etwaige Opferzustimmung, s. u. – an Abwägungsvorgänge widerstreitender Interessen i. R. d. rechtfertigenden Notstands gem. § 34 StGB.

> **§ 34 StGB (Rechtfertigender Notstand)**
> Wer in einer gegenwärtigen, nicht anders abwendbaren Gefahr für Leben, Leib, Freiheit, Ehre, Eigentum oder ein anderes Rechtsgut eine Tat begeht, um die Gefahr von sich oder einem anderen abzuwenden, handelt nicht rechtswidrig, wenn bei Abwägung der widerstreitenden Interessen, namentlich der betroffenen Rechtsgüter und des Grades der ihnen drohenden Gefahren, das geschützte Interesse das beeinträchtigte wesentlich überwiegt. Dies gilt jedoch nur, soweit die Tat ein angemessenes Mittel ist, die Gefahr abzuwenden.

Feste Prüfungsmaßstäbe würden bei alledem voraussetzen, dass die in die Abwägung einzustellenden Interessen (hier zwischen gesellschaftlichem Nutzen entsprechender Handlungen und Rechtsgüterschutz) quantitativ einigermaßen plausibel fassbar sind (was sie realistischerweise nicht sind). Es verbleiben letztlich

---

HRRS 2012, 331; Puppe ZIS 2013, 45); BGH B. v. 05.08.2015 – 1 StR 328/15 – BGHSt 61, 21 = NJW 2016, 176 = NStZ 2016, 406 = StV 2016, 426 (Anm. Puppe, AT, 4. Aufl. 2019, § 29 Rn. 38ff.; Bosch Jura 2016, 450; Jäger JA 2016, 392; Eisele JuS 2016, 276; LL 2016, 252; RÜ 2016, 167; famos 3/2016; Schiemann NJW 2016, 178; Roxin StV 2016, 428; Herbertz JR 2016, 548); LG Karlsruhe U. v. 19.12.2018 – 4 KLs 608 Js 19580/17 (Darknet-Forumbetreiber, Amoklauf München) – StV 2019, 400 (Anm. Nestler Jura 2019, 898; Eisele JuS 2019, 1122; Nadeborn jurisPR-StrafR 14/2019 Anm. 4; Beck/Nussbaum HRRS 2020, 112).

[74] Zur Sozialadäquanz näher Schaffstein ZStW 1960, 369; Klug FS Schmidt 1961, 249; Hirsch ZStW 1962, 78; Zipf ZStW 1970, 633; Peters FS Welzel 1974, 415; Roxin FS Klug 1983, 303; Eser FS Roxin 2001, 199; Dölling FS Otto 2007, 219; Otto FS Amelung 2009, 225; Altermann FS Eisenberg 2009, 233; Valerius JA 2014, 561; Knauer ZStW 2014, 844; Ruppert ZIS 2020, 14.

[75] Hierzu Sternberg-Lieben/Schuster, in: Schönke/Schröder, StGB, 30. Aufl. 2019, § 15 Rn. 214ff.; näher Eser JZ 1978, 368; Schild Jura 1982, 464, 520 und 585; Rössner FS H. J. Hirsch 1999, 313; Kubink JA 2003, 257.

[76] S. B. Heinrich, AT, 6. Aufl. 2019, Rn. 245.

Wertungen, auch im Lichte historischer und kultureller Prägungen, die zur Zurückhaltung beim Verdikt des Unerlaubten Mahnen.

Zur i. E. problematischen Bedeutung des individuellen Wissensstands des Täters s. o.

Für die Fallbearbeitung sei vom Erlernen einer Kasuistik bejahter und verneinter unerlaubter Risiken (bzw. Sorgfaltswidrigkeiten) abgeraten; wichtiger ist eine Reflexion in Betracht kommender Abwägungsfaktoren.

(2) Nichtstaatliche Normen
In Bereichen, in denen eine staatliche Regulierung fehlt, können ggf. private Regelwerke[77] eine Indizfunktion entfalten, auch wenn es ihnen an öffentlich-rechtlicher Geltung und demokratischer Legitimation fehlt. Soweit diese Regelwerke vertragliche Beziehungen betreffen, fungieren sie als im Zweifel von den Parteien vereinbarte Pflichtenkonkretisierungen (zur – ggf. an Bedingungen geknüpften – Zustimmung des Opfers s. u.).

Zu nennen sind insbesondere die Regeln der ärztlichen Kunst (ggf. als Inhalt des Behandlungsvertrags, s. § 630a ff. BGB):[78]

62

Beispiel 45

vgl. BGH U. v. 22.12.2010 – 3 StR 239/10 (Zitronensaft) – NJW 2011, 1088 = NStZ 2011, 343 (Anm. Bosch JK 2011 StGB § 223/5; Jahn JuS 2011, 468; Zöller ZJS 2011, 173; LL 2011, 641; RA 2011, 223; Schiemann NJW 2011, 1046; Hardtung NStZ 2011, 635; Ziemann/Ziethen HRRS 2011, 394; Widmaier FS Roxin 2011, 439):

Am Ende einer Operation legte B in die Wunde einen mit Zitronensaft getränkten Streifen ein und vernähte die Wunde darüber. B war auf Grund persönlicher beruflicher Erfahrungen der Überzeugung, Zitronensaft sei ein geeignetes Mittel zur Behandlung schwerwiegender Wundheilungsstörungen. ◄

Die Überzeugung des B steht nicht mit den Regeln der ärztlichen Kunst in Einklang.

Ferner Sportregeln:[79]

Beispiel 46

Im Laufe eines Fußballspiels grätschte B den Z – ohne den Ball zu treffen – so um, dass dieser einen Bänderriss erlitt. ◄

---

[77] Zur Bedeutung nichtstaatlicher Normen Sternberg-Lieben/Schuster, in: Schönke/Schröder, StGB, 30. Aufl. 2019, § 15 Rn. 135; näher Beck ZStW 2019, 967.
[78] S. Kudlich, in: BeckOK-StGB, Stand 01.02.2021, § 15 Rn. 41; näher Schwalm FS Bockelmann 1979, 539; aus der Rspr. vgl. zuletzt OLG Dresden U. v. 14.02.2014 – 2 OLG 25 Ss 788/13 – StV 2015, 120.
[79] Hierzu Sternberg-Lieben/Schuster, in: Schönke/Schröder, StGB, 30. Aufl. 2019, § 15 Rn. 214ff.; näher Rössner FS H. J. Hirsch 1999, 313; aus der Rspr. vgl. OLG Hamburg B. v. 28.04.2015 – 1 Rev 13/15 – NStZ-RR 2015, 209 (Anm. Eisele JuS 2015, 945; RÜ 2015, 509).

Bei einer solchen Grätsche handelt es sich ausweislich der FIFA/DFB-Fußball-Regeln 2020/2021 Regel 12 (Fouls und unsportliches Betragen) um ein mindestens rücksichtsloses Vergehen, das zu einem direkten Freistoß führt.

Im Bereich wirtschaftlicher Tätigkeit sind v. a. die DIN-Normen bedeutsam.

(3) Vertrauensgrundsatz

▶ Didaktischer Aufsatz:

- Eidam, Zum Ausschluss strafrechtlicher (Fahrlässigkeits-)Verantwortlichkeit anhand des Vertrauensgrundsatzes – ein Überblick, JA 2011, 912

(a) Allgemeines

63 Eine besondere Konstellation erlaubten Risikos ergibt sich aus dem sog. Vertrauensgrundsatz.[80] Dieser besagt, dass derjenige, der sich selbst sorgfältig verhält, darauf vertrauen darf, dass andere sich ebenfalls sorgfältig verhalten. Man muss also keine Vorkehrungen dafür treffen, dass sich andere sorgfaltswidrig verhalten.

Die wichtigsten Fallgruppen sind die des Straßenverkehrs (diesbzgl. wurde der Vertrauensgrundsatz entwickelt) und der Arbeitsteilung.

(b) Straßenverkehr

64 Wer sich an die Regeln der StVO hält, darf darauf vertrauen, dass die anderen Verkehrsteilnehmer dies auch tun.[81]

Niemand muss z. B. an einer grünen Ampel anhalten und sich umschauen, jeder darf darauf vertrauen, dass der, der „rot" hat, auch wirklich anhält.

Der Vertrauensgrundsatz soll allerdings dann enden, wenn besondere Umstände das Vertrauen nicht mehr rechtfertigen, z. B. besondere Kenntnisse.

Beispiel 47

A fuhr mit seinem Auto durch die Stadt. Als Ortskundiger wusste er, dass er an einer bestimmten Straßenkreuzung, obwohl von links kommend, infolge geänderter Vorfahrtsregeln vorfahrtsberechtigt war. Er wusste aber auch, dass das Verkehrsschild für die von rechts kommenden, wartepflichtigen Verkehrsteilnehmer nur schlecht sichtbar ist, so dass sich dort oft Unfälle ereignen. Dennoch verringerte er, als er von links kommend und somit vorfahrtsberechtigt in die Kreuzung einfuhr, seine Geschwindigkeit nicht, obwohl er sah, dass von rechts T mit seinem Pkw herannahte. Es kam zu einem Unfall, bei dem T schwer verletzt wurde. ◀

---

[80] Hierzu Kindhäuser/Hilgendorf, LPK, 8. Aufl. 2019, § 15 Rn. 61ff.; näher Eidam JA 2011, 912; Timpe StraFo 2016, 11.

[81] Fischer, StGB, 68. Aufl. 2021, § 222 Rn. 13ff.; Mühl DAR 1972, 47; aus der Rspr. vgl. BayObLG U. v. 07.12.1979 – RReg. 1 St 456/79 (Anm. Puppe, AT, 4. Aufl. 2019, § 5 Rn. 5ff.; Krümpelmann FS Lackner 1987, 289).

B. Objektiver Tatbestand

Ferner darf man etwa ggü. kleinen Kindern nicht darauf vertrauen, dass diese sich verkehrsgerecht verhalten.[82]

(c) Arbeitsteiliges Zusammenwirken

▶ Didaktischer Aufsatz:

- Wilhelm, Strafrechtliche Fahrlässigkeit bei Arbeitsteilung in der Medizin, Jura 1985, 183

Vergleichbares gilt bei arbeitsteiligem Zusammenwirken,[83] insbesondere in Wirtschaftsunternehmen, auf Baustellen und bei der medizinischen Versorgung. 65

Beispiel 48

Bei einer schwierigen Operation arbeiteten Gehirnchirurg B1, Anästhesist B2 sowie die Krankenschwester B3 zusammen. B1 übersah, dass B2 eine zu hohe Dosis des Anästhetikums verabreichte. Außerdem fiel ihm nicht auf, dass B3 die Wunde nicht desinfizierte. ◀

Hier gilt, dass bei Zusammenarbeit Gleichrangiger (z. B. Ärzte verschiedener Fachrichtungen) jeder darauf vertrauen darf, dass der jeweils andere seine eigene Arbeit ordnungsgemäß erledigt.

Bei einem Unterordnungsverhältnis wirkt die Arbeitsteilung aufgrund Delegation dahingehend, dass sich der Pflichteninhalt des Delegierenden verändert. Dieser darf auf ordnungsgemäße Arbeit seiner Untergebenen dann vertrauen, wenn er diese sorgfältig auswählt, anleitet und überwacht. Der Untergebene seinerseits darf grundsätzlich darauf vertrauen, dass eine Anweisung des Vorgesetzten sachlich richtig ist.

Begrenzt wird der Vertrauensgrundsatz auch hier bei erkannter oder leicht erkennbarer Mangelhaftigkeit der Leistung des Mitwirkenden

---

[82] Fischer, StGB, 68. Aufl. 2021, § 222 Rn. 16.
[83] Hierzu Kudlich, in: BeckOK-StGB, Stand 01.02.2021, § 15 Rn. 47; näher Stratenwerth FS Schmidt 1961, 382 (Medizin); Wilhelm MedR 1983, 45 (Medizin); Wilhelm Jura 1985, 183 (Medizin); Peters StV 2001, 708; Esser/Keuten NStZ 2011, 314 (Bau); Duttge ZIS 2011, 349 (Medizin); Beck MedR 2011, 471; Lindemann/Wostry HRRS 2012, 138 (Medizin); aus der Rspr. vgl. BGH U. v. 02.02.1983 – 2 StR 558/82 (Ärzte) – NStZ 1983, 263; BGH U. v. 31.01.2002 – 4 StR 289/01 (Wuppertaler Schwebebahn) – BGHSt 47, 224 = NJW 2002, 1887 = NStZ 2002, 421 (Anm. Puppe, AT, 4. Aufl. 2019, § 29 Rn. 12ff.; LL 2002, 605; Freund NStZ 2002, 424; Kudlich JR 2002, 468; Otto JK 2003 StGB § 13/33); BGH U. v. 13.11.2008 – 4 StR 252/08 (Abbrucharbeiten) – BGHSt 53, 38 = NJW 2009, 240 = NStZ 2009, 146 = StV 2009, 406 (Anm. Satzger JK 2009 StGB § 222/8; RÜ 2009, 96; RA 2009, 113; Bußmann NStZ 2009, 386; Renzikowski StV 2009, 443; Kraatz JR 2009, 182; Duttge HRRS 2009, 145; Wegner HRRS 2009, 381); OLG Düsseldorf B. v. 28.01.2014 – IV-3 RBs 11/14 – NStZ-RR 2014, 190; OLG Celle B. v. 16.09.2019 – 3 Ss 50/19 – StV 2020, 459; OLG Zweibrücken B. v. 12.01.2021 – 1 Ws 76/20 – NStZ-RR 2021, 80.

Für das obige Beispiel ergibt sich, dass B1, dem bei der schwierigen Operation eine Überwachung der anderen nicht zumutbar ist, bei sorgfältiger Auswahl und vorhergehender Anleitung wegen des Vertrauensgrundsatzes keine Sorgfaltspflichtverletzung zur Last gelegt werden kann.

b) Konkrete Unerlaubtheit: Verhalten des Gefährdeten
aa) Allgemeines

66 Das Strafrecht dient dem Rechtsgüterschutz. Soweit diese Rechtsgüter individueller Natur sind, also einem bestimmten Menschen zustehen (sog. Individualrechtsguts), muss sich der strafrechtliche Schutz nach der Willens- und Handlungsfreiheit des Einzelnen (vgl. Art. 2 I GG) richten. Verzichtet dieser auf den Schutz (erst recht bei Aufforderung o. ä. zur Handlung), so muss das strafausschließende Folgen haben. *Volenti non fit iniuria* (dem Wollenden geschieht kein Unrecht) bzw. *nulla iniuria est, quae in volentem fiat* (kein Unrecht ist das, was mit Einwilligung geschieht).[84]

Dies ist aus der Straflosigkeit von Selbstverletzungen – deutlich in § 223 StGB: „andere Person" – zu schließen, was erst recht bei Fahrlässigkeitsdelikten gelten muss (ohnehin ebenfalls ausdrücklich z. B. in § 229 StGB: „anderen Person").

---

§ 223 I StGB (Körperverletzung)
Wer eine andere Person körperlich mißhandelt oder an der Gesundheit schädigt, wird mit Freiheitsstrafe bis zu fünf Jahren oder mit Geldstrafe bestraft.

---

§ 229 StGB (Fahrlässige Körperverletzung)
Wer durch Fahrlässigkeit die Körperverletzung einer anderen Person verursacht, wird mit Freiheitsstrafe bis zu drei Jahren oder mit Geldstrafe bestraft.

Auch etwa § 212 StGB (Totschlag) wird so ausgelegt, dass der – versuchte – Suizid nicht erfasst wird; zur Sonderrolle des § 216 StGB s. u.

Individualschützende Strafnormen (z. B. die §§ 222 oder 229 StGB) sollen das Opfer nicht vor Selbstverletzungen schützen, sondern vor unerwünschten Eingriffen Dritter bewahren. Insofern greift der Schutzzweck der Norm nicht.

67 Mithin fehlt es, wenn **der Gefährdete der Gefährdung zustimmt**, an einer konkreten Unerlaubtheit der abstrakt rechtlich unerlaubten Gefahr.

Diese Zustimmung kann **vor der Täterhandlung** erteilt werden. Eine solche Lage wird üblicherweise als Einverständnis oder Einwilligung bezeichnet, zur Differenzierung der h. M. in Begrifflichkeit und rechtlicher Einordnung s. sogleich.

---

[84] Joecks/Jäger, StGB, 13. Aufl. 2021, vor § 32 Rn. 21; näher Weigend ZStW 1986, 44.

B. Objektiver Tatbestand

Sie kann aber auch noch **nach der Täterhandlung** erteilt werden, allerdings nicht nach Erfolgseintritt, dann ist sie nur noch i. R. d. Strafzumessung relevant.[85] Zu beachten ist die Zustimmung dergestalt aber vor Erfolgseintritt, dass der Geschädigte eine Handlung des Täters für eine Erfolgsherbeiführung an sich selbst nutzt (z. B. unsachgemäßes Aufbewahren von Schusswaffe, mit welcher Geschädigter sich verletzt); auch wenn der Täter eine allgemein unerlaubte Gefahr setzt, folgt daraus, dass ein Geschädigter dies erkennt und sich dann auf Grundlage dieser Gefahr selbst gesteigert gefährdet,[86] eine Zustimmung bzgl. der konkreten Erfolgsherbeiführung am Geschädigten (aber nur bzgl. diesem, denn eine unerlaubt geschaffene Erst-Gefahr kann auch andere treffen).

Kennt der Täter eine objektiv erteilte Zustimmung nicht, kommt kein vollendetes, sondern nur ein versuchtes Delikt (§§ 22, 23 StGB in Betracht); nimmt er eine objektiv nicht vorliegende Zustimmung an, greift § 16 I 1 StGB;[87] s. i. E. u. **68**

bb) Gefährdetenzustimmung vor der Täterhandlung (Einverständnis; Einwilligung)

▶ Didaktische Aufsätze:

- Bergmann, Einwilligung und Einverständnis im Strafrecht, JuS 1989, L 65
- Amelung/Eymann, Die Einwilligung des Verletzten im Strafrecht, JuS 2001, 937
- Rönnau, Die Einwilligung als Instrument der Freiheitsbetätigung, Jura 2002, 595
- Rönnau, Voraussetzungen und Grenzen der Einwilligung im Strafrecht, Jura 2002, 665
- Otto, Einwilligung, mutmaßliche, gemutmaßte und hypothetische Einwilligung, Jura 2004, 679
- Rönnau, Grundwissen – Strafrecht: Einwilligung und Einverständnis, JuS 2007, 18
- Beckert, Einwilligung und Einverständnis, JA 2013, 507

(1) Allgemeines

Die Gefährdetenzustimmung vor der Täterhandlung wird üblicherweise in unterschiedlichen Abschnitten dargestellt, da Fragen des Einverständnisses von der h. M. dem Tatbestand zugeschlagen werden, Fragen der Einwilligung aber der **69**

---

[85] Fischer, StGB, 68. Aufl. 2021, § 228 Rn. 5; aus der Rspr. vgl. BGH U. v. 10.07.1962 – 1 StR 194/62 (Krankenseelsorger, Pockenarzt) – BGHSt 17, 359 = NJW 1963, 165 und 400 (Anm. Roxin, Höchstrichterliche Rspr. AT, 1998, Nr. 32; Preuße JuS 1963, 161; Rutkowsky NJW 1963, 166; Gimbernat Ordeig FS Frisch 2013, 291); OLG Oldenburg U. v. 30.08.1966 – Ss 173/66 – NJW 1966, 2132.

[86] Zur nachträglichen Selbstgefährdung des Geschädigten Wessels/Beulke/Satzger, AT, 50. Aufl. 2020, Rn. 282 („Dazwischentreten des Opfers"); näher Weigend FS Rengier 2018, 135; Roxin GA 2020, 183.

[87] Aus der Rspr. vgl. OLG Hamm U. v. 21.08.2012 – III-4 RVs 42/12 – NStZ-RR 2012, 374 (Anm. Tierel jurisPR-StrafR 18/2012 Anm. 2; Odenthal WiJ 2013, 24).

Ebene der Rechtswidrigkeit. Die folgende Darstellung als einheitliche Tatbestandsfrage ist dem hier vertretenen Konzept geschuldet.

(2) Arten der Gefährdetenzustimmung (?): Einverständnis und Einwilligung

70 Die Gefährdetenzustimmung – in üblicher Terminologie die Einwilligung[88] und das Einverständnis – ist **strafrechtlich nicht geregelt**.[89]

Eine Gefährdetenzustimmung wirkt aber jedenfalls bereits **tatbestandsausschließend** und heißt dann **Einverständnis**, wenn es für das Unrecht des Delikts konstituierend ist, dass die Handlung des Täters gegen oder ohne den Willen des Betroffenen vorgenommen werden muss, z. B. in den §§ 123, 177, 178, 240, 242, 248b, 253 StGB.[90] Der entgegenstehende Wille des Geschädigten ist hier Teil des auszulegenden Tathandlungsbegriffs;[91] in § 248b StGB sogar ausdrücklich („gegen den Willen des Berechtigten").

> **§ 248b I StGB (Unbefugter Gebrauch eines Fahrzeugs)**
> Wer ein Kraftfahrzeug oder ein Fahrrad gegen den Willen des Berechtigten in Gebrauch nimmt, wird mit Freiheitsstrafe bis zu drei Jahren oder mit Geldstrafe bestraft, wenn die Tat nicht in anderen Vorschriften mit schwererer Strafe bedroht ist.

Man kann ferner beispielsweise schon begrifflich nicht von einer Wegnahme i. S. d. § 242 I StGB sprechen, wenn der Gewahrsamsinhaber mit der Übertragung des Gewahrsams an den anderen einverstanden ist.

> **Beispiel 49**
> B fragte seinen Freund Z, ob er sich aus der auf dem Tisch liegenden Zigarettenschachtel eine Zigarette nehmen dürfe. Z stimmte zu. B zog eine Zigarette heraus und zündete sie sich an. ◄

> **§ 242 I StGB (Diebstahl)**
> Wer eine fremde bewegliche Sache einem anderen in der Absicht wegnimmt, die Sache sich oder einem Dritten rechtswidrig zuzueignen, wird mit Freiheitsstrafe bis zu fünf Jahren oder mit Geldstrafe bestraft.

---

[88] Zur Einwilligung z. B. Krey/Esser, AT, 6. Aufl. 2016, Rn. 655ff.; näher Geerds GA 1954, 262; Bergmann JuS 1989, L65; Amelung/Eymann JuS 2001, 937; Rönnau Jura 2002, 595 und 665; Dölling FS Gössel 2002, 209; Otto Jura 2004, 679; Rönnau JuS 2007, 18; Beulke FS Otto 2007, 207; Kindhäuser GA 2010, 490; Beckert JA 2013, 507; Frisch GA 2021, 65.
[89] Vgl. aber im Zivilrecht nunmehr § 630d BGB bzgl. medizinischer Maßnahmen.
[90] Joecks/Jäger, StGB, 13. Aufl. 2021, vor § 32 Rn. 19.
[91] Zum Einverständnis z. B. Krey/Esser, AT, 6. Aufl. 2016, Rn. 656; näher Baumann JZ 1960, 8; de Vicente Remesal FS Roxin 2001, 379; aus der Rspr. vgl. BGH U. v. 13.05.1969 – 2 StR 616/68 = BGHSt 23, 1 = NJW 1969, 1582 (Anm. Peters JR 1970, 68).

B. Objektiver Tatbestand

Dies wirft sofort die **„Abgrenzungs"problematik** auf, zu unterscheiden zwischen Tatbeständen, bei denen der Wortlaut bereits in einem solchen tatbestandsbezogenen Sinne („Einverständnis") gedeutet wird (obwohl das keinesfalls immer zwingend ist, immerhin mag man auch die Wegnahme beim Diebstahl als schlichte Erfolgsauslegung i. S. e. Gewahrsamsverschiebung definieren), und solchen, bei denen das nach h. M. nicht der Fall sein soll (statt tatbestandsausschließenden „Einverständnisses" nur ggf. rechtfertigende „Einwilligung"), wie etwa bei der Körperverletzung nach § 223 I StGB (obwohl die dortigen Merkmale auch danach klingen, als setzten sie ein Handeln ohne Zustimmung voraus, v. a. „misshandelt"). 71

> **§ 223 I StGB (Körperverletzung)**
> Wer eine andere Person körperlich misshandelt oder an der Gesundheit schädigt, wird mit Freiheitsstrafe bis zu fünf Jahren oder mit Geldstrafe bestraft.

Schon insofern ist im Grundsatz **fraglich**, ob mit der h. M. eine **Unterscheidung** von tatbestandsausschließendem **Einverständnis** und (nur) rechtfertigender **Einwilligung** getroffen werden sollte (zumal, wenn an diese andere Voraussetzungen geknüpft werden als an ein Einverständnis, wie dies die h. M. tut).

Die Rspr.[92] und die h. L.[93] differenzieren im genannten Sinne; eine Gegenauffassung[94] nimmt in verschiedenen Begrifflichkeiten einen Tatbestandsausschluss an.

Für die Einordnung als Rechtfertigungsgrund führt die h. M. v. a. den Wortlaut des § 228 StGB an.

> **§ 228 StGB (Einwilligung)**
> Wer eine Körperverletzung mit Einwilligung der verletzten Person vornimmt, handelt nur dann rechtswidrig, wenn die Tat trotz der Einwilligung gegen die guten Sitten verstößt.

Aus dem dortigen Wort „rechtswidrig" folgert sie, dass der Gesetzgeber bewusst die Einwilligung getrennt vom Tatbestand einordnet und der gesonderten Ebene der Rechtswidrigkeit als Rechtfertigungsgrund zuordnet (wie etwa auch die Notwehr gem. § 32 StGB oder der rechtfertigende Notstand gem. § 34 StGB.

---

[92] Z. B. BGH U. v. 10.07.1962 – 1 StR 194/62 (Krankenseelsorger, Pockenarzt) – BGHSt 17, 359 = NJW 1963, 165 und 400 (Anm. Roxin, Höchstrichterliche Rspr. AT, 1998, Nr. 32; Preuße JuS 1963, 161; Rutkowsky NJW 1963, 166; Gimbernat Ordeig FS Frisch 2013, 291).
[93] S. nur Joecks/Jäger, StGB, 13. Aufl. 2021, vor § 32 Rn. 18; näher zur Frage der dogmatischen Einordnung de Vicente Remesal FS Roxin 2001, 379; Kindhäuser FS Rudolphi 2004, 135; Roxin FS Amelung 2009, 269; Gropp GA 2015, 5
[94] Z. B. Kindhäuser/Hilgendorf, LPK, 8. Aufl. 2019, vor § 13 Rn. 162; Hoyer, in: SK-StGB, 9. Aufl. 2017, vor § 32 Rn. 30ff.

Selbst wenn man eine Trennung der Ebenen Tatbestand und Rechtswidrigkeit zugrunde legt (etliche Vertreter der Wissenschaft bestreiten dies, s. i. E. u.) und nicht alle Rechtfertigungsgründe als (negative) Tatbestandsmerkmale einordnet (so dass schon aus diesem Grunde alle Gefährdetetenzustimmungen gleich zu behandeln sind), so ist für die Einwilligung dennoch richtigerweise bereits eine Tatbestandsrelevanz anzunehmen: Dem § 228 StGB lässt sich lediglich entnehmen, dass bei Einwilligung – vorbehaltlich der Sittenwidrigkeit im Anwendungsbereich der Norm – keine rechtswidrige Tat vorliegt; hier erhellt § 11 I Nr. 5 StGB („rechtswidrige Tat: nur eine solche, die den Tatbestand eines Strafgesetzes verwirklicht"), dass auch eine tatbestandslose Tat aufgrund Nichterfüllung eines (anderen) Tatbestandsmerkmals ohne „Rechtswidrigkeit" i. S. d. § 11 I Nr. 5 StGB begangen wurde. Zuzugeben ist, aber dass eine klarstellende Änderung des missverständlichen § 228 StGB, der ohnehin nur für die Körperverletzungsdelikte gilt (wobei eine Sonderdogmatik einer diesbzgl. Einwilligung wenig sinnvoll sein dürfte), zu wünschen wäre, denn die besseren Gründe sprechen bereits *de lege lata* für eine Behandlung als Tatbestandsfrage, eben als erlaubte Gefahrschaffung des Täters: Erstens erledigen sich die o. a. Abgrenzungsschwierigkeiten zwischen Delikten mit tatbestandsausschließendem Einverständnis und solchen ohne diese Möglichkeit, zugleich Schwierigkeiten durch etwaige Annahme unterschiedlicher Voraussetzungen von Einverständnis und Einwilligung. Zweitens ist in einem dem Rechtsgüterschutz gewidmeten Strafrecht der Verzicht des Geschützten auf diesen Schutz anzuerkennen, so dass den Täter keine Pflicht mehr treffen kann, sein Handeln zu unterlassen und das fremde Rechtsgut zu schonen (insofern ist § 248b StGB, „gegen den Willen", Musterbeispiel eines disponiblen Individualschutzes); auch Laien dürften einem solchen Täter nicht einmal moralisch etwas vorzuhalten haben. Alle Individualrechtsgüter sollten im Hinblick auf mangelndes Schutz-Interesse des Inhabers gleich behandelt werden. Bei der Einwilligung kommt drittens hinzu, dass sie im Vergleich zu etwa den Rechtfertigungsgründen der Notwehr gem. § 32 StGB oder des rechtfertigenden Notstands gem. § 34 StGB nur willenssichernde Voraussetzungen hat, dass es aber keine paternalistisch einschränkende Einzelfallabwägung gibt (enge Ausnahmen folgen aus den §§ 216, 228 StGB). Beim Notstand wird eine Güterabwägung zwischen gerettetem und geopfertem Rechtsgut vorgenommen, bei der Notwehr existieren ebenfalls gewisse Einschränkungen. Bei der Einwilligung gibt es demgegenüber keinen Anlass dafür, einer einwilligungsunabhängig erfüllten Verbotsnorm (da und soweit es um dem Opfer zur Disposition stehende Rechtsgüter geht) eine selbstständige Erlaubnisnorm gegenüberzustellen und dann per Kollisionsnorm der Erlaubnisnorm unbedingten Vorrang einzuräumen; dann nämlich kann man auch gleich die Verbotsnorm in ihrem Inhalt beschränken. Insofern passt auch das Verhältnis typisiertes Unrecht vs. ausnahmsweise Rechtfertigung nicht zur Situation der Einwilligung, da es eben sehr häufige Geschehnisse mit Zustimmung des Rechtsgutsträgers gibt, während etwa Notwehr und Notstand wirkliche Ausnahmesituationen bilden.

Nach alledem ist richtigerweise bzgl. aller Tatbestände die Gefährdetenzustimmung gleich zu behandeln, so dass entgegen h. M. auch identische Voraussetzungen von Einverständnis und Einwilligung anzunehmen sind.

Terminologisch hat man insofern mehrere Optionen, als dass das Gesetz uneinheitlich vorgeht: Der Begriff „Einverständnis" findet sich in § 356 II StGB; von „Einwilligung" spricht v. a. § 228 StGB (s. aber auch die §§ 56c III, 57 I 1 Nr. 1, 68c II 1 Nr. 1, S. 2, 109 I, 184c IV, 218a II, III, 283d I, 299 I Nr. 2, II Nr. 2, 323b StGB), von „Zustimmung" die §§ 177 II Nr. 2, 236 II 2 StGB. Nicht selten rekurriert die Norm auch auf den (fehlenden) „Willen" des Betroffenen, §§ 108a, 177 I, II Nr. 1, 2, IV, 218 II 2 Nr. 1, 248b StGB. „Erlaubnis" wird im StGB nur öffentlich-rechtlich verwendet (§§ 109g IV 2, 284 I, 287 I, 323b StGB), ebenso „Genehmigung" (§§ 326 II, 327 I, II 1 Nr. 1, 2, S. 2, 328 I, 330d I Nr. 5, II, 331 III, 333 III StGB).

72

Um die konzeptionell fundamentale Abweichung von der h. M. nicht durch die Verwendung eines der Worte Einwilligung oder Einverständnis zu verschleiern bzw. zu Missverständnissen Anlass zu geben, wird im Folgenden der **Begriff der Zustimmung** verwendet (freilich anders als im BGB, vgl. §§ 183, 184 BGB).[95]

In Prüfungsarbeiten mag sich demgegenüber, wie sonst auch, eine Orientierung am durchschnittlichen Korrektorenhorizont empfehlen.

(3) Arten der Gefährdung(sherrschaft): Unterscheidung von Fremdgefährdung und Selbstgefährdung (?)

▶ Didaktische Aufsätze:

- Rudolphi, Vorhersehbarkeit und Schutzzweck der Norm in der strafrechtlichen Fahrlässigkeitslehre, JuS 1969, 549
- Spendel, Fahrlässige Teilnahme an Selbst- und Fremdtötung, JuS 1974, 749
- Otto, Die Bedeutung der eigenverantwortlichen Selbstgefährdung im Rahmen der Delikte gegen überindividuelle Rechtsgüter, Jura 1991, 443
- Schroeder, Die Teilnahme des Beifahrers an der gefährlichen Trunkenheitsfahrt, JuS 1994, 846
- Geppert, Zur Unterbrechung des strafrechtlichen Zurechnungszusammenhanges bei Eigenschädigung/-gefährdung des Opfers oder bei Fehlverhalten Dritter, Jura 2001, 490
- Christmann, Eigenverantwortliche Selbstgefährdung und Selbstschädigung, Jura 2002, 679
- Lasson, Eigenverantwortliche Selbstgefährdung und einverständliche Fremdgefährdung, ZJS 2009, 359
- Eisele, Freiverantwortliches Opferverhalten und Selbstgefährdung, JuS 2012, 577
- Rönnau, Grundwissen – Strafrecht: Einverständliche Fremdgefährdung, JuS 2019, 119
- Dorn-Haag, Exkulpations- und Einwilligungslösung in Fällen der Selbstschädigung und Selbstgefährdung – Zugleich ein Beitrag zur Abgrenzung der Eigen- und Fremdverantwortung in der gutachterlichen Fallbearbeitung, JA 2021, 26

---

[95] S. auch Schlehofer, in: MK-StGB, 4. Aufl. 2020, vor § 32 Rn. 146ff.

(a) Die Unterscheidung der h. M.

73 Die Rspr. und die h. L.[96] unterscheiden die eigenverantwortliche **Selbstgefährdung**, bei der die „objektive Zurechnung ausgeschlossen" werde, von der **Fremdgefährdung**, die stets tatbestandsmäßig sein soll und lediglich aufgrund Einwilligung gerechtfertigt sein könne (allerdings nicht bei vorsätzlichen Tötungen, vgl. § 216 StGB).

Folglich stellt sich für die h. M. die Frage der **Unterscheidung** zwischen Selbst- und Fremdgefährdung. Für maßgeblich gehalten wird hierbei eine sog. **Tatherrschaft**, verstanden als ein In-den-Händen-Halten des Geschehensablaufs.[97]

> **Beispiel 50**
>
> B übergab dem Z ein Küchenmesser, mit dem dieser sich als Mutprobe in den Arm ritzte. ◄

---

[96] S. nur B. Heinrich, AT, 6. Aufl. 2019, Rn. 1049; näher Rudolphi JuS 1969, 549; Geppert ZStW 1971, 947 (Mitfahrer); Spendel JuS 1974, 749; Dölling GA 1984, 71; Bindokat JZ 1986, 421; Geppert Jura 1987, 668 (HIV); Herzog/Nestler-Tremel StV 1987, 360 (HIV); Prittwitz NJW 1988, 2942 (HIV); Helgerth NStZ 1988, 261 (HIV); Wokalek/Köster MedR 1989, 286 (HIV); Otto FS Tröndle 1989, 157; Mayer JuS 1990, 784 (HIV); Otto Jura 1991, 443; Frisch NStZ 1992, 1 und 62; Weber FS Spendel 1992, 371 (BtM); Schroeder JuS 1994, 846; Cancio Meliá ZStW 1999, 357; Geppert Jura 2001, 490; Hellmann FS Roxin 2001, 271; Christmann Jura 2002, 679; Otto FS Lampe 2003, 491; Puppe ZIS 2007, 247; Duttge FS Otto 2007, 227; Lasson ZJS 2009, 359; Roxin JZ 2009, 399; Brand/Lotz JR 2011, 513 (Pozzing); Luzón Pena GA 2011, 295; Herzberg FS Puppe 2011, 497; Murmann FS Puppe 2011, 767; Radtke FS Puppe 2011, 831; Stratenwerth FS Puppe 2011, 1017; Sternberg-Lieben FS Puppe 2011, 1283 (BtM); Eisele JuS 2012, 577; Kretschmer NStZ 2012, 177; Hauck GA 2012, 202; Grünewald GA 2012, 364; Roxin GA 2012, 655; Walter NStZ 2013, 673; Oğlakcıoğlu HRRS 2013, 344; Gimbernat Ordeig FS Wolter 2013, 389; Timpe JR 2014, 52; Roxin GA 2018, 250; Fahl GA 2018, 418; Rönnau JuS 2019, 119; Dorn-Haag JA 2021, 26; aus der Rspr. vgl. zuletzt BGH U. v. 03.07.2019 – 5 StR 132/18 – BGHSt 64, 121 = NJW 2019, 3092 = NStZ 2019, 662 = StV 2020, 106 (Anm. Kudlich JA 2019, 867; Kubiciel NJW 2019, 3033; Sowada NStZ 2019, 670; Engländer JZ 2019, 1049; Hillenkamp JZ 2019, 1053; Lorenz HRRS 2019, 351; Weißer ZJS 2020, 85; Rissing-van Saan/Verrel NStZ 2020, 121; Neumann StV 2020, 126; Grünewald JR 2020, 167; Stage/Hellmann jurisPR-StrafR 4/2020 Anm. 4; Spittler MedR 2020, 101); BGH U. v. 03.07.2019 – 5 StR 393/18 – BGHSt 64, 135 = NJW 2019, 3089 = NStZ 2019, 666 = StV 2020, 111 (Anm. RÜ 2019, 706; Kubiciel NJW 2019, 3033; Sowada NStZ 2019, 670; Engländer JZ 2019, 1049; Hillenkamp JZ 2019, 1053; Lorenz HRRS 2019, 351; Bosch Jura 2020, 96; Hecker JuS 2020, 82; Rissing-van Saan/Verrel NStZ 2020, 121; Neumann StV 2020, 126; Grünewald JR 2020, 167; Stage/Hellmann jurisPR-StrafR 4/2020 Anm. 5); BGH U. v. 11.09.2019 – 2 StR 563/18 – StV 2020, 373 (Anm. RÜ 2020, 231; Ruppert HRRS 2020, 250); BVerfG U. v. 26.02.2020 – 2 BvR 2347/15, 2 BvR 651/16, 2 BvR 1261/16, 2 BvR 1593/16, 2 BvR 2354/16, 2 BvR 2527/16 – NJW 2020, 905 = NStZ 2020, 528 = NStZ-RR 2020, 104 = StV 2020, 285 (Anm. Klostermann Jura 2020, 664; Eifert Jura 2020, 771; Muckel JA 2020, 473; Sachs JuS 2020, 580; RÜ 2020, 315; famos 5/2020; Lang NJW 2020, 1562; Lindner NStZ 2020, 5050; Brunhöber NStZ 2020, 538; Hillenkamp JZ 2020, 618; Hartmann JZ 2020, 642; Schöch GA 2020, 423; Razzaghi/Kremer HRRS 2020, 137; Neumann NZWiSt 2020, 286; Siems KriPoZ 2020, 131; Lindner MedR 2020, 527; Duttge MedR 2020, 570; Kreß MedR 2020, 572; Grünewald JR 2021, 99).

[97] B. Heinrich, AT, 6. Aufl. 2019, Rn. 1049; krit. z. B. Puppe, AT, 4. Aufl. 2019, § 6 Rn. 6 (u. a. mit dem Hinweis auf den Einheitstäterbegriff bei Fahrlässigkeitsdelikten und darauf, dass die Rspr. gerade bei der Unterscheidung von Täterschaft und Teilnahme das objektive Kriterium der Tatherrschaft nicht als Ausgangspunkt verwendet); krit. z. B. auch Roxin GA 2012, 655.

Hierhin sähe, weil Z selbst das Messer führt, die h. M. eine tatbestandslose Selbstverletzung des Z, so dass sich die Mitwirkung des B als ebenso tatbestandslos darstelle.

Beispiel 51

B ritzte mit seinem Küchenmesser auf Bitten des Z diesem in den Arm, weil dieser sich einer Mutprobe unterziehen wollte. ◄

Hierhin sähe, weil B das Messer führt, die h. M. eine Fremdverletzung des B an Z, die den Tatbestand der Körperverletzung erfülle; ggf. greife eine rechtfertigende Einwilligung.

Nach dem Kriterium der Tatherrschaft bestimmt sich auch die Unterscheidung von straflosen Beihilfehandlungen zum **Suizid** und strafbarer **Fremdtötung**, s. im Besonderen Teil.

Anlässlich einer Vielzahl von Fallgestaltungen ist allerdings zweifelhaft und umstritten, was unter Tatherrschaft des Geschädigten zu verstehen ist und ob sie jeweils vorliegt. Die h. M. neigt – in naturalistischer Betrachtung – eher zur Annahme von Fremdgefährdungen, was zu beträchtlichen Konsequenzen führt, da eine Einwilligung in fremdgesetzte lebensgefährliche Risiken nach h. M. nur in begrenztem Maße möglich ist.

Teilweise sind etwas skurrile Betrachtungen erforderlich:

Beispiel 52

Der HIV-infizierte B hatte ungeschützten Geschlechtsverkehr mit der eingeweihten Z, die sich bei ihm ansteckte. ◄

Wer hat die Tatherrschaft beim Geschlechtsverkehr inne? Rspr. und Lit. gehen offenbar vom penetrierenden Part aus, und zwar stellungsunabhängig und unabhängig davon, von wem die Initiative ausging.

Schon im Ansatz kann es nicht überzeugen, dass der – faktisch-naturalistisch betrachteten (?) – Tatherrschaft im Rahmen einer normativen Bewertung die entscheidende Rolle zufallen kann, die zumal Rechtsfolgen zeitigen können, die über eine bloße rechtssystematische Einordnungsschwierigkeit hinausweisen, etwa wenn eine Einwilligung an § 228 StGB scheitert und somit die Entscheidung zwischen Straflosigkeit und Strafbarkeit zu treffen ist und also nicht nur die Begründung der Straflosigkeit divergiert.

(b) Kritik; Konsequenzen aus der Gleichbehandlung der
   Gefährdetetenzustimmungen

Behandelt man Einverständnis und Einwilligung gleich, nämlich als Tatbestandsausschluss aufgrund Zustimmung zur Gefahrschaffung, so **erübrigt** sich nicht nur eine Auseinandersetzung mit dem kaum greifbaren und gesetzesfernen Begriff der Tatherrschaft, sondern mit der „**Abgrenzung**" Eigen-/Fremdgefährdung und entsprechenden Subsumtionsvagheiten schlechthin (für den Bereich individualdisponibler Rechtsgüter; zu Sonderproblemen bzgl. Tötungen s. sogleich).

Es kommt als im Beispielsfall richtigerweise nicht darauf an, wer das Messer führt, sondern ob die Zustimmung des gefährdeten/geschädigten Z dazu führt, dass die von B geschaffene Gefahr konkret erlaubt war.

(4) Voraussetzungen

(a) Disponibilität des Rechtsguts

75 Der tatbestandsmäßige Erfolg und insofern die diesbzgl. Gefahr muss ein Rechtsgut des Zustimmenden betreffen. Der Einwilligung zugänglich sind daher nur **Individualrechtsgüter**, nicht Kollektivrechtsgüter.[98]

Bei einzelnen Tatbeständen ist umstritten, welche Rechtsgüter diese schützen und ob es sich mithin um zustimmungsfähige Tatbestandsverwirklichungen handelt, z. B. bei den §§ 164, 315c StGB, s. jeweils im Besonderen Teil.

Nicht disponibel, obwohl im Ansatz ein Individualrechtsgut, ist das Rechtsgut **Leben** jedenfalls im Hinblick auf **vorsätzliche Tötungen**.[99] Dies zeigt die Existenz des § 216 I StGB (Tötung auf Verlangen).

> **§ 216 I StGB (Tötung auf Verlangen)**
> Ist jemand durch das ausdrückliche und ernstliche Verlangen des Getöteten zur Tötung bestimmt worden, so ist auf Freiheitsstrafe von sechs Monaten bis zu fünf Jahren zu erkennen.

> **Beispiel 53**
> Die schwer kranke G bat ihren Ehemann B, ihr ein tödliches Gift zu spritzen, damit sie in Ruhe und schmerzfrei sterben könne. B tat dies. ◄

Selbst bei ausdrücklichem und ernstlichem Verlangen des Getöteten bleibt der Täter strafbar (wenn auch nicht wegen Totschlags nach § 212 I StGB, sondern „nur" nach § 216 StGB). Hieraus schließt man, dass eine bloße Zustimmung zur Tötung den Tatbestand des Totschlags nicht ausschließen kann.

Dies wirft schwierige Fragen im Rahmen der **Sterbehilfe** auf. Zur Straflosigkeit der Mitwirkung an einem Suizid s. noch u.

76 Umstritten ist, ob eine Zustimmung in lebensbedrohliche Gefährdungen, die sich als tödlich erwiesen haben und bei denen mithin eine Strafbarkeit wegen **fahrlässiger Tötung** im Raum steht, möglich ist.[100]

---

[98] Kindhäuser/Hilgendorf, LPK, 8. Aufl. 2019, vor § 32 Rn. 169.
[99] Joecks/Jäger, StGB, 13. Aufl. 2021, vor § 32 Rn. 23.
[100] Hierzu Kühl, AT, 8. Aufl. 2017, § 17 Rn. 82ff.; näher Geppert ZStW 1971, 947 (Mitfahrer); Schaffstein FS Welzel 1974, 557; Weber FS Baumann 1992, 43; Schroeder JuS 1994, 846; Hauck GA 2012, 202; Stefanopoulou ZStW 2012, 689; aus der Rspr. vgl. RG U. v. 03.01.1923 – IV 529/22 (Memel) – RGSt 57, 172; BGH U. v. 20.11.2008 – 4 StR 328/08 (Beschleunigungs-

Beispiel 54

B verließ ziemlich angetrunken eine Feier und war gerade dabei, in seinen Pkw zu steigen, als ihn G ansprach und darum bat, mitgenommen zu werden. B teilte ihm zwar mit, dass er fahruntüchtig sei, dies war dem G aber gleichgültig. B verursachte einen Unfall, bei dem G starb. ◄

Fraglich sind die Auswirkungen des Umstandes, dass dem G die Fahruntüchtigkeit des B gleichgültig war und er sich trotz der Kenntnis von B fahren ließ.

Während insbesondere die frühere Rspr.[101] die Einwilligungsmöglichkeit ablehnte und auch für fahrlässige Tötungen die Wertung des § 216 StGB heranzog, sehen die heutige Rspr.[102] und die h. L.[103] dies anders und bejahen eine grundsätzliche Einwilligungsmöglichkeit – vorbehaltlich der weiteren Voraussetzungen der Einwilligung.

In der Tat passt die gesetzgeberische Wertung des § 216 StGB – eine restriktive Positionierung im Bereich der Sterbehilfe aus letztlich gesellschaftspolitischen Gründen, s. i. E. im Besonderen Teil – nicht.

(b) Verfügungsberechtigung

Zur Verfügung über das Rechtsgut berechtigt ist nur der **Rechtsgutsinhaber** oder sein – gesetzlicher oder vereinbarter – **Vertreter**.

Insbesondere werden **Kinder** i. R. d. §§ 1626 I, 1627 I, 1631 I, 1631b, 1666 BGB durch ihre Eltern vertreten. Grenzen dieser elterlichen Sorge sind problematisch, etwa im Hinblick auf „Masernpartys"[104] oder Beschneidungen.[105]

---

rennen) – BGHSt 53, 55 = NJW 2009, 1155 = NStZ 2009, 148 (Anm. Puppe, AT, 4. Aufl. 2019, § 6 Rn. 5ff.; Satzger JK 2009 StGB § 222/8; Kudlich JA 2009, 389; Jahn JuS 2009, 370; Brüning ZJS 2009, 194; LL 2009, 179; RÜ 2009, 164; RA 2009, 68; Kühl NJW 2009, 1158; Duttge NStZ 2009, 690; Roxin JZ 2009, 399; Puppe GA 2009, 486; Renzikowski HRRS 2009, 347).

[101] Vgl. BGH U. v. 22.01.1953 – 4 StR 373/52 (Prügelei) – BGHSt 4, 88 = NJW 1953, 912 (Anm. Roxin, Höchstrichterliche Rspr. AT, 1998, Nr. 28).

[102] Vgl. BGH U. v. 20.11.2008 – 4 StR 328/08 (Beschleunigungsrennen) – BGHSt 53, 55 = NJW 2009, 1155 = NStZ 2009, 148 (Anm. Puppe, AT, 4. Aufl. 2019, § 6 Rn. 5ff.; Satzger JK 2009 StGB § 222/8; Kudlich JA 2009, 389; Jahn JuS 2009, 370; Brüning ZJS 2009, 194; LL 2009, 179; RÜ 2009, 164; RA 2009, 68; Kühl NJW 2009, 1158; Duttge NStZ 2009, 690; Roxin JZ 2009, 399; Puppe GA 2009, 486; Renzikowski HRRS 2009, 347).

[103] Kühl, AT, 8. Aufl. 2017, § 17 Rn. 83.

[104] Hierzu Wedlich ZJS 2013, 559.

[105] Zur Beschneidung Sternberg-Lieben, in: Schönke/Schröder, StGB, 30. Aufl. 2019, § 223 Rn. 12a ff.; näher Putzke NJW 2008, 1568; Jerouschek NStZ 2008, 313; Putzke MedR 2008, 268; Putzke FS Herzberg 2008, 669; Herzberg JZ 2009, 332; Hagemeier/Bülte JZ 2010, 406; Herzberg ZIS 2010, 471; Walter JZ 2012, 1110; Brocke/Weidling StraFo 2012, 450; Herzberg ZIS 2012, 486; Herzberg MedR 2012, 169; Isensee JZ 2013, 317; Hörnle/Huster JZ 2013, 328; Pekárck ZIS 2013, 514; Alatovic/Helmken NK 2013, 120; Herzberg ZIS 2014, 56; Fahl FS Beulke 2015, 81; Krüger JR 2019, 427; aus der Rspr. vgl. LG Köln U. v. 07.05.2012 – 151 Ns 169/11 – NJW 2012, 2128 = NStZ 2012, 449 = StV 2012, 603 (Anm. Muckel JA 2012, 636; Jahn JuS 2012, 850; LL 2012, 808; RÜ 2012, 573; RA 2012, 414; famos 12/2012; Bartsch StV 2012, 604; Kempf JR 2012, 436; Rox JZ 2012, 806; Beulke/Dießner ZIS 2012, 338; Peglau jurisPR-StrafR 15/2012 Anm. 2; Satzger JK 2013 StGB § 223/7).

Bei **juristischen Personen** (z. B. AG, GmbH) gelten die Vertretungsregelungen des Gesellschaftsrechts.[106]

(c) Gefahrwissen

(aa) Allgemeines

78 Die Zustimmung setzt voraus, dass der Geschädigte die **Gefahr** kannte; er muss also diesbzgl. **Vorsatz** aufgewiesen und insofern sein Rechtsgut bewusst riskiert haben. Zur Frage der Anforderungen an einen Vorsatz s. u.

Genaue quantitative Angaben zur zu verlangenden Gefahrenabschätzung wären wünschenswert (genügt z. B. bereits größer Null; ist überwiegende Wahrscheinlichkeit erforderlich?), sind aber wohl bereits materiell-rechtlich Illusion, ganz zu schweigen von prozessualer Feststellung.

Ein **Vorsatz** bzgl. des **Erfolgseintritts** ist **nicht** nötig[107] (kann aber sehr wohl gegeben sein, etwa im Hinblick auf Körperverletzungen, z. B. aufgrund medizinischer Eingriffe). Auch wenn bei einem Erfolgsdelikt der Geschädigte darauf vertraut, dass der Erfolg ausbleibt, so beseitigt seine Einwilligung in das Risiko das Handlungsunrecht, so dass auch die Strafbarkeit bzgl. des Erfolgsunrechts (z. B. § 222 StGB) entfällt.[108] Zu beachten ist ggf. die Einschränkung des § 228 StGB, s. u.

79 Bei einem risikobezogenen **Wissensmangel** des Geschädigten bzw. einem **überlegenen Wissen** des Mitwirkenden bzgl. des Risikos scheidet eine Zurechnungsunterbrechung aus; der Mitwirkende ist dann ggf. als sog. **mittelbarer Täter** des betreffenden Straftatbestands nach § 25 I 2. Var. StGB (s. u.) aufgrund Einsatzes des Opfers als sog. Werkzeuges gegen sich selbst zu bestrafen.[109]

> **Beispiel 55**
>
> B übergab dem G eine Tablette, wobei er angab, es handele sich um ein Vitaminpräparat. In Wirklichkeit handelte es sich um Gift. G nahm die Tablette und starb. ◄

B könnte sich nach §§ 212, 211 StGB strafbar gemacht haben. Eine kausale Handlung für seinen Tod hat mit der Einnahme der Tablette zwar G selbst vorgenommen. Mangels Gefahrwissen handelt es sich aber nicht um eine erlaubende Zustimmung. Vielmehr ist das Handeln des G aufgrund einer Täuschung des B letzterem als sog. mittelbare Täterschaft gem. § 25 I 2. Var. StGB zuzurechnen.

---

[106] Lackner/Kühl, StGB, 29. Aufl. 2018, vor § 32 Rn. 17; aus der Rspr. vgl. BGH B. v. 26.03.2003 – 1 StR 549/02 – NJW 2003, 1824 = StV 2003, 397 (Anm. Rautenkranz JA 2003, 748; Otto JK 2004 StGB § 306/6).

[107] B. Heinrich, AT, 6. Aufl. 2019, Rn. 473.

[108] B. Heinrich, AT, 6. Aufl. 2019, Rn. 473; näher Geppert ZStW 1971, 947 (Mitfahrer); Schaffstein FS Welzel 1974, 557; Grünewald GA 2012, 364; aus der Rspr. vgl. AG Saalfeld U. v. 08.03.2004 – 635 Js 25691/03 2 Ds jugs (Anm. Otto JK 2005 StGB § 228/5).

[109] Zur Wechselwirkung von objektiver Zurechnung und sog. mittelbarer Täterschaft von der Meden JuS 2015, 22 und 112.

B. Objektiver Tatbestand

Relevante, da risikobezogene Wissensmängel und Irrtümer sind zu unterscheiden **80** von bloßen Motivirrtümern.
Kontrovers diskutiert wird z. B. der auch praktisch relevant gewordene Glaube an ein faires Wetttrinken.[110]

Beispiel 56

BGH U. v. 27.11.1985 – 3 StR 426/85 – NStZ 1986, 266 (Anm. Otto JK 1986 StGB § 222/3):
B fasste den Entschluss, G in einen Vollrausch zu versetzen, indem er sie dazu bestimmte, den ganz überwiegenden Teil des in der Flasche befindlichen Obstschnapses innerhalb einer kurzen Zeitspanne zu trinken. Er wollte dabei unter Ausnutzung seines bestimmenden Einflusses über die naiv-vertrauensselige Frau diese in einen Irrtum des Inhalts versetzen, er trinke mit ihr um die Wette und nehme die gleichen Mengen Schnaps zu sich wie sie. In Wirklichkeit hatte er vor, G nach jedem Einschenken mit der Flasche zuzuprosten und nur zum Schein so zu tun, als ziehe er aus der Flasche gleich, während er überhaupt nicht oder allenfalls in kleinen Schlückchen von dem Schnaps trinken wollte. B gelang es, seinem Vorhaben entsprechend, G zu täuschen, und er veranlasste sie dazu, den ihr eingeschenkten Schnaps jeweils zu trinken. G wollte gegenüber B keine Schwäche zeigen und beim Trinken mithalten, da sie annahm, dass B im gleichen Umfang wie sie Schnaps trinke. B schenkte G in den folgenden Minuten das Schnapsglas immer wieder ein, bis die Flasche leer war. G nahm innerhalb eines Zeitraumes von einer viertel bis zu einer halben Stunde mindestens 500ml Obstschnaps zu sich. Bei seinem Verhalten war sich der B darüber klar und beabsichtigte dies auch, dass G durch das in rascher Folge ihrem Körper zugeführte Übermaß an Schnaps in einen schweren, ihre Körperfunktionen erheblich beeinträchtigenden Rausch geraten sollte. B wusste ferner, dass G am Tattage noch keine Nahrung zu sich genommen hatte, er erkannte auch die nahe Gefahr eines körperlichen Zusammenbruchs mit Bewusstseinsverlust bei der nur etwa 52 kg wiegenden Frau. G verstarb einige Stunden später an akutem Herz-Kreislaufversagen, das auf die Zuführung von Alkohol am Vormittag zurückzuführen war. Die Blutalkoholkonzentration (BAK) im Blut von G betrug zum Todeszeitpunkt im Mittel 4,65 Promille; der Gipfel der BAK lag in der Zeit von 12.45 und 13.15 Uhr zwischen 5,4 und 6 Promille. ◄

Einerseits ist die Gefährlichkeit des Alkoholkonsums allgemein bekannt, was für einen bloßen Motivirrtum und somit hinreichendes Gefahrwissen spricht; andererseits mag man den irrigen Glauben, der „Gegner" des Wetttrinkens konsumiere ebenso viel Alkohol deswegen als risiko-

---

[110] Hierzu Hardtung, in: MK-StGB, 3. Aufl. 2017, § 222 Rn. 23; näher Lange/Wagner NStZ 2011, 67; Krawczyk/Neugebauer JA 2011, 264; aus der Rspr. vgl. LG Berlin U. v. 03.07.2009 – (522) 1 Kap Js 603/07 Ks (1/08).

relevant einordnen, da evtl. aus der Tatsache, dass der andere noch problemlos mithält, geschlossen wird, der bisherige Konsum sei noch nicht sonderlich gefährlich.

(bb) Insbesondere: Aufklärungspflicht

81 Sieht man mit der Rspr.[111] und der h. L.[112] auch in **ärztlichen Heileingriffen** grundsätzlich tatbestandliche Körperverletzungen i. S. d. §§ 223ff. StGB, so stellt sich die Frage nach einer Zustimmung des Patienten.

Dies setzt aber voraus, dass der Arzt seiner **medizinischen Aufklärungspflicht** gerecht wird; der Arzt muss den Patienten über Indikation, Risiken und Nebenwirkungen aufklären; die Zustimmung erstreckt sich dann auf den besprochenen und *lege artis* ausgeführten Eingriff.[113] Eine mangelhafte Aufklärung führt zu einer unwirksamen Zustimmung. Dies entspricht i. Ü. auch der zivilrechtlichen Rechtslage.[114]

(cc) Insbesondere: Hypothetische Einwilligung

▶ Didaktische Aufsätze:

- Sickor, Die Übertragung der hypothetischen Einwilligung auf das Strafrecht, JA 2008, 11
- Otto/Albrecht, Die Bedeutung der hypothetischen Einwilligung für den ärztlichen Heileingriff, Jura 2010, 264
- Conrad/Koranyi, Die „hypothetische Einwilligu" im Zivil- und Strafrecht vor dem Hintergrund des neuen § 630 h II 2 BGB, JuS 2013, 979
- Rönnau, Grundwissen – Strafrecht: Hypothetische Einwilligung, JuS 2014, 882

---

[111] Z. B. BGH U. v. 28.11.1957 – 4 StR 525/57 (Myom) – BGHSt 11, 111 = NJW 1958, 267 (Anm. Roxin, Höchstrichterliche Rspr. AT, 1998, Nr. 30; Puppe, AT, 4. Aufl. 2019, § 11 Rn. 9ff. und § 15 Rn. 1ff.; Baumann NJW 1958, 2092; Schmidt JR 1958, 226); BGH U. v. 04.10.1999 – 5 StR 712/98 (Sterilisation nach Kaiserschnitt) – BGHSt 45, 219 = NJW 2000, 85 = StV 2004, 371 (Anm. Geppert JK 2000 StGB § 226/9; RÜ 2000, 65; RA 2000, 212; Hoyer JR 2000, 473; Wasserburg StV 2004, 373).

[112] S. nur Fischer, StGB, 68. Aufl. 2021, § 223 Rn. 16ff.; näher Kaufmann ZStW 1961, 341; Niese FS Schmidt 1961, 364; Graefe/Clauß JR 1962, 254; Kohlhaas NJW 1963, 2348; Hardwig GA 1965, 161; Krauß FS Bockelmann 1979, 557; Bockelmann ZStW 1981, 105; Meyer GA 1998, 415; Kargl GA 2001, 538; Bollacher/Stockburger Jura 2006, 908; Gropp GA 2015, 5.

[113] Lackner/Kühl, StGB, 29. Aufl. 2018, § 223 Rn. 8; Schwalm MDR 1960, 722; Bockelmann NJW 1961, 945; Grünwald ZStW 1961, 5; Hollmann NJW 1973, 1393; Jacob Jura 1982, 529; Liebhardt/Penning FS Spann 1986, 434; Burgert JA 2016, 246; Rechtsprechungsübersicht bei Kraatz NStZ-RR 2016, 233; aus der Rspr. vgl. BGH U. v. 22.12.2010 – 3 StR 239/10 (Zitronensaft) – NJW 2011, 1088 = NStZ 2011, 343 (Anm. Bosch JK 2011 StGB § 223/5; Jahn JuS 2011, 468; Zöller ZJS 2011, 173; LL 2011, 641; RA 2011, 223; Schiemann NJW 2011, 1046; Hardtung NStZ 2011, 635; Ziemann/Ziethen HRRS 2011, 394; Widmaier FS Roxin 2011, 439); AG Moers U. v. 22.10.2015 – 601 Ds-103 Js 80/14-44/15 (Anm. Jäger JA 2016, 472).

[114] S. Mansel, in: Jauernig, BGB, 16. Aufl. 2015, § 630d Rn. 2, 630c Rn. 1ff.

Zu beachten ist nun aber das kontrovers diskutierte Institut der **hypothetischen** **82**
Einwilligung.[115] Hier geht es um Konstellationen, in denen zwar eine Einwilligung
mangels Aufklärung unwirksam war oder überhaupt nicht erteilt worden war, aber
bei ordnungsgemäßer Aufklärung die Einwilligung ohnehin erteilt worden wäre
oder – in dubio pro reo – dies nicht auszuschließen ist. Der wichtigste Anwendungsfall ist der ärztliche Eingriff bei mangelhafter Aufklärung.

Beispiel 57

BGH U. v. 11.10.2011 – 1 StR 134/11 – NStZ 2012, 205 (Anm. Satzger JK 2012 StGB § 223/6; Jäger JA 2012, 70; RA 2012, 357; famos 9/2012):

B führte am 24.07.2007 in seinen Praxisräumen in der Stadt B bei dem 85-jährigen Patienten G, in dessen Stuhl Blut festgestellt worden war, eine Darmspiegelung durch. Bereits am 18.07.2007 hatte G nach ordnungsgemäßer Aufklärung eine entsprechende Einwilligungserklärung unterzeichnet. Nachdem die Untersuchung einen normalen Befund ohne Hinweise auf eine Blutungsquelle ergeben hatte, entschloss sich B, im unmittelbaren Anschluss an die Darmspiegelung unter Ausnutzung der noch anhaltenden Sedierung noch eine Magenspiegelung vorzunehmen. Dass G aufgrund der Sedierungswirkung nicht in der Lage war, in rechtserheblicher Weise in die Untersuchung einzuwilligen, erkannte B. Eine direkt im Anschluss an die Darmspiegelung durchgeführte Magenspiegelung war auch medizinisch nicht zwingend erforderlich, lediglich wollte B dem G dadurch eine erneute Anreise aus seinem in der Umgebung der Stadt B gelegenen Heimatort ersparen. Die ersten beiden Versuche, das Endoskop einzuführen, scheiterten an Schluckbeschwerden des G. Nach einer zweistündigen Pause wurden – obwohl G möglicherweise schon über Brustschmerzen geklagt hatte – nach Auffrischung der Sedierung mindestens zwei weitere erfolglose Versuche zur Einführung des Endoskops unternommen, wobei es bei einem dieser Versuche zu einer Perforation der Speiseröhre kam. Ob eine Aufklärung des G über die Magenspiegelung stattfand, konnte nicht abschließend geklärt werden. Das Landgericht ging jedenfalls davon aus, dass dieser seine Ein-

---

[115] Hierzu z. B. Kindhäuser/Hilgendorf, LPK, 8. Aufl. 2020, vor § 32 Rn. 63ff.; näher Hirsch/Weißauer MedR 1983, 41; Kuhlen FS Müller-Dietz 2001, 431; Kuhlen FS Roxin 2001, 331; Puppe GA 2003, 764; Otto Jura 2004, 679; Mitsch JZ 2005, 279; Kuhlen JZ 2005, 713; Böcker JZ 2005, 925; Duttge FS Schroeder 2006, 179; Gropp FS Schroeder 2006, 197; Jäger FS Jung 2007, 345; Sickor JA 2008, 11; Sickor JR 2008, 179; Otto/Albrecht Jura 2010, 264; Renzikoswki FS Fischer 2010, 365; Rosenau FS Maiwald 2010, 683; Yamanaka FS Maiwald 2010, 865; Jansen ZJS 2011, 482; Schlehofer FS Puppe 2011, 953; Weber FS Puppe 2011, 1059; Sowada NStZ 2012, 1; Merkel JZ 2013, 975; Swoboda ZIS 2013, 18; Rönnau JuS 2014, 882; Haas GA 2015, 147; Zabel GA 2015, 219; Tag ZStW 2015, 523; Krüger FS Beulke 2015, 137; Saliger FS Beulke 2015, 257; Sternberg-Lieben FS Beulke 2015, 299; Puppe ZIS 2016, 366; Böse ZIS 2016, 495; aus der Rspr. vgl. BGH U. v. 29.06.1995 – 4 StR 760/94 (Surgibone) – NStZ 1996, 34 = StV 1996, 148 (Anm. Ulsenheimer NStZ 1996, 132; Rigizahn JR 1996, 72; Jordan JR 1997, 32); AG Moers U. v. 22.10.2015 – 601 Ds-103 Js 80/14-44/15 (Anm. Jäger JA 2016, 472).

willigung erklärt hätte, wäre er vor der Maßnahme wirksam aufgeklärt worden. Am Tag nach der Untersuchung wurde G ins Klinikum B eingewiesen und an der Speiseröhre operiert. Nach der zunächst erfolgreich verlaufenen Operation kam es jedoch zu Komplikationen, die letztlich zum Tod des G führten. ◄

G hatte eine Einwilligungserklärung für die Darmspiegelung unterzeichnet; eine Einwilligung in die Magenspiegelung ist aufgrund der Sedierung nicht erfolgt. *In dubio pro reo* ist aber nicht auszuschließen, dass G im Vollbesitz seiner geistigen Kräfte eingewilligt hätte, um nach der erfolglosen Darmspiegelung durch eine weitere Maßnahme die Ursache für das Blut in seinem Stuhl zu ergründen und um sich die erneute Anreise aus seinem in der Umgebung der Stadt B gelegenen Heimatort zu ersparen.

Teile der Literatur[116] schließen die „objektive Zurechnung" aus, da sich die mangelnde Aufklärung nicht ausgewirkt habe und daher der Pflichtwidrigkeitszusammenhang zwischen Handlung und Erfolg fehle.

Die Rspr.[117] und Teile der Lehre[118] nehmen eine Rechtfertigung an.

Die wohl h. L. lehnt die hypothetische Einwilligung ab.[119]

Verständlicherweise kritisiert die h. L., dass die Anerkennung der hypothetischen Einwilligung das Selbstbestimmungsrecht des Patienten aushöhlt. Der Sache nach handelt es sich eher um eine nachträgliche Zustimmung, die im Strafrecht – abgesehen von der Strafzumessung – immer unbeachtlich ist. Der Achtungsanspruch eines geschützten Rechtsguts im Zeitpunkt der Beeinträchtigung geht nämlich nicht dadurch verloren, dass der Rechtsgutsberechtigte zu einem späteren Zeitpunkt auf den Rechtsschutz verzichtet hätte – vgl. beim Diebstahl: Das Bekunden seitens des Opfers, dass es auf Befragen die Sache dem Dieb geschenkt hätte, entlastet den Dieb nicht. Es besteht die Gefahr, dass der Arzt dem Patienten jedes Risiko aufzwingen kann, das die *lex artis* noch deckt, indem er ihn unvollständig aufklärt. Hinzu kommt die logische Unmöglichkeit, eine fiktive Entscheidung des Patienten nachträglich zu ermitteln (hindsight bias), ganz abgesehen davon, dass hypothetische Kausalverläufe eigentlich unbeachtlich sind; speziell im Strafrecht bewirkt auch der Grundsatz *in dubio pro reo* – anders als bei der zivilrechtlichen Beweislastverteilung – weitreichende Strafbarkeitsausschlüsse. Das eigentliche Bedürfnis besteht in der Lockerung der zivilrechtlich entwickelten ärztlichen Aufklärungspflichten.

---

[116] Rönnau JZ 2004, 801.
[117] S. obige Nachweise.
[118] Wessels/Beulke/Satzger, AT, 50. Aufl. 2020, Rn. 384a.
[119] Z. B. Krey/Esser, AT, 6. Aufl. 2016, Rn. 682.

Allerdings ist § 630h II 2 BGB[120] zu berücksichtigen.

> **§ 630h II 2 BGB (Beweislast bei Haftung für Behandlungs- und Aufklärungsfehler)**
> Genügt die Aufklärung nicht den Anforderungen des § 630e, kann der Behandelnde sich darauf berufen, dass der Patient auch im Fall einer ordnungsgemäßen Aufklärung in die Maßnahme eingewilligt hätte.

Damit dürfte die Rechtsfigur auch im Strafrecht, das als *ultima ratio* nicht strenger sein sollte als das Zivilrecht, anzuerkennen sein, auch wenn die zivilrechtliche Norm den Charakter einer bloßen Beweisregel hat.

Insofern entfaltet die sog. hypothetische Einwilligung in der Tat die gleichen Wirkungen wie eine wirklich hinreichend gefahrenbewusste Zustimmung.

(d) Zustimmender Wille; Erklärung (?); Reichweite
(aa) Existenz eines zustimmenden Willens
Der Geschädigte muss **im Zeitpunkt der Tathandlung** einen der Gefahr **zustimmenden Willen** aufweisen.

Welche **Mindestanforderungen** an eine voluntative Komponente bzw. innere Haltung jenseits der Kenntnis bzgl. der Gefahr zustellen sind, ist problematisch.[121] Zu ähnlichen Fragen i. R. d. umstrittenen Anforderungen an den (Eventual-)Vorsatz gem. §§ 15, 16 I 1 StGB, s. u. Es gilt, bloßes Gefahrenwissen des Geschädigten und dessen Geschehenlassen oder Dulden der Täterhandlung[122] zu unterscheiden von einer wirklichen Zustimmung.

Zielführend dürfte es sein, eine Zustimmung dann anzunehmen, wenn der Geschädigte die Gefahr als **Entscheidung** einer **Interessenabwägung** eingeht. Dies ist erstens dann der Fall, wenn ohnehin kein Interesse an der Rechtsgutsposition besteht (Gleichgültigkeit), zweitens wenn der Geschädigte aus Uneigennützigkeit sein eigenes Interesse zurückstellt (zugunsten des Täters oder angenommener Dritter als Profiteure), drittens wenn der Geschädigte nach Abwägung von Vor- und Nachteilen in der Absicht bzw. als Preis dafür auf sein Rechtsgut verzichtet, ein bestimmtes, als wichtiger erachtetes Ziel zu erreichen.

Eine positive Emotion (Freude, Befürworten) ist nicht erforderlich. Selbst eine Zustimmung aus Furcht, Genervtheit, Bequemlichkeit o. ä. kann wirksam sein, ist

---

[120] Hierzu auch und gerade aus strafrechtlicher Sicht Conrad/Koranyi JuS 2013, 979; Merkel JZ 2013, 975.
[121] Schlehofer, in: MK-StGB, 4. Aufl. 2020, vor § 32 Rn. 191.
[122] Kargl, in: NK-StGB, 5. Aufl. 2017, § 201 Rn. 24; aus der Rspr. vgl. RG U. v. 17.09.1934 – 2 D 839/33 – RGSt 68, 306; OLG Oldenburg U. v. 30.08.1966 – Ss 173/66 – NJW 1966, 2132; OLG Schleswig B. v. 06.05.1992 – 2 Ws 128/92 – NStZ 1992, 399 (Anm. Molketin NStZ 1993, 145); OLG Jena U. v. 24.04.1995 – 1 Ss 184/94 – NStZ 1995, 502 (Anm. Otto JK 1996 StGB § 201/2; Joerden JR 1996, 265).

sie doch auch in diesem Fall eine bewusste Abwägungsentscheidung. Zu täterverursachten Willensmängeln in Bezug auf diese Entscheidung i. S. v. Gewalt, Drohung und Irrtum, s. u.

Äußere Umstände (v. a. eine Nichtabwendbarkeit der Täterhandlung) sind bei alledem nur prozessuales Indiz. Eine Zustimmung kann sich auch auf ein nicht zu verhinderndes Handeln beziehen. Andersherum folgt aus dem Unterlassen von beispielsweise äußerem Widerspruch oder Abwehr keinesfalls die Unterstellung einer Zustimmung.

(bb) Erklärung (?)

84   Nach ganz h. M.[123] ist eine ausdrückliche oder konkludente Erklärung der Einwilligung vor der Tat erforderlich; beim sog. Einverständnis soll hingegen auf den schlichten inneren Willen abzustellen sein.

Zutreffend[124] ist es, in allen Fällen der Zustimmung lediglich einen **zustimmenden Willen** im Bewusstsein des Geschädigten zu verlangen. Auch ohne Entäußerung nämlich gibt der Geschädigte den Schutz des Strafrechts durch Bildung seiner inneren Zustimmung auf, so dass kein Anlass dafür besteht, den Täter für den Erfolgseintritt haften zu lassen.

(cc) Reichweite; Bedingungen

85   Genau zu beachten ist die Reichweite einer Zustimmung.[125]

So erstreckt sie sich u. U. lediglich auf bestimmte z. B. medizinische Eingriffe, auf andere aber nicht.

> **Beispiel 58**
>
> **BGH U. v. 11.10.2011 – 1 StR 134/11 – NStZ 2012, 205 (Anm. Satzger JK 2012 StGB § 223/6; Jäger JA 2012, 70; RA 2012, 357; famos 9/2012):**
>
> B führte am 24.07.2007 in seinen Praxisräumen in der Stadt B bei dem 85-jährigen Patienten G, in dessen Stuhl Blut festgestellt worden war, eine Darmspiegelung durch. Bereits am 18.07.2007 hatte G nach ordnungsgemäßer Aufklärung eine entsprechende Einwilligungserklärung unterzeichnet. Nachdem die Untersuchung einen normalen Befund ohne Hinweise auf eine Blutungsquelle ergeben hatte, entschloss sich B, im unmittelbaren Anschluss an die Darmspiegelung unter Ausnutzung der noch anhaltenden Sedierung noch eine Magenspiegelung vorzunehmen. Dass G aufgrund der Sedierungswirkung nicht in der Lage war, in rechtserheblicher Weise in die Untersuchung einzuwilligen, erkannte B. Eine direkt im Anschluss an die Darmspiegelung durchgeführte Magenspiegelung war auch medizinisch nicht zwingend erforderlich, lediglich wollte B dem G dadurch eine erneute Anreise aus seinem in der Umgebung der Stadt B gelegenen Heimatort ersparen. Die ersten beiden Versuche, das Endoskop einzuführen, scheiterten an Schluckbeschwerden des G. Nach einer zwei-

---

[123] Kühl, AT, 8. Aufl. 2017, § 9 Rn. 31; näher Böhmer JR 1969, 54.
[124] S. auch Schlehofer, in: MK-StGB, 4. Aufl. 2020, vor § 32 Rn. 177.
[125] Sternberg-Lieben, in: Schönke/Schröder, StGB, 30. Aufl. 2019, § 223 Rn. 44b; aus der Rspr. vgl. BGH U. v. 28.11.1957 – 4 StR 525/57 (Myom) – BGHSt 11, 111 = NJW 1958, 267 (Anm. Roxin, Höchstrichterliche Rspr. AT, 1998, Nr. 30; Puppe, AT, 4. Aufl. 2019, § 11 Rn. 9ff. und § 15 Rn. 1ff.; Baumann NJW 1958, 2092; Schmidt JR 1958, 226).

stündigen Pause wurden – obwohl G möglicherweise schon über Brustschmerzen geklagt hatte – nach Auffrischung der Sedierung mindestens zwei weitere erfolglose Versuche zur Einführung des Endoskops unternommen, wobei es bei einem dieser Versuche zu einer Perforation der Speiseröhre kam. Ob eine Aufklärung des G über die Magenspiegelung stattfand, konnte nicht abschließend geklärt werden. Das Landgericht ging jedenfalls davon aus, dass dieser seine Einwilligung erklärt hätte, wäre er vor der Maßnahme wirksam aufgeklärt worden. Am Tag nach der Untersuchung wurde G ins Klinikum B eingewiesen und an der Speiseröhre operiert. Nach der zunächst erfolgreich verlaufenen Operation kam es jedoch zu Komplikationen, die letztlich zum Tod des G führten. ◄

Die Zustimmung des G erfasste die Darm-, nicht aber die Magenspiegelung.

Die Zustimmung kann auch unter **Bedingungen** erteilt werden,[126] so dass bei Verstoß gegen die Bedingung der Tatbestand erfüllt wird; es handelt sich um Voraussetzungen (z. B. Gegenleistungen, Täterqualifikation, Handlungsmodalitäten[127]), an deren Vorliegen oder Nichtvorliegen der Geschädigte seine Zustimmung knüpft. Problematisch ist, ob an derartige Bedingungen für ihre rechtliche Relevanz bestimmte Anforderungen zu stellen sind. Richtigerweise müssen aber alle vom Individualrechtsgutsträger zur Zustimmungsvoraussetzung erhobenen Umstände verwirklicht sein, damit eine wirksame Zustimmung vorliegt; allenfalls kann fraglich sein, ob eher randständige, irrationale oder beliebige Bedingungen wirklich vom Geschädigten als *condicio sine qua non* ernst gemeint waren. War das aber der Fall, ist der Tatbestand nicht ausgeschlossen, wenn die Bedingung nicht erfüllt ist; eine andere Frage ist, ob der Täter die subjektiven Tatbestandsvoraussetzungen erfüllt.

(e) Fähigkeit zur rechtlich relevanten Zustimmung
Der Zustimmende muss zustimmungsfähig sein.

86

Dies ist dann der Fall, wenn der Betreffende nach seiner geistigen und sittlichen Reife imstande ist, Bedeutung und Tragweite des Rechtsgutsverzichts zu erkennen und sachgerecht zu beurteilen.[128] Hinreichende Urteilskraft und Gemütsruhe sind erforderlich.[129]

---

[126] Hierzu Schlehofer, in: MK-StGB, 4. Aufl. 2020, vor § 32 Rn. 197; aus der Rspr. vgl. schon RG U. v. 17.09.1934 – 2 D 839/33 – RGSt 68, 306; zuletzt vgl. OLG Schleswig U. v. 19.03.2021 – 2 OLG 4 Ss 13/21 (Stealthing).

[127] Zum sog. Stealthing Herzog FS Fischer 2018, 351; Hoffmann NStZ 2019, 16; Makepeace KriPoZ 2021, 10; aus der Rspr. vgl. AG Berlin-Tiergarten U. v. 11.12.2018 – (278 Ls) 284 Js 118/18 (14/18) (Stealthing) (Anm. Linoh jurisPR-StrafR 11/2019 Anm. 5); KG B. v. 27.07.2020 – (4) 161 Ss 48/20 (58/20) – StV 2021, 311 (Stealthing) (Anm. Thürmann jurisPR-StrafR 25/2020 Anm. 3; Geneuss/Bublitz/Papenfuß JR 2021, 191); AG Kiel U. v. 17.11.2020 – 38 Ds 559 Js 11670/18 – StV 2021, 311; OLG Schleswig U. v. 19.03.2021 – 2 OLG 4 Ss 13/21.

[128] Kindhäuser/Hilgendorf, LPK, 8. Aufl. 2019, vor § 13 Rn. 170; näher Amelung ZStW 1992, 525 und 821; Amelung JR 1999, 45; aus der Rspr. vgl. zuletzt BGH U. v. 24.11.2016 – 4 StR 289/16 – NStZ 2017, 219 = StV 2017, 668 (Anm. Satzger Jura 2017, 1124; RÜ 2017, 165; Jäger NStZ 2017, 222); BGH B. v. 09.01.2018 – 5 StR 541/17 – NStZ 2018, 537; BGH U. v. 12.05.2020 – 1 StR 368/19 – StV 2021, 117 (Anm. von Heintschel-Heinegg JA 2021, 425).

[129] Eschelbach, in: BeckOK-StGB, Stand 01.02.2021, § 228 Rn. 13; aus der Rspr. vgl. BGH U. v. 12.10.1999 – 1 StR 417/99 – NStZ 2000, 87 (Anm. Otto JK 2000 StGB § 228/2).

Nicht ohne Weiteres darf von zweifelhaften Motiven einer Einwilligung auf eine Einwilligungsunfähigkeit geschlossen werden.

Beispiel 59

BGH U. v. 22.02.1978 – 2 StR 372/77 (Zahnextraktion) – NJW 1978, 1206 (Anm. Roxin, Höchstrichterliche Rspr. AT, 1998, Nr. 29; Sonnen JA 1978, 464; Hassemer JuS 1978, 710; Rogall NJW 1978, 2344; Hruschka JR 1978, 519; Rüping Jura 1979, 90; Horn JuS 1979, 29; Bichlmeier JZ 1980, 53):

Z litt seit Jahren ständig unter starken Kopfschmerzen, deren Ursache alle ärztlichen Bemühungen nicht hatten ergründen können. Bei neuerlichen ergebnislosen Untersuchungen äußerte sie die Absicht, sich alle plombierten Zähne ziehen zu lassen, weil nach ihrer Überzeugung ein Zusammenhang zwischen dem Leiden und den mit einer Füllung versehenen Zähnen bestehe. Der untersuchende Arzt war der Auffassung, dass eine solche Maßnahme medizinisch nicht geboten sei, konnte Z aber nicht von ihrer Meinung abbringen. Er überwies sie deshalb dem B als Zahnarzt, dem er die Sachlage telefonisch erläutert hatte. Auch der B stellte fest, dass der Zustand der Zähne für die Kopfschmerzen der Z nicht ursächlich sein konnte, und teilte ihr den Befund mit. Z beharrte jedoch auf dem Wunsch nach einer Extraktion. Mit der Bemerkung, sie müsse es selbst wissen, ob sie die Zähne „heraus haben" wolle, erklärte er sich schließlich dazu bereit, an einem späteren Tag Zähne zu ziehen. Um sie hinzuhalten, entfernte er am 14.10.1975 zunächst zwei Zähne im Oberkiefer und drei Zähne im Unterkiefer der Z. Eine medizinische Indikation hierfür bestand nicht und wurde vom B auch nicht angenommen; er hielt es lediglich für entfernt denkbar – ohne sich jedoch über eine solche Indikation zu vergewissern –, dass unbekannte psychosomatische Zusammenhänge ein Abklingen der Kopfschmerzen nach einer Zahnextraktion bewirken könnten. Z wiederum hat die Einwände des B gegen die verlangte Maßnahme nicht in den Wind geschlagen; sie war sich nicht gewiss, dass sich ihr Zustand bessern werde. Jedoch hielt sie die Extraktion für die einzige verbleibende Therapie, die sie – wie ihm klar war – aus Unkenntnis, Rat- und Hoffnungslosigkeit, jedoch nach seinem Eindruck auf Grund reiflicher Überlegung, begehrte. Am 29.10.1975 erschien die Z erneut und gelangte zu dem Assistenten des B. Dieser untersuchte Gebiss und Schädel; da er keine Veranlassung zur Entfernung von Zähnen sah, die Z aber darauf bestand, zog er den B hinzu. Diesem gegenüber wiederholte sie ihren Wunsch. B entfernte elf weitere Zähne, so dass der Oberkiefer nunmehr zahnlos war. Eine Besserung des Leidens ist nicht eingetreten. ◄

Zustimmungsfähigkeit kann auch bei **Minderjährigen** vorliegen.[130] Nach ganz h. M. kommt es hierbei auch bei Vermögensrechten nicht auf die bürgerlich-rechtliche Geschäftsfähigkeit an.[131]
Insbesondere bei schuldausschließenden Zuständen i. S. d. § 20 StGB (näher u.) kann die Zustimmungsfähigkeit Erwachsener fehlen. Dies betrifft neben psychischen Erkrankungen und geistigen Behinderungen v. a. beträchtliche **Trunkenheit**[132] oder **Betäubungsmittelabhängigkeit**.[133]
Zu beachten ist, dass aus dem Willen zur Selbstgefährdung bis hin zum Suizid nicht leichthin auf eine mangelnde Einsichtsfähigkeit geschlossen werden darf.[134]

(f) Willensmangelfreiheit
(aa) Allgemeines
Der Zustimmende darf keinem Willensmangel unterliegen.[135] 87
(bb) Gewalt; Drohung
Dies betrifft zunächst Gewalt oder Drohung: Wird die Schwelle der Nötigung 88
nach § 240 StGB erreicht, so ist eine Einwilligung unwirksam.[136]
(cc) Irrtum (trotz Gefahrwissen)
Bei Irrtümern des Einwilligenden kann man zwei Konstellationen unterscheiden: 89
Den täuschungsbedingte und der nicht täuschungsbedingte Irrtum.[137]

---

[130] Joecks/Jäger, StGB, 13. Aufl. 2021, vor § 32 Rn. 27; näher Lenckner ZStW 1960, 446; Exner Jura 2013, 103; aus der Rspr. vgl. zuletzt BGH B. v. 09.01.2018 – 5 StR 541/17 – NStZ 2018, 537; BGH U. v. 12.05.2020 – 1 StR 368/19 – StV 2021, 117 (Anm. von Heintschel-Heinegg JA 2021, 425); zur Problematik der Selbstschädigung Minderjähriger Kindhäuser/Hilgendorf, LPK, 8. Aufl. 2019, vor § 13 Rn. 124; aus der Rspr. vgl. AG Saalfeld U. v. 15.09.2005 – 684 Js 26258/04 2 Cs jug – NStZ 2006, 100 (Anm. Kudlich JA 2006, 570).

[131] Hierzu Hillenkamp/Cornelius, 32 Probleme aus dem Strafrecht AT, 15. Aufl. 2017, 6. P.

[132] Sternberg-Lieben, in: Schönke/Schröder, StGB, 30. Aufl. 2019, vor § 32 Rn. 40; aus der Rspr. vgl. BGH U. v. 22.01.1953 – 4 StR 373/52 (Prügelei) – BGHSt 4, 88 = NJW 1953, 912 (Anm. Roxin, Höchstrichterliche Rspr. AT, 1998, Nr. 28).

[133] Sternberg-Lieben, in: Schönke/Schröder, StGB, 30. Aufl. 2019, § 223 Rn. 38a; näher Böllinger JA 1989, 403; Amelung NJW 1996, 2393; Oğlakcıoğlu HRRS 2013, 344; aus der Rspr. vgl. zuletzt BGH B. v. 16.01.2014 – 1 StR 389/13 – StV 2014, 601 (Anm. Bosch JK 2014 StGB § 227/10; LL 2014, 580; famos 5/2014; Kaspar HRRS 2014, 436); BGH U. v. 28.01.2014 – 1 StR 494/13 – BGHSt 59, 150 = NJW 2014, 1680 = NStZ 2014, 709 = NStZ-RR 2014, 147 = StV 2014, 603 (Anm. Kudlich JA 2014, 392; RÜ 2014, 301; Patzak NStZ 2014, 715; Ullmann/Pollähne StV 2014, 631).

[134] Eser/Sternberg-Lieben, in: Schönke/Schröder, StGB, 30. Aufl. 2019, vor § 211 Rn. 36; aus der Rspr. vgl. OLG Düsseldorf B. v. 06.09.1973 – 1 Ws 333-336/73 – NJW 1973, 2215 (Anm. Geilen NJW 1974, 570; Bringewat JuS 1975, 155).

[135] Hierzu Kindhäuser/Hilgendorf, LPK, 8. Aufl. 2019, vor § 13 Rn. 180ff.; näher Amelung ZStW 1997, 490.

[136] Joecks/Jäger, StGB, 13. Aufl. 2021, vor § 32 Rn. 33ff., der allerdings bzgl. der Drohung auf den Maßstab des § 35 StGB abstellt.

[137] S. Kühl, AT, 8. Aufl. 2017, § 9 Rn. 37ff. und 40ff.

Problematisch ist zunächst, welche Bedeutung eine **Täuschung** hat.[138]
Die Zustimmung ist unwirksam, wenn der Zustimmende die Gefahr nicht kennt (s. o.); beruht die Unkenntnis auf Täuschung, so kann der Täuschende sog. mittelbarer Täter nach § 25 I 2. Var. StGB sein.

Beispiel 60

B gab dem Z ein vermeintliches Bonbon, bei welchem es sich in Wirklichkeit um ein Brechmittel handelte. ◄

90 Streit herrscht aber über die Beachtlichkeit nicht rechtsgutsbezogener Täuschungen.

Beispiel 61

B überredete den Z zu einer Blutspende, indem er ihm die Zahlung von 100 Euro versprach, obwohl er nie vorhatte, dem Z das Geld auszuzahlen. ◄

Die Blutabnahme erfüllt durchaus den objektiven Tatbestand der Körperverletzung (§ 223 I StGB). Die Zahlung von 100 Euro hat aber nichts mit dem Rechtsgut der körperlichen Unversehrtheit zu tun. Ist die durch Täuschung über die Zahlung erwirkte Zustimmung in § 223 I StGB trotzdem unwirksam?

Während z. T.[139] die täuschungsbedingte Einwilligung stets für unwirksam gehalten wird, gilt dies nach h. M.[140] nur für eine rechtsgutsbezogene Fehlvorstellung – in Abgrenzung sog. bloßer **Motivirrtümer**.

Für die h. M. spricht, dass der Schutz der Dispositions- und Tauschfreiheit nicht Gegenstand z. B. der Körperverletzungsdelikte ist. Im Hinblick auf den Rechtsgutseingriff liegt eben eine bewusste Preisgabe vor. Selbst bei entscheidenden Motiven ist es an sich nicht Aufgabe des Nichtvermögensstrafrechts, die Vermögensinteressen des Betreffenden zu schützen. Dennoch ist der Gegenauffassung zu folgen, da richtigerweise alle Bedingungen gleich zu behandeln sind: Die Zustimmung basiert auf individuellem Verzicht und entsprechend setzt das Individuum seine Voraussetzungen für diesen Verzicht frei fest. So erledigen sich auch „Abgrenzungs"schwierigkeiten zwischen verschiedenen Irrtumsinhalten.

91 Auch die Behandlung von Irrtümern, die **nicht** auf **Täuschung** beruhen, ist umstritten.[141]

---

[138] Hierzu Hillenkamp/Cornelius, 32 Probleme aus dem Strafrecht AT, 15. Aufl. 2017, 7. P.; näher Kühne JZ 1979, 241; Roxin GS Noll 1984, 275; aus der Rspr. vgl. BGH U. v. 23.12.1986 – 1 StR 598/86 – NJW 1987, 1495 = NStZ 1987, 174 (Anm. Geppert JK 1987 StGB § 223a/2; Hassemer JuS 1987, 661; Wolski GA 1987, 527; Sowada JR 1988, 123).
[139] Z. B. Kindhäuser/Hilgendorf, LPK, 8. Aufl. 2019, vor § 13 Rn. 184.
[140] S. Joecks/Jäger, StGB, 13. Aufl. 2021, vor § 32 Rn. 31.
[141] Zsf. Kindhäuser/Hilgendorf, LPK, 8. Aufl. 2019, vor § 131 Rn. 186ff.

Beispiel 62

BGH U. v. 01.02.1961 – 2 StR 457/60 (Famulus) – BGHSt 16, 309 = NJW 1962, 682 (Anm. Roxin, Höchstrichterliche Rspr. AT, 1998, Nr. 31; Puppe, AT, 4. Aufl. 2019, § 11 Rn. 1ff.; Bockelmann JZ 1962, 525):
B1 und B2 – damals Studenten der Medizin – waren von August bis Oktober 1958 als sog. Famuli in einem Landkrankenhaus tätig. Während dieser Zeit behandelten sie selbstständig Verletzungen und machten Eingriffe bei Patienten, von denen sie für Ärzte gehalten wurden. ◄

Die h. M. hält derartige Irrtümer, anders als die Gegenauffassung, für unbeachtlich, es sei denn, der Erklärungsempfänger kennt den Irrtum. Das wäre ein Rechtsmissbrauch der Einwilligung.[142]

Wiederum allerdings sollte es allein darauf ankommen, ob die Geschädigten den Umstand, der nicht verwirklicht wurde, zur Voraussetzung der Zustimmung erhoben haben.

(g) Bei Körperverletzung: Verstoß der Tat trotz der Einwilligung gegen die guten Sitten, § 228 StGB

▶ Didaktische Aufsätze:

- Roxin, Verwerflichkeit und Sittenwidrigkeit als unrechtsbegründende Merkmale im Strafrecht, JuS 1964, 373
- Bott/Volz, Die Anwendung und Interpretation des mysteriösen § 228 StGB, JA 2009, 421
- Rennicke, Die sittenwidrige Körperverletzung im Sinne des § 228 StGB, ZJS 2019, 465

Für **Körperverletzungsdelikte** – nach h. M. auch für die fahrlässige Körperverletzung, obwohl erst eine Norm später in § 229 StGB normiert – bildet § 228 StGB eine Begrenzung der Zustimmung (dort explizit: Einwilligung).[143]

92

> **§ 228 StGB (Einwilligung)**
> Wer eine Körperverletzung mit Einwilligung der verletzten Person vornimmt, handelt nur dann rechtswidrig, wenn die Tat trotz der Einwilligung gegen die guten Sitten verstößt.

---

[142] Kühl, AT, 8. Aufl. 2017, § 9 Rn. 40.
[143] Hierzu Krey/Esser, AT, 6. Aufl. 2016, Rn. 664; näher Kohlhaas NJW 1963, 2348; Roxin JuS 1964, 373; Roth-Stielow JR 1965, 210; Berz GA 1969, 145; Schmitt GS Schröder 1978, 263; Frisch FS H. J. Hirsch 1999, 485; Duttge GS Schlüchter 2002, 775; Jakobs FS Schroeder 2006, 507; Kühl FS Schroeder 2006, 521; Kühl FS Jakobs 2007, 293; Nitschmann ZStW 2007, 547; Duttge NStZ 2009, 690; Hirsch FS Amelung 2009, 181; Bott/Volz JA 2009, 421; Kühl FS Puppe

Auf andere Delikte ist § 228 StGB nicht anwendbar – dies ergibt sich neben dem Wortlaut „eine Körperverletzung" aus der systematischen Stellung im 17. Abschnitt des Besonderen Teils des StGB –; auch nicht analog.[144] Allerdings muss die Norm erst recht für Tötungsdelikte gelten, denn diese enthalten als Durchgangsstadium Körperverletzungen; relevant wird dies bzgl. der fahrlässige Tötung in § 222 StGB.

Abzustellen ist nach dem ausdrücklichen Wortlaut die **Sittenwidrigkeit der Tat**, nicht die der Einwilligung.[145]

Nach herkömmlicher, zivilrechtlich für den Nichtigkeitsgrund in § 138 I BGB entwickelter, Definition ist sittenwidrig, was gegen das Anstandsgefühl aller billig und gerecht Denkenden verstößt.[146]

Dies ist in einer freiheitlich-pluralistischen Gesellschaft schon im Ansatz problematisch. Namentlich kann es ein einheitliches und – wie die Formel suggeriert – empirisch festzustellendes Anstandsgefühl nicht geben. Außerdem ist die Formel dergestalt zirkelschlüssig, dass dieses Anstandsgefühl nur bestimmt werden kann, wenn man die Menge der billig und gerecht Denkenden umgrenzt hat, was wiederum die Kenntnis dessen voraussetzt, was billig und gerecht ist. Im Strafrecht kommen noch Bedenken hinsichtlich des Bestimmtheitsgrundsatzes (Art. 103 II GG, § 1 StGB)[147] hinzu.

Die Rspr.[148] und die h. L.[149] verstehen daher die Prüfung der Sittenwidrigkeit, anders als die Gegenauffassung,[150] nicht mehr als Gesamtprüfung mit Schwerpunkt bei den Beweggründen der Verletzung. Stattdessen soll es entscheidend darauf ankommen, ob die Körperverletzung wegen des besonderen Gewichts des jeweiligen tatbestandlichen Rechtsgutsangriffs unter Berücksichtigung des Umfangs der eingetretenen Körperverletzung und des damit verbundenen Gefahrengrades für Leib

---

2011, 653; Morgenstern JZ 2017, 1146; Rennicke ZJS 2019, 465; aus Rspr. vgl. zuletzt BGH U. v. 15.08.2018 – 2 StR 152/18 – NStZ-RR 2018, 314 = StV 2020, 315; BGH B. v. 24.10.2018 – 1 StR 212/18 – NJW 2018, 3658 = NStZ 2019, 283 = StV 2019, 606 (Anm. Kretschmer NJW 2018, 3660; Mitsch NStZ 2019, 285); BGH U. v. 30.01.2019 – 2 StR 325/17 – BGHSt 64, 69 = NJW 2019, 3253 = NStZ 2020, 29 = StV 2020, 296 (Anm. Kudlich JA 2019, 953; RÜ 2019, 781; Mitsch NJW 2019, 3255; Eisele JuS 2020, 80; Magnus NStZ 2020, 32; Lorenz JR 2020, 69; Rostalski HRRS 2020, 211); BGH U. v. 12.05.2020 – 1 StR 368/19 – StV 2021, 117 (Anm. von Heintschel-Heinegg JA 2021, 425).

[144] Ganz h. M., s. nur Joecks/Jäger, StGB, 13. Aufl. 2021, Rn. 6.

[145] Fischer, StGB, 68. Aufl. 2021, § 228 Rn. 8; aus der Rspr. vgl. BGH U. v. 26.05.2004 – 2 StR 505/03 (Sadomasochismus) – BGHSt 49, 166 = NJW 2004, 2458 = NStZ 2004, 621 = StV 2004, 655 (Anm. Kaspar/Reinbacher, Casebook AT, 2020, Fall 10; RÜ 2004, 480; RA 2004, 582; Hirsch JR 2004, 475; Hardtung Jura 2005, 401; Petersohn JA 2005, 93; Stree NStZ 2005, 40; Arzt JZ 2005, 103; Gropp ZJS 2012, 602).

[146] Joecks/Jäger, StGB, 13. Aufl. 2021, § 228 Rn. 2.

[147] Für Verfassungswidrigkeit der Norm z. B. Sternberg-Lieben, in: Schönke/Schröder, StGB, 30. Aufl. 2019, § 228 Rn. 1f.

[148] S. o.

[149] S. Joecks/Jäger, StGB, 13. Aufl. 2021, Rn. 3ff.

[150] S. nur die Auseinandersetzung mit der älteren Rspr. bei BGH U. v. 26.05.2004 – 2 StR 505/03 (Sadomasochismus) – BGHSt 49, 166 (170ff.).

B. Objektiver Tatbestand

und Leben trotz Einwilligung des Rechtsgutsträgers nicht mehr als von der Rechtsordnung hinnehmbar erscheint (sog. **Rechtsgutslösung**). Jedenfalls liegt hiernach dann eine sittenwidrige Tat vor, wenn der Geschädigte in konkrete Todesgefahr gerät, es sei denn, ein anerkennenswerter Zweck legitimiert das Eingehen eines sehr hohen Risikos (z. B. eine lebensgefährliche, aber einzig lebensrettende Operation).

Beispiel 63

BGH U. v. 26.05.2004 – 2 StR 505/03 (Sadomasochismus) – BGHSt 49, 166 = NJW 2004, 2458 = NStZ 2004, 621 = StV 2004, 655 (Anm. Kaspar/Reinbacher, Casebook AT, 2020, Fall 10; RÜ 2004, 480; RA 2004, 582; Hirsch JR 2004, 475; Hardtung Jura 2005, 401; Petersohn JA 2005, 93; Stree NStZ 2005, 40; Arzt JZ 2005, 103; Gropp ZJS 2012, 602):

Die Lebensgefährtin des B, die G, zeigte großes Interesse an der Ausübung außergewöhnlicher sexueller Praktiken, vor allem so genannter „Fesselspiele". Hierzu gehörte unter anderem, dass B, der an diesen „Spielen" kein Interesse hatte und dabei selbst angekleidet blieb, mit einem Gegenstand Druck auf ihren Kehlkopf, ihr Zungenbein oder ihre Luftröhre ausüben musste, um auf diese Weise den von ihr erstrebten vorübergehenden Sauerstoffmangel hervorzurufen, der für sie eine erregende Wirkung hatte. In der Vergangenheit fanden dabei für diesen Würgevorgang Stricke oder Seile Verwendung. Nachdem eine Zeit lang derartige Fesselspiele nicht mehr stattgefunden hatten, weil B Sicherheitsbedenken geäußert hatte, verlangte G von ihm am 18.05.2002 erneut die Durchführung eines Fesselspiels und bereitete die dazu erforderlichen Utensilien (Stricke, ein Holzstück sowie ein Metallrohr) selbst vor. B sträubte sich zunächst und kam ihrem Wunsch dann doch nach. Wegen der Leibesfülle von G, die in letzter Zeit deutlich an Körperumfang zugenommen hatte, äußerte er aber Bedenken, da er auf Grund der Fixierung der Beine über den Bauch hinweg zum Kopf befürchtete, G könnte keine Luft mehr bekommen. Sie zerstreute seine Bedenken jedoch und verlangte, er solle dieses Mal statt des bisher verwendeten Stricks das Metallrohr benutzen. B äußerte auch insoweit zunächst Vorbehalte, ließ sich dann aber umstimmen und fesselte seine Lebensgefährtin wie von ihr gewünscht. Zunächst benutzte er für den Würgevorgang das bereitgelegte Holzstück, ging dann auf Wunsch seiner Lebensgefährtin dazu über, das Metallrohr zum Würgen zu verwenden. Dabei erkannte er, dass die Verwendung eines sich nicht den Konturen des Halses anpassenden Gegenstands gefährlich war, und erklärte ihr dies auch, ließ sich dann aber von seiner Lebensgefährtin zur Verwendung überreden und verstärkte auf deren Wunsch hin sogar die Einwirkung noch. Den Eintritt eines tödlichen Verlaufs infolge seiner gewaltsamen Einwirkung auf den Hals des Opfers hielt er für möglich, vertraute jedoch darauf, dass dies nicht geschehen werde. Nach seinen persönlichen Fähigkeiten und dem Maß seines individuellen Könnens war er imstande, die Gefährlichkeit seines Tuns zu erkennen und die sich daraus ergebenden Sorgfaltsanforderungen zu erfüllen. Im Verlauf der intervallartigen, gegen den Hals der G gerichteten mehrfachen und mindestens drei Minuten währenden Aktionen drückte er dann mit dem Metallrohr zu.

Dadurch erzielte er die gewünschte Kompression der Halsgefäße und insbesondere der arteriellen und venösen Blutversorgung des Gehirns, allerdings auch eine von ihm nicht gewollte, massive, durch den Einsatz des Metallrohrs hervorgerufene Verletzung des Kehlskeletts. Diese Verletzungen waren aber nicht tödlich, vielmehr verstarb G an den Folgen der massiven Kompression der Halsgefäße und der dadurch unterbundenen Sauerstoffzufuhr zum Gehirn mit nachfolgendem Herzstillstand. Als G sich nicht mehr vernehmlich artikulierte, löste B die Fesselungen in dem Glauben, sie sei – wie nach solchen Handlungen in der Vergangenheit üblich – eingeschlafen. Nachmittags kamen ihm wegen des Zeitablaufs Bedenken, er musste feststellen, dass G nicht mehr am Leben war. ◄

Es kommt also nicht darauf an, ob das im Rahmen von Fesselspielen ausgeführte Würgen mit einem Metallrohr zwecks sexueller Stimulation und Befriedigung sich noch im anständig-sittlichen Bereich der Sexualität befindet, sondern es ist anhand des Gefährlichkeitsgrades der Handlung (Würgen mit Metallrohr) und des Umfanges der eingetretenen Körperverletzung (unterbundene Sauerstoffzufuhr zum Gehirn durch massive Kompression der Halsgefäße) zu untersuchen, ob die Einwilligung von der Rechtsordnung hinnehmbar erscheint.

Der im Grunde *contra legem* weitgehend objektivierende Ansatz der heutigen h. M. hat den Vorzug, dass er die Ausforschung von Zielen und Beweggründen, die mit dem Rechtsgut der Körperverletzungsdelikte nichts zu tun haben (z. B. die Sexualmoral[151]), entbehrlich macht. Die Relevanz der Todesgefahr mag im Einklang mit der Wertung des § 216 StGB stehen, der zum Ausdruck bringt, dass ein gesellschaftliches Interesse am Erhalt des Lebens auch gegen den Willen des Betroffenen besteht. Den hierin liegenden Paternalismus gegenüber den Geschädigten, die sich bewusst durch Dritte gefährden lassen, kann letztlich nur der Gesetzgeber beseitigen, vorzugsweise durch Streichung des § 228 StGB als zweifelhaftes Einfallstor für kollektive Erwägungen im Bereich individualschützender Delikte. *De lege lata* ist im Übrigen eine Nichtanwendung des § 228 StGB – und sei es aus verfassungsrechtlichen Gründen – kaum weniger gesetzesfern als die Füllung der Norm mit gänzlich anderem Inhalt.

93 Naturgemäß existiert eine reichhaltige Kasuistik bzgl. der Frage, welche Handlungen so gefährlich seien, dass § 228 StGB greife, und bei welchen das nicht der Fall sei.[152]
Einige weitere Beispiele:

Beispiel 64

BGH B. v. 20.02.2013 – 1 StR 585/12 – BGHSt 58, 140 = NJW 2013, 1379 = StV 2013, 439 = NStZ 2013, 342 (Anm. Bosch JK 2013 StGB § 228/6; Jäger JA 2013, 634; Jahn JuS 2013, 945; Zöller ZJS 2013, 429; LL 2013, 431; RÜ

---

[151] Speziell zum Sadomasochismus Sitzmann GA 1991, 71.
[152] Z. B. bei Fischer, StGB, 68. Aufl. 2021, § 228 Rn. 12ff.

B. Objektiver Tatbestand

2013, 302; famos 5/2013; Sternberg-Lieben JZ 2013, 953; von der Meden HRRS 2013, 158; Hardtung NStZ 2014, 267; Gaede ZIS 2014, 489):

Z1, ein Cousin des Z2, griff ein Mitglied aus einer Jugendgruppe, zu der auch B1 und B2 gehörten, an, indem er den Angegriffenen schüttelte und ihn gegen ein parkendes Auto zu drücken versuchte. Diese Auseinandersetzung konnte Z2 so weit schlichten, dass zunächst weder aus der Gruppe um Z1 noch aus der Gruppe um B1 und B2 weitere Tätlichkeiten verübt wurden. Allerdings forderte der über den Vorfall aufgebrachte B1 erfolgreich telefonisch weitere Angehörige seiner Gruppe auf, zum Ort des Geschehens zu kommen. Nach kurzer Zeit standen sich die nunmehr verstärkte Gruppe um B1 und B2 und die um Z1, samt Z2 und Z3, gegenüber. Den Beteiligten beider Gruppen war bewusst, dass es auf Grund der sich durch wechselseitige Beleidigungen weiter aufheizenden Stimmung zu körperlichen Auseinandersetzungen kommen würde. Auf Grund einer faktischen Übereinkunft stimmten die Beteiligten zu, diese mit Faustschlägen und Fußtritten auszutragen. Den Eintritt auch erheblicher Verletzungen billigten sie. Im Zuge der sich anschließenden, rund vier bis fünf Minuten andauernden wechselseitigen Tätlichkeiten erwies sich die Gruppe um B1 und B2 als überlegen. Als Z3 ungeachtet dessen ein Mitglied aus der Gruppe um die B1 und B2 im Rahmen eines Faustkampfs in Bedrängnis brachte, schlug B2 auf Z3 ein, der daraufhin stürzte. Der am Boden liegende Z3 erhielt anschließend einen Fußtritt. Er erlitt unter anderem eine Schädelprellung und wurde mit einem Rettungswagen in ein Krankenhaus verbracht, wo er stationär behandelt wurde. B1 schlug den Z2 so heftig mit der Faust in das Gesicht, dass dieser im Unterkiefer drei Zähne verlor, die durch Implantate ersetzt werden mussten. Zudem verursachte der Schlag eine Verschiebung der Nasenscheidewand. Die Verletzung bedurfte einer operativen Korrektur. Der zur Gruppe um Z1 gehörende Z4 ging durch die Wirkung von Faustschlägen bereits zu Beginn der Auseinandersetzung zu Boden und blieb dort wehrlos liegen. In dieser Lage versetzten ihm unter anderem die B1 und B2 mehrere Tritte gegen den Kopf und den Körper. Nachdem eine kurze Zeit von dem Z4 abgelassen worden war und er auf allen Vieren wegzukriechen versuchte, holte B1 mit dem Fuß aus und trat Z4 ins Gesicht. Anschließend trat auch B2 erneut auf den am Boden liegenden Z4 ein. Einen Tritt führte B2 gegen den Kopf des Z4. Zudem hob er den Kopf des Z4 etwas an und schlug ihn mit allerdings geringer Kraft auf den Asphalt. Auf Grund der zahlreichen erlittenen Verletzungen wurde der Z4 drei Tage stationär, davon einen Tag auf der Intensivstation, behandelt und war 14 Tage arbeitsunfähig krank. ◄

Fehlen bei solchen Auseinandersetzungen[153] das Gefährlichkeitspotenzial – s. auch § 231 StGB – begrenzende Absprachen und effektive Sicherungen für deren Einhaltung, verstoßen die in deren Verlauf begangenen Körperverletzungen nach Auffassung des BGH trotz Einwilligung selbst dann gegen die guten Sitten, wenn mit den einzelnen Körperverletzungen keine konkrete Todesgefahr verbunden war.

---

[153] Zu Gruppenschlägereien Hardtung, in: MK-StGB, 3. Aufl. 2017, § 228 Rn. 36ff., 45; näher Spoenle NStZ 2011, 552.

Beispiel 65

LG Mönchengladbach U. v. 20.09.1996 – 12 Ns 29/96 (6) (Autosurfen) – NStZ-RR 1997, 169; OLG Düsseldorf B. v. 06.06.1997 – 2 Ss 147/97 – 49/97 II (Autosurfen) – NJW 1998, 770 = NStZ-RR 1997, 325 (Anm. Hemmer-BGH-Classics Strafrecht, 2003, Nr. 88; Geppert JK 1998 StGB § 315b/7; Martin JuS 1998, 274; Hammer JuS 1998, 785; Saal NZV 1998, 49):

In der Nacht des 21.08.1993 führte der zum Tatzeitpunkt 23 Jahre alte B mit vier Freunden, auf geteerten landwirtschaftlichen Wegen Fahrten mit einem kleineren Pkw durch, bei denen sie sich abwechselnd auf das Dach des Fahrzeugs legten (Autosurfen). Zunächst legten sich bei den Fahrten abwechselnd eine Person, dann zwei und schließlich vier Personen aufs Dach. Bei der Unglücksfahrt, bei der der B den Pkw steuerte, lagen vier Personen auf dem Dach, und zwar jeweils zwei Personen aufeinander, wobei die beiden unten liegenden Personen sich jeweils mit der äußeren Hand durch die geöffneten Fenster an den jeweiligen Türholmen der Fahrer- bzw. Beifahrertür festhielten und sich mit der jeweilig auf dem Dach innen liegenden Hand sich gegenseitig umklammerten. Die auf ihnen liegenden beiden anderen Personen umklammerten mit ihrer außen liegenden Hand den Arm der jeweils unter ihnen liegenden Person, während sie sich mit der innen liegenden Hand ebenfalls gegenseitig umklammerten. Als B eine leichte – mit Winkelabweichung von 15 Grad – Rechtskurve mit einer Geschwindigkeit von mindestens 70 km/h durchfuhr, entwickelte sich eine derart enorme Fliehkraft nach links – was B infolge Fahrlässigkeit nicht bedachte –, so dass sich der links oben liegende Z1 nicht mehr an dem unter ihm liegenden Z2 und dem neben ihm oben liegenden Z3 festzuhalten vermochte, sich vielmehr aus der Umklammerung bei beiden löste und von dem Fahrzeug in einen 10 bis 20 m hinter der Kurve angrenzenden Graben flog. Z1 erlitt aufgrund des Sturzes ein Schädel-Hirn-Trauma, welches ein apalisches Syndrom mit spastischen Lähmungen von Armen und Beinen hervorgerufen hat. ◄

Nach dem LG Mönchengladbach reicht eine Einwilligung in lebensgefährliche Unternehmungen nur aus, wenn der Wert der durch die Einwilligung betätigten Opferautonomie gemeinsam mit den durch die Tat verfolgten Zwecken den in der Lebensgefährdung liegenden Unwert überwiegt. Dem Autosurfen komme aber keinerlei sinnvoller Zweck zu, ihm könne nicht einmal ein sportlicher Aspekt abgewonnen werden. Deswegen sei nicht fraglich, dass „ein solch unsinniges Unternehmen" einen Verstoß gegen die guten Sitten darstelle.

Beispiel 66

BGH U. v. 11.12.2003 – 3 StR 120/03 (Betäubungsmittel) – BGHSt 49, 34 = NJW 2004, 1054 = NStZ 2004, 204 (Anm. Otto JK 2004 StGB vor § 13/17 und § 228/3; Trüg JA 2004, 597; Martin JuS 2004, 350; Sternberg-Lieben

JuS 2004, 954; LL 2004, 392; RÜ 2004, 138; RA 2004, 221; famos 4/2004; Mosbacher JR 2004, 390; Hardtung Jura 2005, 401; Duttge NJW 2005, 260):

B hatte G im Jahre 1997 kennengelernt. G war alkoholabhängig und litt unter Krampfanfällen, zu deren Vermeidung er Medikamente einnahm. Sein körperlicher Zustand war schlecht. Seine Hände zitterten und die Funktion seiner Beine war gestört, so dass er ein behindertengerechtes dreirädriges Fahrrad benutzen musste. Nachdem B erfahren hatte, dass G gelegentlich Heroin spritzte, konsumierte er zweimal mit ihm zusammen Heroin. Während B dabei das Rauschgift rauchte, injizierte sich G das Heroin. Danach machte er auf B in beiden Fällen einen „weggetretenen" Eindruck, reagierte jedoch auf Ansprache. Am Abend des 23.08.2001 traf B den G, der sich mit Zechkumpanen vor einem Supermarkt aufhielt und eine Dose Bier in der Hand hatte. G hatte zu diesem Zeitpunkt bereits erhebliche Mengen Bier getrunken, zeigte wegen seiner Alkoholgewöhnung jedoch keine Ausfallerscheinungen. B und G kamen überein, gemeinsam 1 g Heroin zu konsumieren. Absprachegemäß besorgte B das Rauschgift und begab sich damit zur Wohnung des G. Nachdem beide dort zunächst weiteren Alkohol getrunken hatten, holte B aus seiner nahe gelegenen Wohnung ein Spritzenbesteck. Er kochte die Hälfte des erworbenen Heroins mit Ascorbinsäure und etwas Wasser auf und injizierte sich das Rauschgift. Dessen Wirkung empfand er gemessen an seiner langjährigen Erfahrung als normal; es stellte sich bei ihm ein leichter Rauschzustand ein. Nachdem die Spritze in heißem Wasser desinfiziert worden war, kochte B die andere Hälfte des Heroins auf. G band sich den Arm ab, konnte sich wegen des Zitterns seiner Hände die Spritze aber nicht mehr selbst setzen. Er bat daher den B, ihm das Heroin zu injizieren und hielt ihm hierzu seine linke Armbeuge entgegen. B kam der Bitte nach. Alsbald nach der Injektion verstarb G an einer Heroinintoxikation, die sein Atemzentrum lähmte. Der Todeseintritt wurde durch die erhebliche Alkoholisierung des G (Blutalkoholkonzentration von 2,33 ‰) „begünstigt". ◄

Das illegale Verabreichen von Betäubungsmitteln an einen anderen mit dessen Einwilligung ist laut BGH nicht schon deswegen sittenwidrig, weil sich der Handelnde durch die Tat wegen eines Verstoßes gegen das Betäubungsmittelgesetz strafbar macht. Maßgeblich sei, ob Gesundheits- oder Suchtgefahren begründet oder verstärkt werden. Insb. sei die Grenze dann überschritten, wenn bei vorausschauender objektiver Betrachtung aller maßgeblichen Umstände der Betroffene durch das Verabreichen in konkrete Todesgefahr gebracht wird.

Beispiel 67

BGH U. v. 20.11.2008 – 4 StR 328/08 (Beschleunigungsrennen) – BGHSt 53, 55 = NJW 2009, 1155 = NStZ 2009, 148 (Anm. Puppe, AT, 4. Aufl. 2019, § 6 Rn. 5ff.; Satzger JK 2009 StGB § 222/8; Kudlich JA 2009, 389; Jahn JuS 2009, 370; Brüning ZJS 2009, 194; LL 2009, 179; RÜ 2009, 164; RA 2009, 68; Kühl NJW 2009, 1158; Duttge NStZ 2009, 690; Roxin JZ 2009, 399; Puppe GA 2009, 486; Renzikowski HRRS 2009, 347):

B gehörte einer Clique an, die auf Autobahnen in der Umgebung des Bodensees mit hochfrisierten Autos Autorennen durchführte, an denen zumeist fünf bis sieben Fahrzeuge beteiligt waren. Er war Besitzer eines Pkw VW Golf II, den er für Rennzwecke umgebaut hatte, so dass das Fahrzeug eine Höchstgeschwindigkeit von etwa 240 km/h erreichen konnte. Auch der mit ihm befreundete G gehörte der Clique an; er hatte ebenfalls an mehreren Rennen teilgenommen, wobei wechselweise er oder B Fahrer bzw. Beifahrer des jeweiligen Fahrzeugs war. Der mit G befreundete Z konnte am 30.01.2007 den seinem Vater gehörenden Pkw Porsche Carrera 4 S nutzen, der eine Höchstgeschwindigkeit von etwa 300 km/h erreichen konnte. Am Nachmittag dieses Tages verabredeten B, G und Z mit dem VW Golf und dem Porsche zunächst auf der vierspurig ausgebauten Bundesstraße „Beschleunigungstests" durchzuführen. Die mit der Durchführung der Autorennen verbundenen Eigen- und Fremdgefahren waren ihnen bewusst. Anschließend fuhren B mit G als Beifahrer in dem VW Golf und Z in dem Porsche auf die autobahnähnlich ausgebaute Bundesstraße. Dort führten sie einen ersten Beschleunigungstest durch. Hierzu fuhren die Fahrzeuge nebeneinander, sodann wurde – durch Handzeichen – von 3 auf 0 heruntergezählt und die Fahrer beschleunigten die Pkw. Der Beschleunigungstest wurde von G mit seiner Handykamera gefilmt. Die Pkw erreichten eine Geschwindigkeit von mehr als 200 km/h. Beide setzten das Rennen fort, auch als vor ihnen auf dem rechten Fahrstreifen ein mit vier Personen besetzter und knapp 120 km/h schneller Pkw Opel Astra sichtbar wurde. Als der Fahrer dieses Pkw die von hinten auf ihn zuschießenden Fahrzeuge bemerkte, steuerte er sein Fahrzeug ganz nach rechts, während B den VW auf dem linken Fahrstreifen zur Mittelleitplanke hin lenkte. Zugleich steuerte Z den Porsche über die mittlere Fahrbahnmarkierung hinaus auf den linken Fahrstreifen, um den Opel ebenfalls überholen zu können. Während des Überholvorgangs befanden sich die drei Fahrzeuge zeitgleich nebeneinander, wobei der Abstand zwischen dem VW und dem Porsche etwa 30 cm betrug. Hierbei geriet das von B gesteuerte Fahrzeug mit den linken Reifen auf den Grünstreifen an der Mittelleitplanke. Bei dem Versuch, wieder auf die Fahrbahn zu gelangen, machte B eine zu starke Lenkbewegung, das von ihm gesteuerte Fahrzeug schleuderte gegen die Mittelleitplanke, kam schließlich zum Stehen und geriet in Brand. G starb. ◄

Der BGH führt aus: „Ob bereits durch den mit hohen Geschwindigkeiten durchgeführten ‚Beschleunigungstest' auf einer öffentlichen Straße mit einer Geschwindigkeitsbegrenzung auf 120 km/h die drohende Rechtsgutsgefährdung für die Insassen der an dem Rennen beteiligten Fahrzeuge so groß war, dass eine konkrete Lebensgefahr vorlag, braucht der Senat nicht zu entscheiden. Jedenfalls lag eine solche Gefahr in der Fortsetzung des Rennens noch zu einem Zeitpunkt, als ein gleichzeitiges Überholen eines unbeteiligten dritten Fahrzeugs mit nicht mehr kontrollierbaren höchsten Risiken für sämtliche betroffenen Verkehrsteilnehmer verbunden war."

cc) Gefahrsteigerung des Gefährdeten durch Anknüpfung an vorherige Tätergefahrschaffung („Dazwischentreten")
(1) Grundlagen

Ist eine unerlaubt gefährliche Täterhandlung nur in dem Sinne ursächlich für den Erfolg geworden, dass der Geschädigte danach an diese anknüpft und an sich selbst den Erfolg bewusst risikoerhöhend (mit-)herbeiführt, so ist dies als Zustimmung bzgl. der konkreten Erfolgsherbeiführung zu werten; plastisch spricht man von einem „Dazwischentreten" des Geschädigten. Richtigerweise besteht dabei kein Unterschied zwischen Einverständnis und Einwilligung sowie Selbst- und Fremdgefährdung (inkl. Mischformen), s. o. 94

Man spricht auch von **Eigenverantwortlichkeit des Geschädigten**:[154] Wenn der „Täter" an bewussten Selbstgefährdungen mitwirkt, diese fördert oder veranlasst, ist das – wenn das Handeln überhaupt als abstrakt rechtlich unerlaubt anzusehen ist – konkret erlaubt. Zur Begründung des insofern mangelnden Schutzzweckzusammenhangs aus der Straflosigkeit von Selbstverletzungen (ausdrücklich z. B. in den §§ 223, 229 StGB: „andere") s. o.

Es sind diejenigen **Voraussetzungen**, die an die Wirksamkeit einer Gefährdetenzustimmung für Täterhandlung zu beachten sind, anzuwenden, s. o.

Insbesondere also ist **Gefahrwissen** erforderlich,[155] d. h. **Vorsatz** des Geschädigten bzgl. seiner **Gefährdung**. Vorsatz bzgl. des Erfolgseintritts kann der Geschädigte aufweisen (z. B. i. F. d. Suizids), dies ist aber für einen Zurechnungsausschluss nicht nötig, solange der Geschädigte das Risiko trotz Kenntnis desselben eingeht, s. o.

Beispiel 68

BGH U. v. 11.04.2000 – 1 StR 638/99 (Betäubungsmittel) – NJW 2000, 2286 = NStZ 2001, 205 = StV 2000, 617 (Anm. Puppe, AT, 4. Aufl. 2019, § 6 Rn. 13ff.; RÜ 2000, 331; RA 2000, 459; Geppert JK 2001 StGB § 222/5; LL 2001, 561; Hardtung NStZ 2001, 206; Renzikowski JR 2001, 248):

B verkaufte sehr starkes Heroin an G, den sie darauf hinwies, dass es sich um ein sehr starkes Material handele. Beim Konsumieren müsse man aufpassen und „nicht spritzen, sondern nur sniefen". G konsumierte das von B erworbene Heroin wenig später und verstarb auf Grund dessen. ◄

G starb an dem von B erworbenen Heroin, so dass B die Gefahr geschaffen hatte. Der Verkauf von Heroin stellt auch eine Sorgfaltspflichtverletzung dar. G konsumiert das Heroin allerdings gefahrenbewusst selbst. Eine Strafbarkeit der B nach § 222 StGB scheidet aufgrund konkreter Erlaubtheit der Gefahr aus.

Nach hier vertretener Auffassung wäre dies auch dann der Fall, wenn der B dem G das Heroin gespritzt hätte (Fremdgefährdung).

---

[154] Zsf. Kindhäuser/Hilgendorf, LPK, 8. Aufl. 2019, vor § 13 Rn. 118ff.
[155] Fischer, StGB, 68. Aufl. 2021, vor § 13 Rn. 36.

Natürlich ist erst recht die Unerlaubtheit ausgeschlossen, wenn der Geschädigte nicht nur eine Gefahr billigte, sondern sogar **Vorsatz** oder gar Absicht bzgl. der **Erfolgsherbeiführung** (bis hin zum Todeserfolg, i.e. Suizid) hatte.

> **Beispiel 69**
>
> BGH U. v. 16.05.1972 – 5 StR 56/72 – BGHSt 24, 342 = NJW 1972, 1207 (Anm. Roxin, Höchstrichterliche Rspr. AT, 1998, Nr. 5; Hemmer-BGH-Classics Strafrecht, 2003, Nr. 53; Hassemer JuS 1972, 607; van Els NJW 1972, 1476; Welp JR 1972, 427; Kohlhaas JR 1973, 53):
>
> B und G, die in enger Beziehung zueinander standen, machten mit dem Auto des G eine Fahrt, bei der G sich nach dem gemeinsamen Besuch einer Gaststätte und dem Genuss von Alkohol durch einen Schuss aus der Dienstpistole des B tötete, die dieser auf das Armaturenbrett gelegt hatte. ◄

Hier liegt ein Suizid vor. Die Gefahrschaffung durch B war konkret erlaubt.

In derartigen Fällen stößt die Gleichbehandlung von Selbstgefährdung (Suizid) und Fremdgefährdung an die Grenze des § 216 StGB (Tötung auf Verlangen); hierzu s. im Besonderen Teil.

(2) Insbesondere: Herausforderung von Rettern und Verfolgern

▶ Didaktischer Aufsatz:

- Satzger, Die sog. „Retterfälle" als Problem der objektiven Zurechnung, Jura 2014, 695
- Mitsch, Nahestehende Personen im Allgemeinen Teil des Strafrechts, Jura 2021, 136

95 Eine besondere Konstellation nachgelagerter Gefahrenaussetzung bilden die sog. **Herausforderungsfälle**.[156] Hier geht es um gefährliche **Rettungsmaßnahmen** und **Verfolgungen**; eine ähnliche Problematik stellt sich auch im Zivilrecht.[157]

---

[156] Hierzu Kindhäuser/Hilgendorf, LPK, 8. Aufl. 2019, vor § 13 Rn. 152ff.; näher Frisch FS Nishihara 1998, 66; Radtke/Hoffmann GA 2007, 201; Roxin FS Puppe 2011, 909; Beckemper FS Roxin 2011, 397; Stuckenberg FS Roxin 2011, 411; Satzger Jura 2014, 695; Roxin FS Kindhäuser 2019, 407; Mitsch Jura 2021, 136; aus der Rspr. vgl. OLG Stuttgart B. v. 20.02.2008 – 4 Ws 37/08 – NJW 2008, 1971 = NStZ 2009, 331 (Anm. Puppe, AT, 4. Aufl. 2019, § 5 Rn. 14ff.; Geppert JK 2008 StGB § 222/7; Kudlich JA 2008, 740; LL 2008, 820; RÜ 2008, 434; RA 2008, 462; Lampe jurisPR-StrafR 12/2008 Anm. 3; famos 7/2009; Puppe NStZ 2009, 333; Radtke/Hoffmann NStZ-RR 2009, 52; Furukawa GA 2010, 169).

[157] S. Flume, in: BeckOK-BGB, Stand 01.02.2021, § 249 Rn. 315ff.

Beispiel 70

BGH U. v. 08.09.1993 – 3 StR 341/93 – BGHSt 39, 322 = NJW 1994, 205 = NStZ 1994, 83 = StV 1995, 77 (Anm. Puppe, AT, 4. Aufl. 2019, § 6 Rn. 10ff.; Otto JK 1994 StGB vor § 13/3; Meindl JA 1994, 100; Alwart NStZ 1994, 84; Amelung NStZ 1994, 338; Sowada JZ 1994, 663; Bernsmann/Zieschang JuS 1995, 775; Derksen NJW 1995, 240; Günther StV 1995, 78):

B zündete das Haus der Familie G an. Im Obergeschoss, in dem der Brand gelegt worden war, befanden sich ein Gast und der zwölfjährige Bruder des G. Der Gast starb in den Flammen, das Kind rettete sich über ein Vordach des Hauses. G, der dies nicht wusste, ging in das Haus, um entweder irgendwelche Sachen oder Menschen, etwa das Kind, zu retten. Bei diesem Bemühen erlitt er eine Kohlenmonoxyd-Vergiftung, an der er starb. ◄

Ist der Tod des G noch dem B insofern zuzurechnen, als er durch das Anzünden des Hauses das Risiko geschaffen hat, dass etwaige Retter in den Flammen umkommen? Oder lässt der Todesfall sich nur der risikobehafteten Entscheidung des G zuschreiben, erneut das Haus zu betreten?

Es ist umstritten, ob ein aufgrund von Rettungs- oder Verfolgungsmaßnahmen eingetretener Erfolg (z. B. Tod) demjenigen zuzurechnen ist, der die Maßnahme durch eine unerlaubte Handlung erforderlich machte.

Einerseits fasst ein Retter oder Verfolger einen eigenen Entschluss, sich zu gefährden, wenn er sich der Gefahrenstelle nähert oder Wagnisse beim Verfolgen eines Flüchtigen eingeht.[158]

Andererseits sind zumindest Amtsträger nicht frei in ihrer Entscheidung, da sie berufsbedingte besondere Gefahrtragungspflichten innehaben und es ihnen daher an einer Eigenverantwortlichkeit fehlt; jedenfalls motivatorisch ähnlich liegt es bei privaten Helfern, deren Eingreifen auch jenseits einer Rechtspflicht oft höchst verständlich ist. Allerdings kann eine Zurechnung jedenfalls nicht grenzenlos gelten, so dass nach einer gewissermaßen vermittelnden h. M.[159] eine Zurechnung dort ihr Ende findet, wo der Geschädigte grob fahrlässig gegen seine Obliegenheiten verstößt oder von vornherein sinnlose oder offensichtlich unverhältnismäßige Wagnisse, also ein gänzlich unvertretbares Risiko, eingeht[160] – ein eher vager Maßstab.

Bei und soweit eine rechtliche Verpflichtung des Geschädigten besteht – also nicht bei extrem hohen Risiko, ferner sind rechtlich vorgesehene Obliegenheiten bei der Rettung zu beachten –, liegt gewissermaßen ein freiwilligkeitsbeschränkender Willensmangel (vgl. o.) – nicht Wissensmangel – vor. Zwar hat der Täter den Willensmangel nicht abstrakt verursacht (das hat der Rechtsnormsetzer getan), aber ihn durch seine Handlung konkret-situativ werden lassen. Jeder muss wissen, dass bei einem Brand die Feuerwehr anrückt und Feuerwehrleute Rettungsmaßnahmen treffen oder Private ihre strafrechtlichen (unechtes oder echtes Unterlassungsdelikt) Rettungspflichten zu erfüllen trachten. Außerhalb rechtlicher Verpflichtungen kann

---

[158] Gegen eine Zurechnung daher z. B. Rengier JuS 1998, 397 (400).
[159] S. Wessels/Beulke/Satzger, AT, 50. Aufl. 2020, Rn. 288; Fischer, StGB, 68. Aufl. 2021, vor § 13 Rn. 36c.
[160] S. auch OLG Stuttgart B. v. 20.02.2008 – 4 Ws 37/08 – NJW 2008, 1971 (1972).

es an der Zustimmungsfähigkeit eines sich im Affekt befindlichen Retters oder Verfolgers fehlen; im Übrigen aber besteht kein Grund, deren Situation wie die eines vom Täter Genötigten zu behandeln.

(3) Insbesondere: Nichtinanspruchnahme ärztlicher Behandlung

96 Einen weiteren Sonderfall bildet die **Nichtinanspruchnahme ärztlicher Behandlung** durch einen – zunächst nur – Verletzten.[161] Hier folgt eine Selbstgefährdung – die darauf zu untersuchen ist, ob sie risikobewusst erfolgt – auf eine zuvor erlittene Fremdschädigung.

Beispiel 71

OLG Celle U. v. 14.11.2000 – 32 Ss 78/00 – NJW 2001, 2816 = StV 2002, 366 (Anm. RA 2001, 554; RÜ 2002, 411; famos 10/2002; Walther StV 2002, 367):
B fuhr in einen Kreuzungsbereich ein und übersah ein „Stop"-Zeichen sowie das Kfz des ebenfalls in die Kreuzung einfahrenden und vorfahrtsberechtigten Rentners G. Durch den Unfall erlitt G starke Thoraxprellungen. Nach ärztlicher Erstversorgung im Kreiskrankenhaus wurde er zunächst nach Hause entlassen, jedoch auf Grund starker Schmerzen im Brustbereich später stationär im Kreiskrankenhaus aufgenommen. Bei der Untersuchung ergab sich der Verdacht auf eine Aortendissektion. G lehnte jedoch jegliche eingreifende Behandlung einschließlich einer kardiologischen Diagnostik ab. G starb. ◄

Die Verletzungserfolge sind B zweifelsfrei zuzurechnen. Der Tod des G ist jedoch auch deshalb eingetreten, weil G keine eingreifende Behandlung zuließ.

Jeder Patient hat das Recht, das Ob und Wie seiner Behandlung zu bestimmen, ohne dass er für seine Gründe (z. B. religiöser Natur) Rechenschaft schuldet. Weiß er aber um eine nicht unbeträchtliche Gefahr, insbesondere aufgrund ärztlicher Risikoaufklärung, dass sich der bisher vom Täter verursachte Erfolg ohne eine – mögliche und nicht noch riskantere – Behandlung verschlimmert, dann stimmt er dem zusätzlichen Erfolgseintritt durch sein Unterlassen zu. Ausnahmen betreffen wiederum v. a. die Frage der Zustimmungsfähigkeit und die eines Willensmangels.

(4) Fahrlässige Verkennung der Gefahr durch Geschädigten, Obliegenheitsverletzung, Mitverschulden (?)

97 Von vorsätzlichen Selbstgefährdungen des Opfers sind fahrlässige zu unterscheiden (Obliegenheitsverletzungen), bei denen das Opfer das Risiko, ohne dass hierfür der Täter verantwortlich wäre, verkennt. Hier wird ganz überwiegend darauf abgestellt, wie gravierend das objektiv selbstgefährdende Opferverhalten, mithin wie groß das Mitverschulden war.[162]

---

[161] S. Kindhäuser/Hilgendorf, LPK, 8. Aufl. 2019, vor § 13 Rn. 151; aus der Rspr. vgl. zuletzt BGH B. v. 17.03.2020 – 3 StR 574/19 – NJW 2020, 3669 NStZ 2021, 231 = StV 2021, 123 (Anm. famos 10/2020; Mitsch NJW 2020, 3671; Bertlings jurisPR-StrafR 25/2020 Anm. 4; Bosch Jura 2021, 340; Kudlich JA 2021, 169; Eisele JuS 2021, 86; RÜ 2021, 24; Sowada NStZ 2021, 233; Ruppert JZ 2021, 266).

[162] Problematisch, s. Heuchemer, in: BeckOK-StGB, Stand 01.02.2021, § 13 Rn. 28; aus der Rspr. vgl. zuletzt OLG Hamburg B. v. 28.04.2015 – 1 Rev 13/15 – NStZ-RR 2015, 209 (Anm. Eisele JuS 2015, 945; RÜ 2015, 509); OLG Hamm B. v. 20.08.2015 – 5 RVs 102/15 – NStZ-RR 2016, 27

Ohnehin aber leitet sich eine objektive und subjektive Fahrlässigkeit des Geschädigten gegen sich selbst wiederum aus bestimmten dem Geschädigte bekannte Tatsachen ab; aus dieser Kenntnis folgt zumindest ein gewisses Risikobewusstsein. Dieses mag quantitativ niedriger liegen, kann aber für eine Zustimmung rechtlich ausreichen; hier stellt sich in aller Schärfe die Frage, welche Höhe des Risikos der Geschädigte erkennen bzw. annehmen muss, damit man von einer vorsätzlichen Selbstgefährdung sprechen kann. Genaue quantitative Angaben zur zu verlangenden Gefahrenabschätzung wären wünschenswert, sind aber wohl Illusion, s. o.

VII. Erfolgseintritt

Zum Erfolg (ggf. sind es mehrere) als Bezugspunkt der Gefahrschaffung nach Maßgabe des jeweiligen Straftatbestands s. bereits o.   98

In gewisser Hinsicht irrationalerweise (s. o.) knüpft das Gesetz die Strafbarkeit häufig nicht bereits an die Gefahrschaffung, sondern setzt einen *ex post* festgestellten Erfolgseintritt voraus (z. B. Tod eines Menschen als sog. Verletzungserfolg des § 212 I StGB; Gefährdung von Leib oder Leben eines anderen Menschen oder fremder Sachen von bedeutendem Wert als sog. konkreter Gefährdungserfolg), obwohl sich dieser nach Vornahme der Handlung durch den Täter sich dessen Einflussmöglichkeit entzieht (z. B. kann das Opfer eines Messerangriffs trotz schwerer Verletzungen „wie durch ein Wunder" überleben). Immerhin sind vielfach Versuchsstrafbarkeiten (§§ 22, 23 und z. B. § 223 II StGB) und bisweilen auch Vorfelddelikte (z. B. § 316 StGB) normiert, die das Zufallselement, ob es überhaupt zu einer Strafbarkeit kommt, relativieren.

Klargestellt sei, dass der einmal eingetretene Versuch ausreicht: Ob der Erfolg reversibel ist (z. B. bei einer Körperverletzung durch Heilung oder einem Diebstahl durch Rückgabe der Sache) oder aus sonstigem Grund nur vorübergehend war (z. B. eine Freiheitsberaubung), ist irrelevant.

VIII. Verursachung (Ursächlichkeit, Bedingungszusammenhang; Kausalität)

▶   Didaktische Aufsätze:

- Schlüchter, Grundfälle zur Lehre von der Kausalität, JuS 1976, 312, 378 und 518, JuS 1977, 104
- Ebert/Kühl, Kausalität und objektive Zurechnung, Jura 1979, 561
- Bloy, Prinzipien der objektiven Erfolgszurechnung beim vorsätzlichen Begehungsdelikt, JuS 1988, L41
- Otto, Die objektive Zurechnung eines Erfolges im Strafrecht, Jura 1992, 90

- Erb, Die Zurechnung von Erfolgen im Strafrecht, JuS 1994, 449
- von Heintschel-Heinegg, Objektive Zurechnung im Strafrecht, JA 1994, 31, 126 und 213
- Hilgendorf, Der „gesetzmäßige Zusammenhang" im Sinne der modernen Kausalitätslehre, Jura 1995, 514
- Kudlich, Objektive und subjektive Zurechnung von Erfolgen im Strafrecht, JA 2010, 681

1. Grundlagen; Begriffliches

99 Für den Eintritt eines strafrechtlichen Erfolgs (s. o., z. B. den Tod eines Menschen i. R. d. §§ 212 I oder 222 StGB) kann ein Mensch nur dann strafrechtlich verantwortlich gemacht werden, wenn zwischen seiner **Handlung** und dem **Erfolgseintritt** ein *ex post* festzustellender **Zusammenhang** besteht. Der Erfolg muss einem Menschen als sein Werk zurechenbar, also auf sein Handeln zurückführbar sein,[163] damit eine Bestrafung des Täters Sinn ergibt.

Dieser erforderliche Zusammenhang ist zweigeteilt, die Prüfung also zweistufig: Die **Kausalität**[164] ist der faktische, naturgesetzliche, empirische Zusammenhang.

Die zweite Stufe wird durch einen normativen, wertenden Zusammenhang gebildet, den die h. L. missverständlich weit, schließlich ist bereits die Kausalität der erste Schritt der Zurechnung – als **objektive Zurechnung** bezeichnet, wobei aber ohnehin die Frage der Schaffung einer unerlaubten Gefahr richtigerweise bereits dem Erfolgseintritt vorgelagert ist (daher s. bereits o.). Nach Feststellung der Kausalität geht es vielmehr auf der zweiten Stufe darum, herauszuarbeiten, dass sich gerade die Schaffung der unerlaubten Gefahr im Erfolgseintritt verwirklicht hat (hierzu s. u.).

100 Das Erfordernis der Kausalität z. T. **ausdrücklich** im Tatbestand enthalten, z. B. in § 222 StGB (Fahrlässige Tötung) – „verursacht".

> **§ 222 StGB (Fahrlässige Tötung)**
> Wer durch Fahrlässigkeit den Tod eines Menschen verursacht, wird mit Freiheitsstrafe bis zu fünf Jahren oder mit Geldstrafe bestraft.

(Anm. Satzger Jura 2016, 1456; Eisele JuS 2016, 80; LL 2016, 479; famos 4/2016; Rostalski jurisPR-StrafR 2/2016 Anm. 2); OLG Hamm B. v. 18.07.2019 – 4 RVs 65/19 – NJW 2019, 2868.

[163] Jäger, in: SK-StGB, 9. Aufl. 2017, vor § 1 Rn. 60.

[164] Hierzu etwa Krey/Esser, AT, 6. Aufl. 2016, Rn. 302ff.; näher Schlüchter JuS 1976, 312, 378 und 518, JuS 1977, 104; Ebert/Kühl Jura 1979, 561; Puppe JA 1980, 863; Puppe ZStW 1980, 863; Kindhäuser GA 1982, 477; Schulz FS Lackner 1987, 39; Bloy JuS 1988, L41; Lampe GS Armin Kaufmann 1989, 189; Otto Jura 1992, 90; von Heintschel-Heinegg JA 1994, 31, 126 und 213; Erb JuS 1994, 449; Hilgendorf Jura 1995, 514; Frisch FS Gössel 2002, 51; Hoyer FS Rudolphi 2004, 95; Samson FS Rudolphi 2004, 259; Kudlich JA 2010, 681; Puppe GA 2010, 551; Jäger FS Maiwald 2010, 345; Merkel FS Puppe 2011, 151; Esquinas Valverde FS Wolter 2013, 333; Gössel GA 2015, 18; Puppe ZIS 2015, 426; Kindhäuser ZIS 2016, 574; Renzikowski FS Kindhäuser 2019, 379.

B. Objektiver Tatbestand

Ähnlich:

> **§ 229 StGB (Fahrlässige Körperverletzung)**
> Wer durch Fahrlässigkeit die Körperverletzung einer anderen Person verursacht, wird mit Freiheitsstrafe bis zu drei Jahren oder mit Geldstrafe bestraft.

> **§ 227 I StGB (Körperverletzung mit Todesfolge)**
> Verursacht der Täter durch die Körperverletzung (§§ 223 bis 226a) den Tod der verletzten Person, so ist die Strafe Freiheitsstrafe nicht unter drei Jahren.

Meist ist dies aber nicht der Fall, was aber unschädlich ist, da sich das im Tatbestand verwendete Verb i. S. d. einer Erfolgsverursachung **auslegen** lässt, s. z. B. das Töten in § 212 I StGB.

Klargestellt sei bereits jetzt, dass jede **Beschleunigung** des Erfolgseintritts ausreicht.[165] Unmittelbar einsichtig ist dies angesichts der Sterblichkeit aller Menschen bei Tötungsdelikten.

Beispiel 72

BGH U. v. 27.04.1966 – 2 StR 36/66 (Vollnarkose/Herzfehler) – BGHSt 21, 59 = NJW 1966, 1871 (Anm. Wessels JZ 1967, 449):

Zahnarzt B operierte die G unter Vollnarkose, woran diese aufgrund eines Herzfehlers starb. Hätte B vor der Narkose die angesichts der Krankengeschichte der G angezeigte internistische und anästhetische Untersuchung nicht unterlassen, so wäre die G jedenfalls später behandelt worden und später gestorben. ◄

Für die Kausalität der Behandlung kommt es also nicht darauf an, ob die nähere Untersuchung der G zu einer Verneinung der Operierbarkeit unter Vollnarkose geführt hätte. Schon die Verzögerung durch die Untersuchung an sich hätte das Leben der G verlängert.

Die verbreitetste **Bezeichnung** als Kausalität statt eines deutschen Begriffes (den Begriff der **Verursachung**, legen die o. a. Normen nahe; vgl. auch Ursächlichkeit oder Ursachenzusammenhang) ist ein Überbleibsel latinisierter Wissenschaftssprache; aufgrund der Üblichkeit sollte er nicht nur in Falllösungen verwendet werden, sondern er wird auch hier im Folgenden immer wieder einmal gebraucht.

---

[165] Hierzu B. Heinrich, AT, 6. Aufl. 2019, Rn. 234; aus der Rspr. vgl. zuletzt BGH U. v. 29.06.2016 – 2 StR 588/15 – NStZ 2016, 664 = StV 2017, 676 (Anm. Jäger JA 2016, 950; RÜ 2016, 708; Kudlich NStZ 2016, 665; LL 2017, 103); OLG Düsseldorf B. v. 18.04.2017 – III-2 Ws 528-577/16 (Love Parade) (Anm. Grosse-Wilde ZIS 2017, 638).

102 In der Falllösung ist eine ausdrückliche Prüfung des Ursachenzusammenhangs vielfach entbehrlich, da dieser offensichtlich vorliegt. Lediglich in Problemfällen ist eine ausführlichere Auseinandersetzung oder auch nur eine Erwähnung geboten. Nicht bei allen Delikten reichen alle erfolgsursächlichen Handlungen aus, ggf. ist eine bestimmte Art der Tathandlung erforderlich, s. o.

Fragen der Kausalität tauchen nicht allein im Strafrecht auf. Vergleichbare Probleme stellen sich im Zivilrecht (v. a. im Deliktsrecht), wenn auch nicht immer unter derselben Terminologie und mit denselben Lösungen.

2. Condicio-Formel; Kritik; weitere Ansätze

103 Die Rspr.[166] und Teile der Lehre[167] prüfen die Ursächlichkeit nach der sog. *condicio-sine-qua-non*-**Formel** (lateinisch für: „Bedingung, ohne die nicht").[168] Hiernach sei jede Bedingung ursächlich, ohne die der Erfolg in seiner konkreten Gestalt nicht eingetreten wäre, bei Hinwegdenken der Handlung also der Erfolg in seiner konkreten Gestalt entfiele.

Diese Formel ist derart **üblich**, dass sie in einer Falllösung als Ausgangspunkt fungieren muss.

Sie ist aber so durchgreifenden Einwänden ausgesetzt, dass sie nur als **falsch** bezeichnet werden kann:[169]

Der erste Einwand betrifft die **Logik**: Die *condicio*-Formel ist **logisch falsch**, da die Handlung des Täters keine notwendige Bedingung sein muss sondern eine hinreichende (s. i. E. sogleich).

Der zweite Einwand betrifft die naturwissenschaftliche **Aussagekraft**: Die *condicio*-Formel ist **unergiebig**, da sie keinen Erkenntnisgewinn bringt. Nur wenn das Kausalwissen bereits vorhanden ist, kann beurteilt werden, ob der Erfolg bei Wegdenken der Handlung entfiele. Ihr lässt sich also nichts entnehmen, was nicht vorher bekannt wäre (Zirkelschluss).

Der dritte Einwand betrifft die **Wahrhaftigkeit**: Die *condicio*-Formel stellt nicht die Frage nach dem, was geschehen ist, sondern hypothetisch und kontrafaktisch danach, was ohne die Täterhandlung geschehen wäre. Dieses fiktive Geschehen ist aber zum einen immer ungewiss, zum anderen führt eine Erfolgserklärung, die hypothetische Vergleichsfälle statt des wahrhaft Geschehenem bemüht, zu kriminalpolitisch unerwünschten Ergebnissen, so dass sich die Rspr. vielfach veranlasst sah, ihre Formel abzuändern und mit Ausnahmen zu versehen (s. i. E. sogleich).

---

[166] Z. B. BGH U. v. 30.03.1993 – 5 StR 720/92 (Zwei Schüsse) – BGHSt 39, 195 = NJW 1993, 1723 = NStZ 1993, 386 = StV 1993, 470 (Anm. Otto JK 1993 StGB vor § 13/2; Rogall JZ 1993, 1066; Toepel JuS 1994, 1009; Murmann/Rath NStZ 1994, 215; Wolter JR 1994, 468); zuletzt vgl. OLG Düsseldorf B. v. 18.04.2017 – III-2 Ws 528-577/16 (Love Parade) (Anm. Grosse-Wilde ZIS 2017, 638).

[167] S. nur Kindhäuser/Hilgendorf, LPK, 8. Aufl. 2019, vor § 13 Rn. 67; näher Puppe ZStW 1980, 863; Schulz FS Lackner 1987, 39; Hilgendorf Jura 1995, 514; Frisch FS Gössel 2002, 51; Samson FS Rudolphi 2004, 259; Puppe GA 2010, 551; Jäger FS Maiwald 2010, 345.

[168] Fischer, StGB, 68. Aufl. 2021, vor § 13 Rn. 21.

[169] Ausf. Puppe, in: NK-StGB, 5. Aufl. 2017, vor § 13 Rn. 90ff.

B. Objektiver Tatbestand

In der Literatur wird daher die **Lehre von der gesetzmäßigen Bedingung**[170] 104
vertreten. Ein Verhalten ist hiernach Ursache eines Erfolgs, wenn dieser Erfolg mit dem Verhalten durch eine Reihe zeitlich aufeinander folgender Veränderungen (natur-)gesetzmäßig verbunden ist.

Beispiel 73

B1 bot dem B2 10.000 Euro, wenn dieser den G tötet, was auch geschah. ◄

Gibt es einen (natur-)gesetzlichen Zusammenhang (sog. psychische Kausalität[171]) zwischen einem Geldangebot und der Tatausführung des so Angestifteten?

Der Ansatz, nicht nach hypothetischem Ersatzgeschehen zu fragen, sondern danach, ob eine Bedingung sich im Erfolg niedergeschlagen hat, trifft zu und ist der *condicio-sine-qua-non*-Formel in jeder Hinsicht vorzuziehen. Auch diese Lehre steht aber vor logischen und empirischen Problemen, so dass jedenfalls Präzisierungen erforderlich sind. Da über diese detaillierteren Fragestellungen wiederum Streit besteht, haben sich unüberschaubar zahlreiche und komplexe Kausalitätslehren entwickelt. Es bietet sich an, die Probleme einzeln in den Fokus zu nehmen.

3. Logische Anforderungen an die Verursachung

Die Handlung des Täters muss entgegen der *condicio-sine-qua-non*-Formel **keine** 105
notwendige Bedingung sein.[172] Dies würde nämlich ja bedeuten, immer bei einem Erfolgseintritt auf die Handlung schließen zu können. Für einen Todeseintritt beispielsweise kann es aber viele Ursachen außer der Täterhandlung geben. Bei überbedingten Erfolgen mit mehreren gleich gültigen Verursachungen (z. B. gleichzeitig tödliche Messerstiche zweier Täter in Hals und Herz) wird dies besonders deutlich, so dass auch Rspr. und h. L. von diesem Erfordernis abrücken, s. u.

Die Handlung des Täters muss – als einzelne – **keine hinreichende Bedingung** 106
sein. Dies nämlich würde bedeuten, dass immer aus der Täterhandlung der Erfolg resultiert. Da aber immer nur unter bestimmten Bedingungen jenseits der Handlung der Erfolgseintritt möglich wird (z. B. muss der Mensch leben, damit er getötet werden kann), ist die Handlung des Täters immer nur **Teil einer Gesamtursache**.

---

[170] S. z. B. Puppe ZJS 2008, 488 (490); Puppe GA 2010, 551; s. auch Hoyer, AT I, 1996, S. 34ff.

[171] Jäger, in: SK-StGB, 9. Aufl. 2017, vor § 1 Rn. 68; näher Rutkowsky NJW 1952, 606; Renzikowski FS Puppe 2011, 201; Bosch FS Puppe 2011, 373; Puppe JR 2017, 513; aus der Rspr. vgl. BGH U. v. 24.02.1959 – 5 StR 618/58 – BGHSt 13, 13 = NJW 1959, 897 (Anm. Puppe, AT, 4. Aufl. 2019, § 2 Rn. 43ff.; Klauser NJW 1959, 2245; Heinitz JR 1959, 386; Prinzing NJW 1960, 952); BGH U. v. 14.07.1964 – 1 StR 216/64 – BGHSt 19, 382 = NJW 1964, 1866 (Anm. Widmann MDR 1967, 972); BGH U. v. 09.10.2002 – 5 StR 42/02 (Guben) – BGHSt 48, 34 = NJW 2003, 150 = NStZ 2003, 149 = StV 2003, 74 (Anm. Puppe, AT, 4. Aufl. 2019, § 20 Rn. 25ff.; Kaspar/Reinbacher, Casebook AT, 2020, Fall 5; Sowada Jura 2003, 549; Heger JA 2003, 455; Martin JuS 2003, 503; Laue JuS 2003, 743; LL 2003, 185; RÜ 2003, 26; RA 2003, 45; Hardtung NStZ 2003, 261; Puppe JR 2003, 123; Kühl JZ 2003, 637).

[172] Roxin/Greco, AT I, 5. Aufl. 2020, 11/15; Puppe, in: NK-StGB, 5. Aufl. 2017, vor § 13 Rn. 92.

Die Rolle der Handlung kann also immer nur die einer Einzelursache sein, die ein notwendiger Bestandteil einer Gesamtursache (also einer hinreichenden Bedingung) für den Erfolgseintritt ist.[173]

107 Um zu klären, wann die Handlung ein solcher Bestandteil ist, ist Kenntnis der naturwissenschaftlichen Bedingungszusammenhänge nötig:

4. Naturwissenschaftliche Anforderungen an die Verursachung; Grenzen des Erkenntnisstands (Gesetzlichkeit/Sicherheit vs. Wahrscheinlichkeit), einheitlicher Verursachungsbegriff, Gefahrschaffung als Verursachung (?)

108 Ob eine Handlung **generell** geeignet ist, einen Erfolg herbeizuführen, ist bereits i. R. d. Gefahrschaffung zu thematisieren, s. o. I. R. d. Kausalität verbleibt dann die Klärung der Frage, ob sich im **konkreten** Falle ein solches Risiko im Erfolg niedergeschlagen hat.

Angesichts sehr unterschiedlicher (naturwissenschaftlicher, z. B. medizinischer, v. a. auch im Bereich psychischer Vorgänge) Kenntnisstände im Hinblick auf Kausalgesetze ist es insgesamt fraglich, ob es erstens möglich ist, einen **einheitlichen Verursachungsbegriff** zu ermitteln, und zweitens, an welchem **Kenntnisstand** sich dieser angesichts nie vollständig zu behebender Defiziten bzgl. empirischem Wissen[174] zu orientieren hat. Nicht vermengt werden darf dies mit der Frage, welche Gewissheit im strafprozessualen Sinne für eine Verurteilung genügt (s. § 261 StPO und Art. 6 II EMRK).

Da das Gesetz nicht differenziert zwischen unterschiedlichen Arten der Verursachung (v. a. physisch/psychisch, unmittelbar/mittelbar), ist richtigerweise die Lösung nicht darin zu suchen, in nicht determinierten Bereichen (zu klären wäre ohnehin, welche dies sind) großzügigere Anforderungen als in nach derzeitigem Stand determinierten zu stellen.[175] Richtig ist freilich, dass angesichts des (z. B. rechtsmedizinisch oder hirnbiologisch) beschränkten Wissens über zahlreiche Bedingungszusammenhänge häufig eine Sicherheit über die Verursachung nicht zu erlangen ist, was zur Konsequenz hätte, dass eine Vollendungsstrafbarkeit ausscheidet (und die Handlung im Falle mangelnder Versuchsstrafbarkeit – § 23 StGB – straflos bleibt). Möglich wäre es, derartige Unsicherheiten der richterlichen strafprozessualen Freiheit zu überantworten; wenn aber bereits ganz grundsätzliche empirische Wirkweisen unklar bleiben, dürfte es ehrlicher sein, die Lösung bereits im materiellen Recht zu suchen. Es wäre eine Heuchelei, materiell-rechtlich Sicherheit zu verlangen und prozessual dies durch Plausibilitätserwägungen nach lebenspraktischem Maß zu konterkarieren.

---

[173] S. auch den sog NESS-Test (Necessary Element of a Sufficient Set) bzw. die INUS-Bedingung (insufficient but non-redundant part of an unnecessary but sufficient condition); hierzu Röckrath NStZ 2003, 641.
[174] Näher Frisch FS Maiwald 2010, 239.
[175] So aber Puppe, in: NK-StGB, 5. Aufl. 2017, vor § 13 Rn. 135ff.

Insofern erscheint es konsequent, die Anforderungen an die Verursachung insgesamt transparent auf das Maß abzusenken, welches die h. M. ohnehin auf die eine oder andere Weise in naturwissenschaftlich unzureichend erforschten Gebieten anlegt. Dies wird als **statistische/probabilistische/probalistische Kausalität**[176] bezeichnet.

Hiernach ist eine Verursachung bereits dann anzunehmen, wenn die Handlung die Wahrscheinlichkeit des Erfolgseintritts – nicht nur Eignung *ex ante*, sondern auch Feststellung *ex post* – erhöht hat.

Gegen ein derartiges Verständnis des Verursachens wird insbesondere der ausdrückliche oder auszulegende Wortlaut der Tatbestände ins Feld geführt (s. o., z. B. § 222 StGB). Allerdings wusste natürlich auch der Gesetzgeber bei Schaffung der entsprechenden Tatbestände um die Grenzen des naturwissenschaftlichen Forschungsstands, und dass nicht nur ohnehin alle Naturgesetze (Erfahrungssätze) unter Vorbehalt zukünftiger Falsifikation stehen, sondern auch dass sich viele davon nur statistisch signifikant, aber keinesfalls zwingend erfolgsverursachend fassen lassen. Ferner ist es zweifelhaft, dass er entweder auf Zurechnung in solchen (enorm praxisrelevanten[177]) Bereichen verzichten oder einen uneinheitlichen Kausalitätsbegriff etablieren wolle. Angesichts dessen, dass auf einen Erfolgseintritt nicht verzichtet wird, droht auch keine Verwandlung von Verletzungsdelikten in Gefährdungsdelikte. Folgt man dem, so ist eine eigene Ebene der „Verursachung" an sich entbehrlich, da diese in die Ebene „Verwirklichung der unerlaubten Gefahr" (s. u.) integrierbar ist (bzw. andersherum).[178]

5. Wahrhaftigkeit der Bedingung (Unbeachtlichkeit von Ersatzursachen/Reserveursachen/hypothetischen Kausalverläufen)

Anders als die missverständliche Formulierung der *condicio*-Formel vermuten lässt, kommt es auf hypothetische Kausalverläufe nicht an,[179] sondern nur darauf, ob es

---

[176] Näher Tiedemann/Tiedemann FS Schmitt 1992, 139; Rolinski FS Miyazawa 1995, 483; Hoyer GA 1996, 160; Hoyer FS Rudolphi 2004, 95; Esquinas Valverde FS Wolter 2013, 333; Rostalski GA 2018, 703.

[177] Aus der Medizin vgl. die Manipulation bei der Vergabe von Spender-Organen zur Transplantation: OLG Braunschweig B. v. 20.03.2013 – Ws 49/13 (Manipulation der Zuteilung von Spenderorganen) – NStZ 2013, 593 = StV 2013, 749 (Anm. Bülte StV 2013, 753; Satzger JK 2014 StGB § 15/11; Böse ZJS 2014, 117; famos 1/2014); LG Göttingen U. v. 06.05.2015 – 6 Ks 4/13 (Anm. Haas HRRS 2016, 384); BGH U. v. 28.06.2017 – 5 StR 20/16 – BGHSt 62, 223 – NJW 2017, 3249 = NStZ 2017, 701 = StV 2018, 278 (Anm. Puppe, AT, 4. Aufl. 2019, § 2 Rn. 57ff.; Jäger JA 2017, 873; RÜ 2017, 713; Hoven NStZ 2017, 707; Ast HRRS 2017, 500; Bosch Jura 2018, 99; Rissing-van Saan/Verrel NStZ 2018, 57; Rosenau/Lorenz JR 2018, 168; Sternberg-Lieben/Sternberg-Lieben JZ 2018, 32; Greco GA 2018, 539; Henckel HRRS 2018, 273; Jansen MedR 2018, 38; Otto/Rissing-van Saan MedR 2018, 543); Kudlich NJW 2013, 917; Schneider/Busch NK 2013, 362; Rissing-van Saan NStZ 2014, 233; Schroth/Hofmann NStZ 2014, 486; Dannecker/Streng-Baunemann NStZ 2014, 673; Verrel MedR 2014, 464; Rosenau MedR 2016, 706; Schroth/Hofmann StV 2018, 747; Sternberg-Lieben ZIS 2018, 130.

[178] Stein, in: SK-StGB, 9. Aufl. 2017, vor § 13 Rn. 23 mit Fn. 31.

[179] Hierzu Krey/Esser, AT, 6. Aufl. 2016, Rn. 308ff.; näher Kaufmann FS Schmidt 1961, 200; Haas GA 2015, 86; aus der Rspr. vgl. zuletzt OLG Hamm B. v. 22.10.2020 – 5 RVs 83/20, 5 Ws 279/20 (Anm. Heghmanns ZJS 2021, 230).

einen tatsächlich wirksam gewordenen Bedingungszusammenhang zwischen Handlung und Erfolg gab, denn ein hypothetisches Geschehen beeinflusst die faktische Kausalität nicht.

> **Beispiel 74**
>
> BGH U. v. 13.11.2003 – 5 StR 327/03 (Klinikausbruch) – BGHSt 49, 1 = NJW 2004, 237 = NStZ 2004, 151 = StV 2004, 484 (Anm. Puppe, AT, 4. Aufl. 2019, § 2 Rn. 1ff.; Otto JK 2004 StGB vor § 13/16 und § 25 I/8; Ogorek JA 2004, 356; LL 2004, 188; RÜ 2004, 34; RA 2004, 118; famos 1/2004; Puppe NStZ 2004, 554; Roxin StV 2004, 485; Pollähne JR 2004, 429; Saliger JZ 2004, 977; Neubacher Jura 2005, 857):
>
> Psychiaterin B1 ermöglichte dem geisteskranken B2 trotz erkannter Gefährlichkeit des B2 einen Ausgang, den B2 u. a. für zwei Morde nutzte. Die Sicherheitsvorkehrungen des psychiatrischen Krankenhauses waren so mangelhaft, dass B2 die Station jederzeit gewaltsam hätte verlassen können. ◀

B1 könnte sich wegen fahrlässiger Tötung gem. § 222 StGB aufgrund der Gewährung des Ausgangs strafbar gemacht haben. Kausal für die Tode der Mordopfer war sie; dass B2 auch hätte ausbrechen können, darf als Reserveursache nicht hinzugedacht werden, Prüfungsgegenstand der Kausalität sind allein die tatsächlich gegebenen Umstände, und zwar auch dann, wenn Ort und Zeit des Erfolgseintritts identisch gewesen wären.[180]

111   Ohnehin kommt es nach h. M. auf den sog. **Erfolg in der konkreten Gestalt** an, was allerdings die Problematik der Grenzziehung zwischen irrelevanten und relevanten Modifizierungen des Erfolgs und (erst recht heikel) den sonstigen Modalitäten von Tat und Täter aufwirft.[181] So würde es dann kaum für einen kausalen Beitrag genügen können, dem Täter ein bestimmtes Kleidungsstück zur Verfügung zu stellen, welches dieser bei einem Totschlag trägt. Anders ist dies, wenn der Tatbeitrag zur Verletzung einer unterschiedlichen Körperstelle führt. Hier ist eine Schaffung einer unerlaubten Gefahr gerade für den konkreten Erfolgseintritt bzw. die Steigerung derselben zu bejahen (und nicht etwa per Saldo zu verrechnen) und die Lösung ggf. auf Rechtswidrigkeitsebene zu suchen. Ist nicht der Erfolg selbst betroffen, so kann man aus externen Modalitäten nichts für dessen „Gestalt" ableiten, so dass der Maßstab eher verdunkelt; abzustellen ist auf die Steigerung der Gefahr für den dann eingetretenen Erfolg, s. o.

6. Gleichwertigkeit (Äquivalenz) aller Bedingungen

112   Zur Gleichwertigkeit aller Handlungen und Gefahrschaffungen s. bereits o. Konsequenterweise sind auch alle Verursachungen gleich zu behandeln, sog. **Äqui-**

---

[180] S. Kindhäuser/Hilgendorf, LPK, 8. Aufl. 2019, vor § 13 Rn. 82.
[181] Hierzu Fischer, StGB, 68. Aufl. 2021, vor § 13 Rn. 21; näher Puppe GA 1994, 297; Hilgendorf GA 1995, 515; aus der Rspr. vgl. RG U. v. 10.05.1883 – 799/83 (Staubhemd) – RGSt 8, 267 (Anm. Puppe, AT, 4. Aufl. 2019, § 1 Rn. 1ff. und § 26 Rn. 1ff.).

valenzlehre (auch: Bedingungslehre): Nach Maßgabe dieser heute ganz herrschenden[182] Lehre sind alle Bedingungen, die zur Herbeiführung eines Erfolgs beigetragen haben, gleichwertig. Eine Gewichtung findet nicht statt. Es kommt nicht darauf an, welche Ursache die späteste oder wirksamste war, wie viel Zeit zwischen Handlung und Erfolg verstrich,[183] ob es um etwas Physisches oder Psychisches geht,[184] oder ob es sich um eine unmittelbare oder nur **mittelbare** Ursache handelte.

Auch **Atypizität** eines Kausalzusammenhangs und unwahrscheinliche Zufälligkeiten ändern nichts an der Kausalität und an der Gleichwertigkeit der Bedingung.[185]

Beispiel 75

BGH U. v. 03.02.1976 – VI ZR 235/74 – NJW 1976, 1143:
B beschimpfte Z. Bei diesem wurde infolge seiner Erregung ein Blutgefäß im Gehirn beschädigt, wodurch wiederum zeitweilig schwere Sprach- und Gliederlähmungen hervorgerufen werden. ◄

Die demgegenüber im Strafrecht (anders im Zivilrecht) nur noch vereinzelt vertretene **Adäquanzlehre,**[186] nach der eine Handlung nur dann ursächlich ist, wenn sie tatbestandsadäquat ist, d. h. allgemein und erfahrungsgemäß dazu geeignet ist, den Erfolg herbeizuführen, muss sich die Vermengung empirischer und normativer Kriterien entgegenhalten lassen; auch ist der Begriff der Adäquanz, mit dem v. a. atypische Kausalverläufe bereits im Wege der Kausalität ausgeschieden werden sollen, völlig vage, zumal es Teil der Lebenserfahrung ist, dass auch Unwahrscheinliches passieren kann.

113

---

[182] S. nur Jäger, in: SK-StGB, 9. Aufl. 2017, vor § 1 Rn. 61ff.; näher Aichele ZStW 2011, 260; Gössel GA 2015, 18; Renzikowski FS Kindhäuser 2019, 379; aus der Rspr. vgl. zuletzt OLG Düsseldorf B. v. 18.04.2017 – III-2 Ws 528-577/16 (Love Parade) (Anm. Grosse-Wilde ZIS 2017, 638).
[183] Hierzu näher Silva-Sanchez GA 1990, 207.
[184] Zur psychisch vermittelten Kausalität Puppe, in: NK, 5. Aufl. 2017, vor § 13 Rn. 129ff.; näher Rutkowsky NJW 1952, 606; Renzikowski FS Puppe 2011, 201; Bosch FS Puppe 2011, 373; Puppe JR 2017, 513; aus der Rspr. vgl. BGH U. v. 24.02.1959 – 5 StR 618/58 – BGHSt 13, 13 = NJW 1959, 897 (Anm. Puppe, AT, 4. Aufl. 2019, § 2 Rn. 43ff.; Klauser NJW 1959, 2245; Heinitz JR 1959, 386; Prinzing NJW 1960, 952); BGH U. v. 14.07.1964 – 1 StR 216/64 – BGHSt 19, 382 = NJW 1964, 1866 (Anm. Widmann MDR 1967, 972); BGH U. v. 09.10.2002 – 5 StR 42/02 (Guben) – BGHSt 48, 34 = NJW 2003, 150 = NStZ 2003, 149 = StV 2003, 74 (Anm. Puppe, AT, 4. Aufl. 2019, § 20 Rn. 25ff.; Kaspar/Reinbacher, Casebook AT, 2020, Fall 5; Sowada Jura 2003, 549; Heger JA 2003, 455; Martin JuS 2003, 503; Laue JuS 2003, 743; LL 2003, 185; RÜ 2003, 26; RA 2003, 45; Hardtung NStZ 2003, 261; Puppe JR 2003, 123; Kühl JZ 2003, 637); zum Betrug Engisch FS von Weber 1963, 247; Schlack FS Kindhäuser 2019, 795.
[185] Jäger, in: SK-StGB, 9. Aufl. 2017, vor § 1 Rn. 74.
[186] Stratenwerth/Kuhlen, AT, 6. Aufl. 2011, § 8 Rn. 21ff; darstellend Jäger, in: SK-StGB, 9. Aufl. 2017, vor § 1 Rn. 93f.; näher Wolter GA 1977, 257; Puppe FS Bemmann 1997, 227; LG Heidelberg U. v. 25.07.1947 – II Kls 13/47 (Anm. Engisch SJZ 1948, 209).

Die Einwände gelten auch für die ebenso vereinzelt vertretene **Relevanzlehre**,[187] welche auf eine normativ zu bestimmende (Schutzzweck-)Relevanz des Kausalgeschehens abstellt.

Richtigerweise sind derartige Eingrenzungen als Aspekte der unerlaubten Gefahrschaffung (s. o.) und deren Verwirklichung im Erfolg (s. u.) gesondert von der Kausalität zu betrachten; auf diesem Wege wird dem Anliegen der eingrenzenden Kausalitätslehren[188] am transparentesten Rechnung getragen.

7. Mehrzahl von Bedingungen; Mitverursachung

a) Grundlagen

114 Es liegt nichts Besonderes darin, dass der Täter mit seiner Handlung nur eine der für den Erfolgseintritt wirksam gewordenen Bedingungen setzt (i. S. v. notwendiger Bestandteil einer hinreichenden Bedingung, s. o.).

Daher liegt ohne Weiteres Kausalität auch bei **Mitursächlichkeit** vor, solange nur die Handlung einen mitwirksamen Beitrag – s. sogleich – leistet.[189] Insofern spielt eine Mitverantwortlichkeit eines anderen Menschen (Opfer oder ein Dritter) keine Rolle.

b) Mehrstufige Bedingungen; überholende (abgebrochene) Verursachung

▶ Didaktische Aufsätze:

- Frank/Löffler, Grundfragen der überholenden Kausalität, JuS 1985, 689
- Bechtel, Von der Jauchegrube bis zum Scheunenmord – zum Umgang mit Abweichungen vom (vorgestellten) Kausalverlauf bei mehraktigem Tatgeschehen, JA 2016, S. 906

115 Eine Ersthandlung, die aufgrund einer **überholenden** Zweithandlung nicht mehr wirksam und insofern abgebrochen wird, ist keine Verursachung des Erfolgs.[190] Kausal ist dann nur die Zweithandlung.

Beispiel 76

B1 schüttete der G auf einer Party eine tödliche Dosis Gift in den Sekt. Diese trank das Glas in einem Zug aus. Bevor allerdings das Gift zu wirken begann, wurde G von B2 mit einem Gewehr erschossen. ◄

---

[187] Zu dieser Jäger, in: SK-StGB, 9. Aufl. 2017, vor § 1 Rn. 95.
[188] Näher zur Unterscheidung strafrechtlich relevanter und sinnvollerweise irrelevanter Verursachungen Wolter GA 1977, 257; Renzikowski FS Kindhäuser 2019, 379.
[189] Heuchemer, in: BeckOK-StGB, Stand 01.02.2021, § 13 Rn. 16; aus der Rspr. vgl. zuletzt BGH U. v. 03.12.2015 – 4 StR 223/15 (Scheune) – NStZ 2016, 721 (Anm. Jäger JA 2016, 548; Eisele JuS 2016, 368; LL 2016, 324; RÜ 2016, 163; Hinz JR 2016, 276; Hehr/Scharbius HRRS 2016, 550; Dehne-Niemann/Marinitsch ZStW 2017, 650); OLG Düsseldorf B. v. 18.04.2017 – III-2 Ws 528-577/16 (Love Parade) (Anm. Grosse-Wilde ZIS 2017, 638).
[190] Fischer, StGB, 68. Aufl. 2021, vor § 13 Rn. 38.

B. Objektiver Tatbestand

Nur B2 wurde für den Tod der G kausal. Für B1 kommt eine Versuchsstrafbarkeit in Betracht.

Ein wirkliches Überholen mit der Folge, dass die Ersthandlung nicht kausal für den Erfolg wird, liegt aber nur dann vor, wenn die überholte Handlung überhaupt nicht für die Erklärung des Erfolgseintritts herangezogen werden muss, also keinerlei Bedeutung hatte.

Anderenfalls handelt es sich um sog. **mehrstufige Kausalität**: Baut die zweite Handlung auf der ersten auf, sind beide Handlungen kausal.[191] Der Kausalzusammenhang wird durch Dritte oder das Opfer selbst insofern nicht unterbrochen; ein (früher sog.) kausales Regressverbot existiert heute anerkanntermaßen nicht mehr.

116

Beispiel 77

BGH U. v. 12.07.1966 – 1 StR 291/66 (Bratpfanne) – NJW 1966, 1823 (Anm. Kaspar/Reinbacher, Casebook AT, 2020, Fall 3; Hertel NJW 1966, 2418; Kion JuS 1967, 499):

B1 war ein Kind erster Ehe der B2. Diese war in zweiter Ehe mit G verheiratet. G, ein hünenhafter Wüterich, tyrannisierte B1 und B2 seit langer Zeit. Eines Abends schlug B1 mit einer – verborgen bereitgehaltenen – schweren Bratpfanne ihrem Stiefvater, hinter ihm stehend, mit voller Wucht mindestens dreimal auf den Hinterkopf. Dieser fiel schon nach dem ersten Schlag zu Boden. Während B1 fortlief, um die Polizei anzurufen, schlug B2 mindestens einmal mit der Bratpfanne auf ihren Mann ein. Als B1 vom Telefonieren zurückgekehrt war, schlug sie ihrem – noch röchelnden – Stiefvater weiterhin „mindestens einmal" mit der Pfanne heftig ins Gesicht. Danach starb G zwar infolge der Schläge. Welcher Schlag oder welche Schläge den Tod herbeigeführt haben, war jedoch nicht festzustellen. ◄

---

[191] Zu überholender und mehrstufiger Kausalität Kindhäuser/Hilgendorf, LPK, 8. Aufl. 2019, vor § 13 Rn. 84; näher Frank/Löffler JuS 1985, 689; Hruschka ZStW 1998, 581; Bechtel JA 2016, 906; Niemann/Marinitsch ZStW 2017, 650; aus der Rspr. vgl. zuletzt BGH U. v. 04.09.2014 – 4 StR 473/13 (Jalloh) – BGHSt 59, 292 = NJW 2015, 96 (Anm. Puppe, AT, 4. Aufl. 2019, § 11 Rn. 25ff.; RÜ 2014, 777; Satzger Jura 2015, 882; Jäger JA 2015, 72; Jahn JuS 2015, 180; LL 2015, 179; famos 1/2015; Schiemann NJW 2015, 20; Rostalski JR 2015, 306; Zimmermann/Linder ZStW 2016, 713; Dehne-Niemann HRRS 2017, 174); BGH U. v. 03.12.2015 – 4 StR 223/15 (Scheune) – NStZ 2016, 721 (Anm. Jäger JA 2016, 548; Eisele JuS 2016, 368; LL 2016, 324; RÜ 2016, 163; Hinz JR 2016, 276; Hehr/Scharbius HRRS 2016, 550; Dehne-Niemann/Marinitsch ZStW 2017, 650); BGH U. v. 29.06.2016 – 2 StR 588/15 – NStZ 2016, 664 = StV 2017, 676 (Anm. Jäger JA 2016, 950; RÜ 2016, 708; Kudlich NStZ 2016, 665; LL 2017, 103); OLG Düsseldorf B. v. 18.04.2017 – III-2 Ws 528-577/16 (Love Parade) (Anm. Grosse-Wilde ZIS 2017, 638); LG München I U. v. 19.01.2018 – 12 KLs 111 Js 239798/16 (Darknet-Forumbetreiber, Amoklauf München) (Anm. Wagner ZJS 2019, 436); BGH U. v. 12.05.2020 – 1 StR 368/19 – StV 2021, 117 (Anm. von Heintschel-Heinegg JA 2021, 425); BayObLG U. v. 04.11.2020 – 206 St RR 1459/19-1461/19 – NJW 2021, 405 (Anm. Kudlich NJW 2021, 359).

Das Verhalten der B2 baute erst auf der Situation auf, die die B1 geschaffen hatte.

Beispiel 78

BGH U. v. 03.12.2015 – 4 StR 223/15 (Scheune) – NStZ 2016, 721 (Anm. Jäger JA 2016, 548; Eisele JuS 2016, 368; RÜ 2016, 163; Hinz JR 2016, 276; Hehr/Scharbius HRRS 2016, 550; Dehne-Niemann/Marinitsch ZStW 2017, 650):

B und sein langjähriger, zwei Jahre jüngerer Freund G waren am Abend des Tattags mit dem Fahrzeug des B unterwegs. Nachdem sie beim Autohof etwas gegessen hatten und sodann in der Umgebung herumgefahren waren, bogen sie von der Landstraße in einen Feldweg ab und hielten dort zunächst an einer Scheune an, um nachzusehen, was sich in der Scheune befand. Beide stiegen aus und gingen zu der Längsseite der Scheune, an der sich ein großes, massives und verschlossenes Tor befand. B versuchte mit einer mitgebrachten Metallstange ein Brett des Scheunentors beiseitezuschieben, während G sich mit seinem Mobiltelefon beschäftigte. Zwischen beiden entwickelte sich eine kurze verbale Auseinandersetzung, in deren Verlauf B seinem Freund vorhielt, dass es keinen Sinn mache, etwas zu schreiben, da die Mädchen ihn sowieso nicht wollten und ihn ständig „verarschten", worauf G entgegnete, dass B derjenige sei, der überhaupt nichts geregelt und für sein Alter „kein Mädchen an den Start bekomme". Zu darüber hinausgehenden Aggressivitäten oder gar einer körperlichen Auseinandersetzung kam es aber nicht. G nahm daraufhin sein Klappmesser und begann, sich damit im Bereich eines in dem Scheunentor wenige Zentimeter über dem Erdboden vorhandenen Lochs zu schaffen zu machen. Dabei kniete er sich hin und drehte dem B den Rücken zu. B entschloss sich spätestens jetzt, G zu töten, wobei ihm bewusst war, dass G in dieser Situation mit keinem Angriff rechnete und einen Angriff von hinten nicht rechtzeitig genug bemerken würde, um sich noch wehren zu können. B stellte sich hinter G, holte mit der 1,11 m langen und 1539 g schweren Metallstange aus und schlug G in Tötungsabsicht mit voller Wucht von hinten auf den Hinterkopf. Infolge des Schlags kippte G bewusstlos nach links zur Seite, so dass sein Körper mit dem Rücken und sein Kopf mit der rechten Gesichtshälfte auf dem Boden zu liegen kamen, und begann sofort stark im Kopfbereich und aus den Ohren zu bluten. B schlug zwei weitere Male mit der Metallstange mit voller Wucht auf den Kopf des auf dem Boden liegenden bewusstlosen G ein, um ihn sicher zu töten. Durch die Schläge auf den Kopf erlitt G u. a. ein hochgradiges Schädel-Hirn-Trauma mit umfangreichen Schädelbrüchen und Hirnverletzungen, die mit Sicherheit nach einiger Zeit zum Tod geführt hätten. In der Annahme, G sei durch die Schläge bereits getötet worden oder werde in kurzer Zeit versterben, begab sich B nach dem letzten Schlag zu seinem Fahrzeug, legte die Metallstange in den Kofferraum und fuhr zur Landstraße zurück. Nachdem er die Metallstange am Rand eines Feldweges in den Straßengraben geworfen hatte, fuhr er wiederum zum Autohof, wo er sich kurze Zeit aufhielt. Da B den Verdacht, G erschlagen zu haben, von sich weisen wollte, fasste er spätestens nach dem Verlassen des Autohofs den Entschluss,

B. Objektiver Tatbestand

zurück zur Scheune zu fahren, die Polizei zu informieren und wahrheitswidrig anzugeben, er habe G auf dessen Bitte allein an der Feldscheune absetzen sollen und ihn dann dort tot aufgefunden, als er ihn wieder habe abholen wollen. Als B wieder zu dem unverändert am Boden liegenden G kam, stellte er aber fest, dass G wider Erwarten noch nicht verstorben war. Er beschloss nunmehr, ihn endgültig zu töten. Mit einem aus seinem Fahrzeug herbeigeholten Messer mit einer Klingenlänge von 12 cm schnitt er dem rücklings auf dem Boden liegenden G, der wegen der durch die Schläge verursachten Schädelverletzungen zu keiner Abwehrreaktion mehr in der Lage war, mit erheblicher Kraftentfaltung den Hals über eine Länge von 11,5 cm bis zur Wirbelsäule durch. G verstarb schließlich infolge der Halsschnitte an einem zentralen Hirnversagen in Kombination mit Verbluten. ◀

Die Zweithandlung des B (Halsschnitt) beruhte auf der zuvor von ihm geschaffenen Situation (Schlag).

Eine andere Frage ist freilich, ob sich die unerlaubte Gefahr in Gestalt der Ersthandlung auch dann noch im Erfolg verwirklicht hat, wenn ein anderer mitkausal wird, hierzu s. u. Verneinendenfalls kommt ggf. immerhin ein Versuch in Betracht.

c) Notwendigerweise einander ergänzende Bedingungen (sog. kumulative Kausalität)

Sog. kumulative Kausalität[192] liegt vor, wenn erst zwei Handlungsketten zusammen die Herbeiführung des Erfolgs bewirken; jeder Beitrag ist dann kausal.

> **Beispiel 79**
>
> Sowohl B1 als auch B2 schütteten der G unabhängig voneinander jeweils 20mg Gift ins Sektglas, wobei beide davon ausgingen, dass ihre Dosis für eine Tötung ausreicht. Tödlich wirken aber erst 30mg. G starb. ◀

Erst die Addition beider Giftmengen überschritt die tödliche Dosis, daher sind beide Handlungen kausal.

8. Überbedingtheit (Mehrzahl hinreichender Bedingungen mit unterschiedlichen Bestandteilen)

a) Grundlagen; sog. alternative Kausalität

▶ Didaktischer Aufsatz:

- Toepel, Conditio sine qua non und alternative Kausalität, JuS 1994, 1009

---

[192] S. B. Heinrich, AT, 6. Aufl. 2019, Rn. 231 ff.

119 Als sog. **überbedingte Erfolge**[193] bezeichnet man diejenigen, zu deren Begründung sich mehrere hinreichende Bedingungen formulieren lassen, die teilweise verschiedene notwendige Bestandteile haben.

So liegt es v. a. bei der sog **alternativen Kausalität**:[194] Hier wirken zwei Handlungen nebeneinander und führen in derselben logischen Sekunde den Erfolg herbei.

Beispiel 80

Sowohl B1 als auch B2 wollten G vergiften. Auf einer Party schütteten beide unabhängig voneinander eine tödliche Dosis Gift in ihr Sektglas. Diese trank den Sekt und starb. ◄

120 Es besteht Einigkeit, dass Kausalität aller Handlungen vorliegt. Bei schlichter Anwendung der *condicio*-Formel würde absurderweise jede Kausalität fehlen, da sich die Handelnden gegenseitig entlasten könnten. Anerkanntermaßen wird die *condicio*-Formel in den Fällen der alternativen Kausalität aber modifiziert.

In der Tat wird eine gültige Kausalerklärung nicht dadurch falsch, dass noch eine weitere Erklärung zutrifft. Da es darauf ankommt, was geschehen ist, und nicht darauf, was bei Wegdenken einer Handlung geschehen wäre, erweist sich die *condicio*-Formel hier besonders deutlich als bereits im Ansatz verfehlt, s. o.

121 In vielen Fällen ist ohnehin eine Mitursächlichkeit zweier Handlungen anzunehmen, z. B. bei teilweiser Resorption zweier an sich schon ausreichender Giftdosen.

Kein Fall alternativer Kausalität liegt vor, wenn sich nicht aufklären lässt, welche von zwei möglichen kausalen Handlungen tatsächlich kausal geworden ist und für beide Handlungen deshalb *in dubio pro reo* von mangelnder Kausalität ausgegangen werden muss.[195]

Beispiel 81

BGH U. v. 29.06.1983 – 2 StR 150/83 – BGHSt 32, 25 = NJW 1984, 621 = StV 1984, 22 (Anm. Kühl, Höchstrichterliche Rspr. BT, 2002, Nr. 34; Geppert JK 1984 StGB § 226/2 und StPO § 252/3; Seier JA 1984, 176):

---

[193] Lackner/Kühl, StGB, 29. Aufl. 2018, vor § 13 Rn. 11; näher Jakobs FS Lackner 1987, 53; Hoyer FS Jakobs 2007, 175; Toepel FS Puppe 2011, 289; Timpe JR 2017, 58.

[194] Hierzu Krey/Esser, AT, 6. Aufl. 2016, Rn. 316ff.; näher Toepel JuS 1994, 1009; Rotsch FS Roxin 2011, 377; Kindhäuser GA 2012, 134; Puppe ZIS 2012, 267; aus der Rspr. vgl. BGH U. v. 30.03.1993 – 5 StR 720/92 (Zwei Schüsse) – BGHSt 39, 195 = NJW 1993, 1723 = NStZ 1993, 386 = StV 1993, 470 (Anm. Otto JK 1993 StGB vor § 13/2; Rogall JZ 1993, 1066; Toepel JuS 1994, 1009; Murmann/Rath NStZ 1994, 215; Wolter JR 1994, 468); BGH U. v. 13.11.2003 – 5 StR 327/03 (Klinikausbruch) – BGHSt 49, 1 = NJW 2004, 237 = NStZ 2004, 151 = StV 2004, 484 (Anm. Puppe, AT, 4. Aufl. 2019, § 2 Rn. 1ff.; Otto JK 2004 StGB vor § 13/16 und § 25 I/8; Ogorek JA 2004, 356; LL 2004, 188; RÜ 2004, 34; RA 2004, 118; famos 1/2004; Puppe NStZ 2004, 554; Roxin StV 2004, 485; Pollähne JR 2004, 429; Saliger JZ 2004, 977; Neubacher Jura 2005, 857).

[195] Kindhäuser/Hilgendorf, LPK, 8. Aufl. 2019, vor § 13 Rn. 91.

Der Gastwirt G wurde in der Nacht vom 11./12.02.1982 durch eine laute Unterhaltung auf der Straße gestört. Er ging auf die Straße und rief den auf der anderen Straßenseite stehenden Personen, zu denen auch B1, B2 und B3 gehörten, zu, sie sollten endlich ruhig sein, sonst hole er die Polizei. Daraufhin lief B1, gefolgt von B2 und B3, schnellen Schrittes über die Straße und versetzte dem Gastwirt einen Faustschlag gegen den Kopf. G wich zurück und taumelte leicht. Mittlerweile hatte B3 den vorangelaufenen B1 erreicht. B3 versuchte vergeblich, B1 am Arm festzuhalten. Dieser riss sich los und folgte – ebenso wie B2 – dem weiter zurückweichenden G. Als B2 diesen erreicht hatte, versetzte er ihm einen kräftigen Faustschlag gegen den Kopf. Durch die Wucht des Schlages geriet G aus dem Gleichgewicht, taumelte weiter zurück auf die Straße und fiel zu Boden. Dabei schlug er mit dem Schädel auf die Asphaltdecke auf. Entweder B2 oder B1 traten danach mindestens einmal dem am Boden liegenden Opfer mit großer Wucht gegen den Kopf. Während durch das Aufschlagen mit dem Schädel ein Bruchzentrum oberhalb des Hinterhauptbeines entstand, verursachte der Fußtritt einen Einbruch des Schädeldachs im Bereich der rechten Schläfe. Aufgrund dieser Kopfverletzungen starb G. Es konnte nicht festgestellt werden, ob einer der beiden Schädelbrüche für sich allein todesursächlich war oder beide erst im Zusammenwirken zum Tod des Opfers geführt haben. ◄

Betrachtet man – unter Auslassung der vorherigen kausalen und fortwirkenden Beiträge von B1 und B2 – nur die jeweils letzte Misshandlung von B1 und B2, so hat (*in dubio pro reo*) nur eine der Misshandlungen den Tod verursacht. Da sich nicht klären lässt welcher Schlag kausal wurde, muss (*in dubio pro reo*) diesbzgl. die Kausalität verneint werden. Eine Vollendungsstrafbarkeit von B1 und B2 kann freilich u. U. auf deren vorherige Handlungen gestützt werden.

b) Gremienentscheidungen (Kollegialentscheidungen)

▶ Didaktischer Aufsätze:

- Satzger, Kausalität und Gremienentscheidungen, Jura 2014, 186
- Narjes, Die Kausalität bei Gremienbeschlüssen – das Problem der überbedingten Erfolge, ZJS 2019, 97

Eine spezielle Kausalitätsproblematik stellt sich bei kollektiven Entscheidungen mehrerer Menschen, deren Gesamtergebnis für einen Erfolg kausal war.[196]

---

[196] Hierzu Jäger, in: SK-StGB, 9. Aufl. 2017, vor § 1 Rn. 87ff.; näher Jakobs FS Miyazawa 1995, 419; Deutscher/Körner wistra 1996, 292 und 327; Schünemann FG 50 Jahre BGH IV 2000, 621; Rodríguez Montañés FS Roxin 2001, 307; Röckrath NStZ 2003, 641; Greco ZIS 2011, 674; Mansdörfer FS Frisch 2013, 315; Satzger Jura 2014, 186; Narjes ZJS 2019, 97; Spilgies ZIS 2020, 93; aus der Rspr. vgl. BGH U. v. 12.01.1956 – 3 StR 626/54 – BGHSt 9, 203 = NJW 1956, 1326; OLG Düsseldorf U. v. 13.09.1979 – 5 Ss 420/79 – NJW 1980, 71; OLG Stuttgart U. v. 01.09.1980 – 3 Ss 440/80 – NStZ 1981, 27 (Anm. Bottke JR 1981, 342); BGH U. v. 08.11.1999 – 5 StR 632/98 (Krenz) – BGHSt 45, 270 = NJW 2000, 443 (Anm. RÜ 2000, 153; RA 2000, 152); BGH U. v.

Beispiel 82

BGH U. v. 06.07.1990 – 2 StR 549/89 (Lederspray) – BGHSt 37, 106 = NJW 1990, 2560 = NStZ 1990, 587 = StV 1990, 446 (Anm. Roxin, Höchstrichterliche Rspr. AT, 1998, Nr. 92; Puppe, AT, 4. Aufl. 2019, § 2 Rn. 9ff. und 27ff.; Kaspar/Reinbacher, Casebook AT, 2020, Fall 2; Hemmer-BGH-Classics Strafrecht, 2003, Nr. 1; Schmidt-Salzer NJW 1990, 2966; Kuhlen NStZ 1990, 566; Brammsen Jura 1991, 533; Hassemer JuS 1991, 253; Samson StV 1991, 182; Beulke/Bachmann JuS 1992, 737; Meier NJW 1992, 3193; Puppe JR 1992, 30; Hirte JZ 1992, 257; Brammsen GA 1993, 97; Hilgendorf NStZ 1994, 561; Jähnke Jura 2010, 582; Rotsch ZIS 2018, 1; Puppe ZIS 2018, 57):

Die E-GmbH befasste sich unter anderem mit der Herstellung von Schuh- und Lederpflegeartikeln. Dazu gehörten auch Ledersprays, die – abgefüllt in Treibgasdosen – zum Versprühen bestimmt waren und der Pflege, dem Imprägnieren oder dem Färben insbesondere von Schuhen und sonstigen Bekleidungsgegenständen dienen. Ab dem Spätherbst 1980 gingen Schadensmeldungen ein, in denen berichtet wurde, dass Personen nach dem Gebrauch von Ledersprays Marke „E" gesundheitliche Beeinträchtigungen erlitten hatten. Diese Beeinträchtigungen äußerten sich zumeist in Atembeschwerden, Husten, Übelkeit, Schüttelfrost und Fieber. Die Betroffenen mussten vielfach ärztliche Hilfe in Anspruch nehmen, bedurften oftmals stationärer Krankenhausbehandlung und kamen in nicht seltenen Fällen wegen ihres lebensbedrohlichen Zustands zunächst auf die Intensivstation. Die Befunde ergaben regelmäßig Flüssigkeitsansammlungen in den Lungen (Lungenödem). Die ersten Schadensmeldungen lösten firmeninterne Untersuchungen aus. Diese bezogen sich auf zurückgegebene Spraydosen. Fabrikationsfehler ergaben sich dabei nicht. Festgestellt wurde nur, dass bei einem Spray seit Mitte 1980 der Wirkstoffanteil des Silikonöls erhöht worden war. Diese Rezepturänderung wurde Anfang 1981 rückgängig gemacht. Gleichwohl folgten weitere Schadensmeldungen. Fach-

---

06.04.2000 – 1 StR 280/9 – BGHSt 46, 30 = NJW 2000, 2364 = NStZ 2000, 655 = StV 2000, 483 (Anm. Dierlamm/Links NStZ 2000, 656; Otto JR 2000, 517; Otto JK 2001 StGB § 266/19; Knauer NStZ 2002, 399); BGH U. v. 15.11.2001 – 1 StR 185/01 – BGHSt 47, 148 = NJW 2002, 1211 = NStZ 2002, 262 = StV 2002, 193 (Anm. Otto JK 2002 StGB § 266/21; Kühne NStZ 2002, 198; Keller/Sauer wistra 2002, 365); BGH U. v. 06.11.2002 – 5 StR 281/01 (Politbüro des ZK der SED) – BGHSt 48, 77 = NJW 2003, 522 = NStZ 2003, 141 (Anm. Puppe, AT, 4. Aufl. 2019, § 30 Rn. 1ff.; Otto JK 2003 StGB vor § 13/15 und § 13/34; RÜ 2003, 71; RA 2003, 102; Ranft JZ 2003, 582; Dreher JuS 2004, 17); BGH U. v. 21.12.2005 – 3 StR 470/04 (Mannesmann) – BGHSt 50, 331 = NJW 2006, 522 = NStZ 2006, 214 = StV 2006, 301 (Anm. Puppe, AT, 4. Aufl. 2019, § 8 Rn. 15ff.; Kudlich JA 2006, 171; Jahn JuS 2006, 379; RÜ 2006, 147; RA 2006, 161; famos 2/2006; Ransiek NJW 2006, 814; Rönnau NStZ 2006, 218; Krause StV 2006, 307; Vogel/Hocke JZ 2006, 568; Hohn wistra 2006, 161); BGH U. v. 12.01.2010 – 1 StR 272/09 (Bad Reichenhaller Eissporthalle I) – NJW 2010, 1087 = NStZ 2011, 31 (Anm. Kudlich JA 2010, 552; RÜ 2010, 231; famos 6/2010; Kühl NJW 2010, 1092; Puppe JR 2010, 355; Bosch JK 2011 StGB § 13/44; Kahrs NStZ 2011, 14; Stübinger ZIS 2011, 602; Ast ZStW 2012, 612); OLG Braunschweig B. v. 14.06.2012 – Ws 44/12, Ws 45/12 – NJW 2012, 3798 = StV 2013, 94 (Anm. Corsten wistra 2013, 73; Rübenstahl NZWiSt 2013, 267; Mutter/Kruchen CCZ 2013, 123).

gespräche mit Toxikologen zweier Chemieunternehmen und einem beratenden Arzt brachten keine Klärung. Der Silikonöl-Wirkstoff wurde aus den Produkten genommen. Die Schadensmeldungen setzten sich jedoch fort. Am 12.05.1981 fand eine Sondersitzung der Geschäftsführung statt. Den einzigen Tagesordnungspunkt bildeten die bekanntgewordenen Schadensfälle. Teilnehmer waren unter anderem sämtliche Geschäftsführer der Firma W-GmbH, nämlich B1–4. Sie fassten den einstimmigen Beschluss, den Vertrieb des Ledersprays fortzusetzen. In der Folgezeit kam es zu weiteren Gesundheitsschäden nach der Verwendung von Ledersprays der bezeichneten Marke. ◄

Angenommen, das Lederspray war ursächlich für die körperlichen Beeinträchtigungen: Waren die abstimmenden B1-B4 kausal? Unter Heranziehung der *condicio*-Formel könnte bei einem deutlichen Mehrheitsbeschluss oder Einstimmigkeit) jeder Beschuldigte einwenden, er wäre ohnehin überstimmt worden, dass also die Entscheidung auch ohne seine Stimme genauso ausgefallen wäre. Jeder könnte sich unter Hinweis auf die anderen Gremienmitglieder entlasten. Dass dieses absurde Ergebnis nicht richtig sein kann, ist unstrittig, Uneinigkeit herrscht über die Begründung der Kausalität.

Während die Rspr.[197] eine Erklärung aus einer Mittäterschaft (§ 25 II StGB) der Gremienmitglieder herleitet, wird in der Lehre[198] z. T. auf eine alternative, z. T. auf eine kumulative Kausalität abgestellt. Jedenfalls handelt es sich bei den abgegebenen Stimmen um wirksam gewordene Elemente einer insgesamt hinreichenden Bedingung; die Überbedingung ändert nichts daran, dass die Summe aller Stimmen entscheidungstragend war. Jede einzelne Entscheidung trug die konkrete Entscheidung mit.

Darüber hinaus kann ggf. die strafrechtlich relevante Handlung in einem **Verhalten vor oder nach der Gremienentscheidung** liegen, insbesondere auch als Unterlassensvorwurf.

123

IX. Verwirklichung der unerlaubten Gefahrschaffung im Erfolgseintritt („objektive Zurechnung" II)

1. Grundlagen

Zu Aufbau und Terminologie der „objektiven Zurechnung" im Lichte der h. M. s. o.

124

Die zweite Säule der „objektiven Zurechnung" i. S. d. h. M. ist die Realisierung des vom Täter gesetzten rechtlich missbilligten Risikos im tatbestandsmäßigen Erfolg. Hier geht es tatsächlich um den Zurechnungszusammenhang zwischen der Handlung (inkl. spezifischer Handlungsqualität in Gestalt der unerlaubten Gefahrschaffung) und dem Erfolg. Der eingetretene Kausalverlauf hin zum Erfolg muss zu denjenigen gehören, die von der Norm verboten werden sollen.

---

[197] BGH U. v. 06.07.1990 – 2 StR 549/89 (Lederspray) – BGHSt 37, 106 (125f.).
[198] Zsf. Kindhäuser/Hilgendorf, LPK, 8. Aufl. 2019, vor § 13 Rn. 93ff.

Dass es einer solchen Verwirklichung der unerlaubten Gefahrschaffung gerade im Erfolgseintritt bedarf (daher lässt sich auch von Rechtswidrigkeitszusammenhang i. w. S. oder Schutzzweck der Norm i. w. S. sprechen), ergibt sich nur andeutungsweise aus dem Gesetz, am ehesten noch aus den §§ 222, 229 StGB, die insofern einen verallgemeinerungsfähigen Rechtsgrundsatz ausdrücken.

> **§ 222 StGB (Fahrlässige Tötung)**
> Wer durch Fahrlässigkeit den Tod eines Menschen verursacht, wird mit Freiheitsstrafe bis zu fünf Jahren oder mit Geldstrafe bestraft.

> **§ 229 StGB (Fahrlässige Körperverletzung)**
> Wer durch Fahrlässigkeit die Körperverletzung einer anderen Person verursacht, wird mit Freiheitsstrafe bis zu drei Jahren oder mit Geldstrafe bestraft.

Wenn es dort nämlich heißt, dass der Erfolg gerade **„durch Fahrlässigkeit"** verursacht worden sein muss, dann heißt dies, dass sich das unerlaubte Risiko bzw. die Sorgfaltswidrigkeit (also die „Fahrlässigkeit") gerade wegen der Verbotenheit strafbegründend auswirkt, weil nämlich die abstrakte Gefahr, die das Verhaltensverbot verhindern soll, in einen Erfolg umgeschlagen ist. Das Risiko muss sich verwirklicht haben, dessentwegen es unerlaubt ist, um einem sich nur abstrakt gefährlich verhaltenden Täter nicht die Realisierung eines allgemeinen, rechtlich nicht missbilligten Lebensrisikos vorzuhalten (dies wäre ein sog. *versari in re illicita*).

Anzumahnen ist, dass nicht eine beliebige einschränkende Wertung[199] nach mehr oder weniger zweifelhaften rechtspolitischen Überlegungen die gesetzgeberische Entscheidung bei der Schaffung weiter Erfolgsdelikte sabotieren darf, zumal die Rechtssicherheit der Normunterworfenen leidet.

2. Verwirklichung gerade der Unerlaubtheit der Gefahrschaffung: Rechtswidrigkeits- /Pflichtwidrigkeitszusammenhang/ rechtmäßiges Alternativverhalten /Vermeidbarkeit

▶ Didaktische Aufsätze:

- Rudolphi, Vorhersehbarkeit und Schutzzweck der Norm in der strafrechtlichen Fahrlässigkeitslehre, JuS 1969, 549
- Schlüchter, Zusammenhang zwischen Pflichtwidrigkeit und Erfolg bei Fahrlässigkeitstatbeständen, JA 1984, 673
- Bindokat, Verursachung durch Fahrlässigkeit, JuS 1985, 32
- Magnus, Der Pflichtwidrigkeitszusammenhang im Strafrecht, JuS 2015, 402

---

[199] Näher Puppe GA 1994, 297.

a) Allgemeines

Von fehlendem Rechtswidrigkeits- oder Pflichtwidrigkeitszusammenhang[200] spricht man jedenfalls, wenn sicher feststeht, dass der Erfolg auch im hypothetischen Fall einer erlaubt riskanten Handlung eingetreten wäre. Dann hat sich im Erfolg gerade nicht die Gefahr der Rechtswidrigkeit bzw. Pflichtwidrigkeit des Verhaltens verwirklicht, sondern das gebilligte Risiko des Verhaltens als solches. In diesen Fällen scheidet die Strafbarkeit nach fast einhelliger Auffassung aus.[201]

125

Beispiel 83

BGH U. v. 27.04.1966 – 2 StR 36/66 (Vollnarkose/Herzfehler) – BGHSt 21, 59 = NJW 1966, 1871 (Anm. Wessels JZ 1967, 449):

Zahnarzt B operierte die G unter Vollnarkose, woran diese aufgrund eines Herzfehlers starb. B unterließ vor der Narkose die angesichts der Krankengeschichte der G angezeigte internistische und anästhetische Untersuchung. Diese hätte den Herzfehler aber ohnehin nicht zu Tage gebracht. ◀

B handelte pflichtwidrig, als er die angezeigte Untersuchung unterließ. Wenn diese den Herzfehler aber auch nicht ausfindig gemacht hätte, realisierte sich im Tod der G nicht das Risiko der unterlassenen Untersuchung, sondern das Risiko der Operation.

Umstritten ist die Rechtslage, wenn – wie häufig – nicht sicher feststeht, ob der Erfolg auch bei pflichtgemäßem Verhalten eingetreten wäre, sondern nur eine (ggf. hohe) Wahrscheinlichkeit dafür besteht.

126

Beispiel 84

BGH B. v. 25.09.1957 – 4 StR 354/57 (Radfahrer) – BGHSt 11, 1 = NJW 1958, 149 (Anm. Roxin, Höchstrichterliche Rspr. AT, 1998, Nr. 6; Puppe, AT,

---

[200] Hierzu Hillenkamp/Cornelius, 32 Probleme aus dem Strafrecht AT, 15. Aufl. 2017, 31. P.; näher Baumann DAR 1955, 210; Kaufmann FS Schmidt 1961, 200; Roxin ZStW 1962, 411; Mühlhaus DAR 1965, 35; Rudolphi JuS 1969, 549; Ulsenheimer JZ 1969, 364; Seebald GA 1969, 193; Mühl DAR 1972, 47; Mühlhaus DAR 1972, 169; Stratenwerth FS Gallas 1973, 227; Bindokat JZ 1977, 549; Otto NJW 1980, 417; Wachsmuth/Schreiber NJW 1982, 2094; Schlüchter JA 1984, 673; Ranft NJW 1984, 1425; Krümpelmann GA 1984, 491; Bindokat JuS 1985, 32; Kaufmann FS Jescheck 1985, 273; Krümpelmann FS Jescheck 1985, 313; Küper FS Lackner 1987, 247; Jordan GA 1997, 349; Burgstaller FS Moos 1997, 55; Puppe FS Roxin 2001, 287; Greco ZIS 2011, 674; Weber FS Puppe 2011, 1059; Dehne-Niemann GA 2012, 89; Gössel FS Frisch 2013, 423; Puppe FS Frisch 2013, 447; Schmoller FS Wolter 2013, 479; Magnus JuS 2015, 402; Haas GA 2015, 86; Gimbernat GA 2018, 65 und 127; aus der Rspr. vgl. zuletzt OLG Koblenz B. v. 19.05.2016 – 2 OLG 4 Ss 158/15 – NStZ-RR 2016, 388 = StV 2018, 444 (Anm. Jäger JA 2017, 231); OLG Hamburg B. v. 08.06.2016 – 1 Ws 13/16 – NStZ 2016, 530 (Anm. RÜ 2016, 640; Miebach NStZ 2016, 536; LL 2017, 27; Kraatz JR 2017, 299; Wilhelm HRRS 2017, 68; Duttge MedR 2017, 145); OLG Düsseldorf B. v. 18.04.2017 – III-2 Ws 528-577/16 (Love Parade) (Anm. Grosse-Wilde ZIS 2017, 638).

[201] S. nur Fischer, StGB, 68. Aufl. 2021, vor § 13 Rn. 29.

4. Aufl. 2019, § 3 Rn. 18ff.; Kaspar/Reinbacher, Casebook AT, 2020, Fall 4; Hemmer-BGH-Classics Strafrecht, 2003, Nr. 2; Mezger JZ 1958, 281; Fuchs DAR 1960, 5; Spendel JuS 1964, 14):

B lenkte am 16.03.1956 gegen 17.30 Uhr einen 18 m langen Lastzug auf der Bundesstraße 70 von R. nach L. Die Straße war gerade und übersichtlich, ihre geteerte und leicht gewölbte Fahrbahn etwa 6 m breit. Auf dem Seitenstreifen rechts daneben fuhr ein Radler in der gleichen Richtung, den B mit einer Geschwindigkeit von 26 bis 27 km/h überholte. Der Seitenabstand vom Kastenaufbau des Anhängers zum linken Ellbogen des Radfahrers betrug dabei 75 cm. Während des Überholvorganges geriet der Radfahrer mit dem Kopf unter die rechten Hinterreifen des Anhängers, wurde überfahren und war auf der Stelle tot. Eine später der Leiche entnommene Blutprobe ergab einen Blutalkoholgehalt von 1,96‰, der auch für den Zeitpunkt des Unfalls gilt. Der tödliche Unfall hätte sich mit hoher Wahrscheinlichkeit auch bei pflichtgemäßem Verhalten des B ereignet. Die Umstände, aus denen sich dies ableitet, sind: unbedingte Fahruntüchtigkeit des Radfahrers infolge hohen Blutalkoholgehaltes, eine dadurch bewirkte starke Minderung seiner Wahrnehmungs- und Reaktionsfähigkeit, die in Übereinstimmung mit einem Sachverständigen bejahte Wahrscheinlichkeit, dass der Radfahrer das Fahrgeräusch des Lastzuges zunächst nicht wahrnahm, dann plötzlich, als er seiner innewurde, heftig erschrak, besonders stark reagierte und dabei völlig ungeordnet und unvernünftig sein Fahrrad nach links zog, eine Verhaltensweise, wie sie für stark angetrunkene Radfahrer typisch sei. ◄

Beispiel 85

RG U. v. 23.04.1929 – I 1265/28 (Ziegenhaar) – RGSt 63, 211:

B bezog für seine Pinselfabrik von einer Händlerfirma chinesische Ziegenhaare und ließ diese trotz der Mitteilung der Händlerfirma, dass er sie desinfizieren müsse, ohne vorherige Desinfektion durch seine Arbeiter zu Pinseln verarbeiten. Ein Arbeiter und drei Arbeiterinnen, die mit der Herstellung der Pinsel beschäftigt waren, und eine Arbeiterin, die mit den ersteren in Berührung kam, wurden durch Milzbrandbazillen, mit denen die Haare behaftet waren, angesteckt; die vier Arbeiterinnen sind an Milzbrand gestorben. Allerdings waren die zugelassenen Desinfektionsarten unsicher und boten keine genügende Gewähr für wirkliche Keimfreiheit der Haare; es war also nicht ausgeschlossen, dass die Ansteckung der fünf Personen auch nach Anwendung einer der drei an sich zugelassenen Desinfektionsverfahren eingetreten wäre. ◄

Nach der Rspr.[202] und der wohl h. L.[203] scheidet schon dann eine Zurechnung aus, wenn der Erfolg bei pflichtgemäßem Verhalten wegen eines Fehlverhaltens des Op-

---

[202] S. o., z. B. BGH B. v. 25.09.1957 – 4 StR 354/57 (Radfahrer) – BGHSt 11, 1 (3ff.); BGH U. v. 27.04.1966 – 2 StR 36/66 (Vollnarkose/Herzfehler) – BGHSt 21, 59 (61).
[203] Joecks/Jäger, StGB, 13. Aufl. 2021, § 222 Rn. 22; Fischer, StGB, 68. Aufl. 2021, vor § 13 Rn. 29.

fers aufgrund konkreter Anhaltspunkte möglicherweise eingetreten wäre (sog. **Vermeidbarkeitslehre**[204]). Hiernach mangelte es in den Beispielsfällen an der objektiven Zurechenbarkeit: Die Erfolge waren durch pflichtgemäßes Handeln nicht (sicher) vermeidbar.

Die Gegenauffassung[205] – die sog. **Risikoerhöhungslehre** – verneint eine Zurechnung nur dann, wenn der Erfolg mit Sicherheit ebenso eingetreten wäre; steht demgegenüber die Setzung eines unerlaubten Risikos fest (dergestalt, dass bei pflichtgemäßem Verhalten der Erfolg nur mit einer gewissen Wahrscheinlichkeit eingetreten wäre, durch das vorliegende Verhalten aber wirklich eingetreten ist, d. h. Risikoerhöhung), so soll die bloße Wahrscheinlichkeit des alternativen Erfolgseintritts bei pflichtgemäßem Verhalten die Zurechnung nicht ausschließen.

Zum gleichen Ergebnis kommt eine ältere Auffassung (sog. reine Kausalitätslehre), nach der gänzlich irrelevant ist, ob bei pflichtgemäßem Verhalten der Erfolg gleichsam eingetreten wäre.[206]

Gleiches gilt schließlich dann, wenn man mit Teilen der Lehre[207] auf eine **Doppelkausalität von Sorgfaltspflichtverletzungen** abstellt: Hier wird, ähnlich wie bei der Mehrfachkausalität, darauf abgestellt, dass in Fällen kumulativen Zusammenwirkens alle Faktoren zurechnungsbegründend wirken, so dass eine objektive Zurechnung auch dann anzunehmen ist, wenn erst eine weitere unerlaubt riskante Handlung (des Opfers oder eines Dritten) in Verbindung mit der unerlaubt riskanten Handlung des Täters den Erfolg herbeiführt.

Überzeugender ist es, entgegen der h. M. den Erfolg zuzurechnen: War die unerlaubt riskante Handlung des Täters Teil des Geschehens, welches zum Erfolg führte, so lässt sich dies durchaus als eine Herbeiführung z. B. des Todes „durch" Fahrlässigkeit i. S. d. § 222 StGB ansehen. Ebenso wie bei der Kausalität gilt es, hypothetische Erwägungen soweit wie möglich auszublenden. Erst wenn das Eintritt des Erfolgs bei pflichtgemäßem Verhalten sicher feststeht, ist die unerlaubt riskante Handlung normativ nicht mehr als Teil des Geschehens anzusehen.

Zwar wird der Risikoerhöhungslehre vorgeworfen, Verletzungsdelikte in Gefährdungsdelikte zu verwandeln; allerdings geht dies insofern fehl, als sich durchaus das gesetzte Risiko im Erfolg verwirklicht, solange nicht *ex post* feststeht, dass die Einhaltung der Sorgfaltspflicht gänzlich und feststehend sinnlos gewesen wäre. Entsprechend liegt auch kein Verstoß gegen *in dubio pro reo* vor: Zum einen muss dem Täter überhaupt die Risikosetzung nachgewiesen werden, zum anderen verweigert man auch sonst dem Täter eine Entlastung durch Hinweis auf Fehlverhalten anderer. Deutlich wird beides, wenn man von der Kausalität der Sorgfaltspflichtverletzung spricht: An einer solchen Kausalität ändert sich durch weitere Beiträge (des

---

[204] S. z. B. B. Heinrich, AT, 6. Aufl. 2019, Rn. 1045.
[205] Etwa Lackner/Kühl, StGB, 29. Aufl. 2018, § 15 Rn. 22.
[206] Spendel JuS 1964, 14; zsf. B. Heinrich, AT, 6. Aufl. 2019, Rn. 1043.
[207] Puppe, AT, 4. Aufl. 2019, § 3 Rn. 1ff., 13ff.; Hoyer, in: SK- StGB, 9. Aufl. 2017, Anh. zu § 16 Rn. 66ff.

Geschädigten) nichts, solange diese den vom Täter gesetzten Beitrag nicht gänzlich überholen.[208] Ohnehin gilt *in dubio pro reo* nur für Tatsachen-, nicht für Rechtsfragen. Ferner zeitigt die h. M. kriminalpolitisch unbefriedigende Ergebnisse aufgrund mangelnder Erfolgszurechnung, da sich recht häufig (v. a. bei psychischer Kausalität, aber auch ggf. bei physischer, z. B. in Fragen der Rechtsmedizin) nicht ausschließen lassen wird, dass der Erfolg auch bei pflichtgemäßem Verhalten eingetreten wäre. Dies erspart auch das Aufstellen von Sonderregeln in Fällen psychischer Motivationskausalität, etwa in Gestalt des Unterstellens bestimmten Verhaltens anderer Menschen.[209]

127 Bei alledem gilt es zu beachten, dass bei der gedanklichen Betrachtung zur Beurteilung der Verwirklichung nur das rechtswidrige Verhalten des Täters durch ein rechtmäßiges ersetzt wird und keine zusätzlichen hypothetischen Geschehensverläufe hinzugedacht werden.[210]

Beispiel 86

BGH U. v. 13.11.2003 – 5 StR 327/03 (Klinikausbruch) – BGHSt 49, 1 = NJW 2004, 237 = NStZ 2004, 151 = StV 2004, 484 (Anm. Puppe, AT, 4. Aufl. 2019, § 2 Rn. 1ff.; Otto JK 2004 StGB vor § 13/16 und § 25 I/8; Ogorek JA 2004, 356; LL 2004, 188; RÜ 2004, 34; RA 2004, 118; famos 1/2004; Puppe NStZ 2004, 554; Roxin StV 2004, 485; Pollähne JR 2004, 429; Saliger JZ 2004, 977; Neubacher Jura 2005, 857):

Psychiaterin B1 ermöglichte dem geisteskranken B2 trotz erkannter Gefährlichkeit des B2 einen Ausgang, den B2 u. a. für zwei Morde nutzte. Die Sicherheitsvorkehrungen des psychiatrischen Krankenhauses waren so mangelhaft, dass B2 die Station jederzeit gewaltsam hätte verlassen können. ◄

Dass B2 auch hätte ausbrechen können, ist irrelevant.

b) Insbesondere: Sog. Atypischer (unvorhersehbarer) Kausalverlauf

▶ Didaktischer Aufsatz:

- Rudolphi, Vorhersehbarkeit und Schutzzweck der Norm in der strafrechtlichen Fahrlässigkeitslehre, JuS 1969, 549

---

[208] S. Puppe, AT, 4. Aufl. 2019, § 3 Rn. 1ff., 13ff.
[209] Hierzu Jäger, in: SK-StGB, 9. Aufl. 2017, vor § 1 Rn. 124; näher Bosch FS Puppe 2011, 373; aus der Rspr. vgl. BGH B. v. 06.03.2008 – 4 StR 669/07 (Kfz-Werkstatt) – BGHSt 52, 159 = NJW 2008, 1897 = NStZ 2008, 391 (Anm. Puppe, AT, 4. Aufl. 2019, § 30 Rn. 18ff.; Geppert JK 2008 StGB § 13 I/2; Bosch JA 2008, 737; Lindemann ZJS 2008, 404; LL 2008, 537; RÜ 2008, 372; RA 2008, 376; Kühl NJW 2008, 1899; Kühl HRRS 2008, 359); BGH U. v. 12.01.2010 – 1 StR 272/09 (Bad Reichenhaller Eissporthalle I) – NJW 2010, 1087 = NStZ 2011, 31 (Anm. Kudlich JA 2010, 552; RÜ 2010, 231; famos 6/2010; Kühl NJW 2010, 1092; Puppe JR 2010, 355; Bosch JK 2011 StGB § 13/44; Kahrs NStZ 2011, 14; Stübinger ZIS 2011, 602; Ast ZStW 2012, 612).
[210] Jäger, in: SK-StGB, 9. Aufl. 2017, vor § 1 Rn. 123.

B. Objektiver Tatbestand

Dem Täter sind Erfolge nicht zuzurechnen, deren Eintritt auf einen atypischen Kausalverlauf zurückgeht.[211] Von einem atypischen (anschaulich auch: abenteuerlichen) Kausalverlauf spricht man allerdings erst dann, wenn dieser objektiv **völlig außerhalb der allgemeinen Lebenserfahrung** liegt, somit eher der blinde Zufall waltet und sich ein allgemeines Lebensrisiko verwirklicht, nicht aber das vom Täter gesetzte.[212] Aus Sicht des Täters gesprochen liegen nicht vorhersehbare Abläufe vor.

128

Mit diesen Formulierungen ist im Kern gemeint, dass zwar der Täter eine unerlaubte Handlung vornimmt, es aber **recht unwahrscheinlich** war bzw. ist, dass aus dieser der eingetretene Erfolg resultiert.

Beispiel 87

OLG Nürnberg B. v. 04.09.1986 – Ws 696/86 (Herzinfarkt bei Überfall) – NStZ 1986, 556 = StV 1987, 154:
Am 28.11.1985 fuhren R, K und Ri. nach S., um dort gemäß dem zuvor gemeinsam gefassten Tatplan das Juweliergeschäft I zu überfallen. Im Geschäft zog Ri. entsprechend dem mit den anderen Tatbeteiligten abgesprochenen Tatplan eine Pistole und forderte die Eheleute I auf, Schmuck und Bargeld herauszugeben. Frau I packte daraufhin mit K Schmuckstücke in eine Plastiktüte. Ferner ließ sich K von Frau I die Registrierkasse öffnen, woraus er ca. 400 DM Bargeld entnahm. Da Ri. und K die Beute noch nicht reichte, forderte Ri. Herrn I auf, Schmuck aus dem Schaufenster herauszunehmen. Herr I begab sich deshalb zum Schaufenster und nahm hieraus ein Schmucktablett um dieses zum Verkaufspult zu tragen. Dabei erlitt er aufgrund der Aufregung eine Herzattacke, brach zusammen und verstarb. ◄

Das Bedrohen mit einer Pistole ist rechtlich missbilligt; die Wahrscheinlichkeit, dass bereits dabei jemand an Aufregung stirbt, ist (jedenfalls auf die Gesamtheit der Menschen gerechnet) aber nicht sehr hoch. Im Hinblick auf eine fahrlässige Tötung nach § 222 StGB könnte man daher entweder

---

[211] Hierzu Wessels/Beulke/Satzger, AT, 50. Aufl. 2020, Rn. 296ff.; näher Rudolphi JuS 1969, 549; Triffterer FS Bockelmann 1979, 201; Burkhardt FS Nishihara 1998, 15; aus der Rspr. vgl. zuletzt OLG Hamm B. v. 20.08.2015 – 5 RVs 102/15 – NStZ-RR 2016, 27 (Anm. Satzger Jura 2016, 1456; Eisele JuS 2016, 80; LL 2016, 479; famos 4/2016; Rostalski jurisPR-StrafR 2/2016 Anm. 2); BGH U. v. 03.12.2015 – 4 StR 223/15 (Scheune) – NStZ 2016, 721 (Anm. Jäger JA 2016, 548; Eisele JuS 2016, 368; LL 2016, 324; RÜ 2016, 163; Hinz JR 2016, 276; Hehr/Scharbius HRRS 2016, 550; Dehne-Niemann/Marinitsch ZStW 2017, 650); BGH U. v. 20.01.2016 – 1 StR 398/15 – BGHSt 61, 141 = NJW 2016, 2129 = NStZ 2016, 472 = StV 2016, 640 (Anm. Bosch Jura 2016, 1082; Kudlich JA 2016, 632; Eisele JuS 2016, 754; Heghmanns ZJS 2016, 519; LL 2016, 627; RÜ 2016, 436; Habetha NJW 2016, 2131; Maier NStZ 2016, 474); BGH U. v. 22.06.2016 – 5 StR 98/16 – BGHSt 61, 197 = NJW 2016, 2900 = StV 2016, 642 (Anm. RÜ 2016, 713; Berster JZ 2016, 1017; Schulz-Merkel jurisPR-StrafR 20/2016 Anm. 3); OLG Düsseldorf B. v. 18.04.2017 – III-2 Ws 528-577/16 (Love Parade) (Anm. Grosse-Wilde ZIS 2017, 638); BGH B. v. 09.05.2019 – 1 StR 19/19 – NStZ-RR 2019, 249; BGH U. v. 26.11.2019 – 2 StR 557/18 – BGHSt 64, 217 = NJW 2020, 2124 = NStZ 2020, 411 = StV 2020, 498 (Anm. famos 7/2020; Peters NJW 2020, 2128; Schiemann NStZ 2020, 416; Schöch JR 2020, 518; Laustetter jurisPR-StrafR 17/2020 Anm. 5).

[212] Kühl, AT, 8. Aufl. 2017, § 4 Rn. 61ff.

bereits die Schaffung einer rechtlich relevanten Gefahr gerade für den Todeseintritt verneinen (vgl. o.) oder jedenfalls doch die Realisierung der Bedrohungsgefahr im Todeseintritt ablehnen.

Beispiel 88

BGH U. v. 03.02.1976 – VI ZR 235/74 – NJW 1976, 1143:
B beschimpfte Z. Bei diesem wurde infolge seiner Erregung ein Blutgefäß im Gehirn beschädigt, wodurch wiederum zeitweilig schwere Sprach- und Gliederlähmungen hervorgerufen werden. ◄

Beispiel 89

BGH U. v. 15.11.2007 – 4 StR 453/07 – NStZ 2008, 686 = StV 2008, 406 (Anm. Jahn JuS 2008, 273; RA 2008, 103; Hardtung StV 2008, 407; Dehne-Niemann StraFo 2008, 126; Satzger JK 2009 StGB § 227 I/4):
B trat G mit der Spitze des beschuhten Fußes kräftig gegen den Oberkörper. B traf den Oberkörper des G unmittelbar unterhalb des Rippenwinkels und löste über das sog. Sonnengeflecht eine Reaktion des Nervus vagus (10. Hirnnerv) des parasympathischen Nervensystems aus, die zum Herzstillstand führte. Der Reflextod wurde durch organische Veränderungen am Herzmuskel des Tatopfers nach einer Herzmuskelentzündung begünstigt. ◄

Wann eine normativ zurechnungsausschließende relevante Niedrigkeit der Wahrscheinlichkeit vorliegt, ist – ganz abgesehen von empirischen Unsicherheiten über die tatsächlichen Risiken – letztlich eine freie Wertung mit daraus resultierenden Grenzziehungsschwierigkeiten und Kontroversen. Der atypische Kausalverlauf wird bei alledem zu recht sehr restriktiv gehandhabt.

129 Gleiches gilt, wenn das gesetztes Risiko zwar im Hinblick auf den Erfolg grundsätzlich hinreichend hoch ist, dann aber durch eine andere und nunmehr recht unwahrscheinliche Ursache ergänzt wird.

Beispiel 90

B stach G lebensgefährlich nieder. G wurde in ein Krankenhaus eingeliefert. Aufgrund eines Feuers in der Klinik verbrannte G. ◄

Hier ließe sich anführen, nicht der – wenn auch hinreichend todesriskante – Stich, sondern die bloße Ortsveränderung habe sich im Tod realisiert. Freilich veranlasste B die Ortsveränderung, indem er G zum behandlungsbedürftigen Patienten machte, und zwar an einen Ort, an dem man zumindest als Patient durchaus erhöhten Risiken (also über das allgemeine Lebensrisiko hinaus) in fremder Sphäre ausgesetzt ist, zu denen man auch das Brandrisiko zählen kann.

Insgesamt gibt es in der Rspr. und der Lehre eine deutliche Tendenz, Erfolge trotz relativer Unwahrscheinlichkeit zuzurechnen, gerade auch bei atypischen Konstitutionen des Geschädigten.[213] Auch medizinische Raritäten sollen zurechenbar sein, was zwar angesichts der besonderen Seltenheit bestimmter Krankheitsbilder als streng erscheint, wenn der Täter keinerlei Anhaltspunkte für diese bei seinem Opfer hat, freilich kann man dies auch – sofern überhaupt zusätzlich der subjektive Tatbestand erfüllt ist – i. R. d. Strafzumessung (zumal bei Fahrlässigkeitsdelikten angesichts der tendenziell eher niedrigen Strafrahmen) berücksichtigen.

3. Verwirklichung gerade des generellen Schutzzwecks der Norm (Schutzzweckzusammenhang i. e. S.)

▶ Didaktischer Aufsatz:

- Rudolphi, Vorhersehbarkeit und Schutzzweck der Norm in der strafrechtlichen Fahrlässigkeitslehre, JuS 1969, 549

Im Erfolg muss sich diejenige missbilligte Gefahr niedergeschlagen haben, deren Eintritt nach dem generellen Schutzzweck der einschlägigen Norm vermieden werden sollte.[214] Die Setzung eines unerlaubten Risikos realisiert sich dann nicht im Erfolg, wenn dieser aus Gründen eintritt, die mit dem Sinn der Verbotsvorschrift nichts mehr zu tun haben.

130

Oft ist natürlich unklar, worin genau der Schutzzweck der Norm liegt. Dieser Sinn bzw. Zweck der Norm wird allerdings dann deutlich, wenn man durch Bildung weiterer Fälle herausarbeitet, ob der zu prüfende Kausalverlauf generell verhindert werden soll oder dies nur zufällig der Fall war. Wenn nur in bestimmten Fällen der Verstoß gegen die Norm zum Erfolg führt, in anderen aber gerade zu dessen Verhinderung führt, ist keine generelle (Schutz-)Eignung anzunehmen.

Beispiel 91

BGH B. v. 06.11.1984 – 4 StR 72/84 – BGHSt 33, 61 = NJW 1985, 1350 (Anm. Puppe, AT, 4. Aufl. 2019, § 4 Rn. 19ff.; Hemmer-BGH-Classics Strafrecht, 2003, Nr. 3; Otto JK 1985 StGB § 230/2; Hassemer JuS 1985, 733; Streng NJW 1985, 2809; Ebert JR 1985, 356; Puppe JZ 1985, 295):

B befuhr eine Landstraße mit einer Geschwindigkeit von 140 km/h. An einer Kreuzung näherte sich von links ein anderes Fahrzeug, das Z steuerte. Beide Fahrzeuge stießen zusammen; Z erlitt schwere Verletzungen. Hätte sich B der Kreuzung mit der hier zulässigen Höchstgeschwindigkeit von 100 km/h genähert, hätte er ebenfalls nicht mehr zum Stehen kommen können. Er wäre aber 0,3 Sekunden später am Ort des Zusammenstoßes angelangt. In dieser Zeitspanne hätte Z die Fahrspur des B gänzlich überquert, so dass es nicht zu einer Kollision gekommen wäre. ◀

---

[213] B. Heinrich, AT, 6. Aufl. 2019, Rn. 249; aus der Rspr. vgl. BGH U. v. 09.12.1959 – 2 StR 489/59 (Bluter) – BGHSt 14, 52 = NJW 1960, 876.
[214] Zum Schutzweck der Norm Kindhäuser/Hilgendorf, LPK, 8. Aufl. 2020, vor § 13 Rn. 116; näher Rudolphi JuS 1969, 549; Roxin FS Gallas 1973, 241; Krümpelmann FS Bockelmann 1979, 443; Otto NJW 1980, 417; Puppe ZStW 1987, 595; Puppe FS Bemmann 1997, 227; aus der Rspr.

Der Sinn einer Geschwindigkeitsbegrenzung liegt nicht darin, das Ankommen an einem bestimmten Ort zu verzögern (oder auch: nur in bestimmten Fällen führt die Geschwindigkeitsüberschreitung zur Ankunft im Zeitpunkt der Kreuzungsquerung des zweiten Verkehrsteilnehmers; in anderen Fällen bewirkt eine frühere Geschwindigkeitsüberschreitung, dass eine Kollision durch vorheriges Passieren gerade nicht geschieht).

Beispiel 92

RG U. v. 20.01.1930 – II 230/29 – RGSt 63, 392 (Anm. Puppe, AT, 4. Aufl. 2019, § 3 Rn. 5):

Die Brüder Josef und Paul B fuhren in dunkler Nacht auf unbeleuchteten Fahrrädern auf der Landstraße, und zwar Paul B rechts, Josef B schräg links hinter ihm, etwa in der Mitte der Straße. An einer Wegegabelung stieß das Rad des Josef B, der wegen Wind und Regens mit gesenktem Kopfe fuhr, mit dem entgegenkommenden Fahrrade des Landwirts G zusammen, das gleichfalls nicht beleuchtet war. G stürzte vom Rad, blieb einige Zeit besinnungslos liegen, erhob sich dann, fiel gleich darauf in den Straßengraben; er konnte sich aber, nachdem die Brüder B ihn aufgerichtet und sich entfernt hatten, das Rad schiebend oder auf ihm fahrend, noch etwa 2 km fortbewegen; dann kam er vom Wege ab, fiel in einen Mühlgraben und ertrank in ihm. Beim Sturz vom Rade hatte er einen Schädelbruch mit Blutaustritt ins Gehirn erlitten, der wahrscheinlich für sich allein auch zum Tode geführt hätte. Er hatte aber zur Folge, dass G wie ein Betrunkener stark benommen war, infolgedessen vom Wege abkam, in den Mühlgraben stürzte und sich aus dem nur 75 cm tiefen Gewässer nicht heraushelfen konnte, sondern in ihm ertrank. ◀

Strafbarkeit auch des Paul B? Zwar fuhr auch Paul ohne Licht, mangels Kollision realisierte sich dieses rechtlich missbilligte Risiko aber nicht. Die Tatsache, dass der Lichtschein seiner Lampe den Josef sichtbar gemacht hätte, führt nicht zu einem anderen Ergebnis: Die Beleuchtungspflicht für Radfahrer ist nicht dafür gedacht, andere Radfahrer sichtbar zu machen. Da der Schutzzweck der Norm (hier der Beleuchtungspflicht, § 17 StVO) nicht erfüllt ist, liegt keine objektive Zurechenbarkeit vor.

Beispiel 93

BGH U. v. 27.04.1966 – 2 StR 36/66 – BGHSt 21, 59 = NJW 1966, 1871 (Anm. Wessels JZ 1967, 449):

Zahnarzt B operierte die G unter Vollnarkose, woran diese aufgrund eines Herzfehlers starb. Hätte B vor der Narkose die angesichts der Krankengeschichte

---

vgl. zuletzt OLG Hamm B. v. 20.08.2015 – 5 RVs 102/15 – NStZ-RR 2016, 27 (Anm. Satzger Jura 2016, 1456; Eisele JuS 2016, 80; famos 4/2016; Rostalski jurisPR-StrafR 2/2016 Anm. 2).

der G angezeigte internistische und anästhetische Untersuchung nicht unterlassen, so wäre die G jedenfalls später behandelt worden und später gestorben. ◄

Die Pflicht, vor einer Vollnarkose bestimmte Untersuchungen vorzunehmen, dient nicht der Verzögerung der Operation.

Unklar ist, ob die Normen des Transplantationsgesetzes hinreichende Schutzzweckfunktion bzgl. des Lebens der nicht mit einem Organ Bedachten zukommt.[215]   **131**

Beispiel 94

BGH U. v. 28.06.2017 – 5 StR 20/16 – BGHSt 62, 223 – NJW 2017, 3249 = NStZ 2017, 701 = StV 2018, 278 (Anm. Puppe, AT, 4. Aufl. 2019, § 2 Rn. 57ff.; Jäger JA 2017, 873; RÜ 2017, 713; Hoven NStZ 2017, 707; Ast HRRS 2017, 500; Bosch Jura 2018, 99; Rissing -van Saan/Verrel NStZ 2018, 57; Rosenau/Lorenz JR 2018, 168; Sternberg-Lieben/Sternberg-Lieben JZ 2018, 32; Greco GA 2018, 539; Henckel HRRS 2018, 273; Jansen MedR 2018, 38; Otto/Rissing-van Saan MedR 2018, 543):

Die Patientinnen Z1 und Z2 litten unter alkoholinduzierter Leberzirrhose. Der Transplantationsmediziner B bewirkte im Mai 2010 deren Aufnahme in die Warteliste (sog. „Wartelisten-Fälle"). Damit verletzte er die zur Tatzeit gültigen Richtlinien der Bundesärztekammer, nach denen Patienten mit alkoholinduzierter Leberzirrhose erst in die Warteliste aufgenommen werden durften, wenn sie eine mindestens sechsmonatige Alkoholabstinenz eingehalten hatten. Beide Patientinnen waren aber, was B bekannt war, zu diesem Zeitpunkt noch keine sechs Monate alkoholabstinent gewesen. Im Mai bzw. Juli 2010 nahm B Organangebote an und führte die Transplantation bei den in höchster Lebensgefahr befindlichen Patientinnen *lege artis* durch.

Den Patienten Z3 und Z4 übertrug B im jeweils eine Spenderleber. Gegenüber Eurotransplant war zuvor in allen Fällen auf Veranlassung des B jeweils der Wahrheit zuwider angegeben worden, es seien zwei Nierenersatztherapien durchgeführt worden. Die Patienten hatten deshalb an den zum Organangebot und zur Organannahme führenden Match-Verfahren mit einem höheren als dem sich ohne die Falschangaben ergebenden MELD-Score und in der Folge auf einem ihnen an sich nicht gebührenden höheren Listenplatz teilgenommen (sog. „Manipulationsfälle"). Ziel des B war es, hierdurch die Aussichten eigener Patienten auf Organzuteilung zu erhöhen. Er rechnete damit, dass seinen Patienten

---

[215] Hierzu Jäger, in: SK-StGB, 9. Aufl. 2017, vor § 1 Rn. 111; näher Kudlich NJW 2013, 917; Schneider/Busch NK 2013, 362; Rissing-van Saan NStZ 2014, 233; Schroth/Hofmann NStZ 2014, 486; Dannecker/Streng-Baunemann NStZ 2014, 673; Verrel MedR 2014, 464; Rosenau MedR 2016, 706; Schroth/Hofmann StV 2018, 747; Sternberg-Lieben ZIS 2018, 130; aus der Rspr. vgl. OLG Braunschweig B. v. 20.03.2013 – Ws 49/13 (Manipulation der Zuteilung von Spenderorganen) – NStZ 2013, 593 = StV 2013, 749 (Anm. Bülte StV 2013, 753; Satzger JK 2014 StGB § 15/11; Böse ZJS 2014, 117; famos 1/2014); LG Göttingen U. 06.05.2015 – 6 Ks 4/13 (Anm. Haas HRRS 2016, 384).

das jeweilige Organ bei zutreffenden Angaben unter Umständen nicht zugeteilt würde, weil es dann ein etwa „vorrangiger" Patient erhalten hätte. Ihm war bewusst, dass ein solcher „vorrangiger" Patient in die Gefahr geraten könne, nicht mehr rechtzeitig ein anderes passendes Organangebot zu erhalten und aufgrund dessen zu versterben. Er vertraute allerdings darauf, dass der womöglich an höchster Stelle übersprungene Patient rechtzeitig ein anderes passendes Organangebot bekommen und aufgrund der fehlerhaften Organzuteilung keinen gesundheitlichen Schaden erleiden werde. Hinsichtlich etwa „überholter" Patienten auf den Positionen vermochte er aufgrund der Unwägbarkeiten des Allokationsverfahrens schon den tatsächlichen Verlauf in seinen wesentlichen Zügen nicht vorauszusehen. In sämtlichen Fällen waren die Lebertransplantationen im Hinblick auf den lebensbedrohlichen Zustand der Patienten dringlich. ◄

Scheitern Tötungs- oder Körperverletzungsdelikte, weil die maßgeblichen Vorschriften des Transplantationsgesetzes lediglich Ausdruck eines allgemeinen gerechten Verteilungsprinzips sind und nicht auf den Schutz von Körper und Leben gerichtet?

4. Verhalten Dritter („Dazwischentreten"); Regressverbot?

a) Allgemeines

132 Nach der Handlung des zu prüfenden Beteiligten wirken u. U. andere Menschen gefahrsteigernd mit, ggf. auch nicht im Sinne überholender, sondern mehrstufiger Kausalität, so dass die unerlaubte Gefahrschaffung des Ersthandelnden den Erfolg mitverursacht (s. o.).

Dies ist nicht ohne Weiteres so ungewöhnlich, als dass von einem atypischen Kausalverlauf (s. o.). auszugehen ist. Allerdings ist fraglich, ob nur der „Dazwischentretende" (als Letzthandelnder) strafrechtlich verantwortlich (sog. Regressverbot) ist oder auch der Ersthandelnde.[216]

Man unterscheidet danach, ob der „Dazwischentretende" vorsätzlich oder fahrlässig handelte.

b) Vorsätzliches „Dazwischentreten" eines Dritten

▶ Didaktischer Aufsatz:

- Mitsch, Fahrlässige Tötung oder fahrlässige Beihilfe zum Totschlag?, ZJS 2011, 128

133 Es ist umstritten, ob eine Verwirklichung der unerlaubten Gefahr des Ersthandelns ausscheidet, wenn ein Dritter mit einer eigenen Vorsatzstraftat „dazwischentritt".[217]

---

[216] Zum „Dazwischentreten" B. Heinrich, AT, 6. Aufl. 2019, Rn. 253ff., 1050ff.
[217] Hierzu Hillenkamp/Cornelius, 32 Probleme aus dem Strafrecht AT, 15. Aufl. 2017, 32. P.; näher Naucke ZStW 1964, 409; Jakobs ZStW 1977, 1; Bindokat JZ 1986, 421; Roxin FS Tröndle 1989,

B. Objektiver Tatbestand

Beispiel 95

vgl. BGH U. v. 13.11.2003 – 5 StR 327/03 (Klinikausbruch) – BGHSt 49, 1 = NJW 2004, 237 = NStZ 2004, 151 = StV 2004, 484 (Anm. Puppe, AT, 4. Aufl. 2019, § 2 Rn. 1ff.; Otto JK 2004 StGB vor § 13/16 und § 25 I/8; Ogorek JA 2004, 356; LL 2004, 188; RÜ 2004, 34; RA 2004, 118; famos 1/2004; Puppe NStZ 2004, 554; Roxin StV 2004, 485; Pollähne JR 2004, 429; Saliger JZ 2004, 977; Neubacher Jura 2005, 857):

Psychiaterin B1 ermöglichte dem untergebrachten B2 trotz erkannter Gefährlichkeit des B2 einen Ausgang, den B2 u. a. für zwei Morde nutzte. ◄

Ist nur B2 zu bestrafen wegen Mordes, §§ 212 I, 211 StGB oder zusätzlich auch B1 wegen fahrlässiger Tötung gem. § 222 StGB?

Beispiel 96

BGH B. v. 22.03.2012 – 1 StR 359/11 (Winnenden) – NStZ 2013, 238 = StV 2013, 1 (Anm. Bosch JK 2012 StPO § 53/10; Jäger JA 2012, 634; LL 2012, 495 und 581; RÜ 2012, 438; RA 2012, 422; Berster ZIS 2012, 623; Widmaier NStZ 2013, 239; Braun JR 2013, 37):

Unter Verstoß gegen § 36 WaffG bewahrte B1 eine Schusswaffe und die dazugehörige Munition in einem Schlafzimmerschrank auf. B2 nahm diese an sich und erschoss 15 Menschen, 14 Menschen wurden verletzt. ◄

Hat sich B1 wegen fahrlässiger Tötung gem. § 222 StGB und fahrlässiger Körperverletzung gem. § 229 StGB strafbar gemacht?

Nach heute ganz h. M.[218] existiert ein „Regressverbot" jedenfalls dann nicht, wenn der Ersthandelnde Garant ist bzw. die verletzte Sorgfaltspflicht gerade solche Risiken verringern sollte, welche in den Erfolg mündeten. Hier bestehen nämlich durchweg Anhaltspunkte des Täters dafür, dass ein anderer sein Verhalten auf der

---

177; Hruschka ZStW 1998, 581; Saito FS Roxin 2001, 261; Otto FS Lampe 2003, 491; Mitsch ZJS 2011, 128; Radtke FS Puppe 2011, 831; aus der Rspr. vgl. zuletzt LG Karlsruhe U. v. 19.12.2018 – 4 KLs 608 Js 19580/17 (Darknet-Forumbetreiber, Amoklauf München) – StV 2019, 400 (Anm. Nestler Jura 2019, 898; Eisele JuS 2019, 1122; Nadeborn jurisPR-StrafR 14/2019 Anm. 4; Beck/Nussbaum HRRS 2020, 112); LG München I U. v. 19.01.2018 – 12 KLs 111 Js 239798/16 (Darknet-Forumbetreiber, Amoklauf München) (Anm. Wagner ZJS 2019, 436); BGH U. v. 26.11.2019 – 2 StR 557/18 – BGHSt 64, 217 = NJW 2020, 2124 = NStZ 2020, 411 = StV 2020, 498 (Anm. famos 7/2020; Peters NJW 2020, 2128; Schiemann NStZ 2020, 416; Schöch JR 2020, 518; Kaspar JZ 2020, 959; Laustetter jurisPR-StrafR 17/2020 Anm. 5); BGH U. v. 04.03.2020 – 5 StR 623/19 – NStZ-RR 2020, 143 (Anm. Nestler Jura 2020, 876; Kudlich JA 2020, 390; Eisele JuS 2020, 570; Putzke ZJS 2020, 644); BGH B. v. 17.03.2020 – 3 StR 574/19 – NJW 2020, 3669 NStZ 2021, 231 = StV 2021, 123 (Anm. famos 10/2020; Mitsch NJW 2020, 3671; Bertlings jurisPR-StrafR 25/2020 Anm. 4; Bosch Jura 2021, 340; Kudlich JA 2021, 169; Eisele JuS 2021, 86; RÜ 2021, 24; Sowada NStZ 2021, 233; Ruppert JZ 2021, 266).

[218] S. nur B. Heinrich, AT, 6. Aufl. 2019, Rn. 101, 1053.

unerlaubten Handlung des Täters aufbaut.²¹⁹ Dies trifft z. B. auf das Unterbringungsrecht und auf die Pflichten zur Aufbewahrung von Waffen zu.

Zwar wird vereinzelt noch eine umfassende Unterbrechung des Zurechnungszusammenhangs vertreten.²²⁰ Jedoch widerspräche eine Ablehnung der Erfolgszurechnung dem vom Gesetzgeber intendierten Anreiz zur Einhaltung der Sorgfaltspflichten. Zwar ist das Anliegen – die Abschichtung von Verantwortungsbereichen – richtig, findet aber bei der Verletzung von Sorgfaltspflichten, welche gerade dem tatsächlich eingetretenen Geschehensablauf vorbeugen sollen, seine Grenze. Die vom Ersthandelnden geschaffene, mindestens abstrakte Gefahr wirkt weiter. Hieraus resultiert zwar eine Haftung mehrerer Menschen für denselben Erfolg, dies ist aber nichts Besonderes, wie schon § 25 II StGB für den Fall der Mittäterschaft zeigt.

134 Klargestellt sei, dass der letzthandelnde „Dritte" auch der erneut tätige Ersthandelnde selbst sein kann, der sozusagen bzgl. seiner eigenen früheren Handlung „dazwischentritt", was v. a. bei Änderung subjektiver Vorstellungen von Bedeutung sein kann.

Beispiel 97

BGH U. v. 03.12.2015 – 4 StR 223/15 (Scheune) – NStZ 2016, 721 (Anm. Jäger JA 2016, 548; Eisele JuS 2016, 368; RÜ 2016, 163; Hinz JR 2016, 276; Hehr/Scharbius HRRS 2016, 550; Dehne-Niemann/Marinitsch ZStW 2017, 650):

B und sein langjähriger, zwei Jahre jüngerer Freund G waren am Abend des Tattags mit dem Fahrzeug des B unterwegs. Nachdem sie beim Autohof etwas gegessen hatten und sodann in der Umgebung herumgefahren waren, bogen sie von der Landstraße in einen Feldweg ab und hielten dort zunächst an einer Scheune an, um nachzusehen, was sich in der Scheune befand. Beide stiegen aus und gingen zu der Längsseite der Scheune, an der sich ein großes, massives und verschlossenes Tor befand. B versuchte mit einer mitgebrachten Metallstange ein Brett des Scheunentors beiseitezuschieben, während G sich mit seinem Mobiltelefon beschäftigte. Zwischen beiden entwickelte sich eine kurze verbale Auseinandersetzung, in deren Verlauf B seinem Freund vorhielt, dass es keinen Sinn mache, etwas zu schreiben, da die Mädchen ihn sowieso nicht wollten und ihn ständig „verarschten", worauf G entgegnete, dass B derjenige sei, der überhaupt nichts geregelt und für sein Alter „kein Mädchen an den Start bekomme". Zu darüber hinausgehenden Aggressivitäten oder gar einer körperlichen Auseinandersetzung kam es aber nicht. G nahm daraufhin sein Klappmesser und begann, sich damit im Bereich eines in dem Scheunentor wenige Zentimeter über dem Erdboden vorhandenen Lochs zu schaffen zu machen. Dabei kniete er

---

²¹⁹ Zur Frage von (zurechnungs- bzw. fahrlässigkeitsbegründenden) Anhaltspunkten des Täters für strafbares Verhalten eines anderen Hoyer, in: SK-StGB, 9 Aufl. 2017, Anh. zu § 16 Rn. 51ff.
²²⁰ Otto, AT, 7. Aufl. 2004, § 6 Rn. 53ff.

sich hin und drehte dem B den Rücken zu. B entschloss sich spätestens jetzt, G zu töten, wobei ihm bewusst war, dass G in dieser Situation mit keinem Angriff rechnete und einen Angriff von hinten nicht rechtzeitig genug bemerken würde, um sich noch wehren zu können. B stellte sich hinter G, holte mit der 1,11 m langen und 1539 g schweren Metallstange aus und schlug G in Tötungsabsicht mit voller Wucht von hinten auf den Hinterkopf. Infolge des Schlags kippte G bewusstlos nach links zur Seite, so dass sein Körper mit dem Rücken und sein Kopf mit der rechten Gesichtshälfte auf dem Boden zu liegen kamen, und begann sofort stark im Kopfbereich und aus den Ohren zu bluten. B schlug zwei weitere Male mit der Metallstange mit voller Wucht auf den Kopf des auf dem Boden liegenden bewusstlosen G ein, um ihn sicher zu töten. Durch die Schläge auf den Kopf erlitt G u. a. ein hochgradiges Schädel-Hirn-Trauma mit umfangreichen Schädelbrüchen und Hirnverletzungen, die mit Sicherheit nach einiger Zeit zum Tod geführt hätten. In der Annahme, G sei durch die Schläge bereits getötet worden oder werde in kurzer Zeit versterben, begab sich B nach dem letzten Schlag zu seinem Fahrzeug, legte die Metallstange in den Kofferraum und fuhr zur Landstraße zurück. Nachdem er die Metallstange am Rand eines Feldweges in den Straßengraben geworfen hatte, fuhr er wiederum zum Autohof, wo er sich kurze Zeit aufhielt. Da B den Verdacht, G erschlagen zu haben, von sich weisen wollte, fasste er spätestens nach dem Verlassen des Autohofs den Entschluss, zurück zur Scheune zu fahren, die Polizei zu informieren und wahrheitswidrig anzugeben, er habe G auf dessen Bitte allein an der Feldscheune absetzen sollen und ihn dann dort tot aufgefunden, als er ihn wieder habe abholen wollen. Als B wieder zu dem unverändert am Boden liegenden G kam, stellte er aber fest, dass G wider Erwarten noch nicht verstorben war. Er beschloss nunmehr, ihn endgültig zu töten. Mit einem aus seinem Fahrzeug herbeigeholten Messer mit einer Klingenlänge von 12 cm schnitt er dem rücklings auf dem Boden liegenden G, der wegen der durch die Schläge verursachten Schädelverletzungen zu keiner Abwehrreaktion mehr in der Lage war, mit erheblicher Kraftentfaltung den Hals über eine Länge von 11,5 cm bis zur Wirbelsäule durch. G verstarb schließlich infolge der Halsschnitte an einem zentralen Hirnversagen in Kombination mit Verbluten. ◄

Wird das Verhalten des Dritten zwar vom Täter unerlaubt riskant verursacht, löst sich der Dritte dann aber vom Inhalt des Besprochenen (sog. Exzess), so kann hierhin bei erheblichem Ausmaß der Abweichung die Gefahrverwirklichung fehlen, s. u. v. a. bei der Mittäterschaft gem. § 25 II StGB und der Anstiftung gem. § 26 StGB.

c) Fahrlässiges „Dazwischentreten" eines Dritten

▶ Didaktische Aufsätze:

- Rudolphi, Vorsehbarkeit und Schutzzweck der Norm in der strafrechtlichen Fahrlässigkeitslehre, JuS 1969, 549
- Schneider, „The Fast and the Furious" – Zur Strafbarkeit von illegalen Autorennen bei Verletzung Unbeteiligter, ZJS 2013, 362

135   Ob und ggf. unter welchen Voraussetzungen ein fahrlässiges „Dazwischentreten" eines Dritten die Gefahrverwirklichung bzgl. des den Ersthandelnden ausschließt, ist ebenfalls umstritten.[221]
Diskutiert werden v. a. ärztliche Behandlungs- bzw. **Kunstfehler**.[222]

> **Beispiel 98**
>
> **BGH B. v. 08.07.2008 – 3 StR 190/08 – NStZ 2009, 92 = StV 2009, 187 (Anm. RÜ 2008, 782; Geppert JK 2009 StGB § 227/5):**
> Zwischen B und seiner Ehefrau G kam es nach einem verbalen Streit zu einer tätlichen Auseinandersetzung. In deren Verlauf setzte sich der 128 kg schwere B mit Schwung auf den Brustkorb seiner mit dem Rücken am Boden liegenden Frau. Dadurch brachen die Rippen der G insgesamt 18 Mal. G wurde im Krankenhaus behandelt. Bei zwei Röntgenuntersuchungen diagnostizierten die Ärzte lediglich Frakturen von drei Rippen. G verstarb aufgrund eines toxisch-resorptiven Herz-/Kreislaufversagens infolge Sepsis bei insgesamt 18 Rippenserienfrakturen, oft mit Durchspießungen nach außen und innen, mit Vereiterung der rechten Brusthöhle als Folge der Rippenverletzungen. ◄

Ist dem B der Tod der G zuzurechnen, obwohl die behandelnden Ärzte falsch diagnostizierten und so eine „Mitschuld" am Tod der G tragen?

Im obigen Beispiel handelt es sich nicht um einen Fall aktiver Risikosetzung durch die Ärzte (Eröffnung einer neuen Gefahrenquelle, etwa durch Medikamentenverabreichung oder einen Unfall/Kunstfehler[223]), sondern um eine evtl. pflichtwidrige Nichtabwendung des von B gesetzten Risikos.[224]

---

[221] Hierzu Kindhäuser/Hilgendorf, LPK, 8. Aufl. 2019, vor § 13 Rn. 135ff; näher Naucke ZStW 1964, 409; Rudolphi JuS 1969, 549; Jakobs ZStW 1977, 1; Burgstaller FS Jescheck 1985, 357; Roxin FS Tröndle 1989, 177; Otto FS Wolff 1998, 395; Hauck GA 2009, 280; Radtke FS Puppe 2011, 831; Schneider ZJS 2013, 362; aus der Rspr. vgl. BGH U. v. 30.06.1982 – 2 StR 226/82 (Hochsitz; Kunstfehler) = BGHSt 31, 96 = NJW 1982, 2831 = NStZ 1983, 21 = StV 1983, 61 (Anm. Kühl, Höchstrichterliche Rspr. BT, 2002, Nr. 31; Puppe, AT, 4. Aufl. 2019, § 10 Rn. 20ff.; Küpper JA 1983, 229; Hassemer JuS 1983, 227; Puppe NStZ 1983, 22; Schlapp StV 1983, 62; Hirsch JR 1983, 78; Stree JZ 1983, 75; Maiwald JuS 1984, 439); zuletzt LG Köln U. v. 14.04.2016 – 117 KLs 19/15 (Anm. Preuß HRRS 2017, 23); BGH U. v. 26.11.2019 – 2 StR 557/18 – BGHSt 64, 217 = NJW 2020, 2124 = NStZ 2020, 411 = StV 2020, 498 (Anm. famos 7/2020; Peters NJW 2020, 2128; Schiemann NStZ 2020, 416; Schöch JR 2020, 518; Kaspar JZ 2020, 959; Laustetter jurisPR-StrafR 17/2020 Anm. 5); BGH B. v. 17.03.2020 – 3 StR 574/19 – NJW 2020, 3669 NStZ 2021, 231 = StV 2021, 123 (Anm. famos 10/2020; Mitsch NJW 2020, 3671; Bertlings jurisPR-StrafR 25/2020 Anm. 4; Bosch Jura 2021, 340; Kudlich JA 2021, 169; Eisele JuS 2021, 86; RÜ 2021, 24; Sowada NStZ 2021, 233; Ruppert JZ 2021, 266).

[222] Hierzu zsf. Sternberg-Lieben/Schuster, in: Schönke/Schröder, StGB, 30. Aufl. 2019, § 15 Rn. 169; aus der Rspr. vgl. OLG Celle U. v. 03.07.1957 – 1 Ss 177/57 – NJW 1958, 271; BGH U. v. 03.07.1959 – 4 StR 196/59 (Anm. Maurach GA 1960, 97); OLG Celle U. v. 14.11.2000 – 32 Ss 78/00 – NJW 2001, 2816 = StV 2002, 366 (Anm. RA 2001, 554; RÜ 2002, 411; famos 10/2002; Walther StV 2002, 367).

[223] Vgl. OLG Celle U. v. 03.07.1957 – 1 Ss 177/57 – NJW 1958, 271.

[224] Zu dieser Unterscheidung Kindhäuser/Hilgendorf, LPK, 8. Aufl. 2019, vor § 13 Rn. 145ff.

B. Objektiver Tatbestand

Z. T. wird in diesen Fällen stets von Zurechenbarkeit ausgegangen.[225] Ein umfassendes Regressverbot für alle Fälle fahrlässigen Dazwischentretens wird heute nicht mehr vertreten.

Die Rspr.[226] und die h. L.[227] differenzieren danach, ob sich der Tod oder die erschwerte Verletzung des Unfallopfers als eine Verwirklichung der von dem Täter pflichtwidrig geschaffenen Gefahr darstellt. In Bezug auf Behandlungsfehler wird darauf abgestellt, wie groß das Maß der Pflichtwidrigkeit der Ärzte war: Nur bei gravierenden Fehlern wird der Zurechnungszusammenhang unterbrochen.

Die Differenzierung nach dem Grad der Fahrlässigkeit (im medizinischen Bereich immerhin in Anlehnung an die *lex artis*) beinhaltet eine recht vage Wertung mit entsprechenden Subsumtionsschwierigkeiten. Allerdings dürfte es überzeugen, im Bereich der medizinischen Behandlung der vom Täter zugefügten Verletzungen strenge Anforderungen bis hin zu einer kategorischen Ablehnung einer Unterbrechung zu vertreten, muss der Täter doch jedenfalls bei vorsätzlichen Körperverletzungen stets mit Unwägbarkeiten des darauf basierenden Geschehensablaufs rechnen.

136 Solange die unerlaubte Gefahr noch ursächlich für einen Zustand ist, der ein darauf aufbauendes Verhalten Dritter ermöglicht, ändert die zusätzliche unerlaubte Gefahr durch den Letzthandelnden nichts daran, dass die unerlaubte Ersthandlung die konkrete Erklärung des Enderfolgs mitgestaltet. Ähnlich wie bei einer sog. mehrstufigen Kausalität gibt es eine mehrstufige Risikorealisierung. Anders ist es bei einer überholenden neuen Risikosetzung (parallel zur sog. überholenden Kausalität). Ein „Vertrauensgrundsatz" dahingehend, dass der Ersthandelnde darauf vertrauen darf, dass die Konsequenzen seines Handelns nicht durch vorwerfbar handelnde Dritte verschlimmert werden, ist nicht anzuerkennen, zumal fahrlässiges menschliches Verhalten weit verbreitet ist. Selbst wenn die Situation als solche auch legal hätte herbeigeführt werden können (z. B. kann man sich in einem Krankenhaus auch aus anderen Gründen als einer vorherigen Verletzung aufhalten), wurde sie doch konkret durch den Ersthandelnden unerlaubt herbeigeführt; das genügt.

137 Auch in Fällen aktiver Risikosetzung des Letzthandelnden (und nicht bloß – z. B. ärztlichen – Fehlern bei der Bekämpfung des Erstrisikos gelten diese Erwägungen, zumal so schwierige Grenzziehungen vermieden werden; zu seltenen atypischen Kausalverläufen s. o. I. Ü. ist eine Berücksichtigung bei der Strafzumessung ausreichend.

---

[225] Kindhäuser/Hilgendorf, LPK, 8. Aufl. 2019, vor § 13 Rn. 145.
[226] S. o.
[227] Sternberg-Lieben/Schuster, in: Schönke/Schröder, StGB, 30. Aufl. 2019, § 15 Rn. 169.

X. Täterschaft (Begehen der Straftat), § 25 StGB

▶ Didaktische Aufsätze:

- Baumann, Täterschaft und Teilnahme, JuS 1963, 51, 85 und 125
- Herzberg, Grundfälle zur Lehre von Täterschaft und Teilnahme, JuS 1974, 237, 374, 574 und 719, Jus 1975, 35, 171, 575, 647, JuS 1976, 40
- Otto, Täterschaft, Mittäterschaft, mittelbare Täterschaft, Jura 1987, 246
- Rengier, Täterschaft und Teilnahme – Unverändert aktuelle Streitpunkte, JuS 2010, 281
- Kühl, Täterschaft und Teilnahme, JA 2014, 668
- Bode, Mittäter oder Gehilfe? – Grundsätzliches und Spezifisches zur Abgrenzungsproblematik von Täterschaft und Teilnahme, JA 2018, 34

1. Grundlagen; Täterschaft (Begehen der – eigenen – Straftat) im Lichte der Teilnahme (an fremder Tat)

138 Die Täterschaft ist ein in den Tatbeständen des Besonderen Teils als Teil der im Tatbestand aufgeführten Tathandlung nicht gesondert aufgeführtes **Tatbestandsmerkmal** in Gestalt einer über die Eigenschaft als Mensch hinaus besondere **Tatsubjekt**qualität.

I. d. R. ist der den Tatbestand Erfüllende im Gesetz lediglich mit „wer" umschrieben, z. B.;

> **§ 306 I StGB (Brandstiftung):**
> Wer fremde
> 1. Gebäude oder Hütten,
> 2. Betriebsstätten oder technische Einrichtungen, namentlich Maschinen,
> 3. Warenlager oder -vorräte,
> 4. Kraftfahrzeuge, Schienen-, Luft- oder Wasserfahrzeuge,
> 5. Wälder, Heiden oder Moore oder
> 6. land-, ernährungs- oder forstwirtschaftliche Anlagen oder Erzeugnisse
> in Brand setzt oder durch eine Brandlegung ganz oder teilweise zerstört, wird mit Freiheitsstrafe von einem Jahr bis zu zehn Jahren bestraft.

Die durch „wer" umschriebene Straftatbestandverwirklichung setzt Täterschaft voraus, die in § 25 StGB angeführt ist.

> **§ 25 StGB (Täterschaft)**
> (1) Als Täter wird bestraft, wer die Straftat selbst oder durch einen anderen begeht.
> (2) Begehen mehrere die Straftat gemeinschaftlich, so wird jeder als Täter bestraft (Mittäter).

B. Objektiver Tatbestand

Hierbei benennt man § 25 I 1. Var. StGB als sog. **unmittelbare Täterschaft**, § 25 I 2. Var. StGB als sog. **mittelbare Täterschaft**, § 25 II StGB ist legaldefiniert als **Mittäterschaft**.

Da – zumindest gedanklich – bei jeder Strafbarkeitsprüfung auch die Täterschaft festzustellen ist, was allerdings in unproblematischen Fällen nicht ausdrücklich erörtert wird, ist die in vielen Lehrbüchern[228] anzutreffende Einordnung der Thematik als selbstständiges Kapitel (z. B. „Täterschaft und Teilnahme") missverständlich und entspricht nicht dem Prüfungsaufbau.

Das deutsche Strafrecht unterscheidet als sog. **dualistisches Beteiligungssystem**[229] zwischen **Täterschaft** (§ 25 StGB) und **Teilnahme**. Gem. § 28 I StGB umfasst die Teilnahme die Anstiftung i. S. d. § 26 StGB und die Beihilfe i. S. d. § 27 StGB; hinzu kommt die versuchte Beteiligung gem. § 30 StGB. Der Oberbegriff für sowohl Täterschaft als auch Teilnahme ist „Beteiligung" (s. § 28 II StGB).

> **§ 26 StGB (Anstiftung)**
> Als Anstifter wird gleich einem Täter bestraft, wer vorsätzlich einen anderen zu dessen vorsätzlich begangener rechtswidriger Tat bestimmt hat.

> **§ 27 StGB (Beihilfe)**
> (1) Als Gehilfe wird bestraft, wer vorsätzlich einem anderen zu dessen vorsätzlich begangener rechtswidriger Tat Hilfe geleistet hat.
> (2) Die Strafe für den Gehilfen richtet sich nach der Strafdrohung für den Täter. Sie ist nach § 49 Abs. 1 zu mildern.

> **§ 30 StGB (Versuch der Beteiligung)**
> (1) Wer einen anderen zu bestimmen versucht, ein Verbrechen zu begehen oder zu ihm anzustiften, wird nach den Vorschriften über den Versuch des Verbrechens bestraft. Jedoch ist die Strafe nach § 49 Abs. 1 zu mildern. § 23 Abs. 3 gilt entsprechend.
> (2) Ebenso wird bestraft, wer sich bereit erklärt, wer das Erbieten eines anderen annimmt oder wer mit einem anderen verabredet, ein Verbrechen zu begehen oder zu ihm anzustiften.

> **Beispiel 99**
> B1 erschoss im Auftrag des B2 den G, wofür er eine Waffe verwendete, die er sich von dem in den Plan eingeweihten B3 geliehen hatte. ◄

---

[228] S. nur B. Heinrich, AT, 6. Aufl. 2019, Rn. 1173ff.
[229] B. Heinrich, AT, 6. Aufl. 2019, Rn. 1174.

B1 ist Täter (des Totschlags) i. S. d. § 25 I 1. Var. StGB, B2 Anstifter i. S. d. § 26 StGB, B3 (wohl) Gehilfe i. S. d. § 27 StGB.

Beispiel 100

B2 bat B1, den Z zu erschießen. B1 lehnte ab. ◄

Mangels auch nur versuchter Tat des B1 bleibt für B2 „nur" eine Strafbarkeit wegen versuchter Anstiftung zum Totschlag, §§ 212, 30 I StGB.

In anderen Staaten (z. B. in Dänemark und Österreich[230]) sowie im deutschen

§ 14 I 1 OWiG (Beteiligung)
Beteiligen sich mehrere an einer Ordnungswidrigkeit, so handelt jeder von ihnen ordnungswidrig.

Ordnungswidrigkeitenrecht gilt hingegen der sog. **Einheitstäterbegriff**.[231]
Hier führt jeder Tatbeitrag – inkl. Anstiftungs- und Beihilfehandlungen – zur Täterschaft, eine Teilnahme gibt es nicht, Differenzierungen finden nur bei der

§ 17 III 1 OWiG (Höhe der Geldbuße)
Grundlage für die Zumessung der Geldbuße sind die Bedeutung der Ordnungswidrigkeit und der Vorwurf, der den Täter trifft.

Strafzumessung statt.
Auch bei den Fahrlässigkeitsdelikten (s. u.) gilt nach h. M. mangels Anwendbarkeit der Teilnahmevorschriften ein Einheitstäterbegriff.

Beispiel 101

B1 fuhr auf Drängen des B2 mit seinem Pkw zu schnell, konnte daher an einer Kreuzung nicht rechtzeitig bremsen und erfasste den G, welcher starb. ◄

Nicht nur B1 als Fahrer des Pkw hat sich wegen fahrlässiger Tötung gem. § 222 StGB strafbar gemacht, sondern auch der „Anstifter" B2. Dieser ist freilich nicht Anstifter zur fahrlässigen Tö-

---

[230] S. Freund, in: MK-StGB, 4. Aufl. 2020, vor § 13 Rn. 493.
[231] Hierzu Fischer, StGB, 68. Aufl. 2021, vor § 25 Rn. 1b; näher Dreher NJW 1970, 217; Kienapfel NJW 1970, 1826; Lange FS Maurach 1972, 235; Kienapfel JuS 1974, 1; Schöneborn ZStW 1975, 902; Maiwald FS Bockelmann 1979, 343; Seier JA 1990, 342 und 382; Bloy FS Schmitt 1992, 33; Volk FS Roxin 2001, 563; Bock Jura 2005, 673; Schmoller GA 2006, 365; Schünemann GA 2020, 224.

B. Objektiver Tatbestand

tung (eine Anstiftung zu einem Fahrlässigkeitsdelikt gibt es nicht, da § 26 StGB eine vorsätzliche sog. Haupt-Tat verlangt), sondern Täter einer fahrlässigen Tötung.

Das differenzierende Beteiligungssystem der §§ 25ff. StGB wird üblicherweise auf zwei Weisen betrachtet: Entweder man geht davon aus, dass die Verursachung des Erfolgseintritts an sich schon Täterschaft ausmacht – das ist ein **extensiver Täterbegriff**, der dann durch die Teilnahmevorschriften eingeschränkt würde – oder man verlangt von Anfang an weitere Momente jenseits der Ursächlichkeit für eine Täterschaft (sog. **restriktiver Täterbegriff**).[232]   **140**

Zwar ermöglicht Letzteres eine eigenständige Funktion des § 25 StGB über die Fassung der Tatbestände des Besonderen Teils hinaus,[233] allerdings spricht der weitgefasste Normwortlaut (Begehung der Straftat) dafür, dass § 25 StGB eher als Grundsatz zu verstehen ist, von dem unter den Voraussetzungen der §§ 26, 27 StGB ausnahmsweise abgewichen wird. Gäbe es die Teilnahmevorschriften nicht, so wäre es ja in der Tat eher ein phänomenologischer Unterschied, ob ein Täter ein Tier oder einen anderen Menschen dazu veranlasst, ein Opfer z. B. zu verletzen. Was ein „Begehen der Straftat" i. S. d. § 25 StGB ist, ist also denkbar offen, wie auch § 1 StGB und Art. 103 II GG zeigen, die gewiss auch für Teilnehmerstrafbarkeiten gelten. Auch § 22 StGB, der von Verwirklichung des Tatbestands spricht, deutet darauf hin, dass ein Begehen im Grundsatz (zur Berücksichtigung der §§ 26, 27 StGB) jede unerlaubt riskante und erfolgskausale Handlung sein kann.

Einen Täterbegriff, der keine zusätzlichen Voraussetzungen zu den vorherigen Ebenen hinzufügt, sondern nur Rückschlüsse aus den Teilnahmevorschriften zieht, mag man extensiv nennen. Dies darf aber nicht in eins gesetzt werden damit, dass die §§ 26ff. StGB immer in dessen Verwirklichung enthalten sind, also nur strafeinschränkend wirken würden. Deutlich wird dies bei der Mitwirkung an Sonderdelikten; jemand ohne taugliche Tatsubjektseigenschaft (ein sog. Extraneus) kann sich nicht wegen täterschaftlichen Sonderdelikts strafbar machen, er kann aber sehr wohl Teilnehmer am Delikt eines sog. Intraneus sein (wenn nicht der Gesetzgeber Spezialvorschriften zur Begründung einer Täterschaft schafft, z. B. §§ 160, 271 StGB). Dies betrifft aber nicht die Auslegung des § 25 StGB, da es auf dessen Prüfung nach Verneinung der Subjektsqualität nicht mehr ankommt. Erst wenn die vorherigen Deliktsvoraussetzungen erfüllt sind, stellt sich die Frage, ob aus den §§ 26, 27 StGB etwas für die Handhabung des § 25 StGB abzuleiten ist. Insofern bedeutet ein restriktiver Täterbegriff, dass eine Erklärung der §§ 26ff. StGB als Strafbarkeitseinschränkungen nötig werden kann, aber nicht nötig werden muss. Auch Fragen der sog. Gesetzeskonkurrenz (s. u.) im Verhältnis von Täterschaft und Teilnahme stellen sich erst bei Erfüllung aller jeweiligen Voraussetzungen.

Bei alledem ist § 25 StGB im Lichte der §§ 26, 27 StGB so auszulegen (*e contrario*), dass alle Normen einen Anwendungsbereich erhalten; insofern können meist (mit Ausnahmen, s. o.) Teilnahmevorschriften gewissermaßen als Negativa   **141**

---
[232] Näher Hoyer, in: SK-StGB, 9. Aufl. 2017, vor § 25 Rn. 1ff.
[233] S. etwa Joecks/Scheinfeld, in: MK-StGB, 4. Aufl. 2020, vor § 25 Rn. 6ff.

begriffen werden, deren Vorliegen die Täterschaft einschränkt. Wenn man schon daraus nicht die Konsequenz ziehen möchte, die §§ 26, 27 StGB als insofern privilegierende *leges speciales* vor etwaiger Täterschaft zu prüfen, so ist doch inzident bei der Erarbeitung der Voraussetzungen der Täterschaft auf die Teilnahmevorschriften Bedacht zu nehmen. Das von § 25 I, II StGB vorausgesetzte Begehen der (eigenen) Tat ist zu unterscheiden von der Teilnahme an einer fremden Tat (vgl. die in §§ 26, 27 StGB verwendeten Begriffe: „einen anderen", „dessen").

Insbesondere bestehen **Grenzziehungsschwierigkeiten** zwischen Mittäterschaft (§ 25 II StGB) und Beihilfe (§ 27 I StGB) sowie sog. mittelbarer Täterschaft (§ 25 I 2. Var. StGB) und Anstiftung (§ 26 StGB).

Beispiel 102

BGH B. v. 12.06.2012 – 3 StR 166/12 – NStZ 2013, 104 (Anm. RA 2012, 533):
B1 nahm in Umsetzung eines mit B2 gefassten Tatplanes unter einem falschen Namen telefonisch mit Z Kontakt auf, traf sich mit ihm und brachte ihn schließlich am späten Abend mit ihrem Fahrzeug zu dem abgelegenen Tatort. Dort stieg Z aus. B1 fuhr weiter, stellte ihr Fahrzeug in einiger Entfernung ab und blieb in diesem sitzen. Nach dem Aussteigen des Z nötigte B2 diesen unter Anwendung von Drohungen mit gegenwärtiger Gefahr für dessen Leib und Leben zur Übergabe von 9000 Euro, ohne hierauf einen Anspruch gehabt zu haben. ◄

§ 253 I StGB (Erpressung)
Wer einen Menschen rechtswidrig mit Gewalt oder durch Drohung mit einem empfindlichen Übel zu einer Handlung, Duldung oder Unterlassung nötigt und dadurch dem Vermögen des Genötigten oder eines anderen Nachteil zufügt, um sich oder einen Dritten zu Unrecht zu bereichern, wird mit Freiheitsstrafe bis zu fünf Jahren oder mit Geldstrafe bestraft.

§ 255 StGB (Räuberische Erpressung)
Wird die Erpressung durch Gewalt gegen eine Person oder unter Anwendung von Drohungen mit gegenwärtiger Gefahr für Leib oder Leben begangen, so ist der Täter gleich einem Räuber zu bestrafen.

Ist B1 i. S. d. § 25 StGB Mittäter der von B2 begangenen räuberischen Erpressung gem. §§ 253 I, 255, 25 II StGB oder lässt sich ihr Tatbeitrag lediglich als Hilfeleistung i. S. d. § 27 I StGB ansehen, so dass sie nur Gehilfin wäre?

Beispiel 103

Mafiachef B1 lässt den G durch einen seiner Mafiosi töten. ◄

Ist B1 Anstifter seines untergebenen Mafiosos (§ 26 StGB) oder lässt sich der „Auftrag" des B1 als sog. mittelbare Täterschaft i. S. d. § 25 I 2. Var. StGB verstehen?

2. Straftat selbst Begehen (sog. unmittelbare Täterschaft), § 25 I 1. Var. StGB

a) Allgemeines

Gem. § 25 I 1. Var. StGB ist Täter, wer die Straftat selbst begeht. Dies wird gängigerweise unmittelbare Täterschaft genannt, was sich insbesondere aus der Gegenüberstellung mit § 25 I 2. Var. StGB ableiten lässt, der Begehung durch einen anderen (als vermittelnder Akteur zwischen Ersthandelndem und Opfer). Diese Terminologie ist aber schon auf den erste Blick mindestens missverständlich, da anerkanntermaßen nach der Täterhandlung eine Beihilfe stattfinden kann, die zwischen Täterhandlung und Taterfolg tritt, ohne dass in diesen Fällen jemand an der sog. unmittelbaren Täterschaft zweifelt (z. B. ein eingeweihter Kurier, der die vom Täter gebaute Bombe zum Opfer bringt). Es muss daher ein anderes Kriterium für die Annahme einer Selbstbegehung nach § 25 I 1. Var. StGB geben, jedenfalls in Mehrpersonenkonstellationen. 142

b) Bei Alleinhandeln

Handelt nur ein einziger Mensch unerlaubt riskant und erfolgskausal, dann handelt es sich ohnehin ohne Weiteres um eine Selbstbegehung der Tat nach § 25 I 1. Var. StGB als **Normalfall** der Tatbestandserfüllung. Die Norm hat nur klarstellende Bedeutung. 143

Beispiel 104

B entwendete aus einem Kaufhaus drei DVDs. ◄

Mit seiner Handlung war B sog. unmittelbarer Täter eines Diebstahls nach § 242 I StGB.

In Prüfungsarbeiten bedarf die sog. unmittelbare Täterschaft bei Alleinhandeln **keiner Erwähnung**, geschweige denn einer Prüfung. Nicht einmal die Norm ist zu nennen. Es erfolgt schlicht eine Prüfung der übrigen objektiven Tatbestandsmerkmale.

c) Bei Handeln mehrerer Menschen (Mehrpersonenkonstellationen)
aa) Grundlagen
(1) Allgemeines
Es bedarf der Begründung – und zwar sowohl angesichts des Wortlauts der einzelnen Tatbestände (z. B. § 212 I StGB: Töten) als auch des § 25 StGB – , wann bzw. warum eine erfolgsursächliche unerlaubte Gefahrschaffung nicht als Straftat durch Selbstbegehung gewertet wird, sondern als eine andere Form der Täterschaft (allerdings wäre dies letztlich irrelevant, da alle in § 25 StGB genannten Täterschaftsformen gleich behandelt werden) oder als Teilnahme nach den §§ 26, 27 StGB. Auch 144

bei Anstiftung oder Beihilfe liegt nämlich eine im Erfolg verwirklichte unerlaubte Gefahrschaffung vor. Bedenkt man nun, dass eigenhändige Delikte entweder überhaupt nicht anzuerkennen sind oder doch eine eher seltene Ausnahme sind, dann müssen angesichts der *de lege lata* zu akzeptierenden unterschiedlichen Behandlung verschiedener Gefahrschaffungen täterschaftsausschließende und nur teilnahmebegründende Kriterien gefunden werden.

Zur mangelnden Tauglichkeit einer „Unmittelbarkeit" s. bereits o.: Ein unmittelbarer, aber eher untergeordneter Beitrag kann als (nach § 27 II 2 StGB milder bestrafte) nachgelagerte Beihilfe zu beurteilen sein. § 25 I 1. Var. StGB ist wie gesehen auch nicht ausschließlich auf Konstellationen des Alleinhandelns beschränkt.

(2) Berücksichtigung des § 25 I 2. Var. StGB

145 In gewisser Weise ist die Redeweise von der unmittelbaren Täterschaft korrekt, nämlich als Gegenstück zu § 25 I 2. Var. StGB, welche angesichts des durch einen anderen Begehens plastisch als mittelbare Täterschaft bezeichnet wird.

Bei letzterer handelt es sich freilich eher um einen entbehrlichen Spezialfall unerlaubt riskanten Handelns, welches gerade nicht nur als Teilnahme (insbesondere als Anstiftung) beurteilt werden soll, sondern als Täterschaft. Erst die Existenz der §§ 26, 27 StGB erzeugt ein Bedürfnis, in Mehrpersonenverhältnissen Verantwortungsbereiche abzuschichten. Immerhin stellt § 25 I 2. Var. StGB klar, dass eine Täterschaft auch dann möglich ist, wenn die Handlung darin besteht, die erfolgskausale Handlung eines anderen Menschen zu verursachen. Ein Bedürfnis für eine solche Klarstellung beruht freilich im Grunde erst darauf, dass man ohne Not § 25 I 1. Var. StGB als unmittelbare Täterschaft ansieht. Richtigerweise kann ein weiterer Mensch mitkausal gehandelt haben, ohne dass dies eine Selbstbegehung der Tat durch den Vordermann hindert – vorbehaltlich der Einordnung als Teilnahme, s. sogleich. Zu Restriktionen der sog. mittelbaren Täterschaft in Ansehung der Teilnahmevorschriften s. u.

(3) Berücksichtigung des §26 StGB

146 Ein Anstifter bestimmt gem. § 26 StGB einen sog. Haupttäter zu dessen vorsätzlicher Tat, wird also auf diesem Wege durch seine unerlaubte Gefahrschaffung erfolgskausal. Es bedarf der Begründung, warum dies keine Selbstbegehung der Tat ist. Damit § 26 StGB einen hinreichend großen Anwendungsbereich (auch im Bereich der Allgemeindelikte) behält, ist § 25 StGB in dessen Lichte auszulegen (insofern gewissermaßen ein negatives Merkmal der Täterschaft). Die Begründung liegt darin, dass sich die vom Anstifter unerlaubt geschaffene Gefahr darauf bezieht, dass ein **anderer Mensch** wegen dieser unerlaubt riskanten Anstiftungshandlung in voller **eigener Verwirklichung** von **objektiver und subjektiver Tatbestandsmäßigkeit** sowie **Rechtswidrigkeit** das Delikt begeht. Dem § 26 StGB liegt insofern ein etwas phänomenologisch anmutendes historisch tradiertes Konzept zugrunde, dass eine derartige mittelbare Tatverursachung keine Täterschaft begründet, sondern als Anstiftung bezeichnet wird.

(4) Berücksichtigung des § 25 II StGB

Ein Bedürfnis dafür, mehrere Handelnde zu Mittätern nach § 25 II StGB zu erklären, besteht nur dann, wenn nicht ohnehin jeder einzelne als Täter nach § 25 I 1. Var. StGB erfasst werden kann. Erst bei Behauptung eines durch den Wortlaut nicht gebotenen Unmittelbarkeits- oder gar Eigenhändigkeitserfordernisses ergibt sich überhaupt ein gesondertes Zurechnungsproblem beim Zusammenwirken mehrerer. Richtigerweise also handelt es sich um eine Klarstellung in Mehrpersonenkonstellationen. Angesichts der gesetzlichen Regelung der Mittäterschaft – die sich auch als *lex specialis* begreifen ließe – ist es dabei verständlich, dass sich bei Handeln mehrerer Menschen die Aufmerksamkeit dieser Norm und nicht dem § 25 I 1. Var. StGB zugewendet hat. Wiederum begründet bei alledem nur die Existenz der Teilnahmevorschriften die Problematik, die Begehung der eigenen Tat von der Teilnahme an einer fremden zu unterscheiden. Zu den Anforderungen an § 25 II StGB in „Abgrenzung" zu § 27 StGB s. i. E. u.

147

(5) Berücksichtigung des § 27 StGB

Dadurch, dass § 27 StGB bestimmte Mitwirkungen nur als milder bestrafte Beihilfe verstanden wissen will und nicht als Täterschaft (sei es nach § 25 I oder II StGB), stellt sich das Problem, wann eine unerlaubt riskante und erfolgskausale Handlung bei Zusammenwirken mit anderem Menschen als Selbstbegehung der (eigenen) Tat bzw. als gemeinschaftliche Begehung einzuordnen ist und somit als Täterschaft, und wann hingegen als Hilfeleistung bzgl. einer anderen (also fremden) Tat.

148

Dieser **Fremdbezug** des Handelns kann anerkanntermaßen ungeachtet des Zeitpunkts der Handlungen vorliegen, so dass Beihilfe vor, nach oder während der Täterhandlung gleichermaßen möglich ist (anders als bei der Anstiftung, die notwendig vor der Täterhandlung liegen muss); die Perfekt-Zeitform des § 27 I StGB („geleistet hat") wird als dergestalt offen ausgelegt. Hier zeigt sich auch die Unergiebigkeit eines Kriteriums der „Unmittelbarkeit", da Beihilfe als Zwischenakt zwischen Täterhandlung und Erfolg vorliegen kann, sofern man nicht gänzlich eine Beihilfe nach der Täterhandlung verwerfen möchte, wofür aber § 27 StGB keinen hinreichenden Anhaltspunkt bietet – umgekehrt darf die Privilegierung des § 27 StGB als insofern negatives Merkmal der Täterschaft nicht durch automatische Annahme von Täterschaft ausgehöhlt werden.

Insofern ist bereits an dieser Stelle nach dem Privilegierungsgrund des § 27 StGB als Nichtanwendung des § 25 StGB zu fragen. Durch den in der Beihilfe normierten Bezug auf eine **fremde Tat** (die des sog. Haupttäters: „einem anderen", „dessen") wird eine Situation der Asymmetrie beschrieben: Der Täter ist in einem solchen Mehrpersonenverhältnis dem Gehilfen übergeordnet, der Gehilfe dem Täter untergeordnet. In dieser Gruppendynamik einer Hierarchie orientiert sich ein Gehilfe am Täter, was der Gesetzgeber für weniger strafwürdig hält als eine autonome Erfolgsherbeiführung.

Natürlich ist es die zentrale Frage, wann eine solche fremdbezogene Unterordnung unter einen Täter anzunehmen ist, die eine eigene Selbst- oder gemeinschaftliche Begehung ausschließt, zumal menschliche Beziehungen unendlich vielgestaltig sind, zumal mit steigender Zahl der einbezogenen Beteiligten (etwa auch in gestuften Organisationen mit mehreren Hierarchie-Ebenen), s. sogleich. Immerhin ist das rechtspolitische Bedürfnis nach vertypter Strafmilderung i. R. d. § 27 StGB angesichts weiter Strafrahmen meist nicht dringend (abgesehen von § 211 StGB).

149 Bei der so konturierten „Abgrenzung" von Täterschaft und Teilnahme gilt es dabei, rechtssicher subsumierbare Kriterien zu entwickeln, die möglichst wenig Raum für freie Wertungen lassen. Insbesondere bei bloßem Indizcharakter oder Rekurs auf Gesamtwürdigungen, zumal unter Vermengung von Objektivem und Subjektivem, droht Willkür nach Rechtsgefühl. Im Übrigen ist die Einhaltung des Bestimmtheitsgrundsatzes gem. Art. 103 II GG anzumahnen.

bb) Grundansätze zur Unterscheidung von Straftatselbstbegehung und Teilnahme an Straftatbegehung eines anderen („Abgrenzung" von Täterschaft und Teilnahme)

150 Wie man in diesem Sinne Täterschaft und Teilnahme voneinander „abgrenzt", genauer: die **Voraussetzungen einer Täterschaft** möglichst präzise aufstellt, ist seit langem umstritten.[234]

Es lassen sich zwei **Grundansätze** unterscheiden:

Die **h. L.** vertritt einen materiell **objektiven Ansatz** in Gestalt der sog. **Tatherrschaftslehre**:[235] Täter ist hiernach, wer als Zentralgestalt des Geschehens die planvoll-lenkende oder mitgestaltende Tatherrschaft besitzt. Tatherrschaft ist hierbei das In-den-Händen-Halten des tatbestandsmäßigen Geschehensablaufs. Teilnehmer ist, wer ohne eigene Tatherrschaft als Randfigur des realen Geschehens die Begehung der Tat veranlasst oder fördert.

---

[234] Hierzu Hillenkamp/Cornelius, 32 Probleme aus dem Strafrecht AT, 15. Aufl. 2017, 19. P.; näher Welzel SJZ 1947, 645; Goetzeler SJZ 1949, 838; Bockelmann GA 1954, 193; Hardwig GA 1954, 353; Kalthoener NJW 1956, 1662; von Uthmann NJW 1961, 1908; Roxin JZ 1966, 293; Cramer FS Bockelmann 1979, 389; Küpper GA 1986, 437; Geerds Jura 1990, 173; Schmidhäuser FS Stree/Wessels 1993, 343; Roxin FG 50 Jahre BGH IV 2000, 177; Schünemann FS Roxin 2011, 799; Abanto Vásquez FS Roxin 2011, 819; Bode JA 2018, 34; aus der Rspr. vgl. zuletzt BGH B. v. 06.08.2019 – 3 StR 190/19 – NStZ-RR 2019, 375 = StV 2021, 104 (Anm. Schlösser StV 2021, 107); BGH B. v. 18.09.2019 – 2 StR 156/19 – NStZ-RR 2020, 42; BGH B v. 22.10.2019 – 4 StR 227/19 – NStZ-RR 2020, 135 = StV 2021, 95; BGH U. v. 23.10.2019 – 2 StR 139/19 – NJW 2020, 559 = StV 2020, 658; BGH B. v. 19.11.2019 – 4 StR 449/19 – NStZ 2020, 600; BGH B. v. 26.11.2019 – 3 StR 323/19 – NStZ 2020, 344; BGH B. v. 09.01.2020 – 4 StR 345/19 – NStZ 220, 556; BGH B. v. 18.03.2020 – 4 StR 374/19 – NStZ 2020, 757 (Anm. Börner NStZ 2021, 251; Kaltenbach jurisPR-StrafR 3/2021 Anm. 2); BGH B. v. 26.03.2020 – 4 StR 134/19 – NJW 2020, 2421 = NStZ 2020, 609 = StV 2021, 112 (Anm. Jäger JA 2020, 867; Schiemann NJW 2020, 2424; Drees NStZ 2020, 612; Bertlings jurisPR-StrafR 20/2020 Anm. 5); BGH B. v. 14.04.2020 – 5 StR 37/20 – BGHSt 64, 314 = NJW 2020, 2201 = NStZ 2021, 38 (Anm. Bosch Jura 2020, 994; RÜ 2020, 585; Mitsch NStZ 2021, 39; Bock ZIS 2021, 193); BGH B. v. 21.04.2020 – 4 StR 287/19 – NStZ 2020, 730 (Anm. Kudlich NStZ 2020, 732); BGH B. v. 21.04.2020 – 6 StR 22/20 – NStZ-RR 2020, 239; BGH B. v. 28.04.2020 – 3 StR 85/20 (Anm. Eisele JuS 2020, 1081); BGH B. v. 13.05.2020 – 5 StR 614/19 – NJW 2020, 3610 = NStZ-RR 2020, 278 (Anm. Bosch Jura 2020, 1145; RÜ 2020, 709; Basar jurisPR-StrafR 4/2021 Anm. 4).

[235] Hierzu zsf. Joecks/Jäger, StGB, 13. Aufl. 2021, vor § 25 Rn. 7.

Die heutige **Rspr.**[236] vertritt eine im Ausgangspunkt **gemäßigt subjektive Lehre**: Täter ist hiernach, wer Täterwillen (*animus auctoris*), Teilnehmer, wer Teilnehmerwillen (*animus socii*) aufweist. Zur Ausfüllung dieses subjektiven Ansatzes, d. h. als Indizien für das Vorliegen einer Willensform, werden allerdings objektive Kriterien herangezogen, insbesondere das Erfolgsinteresse und der Umfang der Tatbeteiligung. Sogar auf die Tatherrschaft verweist die Rspr., wenn sie formuliert,[237] dass es auf die Tatherrschaft bzw. den Wille zu dieser ankomme.

Der Gegensatz zwischen beiden Grundpositionen schwindet also dadurch, dass einerseits die Rspr. objektive Kriterien zur Bestimmung des Täterwillens heranzieht und andererseits die h. L. durchaus subjektive Vorstellungen der Beteiligten bei der Prüfung der Tatherrschaft berücksichtigt – und sei es als Wille zur, d. h. Vorsatz bzgl. der Tatherrschaft. Nicht selten werden identische Subsumtionsergebnisse erzielt, wobei natürlich vielfach Streit herrscht, auch innerhalb der Literatur, die eine Vielzahl von Täterschaftslehren birgt.

Im Rahmen der juristischen **Prüfungsleistungen** aus Warte der Rspr. und h. L. kommt es daher v. a. auf eine sorgfältige Auswertung der im Sachverhalt mitgeteilten objektiven und subjektiven Kriterien an, die Rückschluss auf eine Tatherrschaft bzw. den Willen hierzu oder das Gegenteil von beidem zulassen. Ein grundlegendes Bekenntnis zur h. L. oder zur Rspr. ist angesichts nur selten abweichender Ergebnisse nicht angezeigt.

151

Beispiel 105

BGH B. v. 12.06.2012 – 3 StR 166/12 – NStZ 2013, 104 (Anm. RA 2012, 533):

B1 nahm in Umsetzung eines mit B2 gefassten Tatplanes unter einem falschen Namen telefonisch mit Z Kontakt auf, traf sich mit ihm und brachte ihn schließlich am späten Abend mit ihrem Fahrzeug zu dem abgelegenen Tatort. Dort stieg Z aus. B1 fuhr weiter, stellte ihr Fahrzeug in einiger Entfernung ab und blieb in diesem sitzen. Nach dem Aussteigen des Z nötigte B2 diesen unter Anwendung von Drohungen mit gegenwärtiger Gefahr für dessen Leib und Leben zur Übergabe von 9000 Euro, ohne hierauf einen Anspruch gehabt zu haben. ◄

Die für eine Strafbarkeit nach §§ 253 I, 255 StGB erforderliche qualifizierte Nötigung des Opfers hat allein B2 vorgenommen. Allerdings ist zu beachten, dass B1 gemeinsam mit B2 den Tatplan gefasst, den Z zum Tatort gelockt und sich in ihrem Fahrzeug zum Fortbringen des B2 bereitgehalten hat.

Beispiel 106

BGH U. v. 12.02.1998 – 4 StR 428/97 (Castor-Transport) – BGHSt 44, 34 = NJW 1998, 2149 = NStZ 1998, 513 = StV 1997, 372 (Anm. Krüßmann JA

---

[236] S. o.; zsf. Fischer, StGB, 68. Aufl. 2021, vor § 25 Rn. 3f.
[237] Z. B. BGH B. v. 25.03.2010 – 4 StR 522/09 – NStZ-RR 2010, 236 (Anm. Satzger JK 2010 StGB § 224 I Nr. 4/3; Hecker JuS 2010, 738; RA 2010, 434).

1998, 626; Martin JuS 1998, 957; LL 1998, 655; Otto NStZ 1998, 513; Dietmeier JR 1998, 470):

B1 und B2 waren Mitarbeiter der Organisation Greenpeace e. V. Diese wandte sich mit einer „Castorcampagne" gegen den Transport abgebrannter Brennelemente aus Kernkraftwerken in die Wiederaufbereitungsanlage La Hague in Frankreich. Als Greenpeace bekannt wurde, dass Anfang Mai 1996 ein weiterer Bahntransport von dem stillgelegten Kernkraftwerk Würgassen nach La Hague vorgesehen war, beschloss man in der Zentrale der Organisation in Hamburg, das im Eigentum der Kraftwerksbetreiberin, der Preussen Elektra AG, stehende Verbindungsgleis zwischen dem Werksgelände und den Gleisen der Deutschen Bahn AG zu blockieren, um das Ausfahren eines Transports auf unbestimmte Zeit zu verhindern. In Ausführung dieses Plans brachten Mitglieder von Greenpeace am Morgen des 29.04.1996 auf einer Schiene im Bereich dieses Verbindungsgleises einen etwa 1,5 m langen kastenförmigen Stahlkörper an. Dies geschah mit Hilfe einer ausgeklügelten – in ihrer Funktionsweise von außen nicht erkennbaren – Kammerapparatur, die – ohne einen Eingriff in die Substanz der Schiene – bewirkte, dass ein Verschieben der Konstruktion oder ein Abheben von der Schiene nicht mehr möglich war. Während der gesamten weiteren Blockade streckte B1 einen Arm in zwei dafür vorgesehene Öffnungen auf jeder Seite des Stahlkastens. Die Polizei beendete die Blockade. Dabei musste der Teil der Schiene, auf dem der Stahlkasten angebracht war, mit einer Schneidemaschine herausgetrennt und einschließlich der Schwellen ersetzt werden. Hierdurch entstanden Kosten von über 25.000 DM. Dies war die einzige Möglichkeit, die Blockade aufzuheben und die Eigentümerin in die Lage zu versetzen, das Verbindungsgleis zur Durchführung der genehmigten Castortransporte zu nutzen. B2 der sich nicht selbst im Stahlkasten ankettete, leitete die Aktion vor Ort. Ihm, der auch mit der Vorbereitung der Maßnahme befasst gewesen war, oblag neben der Unterstützung der „Aktivisten" vor allem die mediengerechte Darstellung der Aktion. ◄

Bei der Prüfung, ob eine (Mit-)Täterschaft vorliegt – in „Abgrenzung" zur Beihilfe, aber auch zur Anstiftung – gilt es, einerlei, ob man den subjektiven Ausgangspunkt der Rspr. oder den objektiven Ausgangspunkt der h. L. wählt, **sämtliche im Sachverhalt mitgeteilten Umstände** herauszuarbeiten und zu gewichten. Je beträchtlicher die Mitwirkung bzw. die Vorstellung von der Mitwirkung ist, umso eher wird es sich um Täterschaft handeln. In vielen Fällen wird zudem sowohl eine Bejahung als auch eine Verneinung der Täterschaft **vertretbar** sein, so dass in juristischen Prüfungsarbeiten eine eher klausurtaktische Entscheidung zu fällen ist, die gleichwohl sauber aus dem Sachverhalt heraus zu begründen ist.

cc) Subjektive Täterschaftsbegründung?

152 Der subjektive Ausgangspunkt der Rspr. ist eine konsequente Fortschreibung des Äquivalenzansatzes: Wenn alle kausalen unerlaubt gefährlichen Handlungen gleichwertig sind, scheidet streng genommen eine objektive Unterscheidung verschiedener Tatbeiträge aus. Von dieser durchaus stringenten Überlegung hat sich die

B. Objektiver Tatbestand

Rspr. allerdings selbst dadurch entfernt, dass sie die objektive Tatherrschaft als Indiz für die subjektive Wertung heranzieht, also auf eine objektive Differenzierung verschiedener Tatbeiträge letztlich doch nicht verzichtet.

Als Haupteinwand gegen eine subjektive Täterschaftsabschichtung wird seit Einführung im Jahre 1975 der Wortlaut des § 25 I 1. Var. StGB vorgebracht: Hieraus folge, dass stets Täter sei, wer **sämtliche Tatbestandsmerkmale selbst verwirklicht**, auch wenn er ein subjektives Defizit aufweise.

Tatsächlich sah v. a. die Rspr. dies früher noch anders (sog. extrem-subjektive Lehre).

Beispiel 107

RG U. v. 19.02.1940 – 3 D 69/40 (Badewanne) – RGSt 74, 84 (Anm. Hemmer-BGH-Classics Strafrecht, 2003, Nr. 27; Hartung JZ 1954, 430):
B1 tötete in bewusster und gewollter Zusammenwirkung mit ihrer Schwester B2 deren neugeborenes, uneheliches Kind, das nach der Geburt deutlich hörbar atmete, in der Weise, dass sie es in eine Badewanne legte, in der das Kind ertrank. ◄

Hier nahm die Rspr. im Bestreben nach gemilderter Strafe (Vermeiden der damaligen Todesstrafe), bei der B1 trotz eigenhändigen Ertränkens des Kindes keine Täterschaft an, sondern eine Beihilfe, da sie lediglich im Interesse ihrer Schwester gehandelt habe.

Beispiel 108

BGH U. v. 19.10.1962 – 9 StE 4/62 (Staschinski) – BGHSt 18, 87 = NJW 1963, 355 (Anm. Roxin, Höchstrichterliche Rspr. AT, 1998, Nr. 76; Kaspar/Reinbacher, Casebook AT, 2020, Fall 22; Preuße JuS 1963, 161; Baumann NJW 1963, 561; Sax JZ 1963, 329):
Staschinski, der im KGB in der Abteilung für Terrorakte im Ausland beschäftigt war, wurde 1957 mit dem Auftrag, von der Führungsspitze der Sowjetunion als störend empfundene Exilpolitiker, führende Mitglieder der Organisation Ukrainischer Nationalisten (OUN) und des russischen Nationalen Bundes der Schaffenden, zu liquidieren, nach Berlin beordert. Auftragsgemäß ermordete er im Herbst 1957 Lew Rebet vom „nationalen Bund" und im Sommer 1959 in München Stepan Bandera, den Vorsitzenden der OUN. Als Tatwaffe verwendete er einen pistolenähnlichen Gegenstand zum Versprühen von Blausäuregas, welches er seinen Opfern heimtückisch direkt ins Gesicht applizierte. ◄

Die Rspr. nahm bei Staschinski ebenfalls nur – Strafmilderung gem. § 27 II 2 StGB – eine Beihilfe an, da dieser lediglich dem KGB-Chef habe dienen wollen.

Ob der Wortlaut des § 25 I 1. Var. StGB diesen subjektiven Restriktionen bei eigenhändiger Tätigkeit den Boden entzogen hat, ist allerdings nicht ausgemacht: Was die Selbstbegehung der Straftat ausmacht, folgt eben nicht aus der Norm, die ja im systematischen Zusammenhang mit § 27 StGB ausgelegt werden muss und es auf Unmittelbarkeit oder gar Eigenhändigkeit nicht ankommt, s. o. Der Wortlaut ist offen für Subjektives.

Freilich steckte auch bei einer subjektiven Täterschaftsbegründung der Teufel im Detail (ganz abgesehen von Rechtsunsicherheiten gemischt subjektiv-objektiver Gesamtbewertungen, ohne dass es ein Maß für die Gewichtung gäbe): Es kann nicht um subjektive Inbezugnahme objektiver Gesichtspunkte gehen, denn dann verlässt man die Äquivalenzprämisse, da man Farbe bekennen muss, auf welche objektiv differenzierenden Gesichtspunkte es ankommen soll. Bloßer Vorsatz bzgl. eines objektiven Merkmals kann nur dann erhellen, wenn man vorher dieses Merkmal erarbeitet hat; daher muss es um besondere (außertatbestandliche) Absichten und Motive gehen. Auch bei einer subjektiven Ausgestaltung besteht dabei die Gefahr von Leerformeln und Zirkulärem (Tat als eigene Wollen), so dass dann hierfür wiederum ausfüllende Kriterien zu finden sind.

Nun sind außertatbestandliche Motive vielgestaltig und ihre Gewichtung zueinander tendenziell vage, so dass wiederum Rechtsunsicherheit droht, zumal unter Gefahr der Moralisierung. Hinzu kommen Probleme, egoistische und altruistische Motive zu unterscheiden, erst recht bei einem Motivbündel; ferner gibt es Delikte mit Drittabsichten (§§ 242, 253, 259, 263 StGB), bei denen dann eine subjektive Abgrenzung versagt.[238] Gleiches gilt für sonstige altruistische Delikten (§§ 216, 257, 258 StGB). Überhaupt passt es schlecht zusammen, dass für die meisten Delikte ein Eventualvorsatz genügt, bei dem nicht selten überhaupt keine Absichten und Motive über Fremd- und Selbstbezug Auskunft geben können. Auch i. F. d. Anstiftung liegen nicht selten starke Eigenmotive vor, was zumindest dafür spricht, dass es dort und auch i. Ü. objektive Gesichtspunkte geben muss. Nicht von der Hand weisen lassen sich schließlich gewisse unplausibel anmutende Ergebnisse rein subjektiver Zuordnung (Badewannen- und Staschinski-Fall, s. o.), was allerdings auch daran liegen kann, dass die konkrete Subsumtion der Motivlagen einseitig ausgefallen sein mag.

dd) Objektive Täterschaftsbegründung?

153 Angesichts der o. a. Argumente spricht mehr dafür, objektive Spezifika von Täterschaft und Teilnahme zu erarbeiten, so dass § 25 StGB tatsächlich als objektives Tatbestandsmerkmal begriffen werden kann. Die dann sich ergebende Preisgabe der Äquivalenz aller Handlungen ist aufgrund des durch die Existenz der §§ 26, 27 StGB ausgeübten Zwangs *de lege lata* dann hinzunehmen. Dem Bemühen der h. L. nach einer objektiven Unterscheidung ist insofern beizupflichten. Allerdings ist der Begriff der Tatherrschaft derart auslegungsbedürftig (was meint Herrschaft, was Tat?), dass sich die Frage nach der Täterschaft ohne Erkenntnisgewinn lediglich hin zur Frage der Tatherrschaft verschiebt.

Zunächst einmal ist angesichts des – insofern spezielleren – § 26 StGB **keine Tatbegehung** gegeben, wenn sich die unerlaubte Gefahrschaffung und deren Ver-

---

[238] Hierzu vgl. aus der Rspr. zuletzt BGH B. v. 28.04.2020 – 3 StR 85/20 (Anm. Eisele JuS 2020, 1081).

wirklichung auf eine **vorsätzliche rechtswidrige Tat eines anderen Menschen** beziehen.

Ferner sind zu umreißen die negativen Voraussetzungen einer – ebenso ggü. der Täterschaft spezielleren – bloßen Beihilfe gem. § 27 StGB. Zur Maßgeblichkeit von **Unterordnung/Fremdbezug** s. o. Wann dies vorliegt, muss – wie das bei der Tatherrschaft nötig ist – wiederum ausgearbeitet werden.

Wohl herrschend ist es, auf das Gewicht des erbrachten Tatbeitrags i. R. d. Gesamtgeschehens abzustellen. Freilich können auch eher randständige Handlungen ein beträchtliches Risiko schaffen bzw. erhöhen sowie kaum ersetzbar und insofern unverzichtbar sein (erst recht in der konkreten Situation oder bei Sonderfähigkeiten).

154

Die neuere Rspr. betont in unterschiedlichen Formulierungen Kontroll- und Eingriffsmöglichkeiten (Entscheidungs- und Gestaltungseinfluss, Einwirkungsbereich;[239] Einflussnahme auf die konkrete Tathandlung;[240] Durchführung und Ausgang der Tat hängen maßgeblich von seinem Willen ab;[241] Ausführung und Erfolg der Tat in jeder Hinsicht allein in der Hand des Mitangeklagten standen, dem Einfluss und dem Willen des Angeklagten mithin entzogen waren[242]). All dies allerdings ist dahingehend unergiebig, dass gerade die Frage ist, wann die dort verwendeten Begriffe zu bejahen sind, was also z. B. Ausführung der Tat ist und wann ein Erfolg allein in der Hand liegt. Auch bleibt offen, ob es sich um notwendige Bedingungen einer Täterschaft handelt; immerhin entziehen sich nicht selten auch eher randständige Tätigkeiten einer Einwirkung anderer (ein losgeschickter Kurier ist beispielsweise ggf. nicht mehr aufzuhalten).

Da Gehilfen eben gerade dort eingesetzt werden, wo sie benötigt werden, ist es schon im Ansatz schlecht durchführbar, ihre Rolle in Relation zu anderen Beteiligten an der konkreten Tat zu sehen, zumal hypothetische Geschehnisse (Ersetzbarkeit durch andere o. ä.) auszublenden sind.

Das Über-/Unterordnungsverhältnis setzt auch nicht erst im Ausführungsstadium an, sondern ist diesem als kommunikativ-konsensuale Vereinbarung vorgelagert; insofern ist die Verabredung der Mitwirkung in den Blick zu nehmen statt die Erfüllung derselben. Mangelt es an einer solchen (heimliche Beihilfe?), so ist ohnehin kein Grund ersichtlich, die erfolgskausale Handlung nicht zur Täterschaft zu erklären, da es an einem Grund für eine Privilegierung durch § 27 StGB fehlt.

Gibt es eine Verabredung, so ist zunächst zu prüfen, ob diese zwischen gleichgeordneten Vertragspartnern (natürlich nicht im Sinne zivilrechtlicher Wirksamkeit, vgl. nur § 134 BGB) abgeschlossen wurde: Ein fehlerhaftes Zustandekommen liegt bei Willensmängeln vor (Täuschung, Nötigung). Im Übrigen ist der Inhalt relevant: Wird ein Direktionsrecht vereinbart, liegt eine Unterordnung vor. Bei direkter

---

[239] BGH B. v. 28.04.2020 – 3 StR 85/20 (Anm. Eisele JuS 2020, 1081).
[240] BGH B. v. 13.05.2020 – 5 StR 614/19 – NStZ-RR 2020, 278 (Anm. Bosch Jura 2020, 1145).
[241] BGH B. v. 19.11.2019 – 4 StR 449/19 – NStZ 2020, 600.
[242] BGH B. v. 29.09.2015 – 3 StR 336/15 – NStZ-RR 2016, 6 = StV 2017, 444 (Anm. RÜ 2016, 29); BGH B. v. 21.04.2020 – 6 StR 22/20 – NStZ-RR 2020, 239.

Tätigkeitsvereinbarung ohne abändernde Direktionsrechte ist hingegen kein Grund ersichtlich, warum aus diesem freien synallagmatischen Vertrag keine täterschaftliche Verantwortung folgen sollte. Zwischen zwei Menschen gibt es immer gewisse Ungleichheiten in Fähigkeiten und Charakter; eine rechtlich relevante Hierarchie braucht darüber hinausgehende Manifestation. Mangels gerichtlicher Einklagbarkeit geht es bei alledem um faktische Erwartungen bzgl. Weisungsumsetzungen. Besondere Probleme stellen sich in gestuften Organisationen (viele dort sind zugleich Untergebene und Vorgesetzte); konsequenterweise sind aber umfangreiche Einstufungen als bloße Beihilfe möglich.

ee) Sonderfall: Täterschaft in Abhängigkeit zu besonderer Tatsubjektsstellung (?)

155 Bei sog. **Sonderdelikten,**[243] bei denen der Tatbestand eine bestimmte Subjektsqualität verlangt, kann nur Täter sein, wer diese Eigenschaft aufweist.[244]

> **Beispiel 109**
>
> B1 ist die Ehefrau des Beamten B2, der das städtische Bauamt leitet. Als B2 der B1 berichtete, ihm seien als Gegenleistung für die Erteilung einer eigentlich unzulässigen Baugenehmigung 1000 Euro in Aussicht gestellt worden, war B1 begeistert und redete so lange auf den noch zweifelnden B2 ein, bis dieser sich entschied auf den „Handel" einzugehen. B2 traf sich später konspirativ mit dem Bauherrn und nahm das Geld entgegen. ◀

> **§ 332 I StGB (Bestechlichkeit)**
> Ein Amtsträger, ein Europäischer Amtsträger oder ein für den öffentlichen Dienst besonders Verpflichteter, der einen Vorteil für sich oder einen Dritten als Gegenleistung dafür fordert, sich versprechen läßt oder annimmt, daß er eine Diensthandlung vorgenommen hat oder künftig vornehme und dadurch seine Dienstpflichten verletzt hat oder verletzen würde, wird mit Freiheitsstrafe von sechs Monaten bis zu fünf Jahren bestraft. […]

Darauf, ob die Rolle der B1 eher für Täterschaft oder eher für Teilnahme an einer Tat des B2 spricht, kommt es also nicht an: Täter des § 332 StGB kann lediglich ein Amtsträger oder ein für den öffentlichen Dienst besonders Verpflichteter sein, was bei B1 nicht ersichtlich ist. Sie kann daher allenfalls Anstiftung oder Beihilfe zur Bestechlichkeit (§§ 332, 26 bzw. 27 StGB) verwirklichen.

156 Im Grunde ist dies aber bei mangelnder Sondereigenschaft **keine Frage** der Handhabung des **§ 25 StGB**, sondern bereits das vorgelagerte (s. o.) Tatbestands-

---

[243] S. Freund, in: MK-StGB, 4. Aufl. 2020, vor § 13 Rn. 462; aus der Rspr. vgl. BGH U. v. 22.07.1960 – 4 StR 232/60 – BGH U. v. 22.07.1960 – 4 StR 232/60 – BGHSt 15, 1 = NJW 1960, 2060 (Anm. Lienen NJW 1960, 2062; Ganschezian-Fingk NJW 1961, 325).
[244] B. Heinrich, AT, 6. Aufl. 2019, Rn. 1196.

B. Objektiver Tatbestand

merkmal einer dem Tatbestand des Besonderen Teils u. U. zu entnehmenden Einschränkung des Täterkreises wird verneint.

Bei einigen Tatbeständen ist freilich problematisch, ob oder inwieweit es sich um ein Sonderdelikt handelt, s. ggf. im Besonderen Teil.

Umstritten ist, ob derjenige, der die Subjektsqualität aufweist, stets Täter ist (die Pflichtenstellung also ohne weiteres die Täterschaft i. S. d. § 25 StGB bewirkt) oder ggf. nur Teilnehmer sein kann.[245] Freilich lässt sich eine gänzliche Nichtanwendung der §§ 26, 27 StGB kaum mit der gesetzlichen Entscheidung zu einem allgemein im Vorsatzbereich gültigen dualistischen Beteiligungssystem vereinbaren. Eine andere Frage ist, ob bei einem Sondereigenschaftsinhaber eine Unterordnung im obigen Sinne überhaupt einmal anzunehmen sein wird. **157**

ff) Sonderfall: Eigenhändige Delikte (?)

Bei sog. **eigenhändigen Delikten**[246] soll es so, sein, dass nur Täter sein kann, wer die tatbestandsmäßige Handlung selbst vornimmt; Mittäterschaft und sog. mittelbare Täterschaft seien ausgeschlossen.[247] Allerdings ist bei zahlreichen Delikten (z. B. den §§ 123, 154, 173, 339 StGB) umstritten, ob es sich um eigenhändige Delikte handelt;[248] auch ist die Berechtigung dieser Deliktskategorie insgesamt abzulehnen,[249] s. o. **158**

3. Straftat durch einen anderen Begehen (sog. mittelbare Täterschaft), § 25 I 2. Var. StGB

▶ Didaktische Aufsätze:

- Murmann, Mittelbare Täterschaft – Grundwissen zur mittelbaren Täterschaft (§ 25 I 2. Alt. StGB), JA 2008, 321
- Koch, Grundfälle zur mittelbaren Täterschaft, § 25 I 2. Alt. StGB, JuS 2008, 399 und 496
- von der Meden, Objektive Zurechnung und mittelbare Täterschaft, JuS 2015, 22 und 112

a) Aufbau in Falllösung

Vorab: Prüfung des Vordermanns als Täter nach § 25 I 1. Var. StGB (sofern nicht etwa durch Bearbeitervermerk ausgeschlossen). **159**

---

[245] Hierzu Joecks/Scheinfeld, in: MK-StGB, 4. Aufl. 2020, § 25 Rn. 48f. und 185f.
[246] Hierzu Fischer, StGB, 68. Aufl. 2021, vor § 13 Rn. 42a; näher Herzberg ZStW 1970, 896; Haft JA 1979, 651; Schünemann FS Jung 2007, 881; Satzger Jura 2011, 103; Gerhold/Kuhne ZStW 2012, 943; aus der Rspr. vgl. zuletzt BGH B. v. 14.04.2020 – 5 StR 37/20 – BGHSt 64, 314 = NJW 2020, 2201 = NStZ 2021, 38 (Anm. Bosch Jura 2020, 994; RÜ 2020, 585; Mitsch NStZ 2021, 39; Bock ZIS 2021, 193).
[247] H. M., s. B. Heinrich, AT, 6. Aufl. 2019, Rn. 1197.
[248] S. Joecks/Scheinfeld, in: MK-StGB, 4. Aufl. 2020, § 25 Rn. 50f.
[249] Hoyer, in: SK-StGB, 9. Aufl. 2017, § 25 Rn. 17ff.

Prüfung des sog. mittelbaren Täters: Begehen „durch einen anderen"

I. Objektiver Tatbestand
  1. Feststellung, dass keine sog. unmittelbare Täterschaft bzw. keine eigenhändige vollständige Verwirklichung
     • beim ersten insofern kritischen Tatbestandsmerkmal inzident festzustellen
  2. Feststellung, dass erfolgskausaler Tatbeitrag in Gestalt der Einwirkung auf einen Vordermann
     • vgl. schon Obersatz
  3. Täterqualifikation
     • nur, wer auch sog. unmittelbarer Täter der durch den Vordermann begangenen Tat sein kann => Ausschluss bei eigenhändigen, Sonder- und Pflichtdelikten
  4. Unterlegenheit des Vordermanns
     • je nach üblicherweise verwendeten Fallgruppen
       a) Unterlegenes Wissen: Strafrechtlich relevanter Wissensmangel ggü. Hintermann
       b) Unterlegenes Wollen
       c) Organisationsunterlegenheit
  5. Steuernde Überlegenheit des Hintermanns: Zusammenhang zwischen Einwirkung des Hintermanns und Defekt des Vordermanns
     • je nach üblicherweise verwendeten Fallgruppen
       a) Überlegenes Wissen
          aa) Ausdrückliche oder konkludente Täuschung; Manipulation von Gegenständen
          bb) Täuschung durch Unterlassen: Rechtliche Aufklärungspflicht
          cc) Ausreichen eines erfolgskausalen Tatbeitrags in Gestalt der Einwirkung auf einen Vordermann in Kenntnis des Defekts?
       b) Überlegenes Wollen
          aa) Nötigung
          bb) Ausreichen eines erfolgskausalen Tatbeitrags in Gestalt der Einwirkung auf einen Vordermann in Kenntnis des Defekts?
       c) Organisationsüberlegenheit (Organisationsherrschaft)
II. Subjektiver Tatbestand

b) Grundlagen
aa) Allgemeines

160 Gem. § 25 I 2. Var. StGB wird (auch) derjenige als Täter bestraft, welcher die Straftat **durch einen anderen** begeht, sog. mittelbare Täterschaft.[250]
Wie diese Merkmale auszulegen sind, ergibt sich aus dem bereits o. angelegten systematischen Zusammenhang der Beteiligungsnormen.

---

[250] Zur sog. mittelbaren Täterschaft Krey/Esser, AT, 6. Aufl. 2016, Rn. 873ff.; näher Amelung Coimbra-Symposium Roxin 1995, 247; Bloy GA 1996, 424; Murmann JA 2008, 321; Koch JuS 2008, 399 und 496; Hoyer FS Herzberg 2008, 379; Mañalich Raffo FS Puppe 2011, 709; von der Meden JuS 2015, 22 und 112.

B. Objektiver Tatbestand

bb) Berücksichtigung des § 25 I 1. Var. StGB

161 Je nach Verständnis des § 25 I 1. Var. StGB (zur Losgelöstheit von Fragen der Unmittelbarkeit oder Eigenhändigkeit s. o.) handelt es sich bei der sog. mittelbaren Täterschaft nur um einen – überflüssigen – Unterfall bzw. eine *lex specialis* der Tatbegehung. Insofern stellt sich die eigentliche Problematik eher als Erarbeitung eines sinnvollen Anwendungsbereichs gegenüber anderen Formen der Täterschaft und insbesondere der Anstiftung.

Die Hervorhebung der durch einen anderen (Menschen) vermittelten Tatbegehung in § 25 I 2. Var. StGB wird gängigerweise dahingehend umschrieben, dass Tatbeiträge eines (unmittelbar/eigenhändig handelnden) sog. Werkzeugs, Tatmittlers oder Vordermanns dem sog. Hintermann unter bestimmten Voraussetzungen als (mittelbar) täterschaftlich verübt zugerechnet werden.

Beispiel 110

B1 bat B2 darum, die Kellertür abzuschließen, was B2 tat. B1 wusste allerdings, anders als B2, dass sich Z im Keller befand. ◄

§ 239 I StGB (Freiheitsberaubung)
Wer einen Menschen einsperrt oder auf andere Weise der Freiheit beraubt, wird mit Freiheitsstrafe bis zu fünf Jahren oder mit Geldstrafe bestraft.

Eine Strafbarkeit des B2 wegen Freiheitsberaubung gem. § 239 I StGB scheitert am mangelnden Vorsatz.

Im Hinblick auf B1 ist zunächst festzustellen, dass keine eigenhändige Verwirklichung der Tathandlung (hier: Einsperren) vorliegt. B1 könnte die Tat aber i. S. d. § 25 I 2. Var. StGB „durch" B2 begangen haben. In der Tat liegt in der Bitte ein erfolgskausaler Tatbeitrag i. F. d. Einwirkung auf den Vordermann. Freiheitsberaubung ist ferner weder ein eigenhändiges noch ein Sonderdelikt, so dass keine besondere Täterqualifikation vorausgesetzt wird. Fraglich ist nun, ob dieser Beitrag ausreicht, um eine sog. mittelbare Täterschaft zu begründen.

Freilich ist eine solche Zurechnung als täterschaftlich an sich bereits im Lichte des § 25 I 1. Var. StGB nichts Spektakuläres; erklärungsbedürftig ist vielmehr v. a. der Unterschied zur Anstiftung nach § 26 StGB, s. sogleich.

162 Kein Fall des § 25 I 2. Var. StGB, sondern des § 25 I 1. Var. StGB ist es, wenn ein mechanisches oder tierisches Werkzeug oder ein Mensch wie ein lebloser Gegenstand benutzt wird (sog. *vis absoluta*).

Beispiel 111

BGH U. v. 26.02.1960 – 4 StR 582/59 – BGHSt 14, 152 = NJW 1960, 1022:
B war durch das Verhalten seines Sohnes bei einem Streit mit ihm so erbost, dass er die auf Menschen abgerichtete Hündin Addi und den Jungrüden Alf von einem Pfahl losband und mit den Worten: „Addi, Alf, fasst an" auf seinen Sohn

hetzte. Die Hündin ging auf diesen Befehl den Sohn an und biss ihn, so wie sie abgerichtet war, in den erhobenen linken Arm. ◄

163 Umstritten ist, ob die Grundsätze der sog. mittelbaren Täterschaft gelten, wenn der Hintermann eine **Handlung des Opfers zu eigenen Lasten** herbeiführen will.[251]

Beispiel 112

BGH U. v. 12.08.1997 – 1 StR 234/97 (Passauer Giftfalle/Echter Hiekes Bayerwaldbärwurz/Apotheker) – BGHSt 43, 177 = NJW 1997, 3453 = NStZ 1998, 241 = StV 1997, 632 (Anm. Puppe, AT, 4. Aufl. 2019, § 20 Rn. 28ff.; Kaspar/Reinbacher, Casebook AT, 2020, Fall 17; Hemmer-BGH-Classics Strafrecht, 2003, Nr. 21; Geppert JK 1998 StGB § 22/18; Kudlich JuS 1998, 596; LL 1998, 170; Wolters NJW 1998, 578; Otto NStZ 1998, 243; Gössel JR 1998, 293; Roxin JZ 1998, 211; Derksen GA 1998, 592; Böse JA 1999, 342; Baier JA 1999, 771 und 963; Martin JuS 1999, 273; Heckler NStZ 1999, 79):

Anfang März 1994 waren Unbekannte in das Einfamilienhaus des B eingedrungen, hatten sich in der im Erdgeschoss gelegenen Küche warme Speisen zubereitet und auch dort vorhandene Flaschen mit verschiedenen Getränken ausgetrunken. Weiter waren Geräte der Unterhaltungselektronik in das Dachgeschoss des Hauses verbracht worden. Die von B am 06.03.1994 verständigte Polizei ging deshalb davon aus, die Täter könnten an den folgenden Tagen noch

---

[251] S. Wessels/Beulke/Satzger, AT, 50. Aufl. 2020, Rn. 539a; näher Schumann FS Puppe 2011, 971; Timpe StraFo 2013, 358; aus der Rspr. vgl. BGH U. v. 05.07.1983 – 1 StR 168/83 (Sirius) – BGHSt 32, 38 = NJW 1983, 2579 = NStZ 1984, 70 (Anm. Roxin, Höchstrichterliche Rspr. AT, 1998, Nr. 80; Kaspar/Reinbacher, Casebook AT, 2020, Fall 23; Hemmer-BGH-Classics Strafrecht, 2003, Nr. 28; Küpper JA 1983, 672; Geilen JK 1984 StGB § 25/1; Hassemer JuS 1984, 148; Roxin NStZ 1984, 71; Sippel NStZ 1984, 357; Neumann JuS 1985, 677; Spendel FS Lüderssen 2002, 605; Kubiciel JA 2007, 729); BGH U. v. 07.10.1997 – 1 StR 635/96 (Sprengfalle) – NStZ 1998, 294 (Anm. Puppe, AT, 4. Aufl. 2019, § 10 Rn. 44ff.; Kaspar/Reinbacher, Casebook AT, 2020, Fall 27; Geppert JK 1998 StGB § 16/4; Schliebitz JA 1998, 833; LL 1998, 455; Herzberg JuS 1999, 224; Herzberg NStZ 1999, 217); BGH B. v. 08.05.2001 – 1 StR 137/01 (Stromfalle) – NStZ 2001, 475 (Anm. RA 2001, 539; famos 8/2001; Otto JK 2002 StGB § 22/20; Trüg JA 2002, 102; Engländer JuS 2003, 330); LG Heilbronn B. v. 09.03.2017 – 8 KLs 24 Js 28058/15 (Anm. RÜ 2017, 504; Borutta jurisPR-StrafR 8/2017 Anm. 4); OLG Stuttgart B. v. 07.04.2017 – 1 Ws 42/17 – NJW 2017, 1971 (Anm. Kudlich JA 2017, 632; Hecker JuS 2017, 795; LL 2017, 836; Hecker NJW 2017, 1973; Lampe jurisPR-StrafR 12/2017 Anm. 2; Böse ZJS 2018, 189); BGH U. v. 03.07.2019 – 5 StR 132/18 – BGHSt 64, 121 = NJW 2019, 3092 = NStZ 2019, 662 = StV 2020, 106 (Anm. Kudlich JA 2019, 867; Kubiciel NJW 2019, 3033; Sowada NStZ 2019, 670; Engländer JZ 2019, 1049; Hillenkamp JZ 2019, 1053; Lorenz HRRS 2019, 351; Weißer ZJS 2020, 85; Rissing-van Saan/Verrel NStZ 2020, 121; Neumann StV 2020, 126; Grünewald JR 2020, 167; Stage/Hellmann jurisPR-StrafR 4/2020 Anm. 4; Spittler MedR 2020, 101); BGH U. v. 03.07.2019 – 5 StR 393/18 – BGHSt 64, 135 = NJW 2019, 3089 = NStZ 2019, 666 = StV 2020, 111 (Anm. RÜ 2019, 706; Kubiciel NJW 2019, 3033; Sowada NStZ 2019, 670; Engländer JZ 2019, 1049; Hillenkamp JZ 2019, 1053; Lorenz HRRS 2019, 351; Bosch Jura 2020, 96; Hecker JuS 2020, 82; Rissing-van Saan/Verrel NStZ 2020, 121; Neumann StV 2020, 126; Grünewald JR 2020, 167; Stage/Hellmann jurisPR-StrafR 4/2020 Anm. 5).

B. Objektiver Tatbestand

einmal zurückkehren, um die zum Abtransport bereitgestellte Diebesbeute abzuholen. In der Nacht vom 08. auf den 09.03.1994 hielten sich deshalb vier Polizeibeamte in dem Haus auf, um dort mögliche Einbrecher ergreifen zu können. Zugleich hatte sich B, ein Apotheker, schon am Nachmittag des 08.03.1994 aus Verärgerung über den vorangegangenen Einbruch dazu entschlossen, im Flur des Erdgeschosses eine handelsübliche Steingutflasche mit der Aufschrift „Echter Hiekes Bayerwaldbärwurz" aufzustellen, die er mit 178 ml eines hochgiftigen Stoffes und 66 ml Wasser füllte und wieder verschloss. Im Wissen darum, dass bereits der Konsum geringster Mengen der genannten Mischung rasch zum Tode führen könne, nahm B es beim Aufstellen dieser Flasche jedenfalls in Kauf, dass möglicherweise erneut Einbrecher im Haus erscheinen, aus der Flasche trinken und tödliche Vergiftungen erleiden könnten. Später kamen dem B Bedenken, da er die observierenden Polizeibeamten nicht eingeweiht hatte und er nunmehr erkannte, dass auch ihnen von der Giftflasche Gefahr drohte. Er wies die Beamten, die die Flasche nicht angerührt hatten, auf deren giftigen Inhalt hin. Am nächsten Morgen wurde er telefonisch von einem Kriminalbeamten aufgefordert, die Giftflasche zu beseitigen. Er lehnte dies zwar zunächst ab, erklärte sich aber auf Zureden des Beamten schließlich damit einverstanden, dass jener die Flasche sicherstellte. ◄

Zu einer Schädigung durch den Inhalt der Giftflasche und somit zu einem Tatererfolg ist es nicht gekommen. B könnte allerdings u. a. wegen versuchten Totschlags nach §§ 212 I, 22, 23 StGB strafbar sein. Dafür müsste er zunächst dazu entschlossen gewesen sein, die Einbrecher (täterschaftlich) zu töten. Er nahm billigend in Kauf, dass die Einbrecher sterben könnten. Nach seiner Vorstellung mussten diese aber selbst aus der Flasche trinken, um einen Erfolg herbeizuführen. Diese selbstschädigende Handlung ist dem B nur zuzurechnen, wenn die Grundsätze der sog. mittelbaren Täterschaft auch in Zweipersonenkonstellationen gelten.

Die Rspr.[252] und die ganz h. L.[253] halten auch Konstellationen, in denen der Geschädigte als Werkzeug gegen sich selbst eingesetzt wird bzw. werden soll, für Anwendungsfälle der sog. mittelbaren Täterschaft. Die Prüfung wird dahingehend modifiziert, dass in diesen Fällen eine hypothetische Betrachtung und mithin ein fiktives Verantwortungsprinzip angelegt wird (was wäre, wenn der Vordermann nicht auf sich, sondern einen Dritten eingewirkt hätte?).
Eine Gegenauffassung[254] lehnt die Anwendung des § 25 I 2. Var. StGB auf Zweipersonenverhältnisse ab und beschränkt somit die sog. mittelbare Täterschaft auf Dreieckskonstellationen.
Für die h. M. sprechen der insofern offene Wortlaut des § 25 I 2. Var. StGB (anderer, nicht etwa Dritter) sowie die Vergleichbarkeit der Situation. Von Relevanz ist die Kontroverse v. a. bei der Frage der Versuchsstrafbarkeit.

---

[252] S. o.
[253] S. nur B. Heinrich, AT, 6. Aufl. 2019, Rn. 1248.
[254] Ingelfinger, in: HK-GS, 4. Aufl. 2017, § 25 Rn. 11, 33.

cc) Berücksichtigung des § 25 II StGB

164 Zur Auslegung der gemeinschaftlichen Begehung i. S. d. Mittäterschaft gem. § 25 II StGB s. u. In der Gegenüberstellung von Mittäterschaft und sog. mittelbarer Täterschaft zeigt sich, dass erstere gleichgeordnet konstituiert wird, während letztere von einem Gefälle zwischen Hintermann und Vordermann ausgeht, also ein Defizit bzw. Defekt bestehen muss.

dd) Berücksichtigung des § 26 StGB

165 Auch ein Anstifter gem. § 26 StGB verursacht durch eine eigene Handlung, dass ein anderer wiederum erfolgsursächlich handelt. Es ist also begründungsbedürftig, warum bisweilen eine erfolgsursächliche unerlaubte Handlung nicht als Straftatbegehung gewertet wird, sondern als Anstiftung; hieraus sind dann Rückschlüsse auf die Auslegung des § 25 I 2. Var. StGB zu ziehen.

I. F. d. Anstiftung existiert ein sog. Haupttäter, der mindestens vorsätzlich und rechtswidrig handelt (sog. Akzessorietät, aber limitiert, da Schuld außer Betracht bleibt). Daher zeichnet sich eine Anstiftung dadurch aus, dass ihr Erfolg eine zumindest insofern (objektive Tatbestandsmäßigkeit, Vorsatz, Rechtswidrigkeit) defektfreie (Haupt-)Täterhandlung ist. Daraus folgt, dass umgekehrt für eine sog. mittelbare Täterschaft die unerlaubte Gefahrschaffung bzgl. gerade der diesbzgl. Defekthaftigkeit des Werkzeughandelns gegeben sein muss; so entsteht ein Exklusivitätsverhältnis zwischen §§ 25 I 2. Var. und 26 StGB.

166 Fraglich ist dann, ob die sog. mittelbare Täterschaft dahingehend zu erweitern ist, dass § 26 StGB nur dann anzuwenden ist, wenn eine gänzlich defektfreie (v. a. also auch schuldhafte) (Haupt-)Tat vorliegt, § 25 I 2. Var. StGB also auch bei einem vorsätzlichen und rechtswidrig handelndem Vordermann greift, der aber auf einer späteren Ebene einen Defekt aufweist (z. B. eine Entschuldigung nach § 35 StGB). Der Anwendungsbereich und somit der Spezialitätsvorrang des § 26 StGB schrumpft dann entsprechend. Jenseits der immerhin gesetzlich festgelegten und somit rechtssicheren Schuldlosigkeit verschärft sich bei noch geringeren Defekten die Problematik. Das rechtspolitische Bedürfnis, statt Anstiftung möglichst oft Täterschaft abzuurteilen, ist angesichts identischer Strafrahmen ohnehin zweifelhaft. Insofern ist zum einen eine kritische Betrachtung der einzelnen Defekte angebracht, s. sogleich, zum anderen eine Restriktion des § 25 I 2. Var. StGB auf eine unerlaubte Gefahrschaffung bzgl. gerade der Defekthaftigkeit des Werkzeugs.

ee) Berücksichtigung des § 27 StGB

167 Selbst wenn eine Beihilfe nach § 27 StGB eine (Mit-)Veranlassung eines anderen zu einer erfolgsursächlichen Handlung sein kann, ohne dass § 26 StGB erfüllt wäre, so gäbe es wiederum einen vorsätzlich und rechtswidrig handelnden (Haupt-)Täter, so dass der Gehilfe sich diesem unterordnet (s. o., Fremdbezug) und schon daher nicht die Tat durch einen Vordermann begeht.

Ist andersherum der Gehilfe der zu seiner Handlung Veranlasste, so liegt Unterordnung/Fremdbezug vor, im Übrigen aber volle Verantwortlichkeit. Aus der Unterscheidung sog. mittelbarer Täterschaft und Beihilfe ergibt sich so jedenfalls, dass nicht eine irgendwie nachrangige Stellung genügen kann, damit aus (Haupt-)Täter

B. Objektiver Tatbestand

und nachgelagertem Gehilfen Hintermann und Vordermann einer sog. mittelbaren Täterschaft werden; die Defekte müssen weitestmöglich präzise verrechtlicht und an eine dogmatische Ebene angeknüpft werden.

ff) Folgerungen
(1) Unterlegenheit des Vordermanns; Strafbarkeitsmangel; Rechtsnatur der Unterlegenheit
Bei der Auslegung des Wortes „**durch**" i. S. d. § 25 I 2. Var. StGB müssen in Unterscheidung zu anderen Beteiligungsformen im Kern dadurch unterschieden werden, dass eine **tatbezogene Unterlegenheit** des Vordermanns gegenüber dem Hintermann zu verlangen wird.

168

Diese Unterlegenheit unterteilt man **üblicherweise** in **drei Fallgruppen**: Unterlegenes Wissen, unterlegenes (besser: gestörtes) Wollen und Organisationsunterlegenheit (-herrschaft).[255]

Ein starkes Indiz (Einzelheiten sind umstritten) für eine hier interessierende Überlegenheit des Hintermanns ist ein **Strafbarkeitsmangel des Vordermanns** (Defekt).

Grundsätzlich gilt mithin das sog. **Verantwortungsprinzip**: Hiernach beginnt die sog. mittelbare Täterschaft des Hintermanns erst dort, wo die Unterlegenheit des Vordermanns zu dessen Straflosigkeit führt. Es ist aber umstritten, ob und welche Ausnahmen es von diesem Prinzip gibt – mit der Folge, dass dann ein (sog. mittelbarer) Täter hinter dem (sog. unmittelbaren) Täter möglich wäre.[256]

Die Frage der Unterlegenheit ist **tatbestandsbezogen** zu untersuchen. So ist es z. B. durchaus möglich, dass diese sich nur auf bestimmte Umstände erstreckt, auf andere aber nicht.

Beispiel 113

BGH U. v. 26.01.1982 – 4 StR 631/81 (Flusssäure) – BGHSt 30, 363 = NJW 1982, 1164 = NStZ 1982, 197 (Anm. Roxin, Höchstrichterliche Rspr. AT, 1998, Nr. 52; Puppe, AT, 4. Aufl. 2019, § 24 Rn. 1ff.; Hemmer-BGH-Classics Strafrecht, 2003, Nr. 20; Geilen JK 1982 StGB § 22/7; Seier JA 1982, 369; Hassemer JuS 1982, 703; Kühl JuS 1983, 180; Sippel NJW 1983, 2226; Küper JZ 1983, 361; Teubner JA 1984, 144; Sippel JA 1984, 480; Freiherr von Spiegel NJW 1984, 110; Sippel NJW 1984, 1866; Freiherr von Spiegel NJW 1984, 1867):

B1 wollte seinen Nebenbuhler Z aus Eifersucht töten. Da Z ihn kannte und B1 bei einem Fehlschlag mit einer Entdeckung rechnen musste, entschloss er sich, die Tat durch Dritte ausführen zu lassen. Diese sollten über seine Tötungsabsicht

---

[255] Joecks/Jäger, StGB, 13. Aufl. 2021, § 25 Rn. 22.
[256] Kindhäuser/Hilgendorf, LPK, 8. Aufl. 2019, § 25 Rn. 7ff.; näher Spendel FS Lange 1976, 147; Roxin FS Lange 1976, 173; Teubner JA 1984, 144; Sippel JA 1984, 480; Schlösser JR 2006, 102; Schünemann FS Schroeder 2006, 401; Wolf FS Schroeder 2006, 415; Zieschang FS Otto 2007, 505; Krey/Nuys FS Amelung 2009, 203.

im Unklaren bleiben, durch die Aussicht auf hohe Beute für einen Raubüberfall geködert werden und sich bei der Tatausführung unwissentlich eines tödlichen Mittels bedienen. Im Dezember 1980 übergab B1 dem B2 eine Plastikflasche, die angeblich ein Schlafmittel, in Wirklichkeit aber mindestens 100 ml 35 %ige Salzsäure enthielt, die bei Aufnahme von 20 ml in den leeren Magen mit Sicherheit tödlich wirkt. B2 sollte Z überfallen, ihm – notfalls mit Gewalt – das angebliche Schlafmittel verabreichen und ihn dann berauben. Unterwegs öffnete B2 aus Neugierde den Schraubverschluss der Flasche. Der ätzende Geruch, der ihm beinahe den Atem nahm, machte ihm klar, dass es sich nicht um ein Schlafmittel, sondern um eine gefährliche Säure handelte. Er nahm daraufhin von der Tat Abstand. ◄

Im Hinblick auf eine versuchte gefährliche Körperverletzung gem. §§ 223, 224, 22, 23 StGB handelte der Vordermann B2 durchaus vorsätzlich, so dass nach dem Verantwortungsprinzip insofern B1 Anstifter, nicht aber sog. mittelbarer Täter war, im Hinblick auf einen Totschlag oder Mord, §§ 212, 211 StGB mangelte es dem B an Vorsatz, so dass insofern B1 sog. mittelbarer Täter war.

(2) Steuernde Überlegenheit des Hintermanns: Zusammenhang zwischen Einwirkung des Hintermanns und Strafbarkeitsmangel des Vordermanns (unerlaubt gefährliche Verursachung der Unterlegenheit)

169 Nicht aus dem Blick geraten darf bei alledem freilich der Grund dafür, dass der Hintermann als Täter und nicht als Anstifter angesehen wird: Dieser liegt nicht ohne Weiteres im Defektzustand des Werkzeugs *per se*, sondern muss sich auf die Handlung des sog. mittelbaren Täters (die ja auch im Obersatz einer gutachterlichen Prüfung anzuführen ist) zurückführen lassen.

Mindestens erforderlich ist eine erfolgskausale Handlung in Gestalt einer defektbenutzenden **Einwirkung auf den Vordermann**. Ob darüber hinaus erforderlich ist, dass der Hintermann den Defekt des Werkzeugs überhaupt erst bewirkt hat, also welcher Zusammenhang zwischen Handeln des Hintermanns und Defekt des Vordermanns bestehen muss, ist i. E. problematisch, s. jeweils u.

c) Unterlegenheit des Vordermanns

aa) Unterlegenes Wissen: Strafrechtlich relevante Unkenntnis

170 Umstandskenntnis ist Voraussetzung einer Strafbarkeit i. R. e. Vorsatzdelikts (§§ 15, 16 I 1 StGB). Auch Anstiftung und Beihilfe gem. §§ 26, 27 StGB sind erstens nur vorsätzlich möglich und setzen zweitens vorsätzliche (Haupt-)Taten voraus. Insofern ist der kenntnisdefizitär handelnde Vordermann ein Musterfall eines Werkzeugs.

(1) Unkenntnis, die den subjektiven Tatbestand entfallen lässt
(a) Vorsatzlos handelndes Werkzeug
171 Der Vordermann kann aufgrund eines Wissensmangels vorsatzlos handeln.[257]

---

[257] Hierzu zsf. B. Heinrich, AT, 6. Aufl. 2019, Rn. 1249; aus der Rspr. vgl. zuletzt BGH U. v. 17.10.2019 – 3 StR 521/18 – NJW 2020, 1080 = NStZ 2020, 273 = StV 2020, 660 (Anm. Bosch

Beispiel 114

B1 bat B2 darum, die Kellertür abzuschließen, was B2 tat. B1 wusste allerdings, anders als B2, dass sich Z im Keller befand. ◄

Gem. § 15 StGB ist nur vorsätzliches Handeln strafbar, wenn nicht das Gesetz fahrlässiges Handeln ausdrücklich mit Strafe bedroht. B2 wusste nicht darum, jemanden einzusperren, ihm fehlte daher diesbezüglich i. R. d. § 239 I StGB der Vorsatz.

Beispiel 115

BGH U. v. 26.01.1982 – 4 StR 631/81 (Flusssäure) – BGHSt 30, 363 = NJW 1982, 1164 = NStZ 1982, 197 (Anm. Roxin, Höchstrichterliche Rspr. AT, 1998, Nr. 52; Puppe, AT, 4. Aufl. 2019, § 24 Rn. 1ff.; Hemmer-BGH-Classics Strafrecht, 2003, Nr. 20; Geilen JK 1982 StGB § 22/7; Seier JA 1982, 369; Hassemer JuS 1982, 703; Kühl JuS 1983, 180; Sippel NJW 1983, 2226; Küper JZ 1983, 361; Teubner JA 1984, 144; Sippel JA 1984, 480; Freiherr von Spiegel NJW 1984, 110; Sippel NJW 1984, 1866; Freiherr von Spiegel NJW 1984, 1867):

B1 wollte seinen Nebenbuhler Z aus Eifersucht töten. Da Z ihn kannte und B1 bei einem Fehlschlag mit einer Entdeckung rechnen musste, entschloss er sich, die Tat durch Dritte ausführen zu lassen. Diese sollten über seine Tötungsabsicht im Unklaren bleiben, durch die Aussicht auf hohe Beute für einen Raubüberfall geködert werden und sich bei der Tatausführung unwissentlich eines tödlichen Mittels bedienen. Im Dezember 1980 übergab B1 dem B2 eine Plastikflasche, die angeblich ein Schlafmittel, in Wirklichkeit aber mindestens 100 ml 35 %ige Salzsäure enthielt, die bei Aufnahme von 20 ml in den leeren Magen mit Sicherheit tödlich wirkt. B2 sollte Z überfallen, ihm – notfalls mit Gewalt – das angebliche Schlafmittel verabreichen und ihn dann berauben. Unterwegs öffnete B2 aus Neugierde den Schraubverschluss der Flasche. Der ätzende Geruch, der ihm beinahe den Atem nahm, machte ihm klar, dass es sich nicht um ein Schlafmittel, sondern um eine gefährliche Säure handelte. Er nahm daraufhin von der Tat Abstand. ◄

Bei unterstellter Ausführung und Tötung des Z: Im Hinblick auf Totschlag oder Mord, §§ 212, 211 StGB, fehlte es dem B2 am Tötungsvorsatz, was B1 durch Täuschung herbeiführte. B1 war in dieser Hinsicht mithin sog. mittelbarer Täter i. S. d. § 25 I 2. Var. StGB.

Jura 2020, 530; RÜ 2020, 236; Kudlich NJW 2020, 1083; Hinderer NStZ 2020, 276); BGH B. v. 05.03.2020 – 1 StR 530/19 – NStZ-RR 2020, 206 (Anm. Abersfelder NZWiSt 2020, 408).

(b) Sonderfall: Objektiv tatbestandslos handelndes Werkzeug, das nicht um den schädigenden Charakter seines Handelns weiß
(aa) **Selbstschädigung**

▶ Didaktische Aufsätze:

- Herzberg, Beteiligung an einer Selbsttötung oder tödlichen Selbstgefährdung als Tötungsdelikt, JA 1985, 131, 177, 265 und 336
- Neumann, Die Strafbarkeit der Suizidbeteiligung als Problem der Eigenverantwortlichkeit des „Opfers", JA 1987, 244

172 Möglich ist es, dass der Vordermann bereits nicht objektiv tatbestandsmäßig handelt.[258] Dies betrifft v. a. verdeckte Selbstschädigungen bis hin zur Selbsttötung des Vordermanns.

Beispiel 116

BGH U. v. 12.08.1997 – 1 StR 234/97 (Passauer Giftfalle/Echter Hiekes Bayerwaldbärwurz/Apotheker) – BGHSt 43, 177 = NJW 1997, 3453 = NStZ 1998, 241 = StV 1997, 632 (Anm. Puppe, AT, 4. Aufl. 2019, § 20 Rn. 28ff.; Kaspar/Reinbacher, Casebook AT, 2020, Fall 17; Hemmer-BGH-Classics Strafrecht, 2003, Nr. 21; Geppert JK 1998 StGB § 22/18; Kudlich JuS 1998, 596; LL 1998, 170; Wolters NJW 1998, 578; Otto NStZ 1998, 243; Gössel JR 1998, 293; Roxin JZ 1998, 211; Derksen GA 1998, 592; Böse JA 1999, 342; Baier JA 1999, 771 und 963; Martin JuS 1999, 273; Heckler NStZ 1999, 79):

Anfang März 1994 waren Unbekannte in das Einfamilienhaus des B eingedrungen, hatten sich in der im Erdgeschoss gelegenen Küche warme Speisen zubereitet und auch dort vorhandene Flaschen mit verschiedenen Getränken ausgetrunken. Weiter waren Geräte der Unterhaltungselektronik in das Dachgeschoss des Hauses verbracht worden. Die von B am 06.03.1994 verständigte Polizei ging deshalb davon aus, die Täter könnten an den folgenden Tagen noch einmal zurück-

---

[258] Hierzu Kindhäuser/Hilgendorf, LPK, 8. Aufl. 2020, § 25 Rn. 11f.; näher Herzberg JA 1985, 131, 177, 265 und 336; Neumann JA 1987, 244; Schumann FS Puppe 2011, 971; Timpe StraFo 2013, 358; aus der Rspr. vgl. zuletzt LG Heilbronn B. v. 09.03.2017 – 8 KLs 24 Js 28058/15 (Anm. RÜ 2017, 504; Borutta jurisPR-StrafR 8/2017 Anm. 4); OLG Stuttgart B. v. 07.04.2017 – 1 Ws 42/17 – NJW 2017, 1971 (Anm. Kudlich JA 2017, 632; Hecker JuS 2017, 795; LL 2017, 836; Hecker NJW 2017, 1973; Lampe jurisPR-StrafR 12/2017 Anm. 2; Böse ZJS 2018, 189); BGH B. v. 27.07.2017 – 1 StR 412/16 (Bitcoinschürfen) – NStZ 2018, 401 = StV 2019, 385 (Anm. Safferling NStZ 2018, 405; Greier/Hartmann jurisPR-StrafR 21/2018 Anm. 1; Brodowski StV 2019, 385); BGH U. v. 03.07.2019 – 5 StR 132/18 – BGHSt 64, 121 = NJW 2019, 3092 = NStZ 2019, 662 = StV 2020, 106 (Anm. Kudlich JA 2019, 867; Kubiciel NJW 2019, 3033; Sowada NStZ 2019, 670; Engländer JZ 2019, 1049; Hillenkamp JZ 2019, 1053; Lorenz HRRS 2019, 351; Weißer ZJS 2020, 85; Rissing-van Saan/Verrel NStZ 2020, 121; Neumann StV 2020, 126; Grünewald JR 2020, 167; Stage/Hellmann jurisPR-StrafR 4/2020 Anm. 4; Spittler MedR 2020, 101); BGH U. v. 03.07.2019 – 5 StR 393/18 – BGHSt 64, 135 = NJW 2019, 3089 = NStZ 2019, 666 = StV 2020, 111 (Anm. RÜ 2019, 706; Kubiciel NJW 2019, 3033; Sowada NStZ 2019, 670; Engländer JZ 2019, 1049; Hillenkamp JZ 2019, 1053; Lorenz HRRS 2019, 351; Bosch Jura 2020, 96; Hecker JuS 2020, 82; Rissing-van Saan/Verrel NStZ 2020, 121; Neumann StV 2020, 126; Grünewald JR 2020, 167; Stage/Hellmann jurisPR-StrafR 4/2020 Anm. 5).

B. Objektiver Tatbestand 245

kehren, um die zum Abtransport bereitgestellte Diebesbeute abzuholen. In der Nacht vom 08. auf den 09.03.1994 hielten sich deshalb vier Polizeibeamte in dem Haus auf, um dort mögliche Einbrecher ergreifen zu können. Zugleich hatte sich B, ein Apotheker, schon am Nachmittag des 08.03.1994 aus Verärgerung über den vorangegangenen Einbruch dazu entschlossen, im Flur des Erdgeschosses eine handelsübliche Steingutflasche mit der Aufschrift „Echter Hiekes Bayerwaldbärwurz" aufzustellen, die er mit 178 ml eines hochgiftigen Stoffes und 66 ml Wasser füllte und wieder verschloss. Im Wissen darum, dass bereits der Konsum geringster Mengen der genannten Mischung rasch zum Tode führen könne, nahm B es beim Aufstellen dieser Flasche jedenfalls in Kauf, dass möglicherweise erneut Einbrecher im Haus erscheinen, aus der Flasche trinken und tödliche Vergiftungen erleiden könnten. Später kamen dem B Bedenken, da er die observierenden Polizeibeamten nicht eingeweiht hatte und er nunmehr erkannte, dass auch ihnen von der Giftflasche Gefahr drohte. Er wies die Beamten, die die Flasche nicht angerührt hatten, auf deren giftigen Inhalt hin. Am nächsten Morgen wurde er telefonisch von einem Kriminalbeamten aufgefordert, die Giftflasche zu beseitigen. Er lehnte dies zwar zunächst ab, erklärte sich aber auf Zureden des Beamten schließlich damit einverstanden, dass jener die Flasche sicherstellte. ◄

Hätten die Einbrecher den vermeintlich harmlosen Bärwurz getrunken und wären daran gestorben, so läge hierin eine irrtumsbedingte (Unkenntnis bzgl. des Gifts) Selbstschädigung, die als solche objektiv tatbestandslos ist – die Körperverletzungs- und Tötungsdelikte erfassen lediglich die Tötung fremder Menschen.

Beispiel 117

BGH U. v. 05.07.1983 – 1 StR 168/83 (Sirius) – BGHSt 32, 38 = NJW 1983, 2579 = NStZ 1984, 70 (Anm. Roxin, Höchstrichterliche Rspr. AT, 1998, Nr. 80; Kaspar/Reinbacher, Casebook AT, 2020, Fall 23; Hemmer-BGH-Classics Strafrecht, 2003, Nr. 28; Küpper JA 1983, 672; Geilen JK 1984 StGB § 25/1; Hassemer JuS 1984, 148; Roxin NStZ 1984, 71; Sippel NStZ 1984, 357; Neumann JuS 1985, 677; Spendel FS Lüderssen 2002, 605; Kubiciel JA 2007, 729):
B gelang es im Laufe einer Vielzahl von Gesprächen der 23-jährigen unselbstständigen und komplexbeladenen Z einzureden, er sei ein Bewohner des Planeten Sirius. Auf der Erde wolle er einige wertvolle Menschen, darunter Z, nach dem Zerfall ihrer Körper auf den Sirius oder einen anderen Planeten bringen, wo ihre Seelen weiterleben sollten. Als B erkannte, dass ihm Z vollen Glauben schenkte, beschloss er, sich unter Ausnutzung dieses Vertrauens zu bereichern. Er legte ihr dar, sie könne die Fähigkeit, nach ihrem Tod auf einem anderen Himmelskörper weiterzuleben, dadurch erlangen, dass der Mönch Uliko sich für einige Zeit in totale Meditation versetze. Dafür seien freilich an das Kloster des Ulikos 30.000 DM zu zahlen. Das Geld verbrauchte der B für sich. Z sagte er, der Versuch sei wegen des von ihrem Körper ausgehenden Widerstandes gescheitert. Dieser Widerstand könne nur mit der Vernichtung des alten und der Beschaffung eines neuen Körpers gebrochen werden. Als er merkte, dass Z ihm weiterhin glaubte, fasste er den Plan, daraus finanziellen Nutzen zu schlagen: Er erläuterte

ihr, in einem Raum am Genfer See stehe für sie ein neuer Körper bereit, in dem sie sich als Künstlerin wiederfinden werde, wenn sie sich von ihrem alten Körper trenne. Da sie auch in ihrem neuen Leben Geld brauche, solle sie eine Lebensversicherung abschließen und ihn, B, als Bezugsberechtigten einsetzen und sodann durch einen vorgetäuschten Unfall aus ihrem „jetzigen Leben" scheiden. Nach Auszahlung werde er ihr das Geld überbringen. Tatsächlich ließ Z wenig später nach den Anweisungen des B einen Föhn in ihre Badewanne fallen, um ihr „jetziges Leben" zu beenden. Der tödliche Stromstoß blieb jedoch aus. Nach eigenem Bekunden handelte Z in der Hoffnung, sofort „in einem neuen Körper" zu erwachen. Der Gedanke an einen „Selbstmord im eigentlichen Sinn", durch den ihr Leben für immer beendet würde, sei ihr nicht gekommen. ◄

In der von B durch Täuschung veranlassten Handlung lag ein objektiv tatbestandsloses Verhalten der Z, welches sich B zunutze machte und so den versuchten Totschlag „durch" Z i. S. d. § 25 I 2. Var. StGB beging.

173 Hier stellt sich die Frage der „Abgrenzung" einer solchen sog. mittelbaren Täterschaft durch Einsatz eines objektiv tatbestandslos handelnden Werkzeugs von der zur mangels (Haupt-)Tat **straflosen Anstiftung zur Selbstschädigung**.[259] Zur tatbestandsausschließenden Zustimmung des Geschädigten und die Voraussetzungen dafür s. o.

An sich wirkt sich der Wissensmangel nicht erst auf Vorsatzebene aus, da bereits der objektive Tatbestand durch den Vordermann nicht erfüllt werden kann; Grund der Einordnung als sog. mittelbare Täterschaft ist aber die Wissensüberlegenheit des Hintermanns. Insofern ist gedanklich ein Fall der Fremdschädigung zu unterstellen und dann nach dem Verantwortlichkeitsausschluss aus quasi zweitem Grund zu fragen. Die Tatherrschaft über das Geschehen geht nach Rspr. und h. L.[260] dann irrtumsbedingt vom geschädigten Vordermann auf den Hintermann über, wenn der Geschädigte nicht im Bewusstsein der Selbstschädigung handelte. Eine insofern fiktiv tatbestandsbezogene und daher rechtsgutsbezogene Wissensüberlegenheit über die Tatsache der Selbstschädigung führt mithin zur sog. mittelbaren Täterschaft, jedenfalls bei Täuschung.

174 Abzugrenzen sind diese rechtsgutsbezogenen Irrtümer beim Geschädigten von bloßen **Motivirrtümern**.[261]

Beispiel 118

B spiegelte G wahrheitswidrig vor, diese habe Krebs in fortgeschrittenem Stadium. Wie von B erhofft nahm sich G das Leben. ◄

G nahm sich das Leben in dem Bewusstsein, Suizid zu begehen. Fraglich ist aber, ob die Täuschung über die Krankheit genügt, eine Tatherrschaft des B anzunehmen; anderenfalls läge lediglich eine straflose Teilnahme am Suizid vor. Richtigerweise kann der Zustimmende beliebige Bedingungen setzen (s. o.), so dass eine sog. mittelbare Täterschaft möglich ist.

---

[259] Hierzu B. Heinrich, AT, 6. Aufl. 2019, Rn. 1262ff.
[260] S. nur B. Heinrich, AT, 6. Aufl. 2019, Rn. 1263.
[261] Aus der Rspr. vgl. zuletzt OLG Hamburg B. v. 08.06.2016 – 1 Ws 131/16 – NStZ 2016, 530 (Anm. RÜ 2016, 640; Miebach NStZ 2016, 536; Wilhelm HRRS 2017, 68).

B. Objektiver Tatbestand

Einen Sonderfall bildet der vorgetäuschte Doppelsuizid: **175**

> **Beispiel 119**
>
> **BGH U. v. 03.12.1985 – 5 StR 637/85 (Anm. Charalambakis GA 1986, 485; Neumann JA 1987, 244; Brandts/Schlehofer JZ 1987, 442):**
> B, die seit Monaten ein ehebrecherisches Verhältnis unterhielt, wollte sich ihres Ehemannes G entledigen. Sie hatte schon vor einiger Zeit mit dem Gedanken gespielt, ihn durch Gift zu beseitigen. Am Vormittag des Tattages verschaffte sie sich eine Flasche E-605 forte, die sie entwendete, um eine Eintragung in das Giftebuch zu vermeiden. Zu Hause überlegte sie, wie sie den „Störfaktor" G beseitigen könne. Sie beschloss, ihm das Gift nicht heimlich beizubringen, sondern ihn zu bewegen, es selbst zu trinken. Das wollte sie erreichen, indem sie ihm einen gemeinsamen Suizid vorspiegelte. Sie war von vornherein entschlossen, von dem Gift nicht zu trinken. In Ausführung ihres Planes vermischte sie das Gift mit Likör und stellte die Mischung in einer Kornflasche bereit. Alsdann holte sie ihren Ehemann gegen 22.00 Uhr mit dem Auto von der Arbeit ab und schlug ihm zu Hause sogleich vor, gemeinsam aus dem Leben zu scheiden. G stimmte mit der Bemerkung zu, „dann bleiben wir für immer zusammen". B sagte, sie habe die Giftmischung bereits fertiggestellt. Auf ihren Vorschlag fuhren beide an einen einsamen Ort. B führte den Wagen. Um ihren Ehemann weiterhin in Sicherheit zu wiegen, dass sie mit ihm sterben werde, versprach sie ihm, noch ein letztes Mal mit ihm geschlechtlich zu verkehren. Auf einem menschenleeren Großparkplatz hielt sie an. Beide entkleideten sich teilweise. G nahm einen kräftigen – bereits tödlichen – Schluck der giftigen Mischung. B, nunmehr erleichtert, tauschte mit ihrem Ehemann Liebkosungen aus. Zum Geschlechtsverkehr kam es nicht mehr. Als nämlich G der B die Flasche reichte, schüttelte sie heftig mit dem Kopf. Darauf nahm G, der nun die Täuschung erkannte, einen weiteren Schluck aus der Flasche. Er brach wenige Schritte vom Auto entfernt zusammen. Es gelang der B nicht, ihn in das Auto zurückzuzerren, wo er nach ihrem Tatplan sterben sollte. Sie fuhr aufgeregt in die Wohnung, kehrte zum Parkplatz mit einem Klebeband zurück, umwickelte damit den Mund des noch schwach Atmenden, um so ein Gewaltverbrechen vorzutäuschen, und fuhr wieder nach Hause. G starb in derselben Nacht an dem Gift. ◄

Ist die Vorspiegelung der Suizidabsicht eine hinreichende Irrtumsherrschaft?[262] Einerseits wusste G, dass er sich tötet und irrte nur über etwas Rechtsgutsfremdes;[263] andererseits war der Suizid entscheidend durch die von B hervorgerufene Vorstellung geprägt.[264] Gewichtiger ist der zweite Gesichtspunkt und folglich eine Annahme der sog. mittelbaren Täterschaft.

---

[262] Hierzu Joecks/Jäger, StGB, 13. Aufl. 2021, § 25 Rn. 42ff.; Krey/Esser, AT, 6. Aufl. 2016, Rn. 917.
[263] Gegen sog. mittelbare Täterschaft daher z. B. Roxin, AT II, 2003, § 25 Rn. 71; Hoyer, in: SK-StGB, 9. Aufl. 2017, § 25 Rn. 85.
[264] Daher sog. mittelbare Täterschaft bejahend der BGH in diesem Fall sowie z. B. Krey/Esser, AT, 6. Aufl. 2016, Rn. 917.

(bb) Aus sonstigen Gründen objektiv tatbestandslos handelndes Werkzeug; qualifikationslos-doloses Werkzeug

176 Es ist umstritten, ob eine sog. mittelbare Täterschaft durch Einsatz eines sog. qualifikationslos-dolosen Werkzeugs möglich ist.[265] Gemeint sind Fälle, in denen der Hintermann (insofern sog. Intraneus = Innenstehender), anders als der Vordermann (sog. Extraneus = Außenstehender), eine notwendige Täterqualifikation aufweist, z. B. eine Amtsträgereigenschaft.

> **Beispiel 120**
>
> Grundbuchbeamter B1 veranlasste den Nichtamtsträger B2 zur Vornahme einer Falschbeurkundung. ◄

> **§ 348 I StGB (Falschbeurkundung im Amt)**
> Ein Amtsträger, der, zur Aufnahme öffentlicher Urkunden befugt, innerhalb seiner Zuständigkeit eine rechtlich erhebliche Tatsache falsch beurkundet oder in öffentliche Register, Bücher oder Dateien falsch einträgt oder eingibt, wird mit Freiheitsstrafe bis zu fünf Jahren oder mit Geldstrafe bestraft.

Die wohl h. M. bejaht die sog. mittelbare Täterschaft des Hintermanns, die Gegenauffassung verneint sie.[266]

Zwar mag keine faktische Beherrschung des Sonderpflichtigen über den Nichtamtsträger bestehen; aufgrund der Täterqualifikation liegt aber eine rechtlich fundierte Unter-/Überlegenheit vor. Es gilt insbesondere dann, wenn der Nichtamtsträger exakt die Tätigkeit des Amtsträgers übernimmt, eine taktische Ausnutzung des Sonderdeliktscharakters zu unterbinden.

(c) Fehlendes sonstiges subjektives Tatbestandsmerkmal; absichtslos-doloses Werkzeug

▶ Didaktischer Aufsatz:

- Krämer, Der Vorsatzgegenstand bei den Absichtsdelikten, Jura 2005, 833

177 Es ist umstritten, ob eine sog. mittelbare Täterschaft durch Einsatz eines sog. absichtslos-dolosen Werkzeugs möglich ist.[267] Gemeint sind Fälle, in denen der

---

[265] Hierzu zsf. Kindhäuser/Hilgendorf, LPK, 8. Aufl. 2019, § 25 Rn. 17ff.; aus der Rspr. vgl. zuletzt LG Heilbronn B. v. 09.03.2017 – 8 KLs 24 Js 28058/15 (Anm. RÜ 2017, 504; Borutta jurisPR-StrafR 8/2017 Anm. 4); OLG Stuttgart B. v. 07.04.2017 – 1 Ws 42/17 – NJW 2017, 1971 (Anm. Kudlich JA 2017, 632; Hecker JuS 2017, 795; LL 2017, 836; Hecker NJW 2017, 1973; Lampe jurisPR-StrafR 12/2017 Anm. 2; Böse ZJS 2018, 189).

[266] Nachweise bei Kindhäuser/Hilgendorf, LPK, 8. Aufl. 2019, § 25 Rn. 18f.

[267] Hierzu Wessels/Beulke/Satzger, AT, 50. Aufl. 2020, Rn. 844; näher Krämer Jura 2005, 833; aus der Rspr. vgl. zuletzt LG Heilbronn B. v. 09.03.2017 – 8 KLs 24 Js 28058/15 (Anm. RÜ 2017, 504; Borutta jurisPR-StrafR 8/2017 Anm. 4); OLG Stuttgart B. v. 07.04.2017 – 1 Ws 42/17 – NJW

B. Objektiver Tatbestand

Vordermann zwar vorsätzlich (dolos, basierend auf dem lateinischen Adjektiv *dolosus*) handelt, ihm aber eine im Tatbestand normierte besondere Absicht fehlt.

> **Beispiel 121**
>
> **vgl. RG U. v. 15.12.1913 – II 684/13 (Gänsebucht) – RGSt 48, 58 (Anm. Fahl JA 1995, 845; Fahl JA 2004, 287):**
> Bauer B1 beauftragte seinen Knecht B2, die Gänse seines Nachbarn Z aus dessen Stall (sog. Gänsebucht) zu holen und sie auf den Hof des B1 zu treiben. Obwohl B2 sehr wohl wusste, dass die Gänse dem Z gehörten, folgte er dem Auftrag des B1, weil es ihm gleichgültig war, wie er seine Arbeitszeit verbringt. ◄

Zwar nahm der Vordermann B2 vorsätzlich eine fremde Sache weg, ihm fehlte aber die Absicht rechtswidriger Zueignung.

> **§ 242 I StGB (Diebstahl)**
> Wer eine fremde bewegliche Sache einem anderen in der Absicht wegnimmt, die Sache sich oder einem Dritten rechtswidrig zuzueignen, wird mit Freiheitsstrafe bis zu fünf Jahren oder mit Geldstrafe bestraft.

Die wohl h. M. hält diesen Mangel im subjektiven Tatbestand für ausreichend, um eine sog. mittelbare Täterschaft des Hintermanns anzunehmen, die Gegenauffassung sieht dies anders, da eine überlegene Absicht keine Taterrschaft begründe.[268]

Es ist konsequent, den Vorsatzmangel (s. o.) und den Mangel an tatbestandsspezifischer Absicht gleich zu behandeln, da beides notwendig zur Erfüllung des subjektiven Tatbestands ist.

Wegen der in § 242 I StGB seit 1998 ebenfalls aufgeführten Drittzueignungsabsicht und daher möglichen Anstiftungsstrafbarkeit dürfte in vielen Fällen das kriminalpolitische Bedürfnis entfallen sein. Ggf. fehlt dem Ausführenden jedoch auch jede Drittzueignungsabsicht.

(2) Unkenntnis, die die Rechtswidrigkeit entfallen lässt: Gerechtfertigt handelndes Werkzeug

Der Vordermann kann auf Basis falscher Vorstellung gerechtfertigt handeln, d. h. ihm kann ein Rechtfertigungsgrund zustehen.[269]

> **Beispiel 122**
>
> B1 gab bei der Polizei wahrheitswidrig an, von B2 vergewaltigt worden zu sein. B2 kam in Untersuchungshaft. ◄

2017, 1971 (Anm. Kudlich JA 2017, 632; Hecker JuS 2017, 795; LL 2017, 836; Hecker NJW 2017, 1973; Lampe jurisPR-StrafR 12/2017 Anm. 2; Böse ZJS 2018, 189).

[268] S. jeweils die Nachweise bei Kindhäuser/Hilgendorf, LPK, 8. Aufl. 2019, § 25 Rn. 22f.

[269] Zum gerechtfertigt handelnden Werkzeug zsf. B. Heinrich, AT, 6. Aufl. 2019, Rn. 1250f.; aus der Rspr. vgl. BGH U. v. 23.10.1996 – 5 StR 183/95 – BGHSt 42, 275 = NJW 1997, 951 = NStZ 1997, 437 = StV 1997, 70 (Anm. Martin JuS 1997, 660; König JR 1997, 317).

Für die Anordnung der Untersuchungshaft (§§ 112ff. StPO[270]) ist das Gericht zuständig, welches auf Antrag der Staatsanwaltschaft, welche wiederum von der Polizei eingeschaltet wird. die Untersuchungshaft beschließt. Hierbei wirken die öffentlich-rechtlichen Befugnisse zur Anordnung von Untersuchungshaft als Rechtfertigungsgründe. Da erst die Falschaussage der B1 die rechtfertigende Verdachtslage zu Unrecht bewirkt hat, hat B1 sich wegen Freiheitsberaubung in sog. mittelbarer Täterschaft gem. §§ 239 I, 25 I 2. Var. StGB strafbar gemacht (vgl. auch §§ 145d, 164 StGB).

Beispiel 123

OLG München U. v. 08.08.2006 – 4 St RR 135/06 – NJW 2006, 3364 = NStZ 2007, 157 (Anm. RÜ 2006, 589; RA 2006, 749; Schiemann NJW 2006, 3366; Kraatz Jura 2007, 531; Bosch JA 2007, 151; LL 2007, 31; famos 1/2007):

B war mit seinem beim Autohaus des Z1 neu gekauften Pkw unzufrieden. Erfolglos machte er Mängel gegenüber Z1 geltend. Schließlich klagte er auf Rückabwicklung des Vertrages. Das Gericht beauftragte einen Sachverständigen – Z2 – mit der Überprüfung der behaupteten Mängel. B befürchtete, dass die Feststellungen des Sachverständigen zu den vorhandenen Mängeln für einen Erfolg der Klage nicht ausreichten. Daher nahm er kurz vor dem vereinbarten Besichtigungstermin eine Veränderung am Fahrzeug vor, die dem Sachverständigen den Eindruck eines weiteren Mangels vermitteln sollte: Er lockerte die Verschraubung der Bremsleitung zur rechten hinteren Radbremse an der Hydraulik-Steuereinheit. Wie B wusste, bewirkte diese Manipulation ein Austreten von Bremsflüssigkeit mit der Folge, dass der Bremsdruck nicht in vollem Umfang auf die Räder übertragen wurde. Erst beim weiteren Durchtreten des Bremspedals kommt der aus Sicherheitsgründen vorhandene zweite Bremskreis zur Wirkung. Gleich zu Beginn der Besichtigungsfahrt näherte sich Z2 mit geringer Geschwindigkeit einer roten Ampel. Beim Abbremsen bemerkte er, dass sich das Bremspedal fast bis zum Boden durchtreten ließ. Er konnte jedoch das Fahrzeug mit dem zweiten Bremskreis problemlos ohne Gefährdung anderer zum Stehen bringen. Danach fuhr er zu einer nahe gelegenen Tankstelle. Dort stellte er die von B vorgenommene Manipulation fest. ◄

Abgesehen u. a. von Straßenverkehrsdelikten kommt für B eine Strafbarkeit wegen versuchten Betrugs in sog. mittelbarer Täterschaft in Betracht, sog. **Prozessbetrug**.[271]

---

[270] Didaktisch zu §§ 112ff. StPO Beulke/Swoboda, Strafprozessrecht, 15. Aufl. 2020, Rn, 208ff.; Benfer JuS 1983, 110; Haberstroh Jura 1984, 225; Geppert Jura 1991, 269; Kropp JA 2001, 797; Marzahn ZJS 2008, 375; Huber JuS 2009, 994; Graf JA 2012, 262.

[271] Hierzu Kindhäuser/Hilgendorf, LPK, 8. Aufl. 2019, § 263 Rn. 215; näher Giehring GA 1973, 1; Eisenberg FS Salger 1995, 15; Fahl Jura 1996, 74; Krell JR 2012, 102; aus der Rspr. vgl. zuletzt BGH U. v. 09.05.2017 – 1 StR 265/16 – NJW 2017, 3798 = StV 2018, 36 (Anm. Kubiciel/Menne-

B. Objektiver Tatbestand

> **§ 263 I StGB (Betrug)**
> Wer in der Absicht, sich oder einem Dritten einen rechtswidrigen Vermögensvorteil zu verschaffen, das Vermögen eines anderen dadurch beschädigt, daß er durch Vorspiegelung falscher oder durch Entstellung oder Unterdrückung wahrer Tatsachen einen Irrtum erregt oder unterhält, wird mit Freiheitsstrafe bis zu fünf Jahren oder mit Geldstrafe bestraft.

Letztlich sollte der Richter dem Begehren des B im Zivilprozess zu Lasten des Z1 stattgeben. Die Vorschriften der ZPO rechtfertigen den Richter in seiner Entscheidung. Das Vorbringen falscher Beweise führt zur sog. mittelbaren Täterschaft des B.

Führt die Fehlvorstellung nicht zu einer tatsächlichen Rechtfertigung des Werkzeugs, sondern lediglich zu einem Irrtum des Werkzeugs über das Vorliegen einer rechtfertigenden Lage (sog. **Erlaubnistatumstandsirrtum**), ist dies ebenfalls ein tauglicher Defekt des Vordermanns.[272]

(3) Unkenntnis, die die Schuld entfallen lässt
Der Vordermann kann schuldlos handeln.

Mangelnde Kenntnis von Tatsachen kann zu einem entschuldigten Handeln des Vordermanns aufgrund eines **Entschuldigungsgrundes** führen. Hier gilt Ähnliches wie beim gerechtfertigt handelnden Werkzeug.

Der Vordermann kann sich auch in einem entschuldigenden **unvermeidbaren Verbotsirrtum** gem. § 17 S. 1 StGB befinden.[273]

179

> **§ 17 StGB (Verbotsirrtum)**
> Fehlt dem Täter bei Begehung der Tat die Einsicht, Unrecht zu tun, so handelt er ohne Schuld, wenn er diesen Irrtum nicht vermeiden konnte. Konnte der Täter den Irrtum vermeiden, so kann die Strafe nach § 49 Abs. 1 gemildert werden.

---

mann jurisPR-StrafR 22/2017 Anm. 1; Webel wistra 2017, 399; Baur/Holle wistra 2017, 499; Jenne/Martens CCZ 2017, 285; Moritz jurisPR-Compl 5/2017 Anm. 1; Wehnert StV 2018, 38; Hugger/Pasewaldt NZWiSt 2018, 388; Adick/Linke NZWiSt 2018, 391; Görtz WiJ 2018, 88); BGH B. v. 24.08.2017 – 1 StR 625/16 – StV 2019, 49; BGH U. v. 31.10.2019 – 1 StR 219/17 (Anm. RÜ 2020, 103; Krell JR 2020, 355).

[272] Hoyer, in: SK-StGB, 9. Aufl. 2017, § 25 Rn. 72; aus der Rspr. vgl. BGH U. v. 03.11.1993 – 2 StR 321/93 – BGHSt 39, 381 = NJW 1994, 670 = NStZ 1994, 432 = StV 1994, 316 (Anm. Puppe, AT, 4. Aufl. 2019, § 14 Rn. 1ff. und § 15 Rn. 13ff.; Otto JK 1994 StGB vor § 324ff./1 und 2; Jung JuS 1994, 530; Michalke NJW 1994, 1693; Stackelberg NStZ 1994, 433; Horn JZ 1994, 636; Schirrmacher JR 1995, 386).

[273] Hoyer, in: SK-StGB, 9. Aufl. 2017, § 25 Rn. 73; näher Murmann GA 1998, 78; Otto FS Roxin 2001, 483.

Oder in einem unvermeidbaren Irrtum über die Voraussetzungen eines entschuldigenden Notstands, § 35 II StGB.

> **§ 35 StGB (Entschuldigender Notstand)**
> (1) Wer in einer gegenwärtigen, nicht anders abwendbaren Gefahr für Leben, Leib oder Freiheit eine rechtswidrige Tat begeht, um die Gefahr von sich, einem Angehörigen oder einer anderen ihm nahestehenden Person abzuwenden, handelt ohne Schuld. Dies gilt nicht, soweit dem Täter nach den Umständen, namentlich weil er die Gefahr selbst verursacht hat oder weil er in einem besonderen Rechtsverhältnis stand, zugemutet werden konnte, die Gefahr hinzunehmen; jedoch kann die Strafe nach § 49 Abs. 1 gemildert werden, wenn der Täter nicht mit Rücksicht auf ein besonderes Rechtsverhältnis die Gefahr hinzunehmen hatte.
> (2) Nimmt der Täter bei Begehung der Tat irrig Umstände an, welche ihn nach Absatz 1 entschuldigen würden, so wird er nur dann bestraft, wenn er den Irrtum vermeiden konnte. Die Strafe ist nach § 49 Abs. 1 zu mildern.

(4) Unkenntnis, die die vertypte Strafzumessung betrifft, insbesondere: Täter hinter dem Täter bei vermeidbarem Verbotsirrtum

180 Während der aufgrund § 17 S. 1 StGB schuldlos handelnde Vordermann ohne Weiteres gegenüber einem sog. mittelbaren Täter unterlegen sein kann, ist dies i. F. d. vermeidbaren Verbotsirrtums gem. § 17 S. 2 StGB problematisch, da dieser nicht strafbarkeitsausschließend, sondern nur strafmildernd wirkt.[274]

Die Annahme sog. mittelbarer Täterschaft des Hintermanns würde dazu führen, dass es einen (sog. mittelbaren) Täter hinter dem (sog. unmittelbaren) Täter gäbe.

> **Beispiel 124**
>
> BGH U. v. 15.09.1988 – 4 StR 352/88 (Katzenkönig) – BGHSt 35, 347 = NJW 1989, 912 = NStZ 1989, 176 = StV 1989, 296 (Anm. Roxin, Höchstrichterliche Rspr. AT, 1998, Nr. 81; Kaspar/Reinbacher, Casebook AT, 2020, Fall 24; Hemmer-BGH-Classics Strafrecht, 2003, Nr. 29; Sonnen JA 1989, 212; Hassemer JuS 1989, 673; Schaffstein NStZ 1989, 153; Küper JZ 1989, 617 und 935; Herzberg Jura 1990, 16; Roßmüller/Rohrer Jura 1990, 582; Schumann NStZ 1990, 32; Bandemer JA 1994, 285; Nibbeling JA 1995, 216; Spendel FS Lüderssen 2002, 605):
>
> H, P und R lebten in einem von „Mystizismus, Scheinerkenntnis und Irrglauben" geprägten „neurotischen Beziehungsgeflecht" zusammen. H gelang es im bewussten Zusammenwirken mit P, dem leicht beeinflussbaren R zunächst die Bedrohung seiner Person durch Zuhälter und Gangster mit Erfolg vorzu-

---

[274] Zur sog. mittelbaren Täterschaft bei vermeidbarem Verbotsirrtum Hillenkamp/Cornelius, 32 Probleme aus dem Strafrecht AT, 15. Aufl. 2017, 21. P.; näher Herzberg Jura 1990, 16; Murmann GA 1998, 78; Otto FS Roxin 2001, 483.

B. Objektiver Tatbestand

gaukeln und ihn in eine Beschützerrolle zu drängen. Später brachten beide ihn durch schauspielerische Tricks, Vorspiegeln hypnotischer und hellseherischer Fähigkeiten und die Vornahme mystischer Kulthandlungen dazu, an die Existenz des „Katzenkönigs", der seit Jahrtausenden das Böse verkörpere und die Welt bedrohe, zu glauben; R – in seiner Kritikfähigkeit eingeschränkt, aber auch aus Liebe zu H darum bemüht, ihr zu glauben – wähnte sich schließlich auserkoren, gemeinsam mit den beiden anderen den Kampf gegen den „Katzenkönig" aufzunehmen. Auf Geheiß musste er Mutproben bestehen, sich katholisch taufen lassen, H ewige Treue schwören; so wurde er von ihr und P zunächst als Werkzeug für den eigenen Spaß benutzt. Als H Mitte des Jahres 1986 von der Heirat ihres früheren Freundes N erfuhr, entschloss sie sich aus Hass und Eifersucht, dessen Frau (A) von R – unter Ausnutzung seines Aberglaubens – töten zu lassen. In stillschweigendem Einverständnis mit P, der – wie sie wusste – seinen Nebenbuhler loswerden wollte, spiegelte die H dem R vor, wegen der vielen von ihm begangenen Fehler verlange der „Katzenkönig" ein Menschenopfer in der Gestalt der Frau A; falls er die Tat nicht binnen einer kurzen Frist vollende, müsse er sie verlassen und die Menschheit oder Millionen von Menschen würden vom „Katzenkönig" vernichtet. R, der erkannte, dass das Mord sei, suchte auch unter Berufung auf das fünfte Gebot vergeblich nach einem Ausweg. H und P wiesen stets darauf hin, dass das Tötungsverbot für sie nicht gelte, „da es ein göttlicher Auftrag sei und sie die Menschheit zu retten hätten". Nachdem er H „unter Berufung auf Jesus" hatte schwören müssen, einen Menschen zu töten, und sie ihn darauf hingewiesen hatte, dass bei Bruch des Schwurs seine „unsterbliche Seele auf Ewigkeit verflucht" sei, war er schließlich zur Tat entschlossen. Ihn plagten Gewissensbisse, er wog jedoch die „Gefahr für Millionen Menschen ab", die er „durch das Opfern von Frau A" retten könne. Am späten Abend des 30.07.1986 suchte R Frau A in ihrem Blumenladen unter dem Vorwand auf, Rosen kaufen zu wollen. Entsprechend dem ihm von P – im Einverständnis mit H – gegebenen Rat stach R mit einem ihm zu diesem Zweck von P überlassenen Fahrtenmesser hinterrücks der ahnungs- und wehrlosen Frau A in den Hals, das Gesicht und den Körper, um sie zu töten. Als dritte Personen der sich nun verzweifelt wehrenden Frau zu Hilfe eilten, ließ R von weiterer Tatausführung ab, um entsprechend seinem „Auftrag" unerkannt fliehen zu können; dabei rechnete er mit dem Tod seines Opfers, der jedoch ausblieb. ◄

R war weder durch einen Rechtfertigungsgrund gerechtfertigt noch durch einen Entschuldigungsgrund entschuldigt. R war – trotz seiner Leichtgläubigkeit – auch schuldfähig. Es bleibt allenfalls ein Verbotsirrtum nach § 17 S. 2 StGB, der gewiss vermeidbar war. Fraglich ist nun, ob H und ggf. P, die diesen Irrtum bewusst hervorgerufen haben, sog. mittelbare Täter i. S. d. § 25 I 2. Var. StGB waren.

Die Rspr.[275] und die h. L.[276] bejahen eine sog. mittelbare Täterschaft, da ein ausreichender Defekt des Vordermanns vorliege.

---

[275] S. o.
[276] S. nur B. Heinrich, AT, 6. Aufl. 2019, Rn. 1260.

Die Gegenauffassung[277] wendet hingegen ein **strenges Verantwortungsprinzip** an, wonach eine täterschaftliche Verantwortung des Vordermanns eine mittelbar-täterschaftliche Verantwortung des Hintermanns ausschließe; ggf. könne eine Anstiftung gem. § 26 StGB vorliegen.

Zwar ist das Bestreben der h. M. verständlich, den Defekt verursachenden Hintermann als eigentlichen Drahtzieher auch als Täter zu verurteilen. Dem ist aber entgegenzuhalten, dass ein beherrschter, aber dennoch eigenverantwortlicher sog. unmittelbarer Täter ein Widerspruch in sich ist. Das Verhalten des Vordermanns kann nicht zugleich frei und unfrei sein. Die klare Grenzziehung des strengen Verantwortungsprinzips dient auch der Rechtssicherheit: Wenn die bloße Strafmilderung nach § 17 S. 2 StGB zur Annahme einer sog. mittelbaren Täterschaft ausreichen würde, müsste man alle vertypten Strafmilderungen (z. B. § 21 StGB) ausreichen lassen und sogar alle mildernden Aspekte, die nach § 46 StGB zu berücksichtigen wären. Ohnehin wird gem. § 26 StGB ein Anstifter gleich einem Täter bestraft, so dass keine Bestrafungsdefizite drohen.

Eine vergleichbare Problematik stellt sich bzgl. anderen vertypten Strafmilderungen, insbesondere § 21 StGB und § 35 II StGB.

(5) Irrtümer über den konkreten Handlungssinn

(a) Allgemeines

181 Unter dem Schlagwort der Irrtümer über den konkreten Handlungssinn werden Fallkonstellationen diskutiert, in denen dem Vordermann zwar im Prinzip klar ist, was er tut, und sich sein Irrtum nicht so auswirkt, dass Tatbestand, Rechtswidrigkeit oder Schuld entfallen. Die eigentliche Tragweite seines Verhaltens erschließt sich ihm aber nicht. Hier müssen freilich relevante Wissensdefizite von bloßen Motivirrtümern unterschieden werden.

(b) Manipulierter *error in persona vel obiecto* (sog. Dohna-Fall)

> **Beispiel 125**
>
> B1 erfuhr, dass B2 ihn zur Abendzeit an einem bestimmten Ort aus dem Hinterhalt erschießen wollte. Durch Täuschung lockte er den G zum Tatort, der von B2 mit B1 verwechselt und getötet wurde. ◄

Im sog. Dohna-Fall,[278] benannt nach dem „Erfinder" des Sachverhalts, dem 1944 verstorbenen Strafrechtsprofessor Alexander Graf zu Dohna-Schlodien, unterlag der hier B2 Genannte einem Identitätsirrtum im Hinblick auf das Opfer, der aber unbeachtlich ist. Dennoch wird z. T. eine sog.

---

[277] Z. B. Jakobs, AT, 2. Aufl. 1993, 21/94.
[278] Hierzu zsf. Joecks/Jäger, StGB, 13. Aufl. 2021, § 25 Rn. 47ff.

mittelbare Täterschaft des Hintermanns vertreten; andere gehen von eigener Täterschaft des B1 aus, wieder andere von Anstiftung oder Beihilfe.[279]

(c) Unrechtsquantifizierung (gradueller Tatumstandsirrtum, Irrtum über Schadenshöhe)

Beispiel 126

B1 täuschte dem B2 vor, dass es sich bei einem dem Z gehörenden Gemälde um geringwertiges Geschmiere handele, welches B2 ruhig verbrennen solle. B2 verbrannte das Gemälde, bei dem es sich in Wahrheit um einen wertvollen Kandinsky handelte. ◄

Ist der Irrtum über den Wert der zerstörten Sache, mithin über das Ausmaß des Schadens ein rechtsguterheblicher?

In Fällen des Irrtums über die Unrechtshöhe[280] als Sonderfall des *error in obiecto*[281] liegt immerhin eine vollverantwortliche Strafbarkeit des Vordermanns vor, da z. B. § 303 StGB einen bestimmten Mindestschaden nicht voraussetzt. Daher ist die Auffassung[282] zutreffend, dass kein Fall der sog. mittelbaren Täterschaft vorliegt.

Eine andere Art von Vorstellungsdifferenz betrifft Fälle, in denen der Vordermann bloß Eventualvorsatz, der Hintermann aber sicheres Wissen aufweist.[283] Allerdings kann eine rechtlich irrelevante Vorsatzsteigerung ebenfalls nicht zur sog. mittelbaren Täterschaft führen.

(d) Unrechtsqualifizierung

In Fällen der Unrechtsqualifizierung[284] soll nach wohl h. M. eine sog. mittelbare Täterschaft vorliegen. Gemeint sind Fälle, in denen sich die Wissensüberlegenheit des Hintermanns auf Umstände erstreckte, die ein Grunddelikt qualifizieren würden.

Beispiel 127

B1 bat B2 darum, den G zu vergiften, wobei B2 zwar um die tödliche Wirkung des von B1 überreichten Giftes wusste, nicht darum, dass es einen schmerzhaften und langandauernden Todeskampf auslöste. ◄

---

[279] Nachweise bei Joecks/Jäger, StGB, 13. Aufl. 2021, § 25 Rn. 47ff.
[280] Hierzu zsf. Joecks/Jäger, StGB, 13. Aufl. 2021, § 25 Rn. 44f.
[281] S. Hoyer, in: SK-StGB, 9. Aufl. 2017, § 25 Rn. 76.
[282] Joecks/Jäger, StGB, 13. Aufl. 2021, § 25 Rn. 44f. m. w. N. auch zur Gegenauffassung.
[283] Hierzu Joecks/Scheinfeld, in: MK-StGB, 4. Aufl. 2020, § 25 Rn. 108ff.
[284] Hierzu Joecks/Jäger, StGB, 13. Aufl. 2021, § 25 Rn. 46; Kindhäuser/Hilgendorf, LPK, 8. Aufl. 2019, § 25 Rn. 25ff.; aus der Rspr. vgl. BGH U. v. 09.11.1951 – 2 StR 296/51 – BGHSt 1, 368 = NJW 1952, 110 (Anm. Puppe, AT, 4. Aufl. 2019, § 27 Rn. 43ff.; Schröder NJW 1952, 649; Welzel JZ 1952, 72; Schröder JZ 1952, 526; von Weber MDR 1952, 265).

Im Hinblick auf den Totschlag nach § 212 I StGB kann B1 nur Anstifter sein. Im Hinblick auf einen Mord nach § 211 StGB (Mordmerkmal „grausam") kommt hingegen eine sog. mittelbare Täterschaft in Betracht – „Mörder hinter dem Totschläger". Zur Tatbestandsbezogenheit der sog. mittelbaren Täterschaft s. schon o. Allerdings verwirklicht der überschießende, qualifizierende Teil zwar ein gesteigertes Körperverletzungsunrecht (Todeskampf), im Hinblick auf das Tötungsunrecht fehlt es an einem Wissensgefälle.

Entgegen der wohl h. M. ist mit der Gegenauffassung eine sog. mittelbare Täterschaft abzulehnen.[285] Die Anstiftungsstrafbarkeit liefert – auch in Kombination mit § 28 StGB – eine hinreichende Bestrafungsmöglichkeit.

bb) Gestörtes Wollen
(1) Nötigungslage

184 Anders als bei der Wissensunterlegenheit irrt sich bei der Nötigungsherrschaft der Vordermann nicht über die Tragweite seines Handelns, er wird zu diesem Handeln – sei es gegen Dritte, sei es gegen sich selbst[286] – aber gezwungen.[287]

Beispiel 128

B1 drohte B2 damit, dessen Auto zu beschädigen, wenn B2 nicht den Z verprügelt. B2 verprügelte daher den Z. ◄

Trotz Drohung liegt eine strafrechtlich relevante Handlung des Vordermanns vor. Die Drohung könnte zwar gem. § 34 StGB zur Rechtfertigung führen, jedoch lehnt die h. M. dies ab, da B2 auf die Seite des Unrechts trete, wenn er der Drohung des B1 nachgibt.
Allerdings kommt eine Entschuldigung gem. § 35 I StGB in Betracht.

---

[285] S. Nachweise bei Hoyer, in: SK-StGB, 9. Aufl. 2017, § 25 Rn. 67.
[286] Zur Nötigung zur Selbstschädigung Joecks/Scheinfeld, in: MK-StGB, 4. Aufl. 2020, § 25 Rn. 63ff.
[287] Hierzu Joecks/Jäger, StGB, 13. Aufl. 2021, § 25 Rn. 50ff.; aus der Rspr. vgl. OLG Hamburg B. v. 08.06.2016 – 1 Ws 13/16 – NStZ 2016, 530 (Anm. RÜ 2016, 640; Miebach NStZ 2016, 536; LL 2017, 27; Kraatz JR 2017, 299; Wilhelm HRRS 2017, 68; Duttge MedR 2017, 145); BGH U. v. 03.07.2019 – 5 StR 132/18 – BGHSt 64, 121 = NJW 2019, 3092 = NStZ 2019, 662 = StV 2020, 106 (Anm. Kudlich JA 2019, 867; Kubiciel NJW 2019, 3033; Sowada NStZ 2019, 670; Engländer JZ 2019, 1049; Hillenkamp JZ 2019, 1053; Lorenz HRRS 2019, 351; Weißer ZJS 2020, 85; Rissing-van Saan/Verrel NStZ 2020, 121; Neumann StV 2020, 126; Grünewald JR 2020, 167; Stage/Hellmann jurisPR-StrafR 4/2020 Anm. 4; Spittler MedR 2020, 101); BGH U. v. 03.07.2019 – 5 StR 393/18 – BGHSt 64, 135 = NJW 2019, 3089 = NStZ 2019, 666 = StV 2020, 111 (Anm. RÜ 2019, 706; Kubiciel NJW 2019, 3033; Sowada NStZ 2019, 670; Engländer JZ 2019, 1049; Hillenkamp JZ 2019, 1053; Lorenz HRRS 2019, 351; Bosch Jura 2020, 96; Hecker JuS 2020, 82; Rissing-van Saan/Verrel NStZ 2020, 121; Neumann StV 2020, 126; Grünewald JR 2020, 167; Stage/Hellmann jurisPR-StrafR 4/2020 Anm. 5).

B. Objektiver Tatbestand

> **§ 34 StGB (Rechtfertigender Notstand)**
> Wer in einer gegenwärtigen, nicht anders abwendbaren Gefahr für Leben, Leib, Freiheit, Ehre, Eigentum oder ein anderes Rechtsgut eine Tat begeht, um die Gefahr von sich oder einem anderen abzuwenden, handelt nicht rechtswidrig, wenn bei Abwägung der widerstreitenden Interessen, namentlich der betroffenen Rechtsgüter und des Grades der ihnen drohenden Gefahren, das geschützte Interesse das beeinträchtigte wesentlich überwiegt. Dies gilt jedoch nur, soweit die Tat ein angemessenes Mittel ist, die Gefahr abzuwenden.

> **§ 35 I StGB (Entschuldigender Notstand)**
> Wer in einer gegenwärtigen, nicht anders abwendbaren Gefahr für Leben, Leib oder Freiheit eine rechtswidrige Tat begeht, um die Gefahr von sich, einem Angehörigen oder einer anderen ihm nahestehenden Person abzuwenden, handelt ohne Schuld. Dies gilt nicht, soweit dem Täter nach den Umständen, namentlich weil er die Gefahr selbst verursacht hat oder weil er in einem besonderen Rechtsverhältnis stand, zugemutet werden konnte, die Gefahr hinzunehmen; jedoch kann die Strafe nach § 49 Abs. 1 gemildert werden, wenn der Täter nicht mit Rücksicht auf ein besonderes Rechtsverhältnis die Gefahr hinzunehmen hatte. ◄

Auch bei Geltung eines strengen Verantwortungsprinzips liegt dann aufgrund fehlender Schuldhaftigkeit ein rechtlich relevantes Defizit beim Vordermann vor.

Problematisch sind Nötigungen, die nicht i. S. d. §§ 34, 35 StGB relevant sind,[288] z. B. Drohungen mit der Veröffentlichung ehrverletzenden Materials (das Rechtsgut Ehre wird in § 35 StGB nicht erwähnt). Im Interesse einer rechtssicheren Grenzziehung zu rechtlich irrelevanten Willenseinflüssen ist entgegen einer Gegenauffassung daran festzuhalten, dass nur i. F. d. rechtfertigenden oder entschuldigenden Notstands beim Vordermann eine sog. mittelbare Täterschaft vorliegt.[289] **185**

Nötigt man das Opfer zu einer Selbstverletzung, liegt ebenfalls sog. mittelbare Täterschaft vor. **186**

Beispiel 129

RG U. v. 30.11.1894 – 3937/94 (Lehrling) – RGSt 26, 242 (Anm. Puppe, AT, 4. Aufl. 2019, § 24 Rn. 12ff.):

Fleischermeister B befahl seinem Lehrling, ein nur unvollständig gereinigtes Stück Darm zu essen. Der Lehrling bekam davon körperliche Beschwerden. ◄

---

[288] Hierzu Joecks/Jäger, StGB, 13. Aufl. 2021, § 25 Rn. 52f.
[289] S. Hoyer, in: SK-StGB, 9. Aufl. 2017, § 25 Rn. 51 m. w. N., auch zur Gegenauffassung.

(2) Schuldunfähiges Werkzeug

▶ Didaktische Aufsätze:

- Ellbogen/Wichmann, Bandendelinquenz bei Strafunmündigkeit einzelner Beteiligter, JuS 2007, 114
- Exner, Minderjährige im StGB, Jura 2013, 103

187 Der Vordermann kann auch ohne Wissensmangel schuldlos handeln, namentlich wenn ihm die **Schuldfähigkeit** nach den §§ 19, 20 StGB oder nach § 3 S. 1 JGG fehlt.[290]

cc) Organisationsunterlegenheit (?)

▶ Didaktische Aufsätze:

- Otto, Täterschaft kraft organisatorischen Machtapparates, Jura 2001, 753
- Radde, Von Mauerschützen und Schreibtischtätern – Die mittelbare Täterschaft kraft Organisationsherrschaft und ihre Anwendung auf Wirtschaftsunternehmen de lege lata, Jura 2018, 1210

(1) Voraussetzungen und Behandlung

188 Als kontrovers diskutierte Fallgruppe des „Täters hinter dem Täter" hat sich die sog. Organisationsherrschaft etabliert.[291]

Konzipiert wurde diese Konstruktion zur Begründung der (sog. mittelbaren) Täterschaft unter dem Eindruck **staatlicher Kriminalität** im **Nationalsozialismus**; praktische Relevanz erlangte sie bei der Aufarbeitung des **DDR-Unrechts**.[292] Ziel war es, die „Schreibtischtäter" auch wirklich als Täter und nicht „bloß" als Anstifter oder Gehilfen zu erfassen.

---

[290] Zur sog. mittelbaren Täterschaft bei schuldunfähigem Vordermann Joecks/Jäger, StGB, 13. Aufl. 2021, § 25 Rn. 32ff.; näher Ellbogen/Wichmann JuS 2007, 114; Exner Jura 2013, 103.

[291] Hierzu Kindhäuser/Hilgendorf, LPK, 8. Aufl. 2020, § 25 Rn. 40ff.; näher Roxin GA 1963, 193; Lampe ZStW 1994, 683; Murmann GA 1996, 269; Ambos GA 1998, 226; Roxin FS Grünwald 1999, 549; Heine JZ 2000, 920; Rotsch ZStW 2000, 518; Schünemann FG 50 Jahre BGH IV 2000, 621; Otto Jura 2001, 753; Muñoz Conde FS Roxin 2001, 609; Donna FS Gössel 2002, 261; Nack GA 2006, 342; Radtke GA 2006, 350; Zaczyk GA 2006, 411; Roxin FS Schroeder 2006, 387; Roxin FS Krey 2010, 449; Greco ZIS 2011, 9; Roxin GA 2012, 395; Muñoz Conde FS Wolter 2013, 1415; Radde Jura 2018, 1210; Orozco López ZIS 2021, 233.

[292] Zu Mauerschützen und den Hintermännern näher Grünwald JZ 1966, 633; Arnold/Kühl JuS 1992, 991; Schroeder JZ 1992, 990; Maiwald NJW 1993, 1881; Laskowski JA 1994, 151; Jakobs GA 1994, 1; Pawlik GA 1994, 472; Kaufmann NJW 1995, 81; Amelung GA 1996, 51; Erb ZStW 1996, 266; Ambos JA 1997, 983; Willnow JR 1997, 221 und 265; Dreier JZ 1997, 421; Kirchner Jura 1998, 46; Classen GA 1998, 215; Frisch FS Grünwald 1999, 133; Schünemann FS Grünwald 1999, 657; Zielinski FS Grünwald 1999, 811; Ebert FS Hanack 1999, 501; Hassemer FG 50 Jahre BGH IV 2000, 439; Ambos KritV 2003, 31; aus der Rspr. vgl. BGH U. v. 03.11.1992 – 5 StR 370/92 – BGHSt 39, 1 = NJW 1993, 141 = NStZ 1993, 129 = StV 1993, 9 (Anm. Solbach JA 1993, 90; Jung JuS 1993, 601; Amelung JuS 1993, 637; Herrmann NStZ 1993, 118; Günther StV 1993, 18; Schroeder JR 1993, 45; Fiedler JZ 1993, 206; Dannecker Jura 1994, 585; Wilms/Ziemske ZRP 1994, 170).

Beispiel 130

BGH U. v. 26.07.1994 – 5 StR 98/94 (Nationaler Verteidigungsrat) – BGHSt 40, 218 = NJW 1994, 2703 = NStZ 1994, 537 = StV 1994, 534 (Anm. Roxin, Höchstrichterliche Rspr. AT, 1998, Nr. 82; Hemmer-BGH-Classics Strafrecht, 2003, Nr. 30; Gogger NStZ 1994, 586; Sonnen NK 1994/4, 41; Otto JK 1995 StGB § 25 I/3; Sonnen JA 1995, 98; Jung JuS 1995, 173; Jakobs NStZ 1995, 26; Schroeder JR 1995, 177; Roxin JZ 1995, 49; Gropp JuS 1996, 13; Schulz JuS 1997, 109):

Wehrdienstleistender B1 war als Grenzsoldat der DDR an der ehemaligen deutsch-deutschen Staatsgrenze in Berlin eingesetzt. In der Nacht vom 05. zum 06.02.1989 versuchte G die Mauer nach West-Berlin zu übersteigen. B1 schoss, nach erfolglosem Zuruf, G solle stehen bleiben, auf G; dabei wurde G in die Brust tödlich getroffen. Grundlage für das Verhalten des B1 war der sog. „Schießbefehl". Dieser ging zurück auf die „Jahresbefehle" des Ministeriums für Nationale Verteidigung der DDR. Notwendige Voraussetzung für deren Erlass war ein vorhergehender Beschluss des Nationalen Verteidigungsrates der DDR, einem zentralen staatlichen Organ, dem die einheitliche Leitung der Verteidigungs- und Sicherheitsmaßnahmen der DDR oblag. Er bestand aus ca. 14 Mitgliedern, allesamt hohe Funktionsträger aus Partei und Staat, unter ihnen B2. ◄

Bzgl. der Strafbarkeit des B1 sind nicht in erster Linie dessen Täterschaft (auch wenn zu § 27 StGB „abzugrenzen" ist) und sonstige Tatbestandsverwirklichung problematisch, sondern ist es die Frage etwaiger Rechtfertigungs- und Entschuldigungsgründe. Dies steht zunächst mit der Frage nach der Rechtmäßigkeit und Rechtswirkung des sog. Schießbefehles in Zusammenhang. Des Weiteren sind dann die Umstände im Gefüge des Wehrdienstes der DDR zu ermitteln – wie Verfolgung oder Exekution bei Ungehorsam –, die zu einer Rechtfertigung bzw. Entschuldigung führen können. In einer Reihe von Fällen wurden die „Mauerschützen" verurteilt.

Bzgl. der Strafbarkeit von B2 fragt sich, ob dessen Verhalten im Nationalen Verteidigungsrat für eine Einordnung als sog. mittelbare Täterschaft i. S. d. § 25 I 2. Var. StGB (und nicht § 26 StGB) ausreicht. Vor allem stellt sich die Frage, ob dieses Verhalten auch dann noch sog. mittelbare Täterschaft begründet, wenn die eigene Täterschaft des B1 feststeht.

In einem Atemzug mit staatlicher Kriminalität wird die sog. mittelbare Täterschaft qua Organisationsherrschaft in **mafiösen Organisationen** genannt.[293]

Beispiel 131

Mafiachef B lässt den G durch einen seiner Mafiosi töten. ◄

---

[293] Hierzu näher Bottke FS Gössel 2002, 235.

Ist B sog. mittelbarer Täter des Tötungsdelikts?

189 In der Literatur und der Rspr. werden die Kriterien für die Annahme einer Organisationsherrschaft unterschiedlich gesehen.[294]
Insbesondere werden drei Voraussetzungen benannt:

- Erstens: die Existenz eines **Machtapparats** (sich auszeichnend durch Anordnungsgewalt der Befehlsgeber und wesentlich erhöhte Tatbereitschaft der Vollstrecker).
- Zweitens: sog. **Fungibilität** des Ausführenden; Erfolgsverwirklichungssicherheit durch Ausnutzung eines Automatismus (es muss sich beim sog. unmittelbaren Täter um einen im Prinzip austauschbaren Weisungsempfänger handeln).
- Drittens: Der Machtapparat muss sich als Ganzer **vom Recht gelöst** haben.

Der **BGH**[295] umschreibt die Rechtsfigur so: „Es gibt aber Fallgruppen, bei denen trotz eines uneingeschränkt verantwortlich handelnden Tatmittlers der Beitrag des Hintermannes nahezu automatisch zu der von diesem Hintermann erstrebten Tatbestandsverwirklichung führt. Solches kann vorliegen, wenn der Hintermann durch Organisationsstrukturen bestimmte **Rahmenbedingungen ausnutzt**, innerhalb derer sein Tatbeitrag **regelhafte Abläufe** auslöst. Derartige Rahmenbedingungen mit regelhaften Abläufen kommen insbesondere bei staatlichen, unternehmerischen oder geschäftsähnlichen Organisationsstrukturen und bei Befehlshierarchien in Betracht. Handelt in einem solchen Fall der Hintermann in Kenntnis dieser Umstände, nutzt er insbesondere auch die unbedingte Bereitschaft des unmittelbar Handelnden, den Tatbestand zu erfüllen, aus und will der Hintermann den Erfolg als Ergebnis seines eigenen Handelns, ist er Täter in der Form sog. mittelbarer Täterschaft."[296]

190 Es ist bereits ganz grundsätzlich umstritten, ob Organisationsherrschaft überhaupt zur sog. mittelbaren Täterschaft des „Vorgesetzten" führen kann.
Die Rspr.[297] und die h. L.[298] bejahen die Möglichkeit einer sog. mittelbaren Täterschaft kraft Organisationsherrschaft.
Eine Gegenauffassung[299] gelangt in diesen Fällen zu einer Mittäterschaft gem. § 25 II StGB.
Wieder andere[300] lehnen eine täterschaftliche Verantwortlichkeit gänzlich ab und nehmen eine Anstiftung nach § 26 StGB an.
Der h. M. liegt v. a. das kriminalpolitische Bedürfnis zu Grunde, die eigentlich verantwortlichen Vorgesetzten nicht lediglich als Teilnehmer der Taten ihrer angewiesenen Untergebenen zu bestrafen. Sie konstruiert eine Art normative

---

[294] Zsf. Fischer, StGB, 68. Aufl. 2021, § 25 Rn. 7.
[295] BGH U. v. 26.07.1994 – 5 StR 98/94 (Nationaler Verteidigungsrat) – BGHSt 40, 218 (236).
[296] Ausf. Würdigung z. B. bei Joecks/Scheinfeld, in: MK-StGB, 4. Aufl. 2020, § 25 Rn. 140ff.
[297] S. obige Nachweise.
[298] Z. B. B. Heinrich, AT, 6. Aufl. 2019, Rn. 1257.
[299] Jakobs, AT, 2. Aufl. 1993, 21/103.
[300] Z. B. Joecks/Jäger, StGB, 13. Aufl. 2021, § 25 Rn. 30.

Tatherrschaft durch die Etablierung von Befehlsstrukturen. Unproblematisch läge eine sog. mittelbare Täterschaft dann vor, wenn konsequenterweise die „Mauerschützen" gerechtfertigt oder entschuldigt gewesen wären; hierin hätte dann der täterschaftsbegründende Einsatz eines Werkzeugs mit Strafbarkeitsdefizit gelegen. Ordnet man aber die Tat des Schützen als volldeliktisch strafbar ein, handelte es sich um eine insofern freie Tat, die nicht zugleich durch einen sog. mittelbaren Täter beherrscht werden kann. Probleme bereiten auch die vagen Voraussetzungen für eine solche Organisationsherrschaft: Sie stellt eine völlige Loslösung vom Verantwortungsprinzip dar, ohne vergleichbar rechtssichere Kriterien zu bieten: Was ist ein Machtapparat? Wann liegt Fungibilität vor und fehlt es nicht an dieser in der konkreten Tatsituation immer, da eben z. B. keine anderen Soldaten anwesend sind? Organisationsherrschaft darf nicht zu beliebiger Täterschaft Ranghöherer in einer Hierarchie führen. Jeder Teil des Machtapparates wäre Täter, der nur eine Substitutionsmacht gegenüber seinem Nachgeordneten besitzt. Eine solche Täterkumulation überzeugt jedenfalls unter Berücksichtigung des § 26 StGB nicht: Die Rechtsordnung stellt mit der Anstiftung eine tätergleich sanktionierende Norm für vertikal straftathervorrufende Beteiligung im Vorfeld zur Verfügung, Schreibtischtäter finden auch als Schreibtischanstifter ihre Strafe. Soweit eine Anstiftungsstrafbarkeit als minderwertig gegenüber einer Täterschaftsstrafbarkeit eingestuft wird, geht dies rechtlich fehl. Die Überbetonung der Schreibtischtäter deckt rhetorisch zu, dass eine mehr oder weniger starke Abhängigkeit des sog. unmittelbaren Täters von Hinterleuten typisch auch und gerade für Teilnahme ist, die insofern einer extensiven Täterschaft vorgeht.

Gegen eine Annahme von Mittäterschaft spricht die grundsätzliche Ausrichtung des § 25 II StGB an gleichberechtigtem Zusammenwirken (horizontale Struktur der Mittäterschaft, demgegenüber aber vertikale Struktur – Über-/Unterordnung – der organisatorischen Machtapparate).

In Ansehung eines extensiven Verständnisses des **§ 25 I 1. Var. StGB** kommt freilich eine Täterschaft durch Selbst-Begehen in Betracht, sofern nicht diejenigen Gründe, die zu einer sperrenden Anwendbarkeit der §§ 26, 27 StGB führen, greifen, zumal der unmittelbar Ausführende im Falle seiner Unterordnung trotz seiner Erfolgsnähe durchaus als bloßer Gehilfe eines als Täter anzusehenden anderen – übergeordneten – Menschen agieren kann, vgl. jeweils o.

191

(2) Übertragung auf wirtschaftliche Unternehmen

▶ Didaktische Aufsätze:

- Bottke, Täterschaft und Teilnahme im deutschen Wirtschaftskriminalrecht, JuS 2002, 320
- Brammsen/Apel, Anstiftung oder Täterschaft? „Organisationsherrschaft" in Wirtschaftsunternehmen, ZJS 2008, 256
- Radde, Von Mauerschützen und Schreibtischtätern – Die mittelbare Täterschaft kraft Organisationsherrschaft und ihre Anwendung auf Wirtschaftsunternehmen de lege lata, Jura 2018, 1210

192 Auch unter denjenigen, die eine sog. mittelbare Täterschaft in Form der Organisationsherrschaft grundsätzlich anerkennen, ist umstritten, ob deren Voraussetzungen bei wirtschaftlichen Unternehmen vorliegen können.[301]

> **Beispiel 132**
>
> BGH U. v. 03.07.2003 – 1 StR 453/02 – NStZ 2004, 457 (Anm. Rübenstahl HRRS 2003, 210; Rotsch JR 2004, 248):
> B hatte seine Tierarztpraxis mit durchschnittlich zwölf angestellten Tierärzten und weiterem nichttierärztlichen Personal und seine tierärztliche Hausapotheke so organisiert, dass er einen möglichst großen Arzneimittelumsatz erzielte, da ihm von den Pharmafirmen Rabatte in Form von unberechneten Zusatzlieferungen gewährt wurden, deren Umfang sich an seinen Bezugsmengen orientierte. Seinen Anweisungen entsprechend wurden verschreibungspflichtige Arzneimittel aus seiner tierärztlichen Hausapotheke daher auch an andere, nicht bei ihm angestellte Tierärzte verkauft. Derartige Medikamente wurden außerdem an Tierhalter weitergegeben, ohne dass deren Tiere durch B oder einen bei ihm angestellten Tierarzt ordnungsgemäß behandelt wurden. Schließlich wurden verschreibungspflichtige Arzneimittel – teilweise unter irreführender Bezeichnung – ausgereicht, die nicht für die Tierart zugelassen waren, bei der sie angewendet werden sollten. Das verschreibungspflichtige Medikament Baytril ist als orale Lösung für Hühner und Puten zugelassen. Als Injektionslösung enthält es einen anderen Konservierungsstoff und ist für Schweine und Rinder zugelassen. B ließ Teilmengen des Medikaments durch seinen Lagerarbeiter auf Injektionsflaschen umfüllen. Auf den Flaschen hatte das Personal ein den Originaletiketten für Baytril-Injektionslösung vollständig nachgebildetes Etikett anzubringen, das B eigens hatte drucken lassen. B verkaufte die so gekennzeichneten Flaschen selbst gewinnbringend an die Inhaber eines Schweinezuchtbetriebs, die das Medikament nach seinen Vorgaben zur Anwendung bei ihren Tieren brachten. ◄

> **§ 267 I StGB (Urkundenfälschung)**
> Wer zur Täuschung im Rechtsverkehr eine unechte Urkunde herstellt, eine echte Urkunde verfälscht oder eine unechte oder verfälschte Urkunde gebraucht, wird mit Freiheitsstrafe bis zu fünf Jahren oder mit Geldstrafe bestraft.

---

[301] Hierzu Kindhäuser/Hilgendorf, LPK, 8. Aufl. 2019, § 25 Rn. 41; näher Rotsch NStZ 1998, 491; Otto Jura 2001, 753; Bottke JuS 2002, 320; Hefendehl GA 2004, 575; Rotsch NStZ 2005, 13; Roxin ZIS 2006, 293, Schünemann ZIS 2006, 301; Rotsch ZIS 2007, 260; Brammsen/Apel ZJS 2008, 256; Schmucker StraFo 2010, 235; Heinrich FS Krey 2010, 147; Roxin FS Wolter 2013, 451.

B. Objektiver Tatbestand

Die Etiketten der Baytril-Injektionslösung werden mit der Anbringung auf den Injektionslösungsflaschen zu sog. zusammengesetzten Urkunden, die darüber Zeugnis geben sollen, was sich in den Flaschen befindet. Durch die Anbringung nachgebildeter Etiketten auf Flaschen falschen Inhalts wird eine unechte Urkunde hergestellt. So davon auszugehen ist, dass das Personal sich bewusst war, was es tat, und auch Täuschungsabsicht aufwies, stellt sich die Frage, ob für den B eine sog. mittelbare Täterschaft nach den Grundsätzen der Organisationsherrschaft verbleibt.

Die Rspr.[302] nimmt eine Übertragbarkeit der Rechtsfigur der Organisationsherrschaft auf Unternehmen an.

Auch Teile der Literatur[303] tun dies.

Die wohl h. L.[304] lehnt eine sog. mittelbare Täterschaft in diesen Fällen jedoch ab. Die Täterschaft bejahende Auffassung verweist darauf, dass auch hier durch Organisationsstrukturen bestimmte Rahmenbedingungen ausgenutzt werden, die regelhafte Abläufe auslösen (Beherrschung durch arbeitsrechtliches Direktionsrecht – s. auch § 106 GewO –, Sanktionsmittel). Das kriminalpolitische Bedürfnis (auch in Unternehmen könnte man von Schreibtischtätern sprechen) ist auch hier offenkundig; sog. mittelbare Täterschaft wird als Bestandteil effektiver Bekämpfung von Wirtschaftskriminalität angesehen. Die Hierarchie in Wirtschaftsunternehmen wird so den staatlichen und mafiösen gleichgestellt.

Da bereits gewichtige Gründe gegen eine auch nur grundsätzliche Anerkennung der sog. mittelbaren Täterschaft qua Organisationsherrschaft bestehen, gelten diese auch und erst recht bzgl. Unternehmen. Hinzu kommt berechtigte spezifische Kritik: Das privatrechtlich-arbeitsrechtliche Verhältnis zwischen Arbeitgeber und Arbeitnehmer ist nicht mit dem Befehlsverhältnis in Unrechtsstaaten oder Mafia-Organisationen zu vergleichen; anders als staatliche Unrechtssysteme haben Wirtschaftsunternehmen weder öffentlich-rechtlich (hoheitlich) rechtsetzende Gewalt noch wird ihnen diese Fähigkeit von ihren Angestellten zugeschrieben, im Bewusstsein der Beschäftigten ist allein die staatliche Rechtsordnung maßgeblich. Anders als im Unrechtsstaat oder einer mafiaähnlichen Organisation kann ein Arbeitnehmer sich gegen Repressalien bei Ungehorsam auf ein heute entwickeltes Arbeitsrecht und soziale Sicherungssysteme verlassen, zumal eine drohende Kündigung, d. h. die Rückkehr auf den Arbeitsmarkt, der mitnichten immer für Arbeitnehmer leer gefegt ist, ohnehin eine andere – geringere – Drucksituation darstellt als eine drohende staatliche Strafe bis hin zur Todesstrafe.

Zur Möglichkeit einer Täterschaft gem. § 25 I 1. Var. StGB s. o. Gerade angesichts des nicht unproblematischen Charakters wirtschaftlicher arbeitsvertraglichen Zusammenwirkens bzgl. einer Gleichordnung oder Über-/Unterordnung kommt ferner einer Mittäterschaft gem. **§ 25 II StGB** in Frage. Zu untersuchen ist jeweils das (hierarchische?) Verhältnis zwischen den handelnden Menschen.

---

[302] S. o.
[303] Z. B. Lackner/Kühl, StGB, 29. Aufl. 2018, § 25 Rn. 2.
[304] Roxin, AT II, 2003, § 15 Rn. 129ff.

d) Steuernde Überlegenheit des Hintermanns: Zusammenhang zwischen Einwirkung des Hintermanns und Defekt des Vordermanns
aa) Allgemeines

194 Für ein Begehen der Tat durch einen anderen gem. § 25 I 2. Var. StGB ist mindestens eine **Handlung** des Hintermanns erforderlich, der **kausal** dafür war, dass der Vordermann die Tat begangen hat. Ob engere Voraussetzungen bestehen, ist i. E. problematisch.

Ist entscheidend für die Annahme sog. mittelbarer Täterschaft (und nicht „nur" Anstiftung) die defektbelastete Handlung des Hintermanns, so liegt es nahe, die **Unterlegenheit** des Werkzeugs als Zwischenerfolg anzusehen, den der Hintermann **unerlaubt gefährlich verursacht** haben muss, damit von einem Begehen durch diesen i. S. d. § 25 I 2. Var. StGB zu sprechen ist. Das Werkzeug ist insofern besonderes Tatmittel auf Basis eines Zwischenerfolgs in Gestalt des rechtlich relevanten Defekts.[305] Im Einzelnen:

bb) Überlegenes Wissen

195 Jedenfalls hinreichend ist eine **ausdrückliche oder konkludente Täuschung** des Vordermanns durch den Hintermann.

Ferner kommt eine Irrtumsverursachung durch **Manipulation von Gegenständen** in Betracht (wie etwa bzgl. Elektroanlagen oder Lebensmitteln in der Sphäre der Opfernutzung), auch wenn sich mangels Kommunikation eine konkludente Täuschung nicht annehmen lässt; auch in einem solchen Fall nimmt das Opfer aufgrund einer rechtlich missbilligten Handlung des Täters (i. d. R. Sachbeschädigung gem. § 303 I StGB) irrig eine Sachlage (Ungefährlichkeit) an.

196 Problematisch ist, ob die **Ausnutzung eines bereits vorhandenen Wissensmangels** durch den Hintermann genügt, insofern gewissermaßen eine **Täuschung durch Unterlassen der Aufklärung**, z. B. bei bloßer Aufforderung zur Tat in Kenntnis des Defekts.[306]

Bei Wissensüberlegenheit des Hintermanns könnte in gewisser Weise aus der Tatkausalität durch Aufforderung auf eine Beherrschung des Geschehens zu schließen sein und mithin auf Tatherrschaft. In der Tat wird gängigerweise davon ausgegangen, es bedürfe über den Defekt und den kausalen Beitrag des Hintermannes hinaus keiner weiteren Anforderung;[307] vage sind Formulierungen wie „Ausnutzen",[308] „Steuerung des Vordermannes",[309] „Bedienen eines Vordermannes zu

---

[305] S. auch Kindhäuser/Zimmermann, AT, 9. Aufl. 2019, § 39 Rn. 7 („der Vordermann aufgrund eines Umstands nicht volldeliktisch handelt, für den der […] Hintermann rechtlich einzustehen hat"), 8 („rechtliche Verantwortlichkeit des Hintermanns für ein rechtlich relevantes Verantwortungsdefizit des Vordermanns"), 12 („ob er für das betreffende Defizit einzustehen hat"); Hoyer, in: SK-StGB, 9. Aufl. 2017, § 25 Rn. 98, § 26 Rn. 39.

[306] Hierzu Hoyer, in: SK-StGB, 9. Aufl. 2017, § 25 Rn. 103ff.; vgl. auch Jakobs GA 1997, 553.

[307] B. Heinrich, AT, 6. Aufl. 2019, Rn. 1244; Rengier, AT, 12. Aufl. 2020, § 43 Rn. 5; Wessels/Beulke/Satzger, AT, 50. Aufl. 2020, Rn. 847.

[308] B. Heinrich, AT, 6. Aufl. 2019, Rn. 1246.

[309] Rengier, AT, 12. Aufl. 2020, § 43 Rn. 5.

B. Objektiver Tatbestand

einer Tatbegehung, für die der Hintermann rechtliche einzustehen hat",[310] „Veranlassung"[311] oder „in der Hand halten des Tatgeschehens".[312] Nach alledem wird eine sog. mittelbare Täterschaft fast durchweg bereits mit dem Vorliegen eines Defekts des Vordermannes und entsprechender Kenntnis des Hintermannes bei der z. B. Bitte um die Vornahme einer bestimmten Handlung angenommen.

Allerdings vernachlässigt dies, dass gerade das Werkzeugverhalten als solches durch Hintermannverhalten – **unerlaubt riskant** (vgl. die obigen Anforderungen an eine „objektive Zurechnung") – verursacht werden muss, damit eben eine täterschaftliche Einordnung des Verhaltens des Vordermanns durch Tatveranlassung beim Hintermanns geboten ist. Die Setzung des unerlaubten Risikos gerade durch den Hintermann bereits in der Geschehensveranlassung (-steuerung?), die durch den Defekt begleitet (ermöglicht?) wird, zu sehen,[313] weicht der eigentlichen Frage nach der Quelle der objektiv-rechtlichen Unerlaubtheit aus. Aus bloßem besonderen Wissen des Täters folgt nämlich keine rechtliche Missbilligung der objektiven Tathandlung und kein täterschaftsbegründender Werkzeugeinsatz.[314] Richtigerweise ist zu verlangen, dass gerade der Hintermann gerade den **Defekt** des Werkzeugs **rechtlich unerlaubt verursacht** hat.

Löst man sich von der moralischen Bewertung eines Ausnutzens des Defekts, so bietet sich eine Orientierung an der rechtlichen Verantwortlichkeit für Irrtümer nach Maßgabe des Betrugs gem. § 263 StGB[315] an. Dieser setzt eine sog. Täuschung stets voraus, so dass das täuschungsfreie Ausnutzen eines Irrtums nur bei Aufklärungspflicht über die Wahrheit tatbestandsmäßig sein kann. Hierhin liegt eine Grenzziehung zwischen erlaubt und unerlaubt riskantem Verhalten des Hintermanns. Die Verantwortlichkeit für den Irrtum liegt – ohne Täuschung – allein beim Irrenden[316] (der sich daher ggf. durch seine unwissende Handlung wegen eines Fahrlässigkeitsdelikts strafbar macht). Insofern kann auch i. R. d. § 25 I 2. Var. StGB die bloße Ausnutzung mangelnden Wissens nicht genügen, sofern nicht aus einer rechtlichen Sonderpflicht der Hintermann ausnahmsweise zur Aufklärung verpflichtet ist. Freilich stellt sich (wie bei der Auslegung des Betrugstatbestands auch) die Frage, unter welchen Voraussetzungen von einer aktiven – ggf. konkludenten – Täuschung oder einer solchen durch (aufklärungspflichtwidriges) Unterlassen auszugehen ist, zumal die Versuchung groß ist, in Ansehung eingetretener Schäden und etwaiger Strafbarkeitslücken durch extensive Annahmen von Täuschungen die Eigenverantwortlichkeit des Vordermannes für seinen Defekt zu konterkarieren. Auch angesichts m Einschlägigkeit des § 26 StGB mag freilich § 25 I 1. Var. StGB wieder ins Spiel gebracht werden; auch dieser verlangt aber eine objektiv begründete Unerlaubtheit der Risikosetzung.

---

[310] Kindhäuser/Zimmermann, AT, 9. Aufl. 2019, S. 361.
[311] B. Heinrich, AT, 6. Aufl. 2019, Rn. 1246.
[312] Rengier, AT, 12. Aufl. 2020, § 43 Rn. 5; Wessels/Beulke/Satzger, AT, 50. Aufl. 2020, Rn. 847.
[313] Roxin, Täterschaft und Tatherrschaft, 10. Aufl. 2019, S. 148, Roxin, AT II, 2003, § 25 Rn. 47.
[314] Vgl. auch Jakobs GA 1997, 553 (565).
[315] Zu diesem Delikt s. im Besonderen Teil Vermögensdelikte.
[316] Vgl. Jakobs GA 1997, 553 (561).

cc) Überlegenes Wollen

197 In **Nötigungslagenkonstellationen** sprechen die §§ 240 (Nötigung), 253 (Erpressung) StGB[317] – als Ausprägung der rechtlichen Missbilligung *eigenen* nötigenden Verhaltens in Abgrenzung zu rechtlich Erlaubtem – *e contrario* dafür, dass das **bloße Ausnutzen** einer bereits aus anderen Gründen existenten Nötigungslage nicht für eine sog. mittelbare Täterschaft genügt.[318] Der Hintermann muss selbst den Willensmangel nötigend (also durch Gewalt oder – ausdrückliche oder konkludente – Drohung mit einem empfindlichen Übel) herbeigeführt haben, damit ihm der Defekt und infolge dessen die Handlung des Vordermanns zugerechnet werden kann.

198 Umstritten ist das Ausnutzen **schuldunfähiger** Werkzeuge.

> **Beispiel 133**
>
> B überredete den geisteskranken Z1 und die zwölfjährige Z2 dazu, Steine von einer Autobahnbrücke auf fahrende Autos zu werfen, wodurch mehrere Personen verletzt wurden. ◄

> **§ 19 StGB (Schuldunfähigkeit des Kindes)**
> Schuldunfähig ist, wer bei Begehung der Tat noch nicht vierzehn Jahre alt ist.

> **§ 20 StGB (Schuldunfähigkeit wegen seelischer Störungen)**
> Ohne Schuld handelt, wer bei Begehung der Tat wegen einer krankhaften seelischen Störung, wegen einer tief greifenden Bewußtseinsstörung oder wegen einer Intelligenzminderung oder einer schweren anderen seelischen Störung unfähig ist, das Unrecht der Tat einzusehen oder nach dieser Einsicht zu handeln.

Während Teile der Lehre[319] in diesen Fällen stets sog. mittelbare Täterschaft annehmen, stellen die Rspr.[320] und andere Teile der Lehre[321] zusätzlich darauf ab, ob der Schuldunfähige im konkreten Fall einen eigenen Willen gebildet hat.

Zutreffend dürfte es sein, sogar durchweg eine sog. mittelbare Täterschaft zu verneinen, es sei denn der Täter hat den Zustand des § 20 StGB selbst zum deliktischen Zweck herbeigeführt. Nur dann nämlich lässt sich von einem *e contrario*

---

[317] Zu diesen Delikten s. im Besonderen Teil Nichtvermögensdelikte (§ 240 StGB) bzw. Vermögensdelikte (§ 253 StGB).
[318] Hoyer, in: SK-StGB, 9. Aufl. 2017, § 25 Rn. 101f.; s. ferner wiederum die abstrakt gehaltenen Anforderungen bei Kindhäuser/Zimmermann, AT, 9. Aufl. 2019, § 39 Rn. 7, 8, 12.
[319] Z. B. Heine/Weißer, in: Schönke/Schröder, StGB, 30. Aufl. 2019, § 25 Rn. 44.
[320] RG U. v. 17.03.1927 – II 170/27 – RGSt 61, 265.
[321] Joecks/Jäger, StGB, 13. Aufl. 2021, § 25 Rn. 33f.

§ 26 StGB hinreichenden täterschaftsbegründenden Zusammenhang zwischen dem Defekt des Werkzeugs und einem Handeln des Hintermanns sprechen (ebenso wie dies richtigerweise bzgl. Wissensüberlegenheit und in Nötigungskonstellationen der Fall ist). Hierfür spricht auch die Fassung der §§ 26, 27 StGB, wonach eine Teilnahme nur eine rechtswidrige, aber keine schuldhafte (Haupt-)Tat voraussetzt; dies liefe teils ins Leere, wenn bei mangelnder Schuld des unmittelbar Handelnden stets sog. mittelbare Täterschaft vorläge.

dd) Organisationsüberlegenheit (Organisationsherrschaft)
In dieser – ohnehin ganz grundsätzlich zweifelhaften, s. o. – Konstellation ist konsequenterweise nicht erforderlich, dass der Täter die Organisation erschaffen hat. Es genügt bereits das Innehaben der in Relation zum Vordermann höheren (Weisungs-)Position in dieser Organisation, damit ihm sein Tatbeitrag in Gestalt des Einsatzes des Vordermanns zur sog. mittelbaren Täterschaft gereicht.

199

4. Mehrere begehen Straftat gemeinschaftlich (Mittäterschaft), § 25 II StGB

▶ Didaktische Aufsätze:

- Roxin, Die Mittäterschaft im Strafrecht, JA 1979, 519
- Seelmann, Mittäterschaft im Strafrecht, JuS 1980, 571
- Marlie, Voraussetzungen der Mittäterschaft – Zur Fallbearbeitung in der Klausur, JA 2006, 613
- Rönnau, Die Abgrenzung von Mittäterschaft und Beihilfe, JuS 2007, 514
- Seher, Vorsatz und Mittäterschaft – Zu einem verschwiegenen Problem der strafrechtlichen Beteiligungslehre, JuS 2009, 1
- Seher, Grundfälle zur Mittäterschaft, JuS 2009, 304
- Geppert, Die Mittäterschaft (§ 25 Abs. 2 StGB), Jura 2011, 30
- Renzikowski, Zurechnungsprobleme bei Scheinmittäterschaft und verwandten Konstellationen, JuS 2013, 481
- Peters/Bildner, Die Mittäterschaft gem. § 25 II StGB und ihre Herausforderungen in der Fallbearbeitung, JuS 2020, 731

a) Aufbau in Falllösung
I. Objektiver Tatbestand
  1. Feststellung, dass keine komplett eigenhändige Verwirklichung
      - beim ersten insofern kritischen Tatbestandsmerkmal inzident festzustellen
  2. Feststellung, dass komplettierender Beitrag eines anderen vorliegt
  3. Täterqualifikation
      - nur, wer auch sog. unmittelbarer (Allein-)Täter der Tat sein kann => Ausschluss bei eigenhändigen, Sonder- und Pflichtdelikten
  4. Sog. gemeinsamer Tatentschluss/-beschluss/-plan: Tat- und Arbeitsteilungsverabredung
  5. Gleichordnung/Eigenbezug

200

6. Sog. gemeinsame Tatausführung/wesentlicher Tatbeitrag: Erfüllung der Tat- und Arbeitsteilungsverabredung durch den zu Prüfenden
7. Hinreichende Kongruenz des Tatbeitrags mit der Tat- und Arbeitsteilungsverabredung

II. Subjektiver Tatbestand

b) Grundlagen
aa) Allgemeines

201 § 25 II StGB normiert die Mittäterschaft.[322]

> **§ 25 II StGB (Täterschaft)**
> Begehen mehrere die Straftat gemeinschaftlich, so wird jeder als Täter bestraft (Mittäter).

Wie diese Merkmale auszulegen sind, ergibt sich aus dem bereits o. angelegten systematischen Zusammenhang der Beteiligungsnormen.

bb) Berücksichtigung des § 25 I 1. Var., 2. Var. StGB

202 Je nach Verständnis des § 25 I 1. Var. StGB (zur Losgelöstheit von Fragen der Unmittelbarkeit oder Eigenhändigkeit s. o.) handelt es sich bei der Mittäterschaft nur um einen – überflüssigen – Unterfall bzw. eine *lex specialis* der Tatbegehung für Fälle gleichgeordneter Mehrpersonenkonstellationen. Insofern stellt sich die eigentliche Problematik eher als Erarbeitung eines sinnvollen Anwendungsbereichs gegenüber anderen Formen der Täterschaft und insbesondere der Beihilfe.

Die Hervorhebung der gemeinschaftlichen Tatbegehung in § 25 II StGB wird gängigerweise dahingehend umschrieben, dass arbeitsteilige Tatanteile wechselseitig zugerechnet werden; jeder Mittäter wird so behandelt, als habe er auch die Tatbeiträge des anderen selbst erbracht, diese würden ihm also zugerechnet.[323]

> **Beispiel 134**
>
> B1 und B2 wollten sich Geld bei Z verschaffen. B1 schlug Z nieder und hielt ihn dann fest, während B2 die Taschen des Z durchsuchte und dessen Geldbörse an sich nahm. B1 und B2 teilen zu Hause die Beute. ◄

---

[322] Hierzu Krey/Esser, AT, 6. Aufl. 2016, Rn. 941 ff.; näher Roxin JA 1979, 519; Rudolphi FS Bockelmann 1979, 369; Seelmann JuS 1980, 571; Derksen GA 1993, 163; Lesch ZStW 1993, 271; Küpper ZStW 1993, 295; Zieschang ZStW 1995, 361; Bloy GA 1996, 424; Kindhäuser FS Hollerbach 2001, 627; Marlie JA 2006, 613; Rönnau JuS 2007, 514; Puppe ZIS 2007, 234; Seher JuS 2009, 1 und 304; Geppert Jura 2011, 30; Jakobs FS Puppe 2011, 547; Renzikowski JuS 2013, 481.
[323] Kindhäuser/Hilgendorf, LPK, 8. Aufl. 2019, § 25 Rn. 47.

Für einen Raub (§ 249 I StGB) muss der Täter Gewalt gegen eine Person oder eine Drohung mit gegenwärtiger Gefahr für Leib oder Leben angewendet und eine fremde bewegliche Sache weggenommen haben. B1 und B2 haben jeder aber nur eines der Tatbestandsmerkmale erfüllt.

Freilich ist eine solche Zurechnung als täterschaftlich an sich bereits im Lichte des § 25 I 1. Var. StGB nichts Spektakuläres (schon die Verabredung zur Tat enthält kausale Handlungen aller sich Verabredenden); erklärungsbedürftig ist vielmehr v. a. der Unterschied zur Beihilfe nach § 27 StGB, s. sogleich. 203

cc) Berücksichtigung des § 27 StGB
Es ist begründungsbedürftig, warum manche Verabredungen und Zusammenwirkungen etc. nicht als gemeinschaftliche Straftatbegehung gewertet werden, sondern als – milder bestrafte – Beihilfe gem. § 27 StGB. Zum Kriterium der Unterordnung/Fremdbezug (dann Beihilfe) vs. Gleichordnung/Eigenbezug (dann Täterschaft) s. bereits o. Besonders in den Fokus zu nehmen ist mithin das Verhältnis der in Betracht kommenden Mittäter zueinander, s. sogleich 204

dd) Falllösung nach Zurechnungsüberlegungen
Voraussetzung für eine Mittäterschaft ist gem. § 25 II StGB die **gemeinschaftliche** **Begehung** der Straftat. Hierunter versteht man – als Ausgangspunkt – die Verabredung zu einer arbeitsteiligen Tat (üblicherweise **gemeinsamer Tatentschluss**, -beschluss oder -plan genannt), die dann entsprechend umgesetzt wird (üblicherweise **gemeinsame Ausführung** genannt). 205

Sofern man § 25 II StGB – an sich unnötigerweise, s. o. – als Zurechnungsnorm zur Überwindung mangelnder Unmittelbarkeit bzw. Eigenhändigkeit der Verwirklichung aller Tatbestandsmerkmale versteht, ist im Rahmen einer strafrechtlichen Falllösung die Frage der Mittäterschaft immer dann zu klären, wenn festgestellt wurde, dass der zu Prüfende ein bestimmtes objektives Tatbestandsmerkmal nicht eigenhändig verwirklichte, aber eine Zurechnung der Handlung eines anderen Beteiligten in Betracht kommt.

Es empfiehlt sich aus Gründen der Übersichtlichkeit, die in Betracht kommenden Personen **getrennt** zu prüfen. 206

Beim **ersten Merkmal**, welches über § 25 II StGB zugerechnet werden muss, ist dann – **üblicherweise inzident** – zu prüfen

- erstens die Verabredung bzgl. Ob und Wie der arbeitsteiligen Tatbegehung (inkl. – in Unterscheidung zur bloßen Beihilfe – Gleichordnung/Eigenbezug)
- zweitens die Erfüllung dieser Verabredung durch einen Tatbeitrag des zu Prüfenden.

Bei Anlass sind Fragen der Abweichung von Verabredetem und dann Geschehenem (v. a. ein sog. Exzess) aufzuwerfen.

Zwar ist es auch **möglich** und wird jedenfalls bei Tötungsdelikten auch vielfach empfohlen, die (Mit-)Täterschaft nicht inzident beim betroffenen Merkmal des jeweiligen Tatbestands zu prüfen, sondern als **eigenständigen Prüfungspunkt** „Täterschaft". In fortgeschrittenen Fallbearbeitungen ist dies aber nicht sehr üblich und es kann stilistisch etwas gespreizt wirken, in Mehrpersonenkonstellationen

schulmäßig den objektiven Tatbestand sie hier oder nach etwa Erfolg, Handlung, Kausalität, objektiver Zurechnung und Täterschaft zu gliedern (z. B. bei Delikten wie Körperverletzung, Brandstiftung oder Diebstahl).

207 Ein Mittäter kann nicht für Beiträge verantwortlich gemacht werden, die er in eigener Person nicht verwirklichen könnte, so dass nach h. M. die Gesamtzurechnung bei **eigenhändigen Delikten** (zur Kritik an der Schaffung dieser Deliktskategorie s. o.) und **Sonderdelikten** (hier mangelt es schlicht der Zugehörigkeit zum vom jeweiligen Tatbestand vorgesehenen Täterkreis) ausscheidet.[324]

Zugerechnet werden i. Ü. nur **objektive** Umstände, nicht jedoch subjektive Merkmale (Vorsatz und sonstige subjektive Tatbestandsmerkmale).[325] Trotz gemeinschaftlicher Tatbegehung bleibt erforderlich, dass der einzelne Mittäter selbst sämtliche subjektiven Elemente der Straftat aufweist. zum Beispiel kann Mittäter eines Diebstahls (§ 242 I StGB) nur sein, wer selbst in der Absicht handelt, die Sache sich oder einem Dritten rechtswidrig zuzueignen.

Schuldloses Handeln eines Beteiligten (§§ 19, 20 StGB) verhindert Mittäterschaft nicht.[326]

Das Mitwirken von Mittätern gehört zwar nicht zur rechtlichen Bezeichnung im Schuldspruch der Urteilsformel;[327] die Erwähnung in **Ober- und Ergebnissatz** in Klausuren ist aber üblich (z. B.: „... könnte sich wegen mittäterschaftlichen Totschlags gem. §§ 212, 25 II StGB strafbar gemacht haben, indem ...").

c) Sog. gemeinsamer Tatentschluss/-beschluss/-plan: Tat- und Arbeitsteilungsverabredung

▶ Didaktischer Aufsatz:

- Lesch, Gemeinsamer Tatentschluß als Voraussetzung der Mittäterschaft?, JA 2000, 73

aa) Grundlagen

208 In chronologischer Nachzeichnung der Vorgänge zwischen den Beteiligten ist zunächst zu prüfen, ob mindestens zwei Personen eine hier sog. Tat- und Arbeitsteilungsverabredung geschlossen haben. Die gängige Bezeichnung als gemeinsamer Tatentschluss[328] ist eher unglücklich, da das Missverständnis entstehen kann, es handele sich um rein Subjektives (die Verabredung muss nämlich als Kommunikationsakt objektiv vorliegen).

---

[324] S. z. B. Fischer, StGB, 68. Aufl. 2021, § 25 Rn. 16.
[325] Joecks/Jäger, StGB, 13. Aufl. 2021, § 25 Rn. 91; aus der Rspr. vgl. zuletzt BGH U. v. 01.08.2018 – 3 StR 651/17 – NStZ 2019, 511 (Anm. Jäger JA 2019, 467; Eisele JuS 2019, 495; Heuser ZJS 2019, 529; RÜ 2019, 170; Rückert HRRS 2019, 245); BGH B. v. 08.08.2019 – 1 StR 204/19 – NStZ 2020, 290 = StV 2020, 114.
[326] Joecks/Scheinfeld, in: MK-StGB, 4. Aufl. 2020, § 25 Rn. 188; näher Exner Jura 2013, 103.
[327] Meyer-Goßner/Schmitt, StPO, 64. Aufl. 2021, § 267 Rn. 25.
[328] S. nur Kudlich, in: BeckOK-StGB, Stand 01.02.2021, § 25 Rn. 49.

B. Objektiver Tatbestand

Die Verabredung kann ausdrücklich gefasst werden, aber auch **konkludent** (z. B. durch gegenseitiges Zunicken), dies ist auch **nach Tatbeginn** noch möglich.[329] Zu unterscheiden ist dies von bloßer **Billigung** oder **Ausnutzung** des Vorgehens eines anderen.[330]

Beispiel 135

BGH B. v. 26.06.2002 – 1 StR 191/02 – NStZ 2003, 85 (Anm. RA 2002, 602; Otto JK 2003 StGB § 25 II/14):
Am 27.11.2000 wollten B1, B2 und B3 Pkw aufbrechen und suchten geeignete Tatobjekte. Auf einem Parkplatz beobachteten sie eine Frau mit einer Handtasche, die ihr Fahrzeug bestieg, aber nicht zügig wegfahren konnte, weil ihr Fahrzeug von anderen Fahrzeugen „extrem zugeparkt" war. Sie kamen stillschweigend überein, der Frau die Handtasche wegzunehmen. B1 und B2 gingen zum Fahrzeug und taten so, als ob sie beim Ausparken helfen wollten. B2 stand auf der Fahrerseite, der B1 auf der Beifahrerseite, B3 beobachtete die Umgebung, um eventuell warnen zu können. B1 konnte die auf dem Beifahrersitz liegende Tasche aber nicht wegnehmen, weil das Fenster der Beifahrerseite verschlossen und die Beifahrertür von innen verriegelt war. Dies gab B1, von der mit Ausparken beschäftigten Fahrerin unbemerkt, dem B2 über den Wagen hinweg zu verstehen. Dieser entschloss sich daraufhin, selbst die Tasche gewaltsam wegzunehmen. Er drückte seinen Oberkörper durch das geöffnete Fenster auf der Fahrerseite, stieß den Kopf der Fahrerin kräftig gegen das Lenkrad, ergriff die Handtasche und flüchtete. ◄

Das stillschweigende Übereinkommen, der Frau die Handtasche wegzunehmen, genügt als Verabredung.

---

[329] Fischer, StGB, 68. Aufl. 2021, § 25 Rn. 34; aus der Rspr. vgl. zuletzt BGH U. v. 01.03.2018 – 4 StR 399/17 (Autorennen Kurfürstendamm) – BGHSt 63, 88 = NJW 2018, 1621 = NStZ 2018, 409 = StV 2018, 419 (Anm. Jäger JA 2018, 468; Eisele JuS 2018, 492; LL 2018, 460; RÜ 2018, 301; famos 6/2018; Hörnle NJW 2018, 1576; Walter NStZ 2018, 412; Schneider NStZ 2018, 528; Puppe JR 2018, 323; Eisele JZ 2018, 549; Krell HRRS 2018, 237; Kubiciel/Wachter HRRS 2018, 332; Bertlings jurisPR-StrafR 9/2018 Anm. 4; Momsen KriPoZ 2018, 76; Bautze KJ 2018, 360; Preuß NZV 2018, 345); BGH B. v. 26.03.2020 – 4 StR 134/19 – NJW 2020, 2421 = NStZ 2020, 609 (Anm. Jäger JA 2020, 867; Schiemann NJW 2020, 2424; Drees NStZ 2020, 612); BGH U. v. 18.06.2020 – 4 StR 482/19 – BGHSt 65, 42 = NJW 2020, 2900 = NStZ 2020, 602 = StV 2021, 113 (Anm. Bosch Jura 2020, 1270; Eisele JuS 2020, 892; RÜ 2020, 641; Grünewald NJW 2020, 2906; Steinert NStZ 2020, 608; Kubiciel JZ 2020, 1114; Puppe ZIS 2020, 584; Preuß NZV 2020, 523; Koehl SVR 2020, 439; Wachter JR 2021, 146; Fromm DAR 2021, 13).

[330] Fischer, StGB, 68. Aufl. 2021, § 25 Rn. 34; aus der Rspr. vgl. zuletzt BGH B. v. 28.11.2017 – 3 StR 266/17 – NStZ 2018, 650 = NStZ-RR 2018, 211 = StV 2019, 16 (Anm. Schlösser NStZ 2018, 651); BGH B. v. 12.12.2017 – 2 StR 308/16 – NStZ-RR 2018, 178 = StV 2019, 21 (Anm. Pelz jurisPR-Compl 3/2018 Anm. 1); BGH B. v. 05.06.2019 – 5 StR 181/19 – NStZ-RR 2019, 271 = StV 2020, 301 (Anm. Nestler Jura 2019, 1219; Brüning ZJS 2019, 429).

Detailvereinbarungen oder -kenntnisse bzgl. der Tatbeiträge sind nicht erforderlich.[331]

Aus der Tatsache einer **Bandenmitgliedschaft** (z. B. § 244 I Nr. 2 StGB) ist kein Rückschluss auf eine Mittäterschaft zu ziehen.[332] Bandenmitglieder können im Hinblick auf die zu prüfende konkrete Tat durchaus auch lediglich Gehilfen sein.

bb) Sog. sukzessive Mittäterschaft

▶ Didaktische Aufsätze:

- Grabow/Pohl, Die sukzessive Mittäterschaft und Beihilfe, Jura 2009, 656
- Mitsch, Die Beendigung als ungeschriebenes Merkmal der Straftat, JA 2017, 407

209 Umstritten ist die sog. **sukzessive Mittäterschaft**.[333]

Unstrittig ist es möglich, eine mittäterschaftstaugliche Verabredung zu schließen, wenn der andere sich bereits und noch im Versuchsstadium befindet.[334]

Beispiel 136

B1 wollte einen Pkw entwenden und brach diesen auf. Als es ihm aber misslang, den Motor zu starten, rief er B2 an. Dieser kam hinzu und startete den Motor. ◀

Eine Mittäterschaft nach Vollendung ist ferner unstreitig möglich, wenn es um Dauerdelikte geht.[335]

---

[331] Heine/Weißer, in: Schönke/Schröder, StGB, 30. Aufl. 2019, § 25 Rn. 72; aus der Rspr. vgl. BGH U. v. 08.10.2014 – 1 StR 359/13 – BGHSt 60, 1 = NStZ 2015, 89 = NStZ-RR 2015, 74 = StV 2016, 20 (Anm. LL 2015, 424; RÜ 2015, 28; Albrecht JZ 2015, 841; Dannecker NZWiSt 2015, 173; Schlösser StV 2016, 25).

[332] Fischer, StGB, 68. Aufl. 2021, § 244 Rn. 43; aus der Rspr. vgl. zuletzt BGH U. v. 17.10.2019 – 3 StR 521/18 – NJW 2020, 1080 = NStZ 2020, 273 = StV 2020, 660 (Anm. Bosch Jura 2020, 530; RÜ 2020, 236; Kudlich NJW 2020, 1083; Hinderer NStZ 2020, 276); BGH U. v. 23.10.2019 – 2 StR 139/19 – NJW 2020, 559 = StV 2020, 658.

[333] Hierzu Kindhäuser/Hilgendorf, LPK, 8. Aufl. 2020, § 25 Rn. 54ff.; Furtner JR 1960, 367; Küper JZ 1981, 568; Gössel FS Jescheck 1985, 537; Bitzilekis ZStW 1987, 723; Grabow/Pohl Jura 2009, 656; Mitsch JA 2017, 407; aus der Rspr. vgl. zuletzt BGH B. v. 11.12.2018 – 5 StR 577/18 – NStZ 2019, 344 = StV 2019, 388 (Anm. Nestler Jura 2019, 682; Eisele JuS 2019, 402; Kudlich NStZ 2019, 345); BGH B. v. 20.03.2019 – 2 StR 594/18 – NStZ 2019, 513; BGH B. v. 10.04.2019 – 4 StR 102/19 – NStZ-RR 2019, 205; BGH B. v. 04.06.2019 – 2 StR 364/18 – NStZ 2019, 725 = StV 2020, 73; BGH U. v. 12.05.2020 – 1 StR 368/19; BGH U. v. 18.06.2020 – 4 StR 482/19 – BGHSt 65, 42 = NJW 2020, 2900 = NStZ 2020, 602 = StV 2021, 113 (Anm. Bosch Jura 2020, 1270; Eisele JuS 2020, 892; RÜ 2020, 641; Grünewald NJW 2020, 2906; Steinert NStZ 2020, 608; Kubiciel JZ 2020, 1114; Puppe ZIS 2020, 584; Preuß NZV 2020, 523; Koehl SVR 2020, 439; Wachter JR 2021, 146; Fromm DAR 2021, 13).

[334] Wessels/Beulke/Satzger, AT, 50. Aufl. 2020, Rn. 527.

[335] S. Krey/Esser, AT, 6. Aufl. 2016, Rn. 962f.

Beispiel 137

B1 sperrte Z im Keller ein. B2 kam hinzu, wurde von B1 über die Lage informiert und bewachte nun die Kellertür. ◄

Das Dauerdelikt Freiheitsberaubung (§ 239 I StGB) ist zwar mit dem Akt des Einsperrens vollendet, dauert aber über den Zustand des Einsperrens noch an, so dass die Aufrechterhaltung des Zustandes durch B2 Mittäterschaft sein kann.

Umstritten sind Fälle, in denen nach Vollendung eine Verabredung geschlossen wird, die sich nur noch auf die Sicherung der durch Vollendung erlangten Tatvorteile erstreckt (sog. **Beendigungsstadium**). 210

Beispiel 138

BGH U. v. 24.04.1952 – 3 StR 48/52 – BGHSt 2, 344 = NJW 1952, 1146 (Anm. Hemmer-BGH-Classics Strafrecht, 2003, Nr. 33; Niese NJW 1952, 1148):

B1 drang mit einem Brecheisen in eine Verkaufsbude ein, entwendete eine größere Menge Lebensmittel und brachte diese in die Wohnung der B2. Er weckte sie, teilte ihr das Geschehene mit und bemerkte, dass in der Verkaufsbude noch weitere Ware lagere. Daraufhin begab sich B1 in Begleitung der B2 nochmals zu der Verkaufsbude, wo beide gemeinsam wiederum größere Mengen Lebensmittel entwendeten. Zu Hause wurde die Gesamtbeute, also auch der von B1 allein herbeigeschaffte Teil, zwischen beiden aufgeteilt. ◄

Fraglich ist, ob B2 als Mittäterin der Diebstähle anzusehen ist. Während sie beim zweiten Durchgang die Lebensmittel mit B1 gemeinsam entwendete, ist die Zurechnung problematisch im Hinblick auf den vorher von B1 allein vollendeten Diebstahl.

Die Rspr.[336] hält mittäterschaftsbegründende Verabredungen im Stadium zwischen Vollendung und Beendigung für möglich, inkl. Haftung für das bereits realisierte Verhalten des anderen, wenn der Mittäter in Kenntnis und in Billigung des bisher Geschehenen in die Tat eintritt. Anders soll dies sein, wenn der Hinzutretende die weitere Tatausführung nicht mehr fördern könne, weil für die Herbeiführung des tatbestandsmäßigen Erfolges schon alles getan sei und weil das Tun des Eintretenden auf den weiteren Ablauf des tatbestandsmäßigen Geschehens ohne jeden Einfluss bleibe.

Die h. L.[337] lehnt eine derart sukzessive Mittäterschaft ab.

Überzeugender ist die h. L.: Das Einverständnis des Hinzutretenden mit dem Gesamtplan kann nicht zur rückwirkenden Verwirklichung bereits abgeschlossener Handlungen führen, kann die Kausalität für diese Teilakte nicht ersetzen. Ohne eine zumindest teilweise eigene Verwirklichung des objektiven Tatbestands mangelt es

---

[336] S. o.
[337] S. nur Kindhäuser/Hilgendorf, LPK, 8. Aufl. 2019, § 25 Rn. 55.

an einem Anknüpfungspunkt für eine mittäterschaftliche Zurechnung. Eine darüber hinaus weisend weite Auslegung des Straftatbegriffs i. S. d. § 25 II StGB entspricht weder § 11 I Nr. 5 StGB noch dem Bestimmtheitsgebot gem. Art. 103 II GG, § 1 StGB. Für die Bestrafung nachträglicher Mitwirkung an bereits vollendeten Taten stellt der Gesetzgeber die §§ 257ff. StGB bereit.

> **§ 257 StGB (Begünstigung)**
> (1) Wer einem anderen, der eine rechtswidrige Tat begangen hat, in der Absicht Hilfe leistet, ihm die Vorteile der Tat zu sichern, wird mit Freiheitsstrafe bis zu fünf Jahren oder mit Geldstrafe bestraft.
> (2) Die Strafe darf nicht schwerer sein als die für die Vortat angedrohte Strafe.
> (3) Wegen Begünstigung wird nicht bestraft, wer wegen Beteiligung an der Vortat strafbar ist. Dies gilt nicht für denjenigen, der einen an der Vortat Unbeteiligten zur Begünstigung anstiftet. […]

> **§ 258 StGB (Strafvereitelung)**
> (1) Wer absichtlich oder wissentlich ganz oder zum Teil vereitelt, daß ein anderer dem Strafgesetz gemäß wegen einer rechtswidrigen Tat bestraft oder einer Maßnahme (§ 11 Abs. 1 Nr. 8) unterworfen wird, wird mit Freiheitsstrafe bis zu fünf Jahren oder mit Geldstrafe bestraft.
> (2) Ebenso wird bestraft, wer absichtlich oder wissentlich die Vollstreckung einer gegen einen anderen verhängten Strafe oder Maßnahme ganz oder zum Teil vereitelt.
> (3) […]
> (4) […]
> (5) Wegen Strafvereitelung wird nicht bestraft, wer durch die Tat zugleich ganz oder zum Teil vereiteln will, daß er selbst bestraft oder einer Maßnahme unterworfen wird oder daß eine gegen ihn verhängte Strafe oder Maßnahme vollstreckt wird.
> (6) Wer die Tat zugunsten eines Angehörigen begeht, ist straffrei.

> **§ 259 I StGB (Hehlerei)**
> Wer eine Sache, die ein anderer gestohlen oder sonst durch eine gegen fremdes Vermögen gerichtete rechtswidrige Tat erlangt hat, ankauft oder sonst sich oder einem Dritten verschafft, sie absetzt oder absetzen hilft, um sich oder einen Dritten zu bereichern, wird mit Freiheitsstrafe bis zu fünf Jahren oder mit Geldstrafe bestraft.

B. Objektiver Tatbestand

§ 261 StGB (Geldwäsche)

(1) Wer einen Gegenstand, der aus einer rechtswidrigen Tat herrührt,
1. verbirgt,
2. in der Absicht, dessen Auffinden, dessen Einziehung oder die Ermittlung von dessen Herkunft zu vereiteln, umtauscht, überträgt oder verbringt,
3. sich oder einem Dritten verschafft oder
4. verwahrt oder für sich oder einen Dritten verwendet, wenn er dessen Herkunft zu dem Zeitpunkt gekannt hat, zu dem er ihn erlangt hat,

wird mit Freiheitsstrafe bis zu fünf Jahren oder mit Geldstrafe bestraft. In den Fällen des Satzes 1 Nummer 3 und 4 gilt dies nicht in Bezug auf einen Gegenstand, den ein Dritter zuvor erlangt hat, ohne hierdurch eine rechtswidrige Tat zu begehen. Wer als Strafverteidiger ein Honorar für seine Tätigkeit annimmt, handelt in den Fällen des Satzes 1 Nummer 3 und 4 nur dann vorsätzlich, wenn er zu dem Zeitpunkt der Annahme des Honorars sichere Kenntnis von dessen Herkunft hatte.

(2) Ebenso wird bestraft, wer Tatsachen, die für das Auffinden, die Einziehung oder die Ermittlung der Herkunft eines Gegenstands nach Absatz 1 von Bedeutung sein können, verheimlicht oder verschleiert.

(3) Der Versuch ist strafbar.

(4) Wer eine Tat nach Absatz 1 oder Absatz 2 als Verpflichteter nach § 2 des Geldwäschegesetzes begeht, wird mit Freiheitsstrafe von drei Monaten bis zu fünf Jahren bestraft.

(5) In besonders schweren Fällen ist die Strafe Freiheitsstrafe von sechs Monaten bis zu zehn Jahren. Ein besonders schwerer Fall liegt in der Regel vor, wenn der Täter gewerbsmäßig handelt oder als Mitglied einer Bande, die sich zur fortgesetzten Begehung von Geldwäsche verbunden hat.

(6) Wer in den Fällen des Absatzes 1 oder 2 leichtfertig nicht erkennt, dass es sich um einen Gegenstand nach Absatz 1 handelt, wird mit Freiheitsstrafe bis zu zwei Jahren oder mit Geldstrafe bestraft. Satz 1 gilt in den Fällen des Absatzes 1 Satz 1 Nummer 3 und 4 nicht für einen Strafverteidiger, der ein Honorar für seine Tätigkeit annimmt.

(7) Wer wegen Beteiligung an der Vortat strafbar ist, wird nach den Absätzen 1 bis 6 nur dann bestraft, wenn er den Gegenstand in den Verkehr bringt und dabei dessen rechtswidrige Herkunft verschleiert.

(8) Nach den Absätzen 1 bis 6 wird nicht bestraft,
1. wer die Tat freiwillig bei der zuständigen Behörde anzeigt oder freiwillig eine solche Anzeige veranlasst, wenn nicht die Tat zu diesem Zeitpunkt bereits ganz oder zum Teil entdeckt war und der Täter dies wusste oder bei verständiger Würdigung der Sachlage damit rechnen musste, und
2. in den Fällen des Absatzes 1 oder des Absatzes 2 unter den in Nummer 1 genannten Voraussetzungen die Sicherstellung des Gegenstandes bewirkt.

> (9) Einem Gegenstand im Sinne des Absatzes 1 stehen Gegenstände, die aus einer im Ausland begangenen Tat herrühren, gleich, wenn die Tat nach deutschem Strafrecht eine rechtswidrige Tat wäre und
> 1. am Tatort mit Strafe bedroht ist oder
> 2. nach einer der folgenden Vorschriften und Übereinkommen der Europäischen Union mit Strafe zu bedrohen ist: [...]
> (10) [...]

211 Unstrittig ist keine sukzessive Mittäterschaft mehr möglich, wenn der Hinzutretende die weitere Tatausführung nach Vollendung nicht mehr fördern kann. Das ist erstens bei **bereits beendetem** Delikt der Fall.[338]

Beispiel 139

BGH B. v. 01.02.2011 – 3 StR 432/10 – NStZ 2011, 637 = StV 2011, 410 (Anm. LL 2011, 561):

B1 kam mit B2 und B3 Ende 2012 überein, seine Einkommenssituation durch eine Vielzahl im Einzelnen noch unbestimmter Diebstähle dauerhaft zu verbessern. Die Taten sollten entsprechend ihren Fähigkeiten arbeitsteilig und unter wechselnder Mitwirkung der einzelnen Gruppenmitglieder sowie gegebenenfalls auch unter Beteiligung weiterer vertrauenswürdiger Personen begangen werden. B1 war als einziger von ihnen in der Lage, Tresore mit Hilfe eines Trennschleifers („Flex") zu öffnen, um so deren Inhalt zu erbeuten. Die Entscheidung über das „Wann" und „Wo" eines Einbruchs trafen B2 und B3. Am 30.12.2012 begaben sich B2 und B3 zu einer Grundschule, um dort möglichst viele stehlenswerte Gegenstände für sich zu erlangen. Für den Fall, dass sich in der Schule ein Tresor befinden sollte, wollten sie auf die Hilfe des B1 zurückgreifen, der sich schon vor der Tat generell dazu bereit erklärt hatte, bei Einbruchsdiebstählen vorgefundene Tresore mit einer Flex aufzuschneiden. B2 und B3 hebelten die Nebentür der Grundschule auf, brachen mehrere Türen innerhalb des Gebäudes auf und hebelten schließlich einen Tresorwürfel aus der Wand. Den Tresor verbrachten sie in die Kellerräume eines in einer anderen Stadt gelegenen Restaurants, in welchem B1 zum Tatzeitpunkt ein Beschäftigungsverhältnis hatte. Sodann baten B2 und B3 den B1 telefonisch, in das Restaurant zu kommen und den Tresor zu öffnen. Entsprechend seiner zuvor gegebenen Zusage begab sich der B1 in die Räumlichkeiten und flexte den Tresor auf. B1 und B2 entnahmen den Inhalt (ca. 280 Euro Bargeld), um ihn für sich zu behalten. B1 erhielt für seine Tätigkeit einen Anteil an der Beute i. H. v. 100 Euro. ◄

---

[338] Fischer, StGB, 68. Aufl. 2021, § 25 Rn. 39; aus der Rspr. vgl. zuletzt BGH B. v. 07.03.2016 – 2 StR 123/15 – NStZ 2016, 524 (Anm. Kudlich JA 2016, 470; RÜ 2016, 369).

B. Objektiver Tatbestand

Fraglich ist die Mittäterschaft des B1 an einem schweren Bandendiebstahl nach § 244a I StGB (hier bezogen auf § 243 I 2 Nr. 1, 2 StGB). Im Zeitpunkt, in dem B1 angerufen wurde, war der Gewahrsam an dem Tresor schon gesichert – nämlich in den Kellerräumen des Restaurants –, so dass das Öffnen des Tresors nicht als sukzessive Mittäterschaft anzusehen wäre, selbst wenn man mit der Rspr. eine solche generell für möglich hält. Der Hinzutretende kann die weitere Tatausführung nicht mehr fördern, weil für die Herbeiführung des tatbestandsmäßigen Erfolges schon alles getan ist und weil das Tun des Eintretenden auf den weiteren Ablauf des tatbestandsmäßigen Geschehens ohne jeden Einfluss bleibt. Bloße Kenntnis, Billigung und Ausnutzung der durch einen anderen geschaffenen Lage bewirken keine Schadensvertiefung.

Sukzessive Mittäterschaft scheidet zweitens aus bei **Delikten ohne Beendigungsstadium.**[339]

Beispiel 140

B1 tötete G. B2 beseitigte für ihn die Leiche. ◄

Der Totschlag ist mit dem Tod des G vollendet. Eine weitere Schädigung des Rechtsguts durch Ermöglichen einer Beendigung ist hier – anders als z. B. beim Diebstahl, da die Sicherung des Gewahrsams nach Wegnahme die Interessen des Eigentümers weiter beeinträchtigt – nicht möglich.

d) Gleichordnung/Eigenbezug

Welche Anforderungen an einen mittäterschaftsbegründenden Verabredung – in Unterscheidung zur Beihilfe(zusage) – zu stellen sind, ist umstritten. Zu den Grundansätzen in Rspr. (subjektive Lehre) und h. L. (Tatherrschaftslehre) s. o., ebenso zur weitreichenden Annäherung durch Verwendung identischer Indizien und zum hier vertretenen täterschaftsbegründenden Kriterium Gleichordnung/Eigenbezug bzw. zum beihilfebegründenden Kriterium Unterordnung/Fremdbezug.

Die eine Mittäterschaft konstituierende Tat- und Arbeitsteilungsverabredung besteht mithin in einem Einigsein über eine gleichberechtigte Partnerschaft und entsprechende Rollenverteilung sowie gegenseitige Abhängigkeit im Hinblick auf die Tatbegehung.

Während die Rspr. mithin den erforderlichen Täterwillen betont und demgegenüber die objektiven Anforderungen absenkt, objektive Gesichtspunkte allerdings indiziell zur Ermittlung des Täterwillens verwendet, herrscht innerhalb der Lehre Streit darüber, welche zugesagten Tatbeiträge täterschaftsbegründend sein können.[340]

---

[339] Kindhäuser/Hilgendorf, LPK, 8. Aufl. 2019, § 25 Rn. 55.
[340] Zsf. B. Heinrich, AT, 6. Aufl. 2019, Rn. 1226ff.

> **Beispiel 141**
>
> BGH B. v. 10.10.1984 – 2 StR 470/84 – BGHSt 33, 50 = NJW 1985, 502 = NStZ 1985, 168 = StV 1985, 328 (Anm. Geppert JK 1985 StGB § 244/4; Brandts/Seier JA 1985, 367; Hassemer JuS 1985, 417; Joerden StV 1985, 329; Taschke StV 1985, 367; Jakobs JR 1985, 342; Meyer JuS 1986, 189):
> B1 unterhielt seit 1971 einen Viehhandel mit angeschlossenem Schlachtbetrieb sowie eine Landwirtschaft. Als er 1977 in zunehmende wirtschaftliche Bedrängnis geriet, beschloss er, seine finanzielle Lage durch Viehweidediebstähle aufzubessern. Die Taten sollten nach seiner Vorstellung von Mitarbeitern ausgeführt werden. Er beabsichtigte, das gestohlene Vieh zu übernehmen. Im Frühjahr 1982 unterbreitete er dieses Ansinnen mit Erfolg den bei ihm beschäftigten B2 und B3. Sie verabredeten, dass B1 seine Fahrzeuge zum Transport der gestohlenen Tiere zur Verfügung stellte. B2 und B3 sollten anlässlich der von ihnen aus betrieblichen Gründen durchgeführten Fernfahrten nach Nord- und Süddeutschland auf dem Rückweg Ausschau nach geeigneten Objekten halten. B1 erwartete, vor der Rückkehr fernmündlich unterrichtet zu werden, um die Ankunft der gestohlenen Tiere – die möglichst nachts angeliefert werden sollten – vor anderen Betriebsangehörigen verheimlichen zu können. Teilweise bestimmte B1 die B2 und B3 auch vor Fahrtantritt, Tiere zu stehlen. Dieser Abrede gemäß entwendeten B2 und B3 von Juli bis Oktober 1982 in elf Fällen insgesamt 45 Rinder mit einem Wert von 90.000 bis 100.000 DM. Nach Ankunft im Betrieb des B1 wurden die Tiere entweder noch nachts geschlachtet oder durch B1 später veräußert oder seinem Viehbestand einverleibt. Der Erlös der Beute wurde gleichmäßig verteilt. ◄

Ein Diebstahl an den Rindern nach § 242 I StGB kommt in Betracht. B2 und B3 haben sich unproblematisch als unmittelbare (Mit-)Täter strafbar gemacht. B1 hat sich hingegen nicht an einer Wegnahmehandlung beteiligt. Fraglich ist, ob ihm die Handlungen der anderen nach § 25 II StGB zugerechnet werden können. Er war während der Begehung der Taten (sog. Ausführungsstadium zwischen Versuchsbeginn und Vollendung) nicht anwesend, hat aber absprachegemäß die Fahrzeuge zum Transport der Tiere zur Verfügung gestellt, stand fernmündlich mit B2 und B3 in Kontakt und war dafür zuständig, die Aktionen vor anderen Betriebsangehörigen zu verheimlichen. Reicht dies für eine Mittäterschaftsbegründungg?

Nach der sog. strengen Tatherrschaftslehre[341] ist die Zusage einer wesentlichen Mitwirkung im Ausführungsstadium notwendig, auch wenn eine Anwesenheit am Tatort nicht erforderlich ist.
Die Rspr. und die h. L.[342] verlangen zwar auch einen verabredeten objektiv **wesentlichen** Tatbeitrag, halten für einen solchen aber auch eine beträchtliche

---

[341] Etwa Puppe, AT, 4. Aufl. 2019, § 23 Rn. 9; Roxin JA 1979, 519 (522f.).
[342] S. Joecks/Jäger, StGB, 13. Aufl. 2021, § 25 Rn. 84f.

B. Objektiver Tatbestand

Mitwirkung im **Vorbereitungsstadium** für ausreichend, welche dann mithin in der Lage ist, ein Beteiligungsminus im Ausführungsstadium funktional auszugleichen. Die Rspr. und die h. L. unterscheiden sich auch hier insofern im Ergebnis kaum. Natürlich schafft gerade der weite Anwendungsbereich mittäterschaftstauglicher Verabredungsgegenstände Schwierigkeiten bei der Grenzziehung zur milder bestraften Beihilfe nach § 27 StGB.

> **§ 27 I StGB (Beihilfe)**
> Als Gehilfe wird bestraft, wer vorsätzlich einem anderen zu dessen vorsätzlich begangener rechtswidriger Tat Hilfe geleistet hat.

Beispiel 142

BGH B. v. 13.01.2010 – 5 StR 506/09 – NStZ-RR 2010, 139:
B1 verabredete sich mit B2 und B3 zu einem Überfall auf ein Autohaus. Nach dem gemeinsam gefassten Tatplan sollten zur Ausführung der Raubtat eine Soft-Air-Vorderschaftrepetierflinte sowie zwei Reizstoffsprühgeräte eingesetzt werden, die B3 bei sich trug. Während B2 und B3 die Raubtat ausführen sollten, kam B1 die Aufgabe zu, das Fluchtfahrzeug nahe dem Tatort bereit zu halten und dieses nach Abschluss der Tat vorzufahren. Ob B1 ein Anteil an der Beute zufallen sollte, konnte nicht festgestellt werden. ◄

Ist absprachegemäßes Fahren des Fluchtfahrzeugs ausreichend für eine gemeinschaftliche Begehung i. S. d. § 25 II StGB?

Laut **BGH**[343] liegt Mittäterschaft dann vor, wenn ein Tatbeteiligter nicht bloß fremdes Tun fördern will, sondern seinen Beitrag als Teil der Tätigkeit des anderen und umgekehrt dessen Tun als Ergänzung seines eigenen Tatanteils will. Ob ein Beteiligter dieses enge Verhältnis zur Tat habe, sei nach den gesamten von seiner Vorstellung umfassten Umständen in wertender Betrachtung zu beurteilen. Wesentliche Anhaltspunkte hierfür könnten gefunden werden im Grad des eigenen Interesses am Erfolg der Tat, im Umfang der Tatbeteiligung und in der Tatherrschaft oder wenigstens im Willen zur Tatherrschaft, so dass Durchführung und Ausgang der Tat maßgeblich von seinem Willen abhingen. Im konkreten Fall wies der BGH[344] darauf hin, dass es zwar richtig sei, dass Mittäterschaft nicht zwingend auch eine Mitwirkung am Kerngeschehen erfordere und dass dem Fahren des Fluchtfahrzeugs als einem unverzichtbaren Beitrag für das Gelingen der Tat hinsichtlich der Frage der Täterschaft wesentliche Bedeutung zukomme, jedoch sei nicht grundsätzlich anerkannt,

214

---

[343] Zuletzt BGH U. v. 13.11.2019 – 5 StR 343/19 (Anm. Nestler Jura 2020, 532); BGH B. v. 19.11.2019 – 4 StR 449/19 – NStZ 2020, 600; BGH B. v. 26.11.2019 – 3 StR 323/19 – NStZ 2020, 344; BGH B. v. 09.01.2020 – 4 StR 345/19 – NStZ 2020, 556; BGH B. v. 26.03.2020 – 4 StR 134/19 – NJW 2020, 2421 = NStZ 2020, 609 (Anm. Jäger JA 2020, 867; Schiemann NJW 2020, 2424; Drees NStZ 2020, 612); BGH B. v. 28.04.2020 – 3 StR 85/20 (Anm. Eisele JuS 2020, 1081).
[344] BGH B. v. 13.01.2010 – 5 StR 506/09 – NStZ-RR 2010, 139.

dass das Fahren eines Fluchtfahrzeugs stets zur Annahme von Mittäterschaft führe; vielmehr könne sich ein solches Verhalten – je nach den weiteren Tatumständen – auch als Beihilfe darstellen.

Beispiel 143

BGH B. v. 26.06.2002 – 1 StR 191/02 – NStZ 2003, 85 (Anm. RA 2002, 602; Otto JK 2003 StGB § 25 II/14):

Am 27.11.2000 wollten B1, B2 und B3 Pkw aufbrechen und suchten geeignete Tatobjekte. Auf einem Parkplatz beobachteten sie eine Frau mit einer Handtasche, die ihr Fahrzeug bestieg, aber nicht zügig wegfahren konnte, weil ihr Fahrzeug von anderen Fahrzeugen „extrem zugeparkt" war. Sie kamen stillschweigend überein, der Frau die Handtasche wegzunehmen. B1 und B2 gingen zum Fahrzeug und taten so, als ob sie beim Ausparken helfen wollten. B2 stand auf der Fahrerseite, der B1 auf der Beifahrerseite, B3 beobachtete die Umgebung, um eventuell warnen zu können. B1 konnte die auf dem Beifahrersitz liegende Tasche aber nicht wegnehmen, weil das Fenster der Beifahrerseite verschlossen und die Beifahrertür von innen verriegelt war. Dies gab B1, von der mit Ausparken beschäftigten Fahrerin unbemerkt, dem B2 über den Wagen hinweg zu verstehen. Dieser entschloss sich daraufhin, selbst die Tasche gewaltsam wegzunehmen. Er drückte seinen Oberkörper durch das geöffnete Fenster auf der Fahrerseite, stieß den Kopf der Fahrerin kräftig gegen das Lenkrad, ergriff die Handtasche und flüchtete. ◄

Hier ist problematisch, dass B1 zwar absprachegemäß am Tatort war, aber passiv blieb.

215 Letztlich existiert eine unüberschaubare und unlernbare Kasuistik an – objektiven und subjektiven – Erwägungen, die für oder gegen Mittäterschaft sprechen können. In einer Prüfungsleistung gilt es, alles im Sachverhalt Mitgeteilte zu verwerten. Je wichtiger die Mitwirkung im Vorbereitungsstadium (Planung) und Ausführungsstadium war, z. B. auch erkennbar an einer Vergütung i. F. d. Aufteilung von Beute, umso eher wird man von gemeinschaftlicher Begehung sprechen können. Von indizieller Bedeutung ist dabei auch, ob der zugesagte Tatbeitrag für das Gelingen der Tat konstitutiv war.

216 Löst man sich mit der o. a. Konzeption von der Konzentration der h. M. auf ein (immer zweifelhaftes) Gewicht des zugesagten Tatbeitrags und nimmt stattdessen die Frage von Über- und Unterordnung i. S. e. Weisungsunterwerfung in den Blick, die bereits die Modalitäten der Vereinbarung betrifft, so kann es durchaus sein, dass bedeutende Tatbeiträge nur unter § 27 StGB fallen, weil sich der Handelnde einem (Haupt-)Täter unterordnet; andersherum kann es sein, dass eher mindere Tatbeiträge für eine Mittäterschaft genügen, weil niemand dem anderen einseitig etwas Näheres zur Tatausführung aufgeben kann. Insofern zeigt sich gerade die keineswegs abgeschlossene Diskussion zu den Voraussetzungen, unter denen eine erfolgskausale, unerlaubt riskante Handlung, bloße Teilnahme ist.

e) Sog. gemeinsame Tatausführung/wesentlicher Tatbeitrag: Erfüllung der Tat- und Arbeitsteilungsverabredung durch den zu Prüfenden

Die – gleichgeordnete – Tat- und Arbeitsteilungsverabredung muss sodann durch den Mittäter in spe nach Maßgabe des Vereinbarten auch tatsächlich umgesetzt werden. Zu den Anforderungen an das Gewicht des Tatbeitrags s. o.

In Prüfungsarbeiten ist es gleichermaßen vertretbar, die Prüfung der Mittäterschaft chronologisch umzudrehen, d. h. mit der Tatausführung anzufangen und sodann erst den vorherigen Tatbeschluss herauszuarbeiten. Ohnehin vermengt insbesondere die Rspr. (s. o.) in ihrer Gesamtformel Aspekte der Tatverabredung und der – darauf bezogenen – Verabredungserfüllung.

Fraglich ist, ob auch Tatbeiträge, die im Ergebnis **zu eigenen Lasten** gehen, zur Mittäterschaft führen.[345]

Beispiel 144

BGH U. v. 23.01.1958 – 4 StR 613/57 (Verfolger) – BGHSt 11, 268 = NJW 1958, 836 (Anm. Roxin, Höchstrichterliche Rspr. AT, 1998, Nr. 11; Kaspar/Reinbacher, Casebook AT, 2020, Fall 28; Hemmer-BGH-Classics Strafrecht, 2003, Nr. 32; Schröder JR 1958, 427; Spendel JuS 1969, 314; Scheffler JuS 1992, 920; Dehne-Niemann ZJS 2008, 351):

B1 versuchte zusammen mit B2 in der Nacht zum 21.04.1952, in das Lebensmittelgeschäft des Z einzudringen, um dort zu stehlen. Jeder von ihnen war dabei mit einer geladenen Pistole bewaffnet. Als B1 die Fensterscheibe des Schlafzimmers der Eheleute Z, das er für einen Büroraum gehalten hatte, eingedrückt und B2 die Fensterflügel ins Zimmer hinein aufgestoßen hatte, war Z ans Fenster gegangen, hatte die Fensterflügel wieder zugestoßen und sich „gestikulierend und wie ein Bär brüllend" vor das Fenster gestellt. B1 und B2 flohen. An der vorderen Hausecke bemerkte B2 rückwärts schauend, dass ihm in einer Entfernung von nicht mehr als zwei bis drei Metern eine Person folgte. Diese war B1. B2 hielt ihn aber für einen Verfolger und fürchtete, von ihm ergriffen zu werden. Um der vermeintlich drohenden Festnahme und der Aufdeckung seiner Täterschaft zu entgehen, schoss er auf die hinter ihm herlaufende Person; dabei rechnete er mit einer tödlichen Wirkung seines Schusses und billigte diese Möglichkeit. Das Geschoss traf B1 am rechten Oberarm und verletzte ihn. B1 und B2 hatten auch sonst bei ihren Diebesfahrten wiederholt geladene Schusswaffen bei sich. Über deren Verwendung hatten sie besprochen, dass auch auf Menschen gefeuert werden solle, wenn die Gefahr der Festnahme eines der Teilnehmer drohe. Jener Abrede entsprach auch der auf B1 abgegebene Schuss. B2 wollte ihn treffen, um ihn als den vermeintlichen Verfolger auszuschalten; er hielt auf ihn, um ihn auf alle Fälle, gleichviel an welcher Stelle des Körpers, zu treffen; es war ihm recht, wenn die Kugel dabei tödlich traf, wenn sie nur überhaupt träfe und den Getroffenen als Verfolger erledigte. ◄

---

[345] Hierzu zsf. B. Heinrich, AT, 6. Aufl. 2019, Rn. 1240.

Problematisch ist, ob dem B1 der im Ergebnis nur selbstschädigende Tatbeitrag zur Mittäterschaft gereicht. Wenn rechtlich irrelevant ist, dass der B2 über die Identität des „Verfolgers" irrte (sog. unbeachtlicher *error in persona*) und ansonsten das Verhalten der Absprache folgte, ist § 25 II StGB an sich erfüllt. Allerdings widerspräche dies dem Grundsatz, dass Selbstverletzungen tatbestandslos sind.

f) Hinreichende Kongruenz des Tatbeitrags mit der Tat- und Arbeitsteilungsverabredung
aa) Grundlagen; sog. Exzess

219 Der Einzelne haftet nur bis zur Grenze des Vereinbarten. Bei sog. **Exzess** des Mittäters haftet nur derjenige für das Übermaß, welches über das Vereinbarte hinausgeht.[346]

Beispiel 145

B1 und B2 verabredeten, den G zu verprügeln. Dies geschah auch; B2 geriet aber so in Rage, dass er G tötete, womit B1 nie gerechnet und was er auch nie gewollt hatte. ◄

Zwar waren B1 und B2 Mittäter einer Körperverletzung; B1 war aber kein Mittäter des von B2 begangenen Totschlags.

Beispiel 146

BGH B. v. 26.06.2002 – 1 StR 191/02 – NStZ 2003, 85 (Anm. RA 2002, 602; Otto JK 2003 StGB § 25 II/14):

Am 27.11.2000 wollten B1, B2 und B3 Pkw aufbrechen und suchten geeignete Tatobjekte. Auf einem Parkplatz beobachteten sie eine Frau mit einer Handtasche, die ihr Fahrzeug bestieg, aber nicht zügig wegfahren konnte, weil ihr Fahrzeug von anderen Fahrzeugen „extrem zugeparkt" war. Sie kamen stillschweigend überein, der Frau die Handtasche wegzunehmen. B1 und B2 gingen zum Fahrzeug und taten so, als ob sie beim Ausparken helfen wollten. B2 stand auf der Fahrerseite, der B1 auf der Beifahrerseite, B3 beobachtete die Umgebung, um eventuell warnen zu können. B1 konnte die auf dem Beifahrersitz liegende Tasche aber nicht wegnehmen, weil das Fenster der Beifahrerseite verschlossen und die Beifahrertür von innen verriegelt war. Dies gab B1, von der mit Ausparken beschäftigten Fahrerin unbemerkt, dem B2 über den Wagen hinweg zu verstehen. Dieser entschloss sich daraufhin, selbst die Tasche gewaltsam wegzunehmen. Er drückte seinen Oberkörper durch das geöffnete Fenster auf der Fahrerseite, stieß den Kopf der Fahrerin kräftig gegen das Lenkrad, ergriff die Handtasche und flüchtete. ◄

---

[346] Zsf. B. Heinrich, AT, 6. Aufl. 2019, Rn. 1224; aus der Rspr. vgl. zuletzt BGH U. v. 04.03.2020 – 5 StR 623/19 – NStZ-RR 2020, 143 (Anm. Nestler Jura 2020, 876; Kudlich JA 2020, 390; Eisele JuS 2020, 570; Putzke ZJS 2020, 644); BGH B. v. 26.05.2020 – 5 StR 55/20 – NJW 2020, 2486 = NStZ-RR 2020, 246; BGH U. v. 06.01.2021 – 5 StR 288/20 – NStZ 2021, 287 (Anm. Schneider NStZ 2021, 288).

B. Objektiver Tatbestand

Ist die Kommunikation von B1 und B2 über den Wagen hinweg ausreichend für eine Verabredung, die das dann folgende Geschehen umfasst? B1-B3 waren stillschweigend übereingekommen, der Frau die Handtasche wegzunehmen. Die Art und Weise des Vorgehens war nur grob festgelegt. Als B1 dem B2 zu verstehen gab, die Tasche nicht wegnehmen zu können, lässt sich einerseits argumentieren, dass dieser davon ausgehen musste, angesichts der Unbestimmtheit des Planes und der Bestimmtheit des Zieles nun selbst tätig werden zu sollen. Andererseits qualifiziert die Anwendung von Gewalt durch B2 die geplante Tat (Diebstahl, § 242 I StGB) zu einer anderen (Raub, § 249 I StGB). Eine solche Botschaft kann der Kommunikation des B1 nicht entnommen werden, so dass es sich vielmehr um einen Exzess des B2 handelte.

Auch wenn der „Mittäter" eine **ganz andere Tat** als die geplante begeht, scheidet eine Zurechnung aus.[347]

Angesichts der oft offenen und vagen Planung der Tat ist aber nicht jede spontane Aktion des anderen Beteiligten ein Exzess: Differenzen, mit denen nach den Umständen des Falles **gerechnet** werden muss, und solche, bei denen die verabredete Tatausführung durch eine in ihrer Schwere und Gefährlichkeit gleichwertige ersetzt wird, werden in der Regel vom Willen des Beteiligten umfasst, auch wenn er sie sich nicht so vorgestellt hat; ebenso ist der Beteiligte für jede Ausführungsart einer von ihm gebilligten Straftat verantwortlich, wenn ihm die Handlungsweise seiner Tatgenossen **gleichgültig** ist und deswegen auf die Billigung geschlossen werden kann.[348]

Beispiel 147

BGH U. v. 19.03.2013 – 5 StR 575/12 – NStZ 2013, 400 (Anm. Hecker JuS 2013, 943):

B1, B2, B3 und B4 überfielen Z, den sie für einen Drogenhändler hielten, in seiner Wohnung, um Geld und Drogen zu erbeuten. Sie gingen davon aus, dem Z auf Grund ihrer Überzahl deutlich überlegen zu sein, und erwarteten, dessen Widerstand nur für kurze Zeit ohne erhebliche Gewaltanwendung überwinden zu müssen. Als sie die Wohnung stürmten, wurde der kräftig gebaute Z weggestoßen und kam zu Fall. Während die B1 und B2 absprachegemäß die Räume nach Drogen und Geld durchsuchten, stürzten sich die B3 und B4 auf den sich heftig wehrenden Z, schlugen nach ihm und versuchten, ihn festzuhalten. Dabei versetzte ihm einer dieser beiden einen so heftigen Tritt gegen das rechte Bein, knapp unterhalb des Knies, dass der Z eine Schienbein-Trümmerfraktur und eine

---

[347] S. Fischer, StGB, 68. Aufl. 2021, § 25 Rn. 37; aus der Rspr. vgl. BGH B. v. 19.03.2009 – 4 StR 20/09 – NStZ 2009, 25 = StV 2009, 410 (Anm. RÜ 2008, 639; Geppert JK 2009 StGB § 25 II/16; LL 2009, 29; Roxin NStZ 2009, 7).

[348] Fischer, StGB, 68. Aufl. 2021, § 25 Rn. 37; aus der Rspr. vgl. zuletzt BGH U. v. 04.03.2020 – 5 StR 623/19 – NStZ-RR 2020, 143 (Anm. Nestler Jura 2020, 876; Kudlich JA 2020, 390; Eisele JuS 2020, 570; Putzke ZJS 2020, 644); BGH U. v. 06.01.2021 – 5 StR 288/20 – NStZ 2021, 287 (Anm. Schneider NStZ 2021, 288).

Knorpelverletzung im Knie verbunden mit heftigen, andauernden Schmerzen erlitt. B3 und B4 hielten den sich wehrenden und laut vor Schmerz und Angst schreienden Z weiter fest. B1 und B2 hatten im Wohnzimmer Bargeld i. H. v. 120 Euro, Drogen und Zigaretten an sich genommen. ◄

Hier ist fraglich, ob in dem Verhalten von B3 und B4 für B1 und B2 ein Exzess liegt. Hiergegen und mithin für eine Annahme von Mittäterschaft spricht, dass die Prognose des von Z zu leistenden Widerstands von Anfang an unsicher sein musste, so dass der Tatplan insofern offen war.

Zu denken ist auch daran, dass noch im Verlauf der Tatbegehung stets eine spontane – auch konkludente – **Ausweitung** des ursprünglichen Tatplans möglich ist.[349]
Sofern man – zutreffend, s. o. – § 25 II StGB ohnehin keine konstitutive Funktion zuschreibt, ergibt sich in extensiver Anwendung der §§ 25 I, II StGB Vergleichbares dann, wenn man eine **tatbestandsspezifische Gefahrschaffung verneint** (die Verabredung zum Diebstahl ist z. B. nicht unbedingt die unerlaubte Schaffung einer Gefahr gerade für einen Raub); i. Ü. läge **kein Vorsatz** diesbzgl. vor (im Zeitpunkt der Verabredung zu einem Diebstahl mangelt es an Tatentschluss bzgl. eines Raubes), ggf. greift ein Fahrlässigkeitsdelikt.

bb) Aufkündigung der Tat- und Arbeitsteilungsverabredung; Ausscheiden eines Mittäters

220 Problematisch sind Fallkonstellationen, in denen ein Mittäter die zunächst geschlossene Tat- und Arbeitsteilungsverabredung **aufkündigt**.[350]
Fraglich ist zunächst, ob ein Aufkündigen **vor Versuchsbeginn**, also vor dem unmittelbaren Ansetzen i. S. d. § 22 StGB, die Verabredung wirksam aufhebt, so dass keine Mittäterschaft gem. § 25 II StGB vorliegt.

Beispiel 148

BGH U. v. 13.03.1979 – 1 StR 739/78 – BGHSt 28, 346 = NJW 1979, 1721 (Anm. Roxin, Höchstrichterliche Rspr. AT, 1998, Nr. 71; Hemmer-BGH-Classics Strafrecht, 2003, Nr. 34; Geilen JK 1979 StGB § 24/2; Hassemer JuS 1979, 823; Backmann JuS 1981, 336):

B1 und B2, mit der er zusammenlebte und die ein Kind von ihm hatte, sowie B3, eine Hausgenossin, verabredeten in bis in die Nacht dauernden Gesprächen einen Überfall auf eine Bank am Mittag des nächsten Tages. Sie hatten den Gedanken eines Banküberfalls schon längere Zeit erwogen und B1 und B3 hatten bereits zwei Fahrräder gestohlen, die bei der Fahrt zum und vom Tatort Verwendung finden sollten. Im Anschluss an die Verabredung, noch in der Nacht,

---

[349] B. Heinrich, AT, 6. Aufl. 2019, Rn. 1224.
[350] Hierzu Lackner/Kühl, StGB, 29. Aufl. 2018, § 24 Rn. 28; näher Küper JZ 1979, 775; Graul GS Meurer 2002, 89; Renzikowski JuS 2013, 481; Roxin FS Frisch 2013, 613; aus der Rspr. vgl. BGH B. v. 11.03.1999 – 4 StR 56/99 – NStZ 1999, 449 = StV 1999, 594 (Anm. Geppert JK 2000 StGB § 24/29; Otto JK 2000 StGB § 30/6; Puppe JR 2000, 72; Heuchemer JA-R 2001, 18).

besahen sich die drei die Bank von außen. Am Vormittag traf das Trio seine letzten Vorbereitungen; kurz nach 12 Uhr machte es sich auf den Weg zur Bank. B1, der eine Kindersonnenbrille trug, ging zu Fuß und schob vor sich einen Kinderwagen her, in dem sein fast 15 Monate alter Sohn lag. B2 und B3 fuhren mit den gestohlenen Rädern zur Bank. Jede von ihnen hatte eine geladene Gaspistole bei sich. Der Tatplan sah vor, dass die Frauen gleichzeitig durch die beiden Kundeneingänge in die Bank gehen und mit den Pistolen das Personal und etwaige Kunden bedrohen. B1 sollte über den Tresen springen und verlangen, dass eine mitgebrachte Plastiktüte mit Geld gefüllt wird. Dem B1 kamen Bedenken. Vor der Bank unternahm er einen kurzen verbalen Versuch, um wenigstens B2 vom Tatvorhaben abzubringen. Obgleich sie darauf nicht einging, folgte ihr B1 nicht, als sie in den Kundenraum eindrang und die Gaspistole auf zwei Bankangestellte richtete. Er entfernte sich mit dem Kinderwagen, kehrte aber nochmals zurück, um „nach den beiden Frauen zu sehen". Sie hatten inzwischen den Überfall mit Erfolg durchgeführt, 10.210 DM erbeutet und sich vom Tatort entfernt. Von dem erpressten Geld erhielt B1 6500 DM. ◀

Während die Rspr. – hier, i. Ü. nicht immer konsistent – davon ausgeht, dass ein solcher „Rücktritt" immer dann unbeachtlich bleibt, wenn noch vorher erbrachte Tatbeiträge bei der Durchführung der Tat durch die anderen Mittäter wirksam bleiben, geht die wohl h. L.[351] davon aus, dass im Fall erloschener Verabredung eine Mittäterschaft ausscheidet und lediglich eine Beihilfe gem. § 27 StGB zur (Haupt-) Tat möglich bleibt. Für die Auffassung der Rspr. spricht, dass gem. § 24 II StGB auch ansonsten strenge Anforderungen an die Rücknahme von Tatbeiträgen gestellt werden. Wenn die zunächst bestehende Verabredung zu fortwirkenden Tatbeiträgen geführt hat, muss sich der Beteiligte auch daran festhalten lassen. Das Aufkündigen der Verabredung kann auf Strafzumessungsebene hinreichend berücksichtigt werden. Erst recht kann eine bloß heimliche Abkehr des Mittäters nicht zum Ausschluss der Zurechnung führen.[352]

Nach Auffassung der Rspr. soll ein Auflösen der Verabredung aber zugleich ein Erlöschen des subjektiven Tatbestands sein, so dass z. B. mangels Zueignungsabsicht eine Täterschaft nicht in Betracht kommt:

Beispiel 149

BGH U. v. 07.09.1993 – 1 StR 325/93 – NStZ 1994, 29 = StV 1994, 17 (Anm. Otto JK 1994 StGB § 25 II/8):

B1 war im Rahmen seiner Ausbildung als Praktikant in einer Bank tätig. Obwohl er sich schriftlich zur Verschwiegenheit verpflichtet hatte, prahlte er in einem Spielsalon gegenüber B2 damit, er wisse, wie man leicht und kostenlos zu Geld kommen könne. Er verriet eine geheime Code-Zahl, deren Kenntnis die

---

[351] S. B. Heinrich, AT, 6. Aufl. 2019, Rn. 1234.
[352] Fischer, StGB, 68. Aufl. 2021, § 25 Rn. 38; aus der Rspr. vgl. BGH B. v. 08.05.2012 – 5 StR 88/12 – NStZ 2012, 508 (Anm. RÜ 2012, 579; LL 2013, 38).

Öffnung einer Hintertür der Bank ermöglichte, und fertigte darüber hinaus eine Skizze an, die ergab, wie man nach Betreten der Bank in einen Registraturraum gelangte, wo insbesondere an den Montagmorgen nach den sog. „langen Samstagen" sehr große Bargeldbeträge zunächst gezählt und dann in einen Tresor verbracht wurden. Er verriet dabei auch, dass diese Tür von den mit dem Geldzählen betrauten Bankbediensteten während dieser Zeit entgegen bankinterner Anweisung nicht verschlossen gehalten wurde, so dass der Raum – wenn man erst einmal durch die Hintertür in das Bankinnere gelangt war – leicht betreten werden konnte. B1 wusste und wollte, dass B2 sowie weitere, ihm namentlich nicht bekannte Mittäter auf der Grundlage dieser Informationen die Bank überfallen und berauben würden; es bestand Einvernehmen, dass B1 einen Anteil der Beute als Belohnung erhalten sollte. Ehe die Tat entsprechend den Informationen des B1 durchgeführt wurde, wobei die beiden Täter die Bankangestellten mit Messern bedrohten, fesselten und über 700.000 DM erbeuteten, hatte der B1 dem B2 erklärt, er wolle mit der Tat nichts mehr zu tun haben. Maßnahmen zur Verhinderung der Tat traf er nicht. Von der Beute erhielt B1 nichts. ◄

222 Erst recht zweifelhaft ist die Relevanz der aufgekündigten Verabredung dann, wenn die Aufgabe erst nach Versuchsbeginn geschieht.

Beispiel 150

BGH U. v. 15.01.1991 – 5 StR 492/90 – BGHSt 37, 289 = NJW 1991, 1068 = NStZ 1991, 280 = StV 1993, 410 (Anm. Roxin, Höchstrichterliche Rspr. AT, 1998, Nr. 79; Puppe, AT, 4. Aufl. 2019, § 23 Rn. 10ff.; Geppert JK 1991 StGB § 25 II/5; Puppe NStZ 1991, 571; Roxin JR 1991, 206; Herzberg JZ 1991, 856; Erb JuS 1992, 197; Stein StV 1993, 411; Hauf NStZ 1994, 263):

B1 war zwei Monate vor der Tat aus einem Hafturlaub nicht in die Justizvollzugsanstalt zurückgekehrt. Hierzu war er von B2 überredet worden, der schon jahrelang aus dem gleichen Grund von der Polizei gesucht wurde. B2 plante u. a. ein größeres Rauschgiftgeschäft, für das er B1 gewinnen wollte. Er nahm B1 bei sich auf, stattete ihn mit 20.000 DM aus und übergab ihm einen Revolver, den dieser fortan ständig führte. Sein Auto ließ B2 „fast kriegsmäßig" ausstatten. B1 und B2 entschlossen sich, im Falle drohender Verhaftung von ihren Schusswaffen Gebrauch zu machen, um sich die Flucht auch unter billigender Inkaufnahme der Tötung von Polizeibeamten freizuschießen. Am 22.10.1987 gegen 18.30 Uhr wurden B1 und B2 auf der Straße von zwei Polizeibeamten in Zivil aufgefordert, sich auszuweisen. B1 hatte schon vorher bemerkt, dass dem von einem Bekannten gefahrenen Kraftfahrzeug des B2 ein ziviles Polizeifahrzeug gefolgt war, und hatte B2 darauf aufmerksam gemacht. Als sie angesprochen wurden, wussten beide, dass sie Polizeibeamte vor sich hatten. Zwei weitere Polizeibeamte standen mit gezogenen Dienstwaffen in der Nähe. Einer hatte die Waffe auf B1 gerichtet, nachdem der kontrollierende Beamte etwas zur Seite getreten war. B1 zog seine Waffe nicht. B2 erschoss zunächst den vor B1 stehenden Beamten, um sich der Festnahme zu entziehen. B1 erhob sofort beide Arme zum

Zeichen der Aufgabe und ließ sich dann in dieser Stellung rückwärts gegen die Hecke fallen, rutschte daran herunter und blieb schließlich mit angewinkelten Armen auf dem Bürgersteig neben der Hecke liegen. B2 bemerkte dies nicht, wähnte B1 vielmehr noch in unmittelbarer Nähe. Sodann erschoss B2 den anderen herangetretenen Polizeibeamten, um zu verhindern, dass er und B1 festgenommen wurden. Nun entfernte sich B2. Später traf er B1 und fragte ihn, warum er nicht geschossen habe. B1 erwiderte: „Du, der stand vor mir mit gezogener Waffe, ich habe tierische Angst gehabt. Ich schieße nicht." Am nächsten Tage ließen sich B1 und B2, von der Polizei überrascht, widerstandslos verhaften. ◄

Richtigerweise wird man nach Versuchsbeginn erst recht zur grundsätzlichen Irrelevanz der Aufkündigung gelangen. Allerdings ist in Anlehnung an § 24 II 2 2. Var. StGB („genügt zu seiner Straflosigkeit sein freiwilliges und ernsthaftes Bemühen, die Vollendung der Tat zu verhindern, wenn sie ohne sein Zutun nicht vollendet oder unabhängig von seinem früheren Tatbeitrag begangen wird") eine Ausnahme zu machen, wenn sich der Tatbeitrag des sich distanzierenden Mittäters nicht ausgewirkt hat.

5. Nebentäterschaft

Als Nebentäterschaft[353] bezeichnet man die Herbeiführung desselben Erfolgs durch mehrere Täter, die keine Mittäter sind. Die Möglichkeit hierzu besteht aufgrund der Weite der strafrechtlichen Zurechnungsfilter (Handlung, Risikosetzung, Kausalität, Risikorealisierung), s. o. Es handelt sich um einen letztlich bedeutungslosen Begriff, da schlicht Täterschaft nach § 25 I 1. Var. StGB jedes einzelnen Beteiligten vorliegt, sofern nicht lediglich ein Fall der §§ 26, 27 StGB anzunehmen ist.

223

C. Subjektiver Tatbestand

▶ Didaktische Aufsätze:

- Ebert/Kühl, Das Unrecht der vorsätzlichen Straftat, Jura 1981, 225
- Bloy, Funktion und Elemente des subjektiven Tatbestands im Deliktsaufbau, JuS 1989, L1
- Otto, Der Vorsatz, Jura 1996, 468
- Lesch, Dolus directus, indirectus und eventualis, JA 1997, 802
- Satzger, Der Vorsatz – einmal näher betrachtet, Jura 2008, 112
- Henn, Der subjektive Tatbestand der Straftat – Teil 1: Der Vorsatzbegriff, JA 2008, 699

---

[353] Hierzu B. Heinrich, AT, 6. Aufl. 2019, Rn. 1186ff.; aus der Rspr. vgl. LG Karlsruhe U. v. 19.12.2018 – 4 KLs 608 Js 19580/17 (Darknet-Forumbetreiber, Amoklauf München) – StV 2019, 400 (Anm. Nestler Jura 2019, 898; Eisele JuS 2019, 1122; Nadeborn jurisPR-StrafR 14/2019 Anm. 4; Beck/Nussbaum HRRS 2020, 112).

- Rönnau, Grundwissen – Strafrecht: Vorsatz, JuS 2010, 675
- Sternberg-Lieben/Sternberg-Lieben, Vorsatz im Strafrecht, JuS 2012, 884 und 976

I. Grundlagen: Elemente des subjektiven Tatbestands

224 Der beim vorsätzlichen Vollendungsdelikt nach Bejahung des objektiven Tatbestands zu prüfende subjektive Tatbestand[354] enthält zunächst den in § 15 StGB grundsätzlich geforderten **Vorsatz**:

> **§ 15 StGB (Vorsätzliches und fahrlässiges Handeln)**
> Strafbar ist nur vorsätzliches Handeln, wenn nicht das Gesetz fahrlässiges Handeln ausdrücklich mit Strafe bedroht.

Eine ansatzweise Umschreibung des Vorsatzes findet sich in § 16 I StGB, welcher sich mit dem vorsatz- und damit tatbestandsausschließenden „Irrtum über Tatumstände" als Kehrseite des Vorsatzerfordernisses beschäftigt.

> **§ 16 I StGB (Irrtum über Tatumstände)**
> Wer bei Begehung der Tat einen Umstand nicht kennt, der zum gesetzlichen Tatbestand gehört, handelt nicht vorsätzlich. Die Strafbarkeit wegen fahrlässiger Begehung bleibt unberührt.

225 Bisweilen setzt ein Tatbestand über den (Grund-)Vorsatz i. S. d. § 15 StGB hinaus qualifizierten Vorsatz in Gestalt von **Absicht** oder **Wissentlichkeit** voraus, z. B.:

> **§ 258 I StGB (Strafvereitelung)**
> Wer absichtlich oder wissentlich ganz oder zum Teil vereitelt, daß ein anderer dem Strafgesetz gemäß wegen einer rechtswidrigen Tat bestraft oder einer Maßnahme (§ 11 Abs. 1 Nr. 8) unterworfen wird, wird mit Freiheitsstrafe bis zu fünf Jahren oder mit Geldstrafe bestraft.

---

[354] Hierzu z. B. Krey/Esser, AT, 6. Aufl. 2016, Rn. 373ff.; näher Engisch FS Rittler 1957, 165; Ebert/Kühl Jura 1981, 225; Spendel FS Lackner 1987, 167; Bloy JuS 1989, L1; Janzarik ZStW 1992, 65; Otto Jura 1996, 468; Lesch JA 1997, 802; Gössel GS Zipf 1999, 217; Satzger Jura 2008, 112; Henn JA 2008, 699; Gaede ZStW 2009, 239; Rönnau JuS 2010, 675; Sternberg-Lieben/Sternberg-Lieben JuS 2012, 884 und 976.

C. Subjektiver Tatbestand

> **§ 164 I StGB (Falsche Verdächtigung)**
> Wer einen anderen bei einer Behörde oder einem zur Entgegennahme von Anzeigen zuständigen Amtsträger oder militärischen Vorgesetzten oder öffentlich wider besseres Wissen einer rechtswidrigen Tat oder der Verletzung einer Dienstpflicht in der Absicht verdächtigt, ein behördliches Verfahren oder andere behördliche Maßnahmen gegen ihn herbeizuführen oder fortdauern zu lassen, wird mit Freiheitsstrafe bis zu fünf Jahren oder mit Geldstrafe bestraft.

Zum Vorsatz hinzu kommen u. U. – je nach Straftatbestand (bei sog. Delikten mit überschießender Innentendenz) – bestimmte **unrechtsbegründende Absichten und Motive** des Täters, z. B. in: 226

> **§ 211 StGB (Mord)**
> (1) Der Mörder wird mit lebenslanger Freiheitsstrafe bestraft.
> (2) Mörder ist, wer
> aus Mordlust, zur Befriedigung des Geschlechtstriebs, aus Habgier oder sonst aus niedrigen Beweggründen,
> heimtückisch oder grausam oder mit gemeingefährlichen Mitteln oder
> um eine andere Straftat zu ermöglichen oder zu verdecken,
> einen Menschen tötet.

Die Mordmerkmale der ersten und dritten Gruppe (aus Mordlust, zur Befriedigung des Geschlechtstriebs, aus Habgier oder sonst aus niedrigen Beweggründen, um eine andere Straftat zu ermöglichen oder zu verdecken) sind subjektive Tatbestandsmerkmale.[355]

> **§ 242 I StGB (Diebstahl)**
> Wer eine fremde bewegliche Sache einem anderen in der Absicht wegnimmt, die Sache sich oder einem Dritten rechtswidrig zuzueignen, wird mit Freiheitsstrafe bis zu fünf Jahren oder mit Geldstrafe bestraft.

Die Absicht rechtswidriger Zueignung ist Teil des subjektiven Tatbestands des Diebstahls.

---

[355] Ganz h. M., s. nur Eisele, BT I, 5. Aufl. 2019, Rn. 74.

> **§ 253 I StGB (Erpressung)**
> Wer einen Menschen rechtswidrig mit Gewalt oder durch Drohung mit einem empfindlichen Übel zu einer Handlung, Duldung oder Unterlassung nötigt und dadurch dem Vermögen des Genötigten oder eines anderen Nachteil zufügt, um sich oder einen Dritten zu Unrecht zu bereichern, wird mit Freiheitsstrafe bis zu fünf Jahren oder mit Geldstrafe bestraft.

Die Absicht, sich oder einen Dritten zu Unrecht zu bereichern, ist Teil des subjektiven Tatbestands der Erpressung.

> **§ 263 I StGB (Betrug)**
> Wer in der Absicht, sich oder einem Dritten einen rechtswidrigen Vermögensvorteil zu verschaffen, das Vermögen eines anderen dadurch beschädigt, daß er durch Vorspiegelung falscher oder durch Entstellung oder Unterdrückung wahrer Tatsachen einen Irrtum erregt oder unterhält, wird mit Freiheitsstrafe bis zu fünf Jahren oder mit Geldstrafe bestraft.

Die Absicht, sich oder einem Dritten einen rechtswidrigen Vermögensvorteil zu verschaffen, ist Teil des subjektiven Tatbestands des Betrugs.

> **§ 267 I StGB (Urkundenfälschung)**
> Wer zur Täuschung im Rechtsverkehr eine unechte Urkunde herstellt, eine echte Urkunde verfälscht oder eine unechte oder verfälschte Urkunde gebraucht, wird mit Freiheitsstrafe bis zu fünf Jahren oder mit Geldstrafe bestraft.

Das Merkmal „zur Täuschung im Rechtsverkehr" ist ein subjektives Tatbestandsmerkmal der Urkundenfälschung.

Klargestellt sei, dass es auf Absichten und **Motive**, die nicht Teil eines Tatbestands sind,[356] allenfalls für die in Prüfungsarbeiten nicht interessierende Frage der Strafzumessung ankommt.

II. Vorsatz, §§ 15, 16 I 1 StGB

1. Bedeutung und Rechtsnatur des Vorsatzes

227 Ob der Täter bei Ausführung seiner Tat vorsätzlich i. S. d. § 15 StGB handelte, ist für seine Strafbarkeit von immenser Bedeutung: Zum einen sind viele Verhaltens-

---

[356] Hierzu näher Krümpelmann ZStW 1975, 888; Krümpelmann Kolloquium Jescheck 1975, 53.

C. Subjektiver Tatbestand

weisen überhaupt nur bei Vorsatz strafbar (z. B. Diebstahl, § 242 I StGB, oder Sachbeschädigung, § 303 StGB), also im Übrigen **straflos**; zum anderen ist selbst dort, wo es ein **Fahrlässigkeitsdelikt** gibt, der **Strafrahmen** deutlich **herabgesetzt**. So ist z. B. bei einer fahrlässigen Tötung gem. § 222 StGB sogar eine Geldstrafe möglich.

Beispiel 151

B stellte während einer Autofahrt einen neuen Sender im Radio ein und achtete deshalb nicht auf die Straße. Er übersah einen Zebrastreifen, den G gerade betrat. Er fuhr G an. G starb. ◄

Heute ist gesichert, dass der Vorsatz bereits **Teil des Tatbestands** ist,[357] während früher die Stellung des Vorsatzes umstritten war (z. T. wurde dieser bei der Schuld eingeordnet). Auch heute noch werden Vorsatz und Fahrlässigkeit gängigerweise als Schuldformen bezeichnet.[358]

228

Das dem § 15 StGB zu entnehmende Vorsatzerfordernis ist also, sofern keine andere Regelung getroffen ist (Verzicht auf Vorsatz durch Erwähnung der Fahrlässigkeit einerseits, Erhöhung der Anforderungen durch Normierung von Absicht oder Wissentlichkeit andererseits), in den (subjektiven) Tatbestand des jeweiligen Delikts im Besonderen Teil hineinzulesen.

Der Vorsatz ist **tatbestandsbezogen** und muss für jeden einzelnen Tatbestand – und natürlich für jeden **einzelnen Beteiligten** – separat geprüft werden. zum Beispiel kann es durchaus sein, dass ein Täter sein Opfer verletzen (§ 223 I StGB), aber nicht töten wollte (§ 212 I StGB). Wenn es daher in § 16 I 1 StGB heißt „nicht vorsätzlich", so ist dies missverständlich: Gemeint ist mangelnder Vorsatz bzgl. der gerade geprüften objektiven Tatbestandsmerkmale des konkreten Delikts.

229

Vorsatz darf nicht mit der Frage der Schuld verwechselt werden. Auch ein Schuldunfähiger, z. B. ein Kind (§ 19 StGB), kann vorsätzlich handeln.[359] Nur in Ausnahmefällen wird eine Störung nach § 20 StGB dazu führen, dass der Täter Tatumstände verkennt; denkbar ist dies z. B. bei Trunkenheit.[360]

2. Inhalt und Gegenstand des Vorsatzes

a) Normative Grundlagen: § 16 I 1 StGB; Begriffliches

Als **Grunddefinition** des Vorsatzes, als Faustformel für eher unproblematische Fälle, wird üblicherweise verwendet, dass Vorsatz Wissen (kognitives Element) und

230

---

[357] S. nur Kindhäuser/Hilgendorf, LPK, 8. Aufl. 2019, vor § 13 Rn. 5ff.
[358] Z. B. Joecks/Kulhanek, in: MK-StGB, 4. Aufl. 2020, § 16 Rn. 13.
[359] Sternberg-Lieben/Schuster, in: Schönke/Schröder, StGB, 30. Aufl. 2019, § 15 Rn. 61; aus der Rspr. vgl. zuletzt BGH U. v. 06.02.2020 – 3 StR 305/19 – NStZ-RR 2020, 203.
[360] Sternberg-Lieben/Schuster, in: Schönke/Schröder, StGB, 30. Aufl. 2019, § 15 Rn. 63; aus der Rspr. vgl. zuletzt BGH B. v. 14.08.2018 – 4 StR 251/18 – NStZ-RR 2018, 332; BGH B. v. 29.08.2018 – 4 StR 248/18 – NStZ-RR 2018, 347; BGH U. v. 24.04.2019 – 2 StR 377/18 – NStZ 2019, 468 = StV 2020, 95.

Wollen (voluntatives Element) der den objektiven Tatbestand verwirklichenden Umstände sei.[361]

> **Beispiel 152**
>
> B sah sein zu tötendes Opfer, zielte, feuerte und traf tödlich. ◀

Der objektive Tatbestand des Totschlages (§ 212 I StGB) besteht aus dem Töten eines anderen Menschen und ist vorliegend erfüllt. Damit bei B Vorsatz angenommen werden kann, ist festzustellen, ob B wusste, dass er durch seine Handlung einen Menschen tötet, und ob er dies auch wollte.

An dieser Formel lässt sich aber bereits *prima facie* monieren, dass man sprachlich nicht sinnvoll ein Wollen bzgl. aller objektiven Tatumstände formulieren kann (Wollen bzgl. Menscheneigenschaft des Opfers?). Ferner klingt die voluntative Komponente zumindest für das unverbildete Ohr missverständlich nach einer starken Motivation, Zielsetzung oder einem Gutheißen des Geschehenden.

§ 15 StGB gibt über die Auslegung des Begriffs „vorsätzliches Handeln" keinerlei Auskunft.

Immerhin jedoch lassen sich **§ 16 I 1 und II StGB** – eigentlich eine Irrtumsregelung – bzgl. **Gegenstand** und **Inhalt** des Vorsatzes einige Rückschlüsse bzw. Umkehrschlüsse ziehen und zumindest eine gesetzlich fundierte Teildefinition des Vorsatzes ableiten, namentlich im Hinblick auf „kennt".[362]

231 Kennen muss der Täter laut § 16 I 1 StGB jeden Umstand, der zum gesetzlichen Tatbestand gehört. Dies ist freilich etwas schief, da zum gesetzlichen Tatbestand keine Umstände gehören, sondern Tatbestandsmerkmale, die ggf. durch Umstände erfüllt werden. Gemeint ist also (§ 16 II StGB bringt dies besser zum Ausdruck) Kenntnis bzgl. aller **Umstände zur Verwirklichung sämtlicher objektiver Tatbestandsmerkmale** (sog. Kongruenz zwischen objektivem und subjektivem Tatbestand; zur Kritik s. aber sogleich). Inhalt des Vorsatzes sind die Umstände, die die Tatbestandsmerkmale erfüllen, Gegenstand des Vorsatzes sind die objektiven Tatbestandsmerkmale,[363] und zwar sowohl die geschriebenen (inkl. ausgelagerten, vor die Klammer gezogenen, z. B. die Täterschaft gem. § 25 StGB) als auch die **ungeschriebenen** (z. B. Kausalität).

Freilich ist Vorsatz bzgl. des Erfolgseintritts kognitiv identisch mit Vorsatz im Hinblick auf eine diesbzgl. Gefahrschaffung, da der Erfolgseintritt *ex post* festgestellt wird und vom Täter nach seiner Gefahrschaffung nicht beeinflussbar ist;[364] Gleiches gilt für die nachträglich festzustellende Kausalität und die Verwirklichung der unerlaubten Gefahr im Erfolg. Bezugspunkt des Vorsatzes sind insofern nur vorgefundene Tatmodalitäten (Tatsubjekt, Tatgegenstand, Tatsituation) und das eigene Verhalten, nicht aber nicht mehr beeinflussbare Verhaltensfolgen. Zum beim Versuch gängigen Begriff des Tatentschlusses s. u.; vgl. auch § 31 I Nr. 2 StGB, der den Begriff „Vorhaben" verwendet.

---

[361] Joecks/Jäger, StGB, 13. Aufl. 2021, § 15 Rn. 7.
[362] Hierzu Hoyer, in: SK-StGB, 9. Aufl. 2017, § 16 Rn. 1ff.
[363] Hoyer, in: SK-StGB, 9. Aufl. 2017, § 16 Rn. 8.
[364] Vg. Freund/Rostalski, AT, 2. Aufl. 2019, 7/41.

C. Subjektiver Tatbestand

Nicht erforderlich ist, dass der Täter weiß, dass er ein bestimmtes Tatbestandsmerkmal verwirklicht oder welche Merkmale eine Straftat hat etc. Eine rechtlich zutreffende Subsumtion muss er nicht leisten. Aus der Gegenüberstellung der §§ 16 und 17 StGB lässt sich nämlich die Entscheidung des Gesetzgebers ableiten, dass das (fehlende) Unrechtsbewusstsein eine Frage der Schuld ist (§ 17 StGB regelt insofern den Verbotsirrtum) und nicht eine Frage (fehlenden) Vorsatzes ist – sog. Schuldtheorie.

Fraglich ist, ob sich die Fassung des § 16 I 1 StGB („kennt") als **vollständige** Definition des Vorsatzes verstehen lässt (**eingliedriger** Vorsatzbegriff, bei dem Kenntnis genügt, wobei die diesbzgl. Anforderungen zu klären wären) oder ob die Norm **unvollständig** ist und um eine Willenskomponente ergänzt werden muss (**zweigliedriger** Vorsatzbegriff: Wissen und Wollen), deren Inhalt bestimmt werden müsste. Dies ist der Schauplatz einer komplexen Kontroverse.

b) Grundform des Vorsatzes i. S. d. § 15 StGB; sog. Eventualvorsatz (*dolus eventualis*, bedingter Vorsatz): Anforderungen, „Abgrenzung" zur Fahrlässigkeit

aa) Überblick: Vorsatzarten

Üblicherweise unterscheidet man drei Erscheinungsformen des Vorsatzes: **Absicht**, **Wissentlichkeit** und **Eventualvorsatz**.[365]

Wenn – wie grundsätzlich, solange das Gesetz nichts anderes bestimmt – jede Art von Vorsatz ausreicht, ist allerdings eine Differenzierung verschiedener Erscheinungsformen **überflüssig**; sie hat dann lediglich Bedeutung für die in universitären Prüfungsarbeiten irrelevante Rechtsfolgenentscheidung.[366] Auch die bisweilen anzutreffende Bemerkung, dass für ein bestimmtes Delikt Eventualvorsatz genüge, ist entbehrlich.

Insofern ist der sog. Eventualvorsatz schlicht die **Grundform** dessen, was § 15 StGB Vorsatz nennt und reicht entsprechend nur dann nicht aus, sofern ein Delikt (z. B. §§ 145d, 164, 187, 226 II, 258 StGB) Absicht oder Wissentlichkeit bzgl. eines oder mehrerer Tatbestandsmerkmal als **qualifizierten Erscheinungsform des Vorsatzes** verlangt, was vergleichsweise selten der Fall ist.

bb) Anforderungen: Wissenskomponente, Wollenskomponente (?)

▶ Didaktische Aufsätze:

- Schmidhäuser, Die Grenze zwischen vorsätzlicher und fahrlässiger Straftat, JuS 1980, 241
- Herzberg, Die Abgrenzung von Vorsatz und bewusster Fahrlässigkeit – ein Problem des objektiven Tatbestandes, JuS 1986, 249
- Geppert, Zur Abgrenzung von bedingtem Vorsatz und bewusster Fahrlässigkeit, Jura 1986, 610

---

[365] S. nur B. Heinrich, AT, 6. Aufl. 2019, Rn. 279ff.
[366] Problematisch, s. Fischer, StGB, 68. Aufl. 2021, § 15 Rn. 5; aus der Rspr. vgl. zuletzt BGH U. v. 10.01.2018 – 2 StR 150/15 – BGHSt 63, 54 = NStZ 2018, 533 = StV 2018, 744 (Anm. RÜ2 2018, 161; Kett-Straub NStZ 2018, 535); BGH B. v. 31.10.2018 – 2 StR 371/18 – NStZ-RR 2019, 172 = StV 2020, 90 (Anm. Schäfer JR 2019, 639); BGH U. v. 07.11.2019 – 4 StR 226/19 – NStZ-RR 2020, 20 = StV 2020, 314.

- Schroth, Die Differenz von dolus eventualis und bewusster Fahrlässigkeit, JuS 1992, 1
- Lesch, Dolus directus, indirectus und eventualis, JA 1997, 802
- Geppert, Zur Abgrenzung von Vorsatz und Fahrlässigkeit, insbesondere bei Tötungsdelikten, Jura 2001, 55
- Müller, Die Abgrenzung von dolus eventualis und bewusster Fahrlässigkeit (unter Berücksichtigung der aktuellen Rechtsprechung zur „Hemmschwellentheorie"), JA 2013, 584
- Bosch, Bedingter Vorsatz und Indizienbeweis, Jura 2018, 1225
- Vavra/Holznagel, Der bedingte Tötungsvorsatz als Klausurproblem, ZJS 2018, 559
- Nicolai, Die Abgrenzung von bedingtem Vorsatz und bewusster Fahrlässigkeit in der Strafrechtsklausur, JA 2019, 31

233 Üblich, aber **methodisch** nicht unbedenklich ist es, sich der Kontroverse um die Anforderungen an den Vorsatz i. S. d. § 15 StGB als Frage der „Abgrenzung" zur (bewussten) Fahrlässigkeit zu nähern. Richtig ist zwar, dass bei fehlendem Vorsatz dann, wenn erstens ein Fahrlässigkeitsdelikt existiert und zweitens der Täter dessen Voraussetzungen erfüllt, eine solche Strafbarkeit in Betracht kommt. Hieraus folgt aber nichts für die sich vorher stellende Frage, ob der Täter sich wegen einer entsprechenden Vorsatztat strafbar gemacht hat, also v. a. ob er vorsätzlich handelte und welche Anforderungen an den Vorsatz zu stellen sind. Man grenzt den Vorsatz nicht zur Fahrlässigkeit ab, sondern prüft, definiert und subsumiert ihn.

234 Die **Anforderungen** an die Intensität des Wissens und – sofern existent – die voluntative Komponente sind umstritten.[367]

---

[367] Hierzu Hillenkamp/Cormelius, 32 Probleme aus dem Strafrecht AT, 15. Aufl. 2017, 1. P.; näher Schröder FS Sauer 1949, 207; Schmidhäuser GA 1957, 305; Schmidhäuser GA 1958, 161; Kaufmann ZStW 1958, 64; Stratenwerth ZStW 1959, 51; Jescheck FS Wolf 1962, 473; Honig GA 1973, 257; Philipps ZStW 1973, 27; Wolff FS Gallas 1973, 197; Haft ZStW 1976, 365; Schmidhäuser JuS 1980, 241; Weigend ZStW 1981, 657; Kindhäuser ZStW 1984, 1; Schmidhäuser FS Oehler 1985, 135; Geppert Jura 1986, 610; Herzberg JuS 1986, 249; Geppert Jura 1987, 668 (HIV); Spendel FS Lackner 1987, 167; Herzberg JZ 1988, 573 und 635; Küpper ZStW 1988, 758; Rengier Jura 1989, 225 (HIV); Brammsen JZ 1989, 71; Hassemer GS Armin Kaufmann 1989, 289; Frisch GS Armin Kaufmann 1989, 311; Hillenkamp GS Armin Kaufmann 1989, 351; Mayer JuS 1990, 784 (HIV); Frisch NStZ 1991, 23; Puppe ZStW 1991, 1; Bauer wistra 1991, 168; Schroth JuS 1992, 1; Schultz FS Spendel 1992, 303; Lesch JA 1997, 802; Schünemann FS H. J. Hirsch 1999, 363; Geppert Jura 2001, 55; Jakobs ZStW 2002, 584; Arzt FS Rudolphi 2004, 3; Roxin FS Rudolphi 2004, 243; Kindhäuser FS Eser 2005, 345; Schroth FS Philipps 2005, 467; Puppe GA 2006, 65; Herzberg FS Schwind 2006, 317; Koriath FS Loos 2010, 103; Freund FS Maiwald 2010, 211; Prittwitz FS Puppe 2011, 819; Müller JA 2013, 584; Stein FS Wolter 2013, 521; Puppe ZIS 2014, 66; Fischer ZIS 2014, 97; Leitmeier HRRS 2016, 243; Puppe ZStW 2017, 1; Bosch Jura 2018, 1225; Vavra/Holznagel ZJS 2018, 559; Nicolai JA 2019, 31; Frister ZIS 2019, 381; Puppe ZIS 2019, 409; aus der Rspr. vgl. zuletzt OLG Hamm B. v. 07.04.2020 – 4 RVs 12/20 – NStZ 2020, 673 (Anm. Kudlich JA 2020, 710; Heghmanns ZJS 2020, 494; famos 6/2020; Christoph/Dorn-Haag NStZ 2020,

Beispiel 153

BGH B. v. 23.11.1999 – 4 StR 491/99 – NStZ-RR 2000, 106 = StV 2000, 258:
B1 kaufte von dem B2 Waren, die dieser durch Betrugstaten zum Nachteil seiner Lieferanten erlangt hatte. B1 rechnete bei dem Erwerb der Sachen zumindest mit der Möglichkeit, dass B2 sie aus einer rechtswidrigen Tat erlangt hatte. ◄

> **§ 259 I StGB (Hehlerei)**
> Wer eine Sache, die ein anderer gestohlen oder sonst durch eine gegen fremdes Vermögen gerichtete rechtswidrige Tat erlangt hat, ankauft oder sonst sich oder einem Dritten verschafft, sie absetzt oder absetzen hilft, um sich oder einen Dritten zu bereichern, wird mit Freiheitsstrafe bis zu fünf Jahren oder mit Geldstrafe bestraft.

Genügt es für Vorsatz hinsichtlich der gegen fremdes Vermögen gerichteten rechtswidrigen Vortat, dass B1 allein mit der Möglichkeit rechnete, B2 könnte die Sachen aus einer rechtswidrigen Tat erlangt haben?

Besonders kontrovers wird der Tötungsvorsatz diskutiert.

Beispiel 154

BGH U. v. 22.04.1955 – 5 StR 35/55 (Lederriemen) – BGHSt 7, 363 = NJW 1955, 1688 (Anm. Roxin, Höchstrichterliche Rspr. AT, 1998, Nr. 7; Kaspar/Reinbacher, Casebook AT, 2020, Fall 6; Engisch NJW 1955, 1690; Roxin JuS 1964, 53):
B hatte beschlossen, den G zu berauben. Seinen ursprünglichen Plan, ihm einen Lederriemen um den Hals zu werfen und ihn solange zu würgen, bis er

---

676); BGH U. v. 18.06.2020 – 4 StR 482/19 – NJW 2020, 2900 = NStZ 2020, 602 (Anm. Bosch Jura 2020, 1270; Eisele JuS 2020, 892; RÜ 2020, 641; Grünewald NJW 2020, 2906; Steinert NStZ 2020, 608); BGH B. v. 23.06.2020 – 5 StR 601/19 – NStZ-RR 2020, 272; BGH U. v. 15.07.2020 – 6 StR 43/20 – NStZ 2020, 618; BGH U. v. 30.07.2020 – 4 StR 419/19 – NStZ-RR 2020, 315 (Anm. Pfohl NStZ-RR 2021, 13); BGH U. v. 19.08.2020 – 1 StR 474/19 – NJW 2021, 326 (Anm. Bosch Jura 2021, 456; RÜ 2021, 95; Mitsch NJW 2021, 330); BGH B. v. 08.09.2020 – 4 StR 295/20 – StV 2021, 229; OLG Zweibrücken B. v. 08.10.2020 – 1 OLG 2 Ss 39/20 – NStZ-RR 2021, 59; BGH U. v. 14.01.2021 – 4 StR 95/20 – NJW 2021, 795 (Anm. Bosch Jura 2021, 588; Kudlich JA 2021, 339; Eisele JuS 2021, 366; RÜ 2021, 165; RÜ2 2021, 63; Mitsch NJW 2021, 798; Schultheis jurisPR-StrafR 6/2021 Anm. 2).

bewusstlos würde, verwarf er zunächst, weil er erkannte, dass diese Art der Betäubung möglicherweise tödliche Folgen haben würde. Er beschloss daher, G mit einem Sandsack bewusstlos zu schlagen, weil er dies für weniger gefährlich hielt, da sich der Sandsack beim Aufprall der Kopfform anpasse und daher keine lebensgefährlichen Verletzungen eintreten könnten. In Ausführung seines Planes drang B in die Wohnung des schlafenden G ein und schlug ihm den Sandsack auf den Kopf. Dieser platzte allerdings, worauf G erwachte und sich zur Wehr setzte. Nun warf B dem G den sicherheitshalber mitgenommenen Lederriemen um den Hals und würgte ihn damit solange, bis dieser bewusstlos zu Boden fiel. Er nahm ihm das Geld ab und nahm dann, als er erkannte, dass G möglicherweise sterben könnte, sogar Wiederbelebungsversuche vor. Nachdem diese nicht zum Erfolg führten, hielt er G für tot und verschwand. G verstarb. ◄

B hatte erkannt, dass das Würgen mit dem Lederriemen möglicherweise tödliche Folgen haben würde, diesen aber trotzdem sicherheitshalber mitgenommen und tatsächlich bis zur Bewusstlosigkeit des G angewandt. Andererseits hatte er von vornherein nur vorgehabt, den G zu berauben und deswegen zu betäuben. Zunächst hatte er ein milderes Mittel gewählt und am Ende nahm er sogar noch Wiederbelebungsversuche vor. Liegt nun Vorsatz vor?

Beispiel 155

BGH U. v. 04.11.1988 – 1 StR 262/88 (HIV) – BGHSt 36, 1 = NJW 1989, 781 = NStZ 1989, 114 = StV 1989, 61 (Anm. Roxin, Höchstrichterliche Rspr. AT, 1998, Nr. 8; Puppe, AT, 4. Aufl. 2019, § 9 Rn. 22ff.; Hemmer-BGH-Classics Strafrecht, 2003, Nr. 5; Sonnen JA 1989, 321; Hassemer JuS 1989, 761; Schlehofer NJW 1989, 2017; Helgerth NStZ 1989, 117; Prittwitz StV 1989, 123; Schünemann JR 1989, 89; Herzberg JZ 1989, 470; Nestler-Tremel NK 1989/3, 45; Frisch JuS 1990, 362):

B erfuhr, dass er mit HIV infiziert ist. Er wurde von seinem Arzt über die möglichen Folgen umfassend aufgeklärt. Dennoch übte er auch weiterhin mit mehreren Partnern ungeschützten Geschlechtsverkehr aus, ohne diesen etwas von der Infizierung zu erzählen. Einer der Betroffenen infizierte sich und starb an der Krankheit. B gab an, er sei davon ausgegangen, es würde „schon nichts passieren". ◄

B wusste von seiner HIV-Infektion und war über die möglichen Folgen umfassend aufgeklärt worden. Er hielt seinen Zustand geheim. Genügt die Annahme und Hoffnung, es werde nichts passieren, den Vorsatz zu verneinen?

Beispiel 156

LG Berlin U. v. 27.02.2017 – (535 Ks) 251 Js 52/16 (8/16) (Autorennen Kurfürstendamm) – NStZ 2017, 471 (Anm. Puppe, AT, 4. Aufl. 2019, § 9 Rn. 16ff.; Jäger JA 2017, 786; Jahn JuS 2017, 700; Kubiciel/Hoven NStZ 2017, 439; Grünewald JZ 2017, 1069; Puppe ZIS 2017, 439; Preuß NZV

C. Subjektiver Tatbestand

2017, 303; Herzberg JZ 2018, 122; Momsen KriPoZ 2018, 76); BGH U. v. 01.03.2018 – 4 StR 399/17 (Autorennen Kurfürstendamm) – BGHSt 63, 88 = NJW 2018, 1621 = NStZ 2018, 409 = StV 2018, 419 (Anm. Jäger JA 2018, 468; Eisele JuS 2018, 492; LL 2018, 460; RÜ 2018, 301; famos 6/2018; Hörnle NJW 2018, 1576; Walter NStZ 2018, 412; Schneider NStZ 2018, 528; Puppe JR 2018, 323; Eisele JZ 2018, 549; Krell HRRS 2018, 237; Kubiciel/Wachter HRRS 2018, 332; Bertlings jurisPR-StrafR 9/2018 Anm. 4; Momsen KriPoZ 2018, 76; Bautze KJ 2018, 360; Preuß NZV 2018, 345):

B1 und B2 haben eine Vorliebe für schnelle Autos und fahren gerne schnell. Sie sind in verkehrsrechtlicher Hinsicht vorbelastet. Sie gehören zu einer Szene von Autonarren, die nachts in Berlin in verschiedenen Shisha-Bars verkehren. Am Abend des 31.01.2016 hielt sich B2 mit Z in einer „Shisha-Lounge" unweit des S-Bahnhofs Halensee auf. Gegen 0:30 Uhr am 01.02.2016 verließen sie die „Shisha-Lounge" und bestiegen den vor der Bar abgestellten Mercedes-Benz AMG CLA 45 des B2, der Z nach Hause bringen wollte. Der Weg sollte über den Kurfürstendamm, Tauentzienstraße und Wittenbergplatz Richtung Bülowstraße führen. B2 fuhr das Fahrzeug und Z saß auf dem Beifahrersitz. Die Fahrt ging zunächst dem Kurfürstendamm in östlicher Richtung folgend Richtung Adenauerplatz. Dort angekommen, hielt B2 an der rotes Licht abstrahlenden Lichtzeichenanlage in der rechten Fahrspur direkt an der Haltelinie mit heruntergelassener Fahrerseitenscheibe an. B1 fuhr mit seinem Audi S6 TDI 3.0 Quattro zur gleichen Zeit den Kurfürstendamm von Halensee kommend in östlicher Richtung entlang. Am Adenauerplatz näherte er sich von hinten auf der linken der beiden Fahrspuren dem Fahrzeug des B2 und hielt an der roten Ampel mit heruntergelassener Beifahrerscheibe direkt neben diesem an. B1 machte mit lauten Motorengeräuschen im Leerlauf seines Fahrzeugs auf sich aufmerksam und signalisierte, dass er zu einer Wettfahrt (einem so genannten Stechen) bereit sei. Als sich B1 und B2 durch die geöffneten Seitenfenster sahen, stellten sie fest, dass sie sich als Mitglieder der so genannten Raserszene seit einiger Zeit kannten. Auch bemerkte B1, dass neben B2 eine Beifahrerin im Fahrzeug saß. B1 und B2 fuhren beim Umschalten der Lichtzeichenanlage auf Grün schnell los und überquerten die Kreuzung Adenauerplatz, um abrupt in Höhe der hinter der Kreuzung liegenden Bushaltestelle der Linie M19 nebeneinander anzuhalten. Hier erfolgte ein kurzes Gespräch zwischen B1 und B2 durch die geöffneten Seitenscheiben ihrer Fahrzeuge. In dessen Verlauf kam es durch Gesten und Spiel mit dem Gaspedal zur Verabredung eines Stechens, also eines illegalen Straßenrennens, den Kurfürstendamm und die Tauentzienstraße entlang, obwohl zu dieser Zeit ein zwar den nächtlichen Gegebenheiten entsprechendes, jedoch nicht unerhebliches Verkehrsaufkommen herrschte. Der Verabredung entsprechend raste B1 im unmittelbaren Anschluss an das Gespräch unter Überfahren von roten Ampeln mit stark überhöhter Geschwindigkeit in Richtung Kaiser-Wilhelm-Gedächtniskirche los. B1 hatte bereits jetzt den Entschluss gefasst, möglichst schnell und vor B2 das Ziel am Kaufhaus P zu erreichen und dabei alle Verkehrsregeln außer Acht zu lassen. B2 nahm, nachdem er zunächst noch an zwei roten Ampeln angehalten hatte, in dem Bereich zwischen Olivaer

Platz und Uhlandstraße unter deutlicher Überschreitung der zulässigen Höchstgeschwindigkeit und unter Überfahren von roten Ampeln die Verfolgung des B1 auf. Er entschloss sich, möglichst schnell B1 einzuholen und vor diesem das Ziel am Kaufhaus P zu erreichen und dabei ebenfalls alle Verkehrsregeln außer Acht zu lassen. B2 beschleunigte seinen mit 280 kW und Allradantrieb ausgestatteten Mercedes so stark, dass er B1 spätestens in Höhe der U-Bahnstation Uhlandstraße eingeholt hatte. Gemeinsam rasten sie von hier aus nebeneinander bzw. leicht versetzt voneinander mit Geschwindigkeiten von deutlich über 100 km/h in Richtung Kaiser-Wilhelm-Gedächtniskirche und Wittenbergplatz, wobei jeder versuchte, sich entscheidend von dem anderen abzusetzen, um das Rennen für sich zu entscheiden. In die Kurve am Breitscheidplatz vor der Kaiser-Wilhelm-Gedächtniskirche und dem Europacenter fuhr B2 mit einem leichten Vorsprung vor B1 ein, wobei beide ihr Fahrzeug deutlich im Grenzbereich bewegten. Die gefahrene Kurvengrenzgeschwindigkeit des B1 betrug zu diesem Zeitpunkt 120–135 km/h. Die gleichsam in der Mitte der Kurve liegende Ampelanlage im Kreuzungsbereich Tauentzienstraße/Rankestraße überfuhren beide bei Rot und passierten dabei ein als Rechtsabbieger eingeordnetes Taxi. Nach dem Kurvenausgang beschleunigte B1 seinen mit 165 kW und gleichfalls Allradantrieb ausgestatteten Audi S6 mit Vollgas, um an den nun vor ihm fahrenden B2 wieder heranzukommen und an diesem vorbeizuziehen. Beide Wagen rasten auf die schon jetzt Rot abstrahlende Lichtzeichenanlage an der Kreuzung mit der Nürnberger Straße mit einer Geschwindigkeit von 100–150 km/h zu. Hierbei nutzte B1 die rechte und B2 die linke der beiden für den Durchgangsverkehr vorgesehenen Fahrstreifen der Tauentzienstraße. Mit einem noch leichten Vorsprung von wenigen Metern und einer Geschwindigkeit von 139 bis 149 km/h fuhr B2 bei Rot in den Kreuzungsbereich Tauentzienstraße/Nürnberger Straße ein. Auch B1 fuhr bei Rot in den Kreuzungsbereich ein, wobei dieser aufgrund des vollständig durchgetretenen Gaspedals zwischenzeitlich eine Geschwindigkeit von mindestens 160 bis 170 km/h erreicht hatte. Spätestens jetzt war beiden bewusst, dass ein die Nürnberger Straße befahrender, bei grüner Ampelphase berechtigt in die Kreuzung einfahrender Fahrzeugführer und etwaige Mitinsassen bei einer Kollision mit den von ihnen gelenkten Pkw nicht nur verletzt, sondern aufgrund der von ihnen im Rahmen des vereinbarten Rennens gefahrenen sehr hohen Geschwindigkeiten mit großer Wahrscheinlichkeit zu Tode kommen würden. Die körperliche Schädigung anderer – auch der Z – durch ein von ihnen verursachtes Unfallgeschehen war ihnen gleichgültig, und sie überließen es dem Zufall, ob es zu einem Zusammenstoß mit einem oder mehreren Fahrzeugen im Kreuzungsbereich kommen würde. Die Schädigung bzw. den Tod anderer Verkehrsteilnehmer sowie im Nahbereich der Kreuzung aufhältlicher Personen durch herumfliegende Trümmerteile der beteiligten Fahrzeuge nahmen sie billigend in Kauf. Aufgrund der erreichten Geschwindigkeit, des Befahrens des Kreuzungsbereichs bei Rot und der aufgrund baulicher Gegebenheiten (Litfaßsäule, rechtwinklige Hausbebauung bis dicht an die Fahrbahn) nicht bestehenden Möglichkeit der Einsicht nach rechts in die kreuzende Nürnberger Straße kollidierte B1 – absolut unfähig noch zu reagieren – im Scheitelpunkt der Kreuzung mit

C. Subjektiver Tatbestand

dem Fahrzeug des G, der aus der Nürnberger Straße kommend regelkonform bei Grün in den Kreuzungsbereich Tauentzienstraße/Nürnberger Straße eingefahren war. Durch den Aufprall wurde der Jeep Wrangler des G von dem Audi des B1 auf der Fahrerseite quasi durchstoßen. Durch die sehr hohe Aufprallenergie wurde das Fahrzeug um die eigene Längs-, Hoch- und Querachse gedreht und mit einer Geschwindigkeit von etwa 60 km/h rund 70 m durch die Luft in Richtung Wittenbergplatz geschleudert, wo es auf der Fahrerseite liegend zum Stillstand kam. Der von B1 gesteuerte Audi drehte sich durch die Wucht des Aufpralls leicht nach links und kollidierte mit dem neben ihm fahrenden Mercedes-Benz des B2, bevor er mit der linken Frontpartie und einer Auslaufgeschwindigkeit von noch 140 km/h gegen die aus Granitstein bestehende Hochbeeteinfassung des Mittelstreifens der Tauentzienstraße stieß. Durch die anschließende Rotation um die eigene Achse und durch das nochmalige Kollidieren mit der Hochbeeteinfassung wurden zahlreiche Fahrzeugteile des Audi abgerissen, durch die Luft geschleudert und auf einer Fläche von 60–70 m Durchmesser auf der Tauentzienstraße verstreut. Eine Fußgängerin auf dem nördlichen Gehweg der Tauentzienstraße vor der dortigen Z-Filiale an der Kreuzung Nürnberger Straße wurde nur um wenige Zentimeter von an ihrem Kopf vorbeifliegenden Auspuffteilen verfehlt und flüchtete sich in den dortigen Hauseingang. Der Audi selbst kam erst rund 60 m nach dem Aufprall gegen den Jeep auf der Tauentzienstraße zum Stehen. Durch den seitlichen Anstoß des Audis wurde der von B2 gesteuerte Mercedes-Benz nach links aus der Spur gedrückt. Das Fahrzeug kollidierte frontal mit einer vor der aus Granitstein bestehenden Hochbeeteinfassung angebrachten Fußgängerampel, fällte diese um und prallte im weiteren Verlauf frontal gegen die Hochbeeteinfassung. Durch den Aufprall wurden Teile der Granitabgrenzung vollständig herausgerissen und einzelne Granitblöcke zusammen mit abgerissenen Fahrzeug- und Splitterteilen des Mercedes-Benz mehrere Meter weit durch die Luft geschleudert. Das hinter der Hochbeeteinfassung liegende Erdreich wurde durch die Wucht des Aufpralls zu einer Art Rampe aufgeschoben und der Mercedes-Benz des B2 mehrere Meter weit durch die Luft katapultiert. Erst auf der gegenüberliegenden Hochbeeteinfassung kam das Fahrzeug wieder auf und nach einem Auslauf von einigen Metern mit dem Heck auf der Hochbeeteinfassung zum Stehen. Hierdurch wurde ein weiterer Granitblock um rund 2–3 cm in südliche Richtung verschoben. B2 und Z konnten im Folgenden – ebenso wie B1 – ohne fremde Hilfe ihr Fahrzeug verlassen, wurden vor Ort von einem Notarzt behandelt und in das Klinikum Westend zur weiteren Behandlung verbracht. B1 und B2 hatten jeweils nur leichte und oberflächliche Verletzungen erlitten. Z hingegen trug eine Lungenkontusion rechts, eine Knieprellung links, eine Kopfplatzwunde und eine Schnittverletzung am linken Daumen davon. Sie musste im Krankenhaus zwei Tage stationär behandelt werden. G, der aufgrund des sehr schnellen Geschehensablaufs nicht ansatzweise eine Ausweichmöglichkeit hatte, erlag noch am Unfallort in seinem Fahrzeug den bei dem Aufprall erlittenen multiplen Verletzungen, was B1 und B2 als möglich erkannt hatten, sich hiermit um des erstrebten Zieles willen – nämlich dem Gewinn des Straßenrennens und der damit verbundenen und angestrebten Selbstbestätigung – jedoch abgefunden hatten. Die von B1 und B2 im Wettkampfmodus gefahrene Wegstrecke betrug 3,4 Kilometer. Auf dieser Strecke wurden insgesamt 20 Kreuzungen oder Einmündungen passiert, von denen zur Tatzeit 13 durch Ampelanlagen geregelt waren. Bei Einhaltung aller Verkehrsregeln werden für das Durchfahren dieser Strecke mindestens acht Minuten benötigt. Ab dem Adenauerplatz unterlagen 11 Kreuzungen der Regelung durch Lichtzeichenanlagen. B1 und B2 hätten den Jeep auf Grund der räumlichen und zeitlichen Zusammenhänge ab rund einer Sekunde vor dem späteren Anstoß des Audis gegen den Jeep erkennen können. Bei Einhalten der zulässigen Höchstgeschwindigkeit von 50 km/h wäre der Unfall vermeidbar gewesen. B2 hat eine verkehrspsychologische Begutachtung verweigert. Für B1 hat die vom Gericht hinzugezogene Sachverständige insoweit Folgendes ausgeführt: B1 habe gezeigt, dass er massiv dazu neige, die Ursachen früherer Konflikte mit den Straßenverkehrsgesetzen zu externalisieren. Es seien immer andere Personen oder technische Unzulänglichkeiten schuld gewesen. Eigene Anteile an den früheren Vorkommnissen vermöge er nicht zu erkennen. Auch habe er kein realistisches Bild des Gefahrenpotenzials seines problematischen Fahrstils entwickelt. Dies sei nicht auf grundsätzliches Unvermögen zurückzuführen, sondern es sei ein erworbenes Verhalten, das seine Ursache in unterbliebener ernsthafter Sanktionierung früheren Fehlverhaltens habe. Es sei lernpsychologisch belegt, dass nicht regelkonformes Verhalten bei Ausbleiben ernsthafter Sanktionen verstärkt werde. So verhalte es sich bei B1, der wegen der zahlreichen Regelverstöße im Straßenverkehr im Vorfeld der hiesigen Tat nicht spürbar bestraft worden sei. Die erlebte Freude bei unentdeckten Regelverstößen habe diesen negativen Lernprozess noch besonders effektiv verstärkt. Das in der Untersuchung psychometrisch erhobene verkehrsspezifische Persönlichkeitsprofil falle weitgehend unauffällig und normgerecht aus. In der Tendenz handele es sich um eine empfindliche und wenig frustrationstolerante Persönlichkeit. Es sei zu einer Selbsterhöhungstendenz gekommen, die B1 über sein sportliches Motorfahrzeug und seinen sportlich-riskanten Fahrstil ausgelebt habe. Er sei durchschnittlich intelligent und habe eine gute Fähigkeit zu logisch-induktivem Denken. Das verkehrsspezifische Einstellungsprofil weise auf die erhebliche Tendenz hin, die eigenen Verhaltensmöglichkeiten als Verkehrsteilnehmer zu überschätzen und die möglichen Störfaktoren beim Führen eines Motorfahrzeugs zu unterschätzen. Bei den Einzeltests hätten sich keinerlei Hinweise auf Beeinträchtigungen in den Bereichen der Informationsaufnahme und -verarbeitung sowie der Reaktionsausführung gefunden. B1 sei kognitiv in der Lage, Verkehrssituationen adäquat zu beurteilen und entsprechend zu reagieren. Sein Fahrverhalten bei der Tat entspreche dem einer erworbenen schlechten Angewohnheit, aber nicht einem krankhaften Defekt. ◄

Bei der Prüfung, ob die Täter jeweils vorsätzlich handelten, sind die Anforderungen an den (Eventual-)Vorsatz durch Darstellung der Problematik herauszuarbeiten. Allerdings gilt für Klausuren und Hausarbeiten, dass heute viele Klausurersteller und Korrektoren dieses alten Standardproblems überdrüssig sind und daher ihr Augenmerk i. d. R. weniger auf Breite und Tiefe der Wiedergabe der

C. Subjektiver Tatbestand

Ansätze der Lehre legen als vielmehr auf die **sorgfältige Subsumtion der im Sachverhalt enthaltenen Informationen unter die h. M.** Eine stark geraffte Darstellung der Kontroverse anhand nur der wichtigsten Ansätze mag daher genügen.

Unstrittig ist zunächst, dass jedenfalls ein intellektuelles Element erforderlich ist und böser Wille nicht genügt. Das ergibt sich schon aus § 16 I 1 StGB, „kennt", bezogen eben auf erfolgskausales Handeln. Reines Wünschen ohne ein Minimum an Vorstellung über die Realisierbarkeit des Gewollten kann keinen Vorsatz begründen.[368]

235

Einige Auffassungen begnügen sich nun mit einer **rein intellektuellen** Bestimmung, wobei kein Willenselement erforderlich sein soll:

Nach der sog. **Möglichkeitslehre**[369] genügt es, wenn dem Täter die Tatbestandsverwirklichung aufgrund bestimmter Anhaltspunkte als konkret möglich erscheint und er trotzdem handelt.

Nach der sog. **Wahrscheinlichkeitslehre**[370] kommt es auf das wissentlich gesetzte Risiko an. Der Täter muss die Tatbestandsverwirklichung nicht nur für möglich halten, sondern für wahrscheinlich, wenn auch keine überwiegende Wahrscheinlichkeit verlangt wird.

Die Rspr.[371] und die h. L.[372] vertreten eine **auch voluntative** Vorsatzbestimmung, und zwar nach der sog. **Billigungs-, Einwilligungs-** oder **Inkaufnahmelehre**: Der Täter muss erkennen, dass der Erfolg möglich und nicht ganz fernliegend ist und muss dies billigend in Kauf nehmen, d. h. sich mit dem Erfolg abfinden, was sogar bei einem unerwünschten Erfolg der Fall sein kann.

Die Unterschiede zwischen den Grundpositionen und unzähligen Detailkonzepten schwinden freilich dann, wenn man berücksichtigt, dass zu den Tatbestandsmerkmalen, auf die sich das Kennen der Umstände beziehen muss, auch die Schaffung einer unerlaubten Gefahr gehört, d. h. der Täter muss wissen, ein rechtlich missbilligtes, insbesondere also unerlaubt hohes Risiko für den Erfolgseintritt zu setzen. Je höher die erkannte Erfolgswahrscheinlichkeit ist, umso weniger überzeugt es von mangelndem Willen zu reden, zumal eine bestimmte moralische Werthaltung des Geschehens rechtlich unbeachtlich zu sein hat.

Analysiert man die Formel der h. M. zunächst bzgl. des Wissenselements – der Täter erkennt den Erfolg als mögliche, nicht ganz fernliegende Folge seines Handelns[373] –, so ist zu konstatieren, dass dies sich in einem Bewusstsein des Schaffens einer nicht ganz kleinen Erfolgswahrscheinlichkeit erschöpft, welches den Täter zumindest nicht an seiner Entscheidung für die Handlung hindert. Dass dies erforderlich ist, ist unstrittig. Auffassungen, die eher die Höhe der Wahrschein-

---

[368] Joecks/Kulhanek, in: MK-StGB, 4. Aufl. 2020, § 16 Rn. 23.
[369] Etwa Kindhäuser/Hilgendorf, LPK, 8. Aufl. 2019, § 15 Rn. 13, 15.
[370] Etwa Puppe, AT, 4. Aufl. 2019, § 9 Rn. 11.
[371] Zsf. Fischer, StGB, 68. Aufl. 2021, § 15 Rn. 9ff.
[372] S. nur B. Heinrich, AT, 6. Aufl. 2019, Rn. 300.
[373] BGH B. v. 06.08.2019 – 4 StR 255/19 – NStZ-RR 2019, 343 und 355 (Anm. Koehl SVR 2019, 394).

keit thematisieren, müssen sich vorwerfen lassen, dass sich Derartiges meist der praktischen Feststellung entziehen wird.

Das Willenselement der h. M. – der Täter billigt dies oder findet sich um des erstrebten Zieles willen zumindest mit dem Eintritt des Todes ab, mag ihm der Erfolgseintritt auch gleichgültig oder an sich unerwünscht sein[374] – wirft insofern Streit auf, als es sich dem § 16 I 1 StGB nicht entnehmen lässt, wie der Täter seine erworbene Kenntnisse wertet; auch § 22 StGB spricht lediglich von „Vorstellung von der Tat". Nun spricht viel dafür, ein echtes Gutheißen oder gar Anstreben des Erfolgs nicht vorauszusetzen, und zwar nicht nur kriminalpolitisch aufgrund zu großer Einengung der Vorsatzstrafbarkeit, sondern auch deswegen, weil eine moralische Bewertung droht, obwohl die eigentliche rechtliche Missbilligung darin liegt, dass der Täter ein Risiko erkennt und handelt (sei es deswegen oder dennoch). So erklärt sich auch das Abrücken der h. M. vom höchst missverständlichen Begriff des Billigens und die Betonung des Sichabfindens. Dieses Sichabfinden ist letztlich nichts Anderes als das Handeln trotz (oder wegen) Kenntnis des beträchtlichen unerlaubten Risikos der Erfolgsherbeiführung, denn dann machte der Täter sein Wissen zur bewussten Entscheidungsgrundlage. Andersherum mangelt es ihm am Vorsatz, wenn er Tatsachen annimmt, aus denen er folgert, dass das Risiko des Erfolgseintritts nicht hinreichend groß ist, dann nämlich vertraut er ernsthaft, d. h. subjektiv faktenbasiert, auf das Ausbleiben des Erfolgs, selbst wenn er sich bewusst ist, ein abstrakt unerlaubtes Risiko zu setzen.

Fälle, in denen der Täter eine hohe Gefährlichkeit seines Handelns im Hinblick auf einen drohenden Erfolg erkennt und dennoch keinen Vorsatz aufweist, sind (nur) dann denkbar, wenn der Täter auf bestimmte konkret erfolgsverhindernde Umstände vertraut hat; dann nahm er eben gerade konkret risikosenkende Fakten an, die bei der Vorsatzsubsumtion einzubringen sind. Nach alledem umreißt die h. M. eher eine an der Allgemeinsprache orientierte Terminologie, während Sachunterschiede nicht bestehen und auch keine zu starke Ausweitung des Vorsatzes zu befürchten steht, selbst wenn man sich vom Begriff des Billigens (oder sogar des Wollens insgesamt) löst.

Die **zentrale Frage**, ab welchem Grad der vom Täter erkannten oder angenommenen Gefahr Vorsatz anzunehmen ist (man spricht auch von **Vorsatzgefahr**), lässt sich schon angesichts der Begrenztheit empirischer Erkenntnisse im allgemeinen und erst recht im dann konkreten Fall nicht ohne Wertungsrest handhaben; man wird unbefriedigenderweise auf einen **lebenspraktisch verständigen objektiven Maßstab eines Durchschnittsmenschen** abstellen müssen. Klargestellt sei, dass bei der Subsumtion dieses – objektiven – Maßstabs dann aber alle subjektiven Täterumstände zu berücksichtigen sind, so dass es nicht selten sein wird, dass aufgrund besonderer emotionaler oder kognitiver Umstände der konkrete Täter Gefahren verkennt, die ein anderer in für Vorsatz hinreichender Weise erkannt hätte.

---

[374] BGH B. v. 06.08.2019 – 4 StR 255/19 – NStZ-RR 2019, 343 und 355 (Anm. Koehl SVR 2019, 394).

C. Subjektiver Tatbestand

Eine von den materiell-rechtlichen Vorsatzanforderungen zu trennende Frage ist die der strafprozessualen Feststellung sowie der verständigen Handhabung von Indizien in Klausursachverhalten, dazu s. u.

cc) Sachgedankliches Mitbewusstsein, Begleitwissen

Die üblichen Vorsatzdefinitionen dürfen nicht dahingehend missverstanden werden, dass der Täter an die Verwirklichung des Umstands positiv denken muss; es genügt sog. **sachgedankliches Mitbewusstsein** (auch: Begleitwissen).[375]

236

> **Beispiel 157**
>
> BGH U. v. 18.02.1981 – 2 StR 720/80 – BGHSt 30, 44 = NJW 1981, 1107 = NStZ 1981, 220 (Anm. Geilen JK 1981 StGB § 244 I Nr. 1/2; Sonnen JA 1981, 579; Hassemer JuS 1981, 774; Kotz JuS 1982, 97; Katzer NStZ 1982, 236; Lenckner JR 1982, 424):
>
> B, der als Polizeibeamter im Streifendienst eingesetzt war, entwendete in vier Fällen, in denen er als Angehöriger einer Streifenwagenbesatzung an die Tatorte von Einbruchsdiebstählen gerufen worden war, in den von ihm überprüften Verkaufsstätten selbst Waren von zum Teil bedeutendem Wert. ◄

> **§ 242 I StGB (Diebstahl)**
> Wer eine fremde bewegliche Sache einem anderen in der Absicht wegnimmt, die Sache sich oder einem Dritten rechtswidrig zuzueignen, wird mit Freiheitsstrafe bis zu fünf Jahren oder mit Geldstrafe bestraft.

> **§ 244 I StGB (Diebstahl mit Waffen; Bandendiebstahl; Wohnungseinbruchdiebstahl)**
> Mit Freiheitsstrafe von sechs Monaten bis zu zehn Jahren wird bestraft, wer
> 1. einen Diebstahl begeht, bei dem er oder ein anderer Beteiligter
>   a) eine Waffe oder ein anderes gefährliches Werkzeug bei sich führt,
>   b) sonst ein Werkzeug oder Mittel bei sich führt, um den Widerstand einer anderen Person durch Gewalt oder Drohung mit Gewalt zu verhindern oder zu überwinden,
> [...]

---

[375] Fischer, StGB, 68. Aufl. 2021, § 15 Rn. 4; aus der Rspr. vgl. zuletzt KG B. v. 03.11.2015 – (5) 121 Ss 203/15 (53/15) – StV 2016, 651 (Anm. Meile jurisPR-StrafR 16/2016 Anm. 4).

B, der als Polizist beruflich stets die Waffe bei sich führte, müsste zur Verwirklichung des Qualifikationstatbestands gem. § 244 I Nr. 1 lit. a StGB Vorsatz bzgl. des Beisichführens einer Waffe gehabt haben. Naheliegend ist zwar, dass der B nicht konkret an seine Dienstwaffe dachte, dies ist aber auch nicht erforderlich. Er wies sachgedankliches Mitbewusstsein auf.

Problematisch ist allerdings die Unterscheidung vom tatsächlichen Nichtwissen, ggf. auch fahrlässigen Nichtwissen; es besteht die Gefahr der Vorsatzunterstellung.

dd) Exkurs: Feststellung (Nachweis), Auswertung von Sachverhalten

▶ Didaktischer Aufsatz:

- Bosch, Bedingter Vorsatz und Indizienbeweis, Jura 2018, 1225

237 Sowohl in der strafprozessualen Praxis als auch in der universitären Fallbearbeitung liegt die Schwierigkeit des subjektiven Tatbestands nicht unbedingt im richtigen materiell-rechtlichen Vorsatzbegriff, sondern darin, den Vorsatz des Beschuldigten strafprozessual sorgfältig unter Berücksichtigung des Grundsatzes *in dubio pro reo* festzustellen.[376]

Klargestellt sei, aber dass die materiell-rechtliche Frage der Vorsatzlehre (Definition des Vorsatzbegriffs) von der prozessrechtlichen, Feststellung des Vorliegens der laut Definition erforderlich Umstände im Einzelfall, zu unterscheiden ist; zwar ist eine Beweisbarkeit der Anforderungen immer bei Auslegung der Normvoraussetzungen mitzubedenken, aber Beweisindizien(kataloge) können materiell-rechtliche Definition nicht ersetzen.[377] Insofern ist insbesondere auch die Rspr. sorgfältig dahingehend zu würdigen, ob eher materiell-rechtlich (Wahrung der Anforderungen der §§ 15, 16 I 1 StGB) oder prozessrechtlich Stellung (Wahrung der Anforderungen v. a. des § 261 StPO) genommen wird.

In der strafrechtlichen Fallbearbeitung gilt es, alle Indizien, die für oder gegen einen Vorsatz sprechen, dem Sachverhalt zu entnehmen und sie zu gewichten, so dass im Rahmen der Gesamtwürdigung der Vorsatz dann bejaht oder verneint wird. Unter Umständen darf oder muss der Sachverhalt hierbei ausgelegt oder sogar lebensnah ergänzt werden; dies darf aber nicht zu täterbelastenden Unterstellungen führen.

Beispiel 158

B schlug an einer U-Bahn-Station in München den Rentner G nieder und traktierte ihn mit Schlägen und Tritten, weil dieser den B auf das Rauchverbot in der

---

[376] Hierzu Wessels/Beulke/Satzger, AT, 50. Aufl. 2020, Rn. 342ff.; näher Hruschka FS Kleinknecht 1985, 191; Volk FG 50 Jahre BGH IV 2000, 739; Koriath FS Loos 2010, 103; Mylonopoulos FS Frisch 2013, 349; Sommer StraFo 2015, 278; Franke StraFo 2016, 269; Bosch Jura 2018, 1225; Deiters ZIS 2019, 401; Puppe ZIS 2019, 409.

[377] Hoyer, in: SK-StGB, 9. Aufl. 2017, § 16 Rn. 64.

C. Subjektiver Tatbestand

U-Bahn hingewiesen hatte. G erlitt einen dreifachen Schädelbruch und eine Gehirnblutung und verstarb. ◄

Was spricht für, was gegen Tötungsvorsatz?

Beispiel 159

BGH U. v. 03.06.2008 – 1 StR 59/08 – NStZ 2009, 264 = StV 2009, 511 (Anm. RA 2008, 588; Satzger JK 2009 StGB § 24/38; Kudlich StV 2009, 513):
B war Vater des am 04.03.2006 geborenen D, eines sehr unruhigen Kindes, das viel schrie. Ende August/Anfang September 2006 war B weitgehend allein für die Versorgung des Kindes verantwortlich. Mit dieser Aufgabe war er überfordert. Er behandelte das Kind zunehmend gereizt und aggressiv. Zu einem nicht exakt feststellbaren Zeitpunkt innerhalb dieses Zeitraumes packte B das schreiende Kind am Brustkorb und schüttelte es, um es zum Schweigen zu bringen, so heftig in „sagittaler Richtung", dass der Kopf nach vorne und hinten schlug und wegen der noch schwachen Nackenmuskulatur erst in der Extremposition, also Brust und Nacken, abgebremst wurde. Es kam zum Abriss so genannter Brückenvenen zwischen Schädelkalotte und Gehirn. Dies führte zu subduralen Blutungen und zu beidseits flächenhaften mehrschichtigen Netzhauteinblutungen. Unabhängig davon hatte B das Kind auch wiederholt in den Oberarm, die Wange und das Gesäß gebissen, was zu entsprechenden Spuren an dessen Körper führte. Weitere Spuren am Körper des Kindes im Bereich der Gesäßfalte/Steißbeinregion sowie unterhalb beider Schlüsselbeine waren von B durch stumpfe Gewalteinwirkung hervorgerufen worden. Die Mutter ging wegen dieser Verletzungsspuren zur Polizei, die eine Untersuchung in der Rechtsmedizin veranlasste. Dort fiel der ungewöhnliche Umfang des Kopfes des Kindes auf und es wurde sofort in die Kinderklinik verbracht, wo sein Leben nur durch zahlreiche intensivmedizinische Maßnahmen gerettet werden konnte. Im Rahmen dieser Untersuchungen wurde anhand entsprechender Spuren im Körper des Kindes festgestellt, dass es auch schon vor Ende August/Anfang September in ähnlicher Weise und mit ähnlichen Folgen wie dort geschüttelt worden sein muss. ◄

Mangels Beschuldigteneinlassung bzw. näherer Angaben im Sachverhalt hierzu ist es oft unumgänglich, anhand der allgemeinen Lebenserfahrung aus **objektiven Kriterien** den Vorsatz zu schlussfolgern.
Der wichtigste Indikator bzgl. des kognitiven Vorsatzelementes ist die **objektive Gefährlichkeit** der Handlung. Je nachdem an welcher Körperstelle, mit welchem Mittel und mit welcher Intensität der Täter auf sein Opfer wie oft einwirkt, liegt beispielsweise Vorsatz näher oder ferner. Hinzu kommen kognitive Faktoren wie z. B. die Intelligenz des Täters, die Überschaubarkeit der Situation für den Täter, die zur Verfügung stehende Zeit für die Wahrnehmung, Einfluss von Alkohol und anderen Rauschmitteln oder eine affektive Belastung des Täters – wobei aber Affekte und verminderte Steuerungsfähigkeit einem Vorsatz nicht notwendig ent-

238

gegenstehen.[378] Ein Vermeideverhalten während der Tat kann gegen Vorsatz sprechen, ebenso wie die Wahrscheinlichkeit einer Selbstverletzung, die emotionale Nähe zwischen Täter und Opfer sowie Nachtatverhalten (z. B. Wiederbelebungsversuche).

Beispiel 160

B fuhr im fahruntüchtigen Zustand Auto.
Abwandlungen/Ergänzungen:

1. Er wies 1,1/1,9 ‰ auf.
2. Er rammte während der Fahrt den Bordstein.
3. Er war mit dem Pkw zur Gaststätte gefahren, um „kräftig zu feiern".
4. Er war einschlägig vorbestraft.
5. Er versuchte, vor der Polizei zu fliehen.
6. Er fuhr besonders langsam und vorsichtig.
7. Er wurde am nächsten Morgen nach einer Feier und einigen Stunden Schlaf auf dem Weg zur Arbeit erwischt. ◄

§ 316 StGB (Trunkenheit im Verkehr)
(1) Wer im Verkehr (§§ 315 bis 315d) ein Fahrzeug führt, obwohl er infolge des Genusses alkoholischer Getränke oder anderer berauschender Mittel nicht in der Lage ist, das Fahrzeug sicher zu führen, wird mit Freiheitsstrafe bis zu einem Jahr oder mit Geldstrafe bestraft, wenn die Tat nicht in § 315a oder § 315c mit Strafe bedroht ist.
(2) Nach Absatz 1 wird auch bestraft, wer die Tat fahrlässig begeht.

Im Grundfall lässt sich noch keine Aussage über den Vorsatz treffen. (1.) Abhängig von den Trinkgewohnheiten und der Konstitution einer Person kann schon die Blutalkoholkonzentration ein Indiz sein, ob sie sich noch fahrtüchtig fühlen konnte. (2.) Mit der Kollision wird B zumindest bemerkt haben, dass er nicht mehr vollständig fahrtüchtig war. (3.) Wer in einer Gaststätte „kräftig feiert", konsumiert nicht unerhebliche Mengen Alkohols. Dass B trotzdem mit dem Pkw zur Gaststätte fuhr, kann bedeuten, dass er von vornherein billigend in Kauf nahm, auch im fahruntüchtigen Zustand damit zu fahren. (4.) Es ist nicht ohne Weiteres von der Vorstrafe auf den erneuten Vorsatz zu schließen. Die Vorstrafe ist aber ein Indiz dafür, dass B seine Fahrtüchtigkeit seit der Verurteilung besser einschätzen kann. (5.) Wenn B vor der Polizei floh, wird er damit gerechnet haben, bei einer Kontrolle die Konsequenzen fürchten zu müssen. Er kann an eine Ordnungswidrigkeit, aber auch an eine Straftat gedacht haben. (6.) Zunächst scheint die Fahrweise für B zu sprechen. Wenn er es jedoch für notwendig hielt, langsam und vorsichtig zu fahren, wird er um seine verminderte Fahrtüchtigkeit, vielleicht sogar um seine Fahruntüchtigkeit gewusst haben. (7.) Am nächsten Morgen ist es gut möglich, dass sich B nach der Bettruhe so erholt fühlte, dass er davon ausging, wieder fahrtüchtig zu sein.

---

[378] Hierzu Lackner/Kühl, 28. Aufl. 2014, § 15 Rn. 9; näher Prittwitz GA 1994, 454; aus der Rspr. vgl. zuletzt BGH U. v. 24.04.2019 – 2 StR 377/18 – NStZ 2019, 468 = StV 2020, 95.

C. Subjektiver Tatbestand

3. Zeitpunkt

▶ Didaktischer Aufsatz:

- Jerouschek/Kölbel, Zur Bedeutung des so genannten Koinzidenzprinzips im Strafrecht, JuS 2001, 417

Der Täter muss Vorsatz im Zeitpunkt der Vornahme der tatbestandlichen Ausführungshandlung aufweisen (sog. **Simultanitäts- oder Koinzidenzprinzip**); ein nachträglicher Vorsatz (sog. *dolus subsequens*) oder früherer, aber erloschener Vorsatz (sog. *dolus antecedens*) sind unerheblich.[379] **§ 16 I 1 StGB** stellt nämlich auf den Vorsatz „**bei Begehung der Tat**" ab, also bei Vornahme der Tathandlung i. S. d. § 8 StGB.

239

> **Beispiel 161**
> B1 kaufte von seinem Bekannten B2 eine gebrauchte Kamera. B2 hatte diese, was B1 nicht wusste, zuvor bei einem Einbruch in ein Fotogeschäft erbeutet. Ein

> **§ 8 StGB (Zeit der Tat)**
> Eine Tat ist zu der Zeit begangen, zu welcher der Täter oder der Teilnehmer gehandelt hat oder im Falle des Unterlassens hätte handeln müssen. Wann der Erfolg eintritt, ist nicht maßgebend.

> paar Tage später erfuhr B1 von dem Einbruch und erkannte, dass die gekaufte Kamera aus dieser „Quelle" stammen musste. Dennoch unternahm er nichts und behielt die Kamera. ◄

> **§ 259 I StGB (Hehlerei)**
> Wer eine Sache, die ein anderer gestohlen oder sonst durch eine gegen fremdes Vermögen gerichtete rechtswidrige Tat erlangt hat, ankauft oder sonst sich oder einem Dritten verschafft, sie absetzt oder absetzen hilft, um sich oder einen Dritten zu bereichern, wird mit Freiheitsstrafe bis zu fünf Jahren oder mit Geldstrafe bestraft.

---

[379] Hierzu Hoyer, in: SK-StGB, 9. Aufl. 2017, § 16 Rn. 51ff.; näher Jerouschek/Kölbel JuS 2001, 417; aus der Rspr. vgl. zuletzt BGH B. v. 07.09.2017 – 2 StR 18/17 – NStZ 2018, 27 (Anm. Kudlich JA 2017, 948; Eisele JuS 2017, 1223; Engländer NStZ 2018, 28; Kratz jurisPR-StrafR 1/2018 Anm. 1); BGH U. v. 01.03.2018 – 4 StR 399/17 (Autorennen Kurfürstendamm) – BGHSt 63, 88 = ▪

Erforderlich ist Vorsatz bzgl. der Vortat im Zeitpunkt des Ankaufens, woran es bei B1 fehlte. Sein *dolus subsequens* ist unbeachtlich.

Beispiel 162

B wollte G töten. Er steckte zu Hause eine Pistole in seine Manteltasche und machte sich auf den Weg. Als er G in der Bahnhofsgaststätte traf, kam es jedoch zu einem versöhnlichen Gespräch. Bei der abschließenden freundschaftlichen Umarmung löste sich versehentlich ein Schuss. G wurde getroffen und tödlich verletzt. ◄

Im Zeitpunkt des Schusses mangelte es dem B am Tötungsvorsatz. Sein *dolus antecedens* ist unbeachtlich.

Es ist also genau darauf zu achten, zu welchem Zeitpunkt der Täter welchen Vorsatz hatte und ob es hierbei im Laufe des Geschehens zu **Veränderungen** kam (Vorsatzwechsel, Erlöschen des Vorsatzes, aufkommender Vorsatz).

Bisweilen lässt sich in Fällen mangelnder Koinzidenz eine **vor- oder nachgelagerte Handlung** des Täters ausmachen, die schon und noch von Vorsatz getragen war.

4. Sog. kumulativer und alternativer Vorsatz

▶ Didaktische Aufsätze:

- Jeßberger/Sander, Der dolus alternativus, JuS 2006, 1065
- Lichtenthäler, Typische Probleme der sog. Dolus-generalis-Fälle in der juristischen Fallbearbeitung, JuS 2020, 211

240 Ein Täter kann sog. **kumulativen Vorsatz** (*dolus cumulativus*) aufweisen.[380] In diesen Fällen hält der Täter es für möglich, mit seiner Handlung mehrere Erfolge zu verwirklichen.

NJW 2018, 1621 = NStZ 2018, 409 = StV 2018, 419 (Anm. Jäger JA 2018, 468; Eisele JuS 2018, 492; LL 2018, 460; RÜ 2018, 301; famos 6/2018; Hörnle NJW 2018, 1576; Walter NStZ 2018, 412; Schneider NStZ 2018, 528; Puppe JR 2018, 323; Eisele JZ 2018, 549; Krell HRRS 2018, 237; Kubiciel/Wachter HRRS 2018, 332; Bertlings jurisPR-StrafR 9/2018 Anm. 4; Momsen KriPoZ 2018, 76; Bautze KJ 2018, 360; Preuß NZV 2018, 345); BGH U. v. 24.04.2019 – 2 StR 377/18 – NStZ 2019, 468 = StV 2020, 95; BGH B. v. 25.09.2019 – 4 StR 348/19 – NStZ-RR 2020, 79 (Anm. Jäger JA 2020, 467; Hecker JuS 2020, 696); BayObLG U. v. 04.11.2020 – 206 St RR 1459/19-1461/19 – NJW 2021, 405 (Anm. Kudlich NJW 2021, 359).

[380] Hierzu B. Heinrich, AT, 6. Aufl. 2019, Rn. 294a; aus der Rspr. vgl. zuletzt BGH U. v. 14.01.2021 – 4 StR 95/20 – NJW 2021, 795 (Anm. Bosch Jura 2021, 588; Kudlich JA 2021, 339; Eisele JuS 2021, 366; RÜ 2021, 165; RÜ2 2021, 63; Mitsch NJW 2021, 798; Schultheis jurisPR-StrafR 6/2021 Anm. 2).

C. Subjektiver Tatbestand

> **Beispiel 163**
>
> B wurde von Wachmann G und dessen Hund verfolgt; um sich seiner Verfolger zu entledigen, schoss er mit einer Maschinenpistole auf sie und traf beide tödlich. ◄

Es ist möglich, dass B kumulativ sowohl Vorsatz bzgl. der Tötung eines Menschen (Totschlag gem. § 212 I StGB) als auch bzgl. der Tötung des Hundes (Sachbeschädigung gem. § 303 I StGB) hatte. Er verwirklichte dann beide Delikte kumulativ. Wie mit derartigen Kumulationen strafpraktisch zu verfahren ist, ist Gegenstand der Lehre von den **Konkurrenzen**, s. u.

Ein Täter kann auch Generalvorsatz (***dolus generalis***) hinsichtlich einer Vielzahl beliebiger Opfer aufweisen (z. B. i. R. v. Terrorismus). 241

> **Beispiel 164**
>
> B legte in einer Fußgängerzone eine Bombe und hoffte, möglichst viele Passanten zu töten. ◄

Stehen bestimmte Tatbestände in einem **Stufenverhältnis**, baut also ein Delikt auf dem anderen auf, so erstreckt sich der Vorsatz des Täters bzgl. des vorrangigen Tatbestands auch auf die nachrangigen Tatbestände.

> **Beispiel 165**
>
> B wollte G töten und schoss auf ihn. G überlebte schwer verletzt. ◄

Abgesehen vom Totschlagsversuch (§§ 212 I, 22, 23 StGB) hat sich B wegen gefährlicher Körperverletzung gem. §§ 223 I, 224 I Nr. 2 StGB strafbar gemacht: Weil die Körperverletzung ein notwendiges Durchgangsstadium zur Tötung ist, enthält der Tötungsvorsatz des B als „Durchgangsvorsatz" auch den Körperverletzungsvorsatz.[381]

Umstritten ist die Behandlung des **Alternativvorsatzes** (*dolus alternativus*).[382] 242

> **Beispiel 166**
>
> **BGH U. v. 16.10.2008 – 4 StR 369/08 – NStZ 2009, 210 (Anm. RÜ 2008, 778; RA 2008, 791; Heintschel-Heinegg JA 2009, 149; Puppe HRRS 2009, 91):**
>
> B, seine Ehefrau G und der Z verbrachten den Abend und die Nacht trinkend im Wohnzimmer. Am nächsten Vormittag erwachte B aus einem mehrstündigen

---

[381] von Heintschel-Heinegg, in: MK-StGB, 3. Auf. 2016, vor § 52 Rn. 52; früher problematisch.
[382] Hierzu Hoyer, in: SK-StGB, 9. Aufl. 2017, § 16 Rn. 57ff.; näher Schneider GA 1956, 257; Joerden ZStW 1983, 565; Schmitz ZStW 2000, 301; Jeßberger/Sander JuS 2006, 1065; aus der Rspr. vgl. zuletzt BGH U. v. 14.01.2021 – 4 StR 95/20 – NJW 2021, 795 (Anm. Bosch Jura 2021, 588; Kudlich JA 2021, 339; Eisele JuS 2021, 366; RÜ 2021, 165; RÜ 2021, 63; Mitsch NJW 2021, 798; Schultheis jurisPR-StrafR 6/2021 Anm. 2).

Schlaf und sah, dass seine Ehefrau, nur mit einem vorne geöffneten Morgenmantel bekleidet, auf dem Schlafsofa lag. Auf ihr lag Z mit teilweise heruntergelassener Hose. B nahm an, dass seine Ehefrau mit Z den Geschlechtsverkehr ausübte. Obwohl ihm intime Kontakte seiner Ehefrau mit Z bereits bekannt waren, war er durch den unverschämten Vertrauensbruch seines besten Freundes und seiner Ehefrau gekränkt und aufgebracht und beschloss, Z zu bestrafen. Er suchte einen Gegenstand, mit dem er Z schlagen konnte. Aus dem Einbauschrank in der Diele entnahm er ein Beil mit Holzgriff und einer Metallschneide. Damit ging er ins Wohnzimmer und stellte sich neben die Schlafcouch, was seine Ehefrau und Z, die dort immer noch aufeinander lagen, nicht bemerkten. B holte aus, um Z mit voller Wucht mit dem Beil auf den Kopf zu schlagen. Dabei nahm er auch zumindest billigend in Kauf, die unter Z liegende G am Kopf zu treffen. Er war auch auf sie wütend, weil sie vor seinen Augen mit seinem besten Freund Geschlechtsverkehr gehabt hatte. Ihm war bewusst, dass ein wuchtiger Schlag, mit einem Beil gegen den Kopf geführt, lebensgefährliche Verletzungen verursachen konnte. B nahm in Kauf, bei dem Angriff auch G tödlich zu verletzen. Der mit großer Wucht geführte Schlag verfehlte den Kopf des Z knapp und traf den Kopf der G. G erlag der schweren Kopfverletzung. B war davon ausgegangen, dass das Beil keinesfalls beide zugleich hätte töten können. ◂

B hatte Vorsatz, den Z zu töten. Er hatte auch Vorsatz, die G zu töten. Er hatte aber keinen Vorsatz, beide kumulativ zu töten. Dieser Fall entspricht mithin einem Alternativvorsatz in Bezug auf den gleichen Tatbestand – im Unterschied zu den noch problematischeren Fällen tatbestandlicher Ungleichwertigkeit.[383] Problematisch ist, ob der Tötungsvorsatz durch den vollendeten Totschlag an G „verbraucht" ist, so dass nicht zugleich ein versuchter Totschlag an Z vorliegt.

Nach wohl h. M. wird im Falle tatbestandlicher Gleichwertigkeit der Alternativvorsatz im Rahmen der Vollendungsstrafbarkeit verbraucht,[384] so dass bereits der subjektive Tatbestand bzw. der sog. Tatentschluss bei der Versuchstat ausscheidet.

Andere lösen den Konflikt auf Ebene der Konkurrenzen und gehen von einer Verdrängung des Versuchsdelikts im Wege der Gesetzeskonkurrenz aus.[385]

Zutreffend ist aber die Annahme von Tateinheit der vom alternativen Vorsatz umfassten Delikte,[386] und zwar sowohl im Falle der tatbestandlichen Gleichwertigkeit als auch der Ungleichwertigkeit: Der Täter setzt mit derselben Handlung zu beiden Delikten unmittelbar an. In diesem Zeitpunkt weiß er noch nicht, welchen Erfolg er herbeiführen wird. Deswegen kann sein Vorsatz sich noch nicht auf einen Erfolg beziehen, sondern muss noch beide umfassen. Insofern werden zwei Versuche in Gang gesetzt, von denen einer vollendet wird. Die Alternativität kann hinreichend auf Strafzumessungsebene berücksichtigt werden.

---

[383] S. B. Heinrich, AT, 6. Aufl. 2019, Rn. 294.

[384] S. Zaczyk, in: NK-StGB, 5. Aufl. 2017, § 22 Rn. 20.

[385] Wessels/Beulke/Satzger, AT, 50. Aufl. 2020, Rn. 233f.

[386] S. Puppe, in: NK-StGB, 5. Aufl 2017, § 15 Rn. 115f.

Nur dies ermöglicht eine Berücksichtigung, dass B auch den Tod des Z billigend in Kauf genommen hat.

III. Qualifizierte Erscheinungsformen des Vorsatzes

1. Absicht (*dolus directus* ersten Grades)

▶ Didaktische Aufsätze:

- Samson, Absicht und direkter Vorsatz im Strafrecht, JA 1989, 449
- Witzigmann, Mögliche Funktionen und Bedeutungen des Absichtsbegriffs im Strafrecht, JA 2009, 488

Eine Reihe von Tatbeständen – Näheres daher im Besonderen Teil – setzt bzgl. aller oder einiger objektiver Tatbestandsmerkmale voraus, dass der Täter absichtlich handelte.[387] Manchmal wird das Wort Absicht bzw. absichtlich verwendet, manchmal eine finale Konjunktion (z. B. „um ... zu"). 243

> § 226 I, II StGB (Schwere Körperverletzung)
> (1) Hat die Körperverletzung zur Folge, daß die verletzte Person
> 1. das Sehvermögen auf einem Auge oder beiden Augen, das Gehör, das Sprechvermögen oder die Fortpflanzungsfähigkeit verliert,
> 2. ein wichtiges Glied des Körpers verliert oder dauernd nicht mehr gebrauchen kann oder
> 3. in erheblicher Weise dauernd entstellt wird oder in Siechtum, Lähmung oder geistige Krankheit oder Behinderung verfällt,
> so ist die Strafe Freiheitsstrafe von einem Jahr bis zu zehn Jahren.
> (2) Verursacht der Täter eine der in Absatz 1 bezeichneten Folgen **absichtlich** oder wissentlich, so ist die Strafe Freiheitsstrafe nicht unter drei Jahren.

> § 258 I StGB (Strafvereitelung)
> Wer **absichtlich** oder wissentlich ganz oder zum Teil vereitelt, daß ein anderer dem Strafgesetz gemäß wegen einer rechtswidrigen Tat bestraft oder einer Maßnahme (§ 11 Abs. 1 Nr. 8) unterworfen wird, wird mit Freiheitsstrafe bis zu fünf Jahren oder mit Geldstrafe bestraft.

---

[387] Zur Absicht Joecks/Jäger, StGB, 13. Aufl. 2021, § 15 Rn. 9f.; näher Oehler NJW 1966, 1633; Samson JA 1989, 449; von Selle JR 1999, 309; Witzigmann JA 2009, 488.

> **§ 164 I StGB (Falsche Verdächtigung)**
> Wer einen anderen bei einer Behörde oder einem zur Entgegennahme von Anzeigen zuständigen Amtsträger oder militärischen Vorgesetzten oder öffentlich wider besseres Wissen einer rechtswidrigen Tat oder der Verletzung einer Dienstpflicht in der **Absicht** verdächtigt, ein behördliches Verfahren oder andere behördliche Maßnahmen gegen ihn herbeizuführen oder fortdauern zu lassen, wird mit Freiheitsstrafe bis zu fünf Jahren oder mit Geldstrafe bestraft.

244 Ferner existieren einige Tatbestände (Näheres daher im Besonderen Teil, z. B. §§ 242, 249, 253, 255, 259, 263, 267, 274 StGB), in denen der Täter zusätzlich zum Vorsatz bzgl. der objektiven Tatbestandsmerkmale eine zusätzliche Absicht ohne objektives Pendant aufweisen muss (sog. **überschießende Innentendenz**).

> **§ 242 I StGB (Diebstahl)**
> Wer eine fremde bewegliche Sache einem anderen in der Absicht wegnimmt, die Sache sich oder einem Dritten rechtswidrig zuzueignen, wird mit Freiheitsstrafe bis zu fünf Jahren oder mit Geldstrafe bestraft.

> **§ 252 StGB (Räuberischer Diebstahl)**
> Wer, bei einem Diebstahl auf frischer Tat betroffen, gegen eine Person Gewalt verübt oder Drohungen mit gegenwärtiger Gefahr für Leib oder Leben anwendet, **um** sich im Besitz des gestohlenen Gutes **zu** erhalten, ist gleich einem Räuber zu bestrafen.

245 Die Vorsatzform der Absicht zeichnet sich dadurch aus, dass der Täter – über ein „Kennen" der Umstände i. S. d. § 16 I 1 StGB hinaus – es bezweckt, dass es also dem Täter gerade **darauf ankommt** (als Endziel oder als Zwischenziel), den Erfolg herbeizuführen oder einen bestimmten Umstand zu verwirklichen.[388]

Beispiel 167
B zündete seine Scheune an, um die Versicherungssumme zu kassieren. ◄

---

[388] Fischer, StGB, 68. Aufl. 2021, § 15 Rn. 6; aus der Rspr. vgl. zuletzt BGH B. v. 07.06.2017 – 4 ARs 22/16 – NStZ-RR 2017, 238 (Anm. Reckmann jurisPR-StrafR 16/2017 Anm. 3); BGH B. v. 07.04.2020 – 6 StR 34/20 – NStZ-RR 2020, 175.

C. Subjektiver Tatbestand

> **§ 265 I StGB (Versicherungsmißbrauch)**
> Wer eine gegen Untergang, Beschädigung, Beeinträchtigung der Brauchbarkeit, Verlust oder Diebstahl versicherte Sache beschädigt, zerstört, in ihrer Brauchbarkeit beeinträchtigt, beiseite schafft oder einem anderen überläßt, um sich oder einem Dritten Leistungen aus der Versicherung zu verschaffen, wird mit Freiheitsstrafe bis zu drei Jahren oder mit Geldstrafe bestraft, wenn die Tat nicht in § 263 mit Strafe bedroht ist.

Absicht setzt nicht voraus, dass der Täter den Eintritt der in der Vorschrift bezeichneten Folge als sicher annimmt; sofern er die Folge anstrebt, genügt es, wenn er ihren Eintritt für möglich hält.[389]

Wer um ein Endziel willen die Tat begeht und dabei weiß, dass hierfür ein notwendiges **Zwischenziel**[390] zu erreichen ist, handelt auch bzgl. des Zwischenziels mit Absicht, und zwar sogar dann, wenn er insofern schweren Herzens handelt; es ist also keine diesbzgl. positive Bewertung oder Werthaltung nötig.[391]

Ebenso genügt es für die jeweilige tatbestandsrelevante Absicht, wenn diese nur eines von mehreren Motiven darstellt (sog. **Motivbündel**), wobei es sich bei der tatbestandsrelevanten Absicht nicht einmal um das Hauptmotiv handeln muss.[392]

Beispiel 168

Ladendieb B wurde ertappt. Um entkommen zu können und um seine Beute zu retten, schlug er den Ladendetektiv Z nieder. ◄

Die in § 252 StGB vorausgesetzte Besitzerhaltungsabsicht liegt auch dann vor, wenn zusätzliche Motive hinzutreten, z. B. der Wille zur Flucht.[393]

---

[389] Fischer, StGB, 68. Aufl. 2021, § 15 Rn. 6; aus der Rspr. vgl. zuletzt BGH B. v. 07.06.2017 – 4 ARs 22/16 – NStZ-RR 2017, 238 (Anm. Reckmann jurisPR-StrafR 16/2017 Anm. 3).

[390] Problematisch v. a. bzgl. unerwünschter Nebenfolgen, Wessels/Beulke/Satzger, AT, 50. Aufl. 2020, Rn. 326ff.; näher Rengier JZ 1990, 321; Joerden FS Jakobs 2007, 235; aus der Rspr. vgl. zuletzt BGH U. v. 03.12.2015 – 4 StR 387/15 – StV 2016, 736 und StV 2017, 538 (Anm. Ambos/Penkuhn StV 2016, 760; Safferling/Grzywotz JR 2016, 186; Burghardt JZ 2016, 106; Berster ZIS 2016, 72); BGH B. v. 14.07.2016 – 3 StR 105/16 – NStZ-RR 2016, 341; BGH B. v. 07.06.2017 – 4 ARs 22/16 – NStZ-RR 2017, 238 (Anm. Reckmann jurisPR-StrafR 16/2017 Anm. 3); BGH B. v. 07.04.2020 – 6 StR 34/20 – NStZ-RR 2020, 175.

[391] I. E. problematisch; Hoyer, in: SK-StGB, 9. Aufl. 2017, § 16 Rn. 48, zur uneinheitlichen Rspr. s. o.

[392] Hoyer, in: SK-StGB, 9. Aufl. 2017, § 16 Rn. 48; aus der Rspr. vgl. BGH U. v. 28.11.1962 – 3 StR 39/62 – BGHSt 18, 151 = NJW 1963, 914.

[393] Fischer, StGB, 68. Aufl. 2021, § 252 Rn. 9.

2. Wissentlichkeit (*dolus directus* zweiten Grades)

▶ Didaktischer Aufsatz:

- Samson, Absicht und direkter Vorsatz im Strafrecht, JA 1989, 449

246 Die Vorsatzform der Wissentlichkeit,[394] die manche Tatbestände voraussetzen – Näheres daher im Besonderen Teil, z. B. §§ 164, 187, 226 II, 258 I StGB –, zeichnet sich (über ein „Kennen" der Umstände i. S. d. § 16 I 1 StGB hinaus) dadurch aus, dass der Täter für sicher hält oder mindestens für so gut wie sicher hält (mit an Sicherheit grenzender Wahrscheinlichkeit), dass er mit seiner Handlung die den objektiven Tatbestand begründenden Umstände verwirklicht.[395]

> **§ 226 I, II StGB (Schwere Körperverletzung)**
> (1) Hat die Körperverletzung zur Folge, daß die verletzte Person
> 1. das Sehvermögen auf einem Auge oder beiden Augen, das Gehör, das Sprechvermögen oder die Fortpflanzungsfähigkeit verliert,
> 2. ein wichtiges Glied des Körpers verliert oder dauernd nicht mehr gebrauchen kann oder
> 3. in erheblicher Weise dauernd entstellt wird oder in Siechtum, Lähmung oder geistige Krankheit oder Behinderung verfällt,
> so ist die Strafe Freiheitsstrafe von einem Jahr bis zu zehn Jahren.
> (2) Verursacht der Täter eine der in Absatz 1 bezeichneten Folgen absichtlich oder **wissentlich**, so ist die Strafe Freiheitsstrafe nicht unter drei Jahren.

> **§ 258 I StGB (Strafvereitelung)**
> Wer absichtlich oder **wissentlich** ganz oder zum Teil vereitelt, daß ein anderer dem Strafgesetz gemäß wegen einer rechtswidrigen Tat bestraft oder einer Maßnahme (§ 11 Abs. 1 Nr. 8) unterworfen wird, wird mit Freiheitsstrafe bis zu fünf Jahren oder mit Geldstrafe bestraft.

---

[394] Hierzu Joecks/Jäger, StGB, 13. Aufl. 2021, § 15 Rn. 11; näher Samson JA 1989, 449.
[395] Fischer, StGB, 68. Aufl. 2021, § 15 Rn. 7f.; aus der Rspr. vgl. RG U. v. 23.12.1881 – 2754/81 – RGSt 5, 314; RG U. v. 21.06.1898 – 2049/98 – RGSt 31, 211; RG U. v. 08.12.1936 – 1 D 869/36 – RGSt 71, 37; OLG Braunschweig U. v. 30.11.1956 – Ss 179/56 – NJW 1957, 600; BGH U. v. 25.06.2002 – 5 StR 103/02 (Anm. Eisele JA 2003, 105); BGH U. v. 12.07.2005 – 1 StR 65/05 – NStZ-RR 2006, 174.

C. Subjektiver Tatbestand

> **§ 164 I StGB (Falsche Verdächtigung)**
> Wer einen anderen bei einer Behörde oder einem zur Entgegennahme von Anzeigen zuständigen Amtsträger oder militärischen Vorgesetzten oder öffentlich **wider besseres Wissen** einer rechtswidrigen Tat oder der Verletzung einer Dienstpflicht in der Absicht verdächtigt, ein behördliches Verfahren oder andere behördliche Maßnahmen gegen ihn herbeizuführen oder fortdauern zu lassen, wird mit Freiheitsstrafe bis zu fünf Jahren oder mit Geldstrafe bestraft.

Dies betrifft Fälle, in denen der Täter seine Ziele nicht erreichen kann, ohne dass zugleich der tatbestandsmäßige Erfolg eintritt. Er handelt wissentlich auch dann, wenn er einen bestimmten Erfolg als notwendige und sichere Folge seines Verhaltens ins Kalkül einbezieht, mag ihm der Erfolg auch unerwünscht sein. Es reicht auch hier aus, wenn der Täter sich mit dem Erfolgseintritt abfindet, also trotzdem handelt.

IV. Irrtum über Tatumstände, § 16 StGB

1. Vorab: Grundlagen der Irrtumslehre

▶ Didaktische Aufsätze:

- Backmann, Grundfälle zum strafrechtlichen Irrtum, JuS 1972, 196, 326, 452, 649 und JuS 1973, 30, 299
- Warda, Grundzüge der strafrechtlichen Irrtumslehre, Jura 1979, 1, 71, 113 und 286
- Hettinger, Der Irrtum im Bereich der äußeren Tatumstände, JuS 1988, L71, JuS 1989, L17 und L41, JuS 1990, L73, JuS 1991, L9, L25, L33 und L49, JuS 1992, L65, L73 und L81
- Geerds, Der vorsatzausschließende Irrtum, Jura 1990, 421
- Koriath, Überlegungen zu einigen Grundsätzen der strafrechtlichen Irrtumslehre, Jura 1996, 113
- Rath, Arbeitsschritte zur Behandlung strafrechtlicher Irrtumsfälle, Jura 1998, 539
- Rönnau/Faust/Fehling, Durchblick: Der Irrtum und seine Rechtsfolgen, JuS 2004, 667
- Henn, Der subjektive Tatbestand der Straftat – Teil 2: Überblick über die Irrtumskonstellationen, JA 2008, 854
- Exner, Kompendium der strafrechtlichen Irrtumslehre, ZJS 2009, 516
- Knobloch, Examensrelevante Irrtümer im Strafrecht – Eine systematische Darstellung, JuS 2010, 864
- Sternberg-Lieben/Sternberg-Lieben, Der Tatumstandsirrtum (§ 16 I 1 StGB), JuS 2012, 289
- El-Ghazi, Der Tatumstandsirrtum, JA 2020, 182

247 Ein Irrtum[396] ist die Nichtübereinstimmung von Bewusstseinsinhalt und Wirklichkeit.
Irrtümer des Täters können Elemente auf jeder Ebene der Deliktsprüfung, d. h. Elemente des objektiven Tatbestands, der Rechtswidrigkeit, der Schuld oder sonstiger Voraussetzungen der Strafbarkeit betreffen.
Ziel der Irrtumslehre ist die Beantwortung der Frage nach der strafrechtlichen Beachtlichkeit der Fehlvorstellung. Rechtliche Auswirkungen können entweder **zu Lasten** des Täters gehen (vgl. eine etwaige Versuchsstrafbarkeit) oder **zu Gunsten** des Täters (s. §§ 16, 17, 35 II StGB).[397]

Beispiel 169

B glaubte, auf einen Menschen zu schießen. In Wirklichkeit schoss er auf eine Vogelscheuche. ◄

Der Irrtum über die Beschaffenheit des Tatobjekts wirkt sich dahingehend aus, dass sich B ggf. wegen versuchten Totschlags gem. §§ 212 I, 22, 23 StGB strafbar macht. Fahrlässige Sachbeschädigung ist nicht strafbar.

Beispiel 170

B glaubte, auf ein Tier zu schießen. In Wirklichkeit schoss er auf einen Menschen. ◄

Der Irrtum über die Beschaffenheit des Tatobjekts führt hier zu einem Irrtum nach § 16 I 1 StGB; anders gewendet fehlte dem B der Vorsatz i. S. d. § 15 StGB bzgl. des Tatbestandsmerkmals „Mensch". Statt Totschlag gem. § 212 I StGB kommt nur eine fahrlässige Tötung gem. § 222 StGB in Frage, ferner eine versuchte Sachbeschädigung gem. §§ 303 I, III, 22, 23 StGB.

248 Das Gesetz kennt zwei grundsätzliche Arten von entlastenden Irrtümern: den Irrtum über Tatumstände nach § 16 StGB und den Verbotsirrtum nach § 17 StGB. Im Ansatz entspricht dies einer Trennung von **Rechtsirrtümern** (grundsätzlich § 17 StGB) und **Tatsachenirrtümern** (grundsätzlich § 16 StGB).

---

[396] Zur Irrtumslehre z. B. Wessels/Beulke/Satzger, AT, 50. Aufl. 2020, Rn. 721ff.; näher Backmann JuS 1972, 196, 326, 452 und 649, JuS 1973, 30 und 299, JuS 1974, 40; Warda Jura 1979, 1, 71, 113 und 286; Hettinger JuS 1988, L71, JuS 1989, L17 und L41, JuS 1990, L73, JuS 1991, L9, L25, L33 und L49, JuS 1992, L65, L73 und L81; Geerds Jura 1990, 421; Herzberg JZ 1993, 1017; Koriath Jura 1996, 113; Rath Jura 1998, 539; Rönnau/Faust/Fehling JuS 2004, 667; Henn JA 2008, 854; Exner ZJS 2009, 516; Knobloch JuS 2010, 864; Sternberg-Lieben/Sternberg-Lieben JuS 2012, 289.
[397] B. Heinrich, AT, 6. Aufl. 2019, Rn. 1070f.

C. Subjektiver Tatbestand

> **§ 16 StGB (Irrtum über Tatumstände)**
> (1) Wer bei Begehung der Tat einen Umstand nicht kennt, der zum gesetzlichen Tatbestand gehört, handelt nicht vorsätzlich. Die Strafbarkeit wegen fahrlässiger Begehung bleibt unberührt.
> (2) Wer bei Begehung der Tat irrig Umstände annimmt, welche den Tatbestand eines milderen Gesetzes verwirklichen würden, kann wegen vorsätzlicher Begehung nur nach dem milderen Gesetz bestraft werden.

> **§ 17 StGB (Verbotsirrtum)**
> Fehlt dem Täter bei Begehung der Tat die Einsicht, Unrecht zu tun, so handelt er ohne Schuld, wenn er diesen Irrtum nicht vermeiden konnte. Konnte der Täter den Irrtum vermeiden, so kann die Strafe nach § 49 Abs. 1 gemildert werden.

Da § 16 I 1 StGB vorsatzausschließend wirkt („handelt nicht vorsätzlich"), sind Tatumstandsirrtümer im **subjektiven Tatbestand** zu prüfen.

Da § 17 StGB allenfalls die **Schuld** ausschließt („handelt er ohne Schuld"), werden Verbotsirrtümer bei der Schuld behandelt. In anderen Lehrbüchern werden allerdings aus Gründen des Sachzusammenhangs alle Arten von Irrtümern en bloc in einem eigenen Kapitel dargestellt.[398]

2. Grundlagen des Irrtums über Tatumstände

Gem. § 16 I 1 StGB handelt nicht vorsätzlich, wer bei Begehung der Tat einen Umstand nicht kennt, der zum gesetzlichen Tatbestand gehört. Das sog. Handlungsunrecht des Vorsatzdelikts entfällt. Der Täter wird vom Verhaltensappell der Norm nicht erreicht, da er auf falscher Tatsachengrundlage handelt.

249

> **Beispiel 171**
>
> B schoss in der Dämmerung zum Spaß auf die Mülltonnen in seinem Garten. Hinter einer dieser Mülltonnen hatte sich jedoch, für B völlig überraschend, das Nachbarskind G versteckt, welches durch seinen Schuss getroffen wurde und starb. ◄

Mangels Vorsatzes ist B nicht wegen Totschlags gem. § 212 I StGB strafbar. Wie § 16 I 2 StGB klarstellt, bleibt aber eine Fahrlässigkeitsstrafbarkeit möglich, hier nach § 222 StGB.

---

[398] Z. B. bei B. Heinrich, AT, 6. Aufl. 2019, Rn. 1062ff.

Ob der Irrtum vermeidbar oder selbst verschuldet war, ist für die Frage des Vorsatzes irrelevant,[399] wird aber die Frage der Fahrlässigkeitsstrafbarkeit mitbestimmen. Geprüft wird dort, ob der Täter seinen Irrtum sorgfaltswidrig verursacht oder sonst sorgfaltswidrig gehandelt hat.

Die Rechtsfolge des § 16 I 1 StGB („nicht vorsätzlich") ist in mancher Hinsicht missverständlich formuliert. Gemeint ist nicht, dass der Täter keinerlei Vorsatz mehr aufweist, schließlich kann er erstens Vorsatz bzgl. Merkmalen aufweisen, die den Tatbestand eines anderen Delikts verwirklichen, zweitens kann er sehr wohl den deliktsspezifischen Vorsatz aufweisen (z. B. Tötungsvorsatz für den Totschlag nach § 212 StGB), diesen aber auf ein anderes Tatobjekt oder -opfer gerichtet haben (was z. B. in einer Versuchsstrafbarkeit münden kann). Gemeint ist dass der vorher objektiv geprüfte Erfolg dem Täter mangels **Kongruenz** mit seinem Vorstellungsbild nicht **subjektiv zugerechnet** werden kann. Eine Prüfung von Vorsatz und § 16 StGB ist daher auch unter diesen Bezeichnungen möglich.

Da sich der Vorsatz auf die Umstände bzgl. der objektiven Tatbestandsmerkmale (zu Ausnahmen s. o.) erstrecken muss (auch insofern spricht man von Kongruenz von objektivem und subjektivem Tatbestand), sind vorsatzrelevante Irrtümer bzgl. eines jeden einzelnen Merkmals denkbar. Zu beachten ist, dass dies auch für **ungeschriebene bzw. ausgelagerte** Tatbestandsmerkmale.

3. Irrtum über Tatumstände i. e. S.: Tatbestandsmerkmalsgehalt, Tatsachen- und Bedeutungskenntnis

a) Grundlagen

250 Minimalvoraussetzung für den Vorsatz ist Tatsachenkenntnis, s. obige Beispiele. Problematisch ist, inwieweit Bedeutungskenntnis erforderlich ist.

> **Beispiel 172**
>
> **BGH B. v. 14.07.1959 – 1 StR 296/59 – BGHSt 13, 207 = NJW 1959, 1547 (Anm. Hemmer-BGH-Classics Strafrecht, 2003, Nr. 85):**
> B öffnete des Nachts die Ventile aller vier Reifen eines parkenden Kfz und ließ die Luft entweichen. ◄

Unterstellt, der objektive Tatbestand der Sachbeschädigung sei erfüllt:[400] Handelte B vorsätzlich, wenn er nicht für möglich gehalten hat, dass im deutschen Strafrecht das Ablassen von Luft aus Autoreifen als Beschädigen der Sache aufgefasst wird? M.a.W.: Greift § 16 I 1 StGB? Oder han-

---

[399] B. Heinrich, AT, 6. Aufl. 2019, Rn. 1076; aus der Rspr. vgl. zuletzt BGH B. v. 08.01.2014 – 3 StR 416/13 – NStZ-RR 2014, 108; zur Besserstellung, die hierhin ggü. den Regelungen der §§ 17 und 35 II StGB liegt (dort bei Vermeidbarkeit des Irrtums Vorsatz-Strafbarkeit), s. jeweils u.

[400] Hierzu zsf. Eisele, BT II, 5. Aufl. 2019, Rn. 462.

C. Subjektiver Tatbestand

delt es sich – nur, aber immerhin – um einen Verbotsirrtum nach § 17 StGB? Oder ist sein Irrtum gänzlich unbeachtlich (sog. bloßer Subsumtionsirrtum[401]), weil weder § 16 StGB noch § 17 StGB anwendbar ist?

Üblicherweise wird zwischen sog. deskriptiven und normativen Tatbestandsmerkmalen differenziert.[402]

b) Deskriptive Tatbestandsmerkmale

Deskriptive Tatbestandsmerkmale sollen dabei solche sein, die im Allgemeinen der sinnlichen Wahrnehmung zugänglich sind und Gegenstände der realen Welt (natürliche Tatsachen) beschreiben.[403] Hier soll für den Vorsatz ausreichen, dass der Täter deren natürlichen Sinngehalt erfasst hat.[404]

251

Als Beispiel werden etwa die Merkmale Mensch (§ 212 StGB) oder Sache (§ 303 StGB) genannt.

Im Grunde ist aber kein Tatbestandsmerkmal deskriptiv, da aufgrund der Aufnahme des Begriffs in den Gesetzeswortlaut immer eine rechtliche Definition und Bewertung relevant wird (z. B.: Wann beginnt und endet Menschsein, d. h. das menschliche Leben?).

c) Normative Tatbestandsmerkmale; insbesondere: Grenzziehung zum Verbotsirrtum nach § 17 StGB

▶ Didaktische Aufsätze:

- Darnstädt, Der Irrtum über normative Tatbestandsmerkmale, JuS 1978, 441
- Haft, Grenzfälle des Irrtums über normative Tatbestandsmerkmale im Strafrecht, JA 1981, 281
- Schlüchter, Grundfälle zum Bewertungsirrtum des Täters im Grenzbereich zwischen §§ 16 und 17 StGB, JuS 1985, 373, 527 und 617
- Herzberg/Hardtung, Grundfälle zur Abgrenzung von Tatumstandsirrtum und Verbotsirrtum, JuS 1999, 1073
- Herzberg, Vorsatzausschließende Rechtsirrtümer, JuS 2008, 385
- Hinderer, Tatumstandsirrtum oder Verbotsirrtum?, JA 2009, 864
- Kindhäuser, Zur Abgrenzung des Irrtums über Tatumstände vom Verbotsirrtum, JuS 2019, 953

Normative Tatbestandsmerkmale zeichnen sich dadurch aus, dass ihr Vorhandensein erst aufgrund einer rechtlichen Bewertung der wahrgenommenen Tatsachen festgestellt werden kann (institutionelle Tatsachen, Rechtstatsachen).[405]

252

---

[401] Hierzu Kudlich, in: BeckOK-StGB, Stand 01.02.2021, § 16 Rn. 13ff.; näher Nierwetberg Jura 1985, 238.

[402] S. z. B. Joecks/Jäger, StGB, 13. Aufl. 2021, § 16 Rn. 15ff.; näher Kindhäuser Jura 1984, 465; Dopslaff GA 1987, 1.

[403] B. Heinrich, AT, 6. Aufl. 2019, Rn. 1083.

[404] Joecks/Jäger, StGB, 13. Aufl. 2021, § 16 Rn. 15.

[405] Joecks/Jäger, StGB, 13. Aufl. 2021, Rn. 16.

Hier ist zur Bejahung von Vorsatz neben Tatsachenkenntnis auch Bedeutungskenntnis erforderlich: Der Täter muss den juristischen Sinngehalt nicht präzise begreifen, jedoch den rechtlich-sozialen Bedeutungsgehalt erfassen (sog. **Parallelwertung in der Laiensphäre**[406]). Der Täter muss durch seine laienhafte Beurteilung jenen Bedeutungsgehalt der Umstände erkennen, der dafür wesentlich ist, dass die Umstände dem Tatbestand unterfallen. Nötig ist also keine zutreffende Subsumtion unter die abstrakten Begriffe, sonst könnten viele Straftaten nur von Juristen begangen werden.

Bei zutreffender Parallelwertung und lediglich falscher juristischer Einordnung handelt es sich um einen unbeachtlichen sog. **Subsumtionsirrtum**.

Im obigen Beispiel genügt es, wenn B laienhaft erfasste, dass sein Verhalten die Funktionstüchtigkeit der Sache beeinträchtigte. Wenn er glaubte, das sei keine Sachbeschädigung, so ist dies allenfalls ein Verbotsirrtum nach § 17 StGB, ggf. aber wegen Vermeidbarkeit nicht einmal dies.

253 Wie genau die Anforderungen an die Parallelwertung in der Laiensphäre sind, welches Maß an laienhafter Rechtsbewertung eben doch zum Vorsatz gehört, ist nicht allgemein auszudrücken (es handelt sich um eine stark wertungsoffene Phrase); bei einer ganzen Reihe von Tatbeständen wird dies kontrovers diskutiert.

> **Beispiel 173**
>
> RG U. v. 23.12.1914 – V. 871/14 (Bierdeckelstriche) – DStrZ 1916, 77:
> B radierte Striche auf seinem Bierdeckel aus, die die Kellnerin dort zur Zählung der konsumierten Getränke angebracht hatte. ◄

> **§ 267 I StGB (Urkundenfälschung)**
> Wer zur Täuschung im Rechtsverkehr eine unechte Urkunde herstellt, eine echte Urkunde verfälscht oder eine unechte oder verfälschte Urkunde gebraucht, wird mit Freiheitsstrafe bis zu fünf Jahren oder mit Geldstrafe bestraft.

---

[406] Hierzu Wessels/Beulke/Satzger, AT, 50. Aufl. 2020, Rn. 361; näher Engisch FS Mezger 1954, 127; Kreutzer NJW 1955, 1307; Lange JZ 1956, 73; Welzel JZ 1956, 238; Lange JZ 1956, 519; Darnstädt JuS 1978, 441; Haft JA 1981, 281; Schlüchter JuS 1985, 373, 527 und 617; Kaufmann FS Lackner 1987, 185; Puppe FS Lackner 1987, 199; Puppe GA 1990, 145; Kindhäuser GA 1990, 407; Herzberg/Hardtung JuS 1999, 1073; Herzberg JuS 2008, 385; Hinderer JA 2009, 864; Neumann FS Puppe 2011, 171; Heinrich FS Roxin 2011, 449; Papathanasiou FS Roxin 2011, 467; Kindhäuser JuS 2019, 953; aus der Rspr. vgl. zuletzt BGH U. v. 18.07.2018 – 2 StR 416/16 (Sal. Oppenheim) – NJW 2018, 3467 = NStZ 2020, 167 = StV 2019, 33 und 753 (Anm. Brand NJW 2018, 3469; Szesny StV 2019, 755; Papathanasiou JR 2019, 369); BGH U. v. 10.01.2019 – 1 StR 347/18 – NStZ-RR 2019, 185 (Anm. Pflaum wistra 2019, 377; Gehm NZWiSt 2019, 265); BGH U. v. 23.07.2019 – 1 StR 107/18 – BGHSt 64, 161 = NJW 2019, 3392 = StV 2020, 368; BGH U. v. 18.07.2018 – 2 StR 416/18 – NStZ 2020, 167; BGH B. v. 24.09.2019 – 1 StR 346/18 – BGHSt 64, 195 = NJW 2019,

C. Subjektiver Tatbestand

Bei dem Strich auf dem Bierdeckel handelte es sich um eine Urkunde i. S. d. § 267 I StGB.[407] Wenn B glaubte, nur Schriftstücke könnten Urkunden i. S. e. Urkundenfälschung sein, so ändert das an seinem Vorsatz bzgl. des Tatbestandsmerkmals Urkunde nichts, wenn er, was naheliegt, laienhaft die Funktion und Bedeutung der Bierdeckelstriche erkannte.

> **Beispiel 174**
>
> B verkaufte seinen gebrauchten Pkw an Z und übereignete ihm diesen. Als Z den ihm für eine Woche gestundeten Kaufpreis nicht zahlte, nahm B den Pkw mit einem heimlich zurückgehaltenen Zweitschlüssel wieder an sich. Dabei nahm er an, der Pkw gehöre noch ihm, da B diesen schließlich noch nicht bezahlt habe. ◄

> **§ 242 I StGB (Diebstahl)**
>
> Wer eine fremde bewegliche Sache einem anderen in der Absicht wegnimmt, die Sache sich oder einem Dritten rechtswidrig zuzueignen, wird mit Freiheitsstrafe bis zu fünf Jahren oder mit Geldstrafe bestraft.

Fraglich ist der Vorsatz des B bzgl. der Fremdheit der Sache. Hier spricht einiges dafür, dass der zivilrechtliche Vorfeldirrtum dazu führte, dass B das Diebstahlsunrecht nicht, auch nicht laienhaft, als solches erkannte.

> **Beispiel 175**
>
> **LG Aachen U. v. 09.12.2011 – 71 Ns-607 Js 784/08-146/11 (Anm. Hecker JuS 2013, 851):**
>
> B belud seinen Lkw mit Blechen, wobei er einen neben dem Lkw parkenden Pkw beschädigte. Nach Beendigung des Beladens fuhr B davon. ◄

> **§ 142 StGB (Unerlaubtes Entfernen vom Unfallort)**
>
> (1) Ein Unfallbeteiligter, der sich nach einem Unfall im Straßenverkehr vom Unfallort entfernt, bevor er
> 1. zugunsten der anderen Unfallbeteiligten und der Geschädigten die Feststellung seiner Person, seines Fahrzeugs und der Art seiner Beteiligung

---

3532 = NStZ 2020, 89 (Anm. Brand NJW 2019, 3535; von der Meden jurisPR-StrafR 23/2019 Anm. 3; Pelz jurisPR-Compl 6/2019 Anm. 3; Bosch Jura 2020, 193; Eisele JuS 2020, 365; Hinderer NStZ 2020, 92; Schmitz JZ 2020, 369; Grötsch wistra 2020, 74; Ceffinato wistra 2020, 230; Funken/Weitzell NZWiSt 2020, 164; Habetha WiJ 2020, 24; Stück CCZ 2020, 108); LG Frankfurt (Oder) U. v. 09.03.2020 – 23 Wi KLs 1/18 (Anm. Jansen jurisPR-StrafR 25/2020 Anm. 2; Bürger NZWiSt 2021, 158); BGH B. v. 10.06.2020 – 3 StR 52/20 – NJW 2020, 2652 = NStZ 2020, 682 = NStZ-RR 2021, 28 (Anm. Hinderer NStZ 2020, 683; Theile ZJS 2021, 96; Lenk NStZ-RR 2021, 29).

[407] S. Eisele, BT I, 5. Aufl. 2019, Rn. 803.

> durch seine Anwesenheit und durch die Angabe, daß er an dem Unfall beteiligt ist, ermöglicht hat oder
> 2. eine nach den Umständen angemessene Zeit gewartet hat, ohne daß jemand bereit war, die Feststellungen zu treffen,
>
> wird mit Freiheitsstrafe bis zu drei Jahren oder mit Geldstrafe bestraft.
> (2) Nach Absatz 1 wird auch ein Unfallbeteiligter bestraft, der sich
> 1. nach Ablauf der Wartefrist (Absatz 1 Nr. 2) oder
> 2. berechtigt oder entschuldigt
>
> vom Unfallort entfernt hat und die Feststellungen nicht unverzüglich nachträglich ermöglicht.
> (3) Der Verpflichtung, die Feststellungen nachträglich zu ermöglichen, genügt der Unfallbeteiligte, wenn er den Berechtigten (Absatz 1 Nr. 1) oder einer nahe gelegenen Polizeidienststelle mitteilt, daß er an dem Unfall beteiligt gewesen ist, und wenn er seine Anschrift, seinen Aufenthalt sowie das Kennzeichen und den Standort seines Fahrzeugs angibt und dieses zu unverzüglichen Feststellungen für eine ihm zumutbare Zeit zur Verfügung hält. Dies gilt nicht, wenn er durch sein Verhalten die Feststellungen absichtlich vereitelt.
> (4) Das Gericht mildert in den Fällen der Absätze 1 und 2 die Strafe (§ 49 Abs. 1) oder kann von Strafe nach diesen Vorschriften absehen, wenn der Unfallbeteiligte innerhalb von vierundzwanzig Stunden nach einem Unfall außerhalb des fließenden Verkehrs, der ausschließlich nicht bedeutenden Sachschaden zur Folge hat, freiwillig die Feststellungen nachträglich ermöglicht (Absatz 3).
> (5) Unfallbeteiligter ist jeder, dessen Verhalten nach den Umständen zur Verursachung des Unfalls beigetragen haben kann.

Angenommen, ein Unfall i. S. d. § 142 StGB liegt aufgrund der Beschädigung vor,[408] B glaubte aber, dies sei anders. Wenn B laienhaft erkannte, dass es „nicht in Ordnung ist", davonzufahren ohne dem Geschädigten die Geltendmachung von Ansprüchen zu ermöglichen, genügt dies für eine vorsatzbegründende Bedeutungskenntnis.

Beispiel 176

B erschlug den Hund seines Nachbarn Z, weil ihn das ständige Gekläffe ärgerte. Später stellte er sich auf den Standpunkt, er habe keine Sachbeschädigung begangen, da man ein Tier nicht als Sache im Sinne des § 303 StGB bezeichnen könne. Da es im StGB aber keinen Tatbestand der „Tierbeschädigung" gebe, müsse er straflos bleiben. ◀

Tiere sind den Sachen gleichgestellt (§ 90a BGB) und deswegen auch solche im strafrechtlichen Sinne. Auch wenn B nicht ausdrücklich davon ausging, dass Tiere dem Sachbegriff des § 303 I StGB unterfallen, wusste er zumindest, dass Tiere gehandelt und gegen Geld erworben werden und anschließend jemandem gehören, so dass sie nicht ohne weiteres getötet werden dürfen. Das genügt der laienhaften Bedeutungserkenntnis.

---

[408] Zur Kontroverse zur Annahme eines Unfalls beim Be- und Entladen Fischer, StGB, 68. Aufl. 2021, § 142 Rn. 9.

Wenn allerdings Rechtslagen Teil des Tatbestands sind, dann muss sich der Vorsatz gerade auf diese Rechtslagen beziehen: Dies betrifft z. B. § 242 I StGB (Rechtswidrigkeit der Zueignung), § 253 I StGB und § 263 I StGB (Rechtswidrigkeit der erstrebten Bereicherung).[409]

In gewisser Weise sind dies Ausnahmen von der Trennung von Rechts- und Tatsachenirrtümern.

d) Insbesondere: Qualifizierende Tatbestandsmerkmale

Qualifizierende Tatbestandsmerkmale bauen auf einem Grunddelikt auf und verschärfen dieses zwingend. Sie werden wie andere Tatbestandsmerkmale auch behandelt. Verkennt der Täter Umstände, die zu ihrer Verwirklichung führen, so ist § 16 I 1 StGB anzuwenden; der Tätervorsatz liegt dann nur für das Grunddelikt vor.

Beispiel 177

B entwendete eine CD aus einem Kaufhaus. In seiner Jackentasche befand sich ein Messer, von dem er dachte, dies befinde sich in einer anderen Jacke. ◄

B hatte zwar Vorsatz bzgl. der Verwirklichung des § 242 I StGB. Ihm fehlte es aber am Vorsatz bzgl. § 244 I Nr. 1 lit. a, b StGB.

§ 242 I StGB (Diebstahl)
Wer eine fremde bewegliche Sache einem anderen in der Absicht wegnimmt, die Sache sich oder einem Dritten rechtswidrig zuzueignen, wird mit Freiheitsstrafe bis zu fünf Jahren oder mit Geldstrafe bestraft.

§ 244 I StGB (Diebstahl mit Waffen; Bandendiebstahl; Wohnungseinbruchdiebstahl)
Mit Freiheitsstrafe von sechs Monaten bis zu zehn Jahren wird bestraft, wer
1. einen Diebstahl begeht, bei dem er oder ein anderer Beteiligter
   a) eine Waffe oder ein anderes gefährliches Werkzeug bei sich führt,
   b) sonst ein Werkzeug oder Mittel bei sich führt, um den Widerstand einer anderen Person durch Gewalt oder Drohung mit Gewalt zu verhindern oder zu überwinden,
2. als Mitglied einer Bande, die sich zur fortgesetzten Begehung von Raub oder Diebstahl verbunden hat, unter Mitwirkung eines anderen Bandenmitglieds stiehlt oder
3. einen Diebstahl begeht, bei dem er zur Ausführung der Tat in eine Wohnung einbricht, einsteigt, mit einem falschen Schlüssel oder einem anderen nicht zur ordnungsmäßigen Öffnung bestimmten Werkzeug eindringt oder sich in der Wohnung verborgen hält.

---

[409] Hierzu hier nur Eisele, BT II, 5. Aufl. 2019, Rn. 88ff., 636ff., 789.

Bei irriger Annahme der Umstände eines qualifizierenden Merkmals, also der umgekehrten Konstellation, liegt eine Strafbarkeit wegen des vollendeten Grunddelikts und wegen Versuchs der Qualifikation vor.

e) Insbesondere: Privilegierende Tatbestandsmerkmale

▶ Didaktische Aufsätze:

- Franke, Probleme beim Irrtum über Strafmilderungsgründe: § 16 II StGB, JuS 1980, 172
- Küper, § 16 II StGB: eine Irrtumsregelung im Schatten der allgemeinen Strafrechtslehre, Jura 2007, 260

255 Privilegierende Tatbestandsmerkmale bauen auf einem Grunddelikt auf und mildern dieses zwingend.
Der irrige Glaube an privilegierende Umstände ist in § 16 II StGB geregelt.[410]

> **§ 16 II StGB (Irrtum über Tatumstände)**
> Wer bei Begehung der Tat irrig Umstände annimmt, welche den Tatbestand eines milderen Gesetzes verwirklichen würden, kann wegen vorsätzlicher Begehung nur nach dem milderen Gesetz bestraft werden.

> **Beispiel 178**
>
> Patient G forderte die Krankenschwester B eindringlich dazu auf, seinem Leben durch eine Überdosis eines bestimmten Medikamentes ein Ende zu bereiten. B tat dies aus Mitleid. G war allerdings, was B nicht wusste, geisteskrank. ◀

> **§ 212 I StGB (Totschlag)**
> Wer einen Menschen tötet, ohne Mörder zu sein, wird als Totschläger mit Freiheitsstrafe nicht unter fünf Jahren bestraft.

> **§ 216 I StGB (Tötung auf Verlangen)**
> Ist jemand durch das ausdrückliche und ernstliche Verlangen des Getöteten zur Tötung bestimmt worden, so ist auf Freiheitsstrafe von sechs Monaten bis zu fünf Jahren zu erkennen.

---

[410] Hierzu Wessels/Beulke/Satzger, AT, 50. Aufl. 2020, Rn. 368; näher Küper GA 1968, 321; Hall FS Maurach 1972, 107; Franke JuS 1980, 172; Küper Jura 2007, 260; Gierhake GA 2012, 291; aus der Rspr. vgl. zuletzt BGH U. v. 14.09.2011 – 2 StR 145/11 – NStZ 2012, 85 = StV 2012, 90 (Anm. Hecker JuS 2012, 365).

C. Subjektiver Tatbestand

B glaubte an ein ausdrückliches und ernstliches Verlangen des G, welches aufgrund der Geisteskrankheit des G aber objektiv nicht wirksam war. Aufgrund § 16 II StGB wird B wegen ihres Irrtums lediglich nach § 216 I StGB bestraft.

Bei Unkenntnis des privilegierenden Umstands liegt die Vollendung der Privilegierung i. V. m. einem Versuch des Grunddelikts vor.[411]

f) Insbesondere: Vorfeldirrtümer

▶ Didaktische Aufsätze:

- Schlüchter, Grundfälle zum Bewertungsirrtum des Täters im Grenzbereich zwischen §§ 16 und 17 StGB, JuS 1985, 373, 527 und 617
- Francuski, Zivilrechtsakzessorische Tatbestände in der strafrechtlichen Fallbearbeitung, JuS 2014, 886
- Bülte, Blankette und normative Tatbestandsmerkmale: Zur Bedeutung von Verweisungen in Strafgesetzen, JuS 2015, 769

Die Problematik der sog. Vorfeldirrtümer[412] betrifft Tatbestände, die blankettartig auf außerstrafrechtliche Vorschriften verweisen oder aber ein normatives Tatbestandsmerkmal aufweisen, dessen Ausfüllung von anderen Gesetzen abhängt.

zum Beispiel setzt das Merkmal „fremd" beim Diebstahl (§ 242 I StGB) eine zivilrechtliche Prüfung und Wertung voraus.

Grundsätzlich, aber auch bei vielen einzelnen Tatbeständen, ist umstritten, bei welchen Fehlvorstellungen § 16 StGB greift, wann § 17 StGB und wann es sich um einen unbeachtlichen (sog. Subsumtions-)Irrtum handelt.[413]

Zu unterscheiden sind **drei Irrtumskonstellationen**:

Wenn der Täter schlicht über äußere Tatsachen irrt, liegt unproblematisch ein Tatumstandsirrtum nach § 16 I 1 StGB vor.

Fälle, in denen der Täter bei voller Tatsachenkenntnis und richtiger Erfassung der außerstrafrechtlichen Rechtslage das strafrechtliche Verbot nicht kennt, sind unproblematisch allenfalls nach § 17 StGB beachtlich.

Problematisch sind die „dazwischen" liegenden Fälle (die Vorfeldirrtümer im hier verwendeten Sinn), in denen der Täter bei voller Sachverhaltskenntnis über „außerstrafrechtliche Vorfragen" irrt: Denn einerseits kennt er seine Strafbarkeit

---

[411] I. E. problematisch, s. Sternberg-Lieben/Schuster, in: Schönke/Schröder, StGB, 30. Aufl. 2019, § 16 Rn. 28.

[412] Spiegelbildlich dazu liegt die Problematik der Unterscheidung von untauglichem Versuch und Wahndelikt.

[413] Hierzu Kudlich, in: BeckOK-StGB, Stand 01.02.2021, § 16 Rn. 13ff.; näher Schröder DRiZ 1956, 69; Schlüchter JuS 1985, 373, 527 und 617; Kaufmann FS Lackner 1987, 185; Puppe GA 1990, 145; Kindhäuser GA 1990, 407; Puppe FS Herzberg 2008, 275; Streng GA 2009, 529; Bülte NStZ 2013, 65; Francuski JuS 2014, 886; Frisch GA 2019, 305; aus der Rspr. vgl. zuletzt BGH B. v. 10.06.2020 – 3 StR 52/20 – NJW 2020, 2652 = NStZ 2020, 682 = NStZ-RR 2021, 28 (Anm. Hinderer NStZ 2020, 683; Theile ZJS 2021, 96; Lenk NStZ-RR 2021, 29).

auch hier – wie beim Verbotsirrtum nach § 17 StGB – nur deswegen nicht, weil er eine falsche rechtliche Bewertung vornimmt; andererseits kann ihn der spezifisch strafrechtliche „Normappell" nicht erreichen, wenn er nicht weiß, dass die Tatbestandsvoraussetzungen vorliegen, was wiederum mit dem Irrtum nach § 16 I StGB vergleichbar ist.

> **Beispiel 179**
> B verkaufte seinen gebrauchten Pkw an Z und übereignete ihm diesen. Als Z den ihm für eine Woche gestundeten Kaufpreis nicht zahlte, nahm B den Pkw mit einem heimlich zurückgehaltenen Zweitschlüssel wieder an sich. Dabei nahm er an, der Pkw gehöre noch ihm, da B diesen schließlich noch nicht bezahlt habe. ◄

258 Die h. M.[414] **differenziert** zwischen Tatbeständen mit **normativen Tatbestandsmerkmalen** und **Blanketttatbeständen** und behandelt die jeweiligen Vorfeldirrtümer unterschiedlich.

Zum Begriff der normativen Tatbestandsmerkmale und der Behandlung des Irrtums s. o. (sog. Parallelwertung in der Laiensphäre). Bei Vorfeldirrtümern über diese neigt die wohl jeweils h. M. (im Detail unterscheidet sich die Kontroverse bei jedem einzelnen Tatbestand, jedem einzelnen Tatbestandsmerkmal und jeder Vorfeldfrage) dazu, eine zutreffende Parallelwertung zu verneinen: Die Unkenntnis vom Vorliegen des Merkmals führt mithin auch dann zu einem Tatumstandsirrtum, wenn sie auf der falschen Bewertung einer außerstrafrechtlichen Vorfrage beruht.

Blankette sind demgegenüber Strafgesetze, die nur Art und Maß der Strafe enthalten und i. Ü. anordnen, dass die Strafe denjenigen trifft, der eine durch ausfüllende Vorschriften festgesetzte Unterlassungs- oder Handlungspflicht verletzt. Es findet sich also keine abschließende Regelung im Tatbestand selbst, sondern ein Verweis auf andere Normen (Akzessorietät zu außerstrafrechtlichen Normen und Rechtsakten).

Diese Regelungstechnik findet sich insbesondere im Nebenstrafrecht, da hier der Zusammenhang mit zivil- oder öffentlich-rechtlicher Hauptmaterie gewahrt bleiben sollte, ferner bleibt das StGB von sehr technischen, komplizierten, ggf. kurzlebigen, ggf. nur für ganz enge Personenkreise geltenden Vorschriften verschont, z. B.:

> **§ 27 I ChemG (Strafvorschriften)**
> Mit Freiheitsstrafe bis zu zwei Jahren oder mit Geldstrafe wird bestraft, wer
> 1. einer Rechtsverordnung nach § 17 Abs. 1 Nr. 1 Buchstabe a, Nr. 2 Buchstabe b oder Nr. 3, jeweils auch in Verbindung mit Abs. 2, 3 Satz 1, Abs. 4 oder 6 über das Herstellen, das Inverkehrbringen oder das Verwenden dort bezeichneter Stoffe, Gemische, Erzeugnisse, Biozid-Wirkstoffe oder Bio-

---

[414] S. die Nachweise bei Kudlich, in: BeckOK-StGB, Stand 01.02.2021, § 16 Rn. 13ff.; näher Puppe GA 1990, 145; Kindhäuser GA 1990, 407; Bülte JuS 2015, 769.

C. Subjektiver Tatbestand

> zid-Produkte zuwiderhandelt, soweit sie für einen bestimmten Tatbestand auf diese Strafvorschrift verweist,
> 2. einer vollziehbaren Anordnung nach § 23 Abs. 2 Satz 1 über das Herstellen, das Inverkehrbringen oder das Verwenden gefährlicher Stoffe, Gemische oder Erzeugnisse zuwiderhandelt oder
> 3. einer unmittelbar geltenden Vorschrift in Rechtsakten der Europäischen Gemeinschaften oder der Europäischen Union zuwiderhandelt, die inhaltlich einer Regelung entspricht, zu der die in Nummer 1 genannten Vorschriften ermächtigen, soweit eine Rechtsverordnung nach Satz 2 für einen bestimmten Tatbestand auf diese Strafvorschrift verweist. Die Bundesregierung wird ermächtigt, soweit dies zur Durchsetzung der Rechtsakte der Europäischen Gemeinschaften oder der Europäischen Union erforderlich ist, durch Rechtsverordnung mit Zustimmung des Bundesrates die Tatbestände zu bezeichnen, die als Straftat nach Satz 1 zu ahnden sind.

Nachteilig ist die eventuelle Unübersichtlichkeit bis hin zur Unverständlichkeit von Verweisungsketten mit entsprechenden Folgen für Bekanntheit und Akzeptanz bei Bevölkerung, Polizei und Justiz.

Bei Irrtümern über den Inhalt von Blankettvorschriften wendet die h. M. lediglich § 17 StGB an. Die h. M. geht davon aus, dass die Rechtsnormen „zusammen zu lesen" seien, d. h. der Straftatbestand sei gedanklich so zu lesen, als ob der Inhalt der in Bezug genommenen Vorschrift unmittelbar zu seinem Bestand geworden wäre; das führt dann dazu, dass auch ein Rechtsirrtum hinsichtlich der in Bezug genommenen Vorschrift nur zu einem Verbotsirrtum führen kann.

Dies wird aber der Tatsache nicht hinreichend gerecht, dass die jeweilige Rechtsfrage durch den Gesetzgeber zum Tatbestandsmerkmal gemacht wurde.[415]

Die h. M. mit ihrer unterschiedlichen Behandlung von Vorfeldirrtümern bei normativen Tatbestandsmerkmalen bzw. Blanketttatbeständen verursacht das **Folgeproblem**, dass sie bei jedem Tatbestand zwischen beiden **Regelungsarten unerscheiden** muss. Naheliegenderweise gibt es nun zahlreiche Tatbestände und Merkmale, deren Charakter zweifelhaft ist.

Angesichts der Schwierigkeiten der h. M., überzeugende Unterscheidungsmerkmale zu finden, bieten sich zwei **pauschalere Lösungen** an:

Denkbar wäre zum einen, stets lediglich § 17 StGB anzuwenden, da Vorfeldirrtümer Rechtsirrtümer sind.

Denkbar wäre zum anderen, stets § 16 I 1 StGB anzuwenden, wofür überzeugende Erwägungen streiten: Unterliegt der Täter einem rechtlichen Vorfeldirrtum, so wird er vom tatbestandlichen Appell nicht erreicht. Der Gesetzgeber hat sich entschieden, rechtlich aufgeladene Begriffe zu Tatbestandsmerkmalen und

---

[415] Zum Ganzen Bülte NStZ 2013, 65.

damit Teil des Appells zu machen, Rechtsirrtümer führen dann dazu, dass der soziale Sinn des Tatbestands vom irrenden Täter immer verkannt wird. Ohnehin ist es oft nur eine gesetzestechnische (platzökonomische) Frage, ob etwas im Vorfeld oder im Tatbestand selbst geregelt wird. Jedenfalls dürfen die Anforderungen an die Parallelwertung in der Laiensphäre nicht überspannt und dadurch der Anwendungsbereich des § 16 I 1 StGB unangemessen eingeschränkt werden.

4. Irrtum über tatbestandsexterne Umstände; erfolgs-, tatobjektsbezogene Vorsatzkonkretisierung (?)

a) Grundlagen

260 In einigen – seit langer Zeit diskutierten – Fallkonstellationen unterliegt der Täter Fehlvorstellungen, die sich **innerhalb desselben Tatbestandsmerkmals** (z. B. Mensch i. S. d. § 212 I StGB) bewegen und sich insofern als Irrtümer über tatbestandsexterne Umstände bezeichnen lassen. Vorsatzausschließend relevant wären solche, letztlich in bestimmten Tatmotiven wurzelnden Fehlannahmen dann, wenn man eine erfolgs- oder tatobjektsbezogene Vorsatzkonkretisierung (z. B. auf eine bestimmte Identität eines Menschen) unter § 16 I 1 StGB subsumiert. Wenn man dies tut, schließt sich daran die Frage an, welche Konkretisierungen bzw. welche Arten und Weisen der Konkretisierung jenseits des tatbestandsmerkmalsbezogenen Vorsatzes vorsatzbegrenzend beachtlich sein sollen.

b) Sog. *error in persona vel obiecto*

▶ Didaktische Aufsätze:

- Herzberg, Aberratio ictus und error in obiecto, JA 1981, 369 und 470
- Schreiber, Grundfälle zu „error in objecto" und „aberratio ictus" im Strafrecht, JuS 1985, 873
- Toepel, Aspekte der Rose-Rosahl-Problematik: Vorüberlegungen, Beachtlichkeit der aberratio ictus beim Einzeltäter; Grundlagen zu error in persona vel objecto und aberratio ictus; Fälle zu error in persona und aberratio ictus; JA 1996, 886, JA 1997, 556 und 948
- Koriath, Einige Überlegungen zum error in persona, JuS 1999, 215
- Lubig, Die Auswirkungen von Personenverwechslungen auf übrige Tatbeteiligte – Zur Abgrenzung von Motiv- und Tatbestandsirrtümern, Jura 2006, 655
- Kudlich/Koch, Tatbestandsirrtum – error in persona – aberratio ictus, JA 2017, 827
- Nestler/Prochota, Error in persona und aberratio ictus in sog. Distanzfällen, Jura 2020, 132 und 560

Mit *error in persona vel obiecto*⁴¹⁶ werden Fallkonstellationen bezeichnet, in denen der Täter die wahre Identität des Tatopfers oder -objekts nicht kennt und eine falsche annimmt. Der Täter will ein bestimmtes Objekt treffen und trifft es auch, muss aber feststellen, dass es sich nicht um die Sache oder Person handelt, die er treffen wollte.

261

Beispiel 180

B wollte Z töten. Als er diesen eines Abends allein im Garten arbeiten sah, hielt er die Gelegenheit für günstig. Er holte sein Gewehr, schlich sich von hinten an und schoss auf den vor ihm Stehenden, der sofort tot umfiel. Nun erst erkannte B, dass es sich bei dem Getöteten nicht um Z, sondern um den Gärtner G handelte, der dem Z in Größe und Statur sehr ähnlich sah. ◄

Zu unterscheiden ist dieser Irrtum des Täters von generellem, kumulativem oder alternativem Vorsatz.

Der *error in persona vel obiecto* ist unstrittig **unbeachtlich** (man spricht auch von einem bloßen Motivirrtum), wenn das getroffene und das vorgestellte Objekt rechtlich **gleichwertig** sind. Rechtlich gleichwertig sind zwei Objekte, wenn sie demselben Tatbestandsmerkmal subsumiert werden können, weil die Identität des Objektes dafür unbeachtlich ist. So muss i. R. d. § 212 I StGB nur (irgend-)ein Mensch getötet werden, auf dessen Individualität es nicht ankommt. Deswegen verlangt § 16 I 1 StGB auch lediglich Vorsatz bzgl. eines Menschen und ist mithin nicht einschlägig.⁴¹⁷

262

Problematisch ist dann, ob **zusätzlich** zum vollendeten Delikt ein **versuchtes** bzgl. des eigentlich gemeinten Opfers tritt. Aus der Irrelevanz des Irrtums für das Vollendungsdelikt folgt aber zugleich, dass der Vorsatz insofern „verbraucht"

---

⁴¹⁶ Hierzu Wessels/Beulke/Satzger, AT, 50. Aufl. 2020, Rn. 369ff.; näher Herzberg JA 1981, 369 und 470; Prittwitz GA 1983, 110; Schreiber JuS 1985, 873; Warda FS Blau 1985, 159; Toepel JA 1996, 886, JA 1997, 556 und 948; Koriath JuS 1999, 215; Lubig Jura 2006, 655; Kudlich/Koch JA 2017, 827; Nestler/Prochota Jura 2020, 132 und 560; aus der Rspr. vgl. RG U. v. 29.12.1888 – 2907/88 – RGSt 18, 337; BGH U. v. 23.01.1958 – 4 StR 613/57 (Verfolger) – BGHSt 11, 268 = NJW 1958, 836 (Anm. Roxin, Höchstrichterliche Rspr. AT, 1998, Nr. 11; Kaspar/Reinbacher, Casebook AT, 2020, Fall 28; Hemmer-BGH-Classics Strafrecht, 2003, Nr. 32; Schröder JR 1958, 427; Spendel JuS 1969, 314; Scheffler JuS 1992, 920; Dehne-Niemann ZJS 2008, 351); OLG Neustadt U. v. 23.10.1963 – Ss 125/63 – NJW 1964, 311 (Anm. Pauli NJW 1964, 735; Loewenheim JuS 1966, 310); BGH U. v. 05.03.1968 – 1 StR 17/68 – NJW 1968, 1147; BayObLG B. v. 18.08.1986 (telefonische Beleidigung) – RReg. 1 St 34/86 (Anm. Streng JR 1987, 431); BGH U. v. 25.10.1990 – 4 StR 371/90 (Hoferbe) – BGHSt 37, 214 = NJW 1991, 933 = NStZ 1991, 123 = StV 1991, 155 (Anm. Roxin, Höchstrichterliche Rspr. AT, 1998, Nr. 12; Puppe, AT, 4. Aufl. 2019, § 27 Rn. 5ff.; Kaspar/Reinbacher, Casebook AT, 2020, Fall 26; Hemmer-BGH-Classics Strafrecht, 2003, Nr. 36; Geppert JK 1991 StGB § 26/4; Sonnen JA 1991, 103; Streng JuS 1991, 910; Puppe NStZ 1991, 124; Roxin JZ 1991, 680; Müller MDR 1991, 830; Geppert Jura 1992, 163; Küpper JR 1992, 294; Schlehofer GA 1992, 307; Kubiciel JA 2005, 694; Kudlich NJW 2017, 3097), BGH U. v. 05.08.2010 – 3 StR 210/10 (Anm. RA 2010, 748).

⁴¹⁷ S. nur B. Heinrich, AT, 6. Aufl. 2019, Rn. 1104.

wurde, als der Täter nicht zusätzlich wegen versuchter Tat am eigentlich gemeinten Tatopfer strafbar ist, m. a. W.: Was i. R. d. Vollendungsprüfung irrelevant ist, kann nicht i. R. d. Versuchsprüfung Relevanz erlangen.

B wollte einen als Individuum erkannten und lediglich falsch identifizierten Menschen töten und hat eben diesen Menschen getötet; er ist wegen vollendeten Totschlags strafbar, nicht aber zusätzlich wegen versuchten Totschlags am eigentlich gemeinten Menschen.

263 Bei rechtlicher, also tatbestandsverlassender **Ungleichwertigkeit** ist der *error in persona* hingegen selbstverständlich **beachtlich**:

Beispiel 181

B wollte den Hund des Z erschießen und traf dabei das in die Hundehütte gekrochene Kind G. ◄

B verwirklichte mangels Tötungsvorsatzes lediglich eine fahrlässige Tötung gem. § 222 StGB in Tateinheit mit versuchter Sachbeschädigung gem. §§ 303 I, III, 22, 23 StGB.

Beispiel 182

B wollte Z töten. Er drang nachts in dessen Haus ein, um ihn zu erschießen. Nachdem er durch das Fenster ins Wohnzimmer gelangt war, sah er im Schlafzimmer im Dunkeln eine Gestalt und schoss in der Annahme, es handle sich um den Z. Bei der Gestalt handelte es sich jedoch um eine lebensgroße Statue, die in tausend Stücke zersprang. ◄

Hier liegt ein versuchter Totschlag vor. Fahrlässige Sachbeschädigung ist nicht strafbar.

c) Sog. *aberratio ictus (Fehlgehen der Tat)*

▶ Didaktische Aufsätze:

- Backmann, Die Rechtsfolgen der aberratio ictus, JuS 1971, 113
- Herzberg, Aberratio ictus und error in obiecto, JA 1981, 369 und 470
- Schreiber, Grundfälle zu „error in objecto" und „aberratio ictus" im Strafrecht, JuS 1985, 873
- Toepel, Aspekte der Rose-Rosahl-Problematik: Vorüberlegungen, Beachtlichkeit der aberratio ictus beim Einzeltäter; Grundlagen zu error in persona vel objecto und aberratio ictus; Fälle zu error in persona und aberratio ictus; JA 1996, 886, JA 1997, 556 und 948
- Koriath, Einige Gedanken zur aberratio ictus, JuS 1997, 901
- Heuchemer, Zur funktionalen Revision der Lehre vom konkreten Vorsatz: Methodische und dogmatische Überlegungen zur aberratio ictus, JA 2005, 275
- Rath, Abirrende Tat – abirrende Argumentation, JA 2005, 709

C. Subjektiver Tatbestand

- El-Ghazi, Die Abgrenzung von error in persona (vel obiecto) und aberratio ictus, JuS 2016, 303
- Kudlich/Koch, Tatbestandsirrtum – error in persona – aberratio ictus, JA 2017, 827
- Heuser, „Aberratio ictus" als „error in persona vel objecto" in der Sphäre des § 16 Abs. 1 StGB (?), ZJS 2019, 181
- Nestler/Prochota, Error in persona und aberratio ictus in sog. Distanzfällen, Jura 2020, 132 und 560
- Schmollmüller/Lengauer, Die „aberratio ictus" – Zum Vorsatz bei Diskrepanz zwischen Tätervorstellung und objektivem Geschehen, ZJS 2020, 341

Bei der sog. *aberratio ictus*[418] verfehlt der Täter das anvisierte Ziel und trifft ein anderes. **264**

---

[418] Hierzu Hillenkamp/Cornelius, 32 Probleme aus dem Strafrecht AT, 15. Aufl. 2017, 9. P.; näher Backmann JuS 1971, 113; Herzberg ZStW 1973, 867; Herzberg JA 1981, 369 und 470; Puppe GA 1981, 1; Prittwitz GA 1983, 110; Schreiber JuS 1985, 873; Janiszewski MDR 1985, 533; Silva-Sanchez ZStW 1989, 352; Hettinger GA 1990, 531; Hruschka JZ 1991, 488; Toepel JA 1996, 886, JA 1997, 556 und 948; Koriath JuS 1997, 901; Gropp FS Lenckner 1998, 55; Heuchemer JA 2005, 275; Rath JA 2005, 709; Hoyer FS Wolter 2013, 419; Heuchemer FS von Heintschel-Heinegg 2015, 189; El-Ghazi JuS 2016, 303; Kudlich/Koch JA 2017, 827; Puppe ZStW 2017, 1; Heuser ZJS 2019, 181; Nestler/Prochota Jura 2020, 132 und 560; Schmollmüller/Lengauer ZJS 2020, 341; Degener GA 2020, 345; aus der Rspr. vgl. RG U. v. 28.09.1880 – 1901/80 – RGSt 2, 335; RG U. v. 14.02.1881 – 3456/80 – RGSt 3, 384; RG U. v. 25.04.1889 – 765/89 – RGSt 19, 179; RG U. v. 31.05.1920 – I 211/20 – RGSt 54, 349; RG U. v. 30.11.1923 – I 878/23 (Wanderstock) – RGSt 58, 27; OLG Neustadt U. v. 23.10.1963 – Ss 125/63 – NJW 1964, 311 (Anm. Pauli NJW 1964, 735; Loewenheim JuS 1966, 310); BGH U. v. 10.04.1986 – 4 StR 89/86 – BGHSt 34, 53 = NJW 1986, 2325 = NStZ 1987, 277 = StV 1986, 340 (Anm. Roxin, Höchstrichterliche Rspr. AT, 1998, Nr. 67; Hemmer-BGH-Classics Strafrecht, 2003, Nr. 23; Rengier JZ 1986, 964; Ranft Jura 1987, 527; Hassemer JuS 1987, 151; Fahrenhorst NStZ 1987, 278; Kadel JR 1987, 117); LG München I U. v. 10.11.1987 – Ks 121 Js 4866/86 – NJW 1988, 1860 = NStZ 1989, 25 (Anm. Beulke Jura 1988, 641; Schroeder JZ 1988, 567; Mitsch JA 1989, 79; Mitsch NStZ 1989, 26; Puppe JZ 1989, 728); BGH U. v. 25.10.1990 – 4 StR 371/90 (Hoferbe) – BGHSt 37, 214 = NJW 1991, 933 = NStZ 1991, 123 = StV 1991, 155 (Anm. Roxin, Höchstrichterliche Rspr. AT, 1998, Nr. 12; Puppe, AT, 4. Aufl. 2019, § 27 Rn. 5ff.; Kaspar/Reinbacher, Casebook AT, 2020, Fall 26; Hemmer-BGH-Classics Strafrecht, 2003, Nr. 36; Geppert JK 1991 StGB § 26/4; Sonnen JA 1991, 103; Streng JuS 1991, 910; Puppe NStZ 1991, 124; Roxin JZ 1991, 680; Müller MDR 1991, 830; Geppert Jura 1992, 163; Küpper JR 1992, 294; Schlehofer GA 1992, 307; Kubiciel JA 2005, 694; Kudlich NJW 2017, 3097); BGH U. v. 15.05.1992 – 3 StR 535/91 – BGHSt 38, 295 = NJW 1992, 2103 = NStZ 1992, 589 = StV 1992, 464 (Anm. Puppe, AT, 4. Aufl. 2019, § 10 Rn. 38ff.; Hemmer-BGH-Classics Strafrecht, 2003, Nr. 69; Jung JuS 1992, 1066; Rengier NStZ 1992, 590; Geppert JK 1993 StGB § 251/3; Heymann JA 1993, 157; Rengier JuS 1993, 460; Schroeder JZ 1993, 52); BGH U. v. 01.09.1992 – 1 StR 487/92 – BGHSt 38, 353 = NJW 1993, 210 = NStZ 1993, 1136 = StV 1992, 573 (Anm. Hemmer-BGH-Classics Strafrecht, 2003, Nr. 52; Geppert JK 1993 StGB § 211/23; von Heintschel-Heinegg JA 1993, 223; Jung JuS 1993, 518; Rengier JZ 1993, 364); BGH U. v. 16.07.2008 – 4 StR 369/08 – NStZ 2009, 210 (Anm. RÜ 2008, 778; RA 2008, 791; von Heintschel-Heinegg JA 2009, 149; Puppe HRRS 2009, 91); BGH B. v. 23.10.2019 – 4 StR 375/19 (Anm. Lorenz/Bade jurisPR-StrafR 5/2020 Anm. 4).

Zu unterscheiden ist auch dieser Irrtum des Täters von generellem, kumulativem oder alternativem Vorsatz.

Es ist unstrittig, dass bei **rechtlicher Ungleichwertigkeit** der Objekte der Irrtum unter § 16 I 1 StGB fällt.

Beispiel 183

B wollte Z töten und zielte aus großer Entfernung auf diesen; tödlich getroffen wurde dagegen der neben Z stehende Hund des Z. ◄

B wollte den Hund nicht treffen, so dass allenfalls Fahrlässigkeit vorliegt, eine fahrlässige Sachbeschädigung ist aber nicht strafbar. Dass B den Z töten wollte, führt zur Strafbarkeit wegen versuchten Totschlags, §§ 212 I, 22, 23 StGB.

265 Umstritten ist, ob § 16 I 1 StGB anzuwenden ist, wenn anvisiertes und getroffenes Objekt **rechtlich gleichwertig** sind.[419] Es ist nämlich fraglich, inwieweit die Täterpsyche und -motivation jenseits der abstrakten Fassung der objektiven Tatbestandsmerkmale eine Rolle spielen kann, ob man also täterbegünstigend berücksichtigen muss, dass er z. B. nicht irgendeinen Menschen töten wollte, sondern einen bestimmten.

Beispiel 184

B wollte Z töten und zielte aus großer Entfernung auf diesen; tödlich getroffen wurde dagegen der neben Z stehende G. ◄

Beispiel 185

BGH U. v. 10.04.1986 – 4 StR 89/86 – BGHSt 34, 53 = NJW 1986, 2325 = NStZ 1987, 277 = StV 1986, 340 (Anm. Roxin, Höchstrichterliche Rspr. AT, 1998, Nr. 67; Hemmer-BGH-Classics Strafrecht, 2003, Nr. 23; Rengier JZ 1986, 964; Ranft Jura 1987, 527; Hassemer JuS 1987, 151; Fahrenhorst NStZ 1987, 278; Kadel JR 1987, 117):

Gastwirt B bemerkte, wie seine frühere Lebensgefährtin G gemeinsam mit ihrem neuen Freund Z die Gaststätte verließ; B geriet darüber in Wut und fuhr mit seinem Pkw hinter G und Z her; er fuhr alsdann gezielt auf Z zu, um den Nebenbuhler zu töten; Z sprang im letzten Moment zur Seite; der Pkw erfasste G und verletzte sie tödlich. ◄

Teile der Lehre[420] verneinen die Anwendung des § 16 I 1 StGB in diesen Fällen und gelangen zu einer Vollendungsstrafbarkeit. Hierfür spricht, dass die Strafnorm

---

[419] S. o.
[420] Z. B. Hoyer, in: SK-StGB, 9. Aufl. 2017, § 16 Rn. 39; Heuchemer JA 2005, 275.

C. Subjektiver Tatbestand

(z. B. § 212 I StGB) das Tatobjekt nur der Gattung nach bestimmt, so dass sich grundsätzlich nur hierauf der Vorsatz beziehen muss. Wie bei einem *error in persona* wird z. B. ein Mensch getötet und der Täter wollte auch einen Menschen töten. Die Rspr.[421] und die h. L.[422] halten § 16 I 1 StGB für einschlägig, so dass es lediglich zu einer Strafbarkeit z. B. wegen fahrlässiger Tötung – am getroffenen Opfer – in Tateinheit mit einem versuchten Totschlag – am verfehlten Opfer – kommt.

Vermittelnde Auffassungen[423] stellen darauf ab, ob die Abirrung vorhersehbar war; dann bleibt sie unerheblich.

Zwar ist richtig, dass i. F. d. *aberratio ictus* der Täter sein Handeln auf ein bestimmtes, körperlich identifiziertes Individuum konkretisiert hat, so dass es sich bei dem Abirren z. B. der Gewehrkugel um einen anderen Geschehensablauf handelt, als der Täter sich vorgestellt hat (anders als beim *error in persona*, bei dem der Täter das Individuum trifft, welches er treffen wollte, und lediglich die Identität verkennt). Dies vermag aber nichts daran zu ändern, dass es sich um ein bloßes Tatmotiv handelt, welches keine Entsprechung im objektiven Tatbestand des Delikts hat. Ließe man derartige motivatorische Vorsatzkonkretisierungen zu, ergäben sich unlösbare Probleme bei der Festlegung der erforderlichen Kaprizierung auf ein bestimmtes Opfer (oder eine bestimmte Gruppe?). Unerwünschte Strafbarkeiten etwa in Notwehrkonstellationen lassen sich durch rechtfertigungsbezogene Irrtumserwägungen handhaben. Wenn man die *aberratio ictus* als Unterfall des sog. Irrtums über den Kausalverlauf ansieht,[424] gelten die dortigen Zurechnungsregeln, s. sogleich. Jedenfalls ist die *ad-hoc*-Konstruktion einer eigenständigen tatbestandsexternen Irrtumskategorie abzulehnen. Die über die Gattung hinaus konkretisierenden Ergebnisse der h. M. verlieren jenseits von Tötungsdelikten auch an Plausibilität, etwa im Hinblick auf konkret (ins Auge gefasste) Geschädigte bei Vermögensdelikten oder Beleidigungsdelikten. Vermieden werden sodann Wertungswidersprüche zwischen der Behandlung von Delikten gegen Individualrechtsgüter und denen gegen Kollektivrechtsgüter, bei denen nämlich auch die h. M.[425] von Unbeachtlichkeit ausgeht.

Zur Problematik eines (nicht) zum Vollendungsdelikt hinzutretenden Versuchs s. o. *error in persona*.[426]

Nicht selten wird ohnehin bei mehreren vom Täter wahrgenommenen Opfern ein umfassender (Eventual-)Vorsatz des Täters naheliegen, der ja z. B. seine mangelhaften Schießkünste oder die Witterungsbedingungen und damit die Fehlschusswahrscheinlichkeit kennt.

---

[421] S. o.
[422] S. B. Heinrich, AT, 6. Aufl. 2019, Rn. 1108.
[423] Z. B. Puppe, in: NK-StGB, 5. Aufl. 2017, § 16 Rn. 104ff.
[424] Joecks/Kulhanek, in: MK-StGB, 4. Aufl. 2017, § 20 Rn. 103.
[425] Näher Mitsch FS Puppe 2011, 729; aus der Rspr. vgl. BGH U. v. 03.05.1956 – 3 StR 77/56 (Fangbrief) – BGHSt 9, 240 = NJW 1956, 1448 (Anm. Roxin, Höchstrichterliche Rspr. AT, 1998, Nr. 10; Kühl, Höchstrichterliche Rspr. BT, 2002, Nr. 12).
[426] S. auch Hoyer, in: SK-StGB, 9. Aufl. 2017, § 16 Rn. 59.

266 Erst recht problematisch ist die Behandlung der Tatobjektsverfehlung, wenn mangels visueller Wahrnehmung die von der h. M. angenommene **Unterscheidung von *error in persona* und *aberratio ictus*** versagt.[427]

> **Beispiel 186**
>
> vgl. BGH U. v. 07.10.1997 – 1 StR 635/96 (Sprengfalle) – NStZ 1998, 294 (Anm. Puppe, AT, 4. Aufl. 2019, § 10 Rn. 44ff.; Kaspar/Reinbacher, Casebook AT, 2020, Fall 27; Geppert JK 1998 StGB § 16/4; Schliebitz JA 1998, 833; LL 1998, 455; Herzberg JuS 1999, 224; Herzberg NStZ 1999, 217):
>
> Um Z zu töten, brachte B an dem vor der Garage stehenden Wagen eine Handgranate an; er ging dabei davon aus, dass die Garage zum Haus des Z gehöre; tatsächlich gehörte die Garage aber zum Anwesen von Zs Nachbarn G, der sein Fahrzeug dort geparkt hatte. B befestigte die Granate so, dass bei einer Radumdrehung der Splint der Granate gelöst werden und die Granate explodieren sollte; als G den Wagen das nächste Mal nutzte, explodierte die Granate. G starb. ◄

Die Rspr.[428] und die wohl h. L.[429] nehmen hier einen unbeachtlichen *error in persona* an; die Gegenauffassung[430] eine dem § 16 I 1 StGB unterfallende *aberratio ictus*.

Überzeugender ist wiederum die Unbeachtlichkeit aus den o. a. Gründen. Aber auch darüber hinaus wird zwar konkret das falsche Opfer getroffen; es handelt sich aber um die Konsequenz einer vom Täter vorgenommenen mittelbaren Individualisierung. Der Vorsatz bezieht sich auf jedes Objekt, das dem Programmvorhaben entspricht, z. B. das Umdrehen des Zündschlüssels im Auto.

5. Irrtümer über die Schaffung einer unerlaubten Gefahr (sog. Irrtum über den Kausalverlauf)

▶ Didaktische Aufsätze:

- Kudlich, Objektive und subjektive Zurechnung von Erfolgen im Strafrecht – eine Einführung, JA 2010, 681
- Bechtel, Von der Jauchegrube bis zum Scheunenmord – zum Umgang mit Abweichungen vom (vorgestellten)
- Kausalverlauf bei mehraktigem Tatgeschehen, JA 2016, 906
- Lichtenthäler, Typische Probleme der sog. Dolus-generalis-Fälle in der juristischen Fallbearbeitung, JuS 2020, 211

---

[427] Hierzu B. Heinrich, AT, 6. Aufl. 2019, Rn. 1112; näher Erb FS Frisch 2013, 389; El-Ghazi JuS 2016, 303; aus der Rspr. vgl. BayObLG B. v. 18.08.1986 – RReg 1 St 34/86 (telefonische Beleidigung) (Anm. Streng JR 1987, 431).
[428] BGH U. v. 07.10.1997 – 1 StR 635/96 (Sprengfalle) – NStZ 1998, 294.
[429] S. Kindhäuser/Hilgendorf, LPK, 8. Aufl. 2019, § 16 Rn. 30.
[430] Z. B. B. Heinrich, AT, 6. Aufl. 2019, Rn. 1112.

C. Subjektiver Tatbestand

a) Allgemeines

Abweichungen im Kausalverlauf sind Prüfungsgegenstand im objektiven Tatbestand (Prüfung der Schaffung unerlaubter Gefahr und deren Realisierung: atypischer Kausalverlauf), s. o. 267

> **Beispiel 187**
>
> A wollte B mit einem Kopfschuss töten. Er traf B jedoch nur am Bein. Auf dem Transport ins Krankenhaus starb G aber an den Folgen eines Verkehrsunfalls, da der Fahrer des Krankenwagens stark alkoholisiert war und die Kontrolle über den Wagen verlor. ◀

Auf Fragen des § 16 I 1 StGB kann es also nur ankommen, wenn nicht ohnehin der objektive Tatbestand zu verneinen ist.

Ferner ist zu beachten, dass § 16 I 1 StGB nur auf den objektiven Tatbestand Bezug nimmt, so dass eine überschießende Innentendenz nicht in die Irrtumsregel hineingelesen werden sollte, zumal die Norm auch keine Aussage über unterschiedliche Gründe für den Irrtum trifft. Der Versuchung, einen zu als zu weit empfundenen objektiven Tatbestand subjektiv zu korrigieren, ist zu widerstehen.

Die Schaffung einer unerlaubter Gefahr, die Verursachung des Erfolgs und die Verwirklichung der unerlaubten Gefahr im Erfolgseintritt sind – zu trennende – objektive Tatbestandsmerkmale, entsprechend zu differenzieren ist an sich bei der Prüfung von Vorsatz und § 16 I 1 StGB. Wenn dennoch üblicherweise zusammenfassend oder vermengend von Irrtümern über den Kausalverlauf gesprochen wird, so ist dies nur historisch zu erklären (Konzept der Adäquanzkausalität) bzw. basiert auf der mangelnden terminologischen Anerkennung der „objektiven Zurechnung" oder der hier vertretenen Terminologie in der Rspr.

Ferner ist klarzustellen, dass der Täter notwendig eine *ex-ante*-Perspektive aufweist (Zeitpunkt seiner Handlung), so dass ein – kognitiv zu fundierender, s. o. – Vorsatz bzgl. *ex post* festgestellter Merkmale (Erfolgseintritt, Kausalität, Risikorealisierung) nicht erforderlich ist, s. o.

Nicht selten unterliegt der Täter überhaupt keinem Irrtum, weil er nämlich alle Umstände kennt, die für die Gefahrschaffung von Bedeutung sind – und insofern alle „Kausalverläufe" vom Vorsatz erfasst sind, weil nicht von Bedeutung, wie genau der Täter den Erfolg erzielt.

> **Beispiel 188**
>
> B wollte G durch einen gezielten Kopfschuss töten. Er zielte jedoch ungenau und schoss G direkt ins Herz. ◀

> **Beispiel 189**
>
> B stieß G von einer Brücke, damit er als Nichtschwimmer ertrinkt; tatsächlich starb G an einem Genickbruch beim Aufschlag auf einen Brückenpfeiler. ◀

Es ist auch nichts Ungewöhnliches, dass eine Handlung unterschiedliche Risiken bzgl. eines Erfolgseintritts erzeugt (z. B. Stoß von hoher Flussbrücke: Ertrinken im Fluss/Zerschmettern am Ufer oder an Brückenpfeiler); entsprechender Vorsatz des Täters liegt ggf. durchaus nicht fern. Im Vorsatz des Täters ist somit Vorsatz bzgl. anderem Risiko also ohnehin mitenthalten (zumal man bzw. soweit man um Unsicherheiten bzgl. genauen Ablaufs weiß).

Nach alledem gibt es keinen Irrtum über den Kausalverlauf, da dessen Gestalt mit den Fassungen der objektiven Tatbestände nichts zu tun hat. Man sollte von einem **Irrtum** hinsichtlich der Umstände bzgl. der **unerlaubten Gefahrschaffung** sprechen. Da der atypische Kausalverlauf sich freilich dabei als Aspekt mangelnder „objektiver Zurechnung" eingebürgert hat, ist die Bezeichnung als Irrtum über den Kausalverlauf angängig.

268 Nach der Rspr. und der h. L.[431] soll ein nach § 16 I 1 StGB vorsatzrelevanter sog. Irrtum über den Kausalverlauf dann gegeben sein, wenn die Abweichung des vorgestellten vom tatsächlichen Kausalverlauf **außerhalb der Grenzen des nach allgemeiner Lebenserfahrung Voraussehbaren (Wesentlichkeit der Abweichung vom vorgestellten Kausalverlauf; Streubreite des gesehenen Risikos)** liege.

Eine präzise Grenzziehung ist unmöglich, da i. R. d. auch sog. subjektiven Zurechnung mit dem Kriterium der Wesentlichkeit ein unbestimmt wertendes Kriterium entscheidet. Auch die verbreitete Umschreibung, eine wesentliche Abweichung vom Kausalverlauf solle vorliegen, wenn der tatsächliche Verlauf eine andere rechtliche Bewertung der Tat rechtfertige,[432] ist zirkulär, jedenfalls aber wenig hilfreich.

Hieran ändert auch eine vorsatzgerechte terminologische Anpassung der h. M. in Spiegelung der Begrifflichkeit der objektiven Zurechnung nichts: Wann der Täter ein rechtlich missbilligtes Risiko annimmt, wann die vorgestellte Realisierung des von ihm geschaffenen Risikos im Erfolg abzulehnen ist (weil sich ein anderes Risiko realisiert hat), entzieht sich näherer Präzisierung.

---

[431] Hierzu Wessels/Beulke/Satzger, AT, 50. Aufl. 2020, Rn. 368383ff.; näher Wolter ZStW 1977, 649; Prittwitz GA 1983, 110; Driendl GA 1986, 253; Burkhardt FS Nishihara 1998, 15; Kudlich JA 2010, 681; Bechtel JA 2016, 906; Puppe ZStW 2017, 1; Niemann/Marinitsch ZStW 2017, 650; Velten FS Kindhäuser 2019, 585; Lichtenthäler JuS 2020, 211; aus der Rspr. vgl. zuletzt BGH U. v. 03.12.2015 – 4 StR 223/15 (Scheune) – NStZ 2016, 721 (Anm. Jäger JA 2016, 548; Eisele JuS 2016, 368; LL 2016, 324; RÜ 2016, 163; Hinz JR 2016, 276; Hehr/Scharbius HRRS 2016, 550; Dehne-Niemann/Marinitsch ZStW 2017, 650); BGH U. v. 20.01.2016 – 1 StR 398/15 – BGHSt 61, 141 = NJW 2016, 2129 = NStZ 2016, 472 = StV 2016, 640 (Anm. Bosch Jura 2016, 1082; Kudlich JA 2016, 632; Eisele JuS 2016, 754; Heghmanns ZJS 2016, 519; LL 2016, 627; RÜ 2016, 436; Habetha NJW 2016, 2131; Maier NStZ 2016, 474); BGH U. v. 22.06.2016 – 5 StR 98/16 – BGHSt 61, 197 = NJW 2016, 2900 = StV 2016, 642 (Anm. RÜ 2016, 713; Berster JZ 2016, 1017; Schulz-Merkel jurisPR-StrafR 20/2016 Anm. 3); BGH B. v. 24.11.2016 – 4 StR 87/16 – NStZ 2017, 340 = StV 2018, 34; BGH B. v. 16.01.2019 – 4 StR 345/18 – NStZ 2019, 276 (Anm. Preuß NZV 2019, 307).

[432] Hierzu Joecks/Kulhanek, in: MK-StGB, 4. Aufl. 2020, § 16 Rn. 94, 96c.

Welche der nachfolgenden Beispiele lassen sich als vorsatzrelevante Abweichung ansehen?

Beispiel 190

G wurde nicht – wie geplant – unmittelbar durch den Schuss des B getötet, sondern durch durchgehende Pferde, die durch den Schuss aufgeschreckt wurden. ◄

Beispiel 191

RG U. v. 10.06.1936 – 2 D 343/36 – RGSt 70, 257:
B wollte G durch Schläge auf den Kopf mit einem Beil töten; tatsächlich starb G im Krankenhaus an einer Wundinfektion. ◄

Beispiel 192

vgl. BGH U. v. 09.10.2002 – 5 StR 42/02 (Guben) – BGHSt 48, 34 = NJW 2003, 150 = NStZ 2003, 149 = StV 2003, 74 (Anm. Puppe, AT, 4. Aufl. 2019, § 20 Rn. 25ff.; Kaspar/Reinbacher, Casebook AT, 2020, Fall 5; Sowada Jura 2003, 549; Heger JA 2003, 455; Martin JuS 2003, 503; Laue JuS 2003, 743; LL 2003, 185; RÜ 2003, 26; RA 2003, 45; Hardtung NStZ 2003, 261; Puppe JR 2003, 123; Kühl JZ 2003, 637):
B wollte G verprügeln. Bevor es dazu kam, floh G. B verfolgte ihn, brach die Verfolgung dann aber ab, weil er G aus den Augen verloren hatte. G bekam hiervon jedoch nichts mit und versuchte, in ein Mehrfamilienhaus zu fliehen. Da er die Haustür nicht öffnen konnte, trat er in Todesangst die untere Glasscheibe der Tür ein. Beim anschließenden Durchsteigen verletzte er sich an den im Türrahmen verbliebenen Glasresten und verblutete. ◄

Anzumahnen ist bei alledem, dass bei der Subsumtion eines Vorsatzes nicht im Kern *Fahrlässigkeits*erwägungen angestellt werden dürfen: Der Rückgriff auf die Voraussehbarkeit ist insofern unglücklich, als der Täter eben nicht nur hätte erkennen müssen, sondern er muss erkannt haben, zu welchen Folgen auf welchen Wegen seine missbilligte Handlung führen kann. Relevant ist also, welche seiner Handlung immanenten Risikosetzungen der Täter kannte und trotzdem handelte; entsprechend verbieten sich allgemeine Aussagen, da es um einen individuellen Bewusstseinsinhalt geht. Fragen der prozessualen Nachweisbarkeit sind strikt davon zu trennen, zumal die Gefahr ohnehin schon groß ist, Tätervorsatz auf Basis eines richterlichen Verständnisses von Allgemeinwissen anzunehmen; freilich muss auch nicht jede Beschuldigtenbehauptung geglaubt werden.

Gravierende Strafbarkeitslücken bei angenommenem Irrtum entstehen i. d. R. nicht, da Fahrlässigkeitsdelikte, auch in Gestalt von Erfolgsqualifikationen (z. B. die Körperverletzung mit Todesfolge gem. § 227 StGB), eine hinreichende Bestrafung der Erfolgsverursachung gewährleisten. Hinzu kommen Versuchsstrafbarkeiten und vollendete Vorfelddelikte. Für eine restriktive Irrtumshandhabung bei (wenn auch im Einzelfall schwer nachvollziehbaren) Verkennen von Risikozusammenhängen

269

besteht also kein Anlass, zumal angesichts des Wortlauts des § 16 I 1 StGB (insofern auch § 1 StGB, Art. 103 II GG).

b) Verfrühte Erfolge

▶ Didaktischer Aufsatz:

- Sowada, Der umgekehrte „dolus generalis": Die vorzeitige Erfolgsherbeiführung als Problem der subjektiven Zurechnung, Jura 2004, 814
- Bechtel, Wenn der Erfolg früher eintritt als gedacht – Zwischen dolus subsequens und unbeachtlicher Abweichung vom vorgestellten Kausalverlauf, JA 2018, 909

270 Ein Sonderfall des sog. Irrtums über den Kausalverlauf ist die verkannt verfrühte Erfolgsherbeiführung.[433]

Beispiel 193

BGH U. v. 12.12.2001 – 3 StR 303/01 (Kofferraum) – NJW 2002, 1057 = NStZ 2002, 309 = StV 2002, 538 (Anm. Puppe, AT, 4. Aufl. 2019, § 10 Rn. 35ff.; Otto JK 2002 StGB § 22/22; Fad JA 2002, 745; Gaede JuS 2002, 1058; LL 2002, 461; RÜ 2002, 166; RA 2002, 224; famos 3/2002; Jäger JR 2002, 383; Roxin GA 2003, 257):

B wollte seine Frau G dadurch töten, dass er sie an einer einsamen Stelle im Wald erschlägt und die Leiche anschließend vergräbt. Zu diesem Zweck fesselte und knebelte er sie und sperrte sie in den Kofferraum seines Autos. Im Wald angekommen, merkte er, dass G im Kofferraum erstickt war, womit er nicht gerechnet hatte. ◀

Beispiel 194

BGH U. v. 10.04.2002 – 5 StR 613/01 – NStZ 2002, 475 (Anm. LL 2002, 750; RA 2002, 546; Otto JK 2003 StGB § 15/7; Roxin GA 2003, 257):

B1 und B2 wollten G durch die Injektion von Luft in eine Armvene töten; beim Fixieren des G wendeten beide eine solche Gewalt an, dass G begann, aus Mund und Nase zu bluten; G erstickte am eingeatmeten Blut. ◀

Die Rspr.[434] und die h. L.[435] halten das Entgleiten des Kausalverlaufs für unbeachtlich, wenn der Täter durch sein todesursächliches (Vor-)Verhalten die Ver-

---

[433] Hierzu Wessels/Beulke/Satzger, AT, 50. Aufl. 2020, Rn. 386; näher Sowada Jura 2004, 814; Wolter GA 2006, 406; Bechtel JA 2018, 909.
[434] S. o.
[435] S. B. Heinrich, AT, 6. Aufl. 2019, Rn. 1091; zu anderen Auffassungen Joecks/Kulhanek, in: MK-StGB, 4. Aufl. 2020, § 16 Rn. 83ff.

suchsphase erreichte, also mit der Handlung die Schwelle zum Versuch überschritt, d. h. gem. § 22 StGB „nach seiner Vorstellung von der Tat zur Verwirklichung des Tatbestandes unmittelbar ansetzt".

Die sachliche Rechtfertigung hierfür soll darin liegen, dass mit Überschreiten der Versuchsschwelle der bereits strafbare – gem. § 23 II StGB auch nur fakultativ milder bestrafte – Bereich beginnt, so dass die Abweichung rechtlich betrachtet unerheblich ist.

Allerdings ist mit einer Gegenauffassung[436] hiervon mindestens dann eine Ausnahme zu machen, wenn der Versuch ein sog. unbeendeter ist, weil der Täter denkt, er habe noch nicht alles zur Erfolgsherbeiführung Notwendige getan: Zwar hat der Täter von Versuchsbeginn an Vorsatz, der auf eine Tatbeendigung gerichtet ist, allerdings hält der Täter im Stadium des unbeendeten Versuchs seine Handlung (noch) nicht für erfolgstauglich, insofern mangelt es ihm am Vorsatz. Bedenkliche Strafbarkeitslücken entstehen angesichts der Versuchsstrafbarkeiten und etwaiger Fahrlässigkeitsdelikte inkl. Erfolgsqualifikationen (z. B. §§ 227 oder 239 IV StGB) nicht.

c) Verspätete Erfolge

▶ Didaktischer Aufsatz:

- Bechtel, Von der Jauchegrube bis zum Scheunenmord – zum Umgang mit Abweichungen vom (vorgestellten) Kausalverlauf bei mehraktigem Tatgeschehen, JA 2016, S. 906

Der umgekehrte Sonderfall des sog. Irrtums über den Kausalverlauf besteht in dem Irrtum des Täters dahingehend, dass er nicht durch die vorsätzliche Ersthandlung den Erfolg herbeiführt, sondern erst durch eine Zweithandlung, zu deren Zeitpunkt der Vorsatz erloschen war.[437]

271

> **Beispiel 195**
>
> BGH U. v. 26.04.1960 – 5 StR 77/60 (Jauchegrube) – BGHSt 14, 193 = NJW 1960, 1261 (Anm. Roxin, Höchstrichterliche Rspr. AT, 1998, Nr. 14; Puppe, AT, 4. Aufl. 2019, § 10 Rn. 25ff.; Kaspar/Reinbacher, Casebook AT, 2020, Fall 7; Hemmer-BGH-Classics Strafrecht, 2003, Nr. 6; Valerius JA 2006, 261; Oğlakcıoğlu JR 2011, 103):
> B würgte G und stopfte ihr zwei Hände voll Sand in den Mund, um sie am Schreien zu hindern, wobei B den Tod der G in Kauf nahm; als G regungslos dalag, war B von ihrem Tod fest überzeugt und versenkte die vermeintliche Leiche in einer Jauchegrube; in Wirklichkeit trat der Tod der bis dahin nur bewusstlosen G erst hierdurch ein. ◀

---

[436] Hoyer, in: SK-StGB, 9. Aufl. 2017, § 16 Rn. 45.
[437] Hierzu Wessels/Beulke/Satzger, AT, 50. Aufl. 2020, Rn. 387f.; näher Maiwald ZStW 1966, 30; Roxin FS Würtenberger 1977, 109; Hettinger FS Spendel 1992, 237; Sancinetti FS Roxin 2001, 349; Bechtel JA 2016, 906; Niemann/Marinitsch ZStW 2017, 650.

Nach einer früheren weiten Lehre vom *dolus generalis*[438] wurde darauf abgestellt, ob der Täter die spätere todbringende Handlung schon geplant hatte, als er den ersten Teilakt vornahm. War dies der Fall, dann wurde der Vorsatz auf das Gesamtgeschehen erstreckt und Vollendung angenommen, anderenfalls lag Versuch i. V. m. einem Fahrlässigkeitsdelikt vor. Hiergegen spricht aber, dass das Simultanitätsprinzip des § 16 I 1 StGB gilt, so dass ein im Zeitpunkt der Zweithandlung erloschener Vorsatz nicht fingiert werden darf.

Die Rspr.[439] und die h. L.[440] behandeln die Fallkonstellation als speziellen Fall der Abweichung vom Kausalverlauf und nehmen weitgehende Unbeachtlichkeit an, da sich die Abweichung in den Grenzen des nach allgemeiner Lebenserfahrung Voraussehbaren bewege und keine andere Bewertung der Tat rechtfertige, gelangen also ebenfalls zur Vollendungsstrafbarkeit.

Eine weitere Auffassung[441] hält die Fehlvorstellung für beachtlich i. S. d. § 16 I 1 StGB, so dass lediglich ein Versuch in Tateinheit mit Fahrlässigkeit vorliege: Die erste Handlung bleibe im Versuchsstadium stecken; bei der zweiten Handlung fehle die Tatumstandskenntnis, da der Täter von einer Leiche ausgehe.

Nun ist aber ja bereits die vom Tötungsvorsatz getragene Ersthandlung kausal; man mag zwar daran denken, die Zweithandlung schon aufgrund mangelnder „objektiver Zurechnung" auszuscheiden[442] (mangelnde Realisierung des unerlaubten Risikos: der Täter tritt seinem eigenen Kausalverlauf dazwischen), doch gerade für medizinische Laien ist das Verkennen des Todeszeitpunkts nicht atypisch. Beim Vorsatz kommt es nun auf die individuelle Vorstellung an, die sehr wohl so geartet sein kann, dass der Täter ein solchen Geschehen – gänzlich andere Todesart – nicht in sein Bewusstsein aufgenommen hatte. Hier zeigt sich wiederum, dass Voraussehbarkeit nur einen Fahrlässigkeitsvorwurf trägt, nicht aber eine subjektive Zurechnung zum Vorsatzdelikt.

6. Insbesondere: Irrtümer über die Täterschaft

▶ Didaktische Aufsätze:

- Toepel, Aspekte der Rose-Rosahl-Problematik: Vorüberlegungen, Beachtlichkeit der aberratio ictus beim Einzeltäter; Grundlagen zu error in persona vel objecto und aberratio ictus; Fälle zu error in persona und aberratio ictus; JA 1996, 886, JA 1997, 556 und 948
- Kretschmer, Mittelbare Täterschaft – Irrtümer über die tatherrschaftsbegründende Situation, Jura 2003, 535

---

[438] Hierzu (darstellend m. w. N.) B. Heinrich, AT, 6. Aufl. 2019, Rn. 1093.

[439] Z. B. BGH U. v. 26.04.1960 – 5 StR 77/60 (Jauchegrube) – BGHSt 14, 193 = NJW 1960, 1261 (Anm. Roxin, Höchstrichterliche Rspr. AT, 1998, Nr. 14; Puppe, AT, 4. Aufl. 2019, § 10 Rn. 25ff.; Kaspar/Reinbacher, Casebook AT, 2020, Fall 7; Hemmer-BGH-Classics Strafrecht, 2003, Nr. 6; Valerius JA 2006, 261; Oğlakcıoğlu JR 2011, 103).

[440] S. B. Heinrich, AT, 6. Aufl. 2019, Rn. 1099.

[441] Kindhäuser/Hilgendorf, LPK, 8. Aufl. 2019, § 16 Rn. 24 (von ihm als h. L. bezeichnet).

[442] S. Joecks/Kulhanek, in: MK-StGB, 4. Aufl. 2020, § 16 Rn. 92.

C. Subjektiver Tatbestand

Der Täter kann sich auch über das Vorliegen des Tatbestandsmerkmals Täterschaft (§ 25 StGB) vorsatzausschließend nach § 16 I 1 StGB irren.[443] **272**

a) Irrtümer im Bereich der sog. mittelbare Täterschaft, § 25 I 2. Var. StGB

▶ Didaktische Aufsätze:

- Toepel, Aspekte der Rose-Rosahl-Problematik, JA 1996, 886, JA 1997, 248 und 344
- Kudlich/Koch, Tatbestandsirrtum – error in persona – aberratio ictus, JA 2017, 827

Zunächst kann der Täter Umstände, die seine sog. mittelbare Täterschaft nach § 25 I 2. Var. StGB begründen, **irrig annehmen**.[444] **273**

> **Beispiel 196**
>
> Arzt B1 wollte den Patienten G töten. Er füllte eine Spritze mit Gift und übergab diese der Krankenschwester B2 mit dem Auftrag, diese „Vitaminspritze" zu verabreichen. B2 erkannte, dass es sich um Gift handelte, verabreichte die Spritze aber trotzdem. G starb. ◀

B1 glaubte irrig an eine durch Täuschung verursachte Wissensüberlegenheit. Objektiv verwirklichte er „nur" eine Anstiftung nach § 26 StGB, subjektiv glaubte er an Umstände einer sog. mittelbaren Täterschaft.

Die Rspr. könnte von ihrer subjektiven Warte aus Täterschaft aufgrund des Täterwillens bejahen.

Nach Teilen der Lehre[445] liegt ein Versuch in mittelbarer Täterschaft (hier §§ 212 I, 25 I 2. Var., 22, 23 StGB) in Tateinheit mit Anstiftung zur Vollendung (hier §§ 212 I, 26 StGB) vor. Der Anstiftervorsatz sei dabei im Täterschaftsvorsatz enthalten.

Hiergegen spricht aber, dass sich der Hintermann keine vorsätzliche (Haupt-)Tat vorstellt (wie es der Wortlaut des § 26 StGB i. V. m. den auch für Anstifter geltenden Anforderungen der §§ 15, 16 I 1 StGB ausdrücklich verlangt), sein Täterschaftswille ist ein *aliud*; richtigerweise liegt „nur" ein Versuch in mittelbarer Täterschaft vor.[446]

Der umgekehrte Irrtum lässt sich als **Verkennen der Täterschaft** bezeichnen.[447] **274**

---

[443] Hierzu Wessels/Beulke/Satzger, AT, 50. Aufl. 2020, Rn. 829, 856ff.; näher Toepel JA 1996, 886, JA 1997, 248 und 344; Kretschmer Jura 2003, 535; Bloy ZStW 2005, 1; Küper FS Roxin 2011, 895.

[444] Hierzu Hoyer, in: SK-StGB, 9. Aufl. 2017, § 26 Rn. 42; näher Baumann JZ 1958, 230; Kadel GA 1983, 299.

[445] Kühl, AT, 8. Aufl. 2017, § 20 Rn. 83.

[446] Bock JA 2007, 599 (600).

[447] Hierzu Wessels/Beulke/Satzger, AT, 50. Aufl. 2020, Rn. 858f.; näher Baumann JZ 1958, 230; Kadel GA 1983, 299.

Hier scheitert eine sog. mittelbare Täterschaft am mangelnden Vorsatz. Fraglich ist, ob die Voraussetzungen der Anstiftung gem. § 26 StGB (näher s. u.) erfüllt sind.

Beispiel 197

Arzt B1 wollte den Patienten G töten. Er füllte eine Spritze mit Gift und übergab diese augenzwinkernd der Krankenschwester B2 mit dem Auftrag, diese „Vitaminspritze" zu verabreichen. B2 erkannte, anders als sich B1 das vorstellte, nicht, dass es sich um Gift handelte. B2 verabreichte die Spritze. G starb. ◄

Mangels einer vorsätzlich-rechtswidrigen (Haupt-)Tat der B2 ist lediglich eine versuchte Anstiftung zum Totschlag gem. §§ 212 I, 30 I StGB anzunehmen.[448]
Die Gegenauffassung,[449] die von vollendeter Anstiftung ausgeht (hier: §§ 212 I, 26 StGB), da die objektiv vollendete sog. mittelbare Täterschaft als Mehr gegenüber der Anstiftung erst recht ausreiche, überschreitet den Wortlaut des § 26 StGB und verstößt damit gegen § 1 StGB, Art. 103 II GG. In § 26 StGB wird ausdrücklich eine vorsätzlich begangene Tat verlangt, so dass der objektive Tatbestand des Anstiftungsdelikts voraussetzt, dass der subjektive Tatbestand der (Haupt-)Tat vollständig verwirklicht wird.[450]

275 Umstritten ist die Behandlung des sog. *error in persona* des Vordermanns:[451]

Beispiel 198

Arzt B1 wollte den Patienten Z töten. Er füllte eine Spritze mit Gift und übergab diese der Krankenschwester B2 mit dem Auftrag, diese „Vitaminspritze" zu verabreichen. Wie geplant erkannte B2 nicht, dass es sich um Gift handelte. Aus Versehen verabreichte sie die Spritze aber dem G. G starb. ◄

Z. T.[452] wird der für diesen unbeachtliche sog. *error in persona* des Vordermanns auch bzgl. des Hintermanns als eigener unbeachtlicher sog. *error in persona* aufgefasst.
Andere[453] gehen von einer nach § 16 I 1 StGB relevanten *aberratio ictus* des Hintermanns aus.
Vermittelnde Auffassungen[454] stellen darauf ab, wie viel Individualisierung dem Tatmittler überlassen war. Allerdings ist auch mit Individualisierungsmöglichkeit

---

[448] Bock JA 2007, 599 (599f.); B. Heinrich, AT, 6. Aufl. 2019, Rn. 1266.
[449] Z. B. Kühl, AT, 7. Aufl., 2012, § 20 Rn. 85.
[450] S. auch Hoyer, in: SK-StGB, 9. Aufl. 2017, § 26 Rn. 35.
[451] Hierzu Hoyer, in: SK-StGB, 9. Aufl. 2017, vor § 25 Rn. 139f.; näher Stratenwerth FS Baumann 1992, 57; Toepel JA 1996, 886, JA 1997, 248 und 344; Kudlich/Koch JA 2017, 827.
[452] Gropp/Sinn, AT, 5. Aufl. 2021, § 10 Rn. 79.
[453] B. Heinrich, AT, 6. Aufl. 2019, Rn. 1240.
[454] Heine/Weißer, in: Schönke/Schröder, StGB, 30. Aufl. 2019, § 25 Rn. 54f.

C. Subjektiver Tatbestand

der Vordermann ein Werkzeug des mittelbaren Täters; es spricht viel dafür, mechanische und menschliche Werkzeuge gleich zu behandeln und eine *aberratio ictus* anzunehmen. Da man die Situation des Hintermanns kognitiv nicht mit der des Vordermanns vergleichen kann, greift es zu kurz, den *error in persona* des Letzteren schlicht als einen des Ersteren durchschlagen zu lassen. Freilich ist dies dann einerlei, wenn man entgegen der h. M. eine *aberratio ictus* für genauso unbeachtlich hält wie einen *error in persona*, s. o. Ggf. ist an einen sog. Irrtum über den Kausalverlauf zu denken, s. o.

b) Mittäterschaft, § 25 II StGB

Im Bereich der Mittäterschaft gem. § 25 II StGB ist die Fallkonstellation relevant, in der einer der Mittäter einem *error in persona* unterliegt.[455]

276

Beispiel 199

B1 und B2 verabredeten die Tötung des Z. Während B1 die detaillierten Planungen übernahm, sollte B2 als Schütze fungieren. B2 erschoss aber den dem Z ähnlich aussehenden G, weil B2 den G für Z hielt. ◄

Beispiel 200

BGH U. v. 23.01.1958 – 4 StR 613/57 (Verfolger) – BGHSt 11, 268 = NJW 1958, 836 (Anm. Roxin, Höchstrichterliche Rspr. AT, 1998, Nr. 11; Kaspar/Reinbacher, Casebook AT, 2020, Fall 28; Hemmer-BGH-Classics Strafrecht, 2003, Nr. 32; Schröder JR 1958, 427; Spendel JuS 1969, 314; Scheffler JuS 1992, 920; Dehne-Niemann ZJS 2008, 351):

B1 versuchte zusammen mit B2 in der Nacht zum 21.04.1952, in das Lebensmittelgeschäft des Z einzudringen, um dort zu stehlen. Jeder von ihnen war dabei mit einer geladenen Pistole bewaffnet. Als B1 die Fensterscheibe des Schlafzimmers der Eheleute Z, das er für einen Büroraum gehalten hatte, eingedrückt und B2 die Fensterflügel ins Zimmer hinein aufgestoßen hatte, war Z ans Fenster gegangen, hatte die Fensterflügel wieder zugestoßen und sich „gestikulierend und wie ein Bär brüllend" vor das Fenster gestellt. B1 und B2 flohen. An der vorderen Hausecke bemerkte B2 rückwärts schauend, dass ihm in einer Entfernung von nicht mehr als zwei bis drei Metern eine Person folgte. Diese war B1. B2 hielt ihn aber für einen Verfolger und fürchtete, von ihm ergriffen zu werden. Um der vermeintlich drohenden Festnahme und der Aufdeckung seiner Täterschaft zu entgehen, schoss er auf die hinter ihm herlaufende Person; dabei rechnete er mit einer tödlichen Wirkung seines Schusses und billigte diese

---

[455] Hierzu Wessels/Beulke/Satzger, AT, 50. Aufl. 2020, Rn. 829; näher Stratenwerth FS Baumann 1992, 57; Toepel JA 1996, 886, JA 1997, 248 und 344; aus der Rspr. vgl. zuletzt BGH U. v. 01.08.2018 – 3 StR 651/17 – NStZ 2019, 511 (Anm. Jäger JA 2019, 467; Eisele JuS 2019, 495; Heuser ZJS 2019, 529; RÜ 2019, 170; Rückert HRRS 2019, 245).

Möglichkeit. Das Geschoss traf B1 am rechten Oberarm und verletzte ihn. B1 und B2 hatten auch sonst bei ihren Diebesfahrten wiederholt geladene Schusswaffen bei sich. Über deren Verwendung hatten sie besprochen, dass auch auf Menschen gefeuert werden solle, wenn die Gefahr der Festnahme eines der Teilnehmer drohe. Jener Abrede entsprach auch der auf B1 abgegebene Schuss. B2 wollte ihn treffen, um ihn als den vermeintlichen Verfolger auszuschalten; er hielt auf ihn, um ihn auf alle Fälle, gleichviel an welcher Stelle des Körpers, zu treffen; es war ihm recht, wenn die Kugel dabei tödlich traf, wenn sie nur überhaupt träfe und den Getroffenen als Verfolger erledigte. ◄

Die Rspr.[456] und die wohl h. L.[457] halten den *error in persona* des einen Mittäters auch für weitere Mittäter für unbeachtlich. Hierfür spricht die in § 25 II StGB angelegte Gleichstellung der Mittäter, die auf einer bewussten Arbeitsteilung fußt.

Andere[458] gehen von einem sog. Exzess aus – mit der Folge mangelnder Zurechnung der vollendeten Vorsatztat –, da der Tatplan auf bestimmte Tatopfer gerichtet war.

Im „Verfolger-Fall" kommt noch hinzu, dass es dort um eine Zurechnung von selbst erlittenen Tatfolgen geht, der Tatplan aber gewiss nicht auf gegenseitige Verletzung gerichtet war und zudem Täter sich selbst gegenüber strafrechtlich nicht geschützt sind (vgl. die Straflosigkeit der Selbsttötung und -verletzung). Jedenfalls in diesen Fällen muss nach Maßgabe der Reichweite des Rechtsgüterschutzes der Irrtum beachtlich sein. In anderen Fällen bleibt es bei der Unbeachtlichkeit des Identitätsirrtums.

---

[456] BGH U. v. 23.01.1958 – 4 StR 613/57 – BGHSt 11, 268.
[457] S. nur B. Heinrich, AT, 6. Aufl. 2019, Rn. 1240.
[458] Z. B. Gropp/Sinn, AT, 5. Aufl. 2021, § 13 Rn. 81.

6. Kapitel: Rechtswidrigkeit

A. Allgemeines

I. Grundlagen

Die **zweite Prüfungsebene** nach Bejahung der – objektiven und subjektiven -Tatbestandsmäßigkeit ist die der **Rechtswidrigkeit**. Hier wird das den Tatbestand erfüllende Verhalten bewertet: Geprüft werden hier die objektiven und subjektiven Voraussetzungen der sog. **Rechtfertigungsgründe**, z. B.:

> **§ 32 StGB (Notwehr)**
> (1) Wer eine Tat begeht, die durch Notwehr geboten ist, handelt nicht rechtswidrig.
> (2) Notwehr ist die Verteidigung, die erforderlich ist, um einen gegenwärtigen rechtswidrigen Angriff von sich oder einem anderen abzuwenden.

> **§ 34 StGB (Rechtfertigender Notstand)**
> Wer in einer gegenwärtigen, nicht anders abwendbaren Gefahr für Leben, Leib, Freiheit, Ehre, Eigentum oder ein anderes Rechtsgut eine Tat begeht, um die Gefahr von sich oder einem anderen abzuwenden, handelt nicht rechtswidrig, wenn bei Abwägung der widerstreitenden Interessen, namentlich der betroffenen Rechtsgüter und des Grades der ihnen drohenden Gefahren, das geschützte Interesse das beeinträchtigte wesentlich überwiegt. Dies gilt jedoch nur, soweit die Tat ein angemessenes Mittel ist, die Gefahr abzuwenden.

Bei diesen Rechtfertigungsgründen handelt es sich nach ganz h. M. nicht um (negative) Tatbestandsmerkmale,[1] so dass die Rechtswidrigkeit eine **eigene Ebene** bildet und keinen Teil der Tatbestandsprüfung.[2]

Der Wortlaut der §§ 32 („rechtswidrig"), 34 („rechtfertigender", „rechtswidrig"), spricht für getrennte Ebenen von Tatbestand und Rechtswidrigkeit. Hinzu kommt die konkrete Ausgestaltung v. a. der §§ 32, 34 StGB (das Erfordernis des wesentlichen Überwiegens in § 34 StGB ist sonst nicht zu erklären: ein Primat der Verbotsggü. der Erlaubnisnorm wird ausgedrückt, also liegt keine Gleichrangigkeit vor und es wird daher gesetzlich vorausgesetzt, dass es sich um unterschiedliche Normtypen handelt; auch die mangelnde Verhältnismäßigkeitsprüfung in § 32 StGB ist sonst nicht zu erklären, der Gesetzgeber schützt den Angegriffenen über eine Wertabwägung hinaus; auch spricht § 32 I StGB von einer „Tat"). Die Zustimmung des Geschädigten ist allerdings entgegen der h. M. (von ihr sog. Einwilligung) kein Rechtfertigungsgrund, sondern schließt den Tatbestand aus, s. o. Im Übrigen dürfte es auch dem Rechtsempfinden besser entsprechen, wenn die Tötung eines Menschen in Notwehr (Rechtfertigung) anders eingeordnet wird als das Töten einer Mücke[3] (keine Tatbestandsmäßigkeit), auch wenn das Ergebnis der Straflosigkeit mangels Unrecht das gleiche ist.

2   Mit Erfüllung des Tatbestands verwirklicht der Täter grundsätzlich das objektive sog. Erfolgs- und das subjektive sog. Handlungsunrecht, welches der Gesetzgeber für strafwürdig erachtet hat. Er handelt dann fast immer auch wider das Recht – d. h. rechtswidrig – und macht sich vorbehaltlich der Schuldebene und sonstiger Strafbarkeitsvoraussetzungen strafbar. Man sagt: „Tatbestandsmäßigkeit indiziert Rechtswidrigkeit",[4] was man in einer Falllösung aber nicht niederschreiben sollte. Richtig ist daran, dass nicht positiv das Vorliegen der Rechtswidrigkeit geprüft wird (mit Ausnahme nur zweier Tatbestände, §§ 240 und 253 StGB, s. im Besonderen Teil), sondern – negativ – ein etwaiger Ausschluss derselben, und zwar nicht als negative Tatbestandsmerkmale (s. o.), sondern als eigenständige Ebene.

Bei Vorliegen sog. Rechtfertigungsgründe (Erlaubnissätze, Freistellungsnormen), handelt der Täter nicht rechtswidrig. Die Verletzung eines Rechtsguts ist dann zugelassen, andersherum: Der Geschädigte hat eine Duldungspflicht.

---

[1] Hierzu B. Heinrich, AT, 6. Aufl. 2019, Rn. 107 ff.; näher und nach einzelnen Rechtfertigungsgründen diff. Hoyer, in: SK-StGB, 9. Aufl. 2017, vor § 32 Rn. 16 ff.
[2] Näher zur Dogmatik von Rechtswidrigkeit und Rechtfertigung Nowakowski ZStW 1951, 287; Kraushaar GA 1965, 1; Noll ZStW 1965, 1; Schmidhäuser FS Lackner 1987, 77; Rudolphi GS Armin Kaufmann 1989, 371; Puppe FS Stree/Wessels 1993, 183.
[3] Sog. Welzel'sches Mückenbeispiel, Welzel ZStW 1955, 196.
[4] B. Heinrich, AT, 6. Aufl. 2019, Rn. 310 f.; kritisch aber z. B. Schlehofer, in: MK-StGB, 4. Aufl. 2020, vor § 32 Rn. 39.

A. Allgemeines

> **Beispiel 201**
> B1 schlug auf B2 ein. B2 griff daher zu einem Bierkrug und schlug diesen dem B1 über den Kopf. ◀

> **§ 32 StGB (Notwehr)**
> (1) Wer eine Tat begeht, die durch Notwehr geboten ist, handelt nicht rechtswidrig.
> (2) Notwehr ist die Verteidigung, die erforderlich ist, um einen gegenwärtigen rechtswidrigen Angriff von sich oder einem anderen abzuwenden.

Der Angreifer – im Beispiel der B1 –, gegen den der Angegriffene Notwehr gem. § 32 StGB übt, muss die Verteidigung hinnehmen und kann sich nicht seinerseits auf Notwehr gegen die Verteidigung berufen.

Die Duldungspflicht des Geschädigten, die dann besteht, wenn der Schädiger gerechtfertigt handelt, spielt eine Rolle im Rahmen der Argumentation bei der Auslegung der Rechtfertigungsgründe in Gestalt einer Plausibilitätskontrolle (sog. **Notwehrprobe**):[5] Zu berücksichtigen ist nämlich stets, ob es dem Geschädigten wirklich gerechtermaßen zugemutet werden kann, dass er sich mangels dann rechtswidrigen Angriffs nicht gerechtfertigt (durch Notwehr gem. § 32 StGB) gegen die Einwirkung verteidigen kann.

In Prüfungsarbeiten sind Rechtfertigungsgründe **nur bei Anlass anzusprechen**. I.Ü. genügt die Feststellung, dass der zu prüfende Beteiligte rechtswidrig handelte.

Zu unterscheiden sind Fragen der Rechtswidrigkeit von solchen der Schuld;[6] zu deren gesetzlichen Grundlagen und Gehalt s. u.

In manchen Tatbeständen wird die Rechtswidrigkeit **ausdrücklich** erwähnt (bisweilen auch als „unbefugt" oder „widerrechtlich"). Z. T. handelt es sich dann um ein echtes Tatbestandsmerkmal, nämlich wenn – die Rechtswidrigkeit weggedacht – das im Tatbestand umschriebene Verhalten keinen Unwert darstellt,[7] z. B. bei:

3

> **§ 303a I StGB (Datenveränderung)**
> Wer rechtswidrig Daten [...] löscht, unterdrückt, unbrauchbar macht oder verändert, wird mit Freiheitsstrafe bis zu zwei Jahren oder mit Geldstrafe bestraft.

---

[5] S. Momsen/Savic, in: BeckOK-StGB, Stand 01.02.2021, § 32 Rn. 1 und 13.
[6] Zur Unterscheidung beider Ebenen Wessels/Beulke/Satzger, AT, 50. Aufl. 2020, Rn. 619 f.; näher Küper JuS 1987, 81; Roxin JuS 1988, 425; Schünemann Coimbra-Symposium Roxin 1995, 149; Cortes Rosa Coimbra-Symposium Roxin 1995, 183; Schmoller ZStW 2017, 1063.
[7] Hierzu B. Heinrich, AT, 6 Aufl. 2019, Rn. 319 ff.

In anderen Fällen handelt es sich um einen überflüssigen Hinweis auf die übliche Rechtfertigungsprüfung, z. B. bei:

> **§ 303 I StGB (Sachbeschädigung)**
> Wer rechtswidrig eine fremde Sache beschädigt oder zerstört, wird mit Freiheitsstrafe bis zu zwei Jahren oder mit Geldstrafe bestraft.

4   Es existiert **kein abschließender Katalog von Rechtfertigungsgründen** im StGB oder anderswo. Vielmehr können diese nach fast einhelliger Auffassung **allen Rechtsgebieten** entstammen. Hierfür streite der Grundsatz der Einheit und Widerspruchsfreiheit der Rechtsordnung sowie die Funktion des Strafrechts als *ultima ratio* des Rechtsgüterschutzes: Was zivil- oder öffentlich-rechtlich rechtmäßig ist, könne nicht im strafrechtlichen Sinne rechtswidrig sein.

Dieser Erst-recht-Schluss ist freilich dahingehend etwas kurz gedacht als es i. R. d. strafrechtlichen Rechtfertigung darum geht, ein gerade *strafrechtlich* untersagtes Verhalten zu kompensieren; dass dies bereits durch eine bloß *zivilrechtliche* Norm geschehen kann, ist keineswegs selbstverständlich, betrifft doch das bloße zivilrechtliche Gleichordnungsverhältnis nicht zwingend auch das Strafrecht als Teil des Öffentlichen Rechts. Ein zivilrechtlicher Erlaubnissatz rechtfertigt nur das leichtere zivilrechtliche Unrecht, nicht aber das schwerere strafrechtliche (zumal ein Erst-recht-Schluss jedenfalls bzgl. ebenfalls betroffenen Kollektivrechtsgütern versagen muss).[8]

Neben den ausdrücklich gesetzlich geregelten existieren **ungeschriebene**, gewohnheitsrechtliche Rechtfertigungsgründe, z. B. die mutmaßliche Einwilligung. Da Rechtfertigungsgründe den Täter entlasten, liegt nach ganz h. M. kein Verstoß gegen Art. 103 II GG, § 1 StGB vor; dass dem Geschädigten der gerechtfertigten Handlung z. B. die Notwehr abgeschnitten und so dessen Strafbarkeit ggf. begründet wird, ändert hieran nach h. M. nichts, da das Gesetzlichkeitsprinzip nur die unmittelbaren Normfolgen in den Blick nehme.[9]

5   Die **Grundprinzipien**, nach denen sich die anerkannten Rechtfertigungsgründe richten und sich kategorisieren lassen, werden kontrovers diskutiert.[10] Jedenfalls unterscheiden lassen sich die Verantwortung durch das Eingriffsopfer (z. B. §§ 32, z. T. 34 StGB, 127 StPO),[11] die Wahrnehmung des Opferinteresses (mutmaßliche Einwilligung, behördliche Erlaubnis) und die Mindestsolidarität (z. T. § 34 StGB). Einen umfassenden Grundgedanken aller Rechtfertigungsgründe bildet das Prinzip

---

[8] Näher Hoyer, in: SK-StGB, 9. Aufl. 2019, vor § 32 Rn. 6 ff.
[9] S. Kühl, AT, 8. Aufl. 2017, § 7 Rn. 164; krit. allerdings Erb, in: MK-StGB, 4. Aufl. 2020, § 32 Rn. 204 ff.
[10] S. Kindhäuser/Hilgendorf, LPK, 8. Aufl. 2019, vor § 32 Rn. 5 ff.; näher Stratenwerth ZStW 1956, 41; Rudolphi GS Armin Kaufmann 1989, 371; Günther FS Spendel 1992, 189.
[11] Näher Kretschmer NStZ 2012, 177.

des überwiegenden Interesses der Rechtsordnung an der Vornahme der gerechtfertigten Handlung.[12]

Im Grundsatz sind alle Rechtfertigungsgründe nebeneinander anwendbar.

Bei der **Prüfungsreihenfolge**[13] ist zu beachten, dass bei staatlichem Handeln öffentlich-rechtliche Rechtfertigungsgründe (z. B. nach Polizei- und Strafprozessrecht) vorrangig zu prüfen sind, ferner *leges speciales* vor den allgemeineren Rechtfertigungsgründen (z. B. § 859 BGB vor § 32 StGB, §§ 228, 904 BGB vor § 34 StGB).

II. Subjektive Voraussetzungen der Rechtfertigung

▶ Didaktische Aufsätze:

- Prittwitz, Der Verteidigungswille als subjektives Merkmal der Notwehr, Jura 1984, 74
- Herzberg, Handeln in Unkenntnis einer Rechtfertigungslage, JA 1986, 190
- Rohrer, Über die Nichtexistenz subjektiver Rechtfertigungselemente, JA 1986, 363
- Herzberg, Subjektive Rechtfertigungselemente?, JA 1986, 541
- Scheffler, Der Erlaubnistatbestandsirrtum und seine Umkehrung, das Fehlen subjektiver Rechtfertigungselemente, Jura 1993, 617
- Graul, Der „umgekehrte Erlaubnistatbestandsirrtum", JuS 1994, L73
- Graul, Unrechtsbegründung und Unrechtsausschluß, JuS 1995, L41
- Geppert, Die subjektiven Rechtfertigungselemente, Jura 1995, 103
- Graul, Der „umgekehrte Erlaubnistatbestandsirrtum", JuS 2000, L41
- Rönnau, Subjektive Rechtfertigungselemente, JuS 2009, 594

1. Erforderlichkeit subjektiver Voraussetzungen der Rechtfertigung; Anforderungen

Ebenso wie die Tatbestände oft nur das äußere Verhalten umschreiben (da sich das Vorsatzerfordernis aus § 15 StGB ergibt), sind auch die Rechtfertigungsgründe auf den ersten Blick objektiv ausgestaltet, z. B.: 6

> **§ 32 StGB (Notwehr)**
> (1) Wer eine Tat begeht, die durch Notwehr geboten ist, handelt nicht rechtswidrig.
> (2) Notwehr ist die Verteidigung, die erforderlich ist, um einen gegenwärtigen rechtswidrigen Angriff von sich oder einem anderen abzuwenden.

---

[12] Schlehofer, in: MK-StGB, 4. Aufl. 2020, vor § 32 Rn. 59; näher Lenckner GA 1985, 295; Frisch GA 2016, 121; Nestler Jura 2020, 695.

[13] Zur Konkurrenz von Rechtfertigungsgründen Wessels/Beulke/Satzger, AT, 50. Aufl. 2020, Rn. 439; näher Warda FS Maurach 1972, 143.

Umstritten war daher lange Zeit, ob eine vollständige Rechtfertigung bereits durch tatsächliches Vorliegen der objektiven Voraussetzungen eintritt, auch wenn der Handelnde sich der Umstände, die sein Handeln rechtfertigen, nicht bewusst ist – sog. **umgekehrter Erlaubnistatumstandsirrtum**.[14]

Beispiel 202

B schlug den Z aus einer Laune heraus nieder. Nachher stellte sich heraus, dass Z soeben B 5.000 Euro entwendet hatte, was durch das Niederschlagen ans Licht kam. ◄

Nach früher z. T. vertretener Auffassung[15] sollte eine Rechtfertigung auch ohne Willen des Handelnden möglich sein.

Die seit langem ganz h. M.[16] hingegen hält ein sog. subjektives Rechtfertigungselement für erforderlich.

Während die Minderheitsauffassung darauf verwies, dass auch ohne subjektive Momente beim Handelnden kein objektiv schädliches Verhalten und damit kein Unrecht vorliege, spricht doch bereits der Wortlaut der meisten Rechtfertigungsgründe eher (s. aber u.) für subjektive Rechtfertigungsvoraussetzungen, z. B. „um ... zu" in §§ den 32 und 34 StGB. Jedenfalls ergibt sich aus der Zusammensetzung des Unrechtsbegriffs aus sog. Erfolgs- und sog. Handlungsunrecht (vgl. objektiver und subjektiver Tatbestand), dass eine vollständige Kompensation des tatbestandsmäßigen Unrechts nur dann vorliegt, wenn sowohl objektiv als auch subjektiv der Täter im Hinblick auf einen Rechtfertigungsgrund handelt – und ihm nicht nur der Zufall zugutekommt – gewissermaßen eine Umkehr zu § 16 I 1 StGB. Folglich ist in einer Fallbearbeitung bei jedem Rechtfertigungsgrund das subjektive Rechtfertigungselement zu prüfen.

---

[14] Hierzu Hillenkamp/Cornelius, 32 Probleme aus dem Strafrecht AT, 15. Aufl. 2017, 4. P.; näher von Weber FS Mezger 1954, 183; Lampe GA 1978, 7; Spendel FS Bockelmann 1979, 245; Hruschka GA 1980, 1; Prittwitz GA 1980, 381; Prittwitz Jura 1984, 74; Spendel FS Oehler 1985, 197; Triffterer FS Oehler 1985, 209; Herzberg JA 1986, 190; Rohrer JA 1986, 363; Herzberg JA 1986, 541; Frisch FS Lackner 1987, 113; Scheffler Jura 1993, 617; Puppe FS Stree/Wessels 1993, 183; Graul JuS 1994, L73; Graul JuS 1995, L41; Geppert Jura 1995, 103; Graul JuS 2000, L41; Meyer GA 2003, 807; Frister FS Rudolphi 2004, 45; Streng FS Otto 2007, 469; Rönnau JuS 2009, 594; Berster GA 2016, 36; aus der Rspr. vgl. zuletzt BGH U. v. 27.10.2015 – NStZ 2016, 333 (Anm. Bosch Jura 2016, 702; Eisele JuS 2016, 366; RÜ 2016, 100; Rückert NStZ 2016, 334; Hinz JR 2017, 126); BGH B. v. 11.10.2016 – 1 StR 462/16 – BGHSt 61, 285 = NJW 2017, 1186 (Anm. Puppe, AT, 4. Aufl. 2019, § 13 Rn. 29; Bosch Jura 2017, 604; Hecker JuS 2017, 470; RÜ 2017, 236; Mitsch NJW 2017, 1188; Bachmann JR 2017, 445; Kratz jurisPR-StrafR 5/2017 Anm. 2); BGH U. v. 21.03.2017 – 1 StR 486/16 – StV 2018, 727 (Anm. Jäger JA 2017, 629; RÜ 2017, 367); LG Aachen B. v. 19.08.2020 – 60 Qs 34/20 (Anm. Klefisch jurisPR-StrafR 6/2021 Anm. 4).

[15] Spendel DRiZ 1978, 327 (331).

[16] S. nur B. Heinrich, AT, 6. Aufl. 2019, Rn. 388 f.

A. Allgemeines

Zu klären ist dann, welche **Anforderungen** an das subjektive Rechtfertigungselement zu stellen sind. Dies ist allgemein[17] und im Hinblick auf die einzelnen Rechtfertigungsgründe umstritten. Jedenfalls muss der Handelnde Kenntnis der Rechtfertigungslage haben; zweifelhaft ist, ob er darüber hinaus in der Absicht handeln muss, die Rechtfertigungslage abzuwenden, z. B. sich oder einen anderen i. S. d. § 32 StGB zu verteidigen.

Bzgl. derjenigen Rechtfertigungsgründe, deren Wortlaut ein „um ... zu" enthält, ließe sich dies als finale Konjunktion und mithin als Absichtserfordernis auslegen. Allerdings lässt die sprachliche Formulierung der Gesamtnorm erkennen, dass der Bezugspunkt der Erforderlichkeit der Rechtfertigungshandlung (z. B. in § 32 StGB der Verteidigung) betont werden soll, so dass eine objektive Auslegung möglich ist. Dafür, bloßen Vorsatz (also nicht gesteigert in Form der Absicht oder Wissentlichkeit) genügen zu lassen, spricht eine so hergestellte Spiegelbildlichkeit zum Tatbestandsvorsatz (so dass *dolus eventualis* ausreicht und sich auch die Behandlung von Zweifeln sowie die Reichweite des Tatumstandsirrtums nach § 16 I 1 StGB fruchtbar machen lässt) und zum Versuchsbegriff (§ 22 StGB). Eine überschießende Innentendenz in Form einer bestimmten Absicht zu fordern, überzeugt auch insofern nicht, als die Bewertung des Verhaltens als rechtswidrig nicht vom Motiv des Handelnden abhängen sollte (sonst droht ein Gesinnungsstrafrecht).[18]

Weitere Ziele und Motive hindern eine Rechtfertigung nicht, solange das subjektive Rechtfertigungselement nicht völlig in den Hintergrund gedrängt ist.[19] Auch Emotionen wie Wut (insbesondere bei Notwehr in Form des Gegenangriffs, sog. Trutzwehr) schließen das subjektive Rechtfertigungselement dann nicht aus.

Beispiel 203

BGH B. v. 08.03.2000 – 3 StR 67/00 – NStZ 2000, 365 (Anm. RA 2000, 400): Z ging in wütender und aggressiver Stimmung auf B zu, um diesen zu schlagen. B zog ein Messer und schwang dieses, um Z auf Abstand zu halten. Da dieser trotzdem weiter auf den B zukam, erlitt er 5 Schnittverletzungen. Gleichwohl ging er noch weiter auf B zu. Wut und Ärger stiegen in B hoch, war Z doch derjenige, der seine Freundin „unsittlich" angefasst hatte und sich nunmehr auch noch mit ihm – B – schlagen wollte. Getragen von dieser Wut wollte er dem Z einen Denkzettel verpassen. Bevor Z von sich aus irgendeine körperliche Attacke gegen B ausführte, holte dieser mit dem Messer in der rechten Hand aus und versetzte dem ihm gegenüber stehenden Z einen gezielten und wuchtigen Stich in den linken Oberbauch. ◄

---

[17] Hierzu Kindhäuser/Hilgendorf, LPK, 8. Aufl. 2019, vor § 32 Rn. 13 f.; näher Loos FS Oehler 1985, 227; Frister FS Rudolphi 2004, 45; Streng FS Otto 2007, 469; Krack FS Loos 2010, 145; Safferling GA 2020, 70.

[18] Näher etwa für die Notwehr Hoyer, in: SK-StGB, 9. Aufl. 2017, § 32 Rn. 127 ff.

[19] Kindhäuser/Hilgendorf, LPK, 8. Aufl. 2019, vor § 32 Rn. 36; näher Alwart GA 1983, 433; aus der Rspr. vgl. zuletzt OLG Zweibrücken B. v. 18.10.2018 – 1 OLG 2 Ss 42/18 – NStZ 2019, 678 (Anm. Eisele JuS 2019, 591); BGH B. v. 26.05.2020 – 2 StR 434/19 – NStZ 2021, 164 = StV 2021, 115 (Anm. Eisele JuS 2021, 181; Merkel NStZ 2021, 166).

Dass B auch aus Wut handelte, ist solange unschädlich, wie er zumindest auch mit Verteidigungswillen handelte.

2. Folgeproblem: bei Fehlen Vollendung oder (untauglicher) Versuch?

9   Umstritten ist, welche Konsequenzen sich für den in Unkenntnis der Rechtfertigungslage Handelnden ergeben.[20]

Teile der Lehre[21] und der Rspr.[22] gehen von einer Vollendungsstrafbarkeit aus: Mangels subjektiven Rechtfertigungselements scheide der Rechtfertigungsgrund schlicht aus, so dass es bei der vollständigen Strafbarkeit der Tatbestandsverwirklichung bleibe.

Andere Teile der Rspr.[23] und die h. L.[24] sehen in diesen Fällen demgegenüber lediglich eine Versuchsstrafbarkeit gegeben, sofern der Versuch des betreffenden Delikts überhaupt strafbar ist, § 23 StGB.

Letzte Auffassung beruht auf dem überzeugenden Gedanken der Teilkompensation: Das objektive Unrecht (Erfolgsunrecht) wird durch die objektiv gegebene Rechtfertigungslage aufgehoben. Es verbleibt das subjektive (Handlungs-)Unrecht, welches allein niemals Vollendungsstrafbarkeit begründet, sondern allenfalls einen strafbaren Versuch nach § 22 StGB.

B. Rechtfertigungsgründe

I. Notwehr, § 32 StGB

▶   Didaktische Aufsätze:

- Geilen, Notwehr und Notwehrexzess, Jura 1981, 200, 256, 308, 370
- Hoyer, Das Rechtsinstitut der Notwehr, JuS 1988, 89
- Kühl, Notwehr und Nothilfe, JuS 1993, 177
- Sternberg-Lieben, Allgemeines zur Notwehr; Voraussetzungen der Notwehr, JA 1996, 129 und 299
- Stemler, Die Notwehr, ZJS 2010, 347

1. Aufbau

10 I. Objektive Voraussetzungen
    1. Sog. Notwehrlage, § 32 II StGB: Gegenwärtiger rechtswidriger Angriff
       a) Angriff

---

[20] S. o.
[21] B. Heinrich, AT, 6. Aufl. 2019, Rn. 392.
[22] BGH U. v. 15.01.1952 – 1 StR 552/51 – BGHSt 2, 111 = NJW 1952, 312.
[23] KG U. v. 28.11.1974 – (2) Ss 250.74 (100.74) – GA 1975, 213 (215).
[24] Z. B. Krey/Esser, AT, 6. Aufl. 2016, Rn. 468 f.

    b) Rechtswidrig
    c) Gegenwärtig
  2. Sog. Notwehrhandlung
    a) Verteidigung
    b) Erforderlich
      aa) Geeignetheit
      bb) Mildestes Mittel und möglichst schonender Einsatz
    c) Geboten, § 32 I StGB
  II. Subjektive Voraussetzungen

2. Allgemeines
Der Rechtfertigungsgrund der Notwehr[25] ist in § 32 StGB normiert. 11

> **§ 32 StGB (Notwehr)**
> (1) Wer eine Tat begeht, die durch Notwehr geboten ist, handelt nicht rechtswidrig.
> (2) Notwehr ist die Verteidigung, die erforderlich ist, um einen gegenwärtigen rechtswidrigen Angriff von sich oder einem anderen abzuwenden.

Zur Einordnung jenseits des Tatbestands als eigene Ebene der Rechtswidrigkeit s. o. § 32 I StGB verwendet nicht nur das Wort „rechtswidrig", sondern auch die Wendung „Tat begeht", eine ohne Notwehr zu denkende Tat vorausgesetzt wird, der Tatbestand also abschließend bereits erfüllt ist.

Vergleichbare Regelungen finden sich für das Zivil- und das Ordnungswidrigkeitenrecht in den §§ 227 BGB, 15 OWiG.

> **§ 227 BGB (Notwehr)**
> (1) Eine durch Notwehr gebotene Handlung ist nicht widerrechtlich.
> (2) Notwehr ist diejenige Verteidigung, welche erforderlich ist, um einen gegenwärtigen rechtswidrigen Angriff von sich oder einem anderen abzuwenden.

> **§ 15 I, II OWiG (Notwehr)**
> (1) Wer eine Handlung begeht, die durch Notwehr geboten ist, handelt nicht rechtswidrig.
> (2) Notwehr ist die Verteidigung, die erforderlich ist, um einen gegenwärtigen rechtswidrigen Angriff von sich oder einem anderen abzuwenden.

---

[25] Hierzu z. B. Krey/Esser, AT, 6. Aufl. 2016, Rn. 470 ff.; näher Krause FS Bruns 1978, 71; Geilen Jura 1981, 200, 256, 308 und 370; Hoyer JuS 1988, 89; Frister GA 1988, 291; Kühl JuS 1993, 177; Sternberg-Lieben JA 1996, 129 und 299; Lesch FS Dahs 2005, 81; Stemler ZJS 2010, 347; Rechtsprechungsübersicht bei Erb NStZ 2012, 194.

12   Nach der heute h. M.[26] lässt sich das Rechtsinstitut der Notwehr **dualistisch begründen**:
Zum einen braucht sich niemand durch rechtswidrig Angreifende verletzen zu lassen (Individualschutz, Selbstschutz).

Zum anderen dient die Verteidigung der Rechtsbewährung: Das Recht braucht dem Unrecht nicht zu weichen, der Verteidiger agiert als Repräsentant der Rechtsordnung. Aus der auch überindividuellen Funktion der Notwehr erklärt sich insbesondere, dass diese als „schneidiges", „scharfes" Recht – ohne Prüfung der Verhältnismäßigkeit von Angriff und Verteidigung – ausgestaltet ist (anders als § 34 StGB).

In Ergänzung dieser beiden Aspekte und unter Berücksichtigung, dass es sich bei Deutschland eigentlich um einen funktionalen Rechtsstaat mit staatlichem Gewaltmonopol handelt, bei dem der einzelne Bürger grundsätzlich weder sein Recht noch das anderer gewalttätig in die eigene Hand nehmen soll und darf, lässt sich die spezielle Situation eines angegriffenen Verteidigers näher konkretisieren:[27] Der (strafende) Staat verwirkt sein Recht auf Beachtung des staatlichen Gewaltmonopols, da sich im Angriff zeigt, dass der Staat diesbzgl. bei der Aufgabe, die Rechtsgüter des Angegriffenen zu schützen, versagt und daher kein berechtigtes Interesse mehr hat, an der vom Angegriffenen verletzten Norm festzuhalten; stattdessen willigt er in die Verteidigung durch den Angegriffenen ein. Es wäre ansonsten selbstwidersprüchlich, wenn die Rechtsordnung weiterhin auf Befolgung der Normen zum Schutz des Angreifers bestünde, obwohl sie es nicht vermocht hat, mithilfe ihrer Normen Schutz gegen den Angreifer zu gewährleisten; die Rechtsordnung kann die Respektierung des staatlichen Gewaltmonopols nur fordern, soweit sie im Gegenzug dazu imstande ist, dieses gegenüber jedem einzelnen durchzusetzen.

3. Objektive Voraussetzungen

a) Sog. Notwehrlage, § 32 II StGB: Gegenwärtiger rechtswidriger Angriff

▶.   Didaktische Aufsätze:

- Kühl, Angriff und Verteidigung bei der Notwehr, Jura 1993, 57, 118 und 233
- Otto, Gegenwärtiger Angriff (§ 32 StGB) und gegenwärtige Gefahr (§§ 34, 35, 249, 255 StGB), Jura 1999, 552

---

[26] Zur Begründung der Notwehr Kindhäuser/Hilgendorf, LPK, 8. Aufl. 2020, § 32 Rn. 1; näher Schmidhäuser FS Honig 1970, 185; Frister GA 1988, 291; Schmidhäuser GA 1991, 97; Koch ZStW 1992, 785; Kargl ZStW 1998, 38; Lesczewski FS Wolff 1998, 225; Koriath FS Müller-Dietz 2001, 361; von der Pfordten FS Schreiber 2003, 359; Greco GA 2018, 665.

B. Rechtfertigungsgründe

Als sog. **Notwehrlage** muss gem. § 32 II StGB ein gegenwärtiger rechtswidriger Angriff vorliegen. Hierin liegt das Versagen des Staates bei seiner Aufgabe, vor einer Beeinträchtigung durch andere zu schützen.

13

aa) Angriff

(1) Ausgangsdefinition

Angriff ist nach gängiger Definition jede durch menschliches Verhalten drohende Rechtsgutsverletzung.[28]

14

Gleicht man dies an übliche tatbestandliche Terminologien an, so lässt sich der Angriff etwas deutlicher definieren als jede einem Menschen zurechenbare Gefährdung eines Individualrechtsguts.[29]

(2) Individualrechtsgut

(a) Grundlagen

Notwehrfähig sind nur **Individualrechtsgüter**, nicht Rechtsgüter der Allgemeinheit.[30]

15

Wenn nämlich § 32 II StGB davon spricht, dass der Verteidiger den Angriff „von sich" abwendet, meint dies den Angegriffenen als Individuum. Daher kann unter „einem anderen" auch nur ein Individuum verstanden werden. Ferner wird die Schutzzusage des Staates ggü. den Individuen geäußert.

Kein Bürger soll i. R. d. § 32 StGB als Hilfspolizist im Hinblick auf Rechtsgüter der Allgemeinheit auftreten. Für die Einhaltung dieser Normen ist der Staat selbst verantwortlich; insbesondere Verwaltungs-, Polizei- und Strafprozessrecht enthalten hierfür genaue Zuständigkeitsverteilungen und Ermächtigungen. mit konkretisierten Anforderungen (v. a. inkl. Verhältnismäßigkeitsgrundsatz), die nicht umgangen werden dürfen.

> **Beispiel 204**
>
> BGH U. v. 02.10.1953 – 3 StR 151/53 (Sünderin) – BGHSt 5, 245 = NJW 1954, 438 (Anm. Roxin, Höchstrichterliche Rspr. AT, 1998, Nr. 15):
> B wollte im Jahr 1951 die Vorführung des Films „Die Sünderin" stören, da er diesen für sittlich anstößig hielt. B zertrat während der Aufführung des Films mehrere Stinkbomben. Die Vorstellung musste deshalb für die Dauer von etwa 15 Minuten unterbrochen werden. ◄

---

[27] Näher Hoyer, in: SK-StGB, 9. Aufl. 2017, vor § 32 Rn. 25f.; § 32 Rn. 2 ff.
[28] Joecks/Jäger, StGB, 13. Aufl. 2021, § 32 Rn. 7.
[29] Hoyer, in: SK-StGB, 9. Aufl. 2017, § 32 Rn. 8; aus der Rspr. vgl. OGH U. v. 01.02.1949 – StS – 119/48 – NJW 1949, 389.
[30] Fischer, StGB, 68. Aufl. 2021, § 32 Rn. 11 ff.; näher Bock ZStW 2019, 555; Lenk ZStW 2020, 56; zum Überprüfen und Übermalen verbotener Kennzeichen Gerhold StV 2020, 213.

Eine Störung der öffentlichen Ordnung im Allgemeinen, wie sie durch die Aufführung sittlich oder religiös anstößiger Filme ausgelöst werden könnte, begründet, selbst dann, wenn sie hier vorläge, keinen Angriff auf ein notwehrfähiges Rechtsgut i. S. d. § 32 StGB.

Klargestellt sei aber, dass Individualrechtsgüter auch dann notwehrfähig sind, wenn sie einer **juristischer Person** (z. B. Vermögenswerte einer AG oder einer GmbH) oder der **öffentlichen Hand** („Fiskus", z. B. Vermögenswerte einer Gemeinde) zustehen.[31]

(b) Beschränkung auf strafrechtlich geschützte Güter bzw. objektive Straftatbestandverwirklichung durch den Angriff?

16 § 32 StGB führt keine einzelnen Rechtsgüter auf. § 34 S. 1 StGB nennt exemplarisch Leben, Leib, Freiheit, Ehre und Eigentum; bei diesen Rechtsgütern handelt es sich um strafrechtlich geschützte.

Fraglich ist, ob das dahingehend zu verallgemeinern ist, dass nur strafrechtlich geschützte Rechtsgüter erfasst sind, m. a. W., ob es sich um eine Verwirklichung eines objektiven Straftatbestands handeln muss, damit ein Angriff vorliegt.[32]

Nach ganz h. M. muss das zu verteidigende Rechtsgut nicht strafrechtlich geschützt sein.[33] Es könne sich auch z. B. um eine rein zivilrechtliche Rechtsposition handeln.[34]

Beispiel 205

vgl. BGH U. v. 23.01.2003 – 4 StR 267/02 – NStZ 2003, 599 (Anm. RA 2003, 313; Otto JK 2004 StGB § 32/28; LL 2004, 108):
B1 fotografierte den Z ohne dessen Erlaubnis. ◄

Zwar gibt es keine Strafnorm, die das unbefugte Fotografieren an sich pönalisiert. Beeinträchtigt wird aber das (zivil- und verfassungsrechtlich begründete) Recht am eigenen Bild.[35]

Von besonderer praktischer Bedeutung sind ferner Straßenverkehrsgeschehen. Die Freiheit des einzelnen Verkehrsteilnehmers, sich ohne verkehrsfremde Beeinträchtigung im Straßenverkehr zu bewegen, ist hiernach ein notwehrfähiges Rechtsgut.[36]

---

[31] Perron/Eisele, in: Schönke/Schröder, StGB, 30. Aufl. 2019, § 32 Rn. 6.
[32] Hierzu Krey/Esser, AT, 6. Aufl. 2016, Rn. 475; näher Hoyer FS Kindhäuser 2019, 205; Zimmermann GA 2020, 532.
[33] S. nur Krey/Esser, AT, 6. Aufl. 2016, Rn. 475.
[34] Fischer, StGB, 68. Aufl. 2021, § 32 Rn. 8; Überblick über einzelne Rechtsgüter bei Erb, in: MK-StGB, 4. Aufl. 2020, § 32 Rn. 85 ff.
[35] Hierzu Fischer, StGB, 68. Aufl. 2021, § 32 Rn. 8.
[36] Valerius, in: BeckOK-StGB, Stand 01.02.2021, § 240 Rn. 46.

> **Beispiel 206**
>
> **BayObLG B. v. 14.08.1992 – 2 St RR 128/92 – NJW 1993, 211 (Anm. Jung JuS 1993, 427; Heinrich JuS 1994, 17; Dölling JR 1994, 113):**
> B fuhr mit seinem Pkw auf einer Staatsstraße. Bei einem verkehrsbedingten Halt in der Ortschaft L. verließ Z seinen vor dem Fahrzeug des B in gleicher Fahrtrichtung haltenden Pkw, um den B wegen dessen vorangegangenen Verkehrsverhaltens zur Rede zu stellen. B war sich bewusst, dass ihn der Fahrer dieses Pkw auf der Strecke seit H. hatte überholen wollen, und er ihn dadurch geärgert hatte, dass er, wenn Gegenverkehr herrschte, langsam gefahren war, während er, wenn das Überholen möglich gewesen wäre, beschleunigt hatte, und es dem Fahrer erst im Eingangsbereich der Ortschaft L. gelungen war, mit überhöhter Geschwindigkeit zu überholen. Als er den Fahrer deshalb aussteigen und auf sich zukommen sah, war ihm, obgleich der Fahrer keine äußerlichen Zeichen der Erregung zeigte, klar, dass ihn dieser nicht etwa nach dem Weg fragen wollte. Um eine Auseinandersetzung mit ihm zu vermeiden, richtete er, als Z auf etwa 2 m herangekommen war, durch das geöffnete Fenster seine Gaspistole auf diesen mit den Worten „Verpiss dich". Erwartungsgemäß hielt Z die Gaspistole für eine scharfe Waffe, weshalb er in sein Fahrzeug zurückkehrte. ◂

> **§ 240 I, II StGB (Nötigung)**
> (1) Wer einen Menschen rechtswidrig mit Gewalt oder durch Drohung mit einem empfindlichen Übel zu einer Handlung, Duldung oder Unterlassung nötigt, wird mit Freiheitsstrafe bis zu drei Jahren oder mit Geldstrafe bestraft.
> (2) Rechtswidrig ist die Tat, wenn die Anwendung der Gewalt oder die Androhung des Übels zu dem angestrebten Zweck als verwerflich anzusehen ist.

Die etwaige Nötigung des B gem. § 240 S.tGB gegenüber Z durch Vorhalten der Gaspistole und Aufforderung, sich wegzubewegen, ist gem. § 32 StGB gerechtfertigt.

Bemerkenswert sind die sog. Parklückenfälle.[37]

> **Beispiel 207**
>
> **BayObLG U. v. 07.02.1995 – 2 St RR 239/94 – NJW 1995, 2646 (Anm. Hemmer-BGH-Classics Strafrecht, 2003, Nr. 8; Schmidt JuS 1995, 1134; Otto JK 1996 StGB § 32/20):**
> B fuhr mit seinem Pkw in einen Parkplatz ein, den Z für einen Bekannten freihielt. B rechnete damit, dass Z den Parkplatz unter dem Eindruck des langsamen Zufahrens räumen werde. Da Z dies nicht tat, stieß B mit der Stoßstange seines Pkw gegen das linke Schienbein des Z. Dieser geriet dadurch aus dem Gleichge-

---

[37] Hierzu Fischer, StGB, 68. Aufl. 2021, § 32 Rn. 39.

wicht und stürzte. Bei dem Sturz zog er sich eine Prellung unterhalb der Kniescheibe zu. Außerdem verletzte er sich am linken Ellenbogen und an der linken Hand. ◄

> **§ 12 V StVO (Halten und Parken)**
> An einer Parklücke hat Vorrang, wer sie zuerst unmittelbar erreicht; der Vorrang bleibt erhalten, wenn der Berechtigte an der Parklücke vorbeifährt, um rückwärts einzuparken oder wenn er sonst zusätzliche Fahrbewegungen ausführt, um in die Parklücke einzufahren. Satz 1 gilt entsprechend für Fahrzeugführer, die an einer freiwerdenden Parklücke warten.

Problematisch ist, ob das Recht auf die Nutzung der Parklücke i. R. d. § 12 V StVO ein notwehrfähiges Rechtsgut ist.
Während das BayObLG dies bejahte, lehnt eine Gegenauffassung[38] dies ab.

17   **Bedenklich** an diesem weiten Konzept des Angriffs ist nicht nur, dass es im Hinblick auf die Rechtsfolgen der Notwehr (mangelnde Verhältnismäßigkeitsprüfung) kriminalpolitisch zweifelhaft ist, an die Notwehrlage großzügige Anforderungen zu stellen, so dass das Bedürfnis nach einer Einschränkung auf die spätere (eher vage und von Kasuistik geprägte) Ebene der Gebotenheit verlagert wird (s. u.) oder als allgemeine Bagatellschwelle bzgl. des Angriffs erscheint. Problematisch ist insbesondere, dass dem Zusammenhang der zwei Worte „rechtswidrigen Angriff" zu wenig Rechnung getragen wird, wobei es dann zweitrangig ist, ob eine diesbzgl. Fokussierung das Wort Angriff oder das Wort rechtswidrig betrifft.[39]

Zu beachten ist jedenfalls, dass gem. § 32 II StGB der Angriff rechtswidrig sein muss. Schon angesichts der Stellung als Rechtfertigungsgrund im StGB, wobei es darum geht, eine Straftatbestandverwirklichung durch den Verteidiger *sub specie* einer etwaigen Rechtfertigung zu prüfen, sollte davon ausgegangen werden, dass bereits der Angriff *straf*rechtswidrig inkl. eben strafrechtlichen Erfolgsunrechts und Handlungsunrechts zu sein hat. Zwar mag das Zivilrecht die Rechtswidrigkeit rein objektiv bestimmen, da Vorsatz bzw. Fahrlässigkeit dort zur Schuld gehören; dies passt aber nicht zu einer strafrechtlichen Unrechtsbestimmung. Auch die umgangssprachliche Begriffsverwendung legt eine eher restriktive Handhabung nahe.

Dass man dem Verteidiger erlaubt, einen Straftatbestand zu verwirklichen, stellt dann eine kategorisch unpassende Ebenenverschiebung und Eskalation des Geschehens dar, wenn der Angreifer vorher keinen Straftatbestand (und sei es als Versuch) verwirklicht hat, sondern sich nur zivilrechts- oder sonst wie außerstrafrechtswidrig verhalten hat. Ein Schutzversagen der Zivilrechtsordnung betrifft nur zivilrechtswidriges Handeln, erst bei straftatbestandmäßigem Handeln versagt die staatliche Strafrechtsordnung, so dass der Verteidiger zur Verteidigung ermächtigt wird. Für Fälle unterhalb der Straftatbestandsverwirklichung durch den Angreifer genügt im

---

[38] Z. B. Krey/Esser, AT, 6. Aufl. 2016, Rn. 475.
[39] In letzterem Sinne Hoyer, in: SK-StGB, 9. Aufl. 2017, § 32 Rn. 22 ff.

Übrigen § 34 StGB (s. u.) mit der insofern angemessenen und flexibleren Verhältnismäßigkeitsprüfung.

In absoluten **Bagatellfällen** an der Grenze der Sozialüblichkeit wird bisweilen auch durch die h. M. ein Angriff verneint.[40]

Beispiel 208

In der voll besetzten Straßenbahn rempelte Z mehrere Fahrgäste leicht an, um an einer Haltestelle schnell zum Ausgang zu kommen. B sah jedoch nicht ein, dass er sich von Z zur Seite drücken lassen musste, und schlug ihn mit einem Faustschlag zu Boden. ◄

Es lässt sich überlegen, ob im Hinblick auf eine Körperverletzung nach § 223 I StGB die Rechtfertigung des B nach § 32 StGB schon daran scheitert, dass das Zur-Seite-Drücken des Z für einen Angriff auf die Willens- oder Fortbewegungsfreiheit zu unerheblich war.

(3) Einem Menschen zurechenbar

(a) Grundlagen
Erforderlich ist ein menschliches Verhalten mit **Handlungsqualität**.

Für beispielsweise den „Angriff" von nicht gehetzten Tieren gilt § 32 StGB nicht. Ein Angriff kann auch verbal erfolgen, z. B. durch Beleidigung oder Nötigung.[41]

Umstritten ist, ob Angriffe durch **Unterlassen** möglich sind.[42]

Beispiel 209

B wurde trotz Wegfall der Voraussetzungen seiner Inhaftierung nicht freigelassen. Daher schlug er Wärter Z nieder und entkam. ◄

Den Wärter traf aufgrund seiner Amtsträgereigenschaft eine besondere Rechtspflicht, Gefangene nach Wegfall der Inhaftierungsvoraussetzungen freizulassen. Er war sog. Garant i. S. d. § 13 StGB und somit Täter einer Freiheitsberaubung durch Unterlassen, §§ 239, 13 StGB.

Bisweilen[43] wird ein Angriff durch Unterlassen gänzlich abgelehnt.

---

[40] B. Heinrich, AT, 6. Aufl. 2019, Rn. 341.
[41] Perron/Eisele, in: Schönke/Schröder, StGB, 30. Aufl. 2019, § 32 Rn. 3, 36a; aus der Rspr. vgl. zuletzt BGH U. v. 17.05.2018 – 3 StR 622/17 – NStZ-RR 2018, 272 = StV 2018, 724 (Anm. RÜ 2018, 779; Linoh jurisPR-StrafR 18/2018 Anm. 3); zur Notwehr gegen Drohungen Müller FS Schroeder 2006, 323.
[42] Hierzu Kindhäuser/Hilgendorf, LPK, 8. Aufl. 2020, § 32 Rn. 13; näher Lagodny GA 1991, 300; Kretschmer JA 2015, 589; aus der Rspr. vgl. BGH U. v. 14.03.1989 – 1 StR 25/89 – NJW 1989, 2479 = NStZ 1989, 431 (Anm. Otto JK 1990 StGB § 222/4; Hassemer JuS 1990, 147; Küpper JuS 1990, 184; Eue JZ 1990, 765).
[43] S. Perron/Eisele, in: Schönke/Schröder, StGB, 30. Aufl. 2019, § 32 Rn. 10 f.

Die ganz h. M.[44] hält das Unterlassen des sog. Garanten i. S. d. § 13 StGB, den eine besondere Rechtspflicht zum Handeln trifft, für einen Angriff i. S. d. § 32 StGB. Eine Minderheitsauffassung[45] hält darüber hinaus auch denjenigen für einen Angreifer, der ohne sog. Garantenpflicht Hilfe unterlässt und sich so nach § 323c I StGB strafbar macht.

Beispiel 210

Bei einem Unfall wurde Z lebensgefährlich verletzt. Ein zufällig vorbeikommender Arzt weigerte sich, Hilfe zu leisten. B drohte diesem mit Schlägen und zwang ihn so zur Hilfeleistung. ◄

Einen Arzt, der außerhalb seines Dienstes vorbeikommt, trifft keine besondere Rechtspflicht zum Handeln, sondern allein die des § 323c I StGB. Fraglich ist, ob dessen Unterlassen einen Angriff darstellt, der den B nach § 32 StGB rechtfertigen kann.

Für das Erfordernis einer besonderen Rechtspflicht i. S. d. § 13 StGB spricht, dass nur in diesen Fällen das Unterlassen dem aktiven Tun völlig gleichgestellt wird. Aus eben dieser Norm folgt auch, dass die Auffassung nicht überzeugt, die Angriffe durch Unterlassen gänzlich ablehnt.

(b) Beschränkung auf auch mit Handlungsunrecht geführte Angriffe bzw. subjektive Straftatbestandverwirklichung durch den Angriff?

21 Es ist umstritten, ob nur ein **vorsätzliches** Verhalten einen Angriff i. S. d. § 32 StGB darstellen kann oder ob auch fahrlässiges genügen kann.[46]

Beispiel 211

Z fuhr in betrunkenem Zustand mit seinem Auto und geriet in eine Fußgängerzone. Ohne es zu merken, fuhr er auf eine Gruppe Schulkinder zu. Der Passant B konnte einen Unfall nur dadurch verhindern, dass er eine herumstehende Mülltonne vor das Auto des Z warf und diesen dadurch zum Anhalten zwang. Das Auto wurde dabei erheblich beschädigt. ◄

Durch das Verhalten des Z drohte den Schulkindern eine Körperverletzung oder gar Tötung. Z war jedoch nicht vorsätzlich in die Fußgängerzone gefahren, sondern nur – wegen seiner Trunkenheit – sorgfaltswidrig.

Die ganz h. M.[47] sieht entgegen einem Teil der Literatur[48] auch in einem unvorsätzlichen Handeln einen Angriff.

---

[44] S. nur B. Heinrich, AT, 6. Aufl. 2019, Rn. 343.
[45] Z. B. Krey/Esser, AT, 6. Aufl. 2016, Rn. 476.
[46] Zsf. B. Heinrich, AT, 6. Aufl. 2019, Rn. 342; aus der Rspr. vgl. OGH U. v. 22.02.1949 – StS 33/48 – NJW 1949, 389.
[47] S. Kindhäuser/Hilgendorf, LPK, 8. Aufl. 2019, § 32 Rn. 12.
[48] Hoyer JuS 1988, 89 (95).

B. Rechtfertigungsgründe

Zwar ist der h. M. zuzugeben, dass eine Rechtsgutsgefährdung unabhängig vom Vorsatz des Angreifers eintreten kann. Es gilt aber das grundsätzlich zu einem restriktiven Angriffsverständnis Gesagte: Ein *rechtswidriger Angriff* ist nur ein solcher, der den kompletten Straftatbestand verwirklicht. Insofern kann ein fahrlässiges Verhalten nur dann genügen, wenn es ein entsprechendes Fahrlässigkeitsdelikt gibt, im Übrigen ist Vorsatz erforderlich.[49]

Dahingehend ist auch die Kontroverse zu entscheiden, ob ein Angriff zumindest verlangt, dass der Angreifer **sorgfaltswidrig** handelt.[50]   **22**

Beispiel 212

B fuhr ordnungsgemäß mit seinem Rad, als plötzlich hinter einem Gebüsch ein Kind hervorsprang. ◄

Während man z. T.[51] unter Hinweis auf das drohende Erfolgsunrecht einen Angriff auch in Fällen sorgfaltsgemäßen Verhaltens annimmt, verlangt die h. M.[52] ein zumindest sorgfaltswidriges Verhalten, d. h. zusätzlich Handlungsunrecht.

Es ist nicht angängig, von einem Angriff – geschweige denn von einem rechtswidrigen – zu sprechen, wenn der „Angreifer" kein unerlaubtes Risiko setzt, sondern sich vollkommen ordnungsgemäß verhält.

(4) Angriffserfolg: Gefährdung

Eine Rechtsgutsgefährdung i. S. d. Grunddefinition des Angriffs liegt jedenfalls vor, wenn für das Individualrechtsgut **tatsächlich** durch die Handlung des Angreifers eine **konkrete Gefahr** verursacht worden ist.   **23**

Problematisch ist, ob es genügt, wenn der Täter zur Tatzeit (*ex ante*) irrig von einer konkreten Gefahr ausging, es sich dann aber später (*ex post*) heraus stellte, dass gar keine konkrete Gefahr vorlag.[53] Die ganz h. M.[54] lehnt einen Angriff dann ab und gelangt ggf. zu einem sog. **Erlaubnistatumstandsirrtum** (zu diesem u. C).

Dies beachtet aber nicht hinreichend, dass es sich bei dem Angriff insofern um einen Gefahren-Begriff handelt und es bei der Beurteilung von Gefahren stets –

---

[49] Näher Hoyer, in: SK-StGB, 9. Aufl. 2017, § 32 Rn. 33.
[50] S. Joecks/Jäger, StGB, 13. Aufl. 2021, § 32 Rn. 11; näher Sinn GA 2003, 96; z. T. auch als Frage der Rechtswidrigkeit des Angriffs eingeordnet; aus der Rspr. vgl. RG U. v. 24.11.1890 – 2703/90 – RGSt 21, 168.
[51] RG U. v. 24.11.1890 – 2703/90 – RGSt 21, 168 (171).
[52] S. Krey/Esser, AT, 6. Aufl. 2016, Rn. 482.
[53] Hierzu Joecks/Jäger, StGB, 13. Aufl. 2021, § 32 Rn. 82 ff.; näher Graul JuS 1995, 1049; Schröder, JuS 2000, 235; Nippert/Tinkl JuS 2002, 964; Amelung Jura 2003, 91; aus der Rspr. vgl. OLG Stuttgart U. v. 07.10.1991 – 3 Ss 333/91 – NJW 1992, 850; BGH B. v. 25.09.2019 – 2 StR 177/19 – NStZ 2020, 147 = StV 2020, 286 und 2021, 100 (Anm. Nestler Jura 2020, 297; Kulhanek NStZ 2020, 148).
[54] Joecks/Jäger, StGB, 13. Aufl. 2021, § 32 Rn. 82 ff.; näher Graul JuS 1995, 1049; Schröder, JuS 2000, 235; Nippert/Tinkl JuS 2002, 964; Amelung Jura 2003, 91; aus der Rspr. vgl. OLG Stuttgart U. v. 07.10.1991 – 3 Ss 333/91 – NJW 1992, 850.

etwa auch im Polizeirecht (sog. Anscheinsgefahr, die einer „echten Gefahr" im Unterschied zur Schein-/Putativgefahr gleichgestellt wird) – auf die Prognosebasis im Zeitpunkt der Tathandlung in Anwendung durchschnittlicher Prüfungssorgfalt ankommen muss. Dies entspricht auch dem Zweck strafrechtlicher Verhaltensanforderung: Wenn die Ungefährlichkeit nach durchschnittlichen Anforderungen nicht erkennbar war, dann kann die Strafrechtsordnung nicht mehr verlangen als eben diesen Prüfungshorizont. Insofern ist für alle Rechtfertigungsvoraussetzungen ein objektiver *ex-ante*-Maßstab anzulegen.

(5) Sog. Nothilfe; insbesondere: staatliches Handeln

▶ Didaktische Aufsätze:

- Sydow, § 34 StGB – kein neues Ermächtigungsgesetz, JuS 1978, 222
- Amelung, Die Rechtfertigung von Polizeivollzugsbeamten, JuS 1986, 329
- Beisel, Straf- und verfassungsrechtliche Problematiken des finalen Rettungsschusses, JA 1998, 721

24 Der Angriff muss nicht gegenüber dem Verteidiger selbst stattfinden. Erfasst ist auch die sog. **Nothilfe** (s. § 32 II StGB: „von einem anderen"). Verteidiger und Angegriffener müssen nicht identisch sein.[55]

Auf § 32 StGB stützen auch gewerbliche Nothelfer (z. B. Mitarbeiter privater Sicherheitsdienste) ihr Handeln.[56]

25 Umstritten ist, ob **staatliche Stellen** (insbesondere Polizeibeamte) sich i. S. d. § 32 StGB auf Notwehr und Nothilfe berufen können.[57]

Beispiel 213

Polizist P beendete eine Geiselnahme, indem er den Täter erschoss (sog. finaler Rettungsschuss).[58] ◀

---

[55] Kindhäuser/Hilgendorf, LPK, 8. Aufl. 2020, § 32 Rn. 5 f.; näher Seier NJW 1987, 2476.
[56] Hierzu Erb, in: MK-StGB, 4. Aufl. 2020, § 32 Rn. 181; näher Kunz ZStW 1983, 973.
[57] Hierzu Hillenkamp/Cornelius, 32 Probleme aus dem Strafrecht AT, 15. Aufl. 2017, 5. P.; näher Blei JZ 1955, 625; Schwabe JZ 1974, 634; Kinnen MDR 1974, 631; Amelung NJW 1977, 833; Schwabe NJW 1977, 1902; Klose ZStW 1977, 61; Roßnagel KJ 1977, 257; Bockelmann FS Dreher 1977, 235; Sydow JuS 1978, 222; Amelung NJW 1978, 623; Lange NJW 1978, 784; Kirchhof NJW 1978, 969; Schaffstein GS Schröder 1978, 97; Seebode FS Klug 1983, 359; Amelung JuS 1986, 329; Beisel JA 1998, 721; Béguelin GA 2013, 473.
[58] Zu diesem Lackner/Kühl, StGB, 29. Aufl. 2018, § 32 Rn. 17; näher von Winterfeld NJW 1972, 1881; Krüger NJW 1973, 1; Schmidt NJW 1973, 449; Rupprecht JZ 1973, 263; Krey/Meyer ZRP 1973, 1; Kinnen MDR 1974, 631; Lange JZ 1976, 546; Klose ZStW 1977, 61; Lerche FS von der Heydte 1977, 1033; Sundermann NJW 1988, 3192; Lisken DRiZ 1989, 401; Seebode StV 1991, 80; Beisel JA 1998, 721.

Beispiel 214

BGH U. v. 30.06.2004 – 2 StR 82/04 – NStZ 2005, 31 (Anm. RA 2004, 678; Petersohn JA 2005, 9; LL 2005, 234):

G brach einen Zigarettenautomaten auf und wurde dabei beobachtet. Polizist B wurde zum Tatort geschickt. B näherte sich G, wobei er laut rief: „Halt, stehen bleiben, Polizei!" G lief indes über eine Terrasse zwischen Tischen und Stühlen in Richtung T-Straße davon, wobei er an einem der angeketteten Stühle zerrte. B glaubte, G wolle mit dem Stuhl gegen ihn vorgehen und zog sein Pfefferspray aus dem Koppel. G fragte: „Willst Du mich erschießen?". Wegen des Abstandes und der Bewegung, in der sich beide befanden, hatte das eingesetzte Pfefferspray keine nennenswerte Wirkung. Am Ende der Terrasse lagerte eine Palette Pflastersteine, links daneben lag ein ungeordneter Haufen dieser Pflastersteine mit einem Gewicht von jeweils etwa 3 kg. G nahm mindestens einen dieser Steine auf und warf ihn in Richtung des Kopfes des B, der ihm in einer Entfernung von 3 bis 4 m gegenüberstand. Auf Grund dieses Wurfes zog B seine Dienstwaffe und führte sie nach oben, um einen Warnschuss abzugeben. G warf in diesem Augenblick mit großer Wucht einen zweiten Stein nach B, der seinen Kopf nur knapp verfehlte, und drehte sich erneut nach hinten, um einen dritten Stein aufzuheben. B erkannte, dass ihm durch die Würfe eine erhebliche Gefahr drohte, zog die Waffe nach unten, um G in die Beine zu schießen und betätigte den Abzug der nicht vorgespannten Waffe. Der Schuss traf den sich gerade bückenden G 81 cm über dem Boden in den Rücken und eröffnete die Aorta vollständig, so dass G innerhalb kurzer Zeit verblutete. ◄

Der Schusswaffengebrauch unterliegt für Polizeivollzugsbeamte nach dem öffentlichen Recht strengen Voraussetzungen (s. z. B. die §§ 257–259 LVwG-SH). Fraglich ist, ob die Körperverletzung mit Todesfolge des B nach § 227 I StGB, d. h. die gefährliche Körperverletzung (§§ 223 I, 224 I Nr. 2, Nr. 5 StGB) und die fahrlässige Tötung (§ 222 StGB) auch durch allgemeine Rechtfertigungsgründe, hier Notwehr nach § 32 StGB, gerechtfertigt sein können.

Beispiel 215

LG Frankfurt U. v. 20.12.2004 – 5/27 KLs 7570 Js 203814/03 (4/04) (Daschner/Gäfgen/von Metzler) – NJW 2005, 692 (Anm. Ellbogen Jura 2005, 339; Kudlich JuS 2005, 376; LL 2005, 238; RÜ 2005, 258; RA 2005, 222; Götz NJW 2005, 953; Erb NStZ 2005, 593; Braum KritV 2005, 283):

Z hatte einen elfjährigen Jungen in seine Gewalt gebracht und getötet, um von der Familie des – bereits toten – Kindes ein Lösegeld zu erpressen. Nachdem Z drei Tage nach der Entführung bei der Abholung des Geldes beobachtet und später festgenommen worden war, konzentrierten sich die polizeilichen Ermittlungen zunächst auf die Feststellung des Aufenthaltsorts des Opfers; es wurde vorläufig davon ausgegangen, dass das Kind noch am Leben sei und in einem Versteck festgehalten werde. Während der Zeit der Vernehmung des Z fand die Polizei in dessen Wohnung einen wesentlichen Teil des Lösegeldes und einen

Zettel, auf dem Einzelheiten der Tatvorbereitung aufgeschrieben waren. Diese Funde ergaben, dass Z als Allein- oder Mittäter der Entführung dringend verdächtig war. Da Z durch sein Aussageverhalten die behördlichen Nachforschungen mehrfach bewusst fehlgeleitet hat, wies B1 den B2 an, bei der weiteren Befragung des Z diesem mit dem Einsatz physischen Zwangs zu drohen, um Z zur Preisgabe des Verstecks zu veranlassen. B1 war damals stellvertretender Behördenleiter des im Übrigen zuständigen urlaubsabwesenden Polizeipräsidenten, B2 leitete als „amtierender Leiter K 12" den in die Untersuchungen eingebundenen Unterabschnitt „Allgemeine Ermittlungen". B1 und B2 wussten, dass die Beweislage nicht sicher und insbesondere noch ungeklärt war, ob neben Z Mittäter existierten, die über das Schicksal des Kindes mitbestimmten. Weiterhin konnte eine sichere Überzeugung, dass Z bei seinen Äußerungen zu einem angeblichen Versteck wiederum gelogen hat, zu diesem Zeitpunkt aus den Ermittlungsergebnissen nicht hergeleitet werden. B1 und B2 wussten auch, dass ein von den beteiligten Abschnittsleitern erarbeiteter Stufenplan mit verschiedenen Maßnahmen – unter anderem einer Konfrontation des Z mit Angehörigen der Familie des Opfers – nicht von vornherein aussichtslos war. Über seine Anordnung und das weitere Geschehen fertigte B1 einen schriftlichen Vermerk an, in dem es unter anderem heißt:

„Am 30.09.2002, gegen 22.45 Uhr, teilte mir B2 mit, dass der Tatverdächtige Z weiterhin keine Angaben zum Verbleib des vermissten Kindes gemacht habe. Für den Fall der weiteren Weigerung habe ich die Anwendung unmittelbaren Zwangs angeordnet. Nach Sachlage ist davon auszugehen, dass sich das Kind, sofern es noch am Leben ist, in akuter Lebensgefahr befindet (Entzug von Nahrung und Flüssigkeit, Außentemperatur).

Am 01.10.2002 um 06.15 Uhr teilte mir B2 mit, dass Z mittlerweile freiwillig ausgesagt habe. Nach seinen Angaben seien weitere Tatverdächtige festgenommen und Wohnungen – ohne Erfolg – durchsucht worden. Angeblich werde das Kind in einer Hütte am Langener Waldsee festgehalten. Dort werden zurzeit mehrere Hundertschaften zusammengezogen. Wegen des ausgedehnten Geländes und fehlender Eingrenzungsmöglichkeiten ist mit einer langen Suchaktion zu rechnen.

Der Vernehmungsbeamte des Z sei der Ansicht, dass dieser die Wahrheit gesagt habe. Im Gegensatz dazu vertrete der Polizeipsychologe die Auffassung, dass es sich um ein Lügengebäude handele.

Zur Rettung des Lebens des entführten Kindes habe ich angeordnet, dass Z

- nach vorheriger Androhung
- unter ärztlicher Aufsicht

durch Zufügung von Schmerzen (keine Verletzungen)
erneut zu befragen ist. Die Feststellung des Aufenthaltsorts des entführten Kindes duldet keinen Aufschub; insoweit besteht für die Polizei die Pflicht, im Rahmen der Verhältnismäßigkeit alle Maßnahmen zu ergreifen, um das Leben des Kindes zu retten. Die Befragung des Z dient nicht der Aufklärung der Straftat, sondern ausschließlich der Rettung des Lebens des entführten Kindes.

B2 wurde angewiesen, den Z auf die bevorstehende Verfahrensweise vorzubereiten.

Um 08.25 Uhr teilte B2 mit, dass Z ‚im Konjunktiv' eingeräumt habe, dass das Kind tot sei. Später ergänzte er diese Aussage durch den Hinweis auf eine Hütte im Bereich des Langener Waldsees und den Fundort der Leiche bei Birstein. Durch das inzwischen abgelegte Geständnis war die Maßnahme entbehrlich." ◄

Ähnliches gilt für die Polizeivollzugsbeamten untersagte Androhung von Folter.

Nach der sog. verwaltungsrechtlichen Lösung[59] kann sich ein hoheitlich handelnder Amtsträger nicht auf die allgemeinen Rechtfertigungsgründe berufen.

Nach ganz h. M.[60] allerdings (sog. strafrechtliche Lösung) gelten diese durchaus, und zwar sowohl bei Selbstschutz als auch i. F. d. Nothilfe.[61]

Zwar droht bei Anwendung des § 32 StGB ein Leerlauf oder eine Umgehung spezieller Ermächtigungsnormen des Polizeirechts (z. B. der §§ 255ff. LVwG-SH); bei deren Verletzung mögen durchaus auch beamtenrechtliche (disziplinarrechtliche) Konsequenzen zu ziehen sein. Aus strafrechtlicher Sicht allerdings ist nicht einzusehen, wieso ein Polizeibeamter, der sich auch oft in heikle Situationen begeben muss, schlechter stehen soll als eine Privatperson. Wenn jeder Dritte sich auf das Nothilferecht berufen könnte, dann soll dies auch für Polizeibeamte gelten. Dies entspricht nicht nur der Interessenlage des Angegriffenen; manche Polizeigesetze verweisen ohnehin auf die allgemeinen Notwehrregeln, z. B. § 250 II LVwG („Das Recht der Polizeivollzugsbeamtinnen und Polizeivollzugsbeamten zur Verteidigung in den Fällen der Notwehr und des Notstandes bleibt unberührt."). Dass dies nicht nur für den Selbstschutz, sondern auch für die Nothilfe gelten muss, zeigt schon die Gleichbehandlung beider Situationen in § 32 StGB.

In den Beispielsfällen findet § 32 StGB mithin durchaus Anwendung, so dass die weiteren Voraussetzungen zu prüfen sind.

bb) Rechtswidrig
Der Angriff muss rechtswidrig sein.[62]

26

Zu Rückwirkungen bereits auf die Auslegung des Begriffs „Angriff" s. o.

Verortet man die aus der Verknüpfung mit „rechtswidrig" folgenden Restriktionen bereits beim Angriff,[63] so ist lediglich noch zu prüfen, ob der **Angreifer seiner-**

---

[59] Z. B. Jakobs, AT, 2. Aufl. 1993, 12/42 ff.; 13/42.
[60] S. B. Heinrich, AT, 6. Aufl. 2019, Rn. 397.
[61] Insoweit diff. aber Fahl Jura 2007, 743 (744 f., 749).
[62] Hierzu Joecks/Jäger, StGB, 13. Aufl. 2021, § 32 Rn. 11 ff.; näher Schmidt NJW 1960, 1706; Hirsch FS Dreher 1977, 211; aus der Rspr. vgl. zuletzt BGH B. v. 26.06.2018 – 1 StR 208/18 (Anm. Kudlich JA 2018, 872; Brüning ZJS 2018, 640; RÜ 2018, 707; Nestler Jura 2019, 226); BGH U. v. 20.11.2019 – 2 StR 554/18 – NStZ 2021, 33 (Anm. Hauck NStZ 2021, 34).
[63] Anders aber Hoyer, in: SK-StGB, 9. Aufl. 2017, § 32 Rn. 22 ff.

seits gerechtfertigt ist, was bei Anlass inzident zu behandeln ist. So gibt es z. B. „keine Notwehr gegen Notwehr".

> **Beispiel 216**
>
> vgl. BGH U. v. 23.01.2003 – 4 StR 267/02 – NStZ 2003, 599 (Anm. RA 2003, 313; Otto JK 2004 StGB § 32/28; LL 2004, 108):
> Z1, bisherige Lebensgefährtin des B1, trennte sich von diesem und zog 2009 in eine Wohnung nach Kiel, wo sie in der Folgezeit mit ihren zwei Kindern lebte. Auch G, mit dem Z1 im Jahr 2008 ein Verhältnis begonnen hatte, hielt sich dort regelmäßig auf. B1, der sich mehrfach vergeblich um die Rückkehr seiner Lebensgefährtin bemüht hatte, wusste dies. B2, die Ehefrau des G, die von diesem vor etwa anderthalb Jahren verlassen worden war (ohne dass die Ehe geschieden worden wäre), wollte diesen ebenfalls zurückgewinnen. Sie überredete B1 im Juni 2009, sie zusammen mit ihren Kindern sowie zwei weiteren Erwachsenen, B3 und B4, zu der ihr unbekannten Wohnung zu begleiten, um eine Aussprache mit G herbeizuführen. Dementsprechend betraten B1 und B4 gegen 23 Uhr die Wohnung in Kiel. Letzterer fertigte – wie zuvor gemeinsam beabsichtigt – im Schlafzimmer zwei Lichtbilder von dem dort schlafenden G zum Beweis seiner Beziehung zu Z1. Daraufhin wurden die Eindringlinge von Z1 der Wohnung verwiesen. B1, der den ihm körperlich überlegenen G fürchtete und deshalb stets zur Verteidigung zwei Küchenmesser in seinen Hosentaschen mit sich führte, kehrte wenig später allein in die Wohnung zurück und nahm aus der Küche ein weiteres Messer mit, um es vor G zu verstecken. Anschließend wartete er mit seinen Begleitern vor dem Haus. Dorthin folgte ihm G, der inzwischen geweckt worden war. Er war wegen des Erscheinens der Besucher sowie der Anfertigung der Fotos erregt und rannte erst dem B4 und dann dem B1 hinterher, ohne jedoch einen der beiden zu erreichen. B2, die G beschimpft, am Arm gepackt und ins Gesicht geschlagen hatte und daher von diesem ebenfalls ins Gesicht geschlagen worden war, zog ihre Tochter schützend vor sich und trommelte nunmehr mit den Fäusten auf den Oberkörper des G ein. Während es B3 gelang, die Tochter wegzuziehen, kam B1, um der B2 zu helfen, auf G zu, wobei er zwei der mitgeführten Messer mit nach oben gerichteten Klingen in den Händen hielt. G schlug dem B1 daraufhin mit der Hand ins Gesicht. Da B1 fürchtete, G könne ihm die Messer entreißen und gegen ihn verwenden, stach er 31-mal mit beiden Messern frontal auf dessen Rumpf und Arme ein. G versuchte, die Stiche mit den Händen abzuwehren, und lief auf die gegenüberliegende Straßenseite. Dort brach er kurz darauf zusammen und verstarb später in Folge der Stichverletzungen durch Verbluten. ◄

Die Körperverletzung mit Todesfolge (§ 227 I StGB) seitens B1 durch 31-maliges Zustechen mit den Messern könnte nach § 32 StGB gerechtfertigt sein, wenn in dem Schlag des G in das Gesicht des B1 ein gegenwärtiger rechtswidriger Angriff zu sehen ist. G könnte dabei allerdings selbst gerechtfertigt gewesen sein, da B1 zuerst mit den Messern auf den G zugetreten war. B1 wiederum könnte dabei durch Nothilfe zugunsten der B2 gerechtfertigt gewesen sein, die von G in das Gesicht geschlagen worden war. Die Schläge des G waren jedoch eine Reaktion darauf, dass B2 ihn beschimpft, am Arm gepackt und auch in das Gesicht geschlagen hatte.

B. Rechtfertigungsgründe   367

Im Rahmen einer Falllösung ist der Verlauf der Auseinandersetzung chronologisch zu prüfen, es sei denn der Bearbeitervermerk beschränkt die Prüfung auf bestimmte Personen – dann ist ggf. die Historie der Tathandlung inzident abzuhandeln. Handelt der „Angreifer" selbst in Notwehr, so mangelt es für den „Verteidiger" an einer Notwehrlage.

Ferner kommt z. B. bei einverständlichen Prügeleien nach h. M. eine rechtfertigende Einwilligung in Betracht (nach hiesiger Auffassung mangelt es bei einer Zustimmung des Gefährdeten bereits am objektiven Tatbestand und daher an einem Angriff).[64]

Beispiel 217

BayObLG B. v. 07.09.1998 – 5 St RR 153/98 (Aufnahmeritual) – NJW 1999, 372 = NStZ 1999, 458 (Anm. Geppert JK 1999 StGB § 228/1; Martin JuS 1999, 403; LL 1999, 242; Amelung NStZ 1999, 458; Otto JR 1999, 124):

Am Abend des 06.02.1997 hielten sich der Z, der B (Mitglied der „B.-Jugendgang") sowie weitere Jugendliche auf dem Parkplatz des E-Marktes in B. auf. Um als Mitglied in diese Jugendgang aufgenommen zu werden, erklärte sich Z gegen 19.30 Uhr gegenüber B dazu bereit, sich dem Aufnahmeritual der Gang zu unterwerfen. Dieses bestand darin, dass sich der Bewerber von drei Mitgliedern der Gang zusammenschlagen lässt. Der Bewerber darf sich während dieses Vorgangs, der zwei Minuten dauern soll, gegen die Angreifer wehren und kann auch jederzeit darauf bestehen, dass der Kampf abgebrochen wird. Z wurde insbesondere ausführlich über diese „Spielregeln" aufgeklärt. Hierbei wurde er auch ausdrücklich darauf hingewiesen, „dass er auch mit schlimmen Schlägen rechnen müsse und hierbei auch etwas Schlimmes" („blaues Auge", „Rippenbrüche", „ein paar Zähne fehlen") passieren könne. Unmittelbar danach schlugen B u. a. sofort mit Fäusten auf Z ein und traten Z. Auch nachdem dieser zu Boden gestürzt war, wurde er weiter wahllos mit Schlägen und Tritten gegen Körper und Kopf traktiert. Schließlich, etwa nach einer Minute, ließen die Schläger von Z ab und fragten ihn, ob er den „Aufnahmetest" abbrechen wolle. Da Z wieder aufstand und erklärte, dass er weitermachen wolle, schlugen und traten sie erneut auf Z ein, so dass dieser wiederum zu Boden ging und benommen liegen blieb. Schließlich halfen die Schläger dem Z dabei, wieder aufzustehen. ◄

Bei **Verwaltungshandeln** – z. B. durch Polizeibeamte – ist zu beachten, dass nach h. M. nicht jeder öffentlich-rechtliche oder strafprozessuale Mangel dazu führt, dass der Amtsträger den Betroffenen i. S. d. § 32 StGB rechtswidrig angreift; dies ist nur bei besonders schwerwiegenden Verstößen der Fall (sog. **strafrechtli-** 27

---

[64] S. Fischer, StGB, 68. Aufl. 2021, § 32 Rn. 21a; aus der Rspr. vgl. BGH U. v. 22.01.2015 – 3 StR 233/14 – BGHSt 60, 166 = NJW 2015, 1540 = NStZ 2015, 270 (Anm. Satzger Jura 2015, 1138; LL 2015, 663; RÜ 2015, 305; Mitsch NJW 2015, 1545; Zabel JR 2015, 619; Knauer HRRS 2015, 435).

cher **Rechtmäßigkeitsbegriff**).[65] Dadurch, dass nur grobe formelle oder materielle Mängel des Verwaltungshandelns die Rechtmäßigkeit ausschließen, sollen v. a. Polizisten vor den Folgen eines Notwehrrechts des Maßnahmebetroffenen geschützt werden.[66]

cc) Gegenwärtigkeit

(1) Grundlagen

28 Der rechtswidrige Angriff muss gegenwärtig sein. Dies ist rein zeitlich zu verstehen[67] und dann der Fall, wenn der Angriff, unmittelbar bevorsteht oder bereits begonnen hat und noch andauert.[68]

Das in § 32 II StGB normierte Merkmal ist an sich überflüssig, da es bei fehlender Gegenwärtigkeit bereits an einem Angriff im Zeitpunkt der Verteidigungshandlung mangelt.

Sprachlich ist „gegenwärtig" freilich nicht nur auf das Wort Angriff **bezogen**, sondern auch auf „**rechtswidrig**" (anders als § 34 StGB). Der Angriff muss also gerade gegenwärtig als rechtswidrig zu qualifizieren sein.[69] Hieraus ist eine enge Zeitphase abzuleiten, was auch zum Telos der Notwehr passt: Die Rechtsordnung muss erst in einem bestimmten Stadium zugunsten des Angegriffenen einstehen; erst dann, also nach Eintritt des Versagens bei Schutzaufgabe i. R. d. Gewaltmonopols, soll das (schneidige, s. u.) Notwehrrecht greifen. Die staatliche Schutzaufgabe besteht eben noch nicht im Vorbereitungsstadium (der Tatbestandsverwirklichung, s. o.), so dass noch keine Ermächtigung zur Verteidigung an Stelle des staatlichen Gewaltmonopols vorliegt. Der Angreifer muss die Schwelle zu rechtswidrigem Handeln bereits überschritten haben, was i. F. d. bei Vorsatztat durch den Beginn des Versuchs gem. § 22 StGB markiert wird (unmittelbares Ansetzen zur Tat); bei Fahrlässigkeitstat darf dies nicht früher anzunehmen sein, daher erfolgt hypothetische Betrachtung bei Vorsatzunterstellung.

Die **Betrachtungsweise** der Gegenwärtigkeit hat wieder (vgl. o.) entgegen der h. M.[70] nicht *ex post* (mit der Folge, dass sich der Verteidiger sich ggf. im Erlaubnistatumstandsirrtum befindet, wenn er z. B. einen bereits beendeten Angriff für noch nicht beendet hält), sondern **objektiv *ex ante*** zu erfolgen.[71]

---

[65] Wie bei § 113 StGB; zsf. Kühl, AT, 8. Aufl. 2017, § 7 Rn. 70.
[66] Zum Ganzen (krit.) Erb, in: MK-StGB, 4. Aufl. 2020, § 32 Rn. 72 ff.
[67] Erb, in: MK-StGB, 4. Aufl. 2020, § 32 Rn. 103.
[68] Fischer, StGB, 68. Aufl. 2021, § 32 Rn. 17 f.; näher Dencker FS Frisch 2013, 477; aus der Rspr. vgl. zuletzt BGH B. v. 25.09.2019 – 2 StR 177/19 – NStZ 2020, 147 = StV 2020, 286 und 2021, 100 (Anm. Nestler Jura 2020, 297; Kulhanek NStZ 2020, 148).
[69] Hoyer, in: SK-StGB, 9. Aufl. 2017, § 32 Rn. 40 f.
[70] S. Erb, in: MK-StGB, 4. Aufl. 2020, § 32 Rn. 104; aus der Rspr. vgl. zuletzt BGH B. v. 25.09.2019 – 2 StR 177/19 – NStZ 2020, 147 = StV 2020, 286 und 2021, 100 (Anm. Nestler Jura 2020, 297; Kulhanek NStZ 2020, 148).
[71] Hoyer, in: SK-StGB, 9. Aufl. 2017, § 32 Rn. 47.

B. Rechtfertigungsgründe

(2) Unmittelbar bevorstehend

Ein Angriff steht i. S. d. Definition der Gegenwärtigkeit dann unmittelbar bevor, wenn er jederzeit in eine Rechtsgutsverletzung umschlagen kann.[72]

29

Nahe liegt es, ähnlich wie beim unmittelbaren Ansetzen zum Versuch (§ 22 StGB) v. a. darauf abzustellen, ob es weiterer Zwischenschritte bedarf.

Problematisch sind insbesondere das versuchsnahe **Vorbereitungsstadium** und **Dauergefahren** (mit der Frage nach der Rechtfertigung vorsorglicher Maßnahmen, Präventiv-Notwehr).[73]

> **Beispiel 218**
>
> BGH U. v. 15.05.1979 – 1 StR 74/79 (Spanner) – NJW 1979, 2053 (Anm. Roxin, Höchstrichterliche Rspr. AT, 1998, Nr. 26; Kaspar/Reinbacher, Casebook AT, 2020, Fall 9; Geilen JK 1980 StGB vor § 32/1; Hassemer JuS 1980, 69; Schroeder JuS 1980, 336; Hruschka NJW 1980, 21; Hirsch JR 1980, 115; Koch JA 2006, 806):
>
> Im Jahre 1975 bemerkten B und seine Ehefrau dreimal, dass ihnen auf unerklärliche Weise aus der Wohnung Geld abhanden kam. Im April 1976 erwachte die Ehefrau des B nachts im Schlafzimmer dadurch, dass jemand sie an der Schulter berührte. Sie sah im Halbdunkel einen Mann, der sich alsbald leise entfernte. B, von seiner Ehefrau verständigt, sah im Wohnzimmer den später Verletzten Z stehen, den er damals nicht kannte. Der Eindringling flüchtete sofort; der B setzte ihm nach, konnte ihn jedoch nicht erreichen. Er ließ nach diesen Vorfällen am Gartentor eine Alarmanlage anbringen und erwarb eine Schreckschusspistole. Etwa sechs Wochen später ertönte abends das Signal der Alarmanlage. B ergriff die Schreckschusspistole und lief in den Garten. Dicht neben sich bemerkte er denselben Mann, den er früher im Wohnzimmer gesehen hatte. Er gab einen Schuss aus der Schreckschusspistole ab, Z flüchtete wiederum. B verfolgte ihn, verlor ihn jedoch aus den Augen. Er zeigte die Vorkommnisse der Polizei an, die zum Erwerb eines Waffenscheins und einer Schusswaffe riet. Die Eheleute befürchteten, dass der Eindringling es auf die Ehefrau des B oder auf die Kinder abgesehen habe. Ihre Angst steigerte sich derart, dass sie abends fast nie mehr gemeinsam ausgingen, auf Theaterbesuche und die Teilnahme an sonstigen Veranstaltungen verzichteten und keine Einladungen mehr annahmen. Zeitweilig

---

[72] Fischer, StGB, 68. Aufl. 2021, § 32 Rn. 17; aus der Rspr. vgl. zuletzt BGH B. v. 25.09.2019 – 2 StR 177/19 – NStZ 2020, 147 = StV 2020, 286 und 2021, 100 (Anm. Nestler Jura 2020, 297; Kulhanek NStZ 2020, 148).

[73] Hierzu Krey/Esser, AT, 6. Aufl. 2016, Rn. 488 ff.; näher Widmaier NJW 2003, 2788; Adomeit/Beckemper JA 2005, 35; Koch JA 2006, 806; Haverkamp GA 2006, 586; aus der Rspr. vgl. zuletzt BGH B. v. 01.02.2017 – 4 StR 635/16 – StV 2018, 730 (Anm. Schönberger jurisPR-StrafR 14/2017 Anm. 1); BGH U. v. 21.03.2017 – 1 StR 486/16 – StV 2018, 727 (Anm. Jäger JA 2017, 629; RÜ 2017, 367); BGH B. v. 13.04.2017 – 4 StR 35/17 – NStZ-RR 2017, 271 (Anm. Nestler Jura 2018, 101); BGH B. v. 07.06.2017 – 4 StR 197/17 – NStZ-RR 2017, 270 = StV 2018, 731; BGH B. v. 25.09.2019 – 2 StR 177/19 – NStZ 2020, 147 = StV 2020, 286 und 2021, 100 (Anm. Nestler Jura 2020, 297; Kulhanek NStZ 2020, 148).

traten bei ihnen Schlafstörungen auf. Die Ehefrau des B, die eine Arztpraxis betrieb, befürchtete, wenn sie zu nächtlichen Hausbesuchen gerufen wurde, jemand laure ihr auf. B ließ nach diesen Ereignissen eine seiner Ehefrau gehörende Pistole instand setzen und nahm sie mit deren Einverständnis in Besitz, obwohl er die dazu erforderliche behördliche Erlaubnis nicht hatte. Am 29.04.1977 ertönte gegen 02.30 Uhr wieder die Alarmanlage. B und seine Frau verhielten sich ruhig und erbaten telefonisch polizeiliche Hilfe. Bevor diese eintraf, flüchtete der Eindringling. Am 09.09.1977 erwachte B gegen 01.50 Uhr durch ein Geräusch und sah am Fußende seines Bettes einen Mann stehen. Mit einem Schrei sprang er aus dem Bett, ergriff die Pistole und lud sie durch. Der Mann wandte sich zur Flucht, B lief hinterher. Wieder war der Eindringling schneller als er. B rief mehrfach „Halt oder ich schieße" und schoss schließlich, da Z nicht stehenblieb, zweimal in Richtung auf die Beine des Flüchtenden. Er wollte den Eindringling dingfest machen und so der für die Familie des B unerträglichen Situation ein Ende bereiten. B traf Z in die linke Gesäßhälfte und in die linke Flanke. ◄

Problematisch ist, dass der konkrete Angriff des Z endete, als er floh und das Haus des B verließ. Der Schuss des B könnte aber der Verhinderung weiterer Belästigungen in der Zukunft gedient haben.

Beispiel 219

BGH U. v. 25.03.2003 – 1 StR 483/02 – BGHSt 48, 255 = NJW 2003, 2464 = NStZ 2003, 482 = StV 2003, 665 (Anm. Kaspar/Reinbacher, Casebook AT, 2020, Fall 15; LL 2003, 777; RÜ 2003, 315; RA 2003, 463; famos 10/2003; Kargl Jura 2004, 189; Beckemper JA 2004, 99; Otto NStZ 2004, 142; Rengier NStZ 2004, 233; Hillenkamp JZ 2004, 48; Rotsch JuS 2005, 12):

B erschoss am 21.09.2001 gegen Mittag ihren schlafenden Ehemann G mit dessen Revolver. Dieser hatte sie über viele Jahre hinweg durch zunehmend aggressivere Gewalttätigkeiten und Beleidigungen immer wieder erheblich verletzt und gedemütigt. Als sie die Tat beging, sah sie keinen anderen Ausweg mehr, um sich und auch die beiden gemeinsamen Töchter vor weiteren Tätlichkeiten zu schützen. B lernte G im Jahre 1983 kennen und freundete sich mit ihm an. Dieser war bereits damals Mitglied einer Rockergruppe. Er wurde alsbald gegenüber B tätlich, indem er sie ohrfeigte. Gleichwohl heiratete B ihn 1986. Später, nach der Geburt der ersten Tochter J, versetzte er ihr auch Faustschläge ins Gesicht oder in die Magengegend und trat sie, wenn irgendetwas im täglichen Ablauf nicht seinen Vorstellungen entsprach oder B seinen „Befehlen" nicht mit der erwarteten Schnelligkeit nachkam. Zudem ging er immer mehr dazu über, bei jeder alltäglichen Verrichtung die Hilfe der B in Anspruch zu nehmen. Auch musste sie sämtliche Gegenstände wegräumen, die er irgendwo liegen ließ. Als B schließlich mit der zweiten Tochter T schwanger war, nahm er hierauf keine Rücksicht und versetzte ihr auch jetzt Fußtritte und Faustschläge in den Bauchbereich. Hierauf führte B zurück, dass T mit einer Lippen-Gaumen-Spalte zur Welt kam. Die Gewalttätigkeiten nahmen schließlich solche Ausmaße an, dass B im Mai 1988

B. Rechtfertigungsgründe

den Entschluss fasste, sich von ihrem Mann zu trennen. Sie begab sich in ein Frauenhaus. Ihre Eltern waren nicht bereit, sie aufzunehmen, weil sie Furcht vor den Nachstellungen durch G hatten. Nachdem dieser jedoch Besserung gelobt hatte, kehrte B nach vier Wochen zu ihm zurück. Im Jahr 1993 kam es zu einem weiteren Übergriff, bei dem er sie so lange schlug, bis sie auf dem Boden liegen blieb. Danach trat er auf die am Boden Liegende mit seinen Springerstiefeln mehrfach ein; dabei erlitt sie eine Nierenquetschung. In der Klinik täuschte B zur Verschleierung indessen einen Sturz vor. Ein anderes Mal stieß G den Kopf der B mehrfach mit solcher Heftigkeit gegen eine Zimmerwand, dass diese großflächig mit Blut verschmiert wurde und B bewusstlos zu Boden fiel. Er selbst nahm an, er habe sie getötet. Seit Mitte der 90er-Jahre schlug er sie, wann immer er meinte, sie habe etwas falsch gemacht. In einem Falle versetzte er ihr mitten in der Nacht während des Schlafs einen Faustschlag ins Gesicht, weil sie ihm nach seiner Auffassung Anlass zu eifersüchtigen Träumen gegeben hatte; die aufgeplatzte Lippe musste chirurgisch versorgt werden. Nachdem die Eheleute schließlich ein Hausgrundstück gekauft hatten und G selbst Hand im Garten anlegte, erwartete er, dass B auf seinen Wink notwendige Werkzeuge oder Hilfsmittel herbeiholte; dabei titulierte er sie regelmäßig als „Schlampe", „Hure" oder „Fotze" und bedachte sie mit Ohrfeigen oder Fußtritten. Registrierte er, dass diese Handlungsweise von Nachbarn beobachtet werden konnte, schickte er B ins Haus, folgte ihr und verabreichte ihr dann dort weitere Faustschläge und Fußtritte. In der neuen Umgebung wurden seine Gewalttätigkeiten noch intensiver und häufiger. Es kam vor, dass er seine Frau mit einem Baseballschläger oder sonstigen Gegenständen schlug, die gerade für ihn greifbar waren. Schließlich misshandelte und demütigte er sie auch vor seinen Freunden in seinem Motorradclub: Weihnachten 2000 schlug er sie in Anwesenheit der versammelten Vereinsmitglieder, zwang sie, vor ihm niederzuknien und ihm nachzusprechen, sie sei eine „Schlampe" und der „letzte Dreck". B nahm die ständigen Beleidigungen und Körperverletzungen ohne Widerworte oder gar Gegenwehr hin; sie meinte, dass ihr Mann sich sonst noch mehr erzürnen und noch kräftiger zuschlagen würde. Nachdem G sich im April 2001 als Gastwirt selbstständig gemacht hatte, steigerten sich seine Gewalttätigkeiten weiter. Er schlug nicht nur B. Auch die Töchter J und T bekamen jetzt Schläge „ins Genick", wenn sie sich seiner Auffassung nach aufsässig oder unbotmäßig verhielten. B, die G in jeder freien Minute für Handreichungen bei allen alltäglichen Verrichtungen zur Verfügung zu stehen hatte und ihn bedienen musste, fand seit der Eröffnung der Gaststätte kaum mehr Schlaf. Durch die fortgesetzten Beleidigungen und Tätlichkeiten geriet sie an die Grenzen ihrer psychischen und physischen Belastbarkeit. Körperlich magerte sie immer mehr ab. Im Sommer 2001 war sie ein drittes Mal von G schwanger, erlitt aber im August, also etwa einen Monat vor der Tat, eine Fehlgeburt. In den letzten beiden Tagen vor der Tat hatte G außergewöhnlich heftige Wutanfälle. So regte er sich auf, weil er fürchtete, nicht rechtzeitig zur Öffnung seiner Gaststätte zu kommen. Er machte die B dafür verantwortlich, weil sie ihn nicht früher geweckt habe. Als er sich über eine im Windzug klappernde Tür erregte und B versuchte, ihn zu beschwichtigen, gab er ihr mehrere wuchtige

Ohrfeigen, die sie zu Boden warfen. Daraufhin trat er barfuß auf sie ein. Kurze Zeit später versetzte er ihr unvermittelt einen so starken Faustschlag in den Magen, dass sie sich vor Schmerz zusammenkrümmte. Anschließend ohrfeigte er sie heftig. Er war nun wütend, weil B dabei gegen eine Tür gestoßen war; er hielt ihr vor, dass die Tür hätte beschädigt werden können. Sodann trat er, der nun Springerstiefel trug, mindestens zehnmal auf die schließlich am Boden liegende B ein, kniete sich auf sie und schlug ihr mit den Fäusten ins Gesicht. Er zog sie an den Haaren zu sich heran und biss ihr in die Wange. Infolge der Verletzungen konnte B an diesem Tag nicht das gemeinsame Lokal aufsuchen und musste auch einen Zahnarztbesuch absagen. Als G am Tattag gegen 03.30 Uhr aus seinem Lokal nach Hause kam, stritt er erneut mit B. Eine halbe Stunde lang beschimpfte er sie, bespuckte sie und schlug ihr ins Gesicht, so dass sie aus dem Mund blutete. Schließlich ging er zu Bett, während B wach blieb, weil sie die Kinder um 6 Uhr für die Schule fertig machen musste. Später, gegen 9 Uhr, stieß sie beim Aufräumen in der Wohnung auf den von G illegal erworbenen achtschüssigen Revolver „Double Action" der Marke Aminius, Kaliber 22 Magnum, nebst Munition. Diesen verwahrte ihr Mann normalerweise in der Gaststätte, um sich gegen Racheakte verfeindeter Rockergruppen und Überfälle zu schützen. B hielt ihre Situation für vollkommen ausweglos, seit sie einige Wochen zuvor wahrgenommen hatte, dass sich ihr Allgemeinzustand wegen der Doppelbelastung im Haushalt und in der Gaststätte sowie auf Grund der Beschimpfungen und Tätlichkeiten ihres Mannes erheblich verschlechtert hatte. Sie glaubte daher, den sich steigernden Gewalttätigkeiten bald „nicht mehr standhalten zu können" und befürchtete, dass die Tätlichkeiten auch gegen die Töchter schlimmere Ausmaße annehmen könnten und sie selbst dann auf Grund ihres schlechten Allgemeinbefindens dagegen immer weniger würde unternehmen können. Nach drei gescheiterten Suizidversuchen mittels Tabletten in zurückliegender Zeit war in ihr die Einsicht gereift, dass ein Suizid keine Lösung sei, weil dann ihre Töchter den Gewalttätigkeiten des Mannes schutzlos ausgesetzt wären. Spätestens seit Sommer 2001 hatte sie sich deshalb verstärkt mit dem Gedanken befasst, dem Leben ihres Mannes ein Ende zu setzen. Sie sah in ihrer Situation keinen anderen Ausweg, den Gewalttätigkeiten durch G zu entkommen und ihre eigene sowie die Unversehrtheit ihrer Töchter für die Zukunft zu garantieren, als ihn zu töten. Eine Trennung von G meinte sie auch mit Hilfe staatlicher oder karitativer Einrichtungen nicht bewerkstelligen zu können. Für diesen Fall hatte er ihr – nachdem sie aus dem Frauenhaus zurückgekehrt war – wiederholt angedroht, dass er den Töchtern etwas antun würde. Auch sie selbst könne er jederzeit ausfindig machen. Selbst wenn er ins Gefängnis käme, sei sie nicht vor ihm sicher. Er werde schließlich irgendwann „wieder herauskommen". Überdies könne er auch aus dem Gefängnis heraus seine Freunde aus den Rockergruppen beauftragen, ihr etwas anzutun. B nahm diese Drohungen ernst. Tatsächlich waren G und die Rockergruppen, denen er angehörte, gerichtsbekannt äußerst gewalttätig. Nachdem B nach dem Auffinden des Revolvers längere Zeit mit sich gerungen hatte, ob dies die Gelegenheit sei, die von ihr bereits seit einiger Zeit in Aussicht genommene Tat zu begehen, entschloss sie sich, den Schritt zu wagen und ihren

Ehemann zu töten. Sie sah darin die „einzige Lösungsmöglichkeit", um die für sie ruinöse Beziehung zu ihrem Mann zu beenden. Sie betrat das Schlafzimmer und feuerte aus einer Entfernung von rund 60 cm den Inhalt der gesamten Trommel des achtschüssigen Revolvers in Sekundenschnelle auf ihren schlafenden Ehemann ab. Zwei der Geschosse trafen und führten umgehend zu seinem Tod. ◄

Im Zeitpunkt der Schüsse schlief G und griff die B nicht an. B schoss, um zukünftige Übergriffe zu verhindern. Schon aufgrund ihrer körperlichen Unterlegenheit musste sie dafür darauf warten, dass G schlief.

Die h. M.[74] folgt angesichts der Schneidigkeit des Notwehrrechts bei der Auslegung der Gegenwärtigkeit in § 32 StGB einem restriktiven Ansatz: Selbst wenn im Zeitpunkt der Verteidigungshandlung die Gelegenheit besonders günstig war, ändere dies nichts daran, dass zur Zeit der Tat gerade kein akuter Angriff stattfand. Ggf. greife § 34 StGB (rechtfertigender Notstand).

Eine Gegenauffassung[75] wendet § 32 StGB demgegenüber (zumindest analog) an, wenn eine Dauergefahr wirksam beseitigt werden kann, sog. notwehrähnliche Lage.

Der h. M. ist zuzustimmen, da das schneidige Notwehrrecht – ohne Güterabwägung – nur in akut zugespitzten Situationen („Kampf ums Recht") angemessen ist; i. Ü. ist der Rückgriff auf die Notstände nach §§ 34, 35 StGB ausreichend. Aber auch der Wortlaut des § 32 II StGB gebietet nachgerade die Restriktion:[76] Ein als gegenwärtig zu bezeichnende rechtswidriger Angriff setzt eben gerade das Überschreiten der Schwelle zur Rechtswidrigkeit im Zeitpunkt der Verteidigung voraus; das Vorbereitungsstadium ist aber nach der Wertung des Gesetzes (§ 22 StGB) grundsätzlich noch rechtlich neutral. Gegen eine Handhabung, die allein darauf abzielt, eine möglichst effektive Prävention gegen zukünftige Angriffe zu erhalten, spricht, dass so der Gegenwärtigkeit ggü. dem Merkmal der Erforderlichkeit der Notwehrhandlung keine eigenständige einschränkende Funktion mehr zukäme.

(3) Noch andauernd
Der Angriff dauert an, bis er beendet ist, d. h. keine Gefahr weiterer Vertiefung der Rechtsgutsbeeinträchtigung besteht, was der Fall ist, wenn der Angriff fehlgeschlagen ist oder die Rechtsgutsverletzung eingetreten und nicht mehr im unmittelbaren Anschluss abwendbar ist.[77]

30

---

[74] S. Joecks/Jäger, StGB, 13. Aufl. 2021, § 32 Rn. 9 f.
[75] Jakobs, AT, 2. Aufl. 1993, 12/27.
[76] Näher Hoyer, in: SK-StGB, 9. Aufl. 2017, § 32 Rn. 42 f.
[77] Fischer, StGB, 68. Aufl. 2021, § 32 Rn. 18; aus der Rspr. vgl. zuletzt OLG Zweibrücken B. v. 18.10.2018 – 1 OLG 2 Ss 42/18 – NStZ 2019, 678 (Anm. Eisele JuS 2019, 591).

Beispiel 220

Z brach in die Villa des B ein und war gerade dabei, das Tafelsilber einzupacken, als B erwachte und das Wohnzimmer betrat. Z ließ alles stehen und liegen. Dennoch wurde er von B verfolgt, der ihn niederschlug und fesselte, bis die Polizei eintraf. ◄

Der Angriff auf das Eigentum des B in Gestalt eines versuchten schweren Diebstahls nach §§ 242 I, 244 I Nr. 3, 22, 23 StGB war damit beendet, dass der Z floh. Die Verfolgung, Niederschlagung und Fesselung durch B kann nicht nach § 32 StGB, aber als vorläufige Festnahme nach § 127 I 1 StPO gerechtfertigt sein.

Gegenwärtigkeit liegt aber dann vor, wenn in unmittelbarem Zusammenhang die **Wiederholung** einer Verletzungs- oder Angriffshandlung zu befürchten ist[78] (z. B. mehrere Ohrfeigen).

Hat der Angreifer einen rechtswidrigen **Zustand** geschaffen (insbesondere eine Flucht mit Beute), so liegt ein gegenwärtiger Angriff solange vor, bis eine situative Zäsur eintritt.[79]

Beispiel 221

Z brach in die Villa des B ein und floh mit deren wertvollem Schmuck in der Tasche. B sah dies, verfolgte Z, erreichte diesen nach 500 Metern und schlug ihn von hinten nieder. ◄

Hier dürfte der Angriff noch gegenwärtig gewesen sein.

Beispiel 222

Z entwendete das Fahrrad des B. Zwei Wochen später sah B, wie Z mit dem Rad des B durch die Innenstadt fuhr. Er sprang ihm hinterher und zerrte ihn mit einem schmerzhaften Griff zu Boden. ◄

Ein gegenwärtiger Angriff i. S. d. § 32 StGB lag nicht vor. Zu denken ist allerdings an § 34 StGB und § 127 StPO.

---

[78] Momsen/Savic, in: BeckOK-StGB, Stand 01.02.2021, § 32 Rn. 20; aus der Rspr. vgl. zuletzt BGH U. v. 24.11.2016 – 4 StR 235/16 – NStZ-RR 2017, 38; BGH B. v. 25.01.2017 – 1 StR 588/16 – NStZ-RR 2017, 168; BGH U. v. 21.03.2017 – 1 StR 486/16 – StV 2018, 727 (Anm. Jäger JA 2017, 629; RÜ 2017, 367); BGH B. v. 07.06.2017 – 4 StR 197/17 – NStZ-RR 2017, 270 = StV 2018, 731.

[79] Fischer, StGB, 68. Aufl. 2021, § 32 Rn. 18; näher Kühl JuS 2002, 729; Wiegand/Zabel HRRS 2004, 202; aus der Rspr. vgl. zuletzt OLG Zweibrücken B. v. 18.10.2018 – 1 OLG 2 Ss 42/18 – NStZ 2019, 678 (Anm. Eisele JuS 2019, 591); zur Zäsur vgl. aus der Rspr. OLG Schleswig B. v. 26.08.1986 – 1 Ss 303/86 – NStZ 1987, 75 (Anm. Hellmann NStZ 1987, 455); LG München I U. v. 10.11.1987 – Ks 121 Js 4866/86 – NJW 1988, 1860 = NStZ 1989, 25 (Anm. Beulke Jura 1988, 641; Schroeder JZ 1988, 567; Mitsch JA 1989, 79; Mitsch NStZ 1989, 26; Puppe JZ 1989, 728).

dd) Schuldhaft?

Nach ganz h. M. muss der Angriff **nicht schuldhaft** sein,[80] so dass auch schuldlos oder entschuldigt Handelnde i. S. d. § 32 StGB angreifen. Dies soll aus einem Umkehrschluss aus dem Erfordernis eines rechtswidrigen Angriffs im Wortlaut der Norm sowie aus dem Aspekt des Rechtsgüterschutzes folgen.

Allerdings ist dem mit Teilen der Lehre[81] entgegenzuhalten, dass erstens die h. M.[82] insofern widersprüchlich agiert, als sie bei nicht schuldhaftem Angriff die Gebotenheit der Verteidigung i. S. d. § 32 I StGB verneint.[83] Zweitens liegt in diesen Fällen das Telos der Notwehr nicht vor: Nur bei schuldhaftem Verhalten lässt sich die Rechtsgutsgefährdung dem Angreifer zurechnen, sein Verhalten ist ihm selbst nämlich nur bei persönlicher Verantwortlichkeit zuzurechnen. Ein Schuldloser stellt die Rechtsordnung nicht in Frage; bzgl. Personen, die ohne Schuld handeln, beansprucht die Rechtsordnung nicht, dessen Verhaltensentschlüsse durch Normen beeinflussen zu können, so dass kein entsprechendes Vertrauen beim Angegriffenen enttäuscht wird.

In einer Fallbearbeitung kann ggf. offen gelassen werden, ob es an einer Notwehrlage oder gebotenen Notwehrhandlung fehlt.

b) Sog. Notwehrhandlung

Mit dem Begriff der Notwehrhandlung wird umschrieben, dass gem. § 32 StGB nur eine erforderliche (§ 32 II StGB) und gebotene (§ 32 I StGB) Verteidigungshandlung eine Begehung der Tat (Tatbestandsverwirklichung) rechtfertigt: Der Angegriffene übernimmt als Reaktion auf die Notwehrlage ersatzweise die Schutzaufgabe des Staates.

aa) Verteidigung

▶ Didaktische Aufsätze:

- Kühl, Angriff und Verteidigung bei der Notwehr, Jura 1993, 57, 118 und 233
- Fahl, Zur Beschränkung der Notwehr auf Rechtsgüter des Angreifers, JA 2016, 805
- Hamm, Der Dritte in Notwehrkonstellationen, ZJS 2021, 30.

§ 32 StGB rechtfertigt nur die „Verteidigung". Dies ist jeder dem Angreifer entgegengesetzter Widerstand.[84]

---

[80] Kindhäuser/Hilgendorf, LPK, 8. Aufl. 2019, § 32 Rn. 25 f.; näher Krause GS Hilde Kaufmann 1986, 673; Jäger FS Beulke 2015, 127.
[81] Hoyer, in: SK-StGB, 9. Aufl. 2017, § 32 Rn. 12; Hoyer JuS 1988, 89 (96).
[82] Zsf. (allerdings krit. und diff.) Krey/Esser, AT, 6. Aufl, 2016, Rn. 533 ff.
[83] Zur Gebotenheit s. noch u. cc).
[84] Hoyer, in: SK-StGB, 9. Aufl. 2017, § 32 Rn. 49.

Hierbei kann es sich um bloße sog. **Schutzwehr** handeln (z. B. Parieren eines Schlages oder schützendes Vorhalten eines Messers), aber auch um sog. **Trutzwehr** in Form eines Gegenangriffs.[85]

Nach ganz h. M. handelt es sich hierbei nur dann um Verteidigung i. S. d. § 32 StGB, wenn die Abwehrhandlung **Rechtsgüter des Angreifers** betrifft.

Beispiel 223

Z1 wollte Z2 in seinem Hotelzimmer töten. B hörte die Schreie des Z2, trat die Tür ein und konnte Z1 sodann überwältigen. Strafbarkeit des B nach § 303 StGB? ◄

Beispiel 224

Z1 war in die Villa der Witwe W eingedrungen und hatte deren wertvollen Schmuck eingesteckt. Er wurde jedoch von B, dem Mitarbeiter des privaten Sicherheitsdienstes, überrascht und verfolgt. Auf der Flucht brach Z1 das Auto des Nachbarn Z2 auf, schloss dieses kurz und brauste mitsamt der Beute davon. B konnte ihn nur noch dadurch stoppen, dass er mit seiner Pistole auf die Reifen des Wagens schoss. Dadurch brach der Wagen, wie von B beabsichtigt, aus und prallte gegen einen Baum. Das Auto erlitt einen Totalschaden, Z1 wurde schwer verletzt. ◄

In beiden Fällen ist das Eigentum – an der Hotelzimmertür bzw. an dem Auto – kein Rechtsgut des Z1. Eine Rechtfertigung nach § 32 StGB scheidet aus, aber § 34 StGB kommt in Betracht.

Der Eingriff in Rechtsgüter Dritter kann nicht durch § 32 StGB gerechtfertigt werden, sondern ggf. gem. § 34 StGB. Eine drittwirkende Notwehr gibt es daher nicht,[86] und zwar auch dann nicht, wenn der Angreifer eine fremde Sache bei seinem Angriff verwendet.

34 Verteidigungsmaßnahmen können auch zeitlich **vor dem Angriff** getroffen werden (antizipierte Notwehr), v. a. in Gestalt von technischen Selbstschutzanlagen, z. B. Selbstschussvorrichtungen, Fangeisen, Tretminen, Sprengsätze, Fallgruben, Hunde oder Glasscherben.[87] Die Voraussetzungen des § 32 StGB hängen von der Sachlage im Zeitpunkt der Einwirkung (z. B. Auslösung der Selbstschutzanlage) ab. Das Risiko z. B. mangelnder Erforderlichkeit des durch eine Selbstschussvorrichtung abgegebenen Schusses trägt freilich der Verteidiger.

---

[85] Fischer, StGB, 68. Aufl. 2021, § 32 Rn. 23; Erb, in: MK-StGB, 4. Aufl. 2020, § 32 Rn. 120.
[86] Ganz h. M., hierzu zsf. Kindhäuser/Hilgendorf, LPK, 8. Aufl. 2019, § 32 Rn. 28; näher Koch ZStW 2010, 804; Lanzrath/große Deters HRRS 2011, 161; Fahl JA 2016, 805; aus der Rspr. vgl. zuletzt AG Riesa U. v. 24.04.2019 – 9 Cs 926 Js 3044/19 (Anm. Hecker JuS 2019, 913).
[87] Hierzu Krey/Esser, AT, 6. Aufl. 2016, Rn. 527; näher Kunz GA 1984, 539; Schlüchter FS Lenckner 1998, 313; Herzog GS Schlüchter 2002, 209; Müssig ZStW 2003, 224; Heinrich ZIS 2010, 183; Rönnau JuS 2015, 880; aus der Rspr. vgl. zuletzt AG Saarbrücken U. v. 02.05.2018 – 131 Ls 81 Js 1099/17 (332/17).

B. Rechtfertigungsgründe

bb) Erforderlich

▶ Didaktische Aufsätze:

- Petersen, Die Erforderlichkeit – Gemeinsamkeiten und Unterschiede bei § 32 und § 34 StGB, JA 2017, 502
- Fahl, Der Warnschuss: zwischen Erforderlichkeit und Gebotenheit, JA 2020, 102

Gem. § 32 II StGB muss die Verteidigungshandlung erforderlich sein.[88] Dies ist dann der Fall, wenn sie zur Abwehr des Angriffs geeignet ist und ferner das mildeste Mittel darstellt.[89]

35

(1) Geeignetheit

▶ Didaktischer Aufsatz:

- -Warda, Die Eignung der Verteidigung als Rechtfertigungselement bei der Notwehr (§§ 32 StGB, 227 BGB), Jura 1990, 344 und 393

Zur Abwehr des Angriffs geeignet ist die Verteidigung dann, wenn sie objektiv *ex ante* (d. h. nach dem Urteil eines besonnenen Dritten in der Lage des Angegriffenen) ein taugliches Mittel ist, den Angriff sofort und ohne Gefährdung eigener Interessen abzuwehren.[90] Einem Plus an dem Angreifer zugemuteter Beeinträchtigung muss überhaupt ein Minus an dem Angegriffener zugemuteter Beeinträchtigung entsprechen, der Angreifer muss zusätzlichen Widerstand zu überwinden haben (gesteigerter Aufwand), um seinen Angriff erfolgreich durchzuführen. Ausreichend ist eine Abschwächung oder Verzögerung des Angriffs. Die Anforderungen sind insgesamt sehr niedrig anzusetzen, so dass jedes nicht völlig aussichtslose Vorgehen bereits geeignet ist.

36

---

[88] Hierzu etwa Joecks/Jäger, StGB, 13. Aufl. 2021, § 32 Rn. 13 ff.; näher Schaffstein MDR 1952, 132; Lilie FS H. J. Hirsch 1999, 277; Petersen JA 2017, 502; Fahl JA 2020, 102.

[89] B. Heinrich, AT, 6. Aufl. 2019, Rn. 254 ff.; krit. aber zum Erfordernis der Eignung Erb, in: MK-StGB, 4. Aufl. 2020, § 32 Rn. 150 ff.; aus der Rspr. vgl. zuletzt BGH B. v. 13.04.2017 – 4 StR 35/17 – NStZ-RR 2017, 271 (Anm. Nestler Jura 2018, 101); BGH B. v. 07.06.2017 – 4 StR 197/17 – NStZ-RR 2017, 270 = StV 2018, 731; BGH U. v. 13.09.2017 – 2 StR 188/17 – NStZ 2018, 84 = StV 2018, 733 (Anm. Bosch Jura 2018, 311; Kudlich JA 2018, 149; LL 2018, 312; RÜ 2018, 23; famos 7/2018; Rückert NStZ 2018, 85); BGH U. v. 25.10.2017 – 2 StR 118/16 – NStZ-RR 2018, 69 = StV 2018, 723 (Anm. Nestler Jura 2018, 535; Hecker JuS 2018, 589; RÜ 2018, 231); BGH B. v. 07.12.2017 – 2 StR 252/17 – NStZ-RR 2018, 170 = StV 2018, 733; BGH B. v. 13.09.2018 – 5 StR 421/18 – NStZ 2019, 136 = StV 2021, 101 (Anm. Nestler Jura 2019, 558; Rückert NStZ 2019, 137); BGH B. v. 17.04.2019 – 2 StR 363/18 – NStZ 2019, 598 = StV 2020, 287 (Anm. Hecker JuS 2019, 1217; RÜ 2019, 573; Kudlich NStZ 2019, 599; Sinn ZJS 2020, 169); BGH B. v. 08.09.2020 – 4 StR 288/20 – NStZ-RR 2020, 336 = StV 2021, 236.

[90] Fischer, StGB, 68. Aufl. 2021, § 32 Rn. 28 f.; näher Warda Jura 1990, 344 und 393; Warda GA 1996, 405; Joecks FS Grünwald 1999, 251; aus der Rspr. vgl. zuletzt BGH B. v. 25.09.2019 – 2 StR 177/19 – NStZ 2020, 147 = StV 2020, 286 und 2021, 100 (Anm. Nestler Jura 2020, 297; Kulhanek NStZ 2020, 148).

(2) Mildestes Mittel und möglichst schonender Einsatz

37 Der Verteidiger ist nur beim Einsatz des für den Angreifer mildesten Mittels gerechtfertigt.

Er hat nach konkreter Kampflage (vgl. Intensität des Angriffs, Gefährlichkeit des Angreifers, Verteidigungsmöglichkeiten) objektiv *ex ante*[91] das Mittel auszuwählen, das bei gleicher Eignung (sofortige, sichere und endgültige Beendigung des Angriffs) den Angreifer möglichst schont.[92]

In einer Fallbearbeitung gilt es also, **Verhaltensalternativen** herauszuarbeiten und im Hinblick auf eine etwaige gleiche Chancenerhöhung (**Verteidigungseffekt**) zu vergleichen.

Auch und gerade konstitutionell bedingte Schwächen beim Verteidiger (z. B. Körperkraft) sind zu berücksichtigen.

38 **Nicht** verwechselt werden darf die Voraussetzung der Erforderlichkeit der Verteidigung mit einer **Verhältnismäßigkeitsprüfung**. § 32 StGB gewährt insofern ein **schneidiges** Notwehrrecht, als die Verteidigung in ihrer Intensität auch über das hinausgehen darf, was als Rechtsgutsverletzung drohte (z. B. beträchtliche Körperverletzung zur Abwehr eines Diebstahls).[93] Der Staat räumt dem bzgl. der Durchsetzung des staatlichen Gewaltmonopols enttäuschten Angegriffenen das Recht umfassend ein, sein Wohl wieder in die eigene Hand zu nehmen. Lediglich in Extremfällen mangelt es an der Gebotenheit.[94]

Der Verteidiger muss kein Risiko eingehen – vor allem, dass ein zweites Mittel zu spät käme. In der Praxis und der Fallbearbeitung ist das Restriktionspotenzial der Erforderlichkeit daher vergleichsweise gering, da nicht selten nichts so effektiv ist wie die Tötung des Angreifers. Allerdings besteht angesichts der Vagheit der Anforderungen die Gefahr, dass lebensfremde tatrichterliche Unterstellungen bzgl. des Einsatzes milderer Mittel vorkommen.[95]

39 Zu beachten ist, dass **Ausweichen** keine i. R. d. Notwehr zu beachtende Verteidigungsalternative ist. Eine sog. schimpfliche Flucht wird vom Verteidiger auch dann nicht verlangt, wenn sie ohne Weiteres möglich wäre. Das Recht braucht dem Unrecht nicht zu weichen[96] bzw. muss der Verteidiger keine Beeinträchtigung des Rechts auf selbstbestimmte Wahl seines Aufenthaltsortes hinnehmen.

Auch Handlungsalternativen im **Vorfeld** der Notwehrlage sind unbeachtlich.

---

[91] H. M., s. z. B. Joecks/Jäger, StGB, 13. Aufl. 2021, § 32 Rn. 20; näher Otto Jura 1988, 330; aus der Rspr. vgl. zuletzt BGH B. v. 17.04.2019 – 2 StR 363/18 – NStZ 2019, 598 = StV 2020, 287 (Anm. Hecker JuS 2019, 1217; RÜ 2019, 573; Kudlich NStZ 2019, 599; Sinn ZJS 2020, 169); BGH B. v. 25.09.2019 – 2 StR 177/19 – NStZ 2020, 147 = StV 2020, 286 und 2021, 100 (Anm. Nestler Jura 2020, 297; Kulhanek NStZ 2020, 148).

[92] Fischer, StGB, 68. Aufl. 2021, § 32 Rn. 30 ff.; zur Rspr. s. o.

[93] Fischer, StGB, 68. Aufl. 2021, § 32 Rn. 31.

[94] S. sogleich.

[95] Hierzu Erb NStZ 2011, 186; Erb GA 2012, 65.

[96] Krey/Esser, AT, 6. Aufl. 2016, Rn. 499; näher Krauß FS Puppe 2011, 635; Kindhäuser FS Frisch 2013, 493; aus der Rspr. vgl. zuletzt BGH B. v. 12.04.2016 – 2 StR 523/15 – NStZ 2016, 526 = StV 2018, 725 (Anm. Bosch Jura 2016, 1223; Hecker JuS 2016, 1036; RÜ 2016, 504; Engänder NStZ 2016, 527); OLG Düsseldorf U. v. 02.06.2016 – III- 1 Ws 63/16 (Anm. RÜ 2016, 637; famos 12/2016; Eisele JuS 2017, 81; Staudinger jurisPR-StrafR 26/2016 Anm. 4).

Eine mögliche **Einschaltung Dritter**[97] (fähiger und williger Nothelfer, seien diese privat oder staatlich[98]) ist aber in eine Betrachtung einzubeziehen; freilich schließt der darin liegende Zeitverlust nicht selten bereits ohnehin eine Gleichgeeignetheit aus.

Zur Verteidigung dürfen auch **lebensgefährliche Mittel** eingesetzt werden.[99]   **40**

Insbesondere beim **Schusswaffengebrauch**[100] wird aber die Voraussetzung der Erforderlichkeit deutlich: Vor der Abgabe eines Schusses ist dies grundsätzlich zunächst verbal anzudrohen, dann ist ein Warnschuss in die Luft abzugeben; und auch danach gilt, dass vor tödlichen Schüssen an zunächst nur verletzende Schüsse zu denken ist. Ein fehlender Waffenschein des Verteidigers ist hierbei übrigens irrelevant.[101] Auch i. Ü. verbietet sich eine schematische Beurteilung etwa i. S. e. „Checkliste".

Minusmaßnahmen wie Androhungen[102] oder Warnschüsse sind bei alledem aber nur dann erforderlich, wenn sie geeignet sind, den Angriff endgültig abzuwehren.[103] Je harmloser der Angriff ist, umso eher wird hiervon auszugehen sein.[104]

> **Beispiel 225**
>
> B wurde abends in seiner Stammkneipe von Z fortlaufend angepöbelt und beleidigt. Als Z ihn dann auch noch packte und vom Barhocker zog, fragte sich B, wie er auf das Verhalten des Z reagieren sollte. Es standen ihm dabei mehrere Möglichkeiten zur Wahl: Er könnte

---

[97] Hierzu vgl. aus der Rspr. BGH B. v. 21.11.2019 – 4 StR 166/19 – NStZ 2020, 725 (Anm. Eisele JuS 2020, 985; Rückert NStZ 2020, 726; Erb JR 2021, 44).

[98] Joecks/Jäger, StGB, 13. Aufl. 2021, § 32 Rn. 58 ff.; näher Arzt FS Schaffstein 1975, 77; Pelz NStZ 1995, 305; Erb FS Nehm 2006, 181; Béguelin GA 2013, 473.

[99] Fischer, StGB, 68. Aufl. 2021, § 32 Rn. 33a; aus der Rspr. vgl. zuletzt BGH B. v. 13.09.2018 – 5 StR 421/18 – NStZ 2019, 136 (Anm. Nestler Jura 2019, 558; Rückert NStZ 2019, 137); BGH B. v. 17.04.2019 – 2 StR 363/18 – NStZ 2019, 598 = StV 2020, 287 (Anm. Hecker JuS 2019, 1217; RÜ 2019, 573; Kudlich NStZ 2019, 599; Sinn ZJS 2020, 169).

[100] S. Fischer, StGB, 68. Aufl. 2021, § 32 Rn. 33a, 34; aus der Rspr. vgl. zuletzt BGH U. v. 02.07.2015 – 4 StR 509/14 – NJW 2016, 423 = NStZ-RR 2015, 303; BGH U. v. 30.07.2015 – 4 StR 561/14 – StV 2015, 758.

[101] S. o.; eine andere Frage ist, ob § 32 StGB dann auch den Verstoß gegen das WaffG rechtfertigt, hierzu Fischer, StGB, 68. Aufl. 2021, § 32 Rn. 33; aus der Rspr. vgl. zuletzt BGH B. v. 20.02.2019 – 3 StR 400/18 – NStZ 2020, 358.

[102] Zur Drohung als allein erforderliche Verteidigung Momsen/Savic, in: BeckOK-StGB, Stand 01.02.2021, § 32 Rn. 28; aus der Rspr. vgl. zuletzt BGH U. v. 25.10.2017 – 2 StR 118/16 – NStZ-RR 2018, 69 = StV 2018, 723 (Anm. Nestler Jura 2018, 535; Hecker JuS 2018, 589; RÜ 2018, 231); BGH B. v. 17.04.2019 – 2 StR 363/18 – NStZ 2019, 598 = StV 2020, 287 (Anm. Hecker JuS 2019, 1217; RÜ 2019, 573; Kudlich NStZ 2019, 599; Sinn ZJS 2020, 169).

[103] Fischer, StGB, 68. Aufl. 2021, § 32 Rn. 33a; aus der Rspr. vgl. zuletzt BGH U. v. 02.11.2011 – 2 StR 375/11 – NStZ 2012, 272 = StV 2012, 332 (Anm. Kaspar/Reinbacher, Casebook AT, 2020, Fall 29; Satzger JK 2012 StGB § 32/37; Jäger JA 2012, 227; Hecker JuS 2012, 263; RÜ 2012, 162; RA 2012, 109 und 117; famos 3/2012; Engländer NStZ 2012, 274; Voigt/Hoffmann-Holland NStZ 2012, 362; Mandla StV 2012, 334; Erb JR 2012, 207; van Rienen ZIS 2012, 377; Burchard HRRS 2012, 421; Kraatz Jura 2014, 787); OLG Frankfurt B. v. 14.11.2012 – 2 Ws 122/12 – NStZ-RR 2013, 107; BGH B. v. 21.11.2012 – 2 StR 311/12 – NJW 2013, 1616 = NStZ-RR 2013, 105 = StV 2013, 506 (Anm. Hecker JuS 2013, 563); BGH BGH U. v. 30.07.2015 – 4 StR 561/14 – StV 2015, 758.

[104] Momsen/Savic, in: BeckOK-StGB, Stand 01.02.2021, § 32 Rn. 28.

- die mitgeführte Pistole ziehen und B erschießen.
- das auf der Theke stehende Bierglas nehmen, es B über den Kopf schlagen und diesen dadurch lebensgefährlich verletzen.
- B mit einem gezielten Faustschlag k.o. schlagen.
- ihm mit der mitgeführten Waffe lediglich drohen.
- aufstehen und fliehen. ◄

B muss nicht aufstehen und fliehen. Bevor er Z aber mit der Pistole erschießt, kann es ihm angesichts des vergleichsweise harmlosen Angriffs zugemutet werden, zunächst mit der Waffe zu drohen. Auch gegenüber der potenziell lebensgefährlichen Verletzung und dem zur Bewusstlosigkeit führenden Faustschlag stellt die Drohung, die lediglich die Willensfreiheit beeinträchtigt, ein milderes Mittel dar. Sofern sie den Angriff des Z ebenso sicher beendet wie dessen Kampfunfähigkeit oder Bewusstlosigkeit, ist sie das Mittel der Wahl.

41 Problematisch sind **ungewollte Auswirkungen** einer Verteidigungshandlung, die in ihrer Wirkung das eigentlich Erforderliche überschreiten.[105]

Beispiel 226

BGH U. v. 21.12.1977 – 2 StR 421/77 (Pistolenschlag) – BGHSt 27, 313 = NJW 1978, 955 (Anm. Roxin, Höchstrichterliche Rspr. AT, 1998, Nr. 22; Hassemer JuS 1978, 637; Hassemer JuS 1980, 412):

B sah im Dunkel der Nacht seinen von mehreren Männern umringten Chef rücklings auf der Motorhaube eines Pkw liegen. Wie sich ihm die Sache darstellte, hielten zwei Männer seinen Chef fest und ein dritter schlug auf ihn ein. Als B auf die Gruppe zueilte, wurde er angerempelt. Er zog jetzt die in seinem Hosenbund steckende Pistole heraus und nahm sie, ohne einen Finger an den Abzug zu legen, in die rechte Hand, um sie als Schlagwaffe gegen die Übermacht, insb. gegen den halb auf dem Chef liegenden Angreifer zu benutzen. Er wollte diesem Mann mit dem Pistolenknauf auf die Schulter schlagen, damit er von dem Chef ablassen müsse. Beim zweiten Schlag löste sich ein Schuss. Er traf den Angreifer in die linke Schläfe und verletzte ihn schwer, ohne ihn zu töten. ◄

Nach ganz h. M.[106] bezieht sich die Erforderlichkeit auf die Verteidigungshandlung, nicht auf den Verteidigungserfolg. Daher sind alle Tatbestandsverwirklichungen gerechtfertigt, die aus der Gefahrenträchtigkeit der objektiv erforderlichen Abwehrhandlung erwachsen. Erst recht ist eine fahrlässige Herbeiführung gerechtfertigt, wenn der Täter auch hätte vorsätzlich handeln dürfen. Für Fälle, in denen eine vorsätzliche Herbeiführung des Erfolgs nicht mehr erforderlich wäre, verneint eine Gegenauffassung[107] allerdings die Rechtfertigung und kommt – bei entspre-

---

[105] Hierzu Kindhäuser/Hilgendorf, LPK, 8. Aufl. 2019, § 32 Rn. 29; näher Schaffstein FS Welzel 1974, 557; aus der Rspr. vgl. BGH B. v. 21.03.2001 – 1 StR 48/01 – NJW 2001, 3200 = NStZ 2001, 591 = StV 2001, 566 (Anm. Eisele JA 2001, 922; LL 2001, 32; RÜ 2001, 366; RA 2001, 417; Otto NStZ 2001, 594; Kretschmer Jura 2002, 114; Martin JuS 2002, 88; Seelmann JR 2002, 249).

[106] S. o.

[107] Kühl, AT, 8. Aufl. 2017, § 7 Rn. 115.

B. Rechtfertigungsgründe

chender Sorgfaltswidrigkeit des Verteidigers – so zu einer Fahrlässigkeitsstrafbarkeit im Hinblick auf den überschießenden Erfolg.

Scheidet § 32 StGB aufgrund Überschreitens der Erforderlichkeit aus (sog. intensiver Notwehrexzess), so ist an den Entschuldigungsgrund des **§ 33 StGB** zu denken. 42

> **§ 33 StGB (Überschreitung der Notwehr)**
> Überschreitet der Täter die Grenzen der Notwehr aus Verwirrung, Furcht oder Schrecken, so wird er nicht bestraft.

cc) Geboten, § 32 I StGB

▶ Didaktische Aufsätze:

- Kühl, „Sozialethische" Einschränkungen der Notwehr, Jura 1990, 244
- Sternberg-Lieben, Einschränkungen der Notwehr, JA 1996, 568
- Rönnau, „Sozialethische" Einschränkungen der Notwehr, JuS 2012, 404

(1) Allgemeines

§ 32 I StGB normiert die Rechtfertigung einer Tat, die durch Notwehr „geboten" ist. 43
Zwar taucht die Gebotenheit in § 32 II StGB nicht auf, dennoch handelt es sich nach ganz h. M. weder um ein bedeutungsloses Wort noch um ein Synonym zu „erforderlich" i. S. d. § 32 II StGB, sondern um eine zusätzliche objektive Rechtfertigungsvoraussetzung. Hieran werden nämlich bestimmte wertende (normative) Einschränkungen des als zu rigide empfundenen Notwehrrechts aufgrund sozialer Rücksichtnahme auf den Angreifer (Aspekte der Verhältnismäßigkeit, des Rechtsmissbrauchs) angeknüpft.[108] Diese werden – eher missverständlich – als „sozialethische" Einschränkungen bezeichnet. Das Bedürfnis nach einer derartigen Restriktionsebene ist auch Ausfluss eines (zu) weiten Verständnisses der Notwehrlage, s. o. Problematisch sind überdies Vagheiten und unklare (moralische?) Grenzziehungen, zumal angesichts Zeitgebundenheit und Veränderbarkeit der Anschauungen. Jedenfalls muss besonders darauf geachtet werden, eine Anbindung an die Teleologie der Notwehrnorm zu gewährleisten.

Es hat sich eine Reihe von Fallgruppen etabliert.

(2) Bagatellangriffe, krasses Missverhältnis, Unfugabwehr

Angesichts des sehr weiten Verständnisses der h. M. bzgl. des „rechtswidrigen Angriffs" und der in § 32 II StGB nicht vorgesehenen Verhältnismäßigkeitsprüfung besteht auf Ebene der Gebotenheit ein Bedürfnis, in **Extremfällen** eine Rechtferti- 44

---

[108] Wessels/Beulke/Satzger, AT, 50. Aufl. 2020, Rn. 519 ff.; näher Otto FS Würtenberger 1977, 129; Roxin ZStW 1981, 68; Kühl Jura 1990, 244; Koch ZStW 1992, 785; Sternberg-Lieben JA 1996, 568; Rönnau JuS 2012, 404; Jäger GA 2016, 258; zur Vereinbarkeit mit Art. 103 II GG Lenckner GA 1968, 1; Kratzsch GA 1971, 65; Koch ZStW 1992, 785; Erb ZStW 1996, 266; Sinn FS Wolter 2013, 503; Sinn FS Beulke 2015, 271.

gung schwerwiegender Verteidigungshandlungen aufgrund mangelnder Gebotenheit zu verneinen, wenn es sich um einen lediglich äußerst geringfügigen Angriff (d. h. mit geringem Erfolgs- und Handlungsunrecht) handelte.[109]
Dies betrifft insbesondere den Angriff auf ganz geringfügige Sachwerte[110] sowie Fehlverhalten im Straßenverkehr.[111]

Beispiel 227

RG U. v. 20.09.1920 – I 384/20 (Obstdieb) – RGSt 55, 82 (Anm. Fahl JA 2000, 460):

B hielt während der Nacht in einer Schutzhütte bei seinen Obstbäumen Wache; er war von seinem Hunde begleitet und mit geladenem Gewehr ausgerüstet. Am frühen Morgen bemerkte er zwei Männer, die Obst von den Bäumen entwendeten. Auf seinen Anruf ergriffen beide unter Mitnahme des Obstes, das sie gepflückt hatten, die Flucht und leisteten der Aufforderung des B, stehen zu bleiben, obwohl er sie durch die Drohung, er werde schießen, unterstützt hatte, keine Folge. Darauf gab B in Richtung der Fliehenden einen Schrotschuss ab, traf einen von ihnen und verletzte ihn nicht unerheblich. ◄

Der rechtswidrige Angriff auf das Eigentum des B an dem Obst war noch gegenwärtig. Zwar flohen die beiden Männer; sie nahmen aber ihre Beute mit und perpetuierten damit die rechtswidrige Besitzlage, je weiter sie sich vom Tatort entfernten. Ferner war der Schrotschuss in die Richtung der Fliehenden insofern geeignet, als er einen der Diebe kampfunfähig machen konnte (Abschwächung des Angriffs). Angesichts bereits erfolgloser Drohung wäre diese als milderes Mittel nicht geeignet gewesen. Auch der Einsatz des Hundes versprach keine gleiche Eignung. Somit war der Schuss erforderlich. In Anbetracht der Geringfügigkeit des Obstdiebstahls ist jedoch die Gebotenheit zu verneinen.

Bei Konstellationen an der Schwelle zum sozial Üblichen (z. B. Lärm, Vordrängeln, Schubsen im Gedränge, lautes Telefonieren) mangelt es ebenfalls spätestens an einer Gebotenheit der Verteidigung.

Auch wenn die Notwehr an sich keine Verhältnismäßigkeitsprüfung kennt, so soll aber auch ein Recht nicht um einen Preis verteidigt werden, der in **keinem Verhältnis zur drohenden Rechtsverletzung** steht. Die Inanspruchnahme des schneidigen Notwehrrechts ist dann ein Rechtsmissbrauch, da in diesen Bagatellfällen die Rechtsordnung nicht bewährt werden muss und ein Verzicht auf Selbstschutz zu-

---

[109] Joecks/Jäger, StGB, 13. Aufl. 2021, § 32 Rn. 46 f.; näher Schaffstein MDR 1952, 132; Krey JZ 1979, 702; Krause GS Hilde Kaufmann 1986, 673; Bülte GA 2011, 145; Bülte NK 2016, 172; Greco GA 2018, 665.

[110] B. Heinrich, AT, 6. Aufl. 2019, Rn. 362 ff.; aus der Rspr. vgl. zuletzt BGH U. v. 17.05.2018 – 3 StR 622/17 – NStZ-RR 2018, 272 = StV 2018, 724 (Anm. RÜ 2018, 779; Linoh jurisPR-StrafR 18/2018 Anm. 3); OLG Zweibrücken B. v. 18.10.2018 – 1 OLG 2 Ss 42/18 – NStZ 2019, 678 (Anm. Eisele JuS 2019, 591).

[111] S. auch die sog. Parklückenfälle: Fischer, StGB, 68. Aufl. 2021, § 32 Rn. 39; aus der Rspr. vgl. zuletzt AG Villingen-Schwenningen U. v. 29.08.2018 – 6 Cs 56 Js 1599/18 (Anm. Kratz jurisPR-StrafR 22/2018 Anm. 5; Hecker JuS 2019, 269; Koehl SVR 2019, 229).

B. Rechtfertigungsgründe

mutbar ist. Anzuführen ist auch der Rechtsgedanken des § 153 StPO: Der Staat verzichtet auf die Durchsetzung seines Gewaltmonopols, was auch im Sinne der Verhältnismäßigkeit im verfassungsrechtlichen Sinne ist. Natürlich ist problematisch, wo die genaue Grenze liegt, zumal bei Armut auch ein vergleichsweise bescheidener Sachwert verständlicherweise verteidigt wird.

(3) Art. 2 I, II lit. a EMRK: Keine Tötung eines Menschen zur Verteidigung von Sachwerten?
Problematisch ist, ob Art. 2 EMRK (die EMRK gilt in Deutschland mit einfacher Gesetzeskraft, vgl. Art. 25 GG) gebietet, § 32 StGB dahingehend einschränkend auszulegen, dass eine Tötung eines Menschen nicht zur Verteidigung von Sachwerten gerechtfertigt sein kann.[112]

45

> **Beispiel 228**
> B erschoss den G, als dieser sich gerade am Auto des B zu schaffen machte. ◄

> **Art. 2 EMRK (Recht auf Leben)**
> (1) Das Recht jedes Menschen auf Leben wird gesetzlich geschützt. Niemand darf absichtlich getötet werden, außer durch Vollstreckung eines Todesurteils, das ein Gericht wegen eines Verbrechens verhängt hat, für das die Todesstrafe gesetzlich vorgesehen ist.
> (2) Eine Tötung wird nicht als Verletzung dieses Artikels betrachtet, wenn sie durch eine Gewaltanwendung verursacht wird, die unbedingt erforderlich ist, um
> a) jemanden gegen rechtswidrige Gewalt zu verteidigen;
> b) jemanden rechtmäßig festzunehmen oder jemanden, dem die Freiheit rechtmäßig entzogen ist, an der Flucht zu hindern;
> c) einen Aufruhr oder Aufstand rechtmäßig niederzuschlagen.

Z. T.[113] wird aus Art. 2 EMRK eine entsprechende Restriktion des § 32 StGB gefordert, da Art. 2 II lit. a EMRK nur bei Verteidigung gegen Gewalt zur Tötung ermächtige und dieser Vorschrift eine mittelbare Drittwirkung aufgrund Ausstrahlung auf die Auslegung des nationalen Rechts zukomme.

Die h. M.[114] lehnt eine solche Restriktion zu Recht ab. Zum einen bindet die EMRK nur die vertragsschließenden Staaten, nicht Private. Zum anderen ist eine restriktive Auslegung des Gewaltbegriffs nicht zwingend, so dass auch ein Angriff

---

[112] Hierzu Hillenkamp/Cornelius, 32 Probleme aus dem Strafrecht AT, 15. Aufl. 2017, 3. P.; näher Bockelmann FS Engisch 1969, 456; Krey JZ 1979, 702; Frister GA 1985, 553; Zieschang GA 2006, 415; Bülte GA 2011, 145; Greco GA 2018, 665.
[113] Perron/Eisele, in: Schönke/Schröder, StGB, 30. Aufl. 2019, § 32 Rn. 62.
[114] S. nur B. Heinrich, AT, 6. Aufl. 2019, Rn. 366, 368 f.

auf Sachgüter hierunter fallen kann. Ohnehin regelt Art. 2 EMRK nur die absichtliche („in der allein amtlichen englischen und französischer Fassung „intentionally" bzw. „intentionellement") Tötung, bei der es i. d. R. bereits an der Erforderlichkeit mangelt.

(4) Notwehrprovokation (provozierte, verschuldete Notwehrlage)

▶ Didaktische Aufsätze:

- Berz, An der Grenze von Notwehr und Notwehrprovokation, JuS 1984, 340
- Kühl, Die „Notwehrprovokation", Jura 1991, 57
- Stuckenberg, Provozierte Notwehrlage und Actio illicita in causa: Der Meinungsstand im Schrifttum, JA 2001, 894
- Stuckenberg, Provozierte Notwehrlage und Actio illicita in causa – Die Entwicklung der Rechtsprechung bis BGH, NJW 2001, 1075, JA 2002, 172
- Satzger, Dreimal „in causa" – actio libera in causa, omissio libera in causa und actio illicita in causa, Jura 2006, 513
- Lindemann/Reichling, Die Behandlung der so genannten Abwehrprovokation nach den Grundsätzen der actio illicita in causa, JuS 2009, 496

46 Problematisch ist die Gebotenheit der Notwehr in den Fällen der sog. Notwehrprovokation,[115] in denen eine Mitverantwortlichkeit des Angegriffenen für den Angriff besteht und insofern dies den die Notwehr legitimierenden Rechtsbewährungsgedanken abschwächt bzw. in diesen Fällen ein Rechtsmissbrauch vorliegt.

Der vage und im Gesetz nicht genannte Begriff der Provokation fasst **verschiedene Konstellationen** zusammen.

Keinesfalls beeinflusst wird die Gebotenheit der Verteidigung, wenn sich der Angreifer durch ein **rechtlich erlaubtes und moralisch nicht zu beanstandendes Verhalten** des späteren Verteidigers provoziert fühlt.

Beispiel 229

Z1 sprach die Z2 an, auf die – wie Z1 wusste – auch B schon ein Auge geworfen hatte. ◀

---

[115] Hierzu Hillenkamp/Cornelius, 32 Probleme aus dem Strafrecht AT, 15. Aufl. 2017, 2. P.; näher Lenckner GA 1961, 299; Roxin ZStW 1963, 161; Krüger NJW 1970, 1483; Bockelmann FS Honig 1970, 19; Bertel ZStW 1972, 1; Schöneborn NStZ 1981, 201; Berz JuS 1984, 340; Kühl Jura 1991, 57; Matt NStZ 1993, 271; Hinz JR 1993, 353; Kühl FS Bemmann 1997, 191; Loos FS Deutsch 1999, 233; Stuckenberg JA 2001, 894; Hruschka ZStW 2001, 870; Stuckenberg JA 2002, 172; Satzger Jura 2006, 513; Freund GA 2006, 267; Lindemann/Reichling JuS 2009, 496; Grünewald ZStW 2010, 51; Oğlakcıoğlu HRRS 2010, 106; Otto FS Frisch 2013, 589; aus der Rspr. vgl. zuletzt BGH B. v. 26.06.2018 – 1 StR 208/18 – StV 2020, 290 (Anm. Kudlich JA 2018, 872; Brüning ZJS 2018, 640; RÜ 2018, 707; Nestler Jura 2019, 226); BGH U. v. 17.01.2019 – 4 StR 456/18 – NJW 2019, 1623 = NStZ 2019, 263 = StV 2021, 101 (Anm. Putzke/Putzke ZJS 2019, 237); BGH U. v. 20.11.2019 – 2 StR 554/18 – NStZ 2021, 33 (Anm. Hauck NStZ 2021, 34); BGH B. v. 17.06.2020 – 4 StR 658/19 – NStZ 2021, 93 = StV 2021, 98 (Anm. RÜ 2020, 779; Mitsch NStZ 2021, 95); BGH

Derartiges führt auch dann nicht zu Einschränkungen der Notwehr, wenn der Täter wusste oder wissen konnte, dass andere durch dieses Verhalten zu einem rechtswidrigen Angriff veranlasst werden könnten.[116]

Unproblematisch ist auch die Konstellation, dass die **Provokation selbst ein gegenwärtiger rechtswidriger Angriff** i. S. d. § 32 II StGB ist. In der Handlung des Provozierten liegt dann ggf. eine eigene Notwehr, gegen die eine Notwehr des Provokateurs mangels rechtswidrigen Angriffs auf ihn unzulässig ist. In diesen Fällen gelangt man in einer Fallbearbeitung also gar nicht zur Gebotenheit, sondern muss bereits bei der Rechtswidrigkeit des Angriffs die Prüfung beenden.

47

Beispiel 230

Z beleidigte B ununterbrochen. B setzte dem mit einem Faustschlag ein Ende. ◄

Problematisch ist die Behandlung von Konstellationen, in denen **kein gegenwärtiger rechtswidriger Angriff** seitens des Verteidigers vorliegt, insbesondere mangels Gegenwärtigkeit (z. B. Beleidigung abgeschlossen) oder mangels Rechtswidrigkeit (bloß sozialethisch wertwidriges Verhalten).

48

Beispiel 231

BGH U. v. 14.06.1972 – 2 StR 679/71 (Finnendolch) – BGHSt 24, 356 = NJW 1972, 1821 (Anm. Roxin, Höchstrichterliche Rspr. AT, 1998, Nr. 18; Roxin NJW 1972, 1823; Hassemer JuS 1973, 60; Schröder JuS 1973, 157; Lenckner JZ 1973, 253):

B wollte mit einem zuvor von ihm gestohlenen Kraftwagen von einem Parkplatz wegfahren. Dabei streifte er einen daneben geparkten Pkw und stieß mit einem vorbeifahrenden weiteren Wagen zusammen. Um sich der Feststellung seiner Personalien zu entziehen, fuhr er davon. Er wurde von G, dem Fahrer des zweiten von ihm beschädigten Wagens, verfolgt. G setzte seine Verfolgung auch noch fort, als B hinter einem durch Rotlicht gestoppten anderen Pkw anhalten musste und zu Fuß weiterflüchtete. Er konnte ihn schließlich erreichen. Bei der folgenden Auseinandersetzung stach B mit einem Finnendolch auf G ein und verletzte ihn tödlich. Über die Einzelheiten des Tathergangs waren keine sicheren Feststellungen zu treffen. Es ist denkbar, dass G dem B bei der Verfolgung nachrief, er werde ihn umbringen, und dass er auf B einschlug, als er ihn gestellt hatte. ◄

B. v. 19.08.2020 – 1 StR 248/20 – StV 2021, 97 (Anm. famos 12/2020; Nestler Jura 2021, 341); BGH B. v. 08.09.2020 – 4 StR 288/20 – NStZ-RR 2020, 336 = StV 2021, 236.

[116] Kindhäuser/Hilgendorf, LPK, 8. Aufl. 2019, § 32 Rn. 54; aus der Rspr. vgl. BGH U. v. 17.01.2019 – 4 StR 456/18 – NJW 2019, 1623 = NStZ 2019, 263 = StV 2021, 101 (Anm. Putzke/Putzke ZJS 2019, 237).

Der rechtswidrige Angriff des B auf das Eigentum des G war nach dem Zusammenstoß der Fahrzeuge beendet und mithin nicht mehr gegenwärtig. Insofern war der Angriff des G durch Verfolgung (Willensfreiheit) und Schläge (körperliche Integrität) seinerseits nicht durch Notwehr gerechtfertigt, sondern rechtswidrig, so dass sich B grundsätzlich zur Wehr setzen durfte. Fraglich ist, ob das vorhergegangene Verhalten des B als Notwehrprovokation im Rahmen der Gebotenheit zu berücksichtigen ist.

Beispiel 232

BGH U. v. 21.03.1996 – 5 StR 432/95 (Zugabteil) – BGHSt 42, 97 = NJW 1996, 2315 = NStZ 1996, 380 = StV 1997, 296 (Anm. Roxin, Höchstrichterliche Rspr. AT, 1998, Nr. 20; Puppe, AT, 4. Aufl. 2019, § 12 Rn. 20 ff.; Kaspar/Reinbacher, Casebook AT, 2020, Fall 8; Lesch JA 1996, 833; Krack JR 1996, 468; Otto JK 1997 StGB § 32/22; Martin JuS 1997, 177; Kühl StV 1997, 298):

Der damals 54 Jahre alte B benutzte am Nachmittag des 07.12.1993 für die Heimfahrt von der Arbeit einen Eilzug, der die Strecke von Hamburg nach B., dem Wohnort des B, in 24 Minuten zurücklegt. B fuhr in einem Abteil der 1. Wagenklasse. Der Zug war überfüllt; Fahrgäste, die in der 2. Klasse keinen Sitzplatz gefunden hatten, standen auf dem Gang vor der Tür des Abteils, in dem der B am Fenster saß. In diesem Abteil befand sich außer B nur der 19 oder 24 Jahre alte G. Dieser saß an der Tür zum Gang. Als nach dem Zwischenhalt in Hamburg-Harburg die Fahrkarten kontrolliert wurden, kaufte G eine Fahrkarte für die 2. Klasse. Er verließ auf Aufforderung des Kontrolleurs das Abteil, kehrte jedoch kurz darauf an seinen alten Platz zurück. Er war durch Alkohol leicht bis mittelgradig berauscht und hatte eine geöffnete Bierdose bei sich; Biergeruch breitete sich im Abteil aus. B wollte allein in dem Abteil sein; er fühlte sich von G gestört. Er entschloss sich, ihn mit Kaltluft aus dem Abteil „herauszuekeln". Er öffnete das Fenster. G, der am Oberkörper mit einer Jacke und darunter mit drei T-Shirts und einem Hemd bekleidet war, fror, stand auf und machte das Fenster zu. B öffnete erneut das Fenster, das sodann wieder von G geschlossen wurde. Dieser Vorgang wiederholte sich weiterhin, wobei es zu einem Wortstreit kam, bei dem G immer lauter wurde. Nachdem B das Fenster zum dritten Mal geöffnet hatte, drohte G, der das Fenster abermals zumachte, dem B mit erhobener Faust Schläge für den Fall an, dass das Fenster noch einmal geöffnet würde. B zog aus der Tasche seiner links neben ihm hängenden Jacke ein Fahrtenmesser etwas aus der Scheide heraus, so dass die Klinge sichtbar wurde. Er wollte G zeigen, dass ihm ein Messer zur Verteidigung gegen Tätlichkeiten zur Verfügung stehe. B nahm an, dass G das Messer sah; ob es sich wirklich so verhielt, ist ungeklärt. Das Abteil wurde von innen nur durch die Notbeleuchtung erhellt. Doch fiel aus dem Gang, in dem man lesen konnte, durch die von Vorhängen nicht oder nur zum kleinen Teil bedeckten Fenster Licht in das Abteil; Licht kam auch durch die Außenfenster, weil der Zug, der sich dem Wohnort des B näherte, an immer mehr beleuchteten Häusern und Lichtquellen vorbeifuhr. In der Annahme, das Messer werde G von Tätlichkeiten abschrecken, machte B erneut das Fenster auf; anschließend nahm er wieder seine halb liegende Position ein, bei der sich seine

B. Rechtfertigungsgründe

Beine auf dem gegenüberliegenden Sitz befanden. Nun sprang G auf. Er ging auf B zu, um seine Drohung wahr zu machen und ihm Faustschläge zu versetzen. G fasste mit beiden Händen in das Gesicht des B. Dieser hatte den Eindruck, G wolle ihm „an den Hals gehen". B hatte – nicht ausschließbar – keine Zeit mehr zum Aufstehen. Er holte sein Fahrtenmesser aus der neben ihm hängenden Jacke und stach damit dem über ihn gebeugten G ungezielt in einer Aufwärtsbewegung acht bis zehn Zentimeter tief in den Oberbauch. G wich sodann etwas zurück. B konnte nunmehr aufstehen. Zwischen ihm und G kam es innerhalb des Abteils zu einem Kampf. Dabei stach B mit dem Fahrtenmesser fünf bis sechs Zentimeter tief in den Nacken des G; auch fügte er G zwei Schnittverletzungen am Hinterkopf zu. Ferner versetzte der B dem G einen Boxhieb in die Magengegend. G wollte sich in den Besitz des Messers setzen; denn er wollte entweder weitere Stiche von sich abwenden oder aus Wut über die Verletzung selbst mit dem Messer kämpfen. B wollte das Messer behalten und sich dem fortdauernden Angriff des G widersetzen. Schließlich stürzten beide auf den Sitz an der Abteiltür. G verletzte sich die Hand, als er den Arm des über ihm befindlichen B nach oben drückte und dabei in das Messer griff, das B noch immer in der Hand hatte. G ist am späten Abend desselben Tages an den Folgen des Stiches in den Oberbauch gestorben. ◄

Die Eskalation der Situation geht darauf zurück, dass B versuchte, durch das Öffnen des Abteilfensters den G zum Verlassen des Abteils zu bewegen. Dabei handelt es sich allerdings um eine völlig sozialübliche Handlung, während die erste rechtswidrige Handlung die Androhung von Schlägen seitens des G gewesen sein dürfte. Im Rahmen der Rechtfertigung des B ist folglich zu erörtern, ob seine bewusst provozierende, aber rechtmäßige und sozialübliche Auftakthandlung als Notwehrprovokation angesehen werden muss.

Zunächst ist zu beachten, dass nach h. M. eine i. R. d. Gebotenheit relevante Provokation bereits dann vorliegt, wenn ein **sozialethisch zu missbilligendes** Vorverhalten vorliegt.[117] Eine Strafbarkeit der Provokationshandlung sei dann nicht erforderlich – z. B. ist eine fahrlässige Sachbeschädigung nicht strafbar –, nicht einmal Rechtswidrigkeit sei nötig (vgl. das Öffnen eines Fensters). Ein Angriff sei schon dann verständlich, wenn er sich als adäquate und voraussehbare Folge der Pflichtverletzung des Angegriffenen darstellt.

Freilich ist dies zu **kritisieren**, sofern das Vorverhalten des Verteidigers rechtmäßig war:[118] Adäquate Folge eines nur sozialethisch, nicht aber rechtlich missbilligten Vorverhaltens kann nur ein sozialethisch, nicht aber ein rechtlich missbilligter Angriff sein (sonst handelt es sich um eine nicht gutzuheißende Eskalation). Da es um eine straftatbestandsmäßige Reaktion geht, ist sogar ein **strafrechtswidriges Vorverhalten** erforderlich, um von einer adäquaten Reaktion sprechen zu können.

---

[117] Fischer, StGB, 68. Aufl. 2021, § 32 Rn. 44; aus der Rspr. vgl. zuletzt BGH U. v. 17.01.2019 – 4 StR 456/18 – NJW 2019, 1623 = NStZ 2019, 263 = StV 2021, 101 (Anm. Putzke/Putzke ZJS 2019, 237).

[118] Hoyer, in: SK-StGB, 9. Aufl. 2017, § 32 Rn. 88.

49 Ferner ist zwischen Vorverhalten und Notwehrsituation ein enger zeitlicher und adäquater **Zusammenhang** erforderlich.[119]

Umstritten ist nun, ob und wie eine derartige Provokation das Notwehrrecht einschränkt.[120] Z. T.[121] wird jede Einschränkung abgelehnt und auf die Selbstverantwortung des Angreifers verwiesen. Das Recht verlange, dass der Provozierte der Provokation widerstehe.

Zu demselben Ergebnis kommt zunächst die Lehre von der *actio illicita in causa*[122] *(a.i.i.c.)*: Hiernach bleibe es bei der Rechtfertigung, aber der Täter unterliege einer Haftung für die Verursachung der Notwehrlage, so dass bei vorsätzlicher Provokation die Strafbarkeit nach der Vorsatztat (z. B. § 212 StGB), bei fahrlässiger Provokation eine Fahrlässigkeitsstrafbarkeit (z. B. § 222 StGB) gegeben sei.[123]

Die h. M.[124] differenziert wie folgt: Bei Absichtsprovokation sei die Verteidigung nicht geboten, i. Ü. gelte eine sog. **Drei-Stufen-Lehre**. Der Verteidiger habe zunächst auszuweichen; gelinge dies nicht, so stehe ihm zunächst nur Schutzwehr zu; nur, wenn auch Schutzwehr zur Abwehr des Angriffs nicht ausreicht, bleibe dem Verteidiger die Trutzwehr, d. h. ein Gegenangriff auf den Angreifer.

Die Lösung der h. M. führt zum einen zu einer Rechtsunsicherheit bzgl. der dem Verteidiger konkret zugebilligten Verteidigung, zum anderen billigt sie zu weitgehend sich aufschaukelnde Eskalationen (und das, was erst recht zu kritisieren ist, s. o., sogar bei rechtlich nicht missbilligten Provokationen): Selbst bei Absichtsprovokation ist die Verantwortlichkeit für die tatbestandsmäßige Handlung nämlich nicht nur auf einer Seite anzusiedeln: Der Provokateur enttäuscht durch seine – (straf-)rechtswidrige – Provokationshandlung das berechtigte Vertrauen des Provozierten in die schützende Wirkung des staatlichen Gewaltmonopols. Insofern liegt im Verhalten beider Seiten eine wechselseitige Enttäuschung des Vertrauens; beide können sich ggü. der Rechtsordnung darauf berufen, so dass die Rechtsordnung nicht für eine Seite Partei ergreifen darf, sondern neutral abwägen muss. Selbst bei absichtlicher Provokation passt ein vollständiges Verwirken weniger zu dieser Sachlage als der Gedanken einer Verhältnismäßigkeitsprüfung ähnlich § 228 BGB; der Absichtsprovokateur darf den vom Angreifer begangenen Normbruch nicht weiter eskalieren.[125] Dem absichtslosen, also weniger vorwerfbar agierenden Provoka-

---

[119] Fischer, StGB, 68. Aufl. 2021, § 32 Rn. 44; aus der Rspr. vgl. zuletzt BGH B. v. 17.06.2020 – 4 StR 658/19 – NStZ 2021, 93 = StV 2021, 98 (Anm. RÜ 2020, 779; Mitsch NStZ 2021, 95); BGH B. v. 19.08.2020 – 1 StR 248/20 – StV 2021, 97 (Anm. famos 12/2020; Nestler Jura 2021, 341).
[120] S. o.
[121] Z. B. Paeffgen/Zabel, in: NK-StGB, 5. Aufl. 2017, vor § 32 Rn. 147.
[122] S. Kindhäuser/Hilgendorf, LPK, 8. Aufl. 2019, § 32 Rn. 61 f.
[123] Der Sache nach auch BGH U. v. 22.11.2000 – 3 StR 331/00 – NJW 2001, 1075 = NStZ 2001, 143 = StV 2001, 568 (Anm. Puppe, AT, 4. Aufl. 2019, § 15 Rn. 19 ff.; Engländer Jura 2001, 534; Utsumi Jura 2001, 538; Heuchemer JA-R 2001, 81; Martin JuS 2001, 512; Mitsch JuS 2001, 751; LL 2001, 409; RÜ 2001, 78; RA 2001, 170; famos 3/2001; Eisele NStZ 2001, 416; Jäger JR 2001, 512; Roxin JZ 2001, 667).
[124] S. B. Heinrich, AT, 6. Aufl. 2019, Rn. 373 ff.
[125] Hoyer, in: SK-StGB, 9. Aufl. 2017, § 32 Rn. 84 ff.

teur hingegen kann ein gewisses Maß der Eskalation i. R. d. Verteidigung zugebilligt werden.[126]

Die Lehre von der *a.i.i.c* zeigt im Übrigen zutreffend auf, dass ein mittelbares Vorverhalten ein tauglicher Anknüpfungspunkt sein kann, freilich vorbehaltlich der tatbestandsmäßigen Voraussetzungen (v. a. unerlaubte Gefahrschaffung und Verwirklichung derselben im Erfolg).

Zu keiner Einschränkung der Gebotenheit kommt es nach h. M. bei der – eher missverständlich – sog. **Abwehrprovokation**,[127] wenn der Täter sich in der Erwartung eines Angriffs schwerer, als es zur Abwehr nötig wäre, bewaffnet. Maßgeblich bleibt allein die Erforderlichkeit im Zeitpunkt der Verteidigungshandlung. **50**

(5) „Zu Recht" Erpresste

Problematisch ist, ob die Notwehr eines wegen einer von diesem begangenen Straftat Erpressten gegen die Erpressung beschränkt ist.[128] **51**

Beispiel 233

BGH U. v. 12.02.2003 – 1 StR 403/02 – BGHSt 48, 207 = NJW 2003, 1955 = NStZ 2003, 425 = StV 2003, 557 (Anm. **Trüg** JA 2003, 272; **Martin** JuS 2003, 716; LL 2003, 630; RÜ 2003, 265; RA 2003, 399; famos 5/2003; **Schneider** NStZ 2003, 428; **Roxin** JZ 2003, 966; **Geppert** JK 2004 StGB § 211/41; **Bürger** JA 2004, 298; **Bendermacher** JR 2004, 301; **Quentin** NStZ 2005, 128):

G hatte dem B in Teilbeträgen 6.000 DM abgepresst. Er hatte ihm gedroht, ihm im Nichtzahlungsfalle wegen seines Handels mit sog. Raubkopien von CDs Schwierigkeiten bei der Polizei zu bereiten und ihn von Freunden zusammenschlagen zu lassen. Beide waren miteinander bekannt und hatten oft persönlichen Kontakt. Als B am Tattage morgens G in dessen Wohnung besuchte, verlangte dieser weitere 1.000 DM. G drohte ihm erneut mit einer Anzeige wegen seiner illegalen Geschäfte. Um den B zur Zahlung zu veranlassen, rief G über die Notrufnummer die Polizei an, um „einen Termin" zu vereinbaren. Er kündigte überdies an, er werde mit Freunden das Geld von ihm eintreiben. B ließ sich jedoch nicht zur Zahlung

---

[126] Hoyer schlägt vor, dass der absichtslose Provokateur genau in dem Maße eskalieren darf, in dem der Angreifer ihm zuvor gegenüber der Provokationshandlung eskaliert hat, Hoyer, in: SK-StGB, 9. Aufl. 2017, § 32 Rn. 94.
[127] Hierzu Erb, in: MK-StGB, 4. Aufl. 2020, § 32 Rn. 236; näher Küpper JA 2001, 438; aus der Rspr. vgl. BGH U. v. 09.08.2005 – 1 StR 99/05 – NStZ 2006, 152 (Anm. RÜ 2005, 537; Satzger JK 2006 StGB § 32/29).
[128] Hierzu Fischer, StGB, 68. Aufl. 2021, § 32 Rn. 43; näher Haug MDR 1964, 548; Arzt MDR 1965, 344; Baumann MDR 1965, 346; Amelung GA 1982, 381; Eggert NStZ 2001, 225; Arzt JZ 2001, 1052; Widmaier NJW 2003, 2788; Kaspar GA 2007, 36; Kretschmer StraFo 2009, 189; zur Schweigegelderpressung (Chantage) auch Amelung GA 1982, 381; Krause FS Spendel 1992, 547; Müller NStZ 1993, 366; Novoselec NStZ 1997, 218; Amelung NStZ 1998, 70.
[129] Hierzu Joecks/Jäger, StGB, 13. Aufl. 2021, Rn. 45; näher Schaffstein MDR 1952, 132; Krause GA 1979, 329; Krause GS Hilde Kaufmann 1986, 673; aus der Rspr. vgl. zuletzt OLG Düsseldorf U. v. 02.06.2016 – III-1 Ws 63/16 (Anm. RÜ 2016, 637; famos 12/2016; Eisele JuS 2017, 81; Staudinger jurisPR-StrafR 26/2016 Anm. 4); BGH B. v. 07.12.2017 – 2 StR 252/17 – NStZ-RR

bewegen und verließ schließlich die Wohnung des G. Abends suchte G den B in Begleitung des Z in dessen Wohnung auf. B ließ beide ein. Während Z Proviant und eine Flasche Wodka besorgte, stritten B und G lautstark miteinander. G hielt dem B vor, dass er seit drei Jahren von Sozialhilfe lebe und daneben illegal CDs verkaufe. Er forderte nunmehr vom B die Zahlung von 5.000 DM. Nach Rückkehr des Z tranken die drei Anwesenden schließlich – am Wohnzimmertisch sitzend – drei Viertel des Inhalts einer Flasche Wodka, der B indessen lediglich etwa 0,2 cl. Als B auch auf die erneute, nun höhere Forderung des G nicht einging und diese ablehnte, drohte G, die Wohnzimmereinrichtung zu zerstören. B bot G darauf die Übergabe von 1.200 DM an, die er in der Wohnung habe. Dies war G jedoch zu wenig; er bestand auf der Zahlung von 5.000 DM und drohte im weiteren Verlauf erneut mit Polizei und Finanzamt sowie der Zerstörung der Sachen in der Wohnung oder aber der Mitnahme von Gegenständen im Wert von 5.000 DM. Schließlich begann G, gegen die CD-Sammlung des B zu treten. B erklärte sich daraufhin bereit, den geforderten Betrag zu zahlen, wenn G seine Sachen in Ruhe ließe. Er ging ins Badezimmer seiner „Einraumwohnung mit offenem Küchenbereich" und holte dort eine Plastiktüte aus einem Versteck, in der sich 5.000 DM und 500 US-Dollar befanden. Zurück im Wohnzimmer überließ er Z die Tüte. Man vermochte nicht zu klären, ob Z dem B die Tüte aus der Hand riss oder ob der B sie an Z übergab. G stand zu diesem Zeitpunkt mit den Händen in den Hosentaschen im Wohnzimmer. Völlig überraschend für ihn, der „keinerlei Angriff erwartete", trat B hinter ihn, um ihn zu töten. Er war wütend darüber, dass G ihm das angesparte Geld wegnehmen wollte; er mochte sich von G nicht seine Existenz zerstören lassen. Blitzschnell riss er den Kopf des G zurück, schlug ihm mehrfach auf denselben und schnitt mit einem aus der Hosentasche gezogenen feststehenden, einseitig geschliffenen Küchenmesser mit einer Klingenlänge von 5,8 cm sofort mehrfach von links nach rechts durch den Hals. Dabei fügte er G mehrere bis auf die Wirbelsäule reichende Schnittverletzungen zu. G brach zusammen und verstarb umgehend. ◄

> **§ 253 I, II StGB (Erpressung)**
> (1) Wer einen Menschen rechtswidrig mit Gewalt oder durch Drohung mit einem empfindlichen Übel zu einer Handlung, Duldung oder Unterlassung nötigt und dadurch dem Vermögen des Genötigten oder eines anderen Nachteil zufügt, um sich oder einen Dritten zu Unrecht zu bereichern, wird mit Freiheitsstrafe bis zu fünf Jahren oder mit Geldstrafe bestraft.
> (2) Rechtswidrig ist die Tat, wenn die Anwendung der Gewalt oder die Androhung des Übels zu dem angestrebten Zweck als verwerflich anzusehen ist.

2018, 170 = StV 2018, 733; BGH B. v. 21.11.2019 – 4 StR 166/19 – NStZ 2020, 725 (Anm. Eisele JuS 2020, 985; Rückert NStZ 2020, 726; Erb JR 2021, 44).

B. Rechtfertigungsgründe

Bei gegebener Erforderlichkeit der Verteidigung ist richtigerweise die Notwehr nicht mangels Gebotenheit zu verneinen. Es gibt keinen rechtsfreien Raum zwischen Straftätern. Das rechtswidrige Verhalten des Erpressers (§ 253 StGB) wird nicht durch die Vortat des Erpressten legitimiert; auch ein Erpresster, der seine Erpressbarkeit unerlaubt herbeigeführt hat, besitzt noch die Fähigkeit, die Rechtsordnung zu verteidigen (eigene Rechtsgüter ohnehin). Konsequenterweise sollte das Vorliegen eines rechtswidrigen Angriffs nicht durch eine sozialethische Einschränkung konterkariert werden.

(6) Angriffe von schuldlos Handelnden und schuldlos Irrenden
Die v. a. für die Notwehrprovokation als Fallgruppe der Gebotenheit entwickelte Drei-Stufen-Lehre der h. M. soll auch dann Anwendung, wenn der Angriff von schuldlos Handelnden oder schuldlos Irrenden ausgeht.[129] Der Angegriffene muss ausweichen, sofern ihm dies ohne eigene Gefährdung möglich ist; Schutzwehr geht vor Trutzwehr; bei Irrtum muss sich der Verteidiger zunächst um Aufklärung bemühen. 52

Beispiel 234

Ein stark alkoholisierter Mann schlug ziellos um sich und drohte den B zu treffen. ◄

Richtigerweise liegt bei restriktiver Handhabung des rechtswidrigen Angriffs in solchen Fällen bereits keine Notwehrlage vor (s. o.), so dass nur ggf. § 34 StGB in Betracht kommt.[130]

(7) Nahestehende Angreifer (enge persönliche Beziehungen)

▶ Didaktische Aufsätze:

- Zieschang, Einschränkung des Notwehrrechts bei engen persönlichen Beziehungen, Jura 2003, 527
- Kretschmer, Notwehr (§ 32 StGB) und Unterlassen (§ 13 StGB) – eine wechselseitige Beziehung zweier Rechtsfiguren, JA 2015, 589
- Mitsch, Nahestehende Personen im Allgemeinen Teil des Strafrechts, Jura 2021, 136

Die Drei-Stufen-Lehre soll auch dann gelten, wenn zwischen Angreifer und Angegriffenem ein Näheverhältnis besteht, welches gegenseitige Rücksichtnahme-, Fürsorge- und Solidaritätspflichten beinhaltet[131] (insbesondere sog. Garantenverhältnisse i. S. d. § 13 StGB). Diese überlagerten dann das Rechtsbewährungsinteresse. 53

---

[130] S. auch Hoyer, in: SK-StGB, 9. Aufl. 2017, § 32 Rn. 76.
[131] Hierzu Joecks/Jäger, StGB, 13. Aufl. 2021, § 32 Rn. 48 ff.; näher Engels GA 1982, 109; Schroth NJW 1984, 2562; Wohlers JZ 1999, 434; Zieschang Jura 2003, 527; Kretschmer JR 2008, 51; Kretschmer JA 2015, 589; Mitsch Jura 2021, 136; aus der Rspr. vgl. zuletzt BGH U. v. 25.03.2014 – 1 StR 630/13 – NStZ 2014, 451 (Anm. Hecker JuS 2014, 946; RÜ 2014, 369); BGH B. v.

Der Verteidiger müsse ggf. auch das mildere, aber weniger sichere Mittel nehmen; wenn möglich, müsse er ausweichen.

> **Beispiel 235**
>
> **BGH U. v. 11.01.1984 – 2 StR 541/83 – NJW 1984, 986 = NStZ 1984, 214 = StV 1984, 200 (Anm. Geilen JK 1984 StGB § 32/7; Sonnen JA 1984, 439; Hassemer JuS 1984, 563; Spendel JZ 1984, 507; Loos JuS 1985, 859; Montenbruck JR 1985, 115):**
>
> B tötete am 17.04.1982 ihren Ehemann G mit einem Messerstich. Die Ehe war seit einiger Zeit mit Schwierigkeiten der verschiedensten Art belastet. G hatte sich anderen Frauen zugewandt, es hatte Rauschgift- und Alkoholprobleme sowie Geldschwierigkeiten gegeben. Zwischen B und G war es zu wiederholten Auseinandersetzungen und Tätlichkeiten gekommen. Anfang des Jahres 1982 hatte B deshalb G verlassen und einige Wochen mit dessen Freund Z zusammengelebt, war dann jedoch zu ihrem Mann und ihrem Kind zurückgekehrt. Sie war in dieser Zeit schwanger. Wegen der weiterhin bestehenden Schwierigkeiten und Auseinandersetzungen, bei denen es auch um die Verwendung des Familieneinkommens ging, hielt B Ersparnisse in Höhe von 300 DM vor G im Schlafzimmer versteckt. Am Spätnachmittag des 17.04.1982 gab es erneut Streit zwischen den Eheleuten, weil G von diesem Geld 100 DM an sich nahm und damit die Wohnung verließ. Eine Stunde später kam er zurück und forderte die B auf, den Rest ihrer Ersparnisse herauszugeben, durchwühlte verschiedene Behältnisse im Schlafzimmer, fand die restlichen 200 DM und wollte damit erneut die Wohnung verlassen. B suchte das zu verhindern, schloss die Wohnungstür ab und steckte den Schlüssel in ihre Hosentasche. Sie glaubte, G habe für die 100 DM Rauschgift gekauft und sich dieses injiziert, auch hielt sie ihn für angetrunken. Zwischen den Eheleuten entwickelte sich eine lautstarke Auseinandersetzung, die der gemeinsame Freund H zunächst zu schlichten versuchte. Während dieser dann aber im Wohnzimmer einer Fernsehsendung zusah, stritten die Eheleute in der Küche weiter. G forderte wiederholt die Herausgabe des Schlüssels, schlug B und stieß sie gegen ein Möbelstück; sie trat auf ihn ein. Schließlich ergriff sie ein auf der Spüle liegendes Küchenmesser und richtete es drohend gegen ihren Mann. Dieser rief ihr wiederholt zu: „Du tust es ja doch nicht, Du liebst mich ja" und holte erneut zu einem Schlag aus. B hielt sich daraufhin die linke Hand zur Abwehr vor das Gesicht, stieß mit dem Messer zu und traf ihren Ehemann ins Herz. ◀

Zwischen Ehegatten besteht zumindest dahingehend ein gegenseitiges Garantenverhältnis nach § 13 I StGB, dass sie für den Schutz des jeweils anderen rechtlich einzustehen haben.

Anders als die frühere Rspr. ist die heute h. M. immerhin wesentlich zurückhaltender bei den Einschränkungen, insbesondere bzgl. Ehegatten und zwar erst recht,

---

12.04.2016 – 2 StR 523/15 – NStZ 2016, 526 = StV 2018, 725 (Anm. Bosch Jura 2016, 1223; Hecker JuS 2016, 1036; RÜ 2016, 504; Engländer NStZ 2016, 527); BGH U. v. 01.06.2016 – 1 StR 597/15 – NStZ-RR 2016, 272.

B. Rechtfertigungsgründe 393

wenn die Ehe zerrüttet ist.[132] Keinesfalls folgt aus einer z. B. Ehegattenstellung eine Pflicht zur Duldung auch nur leichter Verletzungen, auch nicht bei früherer Duldung von Misshandlungen. Aber auch darüber hinaus ist es zweifelhaft, das Notwehrrecht bei derartigen Angriffen bzw. Angreifern zu beschränken:[133] Das Vertrauen desjenigen, dem die Rechtsordnung Schutzpflichten aufbürdet, in eben diese Rechtsordnung, wird bei einem Angriff des Nähepartners besonders erschüttert, ist doch der Verpflichtete bei Ausübung seiner Pflicht besonders auf den Schutz durch das staatliche Gewaltmonopol angewiesen.

(8) Verstoß gegen die Menschenwürde, Art. 1 GG, insbesondere: Folter

▶ Didaktische Aufsätze:

- Jerouschek, Gefahrenabwendungsfolter – Rechtsstaatliches Tabu oder polizeilich legitimierter Zwangseinsatz?, JuS 2005, 296
- Norouzi, Folter in Nothilfe – geboten?!, JA 2005, 306
- Erb, Nothilfe durch Folter, Jura 2005, 24
- Fahl, Neue sozialethische Einschränkung der Notwehr: Folter, Jura 2007, 743
- Jäger, Folter und Flugzeugabschuss – rechtsstaatliche Tabubrüche oder rechtsguterhaltende Notwendigkeit?, JA 2008, 678

Die Menschenwürdegarantie des Art. 1 GG bindet zum einen alle staatlichen Akteure (Amtsträger), die sie „achten" müssen, woraus angesichts der Unantastbarkeit folgt, dass eine verfassungs- aber auch strafrechtliche Rechtfertigung menschenwürdewidrigen Verhaltens nicht möglich ist; zum anderen entfaltet die Menschenwürde aber auch eine sog. Drittwirkung auf das Handeln von Privatpersonen bzw. den staatlichen Umgang mit deren Handeln (der Staat muss die Menschwürde „schützen"), so dass auch insofern eine gegen die Menschenwürde verstoßende Verteidigung nicht durch § 32 StGB zu rechtfertigen ist.[134]

54

> **Art. 1 I GG**
> Die Würde des Menschen ist unantastbar. Sie zu achten und zu schützen ist Verpflichtung aller staatlichen Gewalt.

Problematisch wird dies aber dann, wenn eine Pattsituation[135] dahingehend vorliegt, dass sowohl auf Seiten des Angreifers als auch auf Seiten des Verteidigers ein

---

[132] S. B. Heinrich, AT, 6. Aufl. 2019, Rn. 381.
[133] Hoyer, in: SK-StGB, 9. Aufl. 2017, § 32 Rn. 97 ff.
[134] Näher Hoyer, in: SK-StGB, 9. Aufl. 2017, § 32 Rn. 109 ff.
[135] Zu tragischen Dilemmata im Strafrecht Schünemann GA 2020, 2.

Menschenwürdeverstoß anzunehmen ist. Diskutiert wird insbesondere eine Notwehr i. F. d. Nothilfe unter Einsatz von Folter.

Beispiel 236

LG Frankfurt U. v. 20.12.2004 – 5/27 KLs 7570 Js 203814/03 (4/04) (Daschner/Gäfgen/von Metzler) – NJW 2005, 692 (Anm. Ellbogen Jura 2005, 339; Kudlich JuS 2005, 376; LL 2005, 238; RÜ 2005, 258; RA 2005, 222; Götz NJW 2005, 953; Erb NStZ 2005, 593; Braum KritV 2005, 283):
Z hatte einen elfjährigen Jungen in seine Gewalt gebracht und getötet, um von der Familie des – bereits toten – Kindes ein Lösegeld zu erpressen. Nachdem Z drei Tage nach der Entführung bei der Abholung des Geldes beobachtet und später festgenommen worden war, konzentrierten sich die polizeilichen Ermittlungen zunächst auf die Feststellung des Aufenthaltsorts des Opfers; es wurde vorläufig davon ausgegangen, dass das Kind noch am Leben sei und in einem Versteck festgehalten werde. Während der Zeit der Vernehmung des Z fand die Polizei in dessen Wohnung einen wesentlichen Teil des Lösegeldes und einen Zettel, auf dem Einzelheiten der Tatvorbereitung aufgeschrieben waren. Diese Funde ergaben, dass Z als Allein- oder Mittäter der Entführung dringend verdächtig war. Da Z durch sein Aussageverhalten die behördlichen Nachforschungen mehrfach bewusst fehlgeleitet hatte, wies B1 den B2 an, bei der weiteren Befragung des Z diesem mit dem Einsatz physischen Zwangs zu drohen, um Z zur Preisgabe des Verstecks zu veranlassen. B1 war damals stellvertretender Behördenleiter des im Übrigen zuständigen urlaubsabwesenden Polizeipräsidenten, B2 leitete als „amtierender Leiter K 12" den in die Untersuchungen eingebundenen Unterabschnitt „Allgemeine Ermittlungen". B1 und B2 wussten, dass die Beweislage nicht sicher und insbesondere noch ungeklärt war, ob neben Z Mittäter existierten, die über das Schicksal des Kindes mitbestimmten. Weiterhin konnte eine sichere Überzeugung, dass Z bei seinen Äußerungen zu einem angeblichen Versteck wiederum gelogen hat, zu diesem Zeitpunkt aus den Ermittlungsergebnissen nicht hergeleitet werden. B1 und B2 wussten auch, dass ein von den beteiligten Abschnittsleitern erarbeiteter Stufenplan mit verschiedenen Maßnahmen – unter anderem einer Konfrontation des Z mit Angehörigen der Familie des Opfers – nicht von vornherein aussichtslos war. Über seine Anordnung und das weitere Geschehen fertigte B1 einen schriftlichen Vermerk an, in dem es unter anderem heißt:
„Am 30.09.2002, gegen 22.45 Uhr, teilte mir B2 mit, dass der Tatverdächtige Z weiterhin keine Angaben zum Verbleib des vermissten Kindes gemacht habe. Für den Fall der weiteren Weigerung habe ich die Anwendung unmittelbaren Zwangs angeordnet. Nach Sachlage ist davon auszugehen, dass sich das Kind, sofern es noch am Leben ist, in akuter Lebensgefahr befindet (Entzug von Nahrung und Flüssigkeit, Außentemperatur).
Am 01.10.2002 um 06.15 Uhr teilte mir B2 mit, dass Z mittlerweile freiwillig ausgesagt habe. Nach seinen Angaben seien weitere Tatverdächtige festgenommen und Wohnungen – ohne Erfolg – durchsucht worden. Angeblich werde das Kind in einer Hütte am Langener Waldsee festgehalten. Dort werden zurzeit

mehrere Hundertschaften zusammengezogen. Wegen des ausgedehnten Geländes und fehlender Eingrenzungsmöglichkeiten ist mit einer langen Suchaktion zu rechnen.
Der Vernehmungsbeamte des Z sei der Ansicht, dass dieser die Wahrheit gesagt habe. Im Gegensatz dazu vertrete der Polizeipsychologe die Auffassung, dass es sich um ein Lügengebäude handele.
Zur Rettung des Lebens des entführten Kindes habe ich angeordnet, dass Z nach vorheriger Androhung
unter ärztlicher Aufsicht
durch Zufügung von Schmerzen (keine Verletzungen)
erneut zu befragen ist. Die Feststellung des Aufenthaltsorts des entführten Kindes duldet keinen Aufschub; insoweit besteht für die Polizei die Pflicht, im Rahmen der Verhältnismäßigkeit alle Maßnahmen zu ergreifen, um das Leben des Kindes zu retten. Die Befragung des Z dient nicht der Aufklärung der Straftat, sondern ausschließlich der Rettung des Lebens des entführten Kindes.
B2 wurde angewiesen, den Z auf die bevorstehende Verfahrensweise vorzubereiten.
Um 08.25 Uhr teilte B2 mit, dass Z ‚im Konjunktiv' eingeräumt habe, dass das Kind tot sei. Später ergänzte er diese Aussage durch den Hinweis auf eine Hütte im Bereich des Langener Waldsees und den Fundort der Leiche bei Birstein. Durch das inzwischen abgelegte Geständnis war die Maßnahme entbehrlich." ◀

Nach ganz h. M. kommt eine Rechtfertigung sog. Rettungsfolter und entsprechender Drohungen mangels Gebotenheit nicht in Betracht.[136]
Zwar ist angesichts des Rechtsgüterschutzes des Angegriffenen verständlich, dass in der Literatur nach Möglichkeiten gesucht wird, den Folternden unter bestimmten Voraussetzungen aus der strafrechtlichen Verantwortung zu nehmen.[137]
Allerdings folgt aus den Art. 1 I, 104 I 2 GG, § 136a StPO, polizeirechtlichen Vorschriften sowie den Art. 3 (vgl. auch 15 II) EMRK, 7 IPBPR und der UN-Anti-Folter-Konvention ein umfassendes Folterverbot, welches jedenfalls zur mangelnden Gebotenheit i. R. d. § 32 I StGB führt. Zwar richten sich die genannten

---

[136] Hierzu Joecks/Jäger, StGB, 13. Aufl. 2021, § 32 Rn. 61 ff.; näher Brugger JZ 2000, 165; Merten JR 2003, 404; Jerouschek/Kölbel JZ 2003, 613; Kinzig ZStW 2003, 791; Fahl JR 2004, 182; Hilgendorf JZ 2004, 331; Neuhaus GA 2004, 521; Saliger ZStW 2004, 35; Jahn KritV 2004, 24; Lüderssen FS Rudolphi 2004, 691; Lisken FS Tondorf 2004, 211; Perron FS Weber 2004, 143; Erb Jura 2005, 24; Norouzi JA 2005, 306; Jerouschek JuS 2005, 296; Herzberg JZ 2005, 321; Roxin FS Eser 2005, 461; Joerden FS Hruschka 2005, 495; Roxin FS Nehm 2006, 205; Fahl Jura 2007, 743; Greco GA 2007, 628; Merkel FS Jakobs 2007, 375; Gössel FS Otto 2007, 41; Seebode FS Otto 2007, 999; Jäger JA 2008, 678; Prittwitz FS Herzberg 2008, 515; Jäger FS Herzberg 2008, 539; Erb FS Seebode 2008, 99; Spinellis FS Seebode 2008, 387; Ambos ZStW 2010, 504; Eser FS Hassemer 2010, 713; Ambos FS Loos 2010, 5; Fahl JR 2011, 338; Kargl FS Puppe 2011, 1163; Gómez Navajas FS Roxin 2011, 627; Mitsch FS Roxin 2011, 639; Amelung JR 2012, 18; Greve ZIS 2014, 236; Hoven ZIS 2021, 115.
[137] Kühl, AT, 8. Aufl. 2017, § 7 Rn. 156a.

Vorschriften an den Staat und nicht an den Täter (besonders relevant, wenn kein Amtsträger tätig wird); dieser muss aber bei der Handhabung des Strafrechts seine Bindungen bzgl. des Folterverbots beachten, insbesondere darf er ein die Menschenwürde verletzendes Verhalten nicht strafrechtlich rechtfertigen. Die Motivation der Opferrettung kann mildernd auf der Ebene der Strafzumessung berücksichtigt werden. Die Menschenwürde des Opfers führt nicht dazu, dass die Menschenwürde des Angreifers verletzt werden darf, so unbefriedigend dies im Einzelfall auch ist – es handelt sich bei der Menschenwürde um den Grundwert der deutschen Verfassung.

Verallgemeinernd lässt sich sagen, dass kein Bürger darauf vertrauen darf, dass der Staat ihn unter Verstoß gegen die Menschenwürde anderer unter Einsatz seines Gewaltmonopol beschützt; entsprechend darf kein Verteidiger aus berechtigt enttäuschtem Vertrauen selbst zu einer solchen menschenwürdewidrigen Maßnahme greifen (während er etwa ggf. zur Tötung schreiten dürfte, da das Grundrecht auf Leben nicht unantastbar ist, s. Art. 2 II 2 GG).

(9) Rechtswidrige staatliche Maßnahmen

55 Abgesehen davon, dass bei öffentlich-rechtlichem Handeln eines Amtsträgers auch dann nicht zwingend ein im strafrechtlichen Sinne rechtswidriger Angriff vorliegt, wenn nicht alle öffentlich-rechtlichen Rechtmäßigkeitsvoraussetzungen vorliegen (s. o., sog. strafrechtlicher Rechtmäßigkeitsbegriff), ist auch auf Ebene der Gebotenheit zu berücksichtigen, dass ein sich irrender Amtsträger einen gewissen, erweiterten Schutz gegenüber den Betroffenen genießen soll.

Es fehlt an der Gebotenheit einer Verteidigung, wenn ein Vollstreckungsbeamter nicht offensichtlich bösgläubig oder amtsmissbräuchlich handelt, kein irreparabler Schaden droht und durch die Abwehrhandlung erhebliche Verletzungen des Amtsträgers zu erwarten sind.[138]

Folgt man einer restriktiven Auslegung der sog. Notwehrlage (s. o.) stellt sich die Problematik angesichts der Anforderungen an den rechtswidrigen Angriff ohnehin nicht.

(10) Aufgedrängte Nothilfe

▶ Didaktische Aufsätze:

- Sternberg-Lieben/Sternberg-Lieben, Zur Strafbarkeit der aufgedrängten Nothilfe, JuS 1999, 444
- Kasiske, Begründung und Grenzen der Nothilfe, Jura 2004, 832
- Kaspar, Die Strafbarkeit der aufgedrängten Nothilfe, JuS 2014, 769

---

[138] Hierzu Erb, in: MK-StGB, 4. Aufl. 2020, § 32 Rn. 72 ff.; näher Erb FS Gössel 2002, 217; Bock ZStW 2019, 555; aus der Rspr. vgl. OLG Hamm B. v. 07.05.2009 – 3 Ss 180/09 – NStZ-RR 2009, 271 (Anm. Zimmermann JR 2010, 363).

Bei sog. aufgedrängter Nothilfe[139] greift § 32 StGB nicht, sondern nur bei tatsächlichem oder mutmaßlichem Einverständnis desjenigen, dem der Verteidiger zu Hilfe kommen will, da nur dann die individualistische Komponente der Notwehr betroffen ist. Die Nothilfe ist insofern kein originäres Recht, sondern ein vom tatsächlichen oder mutmaßlichen Willen des Angegriffenen abgeleitetes.[140] Ohnehin handelt es sich ggf. aufgrund Zustimmung des Gefährdeten (nach h. M. Einverständnis oder Einwilligung) nicht um einen rechtswidrigen Angriff.

4. Subjektive Voraussetzungen
Zum (i. E. umstrittenen) subjektiven Rechtfertigungselement s. o. Erforderlich ist Vorsatz bzgl. der objektiven Notwehrvoraussetzungen; insbesondere folgt aus der Verwendung der Worte „um … zu" kein Absichtserfordernis.[141]

II. Rechtfertigender Notstand

1. § 34 StGB

▶ Didaktische Aufsätze:

- Bergmann, Die Grundstruktur des rechtfertigenden Notstandes (§ 34 StGB), JuS 1989, 109
- Zieschang, Der rechtfertigende und der entschuldigende Notstand, JA 2007, 679
- Erb, Der rechtfertigende Notstand, JuS 2010, 17 und 108
- Nestler, Rechtfertigende Notstände – Grundlagen und notstandsfähige Interessen, Jura 2019, 153

a) Aufbau
I. Objektive Voraussetzungen
  1. Sog. Notstandslage: Gegenwärtige Gefahr für Leben, Leib, Freiheit, Ehre, Eigentum oder ein anderes Rechtsgut
     a) Leben, Leib, Freiheit, Ehre, Eigentum oder ein anderes Rechtsgut (sog. notstandsfähiges Rechtsgut)
     b) Gefahr
     c) Gegenwärtig
  2. Sog. Notstandshandlung
     a) Nicht anders abwendbar

---

[139] Hierzu Joecks/Jäger, StGB, 13. Aufl. 2021, § 32 Rn. 52 ff.; näher Seier NJW 1987, 2476; Sternberg-Lieben/Sternberg-Lieben JuS 1999, 444; Kasiske Jura 2004, 832; Kuhlen GA 2008, 282; Kaspar JuS 2014, 769.
[140] Hoyer, in: SK-StGB, 9. Aufl. 2017, § 32 Rn. 125.
[141] S. o.; näher Hoyer, in: SK-StGB, 9. Aufl. 2017, § 32 Rn. 127 ff.

b) Bei Abwägung der widerstreitenden Interessen wesentliches Überwiegen des geschützten Interesses gegenüber dem beeinträchtigten
c) Angemessenes Mittel, § 34 S. 2 StGB

II. Subjektive Voraussetzungen

b) Allgemeines

59 Der rechtfertigende Notstand[142] ist in § 34 StGB normiert.

> **§ 34 StGB (Rechtfertigender Notstand)**
> Wer in einer gegenwärtigen, nicht anders abwendbaren Gefahr für Leben, Leib, Freiheit, Ehre, Eigentum oder ein anderes Rechtsgut eine Tat begeht, um die Gefahr von sich oder einem anderen abzuwenden, handelt nicht rechtswidrig, wenn bei Abwägung der widerstreitenden Interessen, namentlich der betroffenen Rechtsgüter und des Grades der ihnen drohenden Gefahren, das geschützte Interesse das beeinträchtigte wesentlich überwiegt. Dies gilt jedoch nur, soweit die Tat ein angemessenes Mittel ist, die Gefahr abzuwenden.

Eine ähnliche Regelung findet sich für das Ordnungswidrigkeitenrecht in § 16 OWiG. Zu den Notstandsvorschriften in §§ 228, 904 BGB (und ihre etwaige strafrechtliche Bedeutung)[143] s. u.

Die Norm rechtfertigt ein Handeln im überwiegenden Interesse der Rechtsordnung zu verlangt insofern dem Betroffenen eine Mindestsolidarität in Form der Preisgabe seines vergleichsweise geringerwertigen Rechtsguts ab.[144] Der Duldungspflichtige darf sich angesichts der Rechtfertigung des Eingriffs insbesondere nicht in Notwehr üben.

Beispiel 237

B verirrte sich im Gebirge und drohte zu erfrieren. Als er auf die Berghütte des Z stieß, brach er die Tür auf und suchte Zuflucht. ◄

B verwirklichte eine Sachbeschädigung (§ 303 I StGB) an der Tür des Z sowie einen Hausfriedensbruch (§ 123 StGB). Da dies aber geschah, um das Leben des B zu retten, verlangt die Rechtsordnung von Z, dies strafrechtlich zu dulden (eine andere Frage ist die des zivilrechtlichen Schadensersatzes).

---

[142] Hierzu Wessels/Beulke/Satzger, AT, 50. Aufl. 2020, Rn. 441 ff.; näher Bergmann JuS 1989, 109; Zieschang JA 2007, 679; Erb JuS 2010, 17 und 108; Nestler Jura 2019, 153.

[143] Zu Bedeutung und Verhältnis der Regelungen Kindhäuser/Hilgendorf, LPK, 8. Aufl. 2020, § 34 Rn. 14; näher Fahl JA 2017, 674.

[144] Hierzu Fischer, StGB, 68. Aufl. 2021, § 34 Rn. 2; näher Gimbernat Ordeig FS Welzel 1974, 485; Hruschka JuS 1979, 385; Lenckner GA 1985, 295; Kühl FS Lenckner 1998, 143; Küper JZ 2005, 105; Frisch FS Puppe 2011, 425; Frisch GA 2016, 121; Engländer GA 2017, 242.

c) Objektive Voraussetzungen

aa) Sog. Notstandslage: Gegenwärtige Gefahr für Leben, Leib, Freiheit, Ehre, Eigentum oder ein anderes Rechtsgut

▶ Didaktische Aufsätze:

- Otto, Gegenwärtiger Angriff (§ 32 StGB) und gegenwärtige Gefahr (§§ 34, 35, 249, 255 StGB), Jura 1999, 552
- Kretschmer, Der Begriff der Gefahr in § 34 StGB, Jura 2005, 662

Als sog. Notstandslage muss eine gegenwärtige Gefahr für Leben, Leib, Freiheit, Ehre, Eigentum oder ein anderes Rechtsgut (ein sog. notstandsfähiges Rechtsgut als Erhaltungsrechtsgut) vorliegen.[145]   **60**

(1) Leben, Leib, Freiheit, Ehre, Eigentum oder ein anderes Rechtsgut (sog. notstandsfähiges Rechtsgut)
§ 34 S. 1 StGB zählt als Rechtsgüter[146] zunächst Leben, Leib, Freiheit, Ehre und Eigentum auf, allerdings wird diese Aufzählung sodann durch die Wendung „oder ein anderes Rechtsgut" geöffnet.   **61**

Bei den genannten Beispielen handelt es sich durchweg um Individualrechtsgüter. Auch der Verweis darauf, dass der Handelnde die Gefahr „von sich" abwendet, spricht für ein individualrechtsgutsbezogenes Verständnis, was dann (wie bei § 32 StGB, s. o.) ebenso für die Erweiterung „oder einem anderen" gelten sollte.[147]

Dennoch geht die h. M. davon aus, dass neben Individual- zudem Universalrechtsgüter notstandsfähig seien.[148] Es müsse sich ferner nicht um strafrechtlich geschützte Rechtsgüter handeln.[149] Auch zugunsten Rechtsgütern der Allgemeinheit kann nach h. M. Notstandshilfe geleistet werden.[150] So kann z. B. die Wegnahme eines Autoschlüssels zur Verhinderung einer Trunkenheitsfahrt (§ 316 StGB) gem.

---

[145] Hierzu Wessels/Beulke/Satzger, AT, 50. Aufl. 2020, Rn. 456 ff., näher Otto Jura 1999, 552; Kretschmer Jura 2005, 662; Zieschang GA 2006, 1.
[146] Hierzu Hoyer, in: SK-StGB, 9. Aufl. 2017, § 34 Rn. 4 ff.; näher Bock ZStW 2019, 555.
[147] Hoyer, in: SK-StGB, 9. Aufl. 2017, § 34 Rn. 7.
[148] B. Heinrich, AT, 6. Aufl. 2019, Rn. 410; aus der Rspr. vgl. RG U. v. 21.02.1928 – I 888/27 – RGSt 62, 35; RG U. v. 08.05.1929 – II 1368/28 – RGSt 63, 215; RG U. v. 04.06.1943 – 1 C 67/43 – RGSt 77, 113; BGH U. v. 05.07.1988 – 1 StR 212/88 – NStZ 1988, 558 = StV 1988, 432.
[149] Joecks/Jäger, StGB, 13. Aufl. 2021, § 34 Rn. 13; aus der Rspr. vgl. OLG Frankfurt B. v. 11.12.1978 – 4 Ws 127/78 – NJW 1979, 1172 (Anm. Hassemer JuS 1979, 747).
[150] Kindhäuser/Hilgendorf, LPK, 8. Aufl. 2019, § 34 Rn. 20; näher Lenk ZStW 2020, 56; i. E. strittig, s. beispielsweise zum Tierschutz Ritz JuS 2018, 333; Greco JZ 2019, 390; Reinbacher ZIS 2019, 509; aus der Rspr. vgl. LG Magdeburg U. v. 11.10.2017 – 28 Ns 182 Js 32201/14 (74/17) – StV 2018, 335 (Anm. Hecker JuS 2018, 83; famos 3/2018; Scheuerl/Glock NStZ 2018, 448; Keller/Zetsche StV 2018, 337); OLG Naumburg U. v. 22.02.2018 – 2 Rv 157/17 – NJW 2018, 2064 = NStZ 2018, 472 (Anm. Felde/Ort ZJS 2018, 468; Hotz NJW 2018, 2066; Scheuerl/Glock NStZ 2018, 448; Dehne-Niemann/Greisner GA 2019, 205).

§ 34 StGB gerechtfertigt sein.[151] Jedenfalls muss freilich verhindert werden, dass im Hinblick auf eine Notstandshilfe durch Amtsträger § 34 StGB als allgemeine Superermächtigungsnorm eingesetzt wird, hierzu noch u. Im Übrigen lässt sich ein gegenüber der Notwehrlage erweitertes Verständnis der Notstandslage immerhin daraus begründen, dass erstens die Norm anders als § 32 StGB nicht das Voraussetzungsmerkmal „rechtswidrig" enthält und zweitens das Erfordernis wesentlichen Überwiegens sowie das der Angemessenheit die Beeinträchtigung des Gewaltmonopols des Staates hinreichend beschränken. Da sich zudem viele Universalrechtsgüter dadurch auszeichnen, dass ihnen letztlich Individualrechtsgüter zugrunde liegen (z. B. ist die Sicherheit des Straßenverkehrs kein Selbstzweck, sondern eine pauschalierte Bezeichnung für die Sicherheit der v. a. körperlichen Unversehrtheit und des Eigentums der einzelnen Straßenverkehrsteilnehmer), nivellieren sich die Unterschiede der Sichtweisen.

(2) Gefahr

(a) Grundlagen

62 Gefahr ist ein Zustand, in dem aufgrund tatsächlicher Umstände eine gewisse **Wahrscheinlichkeit des Eintritts eines Schadens** besteht.[152]

Natürlich lässt sich ein bestimmter Wahrscheinlichkeitsgrad nicht benennen; immerhin aber ist dahingehend ein gewisses Mindestmaß zu fordern, dass die ernst zu nehmende Möglichkeit eines Schadens vorliegen muss, wovon dann auszugehen ist, wenn deren bewusstes Eröffnen im Hinblick auf einen Schadenseintritt **unerlaubt riskant** wäre.[153]

Gleichgültig ist der **Ursprung** der Gefahr.[154] Menschliches Verhalten ist eine denkbare Ursache, aber nicht erforderlich, so dass z. B. auch Naturgewalten eine Gefahr i. S. d. § 34 S. 1 StGB darstellen können.

63 Maßgeblich ist nach h. M. eine *ex-ante*-Prognose eines Durchschnittsbetrachters, bei der aber Wissensstand des Notstandstäters berücksichtigt wird.[155] Irrelevant ist also auch hier, wenn sich eine *ex ante* vermutete Gefahr als *ex post* nicht existent herausstellt, der Grund liegt wiederum (zu § 32 StGB s. o.) darin, dass dem Gefahrbegriff – wie im Polizeirecht – eine im Zeitpunkt der tatbestandsmäßigen Handlung anzustellende verständige Prognose immanent ist.

---

[151] Hierzu B. Heinrich, AT, 6. Aufl. 2019, Rn. 410; aus der Rspr. vgl. OLG Koblenz U. v. 25.07.1963 – (2) Ss 248/63 – NJW 1963, 1991 (Anm. Seidel NJW 1964, 214); OLG Frankfurt U. v. 28.08.1995 – 3 Ss 116/95 – NStZ-RR 1996, 136 (Anm. Otto JK 1996 StGB § 34/2).

[152] Fischer, StGB, 68. Aufl. 2021, § 34 Rn. 4; näher Mengler JR 2019, 223; aus der Rspr. vgl. zuletzt BGH B. v. 28.06.2016 – 1 StR 613/15 – BGHSt 61, 202 = NJW 2016, 2818 (Anm. Bosch Jura 2017, 114; Kudlich JA 2017, 71); vgl. auch die Gefahrbegriffe bei verschiedenen Straftatbeständen (z. B. den §§ 221, 249, 255, 306a, 315b, 315c StGB).

[153] Hoyer, in: SK-StGB, 9. Aufl. 2017, § 34 Rn. 14 f.

[154] Kindhäuser/Hilgendorf, LPK, 8. Aufl. 2019, § 34 Rn. 24.

[155] Joecks/Jäger, StGB, 13. Aufl. 2021, § 34 Rn. 15; näher Schaffstein FS Bruns 1978, 89; aus der Rspr. vgl. zuletzt KG U. v. 27.06.2013 – 20 U 19/12 – NJW 2014, 640 (Anm. Vitkas JR 2015, 353).

B. Rechtfertigungsgründe

Erst recht erfüllt ist der Gefahrbegriff, wenn eine – beendbare – Rechtsgutsbeeinträchtigung bereits besteht.[156]

(b) Sog. Notstandshilfe, insbesondere: staatliches Handeln
Auch die Gefahr für einen anderen begründet eine Notstandslage, zu deren Abwendung sog. **Notstandshilfe** möglich ist. Anders ist dies, wenn der Betreffende die Unterstützung nicht will (aufgedrängte Notstandshilfe).[157]
Problematisch ist allerdings, inwieweit **Staatsorgane** sich auf Notstand berufen können,[158] s. hierzu bereits bei § 32 StGB; die dortigen Ausführungen gelten entsprechend. § 34 StGB ist auf das Verhalten von Staatsorganen – insbesondere **Polizeibeamten** – anwendbar.

(3) Gegenwärtig
Die Gefahr muss gegenwärtig sein. Der Begriff wird i. R. d. § 34 S. 1 StGB anders, nämlich weiter, ausgelegt als bei § 32 StGB,[159] was sich auch den unterschiedlichen Normfassungen entnehmen lässt: In § 34 S. 1 StGB ist das Merkmal „gegenwärtig" nicht auf einen gerade „rechtswidrigen Angriff", sondern nur auf eine Gefahr (deren Ursprung gleichgültig ist, s. o.).

Dennoch lässt sich zunächst in Anlehnung an die Gegenwärtigkeitsdefinition der Notwehr annehmen, dass eine Gefahr dann gegenwärtig ist, wenn sie unmittelbar bevorsteht oder bereits eingetreten ist und noch andauert.[160] Allerdings verschiebt sich der Fokus hin zu einer Notwendigkeit sofortigen Handelns (Erforderlichkeit in zeitlicher Hinsicht): Bereits eingetreten ist die Gefahr, wenn die Abwehrchancen gegen drohenden Schadenseintritt sich zu verschlechtern begonnen haben; sie dauert noch an, solange noch Abwehrchancen gegenüber einem vollständigen Schadenseintritt bestehen; unmittelbar bevor steht eine Gefahr, wenn sich die Chancen, den Schaden abwenden zu können, mit jedem Zögern vermindern würden.[161]

Neben Augenblicksgefahren sind also auch **Dauergefahren** und **zukünftige** Gefahren i. S. d. § 34 StGB gegenwärtig, wenn sie nur durch unverzügliches Handeln wirksam abgewendet werden können.[162]

---

[156] Aus der Rspr. vgl. AG Riesa U. v. 24.04.2019 – 9 Cs 926 Js 3044/19 (Anm. Hecker JuS 2019, 913).
[157] Kühl, AT, 8. Aufl. 2017, § 8 Rn. 35.
[158] Hierzu Fischer, StGB, 68. Aufl. 2021, § 32 Rn. 34.
[159] Wessels/Beulke/Satzger, AT, 50. Aufl. 2020, Rn. 465; näher Dencker FS Frisch 2013, 477; aus der Rspr. vgl. zuletzt BGH B. v. 28.06.2016 – 1 StR 613/15 – BGHSt 61, 202 = NJW 2016, 2818 = StV 2017, 310 (Anm. Bosch Jura 2017, 114; Kudlich JA 2017, 71; Braun StV 2017, 312).
[160] Hoyer, in: SK-StGB, 9. Aufl. 2017, § 34 Rn. 20.
[161] Hoyer, in: SK-StGB, 9. Aufl. 2017, § 34 Rn. 21.
[162] Joecks/Jäger, StGB, 13. Aufl. 2021, § 34 Rn. 18; näher Küper FS Rudolphi 2004, 151; aus der Rspr. vgl. zuletzt OLG Naumburg U. v. 22.02.2018 – 2 Rv 157/17 – NJW 2018, 2064 = NStZ 2018, 472 (Anm. Felde/Ort ZJS 2018, 468; Hotz NJW 2018, 2066; Scheuerl/Glock NStZ 2018, 448; Dehne-Niemann/Greisner GA 2019, 205).

Beispiel 238

BGH U. v. 15.05.1979 – 1 StR 74/79 (Spanner) – NJW 1979, 2053 (Anm. Roxin, Höchstrichterliche Rspr. AT, 1998, Nr. 26; Kaspar/Reinbacher, Casebook AT, 2020, Fall 9; Geilen JK 1980 StGB vor § 32/1; Hassemer JuS 1980, 69; Schroeder JuS 1980, 336; Hruschka NJW 1980, 21; Hirsch JR 1980, 115; Koch JA 2006, 806):
   Im Jahre 1975 bemerkten B und seine Ehefrau dreimal, dass ihnen auf unerklärliche Weise aus der Wohnung Geld abhanden kam. Im April 1976 erwachte die Ehefrau des B nachts im Schlafzimmer dadurch, dass jemand sie an der Schulter berührte. Sie sah im Halbdunkel einen Mann, der sich alsbald leise entfernte. B, von seiner Ehefrau verständigt, sah im Wohnzimmer den später Verletzten Z stehen, den er damals nicht kannte. Der Eindringling flüchtete sofort; der B setzte ihm nach, konnte ihn jedoch nicht erreichen. Er ließ nach diesen Vorfällen am Gartentor eine Alarmanlage anbringen und erwarb eine Schreckschusspistole. Etwa sechs Wochen später ertönte abends das Signal der Alarmanlage. B ergriff die Schreckschusspistole und lief in den Garten. Dicht neben sich bemerkte er denselben Mann, den er früher im Wohnzimmer gesehen hatte. Er gab einen Schuss aus der Schreckschusspistole ab, Z flüchtete wiederum. B verfolgte ihn, verlor ihn jedoch aus den Augen. Er zeigte die Vorkommnisse der Polizei an, die zum Erwerb eines Waffenscheins und einer Schusswaffe riet. Die Eheleute befürchteten, dass der Eindringling es auf die Ehefrau des B oder auf die Kinder abgesehen habe. Ihre Angst steigerte sich derart, dass sie abends fast nie mehr gemeinsam ausgingen, auf Theaterbesuche und die Teilnahme an sonstigen Veranstaltungen verzichteten und keine Einladungen mehr annahmen. Zeitweilig traten bei ihnen Schlafstörungen auf. Die Ehefrau des B, die eine Arztpraxis betrieb, befürchtete, wenn sie zu nächtlichen Hausbesuchen gerufen wurde, jemand lauere ihr auf. B ließ nach diesen Ereignissen eine seiner Ehefrau gehörende Pistole instand setzen und nahm sie mit deren Einverständnis in Besitz, obwohl er die dazu erforderliche behördliche Erlaubnis nicht hatte. Am 29.04.1977 ertönte gegen 02.30 Uhr wieder die Alarmanlage. B und seine Frau verhielten sich ruhig und erbaten telefonisch polizeiliche Hilfe. Bevor diese eintraf, flüchtete der Eindringling. Am 09.09.1977 erwachte B gegen 01.50 Uhr durch ein Geräusch und sah am Fußende seines Bettes einen Mann stehen. Mit einem Schrei sprang er aus dem Bett, ergriff die Pistole und lud sie durch. Der Mann wandte sich zur Flucht, B lief hinterher. Wieder war der Eindringling schneller als er. B rief mehrfach „Halt oder ich schieße" und schoss schließlich, da Z nicht stehenblieb, zweimal in Richtung auf die Beine des Flüchtenden. Er wollte den Eindringling dingfest machen und so der für die Familie des B unerträglichen Situation ein Ende bereiten. B traf Z in die linke Gesäßhälfte und in die linke Flanke. ◀

So liegt z. B. in den **Familientyrannen**-Fällen[163] ggf. kein gegenwärtiger Angriff i. S. d. § 32 II StGB vor, sehr wohl aber eine gegenwärtige Gefahr i. S. d. § 34 S. 1 StGB; freilich fehlt es ggf. am überwiegenden Interesse.

---

[163] Hierzu Lackner/Kühl, StGB, 29. Aufl. 2018, § 34 Rn. 3, 9; näher Hillenkamp FS Miyazawa 1995, 141; Trechsel KritV-FG Hassemer 2000, 183; Widmaier NJW 2003, 2788; Welke ZRP 2004,

Beispiel 239

BGH U. v. 25.03.2003 – 1 StR 483/02 – BGHSt 48, 255 = NJW 2003, 2464 = NStZ 2003, 482 = StV 2003, 665 (Anm. Kaspar/Reinbacher, Casebook AT, 2020, Fall 15; LL 2003, 777; RÜ 2003, 315; RA 2003, 463; famos 10/2003; Kargl Jura 2004, 189; Beckemper JA 2004, 99; Otto NStZ 2004, 142; Rengier NStZ 2004, 233; Hillenkamp JZ 2004, 48; Rotsch JuS 2005, 12):

B erschoss am 21.09.2001 gegen Mittag ihren schlafenden Ehemann G mit dessen Revolver. Dieser hatte sie über viele Jahre hinweg durch zunehmend aggressivere Gewalttätigkeiten und Beleidigungen immer wieder erheblich verletzt und gedemütigt. Als sie die Tat beging, sah sie keinen anderen Ausweg mehr, um sich und auch die beiden gemeinsamen Töchter vor weiteren Tätlichkeiten zu schützen. B lernte G im Jahre 1983 kennen und freundete sich mit ihm an. Dieser war bereits damals Mitglied einer Rockergruppe. Er wurde alsbald gegenüber B tätlich, indem er sie ohrfeigte. Gleichwohl heiratete B ihn 1986. Später, nach der Geburt der ersten Tochter J, versetzte er ihr auch Faustschläge ins Gesicht oder in die Magengegend und trat sie, wenn irgendetwas im täglichen Ablauf nicht seinen Vorstellungen entsprach oder B seinen „Befehlen" nicht mit der erwarteten Schnelligkeit nachkam. Zudem ging er immer mehr dazu über, bei jeder alltäglichen Verrichtung die Hilfe der B in Anspruch zu nehmen. Auch musste sie sämtliche Gegenstände wegräumen, die er irgendwo liegen ließ. Als B schließlich mit der zweiten Tochter T schwanger war, nahm er hierauf keine Rücksicht und versetzte ihr auch jetzt Fußtritte und Faustschläge in den Bauchbereich. Hierauf führte B zurück, dass T mit einer Lippen-Gaumen-Spalte zur Welt kam. Die Gewalttätigkeiten nahmen schließlich solche Ausmaße an, dass B im Mai 1988 den Entschluss fasste, sich von ihrem Mann zu trennen. Sie begab sich in ein Frauenhaus. Ihre Eltern waren nicht bereit, sie aufzunehmen, weil sie Furcht vor den Nachstellungen durch G hatten. Nachdem dieser jedoch Besserung gelobt hatte, kehrte B nach vier Wochen zu ihm zurück. Im Jahr 1993 kam es zu einem weiteren Übergriff, bei dem er sie so lange schlug, bis sie auf dem Boden liegen blieb. Danach trat er auf die am Boden Liegende mit seinen Springerstiefeln mehrfach ein; dabei erlitt sie eine Nierenquetschung. In der Klinik täuschte B zur Verschleierung indessen einen Sturz vor. Ein anderes Mal stieß G den Kopf der B mehrfach mit solcher Heftigkeit gegen eine Zimmerwand, dass diese großflächig mit Blut verschmiert wurde und B bewusstlos zu Boden fiel. Er selbst nahm an, er habe sie getötet. Seit Mitte der 90er-Jahre schlug er sie, wann immer er meinte, sie habe etwas falsch gemacht. In einem Falle versetzte er ihr mitten in der Nacht während des Schlafs einen Faustschlag ins Gesicht, weil sie ihm nach

---

15; Adomeit/Beckemper JA 2005, 35; Haverkamp GA 2006, 586; Schneider NStZ 2015, 64; aus der Rspr. vgl. BGH U. v. 12.07.1966 – 1 StR 291/66 (Bratpfanne) – NJW 1966, 1823 (Anm. Kaspar/Reinbacher, Casebook AT, 2020, Fall 3; Hertel NJW 1966, 2418; Kion JuS 1967, 499); BGH B. v. 02.08.1983 – 5 StR 503/83 – NJW 1983, 2456 = NStZ 1984, 20 = StV 1983, 458 (Anm. Hassemer JZ 1983, 967; Seier JA 1984, 261; Hassemer JuS 1984, 66; Rengier NStZ 1984, 21; Spendel StV 1984, 45; Günther JR 1985, 268).

seiner Auffassung Anlass zu eifersüchtigen Träumen gegeben hatte; die aufgeplatzte Lippe musste chirurgisch versorgt werden. Nachdem die Eheleute schließlich ein Hausgrundstück gekauft hatten und G selbst Hand im Garten anlegte, erwartete er, dass B auf seinen Wink notwendige Werkzeuge oder Hilfsmittel herbeiholte; dabei titulierte er sie regelmäßig als „Schlampe", „Hure" oder „Fotze" und bedachte sie mit Ohrfeigen oder Fußtritten. Registrierte er, dass diese Handlungsweise von Nachbarn beobachtet werden konnte, schickte er B ins Haus, folgte ihr und verabreichte ihr dann dort weitere Faustschläge und Fußtritte. In der neuen Umgebung wurden seine Gewalttätigkeiten noch intensiver und häufiger. Es kam vor, dass er seine Frau mit einem Baseballschläger oder sonstigen Gegenständen schlug, die gerade für ihn greifbar waren. Schließlich misshandelte und demütigte er sie auch vor seinen Freunden in seinem Motorradclub: Weihnachten 2000 schlug er sie in Anwesenheit der versammelten Vereinsmitglieder, zwang sie, vor ihm niederzuknien und ihm nachzusprechen, sie sei eine „Schlampe" und der „letzte Dreck". B nahm die ständigen Beleidigungen und Körperverletzungen ohne Widerworte oder gar Gegenwehr hin; sie meinte, dass ihr Mann sich sonst noch mehr erzürnen und noch kräftiger zuschlagen würde. Nachdem G sich im April 2001 als Gastwirt selbstständig gemacht hatte, steigerten sich seine Gewalttätigkeiten weiter. Er schlug nicht nur B. Auch die Töchter J und T bekamen jetzt Schläge „ins Genick", wenn sie sich seiner Auffassung nach aufsässig oder unbotmäßig verhielten. B, die G in jeder freien Minute für Handreichungen bei allen alltäglichen Verrichtungen zur Verfügung zu stehen hatte und ihn bedienen musste, fand seit der Eröffnung der Gaststätte kaum mehr Schlaf. Durch die fortgesetzten Beleidigungen und Tätlichkeiten geriet sie an die Grenzen ihrer psychischen und physischen Belastbarkeit. Körperlich magerte sie immer mehr ab. Im Sommer 2001 war sie ein drittes Mal von G schwanger, erlitt aber im August, also etwa einen Monat vor der Tat, eine Fehlgeburt. In den letzten beiden Tagen vor der Tat hatte G außergewöhnlich heftige Wutanfälle. So regte er sich auf, weil er fürchtete, nicht rechtzeitig zur Öffnung seiner Gaststätte zu kommen. Er machte die B dafür verantwortlich, weil sie ihn nicht früher geweckt habe. Als er sich über eine im Windzug klappernde Tür erregte und B versuchte, ihn zu beschwichtigen, gab er ihr mehrere wuchtige Ohrfeigen, die sie zu Boden warfen. Daraufhin trat er barfuß auf sie ein. Kurze Zeit später versetzte er ihr unvermittelt einen so starken Faustschlag in den Magen, dass sie sich vor Schmerz zusammenkrümmte. Anschließend ohrfeigte er sie heftig. Er war nun wütend, weil B dabei gegen eine Tür gestoßen war; er hielt ihr vor, dass die Tür hätte beschädigt werden können. Sodann trat er, der nun Springerstiefel trug, mindestens zehnmal auf die schließlich am Boden liegende B ein, kniete sich auf sie und schlug ihr mit den Fäusten ins Gesicht. Er zog sie an den Haaren zu sich heran und biss ihr in die Wange. Infolge der Verletzungen konnte B an diesem Tag nicht das gemeinsame Lokal aufsuchen und musste auch einen Zahnarztbesuch absagen. Als G am Tattag gegen 03.30 Uhr aus seinem Lokal nach Hause kam, stritt er erneut mit B. Eine halbe Stunde lang beschimpfte er sie, bespuckte sie und schlug ihr ins Gesicht, so dass sie aus dem Mund blutete.

Schließlich ging er zu Bett, während B wach blieb, weil sie die Kinder um 6 Uhr für die Schule fertig machen musste. Später, gegen 9 Uhr, stieß sie beim Aufräumen in der Wohnung auf den von G illegal erworbenen achtschüssigen Revolver „Double Action" der Marke Aminius, Kaliber 22 Magnum, nebst Munition. Diesen verwahrte ihr Mann normalerweise in der Gaststätte, um sich gegen Racheakte verfeindeter Rockergruppen und Überfälle zu schützen. B hielt ihre Situation für vollkommen ausweglos, seit sie einige Wochen zuvor wahrgenommen hatte, dass sich ihr Allgemeinzustand wegen der Doppelbelastung im Haushalt und in der Gaststätte sowie auf Grund der Beschimpfungen und Tätlichkeiten ihres Mannes erheblich verschlechtert hatte. Sie glaubte daher, den sich steigernden Gewalttätigkeiten bald „nicht mehr standhalten zu können" und befürchtete, dass die Tätlichkeiten auch gegen die Töchter schlimmere Ausmaße annehmen könnten und sie selbst dann auf Grund ihres schlechten Allgemeinbefindens dagegen immer weniger würde unternehmen können. Nach drei gescheiterten Suizidversuchen mittels Tabletten in zurückliegender Zeit war in ihr die Einsicht gereift, dass ein Suizid keine Lösung sei, weil dann ihre Töchter den Gewalttätigkeiten des Mannes schutzlos ausgesetzt wären. Spätestens seit Sommer 2001 hatte sie sich deshalb verstärkt mit dem Gedanken befasst, dem Leben ihres Mannes ein Ende zu setzen. Sie sah in ihrer Situation keinen anderen Ausweg, den Gewalttätigkeiten durch G zu entkommen und ihre eigene sowie die Unversehrtheit ihrer Töchter für die Zukunft zu garantieren, als ihn zu töten. Eine Trennung von G meinte sie auch mit Hilfe staatlicher oder karitativer Einrichtungen nicht bewerkstelligen zu können. Für diesen Fall hatte er ihr – nachdem sie aus dem Frauenhaus zurückgekehrt war – wiederholt angedroht, dass er den Töchtern etwas antun würde. Auch sie selbst könne er jederzeit ausfindig machen. Selbst wenn er ins Gefängnis käme, sei sie nicht vor ihm sicher. Er werde schließlich irgendwann „wieder herauskommen". Überdies könne er auch aus dem Gefängnis heraus seine Freunde aus den Rockergruppen beauftragen, ihr etwas anzutun. B nahm diese Drohungen ernst. Tatsächlich waren G und die Rockergruppen, denen er angehörte, gerichtsbekannt äußerst gewalttätig. Nachdem B nach dem Auffinden des Revolvers längere Zeit mit sich gerungen hatte, ob dies die Gelegenheit sei, die von ihr bereits seit einiger Zeit in Aussicht genommene Tat zu begehen, entschloss sie sich, den Schritt zu wagen und ihren Ehemann zu töten. Sie sah darin die „einzige Lösungsmöglichkeit", um die für sie ruinöse Beziehung zu ihrem Mann zu beenden. Sie betrat das Schlafzimmer und feuerte aus einer Entfernung von rund 60 cm den Inhalt der gesamten Trommel des achtschüssigen Revolvers in Sekundenschnelle auf ihren schlafenden Ehemann ab. Zwei der Geschosse trafen und führten umgehend zu seinem Tod. ◄

bb) Sog. Notstandshandlung
Mit dem Begriff der Notstandshandlung wird umschrieben, dass gem. § 34 StGB nur dann eine Rechtfertigung eintritt, wenn die Gefahr nicht anders als durch die Eingriffshandlung abgewendet werden konnte, bei Abwägung der widerstreitenden Interessen das geschützte Interesse das beeinträchtigte wesentlich überwog und die Tat ein angemessenes Mittel war.

67

(1) Nicht anders abwendbar

▶ Didaktischer Aufsatz:

- Petersen, Die Erforderlichkeit – Gemeinsamkeiten und Unterschiede bei § 32 und § 34 StGB, JA 2017, 502

(a) Abwendbar: Geeignetheit

68 Aus der Wendung (nicht anders) „abwendbar"[164] folgt, dass die Gefahr überhaupt durch die Tat abzuwenden gewesen sein muss, dass also die Handlung zur Gefahrabwendung geeignet gewesen sein muss.[165] Dies ist der Fall (ähnlich wie bei § 32 StGB; zwar unterscheidet sich der Wortlaut des § 34 StGB im Hinblick auf die Erforderlichkeit der Eingriffshandlung von dem der Notwehr; gemeint ist aber dasselbe), wenn die Handlung eine nicht nur ganz entfernte und vage Rettungschance bietet, wobei es ausreicht, wenn eine erfolgreiche Abwendung des drohenden Schadens nicht ganz unwahrscheinlich ist.[166]

Die Beurteilung erfolgt objektiv *ex ante*.[167]

(b) Nicht anders: Mildestes Mittel und möglichst schonender Einsatz

Die Formulierung „nicht anders abwendbar" in § 34 S. 1 StGB ist insofern missverständlich, als es nicht darauf ankommt, ob es gar keine andere Gefahrabwendungsmöglichkeit gab (das wäre sinnlos, da bei mehreren Mitteln keines gewählt werden dürfte); bezweckt ist vielmehr eine bestmögliche Schonung des Eingriffsguts.[168]

Zum mildesten Mittel und möglichst schonenden Einsatz vgl. o. bei § 32 StGB. Berücksichtigt werden der abstrakte Wert der alternativ in Betracht kommenden Eingriffs-Rechtsgüter, der konkreten Umfang der möglichen Beeinträchtigung und die Wahrscheinlichkeit der Beeinträchtigung; ferner findet Berücksichtigung, wenn bei einer der Alternativen der Verursacher der Gefahr betroffen wird (Rechtsgedanke des § 228 BGB).[169] Ggf. besteht eine Zustimmung eines der in Betracht kommenden Rechtsgutsinhabers. Ein Eingriffsgut des selbst Gefährdeten hat Vorrang vor einer Beeinträchtigung Dritter.[170]

---

[164] Hierzu Wessels/Beulke/Satzger, AT, 50. Aufl. 2020, Rn. 466 ff.; näher Lenckner FS Lackner 1987, 95; Petersen JA 2017, 502.
[165] Hoyer, in: SK-StGB, 9. Aufl. 2017, § 34 Rn. 24.
[166] Fischer, StGB, 68. Aufl. 2021, § 34 Rn. 10; aus der Rspr. vgl. zuletzt OLG Naumburg U. v. 22.02.2018 – 2 Rv 157/17 – NJW 2018, 2064 = NStZ 2018, 472 (Anm. Felde/Ort ZJS 2018, 468; Hotz NJW 2018, 2066; Scheuerl/Glock NStZ 2018, 448; Dehne-Niemann/Greisner GA 2019, 205).
[167] H. M., s. Rengier, AT, 12. Aufl. 2020, § 19 Rn. 21.
[168] Hoyer, in: SK-StGB, 9. Aufl. 2017, § 34 Rn. 30; aus der Rspr. vgl. zuletzt OLG Frankfurt U. v. 05.06.2018 – 2 Ss 12/18 – StV 2019, 344 (Anm. Teuter/Diebel StV 2019, 344); AG Riesa U. v. 24.04.2019 – 9 Cs 926 Js 3044/19 (Anm. Hecker JuS 2019, 913).
[169] Hoyer, in: SK-StGB, 9. Aufl. 2017, § 34 Rn. 34.
[170] Hoyer, in: SK-StGB, 9. Aufl. 2017, § 34 Rn. 36.

B. Rechtfertigungsgründe

I. R. d. § 34 StGB wird auch ein Ausweichen, insbesondere zwecks Erlangung staatlicher Hilfe, als in Betracht zu ziehende Handlungsalternative angesehen.[171]

(2) Bei Abwägung der widerstreitenden Interessen wesentliches Überwiegen des geschützten Interesses gegenüber dem beeinträchtigten

Bei Abwägung der widerstreitenden Interessen, namentlich der betroffenen Rechtsgüter und des Grades der ihnen drohenden Gefahren, muss das geschützte Interesse das beeinträchtigte wesentlich überwiegen, § 34 S. 1 StGB.

69

Die Norm bezeichnet mithin – nicht abschließend: „namentlich" – erstens die betroffenen Rechtsgüter und zweitens den Grad der ihnen drohenden Gefahren als Abwägungsfaktoren.

(a) Betroffene Rechtsgüter: Abstrakter Wert

Die Anführung der „betroffenen Rechtsgüter" meint zunächst ihren abstrakten Wert.[172]

70

Dieser bemisst sich[173] nach der verfassungsrechtlichen (Ob und Wie von grundrechtlichem Schutzbereich und Schranken) und strafrechtlichen Schutznormen (Ob und Wie der Pönalisierung inkl. Strafrahmenvergleich).

Beispiel 240

B verirrte sich im Gebirge und drohte zu erfrieren. Als er auf die Berghütte des Z stieß, brach er die Tür auf und suchte Zuflucht. ◄

Das Leben eines Menschen überwiegt den Sachwert der Tür und das Hausrecht an einer Berghütte, was sich auch in den Strafrahmen der §§ 211 I, 212 I StGB einerseits und den §§ 303 I, 123 I StGB andererseits widerspiegelt.

Beispiel 241

Arzt B teilte der Z1 mit, dass deren Ehemann Z2, ebenfalls Patient des B, mit HIV infiziert sei. ◄

---

[171] Fischer, StGB, 68. Aufl. 2021, § 34 Rn. 9; näher Pelz NStZ 1995, 305; Béguelin GA 2013, 473; aus der Rspr. vgl. zuletzt BGH B. v. 28.06.2016 – 1 StR 613/15 – BGHSt 61, 202 = NJW 2016, 2818 = StV 2017, 310 (Anm. Bosch Jura 2017, 114; Kudlich JA 2017, 71; Braun StV 2017, 312); LG Magdeburg U. v. 11.10.2017 – 28 Ns 182 Js 32201/14 (74/17) – StV 2018, 335 (Anm. Hecker JuS 2018, 83; famos 3/2018; Scheuerl/Glock NStZ 2018, 448; Keller/Zetsche StV 2018, 337); OLG Naumburg U. v. 22.02.2018 – 2 Rv 157/17 – NJW 2018, 2064 = NStZ 2018, 472 (Anm. Felde/Ort ZJS 2018, 468; Hotz NJW 2018, 2066; Scheuerl/Glock NStZ 2018, 448; Dehne-Niemann/Greisner GA 2019, 205).

[172] Joecks/Jäger, StGB, 13. Aufl. 2021, § 34 Rn. 26.

[173] S. Hoyer, in: SK-StGB, 9. Aufl. 2017, § 34 Rn. 45ff., 57 ff.

> **§ 203 I StGB (Verletzung von Privatgeheimnissen)**
> Wer unbefugt ein fremdes Geheimnis, namentlich ein zum persönlichen Lebensbereich gehörendes Geheimnis oder ein Betriebs- oder Geschäftsgeheimnis, offenbart, das ihm als
>
> 1. Arzt, Zahnarzt, Tierarzt, Apotheker oder Angehörigen eines anderen Heilberufs, der für die Berufsausübung oder die Führung der Berufsbezeichnung eine staatlich geregelte Ausbildung erfordert,
> 2. Berufspsychologen mit staatlich anerkannter wissenschaftlicher Abschlußprüfung,
> 3. Rechtsanwalt, Patentanwalt, Notar, Verteidiger in einem gesetzlich geordneten Verfahren, Wirtschaftsprüfer, vereidigtem Buchprüfer, Steuerberater, Steuerbevollmächtigten oder Organ oder Mitglied eines Organs einer Rechtsanwalts-, Patentanwalts-, Wirtschaftsprüfungs-, Buchprüfungs- oder Steuerberatungsgesellschaft,
> 4. Ehe-, Familien-, Erziehungs- oder Jugendberater sowie Berater für Suchtfragen in einer Beratungsstelle, die von einer Behörde oder Körperschaft, Anstalt oder Stiftung des öffentlichen Rechts anerkannt ist.
> 4a. Mitglied oder Beauftragten einer anerkannten Beratungsstelle nach den §§ 3 und 8 des Schwangerschaftskonfliktgesetzes,
> 5. staatlich anerkanntem Sozialarbeiter oder staatlich anerkanntem Sozialpädagogen oder
> 6. Angehörigen eines Unternehmens der privaten Kranken-, Unfall- oder Lebensversicherung oder einer privatärztlichen, steuerberaterlichen oder anwaltlichen Verrechnungsstelle
>
> anvertraut worden oder sonst bekanntgeworden ist, wird mit Freiheitsstrafe bis zu einem Jahr oder mit Geldstrafe bestraft.

Der Schutz der Gesundheit der Z1 kann i. S. d. § 34 StGB das Geheimhaltungsinteresse des Z2 überwiegen.[174]

(b) Grad der den Rechtsgütern drohenden Gefahren: Konkreter Wert und Wahrscheinlichkeit

71 Die Anführung des „Grads der ihnen [d. h. den betroffenen Rechtsgütern] drohenden Gefahren" in § 34 S. 1 StGB betrifft erstens den **konkreten Wert** der beiden Abwägungsseiten und zweitens die **Wahrscheinlichkeit** der Beeinträchtigung inkl. **Veränderung** dieser Wahrscheinlichkeit durch die fragliche Handlung.

Die Ermittlung des konkreten Wert eines Rechtsguts setzt Quantifizierbarkeit voraus, wobei freilich zu beachten ist, dass auch eine Umrechnung der Beeinträch-

---

[174] Weidemann, in: BeckOK-StGB, Stand 01.02.2021, § 203 Rn. 45; näher Eberbach MedR 1987, 267; Kreuzer ZStW 1988, 786; aus der Rspr. vgl. OLG Frankfurt B. v. 08.07.1999 – 8 U 67/99 – NJW 2000, 875 = NStZ 2001, 150 (Anm. Otto JK 2001 StGB § 203/2; Wolfslast NStZ 2001, 151).

B. Rechtfertigungsgründe

tigung von Nichtvermögenswerten möglich ist, wie das zivilrechtliche Schmerzensgeldrecht (inkl. Kasuistik und Tabellen) zeigt.[175]

Relevant sind Schwere (Menge, Werte) und Dauer des Eingriffs sowie eine etwaige Unersetzbarkeit des Schadens.

Umstritten ist, ob auch eine quantitative Abwägung **Leben gegen Leben** i. R. d. § 34 StGB möglich ist.[176] Die ganz h. M.[177] lehnt dies ab, eine Abwägung finde nicht statt, so dass eine Tötung niemals nach § 34 StGB gerechtfertigt sein könne, auch nicht, wenn dadurch andere Menschenleben gerettet werden, und ferner selbst dann nicht, wenn das geopferte Leben „ohnehin verloren"[178] war. In Betracht komme ggf. nur eine Entschuldigung nach § 35 I StGB.

72

Beispiel 242

G und B unternahmen eine Gebirgstour und stürzten in eine Schlucht. Beide waren über ein Seil miteinander verbunden. Während sich G schwer verletzt in relativ aussichtsloser Lage befand, konnte sich B mit letzter Kraft noch retten, wenn er das Seil kappte und G damit in den sofortigen Tod beförderte. Er tat dies. G stürzte ab und starb. ◄

Beispiel 243

Regina vs. Dudley and Stephens, Queens Bench Division 1884 (Mignonette) (Anm. Ziemann ZIS 2014, 479):[179]

Die relativ kleine Segeljacht „Mignonette" war auf der Reise von Falmouth in Südwestengland nach Sydney in Australien etwa 680 Seemeilen südlich der Insel Saint Helena im Südatlantik in einem Sturm untergegangen. Die vierköpfige Besatzung rettete sich mit Mühe in ein vier Meter langes Beiboot. An Lebensmitteln konnten die Männer zwei Dosen Rüben mitnehmen. Süßwasser gab es nicht an Bord. Am vierten Tag gelang es ihnen, eine kleine Schildkröte zu fangen, die sie verzehrten. Am achten Tag begannen sie, Ihren eigenen Urin zu trinken. Am neunzehnten Tag schnitt Kapitän Dudley dem siebzehn- oder achtzehnjährigen Schiffsjungen R. Parker, der Salzwasser getrunken hatte und schwer – wahrscheinlich sogar letal – an Durchfall erkrankt war, die Kehle durch. Die restlichen Männer ernährten sich nun vier Tage lang von dem Körper des Schiffsjungen, bis sie ein deutsches Segelschiff an Bord nahm. ◄

---

[175] Hoyer, in: SK-StGB, 9. Aufl. 2017, § 34 Rn. 62.

[176] Hierzu Hoyer, in: SK-StGB, 9. Aufl. 2017, § 34 Rn. 48 ff.; näher Peters JR 1950, 742; Oehler JR 1951, 489; Küper JuS 1971, 474; Küper JuS 1981, 785; Hörnle FS Herzberg 2008, 555; Bechtel Jura 2021, 14; aus der Rspr. vgl. zuletzt LG Detmold U. v. 17.06.2016 – 4 Ks 9/15, 4 Ks – 45 Js 3/13 – 9/15 (Anm. Schulz-Merkel jurisPR-StrafR 25/2016 Anm. 3).

[177] S. nur Krey/Esser, AT, 6. Aufl. 2016, Rn. 616 ff.

[178] Wessels/Beulke/Satzger, AT, 50. Aufl. 2020, Rn. 475; näher Jäger ZStW 2003, 765; Hirsch FS Küper 2007, 149.

[179] S. auch schon den antiken Fall des „Brett des Karneades", hierzu Momsen/Savic, in: BeckOK-StGB, Stand 01.02.2021, § 35 Rn. 4; Hruschka GA 1991, 1; Koriath JA 1998, 250; Maultzsch JA 1999, 429.

Beispiel 244

BGH U. v. 28.11.1952 – 4 StR 23/50 (Euthanasie-Ärzte) – NJW 1953, 513 (Anm. Roxin, Höchstrichterliche Rspr. AT, 1998, Nr. 23):
B1 und B2 wirkten im Jahre 1941 als Ärzte bei der Durchführung der staatlich angeordneten Massentötung von Geisteskranken mit. Sie erkannten den Zweck der Verlegung der Kranken und rechneten damit, dass die auf den Listen Verzeichneten getötet werden sollten. Sie führten die zu diesem Zweck erteilten Anweisungen teilweise durch, setzten aber einen Teil der Kranken – etwa 25 bis 30 % – unter Überschreitung der dafür gegebenen Richtlinien, die nur etwa 5 % Streichungen zuließen, von den Verlegungslisten ab. Andere Kranke bewahrten sie dadurch vor dem Vergasungstod, dass sie sie zu ihren Angehörigen entließen oder durch Vermittlung der sie betreuenden Ordensschwestern in konfessionellen Anstalten unterbringen ließen. 30 bis 40 Jugendliche der Heilanstalt in M. rettete B1, indem er sie wahrheitswidrig als erziehungsfähig bezeichnete. Eine Gruppe von 200 Kranken ließ er aus hessischen Anstalten zurückholen, als er erfuhr, dass sie dort schlecht untergebracht waren, sie blieben auf diese Weise von der Tötung verschont. ◄

Beispiel 245

Bahnwärter B sah, wie ein voll besetzter ICE mit 250 km/h auf einem Gleis fuhr, welches hinter der nächsten Kurve von einer Geröllawine verschüttet war. Er konnte den Zugführer nicht mehr warnen. Mindestens 200 Menschen drohten durch das Zugunglück zu sterben. Im letzten Moment lenkte er den Zug auf ein ansonsten nicht benutztes Nachbargleis um, auf dem jedoch der Bahnarbeiter G friedlich seinen Mittagsschlaf hielt. G wurde von dem Zug erfasst und starb. ◄

Beispiel 246

vgl. BVerfG U. v. 15.02.2006 – 1 BvR 357/05 – BVerfGE 115, 118 = NJW 2006, 751 (Anm. LL 2006, 269):[180]
Um auf politische und religiöse Anliegen ihrer Organisation aufmerksam zu machen, beschlossen B1 und B2, Flugzeuge zu entführen, um diese an einem Bundesliga-Sonnabend in stark besuchte Fußballstadien stürzen zu lassen. B1 kaperte ein leeres Transportflugzeug, welches er sodann selbst flog. B2 gelang es, ein mit 200 Menschen besetztes Passagierflugzeug zu entführen. Sie übermit-

---

[180] Zum Flugzeugabschuss zur Anschlagsverhinderung Fischer, StGB, 68. Aufl. 2021, § 34 Rn. 17 ff.; näher Jerouschek FS Schreiber 2003, 185; Sinn NStZ 2004, 585; Mitsch GA 2006, 11; Gropp GA 2006, 284; Isensee FS Jakobs 2007, 205; Rogall NStZ 2008, 1; Ladiges ZIS 2008, 129; Streng FS Stöckel 2010, 135; Roxin ZIS 2011, 552; s. auch den zwischenzeitlichen § 14 III LuftSiG (für verfassungswidrig erklärt: BVerfG U. v. 15.02.2006 – 1 BvR 357/05 – BVerfGE 115, 118 = NJW 2006, 751 (Anm. LL 2006, 269); hierzu Sinn NStZ 2004, 585; Merkel JZ 2007, 373.

B. Rechtfertigungsgründe

telten eine Botschaft an Behörden und Öffentlichkeit, in der sie ihre Hoffnung zum Ausdruck brachten, möglichst viele dekadente Wohlstandsbürger mit in den Tod zu reißen. Verteidigungsminister B3 ordnete das Aufsteigen einer Alarmrotte der Luftwaffe an. Er befahl dem Piloten B4, das von B1 gelenkte Transportflugzeug, dem Piloten B5, das von B2 entführte Passagierflugzeug jeweils über einem unbewohnten Naturschutzgebiet abzuschießen. B4 und B5 taten dies, es gab keine Überlebenden. ◄

Beispiel 247

BGH U. v. 25.03.2003 – 1 StR 483/02 – BGHSt 48, 255 = NJW 2003, 2464 = NStZ 2003, 482 = StV 2003, 665 (Anm. Kaspar/Reinbacher, Casebook AT, 2020, Fall 15; LL 2003, 777; RÜ 2003, 315; RA 2003, 463; famos 10/2003; Kargl Jura 2004, 189; Beckemper JA 2004, 99; Otto NStZ 2004, 142; Rengier NStZ 2004, 233; Hillenkamp JZ 2004, 48; Rotsch JuS 2005, 12):

B erschoss am 21.09.2001 gegen Mittag ihren schlafenden Ehemann G mit dessen Revolver. Dieser hatte sie über viele Jahre hinweg durch zunehmend aggressivere Gewalttätigkeiten und Beleidigungen immer wieder erheblich verletzt und gedemütigt. Als sie die Tat beging, sah sie keinen anderen Ausweg mehr, um sich und auch die beiden gemeinsamen Töchter vor weiteren Tätlichkeiten zu schützen. […] ◄

Zwar gibt es z. T. Bestrebungen, die Abwägung dann nach dem Rechtsgedanken des § 228 S. 1 BGB zu modifizieren (gesteigerte Duldungspflicht bei eigener Gefahrverursachung); ganz herrschend ist aber auch unter diesen Umständen die Auffassung, dass die Tötung eines Menschen nie nach § 34 StGB gerechtfertigt sein kann.[181]

Freilich ist im Hinblick auf eine quantitative Abwägung zunächst schlicht unbestreitbar, dass die Rettung mehrerer Leben den Erhalt weniger oder eines einzigen Lebens überwiegt. Wenn es darum geht, eine Abwägungsfestigkeit zu begründen, ist nicht die Abwägung der richtige Standort (zumal in den §§ 263 III 2 Nr. 2, 283a S. 2 Nr. 2, 306b I, 330 II Nr. 1 StGB der Gesetzgeber aufzeigt, dass eine Differenzierung nach Zahl der Eingriffsopfer sehr wohl in Betracht kommt, auch wenn diese Normen sich nicht auf den Tod beziehen), sondern die Frage, ob trotz Überwiegens – eben aufgrund Unantastbarkeit der Menschenwürde, Art. 1 I GG – eine Rechtfertigung ausscheidet, mithin die Ebene der Angemessenheit nach § 34 S. 2 StGB, hierzu noch u.

(c) Unbenannte Kriterien

(aa) Allgemeines
Die in § 34 S. 1 StGB benannten Kriterien für die „Abwägung der widerstreitenden Interessen" sind nicht abschließend („namentlich"), so dass alle Aspekte, die das

---
[181] S. z. B. Fischer, StGB, 68. Aufl. 2021, § 34 Rn. 14 ff.

Interesse am Erhalt des einen oder des anderen Gutes beeinflussen können, berücksichtigungsfähig sind. Allerdings enthält auch § 34 S. 2 StGB eine offene normative Eingrenzung der Rechtfertigung, so dass i. E. unterschiedlich gehandhabt wird, ob ein Aspekt als Abwägungseinflussfaktor i. R. d. § 34 S. 1 StGB oder als Frage der Angemessenheit nach § 34 S. 2 StGB zu behandeln ist. Überzeugender ist es, alles Abwägungsfähige bereits unter § 34 S. 1 StGB zu subsumieren, so dass § 34 S. 2 StGB für solche Fallgestaltungen vorbehalten ist, in denen eine konkrete Abwägung aufgrund übergeordneter abstrakter Gesichtspunkte ausscheidet, s. u.

(bb) Verantwortlichkeit des Eingriffsgutsinhabers

74 Hat derjenige, dessen Rechtsgüter der Täter mit seiner Tathandlung beeinträchtigt, die Gefahr selbst (mit) herbeigeführt, so liegt es nahe, dem § 228 BGB – sog. Defensivnotstand – einen allgemeinen Rechtsgedanken dahingehend zu entnehmen, dass der Eingriffsgutsinhaber dann i. R. d. § 34 StGB weitergehende Beeinträchtigungen zu dulden hat als ein Zufallsbetroffener, da er vermindert schutzwürdig ist.[182] Da allerdings bloße Kausalität wertneutral ist, ist erst die Setzung eines rechtlich missbilligtes Risiko (also eine unerlaubt riskantes Verhalten) bei der Abwägung zu berücksichtigen;[183] (nur) dann lässt sich auch von einem (Mit-)Verschulden sprechen.

(cc) Verantwortlichkeit des Erhaltungsgutsinhabers

75 Die spiegelbildliche Fallgruppe betrifft das (Mit-)Verschulden der gegenwärtigen Gefahr durch den Erhaltungsgutsinhaber,[184] wobei man richtigerweise wiederum erst bei Setzung eines unerlaubten Risikos eine Beeinflussung der Abwägung annehmen kann.

Teilweise wird dann eine Rechtfertigung nach § 34 StGB verneint,[185] vielfach aber auch nur bei absichtlicher Herbeiführung der Notstandslage, während bei sonstiger Vorwerfbarkeit – reduzierte – Notstandshandlungen zulässig bleiben, ähnlich wie bei der Notwehrprovokation.[186]

Andere[187] verneinen die Relevanz des Verschuldens gänzlich.

Bisweilen[188] wird auf die Grundsätze der *actio illicita in causa* abgestellt.

In der Tat trägt die Parallele zur Notwehrprovokation (hierzu s. o.): Bei absichtlicher Gefahrschaffung folgt aus dem Rechtsgedanken einer Verhältnismäßigkeitsprüfung ähnlich § 228 BGB, dass er nur bei extrem starkem Interessenübergewicht

---

[182] Joecks/Jäger, StGB, 13. Aufl. 2021, § 34 Rn. 29; Hoyer, in: SK-StGB, 9. Aufl. 2017, § 34 Rn. 82 ff.; näher Roxin FS Jescheck 1985, 457; Pawlik GA 2003, 12; Günther FS Amelung 2009, 147.
[183] Hoyer, in: SK-StGB, 9. Aufl. 2017, § 34 Rn. 85 f.
[184] Hierzu Kindhäuser/Hilgendorf, LPK, 8. Aufl. 2019, § 34 Rn. 40.
[185] Fischer, StGB, 68. Aufl. 2021, § 34 Rn. 25.
[186] Kühl, AT, 8. Aufl. 2017, § 8 Rn. 142.
[187] B. Heinrich, AT, 6. Aufl. 2019, Rn. 426.
[188] Joecks/Jäger, StGB, 13. Aufl. 2021, § 34 Rn. 30; aus der Rspr. vgl. BayObLG B. v. 26.05.1978 – 3 Ob OWi 38/78 – NJW 1978, 2046 (Anm. Geilen JK 1979 OWiG § 16/1; Dencker JuS 1979, 779; Hruschka JR 1979, 125).

eingreifend handeln darf; bei unabsichtlicher Gefahrschaffung ist diese immerhin auch so zu berücksichtigen, dass die Interessenabwägung ein zum Normalfall erhöhtes Überwiegen ergeben muss.[189] Die dosierte Handhabung der Abwägung je nach Grad des Verschuldens erweist sich insofern auch einer binären Lösung nach § 34 S. 2 StGB überlegen.

(dd) Besondere Rechtsstellung des Erhaltungsgutsinhabers
Ein weiterer Abwägungsfaktor ist die Duldungspflicht des Gefährdeten aufgrund einer besonderen Rechtsstellung; dies meint insbesondere Amtsträger, deren Dienst typischerweise gefährlich ist, z. B. Soldaten, Polizisten, Richter, Staatsanwälte und Feuerwehrleute.[190] Diese haben größere Gefahren als der Normalbürger hinzunehmen; in den sicheren Tod gehen müssen aber auch sie nicht.

76

(ee) Nötigungsnotstand

▶ Didaktische Aufsätze:

- Neumann, Der strafrechtliche Nötigungsnotstand – Rechtfertigungs- oder Entschuldigungsgrund?, JA 1988, 329
- Bünemann/Hömpler, Nötigungsnotstand bei Gefahr für nichthöchstpersönliche Rechtsgüter, Jura 2010, 184
- Brand/Lenk, Probleme des Nötigungsnotstands, JuS 2013, 883

Eine weitere Fallgruppe ist der sog. Nötigungsnotstand.[191] Hier droht ein Dritter dem Inhaber der Erhaltungsguts damit, dieses zu schädigen, nehme der Inhaber nicht die Beeinträchtigung des Eingriffsguts vor. Es ist umstritten, ob nach § 34 StGB gerechtfertigt sein kann, wer zu einer Straftat gezwungen wird.

77

| Beispiel 248 |

BGH U. v. 05.03.1954 – 1 StR 230/53 – BGHSt 5, 371 = NJW 1954, 1126 (Anm. Roxin, Höchstrichterliche Rspr. AT, 1998, Nr. 40; Nüse JR 1954, 268): B wurde in zwei Strafverfahren gegen Z vor Gericht zunächst eidlich, sodann zweimal uneidlich und schließlich nochmals eidlich als Zeugin vernommen. Sie sagte jedes Mal zugunsten des Z wissentlich falsch aus. Z hatte sie dazu durch die Drohung bestimmt, er werde sie töten, wenn sie nicht die unwahren Aussagen erstatte. ◀

---

[189] S. Hoyer, in: SK-StGB, 9. Aufl. 2017, § 34 Rn. 92 f.
[190] Hierzu Krey/Esser, AT, 6. Aufl. 2016, Rn. 610; Hoyer, in: SK-StGB, 9. Aufl. 2017, § 34 Rn. 71 ff.; näher Küper JZ 1980, 755; aus der Rspr. vgl. OLG Tübingen U. v. 20.01.1948 – Ss 54/47 – NJW 1947/48, 700 (Anm. Haensel NJW 1947/48, 701).
[191] Hierzu Hoyer, in: SK-StGB, 9. Aufl. 2017, § 34 Rn. 79 ff.; näher Neumann JA 1988, 329; Meyer GA 2004, 356; Matsumiya FS Jakobs 2007, 361; Bünemann/Hömpler Jura 2010, 184; Dann wistra 2011, 127; Brand/Lenk JuS 2013, 883.

> **§ 153 StGB (Falsche uneidliche Aussage)**
> Wer vor Gericht oder vor einer anderen zur eidlichen Vernehmung von Zeugen oder Sachverständigen zuständigen Stelle als Zeuge oder Sachverständiger uneidlich falsch aussagt, wird mit Freiheitsstrafe von drei Monaten bis zu fünf Jahren bestraft.

> **§ 154 I StGB (Meineid)**
> Wer vor Gericht oder vor einer anderen zur Abnahme von Eiden zuständigen Stelle falsch schwört, wird mit Freiheitsstrafe nicht unter einem Jahr bestraft.

Die Rspr. und die h. L.[192] lehnen eine Rechtfertigung in diesen Fällen ab und verweisen auf eine mögliche Entschuldigung gem. § 35 StGB.

Z. T.[193] wird dies anders gesehen und der Nötigungsnotstand ohne Annahme von Besonderheiten unter § 34 StGB gefasst.

Für die h. M. spricht, dass zunächst nicht recht einsichtig ist, wieso der Geschädigte der durch den Genötigten begangenen Straftat diese dulden muss. Mangels rechtswidrigen Angriffs stünde ihm dann nämlich keine Notwehr hiergegen nach § 32 StGB zu, sog. Notwehrprobe. Freilich ist die Umschreibung, der Genötigte trete auf die Seite des Unrechts eher eine Behauptung bzw. Umschreibung des gewünschten Ergebnisses als eine Begründung: Anerkanntermaßen ist auch eine von einem anderen Menschen geschaffene Gefahr von § 34 StGB erfasst. Die h. M. nimmt nicht hinreichend die Zwangslage des Bedrohten in den Blick, der (sonst wäre die Gefahr ohnehin i. S. d. § 34 S. 1 StGB anders abwendbar) keinen staatlichen effektiven Schutz erlangen konnte. Dem Inhaber des Eingriffsguts mag die Notwehr versagt sein, aber § 34 StGB steht auch ihm zu, so dass letztlich eine sachgerechte Abwägung der betroffenen Güter möglich wird.

(ff) Gesetzesvorbehalt: Abschließende gesetzliche Entscheidung (rechtlich geordnete Verfahren)

78 Bei der Abwägung zu berücksichtigen ist die Existenz (öffentlich-)rechtlich geordneter Verfahren.[194]

Wenn die Rechtsordnung für bestimmte Kollisionslagen spezielle Rechtsvorschriften zur Verfügung stellt, droht ein eigenmächtiges Vorgehen eines Betroffenen diese detailliert abgewogenen Regelungen zu konterkarieren.

---

[192] S. Wessels/Beulke/Satzger, AT, 50. Aufl. 2020, Rn. 443.
[193] Z. B. Joecks/Jäger, StGB, 13. Aufl. 2021, § 34 Rn. 45 ff.
[194] Hierzu Kindhäuser/Hilgendorf, LPK, 8. Aufl. 2019, § 34 Rn. 38; Hoyer, in: SK-StGB, 9. Aufl. 2017, § 34 Rn. 95 ff.; näher Bock ZStW 2019, 555; aus der Rspr. vgl. zuletzt BGH B. v. 28.06.2016 – 1 StR 613/15 – BGHSt 61, 202 = NJW 2016, 2818 = StV 2017, 310 (Anm. Bosch Jura 2017, 114; Kudlich JA 2017, 71; Braun StV 2017, 312); BGH U. v. 13.09.2017 – 2 StR 238/16 – NStZ 2018, 226 = StV 2018, 501.

B. Rechtfertigungsgründe

Besonders deutlich wird dies für die Amtsträger selbst; hier gilt die Bindung an ihren Bereich regelndes öffentlich-rechtliches Primärrecht unmittelbar und es greift der Grundsatz des Gesetzesvorbehaltes bzgl. Grundrechtseingriffen. Allerdings ist § 34 StGB als allein strafrechtliche Regelung auch auf den Amtsträger persönlich anwendbar, auch wenn sein Handeln verwaltungsrechtswidrig ist, s. o. Letztlich führt dies dazu, dass Amtsträger wie Privatpersonen (für die der Gesetzesvorbehalt nicht gilt) sich an der Rechtsgutsabwägung gleichermaßen messen lassen müssen, bei der aber eben einfließen muss, dass es ein anerkennenswertes Interesse des Staates gibt, dass die von ihm erlassenen rechtlich geordneten Verfahren eingehalten werden.

Hier kommen insbesondere Normen des Verwaltungsrechts (z. B. des Polizeirechts) und des Strafprozessrechts in Betracht.

Beispiel 249

B war zu Unrecht zu einer Freiheitsstrafe von drei Jahren verurteilt worden. Er wurde in die Vollzugsanstalt gebracht, in der er die Strafe absitzen sollte. Bei der nächsten Gelegenheit schlug B einen Wächter nieder und floh. ◄

Für die Feststellung der Straftat inkl. der Rechtsfolgen stellt das Strafprozessrecht abschließende Regelungen zur Verfügung – insbesondere Rechtsmittel, ferner zur Durchbrechung der Rechtskraft die Wiederaufnahme.

Beispiel 250

Der mittellose B brauchte dringend Geld für eine lebensnotwendige Operation. Er konnte sich dieses nur durch Herstellung und Verkauf von Betäubungsmitteln beschaffen. ◄

Die Sicherstellung medizinischer Versorgung und wirtschaftliche Notlagen überhaupt regelt das Sozialrecht abschließend.
Gleiches gilt für das Existenzminimum:

Beispiel 251

B war Sozialhilfeempfänger und hatte kaum die erforderlichen finanziellen Mittel, um sich über Wasser zu halten. Als ihm zu Beginn des Monats auch noch das wenige Geld, das er von der Behörde erhalten hatte, gestohlen wurde, wusste er sich nicht anders zu helfen, als von einem Marktstand drei Äpfel zu entwenden, um seinen Hunger zu stillen. ◄

> **Beispiel 252**
>
> vgl. OLG Frankfurt U. v. 21.08.1987 – 1 Ss 488/86 – NJW 1988, 3110 = StV 1988, 301 (Anm. Wolf StV 1988, 301):
> Ausländer B reiste illegal in Deutschland ein, um dem Krieg in seinem Heimatland zu entkommen. ◄

Asyl- und Aufenthaltsrecht regeln die Einreise von Ausländern abschließend. § 34 StGB greift nach ganz h. M. nicht.[195]

79   Zu weit geht es aber entgegen der wohl h. M. stets aufgrund Unangemessenheit i. S. d. § 34 S. 2 StGB eine Rechtfertigung zu verneinen, da in Extremfällen das zu schützende Rechtsgut (zuvörderst die Menschenwürde nach Art. 1 I GG) das staatliche Verfahrensordnungsinteresse überwiegen kann.[196]

(d) Wesentlichkeit des Überwiegens

80   Zu beachten ist, dass ein *wesentliches* Überwiegen verlangt wird, so dass das Übergewicht beträchtlich sein muss.[197]

(3) Angemessenheit, § 34 S. 2 StGB

(a) Allgemeines

81   Gem. § 34 S. 2 StGB muss die Tat – über die Voraussetzungen des § 34 S. 1 StGB hinaus – ein angemessenes Mittel sein, die Gefahr abzuwenden.[198]
Die h. M.[199] subsumiert hierunter – ähnlich wie bei § 32 StGB – rechts- und sozialethische Schranken aller Art; es ist aber einzuwenden, dass § 34 S. 1 StGB anders als § 32 II StGB eine umfassende Abwägung ermöglicht,[200] so dass die Bedeutung der Angemessenheitsklausel deutlich zu reduzieren ist: Unangemessen trotz wesentlich überwiegender Interessen kann nur ein Handeln sein, welches ein Strafgericht nicht für gerechtfertigt erklären darf, weil **verfassungsrechtlich** die Güterabwägung nicht durchgreift.[201]

---

[195] Hierzu Perron, in: Schönke/Schröder, StGB, 30. Aufl. 2019, § 34 Rn. 41; krit. Abramenko NStZ 2001, 71.

[196] S. Hoyer, in: SK-StGB, 9. Aufl. 2017, § 34 Rn. 101 f.

[197] Zum Begriff der Wesentlichkeit i. S. d. § 34 StGB Hoyer, in: SK-StGB, 9. Aufl. 2017, § 34 Rn. 39 ff.; näher Küper GA 1983, 289; Hoyer FS Küper 2007, 173.

[198] Hierzu Wessels/Beulke/Satzger, AT, 50. Aufl. 2020, Rn. 469 ff.; näher Grebing GA 1979, 81; Joerden GA 1991, 411.

[199] S. nur Rengier, AT, 12. Aufl. 2020, § 19 Rn. 48 ff.

[200] Vgl. auch Krey/Esser, AT, 6. Aufl. 2016, Rn. 604: nur deklaratorische Bedeutung des § 34 S. 2 StGB.

[201] Hoyer, in: SK-StGB, 9. Aufl. 2017, § 34 Rn. 94.

B. Rechtfertigungsgründe

(b) Gesetzesvorbehalt: Abschließende gesetzliche Entscheidung (rechtlich geordnete Verfahren)
Dies scheint zum einen dann der Fall zu sein, wenn der Gesetzgeber allein zuständig für eine solche Güterabwägung ist (Gesetzesvorbehalt, rechtlich geordnete Verfahren). Allerdings gilt dieser im Hinblick auf eine genuin strafrechtliche Rechtfertigung, sei es eines Amtsträgers, sei es einer Privatperson, nicht, jedenfalls nicht absolut, sondern nur als Abwägungsfaktor, s. o.

82

(c) Verstoß gegen die Menschenwürde, Art 1 I GG

(aa) Allgemeines
Zum anderen aber ist jeder rechtfertigende Utilitarismus dann ausgeschlossen, wenn die Menschenwürde nach Art. 1 GG das betroffene Eingriffsrechtsgut ist.[202] Diese begrenzt qua Drittwirkung auch privates Handeln und verbietet dem Staat es, dieses in einem Strafverfahren für gerechtfertigt zu erklären, s. o. bei § 32 StGB.
Anzuführen ist dreierlei:

83

(bb) Abwägung Leben gegen Leben
Richtigerweise aus verfassungsrechtliche Gründen i. R. d. § 34 S. 2 StGB anzusiedeln (und nicht als Frage der Abwägung nach § 34 S. 1 StGB, s. o.) ist die Nicht-Rechtfertigung von Tötungen, selbst wenn dadurch andere Leben gerettet werden, da durch eine Abwägung Leben gegen Leben die Menschenwürde des Geopferten verletzt wird.

84

Eine solche utilitaristische Erniedrigung zum Menschenopfer liegt aber entgegen der h. M.[203] nicht in jeder Tötung (auch das Grundgesetz differenziert sehr wohl zwischen der unantastbaren Menschenwürde in Art. 1 I GG und dem mit einer Schranke versehenen Recht auf Leben, Art. 2 II GG): Jedenfalls in einer Situation, in der die Tathandlung jemanden trifft, der ohnehin ebenfalls der Todesgefahr unterlag (und eben nicht einen zuvor Ungefährdeten), und der Täter nur zwischen der Alternative wählen konnte, niemanden zu retten oder aber doch zumindest einen sozusagen Teilerfolg durch Rettung einiger zu erzielen, verdient der Täter den Respekt der Rechtsordnung – zumal eine Entschuldigung nach § 35 StGB evtl. an den dortigen Voraussetzungen scheitern kann und jedenfalls insofern kein Argument gegen die Nichtanwendung des § 34 StGB sein kann.[204]

(cc) Folter
Hierzu vgl. o. bei § 32 StGB. Folter verstößt gegen die Menschwürde und ist daher durchweg unangemessen i. S. d. § 34 S. 2 StGB.[205]

85

(dd) Erzwungene medizinische Spenden
Drittens sind Konstellationen zu nennen, in denen der von der Notstandshandlung Betroffene elementare Körpereingriffe zum Wohle der Gesundheit anderer er-

86

---

[202] S. Hoyer, in: SK-StGB, 9. Aufl. 2017, § 34 Rn. 103 ff.
[203] S. nur Rengier, AT, 12. Aufl. 2020, § 19 Rn. 32 ff.
[204] Näher Hoyer, in: SK-StGB, 9. Aufl. 2017, § 34 Rn. 48 ff.
[205] Hoyer, in: SK-StGB, 9. Aufl. 2017, § 34 Rn. 106.

fährt,[206] z. B. Blut oder gar Organe gegen seinen Willen „spenden" muss, um jemand anderen zu retten.

Beispiel 253

Z1 besuchte seine Ehefrau Z2 im Krankenhaus. Gerade in diesem Moment wurde der schwer verletzte Z3 eingeliefert, der bei einem Autounfall viel Blut verloren hatte und daher dringend eine Blutkonserve benötigte. Z3 hatte aber eine sehr seltene Blutgruppe, die im Krankenhaus nicht vorrätig war. Zufällig wusste der diensthabende Arzt B, dass Z1 die erforderliche seltene Blutgruppe besaß. Auf Anfrage weigerte sich Z1 jedoch, Blut zu spenden. Da eine Blutspende die einzige Rettungsmöglichkeit für Z3 war, ordnete B eine solche an: Z1 wurde von vier stämmigen Krankenpflegern festgehalten und musste eine zwangsweise Blutentnahme durch B dulden. ◄

Kein Mensch soll als lebende Blutbank etc. zur Behandlung Bedürftiger fungieren; eine Degradierung dazu tastet seine Menschenwürde gem. Art. 1 I GG an.

d) Subjektive Voraussetzungen

87 Zum (i. E. umstrittenen) subjektiven Rechtfertigungselement s. o.
Erforderlich ist Vorsatz bzgl. der objektiven Notstandsvoraussetzungen; insbesondere folgt aus der Verwendung der Worte „um ... zu" kein Absichtserfordernis.[207]

2. Zivilrechtlicher Notstand

▶ Didaktischer Aufsatz:

- Schreiber, Die Rechtfertigungsgründe des BGB, Jura 1997, 29

a) Strafrechtliche Relevanz

88 Im BGB finden sich in den §§ 228, 904 BGB zwei Regelungen des Notstandes für den Fall, dass die Notstandshandlung in der **Einwirkung auf eine Sache** besteht – insbesondere also Sachbeschädigungen gem. § 303 StGB.
Zur Kritik an der Anwendbarkeit der BGB-Rechtfertigungsgründe auf strafrechtliche Tatbestandsverwirklichungen s. o. Die Darstellung im Folgenden erfolgt lediglich im Hinblick auf die h. M., welche eine strafrechtliche Rechtfertigung durch die zivilrechtlichen Notstände für möglich hält.

---

[206] S. B. Heinrich, AT, 6. Aufl. 2019, Rn. 427; Hoyer, in: SK-StGB, 9. Aufl. 2017, § 34 Rn. 107 ff.
[207] S. o.; näher Hoyer, in: SK-StGB, 9. Aufl. 2017, § 34 Rn. 111 ff.

b) (Sog. defensiver) Notstand, § 228 BGB

▶ Didaktischer Aufsatz:

- Pawlik, Der Defensivnotstand, Jura 2002, 26

§ 228 S. 1 BGB regelt den sog. defensiven Notstand. **89**
§ 228 S. 1 BGB (Notstand)

Wer eine fremde Sache beschädigt oder zerstört, um eine durch sie drohende Gefahr von sich oder einem anderen abzuwenden, handelt nicht widerrechtlich, wenn die Beschädigung oder die Zerstörung zur Abwendung der Gefahr erforderlich ist und der Schaden nicht außer Verhältnis zu der Gefahr steht.

aa) Aufbau
I. Objektive Voraussetzungen **90**
   3. Sog. Notstandslage: Drohende Gefahr durch eine fremde Sache
   4. Sog. Notstandshandlung
      a) Fremde Sache beschädigt oder zerstört
      b) Erforderlichkeit
      c) Nicht außer Verhältnis
II. Subjektive Voraussetzungen

bb) Allgemeines
Die Norm rechtfertigt das Handeln des Täters aufgrund sog. Defensivnotstands; **91** defensiv deswegen, weil sich der Täter gegen die gefährliche Sache – das kann auch ein Tier sein, § 90a BGB – verteidigt.[208]

> **Beispiel 254**
>
> B ging im Wald spazieren, als ihm plötzlich der Hund des Z, zähnefletschend gegenüber stand. Dieser hatte sich von Z losgerissen und streunte seit Tagen durchs Land. Der Hund sprang B an und wollte sich im Hals des B festbeißen. B konnte dies nur dadurch verhindern, dass er sein Fahrtenmesser zog und dem Hund damit eine tödliche Verletzung zufügte. ◄

cc) Objektive Voraussetzungen
(1) Notstandslage: Drohende Gefahr durch eine fremde Sache
Die **drohende Gefahr** ist wie die gegenwärtige Gefahr in § 34 StGB auszulegen. **92**
   Quelle der Gefahr muss eine **fremde Sache** sein, insbesondere auch Tiere.[209]

---

[208] Zu § 228 BGB Wessels/Beulke/Satzger, AT, 50. Aufl. 2020, Rn. 447 ff.; näher Pawlik Jura 2002, 26; Pawlik GA 2003, 12.
[209] Dennhardt, in. BeckOK-BGB, Stand 01.02.2021, § 228 Rn. 5; aus der Rspr. vgl. RG U. v. 17.06.1901 – 1802/01 – RGSt 34, 295; RG U. v. 30.04.1903 – 323/03 – RGSt 36, 230.

(2) Notstandshandlung

93 Von § 34 StGB unterscheidet sich § 228 BGB dahingehend, dass der Anwendungsbereich Notstandshandlungen betrifft, bei der gefährdende fremde Sachen beschädigt oder zerstört werden.
Die Notstandshandlung muss **erforderlich** gewesen sein (Eignung und mildestes Mittel, s. schon o. bei den §§ 32, 34 StGB).
Ferner darf der Schaden **nicht außer Verhältnis** zu der Gefahr stehen. Anders als bei § 34 StGB ist zulässig, dass das beeinträchtigte das geschützte Interesse überwiegt, nur darf dies kein wesentliches Ausmaß erreichen.

> **Beispiel 255**
>
> B bemerkte, dass sich das teure Reitpferd des Z aus dem Stall losgerissen hatte, nun in seinem Vorgarten stand und die Salatsetzlinge anknabberte. Sofort zog B sein Gewehr und erschoss das Pferd. ◄

Abgesehen von der zweifelhaften Erforderlichkeit: Aufgrund des Missverhältnisses zwischen dem Wert des Pferdes und dem Wert der Pflanzen ist § 228 S. 1 BGB nicht erfüllt.

dd) Subjektive Voraussetzungen
94 Zum subjektiven Rechtfertigungselement s. o.

c) (Sog. aggressiver) Notstand, § 904 S. 1 BGB
95 § 904 S. 1 BGB regelt den sog. aggressiven Notstand.

> **§ 904 S. 1 BGB (Notstand)**
> Der Eigentümer einer Sache ist nicht berechtigt, die Einwirkung eines anderen auf die Sache zu verbieten, wenn die Einwirkung zur Abwendung einer gegenwärtigen Gefahr notwendig und der drohende Schaden gegenüber dem aus der Einwirkung dem Eigentümer entstehenden Schaden unverhältnismäßig groß ist.

aa) Aufbau
96 I. Objektive Voraussetzungen
    5. Notstandslage
        a) Gefahr für ein notstandsfähiges Rechtsgut
        b) Gegenwärtigkeit
    6. Notstandshandlung
        a) Einwirkung auf fremde Sache
        b) Notwendig
        c) Drohender Schaden unverhältnismäßig groß
        d) § 34 S. 2 StGB analog
II. Subjektive Voraussetzungen

bb) Erläuterungen

§ 904 S. 1 BGB regelt den sog. Aggressivnotstand – aggressiv deshalb, weil eine Sache, von der keine Gefahr ausgeht und die daher „unbeteiligt" ist, beeinträchtigt wird.[210]

Beispiel 256

B wurde auf offener Straße vom Hund des Z1 attackiert, der sich von der Leine losgerissen hatte. Um dem drohenden Hundebiss ins Bein zu entgehen, brach B aus dem Gartenzaun seines Nachbarn Z2 eine Latte heraus, mit der er den Dackel erschlug. ◄

Die Voraussetzungen entsprechen § 34 StGB, da § 904 BGB wie § 34 StGB dem Grundgedanken einer gewissen Solidarpflicht des Unbeteiligten folgt. Es handelt sich um eine Regelung für den Fall der Einwirkung auf eine unbeteiligte Sache (v. a. Sachbeschädigung, § 303 I StGB), die nötig ist, um irgendeine Gefahr abzuwenden.

III. Vorläufige Festnahme, § 127 I 1 StPO

▶ Didaktische Aufsätze:

- Borchert, Die vorläufige Festnahme nach § 127 StPO, JA 1982, 338
- Geppert, Vorläufige Festnahme, Verhaftung, Vorführung und andere Festnahmearten, Jura 1991, 269
- Schröder, Das Festnahmerecht Privater und die Teilrechtfertigung unerlaubter Festnahmehandlungen, Jura 1999, 10
- Otto, Probleme der vorläufigen Festnahme, § 127 StPO, Jura 2003, 685
- Meyer-Mews, Das Festnahmerecht – Ein Überblick, JA 2006, 206
- Satzger, Das Jedermann-Festnahmerecht nach § 127 I 1 StPO als Rechtfertigungsgrund, Jura 2009, 107
- Wagner, Das allgemeine Festnahmerecht gem. § 127 Abs. 1 S. 1 StPO als Rechtfertigungsgrund, ZJS 2011, 465
- Sickor, Das Festnahmerecht nach § 127 I 1 StPO im System der Rechtfertigungsgründe, JuS 2012, 1074

1. Aufbau

I. Objektive Voraussetzungen
    7. Jemand wird (vom Geprüften) auf frischer Tat betroffen oder verfolgt
    8. Festnahmegründe: Fluchtverdacht, Identitätsfeststellung
    9. Festnahmehandlung
II. Subjektive Voraussetzungen

---

[210] Hierzu B. Heinrich, AT, 6. Aufl. 2019, Rn. 488 ff.

2. Grundlagen

99 § 127 StPO normiert den Rechtfertigungsgrund der vorläufigen Festnahme.

> **§ 127 I-III StPO (Vorläufige Festnahme)**
> (1) Wird jemand auf frischer Tat betroffen oder verfolgt, so ist, wenn er der Flucht verdächtig ist oder seine Identität nicht sofort festgestellt werden kann, jedermann befugt, ihn auch ohne richterliche Anordnung vorläufig festzunehmen. Die Feststellung der Identität einer Person durch die Staatsanwaltschaft oder die Beamten des Polizeidienstes bestimmt sich nach § 163b Abs. 1.
> (2) Die Staatsanwaltschaft und die Beamten des Polizeidienstes sind bei Gefahr im Verzug auch dann zur vorläufigen Festnahme befugt, wenn die Voraussetzungen eines Haftbefehls oder eines Unterbringungsbefehls vorliegen.
> (3) Ist eine Straftat nur auf Antrag verfolgbar, so ist die vorläufige Festnahme auch dann zulässig, wenn ein Antrag noch nicht gestellt ist. Dies gilt entsprechend, wenn eine Straftat nur mit Ermächtigung oder auf Strafverlangen verfolgbar ist.

§ 127 II StPO bezieht sich auf die Staatsanwaltschaft und die Polizei. Die Norm ist nur eine von zahlreichen strafprozessualen Ermächtigungsgrundlagen für staatliche Grundrechtseingriffe bei Beschuldigten und ggf. Dritten. Diese öffentlich-rechtlichen Ermächtigungen wirken materiell-strafrechtlich als Rechtfertigungsgründe, so dass die Amtswalter zwar ggf. tatbestandsmäßig, nicht aber rechtswidrig handeln.

§ 127 I 1 StPO normiert hingegen ein sog. **Jedermannsrecht**[211] zur Festnahme.[212]

Die Vorschrift stellt eine Ausnahme vom Verbot des Faustrechts und vom staatlichen Gewaltmonopol dar. Der Bürger handelt in engen Grenzen *pro magistratu*, d. h. an Stelle des Staates.

100 Hierbei kommt es nicht darauf an, ob es sich um einen couragierten Zufallsbetroffenen handelt oder jemanden, der berufsmäßig, aber privatrechtlich zur Abwehr oder Verfolgung von Straftaten eingesetzt wird.

---

[211] Kühl, AT, 8. Aufl. 2017, § 8 Rn. 83.
[212] Zu § 127 StPO s. die Kommentierungen zur StPO, z. B. Meyer-Goßner/Schmitt, StPO, 64. Aufl. 2021; Joecks, StPO, 4. Aufl. 2015; des Weiteren Borchert JA 1982, 338; Arzt FS Kleinknecht 1985, 1; Geppert Jura 1991, 269; Schröder Jura 1999, 10; Kargl NStZ 2000, 8; Otto Jura 2003, 685; Meyer-Mews JA 2006, 206; Satzger Jura 2009, 107; Bülte ZStW 2009, 377; Wagner ZJS 2011, 465; Sickor JuS 2012, 1074.
[213] Meyer-Goßner/Schmitt, StPO, 64. Aufl. 2021, § 127 Rn. 7.

Beispiel 257

B sah, wie Z gerade ein Fahrradschloss „knackte". Kurzentschlossen nahm er ihn in den „Schwitzkasten" und rief die Polizei. ◄

Beispiel 258

Ladendetektiv B sah im Kaufhaus, wie Z eine CD unter seine Jacke steckte. Am Ausgang fing er ihn ab und führte ihn in sein Büro. ◄

Beispiel 259

Nachtwächter B erwischte den Einbrecher Z. Er packte ihn am Arm und fesselte ihn bis zum Eintreffen der Polizei. ◄

Der Festnehmende muss nicht Geschädigter der Tat sein.[213]

3. Objektive Voraussetzungen

a) Auf frischer Tat betroffen oder verfolgt

Der Festnehmende muss den Festgenommenen auf frischer Tat betroffen oder verfolgt haben.[214]

Tat ist (s. auch § 11 I Nr. 5 StGB) jede tatbestandsmäßige Straftat, und zwar inkl. versuchter und fahrlässiger Taten, sofern Versuch bzw. Fahrlässigkeit pönalisiert sind.

Umstritten ist, ob erkennbar **Schuldunfähige** (Kinder gem. § 19 StGB und Erwachsene i. R. d. § 20 StGB) festgenommen werden dürfen.

Im Hinblick auf schuldunfähige Erwachsene bejaht dies die wohl h. M.,[215] im Hinblick auf Kinder verneint sie es,[216] was daran liegt, dass gegenüber Kindern keine strafrechtlichen Rechtsfolgen verhängt werden können, gegenüber schuldunfähigen Erwachsenen aber durchaus, nämlich Maßregeln der Besserung und Sicherung, §§ 61 ff. StGB.

Umstritten ist ferner, ob die Tat **tatsächlich begangen** sein muss.[217]

---

[214] Hierzu Wessels/Beulke/Satzger, AT, 50. Aufl. 2020, Rn. 614; näher Marxen FS Stree/Wessels 1993, 705.

[215] S. Krey/Esser, AT, 6. Aufl. 2016, Rn. 650.

[216] Krey/Esser, AT, 6. Aufl. 2016, Rn. 650; a. A. Fischer, StGB, 68. Aufl. 2021, vor § 32 Rn. 7.

[217] Hierzu Hillenkamp/Cornelius, 32 Probleme aus dem Strafrecht AT, 15. Aufl. 2017, 8. P.; näher Fincke GA 1971, 41; aus der Rspr. vgl. zuletzt OLG Celle U. v. 26.11.2014 – 32 Ss 176/14 – StV 2016, 295 (Anm. Bosch Jura 2015, 1261; Jahn JuS 2015, 565); OLG Hamm B. v. 08.05.2015 – I-9 U 103/14 (Anm. Kudlich JA 2016, 150).

> **Beispiel 260**
>
> BayObLG U. v. 30.05.1986 – RReg. 5 St 43/86 (Anm. Hemmer-BGH-Classics Strafrecht, 2003, Nr. 10; Schlüchter JR 1987, 309; Otto JK 1988 StGB § 32/10):
>
> B, Angestellter eines Einkaufsmarkts, beobachtete, dass Z eine gelbgrüne Packung in die Innentasche seiner Jacke steckte und an der Kasse nicht bezahlte. Obwohl er nicht hatte sehen können, woher Z den Gegenstand genommen hatte, glaubte er, es sei eine Packung Suppenwürfel im Wert von 1,80 DM. B eilte dem Z nach und hielt ihn außerhalb des Marktes auf. Als Z bestritt, Ware nicht bezahlt zu haben, forderte ihn B auf, zur Klärung des Sachverhalts in das Büro mitzukommen. Z war dazu nicht bereit. Während einer wörtlichen Auseinandersetzung fasste B den Z wiederholt an der Jacke, um ihn ins Büro zu bringen. Z forderte ihn auf, ihn in Ruhe zu lassen. Als B den Z weiter zerrte, gab dieser ihm eine schmerzhafte Ohrfeige. Daraufhin ließ B von Z ab, und letzterer entfernte sich. ◄

Es fragt sich, ob B in seinem Verhalten – ggf. gem. §§ 239 I, 240 StGB tatbestandsmäßig – aufgrund § 127 I StPO gerechtfertigt war, auch wenn Z in Wirklichkeit keinen Diebstahl begangen hatte.

Teile der Rspr.[218] und die wohl h. L.[219] halten § 127 I 1 StPO nur dann für anwendbar, wenn wirklich eine Straftat des Festgenommenen vorlag (sog. materiellrechtliche Auslegung).

Die Gegenauffassung (sog. prozessuale Auslegung) lässt einen dringenden Tatverdacht ausreichen[220] oder doch jedenfalls Indizien, die nach der Lebenserfahrung im Urteil des Festnehmenden ohne vernünftige Zweifel den Schluss auf eine rechtswidrige Tat zulassen.[221]

Für die materiellrechtliche Auslegung spricht der differenzierende Wortlaut der Norm („frische Tat" in § 127 I 1 StPO und „Verdacht" in §§ 127 II i. V. m. 112 StPO). Auch der Tatbegriff der §§ 8, 9, 11 I Nr. 5 StGB ist materiell zu verstehen. Hinzu kommt, dass es sich um eine Regelung mit Ausnahmecharakter handelt, da Private nur in engen Grenzen statt der Behörden handeln sollen. Es ist nicht ersichtlich, warum ein Festgenommener Maßnahmen des Irrenden dulden muss (Abschneiden des Notwehrrechts). Der Festnehmende wird auch nicht einem unvertretbaren strafrechtlichen Risiko ausgesetzt, da er sich ggf. in einem (vorsatzausschließenden) Erlaubnistatumstandsirrtum befindet; seine unsichere Situation, dass er in kürzester Zeit die Lage beurteilen muss, wird daher entschärft, die Zivilcourage leidet nicht zu sehr.

---

[218] OLG Hamm U. v. 24.11.1976 – 4 Ss 263/76 – NJW 1977, 590 (Anm. Puppe, AT, 4. Aufl. 2019, § 12 Rn. 6 ff.; Thomas JA 1977, 239; Hassemer JuS 1977, 476; Schumann JuS 1979, 559).

[219] S. Krey/Esser, AT, 6. Aufl. 2016, Rn. 646.

[220] Z. B. B. Heinrich, AT, 6. Aufl. 2019, Rn. 508.

[221] So OLG Hamm B. v. 08.01.1998 – 2 Ss 1526/97 – NStZ 1998, 370 (Anm. LL 1998, 592).

B. Rechtfertigungsgründe

Frisch ist die Tat dann, wenn zwischen Festnahmehandlung und Tat ein unmittelbarer örtlicher und zeitlicher Zusammenhang besteht.[222]

„**Betroffen**" meint das Stellen des Täters am Tatort, „**verfolgt**" die unmittelbare Nacheile, wenn sich der Täter vom Tatort entfernt hat.[223]

b) Festnahmegründe: Fluchtverdacht, Identitätsfeststellung

Die Festnahme ist nach § 127 I 1 StPO dann erlaubt, wenn der Täter der Flucht verdächtig ist oder seine Identität nicht sofort festgestellt werden kann.

Fluchtverdacht liegt vor, wenn der Festnehmende nach dem erkennbaren Verhalten des Täters vernünftigerweise davon ausgehen muss, dieser werde sich dem Strafverfahren durch Flucht entziehen, wenn er nicht alsbald festgenommen wird.[224]

Die **Identität** des Betroffenen ist dann nicht sofort feststellbar, wenn sie nicht augenblicklich und an Ort und Stelle so festgestellt werden kann, dass der weiteren, zügigen Strafverfolgung insoweit nichts im Wege steht.[225]

Verdunklungs- oder Wiederholungsgefahr sind i. R. d. § 127 I 1 StPO keine Festnahmegründe, anders als bei der Untersuchungshaft gem. §§ 112, 112a StPO.

c) Festnahmehandlung

Von § 127 I 1 StPO gedeckt sind im Ansatz alle Handlungen, die zur Festnahme erforderlich sind.

Allerdings gilt nicht nur, dass die Handlung geeignet und das mildeste Mittel sein muss. Vielmehr wird das Festnahmemittel auch in dem Sinne beschränkt, dass lediglich Freiheitsberaubungen, Nötigungen sowie leichtere Körperverletzungen – aber nur, wenn diese mit der Festnahme unmittelbar verbunden sind – gerechtfertigt werden.[226] Nicht nach § 127 I StPO zu rechtfertigen sind Handlungen, die zu einer ernsthaften Beschädigung der Gesundheit oder unmittelbaren Gefährdung des Lebens führen. Inwieweit Schusswaffengebrauch i. R. d. § 127 I StPO zulässig ist, ist problematisch;[227] hierbei ist zwischen verschiedenen Erfolgen zu differenzieren: Während Nötigungen gerechtfertigt werden können (Drohungen unter Aufzeigen der Waffe oder Abgabe von Warnschüssen o. ä.) gilt dies im Hinblick auf Körperverletzungen aufgrund von Schüssen allenfalls für Bagatellblessuren.

---

[222] Meyer-Goßner/Schmitt, StPO, 64. Aufl. 2021, § 127 Rn. 5.
[223] Krauß, in: BeckOK-StPO, Stand 01.10.2021, § 127 Rn. 4 f.
[224] Hierzu vgl. BayObLG B. v. 25.07.2002 – 5 StR RR 209/2002 – NStZ-RR 2002, 336 (Anm. Otto JK 2003 StPO § 127/5).
[225] Meyer-Goßner/Schmitt, StPO, 64. Aufl. 2021, § 127 Rn. 11.
[226] B. Heinrich, AT, 6. Aufl. 2019, Rn. 502; aus der Rspr. vgl. BGH B. v. 11.09.1997 – 4 StR 296/97 – NStZ-RR 1998, 50 = StV 1998, 481 (Anm. Geppert JK 1998 StPO § 127/3).
[227] Wessels/Beulke/Satzger, AT, 50. Aufl. 2020, Rn. 616; aus der Rspr. vgl. BGH U. v. 15.05.1979 – 1 StR 749/78 (Anm. Geilen JK 1980 StGB § 32); BGH B. v. 11.09.1997 – 4 StR 296/97 – NStZ-RR 1998, 50 = StV 1998, 481 (Anm. Geppert JK 1998 StPO § 127/3); BGH U. v. 25.03.1999 – 1 StR 26/99 – NJW 1999, 2533 = StV 1999, 577 (Anm. Ingelfinger JR 2000, 299).

Beispiel 261

BGH U. v. 10.02.2000 – 4 StR 558/99 – BGHSt 45, 378 = NJW 2000, 1348 = NStZ 2000, 603 = StV 2001, 258 (Anm. Otto JK 2000 StPO § 127/4; Baier JA 2000, 630; Martin JuS 2000, 717; Mitsch JuS 2000, 848; LL 2000, 713; RÜ 2000, 203; RA 2000, 269; Kargl/Kirsch NStZ 2000, 604; Trüg/Wentzell Jura 2001, 30; Börner GA 2002, 276):

Der als Ladendetektiv in einem Kaufhaus tätige B sprach den Kunden G, bei dem er glaubte, gesehen zu haben, dass er einige CDs in seine Jackentasche gesteckt hatte, hinter der Kasse an, wobei er sich als Detektiv auswies. Als der 13 kg schwerere und 13 cm größere G sich der Feststellung seiner Personalien widersetzte, nach dem B schlug – oder ihn beiseite schob – und die Flucht ergriff, verfolgte ihn B und sprang ihn von hinten an, wobei er seinen linken Arm um dessen Hals legte. Durch den Anprall gingen beide zu Boden. Während B versuchte, den in die Unterlage geratenen G am Boden zu fixieren, rief er um Hilfe und forderte G mehrfach auf, sich zu ergeben und zum Zeichen der Aufgabe mit der Hand auf den Boden zu schlagen. G zeigte jedoch keine derartige Reaktion. Der wenige Augenblicke später hinzukommende Inhaber eines Schuhreparaturstandes, Z1, hielt die rechte Hand des G und, als dieser mit den Beinen um sich trat, auch ein Bein fest. Wenige Minuten danach trat der Leiter des Kaufhauses, Z2, hinzu. Er drückte den rechten Arm des G, den Z1 kaum noch festhalten konnte, mit seinem Knie zu Boden; ferner veranlasste er, dass die Polizei verständigt wurde. Während der gesamten Zeit hielt B den Hals des G weiter in seiner linken Armbeuge, wobei er den ertappten Dieb über einen Zeitraum von mindestens drei Minuten ohne Unterlass derart würgte, dass diesem die Luftzufuhr vollständig abgeschnitten wurde. Die ein- oder zweimal gestellte Frage des Z2, ob der Mann noch Luft bekomme, bejahte B. Als wenige Minuten später der Polizeibeamte Z3 erschien, forderte Z2 diesen auf, dem G Handfesseln anzulegen. Nachdem Z1 und Z2 den nunmehr regungslos am Boden liegenden G losgelassen hatten, diesem Handfesseln angelegt worden waren und auch der B den G losließ, drehte Z3 dessen reglosen Körper um. Das Gesicht des G war blau verfärbt; er war infolge der Strangulation durch B erstickt. In seiner Jacke wurden fünf CDs gefunden, die aus dem Kaufhaus stammten und nicht bezahlt worden waren. ◀

Das lebensgefährdende und letztlich tödliche Würgen war nicht durch § 127 I 1 StPO gedeckt.

Klarzustellen ist, dass **weitere Rechtfertigungsgründe** unberührt bleiben. So kommt zum einen bei fortdauerndem Angriff, z. B. auf das Eigentum in Gestalt einer Flucht mit Beute, eine Notwehr nach § 32 StGB in Betracht; zum anderen ist § 32 StGB auch dann anwendbar, wenn sich der Festzunehmende gegen die Festnahme wehrt und so den Festnehmenden i. S. d. § 32 StGB angreift.

Mildere Maßnahmen als eine Freiheitsberaubung sind erst recht gerechtfertigt,[228] z. B. die Wegnahme eines Ausweises.[229]

---

[228] B. Heinrich, AT, 6. Aufl. 2019, Rn. 503.
[229] So Kühl, AT, 8. Aufl. 2017, § 7 Rn. 91; krit. aber Krey/Esser, AT, 6. Aufl. 2016, Rn. 653.

4. Subjektive Voraussetzungen

Zum subjektiven Rechtfertigungselement vgl. o. Zum erforderlichen Vorsatz bzgl. der objektiven Voraussetzungen muss aber hinzutreten, dass der Festnehmende in der Absicht handelt, den Festgenommenen den Strafverfolgungsbehörden zuzuführen;[230] dies folgt daraus, dass dem Begriff der Festnahme dem Handeln *pro magistratu* in § 127 I 1 StPO ein solcher Zweckbezug immanent ist.

107

IV. „Einwilligung"

Die von der h. M. als Rechtfertigungsgrund angesehene, von ihr sog. „Einwilligung" führt – ebenso wie das „Einverständnis" – zur Nichterfüllung des objektiven Tatbestands, s. o.

108

V. Mutmaßliche Zustimmung

▶ Didaktische Aufsätze:

- Mitsch, Die mutmaßliche Einwilligung, ZJS 2012, 38
- Rönnau/Meier, Mutmaßliche Einwilligung, JuS 2018, 851

1. Grundlagen

Die **mutmaßliche Einwilligung**[231] ist nach h. M. ein gewohnheitsrechtlich anerkannter Rechtfertigungsgrund.[232] Dies gilt auch für das **mutmaßliche Einverständnis**.[233] Insofern ließe sich beides parallel zu Einwilligung/Einverständnis zur mutmaßlichen Zustimmung[234] zusammenfassen.

109

Für den zivilrechtlichen Behandlungsvertrag (§§ 630a ff. BGB) hat die mutmaßliche Einwilligung ihren Niederschlag in § 630d I 4 BGB gefunden.

> **§ 630d I BGB Einwilligung**
> [...] Kann eine Einwilligung für eine unaufschiebbare Maßnahme nicht rechtzeitig eingeholt werden, darf sie ohne Einwilligung durchgeführt werden, wenn sie dem mutmaßlichen Willen des Patienten entspricht.

---

[230] Rengier, AT, 12. Aufl. 2020, § 22 Rn. 23; Meyer-Goßner/Schmitt, StPO, 64. Aufl. 2021, § 127 Rn. 8.

[231] Hierzu Wessels/Beulke/Satzger, AT, 50. Aufl. 2020, Rn. 581 ff.; näher Roxin FS Welzel 1974, 447; Yoshida FS Roxin 2001, 401; Mitsch ZJS 2012, 38.

[232] B. Heinrich, AT, 6. Aufl. 2019, Rn. 453; für Tatbestandsausschluss Hoyer, in: SK-StGB, 9. Aufl. 2017, vor § 32 Rn. 34 f.; aus der Rspr. vgl. BGH B. v. 25.03.1988 – 2 StR 93/88 – BGHSt 35, 246 = NJW 1988, 2310 = NStZ 1988, 406 = StV 1988, 523 (Anm. Roxin, Höchstrichterliche Rspr. AT, 1998, Nr. 34; Sonnen JA 1988, 639; Fuchs StV 1988, 524; Giesen JZ 1988, 1022; Geppert JK 1989 StGB § 224/3; Hassemer JuS 1989, 145; Müller-Dietz JuS 1989, 280; Hoyer StV 1989, 245).

[233] Problematisch, hierzu Schmitz, in: MK-StGB, 3. Aufl. 2017, § 242 Rn. 83; näher Ludwig/Lange JuS 2000, 446; Marlie JA 2007, 112; aus der Rspr. vgl. BGH B. v. 24.06.2014 – 2 StR 73/14 – BGHSt 59, 260 = NJW 2014, 2887 = NStZ 2015, 156 = StV 2015, 114 (Anm. Kudlich JA 2014,

Dass es sich bei der mutmaßlichen Zustimmung (anders als bei der tatsächlichen Zustimmung) mit der h. M. um einen **Rechtfertigungsgrund** handelt, liegt darin, dass ein mutmaßlicher Wille *ex ante* niemals sicher ermittelt werden kann, so dass die Straffreiheit des Täters auf einem Verständnis für dessen mutmaßenden Abwägungsprozess unter Unsicherheitsbedingungen bei der Frage, ob er handeln solle oder nicht, beruht – ähnlich wie i. R. d. rechtfertigenden Notstands gem. § 34 StGB –, und nicht auf autonomem Rechtsgutsverzicht des Geschädigten.[235] Daher liegt ein echter Konflikt zwischen Normen unterschiedlicher Hierarchie vor, die in der Ebenentrennung auszudrücken ist.

Insbesondere angesichts dessen, dass eine Erklärung der Zustimmung richtigerweise keine Voraussetzung des Tatbestandsausschlusses ist, ist vor Prüfung einer rechtfertigenden mutmaßlichen Zustimmung sorgfältig das Vorliegen einer tatsächlichen Zustimmung (dann Nichterfüllung des objektiven Tatbestands des Vollendungsdelikts und allenfalls Versuchsstrafbarkeit) oder die irrige Annahme einer solchen (dann Nichterfüllung des subjektiven Tatbestands des Vorsatzdelikts und allenfalls Fahrlässigkeitsstrafbarkeit) zu erörtern.

Unterschieden werden üblicherweise zwei Konstellationen der mutmaßlichen Zustimmung: Handeln im mutmaßlichen Interesse des Betroffenen und Handeln bei mutmaßlicher Gleichgültigkeit des Betroffenen.

2. Mutmaßliches Interesse des Betroffenen

▶ Didaktische Aufsätze:

- Schroth, Die berechtigte Geschäftsführung ohne Auftrag als Rechtfertigungsgrund im Strafrecht, JuS 1992, 476
- Hotz, Die berechtigte Geschäftsführung ohne Auftrag als strafrechtlicher Rechtfertigungsgrund, JuS 2019, 8

Beispiel 262

Z wurde nach einem Verkehrsunfall bewusstlos in eine Klinik eingeliefert. Um sein Leben zu retten, musste eine gefährliche Notoperation durchgeführt werden. B führte diese durch. ◄

a) Aufbau
I. Objektive Voraussetzungen
  1. Disponibilität des Rechtsguts
  2. Verfügungsberechtigung
  3. Mutmaßliche Fähigkeit zur rechtlich relevanten Zustimmung
  4. Subsidiarität: Nichteinholbarkeit einer Zustimmung

873; RÜ 2014, 786; Jahn JuS 2015, 82; Theile/Stürmer ZJS 2015, 123; famos 7/2015; Floeth NZV 2015, 95; Mitsch NZV 2015, 423).

[234] S. Schlehofer, in: MK-StGB, 4. Aufl. 2020, vor § 32 Rn. 204 ff.
[235] Vgl. Schlehofer, in: MK-StGB, 4. Aufl. 2020, vor § 32 Rn. 205.

5. Erwartbarkeit einer Zustimmung (mutmaßlicher Wille)
II. Subjektive Voraussetzungen

b) Objektive Voraussetzungen
Zunächst gelten für die mutmaßliche Zustimmung vergleichbare Voraussetzungen wie bei der Zustimmung: **Disponibilität des Rechtsguts** und **Verfügungsberechtigung**. Hinzu kommt die **mutmaßliche Fähigkeit zur rechtlich relevanten Zustimmung**: Der Betroffene ist grundsätzlich zustimmungsfähig, nur ist die Zustimmungsfähigkeit aktuell aufgehoben.[236]

111

Zu beachten ist des Weiteren vor allem die **Sperrwirkung der Zustimmung**. Die mutmaßlichen Zustimmung ist gegenüber einer bestehenden oder herbeiführbaren Zustimmung **subsidiär**.[237] Damit der Täter sich auf eine mutmaßliche Zustimmung berufen kann, muss sein Handeln ohne Zustimmung darauf beruhen, dass seine Handlung dringlich und eine Zustimmung daher nicht rechtzeitig einholbar war.

Insbesondere ist also bei Operationen darauf abzustellen, ob eine vitale oder akute Indikation vorliegt, so dass nicht abgewartet werden kann, bis die Entscheidungs- und Artikulationsfähigkeit wiederhergestellt ist.[238] Mithin sind spontane Operationserweiterungen nur rechtmäßig, wenn der Patient z. B. nicht ohne signifikantes Risiko geweckt und befragt werden kann.

> **Beispiel 263**
>
> BGH U. v. 11.10.2011 – 1 StR 134/11 – NStZ 2012, 205 (Anm. Satzger JK 2012 StGB § 223/6; Jäger JA 2012, 70; RA 2012, 357; famos 9/2012):
> B führte am 24.07.2007 in seinen Praxisräumen in der Stadt B bei dem 85-jährigen Patienten G, in dessen Stuhl Blut festgestellt worden war, eine Darmspiegelung durch. Bereits am 18.07.2007 hatte G nach ordnungsgemäßer Aufklärung eine entsprechende Einwilligungserklärung unterzeichnet. Nachdem die Untersuchung einen normalen Befund ohne Hinweise auf eine Blutungsquelle ergeben hatte, entschloss sich B, im unmittelbaren Anschluss an die Darmspiegelung unter Ausnutzung der noch anhaltenden Sedierung noch eine Magenspiegelung vorzunehmen. Dass G aufgrund der Sedierungswirkung nicht in der Lage war, in rechtserheblicher Weise in die Untersuchung einzuwilligen, erkannte B. Eine direkt im Anschluss an die Darmspiegelung durchgeführte Magenspiegelung war auch medizinisch nicht zwingend erforderlich, lediglich wollte B dem G dadurch eine erneute Anreise aus seinem in der Umgebung der Stadt B gelegenen Heimatort ersparen. Die ersten beiden Versuche, das Endoskop einzuführen, scheiterten an Schluckbeschwerden des G. Nach einer zweistündigen Pause wurden – obwohl G möglicherweise schon über Brustschmerzen geklagt hatte – nach Auffrischung der Sedierung mindestens zwei weitere erfolglose Versuche zur Einführung des Endoskops unternommen, wobei es bei einem dieser Versuche zu

---
[236] B. Heinrich, AT, 6. Aufl. 2019, Rn. 476.
[237] Kühl, AT, 8. Aufl. 2017, § 9 Rn. 46; aus der Rspr. vgl. zuletzt BGH U. v. 19.08.2020 – 1 StR 474/19 – NJW 2021, 326 (Anm. Bosch Jura 2021, 456; RÜ 2021, 95; Mitsch NJW 2021, 330).

einer Perforation der Speiseröhre kam. Ob eine Aufklärung des G über die Magenspiegelung stattfand, konnte nicht abschließend geklärt werden. Das Landgericht ging jedenfalls davon aus, dass dieser seine Einwilligung erklärt hätte, wäre er vor der Maßnahme wirksam aufgeklärt worden. Am Tag nach der Untersuchung wurde G ins Klinikum B eingewiesen und an der Speiseröhre operiert. Nach der zunächst erfolgreich verlaufenen Operation kam es jedoch zu Komplikationen, die letztlich zum Tod des G führten. ◄

Die Magenspiegelung war medizinisch nicht zwingend erforderlich. Lediglich wollte B dem G eine erneute Anreise aus seinem in der Umgebung der Stadt B gelegenen Heimatort ersparen. B hätte eine Erklärung des G einholen müssen.

112 Kernvoraussetzung ist die **Erwartbarkeit der Zustimmung** (d. h. der **mutmaßliche Wille**).[239]

Im Rahmen einer *ex-ante*-Beurteilung – es ist irrelevant, wenn sich die Prognose später als falsch herausstellt – hat der Täter den wahrscheinlichen hypothetischen Willen unter Berücksichtigung von individuellen Interessen, Wünschen und Wertvorstellungen zu ermitteln. Von besonderer Bedeutung sind frühere Äußerungen des Betroffenen.[240.]

Objektive Gesichtspunkte (Vernünftigkeit) dienen hierbei lediglich als Indiz und können v. a. durch bekanntgewordene unvernünftige Präferenzen des Geschädigten (z. B. aufgrund Religion oder Weltanschauung, s. Art. 4 GG) derogiert werden.

Insbesondere dürfen Ärzte dann nicht das medizinisch Gebotene durchsetzen, wenn ihnen der entgegenstehende Wille bekannt ist, auch wenn die Einstellung des Geschädigten riskant ist.

Beispiel 264

BGH U. v. 04.10.1999 – 5 StR 712/98 (Sterilisation nach Kaiserschnitt) – BGHSt 45, 219 = NJW 2000, 885 = StV 2004, 371 (Anm. Geppert JK 2000 StGB § 226/9; RÜ 2000, 65; RA 2000, 212; Hoyer JR 2000, 473; Wasserburg StV 2004, 373):

---

[238] B. Heinrich, AT, 6. Aufl. 2019, Rn. 477; aus der Rspr. vgl. BGH U. v. 28.11.1957 – 4 StR 525/57 (Myom) – BGHSt 11, 111 = NJW 1958, 267 (Anm. Roxin, Höchstrichterliche Rspr. AT, 1998, Nr. 30; Puppe, AT, 4. Aufl. 2019, § 11 Rn. 9 ff. und § 15 Rn. 1 ff.; Baumann NJW 1958, 2092; Schmidt JR 1958, 226); BGH U. v. 04.10.1999 – 5 StR 712/98 (Sterilisation nach Kaiserschnitt) – BGHSt 45, 219 = NJW 2000, 885 = StV 2004, 371 (Anm. Geppert JK 2000 StGB § 226/9; RÜ 2000, 65; RA 2000, 212; Hoyer JR 2000, 473; Wasserburg StV 2004, 373).

[239] Hierzu B. Heinrich, AT, 6. Aufl. 2019, Rn. 477; aus der Rspr. vgl. zuletzt BGH U. v. 30.01.2019 – 2 StR 325/17 – BGHSt 64, 69 = NJW 2019, 3253 = NStZ 2020, 29 = StV 2020, 296 (Anm. Kudlich JA 2019, 953; RÜ 2019, 781; Mitsch NJW 2019, 3255; Eisele JuS 2020, 80; Magnus NStZ 2020, 32; Lorenz JR 2020, 69; Rostalski HRRS 2020, 211); BGH B. v. 26.05.2020 – 2 StR 434/19 – NStZ 2021, 164 = StV 2021, 115 (Anm. Eisele JuS 2021, 181; Merkel NStZ 2021, 166).

[240] Zur Patientenverfügung als Indiz Wessels/Beulke/Satzger, AT, 50. Aufl. 2020, Rn. 584; aus der Rspr. vgl. BGH U. v. 30.01.2019 – 2 StR 325/17 – BGHSt 64, 69 = NJW 2019, 3253 = NStZ 2020,

B arbeitete als Facharzt für Gynäkologie im Krankenhaus A., in das die 24-jährige Z zur Entbindung ihres zweiten Kindes eingewiesen wurde. Ihr erstes Kind hatte Z fünf Jahre zuvor mittels Kaiserschnitts zur Welt gebracht. Während des Geburtsverlaufs verhielt sich Z unkooperativ, sie schrie lautstark und verweigerte schließlich eine aktive Mitwirkung bei der Geburt. Als durch falsche Atmung der werdenden Mutter die Gesundheit des Kindes zunehmend in Gefahr geriet, entschloss sich B, die Entbindung mittels Kaiserschnitts durchzuführen. Nachdem er erfolglos versucht hatte, Z über die geplante Kaiserschnittoperation aufzuklären, besprach er die Situation mit dem Ehemann der Z, der der Operation zustimmte. Bevor die Narkose eingeleitet wurde, stellte B der schon im Operationssaal befindlichen Z angesichts der unmittelbar bevorstehenden Kaiserschnittoperation die Frage: „Frau Z, Sie wollen doch sicher keine Kinder mehr haben, wir wollen Sie gleich mit sterilisieren?" Z lehnte dies jedoch ab. Daraufhin nahm B von seinem Vorhaben, sie zu sterilisieren, zunächst Abstand. Während der Operation, die von B durchgeführt wurde, bildeten sich Risse in der Gebärmutter der Patientin. Es kam zu heftigen Blutungen, die jedoch alsbald zum Stillstand gebracht werden konnten. Aufgrund dieser Komplikationen führte B nunmehr bei der Patientin eine Tubensterilisation durch. Mit dieser Maßnahme wollte er eine erneute Schwangerschaft der Z, bei der er das Risiko eines Gebärmutterrisses mit lebensgefährlichen Folgen für Mutter und Kind befürchtete, sicher vermeiden. Z, die sich insgesamt drei Kinder gewünscht hatte, war mit der von B durchgeführten Sterilisation nicht einverstanden. ◀

c) Subjektive Voraussetzungen
Zum subjektiven Rechtfertigungselement s. o. Erforderlich ist Vorsatz des Täters, im Interesse des Rechtsgutsträgers zu handeln.[241]

113

3. Mutmaßliche Gleichgültigkeit des Betroffenen
Die zweite Fallgruppe der mutmaßlichen Zustimmung ist die mutmaßliche Gleichgültigkeit des Betroffenen.[242]

114

Beispiel 265

B stand an der Kasse eines Supermarktes, öffnete eine noch nicht bezahlte Limonadenflasche und nahm einen kräftigen Schluck. ◀

Hier ist davon auszugehen, dass der Eigentümer der Limonadenflasche einem solchen Verhalten zustimmt und auf eine vorherige Befragung dazu keinen Wert legt, so dass der etwaige Diebstahl (§ 242 I StGB) und die Sachbeschädigung (§ 303 I StGB) gerechtfertigt sind (wenn nicht ohnehin aufgrund tatsächlicher Zustimmung des Berechtigten der Tatbestand nicht erfüllt ist).

---

[29] = StV 2020, 296 (Anm. Kudlich JA 2019, 953; RÜ 2019, 781; Mitsch NJW 2019, 3255; Eisele JuS 2020, 80; Magnus NStZ 2020, 32; Lorenz JR 2020, 69; Rostalski HRRS 2020, 211).
[241] B. Heinrich, AT, 6. Aufl. 2019, Rn. 477.
[242] Hierzu B. Heinrich, AT, 6. Aufl. 2019, Rn. 478; aus der Rspr. vgl. OLG Celle U. v. 25.06.1974 – 1 Ss 125/74 – NJW 1974, 1833 (Anm. Hassemer JuS 1975, 190).

Freilich ist bei der Annahme derartiger Erwägungen Zurückhaltung zu üben, um nicht die Rechtsgutsautonomie auszuhöhlen; immerhin gibt es viele in Betracht kommende Gründe, ein bestimmtes eingreifendes Verhalten eines anderen nicht zu wollen, die auch dann anzuerkennen sind, wenn sie nicht sofort plausibel sind. Eine vorherige Willenserfragung ist oft auch keineswegs unzumutbar.

VI. Erziehungsrecht; Züchtigungsrecht

▶ Didaktische Aufsätze:

- Otto, Rechtfertigung einer Körperverletzung durch das elterliche Züchtigungsrecht, Jura 2001, 670
- Roxin, Die strafrechtliche Beurteilung elterlicher Züchtigung, JuS 2004, 177
- Buchholz/Schmidt, Freiheitsberaubung, § 239 StGB – unter besonderer Berücksichtigung eines rechtfertigenden Erziehungsrechts, JA 2019, 197

115 Das elterliche Erziehungsrecht[243] mit der Befugnis, Freiheiten ihrer Kinder einzuschränken, folgt aus insbesondere §§ 1626 I, II, 1631 I BGB.

> **§ 1626 BGB (Elterliche Sorge, Grundsätze)**
> (1) Die Eltern haben die Pflicht und das Recht, für das minderjährige Kind zu sorgen (elterliche Sorge). Die elterliche Sorge umfasst die Sorge für die Person des Kindes (Personensorge) und das Vermögen des Kindes (Vermögenssorge).
> (2) Bei der Pflege und Erziehung berücksichtigen die Eltern die wachsende Fähigkeit und das wachsende Bedürfnis des Kindes zu selbstständigem verantwortungsbewusstem Handeln. Sie besprechen mit dem Kind, soweit es nach dessen Entwicklungsstand angezeigt ist, Fragen der elterlichen Sorge und streben Einvernehmen an.

> **§ 1631 I BGB (Inhalt und Grenzen der Personensorge)**
> Die Personensorge umfasst insbesondere die Pflicht und das Recht, das Kind zu pflegen, zu erziehen, zu beaufsichtigen und seinen Aufenthalt zu bestimmen.

Jedenfalls bzgl. z. B. § 239 I StGB (z. B. Stubenarrest) ist eine Rechtfertigung nach diesen Vorschriften möglich. Dieses **Erziehungsrecht** kann auch auf z. B. Tagesmütter übertragen werden.

---

[243] Hierzu Wessels/Beulke/Satzger, AT, 50. Aufl. 2020, Rn. 611 ff.; näher Beulke FS Hanack 1999, 539; Otto Jura 2001, 670; Roxin JuS 2004, 177.

B. Rechtfertigungsgründe

Problematisch ist die Rechtfertigung einer Körperverletzung (sog. **Züchtigungsrecht**).[244]   116

> **Beispiel 266**
>
> Vater B gab seinem Sohn Z eine Ohrfeige, nachdem dieser beim Fußballspielen ein Fenster zerschossen hatte. ◄

> **§ 223 I StGB (Körperverletzung)**
> Wer eine andere Person körperlich mißhandelt oder an der Gesundheit schädigt, wird mit Freiheitsstrafe bis zu fünf Jahren oder mit Geldstrafe bestraft.

Insbesondere ist umstritten, welche Konsequenzen aus dem seit dem Jahr 2000 geltenden § 1631 II BGB zu ziehen sind.

> **§ 1631 II BGB (Inhalt und Grenzen der Personensorge)**
> Kinder haben ein Recht auf gewaltfreie Erziehung. Körperliche Bestrafungen, seelische Verletzungen und andere entwürdigende Maßnahmen sind unzulässig.

Klarzustellen ist zunächst, dass ganz leichte Beeinträchtigungen (z. B. der berühmte „Klaps" auf das – ggf. bekleidete – Gesäß) u. U. bereits den objektiven Tatbestand des § 223 I StGB nicht erfüllen, so dass sich die Frage der Rechtfertigung überhaupt erst bei Beeinträchtigungen gewisser Erheblichkeit stellt.

Lange Zeit war das elterliche Züchtigungsrecht als Rechtfertigungsgrund anerkannt; auch heute noch wird unter bestimmten Voraussetzungen mit verschiedenen Begründungen eine solche Rechtfertigungsmöglichkeit vertreten.[245] Verständlich ist, dass diese Vertreter eine Kriminalisierung der Elternschaft vermeiden möchten, zumal Überforderungssituationen und ggf. -reaktionen bei Erziehungskonflikten sehr häufig sein dürften.

Sowohl der Wortlaut des § 1631 II BGB als auch der Wille des Gesetzgebers sprechen aber dafür, alle körperlichen Strafen zu ächten, so dass der Rechtfertigungsgrund des elterlichen Züchtigungsrechts abgeschafft ist.[246] Das Sanktionenrecht und das Strafprozessrecht geben hinreichend Gelegenheit, unangemessene

---

[244] Hierzu Wessels/Beulke/Satzger, AT, 50. Aufl. 2020, Rn. 604 ff.; näher Beulke FS Hanack 1999, 539; Noak JR 2002, 402; Beulke FS Schreiber 2003, 29; Heinrich ZIS 2011, 431; aus der (früheren) Rspr. vgl. BGH B. v. 25.11.1986 – 4 StR 605/86 – NStZ 1987, 173 = StV 1988, 62 (Anm. Rolinski StV 1988, 63; Reichert-Hammer JZ 1988, 617).

[245] Z. B. Kühl, AT, 8. Aufl. 2017, § 9 Rn. 52 ff.

[246] Z. B. B. Heinrich, AT, 6. Aufl. 2019, Rn. 523.

> **§ 239 I StGB (Freiheitsberaubung)**
> Wer einen Menschen einsperrt oder auf andere Weise der Freiheit beraubt, wird mit Freiheitsstrafe bis zu fünf Jahren oder mit Geldstrafe bestraft.

Bestrafungen von Eltern zu verhindern (z. B. aufgrund der §§ 153, 153a StPO). Angesichts des Grundrechts der Kinder auf körperliche Unversehrtheit (Art. 2 II GG) dürfte diese Beschränkung des elterlichen Erziehungsrechts (Art. 6 II 1 GG) gerechtfertigt sein.

117 Wohl unstrittig ist auch keine Züchtigung fremder Kinder gerechtfertigt.[247]
Lehrern kommt unstrittig kein Züchtigungsrecht mehr zu, was auch in einer Reihe heutiger Landesschulgesetze Ausdruck gefunden hat.[248]

> **§ 25 III 2 SchulG-SH (Maßnahmen bei Konflikten mit oder zwischen Schülerinnen und Schülern)**
> Körperliche Gewalt und andere entwürdigende Maßnahmen sind verboten.

Bei der Durchsetzung einer schulischen Anweisung nach Maßgabe des Schulrechts können leichtere Körperverletzungserfolge, die aus unmittelbarem Zwang bei der Durchsetzung der Anweisung resultieren, allerdings gerechtfertigt sein.[249]
In der **Berufsausbildung** besteht ein Züchtigungsverbot gem. § 31 JArbSchG.

> **§ 31 JArbSchG (Züchtigungsverbot, […])**
> (1) Wer Jugendliche beschäftigt oder […] beaufsichtigt, anweist oder ausbildet, darf sie nicht körperlich züchtigen.
> (2) Wer Jugendliche beschäftigt, muß sie vor körperlicher Züchtigung und Mißhandlung und vor sittlicher Gefährdung durch andere bei ihm Beschäftigte und durch Mitglieder seines Haushalts an der Arbeitsstätte und in seinem Haus schützen. […]

---

[247] Fischer, StGB, 68. Aufl. 2021, § 223 Rn. 42.
[248] Hierzu Fischer, StGB, 68. Aufl. 2021, § 223 Rn. 42; näher Vormbaum JR 1977, 492; Ruhmannseder HRRS 2008, 322; aus der zunächst anders lautenden, dann aufgegebenen Rspr. vgl. BGH U. v. 06.06.1952 – 1 StR 708/51 – BGHSt 3, 105 = NJW 1952, 1023 (Anm. Roxin, Höchstrichterliche Rspr. AT, 1998, Nr. 39; Hemmer-BGH-Classics Strafrecht, 2003, Nr. 14).
[249] Sternberg-Lieben, in: Schönke/Schröder, StGB, 30. Aufl. 2019, § 223 Rn. 24; aus der Rspr. vgl. LG Berlin B. v. 18.12.2009 – 518 Qs 60/09 (Anm. Jahn JuS 2010, 458; famos 11/2010).

VII. Besitzkehr, § 859 II, III BGB

▶ Didaktischer Aufsatz:

- Duchstein, Die Selbsthilfe, JuS 2015, 105

§ 859 BGB enthält nach h. M. einen weiteren zivilrechtlichen Rechtfertigungsgrund.[250] Auch wenn richtigerweise zivilrechtliche Normen kein strafrechtliches Verhalten rechtfertigen (s. o.), erfolgt daher eine knappe Darstellung:

118

Beispiel 267

B war kurz beim Bäcker und hatte sein Rad unabgeschlossen draußen abgestellt. Z sah das und radelte davon. B nahm die Verfolgung auf, holte den Z ein, und riss ihn vom Rad. ◀

Beispiel 268

OLG Frankfurt B. v. 17.11.1999 – 2 Ws 66/99 – NStZ-RR 2000, 107:
Z ist Eigentümerin eines Hausgrundstücks mit Garten. Eine der Wohnungen vermietete sie an den B. Ausweislich des ihm überlassenen Mietvertragsexemplars waren die 400 qm Garten mitvermietet. Z betrat den Garten, um dort Blumen zu pflücken. B untersagte ihr dies und verwies sie des Gartens. Z kam dieser Aufforderung nicht nach, woraufhin der Beschuldigte sie mittels körperlichen Einsatzes aus dem Garten drängte. ◀

Die Nötigung (§ 240 I, II StGB) durch B ist nach h. M. gem. § 859 I BGB gerechtfertigt.

Zu beachten ist, dass Besitzkehr verlangt, dass der Störer auf frischer Tat betroffen oder verfolgt (§ 859 II BGB) wird bzw. der Täter sofort nach der Entziehung (§ 859 III BGB) handelt: Verlangt wird ein enger zeitlicher Zusammenhang zur Besitzentziehung.

VIII. Selbsthilfe, § 229 BGB

▶ Didaktischer Aufsatz:

- Duchstein, Die Selbsthilfe, JuS 2015, 105

---

[250] B. Heinrich, AT, 6. Aufl. 2019, Rn. 497; aus der Rspr. vgl. zuletzt BGH B. v. 21.04.2015 – 4 StR 92/15 – NJW 2015, 2898 = NStZ 2015, 571 = StV 2015, 630 (Anm. Jäger JA 2015, 874; Kudlich NJW 2015, 2901; Oğlakcıoğlu NStZ 2015, 573).

> **§ 859 BGB (Selbsthilfe des Besitzers)**
> (1) Der Besitzer darf sich verbotener Eigenmacht mit Gewalt erwehren.
> (2) Wird eine bewegliche Sache dem Besitzer mittels verbotener Eigenmacht weggenommen, so darf er sie dem auf frischer Tat betroffenen oder verfolgten Täter mit Gewalt wieder abnehmen.
> (3) Wird dem Besitzer eines Grundstücks der Besitz durch verbotene Eigenmacht entzogen, so darf er sofort nach der Entziehung sich des Besitzes durch Entsetzung des Täters wieder bemächtigen.
> (4) Die gleichen Rechte stehen dem Besitzer gegen denjenigen zu, welcher nach § 858 Abs. 2 die Fehlerhaftigkeit des Besitzes gegen sich gelten lassen muss.

119 Selbsthilfe[251] gem. §§ 229, 230 BGB ist nach h. M. ein zivilrechtlicher Rechtfertigungsgrund. Auch wenn richtigerweise zivilrechtliche Normen kein strafrechtliches Verhalten rechtfertigen (s. o.), erfolgt daher eine knappe Darstellung:

> **§ 230 BGB (Grenzen der Selbsthilfe)**
> (1) Die Selbsthilfe darf nicht weiter gehen, als zur Abwendung der Gefahr erforderlich ist.
> (2) Im Falle der Wegnahme von Sachen ist, sofern nicht Zwangsvollstreckung erwirkt wird, der dingliche Arrest zu beantragen.
> (3) Im Falle der Festnahme des Verpflichteten ist, sofern er nicht wieder in Freiheit gesetzt wird, der persönliche Sicherheitsarrest bei dem Amtsgericht zu beantragen, in dessen Bezirk die Festnahme erfolgt ist; der Verpflichtete ist unverzüglich dem Gericht vorzuführen.
> (4) Wird der Arrestantrag verzögert oder abgelehnt, so hat die Rückgabe der weggenommenen Sachen und die Freilassung des Festgenommenen unverzüglich zu erfolgen."

Beispiel 269

Der Gastwirt B verfolgte den Zechpreller Z und hielt ihn solange fest, bis er sich auswies (Abwandlung: bezahlte). ◄

Beispiel 270

BGH B. v. 05.04.2011 – 3 StR 66/11 – NJW 2012, 1093 = NStZ 2012, 144 = StV 2011, 617 (Anm. Bosch JK 2011 BGB § 229/1; Hecker JuS 2011, 940; LL 2011, 647; RA 2011, 291; Grabow NStZ 2012, 145):

---

[251] Hierzu Krey/Esser, AT, 6. Aufl. 2016, Rn. 634 ff.; näher Duchstein JuS 2015, 105.

B ging am frühen Morgen des 01.06.2009 gegen 06.30 Uhr zu Fuß in Richtung ihrer Wohnung und überholte dabei den angetrunkenen Z, von dem sie angesprochen wurde. Sie war wütend, reagierte gereizt und sagte dem Mann, er solle sie in Ruhe lassen. Es kam zwischen den Kontrahenten zu einem Wortwechsel mit gegenseitigen Beleidigungen. Als Z auf sie zutrat, zog die B in der Annahme, sie werde geschlagen, ein Taschenmesser mit einer ca. 4,5 cm langen Klinge. Entgegen ihrer Erwartung bedrängte sie Z weiter. Es entwickelte sich ein Handgemenge, bei dem die Kopfhörer ihres MP3-Players zerstört wurden und Z eine überwiegend oberflächliche Schnittverletzung an der linken Unterarmseite erlitt. Anschließend nahm B das auf den Boden gefallene Mobiltelefon des Z an sich und erklärte, sie werde dieses erst herausgeben, wenn dieser für die zerstörten Kopfhörer Schadenersatz leiste. Dann setzte sie ihren Weg nach Hause fort. Z folgte der B und verlangte von ihr immer wieder die Herausgabe seines Mobiltelefons. B erwiderte, er bekomme es nur zurück, wenn er ihren Schaden ersetze. Beide Kontrahenten erwogen auch, zu einer nahe gelegenen Polizeistation zu gehen. B drehte sich immer wieder um und zeigte Z das Messer, um ihn auf Abstand zu halten. Vor dem Haus, in dem sie wohnte, trat Z an sie heran und versuchte, ihr das Messer aus der Hand zu treten, um sein Mobiltelefon wieder an sich bringen zu können. Es entwickelte sich eine Auseinandersetzung, bei der der Z der B eine Verletzung im Gesicht zufügte. Diese stach schließlich mit dem Taschenmesser in die Brust des Z, der eine potenziell lebensgefährliche Verletzung erlitt. Nach dem Stich warf B das Messer weg und lief, von Z verfolgt, in ihre Wohnung. ◄

Zur Duldung der Selbsthilfehandlung verpflichtet ist derjenige gegenüber dem Gläubiger, der **Schuldner** eines einredefreien (einklagbaren, vollstreckbaren) zivilrechtlichen Anspruchs i. S. d. § 194 I BGB ist.

Der Handelnde muss selbst **Anspruchsinhaber** sein, eine Selbsthilfe zugunsten Dritter ist nicht möglich.

Es muss ferner die **Gefahr** bestehen, dass die Verwirklichung des Anspruchs vereitelt oder wesentlich erschwert wird.[252]

Obrigkeitliche Hilfe darf nicht rechtzeitig zu erlangen sein.

Enge Grenzen setzt § 230 BGB:

- Erforderlichkeit, § 230 I BGB
- Beantragung dinglichen oder persönlichen Arrests, § 230 II, III BGB i. V. m. §§ 917, 918 ZPO
- bei Ablehnung des Antrags unverzüglich Rückgabe bzw. Freilassung, § 230 IV BGB.

---

[252] Dennhardt, in: BeckOK-BGB, Stand 01.02.2021, § 228 Rn. 6; aus der Rspr. vgl. BGH U. v. 11.05.1962 – 4 StR 81/62 – BGHSt 17, 328 = NJW 1962, 1923 (Anm. Isenbeck NJW 1963, 116); zu Fahrausweiskontrolleuren s. Schauer/Wittig JuS 2004, 107; Mitsch NZV 2014, 545.

Subjektive Voraussetzung ist, dass der Täter zum Zwecke der Selbsthilfe handelte, d. h. zur Anspruchssicherung; § 229 BGB gibt ein Recht **nur zur Sicherung**, nicht zur Erfüllung.[253]

Sonderregelungen der Selbsthilfe enthalten die §§ 562b I, 581 II, 592, 704 S. 2, 910, 962 BGB.

IX. Grundrechte

▶ Didaktischer Aufsatz:

- Brand/Winter, Grundrechte als strafrechtliche Rechtfertigungsgründe, JuS 2021, 113

120   Ob Grundrechte Rechtfertigungsgründe bilden, erst recht welche und unter welchen Voraussetzungen, ist umstritten.[254] Jedenfalls beeinflussen Grundrechte auch die Auslegung der Tatbestandsmerkmale, so dass sich u. U. die Frage der Rechtfertigung nicht mehr stellt.

Diskutiert wird erstens die **Glaubens- und Gewissensfreiheit** gem. **Art. 4 I, II GG**.[255]

Art. 4 I, II GG
(1) Die Freiheit des Glaubens, des Gewissens und die Freiheit des religiösen und weltanschaulichen Bekenntnisses sind unverletzlich.
(2) Die ungestörte Religionsausübung wird gewährleistet.

Beispiel 271

LG Köln U. v. 07.05.2012 – 151 Ns 169/11 – NJW 2012, 2128 = NStZ 2012, 449 = StV 2012, 603 (Anm. Muckel JA 2012, 636; Jahn JuS 2012, 850; LL 2012, 808; RÜ 2012, 573; RA 2012, 414; famos 12/2012; Bartsch StV 2012, 604; Kempf JR 2012, 436; Rox JZ 2012, 806; Beulke/Dießner ZIS 2012, 338; Peglau jurisPR-StrafR 15/2012 Anm. 2; Satzger JK 2013 StGB § 223/7):

Der Arzt B führte in seiner Praxis unter örtlicher Betäubung die Beschneidung des zum Tatzeitpunkt vierjährigen Z mittels eines Skalpells auf Wunsch

---

[253] B. Heinrich, AT, 6. Aufl. 2019, Rn. 495; aus der Rspr. vgl. BayObLG B. v. 18.10.1990 – RReg. 5 St 92/90 (Gänsebrust) – NJW 1991, 934 = NStZ 1991, 133 (Anm. Otto JK 1991 StGB vor § 32/2; Laubenthal JR 1991, 519; Schroeder JZ 1991, 682; Joerden JuS 1992, 23; Duttge Jura 1993, 416).

[254] Hierzu Kühl, AT, 8. Aufl. 2017, § 9 Rn. 112 ff.; näher Wolter GA 1996, 207; Schmidt ZStW 2009, 645; Kröpil JR 2011, 283; Brand/Winter JuS 2021, 113.

[255] Hierzu Kühl, AT, 8. Aufl. 2017, § 9 Rn. 114; näher Blei JA 1972, 231, 303 und 369; Böse ZStW 2001, 40; Frisch GA 2006, 273; Roxin GA 2011, 1.

B. Rechtfertigungsgründe 439

von dessen Eltern durch, ohne dass für die Operation eine medizinische Indikation vorlag. Er vernähte die Wunden des Kindes mit vier Stichen und versorgte es bei einem Hausbesuch am Abend desselben Tages weiter. Am 06.11.2010 wurde das Kind von seiner Mutter in die Kindernotaufnahme der Universitätsklinik in Köln gebracht, um Nachblutungen zu behandeln. Die Blutungen wurden dort gestillt. ◄

Beispiel 272

BVerfG B. v. 19.10.1971 – 1 BvR 387/65 (Evangelischer Brüderverein) – BVerfGE 32, 98 = NJW 1972, 327 (Anm. Roxin, Höchstrichterliche Rspr. AT, 1998, Nr. 42; Weber JuS 1972, 281; Schwabe JuS 1972, 380; Händel NJW 1972, 330; Deubner NJW 1972, 814; Dreher JR 1972, 342; Peters JZ 1972, 85; Ranft FS Schwinge 1973, 111):
B gehört der religiösen Vereinigung des evangelischen Brüdervereins an. Seine Ehefrau war ebenfalls Mitglied dieser Gemeinschaft. Die nach der Geburt des vierten Kindes unter akutem Blutmangel leidende Ehefrau lehnte es ab, sich ärztlichem Rat gemäß in eine Krankenhausbehandlung zu begeben und insbesondere eine Bluttransfusion vornehmen zu lassen. B unterließ es, seinen Einfluss auf seine Ehefrau i. S. der ärztlichen Ratschläge geltend zu machen. Eine Heilbehandlung unterblieb; die Ehefrau, die bis zuletzt bei klarem Bewusstsein war, verstarb. ◄

Nach h. M. kommt Art. 4 I, II GG keine rechtfertigende Wirkung zu (allenfalls eine entschuldigende), da die Rechtsordnung für alle Bürger denselben Inhalt haben müsse. Religionsausübung darf nicht durch Begehung von Straftaten geschehen, s. auch Art. 140 GG i. V. m. Art. 136 WRV. Die Abwägung des Art. 4 I, II GG mit anderen Verfassungsrechtspositionen ist dabei problematisch.
Zweitens kommt die **Meinungsfreiheit** des **Art. 5 I GG** als Rechtfertigung in Betracht. Dies betrifft insbesondere die §§ 185 ff. StGB.

Beispiel 273

BVerfG B. v. 10.10.1995 – 1 BvR 1476/91, 1 BvR 1980/91, 1 BvR 102/92, 1 BvR 221/92 (Soldaten sind Mörder) – BVerfGE 93, 266 = NJW 1995, 3303 = NStZ 1996, 26 = StV 1996, 17 (Anm. Kühl, Höchstrichterliche Rspr. BT, 2002, Nr. 13; Mager Jura 1996, 405; Hufen JuS 1996, 738; Gounalakis NJW 1996, 481; Otto NStZ 1996, 127; Zuck JZ 1996, 364; Haas GA 1996, 473):
B zeigte 1989 vor einem Informationsstand, den die Bundeswehr bei einer Motorradausstellung unterhielt, mit einer weiteren Person ein Transparent, auf dem stand: „Soldaten sind potentielle Mörder." Drei der vier an dem Stand Dienst verrichtenden Soldaten stellten Strafantrag. ◄

Drittens ist bei bestimmten Delikten an die Berücksichtigung der **Kunstfreiheit** nach **Art. 5 III GG** zu denken.[256]

> **Art. 5 GG**
> (1) Jeder hat das Recht, seine Meinung in Wort, Schrift und Bild frei zu äußern und zu verbreiten und sich aus allgemein zugänglichen Quellen ungehindert zu unterrichten. Die Pressefreiheit und die Freiheit der Berichterstattung durch Rundfunk und Film werden gewährleistet. Eine Zensur findet nicht statt.
> (2) Diese Rechte finden ihre Schranken in den Vorschriften der allgemeinen Gesetze, den gesetzlichen Bestimmungen zum Schutze der Jugend und in dem Recht der persönlichen Ehre.
> (3) Kunst und Wissenschaft, Forschung und Lehre sind frei. Die Freiheit der Lehre entbindet nicht von der Treue zur Verfassung.

Viertens beeinflusst die **Versammlungsfreiheit** gem. **Art. 8 GG** v. a. die Handhabung der Nötigung (§ 240 StGB), insbesondere bei Straßenblockaden.

> **Beispiel 274**
>
> **BGH U. v. 08.08.1969 – 2 StR 171/69 (Laepple) – BGHSt 23, 46 = NJW 1969, 1770 (Anm. Hassemer JuS 1969, 590; Ott NJW 1969, 2023; Eilsberger JuS 1970, 164):**
>
> Um gegen eine Preiserhöhung der Kölner Verkehrsbetriebe, die am 24.10.1966 in Kraft treten sollte, zu protestieren, veranstaltete der „Arbeitskreis Kölner Hochschulen" (AKH), eine Vereinigung von Studenten und Schülern, an diesem Tage um 13.30 Uhr einen „Sitzstreik", durch den der Straßenbahnverkehr an zwei wichtigen Kreuzungspunkten innerhalb Kölns blockiert wurde. Während die eine dieser Demonstrationen um 14.30 Uhr beendet war, dauerte die andere planwidrig an, bis es schließlich zum Einsatz von Wasserwerfern und berittener Polizei kam. An der Vorbereitung und Durchführung der beiden Demonstrationen im vorgesehenen Rahmen waren der B1 als Vorsitzender des AKH und der B2 als Pressereferent des AStA beteiligt. ◄

Fünftens ist fraglich, inwiefern das **Asylrecht** gem. **Art. 16a GG** rechtfertigend wirken kann, v. a. bzgl. der unerlaubten Einreise (§ 95 AufenthG).[257]

---

[256] Hierzu Kühl, AT, 8. Aufl. 2017, § 9 Rn. 114; näher Leiss NJW 1962, 2323; Ott NJW 1963, 617; Dünnwald JR 1965, 46; Schmidt GA 1966, 97; Müller JZ 1970, 87; Würtenberger FS Dreher 1977, 79; Würtenberger NJW 1982, 610; Würtenberger NJW 1983, 1144; Zechlin NJW 1984, 1091; Volk JR 1984, 441; Otto NJW 1986, 1206; zur Satire Hoffmann-Holland/Koranyi ZStW 2018, 82; Faßbender NJW 2019, 705; aus der Rspr. vgl. zuletzt OLG Saarbrücken U. v. 15.05.2018 – Ss 104/2017 (4/18) – NJW 2018, 3794 (Anm. Valerius NJW 2018, 3797); BGH B. v. 30.10.2018 – 3 StR 27/18 – NStZ 2019, 659 (Anm. Becker NStZ 2019, 661); OLG Köln U. v. 10.12.2019 – III-1 RVs 180/19 – NJW 2020, 1382 = NStZ-RR 2020, 76.

[257] Aus der Rspr. vgl. zuletzt BVerfG B. v. 08.12.2014 – 2 BvR 450/11; OLG Bamberg U. v. 24.09.2014 – 3 Ss 59/13 – NStZ 2015, 404 = StV 2015, 358 (Anm. El-Ghazi/Fischer-Lescano StV

> **Art 16a I-III GG**
> (1) Politisch Verfolgte genießen Asylrecht.
> (2) Auf Absatz 1 kann sich nicht berufen, wer aus einem Mitgliedstaat der Europäischen Gemeinschaften oder aus einem anderen Drittstaat einreist, in dem die Anwendung des Abkommens über die Rechtsstellung der Flüchtlinge und der Konvention zum Schutze der Menschenrechte und Grundfreiheiten sichergestellt ist. Die Staaten außerhalb der Europäischen Gemeinschaften, auf die die Voraussetzungen des Satzes 1 zutreffen, werden durch Gesetz, das der Zustimmung des Bundesrates bedarf, bestimmt. In den Fällen des Satzes 1 können aufenthaltsbeendende Maßnahmen unabhängig von einem hiergegen eingelegten Rechtsbehelf vollzogen werden.
> (3) Durch Gesetz, das der Zustimmung des Bundesrates bedarf, können Staaten bestimmt werden, bei denen auf Grund der Rechtslage, der Rechtsanwendung und der allgemeinen politischen Verhältnisse gewährleistet erscheint, daß dort weder politische Verfolgung noch unmenschliche oder erniedrigende Bestrafung oder Behandlung stattfindet. Es wird vermutet, daß ein Ausländer aus einem solchen Staat nicht verfolgt wird, solange er nicht Tatsachen vorträgt, die die Annahme begründen, daß er entgegen dieser Vermutung politisch verfolgt wird.

X. Öffentlich-rechtliche Eingriffsbefugnisse von Amtsträgern

▶ Didaktischer Aufsatz:

- Amelung, Die Rechtfertigung von Polizeivollzugsbeamten, JuS 1986, 329

Das Handeln von Amtsträgern nach Maßgabe des für sie geltenden öffentlichen Rechts kann tatbestandsmäßig, aber durch die öffentlich-rechtlichen Eingriffsbefugnisse gerechtfertigt sein.

Dies betrifft insbesondere verwaltungsrechtliche (z. B. nach den Polizeigesetzen der Länder oder nach dem UZwG des Bundes) und strafprozessuale Maßnahmen (v. a. §§ 81 ff., 94 ff., 102 ff., 112 ff. StPO), aber z. B. auch Gerichtsvollzieher (§§ 758, 808, 909 ZPO).

121

2015, 386); BGH U. v. 26.02.2015 – 4 StR 178/14 – NStZ-RR 2015, 184; BGH U. v. 26.02.2015 – 4 StR 233/14 – BGHSt 60, 205 = NJW 2015, 2274 = NStZ 2015, 402 = StV 2016, 107 (Anm. Mayer StV 2016, 110); AG Frankfurt U. v. 17.06.2015 – 975 Cs 858 Js 53066/14 – StV 2015, 706; LG Lüneburg B. v. 13.08.2015 – 26 Qs 108/15 – StV 2016, 105; BGH U. v. 04.05.2017 – 3 StR 69/17 – NStZ 2018, 286 = StV 2018, 562 (Anm. Kudlich NStZ 2018, 288).

> **Art. 8 GG**
> (1) Alle Deutschen haben das Recht, sich ohne Anmeldung oder Erlaubnis friedlich und ohne Waffen zu versammeln.
> (2) Für Versammlungen unter freiem Himmel kann dieses Recht durch Gesetz oder auf Grund eines Gesetzes beschränkt werden.

XI. Befehl; dienstliche Weisung

122 Befehl und Weisung wirken rechtfertigend, wenn sie für den Empfänger rechtsverbindlich sind. Rechtmäßig brauchen sie dazu nicht zu sein (strafrechtlicher Rechtmäßigkeitsbegriff).[258]

Bei einem Befehl zu Straftaten[259] besteht keine Befolgungspflicht, sondern ein Befolgungsverbot (§§ 11 II 1 SG, 35, 36 BeamtStG). Demnach ist ein Handeln nach einem derartigen Befehl nicht gerechtfertigt. U. U. wird die Schuld ausgeschlossen.

> **§ 11 SG (Gehorsam)**
> (1) Der Soldat muss seinen Vorgesetzten gehorchen. Er hat ihre Befehle nach besten Kräften vollständig, gewissenhaft und unverzüglich auszuführen. Ungehorsam liegt nicht vor, wenn ein Befehl nicht befolgt wird, der die Menschenwürde verletzt oder der nicht zu dienstlichen Zwecken erteilt worden ist; die irrige Annahme, es handele sich um einen solchen Befehl, befreit den Soldaten nur dann von der Verantwortung, wenn er den Irrtum nicht vermeiden konnte und ihm nach den ihm bekannten Umständen nicht zuzumuten war, sich mit Rechtsbehelfen gegen den Befehl zu wehren.
> (2) Ein Befehl darf nicht befolgt werden, wenn dadurch eine Straftat begangen würde. Befolgt der Untergebene den Befehl trotzdem, so trifft ihn eine Schuld nur, wenn er erkennt oder wenn es nach den ihm bekannten Umständen offensichtlich ist, dass dadurch eine Straftat begangen wird.

> **§ 36 BeamtStG (Verantwortung für die Rechtmäßigkeit)**
> (1) Beamtinnen und Beamte tragen für die Rechtmäßigkeit ihrer dienstlichen Handlungen die volle persönliche Verantwortung.
> (2) Bedenken gegen die Rechtmäßigkeit dienstlicher Anordnungen haben Beamtinnen und Beamte unverzüglich auf dem Dienstweg geltend zu machen. Wird die Anordnung aufrechterhalten, haben sie sich, wenn die Bedenken fortbestehen, an die nächst höhere Vorgesetzte oder den nächst höheren Vorgesetzten zu wenden. Wird die Anordnung bestätigt, müssen

---

[258] Schlehofer, in: MK-StGB, 4. Aufl. 2020, vor § 32 Rn. 131.
[259] Hierzu Fischer, StGB, 68. Aufl. 2021, vor § 32 Rn. 16; näher von Weber MDR 1948, 34; Würtenberger MDR 1948, 271; Amelung JuS 1986, 329; Küper JuS 1987, 81; Lenckner FS Stree/Wessels 1993, 223; Ambos JR 1998, 221; Fahl ZIS 2011, 229; Meyer GA 2012, 556.

B. Rechtfertigungsgründe

die Beamtinnen und Beamten sie ausführen und sind von der eigenen Verantwortung befreit. Dies gilt nicht, wenn das aufgetragene Verhalten die Würde des Menschen verletzt oder strafbar oder ordnungswidrig ist und die Strafbarkeit oder Ordnungswidrigkeit für die Beamtinnen oder Beamten erkennbar ist. Die Bestätigung hat auf Verlangen schriftlich zu erfolgen.

Beispiel 275

Kompaniechef Hauptmann B1 wies Zugführer Hauptfeldwebel B2 an, den Rekruten Z zur Strafe für dessen schlechte Leistungen in dessen Stube übers Wochenende einzusperren. ◀

Beispiel 276

Der Bundesverteidigungsminister B1 gab dem Luftwaffenpiloten B2 den Befehl, ein von Terroristen gekapertes voll besetztes Passagierflugzeug abzuschießen, was auch geschah. ◀

In Fällen, in denen eine Weisung trotz Rechtswidrigkeit verbindlich und keine Rechtsfolge ausdrücklich geregelt ist (s. § 36 II 3 BeamtStG), ist umstritten, ob eine Rechtfertigung oder Entschuldigung vorliegt. Mehr spricht dafür, dass dem Geschädigten der Straftat die Notwehr nicht abgeschnitten dadurch werden sollte, dass der Befehlsempfänger gerechtfertigt handelt.

XII. Behördliche Genehmigung

Vor allem im Neben- und Umweltstrafrecht (§§ 324 ff. StGB) ist die zuständige Fachbehörde befugt, bestimmte Rechtsgutseingriffe zu genehmigen. Diese Genehmigung wirkt dann nach h. M. rechtfertigend; dies ist für verschiedene Tatbestände umstritten, z. B.: 123

§ 324 StGB (Gewässerverunreinigung)
(1) Wer unbefugt ein Gewässer verunreinigt oder sonst dessen Eigenschaften nachteilig verändert, wird mit Freiheitsstrafe bis zu fünf Jahren oder mit Geldstrafe bestraft.
(2) Der Versuch ist strafbar.
(3) Handelt der Täter fahrlässig, so ist die Strafe Freiheitsstrafe bis zu drei Jahren oder Geldstrafe.

Die zuständige Wasserbehörde kann z. B. die Einleitung von Abwässern in einen Fluss genehmigen, so dass der Täter dann nicht unbefugt i. S. d. § 324 StGB handelt, d. h. gerechtfertigt.[260]

Problematisch ist u. a. die Behandlung verwaltungsrechtlich rechtswidriger Genehmigungen.[261] Nicht ausreichend ist die bloße Genehmigungsfähigkeit[262] oder eine behördliche Duldung.[263]

XIII. Völkerrechtliche Erlaubnisse

124 In Zeiten von Auslandseinsätzen deutscher Bundeswehrsoldaten erlangen völkerrechtliche Erlaubnisse als strafrechtliche Rechtfertigungsgründe gesteigerte Bedeutung, z. B. in Gestalt erlaubter Tötungshandlungen von Soldaten der Bundeswehr in bewaffneten Konflikten.[264]

C. Irrtum über Rechtfertigungsumstände (Erlaubnistatumstandsirrtum, Rechtfertigungsumstandsirrtum)

▶ Didaktische Aufsätze:

- Herzberg, Erlaubnistatbestandsirrtum und Deliktsaufbau, JA 1989, 243 und 294
- Geerds, Der vorsatzausschließende Irrtum, Jura 1990, 421
- Graul, Der Erlaubnistatbestandsirrtum, JuS 1992, L49
- Scheffler, Der Erlaubnistatbestandsirrtum und seine Umkehrung, das Fehlen subjektiver Rechtfertigungselemente, Jura 1993, 617
- Dieckmann, Plädoyer für die eingeschränkte Schuldtheorie beim Irrtum über Rechtfertigungsgründe, Jura 1994, 178
- Gasa, Die Behandlung des Irrtums über rechtfertigende Umstände im Gutachten – Typische Fehler, JuS 2005, 890
- Roquejo, Die Putativnotwehr als Rechtfertigungsgrund, JA 2005, 114

---

[260] Fischer, StGB, 68. Aufl. 2021, § 324 Rn. 7.
[261] Fischer, StGB, 68. Aufl. 2021, vor § 324 Rn. 8; aus der Rspr. vgl. zuletzt OLG Jena B. v. 05.05.2017 – 1 Ws 481/16 – StV 2019, 110 (Anm. Tierel jurisPR-StrafR 15/2017 Anm. 3; Hinderer NZWiSt 2017, 486).
[262] Sternberg-Lieben, in: Schönke/Schröder, StGB, 30. Aufl. 2019, vor § 32 Rn. 62c; näher Lüthge/Klein ZStW 2017, 48.
[263] Sternberg-Lieben, in: Schönke/Schröder, StGB, 30. Aufl. 2019, vor § 32 Rn. 62d; näher Dahs/Pape NStZ 1988, 393; Wasmuth/Koch NJW 1990, 2434; aus der Rspr. vgl. zuletzt BGH U. v. 22.07.2015 – 2 StR 389/13 – NJW 2016, 419.
[264] Hierzu Fischer, StGB, 68. Aufl. 2021, vor § 32 Rn. 6a, 6b; näher Ladiges JuS 2011, 879; zur strafrechtlichen Verantwortlichkeit von Bundeswehrangehörigen bei Auslandseinsätzen Safferling/Kirsch JA 2010, 81; Ambos NJW 2010, 1725; Zimmermann GA 2010, 507; Hertel HRRS

- Momsen/Rackow, Der Erlaubnistatbestandsirrtum in der Fallbearbeitung, JA 2006, 550 und 654
- Kelker, Erlaubnistatumstands- und Erlaubnisirrtum – eine systematische Erörterung, Jura 2006, 591
- Stiebig, Der Erlaubnistatbestandsirrtum in der Prüfungsarbeit, Jura 2009, 274
- Heuchemer, Die Behandlung des Erlaubnistatbestandsirrtums in der Klausur, JuS 2012, 795
- Ludes/Panneborg, Der Erlaubnistatbestandsirrtum im Fahrlässigkeitsdelikt, Jura 2013, 24.
- Kraatz, Verbreitete Fehler bei der Behandlung des Erlaubnistatbestandsirrtums am Beispiel des Hells Angels-Falles (BGH NStZ 2012, 272), Jura 2014, 787
- Christoph, Der Erlaubnistatbestandsirrtum in der Falllösung, JA 2016, 32
- Nestler, Der Wissenshorizont des Täters beim (Erlaubnistatumstands-)Irrtum, Jura 2018, 135

I. Grundlagen; Voraussetzungen

Irrt sich der Täter insofern über die unter einen Rechtfertigungsgrund zu subsumierenden Umstände, dass er diese verkennt, so fehlt ihm das subjektive Rechtfertigungselement; hierzu s. o. 125

Die irrige Annahme nennt sich üblicherweise **Erlaubnistatumstandsirrtum** (häufig auch, wenngleich missverständlich: Erlaubnistatbestandsirrtum; klarer aufgrund Anlehnung an die am weitesten verbreitete Terminologie von den Rechtfertigungsgründen wäre in jedem Fall Rechtfertigungsumstandsirrtum oder in Anlehnung an § 16 StGB Irrtum über Rechtfertigungsumstände):[265] Der Täter stellt sich einen Sachverhalt vor, der die Voraussetzungen eines Rechtfertigungsgrunds erfüllt.

2010, 339; Basak HRRS 2010, 513; Müssig/Meyer FS Puppe 2011, 1501; Sinn FS Roxin 2011, 673; Safferling/Kirsch JA 2012, 481; Richter HRRS 2012, 28; Jeßberger HRRS 2013, 119.

[265] Hierzu Hillenkamp/Cornelius, 32 Probleme aus dem Strafrecht, AT, 14. Aufl. 2012, 10. P.; näher von Weber JZ 1951, 260; Schaffstein MDR 1951, 196; Lang-Hinrichsen JR 1952, 184; Schröder MDR 1953, 70; Kaufmann JZ 1954, 653; von Weber FS Mezger 1954, 183; Kaufmann JZ 1955, 37; Kaufmann JZ 1956, 353 und 393; Hardwig GA 1956, 369; Fukuda JZ 1958, 143; Engisch ZStW 1958, 566; Lampe GA 1959, 367; Börker JR 1960, 168; Dreher FS Heinitz 1972, 207; Hruschka GA 1980, 1; Grünwald GS Noll 1984, 183; Herzberg JA 1989, 243 und 294; Paeffgen GS Armin Kaufmann 1989, 399; Geerds Jura 1990, 421; Graul JuS 1992, L49; Scheffler Jura 1993, 617; Puppe FS Stree/Wessels 1993, 183; Dieckmann Jura 1994, 178; Hruschka FS Roxin 2001, 441; Roquejo JA 2005, 114; Gasa JuS 2005, 890; Kelker Jura 2006, 591; Momsen/Rackow JA 2006, 550 und 654; Schünemann/Greco GA 2006, 777; Hirsch FS Schroeder 2006, 223; Koriath FS Müller 2008, 357; Stiebig Jura 2009, 274; Heuchemer JuS 2012, 795; Paeffgen FS Frisch 2013, 403; Kraatz Jura 2014, 787; Christoph JA 2016, 32; Fahl JA 2017, 481; Heuser ZStW 2020, 330;

Beispiel 277

Z wollte seinen neuen Nachbarn B erschrecken und klingelte bei diesem an der Tür. Als B öffnete, hielt Z ihm eine täuschend echt aussehende Spielzeugpistole vor das Gesicht. B reagierte schnell und schlug Z mit einem gezielten Schlag bewusstlos. ◄

Hier lag in Wirklichkeit kein Angriff i. S. d. § 32 StGB vor, B glaubte aber an einen solchen.

Eine gewisse Hilfe, um sich an die **Voraussetzungen** eines Erlaubnistatumstandsirrtums zu erinnern, bietet § 35 II StGB,[266] der eine ähnliche Situation – allerdings bezogen auf einen Entschuldigungsgrund – umschreibt:

§ 35 StGB (Entschuldigender Notstand)
(1) Wer in einer gegenwärtigen, nicht anders abwendbaren Gefahr für Leben, Leib oder Freiheit eine rechtswidrige Tat begeht, um die Gefahr von sich, einem Angehörigen oder einer anderen ihm nahestehenden Person abzuwenden, handelt ohne Schuld. Dies gilt nicht, soweit dem Täter nach den Umständen, namentlich weil er die Gefahr selbst verursacht hat oder weil er in einem besonderen Rechtsverhältnis stand, zugemutet werden konnte, die Gefahr hinzunehmen; jedoch kann die Strafe nach § 49 Abs. 1 gemildert werden, wenn der Täter nicht mit Rücksicht auf ein besonderes Rechtsverhältnis die Gefahr hinzunehmen hatte.
(2) Nimmt der Täter bei Begehung der Tat irrig Umstände an, welche ihn nach Absatz 1 entschuldigen würden, so wird er nur dann bestraft, wenn er den Irrtum vermeiden konnte. Die Strafe ist nach § 49 Abs. 1 zu mildern.

Ein Erlaubnistatumstandsirrtum des Täters liegt dann vor, wenn er **Umstände irrig annimmt**, die ihn – nach Maßgabe des jeweiligen Rechtfertigungsgrundes – **rechtfertigen würden**. Ein Stück weit wird der Begriff der Umstände i. S. d. § 16 I 1 StGB in Bezug genommen. Hier entstehen Parallelen zur Auslegung des (Eventual-)Vorsatzes inkl. diesbzgl. Kontroversen.

---

aus der Rspr. vgl. zuletzt BGH U. v. 09.06.2015 – 1 StR 606/14 – BGHSt 60, 253 = NJW 2015, 3109 = NStZ 2015, 574 = StV 2016, 276 (Anm. Bosch Jura 2015, 1392; LL 2015, 902; RÜ 2015, 644; famos 11/2015; Fickenscher NJW 2015, 3113; Engländer NStZ 2015, 577; Groß jurisPR-StrafR 21/2015 Anm. 2; Rönnau/Hohn StV 2016, 313; Erb JR 2016, 29; Kindhäuser HRRS 2016, 439; Rückert JA 2017, 33); BGH B. v. 21.07.2015 – 3 StR 84/15 – NStZ-RR 2015, 303; BGH U. v. 30.07.2015 – 4 StR 561/14 – StV 2015, 758; BGH U. v. 27.10.2015 – 3 StR 199/15 – NStZ 2016, 333 (Anm. Bosch Jura 2016, 702; Eisele JuS 2016, 366; LL 2016, 185; RÜ 2016, 100; Rückert NStZ 2016, 334; Hinz JR 2017, 126); BGH B. v. 01.02.2017 – 4 StR 635/16 – StV 2018, 730 (Anm. Schönberger jurisPR-StrafR 14/2017 Anm. 1); LG Magdeburg U. v. 11.10.2017 – 28 Ns 182 Js 32201/14 (74/17) – StV 2018, 335 (Anm. Hecker JuS 2018, 83; famos 3/2018; Scheuerl/Glock NStZ 2018, 448; Keller/Zetsche StV 2018, 337); BGH B. v. 21.11.2019 – 4 StR 166/19 – NStZ 2020, 725 (Anm. Eisele JuS 2020, 985; Rückert NStZ 2020, 726; Erb JR 2021, 44).

[266] Zum Zusammenspiel von Erlaubnistatumstandsirrtum und § 35 II StGB Fahl JA 2017, 481.

Deutlich wird dies beim Irrtum unter **Zweifeln**, wenn sich also der Täter – was ja durchaus nicht fern liegt – nicht sicher ist, ob rechtfertigende Umstände vorliegen oder nicht.[267] Angesichts dessen, dass ein nachdenklicher Charakter nicht ggü. einem eher forschen benachteiligt werden darf, dürfen jedenfalls geringe bis mäßige Zweifel nichts am Vorliegen eines Irrtums ändern, schließlich liegt immerhin eine fehlerhaft angenommene Möglichkeitsvorstellung vor. Ein auch kriminalpolitisch sinnvoller Kompromiss dürfte es sein, auf den überwiegenden Bewusstseinsinhalt abzustellen.

Der **Prüfungsstandort**, an dem Erlaubnistatumstandsirrtümer anzusprechen sind, ist umstritten.[268]   **126**

Zu empfehlen ist entgegen der ganz h. M.[269] eine Erörterung innerhalb des Prüfungspunkts der Rechtswidrigkeit direkt nach Verneinung einer Rechtfertigung.[270] Hierfür spricht, dass dann bereits die objektive Rechtfertigung geprüft wurde. Daher wäre ein Prüfungsstandort im subjektiven Tatbestand zu früh, er würde namentlich eine Inzidentprüfung der Rechtswidrigkeit voraussetzen. Eine Erörterung in der Schuld widerspricht der Tatsache, dass die ganz h. M. (s. sogleich) § 16 I 1 StGB direkt oder analog anwendet, so dass die Vorsatzstrafbarkeit entfällt.

In der Falllösung[271] ist zunächst herauszuarbeiten, dass sich der Täter wirklich in einem Erlaubnistatumstandsirrtum befindet: Auf Grundlage der subjektiven (Umstands-)Vorstellung ist **inzident** der **Rechtfertigungsgrund durchzuprüfen**, wobei allerdings bzgl. des nicht vom Irrtum erfassten Teils auf das zuvor bereits objektiv Geprüfte verwiesen werden kann. Insofern ergänzt die subjektiv-basierte Prüfung den objektiv nur unvollständig gegebenen Rechtfertigungsgrund. Nur bei Bejahung der Rechtfertigung auf dieser Grundlage handelt es sich wirklich um einen Erlaubnistatumstandsirrtum.

Zu unterscheiden ist dieser insbesondere vom sog. **Doppelirrtum**,[272] bei dem die   **127**
hypothetische Rechtfertigung zu verneinen ist, da auch eine andere Rechtfertigungsvoraussetzung fehlt (z. B. die Erforderlichkeit der Verteidigungshandlung bei der Notwehr). Hier kommt allenfalls § 17 StGB in Frage.

II. Rechtsfolgen

Erst dann, wenn geprüft und bejaht wurde, dass ein Erlaubnistatumstandsirrtum   **128**
vorliegt, ist der Streit bzgl. der rechtlichen Behandlung aufzuwerfen.

---

[267] Hierzu Joecks/Jäger, StGB, 13. Aufl. 2021, § 16 Rn. 52f.; näher Warda FS Lange 1976, 119; Nestler Jura 2018, 135.
[268] Hierzu näher Gasa JuS 2005, 890.
[269] S. B. Heinrich, AT, 6. Aufl. 2019, Rn. 1125.
[270] So auch Kühl, AT, 8. Aufl. 2017, § 13 Rn. 77.
[271] S. wiederum Gasa JuS 2005, 890.
[272] Hierzu Krey/Esser, AT, 6. Aufl. 2016, Rn. 746; näher Haft JuS 1980, 430, 588 und 659; Schuster JuS 2007, 617; Gropp ZIS 2016, 601.

Da das deutsche Strafrecht v. a. zwei Irrtumsregeln zur Verfügung stellt, §§ 16 und 17 StGB, lässt sich das komplexe Meinungsspektrum hiernach gliedern.

Die sog. **strenge Schuldtheorie**[273] wendet beim Erlaubnistatumstandsirrtum § 17 StGB an. Die Vergleichbarkeit mit der Situation des Verbotsirrtums wird daraus abgeleitet, dass der Täter bewusst den Tatbestand erfülle und daher die besondere Appellfunktion des Tatbestands gegen sich gelten lassen müsse. Zuzugeben ist dieser Auffassung, dass sie eine recht weitreichende Bestrafung des Täters ermöglicht, so dass keine kriminalpolitisch evtl. unerwünschten Strafbarkeitslücken bzgl. einer Teilnahme entstehen.

Allerdings passt die Anwendung des § 17 StGB insofern nicht zur Situation des Erlaubnistatumstandsirrtums, als der Täter schon über den Sachverhalt irrt, nicht erst über die Verbotenheit.

Aufgrund des heutigen § 17 StGB, der das Unrechtsbewusstsein allenfalls als schuldrelevant normiert, ist die frühere sog. **Vorsatztheorie,**[274] die das Unrechtsbewusstsein als Teil des Vorsatzes einordnete, so dass ohne Weiteres Vorsatzlosigkeit (wie nach dem heutigen § 16 I 1 StGB) eintrat, überholt.

Die **Lehre von den negativen Tatbestandsmerkmalen**[275] kommt deswegen zu einer direkten Anwendbarkeit des § 16 I 1 StGB, weil sie das Fehlen von Rechtfertigungsgründen als (negatives) Tatbestandsmerkmal behandelt. Hiergegen bestehen jedoch *de lege lata* durchgreifende Einwände, s. o.

Die sog. **eingeschränkten Schuldtheorien**[276] wenden § 16 I 1 StGB analog in unterschiedlichen Ausprägungen an:

Teile der Lehre[277] (sog. echte eingeschränkte Schuldtheorie) halten § 16 I 1 StGB vollumfänglich in analoger Anwendung für einschlägig, so dass der Vorsatz und mit ihm der subjektive Tatbestand entfällt. Hierfür spricht, dass der Täter sich an sich rechtstreu verhalten möchte und er nur die Tatsachen falsch einschätzt. Sein Wille ist ebenso wenig auf einen Erfolgsunwert gerichtet, wie er es im Fall des § 16 I 1 StGB wäre, daher ist auch beim Erlaubnistatumstandsirrtum vom fehlenden Handlungsunwert auszugehen. Die Anwendung des § 17 StGB (fakultative Strafmilderung) widerspräche auch dem Gedanken des § 35 II StGB (obligatorische Strafmilderung).

Die Rspr.[278] und die h. L.[279] scheuen aber in mancher Hinsicht die Konsequenz des Vorsatzausschlusses: Mangels tatbestandsmäßiger (Haupt-)Tat wäre keine strafbare Teilnahme (Anstiftung oder Beihilfe) möglich, außerdem stellt sich die Pro-

---

[273] Heuchemer, in: BeckOK-StGB, Stand 01.02.2021, § 17 Rn. 34.
[274] Darstellung bei B. Heinrich, AT, 6. Aufl. 2019, Rn. 1129.
[275] S. z. B. Kindhäuser/Hilgendorf, LPK, 8. Aufl. 2019, vor § 32 Rn. 39ff.; Schlehofer, in: MK-StGB, 4. Aufl. 2020, vor § 32 Rn. 36 ff.
[276] Darstellung bei B. Heinrich, AT, 6. Aufl. 2019, Rn. 1132 ff.
[277] Hoyer, in: SK-StGB, 9. Aufl. 2017, vor § 26 Rn. 36 f.; Bock JA 2007, 599 (600).
[278] S. o.
[279] S. B. Heinrich, AT, 6. Aufl. 2019, Rn. 1133 f.

blematik des Notwehrrechts des vom Irrenden Angegriffenen.[280] Die h. M. wendet daher § 16 I 1 StGB nur sog. rechtsfolgenverweisend an (daher sog. rechtsfolgenverweisende eingeschränkte Schuldtheorie): Beim Täter entfalle die sog. Vorsatzschuld, so dass zwar der Täter nicht wegen der Vorsatztat bestraft werde, es aber prinzipiell beim Charakter einer rechtswidrigen und schuldhaften (Haupt-)Tat bleibe.

Hiergegen spricht aber, dass die Erfindung einer ansonsten nicht gebräuchlichen Vorsatzschuld eine bloße *ad-hoc*-Konstruktion zur Schließung von Strafbarkeitslücken bei der Teilnahme darstellt.

Soweit es in Fallbearbeitungen allein auf den (Haupt-)Täter ankommt, kann der Bearbeiter offen lassen, welchem der § 16 I 1 StGB anwendenden Ansätze er folgt.

Zu beachten ist, dass ggf. eine **Fahrlässigkeitsstrafbarkeit** des Irrenden in Betracht kommt (s. auch die Klarstellung in § 16 I 2 StGB), z. B. gem. §§ 222, 229 StGB. Zu prüfen ist insbesondere die Frage, ob der Irrende hinreichende (zumutbare) Sorgfalt bei der Aufklärung des Sachverhalts aufgebracht hat.

129

---

[280] S. B. Heinrich, AT, 6. Aufl. 2019, Rn. 1133; aus der Rspr. vgl. OLG Hamm U. v. 24.11.1976 – 4 Ss 263/76 – NJW 1977, 590 (Anm. Puppe, AT, 4. Aufl. 2019, § 12 Rn. 6 ff.; Thomas JA 1977, 239; Hassemer JuS 1977, 476; Schumann JuS 1979, 559).

7. Kapitel: Schuld

A. Grundlagen

▶ Didaktische Aufsätze:

- Seelmann, Neuere Entwicklungen beim strafrechtsdogmatischen Schuldbegriff, Jura 1980, 505
- Pothast, Probleme bei der Rechtfertigung staatlicher Strafe, JA 1993, 104
- Marlie, Schuldstrafrecht und Willensfreiheit – Ein Überblick, ZJS 2008, 41
- Duru, Gießener Erneuerung des Strafrechts – Reinhard Frank und der Schuldbegriff, ZJS 2012, 734
- Schiemann, Die Willensfreiheit und das Schuldstrafrecht – eine überflüssige Debatte?, ZJS 2012, 774
- Frister, Der strafrechtsdogmatische Begriff der Schuld, JuS 2013, 1057

Die **dritte Prüfungsebene** ist die **Schuld**.

Hier wird geprüft, ob der Täter für das begangene Unrecht auch verantwortlich ist, insbesondere geht es um Fragen

- der **Schuldfähigkeit** (§§ 19, 20 StGB),
- des **Verbotsirrtums** bzw. der **Unrechtseinsicht** (§ 17 StGB)
- und der sog. **Entschuldigungsgründe**, insbesondere §§ 33, 35 StGB.

> **§ 19 StGB (Schuldunfähigkeit des Kindes)**
> Schuldunfähig ist, wer bei Begehung der Tat noch nicht vierzehn Jahre alt ist.

> **§ 20 StGB (Schuldunfähigkeit wegen seelischer Störungen)**
> Ohne Schuld handelt, wer bei Begehung der Tat wegen einer krankhaften seelischen Störung, wegen einer tief greifenden Bewußtseinsstörung oder wegen einer Intelligenzminderung oder einer schweren anderen seelischen Störung unfähig ist, das Unrecht der Tat einzusehen oder nach dieser Einsicht zu handeln.

> **§ 17 StGB (Verbotsirrtum)**
> Fehlt dem Täter bei Begehung der Tat die Einsicht, Unrecht zu tun, so handelt er ohne Schuld, wenn er diesen Irrtum nicht vermeiden konnte. Konnte der Täter den Irrtum vermeiden, so kann die Strafe nach § 49 Abs. 1 gemildert werden.

> **§ 33 StGB (Überschreitung der Notwehr)**
> Überschreitet der Täter die Grenzen der Notwehr aus Verwirrung, Furcht oder Schrecken, so wird er nicht bestraft.

> **§ 35 StGB (Entschuldigender Notstand)**
> (1) Wer in einer gegenwärtigen, nicht anders abwendbaren Gefahr für Leben, Leib oder Freiheit eine rechtswidrige Tat begeht, um die Gefahr von sich, einem Angehörigen oder einer anderen ihm nahestehenden Person abzuwenden, handelt ohne Schuld. Dies gilt nicht, soweit dem Täter nach den Umständen, namentlich weil er die Gefahr selbst verursacht hat oder weil er in einem besonderen Rechtsverhältnis stand, zugemutet werden konnte, die Gefahr hinzunehmen; jedoch kann die Strafe nach § 49 Abs. 1 gemildert werden, wenn der Täter nicht mit Rücksicht auf ein besonderes Rechtsverhältnis die Gefahr hinzunehmen hatte.
> (2) Nimmt der Täter bei Begehung der Tat irrig Umstände an, welche ihn nach Absatz 1 entschuldigen würden, so wird er nur dann bestraft, wenn er den Irrtum vermeiden konnte. Die Strafe ist nach § 49 Abs. 1 zu mildern.

Die Schuld im strafrechtlichen Sinne ist zu unterscheiden von der umgangssprachlichen, moralischen oder auch zivilrechtlichen Schuld.

2   Der Begriff der Schuld wird im Strafrecht mehrdeutig verwendet:

So ist das sog. **Schuldprinzip**[1] – *nulla poena sine culpa* – als Teil des Rechtsstaatsprinzips (s. Art. 20 III, 23 I 1, 28 I 1 GG) und als Gehalt der Menschenwürde (Art. 1 I GG) eine verfassungsrechtliche Voraussetzung für das Verhängen einer Strafe. Es besagt zum einen, dass eine Kriminalstrafe nur darauf gegründet werden darf, dass dem Täter seine Tat persönlich zum Vorwurf gemacht werden kann (**Strafbegründungsschuld**) und nicht bereits rein objektiv auf das Herbeiführen eines Erfolgs. Nur dann ist eine Strafe auch im Lichte ihrer repressiven und präventiven Zwecke sinnvoll. Notwendig ist eine Kongruenz zwischen Unrecht und Schuld; die Schuld muss also sämtliche Elemente des konkreten Unrechts umfassen. Die vom Gericht verhängte Strafe darf zum anderen in ihrer Dauer das Maß der Schuld nicht übersteigen und zwar auch dann nicht, wenn Behandlungs-, Sicherungs- oder Abschreckungsinteressen eine längere Inhaftierung als wünschenswert erscheinen ließen (**Strafmaßschuld**; § 46 I StGB).

> **§ 46 I 1 StGB (Grundsätze der Strafzumessung)**
> Die Schuld des Täters ist Grundlage für die Zumessung der Strafe.

Im Rahmen der universitären strafrechtlichen Fallbearbeitung umfasst die **Prüfungsebene der Schuld** allerdings lediglich die Strafbegründungsschuld, dabei v. a. Fragen der Schuldfähigkeit, des Unrechtsbewusstseins und der Entschuldigungsgründe. Nähere Ausführungen sind hierbei nur dann veranlasst, wenn der Sachverhalt diesbzgl. Auffälligkeiten enthält; Tatbestandsmäßigkeit und Rechtswidrigkeit indizieren die Schuldhaftigkeit.[2]

Seit langem herrscht der sog. **normative Schuldbegriff**[3] vor: Schuld ist Vorwerfbarkeit (Dafürkönnen). Mit dem Unwerturteil der Schuld wird dem Täter

3

---

[1] Hierzu Wessels/Beulke/Satzger, AT, 50. Aufl. 2020, Rn. 618; näher Lang-Hinrichsen ZStW 1961, 210; Schwalm JZ 1970, 487; Schmidhäuser NJW 1975, 1807; Kaufmann FS Lange 1976, 27; Kaufmann Jura 1986, 225; Hirsch ZStW 1994, 746; Asada FS Roxin 2001, 519; Braum KritV 2003, 22; Frister JuS 2013, 1057; Frisch NStZ 2013, 249; Kaspar ZStW 2015, 654; Adam/Schmidt/Schumacher NStZ 2017, 7; aus der Rspr. vgl. zuletzt BVerfG B. v. 15.12.2015 – 2 BvR 2735/14 (Solange III) – NJW 2016, 1149 = NStZ 2016, 546 = StV 2016, 220 (Anm. Eßlinger/Herzmann Jura 2016, 852; Sachs JuS 2016, 373; Satzger NStZ 2016, 514; Brodowski JR 2016, 415; Funke HRRS 2016, 327; Meyer HRRS 2016, 332).
[2] Rogall, in: SK-StGB, 9. Aufl. 2017, vor § 19 Rn. 41.
[3] Hierzu Fischer, StGB, 68. Aufl. 2021, vor § 13 Rn. 47; näher zum Schuldbegriff Brauneck GA 1959, 261; Baumann JZ 1962, 41; Kaufmann JZ 1967, 553; Neufelder GA 1974, 289; Gimbernat Ordeig FS Henkel 1974, 151; Roxin FS Henkel 1974, 171; Jakobs FS Welzel 1974, 307; Bacigalupo FS Welzel 1974, 477; Burkhardt GA 1976, 321; Schöneborn ZStW 1976, 349; Kaufmann FS Lange 1976, 27; Muñoz Conde GA 1978, 65; Roxin FS Bockelmann 1979, 279; Seelmann Jura 1980, 505; Otto GA 1981, 481; Albrecht GA 1983, 193; Krümpelmann GA 1983, 337; Schreiber FS Richterakademie 1983, 73; Roxin ZStW 1984, 641; Würtenberger FS Jescheck 1985, 37; Schmidhäuser FS Jescheck 1985, 485; Lackner FS Kleinknecht 1985, 245; Tiemeyer GA 1986, 203; Neumann ZStW 1987, 567; Maiwald FS Lackner 1987, 149; Tiemeyer ZStW 1988, 527; Burkhardt FS Lenckner 1998, 3; Roxin FS Brauneck 1999, 385; Schünemann FS Lampe 2003,

vorgeworfen, dass er sich nicht rechtmäßig verhalten hat, obwohl er sich rechtmäßig hätte verhalten können. Dies lässt sich v. a. aus einer Umkehrung der §§ 17 und 20 StGB folgern.[4] Abgestellt wird auf die Fähigkeit und den Willen, sich in der konkreten Tatsituation auf verständige Weise für oder gegen die Beachtung der Rechtsnorm zu entscheiden. Es geht bei alledem nicht um eine „Lebensführungsschuld" oder eine allgemeine rechtsfeindliche Gesinnung, sondern um eine **Einzeltatschuld**, deren Bezugspunkt ein konkretes tatbestandliches und rechtswidriges Handel ist. Daher ist in einer Fallbearbeitung die Schuld **für jeden Tatbestand gesondert** zu prüfen und es kann dabei durchaus zu unterschiedlichen Ergebnissen kommen.[5]

Man kann einem Menschen seine Fehlentscheidung nur zum Vorwurf machen, wenn dieser Mensch „anders" hätte handeln können (**Indeterminismus**). *De lege lata* einschließlich dem Grundgesetz wird ein Menschenbild dahingehend vorausgesetzt, dass dieser auf freie, verantwortliche, sittliche Selbstbestimmung angelegt und deshalb befähigt ist, sich für das Recht und gegen das Unrecht zu entscheiden. Die generelle Schuldhaftigkeit des erwachsenen gesunden Menschen bzgl. seines Verhaltens wird insofern widerleglich vermutet bzw. konstruiert – als staatsnotwendige Fiktion oder wertende Unterstellung, die die Autonomie des Menschen respektiert.

Naturwissenschaftlich ist dies im Lichte mancher Erkenntnisse der Hirnforschung problematisch,[6] die darauf hindeuten könnten, dass es aufgrund bio-

---

537; Streng FS Hruschka 2005, 697; Momsen FS Jung 2007, 569; Hirsch FS Otto 2007, 307; Müssig FS Mehle 2009, 451; Kindhäuser FS Hassemer 2010, 761; Burkhardt FS Maiwald 2010, 79; Koriath GA 2011, 618; Crespo FS Roxin 2011, 689; Schroth FS Roxin 2011, 705; Hoyer FS Roxin 2011, 723; Merkel FS Roxin 2011, 737; Duru ZJS 2012, 734; Frister JuS 2013, 1057; Frister FS Frisch 2013, 533; Feijoo Sánchez FS Frisch 2013, 555; Cancio Meliá FS Frisch 2013, 575; Herzberg GA 2015, 250; Roxin GA 2015, 489; aus der Rspr. vgl. BGH B. v. 18.03.1952 – GSSt 2/51 – BGHSt 2, 194 = NJW 1952, 593 (Anm. Welzel NJW 1952, 564; Hartung NJW 1952, 761; Lindner NJW 1952, 854; Schwarz NJW 1952, 1081; Lang-Hinrichsen JR 1952, 302 und 356; Welzel JZ 1952, 340; Mayer MDR 1952, 392; Niese DRiZ 1952, 111; Heitzer NJW 1953, 210).

[4] Näher Schlehofer, in: MK-StGB, 4. Aufl. 2020, vor § 32 Rn. 295ff.

[5] Wessels/Beulke/Satzger, AT, 50. Aufl. 2020, Rn. 635; aus der Rspr. vgl. BGH B. v. 07.02.1995 – 5 StR 650/94 – StV 1995, 362.

[6] Hierzu Wessels/Beulke/Satzger, AT, 50. Aufl. 2020, Rn. 632; näher Nowakowski FS Rittler 1957, 55; Less DRiZ 1961, 3; Weber DRiZ 1961, 252; Stögmayer DRiZ 1962, 90; Bockelmann ZStW 1963, 372; Schörcher ZStW 1965, 240; Bockelmann ZStW 1965, 253; Kaufmann JZ 1967, 553; Danner FS von Hentig 1967, 97; Haddenbrock JZ 1969, 121; Baumann JZ 1969, 181; Haddenbrock JZ 1969, 504; Baumann JZ 1969, 505; Welzel FS Engisch 1969, 91; Lange FS Bockelmann 1979, 261; Roxin FS Bockelmann 1979, 279; Griffel DRiZ 1982, 140; Lange ZStW 1985, 121; Griffel ZStW 1986, 28; Griffel GA 1989, 193; Streng ZStW 1990, 273; Dreher FS Spendel 1992, 13; Pothast JA 1993, 104; Tiemeyer ZStW 1993, 483; Trifftterer/Mitterauer MedR 1994, 297; Haddenbrock FS Salger 1995, 633; Griffel GA 1996, 457; Roth FS Lampe 2003, 43; Schiemann NJW 2004, 2056; Reinelt NJW 2004, 2792; Spilgies HRRS 2004, 43; Mosbacher JR 2005, 61; Hillenkamp JZ 2005, 313; Jakobs ZStW 2005, 247; Kudlich HRRS 2005, 51; Alwart FS Hruschka 2005, 357; Merkel FS Philipps 2005, 41; Müller-Dietz GA 2006, 338; Lampe ZStW 2006, 1; Roth/Lück/Strüber NK 2006, 55; Günther KJ 2006, 116; Schreiber FS Laufs 2006, 1069; Herdegen FS Richter II 2006, 233; Walter FS Schroeder 2006, 131; Spilgies ZIS 2007, 155; Streng FS Jakobs 2007,

logisch-kausaler Determination keine Entscheidung des Menschen gibt, sondern nur die Selbsttäuschung der Willensfreiheit. Selbst abgesehen davon, handelt es sich bei den schuldumschreibenden Begriffen letztlich um nicht naturwissenschaftlich zugängliche Leerformeln, da ein „Andershandelnkönnen" nicht zu bestimmen ist. Hier setzen kriminalpolitisch geprägte Schuldbegriffe an, die die Regelungen des Gesetzgebers, welche die Schuld betreffen, aus der Warte der Prävention begründen.[7]

Handelt ein Beteiligter ohne Schuld, so kann er nicht i. e. S. bestraft werden. Unter bestimmten Voraussetzungen können aber **Maßregeln der Besserung und Sicherung** verhängt werden, §§ 63, 64 StGB, 7 JGG. 4

B. Schuld(un)fähigkeit und verminderte Schuldfähigkeit

▶ Didaktische Aufsätze:

- Wolfslast, Die Regelung der Schuldfähigkeit im StGB, JA 1981, 464
- Blau/Franke, Prolegomena zur strafrechtlichen Schuldfähigkeit, Jura 1982, 393
- Keiser, Schuldfähigkeit als Voraussetzung der Strafe, Jura 2001, 376

I. Schuldunfähigkeit, §§ 19, 20 StGB, 3 JGG

1. Kinder, § 19 StGB

▶ Didaktischer Aufsatz:

- Mitsch, Kinder und Strafrecht, Jura 2017, 792

Kinder – also Menschen unter vierzehn Jahren (s. § 176 I StGB) – sind gem. § 19 5 StGB schuldunfähig.[8]

> **§ 19 StGB (Schuldunfähigkeit des Kindes)**
> Schuldunfähig ist, wer bei Begehung der Tat noch nicht vierzehn Jahre alt ist.

675; Krauß FS Jung 2007, 411; Marlie ZJS 2008, 41; Merkel FS Herzberg 2008, 3; Hassemer ZStW 2009, 829; Hirsch ZIS 2010, 62; Nedopil FS Schöch 2010, 979; Lüderssen FS Puppe 2011, 65; Schroth Roxin FS 2011, 705; Schiemann ZJS 2012, 774; Herzberg ZStW 2012, 12; Jäger GA 2013, 3; Crespo GA 2013, 15; Weißer GA 2013, 26; Herzberg FS Frisch 2013, 95; Hillenkamp JZ 2015, 391; Hillenkamp ZStW 2015, 10.

[7] Roxin/Greco, AT I, 5. Aufl. 2020, § 19 Rn. 3.

[8] Krey/Esser, AT, 6. Aufl. 2016, Rn. 693a; näher Frehsee ZStW 1988, 290; zur Reformdiskussion bzgl. der Altersgrenzen Streng, in: MK-StGB, 4. Aufl. 2020, § 19 Rn. 16ff.; näher Roestel NJW 1956, 1383; Berckhauer ZRP 1981, 265; Wolfslast FS Bemmann 1997, 274; Hinz ZRP 2000, 107; Landau FS Kreuzer 2003, 207; Beinder JR 2019, 554; Dehne-Niemann HRRS 2020, 295.

Dies wird unwiderleglich, also in beide Richtungen ungeachtet des tatsächlichen Entwicklungsstands, vermutet.

Relevant ist das Alter „bei Begehung der Tat"), wobei die Zeit der Tatbegehung in § 8 StGB festgelegt wird.

> **§ 8 StGB (Zeit der Tat)**
> Eine Tat ist zu der Zeit begangen, zu welcher der Täter oder der Teilnehmer gehandelt hat oder im Falle des Unterlassens hätte handeln müssen. Wann der Erfolg eintritt, ist nicht maßgebend.

Bei rechtswidrigen Taten eines Kindes kommen statt strafrechtlicher Sanktionen familienrechtliche Maßnahmen und solche der Jugendhilfe in Betracht.[9]

2. Jugendliche, § 3 JGG

6   Für **Jugendliche** – im Alter von mindestens 14, aber noch nicht 18 Jahren, § 1 II JGG – gilt § 3 JGG,[10] s. auch § 10 StGB.

> **§ 10 StGB (Sondervorschriften für Jugendliche und Heranwachsende)**
> Für Taten von Jugendlichen und Heranwachsenden gilt dieses Gesetz nur, soweit im Jugendgerichtsgesetz nichts anderes bestimmt ist.

> **§ 1 II JGG (Persönlicher und sachlicher Anwendungsbereich):**
> Jugendlicher ist, wer zur Zeit der Tat vierzehn, aber noch nicht achtzehn, Heranwachsender, wer zur Zeit der Tat achtzehn, aber noch nicht einundzwanzig Jahre alt ist.

> **§ 3 JGG (Verantwortlichkeit)**
> Ein Jugendlicher ist strafrechtlich verantwortlich, wenn er zur Zeit der Tat nach seiner sittlichen und geistigen Entwicklung reif genug ist, das Unrecht der Tat einzusehen und nach dieser Einsicht zu handeln. Zur Erziehung eines Jugendlichen, der mangels Reife strafrechtlich nicht verantwortlich ist, kann der Richter dieselben Maßnahmen anordnen wie das Familiengericht.

---

[9] Hierzu Rogall, in: SK-StGB, 9. Aufl. 2017, § 19 Rn. 7.
[10] Hierzu Laubenthal/Baier/Nestler, Jugendstrafrecht, 3. Aufl. 2015, Rn. 64ff.

In der Praxis stellt sich bisweilen das Problem von Beschuldigten unbekannten Alters, insbesondere bei Ausländern. Abhilfe kann hier eine gutachterliche Altersermittlung schaffen.[11]

3. Schuldunfähigkeit (Erwachsener) wegen seelischer Störungen, § 20 StGB

a) Grundlagen

Erwachsene sind – nur, also ausnahmsweise – unter den Voraussetzungen des § 20 StGB schuldunfähig.[12]

> **§ 20 StGB (Schuldunfähigkeit wegen seelischer Störungen)**
> Ohne Schuld handelt, wer bei Begehung der Tat wegen einer krankhaften seelischen Störung, wegen einer tief greifenden Bewußtseinsstörung oder wegen einer Intelligenzminderung oder einer schweren anderen seelischen Störung unfähig ist, das Unrecht der Tat einzusehen oder nach dieser Einsicht zu handeln.

Es handelt sich um eine in der **Praxis** sehr bedeutsame Norm[13] mit einer Vielzahl von Auslegungs- und Anwendungsproblemen an der Schnittstelle zwischen Medizin (v. a. Psychiatrie) und Rechtspflege, verschärft wurde dies durch die veraltete und stigmatisierende Terminologie des § 20 StGB, die nicht mehr dem wissenschaftlichen Stand der Psychiatrie entsprach; infolgedessen hat der Gesetzgeber mit Wirkung zum 01.01.2021 den Normtext überarbeitet, so dass das Gesetz nunmehr von „einer Intelligenzminderung" (statt von „Schwachsinn") und einer schweren anderen seelischen „Störung" (vormals: „Abartigkeit") spricht; eine inhaltliche Änderung soll mit der Neufassung des Normtextes nicht verbunden sein.[14]

---

[11] Streng, in: MK-StGB, 4. Aufl. 2020, § 19 Rn. 6; näher Jung StV 2013, 51; aus der Rspr. vgl. BGH U. v. 27.08.1997 – 3 StR 331/97 – NStZ 1998, 50 = StV 1997, 623; OLG Hamburg B. v. 09.12.2004 – III – 84/04 – 1 Ss 211/04 – StV 2005, 206; BGH B. v. 30.01.2013 – 4 StR 380/12 – NStZ 2013, 290 = NStZ-RR 2013, 186 = StV 2013, 483.

[12] Hierzu Wessels/Beulke/Satzger, AT, 50. Aufl. 2020, Rn. 639ff.; näher Hülle JZ 1952, 296; Würtenberger JZ 1954, 209; Seelig FS Mezger 1954, 213; Rauch NJW 1958, 2089; Waider GA 1967, 193; Schwarz/Wille NJW 1971, 1061; Schreiber NStZ 1981, 46; Rasch StV 1984, 264; Lackner FS Kleinknecht 1985, 245; Roxin FS Spann 1986, 457; Rechtsprechungsübersichten bei Theune NStZ-RR 2002, 225; Theune NStZ-RR 2003, 193 und 225; Theune NStZ-RR 2004, 161 und 198; Theune NStZ-RR 2005, 225 und 329; Theune NStZ-RR 2006, 193 und 329; Theune NStZ-RR 2007, 161 und 257; Theune NStZ-RR 2008, 161 und 195; Theune NStZ-RR 2009, 161; Theune NStZ-RR 2010, 161; Theune NStZ-RR 2011, 193; Pfister NStZ-RR 2012, 161; Pfister NStZ-RR 2013, 161; Pfister NStZ-RR 2014, 193; Pfister NStZ-RR 2015, 161; Pfister NStZ-RR 2016, 161; Pfister NStZ-RR 2017, 161, Pfister NStZ-RR 2018, 161, Pfister NStZ-RR 2019, 233; Pfister NStZ-RR 2020, 233.

[13] Fischer, StGB, 68. Aufl. 2021, § 20 Rn. 1.

[14] S. BT-Drs. 19/19859, S. 3; zur Reformdiskussion Streng, in: MK-StGB, 4. Aufl. 2020, § 20 Rn. 159ff.; Schiemann KriPoZ 2019, 338.

Naturwissenschaftlich nicht entscheidbar ist die Grundsatzfrage der **Erheblichkeitsschwelle** dahingehend, ab welchem Grad der Abnormität bzgl. Abweichung vom Durchschnittsmenschen eine Schuldunfähigkeit anzunehmen sein soll.

Bei alledem besteht auch eine gewisse Gefahr von Fehlschlüssen aufgrund Sozialisation, Kenntnissen und Lebenswelt der Verfahrensbeteiligten. Einerseits darf nicht von (schwerem) Fehlverhalten auf eine Störung geschlossen werden, aber andererseits mag es umgekehrt bisweilen an Verständnis für psychische Defekte mangeln.

Wie das Konzept der Schuld generell (s. o.) geht § 20 StGB vom **Bezugspunkt** der konkreten rechtswidrigen Tatbestandsverwirklichung aus, indem das „Unrecht der Tat" genannt wird. Es gibt also keine allgemeine Schuldfähigkeit, und die Subsumtion des § 20 StGB kann bei unterschiedlichen Tatbestandsverwirklichungen zu uneinheitlichen Ergebnissen gelangen, gewissermaßen eine **Teilbarkeit** der Schuldfähigkeit.[15]

In der **universitären Fallbearbeitung** spielt § 20 StGB kaum eine Rolle, da entsprechende Sachverhalte medizinische Details etc. enthalten müssten. Bisweilen tauchen schuldunfähig betrunkene Täter auf, meist i. V. m. der Problematik der *actio libera in causa* und des Vollrausches (§ 323a StGB).

8 Die **Prüfung** des § 20 StGB erfolgt, wie der Wortlaut deutlich macht, in **zwei Stufen**:[16]

Festzustellen ist zunächst eine in § 20 StGB benannte bestimmte seelische Störung (sog. biologische Ebene); ferner (sog. psychologische Ebene) muss der Täter derentwegen unfähig gewesen sein, das Unrecht der Tat einzusehen (fehlende sog. Einsichtsfähigkeit) oder nach dieser Einsicht zu handeln (fehlende sog. Steuerungsfähigkeit).[17]

Die Praxis ist mangels eigener Sachkunde des Richters bei alledem in bedeutendem Umfang von der Sachkunde von – meist medizinischen – **Sachverständigen** abhängig; die Schuldunfähigkeit i. S. d. § 20 StGB bleibt aber eine vom Richter zu entscheidende Rechtsfrage; mit einem Sachverständigengutachten muss sich das Gericht substanziiert auseinandersetzen, es darf die rechtliche Entscheidung nicht schlicht an den Sachverständigen delegieren.[18]

---

[15] Hierzu Fischer, StGB, 68. Aufl. 2021, § 20 Rn. 45; näher Eisenberg HRRS 2012, 23; aus der Rspr. vgl. zuletzt BGH B. v. 14.10.2015 – 1 StR 56/15 (Mollath) – NJW 2016, 728 = NStZ 2016, 560 = StV 2016, 781 (Anm. Satzger Jura 2016, 956; Jahn JuS 2016, 180; RÜ2 2016, 37; Michalke NJW 2016, 731; Grosse-Wilde/Stuckenberg StV 2016, 784; Reckmann jurisPR-StrafR 1/2016 Anm. 2); BGH B. v. 01.06.2017 – 2 StR 57/17 – StV 2019, 235; BGH B. v. 05.02.2019 – 2 StR 505/18 – NStZ-RR 2019, 134; BGH U. v. 27.03.2019 – 2 StR 382/18 – NStZ-RR 2019, 170; BGH B. v. 26.05.2020 – 2 StR 114/20 – StV 2021, 232; bzgl. einzelner Tatmodalitäten BGH B. v. 29.06.2000 – 1 StR 223/00 – StV 2001, 615; zur partiellen Schuldfähigkeit bzgl. bestimmter Leistungsbereiche BGH U. v. 03.02.1960 – 2 StR 640/59 – BGHSt 14, 114 = NJW 1960, 731; BGH U. v. 28.09.2011 – 1 StR 129/11 – NStZ-RR 2010, 257.

[16] B. Heinrich, AT, 6. Aufl. 2019, Rn. 536ff.; aus der Rspr. vgl. zuletzt BGH B. v. 08.09.2020 – 4 StR 295/20 – StV 2021, 229; BGH B. v. 16.09.2020 – 2 StR 159/20 – StV 2021, 217; BGH B. v. 17.11.2020 – 4 StR 390/20 – NStZ-RR 2021, 83 = StV 2021, 226 (Anm. Jahn JuS 2021, 274); BGH B. v. 03.12.2020 – 4 StR 175/20 – NStZ-RR 2021, 41 = StV 2021, 217.

[17] S. (krit.) Fischer, StGB, 68. Aufl. 2021, § 20 Rn. 5.

[18] Hierzu Fischer, StGB, 68. Aufl. 2021, § 20 Rn. 60ff.; zur Bedeutung von Sachverständigen bei der Beurteilung der Schuld Haddenbrock ZStW 1963, 460; Kargl NJW 1975, 558; Witter NJW 1975, 563; Sarstedt FS Schmidt-Leichner 1977, 171; Bresser NJW 1978, 1188; Haddenbrock NJW 1979, 1235; Bresser NJW 1979, 1922; Haddenbrock FS Sarstedt 1981, 35; Bauer/Thoss NJW 1983, 305; Wolff NStZ 1983, 537; Maisch/Schorsch StV 1983, 32; Streng FS Leferenz 1983,

b) Seelische Störung (sog. biologische Ebene)

aa) Allgemeines

Die gesetzliche Überschrift des § 20 StGB fasst die in der Norm genannten Defekte als seelische Störungen zusammen, auch wenn dies nicht für alle Unterfälle gleich plausibel ist.

Die Aufzählung ist abschließend, allerdings sind die verwendeten Begriffe ohnehin denkbar weit.

Probleme ergeben sich daraus, dass § 20 StGB nicht mit dem aktuellen Stand der Psychiatrie abgeglichen ist, so dass insbesondere den **psychiatrischen Diagnosesystemen** ICD-10 oder DSM-5 nur (unterschiedlich große) indizielle Bedeutung für die Anwendung des § 20 StGB zukommen kann.[19] Nicht selten ist die konkrete Einordnung einer Störung zu einem der Merkmale des § 20 StGB umstritten.

Bisweilen liegen bei einem Täter zugleich mehrere Störungen vor (sog. Komorbidität), hier erfolgt eine **Gesamtbetrachtung**.[20]

bb) Krankhafte seelische Störung

Krankhafte seelische Störungen i. S. d. § 20 StGB sind Geisteskrankheiten (krankhafte psychische Abweichungen vom Normalzustand), deren somatische Ursachen nachgewiesen sind (sog. exogene Psychosen) oder postuliert werden können (sog. endogene Psychosen).[21] Hinzu kommen intellektuelle Minderbegabungen auf geklärter organischer Basis sowie genetisch bedingte Erkrankungen.[22]

397; Witter FS Leferenz 1983, 441; Leygraf FS Rasch 1993, 78; Streng NStZ 1995, 12 und 161; Haddenbrock NStZ 1995, 581; Dölling FS Kaiser 1998, 1337; Tondorf StV 2004, 279; Scholz ZStW 2004, 618; Boetticher/Nedopil/Bosinski/Saß NStZ 2005, 57; Eisenberg NStZ 2005, 304; Basdorf HRRS 2008, 275; Schöch FS Widmaier 2008, 967; Kotsalis FS Stöckel 2010, 397; Kruse NJW 2014, 509; aus der Rspr. vgl. zuletzt BGH B. v. 02.04.2019 – 3 StR 53/19 – NStZ-RR 2019, 202; BGH B. v. 30.07.2019 – 2 StR 172/19 – NStZ-RR 2020, 71; BGH B. v. 17.12.2019 – 2 StR 419/19 – NStZ 2020, 432 (Anm. Ventzke NStZ 2020, 433); BGH B. v. 12.05.2020 – 2 StR 533/19 – StV 2021, 239; BGH B. v. 26.05.2020 – 2 StR 114/20 – StV 2021, 232; BGH B. v. 08.09.2020 – 4 StR 295/20 – StV 2021, 229; BGH B. v. 16.09.2020 – 2 StR 159/20 – StV 2021, 217; BGH B. v. 08.10.2020 – 4 StR 636/19 – NStZ-RR 2021, 40 = StV 2021, 236; BGH U. v. 21.10.2020 – 2 StR 83/20 – NStZ-RR 2021, 69; BGH B. v. 17.11.2020 – 4 StR 390/20 – NStZ-RR 2021, 83 = StV 2021, 226 (Anm. Jahn JuS 2021, 274).

[19] Perron/Weißer, in: Schönke/Schröder, StGB, 30. Aufl. 2019, § 20 Rn. 45; aus der Rspr. vgl. zuletzt BGH B. v. 22.05.2019 – 1 StR 651/18 – NStZ-RR 2019, 334 = StV 2020, 1.

[20] Perron/Weißer, in: Schönke/Schröder, StGB, 30. Aufl. 2019, § 20 Rn. 5; näher Kröber FS Schöch 2010, 993; aus der Rspr. vgl. BGH U. v. 27.03.2019 – 2 StR 382/18 – NStZ-RR 2019, 170.

[21] Kindhäuser/Hilgendorf, LPK, 8. Aufl. 2019, § 20 Rn. 6.

[22] S. Streng, in: MK-StGB, 4. Aufl. 2020, § 20 Rn. 35.

Beispiele[23] hierfür sind Schizophrenie,[24] Bipolarität (manisch-depressives Verhalten),[25] Paranoia,[26] Borderline[27] oder Hirnverletzungen und -erkrankungen.[28] Problematisch ist etwa die Einordnung der Pädophilie.[29]

cc) Tiefgreifende Bewusstseinsstörung

(1) Allgemeines

11 **Tiefgreifende Bewusstseinsstörungen** sind schwere nichtkrankhafte Bewusstseinstrübungen oder -einengungen, die zu einem Verlust der räumlich-zeitlichen Orientierung führen; hierbei muss der Ausnahmezustand eine Intensität erreichen, die in ihrer Auswirkung auf die Einsichts- oder Steuerungsfähigkeit den krankhaften seelischen Störungen i. S. d. §§ 20, 21 StGB gleichwertig ist[30] („tiefgreifend": sog. Krankheitswert).

Auf ein Verschulden dieses Zustands durch den Täter kommt es nicht an, sofern nicht eine vorgelagerte Tathandlung in der Defektherbeiführung gesehen werden kann (sog. *actio libera in causa*, s. noch u.).

Von Bedeutung sind insbesondere Alkoholisierung und Affekte.

---

[23] Systematisierte Kasuistik bei Streng, in: MK-StGB, 4. Aufl. 2020, § 20 Rn. 32ff.

[24] Fischer, StGB, 68. Aufl. 2021, § 20 Rn. 41; näher Huber FS Leferenz 1983, 463; aus der Rspr. vgl. zuletzt BGH B. v. 25.08.2020 – 2 StR 263/20 – NStZ-RR 2021, 7 = StV 2021, 235; BGH U. v. 21.10.2020 – 2 StR 83/20 – NStZ-RR 2021, 69; BGH B. v. 03.12.2020 – 4 StR 175/20 – NStZ-RR 2021, 41 = StV 2021, 217.

[25] Eschelbach, in: BeckOK-StGB, Stand 01.02.2021, § 20 Rn. 55; aus der Rspr. vgl. zuletzt BGH B. v. 02.04.2019 – 3 StR 53/19 – NStZ-RR 2019, 202; BGH B. v. 02.09.2020 – 1 StR 273/20 – StV 2021, 242.

[26] Eschelbach, in: BeckOK-StGB, Stand 01.02.2021, § 20 Rn. 48; aus der Rspr. vgl. zuletzt OLG Braunschweig B. v. 20.01.2015 – 1 Ws 379/14 – NStZ-RR 2015, 190.

[27] Fischer, StGB, 68. Aufl. 2021, § 20 Rn. 41; aus der Rspr. vgl. zuletzt BGH B. v. 27.01.2017 – 1 StR 532/16 – NStZ-RR 2017, 176 = StV 2019, 101; BGH U. v. 06.07.2017 – 4 StR 65/17 – NStZ-RR 2017, 269 = StV 2019, 239 (Anm. Schulz-Merkel jurisPR-StrafR 23/2017 Anm. 4), BGH B. v. 11.04.2018 – 2 StR 71/18 (Siegauer Vergewaltigung) – NStZ 2018, 704 = NStZ-RR 2018, 237 (Anm. Hinz JR 2019, 99); BGH B. v. 08.09.2020 – 4 StR 295/20 – StV 2021, 229.

[28] Lackner/Kühl, StGB, 29. Aufl. 2018, § 20 Rn. 4; näher Lindenberg JR 1950, 393; von Winterfeld NJW 1951, 781; Glatzel StV 1990, 132; aus der Rspr. vgl. zuletzt BGH B. v. 10.01.2006 – 1 StR 533/05.

[29] Fischer, StGB, 68. Aufl. 2021, § 20 Rn. 41; aus der Rspr. vgl. zuletzt BGH B. v. 10.01.2019 – 1 StR 574/18 – NStZ-RR 2019, 168 = StV 2019, 530; BGH B. v. 15.07.2020 – 2 StR 175/20 – StV 2021, 292.

[30] Kindhäuser/Hilgendorf, LPK, 8. Aufl. 2019, § 20 Rn. 7; näher von Winterfeld NJW 1975, 2229; Mende FS Bockelmann 1979, 311; Glatzel StV 1982, 434; Glatzel StV 1983, 339; Albrecht GA 1983, 193; Endres StV 1998, 674; aus der Rspr. vgl. zuletzt BGH U. v. 25.10.2017 – 5 StR 72/17 – NStZ-RR 2018, 14 = StV 2019, 231.

(2) Alkoholisierung

▶ Didaktische Aufsätze:

- Schembecker, Blutalkoholkonzentration im Rahmen der §§ 315c, 316, 20, 21 StGB, JuS 1993, 674
- Satzger, Die relevanten Grenzwerte der Blutalkoholkonzentration im Strafrecht, Jura 2013, 345
- Stollenwerk, Alkohol und Schuldfähigkeit, JuS 2017, 988

Trunkenheit wird teils als krankhafte seelische Störung eingeordnet, andere nehmen eine tief greifende Bewusstseinsstörung an – letztlich ist die genaue Verortung irrelevant.[31] Bei einer Blutalkoholkonzentration (BAK) von zur Tatzeit mindestens **3,0 ‰** (3,3 ‰ bei Tötungsdelikten) ist i. d. R. (**Indiz**) Schuldunfähigkeit gegeben. Es sind aber stets die Umstände des Einzelfalls zu berücksichtigen und in eine Gesamtwürdigung einzustellen (insbesondere die Konstitution und die Alkoholgewöhnung des Täters und das äußere Leistungsverhalten bei ggf. komplexem Geschehnisablauf mit differenzierten Handlungsabläufen, Erinnerungsfähigkeit des Täters nach der Tat). Während die universitäre Fallbearbeitung noch verbreitet mit den Faustformeln der Promillegrenzen arbeitet, um die Sachverhalte nicht ausufern zu lassen, kann in der Rechtspraxis mithin auch bei einer BAK deutlich unter 3,0 ‰ Schuldunfähigkeit vorliegen (v. a. bei alkoholungewöhnten Tätern mit starken Ausfallerscheinungen), andersherum kann die Schuldfähigkeit auch bei einer Überschreitung der 3,0 ‰ gegeben sein. Es gibt keinen gesicherten medizinisch-statistischen Erfahrungssatz darüber, dass allein wegen einer bestimmten BAK zur Tatzeit vom Vorliegen einer alkoholbedingt erheblich verminderten Steuerungsfähigkeit auszugehen ist.

Wird die BAK – wie häufig – erst deutlich nach der Tat ermittelt, dann ist die BAK zum Zeitpunkt der Tat **zurückzurechnen**, wobei zu Gunsten des Täters folgende Methodik gilt:[32] Es wird ohne Annahme einer abbaulosen Resorptionsphase ein stündlicher Abbau von 0,2 ‰ zugrunde gelegt, addiert wird ein einmaliger Sicherheitszuschlag für die ersten beiden Stunden von 0,2 ‰.

Wird also drei Stunden nach der Tat eine BAK von 0,7 ‰ festgestellt, so beträgt die für eine Anwendung der §§ 20, 21 StGB anzunehmende BAK im Tatzeitpunkt 1,5 ‰.

12

13

---

[31] Zum Ganzen Joecks/Jäger, StGB, 13. Aufl. 2021, § 20 Rn. 4; näher Barton StV 1983, 428; Luthe/Rösler ZStW 1986, 314; Schewe FS Venzlaff 1986, 39; Krümpelmann ZStW 1987, 191; Schembecker JuS 1993, 674; Satzger Jura 2013, 345; Stollenwerk JuS 2017, 988; aus der Rspr. vgl. zuletzt BGH B. v. 24.01.2019 – 5 StR 480/18 – NStZ 2020, 345 = StV 2019, 448; BGH U. v. 27.03.2019 – 2 StR 382/18 – NStZ-RR 2019, 170 = StV 2021, 83.

[32] Hierzu Fischer, StGB, 68. Aufl. 2021, § 20 Rn. 13; näher Ponsold JZ 1963, 471; Schembecker JuS 1993, 674; Satzger Jura 2013, 345; aus der Rspr. vgl. zuletzt BGH B. v. 18.03.2020 – 4 StR 487/19 – NStZ 2020, 613; BGH B. v. 28.07.2020 – 2 StR 229/20 – NStZ 2021, 42 (Anm. RÜ 2021, 240; Hoven NStZ 2021, 228); BayObLG B. v. 08.12.2020 – 202 StRR 123/20 – StV 2021, 257.

Ggf. muss die BAK anhand von **Trinkmengenangaben** errechnet werden (nach der sog. **Widmark-Formel**), sofern eine glaubhafte Feststellung möglich ist.[33]

Entziehen sich die Angaben des Täters oder von Zeugen zum Alkoholkonsum sowohl zeitlich als auch mengenmäßig jedem Versuch einer Eingrenzung, kann sich die Beurteilung der Schuld in diesem Fall nur nach psychodiagnostischen Kriterien richten,[34] v. a. Ausfallerscheinungen bei Durchführung der Tat.

Der Selbsteinschätzung des Angeklagten oder der Einschätzung von Zeugen über den Trunkenheitsgrad kommt nur geringer Beweiswert zu.[35]

Atemalkoholgeräte sind zur Feststellung nicht geeignet,[36] da sie keine hinreichende Sicherheit gewährleisten, entsprechende Messwerte bilden nur ein Indiz. Die direkte Umrechnung von AAK zu BAK ist nach derzeitigem Erkenntnisstand nicht möglich.

14 Zu beachten sind auch **Zusammenwirkungen** von Alkohol und

- Betäubungsmitteln,[37]
- affektiven Spannungen,[38]
- Persönlichkeitsstörungen[39] sowie
- Hirnschädigungen.[40]

Natürlich können auch **Betäubungsmittel**[41] oder **Medikamente**[42] zu einer Bewusstseinsstörung führen.

---

[33] Hierzu Fischer, StGB, 68. Aufl. 2021, § 20 Rn. 14; näher Schütz/Weiler StraFo 1999, 371; aus der Rspr. vgl. zuletzt BGH B. v. 18.03.2020 – 4 StR 487/19 – NStZ 2020, 613; BGH B. v. 19.03.2020 – 3 StR 443/19 – NStZ 2020, 473; BGH B. v. 28.07.2020 – 2 StR 229/20 – NStZ 2021, 42 (Anm. RÜ 2021, 240; Hoven NStZ 2021, 228).

[34] Schild, in: NK-StGB, 5. Aufl. 2017, § 20 Rn. 79f.; aus der Rspr. vgl. zuletzt BGH B. v. 28.07.2020 – 2 StR 229/20 – NStZ 2021, 42 (Anm. RÜ 2021, 240; Hoven NStZ 2021, 228).

[35] Perron/Weißer, in. Schönke/Schröder, StGB, 30. Aufl. 2019, § 20 Rn. 16e; aus der Rspr. vgl. zuletzt BGH B. v. 02.07.2015 – 2 StR 146/15 – NJW 2015, 3525 = NStZ-RR 2015, 367 (Anm. RÜ2 2015, 208).

[36] Perron/Weißer, in. Schönke/Schröder, StGB, 30. Aufl. 2019, § 20 Rn. 16f; näher Arbab-Zadeh NJW 1984, 2615; Grüner/Penners NJW 1985, 1377; Iffland/Eisenmenger/Bilzer NJW 1999, 1379; Iffland/Hentschel NZV 1999, 489; Iffland DAR 2005, 198; Sandherr NZV 2016, 6; aus der Rspr. vgl. zuletzt BGH B. v. 11.09.2018 – 1 StR 307/18 – StV 2019, 242.

[37] Fischer, StGB, 68. Aufl. 2021, § 20 Rn. 23a, 26b.

[38] Perron/Weißer, in. Schönke/Schröder, StGB, 30. Aufl. 2019, § 20 Rn. 15, 16e.

[39] Eschelbach, in: BeckOK-StGB, Stand 01.02.2021, § 20 Rn. 48; aus der Rspr. vgl. zuletzt BGH B. v. 19.09.2017 – 1 StR 299/17 – StV 2019, 239; BGH B. v. 30.07.2019 – 2 StR 172/19 – NStZ-RR 2020, 71.

[40] Perron/Weißer, in. Schönke/Schröder, StGB, 30. Aufl. 2019, § 20 Rn. 16e; aus der Rspr. vgl. zuletzt BGH B. v. 13.08.2013 – 2 StR 128/13 – StV 2015, 216.

[41] Zu Kokain s. Fischer, StGB, 68. Aufl. 2021, § 20 Rn. 26a; aus der Rspr. vgl. zuletzt BGH B. v. 24.04.2013 – 2 StR 93/13 – StV 2013, 693 (Anm. Satzger JK 2014 StGB § 21/4).

[42] Fischer, StGB, 68. Aufl. 2021, § 20 Rn. 26a; aus der Rspr. vgl. zuletzt LG Berlin B. v. 02.04.2001 – 538 Qs 30/01 – StV 2002, 246.

B. Schuld(un)fähigkeit und verminderte Schuldfähigkeit

(3) Hochgradiger Affekt
Die zweite besonders bedeutsame Fallgruppe der tief greifenden Bewusstseinsstörung ist die der hochgradigen Affekte.[43] Gemeint sind Gemütsbewegungen besonderer Stärke, die den Täter so ergreifen, dass er nahezu passiv Objekt von Funktionsabläufen wird;[44] hier gilt es, „normale" emotionale Aufgeregtheiten bei Begehung von Straftaten zu unterscheiden von Zuständen, in denen der Täter aufgrund seiner Stimmung kaum „weiß, was er tut". Indizien[45] hierfür sind z. B. ein Tatablauf ohne Sicherungstendenzen, ein Missverhältnis zwischen Tatanstoß und Reaktion, ein Stimmungsumschwung nach der Tat, ggf. auch ein Zusammenwirken mit einer Alkohol- oder Drogenintoxikation.

15

dd) Intelligenzminderung (bis 01.01.2021: „Schwachsinn")
Intelligenzminderung ist das angeborene (und durch Intelligenztests messbare) Zurückbleiben der intellektuellen Fähigkeiten des Täters hinter einem durchschnittlichen Intelligenzquotienten ohne nachweisbare organische Ursachen; eine Erheblichkeitsschwelle fehlt diesem (Eingangs-)Merkmal, sodass dieses bereits ab einer leichten Intelligenzminderung (IQ von 50–69) erfüllt ist.[46] Zu trennen ist hiervon die Frage, ob schon aufgrund dessen die Fähigkeit fehlt, das Unrecht der Tat einzusehen, s. dazu u. (was regelmäßig bei leichten Intelligenzminderungen nicht der Fall sein wird).

16

ee) Schwere andere seelische *Störung* (bis 01.01.2021: „Abartigkeit")
Schweren anderen seelischen Störungen unterfallen als Auffangbegriff alle dauerhaften und erheblichen Normabweichungen, die nicht einem der anderen Eingangsmerkmale zugeordnet werden können; dazu zählen gravierende Psychopathien, Neurosen und Triebstörungen, deren somatische Ursache nicht nachgewiesen oder postuliert werden kann.[47]

17

---

[43] Hierzu Fischer, StGB, 68. Aufl. 2021, § 20 Rn. 30ff.; näher Oehler GA 1956, 1; Hadamik GA 1957, 101; Seibert NJW 1966, 1847; Engel ZStW 1967, 331; Bresser/Fotakis ZStW 1967, 449; Schlüter NJW 1971, 1070; Geilen FS Maurach 1972, 173; Rudolphi FS Henkel 1974, 199; Krümpelmann FS Welzel 1974, 327; Rasch NJW 1980, 1309; Bossi NJW 1980, 2747; Venzlaff FS Blau 1985, 391; Krümpelmann ZStW 1987, 191; Bernsmann NStZ 1989, 160; Blau FS Tröndle 1989, 109; Salger FS Tröndle 1989, 201; Glatzel StV 1993, 220; Foerster StraFo 1997, 165; Theune NStZ 1999, 273; Krümpelmann FS Hanack 1999, 717; Sander FS Eisenberg 2009, 359; aus der Rspr. vgl. zuletzt BGH B. v. 23.01.2020 – 3 StR 332/19 – NStZ 2021, 159 = StV 2021, 29.

[44] Rogall, in: SK-StGB, 9. Aufl. 2017, § 20 Rn. 19.

[45] Ausf. Streng, in: MK-StGB, 4. Aufl. 2020, § 20 Rn. 76ff.

[46] BT-Drs. 19/19859, S. 48; aus der Rspr. (zum Vorgängermerkmal) vgl. zuletzt BGH B. v. 24.10.2018 – 1 StR 457/18 – StV 2019, 239; BGH B. v. 25.09.2019 – 4 StR 408/19 – NStZ-RR 2020, 36; BGH B. v. 03.12.2020 – 4 StR 175/20 – NStZ-RR 2021, 41 = StV 2021, 217.

[47] Eschelbach, in: BeckOK-StGB, Stand 01.05.2021, § 20 Rn. 47; Kindhäuser/Hilgendorf, LPK, 8. Aufl. 2019, § 20 Rn. 9; näher Rasch NStZ 1982, 177; Albrecht GA 1983, 193; Foerster NStZ 1988, 444; Wegener KJ 1989, 316; Rasch StV 1991, 126; Blau FS Rasch 1993, 113; aus der Rspr. vgl. zuletzt BGH B. v. 26.03.2019 – 1 StR 684/18 – NStZ-RR 2019, 238 = StV 2021, 84; BGH B. v. 22.01.2020 – 2 StR 562/19 – NStZ-RR 2020, 222 = StV 2021, 88 (Anm. RÜ2 2020, 161); BGH B. v. 16.06.2020 – 2 StR 568/19 – StV 2021, 240; OLG Brandenburg B. v. 23.09.2020 – 1 Ws 118/20 (Anm. Peglau jurisPR-StrafR 1/2021 Anm. 4); BGH B. v. 03.12.2020 – 4 StR 175/20 – NStZ-RR 2021, 41 = StV 2021, 217.

Bereits im Ansatz ist hieran problematisch, dass das Konzept neurobiologisch überholt ist, es gebe somatisch nicht nachweisbare oder postulierbare Störungen. Insofern sind die diesem Merkmal zugeschlagenen Fälle eigentlich als krankhafte seelische Störungen (s. o.) zu erfassen.

Ferner stellt sich die – freilich überall zu stellende Frage des Erheblichkeitsgrads („**schwer**", Krankheitswert in Abgrenzung etwa zu Charaktermängeln[48]).

Besonders zu nennen sind dissoziale Persönlichkeitsstörungen.[49] Auch altersbedingte Triebstörungen[50] kommen in Betracht.

Bei Straftaten, die aufgrund einer stoffgebundenen (insbesondere Betäubungsmittelabhängigkeit) oder nicht stoffgebundenen[51] (z. B. Spielsucht,[52] Kleptomanie,[53] Pyromanie,[54] Kaufsucht) **Sucht**[55] begangen worden sind – dies können insbesondere Delikte zur Beschaffung der finanziellen Mittel für das Befriedigen der Sucht sein (sog. Beschaffungskriminalität) – kommt eine Schuldunfähigkeit in mehrerer Hinsicht in Betracht:

Erstens kann ein langjähriger Betäubungsmittelgenuss zu schwerster **Persönlichkeitsveränderung** geführt haben, zweitens kann der Täter zur Tatzeit unter starken **Entzugserscheinungen** gelitten haben, drittens kann ein Drogenabhängiger aus **Angst vor Entzugserscheinungen** gehandelt haben, die er schon als äußerst unangenehm erlebt hatte und als nahe bevorstehend einschätzte, viertens kann die Tat im **Zustand aktuellen** hinreichend gravierenden **Rausches** verübt worden sein.

c) Deswegen Unfähigkeit, das Unrecht der Tat einzusehen oder nach dieser Einsicht zu handeln (sog. psychologische Ebene)

---

[48] Fischer, StGB, 68. Aufl. 2021, § 20 Rn. 37ff.; aus der Rspr. vgl. zuletzt BGH B. v. 07.06.2017 – 2 StR 474/16 – NStZ 2018, 93 = NStZ-RR 2017, 368 (Anm. RÜ 2018, 29; Engländer NStZ 2018, 95; Kratz jurisPR-StrafR 3/2018 Anm. 5).

[49] Eschelbach, in: BeckOK-StGB, Stand 01.02.2021, § 20 Rn. 48; aus der Rspr. vgl. zuletzt BGH B. v. 24.01.2017 – 2 StR 459/16 – StV 2020, 22 (Anm. Jäger JA 2017, 473); BGH B. v. 12.10.2017 – 5 StR 364/17 – NStZ-RR 2018, 10; BGH B. v. 11.04.2018 – 2 StR 71/18 (Siegauer Vergewaltigung) – NStZ 2018, 704 = NStZ-RR 2018, 237 (Anm. Hinz JR 2019, 99), BGH B. v. 27.06.2018 – 2 StR 112/18 – StV 2019, 238; OLG Brandenburg B. v. 23.09.2020 – 1 Ws 118/20 (Anm. Peglau jurisPR-StrafR 1/2021 Anm. 4).

[50] Eschelbach, in: BeckOK-StGB, Stand 01.02.2021, § 20 Rn. 88; aus der Rspr. vgl. zuletzt BGH B. v. 02.08.2017 – 4 StR 190/17 – NStZ-RR 2018, 24 = StV 2018, 211.

[51] Fischer, StGB, 68. Aufl. 2021, § 20 Rn. 41; näher Schumacher FS Sarstedt 1981, 361.

[52] Fischer, StGB, 68. Aufl. 2021, § 20 Rn. 41; näher Mergen FS Sarstedt 1981, 189; Meyer/Fabian/Wetzels StV 1990, 464; Kellermann StV 2005, 287.

[53] Fischer, StGB, 68. Aufl. 2021, § 20 Rn. 41; näher Glatzel StV 1982, 40; Osburg FS Rasch 1993, 38.

[54] Fischer, StGB, 68. Aufl. 2021, § 20 Rn. 41; näher von Hentig ZStW 1964, 238.

[55] Hierzu Fischer, StGB, 68. Aufl. 2021, § 20 Rn. 41; näher Arbab-Zadeh NJW 1978, 2326; Terhorst MDR 1982, 368; Täschner NJW 1984, 638; Mende FS Rasch 1993, 32; Theune NStZ 1997, 57; aus der Rspr. vgl. zuletzt BGH U. v. 20.09.2018 – 3 StR 195/18 – NStZ-RR 2019, 190 (Anm. Eisele JuS 2019, 721; RÜ 2019, 369; RÜ2 2019, 138), BGH B. v. 22.11.2018 – 4 StR 347/18 – StV 2019, 242; BGH U. v. 13.03.2019 – 1 StR 424/18 – NStZ-RR 2019, 212; BGH B. v. 18.09.2019 – 2 StR 187/19 – NStZ-RR 2020, 174 = StV 2020, 653 (Anm. RÜ2 2020, 136); BGH B. v. 21.10.2020 – 2 StR 362/20 – NStZ-RR 2021, 77.

aa) Allgemeines

Die sog. psychologische Ebene ist **wiederum zweigeteilt**:[56] Zuerst ist die Einsichtsfähigkeit zu bestimmen. Wenn diese aufgrund der Störung fehlt, liegt Schuldunfähigkeit vor. Erst wenn Einsichtsfähigkeit vorliegt, kann die darauf aufbauende Steuerungsfähigkeit geprüft werden. Bei deren Fehlen ist die Schuldfähigkeit zu verneinen.

§ 20 StGB lässt das Vorliegen einer seelischen Störung nicht für eine Schuldunfähigkeit genügen, so dass eine entsprechende **Diagnose** für sich genommen ohne Bedeutung ist; erforderlich ist stets die konkretisierende Darlegung, in welcher Weise sich die festgestellte Störung bei Begehung der Taten auf die Einsichts- oder Steuerungsfähigkeit **ausgewirkt** hat.[57]

bb) Unrecht der Tat

Bezugspunkt der Prüfung ist immer eine konkrete rechtswidrige Tatbestandsverwirklichung („Unrecht der Tat"), es gibt keine allgemeine Schuldfähigkeit, s. o. (auch zur Teilbarkeit).

cc) Unfähigkeit, das Unrecht der Tat einzusehen (sog. Einsichtsfähigkeit)

Von mangelnder Einsichtsfähigkeit spricht man dann, wenn der Täter ein generelles kognitives Unvermögen aufweist, die Anforderungen des Rechts zu erkennen.[58]

Insofern ist § 20 StGB ein Spezialfall des Verbotsirrtums nach § 17 StGB bzw. besteht ein Exklusivitätsverhältnis: Während § 20 StGB die generelle Einsichtsfähigkeit betrifft, regelt § 17 StGB situationsbedingte Einschätzungsmängel, i. E. ist das Verhältnis umstritten.[59]

dd) Unfähigkeit, nach der Einsicht in das Unrecht der Tat zu handeln (sog. Steuerungsfähigkeit)

An sog. Steuerungsfähigkeit fehlt es dem Täter, wenn er nicht in der Lage ist, den von ihm erkannten Anforderungen des Rechts zu folgen.[60]

---

[56] S. nur Streng, in: MK-StGB, 4. Aufl. 2020, § 20 Rn. 48, 51; aus der Rspr. vgl. zuletzt BGH B. v. 30.01.2019 – 4 StR 365/18 – StV 2021, 231.

[57] Rogall, in: SK-StGB, 9. Aufl. 2017, § 20 Rn. 59; näher Meyer ZStW 1976, 46; aus der Rspr. vgl. zuletzt BGH B. v. 18.12.2019 – 4 StR 617/19 – NStZ-RR 2020, 103 = StV 2021, 220; BGH B. v. 22.01.2020 – 2 StR 562/19 – NStZ-RR 2020, 222 = StV 2021, 88 (Anm. RÜ2 2020, 161); BGH B. v. 28.01.2020 – 4 StR 632/19 – StV 2021, 255; BGH B. v. 07.04.2020 – 4 StR 48/20 – StV 2021, 232; BGH B. v. 12.05.2020 – 2 StR 533/19 – StV 2021, 239; BGH B. v. 26.05.2020 – 2 StR 114/20 – StV 2021, 232; BGH B. v. 16.06.2020 – 2 StR 568/19 – StV 2021, 240; BGH B. v. 07.07.2020 – 2 StR 121/20 – StV 2021, 247; BGH B. v. 25.08.2020 – 2 StR 263/20 – NStZ-RR 2021, 7 = StV 2021, 235; BGH B. v. 08.09.2020 – 4 StR 295/20 – StV 2021, 229; BGH B. v. 16.09.2020 – 2 StR 159/20 – StV 2021, 217; BGH U. v. 21.10.2020 – 2 StR 83/20 – NStZ-RR 2021, 69; BGH B. v. 17.11.2020 – 4 StR 390/20 – NStZ-RR 2021, 83 = StV 2021, 226 (Anm. Jahn JuS 2021, 274).

[58] Rogall, in: SK-StGB, 9. Aufl. 2017, § 20 Rn. 57.

[59] Zsf. Rogall, in: SK-StGB, 9. Aufl. 2017, § 20 Rn. 57.

[60] Rogall, in: SK-StGB, 9. Aufl. 2017, § 20 Rn. 58.

Da diese Fähigkeit nur auf der Unrechtseinsicht aufbauen kann, muss vor der Prüfung der Steuerungsfähigkeit die Einsichtsfähigkeit bejaht worden sein; eine Anwendung von § 20 StGB darf daher nicht zugleich auf den Ausschluss sowohl der Einsichts- als auch der Steuerungsfähigkeit gestützt werden.[61]

ee) Wegen

22 § 20 StGB stellt klar, dass die Einsichts- oder Steuerungsunfähigkeit „wegen" der Störung eingetreten sein muss (Kausalzusammenhang).

d) Bei Begehung der Tat

aa) Allgemeines

23 Wie i. R. d. § 19 StGB auch (s. o.) ist für die Feststellung der Voraussetzungen des § 20 StGB explizit auf den Zeitpunkt der „Begehung der Tat" abzustellen, wofür wiederum § 8 StGB heranzuziehen ist.[62]

Ausreichend ist es jedenfalls, wenn die Schuldfähigkeit **bei Versuchsbeginn** gegeben ist. Geht diese dann während der Tat verloren, ändert dies an der strafrechtlichen Verantwortlichkeit nichts.[63] Wird der Täter vor Beginn der Tat zurechnungsunfähig, so soll eine schuldhafte Handlung hingegen auch dann nicht vorliegen, wenn die Tat den im Zustand der Zurechnungsfähigkeit geplanten und vorbereiteten Verlauf nimmt.[64] Bei Dauerdelikten ist zu beachten, dass der Täter nur dann schuldlos handelt, wenn seine Schuldunfähigkeit den gesamten Zeitraum umfasst.[65]

bb) *Actio libera in causa (sed non libera in actu)*
▶ Didaktische Aufsätze:

- Maurach, Fragen der actio libera in causa, JuS 1961, 373
- Hruschka, Der Begriff der actio libera in causa und die Begründung ihrer Strafbarkeit, JuS 1968, 554
- Puppe, Grundzüge der actio libera in causa, JuS 1980, 346

---

[61] Rogall, in: SK-StGB, 9. Aufl. 2017, § 20 Rn. 58; aus der Rspr. vgl. zuletzt BGH B. v. 30.01.2019 – 4 StR 365/18 – StV 2021, 231; BGH B. v. 06.05.2020 – 4 StR 12/20 – StV 2021, 234.

[62] Lackner/Kühl, StGB, 29. Aufl. 2018, § 20 Rn. 16; aus der Rspr. vgl. BGH B. v. 17.06.2015 – 4 StR 196/15 – NStZ-RR 2015, 275; BGH B. v. 27.01.2017 – 1 StR 532/16 – NStZ-RR 2017, 176 = StV 2019, 101.

[63] Fischer, StGB, 68. Aufl. 2021, § 20 Rn. 48; aus der Rspr. vgl. BGH U. v. 21.04.1955 – 4 StR 552/54 (Blutrausch) – BGHSt 7, 325 = NJW 1955, 1077 (Anm. Roxin, Höchstrichterliche Rspr. AT, 1998, Nr. 13; Meister MDR 1955, 688; Mayer JZ 1956, 109; Oehler GA 1956, 1); BGH U. v. 09.10.1969 – 2 StR 376/69 – BGHSt 23, 133 = NJW 1970, 715 (Anm. Hassemer JuS 1970, 252; Oehler JZ 1970, 380); BGH U. v. 21.10.1970 – 2 StR 313/70 – BGHSt 23, 356 = NJW 1971, 254 (Anm. Hassemer JuS 1971, 266; Geilen JuS 1972, 73); BGH B. v. 04.03.1993 – 2 StR 520/92 – NStZ 1993, 342 = StV 1993, 354; BGH U. v. 26.08.1997 – 1 StR 383/97 – NStZ 1998, 30; BGH U. v. 30.04.2003 – 2 StR 503/02 – NStZ 2003, 535 (Anm. LL 2003, 850; RA 2003, 647).

[64] Fischer, StGB, 68. Aufl. 2021, § 20 Rn. 48; aus der Rspr. vgl. BGH U. v. 21.10.1970 – 2 StR 313/70 – BGHSt 23, 356 = NJW 1971, 254 (Anm. Hassemer JuS 1971, 266; Geilen JuS 1972, 73).

[65] Fischer, StGB, 68. Aufl. 2021, § 20 Rn. 48; aus der Rspr. vgl. BGH B. v. 15.06.2004 – 4 StR 176/04; BGH U. v. 28.09.2011 – 1 StR 129/11 – NStZ-RR 2012, 6.

B. Schuld(un)fähigkeit und verminderte Schuldfähigkeit

- Krause, Probleme der actio libera in causa, Jura 1980, 169
- Otto, Actio libera in causa, Jura 1986, 426
- Rath, Zur actio libera in causa bei Schuldunfähigkeit des Täters, JuS 1995, 405
- Mutzbauer, Actio libera in causa, JA 1997, 97
- Rönnau, Dogmatisch-konstruktive Lösungsmodelle zur actio libera in causa; Grundstruktur und Erscheinungsformen der actio libera in causa, JA 1997, 599 und 707
- Jerouschek, Die Rechtsfigur der actio libera in causa: Allgemeines Zurechnungsprinzip oder verfassungswidrige Strafbarkeitskonstruktion?, JuS 1997, 385
- Fahl, Actio libera in causa, JA 1999, 842
- Schweinberger, Allgemeiner Teil actio libera in causa: Folgeprobleme des herrschenden Tatbestandsmodells, JuS 2006, 507
- Satzger, Dreimal „in causa" – actio libera in causa, omissio libera in causa und actio illicita in causa, Jura 2006, 513
- Rönnau, Grundwissen – Strafrecht: Actio libera in causa, JuS 2010, 300
- Makepeace, Die „actio libera in causa" in der strafrechtlichen Fallbearbeitung – ein Spagat zwischen Gerechtigkeit und Gesetzlichkeit, Jura 2021, 378

Actio libera in causa (abgekürzt a.l.i.c.)[66] bedeutet „im Grund freie Handlung", das meist weggelassene *sed non libera in actu* verweist darauf, dass bei Ausführung der Handlung diese nicht frei war. Gemeint ist damit, dass die Tat (*actio*) zwar bei Ausführung aufgrund Schuldunfähigkeit unfrei war, aber in ihrer Ursache (*causa*) frei (*libera*), da im Zeitpunkt der Herbeiführung der Schuldunfähigkeit (z. B. durch Alkoholkonsum) noch Schuldfähigkeit vorlag.

24

Beispiel 278

B wollte seinen Nebenbuhler G töten, traute sich dieses im nüchternen Zustand jedoch nicht zu. Daher ging er in seine Stammkneipe, da er wusste, dass auch G

---

[66] Hierzu Hillenkamp/Cornelius, 32 Probleme aus dem Strafrecht AT, 15. Aufl. 2017, 13. P.; näher Maurach JuS 1961, 373; Krause FS Mayer 1966, 305; Hruschka JuS 1968, 554; Horn GA 1969, 289; Krause Jura 1980, 169; Puppe JuS 1980, 346; Küper FS Leferenz 1983, 573; Paeffgen ZStW 1985, 513; Otto Jura 1986, 426; Roxin FS Lackner 1987, 307; Hruschka JZ 1989, 310; Herzberg FS Spendel 1992, 203; Salger/Mutzbauer NStZ 1993, 561; Streng JZ 1994, 709; Rath JuS 1995, 405; Hruschka JZ 1996, 64; Mutzbauer JA 1997, 97; Rönnau JA 1997, 599 und 707; Jerouschek JuS 1997, 385; Horn StV 1997, 264; Hirsch FS Nishihara 1998, 88; Jakobs FS Nishihara 1998, 105; Fahl JA 1999, 842; Jerouschek FS H. J. Hirsch 1999, 241; Schlüchter FS H. J. Hirsch 1999, 345; Spendel FS H. J. Hirsch 1999, 379; Streng JZ 2000, 20; Otto FG 50 Jahre BGH IV 2000, 111; Hruschka FS Gössel 2002, 145; Satzger Jura 2006, 513; Schweinberger JuS 2006, 507; Mitsch FS Küper 2007, 347; Dold GA 2008, 427; Hoyer GA 2008, 711; Rönnau JuS 2010, 300; Otto FS Frisch 2013, 589; Freund GA 2014, 137; Beck ZIS 2018, 204; Silva Sánchez GA 2020, 240; Makepeace Jura 2021, 378; aus der Rspr. vgl. BGH U. v. 07.06.2000 – 2 StR 135/00 – NStZ 2000, 584 (Anm. Puppe, AT, 4. Aufl. 2019, § 16 Rn. 18ff.; Trüg JA-R 2001, 77; Streng JuS 2001, 540; LL 2001, 36).

diese am Abend aufsuchen würde. Bis zum Eintreffen des G betrank sich B, um anschließend den G im schuldunfähigen Zustand zu töten. Dies geschah auch. ◄

B kann aufgrund seiner Schuldunfähigkeit nach § 20 StGB nicht wegen Totschlages (§ 212 I StGB) bestraft werden. Allerdings hat er die zur Schuldunfähigkeit führende Trunkenheit absichtlich herbeigeführt.

Beispiel 279

BGH U. v. 22.08.1996 – 4 StR 217/96 (Grenzüberfahrt) – BGHSt 42, 235 = NJW 1997, 138 = NStZ 1997, 228 = StV 1997, 21 (Anm. Roxin, Höchstrichterliche Rspr. AT, 1998, Nr. 36; Kaspar/Reinbacher, Casebook AT, 2020, Fall 13; Hemmer-BGH-Classics Strafrecht, 2003, Nr. 11; Puppe, AT, 4. Aufl. 2019, § 16 Rn. 1ff.; Geppert JK 1997 StGB § 20/2; Mutzbauer JA 1997, 97; Martin JuS 1997, 377; Wolff NJW 1997, 2032; Ambos NJW 1997, 2296; Neumann StV 1997, 23; Spendel JR 1997, 133; Hruschka JZ 1997, 22; Fahnenschmidt/Klumpe DRiZ 1997, 77; Hardtung NZV 1997, 97; Gottwald JA 1998, 343; Otto Jura 1999, 217):

B, ein dänischer Staatsangehöriger, der bereits mehrfach – in Deutschland und Dänemark – wegen Trunkenheitsfahrten verurteilt worden war und keine gültige Fahrerlaubnis hatte, fuhr am Tattag mit einem Lieferwagen von seinem Wohnort in Dänemark durch das Bundesgebiet in die Niederlande, um dort Kunden aufzusuchen. Unmittelbar nach der Einreise in die Niederlande, wo er für die Nacht ein Hotel suchen wollte, kaufte der bis dahin nüchterne B kurz nach 18 Uhr alkoholische Getränke. In der Folgezeit trank er etwa fünf Liter Bier sowie Schnaps in nicht feststellbarer Menge. Zwischen 21.15 und 21.30 Uhr fuhr der zu dieser Zeit erheblich alkoholisierte B in deutlichen Schlangenlinien auf der niederländischen Autobahn A 1 in Richtung der deutschen Grenze. Gegen 21.30 Uhr erreichte er den Grenzübergang Bad Bentheim. Er fuhr mit einer Geschwindigkeit von mindestens 70 km/h auf die Kontrollstelle zu. Dabei überfuhr er zunächst einige Leitkegel, mit denen die rechte Fahrspur abgesperrt war. Sodann stieß er – mit unverminderter Geschwindigkeit – mit der rechten vorderen Seite seines Fahrzeugs gegen die hintere linke Seite eines auf der rechten Spur stehenden Personenkraftwagens. Dabei erfasste er zwei Grenzschutzbeamte, die dieses Fahrzeug kontrollierten. Die Beamten erlitten tödliche Verletzungen und starben an der Unfallstelle. ◄

Vorausgesetzt, dass sich aus diesen Umständen die Schuldunfähigkeit des B nach § 20 StGB ergibt, könnte aber zu berücksichtigen sein, dass er sich vorsätzlich betrunken hat.

Um trotz § 20 StGB eine Bestrafung der Rauschtat jenseits des § 323a StGB zu ermöglichen, existieren verschiedene **Begründungsmodelle** der a.l.i.c.[67]

Das sog. **Ausnahmemodell**[68] geht – im Hinblick auf das Koinzidenzprinzip – von einer Ausnahme bei der Anwendung des § 20 StGB aus, jedenfalls bei ziel-

---

[67] Zum Ganzen auch z. B. Kindhäuser/Hilgendorf, LPK, 8. Aufl. 2019, § 20 Rn. 14ff.
[68] Z. B. Wessels/Beulke/Satzger, AT, 50. Aufl. 2020, Rn. 415.

gerichtetem Sich-Berauschen des Täters. Dies verstößt aber gegen Art. 103 II GG, § 1 StGB, da es sich um eine täterbelastende Wortlautüberschreitung handelt.

Ähnliche Bedenken weckt ein **Ausdehnungsmodell**,[69] welches den Schuldvorwurf auf die Rauschtat stützt und dennoch für die Anwendung des § 20 StGB auf den Zeitpunkt der Defektherbeiführung abstellt.

Die sog. **Werkzeugtheorie**[70] führt eine Parallele zur sog. mittelbaren Täterschaft gem. § 25 I 2. Var. StGB an: Der Täter benutze sich selbst als schuldunfähiges Werkzeug. Dies trägt schon angesichts des Wortlauts des § 25 I 2. Var. StGB (Tatbegehung „durch einen anderen") nicht, taugt aber als Beispiel dafür, dass vorverlagernde Anknüpfungen beim späteren Einsatz nicht vollverantwortlicher Menschen nichts Ungewöhnliches sind, selbst wenn eine erhebliche Zeitspanne verstreichen mag.

Wohl h. L.[71] ist eine „Tatbestandslösung" oder „**Vorverlagerungslösung**": Diese knüpft an das Sich-Betrinken (als sog. *actio praecedens*) an und sieht mithin in diesem Akt bereits die spätere Ausführungshandlung. In der Tat lässt sich am Vorliegen einer **erfolgskausalen Handlung** nicht zweifeln: Der Täter setzt im schuldfähigen Zustand durch seine Defektherbeiführung eine Ursache für sein späteres Tun. Wortlautbedenken bestehen so gegen die Anwendung des § 20 StGB nicht, da gerade die Herbeiführung des Defektzustandes als Anknüpfungspunkt und Tathandlung fungiert. Kriminalpolitisch verständlich ist das Bestreben dahingehend, dass die rechtsmissbräuchliche Taktik des Täters nicht aufgehen soll, ohnehin.

Entscheidend ist die Frage, ob in der vorgelagerten Handlung bereits die Setzung eines unerlaubten Risikos i. S. d. Lehre von der **objektiven Zurechnung** gesehen werden kann: Einerseits ist v. a. Alkoholgenuss sozial anerkannt, andererseits trifft dies kaum auf derartig exzessiven Konsum zu, der eine Schuldunfähigkeit herbeiführt. Die hohe kriminogene Wirkung intensiven Alkoholkonsums ist allseits bekannt und kriminologisch nachgewiesen. Auch der Wertung des § 323a StGB ist insofern ein rechtlich missbilligtes Risiko zu entnehmen, da bereits die Herbeiführung eines Vollrausches straftatbestandliches Unrecht begründet.

> **§ 323a StGB (Vollrausch)**
> (1) Wer sich vorsätzlich oder fahrlässig durch alkoholische Getränke oder andere berauschende Mittel in einen Rausch versetzt, wird mit Freiheitsstrafe bis zu fünf Jahren oder mit Geldstrafe bestraft, wenn er in diesem Zustand eine rechtswidrige Tat begeht und ihretwegen nicht bestraft werden kann, weil er infolge des Rausches schuldunfähig war oder weil dies nicht auszuschließen ist.
> (2) Die Strafe darf nicht schwerer sein als die Strafe, die für die im Rausch begangene Tat angedroht ist.
> (3) Die Tat wird nur auf Antrag, mit Ermächtigung oder auf Strafverlangen verfolgt, wenn die Rauschtat nur auf Antrag, mit Ermächtigung oder auf Strafverlangen verfolgt werden könnte.

---

[69] S. Streng, in: MK-StGB, 4. Aufl. 2020, § 20 Rn. 128ff.
[70] Joecks/Jäger, StGB, 13. Aufl. 2021, § 323a Rn. 33.
[71] S. B. Heinrich, AT, 6. Aufl. 2019, Rn. 602ff.

Dem kann auch nicht die Wertung des Versuchsbeginns nach § 22 StGB entgegengehalten werden, geht es doch gerade um eine zeitlich gestreckte Herbeiführung des – eingetretenen – Erfolgs ohne weitere schuldhafte Zwischenakte des Täters.

Es mag schief klingen, in einem Betrinken ein Töten i. S. d. § 212 I StGB zu sehen; dies liegt aber allein an der Fassung des Tatbestands als weites Erfolgsdelikt.

Zuzugeben ist, dass eine sehr frühe Handlung als Anknüpfungspunkt für eine Haftung zugrunde gelegt wird; dies ist aber auch bei zahlreichen anderen Fallgestaltungen der Fall (z. B. auch bei Fahrlässigkeiten, die erst viel später zu Todesfällen führen). Einen unangemessen frühen Versuchsbeginn muss man i. R. d. Anwendung des § 22 StGB unterbinden.

Nicht zu folgen ist insofern denjenigen,[72] die die a.l.i.c. vollständig ablehnen und allein § 323a StGB anwenden. Bei § 323a StGB handelt es sich zwar insofern um die gesetzliche Lösung des Problems, welches die a.l.i.c. lösen soll, aber erstens nur um eine partielle (die Strafobergrenze des § 323a StGB liegt bei fünf Jahren Freiheitsstrafe und damit niedriger als v. a. bei den §§ 212, 211 StGB) und zweitens ist eine Sperrwirkung dieser Norm gegenüber § 20 StGB bzw. anderen Delikten nicht begründbar. Auch bei Anwendung der a.l.i.c. verbleibt dem. § 323a StGB noch ein hinreichend großer Anwendungsbereich, zumal Fälle nachgewiesenen Tatvorsatzes im Zeitpunkt der Defektherbeiführung ohnehin nicht häufig sein dürften.

Die **Rspr.**[73] hat den Bedenken der kritischen Literatur insofern ein Stück weit Rechnung getragen, als sie bei **verhaltensgebundenen Delikten** die a.l.i.c. ablehnt; dies betrifft v. a. die Straßenverkehrsdelikte (insbesondere die §§ 315c, 316 StGB). Ihre Position, bei diesen Delikten knüpfe die Strafbarkeit ausdrücklich an eine besondere Handlung an, ist freilich eher eine Behauptung, die sich für viele in Tatbeständen verwendete Verben aufstellen – auch „Töten" nach § 212 I StGB klingt nach einem restriktiven Tatbegriff – oder ablehnen – auch das Führen des Fahrzeugs nach § 316 StGB lässt sich als Verursachung der Bewegung interpretieren und mithin offen für alle kausalen Beiträge – ließe.

Die Problematik der a.l.i.c. gibt insofern eher Anlass, die Kategorie der verhaltensgebundenen und eigenhändigen Delikte insgesamt aufzugeben.

I.Ü. hält die Rspr., insoweit zutreffend, die vorsätzliche a.l.i.c. für möglich, wenn der Täter seinen Rausch vorsätzlich herbeiführt und vor diesem Zeitpunkt schon Vorsatz bzgl. der später verwirklichten Tat hatte. Nicht ausreichend ist es, dass der Täter weiß, er neige unter Alkoholeinfluss zu Gewalttaten; vielmehr muss sich der Vorsatz darauf richten, eine bestimmte Straftat auszuführen.[74] Die Anforderungen an die Bestimmtheit der Vorstellung sind hierbei problematisch.[75] Ob ein etwaiger *error in persona* bei der Rauschtat unbeachtlich ist, als *aberratio ictus* oder sonst

---

[72] Z. B. Rönnau JA 1997, 707 (715f.).
[73] BGH U. v. 22.08.1996 – 4 StR 217/96 (Grenzüberfahrt) – BGHSt 42, 235.
[74] Fischer, StGB, 68. Aufl. 2021, § 20 Rn. 50.
[75] S. B. Heinrich, AT, 6. Aufl. 2019, Rn. 610f.; aus der Rspr. vgl. BGH U. v. 24.01.1967 – 4 StR 500/67 – BGHSt 21, 381 = NJW 1968, 657 (Anm. Puppe, AT, 4. Aufl. 2019, § 16 Rn. 12ff.; Hruschka JuS 1968, 554; Schröder JR 1968, 305; Cramer JZ 1969, 273).

wesentliche Kausalverlaufsabweichung anzusehen ist, ist umstritten.[76] Bei Begehung einer anderen Tat als die vom Vorsatz in nüchternem Zustand erfasste kann ein Versuch in Tateinheit mit § 323a StGB für die ausgeführte Tat vorliegen.

Es zeigt sich, dass die Position der h. M. schon deshalb nicht zu unangemessenen Strafbarkeiten führt, da die subjektiven Anforderungen für hinreichende Restriktion sorgen. Wünschenswert wäre freilich eine Klarstellung durch den Gesetzgeber.

Von einer **fahrlässigen** *actio libera in causa* spricht man, wenn der Täter sich vorsätzlich oder fahrlässig berauscht und dabei fahrlässig nicht bedenkt, dass er im schuldunfähigen Zustand eine rechtswidrige Tat begehen könnte.[77]

25

> **Beispiel 280**
>
> B betrank sich vorsätzlich, wie er es jeden Samstag tut. Obwohl er es nicht vorhatte, verprügelte er später im schuldunfähigen Zustand den Z. Damit konnte er allerdings rechnen, da er wusste, dass er in alkoholisiertem Zustand zu Gewalttätigkeiten neigt. ◄

Ob es der Konstruktion einer fahrlässigen a.l.i.c. bedarf, kann dahinstehen, da das Fahrlässigkeitsdelikt direkt eingreift: Dort ist die Anknüpfung an eine vorwerfbare vorgelagerte Handlung anerkannt.

In der **Fallbearbeitung** empfiehlt sich folgendes Vorgehen:

26

Die normal durchzuführende Prüfung der spätesten Tathandlung (z. B. Tötung oder Trunkenheitsfahrt *sub specie* § 212 I StGB bzw. § 316 StGB) endet bei der Schuld, wenn § 20 StGB greift und der Täter daher schuldunfähig im Zeitpunkt dieser Tathandlung war.

Nun ist die Frage der a.l.i.c. im Hinblick auf die späteste Tathandlung aufzuwerfen (Ausnahmemodell, weiter Tatbegriff).

Nach Ablehnung dieser Konstruktionen ist nun das Sich-Betrinken zu prüfen – in diesem Zeitpunkt war der Täter ja noch schuldfähig –, und zwar nach der entsprechenden Konstruktion der a.l.i.c. (Tatbestandslösung und sog. Werkzeugtheorie).

Falls man auch diese Auffassungen ablehnt oder z. B. es an den subjektiven Voraussetzungen mangelt, bleibt u. U. eine Fahrlässigkeitsstrafbarkeit aufgrund des Sich-Betrinkens (z. B. nach den §§ 222, 229 StGB), wenn der spätere Erfolg vorhersehbar war. Diese scheitert gerade nicht an § 20 StGB.

I.Ü. greift, wenn dessen Voraussetzungen erfüllt sind, der Vollrausch gem. § 323a StGB.

---

[76] Hierzu Kindhäuser/Hilgendorf, LPK, 8. Aufl. 2019, § 20 Rn. 30ff.; näher Schweinberger JuS 2006, 507.

[77] Wessels/Beulke/Satzger, AT, 50. Aufl. 2020, Rn. 672; näher Hettinger GA 1989, 1; Sternberg-Lieben GS Schlüchter 2002, 217; Hettinger FS Schroeder 2006, 209; aus der Rspr. vgl. OLG Nürnberg U. v. 09.05.2006 – 2 St OLG Ss 53/06 (Alkoholkrankheit) – NStZ-RR 2006, 248 (Anm. Satzger JK 2007 StGB § 222/6).

II. Verminderte Schuldfähigkeit, § 21 StGB

1. Grundlagen

27 Die verminderte Schuldfähigkeit (sog. Dekulpation) gem. § 21 StGB[78] ist ein praktisch sehr bedeutsamer **fakultativer Strafmilderungsgrund**, der auf die Voraussetzungen des § 20 StGB Bezug nimmt.

Zwar sind Strafzumessungserwägungen in der universitären Fallbearbeitung grundsätzlich nicht anzustellen, ausgenommen sind aber – neben den sog. Regelbeispielen – vertypte Strafschärfungs- und -milderungsgründe.

> **§ 21 StGB (Verminderte Schuldfähigkeit)**
> Ist die Fähigkeit des Täters, das Unrecht der Tat einzusehen oder nach dieser Einsicht zu handeln, aus einem der in § 20 bezeichneten Gründen bei Begehung der Tat erheblich vermindert, so kann die Strafe nach § 49 Abs. 1 gemildert werden.

Eigentlich müsste eine Prüfung i. R. d. Ebene Strafe erfolgen (s. noch u.), aber aus Gründen des Sachzusammenhangs ist im Gutachten eine Miterledigung auf Ebene der Schuld möglich.

2. Voraussetzungen

a) Einer der in § 20 StGB bezeichneten Gründe

aa) Allgemeines

28 Vgl. hierzu o. bei § 20 StGB.

Unterschiede bestehen naturgemäß im Schweregrad, da niedrigere Anforderungen gelten. Insofern stellt sich das Problem der Erheblichkeitsschwelle wie bei § 20 StGB, allerdings „nach unten" verschoben. Die Schärfe der Abgrenzungsschwierigkeiten auf Voraussetzungsseite wird freilich aufgrund der bloß fakultativen Rechtsfolge reduziert.

bb) Insbesondere: Alkoholisierung

29 Wie bei § 20 StGB dürfte auch bzgl. § 21 StGB die **Alkoholisierung** der wichtigste universitäre Anwendungsfall sein.

Als **indizielle Faustformel** gilt hier eine verminderte Schuldfähigkeit ab einer BAK von **2,0 ‰,** die aber wiederum sehr stark dadurch relativiert wird, dass eine Gesamtwürdigung anzustellen ist – insbesondere anhand der Alkoholgewöhnung des Täters und seiner Ausfallerscheinungen bei Begehung der Tat.[79]

---

[78] Zu § 21 StGB z. B. Wessels/Beulke/Satzger, AT, 50. Aufl. 2020, Rn. 650; näher Mergen GA 1955, 193; Haddenbrock NJW 1967, 285; Göppinger FS Leferenz 1983, 411.

[79] Hierzu Kindhäuser/Hilgendorf, LPK, 8. Aufl. 2019, § 20 Rn. 11; näher Kröber NStZ 1996, 569; aus der Rspr. vgl. zuletzt BGH B. v. 28.07.2020 – 2 StR 229/20 – NStZ 2021, 42 (Anm. RÜ 2021,

b) Deswegen Fähigkeit des Täters, das Unrecht der Tat einzusehen oder nach dieser Einsicht zu handeln erheblich vermindert

aa) Allgemeines
Zur sog. Einsichtsfähigkeit und Steuerungsfähigkeit s. o. bei § 20 StGB. 30
Wie dort auch darf i. R. d. § 21 StGB nicht offen bleiben, welche der beiden Alternativen des § 21 StGB vom Gericht zugrunde gelegt wurden; beide Alternativen können auch nicht kumulativ bejaht werden.[80]

bb) Verminderung der sog. Einsichtsfähigkeit
Zur sog. Einsichtsfähigkeit s. o. bei § 20 StGB. 31
Entgegen dem missverständlichen Wortlaut des § 21 StGB (freilich ist die Rechtsfolge ohnehin fakultativ) ist nach h. M. derjenige Täter, der im konkreten Fall trotz erheblich verminderter Einsichtsfähigkeit Einsicht in das Unrecht seiner Tat gehabt hat, ist – sofern nicht seine Steuerungsfähigkeit erheblich eingeschränkt war – voll schuldfähig (dann nämlich hat sich sein Defekt nicht ausgewirkt).[81]

cc) Verminderung der sog. Steuerungsfähigkeit
Zur sog. Steuerungsfähigkeit s. o. bei § 20 StGB. 32
Vermindert ist diese, wenn bei vorhandener Unrechtseinsicht der Täter den Tatanreizen erheblich weniger Widerstand entgegensetzen kann als der nüchterne Durchschnittsmensch.[82]

dd) Erheblichkeit der jeweiligen Verminderung
Die Frage, ob die Verminderung der sog. Einsichts- oder Steuerungsfähigkeit „erheblich" i. S. d. § 21 StGB ist, stellt sich als Rechtsfrage dar; diese hat der Tatrichter ohne Bindung an Äußerungen von Sachverständigen zu beantworten.[83] Insofern ist auch der Grundsatz *in dubio pro reo* unanwendbar. 33

240; Hoven NStZ 2021, 228); BGH B. v. 08.10.2020 – 4 StR 636/19 – NStZ-RR 2021, 40 = StV 2021, 236; BayObLG B. v. 08.12.2020 – 202 StRR 123/20 – StV 2021, 257.

[80] Fischer, StGB, 68. Aufl. 2021, § 21 Rn. 5; aus der Rspr. vgl. zuletzt BGH B. v. 17.10.2017 – 3 StR 317/17; BGH B. v. 08.05.2018 – 2 StR 72/18 – NStZ-RR 2018, 305; BGH B. v. 07.11.2018 – 5 StR 449/18 – NStZ 2019, 78 = StV 2019, 250.

[81] Eschelbach, in: BeckOK-StGB, Stand 01.02.2021, § 20 Rn. 65; aus der Rspr. vgl. zuletzt BGH B. v. 07.02.2019 – 1 StR 485/18 – StV 2020, 733 (Anm. Gehm NZWiSt 2019, 299); BGH B. v. 06.08.2019 – 3 StR 46/19 – NStZ-RR 2019, 385 = StV 2020, 371.

[82] Rogall, in: SK-StGB, 9. Aufl. 2017, § 21 Rn. 18; aus der Rspr. vgl. zuletzt BGH B. v. 05.12.2018 – 4 StR 505/18 – NJW 2019, 615 = NStZ 2019, 346 = StV 2019, 274; BGH B. v. 17.12.2019 – 2 StR 419/19 – NStZ 2020, 432 (Anm. Ventzke NStZ 2020, 433).

[83] Fischer, StGB, 68. Aufl. 2021, § 21 Rn. 7; aus der Rspr. vgl. zuletzt BGH B. v. 05.12.2018 – 4 StR 505/18 – NJW 2019, 615 = NStZ 2019, 346 = StV 2019, 274; BGH U. v. 22.05.2019 – 2 StR 530/18 – NStZ 2019, 520 (Anm. Drees NStZ 2019, 521).

Bei der Beurteilung der Erheblichkeit sind die Anforderungen, welche die Rechtsordnung an jedermann stellt, entscheidend – diese sind umso höher, je schwerwiegender das in Rede stehende Delikt ist.[84]

ee) „Aus einem der ... Gründe"

34 Diese Wendung normiert – wie „wegen" in § 20 StGB – den Kausalzusammenhang zwischen biologischer und psychologischer Ebene.

c) Bei Begehung der Tat

35 Hierzu s. o. bei § 20 StGB.
Zur Frage eines (vorherigen) Verschuldens des Defekts s. u.

3. Rechtsfolge

a) Allgemeines

36 Rechtsfolge des § 21 StGB ist eine **fakultative Strafmilderung**, deren Vornahme in das pflichtgemäße Ermessen des Gerichts gestellt wird.[85] Selbst bei lebenslanger Freiheitsstrafe ist eine Versagung der Strafmilderung möglich, woran aber hohe Anforderungen gestellt werden.[86]

Ausgangspunkt ist, dass in der Regel aufgrund der in §§ 21 i. V. m. 20 StGB genannten Umstände eine Schuldminderung vorliegt, die eine Strafmilderung gebietet; dennoch ist es möglich, dass eine Kompensation durch schulderhöhende Umstände anzunehmen ist. Was hierfür im Rahmen der gebotenen Gesamtwürdigung heranzuziehen ist, richtet sich letztlich nach den kriminalpolitisch fundierten Grundsätzen des Sanktionenrechts (§ 46 StGB) und ist vielfach problematisch.[87]

Auch bei Versagen der Milderung des § 21 StGB finden die entsprechenden Umstände mildernde Berücksichtigung bei der allgemeinen Strafzumessung.[88]

Ggf. ist aufgrund von Merkmalen des § 21 StGB ein minder schwerer Fall des Delikts anzunehmen,[89] sofern dies vorgesehen ist (z. B. in den §§ 213, 224 I, 226 III StGB).

---

[84] Problematisch, s. Fischer, StGB, 68. Aufl. 2021, § 21 Rn. 7b; aus der Rspr. vgl. BGH B. v. 09.10.2008 – 1 StR 359/08 – NStZ-RR 2009, 17 = StV 2009, 128 (Anm. Dehne-Niemann StraFo 2009, 34).

[85] Eschelbach, in: BeckOK-StGB, Stand 01.02.2021, § 21 Rn. 23ff.; näher Schweling MDR 1971, 971; aus der Rspr. vgl. zuletzt BGH B. v. 26.02.2019 – 1 StR 614/18 – NStZ-RR 2019, 302; BGH B. v. 22.05.2019 – 1 StR 651/19 – NStZ-RR 2019, 334 = StV 2020, 1.

[86] Fischer, StGB, 68. Aufl. 2021, § 21 Rn. 23; aus der Rspr. vgl. zuletzt BGH B. v. 20.01.2009 – 3 StR 505/08 – NStZ-RR 2009, 230.

[87] S. nur Fischer, StGB, 68. Aufl. 2021, § 21 Rn. 20ff.; aus der Rspr. vgl. zuletzt BGH B. v. 18.12.2019 – 2 StR 512/19 – NStZ-RR 2020, 204; BGH B. v. 06.05.2020 – 4 StR 53/20 – StV 2021, 35.

[88] Perron/Weißer, in: Schönke/Schröder, StGB, 30. Aufl. 2019, § 21 Rn. 23, 25.

[89] Fischer, StGB, 68. Aufl. 2021, § 21 Rn. 19; näher Danckert StV 1983, 476; aus der Rspr. vgl. BGH B. v. 20.03.2018 – 2 StR 531/17; BGH B. v. 29.08.2018 – 4 StR 248/18 – NStZ-RR 2018,

b) Insbesondere: Eigenes Verschulden

▶ Didaktischer Aufsatz:
- Otto, Affekt und Vorverschulden, Jura 1992, 329

Insbesondere wird kontrovers diskutiert, welche Auswirkungen es hat, wenn der schuldmindernde Umstand **selbst verschuldet** wurde.[90] Derartiges Vorverschulden wird nach h. M. bei der Strafzumessungsentscheidung berücksichtigt.[91] Die entsprechende Handhabung des § 21 StGB erübrigt auch eine problematische Anknüpfung an die Rechtsfigur der *actio libera in causa* (s. sogleich).

Nicht geklärt ist damit die Frage, unter welchen Voraussetzungen z. B. eine Alkoholisierung oder ein Affekt dergestalt selbst verschuldet ist, dass die Strafmilderung des § 21 StGB nicht zur Anwendung gelangen soll. Da etwa allgemein bekannt ist, dass Alkohol enthemmt, kann dies kaum für eine Versagung der Strafmilderung genügen; anders dürfte dies sein, wenn der Täter um seine Neigung zu Straftaten nach vorhergehendem Alkoholgenuss wusste oder hätte wissen können.[92]

Das Wehrstrafrecht enthält eine Spezialregelung zu der Frage selbst verschuldeten Rausches.

> **§ 7 WStG (Selbstverschuldete Trunkenheit)**
> (1) Selbstverschuldete Trunkenheit führt nicht zu einer Milderung der angedrohten Strafe, wenn die Tat eine militärische Straftat ist, gegen das Kriegsvölkerrecht verstößt oder in Ausübung des Dienstes begangen wird.
> (2) Der Trunkenheit steht ein Rausch anderer Art gleich.

Der zweite wichtige Anwendungsfall der Versagung der Strafmilderung aufgrund Vorverschulden betrifft den **Affekt**.[93]

347; BGH B. v. 17.10.2018 – 2 StR 367/18 – NStZ-RR 2019, 8 = StV 2019, 533.

[90] Hierzu Fischer, StGB, 68. Aufl. 2021, § 21 Rn. 24ff.; näher Foth DRiZ 1990, 417; Otto Jura 1992, 329; Foth FS Salger 1995, 31; Duensing StraFo 2005, 15; Schöch GA 2006, 371; aus der Rspr. vgl. zuletzt BGH B. v. 07.03.2018 – 1 StR 83/18 – NStZ-RR 2018, 169 = StV 2018, 710; BGH B. v. 08.03.2018 – 3 StR 63/15 – NStZ-RR 2018, 199; BGH B. v. 26.02.2019 – 1 StR 614/18 – NStZ-RR 2019, 302; BGH B. v. 22.05.2019 – 1 StR 651/19 – NStZ-RR 2019, 334 = StV 2020, 1; BGH U. v. 23.10.2019 – 5 StR 677/18 – StV 2020, 83 (Anm. Bosch Jura 2020, 296; Hecker JuS 2020, 368; Raschke ZJS 2020, 172); BGH B. v. 06.05.2020 – 4 StR 53/20 – StV 2021, 35.

[91] Fischer, StGB, 68. Aufl. 2021, § 21 Rn. 24.

[92] Zum Ganzen und zu den Nuancen der Rspr. bzgl. selbst verschuldeter Trunkenheit Fischer, StGB, 68. Aufl. 2021, § 21 Rn. 25ff.; zur Rspr. s. o.

[93] Zur schuldmindernden oder schuldausschließenden Bedeutung s. o. bei § 20 StGB; näher Krümpelmann ZStW 1987, 191; Frisch ZStW 1989, 538; Salger FS Tröndle 1989, 201; Otto FS Frisch 2013, 589.

> **Beispiel 281**
>
> BGH U. v. 29.10.2008 – 2 StR 349/08 – BGHSt 53, 31 = NJW 2009, 305 = NStZ 2009, 568 = StV 2009, 527 (Anm. Streng JR 2009, 341; Winkler jurisPR-StrafR 2/2009 Anm. 1; Haas FS Krey 2010, 117):
> B zog mit seiner Freundin G zusammen. In der Beziehung entstanden Spannungen, B beschimpfte und bedrohte G. G wendete sich von B ab und trennte sich von ihm. B verkraftete die Trennung nicht, seine Gedanken kreisten nur noch um die gescheiterte Beziehung. B erstach wenig später G, da diese lieber sterben sollte als ein von ihm losgelöstes Leben führen. ◄

Zu erwägen ist, inwieweit B durch die Beschimpfungen und Drohungen, die zur Abkehr der G und zur Trennung geführt haben, seine Belastung durch die Trennung selbst verschuldet hat.

C. Verbotsirrtum, § 17 StGB

▶ Didaktische Aufsätze:

- Backmann, Grundfälle zum strafrechtlichen Irrtum, JuS 1972, 196, 326, 452, 649 und JuS 1973, 30, 299
- Bergmann, Der Verbotsirrtum und der Irrtum im Bereich der Schuld, JuS 1990, L17
- Otto, Der Verbotsirrtum, Jura 1990, 645
- Neumann, Der Verbotsirrtum (§ 17 StGB), JuS 1993, 793
- Lesch, Dogmatische Grundlagen zur Behandlung des Verbotsirrtums; Unrechtseinsicht und Erscheinungsformen des Verbotsirrtums; Die Vermeidbarkeit des Verbotsirrtums; JA 1996, 346, 504 und 607
- Bachmann, Irrtümer im Bereich der Schuld, JA 2009, 510

I. Grundlagen

38 § 17 StGB regelt den (in der gesetzlichen Überschrift so bezeichneten) **Verbotsirrtum** bzw.[94] die (im Normtext so formulierte) **fehlende Einsicht, Unrecht zu tun**.[95]

---

[94] Insofern sind beide in der Norm verwendeten Begrifflichkeiten synonym.
[95] Hierzu Krey/Esser, AT, 6. Aufl. 2016, Rn. 714ff.; näher Schwarz NJW 1955, 526; Salm ZStW 1957, 522; Warda ZStW 1959, 252; Maurach FS Schmidt 1961, 301; Schmidhäuser FS Mayer 1966, 317; Krümpelmann GA 1968, 129; Tiedemann ZStW 1969, 869; Backmann JuS 1972, 196, 326, 452 und 649, JuS 1973, 30 und 299, JuS 1974, 40; Baumann FS Welzel 1974, 533; Schmidhäuser NJW 1975, 1807; Herdegen FS 25 Jahre BGH 1975, 195; Schünemann NJW 1980, 735; Spendel FS Tröndle 1989, 89; Otto Jura 1990, 645; Bergmann JuS 1990, L17; Neumann JuS 1993, 793; Lesch JA 1996, 346, 504 und 607; Puppe FS Rudolphi 2004, 231; Bachmann JA 2009, 510; Timpe HRRS 2016, 541; Frisch GA 2017, 699; Stam GA 2019, 338; Saliger FS Kindhäuser 2019, 425.

C. Verbotsirrtum, § 17 StGB

> **§ 17 StGB (Verbotsirrtum)**
> Fehlt dem Täter bei Begehung der Tat die Einsicht, Unrecht zu tun, so handelt er ohne Schuld, wenn er diesen Irrtum nicht vermeiden konnte. Konnte der Täter den Irrtum vermeiden, so kann die Strafe nach § 49 Abs. 1 gemildert werden.

Eine vergleichbare Norm gibt es auch im Ordnungswidrigkeitenrecht.

> **§ 11 II OWiG (Irrtum)**
> Fehlt dem Täter bei Begehung der Handlung die Einsicht, etwas Unerlaubtes zu tun, namentlich weil er das Bestehen oder die Anwendbarkeit einer Rechtsvorschrift nicht kennt, so handelt er nicht vorwerfbar, wenn er diesen Irrtum nicht vermeiden konnte.

Dem § 17 StGB, kodifizierte Entscheidung eines früheren Streits in Rspr. und Lehre,[96] lässt sich entnehmen, dass die „Einsicht, Unrecht zu tun" (oft sog. Unrechtsbewusstsein)[97] erstens für die Strafbarkeit nicht irrelevant und zweitens kein subjektives Tatbestandsmerkmal bzw. Bestandteil des Vorsatzes ist (so eine frühere sog. Vorsatztheorie), sondern eine Frage der **Schuld** (sog. Schuldtheorie), wobei freilich die „Abgrenzung" zu § 16 StGB bei normativen Tatbestandsmerkmalen und Blanketten Schwierigkeiten bereitet (s. o.).[98] Drittens ergibt sich aus der Norm, dass eine volle Schuld des Beteiligten dessen Unrechtseinsicht voraussetzt, dass es

---

[96] Hierzu B. Heinrich, AT, 6. Aufl. 2019, Rn. 549ff.; näher Welzel SJZ 1948, 368; Cüppers NJW 1949, 4; Arndt NJW 1949, 291; Cüppers NJW 1949, 291; Buse NJW 1949, 527; Drost NJW 1949, 739; von Winterfeld JR 1950, 385; Hartung JR 1950, 545; Schroeder MDR 1950, 646; Hartung NJW 1951, 209; Mezger NJW 1951, 500; Welzel NJW 1951, 577; Mezger NJW 1951, 869; Welzel MDR 1951, 65; Schaffstein MDR 1951, 196; Schröder MDR 1951, 387; Lang ZStW 1951, 332; Lang-Hinrichsen JR 1952, 184; Oehler JR 1952, 65; Welzel MDR 1952, 584; Bindokat JZ 1953, 71; Bindokat JZ 1953, 748; Schröder ZStW 1953, 178; Nowakowski ZStW 1953, 379; Schmidt-Leichner GA 1954, 1; Busch FS Mezger 1954, 165; Vianden-Grüter NJW 1955, 1057; Hartung JZ 1955, 663; Hardwig GA 1956, 369; aus der Rspr. vgl. insbesondere BGH B. v. 18.03.1952 – GSSt 2/51 – BGHSt 2, 194 = NJW 1952, 593 (Anm. Welzel NJW 1952, 564; Hartung NJW 1952, 761; Lindner NJW 1952, 854; Schwarz NJW 1952, 1081; Lang-Hinrichsen JR 1952, 302 und 356; Welzel JZ 1952, 340; Mayer MDR 1952, 392; Niese DRiZ 1952, 111; Heitzer NJW 1953, 210).

[97] S. nur Rengier, AT, 12. Aufl. 2020, § 31 Rn. 4, Sternberg-Lieben/Schuster, in: Schönke/Schröder, StGB, 30. Aufl. 2019, § 17 Rn. 4; aus der Rspr. vgl. BGH U. v. 24.01.2018 – 1 StR 331/17 – NStZ 2019, 146 = NStZ-RR 2018, 180 = StV 2019, 38 (Anm. Bosch Jura 2018, 843; Eisele JuS 2018, 1106; Theile ZJS 2018, 481; Floeth NStZ-RR 2018, 182; Schall NStZ-RR 2018, 318; Rode/Hinderer wistra 2018, 341; Beyer NZWiSt 2018, 341; Schuster NZWiSt 2018, 346; famos 1/2019; Gräfin von Galen/Dawidowicz NStZZ 2019, 148; Habetha StV 2019, 39; Schneider/Rieks HRRS 2019, 62).

[98] Zu Bestrebungen, eine unklare Rechtslage bereits auf Tatbestandsebene zu berücksichtigen, Cornelius GA 2015, 101.

39 aber – viertens – für eine, wenn auch fakultativ milder bestrafte, (Vorsatz-)Strafbarkeit genügt, wenn der Beteiligte sog. potenzielle oder virtuelle Unrechtseinsicht hatte, da § 17 S. 2 StGB auf eine Vermeidbarkeit des Irrtums abstellt.[99]

39 Festzustellen ist, dass die Auslegung aller in § 17 StGB verwendeten Begriffe (Unrecht, fehlende Einsicht/(Verbots-)Irrtum, Vermeidbarkeit; s. i. E. sogleich) in der Rspr. und der h. L. sehr – aus Tätersicht – **streng gehandhabt** wird, so dass entweder bereits das Vorliegen eines Verbotsirrtums verneint wird oder dieser doch als vermeidbar und damit allenfalls strafmildernd angesehen wird.

Hieran ist zu **kritisieren**, dass aus dem Blick geraten zu sein scheint, dass es sich bei den Tätern i. d. R. um rechtliche Laien mit unterschiedlicher Bildung und intellektuellen Fähigkeiten handelt, die den kognitiven, zeitlichen und ggf. auch finanziellen Aufwand einer genauen – durch Experten unterstützen – rechtlichen Prüfung nicht zumutbar aufbringen können, zumal bei eher entlegenen und nicht allzu gravierenden Delikten mit u. U. besonders komplexen Rechtsfragen. Es ist genuine Aufgabe des Gesetzgebers, seine strafrechtlich relevanten Normen hinreichend bestimmt (Art. 103 II GG, § 1 StGB) zu fassen und auch i. Ü. strafrechtliche Eingriffe in Grundrechte verfassungskonform zu gestalten; eine unklare Rechtslage darf dem Bürger nicht angelastet werden. § 17 StGB ist insofern gerade ein entgegenkommender Ausgleich für die diesbzgl. Schwierigkeiten (um nicht zu sagen Unfähigkeit) des Gesetzgebers. Bisweilen mutet es ferner an, dass das eigentliche Motiv der überspannten Voraussetzungen prozessualer Art ist, dass man nämlich dem Täter entlastende Einlassungen (tendenziös: Schutzbehauptungen) abschneiden möchte; freilich sind Prozessnachweisschwierigkeiten eben prozessual i. R. d. Beweiswürdigung zu bewältigen, wobei verfahrensrechtlich anerkannt ist, dass nicht jeder Einlassung des Beschuldigten gefolgt werden muss.

40 Der **umgekehrte Verbotsirrtum**, die irrige Annahme strafbaren Handelns trotz tatsächlicher Straflosigkeit, wird als **Wahndelikt** bezeichnet.[100]

> **Beispiel 282**
>
> B „betrog" seine Ehefrau, indem er mit einer anderen Frau fremdging. ◄

Im Unterschied zum strafbaren – auch untauglichen – Versuch bzgl. eines existierenden Straftatbestands ist das Wahndelikt straflos:[101] Die bloße Vorstellung des „Täters" kann die Begründung einer Strafbarkeit durch ein Strafgesetz nicht ersetzen, vgl. auch Art. 103 II GG, § 1 StGB, *nulla poena sine lege*.

---

[99] Zur Verfassungsmäßigkeit des § 17 StGB s. BVerfG B. v. 17.12.1975 – 1 BvL 24/75 – BVerfGE 41, 121 = NJW 1976, 413 (Anm. Schmidhäuser JZ 1979, 361; Kramer/Trittel JZ 1980, 393); vgl. auch Langer GA 1976, 193.

[100] S. hier nur B. Heinrich, AT, 6. Aufl. 2019, Rn. 681ff.

[101] Fischer, StGB, 68. Aufl. 2021, § 22 Rn. 49.

II. Täter

Beide Sätze des § 17 StGB sprechen nur vom „Täter", scheinen also auf § 25 StGB Bezug zu nehmen. Sinnvollerweise gilt § 17 StGB dennoch auch für Anstifter (§ 26 StGB), Gehilfen (§ 27 StGB) und Vorfeldbeteiligte (§ 30 StGB), zumindest analog. **41**

III. Einsicht, Unrecht zu tun, fehlt (Vorliegen eines Verbotsirrtums)

1. Gegenstand: Unrecht zu tun

a) Unrecht

Der Begriff „Unrecht" i. S. d. § 17 S. 1 StGB stellt zunächst klar, dass eine **rechtliche** Wertung entscheidend ist, so dass es nicht darauf ankommt, ob der Täter sein Verhalten für moralisch, sittlich, sozialethisch oder religiös bedenklich hält.[102] Unrecht bedeutet jedenfalls eine Bewertung des Verhaltens als rechtswidrig, mithin als Verstoß gegen eine gültige Rechtsnorm. **42**

Umstritten ist, ob der Täter für das Aufweisen von Unrechtseinsicht gerade von **strafbarem** Verhalten ausgehen muss oder auch eine Rechtswidrigkeit in einem anderen Rechtsbereich genügt.[103] **43**

> **Beispiel 283**
>
> B fuhr betrunken Auto. Zwar wusste er nicht, dass er dadurch eine Straftat beging, ihm war jedoch bekannt, dass er deswegen seinen Führerschein verlieren könnte. ◀

Nach der Rspr.[104] und der h. L.[105] bedeutet „Unrecht" den Verstoß gegen irgendeine rechtliche Bestimmung (die also auch dem Zivilrecht oder dem Öffentlichen Recht entstammen kann). Andere setzen immerhin eine Sanktionsbewehrung der Norm – insbesondere als Ordnungswidrigkeit oder Disziplinarvergehen – voraus.[106]

---

[102] Fischer, StGB, 68. Aufl. 2021, § 17 Rn. 3.
[103] Hierzu Joecks/Jäger, StGB, 13. Aufl. 2021, § 17 Rn. 4f.; aus der Rspr. vgl. zuletzt BGH U. v. 16.05.2017 – VI ZR 266/16 – NJW 2017, 2463 (Anm. Bausch NJW 2017, 2465; Papathanasiou jurisPR-StrafR 22/2017 Anm. 4; Hippeli jurisPR-Compl 5/2017 Anm. 2; Schroeder JZ 2018, 255; Lindemann/Brückmann JR 2019, 94); BGH U. v. 23.07.2019 – 1 StR 433/18 – NStZ-RR 2019, 388 (Anm. Bock NZWiSt 2020, 448); LG Stuttgart U. v. 22.12.2020 – 5 KLs 120 Js 6253/15 (Anm. Albrecht jurisPR-StrafR 7/2021 Anm. 5).
[104] S. o.
[105] S. nur Kindhäuser/Hilgendorf, LPK, 8. Aufl. 2019, § 17 Rn. 5.
[106] S. (aber wiederum zwischen Ordnungswidrigkeiten und Disziplinarrecht diff. Neumann, in: NK, 5. Aufl. 2017, § 17 Rn. 20ff.

Die engste Auffassung[107] legt den Begriff des Unrechts als Strafbarkeit (i. e. S., also kriminalstrafrechtlich) aus, genauer: Der Täter muss annehmen, straftatbestandsmäßig und rechtswidrig zu handeln.

Der h. M. ist zuzugeben, dass der Wortlaut der Norm offen für eine Erfassung aller Rechtsgebiete ist und nicht etwa auf § 11 I Nr. 5 StGB Bezug nimmt. Ferner enthalten auch nichtstrafrechtliche Normen sozialethische Bewertungen, und ein Laie überblickt die Unterscheidung zwischen Teilrechtsgebieten oft ohnehin nicht. Allerdings handelt es sich bei § 17 StGB um eine eben im StGB befindliche Norm, so dass eine Begrenzung des Begriffs des Unrechts auf straftatbestanderfüllendes Verhalten naheliegt; dies entspricht auch dem „Unrecht der Tat" i. S. d. §§ 20, 21 StGB (auch wenn § 17 StGB das Verb „tun" und nicht das Substantiv „Tat" verwendet). Wer weiß, dass etwas z. B. zivilrechtlich verboten ist, weiß nicht zwangsläufig darum, ein strafrechtsrelevantes Unrecht zu verwirklichen, zumal die h. M. sogar innerstrafrechtlich eine Teilbarkeit bzw. Tatbestandsbezogenheit der Unrechtseinsicht annimmt (s. sogleich). Die ganz unterschiedlichen Funktionen der Teilrechtsgebiete dürfen nicht eingeebnet werden. Zur grundsätzlichen Kritik an einer allzu strengen Handhabung des § 17 StGB s. o.; etwaige Nachweisprobleme müssen prozessual gelöst werden. Schließlich verhindert eine rechtsfolgenausdifferenzierende Vermeidbarkeitsprüfung unbillige Ergebnisse. Im Hinblick auf die Unterscheidung verschiedener Sanktionsbewehrungen muss sich der Gesetzgeber an seiner Entscheidung, bestimmte Verstöße eben nur für ordnungswidrig zu erklären, auch für den Unrechtsbegriff i. S. d. § 17 StGB festhalten lassen, erst recht, wenn man einen qualitativen und nicht nur quantitativen Unterschied zwischen den Sanktionsarten annimmt.

44 Irrelevant für die Frage, ob es sich um Unrecht handelt ist, ob der Täter genauere Vorstellungen über Bezeichnung oder Inhalt des konkreten Straftatbestands hat. Sog. **Subsumtionsirrtümer**[108] sind daher unbeachtlich, sofern der Täter irgendein strafrechtliches Verbot annimmt; beachtlich sind sie, wenn er so subsumiert, dass er eine Strafbarkeit verneint. Erst recht ist es einerlei, wie der Täter die justizielle Beweisbarkeit seines Verhaltens bewertet.[109]

b) Tatbestandsbezug/Rechtsgutsbezug; Teilbarkeit

45 Das Unrechtsbewusstsein ist stets im Hinblick auf den **jeweiligen Tatbestand** zu prüfen, so dass es möglich ist, dass ein Täter bei derselben Handlung sich bzgl. des einen Tatbestands in einem Verbotsirrtum befand, bzgl. eines anderen Tatbestands aber nicht (z. B. auch bzgl. Qualifikationen)[110] – Teilbarkeit des Unrechtsbewusstseins.

---

[107] Z. B. Joecks/Kulhanek, in: MK-StGB, 4. Aufl. 2020, § 17 Rn. 10ff.

[108] Hierzu Neumann, in: NK, 5. Aufl. 2017, § 17 Rn. 49; näher Nierwetberg Jura 1985, 238.

[109] Aus der Rspr. vgl. OLG Frankfurt B. v. 24.07.1989 – 1 Ws 211/88 – NJW 1990, 1057 (Anm. Hassemer JuS 1990, 669).

[110] B. Heinrich, AT, 6. Aufl. 2019, Rn. 554; aus der Rspr. vgl. BGH U. v. 28.02.1961 – 1 StR 467/60 – BGHSt 15, 377 = NJW 1961, 1031 (Anm. Bindokat NJW 1961, 1731; Baumann JZ 1961, 564; Bindokat NJW 1962, 185).

2. Inhalt: Einsicht fehlt

a) Grundlagen

Laut Normtext des § 17 S. 1 StGB kommt es darauf an, ob dem Täter die Einsicht (Unrecht zu tun) fehlte, wobei die gesetzliche Überschrift „Verbotsirrtum" lautet und auch der Normtext den subjektiven Vorstellungsgehalt des Täters in S. 1 und S. 2 jeweils „Irrtum" (also ein auch in § 16 StGB[111] verwendetes Wort) nennt.

An einem Irrtum fehlt es, wenn der Täter sich überhaupt keine Gedanken über die Rechtmäßigkeit macht, freilich genügt **sachgedankliches Mitbewusstsein** oder Begleitwissen,[112] so dass der Täter sich keine positiven Vorstellungen zu machen braucht und es irrelevant ist, ob er an rechtmäßiges Handeln glaubt oder schlicht die Rechtswidrigkeit verkennt.

Zwar ist anerkannt, dass die „Einsicht" nicht voraussetzt, dass der Täter sich im alltagsprachlichen Sinne einsichtig zeigt, ein Einsehen hat o. ä. (nicht verwechselt werden darf eine fehlende Unrechtseinsicht also mit einem fehlenden Einverständnis mit der Rechtsordnung;[113] **Überzeugungs- und Gewissenstäter** wissen, dass sie Unrecht tun, sie akzeptieren die Rechtslage nur nicht, was unbeachtlich ist), also dem Verbot etwa zustimmen, sondern es nur um ein kognitives Erkennen des Unrechts geht; die Rspr. und die h. L.[114] nennen das Merkmal daher vielfach auch Unrechts*bewusstsein*.

Dennoch ist i. E. unklar, ob die bzgl. §§ 15, 16 StGB entwickelten Lehren zum **Vorsatz**[115] auf die fehlende Unrechtseinsicht zu übertragen sind, wobei selbst bei einer Übertragung zu berücksichtigen ist, dass die Auslegung des Vorsatzbegriffs in „Abgrenzung" zu dem der Fahrlässigkeit ebenfalls stark umstritten ist. Der Begriff der Einsicht ist – wie eigentlich der des Kennens in § 16 I 1 StGB auch – rein kognitiv, so dass die Umschreibung der h. M. als Unrechtsbewusstsein durchaus zutrifft und jedenfalls eine Übertragung etwaiger voluntativer Elemente ausscheidet.[116]

Relevant wird dies insbesondere bei der Kontroverse[117] bzgl. des sog. **bedingten Unrechtsbewusstseins** bzw. Irrtums unter **Zweifeln** (wobei man – einerseits wortlautnäher, andererseits ähnlich wie beim Vorsatz – auch vom Problem der Eventual-Unrechtseinsicht sprechen könnte, da es nicht um Bedingungen geht).

---

[111] Ferner in § 263 StGB, s. Besonderer Teil – Vermögensdelikte.
[112] Schuster/Sternberg-Lieben, in: Schönke/Schröder, StGB, 30. Aufl. 2019, § 17 Rn. 9.
[113] Kühl, AT, 8. Aufl. 2017, § 12 Rn. 31.
[114] S. o.
[115] S. o.
[116] S. auch Neumann, in: NK, 5. Aufl. 2017, § 17 Rn. 33.
[117] Hierzu Rogall, in: SK-StGB, 9. Aufl. 2017, § 17 Rn. 17ff.; näher Warda FS Welzel 1974, 499; Leite GA 2012, 688; Roxin GA 2018, 494; Els ZIS 2021, 23; aus der Rspr. vgl. zuletzt OLG Karlsruhe U. v. 13.11.2018 – 17 U 110/17; OLG Celle B. v. 16.01.2019 – 2 Ws 485/18 – StV 2019, 759; BGH U. v. 23.07.2019 – 1 StR 433/18 – NStZ-RR 2019, 388 (Anm. Bock NZWiSt 2020, 448).

> **Beispiel 284**
>
> B erhielt beim Bäcker zu viel Wechselgeld. Obwohl er sich nicht sicher war, ob er sich dadurch strafbar macht, machte er die Verkäuferin nicht darauf aufmerksam, sondern behielt es. ◄

Die Unsicherheit des B lässt sich so umschreiben, dass er es einerseits mit einer gewissen Wahrscheinlichkeit für möglich hielt, sich strafbar zu machen, andererseits er es mit einer gewissen Wahrscheinlichkeit für möglich hielt, dass sein Verhalten (wenn auch moralisch zweifelhaft und zivilrechtlich anspruchsbegründend) straflos war.

Parallel zur Handhabung der Mindestanforderungen an den (Eventual-)Vorsatz i. S. d. §§ 15, 16 I 1 StGB nehmen die Rspr.[118] und die h. L.[119] dann Unrechtseinsicht an, wenn der Täter die Vorstellung davon hat, möglicherweise Unrecht zu tun, und ernsthaft an der Erlaubtheit seines Tuns zweifelt, den Rechtsbruch also billigend in Kauf nimmt (i. S. v. sich mit ihm abfindet und nicht ernsthaft auf Rechtmäßigkeit vertraut).

Allerdings sind in einer komplexen Rechtsordnung mit nicht selten widersprüchlichen Judikaten, Behördenbescheiden und Literaturmeinungen selbst Juristen und erst recht Laien häufig unsicher bzgl. der Rechtslage (zum die nicht allzu täterstrenge Auslegung gebietenden Telos der Norm s. o.). Zudem muss vermieden werden, dass eher zum Zweifeln neigende gegenüber eher gleichgültigen Charakteren benachteiligt werden, wobei überdies Zweifel irrationale Grundlagen haben oder auf überobligationsmäßigen Bemühungen beruhen können. Keinesfalls darf bei alledem aus einer etwaigen Vermeidbarkeit eines Verbotsirrtums bereits auf das Nichtvorliegen eines solchen geschlossen werden. Zur Unbrauchbarkeit voluntativer Aspekte (billigen) s. o.

Soweit ersichtlich nicht vertreten wird die Auffassung, bei Zweifeln bzw. einer Möglichkeitsvorstellung bzgl. etwaiger Rechtswidrigkeit liege nie ein Verbotsirrtum vor. Eine solche Auffassung hätte mit dem Wortlaut „fehlt" ein durchaus beachtliches Argument auf ihrer Seite, fehlt doch eigentlich nur etwas bei völliger Abwesenheit (null Prozent), während ein Zweifler einen Teil der Unrechtseinsicht noch hat.

Angesichts der Ubiquität von Zweifeln und einer gebotenen gewissen Milde unter Ausblenden prozessualer Vorbehalte (s. o.) spricht einiges für den umgekehrten Ansatz, dass ein Verbotsirrtum dann vorliegt, wenn der Täter die Möglichkeit annimmt, sein Verhalten sei straflos.[120] Der Wortlaut „Einsicht" lässt sich auch im Einklang mit dem allgemeinen Sprachverständnis so verstehen, dass der Täter vollständig überzeugt sein muss (100 Prozent, Annahme als sicher), so dass ein hierauf bezogenes Fehlen nicht eine Reduzierung auf Null voraussetzt, sondern nur irgendeine Reduzierung vom Ideal (wie etwa der Sprachgebrauch fehlende Bildung

---

[118] S. o.
[119] Z. B. Krey/Esser, AT, 6. Aufl. 2016, Rn. 721.
[120] Leite GA 2012, 688.

oder fehlendes Geld kennt, ohne hiermit zwingend ein vollständiges Fehlen zu bezeichnen). Die Fassung des § 5 I WStG geht in dieselbe Richtung. Dieses extensive Verständnis öffnet einen weiten Anwendungsbereich für die Ebene der Vermeidbarkeit, die hinreichend und geeigneter (flexibler) ist, um i. R. d. Zumutbarkeitsabwägung kriminalpolitisch angemessene Ergebnisse zu erzielen.

Jenseits der h. M. versuchen andere Stimmen in der Literatur innerhalb der Zweifel bzw. Möglichkeitsvorstellungen nach unterschiedlichen Graden oder Wahrscheinlichkeiten zu differenzieren; herauszugreifen ist – aus der Vielzahl in Betracht kommender relativierender Begriffe, z. B. ernste, große, beträchtliche Zweifel (diese Begriffe sind wiederum sehr vage) – das Abstellen auf die überwiegende Vorstellung.[121] Dies dürfte – wie auch im Hinblick auf einen eventualvorsätzlichen Erlaubnistatumstandsirrtum[122] – einen auch kriminalpolitisch passablen Kompromiss darstellen; die prozessualen Schwierigkeiten der Feststellungen sind bewältigbar.

b) Arten fehlender Einsicht, Unrecht zu tun

aa) Unkenntnis der Verbotsnorm (direkter, unmittelbarer Verbotsirrtum)
Der Täter kann zunächst über das Verbotensein seines Verhaltens an sich irren, entweder weil er die Existenz der (als gültig erkannten; sonst Gültigkeitsirrtum) Verbotsnorm nicht kennt, oder deren Reichweite verkennt (insofern ist ein sog. Subsumtionsirrtum relevant).[123]

48

Ersteres wird bei einem psychisch gesunden, normal in Deutschland sozialisierten Menschen[124] im ganz grundlegenden Kernstrafrecht des StGB selten sein, anders im Nebenstrafrecht[125] oder bei neu geschaffenen Strafnormen.

Beispiel 285

Der 14jährige B schlief mit seiner dreizehnjährigen Freundin Z. ◀

§ 176 I StGB (Sexueller Mißbrauch von Kindern)
Wer sexuelle Handlungen an einer Person unter vierzehn Jahren (Kind) vornimmt oder an sich von dem Kind vornehmen läßt, wird mit Freiheitsstrafe von sechs Monaten bis zu zehn Jahren bestraft.

---

[121] Neumann, in: NK, 5. Aufl. 2017, § 17 Rn. 34.
[122] S. o.
[123] B. Heinrich, AT, 6. Aufl. 2019, Rn. 1114.
[124] Zu § 17 StGB bei Ausländern Fischer, StGB, 68. Aufl. 2021, § 17 Rn. 8a; näher Laubenthal/Baier GA 2000, 205; Valerius NStZ 2003, 341; aus der Rspr. vgl. LG Mannheim U. v. 03.05.1990 – (12) 2 Ns 70/89 – NJW 1990, 2212 (Anm. Sonnen JA 1990, 358; Sonnen NK 1990/4, 42).
[125] B. Heinrich, AT, 6. Aufl. 2019, Rn. 548; aus der Rspr. vgl. OLG Oldenburg U. v. 19.10.1998 – Ss 343/98 – NStZ-RR 1999, 122.

Die Annahme, sexueller Missbrauch von Kindern könne nicht durch Kinder selbst oder Jugendliche, sondern nur durch Erwachsenen begangen werden, liegt gar nicht fern. Eine besondere Täterqualität fordert § 176 StGB aber nicht. Dass tatsächlich Kinder i. S. d. StGB nicht bestraft werden können, liegt nur an ihrer Schuldunfähigkeit nach § 19 StGB. Kinder i. S. d. StGB sind allerdings noch nicht 14 Jahre alt. Jugendliche wie der B hingegen – im Alter von 14 bis 17 Jahren – können gem. § 3 JGG im Verhältnis zu ihrer Einsichts- und Steuerungsfähigkeit durchaus nach § 176 StGB strafrechtlich verantwortlich sein.

Beispiel 286

B1 erfuhr, dass B2 seine Ehefrau am nächsten Tag ermorden wollte. ◄

§ 138 StGB (Nichtanzeige geplanter Straftaten)
(1) Wer von dem Vorhaben oder der Ausführung
[…]
5. eines Mordes (§ 211) oder Totschlags (§ 212) oder eines Völkermordes (§ 6 des Völkerstrafgesetzbuches) oder eines Verbrechens gegen die Menschlichkeit (§ 7 des Völkerstrafgesetzbuches) oder eines Kriegsverbrechens (§§ 8, 9, 10, 11 oder 12 des Völkerstrafgesetzbuches) oder eines Verbrechens der Aggression (§ 13 des Völkerstrafgesetzbuches),
6. einer Straftat gegen die persönliche Freiheit in den Fällen des § 232 Absatz 3 Satz 2, des § 232a Absatz 3, 4 oder 5, des § 232b Absatz 3 oder 4, des § 233a Absatz 3 oder 4, jeweils soweit es sich um Verbrechen handelt, der §§ 234, 234a, 239a oder 239b,
7. eines Raubes oder einer räuberischen Erpressung (§§ 249 bis 251 oder 255) oder
8. einer gemeingefährlichen Straftat in den Fällen der §§ 306 bis 306c oder 307 Abs. 1 bis 3, des § 308 Abs. 1 bis 4, des § 309 Abs. 1 bis 5, der §§ 310, 313, 314 oder 315 Abs. 3, des § 315b Abs. 3 oder der §§ 316a oder 316c
zu einer Zeit, zu der die Ausführung oder der Erfolg noch abgewendet werden kann, glaubhaft erfährt und es unterläßt, der Behörde oder dem Bedrohten rechtzeitig Anzeige zu machen, wird mit Freiheitsstrafe bis zu fünf Jahren oder mit Geldstrafe bestraft.
[…]
(3) Wer die Anzeige leichtfertig unterläßt, obwohl er von dem Vorhaben oder der Ausführung der rechtswidrigen Tat glaubhaft erfahren hat, wird mit Freiheitsstrafe bis zu einem Jahr oder mit Geldstrafe bestraft.

Dass man sich selbst strafbar machen kann, wenn man die Tat eines anderen nicht anzeigt, wird der durchschnittliche Bürger, der sich vielleicht aus den Dingen heraushalten möchte, nicht zwangsläufig wissen.

Ein Beispiel für ein zu enges Verständnis einer Norm findet sich im oft zu wenig streng eingeschätzten § 142 StGB.

C. Verbotsirrtum, § 17 StGB 485

Beispiel 287

B rammte beim Ausparken mit seinem Pkw ein anderes Auto. Er wartete 10 Minuten und fuhr dann davon. ◄

§ 142 StGB (Unerlaubtes Entfernen vom Unfallort)
(1) Ein Unfallbeteiligter, der sich nach einem Unfall im Straßenverkehr vom Unfallort entfernt, bevor er
1. zugunsten der anderen Unfallbeteiligten und der Geschädigten die Feststellung seiner Person, seines Fahrzeugs und der Art seiner Beteiligung durch seine Anwesenheit und durch die Angabe, daß er an dem Unfall beteiligt ist, ermöglicht hat oder
2. eine nach den Umständen angemessene Zeit gewartet hat, ohne daß jemand bereit war, die Feststellungen zu treffen,
wird mit Freiheitsstrafe bis zu drei Jahren oder mit Geldstrafe bestraft.
(2) Nach Absatz 1 wird auch ein Unfallbeteiligter bestraft, der sich
1. nach Ablauf der Wartefrist (Absatz 1 Nr. 2) oder
2. berechtigt oder entschuldigt
vom Unfallort entfernt hat und die Feststellungen nicht unverzüglich nachträglich ermöglicht.
(3) Der Verpflichtung, die Feststellungen nachträglich zu ermöglichen, genügt der Unfallbeteiligte, wenn er den Berechtigten (Absatz 1 Nr. 1) oder einer nahe gelegenen Polizeidienststelle mitteilt, daß er an dem Unfall beteiligt gewesen ist, und wenn er seine Anschrift, seinen Aufenthalt sowie das Kennzeichen und den Standort seines Fahrzeugs angibt und dieses zu unverzüglichen Feststellungen für eine ihm zumutbare Zeit zur Verfügung hält. Dies gilt nicht, wenn er durch sein Verhalten die Feststellungen absichtlich vereitelt.
(4) Das Gericht mildert in den Fällen der Absätze 1 und 2 die Strafe (§ 49 Abs. 1) oder kann von Strafe nach diesen Vorschriften absehen, wenn der Unfallbeteiligte innerhalb von vierundzwanzig Stunden nach einem Unfall außerhalb des fließenden Verkehrs, der ausschließlich nicht bedeutenden Sachschaden zur Folge hat, freiwillig die Feststellungen nachträglich ermöglicht (Absatz 3).
(5) Unfallbeteiligter ist jeder, dessen Verhalten nach den Umständen zur Verursachung des Unfalls beigetragen haben kann.

Die Auslegung der Wartepflicht nach § 142 I, II Nr. 1 StGB[126] ist strenger als von Laien i. d. R. vermutet.

bb) Annahme einer Rechtfertigung (Erlaubnisirrtum; indirekter Verbotsirrtum)
Unrechtseinsicht fehlt auch, wenn der Täter zwar eine Straftatbestandsmäßigkeit erkennt, aber eine Rechtfertigung annimmt, weil er an einen in Wirklichkeit nicht

49

---
[126] Hierzu Eisele, BT I, 5. Aufl. 2019, Rn. 1204.

existierenden oder in der Reichweite falsch verstandenen Rechtfertigungsgrund glaubt (Erlaubnisirrtum).[127]

Beispiel 288

B schlug ihr Kind, nachdem es sich „ungezogen" verhalten hatte. ◄

Richtigerweise existiert ein elterliches Züchtigungsrecht nicht mehr, s. o.

Beispiel 289

RG U. v. 20.09.1920 – I 384/20 (Obstdieb) – RGSt 55, 82 (Anm. Fahl JA 2000, 460):
B hielt während der Nacht in einer Schutzhütte bei seinen Obstbäumen Wache; er war von seinem Hunde begleitet und mit geladenem Gewehr ausgerüstet. Am frühen Morgen bemerkte er zwei Männer, die Obst von den Bäumen entwendeten. Auf seinen Anruf ergriffen beide unter Mitnahme des Obstes, das sie gepflückt hatten, die Flucht und leisteten der Aufforderung des B, stehen zu bleiben, obwohl er sie durch die Drohung, er werde schießen, unterstützt hatte, keine Folge. Darauf gab B in Richtung der Fliehenden einen Schrotschuss ab, traf einen von ihnen und verletzte ihn nicht unerheblich. ◄

Mangels Gebotenheit der Notwehrhandlung liegt keine Rechtfertigung nach § 32 StGB vor; glaubt der Täter aber an ein weitergehendes Notwehrrecht, greift auf Ebene der Schuld § 17 StGB.

IV. Bei Begehung der Tat

50   Wie u. a. i. R. d. §§ 19, 20 StGB auch (s. o.) ist für die Feststellung der Voraussetzungen des § 17 StGB explizit auf den Zeitpunkt der „Begehung der Tat" abzustellen, wofür wiederum § 8 StGB heranzuziehen ist.
Fehlt es dem Täter zu diesem Zeitpunkt an Unrechtseinsicht, ist daran zu denken, dass eine strafrechtliche Verantwortlichkeit ggf. an vorgelagerte oder nachgelagerte

---

[127] B. Heinrich, AT, 6. Aufl. 2019, Rn. 1142f.; näher Engisch ZStW 1958, 566; aus der Rspr. vgl. zuletzt BGH U. v. 14.01.2009 – 1 StR 158/08 – BGHSt 53, 145 = NJW 2009, 1360 = NStZ 2009, 289 (Anm. Jahn JuS 2009, 466; Dau NStZ 2009, 292); BGH U. v. 29.04.2010 – 5 StR 18/10 – BGHSt 55, 121 = NJW 2010, 2595 = NStZ-RR 2011, 54 = StV 2010, 678 (Anm. Brüning ZJS 2010, 549; RA 2010, 406; Eidam NJW 2010, 2599; Krüger/Kroke Jura 2011, 289; Satzger JK 2011 StGB § 227/7; famos 2/2011); BGH B. v. 05.04.2011 – 3 StR 66/11 – NJW 2012, 1093 = NStZ 2012, 144 = StV 2011, 617 (Anm. Bosch JK 2011 BGB § 229/1; Hecker JuS 2011, 940; LL 2011, 647; RA 2011, 291; Grabow NStZ 2012, 145); AG Moers U. v. 22.10.2015 – 601 Ds-103 Js 80/14-44/15 (Anm. Jäger JA 2016, 472).

V. Diesen Irrtum – nicht – vermeiden konnte (Un-/Vermeidbarkeit des Verbotsirrtums)

▶ Didaktischer Aufsatz:
- Nestler, Gilt für die Vermeidbarkeit des Verbotsirrtums ein „strengerer Maßstab" als für die Tatfahrlässigkeit?, Jura 2015, 562

1. Grundlagen
§ 17 StGB normiert unterschiedliche Rechtsfolgen, je nachdem, ob der Verbotsirrtum (also das Fehlen der Einsicht, Unrecht zu tun) **unvermeidbar** war[128] – dann gem. S. 1 Handeln **ohne Schuld** – oder **vermeidbar** – dann gem. S. 2 bloß fakultative **Strafmilderung**. Aus Gründen des Sachzusammenhangs wird der vermeidbare Verbotsirrtum nicht auf der Ebene Strafzumessung abgehandelt, sondern ebenfalls in der Schuld. 51

Es zeigt sich, dass potenzielle Unrechtseinsicht für eine, wenn auch fakultativ milder bestrafte, (Vorsatz)-Strafbarkeit genügt. Hierhin liegt erstens eine Schlechterstellung ggü. § 16 StGB und dem Erlaubnistatumstandsirrtum (dort keine Vorsatz-Strafbarkeit, sondern allenfalls Verwirklichung eines Fahrlässigkeitsdelikts), welche sich damit begründen lässt, dass i. F. d. Verbotsirrtums der Täter um sein straftatbestandsmäßiges und rechtswidriges Handeln weiß, was eine Prüfungspflicht auslöst; zweitens eine Schlechterstellung ggü. § 35 II StGB, was dadurch zu erklären ist, dass dieser auf Umstände und keine Rechtsfrage bezogen ist.

In der Imperfekt-Formulierung „konnte" liegt dabei die Klarstellung, dass bzgl. der Vermeidbarkeit wie für den Irrtum selbst der Tatzeitpunkt relevant ist, vgl. o. inkl. etwaiger Vorverlagerung des Vorwurfs.

---

[128] Hierzu Krey/Esser, AT, 6. Aufl. 2016, Rn. 724ff.; näher Timpe GA 1984, 51; Stratenwerth GS Armin Kaufmann 1989; Zabel GA 2008, 33; Nestler Jura 2015, 562; aus der Rspr. vgl. zuletzt BGH U. v. 23.07.2019 – 1 StR 433/18 – NStZ-RR 2019, 388 (Anm. Bürger ZIS 2020, 532; Bock NZWiSt 2020, 448); BGH U. v. 17.12.2019 – 1 StR 364/18 – StV 2020, 378 (Anm. RÜ 2020, 301); BayObLG U. v. 04.11.2020 – 206 St RR 1459/19-1461/19 – NJW 2021, 405 (Anm. Kudlich NJW 2021, 359).

Der Begriff des Vermeidenkönnens enthält einen Vorwurf an den Täter, es – i. d. R.[129] **fahrlässig**[130] – **unterlassen**[131] zu haben, Handlungen vorzunehmen, die dafür gesorgt hätten, dass er Unrechtseinsicht gewonnen, also die Rechtswidrigkeit des eigenen Verhaltens erkannt hätte.

Bei diesem Bezugspunkt des Vorwurfs muss natürlich ausgeblendet werden, dass der Täter auch schlicht seine tatbestandsmäßige und rechtswidrige Handlung hätte unterlassen können. Vielmehr geht es darum, dass der Täter bei Vornahme seiner tatbestandsmäßigen rechtswidrigen Handlung es unterlässt, eine Handlung vorzunehmen, die die Chance geboten hätte, den Verbotsirrtum zu beheben. Prüfungskern ist die Reichweite einer erfolgsbezogenen Rechtsfahrlässigkeit bzw. Rechtserforschungspflicht, weil nämlich zum einen die Anforderungen an § 17 StGB insgesamt nicht überspannt werden dürfen, s. o., und zum anderen angesichts der Unendlichkeit denkbarer Bemühungen lebenspraktische, unter Berücksichtigung eines gesellschaftlich hinzunehmenden Restrisikos i. S. e. **erlaubten Risikos** (der Begriff – bzw. der spiegelbildliche des unerlaubten, also rechtlich missbilligten Risikos – entspricht dem der „objektiven Zurechnung" der h. M.) gewonnene Begrenzungen der Bemühungspflichten (beim Fahrlässigkeitsdelikt spricht man üblicherweise von Sorgfaltspflichten und deren Verletzung;[132] beim Unterlassungsdelikt ist auch der Begriff der Zumutbarkeit geläufig) gefunden werden müssen.

Die **Rspr.**[133] verwendet für die (Un-)Vermeidbarkeit wiederkehrende Formulierungen, die bereits um gewisse Zumutbarkeitsaspekte angereichert sind: Unvermeidbar sei ein Verbotsirrtum, wenn der Täter trotz der ihm nach den Umständen des Falles, seiner Persönlichkeit sowie seines Lebens- und Berufskreises zuzumutenden Anspannung des Gewissens die Einsicht in das Unrechtmäßige seines Handelns nicht zu gewinnen vermochte; das setze voraus, dass er alle geistigen Erkenntniskräfte eingesetzt und etwa aufkommende Zweifel durch Nachdenken oder erforderlichenfalls durch Einholung von Rat beseitigt hat.

---

[129] Das vorsätzliche Unterlassen des Gewinnens der Unrechtseinsicht ist freilich nicht zwingend gleichzusetzen mit dem Innehaben der Unrechtseinsicht, wenngleich es die Regel sein dürfte. Je nach Handhabung der Eventual-Unrechtseinsicht gibt es einen Bereich nicht hinreichend großer Unrechtszweifel (so dass ein Verbotsirrtum gegeben ist), auf deren Basis es der Täter aber vorsätzlich unterlässt, Bemühungen zur Überprüfung zu entfalten. Richtigerweise betrifft dies aber lediglich die subjektiven Voraussetzungen, während die objektiven Voraussetzungen identisch sind.

[130] Zum Fahrlässigkeitsdelikt (dieses gibt es als Begehungsdelikt und als Unterlassungsdelikt) und dem Begriff der Fahrlässigkeit i. E. s. u. 2. Dessen Maßstäbe zur Tatfahrlässigkeit (z. B. § 222 StGB) sind auf die Rechtsfahrlässigkeit i. R. d. § 17 StGB zu übertragen (wobei freilich auch das Fahrlässigkeitsdelikt en gros und en detail umstritten ist); hierzu näher Nestler Jura 2015, 562.

[131] Zum (vorsätzlichen und fahrlässigen) sog. unechten Unterlassungsdelikt s. u.

[132] Vgl. z. B. den Maßstab der hinlänglichen Sorgfalt für die Auslegung des § 17 StGB bei Joecks/Jäger, StGB, 13. Aufl. 2021, § 17 Rn. 3.

[133] S. o.; zuletzt vgl. BGH U. v. 23.07.2019 – 1 StR 433/18 – NStZ-RR 2019, 388 (Anm. Bock NZWiSt 2020, 448); BGH U. v. 17.12.2019 – 1 StR 364/18 – StV 2020, 378 (Anm. RÜ 2020, 301).

2. Objektive Voraussetzungen

a) Situation: Fehlende Unrechtseinsicht
Ausgangspunkt der Prüfung ist ein Täter im Zustand fehlender Unrechtseinsicht.   52

b) Unerlaubtes Unterlassen, Unrechtseinsicht zu erlangen

aa) Täter nimmt ihm mögliche Handlung, die Chance zur Unrechtseinsicht bot, nicht vor

Zu finden ist nun eine Handlung, die dem Täter möglich ist, und welche eine Chance   53
eröffnet hätte, dass der Täter Unrechtseinsicht erlangt hätte.

Zu denken ist zunächst einmal an das, was dem Täter **höchstpersönlich** möglich ist.

In der Rspr.[134] wird auch heute[135] noch die Formel von der Anspannung des **Gewissens** verwendet; das Gewissen gibt freilich wenig Auskunft über Rechtsfragen. Gemeint ist ein **Nachdenken**, d. h. der Einsatz der eigenen geistigen Erkenntniskräfte.[136] Freilich führt auch das eingedenk der Laienstellung vieler Täter zumindest in rechtlich komplexen Feldern wenig weiter.

Abgesehen von Fallgestaltungen **situativer Unmöglichkeit**, d. h. v. a. höchster Eilbedürftigkeit, ist dem Täter aber eine Nutzung externer Erkenntnisquellen, also eine **Erkundigung**, möglich.

Dies betrifft erstens die Nutzung eigener Recherchemöglichkeiten (Lektüre),[137] zweitens die Nutzung von Dienstleistern, insbesondere die Einholung von **Rechtsrat** bei einem Rechtsanwalt, drittens **Auskunftsersuchen bei staatlichen Stellen**.

Nach alledem wird sich häufig eine mögliche und taugliche Bemühung finden, die eigentliche Frage ist dann die der rechtlichen Missbilligung des Unterlassen, s. sogleich.

bb) Unerlaubtheit des Unterlassens, Unrechtseinsicht zu erlangen

(1) Grundlagen
Auch bei einem Unterlassungsvorwurf gilt es, eine normative Eingrenzung des   54
pflichtwidrigen bzw. pflichtgemäßen Verhaltens vorzunehmen – entsprechend dem

---

[134] S. bereits BGH B. v. 18.03.1952 – GSSt 2/51 – BGHSt 2, 194 = NJW 1952, 593 (Anm. Welzel NJW 1952, 564; Hartung NJW 1952, 761; Lindner NJW 1952, 854; Schwarz NJW 1952, 1081; Lang-Hinrichsen JR 1952, 302 und 356; Welzel JZ 1952, 340; Mayer MDR 1952, 392; Niese DRiZ 1952, 111; Heitzer NJW 1953, 210).

[135] Vgl. zuletzt BGH U. v. 21.12.2016 – 1 StR 253/16 (Parkkralle) – NJW 2017, 1487 = NStZ 2017, 284 (Anm. Puppe, AT, 4. Aufl. 2019, § 19 Rn. 14ff.; Bosch Jura 2017, 990; LL 2017, 754; RÜ 2017, 437; Kudlich/Koch NJW 2017, 1490; Wittig NStZ 2017, 288); BGH U. v. 18.07.2018 – 2 StR 416/16 (Sal. Oppenheim) – NJW 2018, 3467 = NStZ 2020, 167 = StV 2019, 33 und 753 (Anm. Brand NJW 2018, 3469; Szesny StV 2019, 755; Papathanasiou JR 2019, 369); OLG Karlsruhe U. v. 13.11.2018 – 17 U 110/17.

[136] Hierzu Joecks/Kulhanek, in: MK-StGB, 4. Aufl. 2020, § 17 Rn. 46ff.; näher Mattil ZStW 1962, 201; aus der Rspr. vgl. BayObLG U. v. 05.08.1964 – RReg. 1 a St 632/63 (Wanderer) – NJW 1965, 163.

[137] Zur möglichen Internetrecherche vgl. aus der Rspr. LG Dortmund B. v. 11.02.2020 – 43 Qs 5/20.

Gedanken der Schaffung einer unerlaubten Gefahr („objektiven Zurechnung" I) i. R. d. tatbestandsmäßigen Verhaltens. Zwar umreißt der Begriff des Vermeidens des Irrtums erst einmal nur eine (hypothetische) Kausalität, aber – wie in der Tatbestandslehre auch – ist im Hinblick auf ein Strafbarkeitsverdikt mit Augenmaß für gesellschaftliche Zusammenhänge ein Bereich erlaubten Risikos anzunehmen, der im Lichte der Relation von Vorteilen (Rechtsgüterschutz) und Nachteilen (Unterlassen einer legalen, ggf. gesellschaftlich nützlichen Handlung) zu bestimmen ist. Dies muss die Pflicht, erstmals oder erneut zu versuchen, Unrechtseinsicht zu erlangen, begrenzen.

Vermeidbar ist ein Verbotsirrtum erst dann, wenn der Täter durch Unterlassen der Prüfung der Rechtswidrigkeit seines Verhaltens die Schwelle zur *unerlaubten* Gefahr überschreitet.

Die „Abgrenzung" von erlaubter und unerlaubter Gefahr rechtswidrigen Handelns richtet sich erstens danach, ob der Täter einen hinreichenden **Anlass** hatte, eine – weitere – Rechtswidrigkeitsprüfung zu beginnen („Ob"), und zweitens nach der **Intensität** und dem damit verbundenen (v. a. zeitlichen und finanziellen: gerade externer Rechtsrat ist sehr kostspielig und zeitraubend) **Aufwand** („Wie") in Abwägung mit den durch das Täterverhalten mindestens gefährdeten Rechtsgütern.

(2) Anlass zur Prüfung der Rechtswidrigkeit des Verhaltens und entsprechende Bemessung des zumutbaren Aufwands

55 Zunächst besteht Anlass zu einer Rechtswidrigkeitsprüfung im Grunde bei jeder Handlung; es geht daher um **besondere objektive Umstände**, die auf eine Rechtswidrigkeit des Verhaltens hindeuten und daher für einen verantwortungsbewussten Menschen Grund genug sind, die Rechtswidrigkeit des Verhaltens vertieft zu prüfen. Das Ausmaß des Anlasses wird dann auch die Intensität der Prüfungspflicht beeinflussen.

Entgegen verbreiteter Meinung[138] ist es – bei Überschreiten der Grenze zum Vorliegen eines Verbotsirrtums, s. o., Eventual-Unrechtseinsicht – irrelevant, ob der Täter (Rest-)Zweifel hat; ein rechtlich gefahrrelevanter Aspekt resultiert hier allein aus objektiv-rational einsichtigen **Zweifelsgründen**, sonst würde der besonders Unsichere wiederum benachteiligt gegenüber dem eher Forschen.

56 Unterscheiden mag man **personenbezogene** Anlass-Faktoren und **tathandlungsbezogene**.

In ersterer Hinsicht bleibt naturgemäß vage, welche objektiv-abstrahierbare Maßfigur eines verantwortungsbewussten Bürgers zu bilden ist. Dennoch mag es Täterverkehrskreise geben, von denen man grundsätzliche Kenntnisse bzgl. Gesetz, Rspr. und sonstigen rechtswidrigkeitsbejahenden Auffassungen anderer Menschen erwarten kann, v. a. im beruflichen Kontext,[139] aber auch i. Ü. im Hinblick auf Bildung und Lebenserfahrung.[140] Ferner hat derjenige, der einen fremden Normraum

---

[138] Z. B. Heuchemer, in: BeckOK-StGB, Stand 01.02.2021, § 17 Rn. 36.
[139] Neumann, in: NK-StGB, 5. Aufl. 2017, § 17 Rn. 58.
[140] Vgl. Kindhäuser/Hilgendorf, LPK, 8. Aufl. 2019, § 17 Rn. 15; aus der Rspr. vgl. BGH U. v. 20.03.1956 – 1 StR 498/55 – BGHSt 9, 164 = NJW 1956, 1079; OLG Düsseldorf B. v. 15.09.1989 –

betritt und so in eine fremde Rechtsgemeinschaft eintritt, Anlass, sich mit den dort geltenden Normen vertraut zu machen (wobei wiederum darauf zu achten ist, dass – evtl. sprachunkundigen – Laien diesbzgl. Grenzen gesetzt sind).[141]

Tathandlungsbezogener Prüfungsanlass ist insbesondere die Gefährlichkeit des tatbestandsmäßigen Verhaltens (welches Rechtsgut wird mit welcher Wahrscheinlichkeit in welcher Stärke beeinträchtigt; insofern mag man auch zwischen verschiedenen Deliktstypen unterscheiden). Ferner genannt seien die außerstrafrechtliche Rechtswidrigkeit (bei entsprechendem Unrechtsbegriff, s. o.) oder zumindest die außerrechtliche Moralwidrigkeit.

(3) Insbesondere: Vertrauendürfen auf frühere unrechtsverneinende Ergebnisse

(a) Allgemeines

Die Praxisrelevanz des § 17 StGB zeigt sich insbesondere in einer umfangreichen Kasuistik, die überwiegend Fallgestaltungen betrifft, in denen der Täter auf eine ihn begünstigende, unrechtsverneinende Auskunft vertraut hat. Will man dennoch zu einer Vermeidbarkeit des Verbotsirrtums gelangen, erhebt man den Vorwurf, der Täter hätte frühere unrechtsverneinende Ergebnisse seiner Bemühungen nicht übernehmen dürfen, sondern hätte weitere Bemühungen anstellen müssen. Da dies aber zu unendlichen Überprüfungspflichten führen kann, muss es erst recht einen Bereich erlaubten Restrisikos geben, bei dem der die Pflicht zur Analyse und Prüfung des Bisherigen endet, zumal ein Laie mit der Überprüfung externer Rechtsmeinung rasch überfordert ist. 57

(b) Auskunft eines Dienstleisters

Hat der Täter externen Rechtsrat eingeholt, so darf er sich auf diesen unter bestimmten Voraussetzungen verlassen,[142] wobei Einzelheiten umstritten sind. Zunächst muss die Auskunftsperson juristische Sachkunde aufweisen. Selbstverständlich muss der Rechtsrat auf der zutreffenden Tatsachengrundlage fußen. Ferner muss die Auskunft objektiv-unparteiisch sein; es darf sich also nicht um ein Gefälligkeitsgutachten handeln, sondern muss rechtswissenschaftliche Standards ohne sachfremde täterbegünstigende Beeinflussung einhalten (was freilich ggf. angesichts der Vergütung des Dienstleisters durch den Täter menschlich schwierig erscheint), was auch gewisse Qualitätsstandards bzgl. der sachlichen Begründung der 58

---

5 Ss (OWi) 257/89 – (OWi) 104/89 I; OLG Karlsruhe U. v. 13.11.2018 – 17 U 110/17.

[141] S. Rogall, in: SK-StGB, 9. Aufl. 2017, § 17 Rn. 91; näher Laubenthal/Baier GA 2000, 205; Valerius NStZ 2003, 341; aus der Rspr. vgl. AG Grevenbroich B. v. 24.09.1982 – 5 Ds 5 Js 369/82 – NJW 1983, 528; LG Mannheim U. v. 03.05.1990 – (12) 2 Ns 70/89 – NJW 1990, 2212 (Anm. Sonnen JA 1990, 358; Sonnen NK 1990/4, 42).

[142] Hierzu Fischer, StGB, 68. Aufl. 2021, § 17 Rn. 9a; näher Kunz GA 1983, 457; Gaede HRRS 2013, 449; Eidam ZStW 2015, 120; Leite GA 2019, 554; Busch wistra 2020, 184; aus der Rspr. vgl. zuletzt BGH U. v. 23.07.2019 – 1 StR 433/18 – NStZ-RR 2019, 388 (Anm. Bürger ZIS 2020, 532; Bock NZWiSt 2020, 448); BGH U. v. 17.12.2019 – 1 StR 364/18 – StV 2020, 378 (Anm. RÜ 2020, 301); OLG Frankfurt B. v. 20.08.2020 – 2 Ss-OWi 867/20 – NStZ-RR 2020, 382; BayObLG U. v. 04.11.2020 – 206 St RR 1459/19-1461/19 – NJW 2021, 405 (Anm. Kudlich NJW 2021, 359).

Unrechtsverneinung beinhaltet. Die Form ist grundsätzlich irrelevant, bei erhöhter Schwierigkeit ist aber ein schriftliches Gutachten erforderlich.

(c) Staatliche Auskunft

59 Bei unrechtsverneinender staatlicher Auskunft fällt der Irrtum grundsätzlich in den Verantwortungsbereich des Staates und der Täter darf auf diese vertrauen.[143] Anders liegt es bei evidenter Unzuständigkeit der Behörde oder bei nur faktischer Nichtbeanstandung,[144] wobei aber wiederum die Laienstellung des Täters zu berücksichtigen ist.

(d) Auskunft durch Vereinigungen und Verbände

60 Auch Stellungnahmen fachlich einschlägiger Vereinigungen und Verbände darf sich der Täter zu eigen machen, wobei es bzgl. Fachkompetenz, Vertrauenswürdigkeit etc. auf die konkrete Stelle ankommt.[145]

(e) Frühere Gesetzeslage

61 Vertraut der Täter auf die Rechtmäßigkeit seines Handelns, weil er eine zwischenzeitlich eingetretene Änderung der Gesetzeslage verkennt,[146] so liegt einerseits der Irrtum im Verantwortungsbereich des Staates, andererseits aber ist die Dynamik von Rechtslagen Allgemeinwissen, so dass zumindest bei weiter zurückliegender Rechtmäßigkeitsprüfung (quasi tagesgenaue Aktualisierungspflichten kann es nicht geben) eine Aktualisierung der Prüfung verlangt werden kann.

(f) Bisherige Rechtsprechung

62 Ähnlich liegt es bzgl. des Vertrauen(dürfen)s auf bisherige unrechtsverneinende Rspr., die für eine Prognose künftiger Entscheidungen herangezogen wird.[147] Zwar ist die Möglichkeit von Rechtsprechungsänderungen wohl in weiten Teilen der Bevölkerung bekannt, dennoch ist der Bürger, der auf eine Kontinuität der Rspr. baut (überwiegend ja auch zu recht), zu exkulpieren, der Irrtum fällt in den Verantwortungsbereich des Staates. Bzgl. der Anforderungen an eine Einschlägigkeit

---

[143] Fischer, StGB, 68. Aufl. 2021, § 17 Rn. 9; aus der Rspr. vgl. OLG Karlsruhe U. v. 13.11.2018 – 17 U 110/17; BGH U. v. 17.12.2019 – 1 StR 364/18 – StV 2020, 378 (Anm. RÜ 2020, 301).

[144] Aus der Rspr. vgl. BGH U. v. 11.01.2018 – 3 StR 427/17 – BGHSt 63, 66 = NJW 2018, 1893 = NStZ 2018, 478 = StV 2020, 249 (Anm. Fickenscher NJW 2018, 1895; Mengler StV 2020, 263).

[145] Zu einem Fachverband OLG Stuttgart B. v. 29.03.2012 – 1 Ss 142/12 (Anm. Nestler NZWiSt 2014, 303); zur Industrie-. und Handelskammer OLG Zweibrücken B. v. 26.07.1991 – 1 Ss 248/90 – StV 1992, 119; zur Anwaltskammer BGH U. v. 16.11.1962 – 4 StR 344/62 – BGHSt 18, 192 = NJW 1963, 668; zu einer Innung OLG Saarbrücken B. v. 03.12. 1960 – Ws 109/60 – NJW 1961, 743; zu einem Landesfischereiverband OLG Düsseldorf B. v. 20.04.1993 – 5 Ss 171/92 – 59/92 I – NStZ 1994, 43.

[146] Aus der Rspr. vgl. BGH U. v. 13.12.1995 – 3 StR 514/95 – NStZ 1996, 236.

[147] S. Neumann, in: NK-StGB, 5. Aufl. 2017, § 17 Rn. 67ff.; aus der Rspr. vgl. OLG Frankfurt B. v. 24.07.1989 – 1 Ws 211/88 – NJW 1990, 1057 (Anm. Hassemer JuS 1990, 669).

der bisher ergangenen Judikate für das konkrete Täterverhalten ist wiederum ggf. die Laienstellung des Täters zu berücksichtigen.

(4) Insbesondere: Vertrauen(dürfen) auf Rechtmäßigkeitsauffassung bei umstrittener oder offener Gesetzesauslegung
Die Pflicht, zu versuchen, Unrechtseinsicht zu erlangen, muss auch im Lichte der 63
begrenzten Voraussehbarkeit gerichtlicher und behördlicher Normauslegung sowie der Häufigkeit von Streitständen und Widersprüchen begrenzt werden, zumal die tendenzielle Unvorhersehbarkeit juristischer Entscheidungen nicht dem Bürger anzulasten ist und von ihm nicht zu verlangen ist, sich bei jeder Auslegungskontroverse oder -offenheit einem Ergebnis anzuschließen, welches ihn benachteiligt. Zu kritisieren ist daher, wenn die Rspr. aus widerstreitenden Ergebnissen auf bedingte Unrechtseinsicht schließt und überdies Vermeidbarkeit bejaht.[148]

Sofern die Gesetzesauslegung bereits **umstritten** ist, kommt es auf die Quelle der Stellungnahmen an. Entscheidungen der Praxis (Rspr. oder Behörden) haben Vorrang vor akademischer Literatur. Bei einer Kontroverse zwischen Gerichten oder Behörden untereinander – staatlicher Verantwortungsbereich für den Irrtum – kommt es auf das hierarchische Gefüge an; bei Gleichrangigkeit und noch ausstehender Klärung durch ein Obergericht bzw. eine Oberbehörde (sofern überhaupt möglich) ist es ein erlaubtes Risiko, die begünstigende Auffassung zu vertreten. Neuere Entscheidungen haben Vorrang vor älteren. Gibt es bislang nur Äußerungen in der Literatur, ist die Erarbeitung von Hierarchien problematisch; derartige Unklarheit ist täterfreundlich zu lösen. Dies gilt auch i. F. d. **offenen** Gesetzesauslegung bzgl. noch nicht einmal in der gängigen Literatur erörterten Fällen (beruhend nicht nur, aber v. a. auf neu geschaffenen oder jüngst veränderten Normen), sofern nur die unrechtsverneinende Auffassung vertretbar ist.

c) Unterlassene Handlung hätte Unrechtseinsicht verursacht
Der Begriff des Vermeidenkönnens beschreibt eine hypothetische Kausalität: Die 64
dem Täter mögliche Handlung hätte dazu führen müssen, dass er Unrechtseinsicht gewonnen hätte (sog **Vermeidbarkeitszusammenhang**).[149] An Vermeidbarkeit fehlt es – heute anerkanntermaßen[150] – jedenfalls, wenn *feststeht*, dass die Bemühung den Irrtum nicht beseitigt hätte.

Bei diesbzgl. Unklarheit freilich ist man an die Parallelproblematik auf Tatbestandsebene bei der Verwirklichung der unerlaubten Gefahr im Erfolg – „objektiven Zurechnung" – erinnert (Rechtswidrigkeits- / Pflichtwidrigkeitszusammenhang /

---

[148] Vgl. zuletzt OLG Celle B. v. 16.01.2019 – 2 Ws 485/18 – StV 2019, 759.
[149] Hierzu Kühl, AT, 8. Aufl. 2017, § 13 Rn. 62; Kindhäuser/Hilgendorf, LPK, 8. Aufl. 2019, § 17 Rn. 17; aus der Rspr. vgl. BGH U. v. 07.04.2016 – 5 StR 332/15 – NStZ 2016, 460 (Anm. Kämpfer NStZ 2016, 462; Reichling wistra 2016, 306); BGH U. v. 27.06.2017 – VI ZR 424/16 (Anm. Papathanasiou jurisPR-StrafR 25/2017 Anm. 4; LL 2018, 386; Kempelmann/Scholz JZ 2018, 390); BGH U. v. 17.12.2019 – 1 StR 364/18 – StV 2020, 378 (Anm. RÜ 2020, 301).
[150] Zur früheren Gegenauffassung v.a. in der älteren Rspr. Neumann, in: NK, 5. Aufl. 2017, § 17 Rn. 81.

rechtmäßiges Alternativverhalten, s. o.),[151] so dass bereits auf die unterlassene Risikoverminderung abzustellen sein könnte. Die h. M. freilich tut dies auch i. R. d. § 17 StGB nicht und verlangt für eine Vermeidbarkeit die Sicherheit, dass Unrechtseinsicht gewonnen worden wäre.

Allerdings ist es mit dem Wortlaut der Norm vereinbar, die Vermeidbarkeit im ersten Zugriff bereits auf die ungenutzte Chance zu stützen, da bereits die Ebene der rechtlichen Missbilligung des Unterlassens hinreichend restriktiv wirkt. Nicht nur ist dies kriminalpolitisch sinnvoll angesichts der Tatsache, dass sehr häufig das Ergebnis einer hypothetischen Rechtsauskunft ungewiss bleibt. Die Möglichkeit, Unrechtseinsicht zu erlangen (Irrtum vermeiden können) ist, schlicht bereits ab einer Chance größer Null gegeben, *ex ante* ohnehin, aber eben in Fällen der Ungewissheit auch nicht *ex post* widerlegt.

d) Verwirklichung der unerlaubten Gefahr in (fortbestehender) fehlender Unrechtseinsicht

65 Gerade das Überschreiten des erlaubten Risikos muss eine entstehende Unrechtseinsicht verhindert haben, insbesondere also hätte ein erneuter Versuch bei Überprüfung früherer unrechtsverneinender Ergebnisse ebenfalls keine Unrechtseinsicht bewirkt; zum Vermeidbarkeitszusammenhang vgl. bereits o.

3. Subjektive Voraussetzungen

66 Im Hinblick auf einen Fahrlässigkeitsvorwurf[152] (hier bzgl. des Ergreifens von Bemühungen, Unrechtseinsicht zu erlangen) ist die Existenz und ggf. der Inhalt subjektiver Merkmale umstritten, s. u.

Es mag hier der Hinweis genügen, dass der Täter jedenfalls Kenntnis von denjenigen Umständen haben muss, aus denen sich objektiv eine besondere Rechtmäßigkeitsprüfungspflicht aufgrund Verlassens des erlaubten (Rest-)Risikos ergibt. Mangelnde Kenntnisse schließen die Vermeidbarkeit des Verbotsirrtums subjektiv aus.

D. Entschuldigungsgründe

I. Entschuldigender Notstand, § 35 StGB

▶ Didaktische Aufsätze:

- Timpe, Grundfälle zum entschuldigenden Notstand (§ 35 I StGB) und zum Notwehrexzess (§ 33 StGB), JuS 1984, 859, JuS 1985, 35 und 117
- Roxin, Der entschuldigende Notstand nach § 35 StGB, JA 1990, 97 und 137
- Müller-Christmann, Der entschuldigende Notstand, JuS 1995, L65

---

[151] Zur ebenfalls umstrittenen Frage der hypothetischen Kausalität beim unechten Unterlassungsdelikt in Fällen unklarer Auswirkungen eines gedachten Täterverhaltens s. u.

[152] Zur – wohl seltenen – Fallkonstellation des Unterlassungsvorsatzes s. o.

- Zieschang, Der rechtfertigende und der entschuldigende Notstand, JA 2007, 679
- Hörnle, Der entschuldigende Notstand (§ 35 StGB), JuS 2009, 873
- Bosch, Grundprobleme des entschuldigenden Notstands (§ 35 StGB), Jura 2015, 347
- Rönnau, Grundwissen – Strafrecht: Entschuldigender Notstand (§ 35 StGB), JuS 2016, 786

1. Aufbau

67

I. Objektive Voraussetzungen
  1. Sog. Notstandslage
     a) Gefahr für Leben, Leib oder Freiheit
     b) Persönliche Nähebeziehung: „von sich, einem Angehörigen oder einer anderen ihm nahestehenden Person"
     c) Gegenwärtigkeit
  2. Sog. Notstandshandlung
     a) Nicht anders abwendbar
     b) Keine Zumutbarkeit der Gefahrhinnahme, § 35 I 2 StGB
II. Subjektive Voraussetzungen

2. Grundlagen

§ 35 StGB normiert den entschuldigenden Notstand.

68

> **§ 35 StGB (Entschuldigender Notstand)**
> (1) Wer in einer gegenwärtigen, nicht anders abwendbaren Gefahr für Leben, Leib oder Freiheit eine rechtswidrige Tat begeht, um die Gefahr von sich, einem Angehörigen oder einer anderen ihm nahestehenden Person abzuwenden, handelt ohne Schuld. Dies gilt nicht, soweit dem Täter nach den Umständen, namentlich weil er die Gefahr selbst verursacht hat oder weil er in einem besonderen Rechtsverhältnis stand, zugemutet werden konnte, die Gefahr hinzunehmen; jedoch kann die Strafe nach § 49 Abs. 1 gemildert werden, wenn der Täter nicht mit Rücksicht auf ein besonderes Rechtsverhältnis die Gefahr hinzunehmen hatte.
> (2) Nimmt der Täter bei Begehung der Tat irrig Umstände an, welche ihn nach Absatz 1 entschuldigen würden, so wird er nur dann bestraft, wenn er den Irrtum vermeiden konnte. Die Strafe ist nach § 49 Abs. 1 zu mildern.

Sowohl die gesetzliche Überschrift als auch die normierte Rechtsfolge des § 35 I StGB („handelt ohne Schuld") klären die Einordnung als **Entschuldigungsgrund**.

69 Der **Grund** der gesetzlichen Regelung[153] ist aus der Gestaltung der Norm als zweifacher abzuleiten: Zum einen befindet sich der Notstandstäter in einer Situation besonderen Motivationsdrucks, weil er ein gefährdetes Rechtsgut retten will (geht es um sein eigenes, kommt sogar der Selbsterhaltungstrieb zum Tragen; bei extremen Affekten greift sogar § 20 StGB, s. o.). Diese Situation kann bewirken, dass dem Täter die Befolgung der Norm nicht mehr zugemutet und daher auf die Erhebung des Schuldvorwurfs verzichtet werden kann; das Bedürfnis nach Präventionseinwirkung ist gering. Allerdings liegt ein solcher Motivationsdruck auch i. F. d. Zumutbarkeit nach § 35 I 2 StGB (dort wird eine Entschuldigung verneint) und in Irrtumsfällen gem. § 35 II StGB (dort wird auf eine Vermeidbarkeit abgestellt) vor, so dass als weiterer Aspekt einer Entschuldigung eine Unrechtsminderung anzuführen ist, die i. F. d. §§ 35 I 2, 35 II StGB fehlt, ansonsten aber anzunehmen ist. Der Täter verwirklicht verminderten Erfolgsunwert, da er durch seine Handlung eine Chance auf Rettung des gefährdeten Rechtsguts eröffnet, selbst wenn dies *ex post* misslingen sollte. Ferner ist der Handlungsunwert des Täters aufgrund seines Rettungsvorsatzes vermindert.

Der Gesetzgeber hat insofern inkonsequent agiert, als auch bei anderen als den in § 35 I StGB genannten Rechtsgütern der Motivationsdruck hoch und das Unrecht vermindert sein kann.

70 Zum **personalen Anwendungsbereich** sei klargestellt, dass trotz der zur Vereinfachung in § 35 StGB verwendeten Terminologie („Tat begeht" in § 35 I 1 StGB und „Täter" in § 35 I 2 und II StGB) die Norm nicht auf die Täterschaftsvoraussetzungen in § 25 StGB Bezug nimmt, sondern auch für Teilnehmer (§§ 26, 27, 30 StGB) gilt, zumal eine solche auch bei schuldlosem Handeln des (Haupt-)Täters möglich ist (§ 29 StGB).

71 Relevant wird dieser Entschuldigungsgrund typischerweise dann, wenn eine Rechtfertigung nach § 34 StGB deswegen ausscheidet, weil es um die i. R. d. § 34 StGB nach ganz h. M. nicht abwägungsfähige Tötung eines Menschen geht oder weil die Angemessenheit nach § 34 S. 2 StGB fehlt.

> **Beispiel 290**
>
> **Regina vs. Dudley and Stephens, Queens Bench Division 1884 (Mignonette) (Anm. Ziemann ZIS 2014, 479):**
> Die relativ kleine Segeljacht „Mignonette" war auf der Reise von Falmouth in Südwestengland nach Sydney in Australien etwa 680 Seemeilen südlich der Insel Saint Helena im Südatlantik in einem Sturm untergegangen. Die vierköpfige Besatzung rettete sich mit Mühe in ein vier Meter langes Beiboot. An Lebensmitteln konnten die Männer zwei Dosen Rüben mitnehmen. Süßwasser gab es nicht an Bord. Am vierten Tag gelang es ihnen, eine kleine Schildkröte zu fangen, die sie verzehrten. Am achten Tag begannen sie, Ihren eigenen Urin zu trinken. Am neunzehnten Tag schnitt Kapitän Dudley dem siebzehn- oder achtzehnjährigen

---

[153] S. Neumann, in: NK, 5. Aufl. 2017, § 35 Rn. 2ff.; aus der Rspr. vgl. RG U. v. 26.04.1932 – I 1341/21 – RGSt 66, 222; RG U. v. 11.11.1932 – I 1227/32 – RGSt 66, 397.

D. Entschuldigungsgründe

Schiffsjungen R. Parker, der Salzwasser getrunken hatte und schwer – wahrscheinlich sogar letal – an Durchfall erkrankt war, die Kehle durch. Die restlichen Männer ernährten sich nun vier Tage lang von dem Körper des Schiffsjungen, bis sie ein deutsches Segelschiff an Bord nahm. ◄

Beispiel 291

BGH U. v. 28.11.1952 – 4 StR 23/50 (Euthanasie-Ärzte) – NJW 1953, 513 (Anm. Roxin, Höchstrichterliche Rspr. AT, 1998, Nr. 23):
B1 und B2 wirkten im Jahre 1941 als Ärzte bei der Durchführung der staatlich angeordneten Massentötung von Geisteskranken mit. Sie erkannten den Zweck der Verlegung der Kranken und rechneten damit, dass die auf den Listen Verzeichneten getötet werden sollten. Sie führten die zu diesem Zweck erteilten Anweisungen teilweise durch, setzten aber einen Teil der Kranken – etwa 25 bis 30 % – unter Überschreitung der dafür gegebenen Richtlinien, die nur etwa 5 % Streichungen zuließen, von den Verlegungslisten ab. Andere Kranke bewahrten sie dadurch vor dem Vergasungstod, dass sie sie zu ihren Angehörigen entließen oder durch Vermittlung der sie betreuenden Ordensschwestern in konfessionellen Anstalten unterbringen ließen. 30 bis 40 Jugendliche der Heilanstalt in M. rettete B1, indem er sie wahrheitswidrig als erziehungsfähig bezeichnete. Eine Gruppe von 200 Kranken ließ er aus hessischen Anstalten zurückholen, als er erfuhr, dass sie dort schlecht untergebracht waren, sie blieben auf diese Weise von der Tötung verschont. ◄

Beispiel 292

BVerfG U. v. 15.02.2006 – 1 BvR 357/05 – BVerfGE 115, 118 = NJW 2006, 751 (Anm. LL 2006, 269):
Um auf politische und religiöse Anliegen ihrer Organisation aufmerksam zu machen, beschlossen B1 und B2, Flugzeuge zu entführen, um diese an einem Bundesliga-Sonnabend in stark besuchte Fußballstadien stürzen zu lassen. B1 kaperte ein leeres Transportflugzeug, welches er sodann selbst flog. B2 gelang es, ein mit 200 Menschen besetztes Passagierflugzeug zu entführen. Sie übermittelten eine Botschaft an Behörden und Öffentlichkeit, in der sie ihre Hoffnung zum Ausdruck brachten, möglichst viele dekadente Wohlstandsbürger mit in den Tod zu reißen. Verteidigungsminister B3 ordnete das Aufsteigen einer Alarmrotte der Luftwaffe an. Er befahl dem Piloten B4, das von B1 gelenkte Transportflugzeug, dem Piloten B5, das von B2 entführte Passagierflugzeug jeweils über einem unbewohnten Naturschutzgebiet abzuschießen. B4 und B5 taten dies, es gab keine Überlebenden. ◄

Beispiel 293

BGH U. v. 25.03.2003 – 1 StR 483/02 – BGHSt 48, 255 = NJW 2003, 2464 = NStZ 2003, 482 = StV 2003, 665 (Anm. Kaspar/Reinbacher, Casebook AT, 2020, Fall 15; LL 2003, 777; RÜ 2003, 315; RA 2003, 463; famos 10/2003; Kargl Jura 2004, 189; Beckemper JA 2004, 99; Otto NStZ 2004, 142; Rengier NStZ 2004, 233; Hillenkamp JZ 2004, 48; Rotsch JuS 2005, 12):
  B erschoss am 21.09.2001 gegen Mittag ihren schlafenden Ehemann G mit dessen Revolver. Dieser hatte sie über viele Jahre hinweg durch zunehmend aggressivere Gewalttätigkeiten und Beleidigungen immer wieder erheblich verletzt und gedemütigt. Als sie die Tat beging, sah sie keinen anderen Ausweg mehr, um sich und auch die beiden gemeinsamen Töchter vor weiteren Tätlichkeiten zu schützen. […] ◄

Beispiel 294

BGH U. v. 05.03.1954 – 1 StR 230/53 – BGHSt 5, 371 = NJW 1954, 1126 (Anm. Roxin, Höchstrichterliche Rspr. AT, 1998, Nr. 40; Nüse JR 1954, 268):
  B ist in zwei Strafverfahren gegen Z vor Gericht zunächst eidlich, sodann zweimal uneidlich und schließlich nochmals eidlich als Zeugin vernommen worden. Sie hat jedes Mal zugunsten des Z wissentlich falsch ausgesagt. Z hatte sie dazu durch die Drohung bestimmt, er werde sie töten, wenn sie nicht die unwahren Aussagen erstatte. ◄

3. Objektive Voraussetzungen

a) Sog. Notstandslage

aa) Gefahr für Leben, Leib oder Freiheit

72 Zum Begriff der **Gefahr** s. bei § 34 StGB.
  Anders als dort genügt aber nicht die Gefahr für irgendein Rechtsgut; die Aufzählung in § 35 StGB ist abschließend (*numerus clausus*).[154]

„**Leben**" umfasst nach h. M. nicht das ungeborene Leben.[155]
„**Leib**" ist die körperliche Unversehrtheit.
„**Freiheit**" meint nur die Fortbewegungsfreiheit, nicht die allgemeine Handlungs- und Entscheidungsfreiheit.[156]

---

[154] Ganz h. M., s. Kindhäuser/Hilgendorf, LPK, 8. Aufl. 2019, § 35 Rn. 3; aus der Rspr. vgl. RG U. v. 11.11.1932 – I 1227/32 – RGSt 66, 397; OLG Hamm U. v. 28.10.1975 – 5 Ss 210/75 – NJW 1976, 721 (Anm. Hassemer JuS 1976, 541); OLG Frankfurt U. v. 22.04.1988 – 1 Ss 23/88 – StV 1989, 107.
[155] Fischer, StGB, 68. Aufl. 2021, § 35 Rn. 3; näher Satzger JuS 1997, 800.
[156] B. Heinrich, AT, 6. Aufl. 2019, Rn. 566.

D. Entschuldigungsgründe

Problematisch ist es hierbei, wenn der Notstandstäter seine Fortbewegungsfreiheit selbst einschränkt.[157]
Eine gewisse Bagatellgrenze muss jeweils überschritten sein.
Der Ursprung der Gefahr ist gleichgültig; die wichtigsten Fälle betreffen Bedrohungen durch Menschen oder Naturkatastrophen.

bb) Persönliche Nähebeziehung: „von sich, einem Angehörigen oder einer anderen ihm nahestehenden Person"

▶ Didaktischer Aufsatz:

- Mitsch, Nahestehende Personen im Allgemeinen Teil des Strafrechts, Jura 2021, 136

Anders als bei § 34 StGB sind nach § 35 I 1 StGB nur Handlungen gedeckt, mit denen der Täter (i. w. S., s. o.) sich, einen Angehörigen oder eine andere ihm nahestehende Person schützen will.
Angehörige sind in § 11 I Nr. 1 StGB legaldefiniert.

73

> **§ 11 I Nr. 1 StGB (Personen- und Sachbegriffe)**
> Im Sinne dieses Gesetzes ist
>
> 1. Angehöriger:
> wer zu den folgenden Personen gehört:
> a) Verwandte und Verschwägerte gerader Linie, der Ehegatte, der Lebenspartner, der Verlobte, auch im Sinne des Lebenspartnerschaftsgesetzes, Geschwister, Ehegatten oder Lebenspartner der Geschwister, Geschwister der Ehegatten oder Lebenspartner, und zwar auch dann, wenn die Ehe oder die Lebenspartnerschaft, welche die Beziehung begründet hat, nicht mehr besteht oder wenn die Verwandtschaft oder Schwägerschaft erloschen ist,
> b) Pflegeeltern und Pflegekinder

Nichteheliche Lebensgemeinschaften sind also keine Angehörigenverhältnisse.[158]
Ob zu den in § 11 I Nr. 1 StGB genannten Personen tatsächlich eine emotionale Beziehung besteht, ist irrelevant.[159]

---

[157] Rogall, in: SK-StGB, 9. Aufl. 2017, § 35 Rn. 15; aus der Rspr. vgl. BGH U. v. 15.05.1979 – 1 StR 74/79 (Spanner) – NJW 1979, 2053 (Anm. Roxin, Höchstrichterliche Rspr. AT, 1998, Nr. 26; Kaspar/Reinbacher, Casebook AT, 2020, Fall 9; Geilen JK 1980 StGB vor § 32/1; Hassemer JuS 1980, 69; Schroeder JuS 1980, 336; Hruschka NJW 1980, 21; Hirsch JR 1980, 115; Koch JA 2006, 806).
[158] Fischer, StGB, 68. Aufl. 2021, § 11 Rn. 10; näher Müther JA 2004, 375; Kretschmer JR 2008, 51.
[159] Fischer, StGB, 68. Aufl. 2021, § 11 Rn. 2, der dies *de lege ferenda* kritisiert.

Andere nahestehende Personen sind solche, deren In-Gefahr-Schweben beim Täter eine seelische Zwangslage bewirken kann.[160] Dies sind insbesondere Partner in Liebesbeziehungen und enge Freunde.[161]

cc) Gegenwärtigkeit

74 Zum Begriff der Gegenwärtigkeit der Gefahr s. o. bei § 34 StGB.

b) Sog. Notstandshandlung

aa) Nicht anders abwendbar

75 Dass die Gefahr „nicht anders abwendbar" sein darf,[162] ist wie bei 34 StGB auszulegen,[163] hierzu s. o., vgl. auch o. bei § 32 StGB (dort: „erforderlich").

Die Handlung des Täters muss ein geeignetes Mittel zur Gefahrabwendung sein und es muss sich um das mildeste Mittel handeln, welches der Täter zudem möglichst schonend einsetzt.[164]

bb) Keine Zumutbarkeit, § 35 I 2 StGB

(1) Allgemeines

76 § 35 I 2 StGB schränkt die Entschuldigung für Fälle ein, in denen „dem Täter nach den Umständen zugemutet werden konnte, die Gefahr hinzunehmen". Als solche Umstände explizit aufgeführt werden die Verursachung der Gefahr und das besondere Rechtsverhältnis; die Formulierung „namentlich" macht aber deutlich, dass dies lediglich Beispiele sind. Freilich hat der Gesetzgeber bewusst ein Regel-Ausnahme-Verhältnis gewählt, daher sind die Ausnahmen von der Entschuldigung zurückhaltend handzuhaben; den Umständen muss ein Gewicht zukommen, welches vergleichbar mit dem der normierten ist.

(2) Täter hat die Gefahr selbst verursacht

77 Darüber, was als „selbst verursacht" i. S. d. § 35 I 2 StGB anzusehen ist, herrscht Streit.[165]

---

[160] S. Joecks/Jäger, StGB, 13. Aufl. 2021, § 35 Rn. 7; näher Mitsch Jura 2021, 136; aus der Rspr. vgl. OLG Koblenz U. v. 16.04.1987 – 1 Ss 125/87 – NJW 1988, 2316 (Anm. Puppe, AT, 4. Aufl. 2019, § 13 Rn. 6ff.; Mitsch JuS 1989, 964).

[161] Krey/Esser, AT, 6. Aufl. 2016, Rn. 750; näher Skibbe FS Salger 1995, 755.

[162] Hierzu Krey/Esser, AT, 6. Aufl. 2016, Rn. 751f.; näher Lenckner FS Lackner 1987, 95.

[163] Kindhäuser/Hilgendorf, LPK, 8. Aufl. 2020, § 35 Rn. 5; aus der Rspr. vgl. BGH U. v. 13.09.2017 – 2 StR 238/16 – NStZ 2018, 226 = StV 2018, 501.

[164] Kindhäuser/Hilgendorf, LPK, 8. Aufl. 2019, § 35 Rn. 5; aus der Rspr. vgl. BGH U. v. 06.11.1951 – 1 StR 27/50 – BGHSt 1, 391 = NJW 1952, 111; BGH U. v. 29.03.1963 – 4 StR 500/62 – BGHSt 18, 311 = NJW 1963, 1258; OLG Hamm U. v. 28.10.1975 – 5 Ss 210/75 – NJW 1976, 721 (Anm. Hassemer JuS 1976, 541); BGH U. v. 26.10.1993 – 5 StR 493/93 – BGHSt 39, 374 = NJW 1994, 871 = NStZ 1994, 277 (Anm. Hemmer-BGH-Classics Strafrecht, 2003, Nr. 8; Bandemer JA 1994, 185; Schmidt JuS 1994, 711; Spendel NStZ 1994, 279; Arzt JZ 1994, 314).

[165] Krey/Esser, AT, 6. Aufl. 2016, Rn. 755; näher Blei JA 1975, 307; Lermann ZStW 2015, 284; aus der Rspr. vgl. RG U. v. 03.07.1903 – 937/03 – RGSt 36, 334; RG U. v. 11.05.1920 – II 337/20 –

Der Wortlaut scheint Verursachung (Ursächlichkeit, Kausalität) genügen zu lassen und immerhin kann § 35 I 2 StGB ohnehin nur relevant werden, wenn die verursachte Gefahr zu tatbestandsmäßigem und rechtswidrigen Verhalten geführt hat (also auch eine Gefahr für einen anderen Rechtsgutsträger verursacht wurde); allerdings sind auch hier Bereiche des erlaubten Risiko anzuerkennen, um die – schuldindifferente – Kausalität zu filtern.

Verlangt man also ein unerlaubtes Risiko (in anderer Begrifflichkeit: ein pflichtwidriges Handeln bzw. eine Obliegenheitsverletzung), so stellt sich die Frage, ob der Täter dies vorsätzlich gesetzt haben muss (bzw. neben objektiver auch subjektive Fahrlässigkeit vorliegen muss): Hier lässt sich an den dem § 323a StGB zugrunde liegenden Gedanke anknüpfen; dort muss der Täter sich vorsätzlich oder fahrlässig berauschen und so die Rauschtat verursachen. Entsprechend ist das Erfordernis subjektiver Vorwerfbarkeit auch i. R. d. § 35 I 2 StGB angemessen, auch wenn dessen Wortlaut objektiv ausgerichtet zu sein scheint.

Beispiel 295

B und G veranstalteten gemeinsam eine Segelpartie. Aus Nachlässigkeit vergaß B seine Schwimmweste zu Hause. Als das Boot in Folge eines Sturmes kenterte, konnte er sich nur noch dadurch retten, dass er die Schwimmweste des G an sich nahm und für sich benutzte. G – nun ohne Schwimmweste – ertrank. ◄

Hier hat B durch das fahrlässige Vergessen der Schwimmweste die Gefahr selbst verursacht.

Der Wortlaut des § 35 I 2 StGB knüpft daran an, dass der **Täter selbst** die Gefahr verursacht hat. Dies wirft in Fällen der **Notstandshilfe** Probleme auf; fraglich ist, wessen Verschulden dort zu welchen Rechtsfolgen führt.[166]

Überzeugend ist es, in diesen Fällen stets die Zumutbarkeit zu verneinen, also zur Entschuldigung zu gelangen: Ein Helfer, der die Gefahr für den anderen verursacht hat, wird sich gerade besonders verpflichtet fühlen, den Fehler zu beheben, so dass sein Motivationsdruck groß ist. Hat hingegen der Gefährdete die Gefahr verursacht, passt zum einen der Wortlaut nicht („selbst"), zum anderen wird der Motivationsdruck bei Helfern bei einer Gefahrverursachung durch den Gefährdeten nicht unbedingt vermindert.

Zu beachten ist bei alledem, dass selbst wenn man die Voraussetzung des in § 35 I 2 StGB genannten Zumutbarkeitsbeispiels verneint, die Generalklausel anwendbar bleibt und insoweit die Wortlautargumentation entfällt; freilich bleiben die teleologischen Erwägungen.

RGSt 54, 338; RG U. v. 19. 10.1937 – 1 D 702/37 – RGSt 72, 19; RG U. v. 14.06.1938 – 4 D 90/38 (Wettermann) – RGSt 72, 246 (Anm. Puppe, AT, 4. Aufl. 2019, § 17 Rn. 1ff.; Fahl JA 2013, 274); OGH U. v. 05.09.1950 – 1 StS 11/50 OGHSt 3, 121; OLG Köln U. v. 21.10.1952 – Ss 148/52 – NJW 1953, 116; OLG Oldenburg U. v. 01.02.1988 – Ss 652/87 – NJW 1988, 3217 = StV 1988, 206; BGH B. v. 30.08.1994 – 1 StR 481/94.

[166] Hierzu B. Heinrich, AT, 6. Aufl. 2019, Rn. 574; aus der Rspr. vgl. OLG Köln U. v. 21.10.1952 – Ss 148/52 – NJW 1953, 116.

(3) Täter stand in besonderem Rechtsverhältnis

78 Das besondere Rechtsverhältnis[167] i. S. d. § 35 I 2 StGB ist als berufsbezogene Duldungspflicht bei von Anfang an gefahrgeneigten Tätigkeiten zugunsten der Allgemeinheit auszulegen,[168] z. B. Polizisten, Soldaten, Feuerwehrleute oder Richter.

Beispiel 296

Der Polizeibeamte B wurde im Rahmen seiner dienstlichen Tätigkeit in einen Bankraub mit Geiselnahme verwickelt. Um sein Leben zu retten, stieß er die von den Geiselnehmern ebenfalls bedrohte Angestellte G in die Gruppe der Geiselnehmer, um den Augenblick der Verwirrung zum rettenden Sprung aus dem Fenster zu nutzen. Dabei nahm er billigend in Kauf, dass G im Rahmen dieser Aktion erschossen würde, was auch geschah. ◄

Die Duldungspflicht beschränkt sich hierbei aber auf die berufstypischen Gefahren, jedenfalls gibt es keine Pflicht, in den sicheren Tod zu gehen.

Da der Wortlaut rein täterbezogen ist („**er**", was auf „dem Täter" Bezug nimmt), stellt sich bei **Notstandshilfe** wiederum die Problematik des **Dreiecksverhältnisses**[169] und wiederum sollte die Entschuldigung stets erhalten bleiben: Ist der Helfer in einem besonderen Rechtsverhältnis, so sollte dies keine Drittwirkung zu Lasten des Gefährdeten haben; befindet sich der Gefährdete in einem besonderen Rechtsverhältnis, mag dies an der Helfermotivation verständlicherweise ggf. nichts ändern.

I.Ü. bleibt die Generalklausel anwendbar, es greifen aber teleologische Erwägungen, vgl. o.

(4) Weitere Umstände

79 § 35 I 2 StGB ist nicht abschließend („namentlich") und trifft dabei keine Aussage über die Art sonstiger Umstände, die zur Duldungspflicht bzgl. der Gefahr führen.[170]

Am häufigsten problematisiert werden **Verhältnismäßigkeitserwägungen**: Ob die (ggf. welche) Verhältnismäßigkeit zwischen der Gefahr und der Täterhandlung zu berücksichtigen ist, ist umstritten,[171] freilich gehen auch die Vertreter des Verhältnismäßigkeitserfordernisses nur von einem Ausschluss krasser Missverhältnisse

---

[167] Hierzu B. Heinrich, AT, 6. Aufl. 2019, Rn. 575ff.; aus der Rspr. vgl. RG U. v. 14.06.1938 – 4 D 90/38 (Wettermann) – RGSt 72, 246 (Anm. Puppe, AT, 4. Aufl. 2019, § 17 Rn. 1ff.; Fahl JA 2013, 274); BGH U. v. 14.01.1964 – 1 StR 498/63 – NJW 1964, 730; Fahl JA 2013, 274); zum Schiffskapitän Fahl JA 2012, 161; zum Beitritt zu einem Kollektiv Beck ZStW 2012, 660.

[168] Kindhäuser/Hilgendorf, LPK, 8. Aufl. 2019, § 35 Rn. 12.

[169] S. B. Heinrich, AT, 6. Aufl. 2019, Rn. 577.

[170] Hierzu Joecks/Jäger, StGB, 13. Aufl. 2021, § 35 Rn. 17; Rogall, in: SK-StGB, 9. Aufl. 2017, § 35 Rn. 41ff.

[171] Hierzu Kindhäuser/Hilgendorf, LPK, 8. Aufl. 2019, § 35 Rn. 5; näher Silva Sánchez FS Hruschka 2005, 681; aus der Rspr. vgl. RG U. v. 11.11.1932 – I 1227/32 – RGSt 66, 397.

aus.¹⁷² Insbesondere können auch Tötungen entschuldigt sein.¹⁷³ Angesichts dessen, dass § 35 StGB nur im Lichte jedenfalls auch einer Unrechtsminderung gedeutet werden kann (s. o.), spricht mehr für eine Begrenzung auf verhältnismäßige Gefahrenabwehr. Ggf. schaffen die §§ 17, 20, 35 II StGB Abhilfe oder die Berücksichtigung der Rettungsmotivation auf Strafzumessungsebene genügt.

Genannt werden ferner insbesondere sog. Garantenstellungen sowie rechtlich geordnete Verfahren (vgl. auch o. bei § 34 S. 2 StGB), z. B. beim Vollzug (zu Unrecht) verhängter Freiheitsstrafe.

4. Subjektive Voraussetzungen

a) Grundlagen; Unkenntnis

Das sog. subjektive Entschuldigungselement i. R. d. § 35 I StGB erfordert nach h. M.,¹⁷⁴ über den Vorsatz bzgl. der objektiven Voraussetzungen des § 35 I StGB hinaus, dass der Täter zum Zwecke der Gefahrabwendung handelt. Hiergegen ist trotz der Verwendung von „um … zu" dasselbe wie bei den subjektiven Voraussetzungen der §§ 32, 34 StGB zu erinnern, s. o.

Fehlt es am diesbzgl. Vorsatz, führt dies zur Nichtanwendung des § 35 I StGB, da Sinn und Zweck der Norm auch die Berücksichtigung eines Motivationsdrucks ist.¹⁷⁵

80

b) Entschuldigungstatumstandsirrtum, § 35 II StGB

▶ Didaktischer Aufsatz:

- Bachmann, Irrtümer im Bereich der Schuld, JA 2009, 510

aa) Voraussetzungen

Nimmt der Täter **irrig entschuldigende Umstände** bzgl. § 35 I StGB an, so gilt § 35 II StGB, sog. Entschuldigungstatumstandsirrtum.¹⁷⁶

81

---

¹⁷² S. nur B. Heinrich, AT, 6. Aufl. 2019, Rn. 571.
¹⁷³ B. Heinrich, AT, 6. Aufl. 2019, Rn. 571.
¹⁷⁴ H.M., s. B. Heinrich, AT, 6. Aufl. 2019, Rn. 579; aus der Rspr. vgl. OGH U. v. 22.02.1949 – StS 89/48 – OGHSt 1, 310; BGH U. v. 14.10.1952 – 1 StR 791/51 – BGHSt 3, 271 = NJW 1953, 112.
¹⁷⁵ B. Heinrich, AT, 6. Aufl. 2019, Rn. 579.
¹⁷⁶ Hierzu Fischer, StGB, 68. Aufl. 2021, § 35 Rn. 16; näher Vogler GA 1969, 103; Hardtung ZStW 1996, 26; Bachmann JA 2009, 510; aus der Rspr. vgl. RG U. v. 03.03.1930 – II 57/30 – RGSt 64, 30; RG U. v. 11.01.1932 – III 911/31 – RGSt 66, 98; RG U. v. 26.04.1932 – I 1341/21 – RGSt 66, 222; RG U. v. 11.11.1932 – I 1227/32 – RGSt 66, 397; AG Reichenhall U. v. 03.03.1949 – DWs 5/47 – NJW 1947/48, 271 (Anm. Grobler NJW 1949, 33); BGH U. v. 05.03.1954 – 1 StR 230/53 – BGHSt 5, 371 = NJW 1954, 1126 (Anm. Roxin, Höchstrichterliche Rspr. AT, 1998, Nr. 40; Nüse JR 1954, 268); OLG Hamm U. v. 22.10.1957 – 1 Ss 1088/57 – NJW 1958, 271; BGH U. v. 29.03.1963 – 4 StR 500/62 – BGHSt 18, 311 = NJW 1963, 1258; BGH B. v. 26.10.1983 – 2 StR 597/83 – StV 1984, 69; BGH U. v. 16.09.1986 – 5 StR 51/86; BayObLG U. v. 26.04.1990 – RReg-3 St 78/89 – NJW 1990, 2328 = NStZ 1990, 389 = StV 1992, 68 (Anm. Otto JR 1990, 342; Beckmann MedR 1990, 301; Eser JZ 1991, 1003; Frommel StV 1992, 73; Eser FS Baumann 1992, 155;

> **§ 35 II StGB (Entschuldigender Notstand)**
> Nimmt der Täter bei Begehung der Tat irrig Umstände an, welche ihn nach Absatz 1 entschuldigen würden, so wird er nur dann bestraft, wenn er den Irrtum vermeiden konnte. Die Strafe ist nach § 49 Abs. 1 zu mildern.

Bezugspunkt des Irrtums sind die objektiven Voraussetzungen nach § 35 I StGB. **Inhalt** ist die **irrige Annahme** entsprechender **Umstände**. Zu diesen Begriffen kann auf § 16 I 1 StGB und den sog. Erlaubnistatumstandsirrtum sinngemäß verwiesen werden.

I. R. d. § 35 II StGB ist wie dort auch und ferner bei § 17 StGB problematisch, welche **Zweifel** die irrige Annahme ausschließen, weil der Täter eben auch das Fehlen der entschuldigender Umstände für möglich hält.[177] Richtigerweise ist wiederum auf den überwiegenden Bewusstseinsinhalt abzustellen.

Die Norm wird bei anderen Entschuldigungsgründen analog angewendet.

bb) Rechtsfolge

82 Die Rechtsfolge des § 35 II StGB ist danach ausdifferenziert, ob der Täter den Irrtum **vermeiden** konnte.[178] Diese Unterscheidung nach der Vermeidbarkeit beruht darauf, dass zwar auch i. F. d. § 35 II StGB der Täter unter besonderem Motivationsdruck steht, aber das Unrecht angesichts der objektiv fehlenden Entschuldigungsvoraussetzungen nicht gemindert ist.

Bei Vermeidbarkeit ist eine (Vorsatz-)Strafbarkeit gegeben, nur (aber immerhin) ist eine obligatorische Strafmilderung vorgesehen, § 35 II 2 StGB. Hierhin liegt eine Schlechterstellung ggü. § 16 StGB und dem sog. Erlaubnistatumstandsirrtum (dort keine Vorsatz-Strafbarkeit, sondern nur ggf. ein Fahrlässigkeitsdelikt), die sich damit begründen lässt, dass der Täter um sein straftatbestandsmäßiges und rechtswidriges Handeln weiß, was eine Prüfungspflicht auslöst. Ggü. § 17 StGB (dort nur fakultative Milderung), handelt es sich hingegen um eine Besserstellung, was daran liegt, dass der Irrtum in § 35 II StGB auf Umstände bezogen ist und nicht auf Rechtsfragen.

Bei Unvermeidbarkeit bleibt der Täter straflos („wird er nur dann bestraft", § 35 II 1 StGB).

Auszulegen ist die Vermeidbarkeit als (i. d. R.) **fahrlässiges Unterlassen** (vgl. o. bei § 17 StGB und u. beim Fahrlässigkeitsdelikt), hier bzgl. der Umstandsannahme. Entscheidend ist, inwiefern der Täter mögliche Handlungen zur Kenntniserlangung bzgl. der wahren Tatsachenlage in rechtlich missbilligter Weise unterlassen hat, wobei dies u. a. von der zur Verfügung stehenden Zeit und den gefährdeten und be-

---

Eser FS Schmitt 1992, 171); BGH B. v. 27.10.2010 – 2 StR 505/10 – NStZ 2011, 336 (Anm. Sinn ZJS 2011, 402).
[177] Hierzu Joecks/Jäger, StGB, 13. Aufl. 2021, § 35 Rn. 19; näher Warda FS Lange 1976, 119.
[178] Hierzu Müssig, in: MK-StGB, 4. Aufl. 2020 § 35 Rn. 83.

einträchtigten Rechtsgütern inkl. Schadenshöhen und -wahrscheinlichkeiten abhängen muss.

5. Exkurs: Übergesetzlicher entschuldigender Notstand (?)

▷ Didaktische Aufsätze:

- Koch, Tötung Unschuldiger als straflose Rettungshandlung?, JA 2005, 745
- Rönnau, Grundwissen – Strafrecht: Übergesetzlicher entschuldigender Notstand (analog § 35 StGB), JuS 2017, 113

Bereits ganz grundsätzlich ist umstritten, ob es über § 35 StGB hinaus einen übergesetzlichen entschuldigenden Notstand gibt.[179] Diskutiert werden Fälle, in denen zwar eine Voraussetzung des § 35 StGB fehlt (nämlich das persönliche Näheverhältnis), in denen aufgrund des Interesses am Rechtsgüterschutz und einer damit einhergehenden Verständlichkeit des Verhaltens des Täters eine Bestrafung aber unangebracht erscheint.

83

> **Beispiel 297**
>
> BGH U. v. 28.11.1952 – 4 StR 23/50 (Euthanasie-Ärzte) – NJW 1953, 513 (Anm. Roxin, Höchstrichterliche Rspr. AT, 1998, Nr. 23):
>
> B1 und B2 wirkten im Jahre 1941 als Ärzte bei der Durchführung der staatlich angeordneten Massentötung von Geisteskranken mit. Sie erkannten den Zweck der Verlegung der Kranken und rechneten damit, dass die auf den Listen verzeichneten getötet werden sollten. Sie führten die zu diesem Zweck erteilten Anweisungen teilweise durch, setzten aber einen Teil der Kranken – etwa 25 bis 30 % – unter Überschreitung der dafür gegebenen Richtlinien, die nur etwa 5 % Streichungen zuließen, von den Verlegungslisten ab. Andere Kranke bewahrten sie dadurch vor dem Vergasungstod, dass sie sie zu ihren Angehörigen entließen oder durch Vermittlung der sie betreuenden Ordensschwestern in konfessionellen Anstalten unterbringen ließen. 30 bis 40 Jugendliche der Heilanstalt in M. rettete B1, indem er sie wahrheitswidrig als erziehungsfähig bezeichnete. Eine Gruppe von 200 Kranken ließ er aus hessischen Anstalten zurückholen, als er erfuhr, dass sie dort schlecht untergebracht waren, sie blieben auf diese Weise von der Tötung verschont. ◀

> **Beispiel 298**
>
> vgl. BVerfG U. v. 15.02.2006 – 1 BvR 357/05 – BVerfGE 115, 118 = NJW 2006, 751 (Anm. LL 2006, 269):

---

[179] S. B. Heinrich, AT, 6. Aufl. 2019, Rn. 596; näher Peters JR 1950, 742; Oehler JR 1951, 489; Welzel ZStW 1951, 47; Koch JA 2005, 745; Hörnle FS Herzberg 2008, 555; Jakobs FS Krey 2010, 207; Rönnau JuS 2017, 113.

Um auf politische und religiöse Anliegen ihrer Organisation aufmerksam zu machen, beschlossen B1 und B2, Flugzeuge zu entführen, um diese an einem Bundesliga-Sonnabend in stark besuchte Fußballstadien stürzen zu lassen. B1 kaperte ein leeres Transportflugzeug, welches er sodann selbst flog. B2 gelang es, ein mit 200 Menschen besetztes Passagierflugzeug zu entführen. Sie übermittelten eine Botschaft an Behörden und Öffentlichkeit, in der sie ihre Hoffnung zum Ausdruck brachten, möglichst viele dekadente Wohlstandsbürger mit in den Tod zu reißen. Verteidigungsminister B3 ordnete das Aufsteigen einer Alarmrotte der Luftwaffe an. Er befahl dem Piloten B4, das von B1 gelenkte Transportflugzeug, dem Piloten B5, das von B2 entführte Passagierflugzeug jeweils über einem unbewohnten Naturschutzgebiet abzuschießen. B4 und B5 taten dies, es gab keine Überlebenden. ◄

Beispiel 299

BGH U. v. 15.09.1988 – 4 StR 352/88 (Katzenkönig) – BGHSt 35, 347 = NJW 1989, 912 = NStZ 1989, 176 = StV 1989, 296 (Anm. Roxin, Höchstrichterliche Rspr. AT, 1998, Nr. 81; Kaspar/Reinbacher, Casebook AT, 2020, Fall 24; Hemmer-BGH-Classics Strafrecht, 2003, Nr. 29; Sonnen JA 1989, 212; Hassemer JuS 1989, 673; Schaffstein NStZ 1989, 153; Küper JZ 1989, 617 und 935; Herzberg Jura 1990, 16; Roßmüller/Rohrer Jura 1990, 582; Schumann NStZ 1990, 32; Bandemer JA 1994, 285; Nibbeling JA 1995, 216; Spendel FS Lüderssen 2002, 605):

H, P und R lebten in einem von „Mystizismus, Scheinerkenntnis und Irrglauben" geprägten „neurotischen Beziehungsgeflecht" zusammen. H gelang es im bewussten Zusammenwirken mit P, dem leicht beeinflussbaren R zunächst die Bedrohung seiner Person durch Zuhälter und Gangster mit Erfolg vorzugaukeln und ihn in eine Beschützerrolle zu drängen. Später brachten beide ihn durch schauspielerische Tricks, Vorspiegeln hypnotischer und hellseherischer Fähigkeiten und die Vornahme mystischer Kulthandlungen dazu, an die Existenz des „Katzenkönigs", der seit Jahrtausenden das Böse verkörpere und die Welt bedrohe, zu glauben; R – in seiner Kritikfähigkeit eingeschränkt, aber auch aus Liebe zu H darum bemüht, ihr zu glauben – wähnte sich schließlich auserkoren, gemeinsam mit den beiden anderen den Kampf gegen den „Katzenkönig" aufzunehmen. Auf Geheiß musste er Mutproben bestehen, sich katholisch taufen lassen, H ewige Treue schwören; so wurde er von ihr und P zunächst als Werkzeug für den eigenen Spaß benutzt. Als H Mitte des Jahres 1986 von der Heirat ihres früheren Freundes N erfuhr, entschloss sie sich aus Hass und Eifersucht, dessen Frau (A) von R – unter Ausnutzung seines Aberglaubens – töten zu lassen. In stillschweigendem Einverständnis mit P, der – wie sie wusste – seinen Nebenbuhler loswerden wollte, spiegelte die H dem R vor, wegen der vielen von ihm begangenen Fehler verlange der „Katzenkönig" ein Menschenopfer in der Gestalt der Frau A; falls er die Tat nicht binnen einer kurzen Frist vollende, müsse er sie verlassen und die Menschheit oder Millionen von Menschen würden vom

„Katzenkönig" vernichtet. R, der erkannte, dass das Mord sei, suchte auch unter Berufung auf das fünfte Gebot vergeblich nach einem Ausweg. H und P wiesen stets darauf hin, dass das Tötungsverbot für sie nicht gelte, „da es ein göttlicher Auftrag sei und sie die Menschheit zu retten hätten". Nachdem er H „unter Berufung auf Jesus" hatte schwören müssen, einen Menschen zu töten, und sie ihn darauf hingewiesen hatte, dass bei Bruch des Schwurs seine „unsterbliche Seele auf Ewigkeit verflucht" sei, war er schließlich zur Tat entschlossen. Ihn plagten Gewissensbisse, er wog jedoch die „Gefahr für Millionen Menschen ab", die er „durch das Opfern von Frau A" retten könne. Am späten Abend des 30.07.1986 suchte R Frau A in ihrem Blumenladen unter dem Vorwand auf, Rosen kaufen zu wollen. Entsprechend dem ihm von P – im Einverständnis mit H – gegebenen Rat stach R mit einem ihm zu diesem Zweck von P überlassenen Fahrtenmesser hinterrücks der ahnungs- und wehrlosen Frau A in den Hals, das Gesicht und den Körper, um sie zu töten. Als dritte Personen der sich nun verzweifelt wehrenden Frau zu Hilfe eilten, ließ R von weiterer Tatausführung ab, um entsprechend seinem „Auftrag" unerkannt fliehen zu können; dabei rechnete er mit dem Tod seines Opfers, der jedoch ausblieb. ◄

Wenn in diesen Fällen der Täter Leben opfert, um anderes – quantitativ überwiegendes – Leben zu schützen, sollte er angesichts des positiven Rechtsgütersaldos straflos sein.

Besonders fraglich sind Fälle, in denen der Täter das Risiko auf bisher nicht Gefährdete oder gar unrettbar Verlorene umlenkt. Es bleibt hier das ungute Gefühl, dass der Täter „Gott spielt". Es dürfte aber zutreffen, auch in diesen Fällen eine Straflosigkeit anzunehmen: Ganz abgesehen von utilitaristischen Erwägungen muss der Täter in einer oft sehr eilbedürftigen Situation entscheiden; dass er sich dann für das quantitativ überwiegende Interesse entscheidet, ist verständlich und begründet kein Strafbedürfnis.

Anstatt ein solches Ergebnis, zumal erst auf Schuldebene, mit der h. M. auf eine methodisch kaum zu begründende Erweiterung oder Analogie zu § 35 StGB zu stützen,[180] ist richtigerweise der rechtfertigende Notstand **§ 34 StGB** auch bei Abwägung Leben gegen Leben anzuwenden, so dass sich das Bedürfnis nach einem außergesetzlichen entschuldigenden Notstand erledigt.

II. Überschreitung der Notwehr, § 33 StGB

▶ Didaktische Aufsätze:

- Geilen, Notwehr und Notwehrexzeß, Jura 1981, 200, 256, 308 und 370
- Timpe, Grundfälle zum entschuldigenden Notstand (§ 35 I StGB) und zum Notwehrexzess (§ 33 StGB), JuS 1984, 859, JuS 1985, 35 und 117

---

[180] Berechtigte Kritik bei Schlehofer, in: MK-StGB, 4. Aufl. 2020, vor § 32, Rn. 322ff.

- Otto, Grenzen der straflosen Überschreitung der Notwehr, § 33 StGB, Jura 1987, 604
- Sauren, Zur Überschreitung des Notwehrrechts, Jura 1988, 567
- Müller-Christmann, Der Notwehrexzess, JuS 1989, 717
- Müller-Christmann, Der Notwehrexzess, JuS 1993, L 41
- Müller-Christmann, Überschreiten der Notwehr, JuS 1994, 649
- Heuchemer/Hartmann, Grundprobleme des Notwehrexzesses – § 33 StGB: eine Vorschrift im Schnittfeld von Schuld- und Notwehrlehre, JA 1999, 165
- Heuchemer, Zum Notwehrexzess (§ 33 StGB): Putativnotwehrexzess und Exzess bei anderen Rechtfertigungsgründen, JA 1999, 724
- Heuchemer JA 2000, 382
- Theile, Der bewusste Notwehrexzess, JuS 2006, 965
- Geppert, Notwehr und Irrtum. Putativnotwehr, intensiver und extensiver Notwehrexzess, Putativnotwehrexzess, Jura 2007, 33
- Engländer, Die Entschuldigung nach § 33 StGB bei Putativnotwehr und Putativnotwehrexzess, JuS 2012, 408

1. Aufbau

84

I. Objektive Voraussetzungen
   1. Notwehr
   2. Grenzen Überschreiten
II. Subjektive Voraussetzungen
   1. Subjektive Voraussetzungen des § 32 StGB
   2. Aus Verwirrung, Furcht oder Schrecken (sog. asthenischer Affekt)

2. Grundlagen; Einordnung

85 § 33 StGB regelt die Überschreitung der Notwehr[181] (auch sog. Notwehrexzess und Nothilfeexzess).

> **§ 33 StGB (Überschreitung der Notwehr)**
> Überschreitet der Täter die Grenzen der Notwehr aus Verwirrung, Furcht oder Schrecken, so wird er nicht bestraft.

---

[181] Zu § 33 StGB z. B. Krey/Esser, AT, 6. Aufl. 2016, Rn. 764ff.; näher Roxin FS Schaffstein 1975, 105; Geilen Jura 1981, 200, 256, 308 und 370; Timpe JuS 1984, 859, JuS 1985, 35 und 117; Otto Jura 1987, 604; Sauren Jura 1988, 567; Müller-Christmann JuS 1989, 717; Müller-Christmann JuS 1993, L41; Müller-Christmann JuS 1994, 649; Heuchemer/Hartmann JA 1999, 165; Rosenau FS Beulke 2015, 225.

D. Entschuldigungsgründe

Trotz der vagen Rechtsfolgenanordnung ist anerkannt, dass es sich bei § 33 StGB um einen **Entschuldigungsgrund** handelt.[182]

Diese Einordnung beruht darauf,[183] dass ein Angegriffener **Nachsicht** verdient, wenn er in bestimmte Affektzustände (insofern besteht eine gewisse Nähe zu § 20 StGB, s. o.) gerät und sich daher über den erlaubten Rahmen des § 32 StGB hinaus wehrt. Immerhin ist ferner der ursprüngliche Angreifer verantwortlich für die äußere und psychische Situation und damit auch für die Reaktion des Verteidigers. Insofern – wie auch bei § 35 StGB, s. o. – ist nach h. M. auch Voraussetzung des § 33 StGB eine gewisse **Unrechtsminderung**, die sich daraus ergibt, dass der Täter sich gegen einen gegenwärtigen rechtswidrigen Angriff verteidigt (Minderung des Erfolgsunrechts) und dies auch weiß (Minderung des Handlungsunrechts).[184] Das lässt sich daraus ableiten, dass lediglich bei der Notwehr und nicht bei anderen Rechtfertigungsgründen der Gesetzgeber einen entschuldigenden Exzess akzeptiert und normiert hat. An der Annahme, dass erst kumulativ die Unrechtsminderung die Anwendung des § 33 StGB eröffnet, orientiert sich sodann die i. E. entsprechend strittige Auslegung des auch auf Voraussetzungsseite unklaren Wortlauts. I.Ü. verhindern die Irrtumsregelungen (inkl. einer analogen Anwendung des § 35 II StGB), bei schweren Affekten § 20 StGB sowie eine Strafzumessungsberücksichtigung unbillige Ergebnisse.

Zum **personalen Anwendungsbereich** sei auch hier klargestellt, dass trotz des Begriffs „Täter" in § 33 StGB alle Beteiligungsformen erfasst sind.

3. Objektive Voraussetzungen

a) Notwehr

§ 33 StGB regelt nur die Überschreitung der Notwehr und bezieht sich daher auf § 32 StGB. Das Überschreiten der Grenzen anderer Rechtfertigungsgründe wird nicht erfasst.

86

b) Grenzen Überschreiten

Der Täter überschreitet – im ersten Ansatz – die Grenzen der Notwehr dann, wenn er eine der Voraussetzungen des § 32 StGB nicht erfüllt; ob dies i. S. d. § 33 StGB bzgl. aller (oder ggf. welcher) Voraussetzungen gilt, ist problematisch.

87

aa) Überschreiten der sog. Notwehrhandlung (sog. intensiver Notwehrexzess)
(1) Überschreiten der Verteidigung?

---

[182] B. Heinrich, AT, 6. Aufl. 2019, Rn. 582; aus der Rspr. vgl. zuletzt BGH U. v. 27.10.2015 – NStZ 2016, 333 (Anm. Bosch Jura 2016, 702; Eisele JuS 2016, 366; RÜ 2016, 100; Rückert NStZ 2016, 334; Hinz JR 2017, 126).

[183] Erb, in: MK-StGB, 4. Aufl. 2020, § 33 Rn. 2.

[184] Joecks/Jäger, StGB, 13. Aufl. 2021, § 33 Rn. 1; nur auf den verminderten Unrechtsgehalt „durch den Verteidigungszweck" abstellend Wessels/Beulke/Satzger, AT, 50. Aufl. 2020, Rn. 698.

88 Nach ganz h. M. ist § 33 StGB nicht anwendbar, wenn der Täter zu Lasten eines anderen als des Angreifers handelt.[185]

Bereits hier zeigt sich, dass die h. M. letztlich die „Grenzen der Notwehr" allein so versteht, dass nur das Maß der Verteidigungshandlung in den Blick genommen wird, alles andere aber nicht. Hiergegen spricht zwar der weite Wortlaut der Norm; auch ist unter dem Einfluss der in der Norm genannten Affekte eine drittwirkende Handlung ebenso verzeihlich. Freilich würden die Konturen des Entschuldigungsgrunds dann insofern verschwimmen, als in Bereiche des Überschreitens anderer Rechtfertigungsgründe (insbesondere § 34 StGB) übergegriffen wird. Dies lässt sich aber mit der vorausgesetzten Unrechtsminderung (s. o.) nicht vereinbaren, da der Drittbetroffene nichts zur Notwehrbedürftigkeit beigetragen hat.

(2) Überschreiten der Erforderlichkeit

89 Jedenfalls ist § 33 StGB anwendbar auf den sog. **intensiven Notwehrexzess**. Hier ist die Notwehrlage i. S. d. § 32 StGB tatsächlich gegeben, ferner die Verteidigung; das Überschreiten der Grenzen liegt im Verlassen des Erforderlichen[186] bei der Verteidigung gegen den Angreifer.

Beispiel 300

Z wollte den körperlich überlegenen B verprügeln. Der überraschte B bekam Angst und stach den Z mit einem Messer nieder, obwohl er Z leicht mit einem Faustschlag hätte abwehren können. ◄

(3) Überschreiten der Gebotenheit

90 § 33 StGB gilt auch bei **Überschreiten der Gebotenheit**;[187] umstritten ist dies aber insbesondere dann, wenn – wie z. B. bei der Absichtsprovokation – eine gänzliche Unanwendbarkeit des § 32 StGB vertreten wird.[188]

Da eine dem § 35 I 2 StGB entsprechende Regelung in § 33 StGB fehlt, genügt eine vorwerfbare Verursachung (Notwehrprovokation) nicht, um die Entschuldigung zu versagen. § 33 StGB scheitert erst dann, wenn der Täter sich planmäßig auf eine

---

[185] Kindhäuser/Hilgendorf, LPK, 8. Aufl. 2019, § 33 Rn. 19; Rogall, in: SK-StGB, 9. Aufl. 2017, § 33 Rn. 15; aus der Rspr. vgl. RG U. v. 24.10.1919 – V 301/19 – RGSt 54, 36; zur Relevanz bzgl. Waffendelikten vgl. aus der Rspr. BGH U. v. 12.05.1981 – 5 StR 109/81 – NStZ 1981, 299 = StV 1981, 397 (Anm. Maatz MDR 1985, 881).

[186] B. Heinrich, AT, 6. Aufl. 2019, Rn. 583; aus der Rspr. vgl. BGH U. v. 30.10.1986 – 4 StR 505/86 – NStZ 1987, 172 = StV 1987, 99 (Anm. Roxin, Höchstrichterliche Rspr. AT, 1998, Nr. 17).

[187] Fischer, StGB, 68. Aufl. 2021, § 33 Rn. 2; aus der Rspr. vgl. zuletzt BGH B. v. 17.06.2020 – 4 StR 658/19 – NStZ 2021, 93 = StV 2021, 98 (Anm. RÜ 2020, 779; Mitsch NStZ 2021, 95).

[188] Zur Überschreitung bei provoziertem Angriff Fischer, StGB, 68. Aufl. 2021, § 33 Rn. 6; näher Renzikowski FS Lenckner 1998, 249; aus der Rspr. vgl. BGH U. v. 03.02.1993 – 3 StR 356/92 (Dresdner Bordell) – BGHSt 39, 133 = NJW 1993, 1869 = NStZ 1993, 333 = StV 1993, 576 (Anm. Roxin, Höchstrichterliche Rspr. AT, 1998, Nr. 41; Hemmer-BGH-Classics Strafrecht, 2003, Nr. 13; Lesch StV 1993, 578; Otto JK 1994 StGB § 32/19; Müller-Christmann JuS 1994, 649; Drescher JR 1994, 423; Arzt JZ 1994, 314; Roxin NStZ 1995, 335).

D. Entschuldigungsgründe

tätliche Auseinandersetzung eingelassen hat, da dann die eigentliche Ursache für die Überschreitung in vor dem Eintritt der Notwehrlage gegebenen Affekten liegt.

bb) Überschreiten der sog. Notwehrlage
(1) Überschreiten des Angriffs?
Mangelt es an einem Angriff, greift § 33 StGB nicht: Nur bei tatsächlichem Angriff 91
ist die Handlung des Täters als Verteidigung im Unrecht gemindert.

(2) Überschreiten der Rechtswidrigkeit des Angriffs?
Gleiches – Nichtanwendung des § 33 StGB – gilt mangels Unrechtsminderung auch 92
dann, wenn zwar ein Angriff vorlag, dieser aber nicht rechtswidrig war.

(3) Überschreiten der Gegenwärtigkeit des Angriffs (sog. extensiver Notwehrexzess)?
Umstritten ist, ob § 33 StGB auch auf den sog. **extensiven Notwehrexzess**, d. h. das 93
Überschreiten der Gegenwärtigkeitsgrenze (noch nicht begonnener oder bereits beendeter Angriff), anwendbar ist.[189]

Beispiel 301

BGH U. v. 24.10.2001 – 3 StR 272/01 – NStZ 2002, 141 (Anm. Puppe, AT, 2. Aufl. 2011, § 18 Rn. 4ff.; Geppert JK 2002 StGB § 33/3):

B1 hatte albanischen Drogenhändlern verraten, dass B2 Hintermann eines Raubes war, bei dem den Albanern gehörende Betäubungsmittel entwendet worden waren. Hierfür wollte sich B2 an B1 rächen. B1, der wusste, dass B2 eine scharfe Schusswaffe besaß, fürchtete daher um sein Leben. Am Abend des 11.06.2009 besuchte B1 das Stadtfest in A. Er hatte ein Anglermesser mit 9 cm langer Klinge bei sich. B1 hatte bereits tagsüber Alkohol sowie Betäubungsmittel konsumiert und setzte diesen Konsum auf dem Fest fort. Gegen 21 Uhr erschien B2 mit einer Gruppe von etwa 10 Begleitern. Er entdeckte B1, schaute aus einigen Metern Entfernung immer wieder und langandauernd zu diesem hin und sprach wiederholt mit seinen Begleitern, während er auf B1 hinwies. B1 fühlte sich über einen Zeitraum von fast zwei Stunden fixiert, geriet in Angst und überlegte, ob er das Fest verlassen sollte. Er verwarf diesen Gedanken jedoch, weil er befürchtete, von B2 und seinen Leuten eingeholt zu werden und ihnen dann ausgeliefert zu sein. Schließlich musste B1 zum Austreten an B2 vorbeigehen. Als er zurückkehrte, stellte sich ihm B2 in den Weg, packte ihn an der Schulter und versetzte ihm einen Schlag ins Gesicht, wobei er schrie, jetzt würden sie abrechnen. B2 ging auf B1 zu und griff dabei innen in seine Bomber-

---

[189] Hierzu Hillenkamp/Cornelius, 32 Probleme aus dem Strafrecht AT, 15. Aufl. 2017, 12. P.; näher Hardtung ZStW 1996, 26; Engländer JuS 2012, 408; aus der Rspr. vgl. LG München I U. v. 10.11.1987 – Ks 121 Js 4866/86 – NJW 1988, 1860 = NStZ 1989, 25 (Anm. Beulke Jura 1988, 641; Schroeder JZ 1988, 567; Mitsch JA 1989, 79; Mitsch NStZ 1989, 26; Puppe JZ 1989, 728); BGH U. v. 18.04.2002 – 3 StR 503/01 – NStZ-RR 2002, 203 (Anm. Otto JK 2003 StGB § 32/27; LL 2003, 29; Walther JZ 2003, 52).

jacke, in der sich eine scharfe Schusswaffe befand. In seiner Angst dachte B1 nunmehr sofort an die scharfe Waffe des B2 und fürchtete, dass dieser ihn erschießen wolle. Um sich vor dem weiteren Angriff zu wehren und selbst zu schützen, zog er aus seiner Jackentasche das mitgeführte Messer, klappte es mittels eines Hebels auf und stieß es, um dem erwarteten unmittelbaren „Schießangriff" des B2 zuvorzukommen, in diesen hinein. In seiner panischen Angst davor, dass B2 noch an die Waffe kommen und schießen könne, stieß B1 danach wiederholt kräftig zu, bis er den B2 zu Boden gebracht hatte. Er hielt B2, der noch nicht mit dem ganzen Körper lag, mit der linken Hand und stand seitlich in dessen Rücken, während er in unverminderter Angst von hinten über den B2 gebeugt mit Wucht auf diesen einstach. B2 war nicht mehr in der Lage, etwas gegen B1 zu unternehmen und sich ihm zu widersetzen. In seiner starken Angst vor dem vermeintlichen Schusswaffenangriff vermochte B1 indessen auch unter der Einwirkung des Alkohols die Situation nicht mehr richtig einzuschätzen. Seine Angst war so groß, dass er den Tod des B2 billigend in Kauf nahm. B2 sackte schließlich, im Gesicht, am Hals und im Brustbereich getroffen, ganz zu Boden. B1 wurde von hinzukommenden Helfern weggerissen und floh. ◄

Der Angriff durch B2 war beendet, als dieser durch die ersten Stiche nicht mehr in der Lage war, etwas gegen B1 zu unternehmen. Trotzdem stach B1 in seiner starken Angst vor dem vermeintlichen Schusswaffenangriff auch unter Einwirkung des Alkohols weiter auf den B2 ein. Während die ersten Stiche noch von § 32 StGB gerechtfertigt waren, fehlte bei den weiteren die Notwehrlage.

Teile der Lehre[190] halten § 33 StGB auch im Fall des extensiven Notwehrexzesses für anwendbar, die wohl h. L.[191] nur, aber immerhin im Hinblick auf bereits beendete Angriffe, nicht im Hinblick auf Präventivverteidigung.

Die Rspr.[192] und einige Vertreter der Lehre[193] verneinen die Anwendbarkeit.

Zwar führt die letztgenannte Auffassung den Wortlaut an: Das Notwehrrecht müsse aktuell bestanden haben, weil ein nicht mehr bestehendes Recht nicht überschritten werden könne, § 33 StGB baue auf § 32 StGB auf. Allerdings ist eine Überschreitung auch in zeitlicher Hinsicht durchaus vom Wortlaut gedeckt. Richtig ist auch, dass der Sinn und Zweck der Norm in einer Berücksichtigung von durch Angriffen verursachter Affekte liegt. Jedenfalls bei einer sog. nachzeitigen Notwehr gegen einen bereits beendeten Angriff liegt aber eine vergleichbare psychische Situation wie beim intensiven Notwehrexzess vor; das Handeln des vormals Angegriffenen ist ebenso verständlich. Allerdings ist es überzeugender, nicht bereits aufgrund des vormaligen Angriffs eine für § 33 StGB genügende Unrechtsminderung anzunehmen: Ein nicht gegenwärtiger Angriff ist überhaupt kein Angriff im Zeitpunkt der relevanten Handlung; dass zuvor einmal eine Notwehrlage bestanden hatte, mag auf Strafzumessungsebene berücksichtigt werden.

---

[190] Z. B. Erb, in: MK-StGB, 4. Aufl. 2020, § 33 Rn. 14.
[191] Z. B. Kühl, AT, 8. Aufl. 2017, § 12 Rn. 141, 144.
[192] S. o.
[193] Z. B. Rogall, in: SK-StGB, 9. Aufl. 2017, § 33 Rn. 4.

D. Entschuldigungsgründe

(4) Sog. Putativnotwehrexzess
Umstritten ist, ob § 33 StGB Anwendung auf den sog. Putativnotwehrexzess findet.[194] 94

Gemeint sind damit Fälle, in denen der Täter irrig an eine Notwehrlage glaubt (er sich insofern in einem Erlaubnistatumstandsirrtum befindet), bei der Putativnotwehr jedoch auch noch die Grenzen der Notwehr überschreitet.

Die ganz h. M. lehnt § 33 StGB in diesen Fällen ab, ebenso eine Analogie. Vielmehr befinde sich der Täter ggf. in einem „Doppelirrtum", für den § 17 StGB gelte. Ihr ist zu folgen: § 33 StGB knüpft im o. a. Sinne an § 32 StGB an (Erfordernis einer Unrechtsminderung aufgrund tatsächlicher Verteidigung gegen eine Notwehrlage). Bei Anwendung des § 33 StGB stünde ferner sonst derjenige, der eine vermeintliche Notwehr überschreitet, besser als derjenige, der lediglich über das Vorliegen der Notwehrlage irrt (für den greift ggf. die Fahrlässigkeitsstrafbarkeit).

4. Subjektive Voraussetzungen

a) Grundlagen; Überschreiten der subjektiven Grenzen der Notwehr (?)
Damit eine für § 33 StGB erforderliche Unrechtsminderung des Verteidigers anzunehmen, muss auch das Handlungsunrecht gemindert sein, so dass der Täter die subjektiven Voraussetzungen des § 32 StGB erfüllen muss. 95

b) Bewusste und unbewusste Überschreitung
Es ist umstritten, ob auch dann § 33 StGB anwendbar ist, wenn eine **bewusste (vorsätzliche) Überschreitung** vorliegt und nicht nur eine unbewusste (fahrlässige).[195] 96

Die Rspr. und die h. L.[196] bejahen dies.

Eine Gegenauffassung[197] verlangt eine fehlerhafte oder bruchstückhafte Wahrnehmung oder einen Spontanentschluss.

Zuzugeben ist, dass der wohl gedachte Normalfall der ist, dass der Täter irrig annimmt, die Grenzen der Notwehr einzuhalten, oder sich keine Gedanken macht – also die unbewusste Überschreitung. In Fällen bewussten Überschreitens mag u. U. der asthenische Affekt fehlen; liegt dieser aber vor, so erlaubt der Wortlaut des § 33 StGB keine Differenzierung. Auch bei vollem Erkennen der Überschreitung

---

[194] Hierzu Krey/Esser, AT, 6. Aufl. 2016, Rn. 769; näher Heuchemer JA 1999, 724; Geppert Jura 2007, 33; Engländer JuS 2012, 408; Albrecht GA 2013, 369; aus der Rspr. vgl. zuletzt BGH U. v. 27.10.2015 – NStZ 2016, 333 (Anm. Bosch Jura 2016, 702; Eisele JuS 2016, 366; RÜ 2016, 100; Rückert NStZ 2016, 334; Hinz JR 2017, 126); BGH B. v. 25.01.2017 – 1 StR 588/16 – NStZ-RR 2017, 168.

[195] Zsf. Rogall, in: SK-StGB, 9. Aufl. 2017, § 33 Rn. 10; näher Theile JuS 2006, 965; Erb NStZ 2011, 186; aus der Rspr. vgl. BGH U. v. 03.02.1993 – 3 StR 356/92 (Dresdner Bordell) – BGHSt 39, 133 = NJW 1993, 1869 = NStZ 1993, 333 = StV 1993, 576 (Anm. Roxin, Höchstrichterliche Rspr. AT, 1998, Nr. 41; Hemmer-BGH-Classics Strafrecht, 2003, Nr. 13; Lesch StV 1993, 578; Otto JK 1994 StGB § 32/19; Müller-Christmann JuS 1994, 649; Drescher JR 1994, 423; Arzt JZ 1994, 314; Roxin NStZ 1995, 335).

[196] S. o.

[197] Perron/Eisele, in: Schönke/Schröder, StGB, 30. Aufl. 2019, § 33 Rn. 6.

kann affektbedingt die Steuerungsfähigkeit fehlen, nach dieser Erkenntnis zu handeln (vgl. o. bei § 20 StGB). Diese psychische Ausnahmesituation legitimiert auch teleologisch die Entschuldigung, da auch der weitere Normgrund – eine hinreichende Unrechtsminderung – sich auf das Einhalten der übrigen Notwehrvoraussetzungen stützen kann.

c) Aus Verwirrung, Furcht oder Schrecken (sog. asthenischer Affekt)

97 Der Täter muss aus Verwirrung, Furcht oder Schrecken, handeln, also aus sog. asthenischen (schwachen) Affekten.[198] Zu unterscheiden sind diese von sthenischen Affekten (aggressiven Emotionen, z. B. Hass oder Zorn).[199] Anders als i. R. d. §§ 20, 21 StGB sind also nur bestimmte Affekte erfasst, obwohl der Regelungsgrund des § 33 StGB (s. o.) eigentlich auch auf sthenische Affekte zutrifft; diese wohl am normativen Maßstab der Verzeihlichkeit ausgerichtete Entscheidung des Gesetzgebers muss hingenommen werden.

Verwirrung ist ein in Unordnung geratener seelischer oder geistige Zustand des Täters, welcher – dies zeigt die Zusammenstellung mit Furcht und Schrecken – auf einer Überforderung des Täters beruhen muss.[200]

Furcht ist eine beklemmende Gefühlserregung verbunden mit körperlichen Reaktionen gegenüber einer bestimmten Gefährdung oder Verletzung.[201]

Schrecken ist ein Gefühl der Beengung gegenüber einer unbestimmten, subjektiv empfundenen Bedrohung.[202]

Vorausgesetzt wird, dass sich der Handelnde in einem psychischen Ausnahmezustand mit einem Störungsgrad befindet, der eine erhebliche Reduzierung seiner Fähigkeit, das Geschehen zu verarbeiten, zur Folge hat.[203] Hierfür genügt nicht jedes Angstgefühl; eine Todesangst ist aber nicht erforderlich.[204] Ein Zustand des § 21 StGB (geschweige denn des § 20 StGB) muss nicht gegeben sein.[205]

---

[198] B. Heinrich, AT, 6. Aufl. 2019, Rn. 588.
[199] Kindhäuser/Hilgendorf, LPK, 8. Aufl. 2019, § 33 Rn. 3; aus der Rspr. vgl. BGH U. v. 29.04.1997 – 1 StR 511/95 – BGHSt 43, 66 = NJW 1997, 2460 = StV 1997, 460 (Anm. Rönnau JA 1997, 920; Martin JuS 1997, 1139; Loos JR 1997, 514).
[200] Erb, in: MK-StGB, 4. Aufl. 2020, § 33 Rn. 19.
[201] Kindhäuser, in: NK-StGB, 5. Aufl. 2017, § 33 Rn. 23.
[202] Kindhäuser, in: NK-StGB, 5. Aufl. 2017, § 33 Rn. 23, der aber seltsamerweise „Angst" statt Schrecken definiert.
[203] Fischer, StGB, 68. Aufl. 2021, § 33 Rn. 3; aus der Rspr. vgl. zuletzt BGH U. v. 03.06.2015 – 2 StR 473/14 – NStZ 2016, 84 = StV 2016, 281 (Anm. Kaspar/Reinbacher, Casebook AT, 2020, Fall 14; RÜ 2015, 578; Hecker JuS 2016, 177; famos 6/2016; Mitsch JuS 2017, 19).
[204] Fischer, StGB, 68. Aufl. 2021, § 33 Rn. 3; aus der Rspr. vgl. BGH B. v. 21.06.2006 – 2 StR 109/06 – StV 2006, 688 (Anm. Geppert JK 2007 StGB § 33/4).
[205] Rogall, in: SK-StGB, 9. Aufl. 2017, § 33 Rn. 18; aus der Rspr. vgl. BGH U. v. 13.09.2017 – 2 StR 188/17 – NStZ 2018, 84 = StV 2018, 733 (Anm. Bosch Jura 2018, 311; Kudlich JA 2018, 149; LL 2018, 312; RÜ 2018, 23; famos 7/2018; Rückert NStZ 2018, 85).

Auf eine Vorwerfbarkeit oder Vermeidbarkeit des Affekts kommt es nicht an. Auch etwa bei einem erwarteten – erst recht bei einem nur erwartbaren – Angriff kann ein asthenischer Affekt im Zeitpunkt der Verteidigungshandlung gegeben sein.[206]

Der Täter muss „aus" dem asthenischen Affekt handeln. Erforderlich ist ein innerer Zusammenhang zwischen Affekt und Exzess. 98

Bei **Motivbündeln** genügt eine Mitursächlichkeit; es ist nicht nötig, dass der asthenische Affekt dominiert.[207]

III. Gewissensnot, Art. 4 GG?

Ob Grundrechte, wenn sie schon ggf. an Tatbestandsmäßigkeit und Rechtswidrigkeit der Tat nichts ändern, jedenfalls entschuldigend wirken können, ist problematisch und wird v. a. für Art. 4 GG diskutiert.[208] 99

Beispiel 302

BVerfG B. v. 19.10.1971 – 1 BvR 387/65 (Evangelischer Brüderverein) – BVerfGE 32, 98 = NJW 1972, 327 (Anm. Roxin, Höchstrichterliche Rspr. AT, 1998, Nr. 42; Weber JuS 1972, 281; Schwabe JuS 1972, 380; Händel NJW 1972, 330; Deubner NJW 1972, 814; Dreher JR 1972, 342; Peters JZ 1972, 85; Ranft FS Schwinge 1973, 111):

B gehört der religiösen Vereinigung des evangelischen Brüdervereins an. Seine Ehefrau war ebenfalls Mitglied dieser Gemeinschaft. Die nach der Geburt des vierten Kindes unter akutem Blutmangel leidende Ehefrau lehnte es ab, sich entgegen ärztlichem Rat in eine Krankenhausbehandlung zu begeben und ins-

---

[206] Erb, in: MK-StGB, 4. Aufl. 2020, § 33 Rn. 20; aus der Rspr. vgl. BGH U. v. 24.07.1979 – 1 StR 249/79 – NJW 1980, 2263 (Anm. Arzt JR 1980, 211; Geilen JK 1981 StGB § 32/4; Hassemer JuS 1981, 151).

[207] H.M., Fischer, StGB, 68. Aufl. 2021, § 33 Rn. 4; a. A. Erb, in: MK-StGB, 4. Aufl. 2020, § 33 Rn. 22; aus der Rspr. vgl. zuletzt BGH U. v. 27.10.2015 – NStZ 2016, 333 (Anm. Bosch Jura 2016, 702; Eisele JuS 2016, 366; RÜ 2016, 100; Rückert NStZ 2016, 334; Hinz JR 2017, 126); BGH U. v. 17.05.2018 – 3 StR 622/17 – NStZ-RR 2018, 272 = StV 2018, 724 (Anm. RÜ 2018, 779; Linoh jurisPR-StrafR 18/2018 Anm. 3).

[208] S. Kühl, AT, 8. Aufl. 2017, § 12 Rn. 109ff.; näher Kraushaar GA 1959, 325; Hannover GA 1964, 33; Heinitz ZStW 1966, 615; Noll ZStW 1966, 638; Peters FS Mayer 1966, 257; Dürig JZ 1967, 426; Peters FS Engisch 1969, 468; Blei JA 1972, 231, 303 und 369; Müller-Dietz FS Peters 1974, 91; Bockelmann FS Welzel 1974, 543; Rudolphi FS Welzel 1974, 605; Schulte/Träger FS 25 Jahre BGH 1975, 251; Struensee JZ 1984, 645; Herdegen GA 1986, 97; Roxin FS Maihofer 1988, 389; Peters FS Stree/Wessels 1993, 3; Wolter GA 1996, 207; Böse ZStW 2001, 40; de Figueiredo Dias FS Roxin 2001, 531; Otto FS Schmitt Glaeser 2003, 21; Frisch GA 2006, 273; Frisch FS Schroeder 2006, 11; Roxin GA 2011, 1; Luzón Peña FS Wolter 2013, 431; aus der Rspr. vgl. zuletzt BVerfG B. v. 09.03.2000 – 2 BvL 9/97 – NJW 2000, 3269; BVerfG B. v. 20.02.2002 – 2 BvL 5/99 – NJW 2002, 1707; BVerfG B. v. 27.03.2002 – 2 BvL 2/02 – NJW 2002, 1709; AG Dannenberg U. v. 27.02.2006 – 11 Ds 5106 Js 18340/05 – NStZ-RR 2006, 385; BVerfG B. v. 15.10.2014 – 2 BvR 920/14 – NJW 2015, 44 (Anm. Köpferl HRRS 2015, 81).

besondere eine Bluttransfusion vornehmen zu lassen. Ihr Ehemann unterließ es, seinen Einfluss auf seine Ehefrau im Sinne der ärztlichen Ratschläge geltend zu machen. Eine Heilbehandlung unterblieb. Die Ehefrau, die bis zuletzt bei klarem Bewusstsein war, verstarb. ◄

Richtigerweise gilt auch im Lichte des Art. 4 GG, dass für Überzeugungstäter als Gewissenstäter die Rechtsordnung gleichermaßen verbindlich ist. Diese darf die Geltung ihrer Normen nicht von der Billigung durch den Einzelnen abhängig machen. Der strafrechtliche Rechtsgüterschutz rechtfertigt auch den Eingriff in Art. 4 GG i. R. d. verfassungsimmanenten Schranken.

IV. Befehl; dienstliche Weisung

100   Zur Rechtfertigung aufgrund Befehls s. o. Bei bestehender Rechtswidrigkeit kommt u. U. eine Entschuldigung[209] in Betracht, s. §§ 11 II SoldG, 5 I WStG, 3 VStGB, 56 II 3 BBG, 38 II 2 BRRG, 30 III ZDG, 97 II StVollzG. Im examensrelevanten Kernstrafrecht spielt dies kaum eine Rolle.

E. Spezielle Schuldmerkmale

101   In der Literatur[210] stößt man bisweilen auf die Kategorie der speziellen Schuldmerkmale; bzgl. jedes Merkmals, zu dem dies vertreten wird, herrscht aber eine Kontroverse, ob es sich nicht als subjektives Tatbestandsmerkmal verstehen lässt (z. B. bzgl. subjektiver Mordmerkmale oder dem Merkmal rücksichtslos in § 315c I Nr. 2 StGB), wofür manches spricht; s. daher jeweils im Besonderen Teil.

F. Schuldform

102   Die Frage der Schuldform[211] im heutigen Sinne – früher verstand man auch Vorsatz und Fahrlässigkeit als Schuldformen – stellt sich lediglich beim sog. Erlaubnistatumstandsirrtum, bzgl. dessen die wohl h. M. ein Entfallen der sog. Vorsatzschuld annimmt. Zur Kritik[212] s. dort o.

---

[209] Zur Entschuldigung aufgrund Befehls Krey/Esser, AT, 6. Aufl. 2016, Rn. 770; näher Küper JuS 1987, 81; Lenckner FS Stree/Wessels 1993, 223; Ambos JR 1998, 221; Walter JR 2005, 279; Fahl ZIS 2011, 229; Meyer GA 2012, 556.
[210] Z. B. Wessels/Beulke/Satzger, AT, 50. Aufl. 2020, Rn. 422; näher Hardwig ZStW 1956, 14.
[211] S. Wessels/Beulke/Satzger, AT, 50. Aufl. 2020, Rn. 425f.
[212] S. auch Dust/Wehrstein JA 2020, 514.

8. Kapitel: Sonstige Strafvoraussetzungen

Nach der Schuld endet meistens die Strafbarkeitsprüfung, so dass – ggf. nach Auseinandersetzung mit der Ebene der Strafzumessung als eigenem Abschnitt nach der Schuld bei sog. Regelbeispielen, z. B. nach § 243 I 2 StGB, und bei vertypten Milderungen, z. B. den §§ 21, 23 II, 27 II 2 StGB – nur noch ein Endergebnis folgt.

Bei einigen Delikten sind aber weitere Strafbarkeitsvoraussetzungen bzw. -ausschlussgründe zu prüfen.[1]

A. Sog. objektive Bedingungen der Strafbarkeit

▶ Didaktische Aufsätze:

- Stree, Objektive Bedingungen der Strafbarkeit, JuS 1965, 465
- Krause, Die objektiven Bedingungen der Strafbarkeit, Jura 1980, 449
- Gottwald, Die objektive Bedingung der Strafbarkeit, JA 1998, 771
- Satzger, Die objektive Bedingung der Strafbarkeit, Jura 2006, 108
- Rönnau, Objektive Bedingungen der Strafbarkeit, JuS 2011, 697

Bei sog. objektiven Bedingungen der Strafbarkeit[2] handelt es sich um äußere Gegebenheiten, auf die sich der subjektive Tatbestand nicht zu beziehen braucht und die man daher jedenfalls erst nach dem Tatbestand prüft und vorzugsweise auch erst nach der Schuld, z. B. (s. ferner die §§ 186, 283, 323a StGB) der Eintritt des Todes oder der schweren Körperverletzung in § 231 StGB (Beteiligung an einer Schlägerei).

---

[1] Hierzu B. Heinrich, AT, 6. Aufl. 2019, Rn. 615 ff.
[2] Hierzu Krey/Esser, AT, 6. Aufl. 2016, Rn. 372; näher Schweikert ZStW 1958, 394; Schmidhäuser ZStW 1959, 545; Stree JuS 1965, 465; Hass ZRP 1970, 196; Krause Jura 1980, 449; Gottwald JA 1998, 771; Geisler GA 2000, 166; Satzger Jura 2006, 108; Rönnau JuS 2011, 697; Beckemper ZIS 2018, 394.

> **§ 231 StGB (Beteiligung an einer Schlägerei)**
> (1) Wer sich an einer Schlägerei oder an einem von mehreren verübten Angriff beteiligt, wird schon wegen dieser Beteiligung mit Freiheitsstrafe bis zu drei Jahren oder mit Geldstrafe bestraft, wenn durch die Schlägerei oder den Angriff der Tod eines Menschen oder eine schwere Körperverletzung (§ 226) verursacht worden ist.
> (2) Nach Absatz 1 ist nicht strafbar, wer an der Schlägerei oder dem Angriff beteiligt war, ohne daß ihm dies vorzuwerfen ist.

Im Hinblick auf die Verursachung des Todes oder einer schweren Körperverletzung muss der Täter nicht vorsätzlich – und auch nicht fahrlässig – gehandelt haben.

Zu Einzelheiten s. jeweils im Besonderen Teil.

B. Sog. Strafausschließungsgründe

▶ Didaktische Aufsätze:
- Bloy, Die Rolle der Strafausschließungs- und Strafaufhebungsgründe in der Dogmatik und im Gutachten, JuS 1993, L33.
- Satzger, Die persönlichen Strafausschließungsgründe und die Relevanz darauf bezogener Irrtümer, Jura 2017, 649

3   Beim Vorliegen eines sog. Strafausschließungsgrundes[3] ist die Tat von vornherein nicht strafbar, z. B. Art. 46 I GG, Art. 46 II GG, § 36 StGB, §§ 173 III, 258

> **§§ 258 I, II, V, VI StGB (Strafvereitelung)**
> (1) Wer absichtlich oder wissentlich ganz oder zum Teil vereitelt, daß ein anderer dem Strafgesetz gemäß wegen einer rechtswidrigen Tat bestraft oder einer Maßnahme (§ 11 Abs. 1 Nr. 8) unterworfen wird, wird mit Freiheitsstrafe bis zu fünf Jahren oder mit Geldstrafe bestraft.
> (2) Ebenso wird bestraft, wer absichtlich oder wissentlich die Vollstreckung einer gegen einen anderen verhängten Strafe oder Maßnahme ganz oder zum Teil vereitelt.
> [...]
> (5) Wegen Strafvereitelung wird nicht bestraft, wer durch die Tat zugleich ganz oder zum Teil vereiteln will, daß er selbst bestraft oder einer Maßnahme unterworfen wird oder daß eine gegen ihn verhängte Strafe oder Maßnahme vollstreckt wird.
> (6) Wer die Tat zugunsten eines Angehörigen begeht, ist straffrei.

---

[3] Hierzu Krey/Esser, AT, 6. Aufl. 2016, Rn. 779; näher Bloy JuS 1993, L33; Satzger Jura 2017, 649.

VI StGB, §§ 218 IV 2, 218a IV 1, 218b I 3, 218c II StGB, §§ 257 III 1, 258 V StGB, § 37 StGB, § 326 VI StGB.

In der in diesen Normen umrissenen typisierten **persönlichen** oder **sachlichen** Situation nimmt der Gesetzgeber aus kriminalpolitischen Gründen kein Strafbedürfnis an oder stellt es hinter anderen Erwägungen zurück.

Problematisch ist insbesondere, ob § 16 StGB oder auch § 35 II StGB – jedenfalls sinngemäß – auf Strafausschließungsgründe oder doch manche von ihnen anwendbar ist[4] oder ob Irrtümer unbeachtlich sind.

Zu Einzelheiten s. jeweils im Besonderen Teil.

C. Sog. Strafaufhebungsgründe

▶ Didaktischer Aufsatz:

- Bloy, Die Rolle der Strafausschließungs- und Strafaufhebungsgründe in der Dogmatik und im Gutachten, JuS 1993, L33

Bei sog. Strafaufhebungsgründen entfällt eine bereits begründete Strafbarkeit *ex post* aufgrund bestimmten Täterverhaltens. Der Täter kehrt zur Rechtstreue zurück. Zu nennen sind v. a. der **Rücktritt** vom versuchten Delikt nach §§ 24, 31 StGB (näher s. u.) und die **tätige Reue**[5] bei bestimmten vollendeten Delikten, §§ 98 II, 306e II, 314a, 320 III, 330b I 2 StGB (sofern examensrelevant, s. jeweils im Besonderen Teil).

4

> **§ 24 StGB (Rücktritt)**
> (1) Wegen Versuchs wird nicht bestraft, wer freiwillig die weitere Ausführung der Tat aufgibt oder deren Vollendung verhindert. Wird die Tat ohne Zutun des Zurücktretenden nicht vollendet, so wird er straflos, wenn er sich freiwillig und ernsthaft bemüht, die Vollendung zu verhindern.
> (2) Sind an der Tat mehrere beteiligt, so wird wegen Versuchs nicht bestraft, wer freiwillig die Vollendung verhindert. Jedoch genügt zu seiner Straflosigkeit sein freiwilliges und ernsthaftes Bemühen, die Vollendung der Tat zu verhindern, wenn sie ohne sein Zutun nicht vollendet oder unabhängig von seinem früheren Tatbeitrag begangen wird.

---

[4] Hierzu Hillenkamp/Cornelius, 32 Probleme aus dem Strafrecht AT, 15. Aufl. 2017, 11. P.; näher Kohlhaas ZStW 1958, 217; Satzger Jura 2017, 649; aus der Rspr. vgl. RG U. v. 25.03.1927 – I 227/27 – RGSt 61, 270; BGH U. v. 16.06.1970 – 5 StR 261/70 – BGHSt 23, 281 = NJW 1970, 1854 (Anm. Hassemer JuS 1970, 641; Bulla JuS 1974, 229).
[5] Hierzu Krey/Esser, AT, 6. Aufl. 2016, Rn. 1336; näher Krack NStZ 2001, 505; Oğlakcıoğlu/Kulhanek JR 2014, 462; zu Reformüberlegungen Havekost ZRP 1980, 308; Jahn/Ebner FS von Heintschel-Heinegg 2015, 221.

> **§ 306e StGB (Tätige Reue)**
> (1) Das Gericht kann in den Fällen der §§ 306, 306a und 306b die Strafe nach seinem Ermessen mildern (§ 49 Abs. 2) oder von Strafe nach diesen Vorschriften absehen, wenn der Täter freiwillig den Brand löscht, bevor ein erheblicher Schaden entsteht.
> (2) Nach § 306d wird nicht bestraft, wer freiwillig den Brand löscht, bevor ein erheblicher Schaden entsteht.
> (3) Wird der Brand ohne Zutun des Täters gelöscht, bevor ein erheblicher Schaden entstanden ist, so genügt sein freiwilliges und ernsthaftes Bemühen, dieses Ziel zu erreichen.

Soweit die Norm außer einem Ausschluss der Strafe auch eine **Strafmilderung** ermöglicht (wie z. B. § 306e I, nicht aber II StGB; zur **Ebene der Strafzumessung** s. u.) oder auch das Absehen von Strafe für **fakultativ** und nicht obligatorisch erklärt (s. wiederum § 306e I StGB), spricht man auch von **Strafeinschränkungsgründen**.

D. Strafantrag, §§ 77 ff. StGB; Verfolgungsverjährung, §§ 78–78c StGB (?)

5   Strafantrag und Verjährung sind zwar im StGB geregelt, der Sache nach handelt es sich aber nach h.M. nicht um materielle Strafbarkeitsvoraussetzungen, sondern um Institute des Strafprozessrechts[6] (Prozessvoraussetzungen),[7] so dass sie in einer Fallbearbeitung, die nach der „Strafbarkeit" fragt, nicht zu prüfen sind.

Was aber den Strafantrag angeht, so hat es sich eingebürgert, dass sowohl dann, wenn entweder laut Bearbeitervermerk alle erforderlichen Strafanträge gestellt sind, als auch wenn kein Hinweis im Fall ersichtlich ist, zumindest das Antragserfordernis kurz mit dazugehöriger Norm erwähnt wird, s. z. B. die §§ 123 II, 194, 205, 230, 238 IV, 247, 248a, 263 IV, 265a III, 288 II, 289 III, 294, 303c StGB, und zwar unabhängig davon, ob ein Strafantrag immer erforderlich ist (sog. absolutes Antragsdelikt) oder durch die Strafverfolgungsbehörde ersetzt werden kann (sog. eingeschränktes Antragsdelikt).

---

[6] S. daher Beulke/Swoboda, Strafprozessrecht, 15. Aufl. 2020, Rn. 281, 283; didaktisch zur Verjährung Bock JuS 2006, 12; Satzger Jura 2012, 433; Meyer JA 2014, 342; zum Strafantrag Kett-Straub JA 2011, 694; Bosch Jura 2013, 368; Mitsch JA 2014, 1; Böhme/Lahmann JuS 2016, 234; Ruppert JA 2018, 107; Loose/Henseler JuS 2018, 346.

[7] Kindhäuser/Hilgendorf, LPK, 8. Aufl. 2020, § 78 Rn. 2; vgl. aus der Rspr. zuletzt zum Strafantrag OLG Stuttgart B. v. 14.09.2018 – 4 Rv 25 Ss 608/18 – StV 2020, 852; zur Verjährung BGH Vorlagebg. v. 17.11.2016 – 2 StR 342/15 – NStZ-RR 2017, 103.

§ 123 StGB (Hausfriedensbruch)
(1) Wer in die Wohnung, in die Geschäftsräume oder in das befriedete Besitztum eines anderen oder in abgeschlossene Räume, welche zum öffentlichen Dienst oder Verkehr bestimmt sind, widerrechtlich eindringt, oder wer, wenn er ohne Befugnis darin verweilt, auf die Aufforderung des Berechtigten sich nicht entfernt, wird mit Freiheitsstrafe bis zu einem Jahr oder mit Geldstrafe bestraft.
(2) Die Tat wird nur auf Antrag verfolgt.

§ 230 StGB (Strafantrag)
(1) Die vorsätzliche Körperverletzung nach § 223 und die fahrlässige Körperverletzung nach § 229 werden nur auf Antrag verfolgt, es sei denn, daß die Strafverfolgungsbehörde wegen des besonderen öffentlichen Interesses an der Strafverfolgung ein Einschreiten von Amts wegen für geboten hält. Stirbt die verletzte Person, so geht bei vorsätzlicher Körperverletzung das Antragsrecht nach § 77 Abs. 2 auf die Angehörigen über.
(2) Ist die Tat gegen einen Amtsträger, einen für den öffentlichen Dienst besonders Verpflichteten oder einen Soldaten der Bundeswehr während der Ausübung seines Dienstes oder in Beziehung auf seinen Dienst begangen, so wird sie auch auf Antrag des Dienstvorgesetzten verfolgt. Dasselbe gilt für Träger von Ämtern der Kirchen und anderen Religionsgesellschaften des öffentlichen Rechts.

§ 248a StGB (Diebstahl und Unterschlagung geringwertiger Sachen)
Der Diebstahl und die Unterschlagung geringwertiger Sachen werden in den Fällen der §§ 242 und 246 nur auf Antrag verfolgt, es sei denn, daß die Strafverfolgungsbehörde wegen des besonderen öffentlichen Interesses an der Strafverfolgung ein Einschreiten von Amts wegen für geboten hält.

9. Kapitel: Strafzumessung

A. Allgemeines

Für die Fallbearbeitung des Ersten Staatsexamens ist – ein Stück weit angesichts der Praxisrelevanz bedauerlicherweise – das Sanktionenrecht fast gänzlich irrelevant: Das Gutachten endet mit der Feststellung der Strafbarkeit. Der Bearbeiter trifft also innerhalb des deliktischen Strafrahmens keine konkrete Sanktionsentscheidung, erst recht keine weiteren sanktionenrechtlichen Entscheidungen (z. B. Strafaussetzung zur Bewährung, Nebenstrafe, Maßregeln der Besserung und Sicherung). 1

Zur Strafzumessung äußert sich das Gutachten aber nach überkommener Praktik dann, wenn eine Verschiebung des grundsätzlichen deliktischen Strafrahmens gesetzlich vorgesehen ist (im Allgemeinen oder im Besonderen Teil). Aber auch dann hat es mit der Prüfung etwaiger Voraussetzungen dieser Verschiebung und ggf. der Feststellung eben dieser sein Bewenden.

Klargestellt sei i. Ü., dass ein (milder oder strenger) Strafrahmen bei Auslegungsproblemen als Argument gegen oder für eine restriktive Auslegung von Tatbestandsmerkmalen herangezogen kann und in Rspr. und Literatur vielfach auch wird; s. jeweils im Besonderen Teil.

B. Strafrahmenverschiebungen im Allgemeinen Teil

Zu vertypten Strafrahmenverschiebungen im Allgemeinen Teil s. bereits o. Einführung. 2

Schärfungen, die nach den Vorschriften des Allgemeinen Teils vorgesehen sind, existieren nicht.

Milderungen (mit der Folge der Anwendung des § 49 I StGB), die nach den Vorschriften des Allgemeinen Teils vorgesehen sind finden sich im examensrelevanten Bereich in den §§ 21, 17 S. 2, 35 II StGB (hierzu s. jeweils bereits o.) und in den §§ 23 II, 13 II, 27 II, 28 I, 30 I 2 StGB (hierzu s. jeweils u.).

Eine echte Prüfung in einer Ebene Strafzumessung bietet sich bei Anlass wohl nur bei den §§ 21 und 28 I StGB an; i. Ü. wird eine kurze Erwähnung der milderen Rechtsfolge nach dem Ergebnissatz genügen.

C. Strafrahmenverschiebungen im Besonderen Teil

I. Allgemeines

3   Zur sanktionsbezogenen Gesetzgebungstechnik mit Sonderstrafrahmen bei einzelnen Delikten sowie zu § 12 III StGB s. bereits o.

Da es sich ferner gerade um deliktsbezogene Strafrahmenverschiebungen handelt, gehören Einzelheiten in den Besonderen Teil.

II. Strafrahmenschärfungen: Besonders schwere Fälle

1. Allgemeines

4   Zur Unterscheidung von eigenständigen verschärften Tatbeständen (sog. Qualifikationen) und bloßen sanktionsrechtlichen Vorschriften (insbesondere sog. Regelbeispielen) s. bereits o.

Diese Normtypen dürfen keinesfalls verwechselt werden, was v. a. dann rasch passieren kann, wenn der Gesetzgeber entsprechende Vorschriften kumuliert (z. B. im Hinblick auf den Diebstahl gem. § 242 StGB: § 243 StGB betrifft lediglich die Strafzumessung des – einfachen – Diebstahls; die §§ 244, 244a StGB hingegen bilden Qualifikationen, also Spezialtatbestände).

2. Benannte besonders schwere Fälle (sog. Regelbeispiele)

5   Zur Regelbeispielstechnik s. bereits o.

Wichtigstes Beispiel ist § 243 I 2 StGB als Strafrahmenverschärfung des – einfachen – Diebstahls.

> **§ 242 I StGB (Diebstahl)**
> Wer eine fremde bewegliche Sache einem anderen in der Absicht wegnimmt, die Sache sich oder einem Dritten rechtswidrig zuzueignen, wird mit Freiheitsstrafe bis zu fünf Jahren oder mit Geldstrafe bestraft.

C. Strafrahmenverschiebungen im Besonderen Teil

> **§ 243 StGB (Besonders schwerer Fall des Diebstahls)**
> (1) In besonders schweren Fällen wird der Diebstahl mit Freiheitsstrafe von drei Monaten bis zu zehn Jahren bestraft. Ein besonders schwerer Fall liegt in der Regel vor, wenn der Täter
> 1. zur Ausführung der Tat in ein Gebäude, einen Dienst- oder Geschäftsraum oder in einen anderen umschlossenen Raum einbricht, einsteigt, mit einem falschen Schlüssel oder einem anderen nicht zur ordnungsmäßigen Öffnung bestimmten Werkzeug eindringt oder sich in dem Raum verborgen hält,
> 2. eine Sache stiehlt, die durch ein verschlossenes Behältnis oder eine andere Schutzvorrichtung gegen Wegnahme besonders gesichert ist,
> 3. gewerbsmäßig stiehlt,
> 4. aus einer Kirche oder einem anderen der Religionsausübung dienenden Gebäude oder Raum eine Sache stiehlt, die dem Gottesdienst gewidmet ist oder der religiösen Verehrung dient,
> 5. eine Sache von Bedeutung für Wissenschaft, Kunst oder Geschichte oder für die technische Entwicklung stiehlt, die sich in einer allgemein zugänglichen Sammlung befindet oder öffentlich ausgestellt ist,
> 6. stiehlt, indem er die Hilflosigkeit einer anderen Person, einen Unglücksfall oder eine gemeine Gefahr ausnutzt oder
> 7. eine Handfeuerwaffe, zu deren Erwerb es nach dem Waffengesetz der Erlaubnis bedarf, ein Maschinengewehr, eine Maschinenpistole, ein voll- oder halb automatisches Gewehr oder eine Sprengstoff enthaltende Kriegswaffe im Sinne des Kriegswaffenkontrollgesetzes oder Sprengstoff stiehlt.
> (2) In den Fällen des Absatzes 1 Satz 2 Nr. 1 bis 6 ist ein besonders schwerer Fall ausgeschlossen, wenn sich die Tat auf eine geringwertige Sache bezieht.

Regelbeispiele im examensrelevanten Pflichtfachbereich enthalten die §§ 113 II, 114 II i. V. m. 113 II, 115 I, II, III i. V.m. 113 II, 115 I, II, III i. V. m. 114 II, 113 II, 121 III, 125a, 129 V 1, 218 II, 240 IV, 241a IV, 243 I, 253 IV, 261 IV, 263 III, 263a II i. V. m. 263 III, 264 II, 265e, 266 II i. V. m. 263 III, 266a IV, 267 III, 268 V i. V. m. 267 III, 269 III i. V. m. 267 III, 291 II, 292 II, 303b IV, 316b IV, 330 I, 335 I, II StGB; s. daher im Einzelnen bei den jeweiligen Delikten.

In einem **Gutachten** sind die Regelbeispiele **tatbestandsähnlich zu prüfen**, gegliedert in **objektive** und **subjektive Voraussetzungen**. Die Anwendung von Vorschriften des Allgemeinen Teils dem Rechtsgedanken nach ist i. E. problematisch, aber ganz überwiegend anerkannt.

Beispielsweise werden Regelbeispiele insofern ähnlich wie Tatbestandsmerkmale behandelt, als für ihre Verwirklichung Vorsatz – angesichts des Charakters der

Regelbeispiele als Strafzumessungserwägungen spricht man auch von **Quasi-Vorsatz**, um den Begriff des Vorsatzes für Tatbestandsmerkmale zu reservieren – verlangt wird, § 16 I 1 StGB gilt hier analog.[1]

6 Auslegungsschwierigkeiten bzgl. der Regelbeispielsvoraussetzungen verlieren freilich dadurch einen Großteil ihrer Tragweite zumindest für die Praxis, dass es jenseits der Regelbeispiele immer auch einen sog. unbenannten besonders schweren Fall gibt, auf den das Gericht zurückgreifen kann. Da also die Regelbeispiele nicht abschließend sind und ferner auch nicht zwingend (trotz Vorliegen aller Voraussetzungen kann aus dem milderen Regelstrafrahmen bestraft werden) bestehen Bestimmtheitsbedenken, die aber bislang weitgehend akademisch geblieben sind.

3. (Ausschließlich) Unbenannte besonders schwere Fälle

7 Bisweilen ist eine Strafrahmenverschiebung „nach oben" nicht an tatbestandsähnlich ausgestaltete Voraussetzungen gebunden, sondern bleibt ausschließlich einer (vagen) Gesamtwürdigung überlassen.

- Im examensrelevanten Pflichtfachbereich betrifft dies nur den Totschlag, § 212 II StGB.

> **§ 212 StGB (Totschlag)**
> (1) Wer einen Menschen tötet, ohne Mörder zu sein, wird als Totschläger mit Freiheitsstrafe nicht unter fünf Jahren bestraft.
> (2) In besonders schweren Fällen ist auf lebenslange Freiheitsstrafe zu erkennen.

Im Gutachten ist allenfalls nach dem Ergebnissatz kurz zu erwähnen, dass u. U. ein unbenannter besonders schwerer Fall anzudenken ist. Da aber ein Klausursachverhalt nie die umfassende Würdigung von Tat und Täter ermöglichen kann, ist selbst das unüblich. Zur Verwendung als Argumentationsmaterial s. o., z. B. lässt sich einer extensiven Handhabung von Mordmerkmalen unter Hinweis auf den Ausweg nach § 212 II StGB entgegentreten.

III. Strafrahmenschärfungen: Strafrahmenmilderungen: Minder schwere Fälle

1. Allgemeines

8 Zur Gesetzgebungstechnik (seltener) benannter und (weniger seltener) unbenannter minder schwerer Fälle s. bereits o.

Ferner ist in einigen Normen des Besonderen Teils eine Strafmilderung statt Absehen von Strafe bei manchen Strafaufhebungsgründen möglich, die insofern dann

---

[1] B. Heinrich, AT, 6. Aufl. 2019, Rn. 1113.

Strafeinschränkungsgründe sind (§§ 98 II 1, 142 IV, 157, 158, 306e I, 314a I, II, 320 II, 330b I 1 StGB).

2. Benannte minder schwere Fälle

Zur diesbzgl. Gesetzgebungstechnik s. bereits o. Keinesfalls darf ein solch benannter minder schwerer Fall mit einer sog. Privilegierung verwechselt werden, die ein eigenständiger Tatbestand ist (z. B. § 216 StGB).

Im examensrelevanten Pflichtfachbereich existiert mit § 213 1. Var. StGB nur ein einziger Tatbestand mit einer an bestimmte Voraussetzungen geknüpften Strafrahmenmilderung.

9

> **§ 213 StGB (Minder schwerer Fall des Totschlags)**
> War der Totschläger ohne eigene Schuld durch eine ihm oder einem Angehörigen zugefügte Mißhandlung oder schwere Beleidigung von dem getöteten Menschen zum Zorn gereizt und hierdurch auf der Stelle zur Tat hingerissen worden oder liegt sonst ein minder schwerer Fall vor, so ist die Strafe Freiheitsstrafe von einem Jahr bis zu zehn Jahren.

Im Gutachten ist diese tatbestandsähnlich zu prüfen.

3. (Ausschließlich) Unbenannte minder schwere Fälle

Nicht selten ist eine Strafrahmenverschiebung „nach unten" nicht an tatbestandsähnlich ausgestaltete Voraussetzungen gebunden, sondern bleibt ausschließlich einer (vagen) Gesamtwürdigung überlassen.

10

Im examensrelevanten Pflichtfachbereich findet sich Derartiges in den §§ 145d IV, 154 II, 164 III 2, 221 IV, 224 I a. E., 225 IV, 226 III, 226a II, 227 II, 232a V, 232b IV i. V. m. 232a V, 233 IV, 233a IV, 234 II, 234a II, 235 VI, 237 IV, 239 V, 239a II, 239b II i. V. m. 239a II, 244 II, 244a II, 249 II, 250 III, 258a I a. E., 260a II, 263 V, 267 IV, 268 V i. V. m. 267 IV, 269 III i. V. m. 267 IV, 306 II, 306a III, 308 IV, 309 V, 310 II, 312 V, 313 II i. V. m. 308 IV, 314 II i. V. m. 308 IV, 315 IV, 315b III, 315d V, 316a II, 316c II, 318 V, 330 III, 330a III, 332 I 2, 332 II 2, 334 I 2, 340 I 2, 340 III i. V. m. 224 I, I a. E., 340 III i. V. m. 225 I, III, IV, 340 III i. V. m. 226 I, II, III, 340 III i. V. m. 226a I, II, 340 III i. V. m. 227 I, II, 343 II, 344 I 1, 345 I StGB.

S. z. B. den minder schweren Fall der Körperverletzung mit Todesfolge in § 227 II StGB:

> **§ 227 StGB (Körperverletzung mit Todesfolge)**
> (1) Verursacht der Täter durch die Körperverletzung (§§ 223 bis 226a) den Tod der verletzten Person, so ist die Strafe Freiheitsstrafe nicht unter drei Jahren.
> (2) In minder schweren Fällen ist auf Freiheitsstrafe von einem Jahr bis zu zehn Jahren zu erkennen.

Im Gutachten ist allenfalls nach dem Ergebnissatz kurz zu erwähnen, dass u. U. ein unbenannter minder schwerer Fall gegeben sein mag. Da aber ein Klausursachverhalt nie die umfassende Würdigung von Tat und Täter ermöglichen kann, ist selbst das unüblich. Zur Verwendung als Argumentationsmaterial s. o., z. B. lässt sich einer bemüht restriktiven Auslegung von Tatbestandsmerkmalen inkl. etwa Zurechnungsfragen (die bei § 227 I StGB vielfach erörtert werden) unter Hinweis auf die Existenz eines minder schweren Falles entgegentreten.

Teil III

Besondere Erscheinungsformen der Straftat

10. Kapitel: Versuchtes täterschaftliches Begehungsdelikt

▶ Didaktische Aufsätze:

- Roxin, Tatentschluß und Anfang der Ausführung beim Versuch, JuS 1979, 1
- Kühl, Grundfälle zu Vorbereitung, Versuch, Vollendung und Beendigung, JuS 1979, 718 und 874, JuS 1980, 120, 273, 506, 650 und 811, JuS 1981, 193, JuS 1982, 110 und 189
- Rath, Grundfälle zum Unrecht des Versuchs, JuS 1998, 1006 und 1106, JuS 1999, 32 und 140
- Fahl/Scheuermann-Kettner, Versuch, Vorbereitung usw., JA 1999, 124
- Putzke, Der strafbare Versuch, JuS 2009, 894, 985 und 1083
- Rönnau, Grundwissen Strafrecht: Versuchsbeginn, JuS 2013, 879
- Krack, Jetzt geht's los – typische Klausurfehler im Rahmen der Versuchsprüfung, JA 2015, 905
- Kusche, Zur Subjektivität und Normativität der Versuchsstrafbarkeit, Jura 2019, 913

A. Grundlagen

I. Allgemeines; Stufen/Stadien der Deliktsverwirklichung (*iter criminis*)

▶ Didaktische Aufsätze:

- Mitsch, Vorbereitung und Strafrecht, Jura 2013, 696
- Kühl, Die Straftat in ihrer zeitlichen Entwicklung, JA 2014, 907
- Mitsch, Die Beendigung als ungeschriebenes Merkmal der Straftat, JA 2017, 407
- Rönnau/Wegner, Tatbeendigung, JuS 2019, 970

Die Straftatbestände formulieren objektive und subjektive Tatbestandsvoraussetzungen. Erfüllt der Täter sämtliche dieser Tatbestandsmerkmale, so ist das Delikt

vollendet. Er kann dann in aller Regel nichts mehr tun, um diese Strafbarkeit zu beseitigen. Eine Wiedergutmachung des Schadens o. Ä. findet lediglich bei der Strafzumessung Berücksichtigung.

Eine Ausnahme bilden die seltenen Regelungen zur **tätigen Reue** (v. a. §§ 98 II, 142 IV, 306e II, 314a, 320 III, 330b I 2 StGB), z. B.:

> **§ 306e StGB (Tätige Reue)**
> (1) Das Gericht kann in den Fällen der §§ 306, 306a und 306b die Strafe nach seinem Ermessen mildern (§ 49 Abs. 2) oder von Strafe nach diesen Vorschriften absehen, wenn der Täter freiwillig den Brand löscht, bevor ein erheblicher Schaden entsteht.
> (2) Nach § 306d wird nicht bestraft, wer freiwillig den Brand löscht, bevor ein erheblicher Schaden entsteht.
> (3) Wird der Brand ohne Zutun des Täters gelöscht, bevor ein erheblicher Schaden entstanden ist, so genügt sein freiwilliges und ernsthaftes Bemühen, dieses Ziel zu erreichen.

Eine analoge Anwendung der Vorschriften zur tätigen Reue auf andere Fallgestaltungen und Tatbestände i. S. e. allgemeinen Rechtsgedankens wird verschiedentlich diskutiert, von der h. M. aber stets unter Hinweis auf die eindeutige und vom Gesetzgeber bewusst beschränkte Gesetzesfassung verneint.

2   Der „Normalfall" in Gesetz, Praxis und Klausur ist die Vollendung des Delikts. In chronologischer Hinsicht tritt diese allerdings relativ spät ein. Das Delikt durchläuft vor der Vollendung verschiedene Phasen, das sog. *iter criminis*, die im Folgenden nacheinander dargestellt werden.

Im Vorfeld lassen sich zunächst **Tatgeneigtheit** (also das Spielen mit dem Gedanken an eine Tatbegehung), **Tatentschluss**, **Tatplanung** und das Stadium der **Vorbereitung**[1] benennen. Diesen Stadien kommt fast keine rechtliche Relevanz zu, sie sind auch im Grunde nur negativ zu definieren, dergestalt, dass noch kein Versuch i. S. d. § 22 StGB gegeben ist.

Allerdings gibt es gewisse – rechtspolitisch nicht unproblematische – Tatbestände, die derart weit gefasst sind, dass sie explizit (§§ 83, 87, 89a(, 89c), 149, 234a III, 263a III, 275, 310, 316c IV StGB) oder der Sache nach (§§ 89, 89b(, 89c), 96, 98, 99, 129, 146 I Nr. 1, 2, 176 IV Nr. 3, 4, 180 I, 219a, 219b,264, 264a, 265, 265b, 267 I 1, 2. Var., 268 I 1, 2. Var. StGB) auch bloße Vorbereitungshandlungen pönalisieren („Vorbereitung" also nur – materiell – in Ansehung der konkreten Gefährdung oder Verletzung eines Rechtsguts, da formal ja bereits sogar Vollendung eingetreten). Einen Sonderfall bildet § 30 II StGB, s. u.

Dass das Vorbereitungsstadium i. Ü. straflos ist, ändert freilich nichts daran, dass eine Beteiligungshandlung, z. B. i. R. d. Mittäterschaft nach § 25 II StGB, bereits wirksam stattfinden kann.

---

[1] Zur Vorbereitung z. B. Krey/Esser, 6. Aufl. 2016, Rn. 1193a; näher Mitsch Jura 2013, 696; Petzsche ZStW 2019, 576; zur tatvorbereitenden computervermittelten Kommunkation Bock/Harrendorf ZStW 2014, 337.

A. Grundlagen

Die neben dem Eintritt der Vollendung wichtigste Zäsur ist der Eintritt aus dem Vorbereitungsstadium in das Stadium des **Versuchs**, dessen Strafbarkeit sich für das versuchte täterschaftliche Delikt nach den **§§ 22–24 StGB** richtet[2] (i. V. m. einem Tatbestand des Besonderen Teils) und der in diesem Abschnitt näher erläutert wird.

> **§ 22 StGB (Begriffsbestimmung)**
> Eine Straftat versucht, wer nach seiner Vorstellung von der Tat zur Verwirklichung des Tatbestandes unmittelbar ansetzt.

Im Folgenden erhellend erweisen wird sich ferner die historische Fassung.

> **§ 43 StGB a. F.**
> Wer den Entschluß, ein Verbrechen oder Vergehen zu verüben, durch Handlungen, welche einen Anfang der Ausführung dieses Verbrechens oder Vergehens enthalten, bethätigt hat, ist, wenn das beabsichtigte Verbrechen oder Vergehen nicht zur Vollendung gekommen ist, wegen Versuches zu bestrafen.
> Der Versuch eines Vergehens wird jedoch nur in den Fällen bestraft, in welchen das Gesetz dies ausdrücklich bestimmt.

Sub specie iter criminis sei bereits jetzt erwähnt, dass man zwei **Versuchsstadien** unterscheiden kann: Erstens das Stadium des sog. unbeendeten Versuchs, bei dem der Täter im Zeitpunkt seiner Handlung noch nicht annimmt, für einen Erfolgseintritt bereits alle Handlungen (z. B. alle Verabreichungen kumulativ für eine Tötung notwendiger Giftdosen) vorgenommen zu haben (auch dies soll bereits u. U. strafbar sein, s. u.), zweitens das Stadium des sog. beendeten Versuchs, bei dem der Täter im Zeitpunkt seiner Handlung Vorsatz dahingehend hat, bereits alle Handlungen vorgenommen zu haben, die seinerseits für einen Erfolgseintritt erforderlich sind.[3] Die Terminologie ist also etwas missverständlich, da allein die subjektive Basis der Tätervorstellung relevant ist.

Insofern setzt sich die allgemeine Problematik bzgl. der Anforderungen an den Vorsatz (s. o.) fort: Muss der Täter die Erfolgstauglichkeit oder nur Umstände, aus

---

[2] Zum Versuch z. B. Krey/Esser, 6. Aufl. 2016, Rn. 1192 ff.; näher Treplin ZStW 1964, 441; Meyer ZStW 1975, 598; Roxin JuS 1979, 1; Kühl JuS 1979, 718 und 874, JuS 1980, 120, 273, 506, 650 und 811, JuS 1981, 193, JuS 1982, 110 und 189; Rath JuS 1998, 1006 und 1106, JuS 1999, 32 und 140; Fahl/Scheuermann-Kettner JA 1999, 124; Putzke JuS 2009, 894, 985 und 1083; Rönnau JuS 2013, 879; Krack JA 2015, 905.

[3] Zur – nicht selten erst i. R. d. § 24 I 1 StGB vertieften oder auch nur erwähnten Unterscheidung und Bestimmung von beendetem und unbeendetem Versuch Kindhäuser/Hilgendorf, LPK, 8. Aufl. 2019, § 24 Rn. 13 ff.; näher Geilen JZ 1972, 335; Borchert/Hellmann GA 1982, 429; Herzberg NJW 1986, 2466; Stein GA 2010, 129; aus der Rspr. vgl. zuletzt BGH B. v. 17.12.2019 – 2 StR 340/19 – NStZ-RR 2020, 102 = StV 2021, 90 (Anm. Eisele JuS 2020, 465); BGH B. v. 23.06.2020- 5 StR 601/19 – NStZ-RR 2020, 272.

denen das normativ zu folgern ist erkannt haben? Richtigerweise ist ein kognitiv-normativer Maßstab anzulegen, s. o.

Mit Erfüllung aller Tatbestandsmerkmale ist die Tat zur (formellen) **Vollendung** gelangt, s. o.

Das letzte Stadium der Straftatbegehung ist die (materielle) **Beendigung**.[4]

Gesetzlich geregelt ist hierbei lediglich, dass gem. § 78a StGB die Verjährung beginnt, sobald die Tat beendet ist – eine (da prozessualer Art) nur sehr selten examensrelevante Frage.

Die Unterscheidung zwischen Vollendung und Beendigung ist aber auch i. R. d. materiellen Strafbarkeitsprüfung von Bedeutung. Dies betrifft zunächst die – umstrittene – sog. sukzessive Mittäterschaft, ferner als Pendant die ebenso umstrittene sog. sukzessive Teilnahme (v. a. als sukzessive Beihilfe), die wiederum umstrittene Frage der Möglichkeit sukzessiver Qualifikation und schließlich die Fragen der Konkurrenzlehre.

Ein Beendigungsstadium, welches sich vom Eintritt der Vollendung unterscheiden lässt, existiert **nicht bei allen Delikten**, sondern lediglich bei solchen, die sich durch einen recht frühen Vollendungszeitpunkt auszeichnen, nach dem das Rechtsgut weiter beeinträchtigt werden kann (s. ggf. jeweils im Besonderen Teil). Dies ist z. B. der Diebstahl gem. § 242 I StGB, welcher bereits mit der Wegnahme der Sache vollendet ist, beendet aber erst dann, wenn der Täter seinen erlangten Gewahrsam an der fremden Sache endgültig gegen Entziehung gesichert hat (vulgo: Entkommen mit der Beute). Beteiligt sich eine weitere Person nach Vollendung, aber vor Beendigung des Diebstahls an diesem (z. B. beim Abtransport der Beute), so wird die Kontroverse bzgl. einer sukzessiven Mittäterschaft oder Beihilfe relevant. Entsprechendes gilt, wenn der Täter erst nach Vollendung, aber vor Beendigung einen qualifizierenden Umstand verwirklicht (z. B. nach Vollendung, aber vor Beendigung eines Raubes eine Waffe verwendet, §§ 249 I, 250 II Nr. 1 StGB).

II. Strafgrund

3   Dass der Versuch i. R. d. §§ 22 ff. StGB strafbar ist, ist keine Selbstverständlichkeit, jedenfalls nicht in der vom Gesetzgeber vorgesehenen Weite.[5]

Subjektiv zwanglos zu erklären ist die Strafbewehrung des **sog. beendeten Versuchs**: Da hier der Erfolgseintritt nicht mehr vom Täterverhalten, sondern lediglich noch vom Zufall abhängt, ist der Strafgrund derselbe wie beim Vollendungsdelikt, daher s. o. bei den allgemeinen Strafzwecken (auch zur gewissen Irrationalität des

---

[4] Hierzu Krey/Esser, 6. Aufl. 2016, Rn. 1197 ff.; näher Furtner JR 1966, 169; Hruschka GA 1968, 193; Jescheck FS Welzel 1974, 683; Kühl FS Roxin 2001, 665; Mitsch JA 2017, 407.

[5] Zum Strafgrund des Versuchs Kindhäuser/Hilgendorf, LPK, 8. Aufl. 2020, vor § 22 Rn. 1 ff.; näher Roos JR 1950, 206; Waiblinger ZStW 1957, 189; Spendel NJW 1965, 1881; Spendel FS Stock 1966, 89; Adams/Shavell GA 1990, 337; Roxin FS Nishihara 1998, 157; Hirsch GS Vogler 2004, 31; Hirsch JZ 2007, 494; Haas ZStW 2011, 226; Gössel FS Wolter 2013, 403; Roxin GA 2017, 656; Zimmermann JR 2018, 23.

A. Grundlagen

Abhängigmachens der Strafbarkeit vom Erfolgseintritt). Zweifelhaft ist eher gerade andersherum, dass die Versuchsstrafbarkeit gem. § 23 I StGB unvollständig angeordnet ist und überdies § 23 II StGB eine fakultativ mildere Rechtsfolge ermöglicht. Insgesamt leiden die Versuchsnormen an der vermengenden Normierung von sog. unbeendetem und sog. beendetem Versuch, obwohl die Unterschiede bedeutend sind.

Beim **sog. unbeendeten Versuch** weiß bzw. glaubt der Täter, dass er noch weitere Handlungen vornehmen muss, damit sein Verhalten zum Erfolg führt; dennoch erfasst § 22 StGB nach einhelliger Auffassung auch diese Versuche (näher noch u.). Warum dieser gegenüber dem Vollendungsdelikt schwächere Vorsatz (gleich dem sog. beendeten) strafbar sein soll, bedarf zusätzlicher Begründung.

Erst recht beim sog. unbeendeten, aber auch beim sog. beendeten Versuch ist ferner erklärungsbedürftig, warum eine Strafbarkeit auch dann besteht (näher s. u.), wenn der Versuch objektiv ein sog. **untauglicher** war, bei dem dem Opfer keine wirkliche Gefahr drohte (etwa weil der Täter ein völlig ungeeignetes Tatmittel ergriffen hat), sondern letztlich der Schwerpunkt des Vorwurfs auf dem bösen Willen des Täters liegt.

4

Beispiel 303

BGH U. v. 14.03.1995 – 1 StR 846/94 (Insektengift) – BGHSt 41, 94 = NJW 1995, 2176 = StV 1995, 581 (Anm. Roxin, Höchstrichterliche Rspr. AT, 1998, Nr. 57; Kaspar/Reinbacher, Casebook AT, 2020, Fall 18; Hemmer-BGH-Classics Strafrecht, 2003, Nr. 22; Geppert JK 1995 StGB § 23 III/1; Schmidt JuS 1995, 1042; Radtke JuS 1996, 878):

B sprühte das Insektengift „Detmol" aus einer Spraydose auf das Vesperbrot ihres Ehemannes Z, um ihn zu töten. Der Sprühvorgang dauerte zweimal je etwa eine Sekunde. Z verzichtete jedoch auf den Verzehr des Brotes, nachdem er einen ersten Bissen wegen des bitteren Geschmacks ausgespuckt hatte. Die 500ml-Spraydose enthielt 0,17 % des Giftes Fenitrothion, mithin 0,85 ml dieses Wirkstoffes. Die für einen Menschen mit 70 kg Körpergewicht tödliche Dosis dieses Giftes beträgt bei oraler Einnahme 40 g. ◄

Auch der gesamte Inhalt der Spraydose hätte ausweislich der Dichte von Fenitrothion nur ca. 1,13 g des Giftes enthalten. Untauglichkeit allein beeinflusst eine Strafbarkeit aber nicht. Selbst bei Handeln aus grobem Unverstand ist eine Strafmilderung oder ein Absehen von Strafe nach § 23 III StGB nur fakultativ.

Im Gegensatz zu früheren Extrempositionen (rein subjektive – Bestrafung des bösen Willens – und rein objektive – Bestrafung einer eingetretenen Gefahr – Lehren) ergibt sich aus dem heutigen § 22 StGB, dass der Gesetzgeber den Versuch für strafbar hält, weil – aber auch nur soweit – der Täter Tatvorsatz fasst („Vorstellung von der Tat") und diesen soweit ausübt, dass von einem unmittelbaren Ansetzen gesprochen werden kann.

§ 22 StGB enthält – auch im Lichte des gesetzgeberischen Reformprozesses bei Neufassung des § 43 I StGB a. F.,[6] s. u. – mithin einen Kompromiss: Einerseits soll die bloße Gesinnung nicht bestraft werden (Absage an rein subjektive Lehren), andererseits ist Grundlage der Bewertung des Täterverhaltens dessen Vorstellung, so dass es insbesondere auf eine objektive Gefährlichkeit seines Tuns nicht ankommt (Absage an rein objektive Lehren). Dabei genügt das Ansetzen (ein vollständiger Vollzug der geplanten Handlung ist also nicht erforderlich), auch wenn es immerhin „unmittelbar" sein muss.

Der Täter entwickelt also einen weit gediehenen rechtsfeindlichen Willen, den er aber nicht für sich behält – Gedanken an sich sind schon mangels Handlungsqualität straflos –, sondern ansatzweise betätigt. Stellt man nun eine Beziehung zu den Strafzwecken her, so kann man (bereits) aus einem solchen Verhalten des Täters spezial- und generalpräventive Strafbedürftigkeit folgern. Durch sein vom Tatvorsatz getragenes unmittelbares Ansetzen erweist sich der Täter als gefährlich. Sein Verhalten erschüttert zugleich die Rechtsordnung und das Sicherheitsbedürfnis der Bevölkerung; insofern wird auch der Strafzweck der Vergeltung inkl. Herstellung von Rechtsfrieden virulent.

5   Klargestellt sei, dass unterschiedliche Versuchsstadien und -arten auf Ebene der **Strafzumessung** differenziert gewürdigt werden: Unbeendetheit und Untauglichkeit eines Versuchs wirken mildernd.

B. Aufbau

6   I. „Vorprüfung"
   1. Keine Strafbarkeit wegen vollendeten Delikts
   2. Strafbarkeit des Versuchs, §§ 23 I, 12 I StGB, ggf. i. V. m. BT
II. Tatbestand
   1. Objektiver Tatbestand: Handlung
   2. Subjektiver Tatbestand
      a) Vorsatz: Tatbestandsverwirklichungsentschluss und Ablaufplan (sog. Tatentschluss; Tatplan)
      b) Unmittelbares Ansetzen zur Verwirklichung des Tatbestandes nach Vorstellung (des Täters) von der Tat
      c) Ggf.: Sonstige subjektive Tatbestandsmerkmale
III. Rechtswidrigkeit
IV. Schuld
V. Ggf. Rücktritt, § 24 StGB
VI. Strafzumessung

---

[6] BT-Drs. V/4095, S. 11 ff.

C. „Vorprüfung" (?)

I. Allgemeines

Üblich – wenn auch nicht unumstritten[7] – ist es, vor der Tatbestandsprüfung eine (unschön benannte) **Vorprüfung vorzunehmen**, in der zwei Aspekte unterschiedlicher Art angesprochen werden.

II. Keine Strafbarkeit wegen vollendeten Delikts (?)

Erstens hält man fest, dass der Täter nicht wegen Vollendung (desselben) Delikts durch dieselbe Handlung strafbar ist. Hat man (wie jedenfalls im Feststellungsstil immer kurz zu empfehlen) eine Vollendung vorher geprüft, so genügt ein Verweis nach oben.

Hierhin liegt eine im Grunde überflüssige Selbstvergewisserung über Fragen der **Gesetzeskonkurrenz** (näher u.): Eine Vollendungsstrafbarkeit verdrängt eine gleichgerichtete Versuchsstrafbarkeit (materielle Subsidiarität oder Spezialität), da in jeder Vollendung auch ein Versuch steckt. Bei anderen Fällen der Gesetzeskonkurrenz (z. B. Fahrlässigkeits- oder Unterlassungsdelikt) ist dies merkwürdigerweise nicht verbreitet. Immerhin mag ein solcher Merkposten in der Stresssituation der Fallbearbeitung nützlich sein.

In der Fallbearbeitung ist eben aufgrund der Gesetzeskonkurrenz der Versuch nur und **erst** dann zu prüfen, wenn die **Prüfung des vollendeten Delikts** mit einer Verneinung der Tatbestandsmäßigkeit endet. Bei einer Bejahung des vollendeten Delikts ist ein Ansprechen des darin enthaltenen Versuchs überflüssig. Allenfalls, wenn eine Vollendung evident ausscheidet (etwa weil das Opfer einen Anschlag auf sein Leben überlebt hat), darf ohne vorherige Vollendungsprüfung direkt mit einer Versuchsprüfung begonnen werden (die Nichtvollendung wird mit kurzer Angabe des Grundes in der sog. Vorprüfung festgestellt), aber auch dann ist eine inhaltlich und stilistisch knappe vorherige Vollendungsprüfung vorzuziehen.

III. Strafbarkeit des Versuchs, § 23 StGB

Zweitens ist als echte Anwendungsvoraussetzung des Versuchsdelikts herauszuarbeiten, dass der Versuch des konkret geprüften Delikts strafbar ist; der Versuch ist nämlich nicht bei allen Delikten strafbar.

> **§ 23 I StGB (Strafbarkeit des Versuchs)**
> Der Versuch eines Verbrechens ist stets strafbar, der Versuch eines Vergehens nur dann, wenn das Gesetz es ausdrücklich bestimmt.

---

[7] S. Joecks/Jäger, StGB, 13. Aufl. 2021, § 22 Rn. 3; näher Hardtung Jura 1996, 293.

Angeknüpft wird also an die Einordnung des Delikts als **Verbrechen oder Vergehen**, welche § 12 StGB normiert.

---

§ 12 StGB (Verbrechen und Vergehen)
(1) Verbrechen sind rechtswidrige Taten, die im Mindestmaß mit Freiheitsstrafe von einem Jahr oder darüber bedroht sind.
(2) Vergehen sind rechtswidrige Taten, die im Mindestmaß mit einer geringeren Freiheitsstrafe oder die mit Geldstrafe bedroht sind.
(3) Schärfungen oder Milderungen, die nach den Vorschriften des Allgemeinen Teils oder für besonders schwere oder minder schwere Fälle vorgesehen sind, bleiben für die Einteilung außer Betracht.

Der Gesetzgeber hat bei fast allen examensrelevanten Vergehen auch eine Versuchsstrafbarkeit angeordnet (s. nur §§ 223 II, 242 II StGB). Eine solche **fehlt** aber insbesondere bei den §§ 123, 185 ff., 221, 241, 257, 266, 323c, 331 ff. StGB.

Gemeint ist in § 23 StGB nur der Versuch eines täterschaftlich verwirklichten Delikts. Zum Teilnahmedelikt und dessen noch fragmentarischer Versuchsstrafbarkeit (§ 30 I StGB) s. u. Angesichts der keineswegs klaren „Abgrenzung" v. a. zwischen Mittäterschaft und Beihilfe (s. o.) mag man dies rechtspolitisch bedauern, muss dies aber *de lege lata* hinnehmen.

Die Anwendungsvoraussetzung des § 23 StGB ist kein Teil des Tatbestands, so dass sich der Vorsatz des Täters nicht darauf beziehen muss und es überhaupt nicht auf die Tätersicht ankommt. Aus der Auslagerung in § 23 StGB ist zu schließen, dass insofern nicht die subjektive Basis des § 22 StGB gilt.[8]

D. Tatbestand, § 22 StGB

I. Allgemeines

1. Grundlagen

10 Ausweislich der gesetzlichen Überschrift des § 22 StGB findet sich dort (nur) eine „Begriffsbestimmung" (des Versuchs nämlich). In der Tat enthält die Norm keinen vollständigen Tatbestand, aus deren Verwirklichung eine Strafbarkeit resultiert. Sie muss mit einem Tatbestand des Besonderen Teils zusammengelesen werden, wobei § 22 StGB die für das Vollendungsdelikt geltenden Grundsätze modifiziert. Struktur und Inhalt dieser Modifikationen lassen sich verallgemeinern und insofern als Tatbestand des Versuchs bezeichnen. Hierbei lassen sich gewisse Schlussfolgerungen auch aus § 23 StGB ziehen, u. U. auch aus § 24 StGB.

---

[8] Hoffmann-Holland, in: MK-StGB, 4. Aufl. 2020, § 23 Rn. 6.

2. Unterscheidung von objektivem und subjektivem Tatbestand, Existenz eines objektiven Tatbestands (?)

Da das Vollendungsdelikt einen objektiven und einen subjektiven Tatbestand kennt, liegt es nahe, hiervon auch beim Versuch auszugehen (wobei danach der Inhalt zu klären ist).

In der Tat war § 43 I StGB a. F. eindeutig darin, in Gestalt einer Betätigung durch Handlungen objektive Anforderungen zu formulieren.

> **§ 43 I StGB a. F.**
> Wer den Entschluß, ein Verbrechen oder Vergehen zu verüben, durch Handlungen, welche einen Anfang der Ausführung dieses Verbrechens oder Vergehens enthalten, bethätigt hat, ist, wenn das beabsichtigte Verbrechen oder Vergehen nicht zur Vollendung gekommen ist, wegen Versuches zu bestrafen.

Anders ist dies bei § 22 StGB: Dadurch dass es hiernach darauf ankommt, dass der Täter „*nach seiner Vorstellung* von der Tat zur Verwirklichung des Tatbestandes unmittelbar ansetzt" kommt nämlich eine rein subjektive Deutung in Betracht.

> **Beispiel 304**
> Der im alkoholbedingten Delirium auf der Couch liegende B nimmt irrig an, er stehe auf und erwürge seine Frau. ◄

Erfüllt auch die bloße Vorstellung einer (Tötungs-)Handlung den Tatbestand des versuchten Totschlags gem. §§ 212 I, 22, 23 StGB?

Die ganz h. M. sieht dies anders und bezeichnet das unmittelbare Ansetzen als objektiven Versuchstatbestand[9] oder doch als objektive Voraussetzung,[10] wobei dann durchweg die subjektive Basis i. F. d. Tätervorstellung betont wird, ohne dass hieraus Zweifel am objektiven Gehalt abgeleitet werden. Die undurchsichtige subjektiv-objektive Verschränkung der Merkmale sollte dann aber dazu auffordern, beide Bestandteile – wie beim Vollendungsdelikt auch – möglichst sauber und umfassend zu trennen und nur Objektives in einem objektiven Tatbestand zuzulassen, zumal „objektiv" und „subjektiv" schon begrifflich in einem Ausschlussverhältnis stehen.

In Teilen der Literatur findet sich zwar Kritik an der Terminologie,[11] eine durchgängige Subjektivierung, die auf alles Objektive verzichtet, wird aus § 22 StGB jedoch nirgends gefolgert, obwohl der Wortlaut dies sehr wohl hergibt, da sich die Vorstellungsbasis eben auf den gesamten Ansetzungsakt bezieht.

---

[9] S. nur Rengier, AT, 12. Aufl. 2020, § 34 Rn. 21.
[10] So Fischer, StGB, 68. Aufl. 2021, § 22 Rn. 9.
[11] Frister, AT, 9. Aufl. 2020, § 23 Rn. 16; s. auch Puppe, AT 2, 1. Aufl. 2005, § 35 Rn. 5: „hat der Versuch keinen objektiven Tatbestand".

In der Tat ist es zutreffend, ein objektives Geschehen zumindest i. F. e. Handlung zu verlangen:[12] Hierfür spricht v. a. die Normgenese; der Reformgesetzgeber wollte bei der Umwandlung des § 43 I StGB a. F. zu § 22 StGB nichts am objektiven Handlungserfordernis ändern. Die insoweit missglückt-missverständliche Neufassung hatte eine subjektivierte Bestimmung der Unmittelbarkeit als (Teil-)Erfüllung eines Tatplans im Blick (so erklärt sich auch die Doppelung Tat/Tatbestand). Es heißt immerhin auch „nach seiner Vorstellung" und nicht „in seiner Vorstellung" und fraglich ist, ob man von einer Vorstellung in Fällen irrig angenommener Handlung überhaupt sprechen kann. Jedenfalls ist der Auslegung des § 22 StGB keine Modifikation derjenigen Normen zu entnehmen, die die Handlung als Grundvoraussetzung aller Strafbarkeit zugrunde legen (z. B. § 15 StGB – „Handeln", s. ferner die §§ 8 S. 1, 9, 11 II, 14, 20, 52 I, 74e S. 1 StGB). Dieses Verständnis dürfte auch § 24 I 1 StGB zugrunde liegen (weitere Ausführung der Tat, Verhinderung der Vollendung), auch wenn sich der Norm nur eine Aussage darüber entnehmen lässt, dass es solche Versuche gibt, nicht jedoch, dass alle Versuche so sind.

In einem Gutachten ist diese Tathandlung dann auch Gegenstand des **Obersatzes** und der Subsumtion. Wie beim Vollendungsdelikt auch gehört Subjektives hingegen nicht in den Obersatz.

12 Da die Handlung ein objektives Merkmal ist, hat somit auch der Versuch einen objektiven Tatbestand.

Zum **Inhalt** des objektiven Tatbestands s. sogleich. Selbstverständlich handelt es sich um einen durch § 22 StGB deutlich modifizierten Tatbestandsinhalt, der sich im Vergleich mit dem vollendeten Delikt als Fragment präsentiert: Nicht nur ist ggf. der Erfolg ausgeblieben, es ist nicht einmal ein vollständiges Verhalten erforderlich, vgl. die Strafbarkeit auch des unbeendeten und des untauglichen Versuchs, s. u. Es müssen objektive Inhalte des § 22 StGB isoliert werden, die dann den objektiven Tatbestand bilden, während Subjektives allein im subjektiven Tatbestand auch nur zu erwähnen ist. Und so ist es dann auch unstrittig, dass die eigentliche Frage des unmittelbaren Ansetzens – die Handlung kann nicht mit beliebiger Vorstellung vorgenommen werden, sondern muss der (Teil-)Erfüllung des Tatplans dienen – auf subjektiver Basis zu prüfen ist, so dass dies entgegen der h. M. in den subjektiven Tatbestand gehört; jedenfalls dann, wenn man die Unterscheidung von objektivem und subjektivem Tatbestand beim Vollendungsdelikt vornimmt.

3. Reihenfolge von objektivem und subjektivem Tatbestand

13 Nach wohl einhelliger Meinung[13] wird, anders als beim vollendeten Delikt, beim versuchten Delikt der **subjektive Tatbestand zuerst** geprüft. Hierfür wird v. a. angeführt, dass dieser vollständig vorliegen müsse, während der objektive unvollständig bleibe. Allerdings ist ein voraussetzungsreicherer subjektiver Tatbestand keine Seltenheit; es gibt zahlreiche Delikte mit überschießender Innentendenz, von denen zwar die meisten wohl bereits objektiv einen tauglichen Unwert umschreiben

---

[12] Ausf. Hoffmann-Holland, in: MK-StGB, 4. Aufl. 2020, § 22 Rn. 103 ff.; s. auch Puppe, AT 2, 1. Aufl. 2005, § 35 Rn. 5.
[13] Joecks/Jäger, StGB, 13. Aufl. 2021, § 22 Rn. 2.

(z. B. §§ 242 I, 253 I, 263 I StGB), aber nicht alle – so erschöpft sich der objektive Tatbestand der Terrorismusfinanzierung gem. § 89c I StGB auf das Sammeln, Entgegennehmen oder zur Verfügung Stellen von Vermögenswerten, das eigentlich Missbilligte liegt im subjektiven Tatbestand. Wenn darauf verwiesen wird, dass eine Prüfung des unmittelbaren Ansetzens erst auf Grundlage der subjektiven Tatvorstellung möglich sei, so ist das richtig, aber in der Fehlverortung des unmittelbaren Ansetzens jenseits des objektiven Handlungserfordernisses verwurzelt (s. u.). Da das unmittelbare Ansetzen als (Teil-)Erfüllung des Tatplans anzusehen sein muss, gehört dies entgegen der h. M. in den subjektiven Tatbestand und kann dann als Aspekt der Reihenfolge von objektivem und subjektivem Tatbestand keine Rolle spielen. In vielen Konstellationen des vollständigen Handlungsvollzugs (sog. beendeter Versuch) ist das am objektiven Tatbestand lediglich Fehlende ohnehin außerhalb des Einflusses des Täters, so dass sich das Problem einer stark überschießenden Innentendenz dort nicht bzgl. des Verhaltens stellt. Des Weiteren kommt es nicht auf einen irgendwann einmal gefassten Tatvollendungsvorsatz an, sondern auf dessen Vorliegen zum Zeitpunkt der Handlung (die sonst inzident festgestellt werden müsste, was tunlichst zu vermeiden ist); das Koinzidenzprinzip des § 16 I 1 StGB (Vorsatz „bei Begehung der Tat") wird durch § 22 StGB nicht modifiziert. Nach alledem ist es durchaus angängig, in möglichst großer Parallelität zum Vollendungsdelikt den partiellen **objektiven Tatbestand zuerst** zu prüfen und danach erst die subjektiven Tatbestandsvoraussetzungen.

II. Objektiver Tatbestand

1. Grundlagen; Handlung

Richtigerweise (s. o.) ist das unmittelbare Ansetzen in § 22 StGB so auszulegen, dass tatsächlich ein außenwirksames Geschehen stattgefunden haben muss. Als Grundvoraussetzung aller Strafbarkeit muss der Täter **gehandelt** haben; dies ist wie beim Vollendungsdelikt zu verstehen. 14

2. Existenz weiterer objektiver Tatbestandsmerkmale (?)

a) Allgemeines

Fraglich ist, ob darüber hinaus weitere objektive Voraussetzungen erfüllt sein müssen. Vorgefundene Umstände (z. B. taugliche Tatobjektsqualität) oder Verhaltensfolgen (z. B. ein Erfolg) müssen aufgrund der durch § 22 StGB vorgenommen Kupierung nicht objektiv vorliegen oder eintreten. 15

b) Schaffung einer Gefahr des Erfolgseintritts (?)

aa) Allgemeines

Nicht so eindeutig ist dies bzgl. der beim Vollendungsdelikt erforderlichen Handlungseigenschaft in Gestalt der Schaffung einer Gefahr des Erfolgseintritts. Denkbar wäre immerhin, nur dann ein Ansetzen oder die Unmittelbarkeit desselben 16

i. S. d. § 22 StGB anzunehmen. Dem steht aber erstens der an sich gänzlich subjektivierte Wortlaut des § 22 StGB entgegen, der schon bzgl. des Erfordernisses einer realen Handlung einigen Begründungsaufwand abverlangt, zweitens die dem Gesetz zu entnehmende Strafbarkeit sog. untauglicher Versuche und drittens die (nicht unproblematische, aber vom Gesetzgeber gewollte)[14] Strafbarkeit (mancher) sog. unbeendeter Versuche:

bb) Aber: Strafbarkeit des sog. untauglichen Versuchs

▶ Didaktische Aufsätze:

- Dicke, Zur Problematik des untauglichen Versuchs, JuS 1968, 157
- Heinrich, Die Abgrenzung von untauglichem, grob unverständigem und abergläubischem Versuch, Jura 1998, 393
- Seier/Gaude, Untaugliche, grob unverständige und abergläubische Versuche, JuS 1999, 456
- Valerius, Untauglicher Versuch und Wahndelikt, JA 2010, 113

17 Versuche, die unter den tatsächlich gegebenen Umständen entgegen den Vorstellungen des Täters nicht zu einer Vollendung des Delikts hätten führen können, nennt man **untaugliche Versuche**.[15]

Eine eher beiläufige Definition findet sich in § 23 III StGB (aber beschränkt auf zwei Gründe der Untauglichkeit, freilich ist ein Erst-recht-Schluss auf andere Gründe möglich).

> **§ 23 III StGB (Strafbarkeit des Versuchs)**
> Hat der Täter aus grobem Unverstand verkannt, daß der Versuch nach der Art des Gegenstandes, an dem, oder des Mittels, mit dem die Tat begangen werden sollte, überhaupt nicht zur Vollendung führen konnte, so kann das Gericht von Strafe absehen oder die Strafe nach seinem Ermessen mildern (§ 49 Abs. 2).

---

[14] BT-Drs. V/4095, S. 11 ff.
[15] Hierzu Krey/Esser, AT, 6. Aufl. 2016, Rn. 1246 ff.; näher Pusinelli JR 1950, 398; Pusinelli JR 1951, 197; Spendel ZStW 1957, 441; Maurach NJW 1962, 716 und 767; Sax JZ 1964, 241; Foth JR 1965, 366; Dicke JuS 1968, 157; Engisch FS Heinitz 1972, 185; Blei JA 1973, 237, 321, 389, 459, 529 und 601; Herzberg JuS 1980, 469; Struensee ZStW 1990, 21; Roxin JZ 1996, 981; Heinrich Jura 1998, 393; Seier/Gaude JuS 1999, 456; Bottke FG 50 Jahre BGH IV 2000, 135; Herzberg GA 2001, 257; Hirsch FS Roxin 2001, 711; Herzberg GS Schlüchter 2002, 189; Hirsch GS Vogler 2004, 31; Bottke FS Hruschka 2005, 395; Roxin FS Jung 2007, 829; Puppe FS Herzberg 2008, 275; Valerius JA 2010, 113; Maiwald FS Loos 2010, 159; Zaczyk FS Maiwald 2010, 885; Colombi Ciachhi FS Samson 2010, 3; Ellbogen FS von Heintschel-Heinegg 2015, 125; Mitsch ZIS 2016, 352; Toepel ZIS 2017, 606; aus der Rspr. vgl. BGH U. v. 14.03.1995 – 1 StR 846/94 (Insektengift) – BGHSt 41, 94 = NJW 1995, 2176 = StV 1995, 581 (Anm. Roxin, Höchstrichterliche Rspr. AT, 1998, Nr. 57; Kaspar/Reinbacher, Casebook AT, 2020, Fall 18; Hemmer-BGH-Classics Strafrecht, 2003, Nr. 22; Geppert JK 1995 StGB § 23 III/1; Schmidt JuS 1995, 1042; Radtke JuS 1996, 878).

Die erste in § 23 III StGB anklingende Art des sog. untauglichen Versuchs ist der untaugliche Tatgegenstand (Art des Tatopfers oder -objekts).[16]

> **Beispiel 305**
>
> B wollte Z töten. Er legte sich nachts in dessen Garten auf die Lauer und schoss, als er eine Gestalt daherkommen sah, auf diese. Allerdings handelte es sich bei der Gestalt um den im Garten herumstreunenden Schäferhund des Z. ◄

Ferner kann das in § 23 III StGB erwähnte, vom Täter eingesetzte **(Tat-)Mittel** untauglich sein.[17]

> **Beispiel 306**
>
> BGH U. v. 14.03.1995 – 1 StR 846/94 (Insektengift) – BGHSt 41, 94 = NJW 1995, 2176 = StV 1995, 581 (Anm. Roxin, Höchstrichterliche Rspr. AT, 1998, Nr. 57; Kaspar/Reinbacher, Casebook AT, 2020, Fall 18; Hemmer-BGH-Classics Strafrecht, 2003, Nr. 22; Geppert JK 1995 StGB § 23 III/1; Schmidt JuS 1995, 1042; Radtke JuS 1996, 878):
>
> B sprühte das Insektengift „Detmol" aus einer Spraydose auf das Vesperbrot ihres Ehemannes Z, um ihn zu töten. Der Sprühvorgang dauerte zweimal je etwa eine Sekunde. Z verzichtete jedoch auf den Verzehr des Brotes, nachdem er einen ersten Bissen wegen des bitteren Geschmacks ausgespuckt hatte. Die 500ml-Spraydose enthielt 0,17 % des Giftes Fenitrothion, mithin 0,85 ml dieses Wirkstoffes. Die für einen Menschen mit 70 kg Körpergewicht tödliche Dosis dieses Giftes beträgt bei oraler Einnahme 40 g. ◄

> **Beispiel 307**
>
> B zielte mit einer Pistole in Tötungsabsicht auf Z und drückte ab. Die Pistole war aber ungeladen. ◄

---

[16] B. Heinrich, AT, 6. Aufl. 2019, Rn. 670; aus der Rspr. vgl. BGH U. v. 08.02.2006 – 1 StR 523/05 – NJW 2006, 3155 = NStZ 2006, 501.

[17] B. Heinrich, AT, 6. Aufl. 2019, Rn. 671; aus der Rspr. vgl. BGH U. v. 26.01.1982 – 4 StR 631/81 (Flusssäure) – BGHSt 30, 363 = NJW 1982, 1164 = NStZ 1982, 197 (Anm. Roxin, Höchstrichterliche Rspr. AT, 1998, Nr. 52; Puppe, AT, 4. Aufl. 2019, § 24 Rn. 1 ff.; Hemmer-BGH-Classics Strafrecht, 2003, Nr. 20; Geilen JK 1982 StGB § 22/7; Seier JA 1982, 369; Hassemer JuS 1982, 703; Kühl JuS 1983, 180; Sippel NJW 1983, 2226; Küper JZ 1983, 361; Teubner JA 1984, 144; Sippel JA 1984, 480; Freiherr von Spiegel NJW 1984, 110; Sippel NJW 1984, 1866; Freiherr von Spiegel NJW 1984, 1867).

Drittens, wenn auch nicht in § 23 III StGB erwähnt, kann der Täter als **Tatsubjekt** untauglich sein, weil er bestimmte vom Tatbestand vorausgesetzte Eigenschaften nicht aufweist.[18]

> **Beispiel 308**
>
> B nahm für eine Dienstleistung Geld an und kannte dabei die Nichtigkeitsgründe seiner Beamtenernennung nicht. ◄

§ 331 I, II StGB (Vorteilsannahme)
(1) Ein Amtsträger, ein Europäischer Amtsträger oder ein für den öffentlichen Dienst besonders Verpflichteter, der für die Dienstausübung einen Vorteil für sich oder einen Dritten fordert, sich versprechen läßt oder annimmt, wird mit Freiheitsstrafe bis zu drei Jahren oder mit Geldstrafe bestraft.
(2) Ein Richter, Mitglied eines Gerichts der Europäischen Union oder Schiedsrichter, der einen Vorteil für sich oder einen Dritten als Gegenleistung dafür fordert, sich versprechen läßt oder annimmt, daß er eine richterliche Handlung vorgenommen hat oder künftig vornehme, wird mit Freiheitsstrafe bis zu fünf Jahren oder mit Geldstrafe bestraft. Der Versuch ist strafbar.

§ 332 I, II StGB (Bestechlichkeit)
(1) Ein Amtsträger, ein Europäischer Amtsträger oder ein für den öffentlichen Dienst besonders Verpflichteter, der einen Vorteil für sich oder einen Dritten als Gegenleistung dafür fordert, sich versprechen läßt oder annimmt, daß er eine Diensthandlung vorgenommen hat oder künftig vornehme und dadurch seine Dienstpflichten verletzt hat oder verletzen würde, wird mit Freiheitsstrafe von sechs Monaten bis zu fünf Jahren bestraft. In minder schweren Fällen ist die Strafe Freiheitsstrafe bis zu drei Jahren oder Geldstrafe. Der Versuch ist strafbar.
(2) Ein Richter, Mitglied eines Gerichts der Europäischen Union oder Schiedsrichter, der einen Vorteil für sich oder einen Dritten als Gegenleistung dafür fordert, sich versprechen läßt oder annimmt, daß er eine richterliche Handlung vorgenommen hat oder künftig vornehme und dadurch seine richterlichen Pflichten verletzt hat oder verletzen würde, wird mit Freiheitsstrafe von einem Jahr bis zu zehn Jahren bestraft. In minder schweren Fällen ist die Strafe Freiheitsstrafe von sechs Monaten bis zu fünf Jahren.

---

[18] Hierzu Krey/Esser, AT, 6. Aufl. 2016, Rn. 1248 ff.; näher Hardwig GA 1957, 170; Stratenwerth FS Bruns 1978, 59; Bruns GA 1979, 161; aus der Rspr. vgl. BGH B. v. 29.05.1961 – GSSt 1/61 – BGHSt 16, 155 = NJW 1961, 1682 (Anm. Roxin, Höchstrichterliche Rspr. AT, 1998, Nr. 96; Puppe, AT, 4. Aufl. 2019, § 31 Rn. 1 ff.; Hemmer-BGH-Classics Strafrecht, 2003, Nr. 16; Bähr JuS 1961, 368; Fuhrmann GA 1962, 161; Kaufmann JZ 1963, 504).

§ 11 I Nr. 2, 2a StGB (Personen- und Sachbegriffe)
Im Sinne dieses Gesetzes ist

[...]
2. Amtsträger:
wer nach deutschem Recht
a) Beamter oder Richter ist,
b) in einem sonstigen öffentlich-rechtlichen Amtsverhältnis steht oder
c) sonst dazu bestellt ist, bei einer Behörde oder bei einer sonstigen Stelle oder in deren Auftrag Aufgaben der öffentlichen Verwaltung unbeschadet der zur Aufgabenerfüllung gewählten Organisationsform wahrzunehmen;
2a. Europäischer Amtsträger:
wer
a) Mitglied der Europäischen Kommission, der Europäischen Zentralbank, des Rechnungshofs oder eines Gerichts der Europäischen Union ist,
b) Beamter oder sonstiger Bediensteter der Europäischen Union oder einer auf der Grundlage des Rechts der Europäischen Union geschaffenen Einrichtung ist oder
c) mit der Wahrnehmung von Aufgaben der Europäischen Union oder von Aufgaben einer auf der Grundlage des Rechts der Europäischen Union geschaffenen Einrichtung beauftragt ist

Auch der untaugliche Versuch ist **strafbar**, so dass es irrelevant ist, ob die Tathandlung objektiv das geschützte Rechtsgut gefährdet hat.[19] Dies ergibt sich bereits aus dem Wortlaut des § 22 StGB, welcher auf die Vorstellung des Täters abstellt. Der Versuch zeichnet sich ja gerade dadurch aus, dass der Täter sich (nur) vorstellt, sämtliche Umstände verwirklichen zu können, die einen existierenden Straftatbestand erfüllen; daher wird der untaugliche Versuch auch als umgekehrter Tatumstandsirrtum (vgl. § 16 StGB) bezeichnet. *Ex post* ist jeder Versuch untauglich (dann hat sich dies im Fehlschlag herausgestellt), subjektiv *ex ante* ist jeder Versuch tauglich (sonst hätte der Täter keinen Vorsatz), so dass keine Unterscheidung möglich ist (bzw. ein unklarer objektiver *Ex-ante*-Maßstab nötig wäre, von dem aber § 22 StGB ausdrücklich abweicht – „nach seiner Vorstellung"). 18

Zudem zeigt die Regelung des § 23 III StGB, dass der Gesetzgeber nur ganz ausnahmsweise auf eine Bestrafung untauglicher Versuche verzichten möchte.

Die Strafbarkeit in den Fällen des untauglichen Tatsubjekts ist allerdings umstritten.[20] Eine solche wird in Teilen der Rspr.[21] und Lehre[22] verneint, so dass von einem sog. – straflosen – Wahndelikt ausgegangen wird (näher noch u.). Begründet wird

---
[19] Heute unstrittig, Kindhäuser/Hilgendorf, LPK, 8. Aufl. 2019, § 22 Rn. 5.
[20] Hierzu B. Heinrich, AT, 6. Aufl. 2019, Rn. 672.
[21] RG U. v. 30.03.1883 – 578/83 – RGSt 8, 198 (200).
[22] Z. B. Jakobs, AT, 2. Aufl. 1993, 25/43.

dies damit, dass das untaugliche Tatsubjekt in § 23 III StGB nicht erwähnt wird. Auch könne ein Irrtum des Täters den Kreis der Normadressaten nicht erweitern, ein Nicht-Normadressat könne dem Rechtsgut nicht gefährlich werden.

Andere Teile der Rspr.[23] und die wohl h. L.[24] gehen von einem strafbaren Versuch aus. Letzterer Auffassung ist zu folgen; sie entspricht der Gleichwertigkeit aller Tatbestandsmerkmale und fügt sich so in die Anwendung der allgemeinen Grundsätze zur Strafbarkeit des untauglichen Versuchs ein.

Nach alledem ist also eine objektive Risikoschaffung nicht nötig, so dass diese nicht Teil eines objektiven Versuchstatbestands sein kann.

cc) Aber: Strafbarkeit nicht nur des sog. beendeten, sondern auch des sog. unbeendeten Versuchs

19 Selbst beim sog. beendeten Versuch kann es sein, dass der Täter die aus seiner Sicht gefahrschaffenden Umstände irrig annimmt, so dass es an einer objektiven Gefahrschaffung fehlt.

Dies kann auch beim sog. unbeendeten Versuch der Fall sein, ferner ist es bei diesem sogar so, dass selbst der nicht irrende Täter weiß, dass ohne weitere eigene Handlungen der Erfolg nicht eintreten kann, er setzt insofern also – wie er weiß – kein objektives Risiko. Dieses ist solange „Null", wie der Täter weiß, dass er nur einen Bestandteil (Baustein) des Entstehens einer Gefahr geschaffen hat, deren Entstehen aber ganz von einer weiteren Handlung abhängt.

Auch der sog. unbeendete Versuch soll nach Auffassung des Gesetzgebers strafbar sein, obwohl der Begriff der Unmittelbarkeit streng genommen den Mangel weiterer erforderlicher Handlungen impliziert. Der weite § 43 I StGB a. F. (Betätigen des Tatentschlusses durch Handlungen, die den Anfang der Ausführung enthalten) sollte durch die Neufassung in § 22 StGB zwar etwas eingeegt werden, damit die Versuchsstrafbarkeit nicht allzu früh greift, aber auch nicht derart, dass nur noch sog. beendete Versuche erfasst werden. Insofern ist die Unmittelbarkeit des Ansetzens in gewisser Weise ein Redaktionsversehen bzw. als halbherzige Einengung des Ansetzens untechnisch gemeint.[25]

c) Unerlaubtheit der Handlung (?)

20 Eine beträchtliche Restriktion des objektiven Tatbestands wäre es, wenn man nur rechtlich missbilligte (unerlaubte) Handlungen genügen ließe, wie dies in Teilen der Literatur anklingt, die sozialadäquates Verhalten ausscheiden lassen möchten.[26] Das Aufsuchen eines bestimmten öffentlich zugänglichen Ortes, der zum Tatort werden soll, wäre dann bereits aus diesem Grund kein unmittelbares Ansetzen.

---

[23] RG U. v. 02.06.1913 – I 251/13 – RGSt 47, 189 (190 f.); RG U. v. 03.03.1938 – 2 D 60/38 – RGSt 72, 109 (112 f.).
[24] S. nur B. Heinrich, AT, 6. Aufl. 2019, Rn. 672.
[25] BT-Drs. V/4095, S. 11 ff.
[26] Jakobs, AT, 2. Aufl. 1991, 25/65; Herzberg, in: MK-StGB, 1. Aufl. 2003, § 22 Rn. 118 ff.

So verständlich das Bedürfnis nach objektiver Einengung ist (angesichts Nichtvollendung und der nur fakultativen Strafmilderung), so verstößt es doch wiederum gegen die subjektivierte Basis des § 22 StGB. Wer verkennt, dass er nur sich selbst zu verletzten anschickt anstatt seines Opfers, verwirklicht mangels Rechtsgutsbezug (jeder darf sich selbst verletzen) keine Verbotsnorm und begeht doch einen sog. untauglichen Versuch. Ohnehin dürften missbilligende Normen mit hinreichendem Rechtsgutsbezug für die meisten Delikte nicht existieren, erst recht nicht im Stadium des sog. unbeendeten Versuchs. Auch eine Abwägung i. R. d. Sozialadäquanz führt angesichts objektiver Neutralität und Multifunktionalität vieler Handlungsbausteine zu keinem Erkenntnisgewinn. Der (vermeintlich gifthaltige) Milch in den Kaffee seines Opfers einschenkende Täter, verhält sich objektiv ungefährlich und völlig sozialadäquat. Objektive Unerlaubtheit gibt es nur in Relation zu einem geschützten Rechtsgut und deren drohender Beeinträchtigung.

Eine andere Frage ist die des Vorsatzes (bzw. des Tatplans), der sich – wie beim Vollendungsdelikt – auch auf die Schaffung einer rechtlich missbilligten Gefahr beziehen muss. Ferner mag die Alltäglichkeit eines frühen Erfüllungsbausteins dafür sprechen, dass der Täter dies nicht i. S. e. Unmittelbarkeit des Ansetzens erachtet, hierzu s. u.

II. Subjektiver Tatbestand

1. Grundlagen

Die h. M. prüft im subjektiven Tatbestand den Vorsatz (sog. Tatentschluss) und ggf. weitere subjektive Tatbestandsmerkmale des jeweiligen Delikts (z. B. eine besondere Absicht, etwa in § 242 I StGB, oder subjektive Mordmerkmale i. S. d. § 211 II StGB). Trotz subjektiver Basis ordnet sie das unmittelbare Ansetzen gänzlich im objektiven Tatbestand ein.[27]

21

Aus der Kritik an der h. M. (s. o.) folgt hier demgegenüber eine Dreigliedrigkeit des subjektiven Tatbestands: Vorsatz; nach Vorstellung des Täters unmittelbares Ansetzen; ggf. sonstige subjektive Tatbestandsmerkmale.

In der Fallbearbeitung ist sprachlich besonders darauf zu achten, dass nicht versehentlich so **formuliert** wird, als ob es auf das tatsächliche Vorliegen der den objektiven Tatbestand verwirklichenden Umstände ankäme, sondern eben so, dass stets die subjektive Grundlage geprüft wird, auch wenn das manchmal umständlich klingen mag (z. B. „müsste sich vorgestellt haben, …", „müsste Vorsatz bzgl. … gehabt haben").

---

[27] S. aber etwa Puppe, AT 2, 1. Aufl. 2005, § 35 Rn. 5.

2. Vorsatz: Tatbestandsverwirklichungsentschluss und Ablaufplan (Tatentschluss; Tatplan; Vorhaben)

▶ Didaktischer Aufsatz:

- Jung, Die Vorstellung von der Tat beim strafrechtlichen Versuch, JA 2006, 228

a) Grundlagen

aa) Normative Grundlagen: § 22 StGB und § 43 I StGB a. F.; Begriffliches

22 Der subjektive Tatbestand des versuchten Delikts wird üblicherweise **Tatentschluss** genannt[28] (s. § 43 I StGB a. F.: Entschluss, ein Verbrechen oder Vergehen zu verüben), was als gängige Kurzdiktion auch in der heutigen Fallbearbeitung in Ordnung ist; vgl. auch § 31 I Nr. 2 StGB, der den Begriff „**Vorhaben**" verwendet.

Im Lichte der heutigen Normfassung in § 22 StGB wäre an sich eine Bezeichnung als „**Vorstellung von der Verwirklichung des Tatbestandes**"[29] angebracht. Allerdings leidet bei dieser sprachlichen Fassung der Zukunftsbezug (es geht ja zumindest beim sog. unbeendeten Versuch nur um einen Baustein auf dem Weg zu einem vollständigen erfolgsherbeiführenden Verhalten). Andererseits tritt die Planungskomponente besser hervor als beim Tatentschluss (der Täter muss sich ja nicht nur zur Tat entschließen, sondern auch Schritte zu ihrer Vollendung ergreifen). In Anlehnung an das Vollendungsdelikt kann man auch schlicht von **Vorsatz** sprechen (s. §§ 15, 16 I 1 StGB), solange man nicht die etwaige dem Täter bewusste Unvollständigkeit der eigenen Handlungen aus dem Blick verliert.

bb) Übereinstimmung mit dem Vorsatz des Vollendungsdelikts (?); Modifikationen; sog. beendeter und unbeendeter Versuch

23 Nach ganz h. M.[30] ist der subjektive Tatbestand des Versuchs identisch mit dem des Vollendungsdelikts, da der Versuch ein Durchgangsstadium ist. Der Täter muss also **Vorsatz** i. S. d. § 15 StGB bzgl. aller objektiven Tatbestandsmerkmale aufweisen, wobei insbesondere also *dolus eventualis* ausreicht, wenn er auch zur Vollendung genügen würde.[31] „Entschluss" i. S. d. § 43 I StGB a. F. und das Ansetzen zur Tatbestandsverwirklichung sind also nicht im Sinne erhöhter Vorsatzanforderungen zu verstehen.

---

[28] Krey/Esser, AT, 6. Aufl. 2016, Rn. 1208; näher Roxin GS Schröder 1978, 145; Struensee GS Armin Kaufmann 1989, 523; Hillenkamp FS Roxin 2001, 689; Jung JA 2006, 228.

[29] Hierzu vgl. Fischer, StGB, 68. Aufl. 2021, § 22 Rn. 8 ff.; näher Frister FS Wolter 2013, 375.

[30] S. Joecks/Jäger, StGB, 13. Aufl. 2021, § 22 Rn. 4; näher Lampe NJW 1958, 332; Remy NJW 1958, 700; Herzberg NStZ 1990, 311; aus der Rspr. vgl. zuletzt BGH U. v. 10.09.2015 – 4 StR 151/15 – NJW 2015, 3732 = NStZ 2015, 702 (Anm. RÜ 2015, 781); BGH B. v. 28.04.2016 – 4 StR 317/15 – NStZ 2016, 539 (Anm. RÜ 2016, 510; Becker NStZ 2016, 541); BGH U. v. 06.02.2020 – 3 StR 305/19 – NStZ-RR 2020, 203.

[31] Ganz h. M., näher hierzu Hoffmann-Holland, in: MK-StGB, 4. Aufl. 2020, § 22 Rn. 43 ff.

Zur Problematik der Auslegung des Vorsatzdelikts s. o.; die Kontroverse des Vollendungsdelikts überträgt sich auf den Versuch, zumal „Vorstellung" kaum voluntativ, sondern rein kognitiv klingt, während „ansetzt" voluntative Färbung hat.

Ein fahrlässiger Versuch existiert nicht; die schwierige Grenzziehung zwischen (bewusster) Fahrlässigkeit und Eventualvorsatz, insbesondere beim Tötungsvorsatz, erlangt insofern besondere Bedeutung.

Gegenstand des Vorsatzes sind dieselben objektiven Tatbestandsmerkmale wie beim Vollendungsdelikt. Der Täter muss Vorsatz haben, dass sämtliche für ein vollendetes Delikt erforderlichen tatbestandsmäßigen Umstände eintreten (**Vollendungsvorsatz**).[32] Einen besonderen Versuchsvorsatz, der ein Minus zum Vollendungsvorsatz wäre, gibt es nicht.   24

Dies gilt auch bzgl. der **Täterschaft**, § 25 StGB, s. o. Zum versuchten Teilnahmedelikt (§ 30 StGB) s. u.

Es bedarf allerdings der Klarstellung, dass die Terminologie zum Vollendungsvorsatz nur für den **sog. beendeten Versuch** ohne Weiteres passt: Hier hat der Täter in der Tat vollständigen Vollendungsvorsatz, weil er glaubt, im Zeitpunkt seiner Handlung mit dieser eine unerlaubte Gefahr des Erfolgseintritts geschaffen zu haben.

Beim **sog. unbeendeten Versuch** wiederum hat der Täter keinen Vorsatz dahingehend, eine Gefahr (geschweige denn eine unerlaubte) geschaffen zu haben: Im Zeitpunkt seiner Handlung nimmt der Täter an, dies genüge noch nicht für einen Erfolgseintritt. Er hat also keinen Gefahrschaffungsvorsatz in Ansehung dieser Handlung, sondern nimmt an, dass er noch mindestens eine weitere Handlung vornehmen muss. Besonders deutlich wird dies bei mehraktigen Delikten (z. B. § 249 I StGB).

Hier also geht es darum, dass der Täter, um Vorsatz zu haben, erstens einen **Tatbestandsverwirklichungsentschluss** haben muss und zweitens einen **Ablaufplan**, mit welchen Handlungen er gedenkt, den Erfolg herbeizuführen. Zu dem **Tatentschluss** muss also ein **Tatplan** treten, der bereits alle Handlungen enthält, die der Täter zur Herbeiführung des Erfolgs in der Zukunft kumulativ vollziehen will bzw. muss.

b) Tatentschlossenheit (?)

Üblicherweise wird von der h. M.[33] der sog. Tatentschluss abgegrenzt von einer bloßen **Tatgeneigtheit**: Erst dann, wenn der Täter sich endgültig und vorbehaltlos zur Tat entschlossen habe, seien die subjektiven Anforderungen des § 22 StGB erfüllt.[34]   25

---

[32] Cornelius, in: BeckOK-StGB, Stand 01.02.2021, § 22 Rn. 23; aus der Rspr. vgl. BGH U. v. 30.04.1953 – 5 StR 941/52 – BGHSt 4, 199 = NJW 1953, 1271.
[33] S. nur Rengier, AT, 12. Aufl. 2020, § 34 Rn. 9.
[34] Hierzu Krey/Esser, AT, 6. Aufl. 2016, Rn. 1208 ff.; näher Less GA 1956, 33; Schmid ZStW 1962, 48; Arzt JZ 1969, 54; aus der Rspr. vgl. BGH U. v. 03.12.1958 – 2 StR 500/58 (Ausbruch) – BGHSt 12, 306 = NJW 1959, 777 (Anm. Roxin, Höchstrichterliche Rspr. AT, 1998, Nr. 45).

> **Beispiel 309**
>
> **BGH U. v. 19.01.1968 – 4 StR 559/67 (Radrütteln) – BGHSt 22, 80 = NJW 1968, 1100 (Anm. Roxin, Höchstrichterliche Rspr. AT, 1998, Nr. 48):**
> B1 und B2 wollten ein ganz bestimmtes Fahrzeug entwenden. Sie waren bereits entschlossen, den ins Auge gefassten Kraftwagen für die geplante Fahrt nach D. wegzunehmen. B1 rüttelte an den Vorderrädern, um festzustellen, ob das Lenkrad durch ein Schloss versperrt war. Beim Fehlen eines solchen Hindernisses wollte er sich unmittelbar anschließend des Fahrzeugs bemächtigen. ◄

> **§ 242 StGB (Diebstahl)**
> (1) Wer eine fremde bewegliche Sache einem anderen in der Absicht wegnimmt, die Sache sich oder einem Dritten rechtswidrig zuzueignen, wird mit Freiheitsstrafe bis zu fünf Jahren oder mit Geldstrafe bestraft.
> (2) Der Versuch ist strafbar.

Zweifelhaft soll sein, ob erst nach der Feststellung, dass kein Lenkradschloss vorhanden war, von einem Tatentschluss ausgegangen werden kann, oder bereits davor.

Ähnlich ist es bei den sog. Klingel-Fällen:[35]

> **Beispiel 310**
>
> **BGH U. v. 16.09.1975 – 1 StR 264/75 – BGHSt 26, 201 = NJW 1976, 58 (Anm. Roxin, Höchstrichterliche Rspr. AT, 1998, Nr. 47; Hemmer-BGH-Classics Strafrecht, 2003, Nr. 17; Otto NJW 1976, 578; Gössel JR 1976, 249; Meyer JuS 1977, 19):**
> B1 und B2 kamen in den Abendstunden zu einer für einen Überfall ausersehenen Tankstelle. Diese war nicht besetzt. Deshalb gingen sie zu dem im Tankstellenbereich liegenden Wohnhaus. Vor der Haustür zogen sie die Strumpfmasken auf. Dann läutete B1. Er hatte eine mitgeführte Pistole in der Hand. B1 und B2 nahmen an, dass auf ihr Läuten der Tankwart, der Inhaber der Tankstelle oder eine andere Person erscheinen werde. Sogleich bei ihrem Erscheinen sollte die öffnende Person mit der Pistole bedroht, gefesselt und zur Ermöglichung und Duldung der Wegnahme genötigt werden. Auf das Läuten kam niemand. Auch das Klopfen an mehreren Fenstern blieb ohne Erfolg. B1 und B2 gaben die Ver-

> **§ 249 I StGB (Raub)**
> Wer mit Gewalt gegen eine Person oder unter Anwendung von Drohungen mit gegenwärtiger Gefahr für Leib oder Leben eine fremde bewegliche Sache einem anderen in der Absicht wegnimmt, die Sache sich oder einem Dritten rechtswidrig zuzueignen, wird mit Freiheitsstrafe nicht unter einem Jahr bestraft.

---

[35] S. Kindhäuser/Hilgendorf, LPK, 8. Aufl. 2019, § 22 Rn. 17; aus der Rspr. vgl. BGH B. v. 18.06.2013 – 2 StR 75/13 – NStZ 2013, 579 (Anm. Jäger JA 2013, 949; RÜ 2013, 637; LL 2014, 110).

D. Tatbestand, § 22 StGB

wirklichung ihres Vorhabens auf, weil aus dem gegenüberliegenden Haus eine Frau heraussah und sie glaubten, diese Frau könne sie entdecken. ◄

> **§ 253 StGB (Erpressung)**
> (1) Wer einen Menschen rechtswidrig mit Gewalt oder durch Drohung mit einem empfindlichen Übel zu einer Handlung, Duldung oder Unterlassung nötigt und dadurch dem Vermögen des Genötigten oder eines anderen Nachteil zufügt, um sich oder einen Dritten zu Unrecht zu bereichern, wird mit Freiheitsstrafe bis zu fünf Jahren oder mit Geldstrafe bestraft.
> (2) Rechtswidrig ist die Tat, wenn die Anwendung der Gewalt oder die Androhung des Übels zu dem angestrebten Zweck als verwerflich anzusehen ist.
> (3) Der Versuch ist strafbar.
> (4) In besonders schweren Fällen ist die Strafe Freiheitsstrafe nicht unter einem Jahr. Ein besonders schwerer Fall liegt in der Regel vor, wenn der Täter gewerbsmäßig oder als Mitglied einer Bande handelt, die sich zur fortgesetzten Begehung einer Erpressung verbunden hat.

> **§ 255 StGB (Räuberische Erpressung)**
> Wird die Erpressung durch Gewalt gegen eine Person oder unter Anwendung von Drohungen mit gegenwärtiger Gefahr für Leib oder Leben begangen, so ist der Täter gleich einem Räuber zu bestrafen.

Die so umrissene Problematik ist aber erstens von prozessualen Schwierigkeiten bei der Feststellung subjektiver Vorgänge zu trennen, zweitens wird sie dann entschärft, wenn man vorher die relevante objektive Handlung feststellt: Nur der so betätigte Vorsatz ist Gegenstand der Prüfung. Die eigentliche Frage zielt also auf die zukunftsgerichtete Tätervorstellung i. F. d. sog. unbeendeten Versuchs: Es muss bereits ein Tatplan existieren (s. o.); in diesem Sinne kann Tatgeneigtheit nie ausreichen und auch ein Tatentschluss noch nicht. Die Anforderungen an den Tatplan dürfen freilich nicht bzgl. des Detailgrads überspannt werden, solange nur der Täter einen durch eigene Handlungen gebahnten Weg zum Erfolgseintritt sieht. Gleiches gilt für den Umgang mit eintreffenden Eventualitäten: jeder weiß, dass eintretende Umstände Planänderungen gebieten können; ein grobes Antizipieren muss genügen. Man spricht auch von „**bedingtem Tatentschluss**". Das ist insofern treffend, als bei einer äußeren Bedingung, weil der Täter keinen Einfluss hat, für den Fall, dass die Bedingung eintritt, schon ein vollwertiger Tatentschluss bzw. Tatplan vorliegt. Bei einer inneren Bedingung hingegen mag man zweifeln, aber aus der Tatsache der Handlungsvornahme spricht die Überwindung von Zweifeln. Im Übrigen genügt die Begrenzung der Strafbarkeit durch das zusätzliche Erfordernis unmittelbaren Ansetzens.

Ein Tatplan auf **bewusst unsicherer Tatsachengrundlage** (Lenkradschloss? Öffnen der Tür?) genügt mithin, das genaue „Wie" der Tatausführung muss ebenfalls noch nicht feststehen.

Auch ein **Rücktrittsvorbehalt** – der Täter ist zur Tat entschlossen, er lässt aber die Fortführung der Tatbestandsverwirklichung von vornherein von einem bestimmten Verlauf der Tat abhängen – ändert am Vorliegen des Tatentschlusses bzw. des Tatplans nichts;[36] dies zeigt bereits die Existenz des § 24 StGB.

Eine andere Frage ist, aus welchen objektiven Umständen man auf einen solchen hinreichenden Tatplan schließt. In einem Gutachten erfolgt eine Auswertung des Sachverhalts; die Praxis steht vor den allgemeinen Anforderungen des Beweisrechts.

c) Mangelnder Vorsatz beim sog. Wahndelikt

▶ Didaktische Aufsätze:
- Blei, Das Wahnverbrechen, JA 1973, 237, 321, 389, 459, 529 und 601
- Herzberg, Das Wahndelikt in der Rechtsprechung des BGH, JuS 1980, 469
- Valerius, Untauglicher Versuch und Wahndelikt, JA 2010, 113

aa) Begriff

26 Als Wahndelikt oder Putativdelikt (ungenau auch: Wahnverbrechen) bezeichnet man es, wenn der Täter den wahren Sachverhalt kennt, aber irrig die Strafbarkeit seines Verhaltens annimmt.[37]

Während also der sog. untaugliche Versuch als Umkehrung zu § 16 I 1 StGB auf falschen Tatsachenvorstellungen des Täters beruht, handelt es sich beim Wahndelikt um die Umkehrung zu § 17 StGB, also um einen umgekehrten Verbotsirrtum.

Beispiel 311

Der verheiratete B hatte Sex mit seiner „Geliebten". ◀

Beispiel 312

Wie zuvor, nur war seine „Geliebte" zugleich seine Cousine. ◀

Es besteht Einigkeit darüber, dass das Wahndelikt straflos ist, was sich schon daraus ergibt, dass das Verhalten des „Täters" unter keinen Straftatbestand subsumiert werden kann, so dass auch kein Tatentschluss nach § 22 StGB vorliegen kann. Nicht der Täter, sondern das Gesetz entscheidet über die Strafbarkeit, *nullum*

---

[36] Joecks/Jäger, StGB, 13. Aufl. 2021, § 22 Rn. 9 ff.
[37] Zum Wahndelikt B. Heinrich, AT, 6. Aufl. 2019, Rn. 681 ff.; näher Maurach NJW 1962, 716 und 767; s. auch schon obige Nachweise beim sog. untauglichen Versuch.

crimen sine lege (Art. 103 II GG, § 1 StGB), daher ist die zu Unrecht selbstbelastende Tätervorstellung unbeachtlich.[38]

Da es keinen Straftatbestand des Ehebruchs gibt und auch der Beischlaf unter Verwandten gem. § 173 I, II StGB nur Verwandte auf- bzw. absteigender Linie sowie Geschwister umfasst, handelt es sich bei dem Verhalten des B um straflose sog. Wahndelikte.

bb) Unterscheidungsproblematik: sog. Wahndelikt vs. sog. untauglicher Versuch

▶ Didaktische Aufsätze:
- Herzberg, Das Wahndelikt in der Rechtsprechung des BGH, JuS 1980, 469
- Schlüchter, Grundfälle zum Bewertungsirrtum des Täters im Grenzbereich zwischen §§ 16 und 17 StGB, JuS 1985, 373, 527 und 617
- Schmitz, Die Abgrenzung von strafbarem Versuchen und Wahndelikt, Jura 2003, 593
- Valerius, Untauglicher Versuch und Wahndelikt, JA 2010, 113
- Hotz, Untauglicher Versuch und Wahndelikt bei Fehlvorstellungen über rechtsinstitutionelle Umstände, JuS 2016, 221

Die Unterscheidung von Tatumstandsirrtümern i. S. d. § 16 I StGB und Verbotsirrtümern nach § 17 StGB ist im Hinblick auf eine Vielzahl von (sog. normativen) Tatbestandsmerkmalen problematisch und umstritten, da die Unterscheidung zwischen Tatsachenirrtum und Rechtsirrtum umso schwieriger wird, je stärker die (primär-)rechtliche Prägung des Tatbestandsmerkmals ist. 27

Beispiel 313

B verkaufte seinen gebrauchten Pkw an Z und übereignete ihm diesen. Als Z den ihm für eine Woche gestundeten Kaufpreis nicht zahlte, nahm B den Pkw mit einem heimlich zurückgehaltenen Zweitschlüssel wieder an sich. Dabei nahm er an, der Pkw gehöre noch ihm, da Z diesen schließlich noch nicht bezahlt habe. ◀

Hier ist fraglich, ob der Irrtum über die Fremdheit der Sache i. S. d. § 242 I StGB zum Vorsatzausschluss nach § 16 I 1 StGB führt (kein Vorsatz i. S. d. § 15 StGB bzgl. des Tatbestandsmerkmals „fremd") oder allenfalls zum Ausschluss der Schuld nach § 17 StGB (Rechtsirrtum, da Fehlvorstellung über die Frage des bürgerlich-rechtlichen Eigentumsübergangs).

Die Problematik der Grenzziehung zwischen §§ 16 I 1 und 17 StGB setzt sich in ihrer **Umkehrung** (man spricht auch von einer Umkehrprobe) fort als Problematik der Grenzziehung zwischen strafbarem untauglichen Versuch und straflosem Wahndelikt.[39]

---

[38] Fischer, StGB, 68. Aufl. 2021, § 22 Rn. 49; aus der Rspr. vgl. BGH U. v. 26.05.1955 – 4 StR 148/55 – BGHSt 8, 263 = NJW 1955, 1078 (Anm. Mittelbach JR 1955, 390).
[39] Hierzu Krey/Esser, AT, 6. Aufl. 2016, Rn. 1246 ff.; näher Maurach NJW 1962, 716 und 767; Bindokat NJW 1963, 745; Engisch FS Heinitz 1972, 185; Herzberg JuS 1980, 469; Schlüchter JuS 1985, 373, 527 und 617; Puppe FS Lackner 1987, 199; Kindhäuser GA 1990, 407; Roxin JZ 1996,

Beispiel 314

B übergab dem Z mit Übereignungswillen ein Buch, ohne zu wissen, dass Z geisteskrank (§§ 104 Nr. 2, 105 BGB) war und somit keine wirksame Willenserklärung zur Vereinbarung des Eigentumsübergangs (vgl. § 929 S. 1 BGB) abgeben konnte. Am nächsten Tag nahm er es ihm in Zueignungsabsicht wieder weg und hielt dabei das Buch also für „fremd", obwohl er es gar nicht wirksam übereignet hatte. ◄

Beispiel 315

Zeuge B schwor in einem strafrechtlichen Ermittlungsverfahren falsch vor einem Polizisten, wahrheitsgemäß ausgesagt zu haben. Er ging dabei davon aus, dass auch Polizisten zur Abnahme von Eiden zuständig sind. Nach § 161a I 3 StPO sind dies aber nur Richter. ◄

§ 153 StGB (Falsche uneidliche Aussage)

Wer vor Gericht oder vor einer anderen zur eidlichen Vernehmung von Zeugen oder Sachverständigen zuständigen Stelle als Zeuge oder Sachverständiger uneidlich falsch aussagt, wird mit Freiheitsstrafe von drei Monaten bis zu fünf Jahren bestraft.

§ 154 I StGB (Meineid)

Wer vor Gericht oder vor einer anderen zur Abnahme von Eiden zuständigen Stelle falsch schwört, wird mit Freiheitsstrafe nicht unter einem Jahr bestraft.

981; Schmitz Jura 2003, 593; Puppe FS Herzberg 2008, 275; Streng GA 2009, 529; Valerius JA 2010, 113; Burkhardt GA 2013, 346; Timpe ZStW 2013, 755; Hotz JuS 2016, 221; Puppe ZStW 2016, 301; Toepel ZIS 2017, 606; Frisch GA 2019, 305; aus der Rspr. vgl. BGH U. v. 05.01.1951 – 2 StR 29/50 (zuständige Stelle bei § 156 StGB) – BGHSt 1, 13 = NJW 1951, 160 (Anm. Puppe, AT, 4. Aufl. 2019, § 20 Rn. 16 ff.; Mezger JZ 1951, 179); BGH U. v. 13.11.1953 – 5 StR 342/53 (Kakaobutter) – BGHSt 5, 90 = NJW 1954, 241 (Puppe, AT, 4. Aufl. 2019, § 8 Rn. 7 ff.; Hartung JR 1954, 111; Mattern JZ 1954, 254); OLG Stuttgart B. v. 07.06.2001 – 4 Ss 130/01 (Urkunde) – NStZ-RR 2001, 370 (Anm. RÜ 2001, 511; Otto JK 2002 StGB § 267/30); OLG Hamburg B. v. 19.12.2011 – 2 Ws 123/11 (Zahngold) – NJW 2012, 1601 (Anm. RA 2012, 361; Stoffers NJW 2012, 1607; Satzger JK 2013 StGB § 242/26); BGH U. v. 10.09.2015 – 4 StR 151/15 – NJW 2015, 3732 = NStZ 2015, 702 (Anm. RÜ 2015, 781; LL 2016, 176); BGH B. v. 08.06.2017 – 1 StR 614/16 – NStZ-RR 2017, 282 = StV 2018, 29 (Anm. Henckel HRRS 2018, 273); OLG Hamburg B. v. 07.08.2018 – 2 Rev 74/18 – StV 2019, 394; BGH B. v. 13.11.2019 – 1 StR 386/19 – NStZ-RR 2020, 175; BayObLG B. v. 20.01.2020 – 207 StRR 2737/19 (Anm. Kudlich JA 2020, 470; Jahn JuS 2020, 698).

D. Tatbestand, § 22 StGB

Ausgangspunkt der h. M.[40] ist die Parallelität zur Irrtumslehre: Ein entlastender Irrtum, der den Täter gem. § 16 I 1 StGB ohne Vorsatz bzgl. eines bestimmten Tatbestandsmerkmals handeln lässt, führe im Umkehrfall des belastenden Irrtums zum strafbaren Versuch. Falle der entlastende Irrtum unter § 17 StGB, liege im Umkehrfall kein strafbarer Versuch vor, sondern ein sog. strafloses Wahndelikt. Ein sog. untauglicher Versuch liege also immer dann vor, wenn der Täter irrig Umstände annimmt, die bei tatsächlichem Vorliegen das Tatbestandsmerkmal erfüllen würden, nicht aber, wenn der vermeintliche Täter den Sachverhalt richtig erkennt, aber ein bestimmtes Tatbestandsmerkmal zu seinen Ungunsten ausdehnt.

Radikalere Minderheitsauffassungen nehmen in Fällen derartiger täterbelastender Vorfeldirrtümer stets[41] oder nie[42] einen Versuch an.

Ferner gibt es eine Fülle differenzierender Ansätze; ohnehin ist letztlich für eine ganze Reihe von Tatbeständen, Tatbestandsmerkmalen und Vorfeldirrtümern die Kontroverse im Detail unterschiedlich gelagert und somit im Hinblick auf eine studentische Fallbearbeitung aufgrund ihrer Unüberschaubarkeit kaum zu beherrschen.

Die Lehre vom Umkehrschluss ist dogmatisch völlig richtig: Der Vorsatzbegriff des § 16 I 1 StGB und des (nur terminologisch anderen) § 22 StGB sind identisch. Problematisch an ihr ist, dass es auf ihrer Grundlage keine Möglichkeit gibt, den Rechtslaien umfassend vor der Komplexität der Rechtsordnung in Schutz zu nehmen. Richtigerweise ist bei rechtlichen Vorfeldirrtümern § 16 I 1 StGB umfassend anzuwenden, wenn der Gesetzgeber das Ergebnis solcher rechtlicher Vorfragen als Tatbestandsmerkmal normiert hat (z. B. die Fremdheit der Sache i. S. d. § 242 I StGB). Das, was man dem Täter bei entlastenden Irrtümern an Verständnis entgegenbringt, nimmt man ihm aber auf der anderen Seite dann wieder durch eine ebenso weitreichende Versuchsstrafbarkeit in den umgekehrten Konstellationen. In der Tat glaubt der Täter ja an ein tatbestandsmäßiges Verhalten, so dass die Annahme eines sog. Tatentschluss gem. § 22 StGB zwingend ist. *De lege lata* kann nur eine großzügig gehandhabte Strafzumessung dem zum sog. untauglichen Versuch führenden (primär-)rechtlichen Charakter des Irrtums und dem nicht immer zweifelsfreien Strafbedürfnis Rechnung tragen. *De lege ferenda* mag eine Ausweitung des § 23 III StGB erwogen werden (zu diesem näher u.).

c) Mangelnder Vorsatz beim sog. abergläubischen (irrealen) Versuch

▶ Didaktische Aufsätze:

- Heinrich, Die Abgrenzung von untauglichem, grob unverständigem und abergläubischem Versuch, Jura 1998, 393
- Seier/Gaude, Untaugliche, grob unverständige und abergläubische Versuche, JuS 1999, 456

---

[40] S. Paeffgen/Zabel, in: NK-StGB, 5. Aufl. 2017, vor § 32 Rn. 257 ff.; zur Rspr. s. o.
[41] So z. B. Herzberg JuS 1980, 469.
[42] Z. B. Burkhardt JZ 1981, 681; Burkhardt GA 2013, 346.

- Satzger, Der irreale Versuch – über die Schwierigkeiten der Strafrechtsdogmatik, dem abergläubischen Versuch Herr zu werden, Jura 2013, 1017

28 Der sog. abergläubische Versuch[43] zeichnet sich dadurch aus, dass der Täter auf Kräfte setzt, die der menschlichen Einwirkung entzogen sind (z. B. Zauberei, Voodoo, Teufelsanbetung, Verhexen, Totbeten).[44]

Beispiel 316

B veranstaltete zu Hause in einem abgedunkelten Zimmer bei Kerzenschein mit Freunden zusammen einen „kultischen Abend". Gemeinsam stellten sie ein Foto des Z in die Mitte des Raumes und überzogen dieses mit bösen Flüchen in der Hoffnung, dies würde den Tod des Z herbeiführen. Dabei waren sie überzeugt, dass die Zuhilfenahme dieser magischen Kräfte zur Herbeiführung des gewünschten Erfolges tauglich ist. ◄

Der abergläubische Versuch wird mit unterschiedlichen Begründungen einhellig für **straflos** gehalten.[45]

Die wohl h. M. verneint bereits den sog. Tatentschluss mangels Vorsatzes hinsichtlich der Schaffung eines rechtlich missbilligten Risikos.[46]

Andere verneinen ein unmittelbares Ansetzen oder kommen mangels Strafwürdigkeit des abergläubischen Verhaltens zu einem normativen Ausschluss.[47]

Wieder andere fassen den abergläubischen Versuch nur unter § 23 III StGB.[48]

In der Tat hat ein solcher Täter keinen Vorsatz, eine unerlaubte Gefahr zu schaffen: Die aufgeklärte Gesellschaft hält sich weit überwiegend an ein naturgesetzliches Verständnis und erkennt überirdische Akteure nicht an, was Täter auch wissen. Zu bezweifeln ist auch Vorsatz bzgl. eigener Täterschaft i. F. d. Anrufens höherer Mächte; einem Gott ordnet man sich als Gehilfe unter oder ist dessen Anstifter. Und auch für eine Teilnahmestrafbarkeit fehlt es an Vorsatz, nämlich bzgl. einer (Haupt-)Tat (ein Gott ist kein Mensch und erfüllt den Handlungsbegriff nicht).[49]

---

[43] Hierzu Krey/Esser, AT, 6. Aufl. 2016, Rn. 1254; näher Schneider GA 1955, 265; Gössel GA 1971, 225; Heinrich Jura 1998, 393; Seier/Gaude JuS 1999, 456; Hillenkamp FS Schreiber 2003, 135; Kudlich JZ 2004, 72; Kretschmer JR 2004, 444; Satzger Jura 2013, 1017; Ellbogen FS von Heintschel-Heinegg 2015, 125; aus der Rspr. vgl. RG U. v. 21.06.1900 – 1983/00 – RGSt 33, 321.

[44] Joecks/Jäger, StGB, 13. Aufl. 2021, § 22 Rn. 7.

[45] S. nur Fischer, StGB, 68. Aufl. 2021, § 23 Rn. 9.

[46] S. die Begründung bei B. Heinrich, AT, 6. Aufl. 2019, Rn. 679.

[47] Kühl, AT, 8. Aufl. 2017, § 15 Rn. 93.

[48] So Bloy ZStW 2001, 76 (109).

[49] Jakobs, AT, 2. Aufl. 1991, 25/22 mit Fn. 33.

3. Unmittelbares Ansetzen zur Verwirklichung des Tatbestandes nach Vorstellung (des Täters) von der Tat

▶ Didaktische Aufsätze:

- Kratzsch, Die Bemühungen um Präzisierung der Ansatzformel (§ 22 StGB), JA 1983, 420 und 578
- Berz, Grundlagen des Versuchsbeginns, Jura 1984, 511
- Sonnen/Hansen-Siedler, Abgrenzung des Versuchs von Vorbereitung und Vollendung, JA 1988, 17
- Bosch, Unmittelbares Ansetzen zum Versuch, Jura 2011, 909
- Rönnau, Grundwissen – Strafrecht: Versuchsbeginn, JuS 2013, 879
- Hoffmann, Über das unmittelbare Ansetzen während zeitlich gestreckter Handlungsabläufe, JA 2016, 194

a) Einordnung des objektiven Geschehens in den tatbestandsbezogenen Vorsatz als Ansetzen und als (Handlungs-)Unmittelbarkeit

Gem. § 22 StGB muss die Handlung des Täters nach seiner Vorstellung eine solche sein, die sich erstens als Ansetzen zur Verwirklichung des Tatbestandes darstellt (d. h. vorgestellter Anfang der Ausführung des Ablaufplans in Richtung vollständiger Tatbestandsverwirklichung); zweitens muss auf Basis der Tätervorstellung die Handlung derart dicht an der Vollendung sein (d. h., der Ablaufplan wird so weit vorangetrieben), dass man eine Unmittelbarkeit in Bezug auf die vollständige Tatbestandsverwirklichung annehmen kann, wobei die Subsumtionskriterien seit jeher heillos umstritten und hilflosen Gesamtwürdigungen (letztlich nach einem rechtspolitischen Gefühl) unterworfen sind. 29

Das unmittelbare Ansetzen[50] betrifft dabei – abgesehen vom Erfordernis einer objektiven Handlung – einen **psychischen Sachverhalt des Täters**[51] und ist daher richtigerweise im **subjektiven Tatbestand** zu prüfen, zumal auch die abweichende h. M. den gemischt-objektiv-subjektiven Charakter des Merkmals als Kompromiss-

---

[50] Hierzu z. B. Krey/Esser, AT, 6. Aufl. 2016, Rn. 1216 ff.; näher Mayer SJZ 1949, 173; Bockelmann JZ 1954, 468; Bockelmann JZ 1955, 193; Roxin FS Maurach 1972, 213; Kratzsch JA 1983, 420 und 578; Walder FS Leferenz 1983, 537; Berz Jura 1984, 511; Sonnen/Hansen-Siedler JA 1988, 17; Vogler FS Stree/Wessels 1993, 285; Meyer GA 2002, 367; Gropp FS Gössel 2002, 175; Momsen FS Maiwald 2003, 61; Kühl FS Küper 2007, 289; Roxin FS Herzberg 2008, 341; Bosch Jura 2011, 909; Rönnau JuS 2013, 879; Hoffmann JA 2016, 194; aus der Rspr. vgl. zuletzt BGH B. v. 28.04.2020 – 5 StR 15/20 – BGHSt 65, 15 = NJW 2020, 2570 (Anm. Hecker JA 2020, 550; Eisele JuS 2020, 798; Rotsch ZJS 2020, 481; RÜ 2020, 505; famos 9/2020; Piazena HRRS 2020, 346; Fahl JR 2021, 75 und 119); OLG Köln B. v. 18.05.2020 – 2 Ws 161/20 – NStZ 2021, 48 (Anm. Niemann NStZ 2021, 50); BGH B. v. 26.05.2020 – 5 StR 55/20 – NJW 2020, 2486 = NStZ-RR 2020, 246; BGH B. v. 27.05.2020 – 5 StR 173/20 – NStZ 2020, 598 (Anm. Kudlich NStZ 2020, 598); BGH U. v. 15.07.2020 – 6 StR 43/20 – NStZ 2020, 618; BGH B. v. 08.09.2020 – 4 StR 44/20 – NJW 2021, 330 = NStZ 2021, 92 (Anm. Jahn JuS 2021, 84; famos 1/2021; Kretschmer NStZ 2021, 92).

[51] Vgl. Krey/Esser, AT, 6. Aufl. 2016, Rn. 1220; aus der Rspr. vgl. zuletzt BGH U. v. 01.08.2018 – 3 StR 651/17 – NStZ 2019, 511 (Anm. Jäger JA 2019, 467; Eisele JuS 2019, 495; Heuser ZJS 2019, 529; RÜ 2019, 170; Rückert HRRS 2019, 245).

oder Kombinationsformel früherer objektiver und subjektiver Lehren[52] anerkennt. Dass dieser psychische Sachverhalt im Handlungszeitpunkt an einem abstrahierenden Rechtsbegriff zu messen ist und dass Objektives im Prozess und im Sachverhalt indiziell zur Ermittlung der Tätervorstellung heranzuziehen ist, ist dabei nichts Besonderes (und gilt z. B. auch für den Vorsatz beim Vollendungsdelikt). Nicht der Täter entscheidet über das unmittelbare Ansetzen, seine Psyche bildet aber das rechtlich zu prüfende Substrat.

Das unmittelbare Ansetzen ist **tatbestandsbezogen**, d. h. für jeden Tatbestand gesondert zu prüfen. Auch bei tateinheitlich begangenen Delikten können die Zeitpunkte des jeweiligen Versuchsbeginns auseinanderfallen.[53] Bei einigen Deliktsbereichen haben sich bereichstypische Kriterien herausgebildet, s. jeweils im Besonderen Teil.

Das Monitum der Tatbestandsbezogenheit gilt auch bzgl. Qualifikationen, ferner ist zu beachten, dass sog. Regelbeispiele als Strafzumessungsregeln die Bewertung des unmittelbaren Ansetzens zur Tatbestandsverwirklichung nicht beeinflussen. Das unmittelbare Ansetzen zur Qualifikation oder zur Verwirklichung eines Regelbeispiels ist daher nicht ohne Weiteres ein unmittelbares Ansetzen zum Versuch des Grunddelikts.[54] Auch ist die Annahme eines vollendeten Regelbeispiels ohne Bedeutung für die Frage, ob das Grunddelikt bereits versucht wurde.[55]

b) Basis: Nach Vorstellung (des Täters) von der Tat

30 Die unter das unmittelbare Ansetzen zu subsumierende Tatsachenbasis ist gem. § 22 StGB die Vorstellung (des Täters) von der Tat, d. h. dessen Tatbestandsverwirklichungsentschluss und Ablaufplan unter Zugrundelegung seiner Kenntnisse bzw. Annahmen von der Außenwelt (s. o.).

c) Ansetzen zur Verwirklichung des Tatbestandes nach Vorstellung (des Täters) von der Tat

31 Auf dieser subjektiven Basis muss der Täter seine Handlung überhaupt als Ansetzen zur Verwirklichung des Tatbestandes ansehen: Er muss sich vorstellen, dass seine

---

[52] Näher Streng GS Zipf 1999, 325.
[53] Aus der Rspr. vgl. BGH B. v. 10.06.2020 – 5 StR 635/19 – NJW 2020, 3672 = NStZ 2020, 729 (Anm. Nestler Jura 2020, 1146).
[54] Rengier, AT, 12. Aufl. 2020, § 35 Rn. 60 ff.; näher Stree FS Peters 1974, 179; aus der Rspr. vgl. zuletzt BGH B. v. 07.08.2014 – 3 StR 105/14 – NStZ 2015, 207 = StV 2015, 673 (Anm. Kudlich JA 2015, 152; LL 2015, 259; RÜ 2015, 101); OLG Köln B. v. 09.02.2016 – 1 RVs 246/15 – StV 2017, 665; BGH B. v. 20.09.2016 – 2 StR 43/16 – NJW 2017, 1189 = NStZ 2017, 86 = StV 2019, 103 (Anm. Satzger Jura 2017, 1238; Kudlich JA 2017, 152; Eisele JuS 2017, 175); OLG Hamburg, U. v. 28.12.2016 – 1 Rev 78/16 – NStZ 2017, 584 = NStZ-RR 2017, 72 (Anm. Peglau jurisPR-StrafR 4/2017 Anm. 4); BGH B. v. 04.07.2019 – 5 StR 274/19 – StV 2020, 234 (Anm. RÜ 2019, 779); BGH B. v. 01.08.2019 – 5 StR 185/19 – NStZ 2019, 716 (Anm. RÜ 2019, 779; Kudlich NStZ 2020, 34); BGH B. v. 14.01.2020 – 4 StR 397/19 – NStZ 2020, 353 = StV 2020, 670 (Anm. Eisele JuS 2020, 796; Kudlich NStZ 2020, 354).
[55] Wessels/Beulke/Satzger, AT, 50. Aufl. 2020, Rn. 958; aus der Rspr. vgl. BGH B. v. 03.05.2011 – 3 StR 33/11 – NStZ 2011, 711 (Anm. RA 2011, 414).

D. Tatbestand, § 22 StGB   559

Handlung einen Beitrag dafür leistet, den Ablaufplan zu erfüllen. § 43 I StGB a. F. verwendete die Wendung von der Betätigung des Entschlusses durch Handlungen, welche einen Anfang der Ausführung enthalten.

Der Täter kann sich einerseits vorstellen, alle für den Erfolgseintritt notwendigen Handlungen vorgenommen zu haben (**sog. beendeter Versuch**); es genügt andererseits aber auch eine Wertung als das Vorhaben fördernder Baustein (**sog. unbeendeter Versuch**), d. h. die Vornahme einer Handlung, die ein notwendiges Element einer hinreichenden Gesamtbedingung für eine Gefahrschaffung ist bzw. werden soll.

Bezugspunkt ist an sich der gesamte Tatbestand, insofern muss der Täter ein Ansetzen bzgl. aller Tatbestandsmerkmale annehmen, wobei wie beim Vollendungsdelikt neben vorgefundenen Tatumständen (die der Täter erkennen bzw. annehmen muss) nur sein Verhalten bewertet wird (nur insofern passt eigentlich die Formulierung vom Ansetzen zur Verwirklichung).

Eine Teilverwirklichung des Tatbestands (z. B. Gewalt beim Raub nach § 249 I StGB) ist ausweislich des Wortlauts des § 22 StGB weder erforderlich (zumal viele Delikte ohnehin keine mehraktigen sind) noch automatisch ausreichend (s. nämlich u. das Erfordernis der Unmittelbarkeit).

d) Unmittelbarkeit des Ansetzens nach Vorstellung (des Täters) von der Tat
aa) Perplexität der normativen Grundlage(n) im Lichte der Strafbarkeit (mancher) sog. unbeendeter Versuche

Gem. § 22 StGB genügt nicht jedes Ansetzen, es muss ein „unmittelbares" sein.   32

Dieses Wort ergibt als Adverb zum Verb „ansetzt" nur dann einen Sinn, wenn darin eine Einengung der Qualifizierung als Tatplanerfüllungsbaustein liegt. In der Tat ist die Norm nach dem mutmaßlichen gesetzgeberischen Willen[56] genau so zu verstehen. Beim Wort genommen, ist die Normfassung allerdings perplex, jedenfalls in Verbindung mit dem in den Materialien[57] zum Ausdruck gebrachten Willen des Reformgesetzgebers.

Von einer Unmittelbarkeit lässt sich im Grunde nämlich nur dann sprechen, wenn der Täter keine weitere Handlung (keinen sog. Zwischenakt) mehr vornehmen muss, um den Erfolg herbeizuführen (sog. beendeter Versuch); dann aber wären alle sog. unbeendeten Versuche straflos. Vergleicht man dies mit § 43 I StGB, so findet sich dort – abgesehen vom Anfang der Ausführung, was aber einem extensiven Verständnis nicht im Wege steht – keine Einschränkung der entschlussbetätigenden Handlungen, also eine Strafbarkeit sogar *aller* unbeendeten Versuche. Da der Gesetzgeber einen Mittelweg beschreiten und insofern eine echte Unmittelbarkeit nicht fordern wollte, ist von einem Redaktionsversehen bzw. einem untechnischen Verständnis auszugehen, welches sich wohl noch mit einer allgemeinsprachlichen Wortlautgrenze vereinbaren lässt (sonst Verfassungswidrigkeit aufgrund Art. 103 II GG).

---

[56] Vgl. BT-Drs. V/4095, S. 11 ff.
[57] BT-Drs. V/4095, S. 11 ff.

Weil der Reformgesetzgeber die Strafbarkeit sog. unbeendeter Versuche nicht ausufern lassen, aber auch nicht abschaffen wollte, stellt sich das Grundproblem, zu bestimmen, *welche* untauglichen Versuche bereits strafbar sein sollen.

Gesetzliche Anhaltspunkte zur Konkretisierung der Unmittelbarkeit gibt es nicht. Allenfalls lassen sich gewisse Schlussfolgerungen aus Delikten, die eine (materielle) Vorbereitung als Vollendung vertatbestandlichen, ziehen, dahingehend nämlich, dass u. U. in diesen Fällen die Vorstellung des noch nicht erreichten Versuchsstadiums der Normschaffung zugrunde lag.

Z. B. ist gem. § 149 StGB die Vorbereitung der Fälschung von Geld und Wertzeichen strafbar; gem. §§ 146, 22, 23 StGB ist auch der Versuch strafbar.

---

§ 149 I (Vorbereitung der Fälschung von Geld und Wertzeichen)
Wer eine Fälschung von Geld oder Wertzeichen vorbereitet, indem er

1. Platten, Formen, Drucksätze, Druckstöcke, Negative, Matrizen, Computerprogramme oder ähnliche Vorrichtungen, die ihrer Art nach zur Begehung der Tat geeignet sind,
2. Papier, das einer solchen Papierart gleicht oder zum Verwechseln ähnlich ist, die zur Herstellung von Geld oder amtlichen Wertzeichen bestimmt und gegen Nachahmung besonders gesichert ist, oder
3. Hologramme oder andere Bestandteile, die der Sicherung gegen Fälschung dienen,

herstellt, sich oder einem anderen verschafft, feilhält, verwahrt oder einem anderen überläßt, wird, wenn er eine Geldfälschung vorbereitet, mit Freiheitsstrafe bis zu fünf Jahren oder mit Geldstrafe, sonst mit Freiheitsstrafe bis zu zwei Jahren oder mit Geldstrafe bestraft.

---

§ 146 I StGB (Geldfälschung)
Mit Freiheitsstrafe nicht unter einem Jahr wird bestraft, wer

1. Geld in der Absicht nachmacht, daß es als echt in Verkehr gebracht oder daß ein solches Inverkehrbringen ermöglicht werde, oder Geld in dieser Absicht so verfälscht, daß der Anschein eines höheren Wertes hervorgerufen wird,
2. falsches Geld in dieser Absicht sich verschafft oder feilhält oder
3. falsches Geld, das er unter den Voraussetzungen der Nummern 1 oder 2 nachgemacht, verfälscht oder sich verschafft hat, als echt in Verkehr bringt.

Das Herstellen der in § 149 StGB erwähnten Tatmittel dürfte hiernach also noch kein unmittelbares Ansetzen zur Geldfälschung darstellen.

Freilich sind materielle Vorbereitungsdelikte nur in geringer Zahl vorhanden und die Erkenntnisse nicht leichthin zu verallgemeinern.

D. Tatbestand, § 22 StGB

bb) Sog. beendeter Versuch

In Konstellationen des sog. beendeten Versuchs passt zwar der Begriff des Ansetzens nicht gänzlich, weil ja der Täter seine geplanten Handlungen schon vollständig vollzieht, aber hier gilt ein Erst-recht-Schluss; ferner ist sodann das Unmittelbarkeitserfordernis gewahrt. Daher ist es auch keine Faustformel, sondern **richtigerweise stets** so, dass ein unmittelbares Ansetzen jedenfalls dann gegeben ist, wenn der Täter alles getan hat, was er zur Verwirklichung des Tatbestands für erforderlich hielt (sog. beendeter Versuch).[58] Bei Fortsetzungsbedürftigkeit einer Handlung (z. B. Dauer des Würgens), kommt es nicht auf den Beginn an, sondern auf die Schwelle zur vom Täter vorgestellten Erfolgstauglichkeit.

33

Auf andere Aspekte kommt es richtigerweise nicht mehr an, insbesondere nicht auf räumlichen oder zeitlichen Abstand zwischen Handlungsabschluss und Erfolgseintritt. Dies wird von Teilen der Literatur[59] für den Zeitraum einer sog. Revokationsmöglichkeit anders gesehen (der Täter kann aufgrund seiner noch bestehenden Geschehensherrschaft seine Handlung unschädlich machen). Für ein unmittelbares Ansetzen spricht aber der Wortlaut des § 22 StGB; ferner schafft ein sog. unbeendeter Versuch bereits ein Erfolgsrisiko, und ob der Täter sich aufraffen kann, seine Handlung zu eliminieren, ist völlig ungewiss, tut er es, genügt die Anwendung des strafbefreienden Rücktritts gem. § 24 StGB, um unangebrachte Bestrafungen zu vermeiden. Wenn die Rspr.[60] und die h. L.[61] trotz vollständigen Handlungsvollzugs des Täters das unmittelbare Ansetzen und damit das Versuchsstadium durch Einführen weiterer Kriterien hinauszögern, vergrößern sie die dem § 22 StGB ohnehin schon unvermeidbar imminente Rechtsunsicherheit, die dann nicht nur den sog. unbeendeten, sondern eben auch den sog. beendeten Versuch erfasst. Bei der Grenzziehung zwischen Straflosigkeit und – ggf. schwer sanktionierter – Strafbarkeit sollte Trennschärfe das Ziel sein.

Beispiel 317

B wollte Z töten und lud zu diesem Zweck zu Hause sein Gewehr. Dann begab er sich in den Vorgarten des Z, versteckte sich mit dem schussbereiten Gewehr hinter einer Hecke und wartete. Als er Z die Straße entlang kommen sah, legte er an. Nachdem dieser das Gartentor durchschritten hatte, drückte B ab. ◄

---

[58] S. Joecks/Jäger, StGB, 13. Aufl. 2021, § 22 Rn. 17 f.; näher Roxin FS Maurach 1972, 213.
[59] Jakobs, AT, 2. Aufl. 1992, 25/72 f.
[60] Etwa – für einen Fall notwendiger Opfermitwirkung – in BGH U. v. 12.08.1997 – 1 StR 234/97 (Passauer Giftfalle / Echter Hiekes Bayerwaldbärwurz / Apotheker) – BGHSt 43, 177 = NJW 1997, 3453 = NStZ 1998, 241 = StV 1997, 632 (Anm. Puppe, AT, 4. Aufl. 2019, § 20 Rn. 28 ff.; Kaspar/Reinbacher, Casebook AT, 2020, Fall 17; Hemmer-BGH-Classics Strafrecht, 2003, Nr. 21; Geppert JK 1998 StGB § 22/18; Kudlich JuS 1998, 596; LL 1998, 170; Wolters NJW 1998, 578; Otto NStZ 1998, 243; Gössel JR 1998, 293; Roxin JZ 1998, 211; Derksen GA 1998, 592; Böse JA 1999, 342; Baier JA 1999, 771 und 963; Martin JuS 1999, 273; Heckler NStZ 1999, 79).
[61] Vgl. Lackner/Kühl, StGB, 29. Aufl. 2018, § 22 Rn. 8.

> **Beispiel 318**
>
> B deponierte um 15 Uhr eine Zeitbombe in der Fußgängerzone und stellte diese auf 17 Uhr ein. Daraufhin entfernte er sich und wartete ab. ◄

Mehr als abzudrücken bzw. die Bombe zu aktivieren war im Zeitpunkt der beiden Handlungen nicht erforderlich, um den Z bzw. die Fußgänger zu töten.

cc) Sog. unbeendeter Versuch

(1) Grundlagen

34 Zum unpassenden Unmittelbarkeitserfordernis im Wortlaut des § 22 StGB s. o.

Bestechend einfach und präzise wäre gewiss eine Extremlösung in Gestalt der Erfassung aller oder keiner sog. unbeendeten Versuche. Ersteres aber eskamotiert die Unmittelbarkeit zu Lasten des Täters (Wortlautüberschreitung, Art. 103 II GG) und widerspricht dem gesetzgeberischen Willen, der gegen eine umfassende Erfassung aller unbeendeten Versuche gerichtet war; Letzteres wäre zwar nicht verfassungswidrig, widerspricht aber dem Willen des Reformgesetzgebers beim Umwandeln des § 43 I StGB a. F. zu § 22 StGB; hinzu kämen Wertungswidersprüche mit § 24 StGB, jedenfalls dessen partielles Leerlaufen.

Die nun erforderliche Suche nach einer Formel der goldenen Mitte muss einerseits die nicht (nicht einmal subjektiv) existente Gefahr in Rechnung stellen, zumal im Lichte der Willensfreiheit des Täters bzgl. einer etwaigen Fortsetzung seiner Tatplanerfüllung; andererseits strafzweckorientiert vorgelagerten Rechtsgüterschutz ermöglichen. Umschreibungen des Problems sind Legion. Die Handlung, die der Täter zur Verwirklichung seines Vorhabens unternimmt, muss zu dem in Betracht kommenden Straftatbestand in Beziehung gesetzt werden[62] – aber: welche Beziehung genügt? Zu fragen ist, wann die Ersthandlung bereits als Teilverwirklichung des Gesamtvorhabens hinreichend eng mit dem geplanten weiteren Handeln zusammenhängt. Es geht um Tatbestands- bzw. Erfolgsnähe, Nähe der Deliktsverwirklichung, die Einheitlichkeit des in den Erfolg mündenden Angriff etc. Andersherum ist zu klären, welche Zwischenakte hinreichend gewichtig sind, um eine relevante Zäsur zu bilden (in Abgrenzung zu einem kolportierten „Zeitlupen-Strafrecht"). Die Rechtsfolge des § 23 II StGB ist für den Zwiespalt symptomatisch: Zwar ist eine Strafmilderung normiert (dies streitet für ein eher frühes Versuchsstadium), allerdings ist diese nur fakultativ (dies streitet für ein eher spätes Versuchsstadium).

Rechtssicherheit ist wohl schon gesetzlich nicht vorgesehen, hinzu kommen die Weite der Äquivalenzlehre und die Vielgestaltigkeit der Lebenssachverhalte, so dass wohl notwendigerweise alle Formeln vage bleiben.

---

[62] Vgl. Fischer, StGB, 68. Aufl. 2021, § 22 Rn. 10b; aus der Rspr. vgl. BGH B. v. 14.01.2020 – 4 StR 397/19 – NStZ 2020, 353 = StV 2020, 670 (Anm. Eisele JuS 2020, 796; Kudlich NStZ 2020, 354).

D. Tatbestand, § 22 StGB

(2) Fallbearbeitung: Arbeitsdefinition und Kriterien
Für die strafrechtliche **Fallbearbeitung** mag als **Arbeitsdefinition** im Gefolge der 35
h. M. dienen:
Unmittelbares Ansetzen i. S. d. § 22 StGB liegt dann vor, wenn der Täter subjektiv die Schwelle zum „Jetzt geht's los" überschreitet und objektiv Handlungen vornimmt, die in ungestörtem Fortgang ohne wesentliche Zwischenakte – d. h. ohne weiteren Willensimpuls – zur Tatbestandserfüllung führen sollen, so dass sein Tun in die Erfüllung des Tatbestands übergeht. „Indizien können ein enger räumlicher oder zeitlicher Zusammenhang zur Tatbestandserfüllung oder eine unmittelbare Gefährdung des geschützten Rechtsgutes sein."[63]

Unmittelbares Ansetzen soll auch dann vorliegen, wenn der Täter bereits eines von mehreren Tatbestandsmerkmalen erfüllt hat.[64] Hiervon gibt es allerdings viele Ausnahmen[65] (z. B. im Bereich der §§ 154, 249, 252, 263 StGB), die eine solche Regel entwerten.

In Fallbearbeitungen, in denen das unmittelbare Ansetzen **nicht evident** ist, gilt es, nach Wiedergabe der Arbeitsdefinition diese in ihre verschiedenen **Kriterien** zu **zerlegen** und den Sachverhalt daran zu messen.

Wenig ergiebig ist die Formel vom **Überschreiten der Schwelle zum „Jetzt geht's los"**. Eine geistige Schwelle kann der Täter bereits weit im Vorfeld überschreiten, z. B. bei einer Anreise zum später gedachten Tatort. Etwas besser wäre: „gleich ist es vollbracht". Ohnehin scheint das „Jetzt geht's los" eher eine zirkuläre Paraphrasierung des § 22 StGB bzw. bereits des § 43 I StGB a. F. zu sein.

Missverständlich ist auch das Kriterium der **unmittelbaren Gefährdung des Rechtsguts**. Abgesehen von der Tatsache, dass die Unmittelbarkeit gerade die zu beantwortende Frage ist, mag zwar der (vorgestellte) Eintritt einer konkreten Gefährdung des Tatopfers oder -objekts ein Indiz für das Vorliegen des unmittelbaren Ansetzens i. S. d. § 22 StGB sein. Hüten muss man sich allerdings vor dem Umkehrschluss: Eine Verneinung des unmittelbaren Ansetzens mangels tatsächlicher Gefährdung würde verkennen, dass auch sog. untaugliche Versuche strafbar sind. Ferner kann eine Gefährdung bereits die Vollendung des Delikts bedeuten (eben bei konkreten Gefährdungsdelikten). Auch zeichnen sich viele Tatsituationen durch eine ständig steigende Gefahr aus, so dass sich das Problem der Grenzziehung nicht erledigt.

Zentral ist das Kriterium des ungestörten Fortgangs ohne wesentliche **Zwischenakte**. Hier gilt es zu untersuchen, welche Schritte noch zu unternehmen waren, welche Ereignisse noch eintreten mussten, damit es zur Deliktsvollendung kommt.

---

[63] S. Fischer, StGB, 68. Aufl. 2021, § 22 Rn. 10.
[64] Joecks/Jäger, StGB, 13. Aufl. 2021, § 22 Rn. 20.
[65] S. Joecks/Jäger, StGB, 13. Aufl. 2021, § 22 Rn. 20; näher Roxin FS Maurach 1972, 213; aus der Rspr. vgl. zuletzt BGH U. v. 09.05.2017 – 1 StR 265/16 – NJW 2017, 3798 = StV 2018, 36 (Anm. Kubiciel/Mennemann jurisPR-StrafR 22/2017 Anm. 1; Webel wistra 2017, 399; Baur/Holle wistra 2017, 499; Jenne/Martens CCZ 2017, 285; Moritz jurisPR-Compl 5/2017 Anm. 1; Wehnert StV 2018, 38; Hugger/Pasewaldt NZWiSt 2018, 388; Adick/Linke NZWiSt 2018, 391; Görtz WiJ 2018, 88).

Der Sache nach wird hierbei das Wertungsproblem der Unmittelbarkeit freilich nur auf die Frage verschoben, wann ein Zwischenakt wesentlich ist.

Der **räumliche Zusammenhang** ist von bestenfalls schwach indizieller Bedeutung. Das Kriterium versagt bei Tathandlungen, deren Erfolg an einem ganz anderen Ort eintreten soll (z. B. beim Versenden einer Briefbombe).

Vergleichbares gilt für den **zeitlichen Zusammenhang**: Das Kriterium versagt bei Tathandlungen, deren Erfolg erst viel später eintreten soll (z. B. wiederum beim Versenden einer Briefbombe).

36 In einer Fallbearbeitung sind die Sachverhaltsinformationen nach Maßgabe dieser Kriterien auszuwerten. Im Anschluss daran ist eine Gesamtwürdigung vorzunehmen. Da die Handhabung der Kriterien und erst recht die Gesamtwürdigung sehr vage sind, bleiben dem Bearbeiter nicht selten große Vertretbarkeitsspielräume. Klausurtaktisch gilt es dann zu bedenken, ob auf späteren Prüfungsebenen des Versuchs Klausurschwerpunkte liegen (z. B. beim Rücktritt).

Aufgrund dessen, dass es sich beim unmittelbaren Ansetzen um eine recht offene Wertungsfrage handelt, ergibt es wenig Sinn, sich für bestimmte Fallkonstellationen Lösungen in Literatur und Rspr. zu merken, da der Bearbeiter ohnehin stets das Für und Wider des unmittelbaren Ansetzens sorgfältig abzuwägen hat. Die problematischen Fälle zeichnen sich gerade dadurch aus, dass sich Argumente für beide Sichtweisen vorbringen lassen. Die folgenden Beispiele dienen folglich nur als Illustration.

> **Beispiel 319**
>
> **BGH U. v. 20.12.1951 – 4 StR 839/51 (Pfeffertüte) – NJW 1952, 514 (Anm. Roxin, Höchstrichterliche Rspr. AT, 1998, Nr. 46; Kaspar/Reinbacher, Casebook AT, 2020, Fall 16; Mezger NJW 1952, 515; Fahl JA 1997, 635):**
>
> B1 und B2 waren übereingekommen, einen Boten, der für einen Bielefelder Betrieb bei der Bank Geld für die Lohnzahlung abzuholen pflegte, auf dem Rückweg zum Betrieb zu überfallen, ihm die Tasche mit den Lohngeldern zu entreißen und in den zu diesem Zweck bereitgehaltenen beiden Kraftwagen zu fliehen. Sie verabredeten alle Einzelheiten der Durchführung des Plans und bereiteten den Raubüberfall auf das Sorgfältigste vor. An dem verabredeten Tage fuhren sie nach ihrem Plan mit den Kraftwagen gegen Mittag zu dem vereinbarten Tatort, der unweit der Straßenbahnhaltestelle lag, an der der Bote auszusteigen pflegte. Dort warteten sie auf seine Ankunft, er musste nach ihrer Berechnung alsbald mit der Straßenbahn eintreffen. Sie hielten den Pfeffer, der ihm in die Augen gestreut werden sollte, bereit und ließen bei Ankunft einer jeden Straßenbahn die Motoren der Wagen anlaufen, um sofort nach Ausführung der Tat das Weite suchen zu können. Nachdem sie vier Straßenbahnen abgewartet hatten, erkannten sie, dass der Bote an diesem Tage verfehlt war. Sie fuhren ein Stück weiter und entfernten sich, nachdem sie noch eine Zeit lang vergeblich gewartet hatten. ◄

Beispiel 320

BGH U. v. 19.01.1968 – 4 StR 559/67 (Radrütteln) – BGHSt 22, 80 = NJW 1968, 1100 (Anm. Roxin, Höchstrichterliche Rspr. AT, 1998, Nr. 48):
B1 und B2 wollten ein ganz bestimmtes Fahrzeug entwenden. Sie waren bereits entschlossen, den ins Auge gefassten Kraftwagen für die geplante Fahrt nach D. wegzunehmen. B1 rüttelte an den Vorderrädern, um festzustellen, ob das Lenkrad durch ein Schloss versperrt war. Beim Fehlen eines solchen Hindernisses wollte er sich unmittelbar anschließend des Fahrzeugs bemächtigen. ◂

Beispiel 321

BGH U. v. 16.09.1975 – 1 StR 264/75 – BGHSt 26, 201 = NJW 1976, 58 (Anm. Roxin, Höchstrichterliche Rspr. AT, 1998, Nr. 47; Hemmer-BGH-Classics Strafrecht, 2003, Nr. 17; Otto NJW 1976, 578; Gössel JR 1976, 249; Meyer JuS 1977, 19):
B1 und B2 kamen in den Abendstunden zu einer für einen Überfall ausersehenen Tankstelle. Diese war nicht besetzt. Deshalb gingen sie zu dem im Tankstellenbereich liegenden Wohnhaus. Vor der Haustür zogen sie die Strumpfmasken auf. Dann läutete B1. Er hatte eine mitgeführte Pistole in der Hand. B1 und B2 nahmen an, dass auf ihr Läuten der Tankwart, der Inhaber der Tankstelle oder eine andere Person erscheinen werde. Sogleich bei ihrem Erscheinen sollte die öffnende Person mit der Pistole bedroht, gefesselt und zur Ermöglichung und Duldung der Wegnahme genötigt werden. Auf das Läuten kam niemand. Auch das Klopfen an mehreren Fenstern blieb ohne Erfolg. B1 und B2 gaben die Verwirklichung ihres Vorhabens auf, weil aus dem gegenüberliegenden Haus eine Frau heraussah und sie glaubten, diese Frau könne sie entdecken. ◂

Beispiel 322

BGH U. v. 26.10.1978 – 4 StR 429/78 – BGHSt 28, 162 = NJW 1979, 378 (Anm. Roxin, Höchstrichterliche Rspr. AT, 1998, Nr. 48; Geilen JK 1979 StGB § 22/1; Sonnen JA 1979, 333; Hassemer JuS 1979, 295):
B beschaffte sich Nachschlüssel (Kopien der Zündschlüssel) für einige auf dem Gelände einer Kfz-Werkstatt befindlichen Fahrzeuge; er erkundigte sich nach der Anschrift des jeweiligen Fahrzeughalters und Eigentümers und versuchte durch Telefonanrufe, den augenblicklichen Standort der Fahrzeuge in Erfahrung zu bringen. ◂

Beispiel 323

BGH B. v. 14.03.2001 – 3 StR 48/01 – NStZ 2001, 415 = StV 2001, 621 (Anm. RA 2001, 477; Geppert JK 2002 StGB § 22/20):

B suchte den Juwelier Z in dessen Geschäftsräumen auf, um diesem wertvollen Schmuck und Uhren zu entwenden. Sein Plan ging in erster Linie dahin, den Juwelier dazu zu bewegen, die Geschäftsräume unter der Mitnahme von Schmuck zu verlassen, um den Diebstahl dann außerhalb des Juweliergeschäfts ausführen zu können. Als er merkte, dass der Juwelier seinem Vorschlag wenig Sympathie entgegenbrachte, war B fest entschlossen, jede sich bietende Gelegenheit und insbesondere jede Unachtsamkeit des Juweliers dazu auszunutzen, Uhren und Schmuck bereits in den Verkaufsräumen zu entwenden. Hierzu kam es auf Grund der Aufmerksamkeit des Juweliers jedoch nicht. B verließ daher die Geschäftsräume und wurde dabei von der zuvor verständigten Polizei festgenommen. ◄

Beispiel 324

BGH U. v. 09.03.2006 – 3 StR 28/06 – NStZ 2006, 331 = StV 2007, 187 (Anm. Geppert JK 2006 StGB § 22/24; RA 2006, 312; Schuhr StV 2007, 188):
B1 plante, die von ihm betriebene Diskothek in Brand setzen zu lassen, um die Versicherungssumme kassieren zu können. Er beauftragte den B2, der bei ihm als Türsteher tätig war und den Brand nicht selbst legen wollte, zwei Leute für die Brandlegung zu besorgen. B2 gewann dafür B3, der seinerseits zwei weitere Personen mit Versprechen überredete, jeder könne dabei 10.000 Euro verdienen. Alle vier besprachen gemeinsam den Tatplan, wonach die Außentüre des Gebäudes mit einem von B1 zur Verfügung gestellten Schlüssel sowie eine verschlossene Zwischentüre zum Diskothekenraum mit einem mitgeführten Kuhfuß geöffnet, dort aus einem mitgebrachten Kanister Benzin verschüttet und dieses dann entzündet werden sollte. Alle vier begaben sich mit der vorgesehenen Ausrüstung (Schlüssel, Kuhfuß und Brandbeschleuniger) in die Nähe des Tatortes. B2 blieb im Fahrzeug, um die anderen nach der Brandlegung aufnehmen zu können. Zwei Mittäter gingen zur Diskothek, öffneten mit dem Schlüssel die Außentüre, betraten das Gebäude und wurden noch im Vorraum von der Polizei festgenommen. ◄

Beispiel 325

BGH B. v. 18.06.2013 – 2 StR 75/13 – NStZ 2013, 579 (Anm. Jäger JA 2013, 949; LL 2014, 110; RÜ 2013, 637):
B1, B2 und B3 wollten Z überfallen, um ihm die Herausgabe eines Laptops abzunötigen, auf dem sie kinderpornografische Bilddateien vermuteten, mit denen sie den Z später zu Geldzahlungen erpressen wollten. Sie wollten sich mit Sturmhauben maskieren und mit Messern bewaffnen. Während die B1 und B2 sich in der Nähe des Hauses hinter einer Hecke verstecken sollten, sollte der B3 an der Haustür des Z klingeln und diesen mit einem Messer bedrohen, sobald dieser die Tür öffnen würde. Dazu kam es nicht, weil B3 meinte, er habe nach

D. Tatbestand, § 22 StGB   567

dem Klingeln an der Haustür einen Hund bellen hören und ein Kind hinter der
Türverglasung gesehen. Daher nahm er von der weiteren Tataushführung Abstand
und wandte sich zum Gehen. Unmittelbar danach wurden B1, B2 und B3 durch
Polizeibeamte festgenommen, die sie observiert hatten. ◄

**(3) Unmittelbarkeit als Gefahr der Fortsetzung eines sog. unbeendeten Versuchs
zu einem sog. beendeten**
Angesichts dessen, dass der Unmittelbarkeitszusammenhang beim sog. beendeten   37
Versuch wortwörtlich vorliegt und die Vollendung des Tatbestands lediglich an
Fehlvorstellungen des Täters scheitert, was auch zwanglos die Strafwürdigkeit begründet, muss es beim untechnischen Unmittelbarkeitszusammenhang des sog. unbeendeten Versuchs um die Nähe der noch nicht für hinreichend erachteten Handlung zur geplanten erfolgstauglichen Handlung gehen. Insofern verschiebt sich der
Fokus von der Erfolgsnähe zur Letzthandlungsnähe.

Die Abfolge der einzelnen Handlungen nach Maßgabe des Tatplans lässt sich als
Kumulation einzelner Bausteine begreifen, die sich nacheinander zusammensetzen
sollen, um dann ein tatsächliches Erfolgsrisiko zu schaffen. Der Übergang von der
vorletzten zur letzten (dann also gefahrschaffenden) Handlung ist der entscheidende
Schritt und Willensimpuls.

Die (vom Täter angenommene) Wahrscheinlichkeit des Vollzugs dieses Über-
gangs ist Messlatte des unmittelbaren Ansetzens: Durch seine Ersthandlung muss
der Täter eine hinreichend große Gefahr dafür geschaffen haben, dass er den bislang
sog. unbeendeten Versuch zu einem sog. beendeten fortführt – das Risiko, dass aufgrund seiner bisherigen Handlung seine weitere Handlung stattfindet, die den Erfolg herbeiführen soll.

Diese Fortsetzungsgefahr muss ihrerseits wiederum unerlaubt sein, wobei sich
freilich Sondernormen nicht mit der Fortentwicklung deliktischer Tatpläne befassen
und es letztlich also allein auf die Risikohöhe bzw. die Abwägung zu einem sozialen
Nutzen ankommt.

Zuzugeben ist, dass der praktische Anwendungsnutzen unter ähnlichen Begrenzungen leidet wie andere Vorschläge: Mangels Empirie muss der Subsumtions-
maßstab normativiert werden, er muss es sogar gänzlich, da die Strafrechtsordnung
unter dem Postulat der Willensfreiheit steht. Wann der Täter sich also selbst unter
Zugzwang gesetzt hat oder wie sehr er zu Sprunghaftigkeit bei der Durchführung
von Vorhaben neigt, wird er kaum selbst sagen können und lässt sich auch nicht
präzise einer objektivierten Maßfigur zuordnen. Hinzu käme der jeder Risikosetzung immanente Schmerz der Grenze bzgl. der rechtlich relevanten Höhe. Natürlich sprechen Strafzweckerwägungen (die sich freilich nicht selten widersprechen
und vage sind) für die Duldung allenfalls relativ geringer Risiken, es sei denn ein
gesellschaftlicher Nutzen kommt in Betracht.

De lege ferenda wäre ein Streichen des Unmittelbarkeitserfordernisses wünschenswert. Dass die Erfassung aller sog. unbeendeten Versuche keine un-

erträglichen Ergebnisse bärge, zeigt ein Blick in andere rechtsstaatliche Rechtsordnungen.[66]

dd) Besonderheiten bei der sog. mittelbaren Täterschaft (inkl. Opferselbstschädigung), § 25 I 2. Var. StGB

▶ Didaktische Aufsätze:
- Otto, Versuch und Rücktritt bei mehreren Tatbeteiligten, JA 1980, 641 und 707
- Herzberg, Der Anfang des Versuchs bei mittelbarer Täterschaft, JuS 1985, 1
- Dornis, Der Versuchsbeginn in Selbstschädigungsfällen, Jura 2001, 664
- Rönnau, Grundwissen – Strafrecht: Versuchsbeginn bei Mittäterschaft, mittelbarer Täterschaft und unechten Unterlassungsdelikten, JuS 2014, 109
- Hoffmann, Über das unmittelbare Ansetzen während zeitlich gestreckter Handlungsabläufe, JA 2016, 194
- Kretschmer, Unmittelbares Ansetzen (§ 22 StGB) bei mittelbarer Täterschaft und bei Mittäterschaft, JA 2020, 583

38 In Fällen der sog. mittelbaren Täterschaft liegt ein unmittelbares Ansetzen des sog. mittelbaren Täters[67] spätestens dann vor, wenn der sog. Tatmittler unmittelbar ansetzt.[68]

Beispiel 326

B überredete den geistig stark behinderten Z1 dazu, auf den Z2 zu schießen. Dies tat Z1 auch, der Schuss verfehlte aber den Z2. ◀

Spätestens mit dem Schuss des Z1 hat auch B unmittelbar angesetzt.
Dies betrifft gleichermaßen Konstellationen der Selbstschädigung, die entsprechend der sog. mittelbaren Täterschaft behandelt werden.

Beispiel 327

BGH U. v. 05.07.1983 – 1 StR 168/83 (Sirius) – BGHSt 32, 38 = NJW 1983, 2579 = NStZ 1984, 70 (Anm. Roxin, Höchstrichterliche Rspr. AT, 1998, Nr. 80; Kaspar/Reinbacher, Casebook AT, 2020, Fall 23; Hemmer-BGH-

---

[66] Etwa § 21 I des dänischen Straffeloven: „Handlinger, som sigter til at fremme eller bevirke udførelsen af en forbrydelse ..." [Handlungen, die darauf abzielen, die Ausführung einer Straftat zu fördern oder zu bewirken ...].

[67] Hierzu Hillenkamp/Cornelius, 32 Probleme aus dem Strafrecht AT, 15. Aufl. 2017, 15. P.; näher Otto JA 1980, 641 und 707; Küper JZ 1983, 361; Kadel GA 1983, 299; Herzberg JuS 1985, 1; Krack ZStW 1998, 611; Dornis Jura 2001, 664; Herzberg FS Roxin 2001, 749; Puppe FS Dahs 2005, 173; Kühl FS Küper 2007, 289; Rönnau JuS 2014, 109; Hoffmann JA 2016, 194; aus der Rspr. vgl. zuletzt BGH U. v. 23.10.2019 – 2 StR 139/19 – NJW 2020, 559 = StV 2020, 658; BGH B. v. 08.09.2020 – 4 StR 44/20 – NJW 2021, 330 = NStZ 2021, 92 (Anm. Jahn JuS 2021, 84; famos 1/2021; Kretschmer NStZ 2021, 92).

[68] Joecks/Jäger, StGB, 13. Aufl. 2021, § 25 Rn. 69.

Classics Strafrecht, 2003, Nr. 28; Küpper JA 1983, 672; Geilen JK 1984 StGB § 25/1; Hassemer JuS 1984, 148; Roxin NStZ 1984, 71; Sippel NStZ 1984, 357; Neumann JuS 1985, 677; Spendel FS Lüderssen 2002, 605; Kubiciel JA 2007, 729):

B gelang es im Laufe einer Vielzahl von Gesprächen, der 23-jährigen unselbstständigen und komplexbeladenen Z einzureden, er sei ein Bewohner des Planeten Sirius. Auf der Erde wolle er einige wertvolle Menschen, darunter Z, nach dem Zerfall ihrer Körper auf den Sirius oder einen anderen Planeten bringen, wo ihre Seelen weiterleben sollten. Als B erkannte, dass ihm Z vollen Glauben schenkte, beschloss er, sich unter Ausnutzung dieses Vertrauens zu bereichern. Er legte ihr dar, sie könne die Fähigkeit, nach ihrem Tod auf einem anderen Himmelskörper weiterzuleben, dadurch erlangen, dass der Mönch Uliko sich für einige Zeit in totale Meditation versetze. Dafür seien freilich an das Kloster des Ulikos 30.000 DM zu zahlen. Das Geld verbrauchte der B für sich. Z sagte er, der Versuch sei wegen des von ihrem Körper ausgehenden Widerstandes gescheitert. Dieser Widerstand könne nur mit der Vernichtung des alten und der Beschaffung eines neuen Körpers gebrochen werden. Als er merkte, dass Z ihm weiterhin glaubte, fasste er den Plan, daraus finanziellen Nutzen zu schlagen: Er erläuterte ihr, in einem Raum am Genfer See stehe für sie ein neuer Körper bereit, in dem sie sich als Künstlerin wiederfinden werde, wenn sie sich von ihrem alten Körper trenne. Da sie auch in ihrem neuen Leben Geld brauche, solle sie eine Lebensversicherung abschließen und ihn, B, als Bezugsberechtigten einsetzen und sodann durch einen vorgetäuschten Unfall aus ihrem „jetzigen Leben" scheiden. Nach Auszahlung werde er ihr das Geld überbringen. Tatsächlich ließ Z wenig später nach den Anweisungen des B einen Föhn in ihre Badewanne fallen, um ihr „jetziges Leben" zu beenden. Der tödliche Stromstoß blieb jedoch aus. Nach eigenem Bekunden handelte Z in der Hoffnung, sofort „in einem neuen Körper" zu erwachen. Der Gedanke an einen „Selbstmord im eigentlichen Sinn", durch den ihr Leben für immer beendet würde, sei ihr nicht gekommen. ◀

Indem Z mit dem Föhn zum Suizid ansetzte, ist auch ein unmittelbares Ansetzen des B gegeben.

Umstritten ist, ab wann bereits ein unmittelbares Ansetzen vorliegt, wenn das Verhalten des Tatmittlers selbst noch nicht als unmittelbares Ansetzen gewertet werden kann.

Beispiel 328

BGH U. v. 26.01.1982 – 4 StR 631/81 (Flusssäure) – BGHSt 30, 363 = NJW 1982, 1164 = NStZ 1982, 197 (Anm. Roxin, Höchstrichterliche Rspr. AT, 1998, Nr. 52; Puppe, AT, 4. Aufl. 2019, § 24 Rn. 1 ff.; Hemmer-BGH-Classics Strafrecht, 2003, Nr. 20; Geilen JK 1982 StGB § 22/7; Seier JA 1982, 369; Hassemer JuS 1982, 703; Kühl JuS 1983, 180; Sippel NJW 1983, 2226; Küper JZ 1983, 361; Teubner JA 1984, 144; Sippel JA 1984, 480; Freiherr

von Spiegel NJW 1984, 110; Sippel NJW 1984, 1866; Freiherr von Spiegel NJW 1984, 1867):
B1 wollte seinen Nebenbuhler Z aus Eifersucht töten. Da Z ihn kannte und B1 bei einem Fehlschlag mit einer Entdeckung rechnen musste, entschloss er sich, die Tat durch Dritte ausführen zu lassen. Diese sollten über seine Tötungsabsicht im Unklaren bleiben, durch die Aussicht auf hohe Beute für einen Raubüberfall geködert werden und sich bei der Tatausführung unwissentlich eines tödlichen Mittels bedienen. Im Dezember 1980 übergab B1 dem B2 eine Plastikflasche, die angeblich ein Schlafmittel, in Wirklichkeit aber mindestens 100 ml 35 %ige Salzsäure enthielt, die bei Aufnahme von 20 ml in den leeren Magen mit Sicherheit tödlich wirkt. B2 sollte Z überfallen, ihm – notfalls mit Gewalt – das angebliche Schlafmittel verabreichen und ihn dann berauben. Unterwegs öffnete B2 aus Neugierde den Schraubverschluss der Flasche. Der ätzende Geruch, der ihm beinahe den Atem nahm, machte ihm klar, dass es sich nicht um ein Schlafmittel, sondern um eine gefährliche Säure handelte. Er nahm daraufhin von der Tat Abstand. ◄

B2 stellte sich vor, einen schweren Raub verüben zu sollen (§§ 249 I, 250 I Nr. 1 lit. b StGB). Im Hinblick auf einen besonders schweren Raub (§§ 249 I, 250 II Nr. 1 StGB) und einen Totschlag oder Mord (§§ 211, 212 I StGB) hatte B1 überlegenes Wissen. Fraglich ist, ob B1 schon unmittelbar angesetzt haben kann, wenn sein Tatmittler B2 sich noch auf dem Weg zum Tatort befand und noch nicht unmittelbar angesetzt hatte.

Dies betrifft wiederum ebenfalls Konstellationen der Selbstschädigung.

Beispiel 329

BGH U. v. 12.08.1997 – 1 StR 234/97 (Passauer Giftfalle/Echter Hiekes Bayerwaldbärwurz/Apotheker) – BGHSt 43, 177 = NJW 1997, 3453 = NStZ 1998, 241 = StV 1997, 632 (Anm. Puppe, AT, 4. Aufl. 2019, § 20 Rn. 28 ff.; Kaspar/Reinbacher, Casebook AT, 2020, Fall 17; Hemmer-BGH-Classics Strafrecht, 2003, Nr. 21; Geppert JK 1998 StGB § 22/18; Kudlich JuS 1998, 596; LL 1998, 170; Wolters NJW 1998, 578; Otto NStZ 1998, 243; Gössel JR 1998, 293; Roxin JZ 1998, 211; Derksen GA 1998, 592; Böse JA 1999, 342; Baier JA 1999, 771 und 963; Martin JuS 1999, 273; Heckler NStZ 1999, 79):
Anfang März 1994 waren Unbekannte in das Einfamilienhaus des B eingedrungen, hatten sich in der im Erdgeschoss gelegenen Küche warme Speisen zubereitet und auch dort vorhandene Flaschen mit verschiedenen Getränken ausgetrunken. Weiter waren Geräte der Unterhaltungselektronik in das Dachgeschoss des Hauses verbracht worden. Die von B am 06.03.1994 verständigte Polizei ging deshalb davon aus, die Täter könnten an den folgenden Tagen noch einmal zurückkehren, um die zum Abtransport bereitgestellte Diebesbeute abzuholen. In der Nacht vom 08. auf den 09.03.1994 hielten sich deshalb vier Polizeibeamte in dem Haus auf, um dort mögliche Einbrecher ergreifen zu können. Zugleich hatte sich B, ein Apotheker, schon am Nachmittag des 08.03.1994

aus Verärgerung über den vorangegangenen Einbruch dazu entschlossen, im Flur des Erdgeschosses eine handelsübliche Steingutflasche mit der Aufschrift „Echter Hiekes Bayerwaldbärwurz" aufzustellen, die er mit 178 ml eines hochgiftigen Stoffes und 66 ml Wasser füllte und wieder verschloss. Im Wissen darum, dass bereits der Konsum geringster Mengen der genannten Mischung rasch zum Tode führen könne, nahm B es beim Aufstellen dieser Flasche jedenfalls in Kauf, dass möglicherweise erneut Einbrecher im Haus erscheinen, aus der Flasche trinken und tödliche Vergiftungen erleiden könnten. Später kamen dem B Bedenken, da er die observierenden Polizeibeamten nicht eingeweiht hatte und er nunmehr erkannte, dass auch ihnen von der Giftflasche Gefahr drohte. Er wies die Beamten, die die Flasche nicht angerührt hatten, auf deren giftigen Inhalt hin. Am nächsten Morgen wurde er telefonisch von einem Kriminalbeamten aufgefordert, die Giftflasche zu beseitigen. Er lehnte dies zwar zunächst ab, erklärte sich aber auf Zureden des Beamten schließlich damit einverstanden, dass jener die Flasche sicherstellte. ◄

Ein unmittelbares Ansetzen der Einbrecher – oder anderer Opfer, hier stellt sich dann die Frage, ob eine *aberratio ictus* oder ein unbeachtlicher *error in persona* vorläge – wäre wohl frühestens mit Ergreifen der Flasche in der Absicht einer Kostprobe gegeben.

Beispiel 330

BGH B. v. 08.05.2001 – 1 StR 137/01 (Stromfalle) – NStZ 2001, 475 (Anm. RA 2001, 539; famos 8/2001; Otto JK 2002 StGB § 22/20; Trüg JA 2002, 102; Engländer JuS 2003, 330):
B lag mit dem Vermieter der von ihm und seiner Familie bewohnten Doppelhaushälfte im Streit. Nachdem ein rechtskräftiger Räumungstitel gegen ihn vorlag, zog er aus dem Hause aus. Aus Verärgerung, und um den Vermieter in Verruf zu bringen, nahm er zuvor mehrere Veränderungen u. a. an der Elektroinstallation des Hauses vor. So öffnete er im Esszimmer und im Kinderzimmer jeweils eine Doppelsteckdose, klemmte an je einer der Steckdosen den Schutzleiter und den stromführenden Leiter ab und schloss den stromführenden Leiter an den Schutzleiterkontakt an. Dadurch bewirkte er, dass beim späteren Anschluss eines mit einem Schutzleiter ausgestatteten Elektrogeräts an eine dieser Steckdosen sofort eine Spannung von 230 Volt auf das Gehäuse des angeschlossenen Gerätes übertragen werden konnte. Er wollte erreichen, dass ein nachfolgender Nutzer des Hauses beim bestimmungsgemäßen Gebrauch der manipulierten Steckdosen einen Stromschlag erhielte. Überdies hatte B zuvor im Haussicherungskasten für die drei Stromkreise des Hauses die vorhandenen 16-Ampère-Sicherungen und zudem die Sicherungslastschalter überbrückt, die die stromführenden Phasen zwischen Hausanschlusskasten und dem Haussicherungskasten nochmals mit jeweils 25 Ampère absicherten; sie waren damit funktionslos. Die einzige wirksame Sicherung war danach noch die sog. Panzersicherung im Hausanschlusskasten mit einer Absicherung von 50 Ampère. Die Manipulationen

wurden alsbald bei einer Überprüfung der gesamten Elektroinstallation des Hauses entdeckt. Diese fand statt, nachdem der Hausverwalter Veränderungen an der Ölheizungsanlage des Hauses festgestellt hatte, die zu deren Ausfall geführt hatten. ◄

Die Manipulationen wurden entdeckt, bevor jemand zur Selbstschädigung durch Benutzung der Steckdosen unmittelbar ansetzen konnte.

Die sog. **Gesamtlösung** eines Teils der Lehre[69] nimmt ein unmittelbares Ansetzen des sog. mittelbaren Täters stets erst dann an, wenn das Werkzeug (bzw. das Opfer als solches gegen sich selbst) unmittelbar ansetzt.

Die sog. **Einzellösung** eines Teils der Rspr.[70] und der Lehre[71] bejaht das unmittelbare Ansetzen bereits, wenn der mittelbare Täter auf den Tatmittler einzuwirken beginnt.

Die herrschende Rspr.[72] und die h. L.[73] stellen – allerdings mit zahlreichen Nuancen – für das unmittelbare Ansetzen darauf ab, wie sicher sich der Täter den weiteren Fortgang vorgestellt hat (sog. **modifizierte Einzellösung**): Halte der Täter den Eintritt einer späteren Gefährdung für sicher, so setze er bereits dann unmittelbar an, wenn er das Geschehen aus den Händen gibt; halte er ihn für unsicher, setze er erst dann unmittelbar an, wenn der Unsicherheitsfaktor entfallen ist, so dass eine konkrete Gefahr droht. Da z. B. im „Apotheker-Fall" nach Vorstellung des „Täters" unsicher war, ob die Einbrecher erneut erscheinen werden, läge mangels tatsächlichen Erscheinens kein unmittelbares Ansetzen vor.

Die h. M. bemüht sich um einen Kompromiss zwischen sehr frühem und sehr spätem Annehmen des unmittelbaren Ansetzens. Ferner ist es auch ein wichtiges Anliegen, den sog. mittelbaren Täter nicht besser oder schlechter zu stellen als einen unmittelbaren Versuchstäter. Ein generelles Abstellen auf eine konkrete Gefahr für das geschützte Rechtsgut birgt aber die Problematik, dass eine Lösung auch für untaugliche Versuche gefunden werden muss; letztlich bleibt es i. R. d. h. M. wieder bei einer umfassenden Gesamtabwägung.

Klare Ergebnisse erzielen Einzel- und Gesamtlösung. Die Gesamtlösung betrachtet den Entwicklungsstand der Gesamttat, so dass man unsachgerechte Ergebnisse vermeidet, wenn der mittelbare Täter den Kausalverlauf sehr früh aus der Hand gibt. Ebenso, wie das Verhalten des Mittlers dem Hintermann zugerechnet werde, müsse dem Hintermann zugutekommen, was der Mittler noch nicht getan habe. Da der sog. mittelbare Täter „durch" das Werkzeug handele, könne ersterer nicht früher ansetzen als letzteres. Die Gesamtlösung bemüht auch den Wortlaut des § 22 StGB („unmittelbar"). Allerdings besteht die Tathandlung des sog. mittelbaren

---

[69] Z. B. Hoyer, in: SK-StGB, 9. Aufl. 2017, § 25 Rn. 147.

[70] Z. B. RG U. v. 06.05.1919 – II 124/19 – RGSt 53, 45; BayObLG B. v. 25.04.1994 – 4 St RR 48/94 – NJW 1994, 2164.

[71] Z. B. Jakobs, AT, 2. Aufl. 1993, 21/105.

[72] Vgl. nur BGH U. v. 12.08.1997 – 1 StR 234/97 (Passauer Giftfalle/Echter Hiekes Bayerwaldbärwurz / Apotheker) – BGHSt 43, 177 (180).

[73] S. nur Kindhäuser/Hilgendorf, LPK, 8. Aufl. 2019, § 22 Rn. 33.

Täters ausschließlich in dem Ingangsetzen des Werkzeugs. Insofern sind gerade keine Zwischenakte erforderlich; das Handeln „durch" den Vordermann muss daher durchaus früher als dessen Handeln selbst liegen; der bloße zeitlich-räumliche Abstand schließt die Unmittelbarkeit nicht zwingend aus. Anders als bei Mittäterschaft nach § 25 II StGB erfolgt keine wechselseitige Zurechnung, sondern es existiert ein Stufenverhältnis. Überzeugender ist aufgrund ihrer Tathandlungsorientierung daher die Einzellösung. Sie wahrt auch die Parallele zu einem sog. unmittelbaren Täter, der ein mechanisches Werkzeug zum Einsatz bringt. Die dadurch bedingte erhebliche Vorverlagerung der Versuchsstrafbarkeit und Schlechterstellung gegenüber einem sog. unmittelbaren Täter und einem Mittäter rechtfertigt sich durch die hohe Gefährlichkeit eines auf den Weg gebrachten Tatmittlers. Der sog. mittelbare Täter setzt eine neue Kausalkette in Gang, die ohne weitere Einflussnahme der Verwirklichung des Taterfolgs zustrebt – ein schlichter Unterfall des sog. beendeten Versuchs, vgl. o. Der Zeitpunkt des sog. unmittelbaren Ansetzens des Tatmittlers ist dem sog. mittelbaren Täter oft ohnehin nicht bekannt und für diesen daher höchst zufällig. Auf den Entwicklungsstand der Gesamttat kann es somit nicht ankommen. Unangemessenen Ergebnissen aufgrund einer Vorverlagerung der Versuchsstrafbarkeit beugt die Rücktrittsmöglichkeit nach § 24 StGB vor. Auf Fragen des nachrangig in Betracht kommenden § 30 I StGB kommt es bei Bejahung eines Versuchs in mittelbarer Täterschaft nicht mehr an, auch wenn zuzugeben ist, dass in den Bereich der versuchten mittelbaren Täterschaft vorgedrungen wird.[74]

ee) Besonderheiten bei der Mittäterschaft, § 25 II StGB

▶ Didaktische Aufsätze:

- Otto, Versuch und Rücktritt bei mehreren Tatbeteiligten, JA 1980, 641 und 707
- Ahrens, Vermeintliche Mittäterschaft und Versuchsstrafbarkeit, JA 1996, 664
- Renzikowski, Zurechnungsprobleme bei Scheinmittäterschaft und verwandten Konstellationen, JuS 2013, 481
- Rönnau, Grundwissen – Strafrecht: Versuchsbeginn bei Mittäterschaft, mittelbarer Täterschaft und unechten Unterlassungsdelikten, JuS 2014, 109
- Kretschmer, Unmittelbares Ansetzen (§ 22 StGB) bei mittelbarer Täterschaft und bei Mittäterschaft, JA 2020, 583

I. F. d. Mittäterschaft gem. § 25 II StGB ist ebenfalls umstritten, nach welchen Kriterien das unmittelbare Ansetzen zu bestimmen ist.[75]

40

---

[74] Krit. bzgl. einer frühen Annahme eines Versuchs in mittelbarer Täterschaft (und ggf. für Anwendung des § 30 I StGB) daher Hoyer, in: SK-StGB, 9. Aufl. 2018, § 30 Rn. 5 ff.
[75] Hierzu Krey/Esser, AT, 6. Aufl. 2016, Rn. 1241; näher Küper JZ 1979, 775; Otto JA 1980, 641 und 707; da Conceição Valdágua ZStW 1986, 839; Stoffers MDR 1989, 208; Krack ZStW 1998, 611; Mylonopoulos GA 2011, 462; Rönnau JuS 2014, 109; aus der Rspr. vgl. BGH U. v. 02.06.1993 – 2 StR 158/93 – BGHSt 39, 236 = NJW 1993, 2251 = NStZ 1993, 489 = StV 1993, 467 (Anm. Roxin, Höchstrichterliche Rspr. AT, 1998, Nr. 53; Hemmer-BGH-Classics Strafrecht,

Beispiel 331

BGH U. v. 09.03.2006 – 3 StR 28/06 – NStZ 2006, 331 = StV 2007, 187 (Anm. Geppert JK 2006 StGB § 22/24; RA 2006, 312; Schuhr StV 2007, 188):
B1 plante, die von ihm betriebene Diskothek in Brand setzen zu lassen, um die Versicherungssumme kassieren zu können. Er beauftragte den B2, der bei ihm als Türsteher tätig war und den Brand nicht selbst legen wollte, zwei Leute für die Brandlegung zu besorgen. B2 gewann dafür B3, der seinerseits zwei weitere Personen mit Versprechen überredete, jeder könne dabei 10.000 Euro verdienen. Alle vier besprachen gemeinsam den Tatplan, wonach die Außentüre des Gebäudes mit einem von B1 zur Verfügung gestellten Schlüssel sowie eine verschlossene Zwischentüre zum Diskothekenraum mit einem mitgeführten Kuhfuß geöffnet, dort aus einem mitgebrachten Kanister Benzin verschüttet und dieses dann entzündet werden sollte. Alle vier begaben sich mit der vorgesehenen Ausrüstung (Schlüssel, Kuhfuß und Brandbeschleuniger) in die Nähe des Tatortes. B2 blieb im Fahrzeug, um die anderen nach der Brandlegung aufnehmen zu können. Zwei Mittäter gingen zur Diskothek, öffneten mit dem Schlüssel die Außentüre, betraten das Gebäude und wurden noch im Vorraum von der Polizei festgenommen. ◄

Hat auch der im Auto wartende B2 unmittelbar angesetzt?

Die sog. **Einzellösung**[76] stellt separat auf jeden einzelnen Mittäter ab.
Nach der sog. **Gesamtlösung** von Rspr.[77] und h. L.[78] fallen alle Mittäter bereits unter § 22 StGB, wenn nur einer der Mittäter unmittelbar ansetzt.
Zwar ist § 22 StGB dahingehend formuliert, dass es auf den einzelnen Menschen ankommt, was für eine Einzellösung sprechen könnte. Allerdings überwindet § 25 II StGB die isolierte Betrachtung durch Zurechnung im Rahmen des gemeinsamen, einheitlichen Tatplans – wie sonst auch i. R. d. § 25 II StGB bzgl. vollendeter Delikte. Dass die Gesamtlösung hier überzeugender ist, zeigt sich auch darin, dass anderenfalls derjenige Mittäter, der seinen gleichwertig gewichtigen Beitrag spät erbringen soll, unsachgemäß privilegiert würde.
Die Problematik des Zusammenspiels von § 22 StGB und § 25 II StGB kulminiert in der Frage der Versuchsstrafbarkeit bei sog. **vermeintlicher Mittäterschaft** oder **Scheinmittäterschaft**.[79]

2003, Nr. 18; Otto JK 1994 StGB § 25 II/7; Jung JuS 1994, 355; Hauf NStZ 1994, 263; Weber FS Lenckner 1998, 435).
[76] Roxin, AT II, 2003, § 29 Rn. 297 ff.
[77] Z. B. BGH U. v. 02.06.1993 – 2 StR 158/93 – BGHSt 39, 236 (237).
[78] S. Kindhäuser/Hilgendorf, LPK, 8. Aufl. 2019, § 22 Rn. 38.
[79] Hierzu Hoyer, in: SK-StGB, 9. Aufl. 2017, § 25 Rn. 148; näher Ingelfinger JZ 1995, 704; Ahrens JA 1996, 664; Heckler GA 1997, 72; Bloy ZStW 2005, 1; Krack ZStW 2005, 555; Renzikowski JuS 2013, 481; Rönnau JuS 2014, 109.

Beispiel 332

BGH U. v. 25.10.1994 – 4 StR 173/94 (Münzhändler) – BGHSt 40, 299 = NJW 1995, 142 = NStZ 1995, 120 = StV 1995, 128 (Anm. Roxin, Höchstrichterliche Rspr. AT, 1998, Nr. 54; Hemmer-BGH-Classics Strafrecht, 2003, Nr. 19; Geppert JK 1995 StGB § 25 II/9; Sonnen JA 1995, 361; Jung JuS 1995, 360; Küpper/Mosbacher JuS 1995, 488; Kühne NJW 1995, 934; Erb NStZ 1995, 424; Graul JR 1995, 427; Ingelfinger JZ 1995, 704; Joerden JZ 1995, 735; Joecks wistra 1995, 58; Zopfs Jura 1996, 19; Roßmüller/Rohrer MDR 1996, 986; Weber FS Lenckner 1998, 435; Mitsch ZIS 2013, 369):

B1 lernte in einer Gaststätte B2 kennen. Beide sprachen darüber, wie man an Geld kommen könne. B2 erzählte dem B1, ihm sei ein Münzhändler bekannt, der seine Versicherung betrügen wolle. Er machte dem B1 den Vorschlag, diesen in seinem Haus zu überfallen und zu berauben; der Münzhändler sei mit allem einverstanden. Nachdem B2 dem B1 für seine „Mitwirkung" 50.000 Euro versprochen hatte – von denen 15.000 Euro im Voraus gezahlt werden sollten, die restlichen 35.000 Euro sollte sich B1 aus dem Tresor des Münzhändlers nehmen dürfen –, erklärte sich der B1 bereit, den Überfall durchzuführen. Die zum Schein zu raubenden Münzen sollten B2 übergeben werden. B2 wies den B1 an, gegenüber dem Münzhändler nicht zu erkennen zu geben, dass er wisse, dass dieser dem Überfall zugestimmt habe. Einige Tage vor Ausführung der Tat zahlte B2 dem B1 15.000 Euro und teilte ihm Namen und Adresse des zu überfallenden Münzhändlers mit. Dieser war allerdings nicht, wie B2 den B1 glauben machte, mit dem Überfall einverstanden. Der geplante „Raub" wurde von B1 durchgeführt. Die Gesamtbeute hatte einen Wert von 350.000 bis 400.000 Euro. Dem bei der Tat gefesselten und in den Waschkeller seines Hauses verbrachten Münzhändler gelang es, sich zu befreien und die Polizei zu alarmieren. Noch am Tattag meldete er seiner Versicherung den Schadensfall. ◄

§ 263 I, II StGB (Betrug)
(1) Wer in der Absicht, sich oder einem Dritten einen rechtswidrigen Vermögensvorteil zu verschaffen, das Vermögen eines anderen dadurch beschädigt, daß er durch Vorspiegelung falscher oder durch Entstellung oder Unterdrückung wahrer Tatsachen einen Irrtum erregt oder unterhält, wird mit Freiheitsstrafe bis zu fünf Jahren oder mit Geldstrafe bestraft.
(2) Der Versuch ist strafbar.

In Betracht kommt ein versuchter Betrug in Mittäterschaft. Zwischen B1 und dem Münzhändler lag aber nur eine vermeintliche Mittäterschaft vor, da der Münzhändler in Wirklichkeit nicht eingeweiht war.

In diesen Konstellationen ist wiederum umstritten, wie das unmittelbare Ansetzen zu bestimmen ist.

Teile der Lehre[80] und die Rspr.[81] folgen auch hier der **Gesamtlösung** und halten es für unschädlich, wenn bloß vermeintliche Mittäterschaft vorliegt. Von einem unmittelbaren Ansetzen wäre dann wohl erst auszugehen, wenn der Münzhändler im Falle tatsächlicher Mittäterschaft die Anzeige bei der Versicherung gemacht hätte.

Die Einzellösung betrachtet ohnehin nur den jeweils zu Prüfenden (hier B1). Zu seinem eigenen Tatbeitrag hat B1 hier ohne Weiteres unmittelbar angesetzt, da er ihn sogar vollständig geleistet hat.

Nach z. T. vertretener Auffassung innerhalb der Gesamtlösung[82] wird die **Zurechnung qua vermeintlicher Mittäterschaft abgelehnt**. § 25 II StGB sei nicht durch bloße Vorstellung überwindbar, sogar § 30 II StGB erfordere ein objektives Vorliegen des Verabredens, nicht bloß eine Vorstellung. Auch normiere § 22 StGB gerade das *objektive* Erfordernis des unmittelbaren Ansetzens.

Gegen die letztgenannte Auffassung spricht freilich der weite, von einer subjektiven Betrachtung ausgehende Wortlaut des § 22 StGB. In der Tat setzt der Münzhändler nach der Vorstellung des B1 gewiss unmittelbar durch seine Schadensmeldung an. Wieso es aber dem B1 im Rahmen einer Versuchsprüfung zugutekommen soll, dass objektiv keine Mittäterschaft des Münzhändlers vorliegt, erschließt sich nicht. Es handelt sich schlicht um einen eben objektiv sog. untauglichen Versuch. Gerade die lediglich innere Distanzierung eines Mittäters darf den anderen nicht besser stellen. Es ist einer entsprechend weiten Gesamtlösung zu folgen. Dies muss konsequenterweise sogar dahingehend gelten, dass ein vermeintliches Ansetzen eines vermeintlichen Mittäters dafür ausreicht, das unmittelbare Ansetzen des sich Mittäterschaft Vorstellenden qua Zurechnung zu bejahen – wenn z. B. der Münzhändler im obigen Beispiel nur nach der Vorstellung des B1 den Schaden gemeldet hätte.

ff) Besonderheiten bei der sog. *actio libera in causa*

▶ Didaktischer Aufsatz:

- Schweinberger, Actio libera in causa: Folgeprobleme des herrschenden Tatbestandsmodells JuS 2006, 507

41 Bzgl. des Versuchsbeginns bei der Tatbegehung mittels *actio libera in causa* – hält man diese nicht ohnehin für verfassungswidrig – ist das unmittelbare Ansetzen problematisch, da ein Abstellen auf den Beginn der Handlung, die zur Schuldunfähigkeit führen soll (z. B. Betrinken) sehr weit im Vorfeld der Erfolgsherbeiführung liegt.[83] In der Tat führt Schuldunfähigkeit nicht zwangsläufig zur Hand-

---

[80] B. Heinrich, AT, 6. Aufl. 2019, Rn. 744.
[81] BGH U. v. 25.10.1994 – 4 StR 173/94 (Münzhändler) – BGHSt 40, 299 (302 f.).
[82] Etwa Kindhäuser/Hilgendorf, LPK, 8. Aufl. 2019, § 22 Rn. 41.
[83] Hierzu Joecks/Jäger, StGB, 12. Aufl. 2017, § 323a Rn. 40 f.; näher Schweinberger JuS 2006, 507; aus der Rspr. vgl. BGH U. v. 01.06.1962 – 4 StR 88/62 – BGHSt 17, 333 = NJW 1962, 1830; BGH U. v. 24.01.1967 – 4 StR 500/67 – BGHSt 21, 381 = NJW 1968, 657 (Anm. Puppe, AT, 4. Aufl. 2019, § 16 Rn. 12 ff.; Hruschka JuS 1968, 554; Schröder JR 1968, 305; Cramer JZ 1969, 273).

lungsunfähigkeit, so dass i. d. R. kein sog. beendeter Versuch vorliegt und die vagen Anforderungen an eine Unmittelbarkeit i. R. e. sog. unbeendeten Versuchs gelten müssen.

4. Ggf.: Sonstige subjektive Tatbestandsmerkmale

Wie beim Vollendungsdelikt auch, sind je nach Delikt im subjektiven Tatbestand jenseits des Vorsatzes weitere subjektive Tatbestandsmerkmale zu prüfen.

Stilistisch ist zu beachten, dass insofern kein Tatentschluss o. ä. bzgl. z. B. der Zueignungsabsicht (§ 242 I StGB) verlangt wird, sondern direkt das Vorliegen dieser Absicht.

42

E. Rechtswidrigkeit

Für die Rechtswidrigkeit gilt grundsätzlich das beim Vollendungsdelikt Ausgeführte.

Angesichts des stark reduzierten objektiven Versuchstatbestands ist allerdings richtigerweise auch die Rechtswidrigkeitsprüfung (rein) subjektiv vorzunehmen.[84]

43

F. Schuld

Für die Schuld gilt grundsätzlich das beim Vollendungsdelikt Ausgeführte. Schwierigkeiten bereiten gewisse Irrtumskonstellationen, v. a. bzgl. § 35 II StGB.[85]

44

G. Rücktritt, § 24 StGB

▶ Didaktische Aufsätze:

- Schröder, Grundprobleme des Rücktritts vom Versuch, JuS 1962, 81
- Krauß, Der strafbefreiende Rücktritt vom Versuch, JuS 1981, 883
- Lettl, Der Rücktritt des Alleintäters vom Versuch gemäß § 24 I 1 StGB, JuS 1998, L81
- Kudlich, Grundfälle zum Rücktritt vom Versuch, JuS 1999, 240, 349 und 449
- Scheinfeld, Der strafbefreiende Rücktritt vom Versuch in der Fallbearbeitung, JuS 2002, 250
- Hoven, Der Rücktritt vom Versuch in der Fallbearbeitung, JuS 2013, 305 und 403
- Puppe, Ein ganz kleines Fällchen – Die Entwicklung der Rechtsprechung zum Rücktritt durch Aufgeben der Tat, ZJS 2020, 332

---

[84] Näher Hoffmann-Holland, in: MK-StGB, 4. Aufl. 2020, § 22 Rn. 146 ff.; Herzberg FS Stree/Wessels 1993, 203.
[85] Hierzu Hoffmann-Holland, in: MK-StGB, 4. Aufl. 2020, § 22 Rn. 163 ff.

I. Allgemeines

1. Grundlagen

45 § 24 StGB regelt den Rücktritt vom Versuch.[86]

> **§ 24 StGB (Rücktritt)**
> (1) Wegen Versuchs wird nicht bestraft, wer freiwillig die weitere Ausführung der Tat aufgibt oder deren Vollendung verhindert. Wird die Tat ohne Zutun des Zurücktretenden nicht vollendet, so wird er straflos, wenn er sich freiwillig und ernsthaft bemüht, die Vollendung zu verhindern.
> (2) Sind an der Tat mehrere beteiligt, so wird wegen Versuchs nicht bestraft, wer freiwillig die Vollendung verhindert. Jedoch genügt zu seiner Straflosigkeit sein freiwilliges und ernsthaftes Bemühen, die Vollendung der Tat zu verhindern, wenn sie ohne sein Zutun nicht vollendet oder unabhängig von seinem früheren Tatbeitrag begangen wird.

Bereits im ersten Zugriff wird ersichtlich, dass nicht nur die Einordnung der Rechtsfolge vage bleibt, sondern auch die Voraussetzungsseite der Norm Unklarheiten birgt. Die Ausdifferenzierung verschleiert, dass es im Grunde durchweg darum geht, dass der Täter sein deliktisches Vorhaben, welches immerhin schon zum Versuch gediehen ist, nicht weiter verfolgt und dafür sorgt, dass nicht aufgrund seines vorherigen Verhaltens der Erfolg und damit die Vollendung eintritt, und zwar – wie der Versuch insgesamt – auf subjektiver Basis. An sich unnötig ist daher die umfassende Objektivierung des § 24 I 1 2. Var. StGB, von der § 24 I 2 StGB dann nämlich ohnehin wieder abweicht; ferner ist überhaupt die Normierung zweier Var. des § 24 I 1 StGB redundant, da beide Varianten wechselseitig einander enthalten; schließlich ist die Unterscheidung zwischen Alleintäter (§ 24 I StGB) und mehreren Beteiligten (§ 24 II StGB) von zweifelhaftem Wert; für Unklarheit (*e contrario* vs. allgemeiner Rechtsgedanke) sorgt auch, dass nur § 24 I 2 und II 2 StGB die Voraussetzung „ernsthaft" enthalten. Insgesamt wird insofern die Erarbeitung (gemeinsamer?) normwortlautgetreuer Rücktrittsvoraussetzungen erschwert, und tatsächlich schafft eine dem § 24 StGB fremde, aber übliche Begrifflichkeit die Gefahr der Gesetzeskorrektur statt Gesetzesauslegung. S. jeweils i. E. u.

Erfüllt ein Versuchstäter die Voraussetzungen des § 24 StGB nicht, so kann „sein Verhalten nach der Tat" ausdrücklich (§ 46 II StGB) i. R. d. Strafzumessung berücksichtigt werden.

Für den Versuch der Teilnahme gem. § 30 StGB gilt die Sonderregelung des § 31 StGB, s. u.

---

[86] Hierzu etwa Wessels/Beulke/Satzger, AT, 50. Aufl. 2020, Rn. 1001 ff.; näher Schröder JuS 1962, 81; Schröder FS Mayer 1966, 377; Krauß JuS 1981, 883; Herzberg FS Blau 1985, 97; Herzberg NJW 1991, 1633; Jakobs ZStW 1992, 82; von Heintschel-Heinegg ZStW 1997, 29; Lettl JuS 1998, L81; Kudlich JuS 1999, 240, 349 und 449; Scheinfeld JuS 2002, 250; Heger StV 2010, 320; Hoven JuS 2013, 305 und 403; Rechtsprechungsübersicht bei Miebach/Heim NStZ-RR 2009, 129.

2. Einordnung der Nichtbestrafung/Straflosigkeit

▶ Didaktische Aufsätze:

- Mitsch, Der Rücktritt vom Versuch des qualifizierten Delikts, JA 2014, 268
- Blaue, Der Teilrücktritt vom qualifizierten Delikt: Nichts Halbes und nichts Ganzes?, ZJS 2015, 580

§ 24 I 1, II 1 StGB umschreiben die Rechtsfolge des Rücktritts mit „nicht bestraft", § 24 I 2 StGB mit „straflos" und § 24 II 2 StGB mit Straflosigkeit. Angesichts dieser Offenheit ist die strukturelle Einordnung umstritten, wobei freilich die in der Fallbearbeitung ohne Weiteres zugrunde zu legende ganz herrschende Auffassung den Rücktritt gem. § 24 StGB als **persönlichen Strafaufhebungsgrund**[87] einordnet, welcher nach der Schuld zu prüfen ist. Dem ist deswegen zu folgen, weil erstens „wer" i. S. d. Norm höchstpersönlich und nichtakzessorisch zu verstehen ist (so dass die Ebenen Tatbestand und Rechtswidrigkeit nicht passen, da sich sonst die Teilnahmestrafbarkeit akzessorisch nach der Täterstrafbarkeit richten müsste) und zweitens schon der zeitliche Ablauf eine Einordnung *sui generis* gebietet (Zeitpunkt der Handlung, die für Tatbestand, Rechtswidrigkeit und Schuld relevant ist, vs. Zeitpunkt der rücktrittsrelevanten Handlung).

46

Der Rücktritt wirkt nach alledem nur zugunsten desjenigen Beteiligten, der die Voraussetzungen selbst erfüllt; er ist daher **für jeden Beteiligten gesondert** zu prüfen. § 24 StGB findet auf alle Beteiligten Anwendung; sofern im Folgenden allein auf den Täter rekurriert wird, dient das nur der sprachlichen Verknappung.

§ 24 I 1 und II 1 StGB stellen ausdrücklich klar (missverständlich sind insofern § 24 I 2 und II 2 StGB geraten), dass die **Straflosigkeit** sich nur auf den **Versuch** erstreckt, genauer auf denjenigen, auf den sich das Rücktrittsverhalten des Täters bezieht („wegen Versuchs").

Sonstige Versuchsstrafbarkeiten (jedes im Versuchsstadium stecken gebliebene Delikt ist ungeachtet der konkurrenzrechtlichen Bewertung gesondert zu prüfen)[88] und insbesondere **Vollendungsstrafbarkeiten** bleiben **unberührt**[89] (z. B. wenn §§ 223 I, 224 I StGB bei einem versuchten Totschlag erfüllt sind), und zwar auch bei sehr früh vollendeten Delikten (vgl. auch Unternehmensdelikte); relevant ist allein die formelle Vollendung, sonst würde Rechtsunsicherheit drohen, was unter materieller Vollendung zu verstehen wäre.[90] Ggf. lebt eine eigentlich subsidiäre Strafbarkeit wieder auf.[91] Eine analoge Anwendung des § 24 StGB (oder § 31 StGB)

---

[87] S. nur Kindhäuser/Hilgendorf, LPK, 8. Aufl. 2019, § 24 Rn. 1; näher Schumann ZStW 2018, 1; aus der Rspr. vgl. zuletzt BGH B. v. 04.04.2019 – 3 StR 64/19 – NStZ-RR 2019, 337 (Anm. RÜ2 2019, 233).

[88] Aus der Rspr. vgl. BGH U. v. 23.05.2012 – 5 StR 54/12 – NStZ 2012, 562 (Anm. RA 2012, 537; Hecker JuS 2013, 362); BGH B. v. 04.06.2014 – 4 StR 168/14.

[89] B. Heinrich, AT, 6. Aufl. 2019, Rn. 759.

[90] Vgl. Wessels/Beulke/Satzger, AT, 50. Aufl. 2020, Rn. 1006; aus der Rspr. vgl. BGH U. v. 07.04.1954 – 6 StR 7/54 – BGHSt 6, 85 = NJW 1954, 1209 (Anm. Maurach JZ 1954, 638); BGH U. v. 22.11.1960 – 5 StR 457/60 – BGHSt 15, 198 = NJW 1961, 83.

[91] Fischer, StGB, 68. Aufl. 2021, § 24 Rn. 45; aus der Rspr. vgl. BGH B. v. 07.09.1993 – 5 StR 327/93 – NStZ 1994, 131 (Anm. Otto JK 1994 StGB § 323a/5; Kusch NStZ 1994, 131); BGH U. v.

scheitert mangels planwidriger Regelungslücke. Eine Berücksichtigung erfolgt nur bei der Strafzumessung.[92]

Kritisieren – *de lege ferenda* – mag man aus Sicht des angeblich relevanten Opferschutzes (s. u.) eine gewisse Inkonsequenz, nicht auch auf Strafbarkeit wegen bereits vollendeter Delikte zu verzichten, um den Täter noch eher dazu zu bringen, von seinem Opfer abzulassen.[93]

47 Angesichts der Bezogenheit des Rücktritts auf einen konkreten Versuchstatbestand ist möglich, dass ein Täter nur von einem Teil seiner verwirklichten Delikte zurücktritt; ein sog. **Teilrücktritt** betrifft insbesondere den Rücktritt von einer Qualifikation ohne Rücktritt vom Grunddelikt, den die h. M. für möglich hält[94] – angesichts der Inbezugnahme der jeweiligen konkreten Tatbestandsverwirklichung durch den Begriff der „Tat" zu Recht, auch teleologisch sinnhaft, s. sogleich.

3. Grund für die Nichtbestrafung/Straflosigkeit

48 Der **Grundgedanke** der strafbefreienden Regelung des § 24 StGB ist – mindestens terminologisch und in Akzentuierungen – umstritten.[95]

Als kleinster gemeinsamer Nenner sei aber zunächst festgehalten, dass der Gesetzgeber bei Verwirklichung der Voraussetzungen des § 24 StGB unwiderleglich vermutet, dass die mit der Versuchsstrafbarkeit und **allgemein** verfolgten **Strafzwecke**, s. o., nicht mehr (oder nicht mehr gravierend genug) vorliegen. Daher muss

---

22.02.1996 – 1 StR 721/94 – NStZ 1996, 352; BGH B. v. 20.02.1997 – 5 StR 26/97 – NStZ 1997, 387; BGH U. v. 28.06.2000 – 3 StR 156/00 – NStZ-RR 2001, 15.

[92] Fischer, StGB, 68. Aufl. 2021, § 24 Rn. 3; aus der Rspr. vgl. BGH U. v. 07.04.1954 – 6 StR 7/54 – BGHSt 6, 85= NJW 1954, 1209 (Anm. Maurach JZ 1954, 638); BGH U. v. 22.11.1960 – 5 StR 457/60 – BGHSt 15, 198 = NJW 1961, 83.

[93] Puppe, AT 2, 2005, § 36 Rn. 3.

[94] Hierzu Eser/Bosch, in: Schönke/Schröder, StGB, 30. Aufl. 2019, § 24 Rn. 113; näher Günther GS Armin Kaufmann 1989, 541; Mitsch JA 2014, 268; Blaue ZJS 2015, 580; Küper GA 2020, 584; aus der Rspr. vgl. zuletzt BGH U. v. 25.04.2017 – 5 StR 433/16 – NStZ-RR 2017, 221; BGH B. v. 05.06.2019 – 1 StR 34/19 – BGHSt 64, 80 = NJW 2019, 3659 = NStZ 2020, 221 = StV 2020, 240 (Anm. famos 12/2019; Schiemann NJW 2019, 3662, Bosch Jura 2020, 192; Kudlich JA 2020, 64; Eisele JuS 2020, 275; Heghmanns ZJS 2020, 164; RÜ 2020, 95; Jäger NStZ 2020, 224; Renzikowski JR 2020, 332 und JR 2021, 129).

[95] Hierzu Fischer, StGB, 68. Aufl. 2021, § 24 Rn. 2; näher Muñoz Conde ZStW 1972, 756; Herzberg FS Lackner 1987, 325; Herzerg NStZ 1989, 49; Yamanaka FS Roxin 2001, 773; Loos FS Jakobs 2007, 347; Haas ZStW 2011, 226; aus der Rspr. vgl. BGH U. v. 28.02.1956 – 5 StR 352/55 (Lilo) – BGHSt 9, 48 = NJW 1956, 718 (Anm. Roxin, Höchstrichterliche Rspr. AT, 1998, Nr. 61; Traub NJW 1956, 1183; Heinitz JR 1956, 248; Fahl JA 2003, 757); BGH B. v. 13.01.1988 – 2 StR 665/87 (Zeitmangel) – BGHSt 35, 184 = NJW 1988, 1603 = NStZ 1988, 404 = StV 1988, 200 (Anm. Roxin, Höchstrichterliche Rspr. AT, 1998, Nr. 62; Puppe, AT, 4. Aufl. 2019, § 21 Rn. 25 ff.; Lackner NStZ 1988, 405; Jakobs JZ 1988, 519; Lampe JuS 1989, 610; Bloy JR 1989, 70; Grasnick JZ 1989, 821); BGH B. v. 19.05.1993 – GSSt 1/93 (Denkzettel) – BGHSt 39, 221 = NJW 1993, 2061 = NStZ 1993, 433 = StV 1993, 408 (Anm. Roxin, Höchstrichterliche Rspr. AT, 1998, Nr. 69; Puppe, AT, 4. Aufl. 2019, § 21 Rn. 8 ff.; Kaspar/Reinbacher, Casebook AT, 2020, Fall 19; Hemmer-BGH-Classics Strafrecht, 2003, Nr. 25; Bauer NJW 1993, 2590; Roxin JZ 1993, 896; Hauf MDR 1993, 929; Otto JK 1994 StGB § 24/20; Jung JuS 1994, 82; Pahlke GA 1995, 72; Beckemper JA 2003, 203).

das Verständnis des Rücktritts letztlich auf der generellen Auffassung zu den diversen und miteinander nicht immer vereinbaren allgemeinen Strafzwecken aufbauen. Je nachdem, welchen der (Haupt-)Aspekte – Vergeltung, Spezial-, Generalprävention – man allgemein in den Mittelpunkt rückt, wird man Konsequenzen für den Sinn und Zweck der Versuchsstrafbarkeit nach Maßgabe der §§ 22, 23 StGB und sodann auf der nächsten Ebene für die Handhabung des § 24 StGB ziehen.

Nun führt die Widersprüchlichkeit der Strafzwecke zu letztlich beliebigen Erwägungen, gerade auch weil der Wortlaut des § 24 StGB eine teleologisch befriedigende Handhabung nicht immer leicht macht, s. u. Gegen spezialpräventive Fundierung ist ferner anzuführen, dass – abgesehen von mangelnden empirischen Erkenntnissen – die Aussagekraft bzgl. der allgemeinen Gefährlichkeit des Täters gering ist (wer von einem bestimmten Versuch zurücktritt, mag unter anderen Umständen sehr wohl zu strafbarem Verhalten bereit sein).

Im Hinblick auf die Generalprävention fehlt es zum einen ebenfalls an kriminologischer Fundierung, zum anderen lassen die verwendeten Maßstäbe gewisse Willkürlichkeiten befürchten (was ist ein die Allgemeinheit im Normvertrauen erschütternder Eindruck und wann gelingt es einem Täter, diesen wieder zu beseitigen?).

Zwar ist es plausibel, den Rücktritt als *actus contrarius* des Versuchs, als honorierbare Umkehrleistung, Gefährdungsumkehr, Rückkehr zur Rechtsordnung/ in die Legalität /auf den Boden des Rechts o. ä. anzusehen – auch der Wortlaut „Rücktritt" (gesetzliche Überschrift) und Zurücktretender (§ 24 I 2 StGB) nährt diese Metapher –; fraglich ist aber gerade, wann (in Ausfüllung dieser Floskeln) davon auszugehen ist, wobei namentlich die Gefahr besteht, die Methodik umzukehren und die Auslegung des § 24 StGB an derartigen Begriffen zu messen, anstatt den Grund der Regelung aus dessen Wortlaut abzuleiten. Ob manche Begriffe des § 24 StGB so auszulegen sind, dass eine bspw. Honorierbarkeit des Täterverhaltens anzunehmen ist, ist vielerorts umstritten. Mancher Fall, in dem Rspr. und h. L. einen Rücktritt bejahen, lässt derartig positiv formulierte Umschreibungen des Rücktrittstelos fast zynisch erscheinen.

Sehr verbreitet ist der Topos des **Opferschutzes** bzw. Rechtsgüterschutzes: Dem Täter soll ein Anreiz gesetzt werden, die Tat nicht zu vollenden, also sein Opfer z. B. doch nicht zu töten. Man spricht auch von einer „goldenen Brücke" zum Rückzug, welcher nicht dadurch abgeschnitten werden soll, dass der Täter glaubt, an der Strafbarkeit ohnehin nichts mehr ändern zu können.

Diese Deutung (welche immer für eine möglichst extensive Handhabung der Voraussetzungen des § 24 StGB zu sprechen scheint) ist aber nur auf den ersten Blick plausibel:[96] Kaum ein Täter kennt die Rücktrittsvorschrift, geschweige denn genauere Anforderungen. Viele Straftaten sind Spontantaten ohne kühle Kalkulation, aber auch und gerade kühl kalkulierende Täter spekulieren darauf, nicht überführt werden zu können. Eine empirische Absicherung der Anreizwirkung fehlt ohnehin, zumal das Gesetz eigentlich dann auch auf Strafe für bereits vollendete Delikte verzichten müsste, um den Anreiz für Täter zu steigern (jedenfalls bedarf es

---

[96] Zum Folgenden Puppe, AT, 4. Aufl. 2019, § 21 Rn. 13 f.

daher weiterer Kriterien zur Erklärung der Straflosigkeit gerade nur wegen des Versuchs). Selbst wenn ein großzügiges Verständnis des § 24 StGB überdies dem gerade betroffenen Opfer ein Stück weit schützen mag, wird dies erkauft durch eine Gefährdung anderer: Der kalkulierende Täter schreitet aufgrund der Existenz der Rücktrittsnorm nämlich vielleicht eher überhaupt zum Versuch. Das in Auslegungsfragen immer wieder bemühte Opferschutzargument ist nach alledem bestenfalls ohne Aussagekraft.

Eine **Gnaden-** oder **Prämienlehre** sieht den Verzicht auf Strafe als Belohnung für verdienstliches Verhalten des Täters. Allerdings ist jedenfalls die Begrifflichkeit unpassend. Die **Schulderfüllungslehre** knüpft an den weiten sanktionenrechtlichen Schuldbegriff (§ 46 StGB) an und begründet die Straflosigkeit mit einer Erfüllung der Schuld durch den Täter selbst.[97] Sie dürfte auch in gewissem Zusammenhang mit **vergeltenden** (und dadurch auch Rechtsfrieden mitbewirkenden) Strafzweckaspekten stehen, da „Schuld" i. S. d. § 46 I 1 StGB hierauf aufbaut. Natürlich ist der Begriff der Schuld anerkanntermaßen missverständlich (schon im strafrechtlichen Sinne besteht Verwechslungsgefahr mit der Prüfungsebene der Schuld, hinzu kommen das Verfassungsrecht sowie das Zivilrecht); eher schief mutet auch eine Schulderfüllung durch bloßes Nichtweiterhandeln an. Richtig ist aber durchaus, dass der Täter durch den Rücktritt den Zustand vor dem Versuch wiederherstellt. Auch die §§ 153, 153a StPO, §§ 46a, 56, 56b, 57, 59, 59a StGB, §§ 15 (i.V. mit §§ 13, 17), 45, 47 JGG ermöglichen eine Berücksichtigung wiedergutmachendes Täterverhalten. Spätestens **§ 46 II 2 StGB** macht deutlich, dass ein „**Verhalten nach der Tat**, besonders sein Bemühen, den Schaden wiedergutzumachen", die sanktionenrechtliche Schuld mindern kann. In § 24 StGB zeigt sich also, dass der Gesetzgeber das dort umschriebene und als abschließend und zwingend typisierte Nachtatverhalten ebenso zwingend eine besondere Milderung, nämlich auf Null, nach sich ziehen lässt. Ob der Umfang dieser Strafaufhebung überzeugend geraten ist, wird i. E. von den Auslegungsergebnissen bzgl. der Norm abhängen. Zu beachten ist ohnehin die fast rein subjektive Basis des Versuchs und entsprechend des Rücktritts. I. Ü. wäre auch ein in beliebige Richtung misslungener Normumfang *de lege lata* hinzunehmen, wodurch sich der Erkenntniswert der Kontroverse zum Normtelos reduziert. Es drohen Zirkelschlüsse. Keinesfalls darf der Normtext verbogen werden (erst recht täterbelastend, Art. 103 II GG), damit ein vermeintlicher Regelungsgrund passt. Je mehr man das Telos des § 24 StGB mit Aspekten der rechtsethischen Verdienstlichkeit des Täterverzichts auflädt, umso größer ist die Versuchung unbefriedigenden Straflosigkeiten auszuweichen. In diesem Zusammenhang ist auch die Sprechweise vom „Rücktrittsprivileg" problematisch, da es sich schlicht um eine gesetzlich unter bestimmten Voraussetzungen vorgesehene Straflosigkeit handelt.

Die doch ziemlich große Rücktrittsfreundlichkeit durch Gesetz, Rspr. und h. L. erklärt sich wohl auch dadurch, dass oft ohnehin vollendete Delikte und ggf. unechte Unterlassungsdelikte bestehen bleiben, die eine als angemessen empfundene Täterbestrafung ermöglichen. Da andererseits bei Ablehnung des Rücktritts

---

[97] Hierzu ausf. Herzberg, in: MK-StGB, 1. Aufl. 2003, § 24 Rn. 9 ff.

eine Berücksichtigung auf Strafzumessungsebene (zumal ohnehin bei Versuch gem. § 23 II StGB der Strafrahmen gesenkt werden kann) möglich ist, streitet diese – flexiblere – Möglichkeit bei Auslegungsproblemen gegen ein Bedürfnis nach Milde mit dem Täter und also für eine restriktive Auslegung der Rücktrittsvoraussetzungen innerhalb der Wortlautgrenzen.

De lege ferenda lässt sich vielerlei Kritik üben: Dies betrifft erstens die plumpe Alles-oder-nichts-Lösung auf Rechtsfolgenseite (auch wird nicht nur von Strafe abgesehen, es entfällt sogar der Schuldspruch), zweitens die unnötig ziselierten (zumal angesichts identischer Rechtsfolge) Voraussetzungen in Absätzen, Sätzen und Varianten für einzelne Unterfälle, die durchaus einer generellen Gesamtregelung zu unterwerfen gewesen wären,[98] s. noch i. E. u. Insgesamt wäre eine im Wortlaut durchweg deutlich zum Ausdruck gebrachte – wenn auch subjektivierte – Verdienstlichkeitsschwelle für den Rücktritt wünschenswert. 49

II. „Vorprüfung": „Wegen Versuchs": Keine Vollendung(sstrafbarkeit)

▶ Didaktischer Aufsatz:

- Guhra/Sommerfeld, Rücktritt vom vollendeten Delikt, JA 2003, 775

Die Rechtsfolge des § 24 StGB bezieht sich nur auf den Versuch (eines konkreten Delikts), ein Rücktritt vom vollendeten Delikt ist ausgeschlossen, s. o. 50

Wenn in § 24 I 1 2. Var., I 2 und II StGB auf die verhinderte oder aus sonstigen Gründen nicht erfolgte Vollendung der Tat rekurriert wird, so ist dies dahingehend zu verstehen, dass es auf die Strafbarkeit des Täters wegen Vollendungsdelikts aufgrund Zurechenbarkeit des Erfolgseintritts zu seiner Handlung ankommt. § 24 StGB ist in allen Unterfällen also auch dann anwendbar, wenn zwar der Erfolg eingetreten ist, hieraus aber keine Vollendungsstrafbarkeit des Täters resultiert. In § 24 I 1. Var. StGB ist die Voraussetzung mangelnder Tatvollendung durch den Täter nicht explizit aufgeführt, lässt sich aber aus der o. a. Rechtsfolgenbeschränkung schließen.

In der Fallbearbeitung wird das Vollendungsdelikt ohnehin häufig zuerst geprüft, so dass nach o. verwiesen werden kann. Es handelt sich nach alledem eher um einen von der sog. Gesetzeskonkurrenz (keine Relevanz des Versuchs bei Vollendung), s. u., veranlassten Merkposten.

---

[98] S. nur Herzberg, in: MK-StGB, 1. Aufl. 2003, § 24 Rn. 53 („In der Tat könnte man den geltenden Paragrafen (beide Absätze!), ohne den geringsten sachlichen Verlust und Nachteil, aber mit großem Gewinn an Klarheit und Einfachheit, durch den folgenden ersetzen:
  § 24 Rücktritt.
  Wegen Versuchs wird nicht bestraft, wer sich freiwillig und sorgfältig bemüht, die Vollendung der Tat zu vermeiden.").

51 Deutlich wird dies auch i. F. d. sog. **misslungenen Rücktritts**.[99] Hier tritt die Vollendung entgegen der Tätervorstellung ein, der Täter irrt über die Wirksamkeit des Getanen (geht irrig von einem sog. unbeendeten Versuch aus).

> **Beispiel 333**
>
> B wollte G mit Gift töten und verabreichte ihm eine erste Dosis, die er aber nicht für tödlich hielt. Nach Verabreichung nahm B von seinem Vorhaben, den G zu töten, Abstand – im Glauben, nichts tun zu müssen, damit G überlebt. Tatsächlich aber war die Dosis tödlich, G starb. ◄

Zwar finden sich in der Literatur Stimmen, die dies als Fallgruppe der „verfrühten Erfolge" ansehen, mangels Zurechnung nicht als vollendete Vorsatztat auffassen, sondern nur eine fahrlässige Tötung und einen Totschlagsversuch annehmen und so zu einer Anwendung des § 24 I 1 1. Var. StGB gelangen.[100]

Die ganz h. M.[101] hält derartige Erfolge aber für zurechenbar und verneint folgerichtig eine Rücktrittsmöglichkeit. In der Tat liegt in diesen Fällen gar kein Versuch mehr vor; nach Überschreiten der Versuchsschwelle liegt der Irrtum über die Wirksamkeit der Tathandlung in der Risikosphäre des Täters.

III. „Anwendung des § 24 I StGB oder des § 24 II StGB"; Verhältnis dieser zueinander

52 Aus § 24 II 1 StGB, der dann anzuwenden ist, wenn „**an der Tat mehrere beteiligt**" sind, ist zu schließen, dass § 24 I StGB nur für den gilt, der allein an der Tat beteiligt ist, m. a. W. einen Alleintäter. Insofern ist erster Prüfungspunkt für die Anwendbarkeit des § 24 I oder II StGB, ob i. S. d. § 24 II StGB an der Tat mehrere beteiligt sind.

Naheliegend ist eine Auslegung des Tatbeteiligtenbegriffs nach Maßgabe des § 28 II StGB („Täter oder Teilnehmer", wobei ein Teilnehmer gem. § 28 I StGB ein „Anstifter oder Gehilfe" ist).[102] Bestimmte Fragen sind problematisch, da teilweise die – vermeintliche, s. u. – Verschärfung des § 24 II StGB (es gibt dort keinen Rücktritt durch bloßes Aufgeben) nicht einleuchtet (wieso sollte ein angestifteter Alleintäter anders behandelt werden als ein Alleintäter, der aus eigenem Antrieb handelt?), teilweise die Subsumtion von Mehrpersonenkonstellationen unter einen erweitert interpretierten § 24 II StGB diskutiert wird (v. a. bzgl. der sog. mittelbaren Täterschaft mit unterschiedlich defizitärem Vordermann[103] – dort gibt es ja an sich ggf. nur einen einzigen Täter).

---

[99] Hierzu Krey/Esser, AT, 6. Aufl. 2016, Rn. 1265 ff.; näher Muñoz Conde GA 1973, 33.
[100] S. Jakobs, AT, 2. Aufl. 1993, 26/13.
[101] Z. B. Kühl, AT, 8. Aufl. 2017, § 16 Rn. 79 ff.
[102] Hierzu etwa Cornelius, in: BeckOK-StGB, Stand 01.02.2021, § 24 Rn. 68.
[103] Hierzu Eser/Bosch, in: Schönke/Schröder, StGB, 30. Aufl. 2019, § 24 Rn. 106; aus der Rspr. vgl. BGH B. v. 28.10.1998 – 5 StR 176/98 (Minensperren) – BGHSt 44, 204 = NJW 1999,

Aber auch davon abgesehen erweist sich die Unterscheidung von § 24 I und II StGB als wenig sinnvoll: Anerkanntermaßen nämlich gibt es auch i. R. d. § 24 II 1 StGB eine Verhinderungsvollendung durch bloßes Aufgeben (z. B. ein Alleintäter, bzgl. dessen ein anderer lediglich Anstifter oder Gehilfe ist, s. u.); soweit dann also ohnehin insofern Parallelität besteht, verliert die Differenzierung ihren Wert, § 24 II StGB ist insofern nur phänomenologische *lex specialis*. Dass nicht nur der Täter zurücktreten kann (so noch der Wortlaut des § 46 StGB a. F.) folgt ohnehin aus der Klarstellung bereits in § 24 I StGB („wer"). Der Prüfungspunkt hat insofern meist nur informatorischen Wert ohne Ergebnisrelevanz. Zum einzigen Sonderfall des in der Auslegung umstrittenen § 24 II 2 2. Var. StGB s. u.

IV. Rücktritt des Alleintäters, § 24 I StGB

1. Gefüge des § 24 I StGB

a) Allgemeines

Dass § 24 I StGB nur für den Alleintäter gilt, folgt aus dem Umkehrschluss aus § 24 II 1 StGB („an der Tat mehrere beteiligt"), s. o. Innerhalb des § 24 I StGB gibt es drei Varianten (zwei in S. 1 und zudem S. 2), wobei diese Normfassung – erst recht im Lichte identischer Rechtsfolgen – Reformbedarf im Hinblick auf Vereinfachung und Klarstellung aufweist, wie sich erweisen wird. 53

b) Verhältnis von § 24 I 1 und 2 StGB

§ 24 I 2 StGB lässt für einen Rücktritt ein freiwilliges und ernsthaftes Bemühen zur Vollendungsverhinderung ausreichen, so dass es letztlich auf eine objektive Verhinderung des Erfolgs durch ein aktives Tun des Täters (§ 24 I 1 1. Var. StGB) nicht ankommt und unklar ist, wieso dem Gesetzgeber die Differenzierung überhaupt wichtig ist. Zur identischen Anwendung des Begriffs der Ernsthaftigkeit s. u. Im Verhältnis zu § 24 I 1 1. Var. StGB gilt Vergleichbares: Im Aufgeben der weiteren Tatausführung liegt zugleich das ernsthafte Bemühen um Vollendungsverhinderung, freilich nur dann, wenn der Täter davon ausgeht, dass ohne eine weitere Ausführung der Tat nicht ohnehin der Erfolg eintritt. Es lässt sich davon sprechen, dass § 24 I 1 2. Var. StGB einen vollendeten Rücktritt vom sog. beendeten Versuch normiert, während § 24 I 2 StGB einen nur versuchten Rücktritt vom sog. beendeten Versuch genügen lässt; § 24 I 1 1. Var. StGB ist wiederum subjektiviert und umfasst damit zugleich vollendeten (bei Fortführung wäre Tatvollendung tatsächlich möglich gewesen) und den versuchten Rücktritt (der Täter nimmt irrig eine Fortführbarkeit der Tat an) vom sog. unbeendeten Versuch.[104] All dies ist unnötig verwirrend. 54

---

589 = NStZ 1999, 238 = StV 1999, 203 (Anm. Otto JK 1999 StGB § 24/27; Kudlich JA 1999, 624; LL 1999, 436; Rotsch NStZ 1999, 239; Schroeder JR 1999, 297; Müssig JR 2001, 228).

[104] Zum Verkennen der mangelnden Tauglichkeit des unbeendeten Versuchs als Fall des § 24 I 1 1. Var. StGB Kindhäuser/Zimmermann, AT, 9. Aufl. 2020, § 32 Rn. 11–14; aus der Rspr. vgl. RG

Angesichts des ohnehin (fast) komplett subjektiven Versuchsunrechts ist eine ebenso im Wesentlichen auf subjektiver Tatsachenbasis im Zeitpunkt nun allerdings des Rücktrittsverhaltens basierende Rücktrittskonzeption nur folgerichtig.

Dass § 24 I 1 2. Var. StGB einen Fremdkörper darstellt, wird sich bei suboptimalem Rücktrittshandeln des Täters zeigen, soweit nämlich aus § 24 I 2 StGB Rückschlüsse für § 24 I 1 StGB zu ziehen sind. Wenn § 24 I 2 StGB nur einen Verzicht auf Objektives zum Ausdruck bringen soll (Überwindung mangelnder objektiver Kausalität des aktiven Tuns für das Ausbleiben der Vollendung), sollten die subjektiven Voraussetzungen des § 24 I 2 StGB (v. a. „ernsthaft") an die des § 24 I 1 StGB angeglichen werden.[105] Zwar ist dann § 24 I 1 StGB an sich überflüssig, andererseits wäre eine etwaige Verschärfung der subjektiven Anforderungen in § 24 I 2 StGB gegenüber § 24 I 1 StGB schon deshalb nicht zu erklären, weil man den Täter eines sog. untauglichen Versuchs (dann § 24 I 2 StGB) gegenüber dem Täter eines sog. tauglichen (und somit sogar objektiv gefährlichen) beendeten Versuchs (dann § 24 I 1 2. Var. StGB) benachteiligen würde (*in dubio pro reo* müsste man sogar Tauglichkeit des Versuchs unterstellen).[106] Auch spricht der Wortlaut „genügt" in § 24 II 2 StGB (der abweichende Wortlaut des § 24 I 2 StGB ist insofern unerklärlich) dafür, dass die Anforderungen an § 24 I 1 StGB in keiner Hinsicht zurückstehen dürfen. Wessen Aufgeben oder Vollendungsverhinderung sich nicht als ernsthaft qualifizieren lässt, der lässt sein Opfer ein Stück weit im Stich, so dass der Täter dann nicht einmal seine aus dem Unterlassungsdelikt zu erfüllenden Pflichten erfüllt. Die hierdurch entstehende gewisse Restriktion des § 24 I 1 StGB durch das in § 24 I 2 StGB ausgedrückte allgemeine Sorgfaltsgebot leistet einen Beitrag zu einer teleologisch/kriminalpolitisch sinnvollen Reichweite der Strafbefreiung.

Auch für § 24 I 1. Var. StGB passt die Perspektive des ernsthaften Bemühens um Vollendungsverhinderung: Man kann sehr wohl davon sprechen, dass sich ein Täter zu seiner eigenen Untätigkeit nach Versuchsbeginn durchringen und also darum bemühen muss; i. F. d. § 24 II StGB besteht i. Ü. ohnehin nur die Wahl zwischen Verhinderung der Vollendung und einem Bemühen. Angesichts des vom Täter angenommen Nullrisikos ohne Fortsetzung des Versuchs (Situation des sog. unbeendeten Versuchs) ist sein Aufgeben stets ernsthaft.

Nach alledem kann man bei zutreffender Auslegung (s. noch i. E. sogleich) § 24 I 2 StGB als *lex generalis* auffassen, die bei gleicher Rechtsfolge die weitesten (großzügigsten) Voraussetzungen aufweist. Die Var. des § 24 I 1 StGB sind mithin überflüssig bzw. rein phänomenologisch ausdifferenziert. Die im Folgenden getrennte Darstellung mit eigenen Aufbaucharakteristika folgt allerdings dem gesetzgeberischen Modell (ohne Zusammenziehen zu einem Universalschema o. ä.).

U. v. 12.02.1934 – 2 D 56/34 – RGSt 68, 82; BGH B. v. 14.11.2007 – 2 StR 458/07 – NStZ 2008, 275 = StV 2008, 245 (Anm. von Heintschel-Heinegg JA 2008, 545).
[105] Krit. die h. M. etwa Kindhäuser/Zimmermann, AT, 9. Aufl. 2020, § 32 Rn. 28.
[106] Vgl. Herzberg, in: MK-StGB, 1. Aufl. 2003, § 24 Rn. 174 ff.

c) Verhältnis von § 24 I 1 1. Var. und 2. Var. StGB

Die beiden Var. des § 24 I 1 StGB sind im Grunde völlig alternativ formuliert, so dass sie gleichermaßen für alle Arten von Versuchen in Betracht zu kommen scheinen.

Das allerdings zutreffend allseits angenommene Exklusivitätsverhältnis beider Var. mit je abgegrenztem Anwendungsbereich folgt daraus, dass § 24 I 1 1. Var. StGB dahingehend verstanden werden muss, dass das Aufgeben der weiteren Ausführung der Tat aus Sicht des Täters die Vollendung verhindern muss, er m. a. W. von einem sog. unbeendeten Versuch ausgeht, der ohne weitere eigene Handlung nicht zur einer Gefahrschaffung führt, s. o. Das führt dazu, dass sich § 24 I 1 1. Var. StGB als Unterfall des § 24 I 1 2. Var. StGB erweist und die Unterscheidung sich allein im Lichte des für eine Vollendungsverhinderung notwendigen Täterverhaltens ergibt (sich Einhalt gebieten i. F. d. 1. Var., aktive Gegenmaßnahmen ergreifen i. F. d. 2. Var.). Freilich wäre auch eine umgekehrte Formulierung möglich: Jedes Verhindern setzt auch ein Aufgeben voraus, das also eine notwendige Bedingung darstellt (ein Abstandnehmen vom Vollendungsvorsatz funktioniert beim sog. beendeten Versuch eben nur durch vom Vorsatz umfasst Verhinderung der Vollendung). Beide Var. erweisen sich als austauschbar, das Gesetz als redundant, zumal die Rechtsfolge ohnehin gleich ist.

Der eigenständige Anwendungsbereich ist mithin vom Gesetzgeber wiederum eher phänomenologisch angelegt, nämlich im Hinblick auf – subjektiv – sog. unbeendete und sog. beendete Versuche (wobei methodisch zu beachten ist, dass diese üblichen Begriffe keine in § 24 StGB normierten Anwendungsvoraussetzungen, sondern bereits ein Auslegungsergebnis aufgrund Vergleichs der beiden Var. sind). In diesem Sinne ist § 24 I 1 1. Var. StGB als Aufgeben der weiteren Ausführung der Tat und dadurch Verhindern der Vollendung (Aufgeben genügt also für eine Verhinderung der Vollendung) zu verstehen. § 24 I 1 2. Var. StGB betrifft Fälle, in denen ein Unterlassen des Täters nicht für eine Verhinderung der Vollendung ausreicht. Das „oder" in § 24 I 1 StGB betrifft also keine echte Alternative, sondern unterschiedliche Situationen, nämlich den sog. unbeendeten oder den sog. beendeten Versuch, d. h. für § 24 I 1 1. Var. StGB stellt sich der Täter eine weitere Handlung von ihm (als Ausführung der Tat) als für eine Erfolgstauglichkeit (bisher also Risiko Null; Vorsatz bzgl. weiterer Handlung für eine Gefahrschaffung) notwendig vor. Es sind also die Fälle, in denen der Täter weiß, dass er nicht mehr für das Opfer tun kann, als es nunmehr in Ruhe zu lassen (ein Risiko unter Null zu senken, ist nicht möglich), nur dann hat er auch keine Garantenpflicht zu einem aktiven Tun mehr, schließlich kann aus einem strafbaren Unterlassungsverhalten keine Strafbefreiung von dem vorherigen Versuch resultieren.[107] Zu einem rechtlich erlaubten Restrisiko (bzgl. dessen also auch Vorsatz unschädlich ist) und zum relevanten Vorstellungszeitpunkt s. u.

---

[107] Ausf. zum Aspekt des Unterlassungsvorwurfs (i. R. d. § 24 I 1 2. Var. StGB) Puppe, AT 2, 2005, § 36 Rn. 52 ff.

2. Rücktritt nach § 24 I 1 StGB

a) Rücktritt (schon) durch Aufgeben der weiteren Ausführung der Tat, § 24 I 1 1. Var. StGB

▶ Didaktischer Aufsatz:

- Puppe, Ein ganz kleines Fällchen – Die Entwicklung der Rechtsprechung zum Rücktritt durch Aufgeben der Tat, ZJS 2020, 332

aa) Aufbau

56   I. „Vorprüfung": „Wegen Versuchs": Keine Vollendung(sstrafbarkeit)
II. Objektive Voraussetzungen
- Unterlassen
III. Subjektive Voraussetzungen
1. Rücktrittsvorsatz im Zeitpunkt des geprüften Unterlassens (sog. Rücktrittshorizont)
   a) Vorsatz bzgl. Erforderlichkeit einer weiteren Handlung für die Schaffung einer unerlaubten Gefahr des Erfolgseintritts (Annahme eines sog. unbeendeten Versuchs)
   b) Vorsatz bzgl. Handlung (in Gestalt eines Unterlassens)
   c) Vorsatz bzgl. „der Tat": Unterlassene Handlung wäre Teil desselben tatbestandsmäßigen Versuchs gewesen (kein sog. fehlgeschlagener Versuch I)
   d) Vorsatz bzgl. Möglichkeit einer Handlung in Gestalt unmittelbaren Ansetzens (kein sog. fehlgeschlagener Versuch II)
   e) Vorsatz bzgl. Ausbleiben des Erfolgs (Erlöschen des Vorsatzes bzgl. Erfolgsherbeiführung, auch in Unterscheidung zum Aufschieben)
   f) Vorsatz bzgl. Verursachung des Ausbleibens des Erfolgs durch das Unterlassen
2. Freiwillig

bb) Grundlagen

57   Für einen Rücktritt gem. § 24 I 1 1. Var. StGB muss der Täter die weitere Ausführung der Tat freiwillig aufgeben. Im Folgenden ist der Gesetzestext objektiv und subjektiv sorgfältig in seinen Anforderungen auszubuchstabieren.

Da schlichtes Nicht-weiter-Handeln genügt, besteht in der Fallbearbeitung große Gefahr, einen Rücktritt des Täters zu übersehen. Jedenfalls als Merkposten sollte die Ebene des Rücktritts daher in jeder Versuchsprüfung auftauchen.

cc) Objektive Voraussetzungen

58   Der objektive Gehalt des Aufgebens der weiteren Ausführung der Tat besteht darin, dass der Täter eine Handlung in Gestalt aktiven Tuns **unterlässt**. Hierin liegt angesichts der Situation des sog. unbeendeten Versuchs bereits eine hinreichende Negation des objektiven Versuchstatbestands, dadurch nämlich, dass die Fortsetzung eines sog. unbeendeten zu einem sog. beendeten Versuch unterlassen wird – allerdings dies auf subjektiver Grundlage, daher als subjektive Voraussetzungen, s. so-

gleich. In gewisser Weise lässt sich daher eine Parallele zum Aufbau des versuchten Unterlassungsdelikts ziehen, s. u.

Durch Anknüpfung an ein bestimmtes Unterlassen des Täters wird zugleich der Zeitpunkt festgelegt, in dem alle subjektiven Voraussetzungen vorliegen müssen (sog. Rücktrittshorizont, s. u.).

dd) Subjektive Voraussetzungen
(1) Grundlagen

Als Umkehrung der subjektiven Voraussetzungen des § 22 StGB ist das Aufgeben der weiteren Ausführung der Tat auf subjektiver Grundlage daraufhin zu untersuchen, wie genau der Vorsatz des Täters im Zeitpunkt seines Unterlassens beschaffen sein muss, ferner muss er freiwillig handeln. Dem aus § 24 I 2 StGB sich ergebenden Maßstab der Ernsthaftigkeit spielt angesichts dessen, dass der Täter sich ohnehin vorstellt, noch weiter aktiv tätig werden zu müssen, um eine Erfolgsgefahr zu schaffen, keine eigenständige Rolle.

(2) Rücktrittsvorsatz im Zeitpunkt des geprüften Unterlassens (sog. Rücktrittshorizont)

(a) Grundlagen
Im Zeitpunkt seines Unterlassens muss der Täter einen bestimmten Vorsatz gefasst haben, die durch die Verwirklichung des Versuchstatbestands begonnene Tat nicht zu Vollendung gedeihen zu lassen, obwohl er es könnte.[108] Dies birgt insbesondere Probleme der Tatidentität. I. E.:

(b) Vorsatz bzgl. Erforderlichkeit einer weiteren Handlung für die Schaffung einer unerlaubten Gefahr des Erfolgseintritts (Annahme eines sog. unbeendeten Versuchs)
(aa) Allgemeines
Nach ganz h. M. ist der Anwendungsbereich des § 24 I 1 1. Var. StGB auf sog. unbeendete Versuche beschränkt.[109] Vereinzelter Kritik[110] ist zuzugeben, dass sich dies nicht direkt aus dem Wortlaut der Norm ergibt, da diese keine Auskunft darüber gibt, wann ein Aufgeben als Rücktrittshandlung genügt. Allerdings ergibt ein Vergleich der drei Rücktrittsvarianten in § 24 I StGB, dass § 24 I 1 1. Var. StGB nur das (subjektiv) vollendungsverhindernde Aufgeben meinen kann, und dies betrifft nun einmal Fälle, in denen weiteres aktives Tun des Täters für die Schaffung einer Erfolgsgefahr nötig wäre, mithin die Situation des sog. unbeendeten Versuchs.

---

[108] Zum Vorsatzerfordernis beim Rücktritt knapp Joecks/Jäger, StGB, 13. Aufl. 2021, § 24 Rn. 38; aus der Rspr. vgl. zuletzt BGH B. v. 26.02.2019 – 4 StR 514/18 – NStZ-RR 2019, 171 = StV 2020, 97 (Anm. Jäger JA 2019, 629; Eisele JuS 2019, 1026; Mengler JZ 2019, 949).
[109] S. nur Wessels/Beulke/Satzger, AT, 50. Aufl. 2020, Rn. 1033.
[110] Ostermeier StraFo 2008, 102.

(bb) Voraussetzungen des sog. unbeendeten Versuchs (in Unterscheidung vom sog. beendeten Versuchs)

62 Der sog. **unbeendete Versuch** zeichnet sich also dadurch aus, dass der **Täter erkennt oder glaubt, noch nicht alles Erforderliche** für den Erfolgseintritt getan zu haben. Falls hingegen der Täter **erkennt** oder **glaubt, alles Erforderliche** zum Erfolgseintritt getan zu haben, liegt ein sog. **beendeter Versuch** vor, von dem der Täter nur unter den Voraussetzungen des § 24 I 1 2. Var. StGB oder des § 24 I 2 StGB zurücktreten kann.[111]

Betont sei erneut, dass allein die Vorstellung des Täters relevant ist, auf die objektive Lage (v. a. eine Tauglichkeit des Versuchs) kommt es für § 24 I 1 1. Var. StGB nicht an (anders im Verhältnis § 24 I 1 2. Var. StGB und § 24 I 2 StGB, s. o. und s. u.).

> **Beispiel 334**
>
> **BGH U. v. 10.11.2005 – 4 StR 337/05 – NStZ-RR 2006, 101 (Anm. RA 2006, 118):**
>
> B fügte der ihm flüchtig bekannten Z nach gemeinsamem erheblichen Alkoholkonsum aus ungeklärter Motivation in deren Wohnung in der Zeit zwischen 12:30 Uhr und 20 Uhr vorsätzlich vielfältige Verletzungen zu, wobei er unter anderem ein Messer und eine leere Weinbrandflasche einsetzte. Z erlitt massiv blutende Kopfverletzungen und eine 9 cm lange Schnittwunde im oberen Halsbereich, die weit auseinanderklaffte und ebenfalls stark blutete; außerdem trug sie durch stumpfe Gewaltanwendung einen Nasenbeinbruch und Prellungen im Augen- und Brustbereich davon. Hilferufe unterband B dadurch, dass er der Frau mittels eines Kopfkissens so lange die Möglichkeit zum Atmen nahm, bis sie bewusstlos wurde und Unterblutungen in der Mundhöhle sowie unter den Ohren erlitt. Während des gesamten Tatgeschehens verlor Z mehrfach das Bewusstsein. Zu einem nicht näher bestimmbaren Zeitpunkt stellte B seine Übergriffe auf die Frau ein. Schließlich erklärte er, er werde ihr nichts mehr tun, und forderte sie auf, ein Bad zu nehmen, was diese aus Angst vor ihm ablehnte. Gegen 20 Uhr gelang es der Z, aus der in einem Mehrfamilienhaus gelegenen Wohnung zu fliehen und an einer Wohnungstür zu klingeln; danach brach sie auf einem Treppenabsatz zusammen. B hatte mittlerweile die Flucht seines Opfers bemerkt und verließ an der am Boden Liegenden vorbeigehend das Haus. Nahezu

---

[111] Zur Unterscheidung von unbeendetem und beendetem Versuch Kindhäuser/Zimmermann, AT, 9. Aufl. 2020, § 32 Rn. 8; B. Heinrich, AT, 6. Aufl. 2019, Rn. 779 ff.; näher Geilen JZ 1972, 335; Borchert/Hellmann GA 1982, 429; Herzberg NJW 1986, 2466; Stein GA 2010, 129; aus der Rspr. vgl. zuletzt BGH B. v. 29.08.2017 – 4 StR 116/17 (Anm. Eisele JuS 2018, 81); BGH U. v. 11.04.2018 – 2 StR 551/17 – NStZ 2019, 198 (Anm. Eisele JuS 2018, 818); BGH B. v. 30.05.2018 – 2 StR 141/18 – NStZ 2019, 594 = StV 2021, 93; BGH B. v. 27.06.2018 – 4 StR 110/18 – NStZ 2018, 706; BGH B. v. 21.08.2018 – 3 StR 205/18 – NStZ 2018, 718 = StV 2019, 683 (Anm. Weidemann NStZ 2018, 720); BGH B. v. 10.10.2018 – 4 StR 397/18 – NStZ-RR 2019, 6 = StV 2020, 80 (Anm. Bosch Jura 2019, 344); BGH U. v. 16.01.2019 – 2 StR 312/18 – StV 2020, 114; BGH B. v. 26.02.2019 – 4 StR 464/18 – NStZ 2019, 399; BGH B. v. 19.06.2019 – 4 StR 185/19 – NStZ-RR 2019, 270 = StV 2020, 472; BGH B. v. 17.12.2019 – 2 StR 340/19 – NStZ-RR 2020, 102 = StV 2021, 90 (Anm. Eisele JuS 2020, 465); BGH B. v. 23.06.2020 – 5 StR 601/19 – NStZ-RR 2020, 272.

zeitgleich sorgten Hausbewohner für ärztliche Hilfe, so dass die Z gerettet werden konnte. ◂

Angesichts der Aufforderung, ein Bad zu nehmen, und der Erklärung, er werde ihr nichts mehr tun, ist davon auszugehen, dass B nicht mit der Möglichkeit rechnete, die Z könnte an den Verletzungen versterben, so dass ein unbeendeter Versuch vorliegt.

Welche Anforderungen genau man an das Täterbewusstsein stellt, steht in enger Beziehung zu den Anforderungen an den Tatbestandsvorsatz. Zu erstreben ist eine Parallelität (nur eben als *actus* oder *dolus contrarius*) zum **allgemeinen Vorsatzbegriff**, der nach hiesiger Ansicht normativ-kognitiv zu bestimmen ist, s. o. (auch zur voluntativen h. M.), was auch Wertungswidersprüche vermeidet.

Beispiel 335

vgl. BGH U. v. 08.12.2010 – 2 StR 536/10 – NStZ 2011, 209 (Anm. von Heintschel-Heinegg JA 2011, 551):

B suchte am Abend des 20.01.2010 eine Gaststätte auf, um den Wirt Z körperlich zu misshandeln und zu verletzen. Er begab sich hinter die Theke, stach mehrfach mit einem Messer in Richtung des Z und verletzte ihn schließlich am Arm. Nun schlug der 1,91 m große und jahrelang als Amateurboxer tätige B mit einem Barhocker in Richtung des Z. Sein erster Schlag verfehlte diesen jedoch und traf nur die Theke und die Zapfanlage. Der folgende zweite, mit voller Wucht geführte Schlag, bei dem B auch den Tod des Z billigend in Kauf nahm, traf diesen am Kopf. Z erlitt einen Schädelbasisbruch und brach sofort zusammen. Er versuchte sich aufzurichten, brach aber aufgrund der von dem Schlag verursachten Lähmungserscheinungen sogleich wieder zusammen. B warf noch mehrere Barhocker auf ihn und verließ sodann, während Z bewusstlos am Boden liegen blieb, die Gaststätte. ◂

B hatte mit dem zweiten Schlag den Tod des Z billigend in Kauf genommen. Damit wusste er um die Möglichkeit des Todeseintrittes. Ein beendeter Versuch liegt vor.

Sofern in Literatur und Rspr. bestimmte Ergänzungen zur Bestimmung des sog. unbeendeten bzw. beendeten Versuchs angeführt werden, bleibt im Dunkeln, ob es sich um i. R. d. § 24 StGB behauptete materiell-rechtliche Abweichungen vom allgemeinen Vorsatzbegriff handelt, um indizielle Präzisierungsbemühungen oder nur um Formeln einer prozessrechtskonformen Beweiswürdigung, § 261 StPO.

Dies betrifft erstens die Aussage, dass es sich um einen beendeten Versuch bereits dann handele, wenn der Täter die maßgeblichen Umstände kenne und den Eintritt des Erfolgs für möglich halte.[112] Zweitens die Aussage, dass sogar Gleich-

---

[112] B. Heinrich, AT, 6. Aufl. 2019, Rn. 782; aus der Rspr. vgl. zuletzt BGH B. v. 27.08.2019 – 4 StR 330/19 – NStZ-RR 2019, 368 = StV 2021, 91; BGH B. v. 17.09.2019 – 1 StR 343/19 – NStZ 2020, 340 = StV 2020, 76 (Anm. Nestler Jura 2020, 98); BGH U. v. 23.10.2019 – 5 StR 677/18 – StV 2020, 83 (Anm. Bosch Jura 2020, 296; Hecker JuS 2020, 368; Raschke ZJS 2020, 172); BGH B. v. 17.12.2019 – 2 StR 340/19 – NStZ-RR 2020, 102 = StV 2021, 90 (Anm. Eisele JuS 2020, 465); BGH B. v. 09.01.2020 – 4 StR 324/19 – NStZ 2020, 402 = StV 2020, 598 (Anm. Eidam NStZ 2020, 549; Rinio NZV 2020, 433).

gültigkeit ausreiche, um einen beendeten Versuch anzunehmen, da in diesen Fällen der Täter sowohl den Eintritt als auch den Nichteintritt des Erfolgs für möglich halte.[113] Drittens soll ein sog. beendeter Versuch auch dann vorliegen, wenn der Täter sich überhaupt keine Vorstellungen über die Folgen seines Tuns gemacht hat. Viertens schließlich heißt es, dass es zu einem sog. beendeten Versuch führe, wenn der Täter tatsächliche Umstände annimmt, die den Erfolgseintritt nach der Lebenserfahrung nahelegen.[114] Insofern sei wiederum Gedankenlosigkeit hinreichend für die Annahme eines beendeten Versuchs.[115]

63   Beurteilt wird die Tätervorstellung auf Basis des (ggf. korrigierten) Rücktrittshorizonts, d. h. im Zeitpunkt seines als Rücktritt in Betracht kommenden Unterlassens vgl. o. und u.

Beispiel 336

BGH U. v. 04.07.1989 – 1 StR 153/89 („Ich lebe noch") – BGHSt 36, 221 = NJW 1989, 2900 = NStZ 1990, 184 (Anm. Roxin, Höchstrichterliche Rspr. AT, 1998, Nr. 68; Ranft JZ 1989, 1128; Otto JK 1990 StGB § 24/18):

Um den Z zu töten, stach B mit einem Messer auf ihn ein, wobei die Stiche überwiegend gegen dessen linke Oberkörperseite geführt wurden und dort auch Verletzungen hervorriefen. Schließlich ließ B von Z ab, wobei er äußerte: „Jetzt bist Du erledigt." Er war der Meinung, er habe nun alles Erforderliche getan, um Z zu töten. Z erwiderte jedoch: „Ich lebe noch, ich rufe die Polizei." Er wandte sich ab und lief davon. B steckte das Messer ein, folgte aber dem davonlaufenden Z nicht, der schwer, aber nicht lebensgefährlich verletzt war. ◄

Auch wenn B zunächst glaubte, alles zur Tötung des Z Erforderliche getan zu haben, das wäre dann ein beendeter Versuch, veränderte sich seine Vorstellung nach dem Ausruf des Z, so dass im Zeitpunkt des Unterlassens der Verfolgung (Rücktrittshorizont) ein unbeendeter Versuch vorlag, von dem B durch bloßes Nicht-weiter-Handeln (§ 24 I 1 1. Var. StGB) zurücktreten konnte.

Im Strafprozess ist bei unaufklärbarer Tätervorstellung *in dubio pro reo* von einem unbeendeten Versuch auszugehen.[116]

(cc) Kein Vorsatz bzgl. bereits eingetretenen Erfolgs

---

[113] Kindhäuser/Zimmermann, AT, 9. Aufl. 2020, § 32 Rn. 8; aus der Rspr. vgl. zuletzt BGH B. v. 27.08.2019 – 4 StR 330/19 – NStZ-RR 2019, 368 = StV 2021, 91; BGH B. v. 17.09.2019 – 1 StR 343/19 – NStZ 2020, 340 = StV 2020, 76 (Anm. Nestler Jura 2020, 98); BGH U. v. 23.10.2019 – 5 StR 677/18 – StV 2020, 83 (Anm. Bosch Jura 2020, 296; Hecker JuS 2020, 368; Raschke ZJS 2020, 172).

[114] Cornelius, in: BeckOK-StGB, Stand 01.02.2021, § 24 Rn. 22; aus der Rspr. vgl. zuletzt BGH B. v. 14.06.2017 – 2 StR 140/17 – NStZ-RR 2017, 303 (Anm. Schulz-Merkel jurisPR-StrafR 24/2017 Anm. 4); BGH B. v. 30.05.2018 – 2 StR 141/18 – NStZ 2019, 594 = StV 2021, 93.

[115] Zuletzt BGH U. v. 23.10.2019 – 5 StR 677/18 – StV 2020, 83 (Anm. Bosch Jura 2020, 296; Hecker JuS 2020, 368; Raschke ZJS 2020, 172).

[116] Hierzu Fischer, StGB, 68. Aufl. 2021, § 24 Rn. 15c; näher Bürger ZJS 2015, 23; aus der Rspr. vgl. zuletzt BGH U. v. 23.10.2019 – 5 StR 677/18 – StV 2020, 83 (Anm. Bosch Jura 2020, 296; Hecker JuS 2020, 368; Raschke ZJS 2020, 172).

Klargestellt sei, dass erst recht kein sog. unbeendeter Versuch vorliegt, wenn der Täter bereits an eine eingetretene Vollendung glaubt. 64

(c) Vorsatz bzgl. Handlung (in Gestalt eines Unterlassens)
Der Täter muss Vorsatz bzgl. seines Unterlassens haben (vgl. schon o. beim Handlungsbegriff: Handlung als gewillkürtes Verhalten, wobei richtigerweise die „Willkür" eine Vorsatzfrage ist). 65

(d) Vorsatz bzgl. „der Tat": Unterlassene Handlung wäre Teil desselben tatbestandsmäßigen Versuchs gewesen (kein sog. fehlgeschlagener Versuch!)

(aa) Grundlagen
Der Täter muss die „weitere Ausführung *der Tat*" aufgeben, d. h. es muss sich noch um dieselbe Tat (d. h. denselben Versuch) handeln, auf deren Fortsetzung er verzichtet. Zu unterscheiden ist dies davon, dass er es lediglich unterlässt, eine neue/andere Tat zu beginnen. 66

Hierbei wird eine gewisse Grundentscheidung zu fällen sein, nämlich ob ein strenger Tatbestands- und somit Tathandlungsbezug vorzugswürdig ist oder es (ggf. im Lichte der Teleologie) auf einen größeren Kontext ankommt; üblicherweise erörtert man derlei unter dem Topos des sog. fehlgeschlagenen Versuchs.

(bb) Der sog. (subjektiv) fehlgeschlagene Versuch; Berechtigung der Rechtsfigur?

▶ Didaktische Aufsätze:

- Sonnen, Fehlgeschlagener Versuch und Rücktrittsvoraussetzungen, JA 1980, 158
- Roxin, Der fehlgeschlagene Versuch, JuS 1981, 1
- Otto, Fehlgeschlagener Versuch und Rücktritt, Jura 1992, 423
- Bürger, Der fehlgeschlagene Versuch: rechtliche Einordnung und Anwendung des Zweifelssatzes bei fehlenden Feststellungen zum Vorstellungsbild des Täters, ZJS 2015, 23

Ganz herrschend in Rspr. und Lehre[117] ist es, die Anwendung des (gesamten) § 24 StGB dann abzulehnen, wenn der Versuch des Täters ein sog. fehlgeschlagener ist, was dann gegeben sein soll, wenn ihn der Täter, selbst wenn er wollte, nicht mehr 67

---

[117] S. nur Lackner/Kühl, StGB, 29. Aufl. 2018, § 24 Rn. 10 ff.; näher Otto GA 1967, 144; Gössel ZStW 1975, 3; Sonnen JA 1980, 158; Roxin JuS 1981, 1; Otto Jura 1992, 423; Feltes GA 1992, 395; Bauer wistra 1992, 201; Brand/Wostry GA 2008, 611; Schroeder NStZ 2009, 9; Roxin NStZ 2009, 319; Gössel GA 2012, 65; Fahl GA 2014, 453; Bürger ZJS 2015, 23; aus der Rspr. vgl. zuletzt BGH B. v. 15.01.2020 – 4 StR 587/19 – NStZ-RR 2020, 102.

vollenden zu können glaubt. Das StGB erwähnt dieses Rechtsinstitut freilich nicht. Methodisch erforderlich ist es jedoch (schon angesichts Art. 103 II GG) die Nichtanwendung des strafbefreienden Rücktritts an den Wortlaut des § 24 StGB anzuknüpfen. Während teilweise[118] vertreten wird, dass es in diesen Fällen an der in § 24 I, II StGB ausdrücklich vorausgesetzten Freiwilligkeit fehle, verortet die ganz h. M.[119] den Fehlschlag schon beim Aufgeben der weitere Ausführung der Tat.

In der Tat gibt man nichts auf, das man ohnehin nicht mehr tun kann. Man fügt sich mit seinem Unterlassen dann in das Unvermeidliche. Nur wenn eine gedachte Handlung möglich ist, handelt es sich überhaupt um ein Unterlassen als bewusste Nichtvornahme eines aktiven Tuns. Diese Frage ist der Freiwilligkeit vorgelagert: Wer die Unmöglichkeit der Fortsetzung annimmt, muss sich keine Gedanken mehr machen, was er will oder wollen kann (aus kognitiver Erkenntnis folgt die Irrelevanz des Voluntativen).

Je nachdem, welche Fälle man unter eine erkannten Unmöglichkeit subsumiert, passt der ohnehin gesetzesferne Begriff des fehlgeschlagenen Versuchs schon als Schlagwort kaum (z. B. bei rechtlicher Unmöglichkeit oder Zweckerreichung, s. sogleich). Jedenfalls ist eine Einordnung als (vorab zu prüfende, vor die Klammer zu ziehende?) eigene Rechtsfigur mindestens überflüssig, gar methodisch schädlich; die unter diesem Begriff erörterten Fragestellungen sind an den in § 24 StGB tatsächlich normierten Voraussetzungen zu messen (Art. 103 II GG); ein korrekter Subsumtionsvorgang bezieht sich auf wirklich existente Rechtsbegriffe.[120]

68 Einmal mehr betont sei, dass allein die Vorstellung des Täters seinen Rücktrittsvorsatz konstituiert: Auf eine unerkannte objektive Tauglichkeit oder Untauglichkeit der Versuchshandlung kommt es für die Annahme eines Aufgeben der weiteren Tatausführung nicht an; erst das Erkennen (bzw. die irrige Annahme) der Untauglichkeit führt zur Verneinung des Aufgebens.[121]

(cc) Rücktrittshorizont; Gesamtbetrachtungslehre; erfolgloser Einzelakt; Korrekturen

▶ Didaktische Aufsätze:

- Fahrenhorst, Fehlschlag des Versuchs bei weiterer Handlungsmöglichkeit?, Jura 1987, 291
- Schulz, Das Problem des Rücktritts vom mehraktigen Versuch, JA-Ü 1992, 34
- Otto, Rücktritt und Rücktrittshorizont, Jura 2001, 341
- Bosch, Gesamtbetrachtungslehre und Rücktrittshorizont, Jura 2014, 395
- Bürger, Der fehlgeschlagene Versuch: rechtliche Einordnung und Anwendung des Zweifelssatzes bei fehlenden Feststellungen zum Vorstellungsbild des Täters, ZJS 2015, 23

---

[118] Z. B. Schroeder NStZ 2009, 9.
[119] S. nur Kindhäuser/Hilgendorf, LPK, 8. Aufl. 2019, § 24 Rn. 9 ff.
[120] Ausf. (methodische) Kritik bei Herzberg, in: MK-StGB, 1. Aufl. 2003, § 24 Rn. 58 ff.
[121] B. Heinrich, AT, 6. Aufl. 2019, Rn. 770.

Zur Relevanz des sog. Rücktrittshorizonts als maßgeblicher Zeitpunkt des Vor- 69
liegens aller Rücktrittsvoraussetzungen s. bereits o.
Hierdurch nicht zwingend präjudiziert ist die Frage, ob sich die Unterlassung des
Täters noch als Teil seines Versuchs darstellt (dann handelt es sich um ein Aufgeben
der weiteren Ausführung der Tat) oder nur als Unterlassung eines erneuten Versuchs
(dann wäre der erste Versuch nicht mehr weiter ausführbar und das Unterlassen des
Täters kein Aufgeben, sondern ein sog. fehlgeschlagener Versuch). Dies wird auch
als Problem des **fehlgeschlagenen Einzelakts** bezeichnet.[122]

Beispiel 337

B wollte Z erschießen. Aus seinem mit sechs Patronen geladenen Revolver gab
er einen Schuss auf Z ab, der diesen aber verfehlte. Obwohl B noch weitere
Schüsse hätte abgeben können, überlegte er es sich anders. ◄

Ist der Versuch des B fehlgeschlagen, weil die erste Kugel ihr Ziel verfehlte oder liegt solange kein
Fehlschlag vor, wie B noch die Möglichkeit weiterer Schüsse hatte?

Beispiel 338

**BGH U. v. 08.02.2007 – 3 StR 470/06 – NStZ 2007, 399 (Anm. LL 2007, 683;
RÜ 2007, 250; RA 2007, 268):**

Aus Verärgerung, dass seine Ehefrau gegen ihn wegen vorausgegangener Tätlichkeiten eine einstweilige Anordnung nach dem Gewaltschutzgesetz beim AG erwirkt und ihm trotz seines lautstarken Verlangens keinen Zutritt zur ehelichen Wohnung gewährt hatte, drang B gewaltsam in die Wohnung ein, indem er die Eingangstür eintrat. Er wollte seine Machtposition wiederherstellen, seine Ehefrau bestrafen, weil sie ihm nicht geöffnet hatte, und ihr – in diesem Moment noch ohne eine konkrete Vorstellung – „das Schlimmste" antun. Als er bemerkte, dass sich seine Ehefrau zusammen mit der Tochter auf den Balkon der im 1. Obergeschoss eines Mehrfamilienhauses gelegenen Wohnung geflüchtet hatte, durchquerte er zügig das Wohnzimmer, stieß seine Tochter zur Seite, griff seiner Frau mit der linken Hand in die Haare und packte sie mit seiner rechten Hand am Bein, um sie aus einem spontan gefassten Entschluss heraus vom Balkon zu

---

[122] Zu Tatplan-/Rücktrittshorizont, Gesamtbetrachtungslehre und der Frage des fehlgeschlagenen Einzelakts Fischer, StGB, 68. Aufl. 2021, § 24 Rn. 7, 15ff.; Hillenkamp/Cornelius, 32 Probleme aus dem Strafrecht AT, 15. Aufl. 2017, 18. P.; näher Fahrenhorst Jura 1987, 291; Streng JZ 1990, 212; Schulz JA-Ü 1992, 34; Otto Jura 2001, 341; Puppe ZIS 2011, 524; Bosch Jura 2014, 395; Bürger ZJS 2015, 23; aus der Rspr. vgl. zuletzt BGH B. v. 27.11.2019 – 2 StR 609/18 – NStZ-RR 2020, 204 = StV 2021, 91; BGH B. v. 17.12.2019 – 2 StR 340/19 – NStZ-RR 2020, 102 = StV 2021, 90 (Anm. Eisele JuS 2020, 465); BGH B. v. 09.01.2020 – 4 StR 324/19 – NStZ 2020, 402 = StV 2020, 598 (Anm. Eidam NStZ 2020, 549; Rinio NZV 2020, 433); BGH B. v. 14.01.2020 – 2 StR 284/19 – NStZ 2020, 341 = StV 2021, 113 (Anm. Jäger NStZ 2020, 342); BGH B. v. 15.01.2020 – 4 StR 587/19 – NStZ-RR 2020, 102; BGH B. v. 29.01.2020 – 1 StR 637/19 – StV 2020, 464; BGH B. v. 06.05.2020 – 2 StR 543/19 – StV 2021, 307; BGH B. v. 23.06.2020 – 5 StR 601/19 – NStZ-RR 2020, 272; BGH U. v. 15.07.2020 – 6 StR 43/20 – NStZ 2020, 618.

stürzen. Zunächst gelang es ihm nur, seine Ehefrau über das Balkongeländer zu schleudern. Diese konnte sich an der äußeren Balkonseite hängend an dem Geländer festklammern. Daraufhin schlug B mit voller Kraft auf die Hände seiner Frau, bis diese sich nicht mehr festzuhalten vermochte und auf die ca. 4,70 Meter unter der Oberkante des Balkongeländers liegende Rasenfläche stürzte. Bei seinem Vorgehen nahm B billigend in Kauf, dass seine Frau durch den Sturz zu Tode kommen könnte. Diese überlebte den Sturz indessen ohne größere Verletzungen, insbesondere auch deshalb, weil der Boden durch vorangegangenen Regen stark durchweicht war. B bemerkte sofort, dass seine Frau entgegen seiner Vorstellung, sie könnte sich bei dem Sturz das Genick brechen, kaum verletzt war und sich aufzurichten versuchte. Immer noch in Wut, hangelte er sich selbst von dem Balkon herunter, um seine Frau jetzt auf andere Weise zu töten. Er packte sie an den Haaren und zerrte sie zu einem an der Rasenfläche entlangführenden gepflasterten Gehweg. Dort versuchte er, ihren Kopf auf die Platten des Gehwegs zu schlagen. Dies gelang ihm jedoch auf Grund der heftigen Gegenwehr seiner Frau nicht. Während er weiter auf sie eintrat und einschlug, riefen Nachbarn, die das Geschehen von ihren Balkonen aus beobachteten, dem B zu, dass er aufhören solle. Auch seine Tochter versuchte, ihn von weiteren Tätlichkeiten abzuhalten, indem sie vom Balkon aus ihre „Rollerblades" und andere Schuhe nach ihm warf. In dieser Situation ärgerte sich B darüber, dass er kein Messer mitgenommen hatte. Er spielte noch mit dem Gedanken, seine Frau mit seinem Gürtel zu würgen, weil seine Kräfte nachließen und es ihm wegen der Gegenwehr seiner Frau nicht gelang, ihren Kopf auf die Gehwegplatten zu schlagen. Letztlich entschloss er sich, von seinem Opfer abzulassen, weil sich seine Wut durch den Stoß vom Balkon und die anschließenden Gewalttätigkeiten entladen hatte. Er zerrte seine Frau an den Haaren zu einer an den Gehweg anschließenden Böschung, ging danach noch einmal ins Haus, wo er eine von der Ehefrau vor der Wohnungstür abgestellte Tüte mit ihm gehörenden Kleidungsstücken holte, und begab sich zu Fuß zur nächsten S-Bahn-Haltestelle. Am nächsten Tag stellte er sich der Polizei. ◄

Handelt es sich um mehrere Versuche, die Frau zu töten, oder einen fortgesetzten?

Beispiel 339

BGH B. v. 09.07.2009 – 3 StR 257/09 – NStZ 2009, 688 = NStZ-RR 2009, 335 (Anm. RÜ 2009, 641; RA 2009, 663; Bosch JA 2010, 70; LL 2010, 100):
B1 und B2 kamen überein, ein Lebensmittelgeschäft zu überfallen. Sie beabsichtigten, die Inhaberin durch Bedrohung mit einem Klappmesser zur Herausgabe von Geld zu veranlassen; einen über die Drohung hinausgehenden Einsatz des Messers zum Zwecke der Verletzung anderer Personen schlossen sie jedoch von vornherein in jedem Fall aus. Nach dem Betreten des Geschäfts ging B1 zur Theke, hielt der Inhaberin das Messer vor und sagte „Geld her". Als die Inhaberin resolut entgegnete „ihr kriegt hier nichts", entschlossen sich B1 und B2, das Geschäft unverrichteter Dinge zu verlassen. ◄

War der Versuch des Raubes (§§ 249 I, 22, 23 StGB) oder – je nach Vorstellung der Täter – der räuberischen Erpressung (§§ 253 I, 255, 22, 23 StGB) mit dem Widerstand der Inhaberin schon fehlgeschlagen oder ein Rücktritt noch möglich?

Nach dem früher insbesondere von der Rspr.[123] vertretenen **Tatplankriterium** war der Versuch dann fehlgeschlagen, wenn der Täter seine vorab im Tatplan festgelegten Mittel ausgeschöpft hatte. Der dahinter stehende Gedanke, dass der Täter nur dann seine Tat fortsetzen würde, wenn er keinen neuen Entschluss im Hinblick auf neue, bisher nicht eingeplante Tatmittel fassen müsste, ist insofern plausibel, als dass eine gewisse Eingrenzung der Rücktrittsmöglichkeit jenseits der spontanen Fantasie des Täters möglich wird: Ohne Tatplanbezug droht eine Entgrenzung des Tatbegriffs, irgendeine Möglichkeit, Tat fortzusetzen wird sich fast immer finden lassen (ins Kalkül zu ziehen ist auch die schwierige Widerlegung von Schutzbehauptungen), während zunächst für erfolgstauglich erachtete Handlungen ganz unter den Tisch fallen.

Das Heranziehen des Tatplanhorizonts versagt aber, wenn sich kein Tatplan des Täters feststellen lässt (jedenfalls dann muss auf den Rücktrittshorizont abgestellt werden); des Weiteren würde der umfassend und skrupellos Planende, der auf jede mögliche Weise zum Ziel kommen will, gegenüber demjenigen bevorzugt, der nicht sorgfältig plant und daher nur an eine Art der Tatausführung gedacht hat. Selbst der Wortlaut „weitere Ausführung der Tat" weckt Zweifel, lässt er doch auf den Zeitpunkt der zu prüfenden Rücktrittshandlung nach Vornahme der Tathandlung schließen.

Daher ist es heute konsentiert, dass (auch) für die Beurteilung der Tatidentität der **Rücktrittshorizont** maßgeblich ist. Grundlage ist hiernach die Tätervorstellung im Zeitpunkt des als Rücktrittsverhalten in Frage kommenden Unterlassens, und zwar ungeachtet dessen, was sich der Täter vorher überlegt und vorgestellt hatte.

In unmittelbarem räumlichen Zusammenhang sind hierbei in beide Richtungen **Korrekturen** möglich:[124] Ein sog. beendeter Versuch kann zu einem sog. unbeendeten werden und umgekehrt (auch mehrfach), wenn sich die Vorstellung des Täters insoweit ändert. Dies umschreibt aber nur die Selbstverständlichkeit, dass es für den Vorsatz auf den Zeitpunkt des als Rücktritt geprüften Verhaltens ankommt.

Aber auch auf dieser Grundlage ist die Behandlung von Einzelakten umstritten, die der Täter im Handlungszeitpunkt für erfolgstauglich erachtete, die aber wider Erwarten nicht zum Erfolg führten, was der Täter nunmehr erkennt.

Die Rspr.[125] und die h. L.[126] folgen einer sog. **Gesamtbetrachtungslehre**: Hiernach liegt ein einheitlicher Versuch vor, wenn und solange der Täter die Tat – wie er

---

[123] Vgl. BGH U. v. 20.12.1956 – 4 StR 447/56 – BGHSt 10, 129 = NJW 1957, 595.
[124] S. B. Heinrich, AT, 6. Aufl. 2019, Rn. 828 ff.
[125] Z. B. BGH U. v. 03.12.1982 – 2 StR 550/82 – BGHSt 31, 170 = NJW 1983, 764 = NStZ 1983, 360 = StV 1983, 100 (Anm. Roxin, Höchstrichterliche Rspr. AT, 1998, Nr. 64; Hemmer-BGH-Classics Strafrecht, 2003, Nr. 24; Geilen JK 1983 StGB § 24/8; Sonnen JA 1983, 335; Hassemer JuS 1983, 556; Rudolphi NStZ 1983, 361; Küper JZ 1983, 264; Kienapfel JR 1984, 72; Mayer MDR 1984, 187).
[126] S. nur Joecks/Jäger, StGB, 13. Aufl. 2021, § 24 Rn. 18 ff.

weiß – in unmittelbarem Fortgang des Geschehens mit den bereits eingesetzten oder neuen bereitstehenden Mitteln noch vollenden könnte; ein sog. Fehlschlag liege erst dann vor, wenn der Täter erkennt oder irrig annimmt, dass er seinen Tatplan nur noch mit zeitlicher Verzögerung nach dem Ingangsetzen einer neuen Kausalkette (Zäsur) verwirklichen könne.

Nach der sog. **Einzelaktslehre**[127] ist der Einzelakt ein selbstständiger Versuch, so dass mangels Tatidentität das Unterlassen der weiteren Handlung nicht als Rücktritt bzgl. des bisherigen bzw. vorherigen Versuchs gelten kann.

Der h. M. zuzugeben ist, dass das Aufgeben – nur – der „*weiteren* Ausführung der Tat" sich dahingehend großzügig verstehen lässt, dass das Gescheiterte großzügig unbeachtlich sein soll. Sie ermöglicht das ganzheitliche Erfassen eines einheitlichen Lebensvorganges. Je nach kriminalpolitischem Standpunkt mag man bereits die nunmehrige Tataufgabe dem Täter zugutehalten; zum ambivalenten Opferschutzargument s. o. Besonders bedenkenswert ist der Vergleich eines solchen fehlgeschlagenen Einzelakts mit dem Fall eines nicht fehlgeschlagenen beendeten Versuch, bei dem das Opfer sogar gefährdet wird: Dann nämlich hat der Täter die Möglichkeit, gem. § 24 I 1 2. Var. StGB durch aktive Vollendungsverhinderung zurückzutreten, während er bei Erkennen des Scheiterns seines erfolgstauglich erachteten Einzelakts, nimmt man entgegen der h. M. die Selbstständigkeit an, nicht mehr zurücktreten kann. Freilich wäre es eher Aufgabe des Gesetzgebers, die zu großzügige Fassung des § 24 I 1 2. Var. StGB zu ändern; immerhin kann ferner auch bei strafbarem Versuch auf Ebene der Strafzumessung das (einen neuen Versuch unterlassende) Nachtatverhalten mildernd berücksichtigt werden.

Im Hinblick auf eine der Rechtssicherheit dienende tatbestandsbezogene Auslegung des Tatbegriffs in § 24 I 1 1. Var. StGB ist nämlich die sog. Einzelaktslehre vorzugswürdig:[128] Ein materiell-rechtlich an der Erfüllung von Tatbestandsvoraussetzung orientierter Tatbegriff (wie etwa auch in §§ 11 I Nr. 5, 16 I 1 StGB) – der Wortlaut ist insofern offen – verhindert eine kaum vorhersehbare Gesamtwürdigung bei der Abwägung zwischen Einheitlichkeit des Lebensvorgangs und Annahme einer tatidentitätsunterbrechenden Zäsur nach vagen räumlich-zeitlichen Maßstäben (v. a., wenn man außertatbestandliche Motive außer Acht lassen möchte, wie dies die h. M. i. F. d. Zweckerreichung inkonsequenterweise tut, s. u.; gerade der mit nur Eventualvorsatz handelnde Täter droht benachteiligt zu werden). Rechtspolitisch ist es ohnehin befremdlich, dass dem Täter zugutekommt, dass er noch weitere Tatvollendungsmöglichkeiten hat, nachdem sein erstes (für hinreichend erachtetes!) Mittel versagt hat. Dieser Täter hat doppeltes unverdientes Glück, dahingehend nämlich, dass erstens sein Plan scheitert und ihm zweitens die Möglichkeit weiterer Tatmittel (und damit der neue Entschluss zu deren Einsatz) offen steht. Das Glück steigert sich zudem noch, je nachdem wie viele verschiedene neue Tatmittel der Täter ausmacht, was i. Ü. auch dazu führt, dass der kreative, vorbauende oder spontan improvisierende und daher besonders gefährliche Täter sich beliebig viele

---

[127] Z. B. Jakobs, AT, 2. Aufl. 1993, 26/15 f.; di ff. Eser/Bosch, in: Schönke/Schröder, StGB, 30. Aufl. 2019, § 24 Rn. 21.

[128] Ausf. Puppe, AT 2, 2005, § 36 Rn. 20 ff.

Fehlschläge leisten kann, solange er nur noch ein weiteres Tatmittel in petto hat (ganz abgesehen von prozessualen Schwierigkeiten im Umgang mit Behauptungen, weitere Tatmittel erwogen und freiwillig nicht ergriffen zu haben). Ein derartig nachsichtiger Umgang mit dem Täter, der bereits einmal den Verlauf aus der Hand gegeben hat, kann ferner die allgemeine präventive Wirkung der Versuchsstrafbarkeit untergraben.

(e) Vorsatz bzgl. Möglichkeit einer Handlung in Gestalt fortgesetzten unmittelbaren Ansetzens (kein sog. fehlgeschlagener Versuch II)

(aa) Grundlagen
Der Täter muss Vorsatz aufweisen, dass er eine ihm mögliche Handlung unterlässt, und zwar nicht irgendeine, sondern eine solche, die nach seiner Vorstellung als Fortsetzung des unmittelbares Ansetzen i. S. d. § 22 StGB anzusehen wäre. 71

Wer die weitere Ausführung der Tat aufgeben will (s. auch die in § 24 StGB verwendeten Begriffe „Rücktritt" und „Zurücktretender"), muss die Vorstellung haben, dass es für ihn überhaupt eine „weitere Ausführung" seiner „Tat" gibt. Der Täter muss den Versuch noch für vollendbar halten und nicht von Scheitern ausgehen, sonst erlischt sein Vollendungsvorsatz ohne Aufgeben und es bliebe allenfalls ein unrealistischer Wunsch bei entgegenstehender Tatsachenannahme. Nur dann gibt es eine Entscheidung gegen die Tat, nur dann greift auch das Telos des § 24 StGB.

(bb) Annahme einer tatsächlichen Unmöglichkeit
Die subjektiv erkannte objektive Unmöglichkeit der Vollendung (s. auch § 275 I BGB) vereitelt den Rücktrittsvorsatz.[129] Da es für die Beurteilung des Fehlschlags allein auf die Tätervorstellung ankommt, führt auch eine irrig angenommene Unmöglichkeit zum Fehlschlag.[130] 72

Beispiel 340

B schoss auf Z1 im Glauben, nur noch eine Patrone zu haben, verfehlte ihn aber. ◀

(cc) Annahme einer rechtlichen Unmöglichkeit
Der Fehlschlag aufgrund rechtlicher Unmöglichkeit[131] betrifft v. a. Delikte, die tatbestandsmäßig einen entgegenstehenden Willen des Opfers voraussetzen, z. B. i. R. d. §§ 177 oder 242 StGB. Erklärt sich das Opfer mit dem Handeln des 73

---

[129] Fischer, StGB, 68. Aufl. 2021, § 24 Rn. 7a; aus der Rspr. vgl. zuletzt BGH B. v. 15.01.2019 – 4 StR 470/18 – NStZ-RR 2019, 137 = StV 2021, 93; BGH B. v. 27.11.2019 – 2 StR 609/18 – NStZ-RR 2020, 204 = StV 2021, 91; BGH B. v. 15.01.2020 – 4 StR 587/19 – NStZ-RR 2020, 102.

[130] Fischer, StGB, 68. Aufl. 2021, § 24 Rn. 7; aus der Rspr. vgl. zuletzt BGH B. v. 15.01.2019 – 4 StR 470/18 – NStZ-RR 2019, 137 = StV 2021, 93; BGH B. v. 27.11.2019 – 2 StR 609/18 – NStZ-RR 2020, 204 = StV 2021, 91.

[131] S. Eser/Bosch, in: Schönke/Schröder, StGB, 30. Aufl. 2019, § 24 Rn. 9; aus der Rspr. vgl. BGH U. v. 14.04.1955 – 4 StR 16/55 (Erna) – BGHSt 7, 296 = NJW 1955, 915 (Anm. Roxin, Höchstrichterliche Rspr. AT, 1998, Nr. 60; Bockelmann NJW 1955, 1417; Jescheck MDR 1955, 562); BGH U. v. 15.09.1988 – 4 StR 356/88 – NStZ 1988, 550; BGH U. v. 24.06.1993 – 4 StR 33/93 – BGHSt 39, 244 = NJW 1993, 2188 = NStZ 1993, 581 (Anm. Roxin, Höchstrichterliche Rspr. AT, 1998, Nr. 59; Streng NStZ 1993, 582; Vitt JR 1994, 199; Bottke JZ 1994, 71).

Täters nach Versuchsbeginn einverstanden, so wird dem dies wissenden oder glaubenden Täter die Tatbestandsvollendung aufgrund tatbestandsausschließenden Einverständnisses unmöglich gemacht, so dass ein sog. Fehlschlag vorliegt, was allerdings umstritten ist.[132] Im Lichte strengen rechtssicheren Tatbestandsbezugs kann es zutreffenderweise nicht (nur) auf den Eintritt des Erfolgs ankommen, da eine Tatbestandsvollendung die Erfüllung aller Tatbestandsmerkmale voraussetzt, so dass zwischen unterschiedlichen Bezugspunkten der Unmöglichkeit der Erfüllung kein Unterschied gemacht werden sollte.

Eine andere Frage ist, ob der ohnehin gesetzesferne Begriff des „Fehlschlags" passend ist, wenn erhebliche Teile des Tatbestands erfüllt wurden (etwa die sexuelle Handlung, wenn auch bei Annahme eines Einverständnisses); die wortlautgetreue Subsumtion des Aufgebens der weiteren Ausführung der Tat klingt freilich ebenfalls missverständlich, auch wenn sie fachsprachlich zutrifft.

(dd) „Unmöglichkeit" aufgrund Annahme der Sinnlosigkeit (?): Unerreichbarkeit eines außertatbestandlichen Ziels (?)

74   Fraglich ist, ob von einem Aufgeben der weiteren Ausführung der Tat dann gesprochen werden kann, wenn der Täter zwar davon ausgeht, dass er die Erfüllung des Tatbestands noch bewirken kann, aber nach seinem Versuch erkennt oder annimmt, dass er mit seiner Handlung ein außertatbestandliches Ziel (doch) nicht erreichen kann.[133] Der Täter könnte also die Tat vollenden, es ergibt für ihn nur keinen Sinn mehr (insofern geht es um „Unmöglichkeit" im übertragenen Sinn).

Das betrifft z. B. den *error in persona vel obiecto*.[134]

Beispiel 341

B schoss auf Z1 im Glauben, den Z2 vor sich zu haben. Nachdem der Schuss den Z1 verfehlte, erkannte B seinen Irrtum und verzichtete auf weitere Schüsse. ◄

B könnte Z1 noch ohne Weiteres töten. Damit würde er sein Ziel aber nicht erreichen.

Ferner zu nennen sind Fälle, in denen der Täter quantitativ seine Erwartungen enttäuscht sieht:[135]

---

[132] S. Hoffmann-Holland, in: MK-StGB, 4. Aufl. 2020, § 24 Rn. 68 ff.
[133] Hierzu Kühl, AT, 8. Aufl. 2017, § 16 Rn. 15; näher Streng JZ 1990, 212; Bauer wistra 1993, 201; Ceffinato JR 2016, 620.
[134] Zum sog. Fehlschlag beim sog. *error in persona vel obiecto* B. Heinrich, AT, 6. Aufl. 2019, Rn. 777; aus der Rspr. vgl. BGH U. v. 17.03.2015 – 2 StR 379/14 – BGHSt 60, 215 = NJW 2015, 1769 = NStZ 2015, 398 = StV 2015, 561 (Anm. Groß jurisPR-StrafR 13/2015 Anm. 3; Drees NStZ 2016, 153; Einecker StV 2016, 595).
[135] Fischer, StGB, 68. Aufl. 2021, § 24 Rn. 8; aus der Rspr. vgl. BGH U. v. 23.06.1959 – 5 StR 211/59 – BGHSt 13, 156 = NJW 1959, 1645; BGH B. v. 26.11.2003 – 3 StR 406/03 – NStZ 2004, 333; BGH B. v. 29.11.2007 – 4 StR 549/07 – NStZ 2008, 215 = StV 2008, 356.

> **Beispiel 342**
>
> **BGH U. v. 20.02.1953 – 1 StR 719/52 – BGHSt 4, 56 = NJW 1953, 752 (Anm. Roxin, Höchstrichterliche Rspr. AT, 1998, Nr. 58; Oehler JZ 1953, 561):**
> B beabsichtigte, als Vertreter für eine Firma Rauchfleisch zu verkaufen. Um dieses Geschäft beginnen zu können, benötigte er nach seiner Ansicht ein Anfangskapital von etwa 300 DM. Da er aber über kein Geld verfügte, kam er in einer Gastwirtschaft, in der er stundenlang gezecht hatte, auf den Gedanken, die Wirtschaftskasse auszurauben. Zu diesem Zwecke schloss er die Eingangstür zur Wirtschaft ab und hielt dem Wirt mit den Worten: „Geld oder Leben!" ein Stilettmesser auf die Brust; gleichzeitig erklärte er dem Wirt und dem einzigen Gast, der noch in der Wirtschaft anwesend war, wenn sie sich ruhig verhielten, werde ihnen nichts geschehen: er wolle nur das Wirtschaftsgeld. Dem Gast, der dem Wirt zu Hilfe eilen wollte, schlug er mit dem Heft des Stilettmessers zweimal heftig auf den Kopf, entwand dem Wirt einen von diesem zur Abwehr erfassten Stuhl und schleuderte ihn gegen den Wirt. Hierauf riss er die Kassenschublade auf und griff hinein, entdeckte in der Kasse jedoch nur einen Geldbetrag von 20 bis 30 DM. Ohne etwas zu nehmen, eilte er dann durch die hintere Wirtschaftstür in den Hof, stieg über die Hofmauer und floh. ◄

B hätte den Geldbetrag aus der Kasse wegnehmen können. Er ließ ihn nur dort, weil er ihm zu gering war.

Erwähnt sei schließlich der sog. fehlgeschlagene Mitnahmesuizid:[136]

> **Beispiel 343**
>
> **BGH B. v. 14.11.2007 – 2 StR 458/07 – NStZ 2008, 275 = StV 2008, 245 (Anm. von Heintschel-Heinegg JA 2008, 545):**
> B war am 23.11.2006 wegen ehelicher und finanzieller Probleme verzweifelt und fasste den Entschluss, ihr aus Wohnhaus und Scheune bestehendes Anwesen in Brand zu setzen und gemeinsam mit ihrem bei ihr wohnenden 12-jährigen Sohn im Bett liegend an einer Rauchvergiftung zu sterben. Dabei wollte sie nicht nur den Sohn, sondern auch ihre beiden Hunde mit in den Tod nehmen. Sie brachte ihren Sohn zu Bett und gab ihm Schlafmittel, damit er weder den Brand noch die Rauchgase, an denen er ersticken sollte, bemerken würde. Bewusst das Vertrauen ihres Sohnes in sie als Mutter ausnutzend, erklärte sie ihm bei der Gabe der Tabletten, dass es sich um Vitamintabletten zur Stärkung seiner Gesundheit handele. Den beiden im Haus befindlichen Hunden gab sie ebenfalls Schlafmittel, damit diese von dem Brand nichts mitbekommen, keinen Alarm schlagen und mit ihr und ihrem Sohn an Rauchgas ersticken sollten. B bereitete mehrere Brandherde vor. Da bei ihren beiden Hunden das Schlafmittel nicht die von ihr erhoffte Wirkung zeigte, nahm sie einen Hammer und schlug ihnen mit diesem auf den Kopf und das Genick. Während einer der Hunde sofort starb, wurde der

---

[136] Fischer, StGB, 68. Aufl. 2021, § 24 Rn. 8.

andere nur schwer verletzt und verendete erst nach geraumer Zeit. B legte dann an den vorbereiteten Stellen Feuer, das zu starker eigenständiger Brandzehrung führte. Sie setzte sich zu ihrem nichts ahnend im Bett schlafenden Sohn. Der Brand wurde von einem Nachbarn bemerkt, der als Wehrführer der Feuerwehr ein Feuerwehrauto mit eingeschaltetem Martinshorn und Blaulicht vor das Haus fuhr, um die im Haus befindlichen Menschen vor dem Feuer zu warnen. B hörte dies, reagierte aber nicht, obwohl sie spätestens zu diesem Zeitpunkt erkannte, dass sie auf Grund des Einsatzes der Feuerwehr gerettet werden würden und jedenfalls ihr Tatplan, in den durch den Brand hervorgerufenen Rauchgasen zu ersticken, gescheitert war. Als B bemerkte, dass die Haustür von dem Feuerwehrmann eingeschlagen wurde, entschloss sie sich, mit ihrem Sohn das Haus zu verlassen. Sie weckte ihren Sohn und schickte ihn hinaus, während sie noch Kleidung für ihn holte und ihm dann folgte. An der Scheune und dem Wohnhaus, das eigenständig in Brand geraten war, entstand ein Sachschaden i. H. v. etwa 300.000 Euro. ◀

B entfernte ihren Sohn nur aus dem Haus, weil sie ohnehin gerettet werden würden. Die Rspr. sah hierin allerdings keinen sog. Fehlschlag.

In diesen Fällen ist eine rechtssicher tatbestandsbezogene Betrachtungsweise – konsequenterweise, s. o. – anzumahnen, auch wenn eine Anreicherung des Tatbegriffs des § 24 I 1 StGB durch Fragen der Tätermotivation kriminalpolitisch-teleologisch Sinn ergeben mag. Gegen eine Versagung des Rücktritts streitet neben dem Wortlaut (das Aufgeben bezieht sich eben auf die weitere *Ausführung* der Tat) die anzustrebende Gleichbehandlung aller Vorsatzarten wie auf Tatbestandsebene (der mit Eventualvorsatz handelnde Täter hat typischerweise ein außertatbestandliches Motiv, der mit Absicht handelnde nicht).

(ee) „Unmöglichkeit" aufgrund Annahme der Erreichung eines außertatbestandlichen Ziels (Zweckerreichung)?

▶ Didaktischer Aufsatz:

- Bott, Die sogenannten „Denkzettelkonstellationen": Der Rücktritt vom Versuch trotz des Erreichens eines außertatbestandlichen Ziels, Jura 2008, 753

75 In Fällen, in denen der Täter mit (v. a. Eventual-)Vorsatz handelt, bei seinem Tun aber einen nicht dem Tatbestand immanenten Zweck verfolgt(e), stellt sich die Frage, ob der Täter i. S. d. § 24 I 1 1. Var. StGB die weitere Ausführung der Tat aufgibt, wenn er sein Tun nach Erreichen seines außertatbestandlichen Zwecks einstellt.[137]

---

[137] Hierzu Wessels/Beulke/Satzger, AT, 50. Aufl. 2020, Rn. 1044 ff.; näher Herzberg NStZ 1990, 311; Streng JZ 1990, 212; Bauer wistra 1992, 201; Schroth GA 1997, 151; Bott Jura 2008, 753; Puppe ZIS 2011, 524; Ceffinato JR 2016, 62.; aus der Rspr. vgl. zuletzt BGH B. v. 11.05.2016 – 1

Die bisweilen anzutreffende Diskussion unter dem Schlagwort des fehlgeschlagenen Versuchs ist i. F. d. Zweckerreichung sprachlich missglückt, da Zweckerreichung nicht nach Fehlschlag, sondern nach dessen Gegenteil anmutet. Vergleichbares gilt freilich auch für die hier gewählte Parallele mit der Unmöglichkeit, immerhin aber setzt Aufgeben Vorsatz bzgl. einer Fortsetzungsmöglichkeit voraus; ein Fortsetzen ist auch dann unmöglich, wenn alles erreicht ist (nur ist einmal mehr zu klären, ob ein strenger Tatbestandsbezug oder eine Relevanz außertatbestandlicher Ziele entscheidend ist).

Beispiel 344

B schnitt mit seinem Pkw dem Z und dessen Pkw den Weg ab, um in eine Parklücke einfahren zu können. Hierbei nahm er eine Beschädigung des Pkw des Z billigend in Kauf. ◄

B könnte den Pkw des Z noch ohne Weiteres beschädigen. Aber warum sollte er? Er hat sein Ziel, einen Parkplatz zu ergattern, verwirklicht.

Beispiel 345

BGH B. v. 19.05.1993 – GSSt 1/93 (Denkzettel) – BGHSt 39, 221 = NJW 1993, 2061 = NStZ 1993, 433 = StV 1993, 408 (Anm. Roxin, Höchstrichterliche Rspr. AT, 1998, Nr. 69; Puppe, AT, 4. Aufl. 2019, § 21 Rn 8 ff.; Kaspar/Reinbacher, Casebook AT, 2020, Fall 19; Hemmer-BGH-Classics Strafrecht, 2003, Nr. 25; Bauer NJW 1993, 2590; Roxin JZ 1993, 896; Hauf MDR 1993, 929; Otto JK 1994 StGB § 24/20; Jung JuS 1994, 82; Pahlke GA 1995, 72; Beckemper JA 2003, 203):

B stieß dem ihm körperlich unterlegenen Mitbewohner eines Heims für Asylbewerber ein Messer mit 12cm langer, spitz zulaufender Klinge mit einem kräftigen Stoß in den Leib, um ihm einen „Denkzettel" zu verpassen und ihm unmissverständlich klarzumachen, dass er keine Gegenwehr dulde. Dabei führte er den Stich frontal gegen den Oberbauch; aufgrund einer Drehung des Opfers drang die Klinge seitlich rechts in den Körper ein. Durch den Stich wurde der Brustraum eröffnet, das Zwerchfell durchstoßen und der rechte Leberlappen verletzt. B nahm bei seiner Handlung den Tod des Opfers billigend in Kauf. Er zog nach dem Stich das Messer aus dem Körper des Verletzten und verließ den Raum. Das Opfer verspürte zunächst keine Schmerzen; es blieb stehen. Als es die Verletzung bemerkte, ließ es sich von einem Mitbewohner einen Notverband anlegen und fuhr dann mit dem Fahrrad zur Polizeistation. ◄

StR 77/16 – NStZ 2016, 720; BGH B. v. 06.12.2017 – 4 StR 539/17 – StV 2018, 408; BGH B. v. 07.03.2018 – 2 StR 353/17 – NStZ-RR 2018, 137 = StV 2020, 285; BGH B. v. 26.02.2019 – 4 StR 464/18 – NStZ 2019, 399; BGH B. v. 26.06.2019 – 2 StR 110/19 – NStZ-RR 2019, 271; BGH B. v. 14.01.2020 – 2 StR 284/19 – NStZ 2020, 341 = StV 2021, 113 (Anm. Jäger NStZ 2020, 342).

B beabsichtigte nur, dem Mitbewohner einen „Denkzettel" zu erteilen. Den billigend in Kauf genommenen Tod des Mitbewohners letztendlich noch herbeizuführen, war für B nach Erteilung des Denkzettels sinnlos geworden.

Beispiel 346

BGH U. v. 08.02.2007 – 3 StR 470/06 – NStZ 2007, 399 (Anm. LL 2007, 683; RÜ 2007, 250; RA 2007, 268):

Aus Verärgerung, dass seine Ehefrau gegen ihn wegen vorausgegangener Tätlichkeiten eine einstweilige Anordnung nach dem Gewaltschutzgesetz beim AG erwirkt und ihm trotz seines lautstarken Verlangens keinen Zutritt zur ehelichen Wohnung gewährt hatte, drang B gewaltsam in die Wohnung ein, indem er die Eingangstür eintrat. Er wollte seine Machtposition wiederherstellen, seine Ehefrau bestrafen, weil sie ihm nicht geöffnet hatte, und ihr – in diesem Moment noch ohne eine konkrete Vorstellung – „das Schlimmste" antun. Als er bemerkte, dass sich seine Ehefrau zusammen mit der Tochter auf den Balkon der im 1. Obergeschoss eines Mehrfamilienhauses gelegenen Wohnung geflüchtet hatte, durchquerte er zügig das Wohnzimmer, stieß seine Tochter zur Seite, griff seiner Frau mit der linken Hand in die Haare und packte sie mit seiner rechten Hand am Bein, um sie aus einem spontan gefassten Entschluss heraus vom Balkon zu stürzen. Zunächst gelang es ihm nur, seine Ehefrau über das Balkongeländer zu schleudern. Diese konnte sich an der äußeren Balkonseite hängend an dem Geländer festklammern. Daraufhin schlug B mit voller Kraft auf die Hände seiner Frau, bis diese sich nicht mehr festzuhalten vermochte und auf die ca. 4,70 Meter unter der Oberkante des Balkongeländers liegende Rasenfläche stürzte. Bei seinem Vorgehen nahm B billigend in Kauf, dass seine Frau durch den Sturz zu Tode kommen könnte. Diese überlebte den Sturz indessen ohne größere Verletzungen, insbesondere auch deshalb, weil der Boden durch vorangegangenen Regen stark durchweicht war. B bemerkte sofort, dass seine Frau entgegen seiner Vorstellung, sie könnte sich bei dem Sturz das Genick brechen, kaum verletzt war und sich aufzurichten versuchte. Immer noch in Wut, hangelte er sich selbst von dem Balkon herunter, um seine Frau jetzt auf andere Weise zu töten. Er packte sie an den Haaren und zerrte sie zu einem an der Rasenfläche entlangführenden gepflasterten Gehweg. Dort versuchte er, ihren Kopf auf die Platten des Gehwegs zu schlagen. Dies gelang ihm jedoch auf Grund der heftigen Gegenwehr seiner Frau nicht. Während er weiter auf sie eintrat und einschlug, riefen Nachbarn, die das Geschehen von ihren Balkonen aus beobachteten, dem B zu, dass er aufhören solle. Auch seine Tochter versuchte, ihn von weiteren Tätlichkeiten abzuhalten, indem sie vom Balkon aus ihre „Rollerblades" und andere Schuhe nach ihm warf. In dieser Situation ärgerte sich B darüber, dass er kein Messer mitgenommen hatte. Er spielte noch mit dem Gedanken, seine Frau mit seinem Gürtel zu würgen, weil seine Kräfte nachließen und es ihm wegen der Gegenwehr seiner Frau nicht gelang, ihren Kopf auf die Gehwegplatten zu schlagen. Letztlich entschloss er sich, von seinem Opfer abzulassen, weil sich seine Wut durch den Stoß vom Balkon und die anschließenden Gewalttätigkeiten entladen hatte. Er zerrte seine Frau an den Haaren zu einer an den Gehweg anschließenden Böschung, ging danach noch einmal ins Haus, wo er eine von der Ehefrau vor der Wohnungstür abgestellte Tüte mit ihm gehörenden Kleidungsstücken holte, und begab sich zu Fuß zur nächsten S-Bahn-Haltestelle. Am nächsten Tag stellte er sich der Polizei. ◄

B wollte „seine Machtposition wiederherstellen, seine Ehefrau bestrafen, weil sie ihm nicht geöffnet hatte, und ihr (…) ‚das Schlimmste' antun". Dass letzteres deren Tod sein musste, ist nicht gesagt. Als B seine Wut entladen hatte und die genannten Ziele ausreichend verfolgt waren, hatte die Tötung der Ehefrau keinen Sinn mehr für ihn.

Die frühere Rspr.[138] und Teile der Lehre[139] verneinen in diesen Fällen die Anwendung des § 24 I 1 1. Var. StGB.

Die heutige Rspr.[140] und die h. L.[141] halten in diesen Fällen einen Rücktritt für möglich.

Erstere Auffassung versteht unter einem Aufgeben also die Nicht(mehr)verfolgung tatbestandlicher und außertatbestandlicher Ziele; wer alles erreicht hat, was er wollte, habe nichts mehr aufzugeben. Hierin liegt ein gewisses Relikt des Tatplankriteriums. Kriminalpolitisch-teleologisch ist es gut verständlich, den Rücktritt abzulehnen. Der Täter hat erreicht, worauf es ihm ankam. Sein Verzicht auf die Vollendung entstammt keiner überzeugten Rückkehr in die Legalität, seine Verzichtleistung erscheint wenig anerkennenswert, der rechtserschütternde Eindruck wird kaum beseitigt.

Der h. M., die hier (an sich inkonsequent angesichts ihres Standpunkts zur Gesamtbetrachtungslehre, s. o.) den Tatbegriff streng tatbestandsbezogen handhabt (sogar die Rspr. verweist ausdrücklich auf die – angebliche – Wortlautgrenze und Art. 103 II GG), ist zu folgen. Vgl. zunächst o. die Argumentation für die sog. Einzelaktslehre, die konsequent fortzuführen ist. Zu erinnern ist auch an die Zweischneidigkeit einer Opferschutzargumentation. Aus Gründen der Rechtssicherheit und des Wortlauts, der auch durch Verwendung des Begriffs der „Ausführung" den Tatbestandsbezug nahelegt, ist auf die Berücksichtigung außertatbestandlicher Beweggründe zu verzichten. Der möglichst einheitlich zu handhabende materiellrechtliche Tatbegriff (s. z. B. § 11 I Nr. 5 StGB) befasst sich richtigerweise mithin auch hier nicht mit außerhalb des Tatbestands Stehendem inkl. Handlungszielen und Beweggründen. Dies kommt der Normenklarheit zugute und vermeidet zusätzliche Abgrenzungsschwierigkeiten inkl. der Gefahr moralischer Aufladung sowie der eventuellen Besserstellung desjenigen, der einen Erfolg (z. B. den Tod eines anderen) als Selbstzweck beabsichtigt, gegenüber einem Täter, der mit *dolus eventualis* (also zur Erreichung eines anderen Ziels) handelt, auch wenn solche Fälle – erst recht in Ansehung der Möglichkeit von Zwischen- und Begleitzielen – nicht häufig sein mögen. Dies mag teleologisch wenig sinnvoll erscheinen (und *de lege ferenda* reformwürdig). Immerhin erfüllen ggf. bereits vollendete Delikte und die

---

[138] Z. B. BGH U. v. 20.09.1989 – 2 StR 251/89 – NJW 1990, 522 = NStZ 1990, 77 = StV 1990, 108 (Anm. Herzberg JuS 1990, 273; Puppe NStZ 1990, 433).

[139] B. Heinrich, AT, 6. Aufl. 2019, Rn. 837 f.

[140] BGH B. v. 19.05.1993 – GSSt 1/93 (Denkzettel) – BGHSt 39, 221 (230).

[141] S. Krey/Esser, AT, 6. Aufl. 2016, Rn. 1293.

Ausschöpfung der dortigen Strafrahmen die Strafbedürfnisse zumindest teilweise. Zur etwaigen wortlautkonformen Abhilfe durch eine strenge Auslegung der Freiwilligkeit s. u.

(ff) „Unmöglichkeit" aufgrund Bevorzugung eines anderen Ziels (?)
76 Diese Grundsätze gelten auch in den empörenden Fällen, in denen der Täter die weitere Ausführung der Tat (zu Lasten des einen Opfers) aufgibt, um sich besser einer anderen (ggf. sogar noch gravierenden) Tatbegehung (zu Lasten eines anderen Opfers) zu widmen. Der Rücktrittsvorsatz ist gegeben, zur Freiwilligkeit s. u.

Beispiel 347

BGH B. v. 13.01.1988 – 2 StR 665/87 (Zeitmangel) – BGHSt 35, 184 = NJW 1988, 1603 = NStZ 1988, 404 = StV 1988, 200 (Anm. Roxin, Höchstrichterliche Rspr. AT, 1998, Nr. 62; Puppe, AT, 4. Aufl. 2019, § 21 Rn. 25 ff.; Lackner NStZ 1988, 405; Jakobs JZ 1988, 519; Lampe JuS 1989, 610; Bloy JR 1989, 70; Grasnick JZ 1989, 821):

B hatte dem Z, Freund seiner geschiedenen Ehefrau G, angekündigt, er werde ihn erschießen, falls er nicht von G ablasse, zu einer Duldung von Kontakten zwischen ihnen sei er nur dann bereit, wenn beide ihm zur Abdeckung seiner Schulden 100.000 DM zahlen würden. Da diese Drohung keinen Erfolg hatte, fasste er aus Wut über die Verweigerung der Geldzahlung den Entschluss, beide bei nächster Gelegenheit zu töten. Am Abend des 16.12.1986 fuhr er in der Erwartung, zumindest G umbringen zu können, auf einen Parkplatz des Betriebes, in dem sie beschäftigt war. Er führte ein Fleischer- sowie ein Küchenmesser bei sich. Während er in seinem Auto auf das Erscheinen der G wartete, traf ebenfalls Z mit seinem Fahrzeug ein. Dieser hatte mit ihr vereinbart, sie – wie bereits an den vorangegangenen Tagen – auf dem Parkplatz zu treffen und sie nach Hause zu begleiten. Z stellte seinen Pkw ca. 10 m entfernt vom Wagen der G ab. Beim Aussteigen aus dem Auto bemerkte er den B. In der Absicht, mit ihm nochmals wegen der Geldforderungen zu sprechen, ging er zu dessen Fahrzeug, öffnete die Wagentür und begrüßte den B. Dieser versetzte ihm aus Wut über die Nichtzahlung des verlangten Betrages in Tötungsabsicht – für den Z völlig unerwartet – einen wuchtigen Stich mit dem Fleischermesser in den Unterleib. Dabei verletzte er den Dünndarm, den Magen und den Dickdarm des Z. Z flüchtete, wurde aber von B eingeholt, der versuchte, erneut auf ihn einzustechen. Dem sich verzweifelt wehrenden Z gelang es, dem B das Fleischermesser zu entreißen und es über einen Zaun zu werfen. Sodann lief er zu einem anderen – ca. 50 Meter entfernt liegenden – Firmenparkplatz. B rannte zu seinem Pkw zurück und verfolgte im Fahrzeug den Z mit dem Ziel, ihn durch Überfahren zu töten. Z wich aus und sprang durch einen fünf Meter breiten Heckenstreifen. Hinter diesem kauerte er sich nieder; er fühlte eine Ohnmacht nahen, und sah sich zur Fortsetzung der Flucht außerstande. B fuhr in die Hecke, um diese zu durchbrechen und den Z zu überrollen. Sein Auto drang zwar fast vollständig in die Hecke ein, blieb aber dort stecken. Daraufhin stieg B aus dem Fahrzeug, ließ von Z ab und lief – sei es, weil er meinte, Z werde die ihm zugefügte schwere Verletzung ohnehin nicht überleben, sei es, weil er fürchtete, infolge des eingetretenen Zeitablaufs die G zu verpassen –, unter Mitnahme des Küchenmessers eilends zu ihrem Fahrzeug. Dort eingetroffen, versetzte er der an ihrem Pkw angelangten G aus Wut über die verweigerte Geldzahlung in unbedingter Tötungsabsicht mit Hilfe des Küchenmessers insgesamt etwa 17 zum Oberkörper und zum Bauch geführte Stichverletzungen, durch die u. a. das Herz, die große Körperschlagader und die Lungenschlagader eröffnet wurden. G verstarb infolge Verblutens. B kehrte, nachdem er G die Stiche versetzt hatte, zu dem anderen Parkplatz zurück und stellte sich zu dem verletzt am Boden kauernden Z. ◄

Bzgl. des versuchten Totschlages zu Lasten des Z muss *in dubio pro reo* davon ausgegangen werden, dass B den Versuch noch nicht für beendet hielt, sondern von Z abließ, um die G trotz Zeitablaufes nicht zu verpassen.

(f) Vorsatz bzgl. Ausbleiben des Erfolgs (Erlöschen des Vorsatzes bzgl. Erfolgsherbeiführung, auch in Unterscheidung zum Aufschieben)

Ein Aufgeben erfordert das Erlöschen des Vorsatzes bzgl. der Tatbestandserfüllung, also – als Negation des sog. Tatentschluss und Tatplan – in einem Sinne der Zukunftsgerichtetheit: Der Täter entschließt sich, seinen Ablaufplan nicht mehr (weiter) zu erfüllen und durch dieses Nichtweiterhandeln es an einer Erfolgsherbeiführung durch ihn fehlen zu lassen. Dass ein Unterlassen der Fortsetzung ausreicht, ergibt sich dabei aus seinem Vorsatz bzgl. der Erforderlichkeit einer weiteren Handlung zur Erfolgsherbeiführung (sog. unbeendeter Versuch, s. o.); da das bisher angenommene Risiko „Null" ist, ist keine Gefahrminderung erforderlich, sondern nur das Unterlassen der Gefahrschaffung.

77

Problematisch ist, für welchen künftigen Zeitraum der Täter den Vorsatz gefasst haben muss, die Tat nicht bis zur Vollendung voranzutreiben; schließlich ist ein Aufgeben erforderlich – ob ein *Aufschieben* der Fortsetzung ein Aufgeben ist, hängt von der Auslegung der „weiteren Ausführung der Tat" ab.[142]

Beispiel 348

BGH B. v. 19.01.2010 – 4 StR 605/09 – NStZ 2010, 384:
Am Abend des 11.07.2008 hielten sich die ehemalige Lebensgefährtin des B, Z1, und deren Tochter Z2 im Haus der Z3 auf. Kurz nach Mitternacht verschaffte sich B gewaltsam Zutritt zum Haus. Unter lauten Beschimpfungen schlug B mit einer Axt zunächst auf den Kopf von Z1 ein, sodann auf den Kopf der Z3. Diese wurde daraufhin ohnmächtig. Während sich B erneut Z1 zuwandte, betrat Z4 das

---

[142] Hierzu Hillenkamp/Cornelius, 32 Probleme aus dem Strafrecht AT, 15. Aufl. 2017, 17. P.; näher Herzberg GS Hilde Kaufmann 1986, 711; aus der Rspr. vgl. zuletzt BGH B. v. 07.09.2016 – 1 StR 293/16 – NJW 2017, 1124 = NStZ 2017, 412 = StV 2019, 99 (Anm. Schiemann NJW 2017, 1125; Renzikowski JR 2017, 316; Dehne-Niemann StV 2019, 133); BGH B. v. 25.04.2017 – 4 StR 244/16 – NJW 2017, 1891 = NStZ 2017, 408 = NStZ-RR 2017, 207 = StV 2019, 96 (Anm. Bosch Jura 2017, 1451; Cornelius NJW 2017, 1893); BGH B. v. 14.01.2020 – 2 StR 284/19 – NStZ 2020, 341 = StV 2021, 113 (Anm. Jäger NStZ 2020, 342).

Wohnzimmer. B hieb mit der Axt sofort auf den Kopf des Z4 ein und zerschlug dabei zwei Stühle, mit denen dieser den Angriff des B abzuwehren versuchte. Z4 gelang schließlich die Flucht zum Nachbarhaus. ◄

Ist B von dem versuchten Totschlag (§ 212 I, 22, 23 StGB) zulasten der Z1 zwischenzeitlich zurückgetreten, indem er Z3 angriff, oder handelt es sich noch um dieselbe Tat, als er sich hinterher wieder Z1 zuwandte?

Während teilweise ein Aufgeben der Tat nur dann angenommen wird, wenn der Täter von seinem Tatplan endgültig Abstand nimmt,[143] stellen andere auf den konkreten einheitlichen Lebensvorgang oder die konkrete Form der Tatausübung ab oder lassen ganz allgemein auch eine vorübergehende Abstandnahme ausreichen.[144]

Zwar klingt der Begriff des „Aufgebens" isoliert betrachtet nach Endgültigkeit, er bezieht sich aber allein auf die weitere Ausführung. Natürlich ist ein Verschieben des Vorhabens auf einen späteren Zeitpunkt teleologisch weniger verdienstlich als eine reuevolle, auf Dauer angelegte Rückkehr in die Legalität. Als konsequente Fortschreibung eines engen Tatbestandsbezugs muss es aber allein auf das Unterlassen der Vornahme einer jetzt möglichen Handlung ankommen. Strafbarkeitsbedürfnisse werden ggf. hinreichend durch bereits eingetretene Vollendungsstrafbarkeiten, aber auch durch erneute Versuche des Täters abgedeckt. Bloße Tatgeneigtheit und auch ein noch nicht betätigter Tatentschluss bzgl. einer zukünftigen Handlung sind bis dahin hinnehmbarerweise nach allgemeinen Grundsätzen des § 22 StGB straflos. Eine Bemühung einheitlicher Lebensvorgänge birgt die üblichen Konkretisierungs- und Abgrenzungsschwierigkeiten jeder Gesamtbetrachtung bei der Ermittlung relevanter Zäsuren und ist daher zu vermeiden.

(g) Vorsatz bzgl. Verursachung des Ausbleibens des Erfolgs durch das Unterlassen

78 In Parallelität zum sog. unechten Unterlassungsdelikt (§ 13 StGB, s. u.) muss der Täter Vorsatz aufweisen, dass sein Unterlassen ursächlich (man spricht auch von Quasi- oder hypothetischer Kausalität) dafür wird, dass der Erfolg ausbleibt. Angesichts des Vorstehenden ist i. R. d. § 24 I 1 1. Var. StGB nur klarstellend festzuhalten, dass sich dieser Vorsatz in der Situation des sog. unbeendeten Versuchs daraus ergibt, dass der Täter weiß oder annimmt, dass er eine für den Erfolgseintritt seinerseits erforderliche Handlung unterlässt und gerade deshalb ein ihm zuzurechnender Erfolg ausbleibt.

(3) Freiwillig

79 Die Aufgabe der weiteren Ausführung der Tat muss **freiwillig** geschehen sein.[145] Über die Auslegung dieses Begriffs besteht eine ganz grundlegende Kontroverse.

---

[143] Z. B. BGH B. v. 19.01.2010 – 4 StR 605/09 – NStZ 2010, 384.
[144] Näher B. Heinrich, AT, 6. Aufl. 2019, Rn. 840 ff.
[145] Zur Freiwilligkeit Kindhäuser/Zimmermann, AT, 9. Aufl. 2020, § 32 Rn. 22; näher Schröder MDR 1956, 321; Herzberg FS Lackner 1987, 325; Maiwald GS Zipf 1999, 255; Jäger ZStW 2000, 783; Bottke FG 50 Jahre BGH IV 2000, 135; Amelung ZStW 2008, 205; Bitzilekis FS Hassemer 2010, 661; aus der Rspr. vgl. zuletzt BGH B. v. 17.11.2016 – 3 StR 402/16 – StV 2017, 673 (Anm.

Während die Vorläufernorm (§ 46 StGB a. F.) noch unterschiedliche Anforderungen je nach Art des Versuchs stellte,[146] ist gleichermaßen die (klargestellt allein subjektiv fundierte)[147] Freiwilligkeit für alle Rücktrittsvarianten vorausgesetzt.

Die Rspr.[148] und die h. L.[149] definieren „freiwillig" mithilfe der Unterscheidung von **autonomen** und **heteronomen** Motiven. Anders als bei äußeren Zwangslagen muss der Täter **Herr seiner Entschlüsse** geblieben sein, damit von freiwilliger Aufgabe gesprochen werden kann.

Gewiss stellt sich erstens sofort die Frage nach dem Erkenntnisgewinn der Flucht in Fremdworte, zweitens ist es gerade die Frage *wann* ein Täter noch Herr seiner Entschlüsse ist (welche Einflüsse übernehmen gewissermaßen die Herrschaft über den Entschluss, welche helfen nur dem Täter bei seiner Herrschaft über den eigenen Entschluss?).

Subsumtionsschwierigkeiten bergen etwa aufwallende Emotionen des Täters (Angst vor Entdeckung und Strafe, Panik, Hemmungen, Reue, Gewissensbisse, Mitleid) oder bei Einwirkungen Dritter. Unklar ist z. B. die Behandlung bloßer Aufforderungen von Personen, die den Täter, wie von diesem erkannt, objektiv nicht an der Tat hindern können.

Beispiel 349

BGH B. v. 27.02.2003 – 4 StR 59/02 – NStZ-RR 2003, 199:
B stach mit einem Messer auf seine Frau Z1 ein. Auf das Tatgeschehen wurde Z2 aufmerksam. Er lief auf B zu und rief ihm zu, aufzuhören. B reagierte darauf jedoch nicht, sondern stach weiter auf Z1 ein. Sodann wurde durch die Schreie der Ehefrau des B die Z3 aus etwa 30 bis 40m Entfernung auf das Tatgeschehen

---

Bosch Jura 2017, 745; Jäger JA 2017, 387; LL 2017, 554; RÜ 2017, 233); BGH U. v. 28.09.2017 – 4 StR 282/17 – StV 2018, 711 (Anm. Hecker JuS 2018, 391; RÜ 2018, 97); BGH B. v. 24.10.2017 – 1 StR 393/17 – StV 2018, 715 (Anm. RÜ 2018, 164; famos 9/2018); BGH B. v. 07.03.2018 – 1 StR 83/18 – NStZ-RR 2018, 169 = StV 2018, 710; BGH B. v. 30.05.2018 – 2 StR 141/18 – NStZ 2019, 594 = StV 2021, 93; BGH B. v. 18.12.2018 – 4 StR 493/18 – StV 2020, 79; BGH U. v. 10.04.2019 – 1 StR 646/18 – NStZ 2020, 81 = StV 2020, 77; BGH B. v. 21.11.2019 – 4 StR 500/19 – StV 2020, 465; BGH B. v. 14.01.2020 – 2 StR 284/19 – NStZ 2020, 341 = StV 2021, 113 (Anm. Jäger NStZ 2020, 342); BGH B. v. 15.04.2020 – 5 StR 75/20 – StV 2021, 93 (Anm. Hecker JuS 2020, 1219); BGH B. v. 06.05.2020 – 2 StR 543/19 – StV 2021, 307.

[146] „Der Versuch als solcher bleibt straflos, wenn der Thäter

1. die Ausführung der beabsichtigten Handlung aufgegeben hat, ohne daß er an dieser Ausführung durch Umstände gehindert worden ist, welche von seinem Willen unabhängig waren, oder
2. zu einer Zeit, zu welcher die Handlung noch nicht entdeckt war, den Eintritt des zur Vollendung des Verbrechens oder Vergehens gehörigen Erfolges durch eigene Thätigkeit abgewendet hat."

[147] Fischer, StGB, 68. Aufl. 2021, § 24 Rn. 18, 24 f.; aus der Rspr. vgl. BGH B. v. 16.03.2011 – 2 StR 22/11 (Anm. RA 2011, 474).

[148] S. o.

[149] Z. B. Joecks/Jäger, StGB, 13. Aufl. 2021, § 24 Rn. 24 ff.

aufmerksam. Z3 fuhr mit dem Fahrrad direkt auf B zu und schrie ihn dabei an. B zuckte zusammen und ließ von seiner Frau ab. Er blickte erst auf seine Hand, in der er das Messer hielt, dann zu Z3 und schließlich auf seine vor ihm liegende Frau. Nach einiger Zeit legte er sein Messer zur Seite. ◄

Zunächst ist die Klassifikation des Verhaltens des B schwierig. Sein Zusammenzucken lässt auf einen Schreck schließen. Das Weitere klingt, als sei er aus einer Raserei erst wieder zu Bewusstsein gekommen. Es lässt sich aber auch als Abwägung deuten. Darauf kommt es aber letztlich nicht an. Das Aufgeben der Tatausführung geht auf die Initiative des Z3 zurück. Liegt deswegen ein heteronomes Motiv vor oder sind die in B ablaufenden Prozesse in den Vordergrund zu stellen, so dass es sich um ein autonomes Motiv handeln kann?

Anerkennenswert sind daher Bestrebungen in der Literatur,[150] strafbare Wertungen bzgl. der Störung der freien Willensbildung fruchtbar zu machen: So mag man der Fassung des Nötigungstatbestands des § 240 I StGB, dass (bereits und erst?) ein drohendes empfindliches Übel einen rechtlich relevanten Freiheitsverlust bewirkt. Erst recht gilt dies bzgl. der i. R. d. § 35 I StGB relevanten Gefahren (vgl. etwa die drohende Gefahr in Gestalt der Festnahme bei Tatfortsetzung).

Allerdings führen derart eher großzügige Ansätze beim Zuschreiben von Freiwilligkeit dazu, dass die Teleologie des § 24 StGB fast verhöhnt wird, was insbesondere dann zum Tragen kommt, wenn man bei den übrigen Rücktrittsvoraussetzungen ebenso wenig restringiert (vgl. o. die sog. Gesamtbetrachtungslehre und die Irrelevanz außertatbestandlicher Handlungsziele). Die Funktion eines solchen Freiwilligkeitsmerkmals gegenüber dem allgemeinen Rücktrittsvorsatz als Begriffsmerkmal des Aufgebens (inkl. Vorstellung der Möglichkeit der Tatfortsetzung, sog. fehlgeschlagener Versuch) ist dann auch kaum ersichtlich, da bereits dieser die Negation des Tatentschlusses und Tatplans bildet.

Beispiel 350

BGH B. v. 19.05.1993 – GSSt 1/93 (Denkzettel) – BGHSt 39, 221 = NJW 1993, 2061 = NStZ 1993, 433 = StV 1993, 408 (Anm. Roxin, Höchstrichterliche Rspr. AT, 1998, Nr. 69; Puppe, AT, 4. Aufl. 2019, § 21 Rn. 8 ff.; Kaspar/Reinbacher, Casebook AT, 2020, Fall 19; Hemmer-BGH-Classics Strafrecht, 2003, Nr. 25; Bauer NJW 1993, 2590; Roxin JZ 1993, 896; Hauf MDR 1993, 929; Otto JK 1994 StGB § 24/20; Jung JuS 1994, 82; Pahlke GA 1995, 72; Beckemper JA 2003, 203):

B stieß dem ihm körperlich unterlegenen Mitbewohner eines Heims für Asylbewerber ein Messer mit 12cm langer, spitz zulaufender Klinge mit einem kräftigen Stoß in den Leib, um ihm einen „Denkzettel" zu verpassen und ihm unmissverständlich klarzumachen, dass er keine Gegenwehr dulde. Dabei führte er den Stich frontal gegen den Oberbauch; aufgrund einer Drehung des Opfers drang die Klinge seitlich rechts in den Körper ein. Durch den Stich wurde der

---

[150] S. Jäger, in: SK-StGB, 9. Aufl. 2017, § 24 Rn. 70 ff.

Brustraum eröffnet, das Zwerchfell durchstoßen und der rechte Leberlappen verletzt. B nahm bei seiner Handlung den Tod des Opfers billigend in Kauf. Er zog nach dem Stich das Messer aus dem Körper des Verletzten und verließ den Raum. Das Opfer verspürte zunächst keine Schmerzen; es blieb stehen. Als es die Verletzung bemerkte, ließ es sich von einem Mitbewohner einen Notverband anlegen und fuhr dann mit dem Fahrrad zur Polizeistation. ◄

B ist nicht zur Achtung der Rechtsordnung zurückgekehrt. Er hat lediglich von seinem Mitbewohner abgelassen, weil er sein Ziel, diesem einen „Denkzettel" zu verpassen, erreicht hatte. Dann aufzuhören entspricht bloßem Kalkül.

Beispiel 351

BGH B. v. 13.01.1988 – 2 StR 665/87 (Zeitmangel) – BGHSt 35, 184 = NJW 1988, 1603 = NStZ 1988, 404 = StV 1988, 200 (Anm. Roxin, Höchstrichterliche Rspr. AT, 1998, Nr. 62; Puppe, AT, 4. Aufl. 2019, § 21 Rn. 25 ff.; Lackner NStZ 1988, 405; Jakobs JZ 1988, 519; Lampe JuS 1989, 610; Bloy JR 1989, 70; Grasnick JZ 1989, 821):

B hatte dem Z, Freund seiner geschiedenen Ehefrau G, angekündigt, er werde ihn erschießen, falls er nicht von G ablasse, zu einer Duldung von Kontakten zwischen ihnen sei er nur dann bereit, wenn beide ihm zur Abdeckung seiner Schulden 100.000 DM zahlen würden. Da diese Drohung keinen Erfolg hatte, fasste er aus Wut über die Verweigerung der Geldzahlung den Entschluss, beide bei nächster Gelegenheit zu töten. Am Abend des 16.12.1986 fuhr er in der Erwartung, zumindest G umbringen zu können, auf einen Parkplatz des Betriebes, in dem sie beschäftigt war. Er führte ein Fleischer- sowie ein Küchenmesser bei sich. Während er in seinem Auto auf das Erscheinen der G wartete, traf ebenfalls Z mit seinem Fahrzeug ein. Dieser hatte mit ihr vereinbart, sie – wie bereits an den vorangegangenen Tagen – auf dem Parkplatz zu treffen und sie nach Hause zu begleiten. Z stellte seinen Pkw ca. 10 m entfernt vom Wagen der G ab. Beim Aussteigen aus dem Auto bemerkte er den B. In der Absicht, mit ihm nochmals wegen der Geldforderungen zu sprechen, ging er zu dessen Fahrzeug, öffnete die Wagentür und begrüßte den B. Dieser versetzte ihm aus Wut über die Nichtzahlung des verlangten Betrages in Tötungsabsicht – für den Z völlig unerwartet – einen wuchtigen Stich mit dem Fleischermesser in den Unterleib. Dabei verletzte er den Dünndarm, den Magen und den Dickdarm des Z. Z flüchtete, wurde aber von B eingeholt, der versuchte, erneut auf ihn einzustechen. Dem sich verzweifelt wehrenden Z gelang es, dem B das Fleischermesser zu entreißen und es über einen Zaun zu werfen. Sodann lief er zu einem anderen – ca. 50 Meter entfernt liegenden – Firmenparkplatz. B rannte zu seinem Pkw zurück und verfolgte im Fahrzeug den Z mit dem Ziel, ihn durch Überfahren zu töten. Z wich aus und sprang durch einen fünf Meter breiten Heckenstreifen. Hinter diesem kauerte er sich nieder; er fühlte eine Ohnmacht nahen, und sah sich zur Fortsetzung der Flucht außerstande. B fuhr in die Hecke, um diese zu durchbrechen und den Z zu überrollen. Sein Auto drang zwar fast vollständig in die Hecke ein, blieb aber dort stecken. Daraufhin stieg B aus dem Fahrzeug, ließ von Z ab und lief – sei es, weil er meinte, Z werde die ihm zugefügte schwere Verletzung ohnehin nicht überleben, sei es, weil er fürchtete, infolge des eingetretenen Zeitablaufs die G zu verpassen -, unter Mitnahme des Küchenmessers eilends zu ihrem Fahrzeug. Dort eingetroffen, versetzte er der an ihrem Pkw angelangten G aus Wut über die verweigerte Geldzahlung in unbedingter Tötungsabsicht mit Hilfe des Küchenmessers insgesamt etwa 17 zum Oberkörper und zum Bauch geführte Stichverletzungen, durch die u. a. das Herz, die große Körperschlagader und die Lungenschlagader eröffnet wurden. G verstarb infolge Verblutens. B kehrte, nachdem er G die Stiche versetzt hatte, zu dem anderen Parkplatz zurück und stellte sich zu dem verletzt am Boden kauernden Z. ◄

Bzgl. des versuchten Totschlages zu Lasten des Z muss *in dubio pro reo* davon ausgegangen werden, dass B den Versuch noch nicht für beendet hielt, sondern von Z abließ, um die G trotz Zeitablaufes nicht zu verpassen. Ein Opfer zu verschonen, um sich dem anderen zu widmen, ist nicht honorierbar.

Eine starke Strömung in der Literatur bemüht sich daher um ein engeres, teleologisch überzeugenderes – etwas despektierlich **normativiert** genanntes – Verständnis der Freiwilligkeit.

Dies betrifft insbesondere den Maßstab der Verbrechervernunft.[151] Freiwillig handele der Täter hiernach nur, wenn er wieder zur Achtung der rechtlichen Verbote bzw. Gebote zurückgefunden und sich damit als ungefährlich erwiesen hat und nicht nur der Verbrechervernunft folge. Auch Puppe[152] bemüht sich mit unterschiedlichen Begrifflichkeit um eine Abschichtung des auf Basis **missbilligenswerter Täterüberlegungen kalkulierten** Rücktritts von solchen, bei denen die Strafausschließung akzeptabel ist.

Für ein weites Verständnis wird insbesondere die Wortlautgrenze angeführt. Ferner drohen vage und moralisierende Grenzziehungen.

Die h. M.[153] führt an, dass Freiwilligkeit lediglich einen freien Willen voraussetze, nicht aber eine Betrachtung von Motiven und täterpsychischen Abwägungsprozessen, geschweige denn ethischer Werte erlaube (Art. 103 II GG). Abgesehen davon, dass auch die Vagheit der h. M. Bedenken bzgl. der Bestimmtheit aufwirft, ist aber die Wortlautgrenze ohnehin auch bei engerem Verständnis nicht überschritten; bemerkenswerterweise findet eine Auseinandersetzung mit der Varianz des allgemeinen Sprachgebrauchs kaum statt (erst recht nicht eine Einbeziehung des philosophischen Diskurses zum Begriff der Freiheit).[154] Die allgemeinsprach-

---

[151] S. etwa Roxin ZStW 1965, 97.

[152] Puppe, AT, 4. Aufl. 2019, § 21 Rn. 25 ff.

[153] B. Heinrich, AT, 6. Aufl. 2019, Rn. 813; aus der Rspr. BGH U. v. 29.09.2004 – 2 StR 149/04 – NStZ 2005, 150 (Anm. Valerius JA 2005, 410; Scheinfeld NStZ 2006, 375); BGH B. v. 26.09.2006 – 4 StR 347/06 – NStZ 2007, 91 = StV 2007, 72.

[154] Krit. und auf den Freihtsbegriff Kants (Freiheit des Handelns setzt Einsicht in das Recht voraus) abhebend Puppe, AT, 4. Aufl. 2019, § 21 Rn. 29.

liche Bedeutung von „freiwillig"[155] ist durchaus breiter gestreut als die h. M. zugrunde legt; es finden sich eher weite Begriffserläuterungen und Synonyme ebenso wie enge – besonders klar z. B.: „aus freiem Antrieb", „aus eigenem Antrieb", „von sich aus". Die Wortlautgrenze wird aber durch die engste Handhabung abgesteckt, nicht durch die evtl. häufigste. Hinzu kommt ohnehin eine anerkannte und verfassungskonforme Möglichkeit einer Bedeutungsverschiebung im fachsprachlichen Sprachgebrauch.

Mangels hinreichender gesicherter empirischer (biologischer, medizinischer, psychologischer) Kenntnisse zur Bildung und Beeinflussung eines freien Willens bei der internen Verarbeitung auch ggf. externer Reize ist ohnehin eine „Normativierung" unentbehrlich, die natürlich näher ausgestaltet werden muss (schließlich ist auch der Maßstab einer „Verbrechervernunft" mangels bestimmter Quellen einer *lex artis* auch eher Behauptung als präzise subsumierbar). Bestimmte Zwänge sind bereits gesetzlich als irrelevant angelegt: Die – eben ggf. plötzlich intensive bis lähmende – Angst vor Strafe soll ja den Täter gerade zum Rücktritt bewegen.[156] Bei externen Einwirkungen auf den Tätern droht eine Benachteiligung des empfindlichen Täters, der sich etwa von einem flehenden Opfer unwiderstehlich erweichen lässt, gegenüber einem, bei dem ein autonomer Entschluss noch anzunehmen wäre. Ähnliches gilt bzgl. aufgrund allein interner Überlegung gefasster Neueinschätzungen (z. B. Reue, Neubewertung von Entdeckungsrisiken).

Eine Differenzierung nach anerkennenswerten und nicht anerkennenswerten Motiven des Täterverhaltens wäre aber wohl tatsächliche eine Überschreitung des Wortlauts. Eine Zurückdrängung der kognitiven Komponente der Täterpsyche passte auch kaum zum allgemeinen (Eventual-)Vorsatzbegri ff. Ferner wäre eine hinreichend präzise Klassifizierung der unendlich komplexen Varianz an Beweggründen zu entwickeln, und zwar inkl. Einbeziehung der Relation zum tatbestandlichen Unrecht und inkl. dem Umgang mit Motivbündeln und ohne moralische Überspannung. Selbst bei einem – im Judiz absolut plausiblem – Ausschluss von Rücktritten, die zum Zwecke der Begehung eines anderen Delikts erfolgen, kann dem Handlungsentschluss dann jedenfalls nicht die Freiwilligkeit abgesprochen werden, wenn der Täter ihn ohne jeden äußeren Impuls gefasst hat.

Geht man nun aus teleologischen Gründen – eine honorierbare Umkehrleistung erarbeitend, bei der die Strafausschließung bereits *de lege lata* vermittelbar ist – an die o. a. Wortlautgrenze, so ist eine Verneinung der Freiwilligkeit aufgrund objektiver, also täterpsycheexterner Einflüsse ein noch Art. 103 II GG entsprechender Ansatz: Jede objektiv-situative Veränderung,[157] die der Täter (mit) zum Anlass nimmt, die fortsetzende Handlung zu unterlassen, ist **nicht** mehr (allein) **aus eigenem Antrieb**.

Dadurch dass der Täter einen Antrieb von außen aufnimmt, kann er sich nicht mehr darauf berufen, er hätte allein von sich aus nicht weitergehandelt, m. a. W. jedermann muss damit rechnen, dass bei Nichteintritt des objektiven Impulses der Täter

---

[155] S. nur https://www.dwds.de/wb/freiwillig.
[156] Vgl. Puppe, AT, 4. Aufl. 2019, § 21 Rn. 32.
[157] Zur Berücksichtigung situativer Änderungen Schünemann GA 1986, 323.

trotzdem gehandelt hätte und wird entsprechende Rückschlüsse ziehen. In Anbindung an die Straf- und damit Rücktrittszwecke ist mithin immer ein verbleibender Strafwürdigkeitsaspekt gegeben; i. Ü. genügt ggf. eine strafmildernde Berücksichtigung auf Ebene der Strafzumessung. Auch ist prozessual der Zweifelsgrundsatz zu beachten. Die Relevanz persönlicher Tätervorstellungen – *was* nämlich geeignet war, ihn seinen Entschluss ändern zu lassen (manches kann aus verständiger Sicht eher als Petitesse oder sogar Unsinn wie z. B. Aberglaube anzusehen sein) – fügt sich in das subjektive Gesamtkonzept von Versuch und Rücktritt ein. Die harte Konsequenz für den Täter ist die, dass jeder nachgewiesen psychisch kausale Anstoß von außen[158] seine Freiwilligkeit ausschließt; wer aber (erst) auf ein flehendes Opfer, auf einen beruhigenden Dritten,[159] einen hinzukommenden Zeugen, eine neu entdeckte Opferkonstitution etc. reagiert, zeigt eine nur für eine bestimmte Sachlage zutreffende mangelnde Strafbedürftigkeit. Bei Furcht vor drohender Entdeckung leuchtet die Differenzierung nach externer Veranlassung und Aufgabe *sua sponte* ohnehin zwanglos ein, soweit ersteres eine fremdbestimmte Risikoneubewertung veranlasst.[160]

Beispiel 352

BGH U. v. 16.09.1975 – 1 StR 264/75 – BGHSt 26, 201 = NJW 1976, 58 (Anm. Roxin, Höchstrichterliche Rspr. AT, 1998, Nr. 47; Hemmer-BGH-Classics Strafrecht, 2003, Nr. 17; Otto NJW 1976, 578; Gössel JR 1976, 249; Meyer JuS 1977, 19):

B1 und B2 kamen in den Abendstunden zu einer für einen Überfall ausersehenen Tankstelle. Diese war nicht besetzt. Deshalb gingen sie zu dem im Tankstellenbereich liegenden Wohnhaus. Vor der Haustür zogen sie die Strumpfmasken auf. Dann läutete B1. Er hatte eine mitgeführte Pistole in der Hand. B1 und B2 nahmen an, dass auf ihr Läuten der Tankwart, der Inhaber der Tankstelle oder eine andere Person erscheinen werde. Sogleich bei ihrem Erscheinen sollte die öffnende Person mit der Pistole bedroht, gefesselt und zur Ermöglichung und Duldung der Wegnahme genötigt werden. Auf das Läuten kam niemand. Auch das Klopfen an mehreren Fenstern blieb ohne Erfolg. B1 und B2 gaben die Verwirklichung ihres Vorhabens auf, weil aus dem gegenüberliegenden Haus eine Frau heraussah und sie glaubten, diese Frau könne sie entdecken. ◄

---

[158] Die ganz h. M. hält auch dann Freiwilligkeit für möglich, Krey/Esser, AT, 6. Aufl. 2016, Rn. 1302; aus der Rspr. vgl. zuletzt BGH U. v. 28.09.2017 – 4 StR 282/17 – StV 2018, 711 (Anm. Hecker JuS 2018, 391; RÜ 2018, 97); BGH B. v. 07.03.2018 – 1 StR 83/18 – NStZ-RR 2018, 169 = StV 2018, 710; BGH B. v. 30.05.2018 – 2 StR 141/18 – NStZ 2019, 594 = StV 2021, 93; BGH U. v. 10.04.2019 – 1 StR 646/18 – NStZ 2020, 81 = StV 2020, 77; BGH B. v. 15.04.2020 – 5 StR 75/20 – StV 2021, 93 (Anm. Hecker JuS 2020, 1219); BGH B. v. 07.07.2020 – 5 StR 233/20 (Anm. Nestler Jura 2020, 1272; Müller-Metz NStZ-RR 2020, 303).

[159] BGH B. v. 09.08.2011 – 4 StR 367/11 – StV 2012, 15.

[160] B. Heinrich, AT, 6. Aufl. 2019, Rn. 812; aus der Rspr. vgl. BGH U. v. 26.05.2011 – 1 StR 20/11 – NStZ 2011, 688 (Anm. LL 2011, 886; RA 2011, 527; famos 11/2011; Hecker JuS 2012, 82); BGH B. v. 08.02.2012 – 4 StR 621/11 – NStZ-RR 2012, 167.

Zwar war es für den Tatplan notwendig, dass bei der Ausführung der Tankwart, der Tankstelleninhaber oder eine in ähnlicher Verbindung zur Tankstelle stehende Person B1 und B2 sehen würde. Dass aber die Frau B1 und B2 hätte entdecken können, bevor diese auch nur eine Chance auf die erhoffte Beute hatten – zumal höchst unsicher war, ob ihr Vorhaben noch zum Erfolg führen würde – ist ein derart erhöhtes Risiko, dass auch nach h. M. nicht mehr von einem freiwilligen Rücktritt auszugehen ist.

Da auch in Fällen erkannter oder angenommener **Sinnlosigkeit der Tatvollendung** (verfehlter außertatbestandlicher Zweck oder Erreichung desselben, s. o.) eine Wahrnehmung externer Umstände vorliegt, kann auch in diesen Fällen durch Verneinung der Freiwilligkeit wortlautkonform eine befriedigende Lösung erzielt werden, ohne dass man einen sog. fehlgeschlagenen Versuch überdehnen müsste.

Ein Sonderproblem stellt sich, wenn der Täter nach Tatbeginn **schuldunfähig** wird.[161] Während manche die Freiwilligkeit dann verneinen, da der Täter i. F. d. § 20 StGB nicht Herr seiner Entschlüsse sei, lässt die h. M. den verbleibenden natürlichen Restwillen des Täters für eine Freiwilligkeit ausreichen. Für Letzteres spricht die Teleologie des § 24 StGB und dass der Begriff der Freiwilligkeit in keinem Verhältnis zum Freiheitlichkeitsverständnis i. R. d. § 20 StGB steht.

b) Rücktritt (erst) durch Verhindern der Vollendung, § 24 I 1 2. Var. StGB

▶ Didaktischer Aufsatz:

- Bloy, Zurechnungsstrukturen des Rücktritts vom beendeten Versuch und Mitwirkung Dritter an der Verhinderung der Tatvollendung, JuS 1987, 528

aa) Aufbau
I. „Vorprüfung": „Wegen Versuchs": Keine Vollendung(sstrafbarkeit)
II. Objektive Voraussetzungen
- Verhinderung der Vollendung der Tat
  1. Bestehen einer Gefahr des Erfolgseintritts aufgrund der Verwirklichung des Versuchstatbestands (sog. beendeter Versuch in sogar objektiver Hinsicht)
  2. Handlung (in Gestalt aktiven Tuns)
  3. Schaffung einer Chance des Ausbleibens der Vollendung durch die Handlung
  4. Ausbleiben des Erfolgs
  5. Verursachung des Ausbleibens des Erfolgs durch die Handlung
  6. Verwirklichung der Chance im Ausbleiben des Erfolgs
III. Subjektive Voraussetzungen
  1. (Rücktritts-)Vorsatz bzgl. II im Zeitpunkt der geprüften Handlung (sog. Rücktrittshorizont)
  2. Freiwillig
  3. Ernsthaft
- Vorsatz bzgl. Gefahrminderung auf erlaubtes Risiko /Restrisiko

---

[161] S. Cornelius, in: BeckOK-StGB, Stand 01.02.2021, § 24 Rn. 70; aus der Rspr. vgl. BGH B. v. 15.10.2003 – 1 StR 402/03 – NStZ 2004, 324 = StV 2004, 594 (Anm. RA 2004, 416; Otto JK 2005 StGB § 24/32).

bb) Grundlagen

81 Für einen Rücktritt gem. § 24 I 1 2. Var. StGB muss der Täter freiwillig die Vollendung der Tat verhindern. Die Gesetzfassung beinhaltet also sehr viel stärkere objektive Anforderungen als die anderen Rücktrittsvarianten. Zur mangelnden Sinnhaftigkeit der objektivierten Ausrichtung in Gegenüberstellung zu § 24 I 2 StGB und zum Verhältnis des § 24 I 1 1. und 2. Var. s. o.

cc) Objektive Voraussetzungen
(1) Grundlagen

82 In objektiver Hinsicht besteht anders als in § 24 I 1 1. Var. StGB das Rücktrittsverhalten nicht in einem Unterlassen, sondern in einem aktiven Tun, so dass eine gewisse Anlehnung an die Struktur des Tatbestands des Begehungsdelikts möglich ist, wobei gewisse Umformulierungen deshalb notwendig werden, weil der zu verursachende „Erfolg" ein gewünschtes Ereignis ist (Nichteintritt der Vollendung) und man daher nicht von Gefahr oder Risiko sprechen sollte, sondern von Chance als Begrifflichkeit für die Schaffung einer Wahrscheinlichkeit für ein erwünschtes Ereignis.

(2) Bestehen einer Gefahr des Erfolgseintritts aufgrund der Verwirklichung des Versuchstatbestands (sog. tauglicher beendeter Versuch)

83 Der Täter kann nur dann aktiv kausal die Vollendung der Tat verhindern, wenn ohne sein Zutun der Erfolg eingetreten wäre, wenn also das bisherige Handeln erfolgstauglich ist, somit ein sog. beendeter Versuch ist, s. o.[162] Die Gefahr des Erfolgseintritts muss objektiv – sog. tauglicher Versuch – und nicht nur in der Tätervorstellung (in diesen Fällen kommt § 24 I 2 StGB in Betracht, s. u.) vorliegen.

(3) Handlung

84 Angesichts der Situation des sog. tauglich beendeten Versuchs genügt ein Unterlassen des Täters zur Abwendung des Erfolgseintritts nicht (ggf. ist allerdings ein korrigierter Rücktrittshorizont zu beachten), sondern der Täter muss **aktiv** etwas **tun** (auch Rettungshandlung genannt), um sein unmittelbares Ansetzen zu negieren. Passivität – z. B. ein bloßes Gewährenlassen von Helfern – reicht nicht aus.[163]

Zwar wird in aller Regel die Rettungshandlung des Täters nach der Verwirklichung des Versuchstatbestands erfolgen. Nach der Rspr.[164] und der h. L.[165] gibt es auch aber einen sog. **antizipierten Rücktritt**, wenn nämlich der Versuchs-

---

[162] Hierzu B. Heinrich, AT, 6. Aufl. 2019, Rn. 795 f.
[163] Zaczyk, in: NK, 5. Aufl. 2017, § 24 Rn. 56.
[164] S. BGH B. v. 28.10.1998 – 5 StR 176/98 (Minensperren) – BGHSt 44, 204 = NJW 1999, 589 = NStZ 1999, 238 = StV 1999, 203 (Anm. Otto JK 1999 StGB § 24/27; Kudlich JA 1999, 624; LL 1999, 436; Rotsch NStZ 1999, 239; Schroeder JR 1999, 297; Müssig JR 2001, 228).
[165] Z. B. Rengier, AT, 12. Aufl. 2020, § 37 Rn. 138 f.; a. A. etwa Lackner/Kühl, StGB, 29. Aufl. 2018, § 24 Rn. 19; näher Herzberg NJW 1989, 862; Eisele ZStW 2000, 745; Rotsch GA 2002, 165; Scheinfeld JuS 2006, 397; zum verwandten Problem der antizipierten tätigen Reue Oğlakcıoğlu/Kulhanek JR 2014, 462.

täter schon vor dem Versuchsbeginn Maßnahmen ergreift, die später die Vollendung der Tat verhindern.

Beispiel 353

BGH B. v. 28.10.1998 – 5 StR 176/98 (Minensperren) – BGHSt 44, 204 = NJW 1999, 589 = NStZ 1999, 238 = StV 1999, 203 (Anm. Otto JK 1999 StGB § 24/27; Kudlich JA 1999, 624; LL 1999, 436; Rotsch NStZ 1999, 239; Schroeder JR 1999, 297; Müssig JR 2001, 228):
 B wirkte als General am Erlass von Jahresbefehlen des Verteidigungsministeriums der DDR mit, worin u. a. die Grenzsicherung durch Splitterminen vorgeschrieben wurde. Die Jahresbefehle sahen in Übereinstimmung mit dem DDR-Grenzgesetz vor, verletzte Flüchtlinge zu bergen und ärztlich zu versorgen. Auf Grund dieser Grenzsicherung wurde der Flüchtling Z von einer Splittermine lebensgefährlich verletzt. Grenzsoldaten führten ihn aber – befehlsgemäß – ärztlicher Versorgung zu, was ihm das Leben rettete. ◄

In der Tat wird auch in diesen Konstellationen ein aktives Verhalten rechtzeitig wirksam und kausal für das Ausbleiben des Erfolgs; § 24 I 1 2. Var. spezifiziert den Zeitpunkt der Handlung nicht. Eine Anknüpfung an die gesetzliche Überschrift „Rücktritt" (ein Zurück könnte begrifflich voraussetzen, dass zuerst ein Schritt nach vorn erfolgen muss) kann die tatsächliche Normfassung nicht überlagern.

(4) Schaffung einer Chance des Ausbleibens der Vollendung

Diese Handlung des Täters muss eine Wahrscheinlichkeit dafür schaffen, dass der Erfolg ausbleibt, also dass diesbzgl. Risiko mindern. 85

Zur Frage, ob darüber hinaus Anforderungen an das Ausmaß der Risikominderung zu stellen sind s. u.

(5) Ausbleiben des Erfolgs

Die Vollendung der Tat ist dann verhindert, wenn eine dem Täter zurechenbare Erfolgsherbeiführung ausbleibt, s. schon o. 86

(6) Verursachung

Das aktive Tun des Täters muss, um die Verhinderung der Vollendung objektiv zu verwirklichen, ursächlich dafür sein, dass der Erfolg ausbleibt.[166] Mitursächlichkeit 87

---

[166] Fischer, StGB, 68. Aufl. 2021, § 24 Rn. 31; näher Arzt GA 1964, 1; Roxin FS H. J. Hirsch 1999, 327; aus der Rspr. vgl. zuletzt BGH B. v. 05.07.2018 – 1 StR 201/18 – NJW 2018, 2908 = NStZ-RR 2018, 301 = StV 2018, 713 (Anm. RÜ 2018, 781); BGH B. v. 26.02.2019 – 4 StR 514/18 – NStZ-RR 2019, 171 = StV 2020, 97 (Anm. Jäger JA 2019, 629; Eisele JuS 2019, 1026; Mengler JZ 2019, 949); BGH B. v. 05.06.2019 – 1 StR 34/19 – BGHSt 64, 80 = NJW 2019, 3659 = NStZ 2020, 221 = StV 2020, 240 (Anm. famos 12/2019; Schiemann NJW 2019, 3662; Bosch Jura 2020, 192; Kudlich JA 2020, 64; Eisele JuS 2020, 275; Heghmanns ZJS 2020, 164; RÜ 2020, 95; Jäger NStZ 2020, 224; Renzikowski JR 2020, 332 und JR 2021, 129).

genügt.[167] Nähere Anforderungen an den Kausalverlauf existieren nicht, z. B. kommt ein Einschalten Dritter[168] selbstverständlich (angesichts deren ggf. überlegener Rettungskompetenz) in Betracht.

Bedeutungslos ist es, wenn auch andere, vom Willen des Täters unabhängige Umstände zur Verhinderung der Tatvollendung beigetragen haben; ohne Belang ist es auch, wenn der Täter zunächst nicht rettungswillig war, sich gar zunächst vom Tatort entfernt hat oder wenn er zunächst sogar hilfsbereite Dritte von der Rettung abgehalten hat.[169]

Bei fehlender objektiver Kausalität kommt ein Rücktritt nach § 24 I 2 StGB in Betracht, sog. versuchter Rücktritt vom beendeten Versuch, s. u.

(7) Verwirklichung der Chance im Ausbleiben der Vollendung

88 Im Ausbleiben des Erfolgs muss sich die vom Täter geschaffene Chance realisiert haben; vgl. o. i. R. d. „objektiven Zurechnung" (z. B. bei „Dazwischentreten" anderer).

(8) Weitere objektive Voraussetzungen (?)

89 Angesichts der evtl. nur ganz geringfügigen Mitursächlichkeit des Täters für das Ausbleiben des Erfolgs (s. auch u., sog. suboptimaler Rücktritt) kommt in Betracht, nicht jede kausal gewordene Rettungshandlung genügen zu lassen, sondern strengere Anforderungen zu stellen. In Betracht kommt eine Risikominderung der Handlung, die die Gefahr des Erfolgseintritts auf ein erlaubtes (Rest-)Risiko senkt, weil er nur dann – auch in Ansehung eines Unterlassungsvorwurfs (§ 13 StGB, vgl. o. und u.) – in die Legalität zurückkehrt.

Allerdings bestehen erstens Bedenken hinsichtlich der Wortlautgrenze bzgl. der objektiven Voraussetzungen (es genügt objektiv irgendeine Verhinderung der Vollendung). Zweitens entfernte sich eine solche Rücktrittskonzeption noch weiter von der subjektiven Basis der Versuchsstrafbarkeit, zumal bei Verfehlen des § 24 I 1 2. Var. StGB ohnehin auf die Subjektivierung des § 24 I 2 StGB auszuweichen ist. Richtigerweise ist vom Täter außer Verursachung objektiv nichts zu verlangen, was er nicht auch als mögliche Rettungshandlung in seinen Vorsatz aufgenommen hat;

---

[167] Fischer, StGB, 68. Aufl. 2021, § 24 Rn. 31; aus der Rspr. vgl. zuletzt BGH B. v. 05.07.2018 – 1 StR 201/18 – NJW 2018, 2908 = NStZ-RR 2018, 301 = StV 2018, 713 (Anm. RÜ 2018, 781); BGH U. v. 12.09.2018 – 2 StR 113/18 – StV 2020, 82 (Anm. Jäger JA 2019, 70; Hecker JuS 2019, 266); BGH B. v. 05.06.2019 – 1 StR 34/19 – BGHSt 64, 80 = NJW 2019, 3659 = NStZ 2020, 221 = StV 2020, 240 (Anm. famos 12/2019; Schiemann NJW 2019, 3662, Bosch Jura 2020, 192; Kudlich JA 2020, 64; Eisele JuS 2020, 275; Heghmanns ZJS 2020, 164; RÜ 2020, 95; Jäger NStZ 2020, 224; Renzikowski JR 2020, 332 und JR 2021, 129).

[168] Vgl. Kindhäuser/Zimmermann, AT, 9. Aufl. 2020, § 32 Rn. 27 f. (freilich nach Gesichtspunkten der Beteiligungslehre differeenzierend); aus der Rspr. vgl. zuletzt BGH U. v. 12.09.2018 – 2 StR 113/18 – StV 2020, 82 (Anm. Jäger JA 2019, 70; Hecker JuS 2019, 266).

[169] Fischer, StGB, 68. Aufl. 2021, § 24 Rn. 31; aus der Rspr. vgl. BGH B. v. 19.07.1983 – 5 StR 472/83 – StV 1983, 413; BGH B. v. 08.09.1993 – 5 StR 536/93 – StV 1994, 304; BGH B. v. 09.12.1998 – 5 StR 584/98 – NStZ 1999, 128 = StV 1999, 204 (Anm. Otto JK 1999 StGB § 24/28).

dies ist dann ein subjektiver Maßstab, der sich überdies von § 24 I 2 StGB – „ernsthaft" – auf § 24 I 1 StGB übertragen lässt, s. o. und s. u.

dd) Subjektive Voraussetzungen
(1) Grundlagen
In subjektiver Hinsicht ist – parallel zur Tatbestandslehre des vollendeten Begehungsdelikt – Vorsatz bzgl. der die objektiven Voraussetzungen erfüllenden Umstände zu verlangen. Hinzu kommt wie i. R. d. § 24 I 1. Var. StGB die Freiwilligkeit und – in vom Wortlaut der Norm abgedeckter Übertragung aus § 24 I 2 StGB – die Ernsthaftigkeit. 90

(2) (Rücktritts-)Vorsatz im Zeitpunkt der geprüften Handlung (sog. Rücktrittshorizont)
Der Täter muss im Zeitpunkt seiner Rettungshandlung Vorsatz dahingehend aufweisen, mit dieser Handlung den Erfolgseintritt zu verursachen; einen fahrlässigen Rücktritt gibt es nicht.[170] 91

(3) Freiwillig
Das Adverb „freiwillig" ist angesichts der Stellung im Satzgefüge des § 24 I 1 StGB für beide Var. einschlägig, und zwar inhaltsgleich, so dass die obigen Ausführungen für § 24 I 2. Var. StGB entsprechend gelten. 92

(4) Ernsthaft (?)

(a) Anwendbarkeit des ernsthaften Bemühens auf § 24 I 1 2. Var. StGB
Zwar findet sich das Erfordernis der Ernsthaftigkeit explizit erst in § 24 I 2 StGB, allerdings sprechen neben teleologischen Erwägungen in Fällen eher halbherziger (also kaum honorierbarer), aber verhinderungskausaler Täteranstrengungen, und historischen Gesetzgebungserwägungen (es sollte nur mangelnde Kausalität überwunden werden) auch bestimmte Wortlautaspekte des § 24 II 2 StGB (nämlich: „genügt"), die – vermittelt der Übertragung auf das Gefüge des § 24 I StGB – für eine die Wortlautgrenze noch wahrende Verallgemeinerbarkeit des Begriffs sprechen, s. o. Gewiss ist *de lege ferenda* eine Klarstellung des Gesetzgebers wünschenswert. Auch kann dem Verhältnis der beiden Var. des § 24 I 1 StGB (s. o.) entnommen werden, dass das Aufgeben der weiteren Ausführung der Tat für § 24 I 1 2. Var. StGB erst recht gilt und somit ein komplettes Erlöschen des versuchstatbestandlichen Vorsatzes (Tatentschluss und Tatplan) vorausgesetzt wird, woran es dann mangelt, wenn der Täter – Besseres bewusst unterlassend (zum Aspekt des Unterlassungsdelikts s. o. und s. u.) – seinem Opfer mögliche Rettungschancenerhöhungen *ex ante* nicht angedeihen lässt. Warum sollte man eine ungerechte Ungleichbehandlung eines solchen Unterlassungstäters qua Ingerenz ggü. anderen Unter- 93

---

[170] S. nur Wessels/Beulke/Satzger, AT, 50. Aufl. 2020, Rn. 1054 („gewollt"); aus der Rspr. vgl. zuletzt BGH B. v. 26.02.2019 – 4 StR 514/18 – NStZ-RR 2019, 171 = StV 2020, 97 (Anm. Jäger JA 2019, 629; Eisele JuS 2019, 1026; Mengler JZ 2019, 949).

lassungstätern, die sich nicht auf suboptimale Handlungen beschränken dürfen, in Kauf nehmen? Verhindert wird auch, dass der Täter eines untauglichen Versuchs (nur § 24 I 2 StGB) benachteiligt wird gegenüber dem Täter eines tauglichen (und somit sogar objektiv gefährlichen) beendeten Versuchs – sonst müsste man ggf. *in dubio pro reo* sogar Tauglichkeit des Versuchs unterstellen.

(b) Anforderungen; Konsequenzen, insbesondere sog. suboptimaler Rücktritt

94 Die Anforderungen an den Begriff „ernsthaft" sind umstritten.[171] Nach restriktiver ganz h. M.[172] i. R. d. § 24 I 2 StGB muss der Täter all das tun, was nach seiner Vorstellung erforderlich ist, um den Erfolg abzuwenden, er muss die ihm bekannten Möglichkeiten ausschöpfen (**Optimalität**); dem Zufall darf der Täter keinen Raum lassen, wo er ihn vermeiden kann. Hierbei darf man die Voraussetzung der Bestleistung nicht mit Eigenhändigkeit verwechseln: Der Täter darf durchaus Dritte einschalten, z. B. Rettungskräfte.[173]

In der Tat ermöglicht der allgemeine Sprachgebrauch[174] wortwörtlich strenge Anforderungen. Unzumutbare Anforderungen verhindert die **subjektive Vorstellungsbasis**, nach der die auszuschöpfenden Möglichkeiten eingegrenzt werden.

Missglückt ist die griffige Forderung nach einer Optimalität oder Bestleistung; dies würde nämlich bedeuten, dass der Täter jedwede erkannte Möglichkeit zur auch nur allerkleinsten weiteren Risikoverringerung ergreifen müsste. Er müsste also beispielsweise ggf. mehrere oder alle erreichbaren Ärzte rufen, da das Eintreffen eines Arztes vereitelt werden kann (z. B. aufgrund eines Unfalls im Straßenverkehrs) und ein Ausfallrisiko durch immer neue Ersatzaktivierungen immer noch ein Stückchen kleiner werden kann. Es kann also nur um eine Bestleistung in dem Sinne gehen, dass der Täter mit seiner Handlung die **Gefahr** des Erfolgseintritts auf ein **erlaubtes Maß** absenkt, m. a. W. ein Einhalten der Sorgfaltsanforderungen (zum Fahrlässigkeitsdelikt und der insofern einschlägigen Terminologie s. u.). Wie auf Tatbestandsebene gibt es also ein rechtlich erlaubtes (Rest-)Risiko.[175]

95 Nach diesen Grundsätzen ist die Kontroverse zum sog. **suboptimalen Rücktritt**[176] zu behandeln.

---

[171] S. Joecks/Jäger, StGB, 13. Aufl. 2021, § 24 Rn. 45 f.; näher Römer MDR 1989, 945; Maiwald FS Wolff 1998, 337.

[172] S. nur B. Heinrich, AT, 6. Aufl. 2019, Rn. 800; aus der Rspr. vgl. zuletzt BGH U. v. 07.02.2018 – 2 StR 171/17 – NStZ-RR 2018, 137; BGH B. v. 05.07.2018 – 1 StR 201/18 – NJW 2018, 2908 = NStZ-RR 2018, 301 = StV 2018, 713 (Anm. RÜ 2018, 781).

[173] Fischer, StGB, 68. Aufl. 2021, § 24 Rn. 31; B. Heinrich, AT, 6. Aufl. 2019, Rn. 800; aus der Rspr. vgl. BGH B. v. 05.07.2018 – 1 StR 201/18 – NJW 2018, 2908 = NStZ-RR 2018, 301 = StV 2018, 713 (Anm. RÜ 2018, 781).

[174] S. nur https://www.dwds.de/wb/ernsthaft.

[175] Ausf. Herzberg, in: MK-StGB, 1. Aufl. 2003, § 24 Rn. 160.

[176] Hierzu Eser/Bosch, in: Schönke/Schröder, StGB, 30. Aufl. 2019, § 24 Rn. 59c; näher Herzberg NJW 1989, 862; Zieschang GA 2003, 353; Herzberg FS Kohlmann 2003, 37; aus der Rspr. vgl. zuletzt BGH U. v. 12.09.2018 – 2 StR 113/18 – StV 2020, 82 (Anm. Jäger JA 2019, 70; Hecker JuS 2019, 266); BGH B. v. 26.02.2019 – 4 StR 514/18 – NStZ-RR 2019, 171 = StV 2020, 97 (Anm. Jäger JA 2019, 629; Eisele JuS 2019, 1026; Mengler JZ 2019, 949); BGH B. v. 05.06.2019 – 1 StR

Beispiel 354

BGH U. v. 27.04.1982 – 1 StR 873/81 (Krankenhaus) – BGHSt 31, 46 = NJW 1982, 2263 = NStZ 1982, 463 = StV 1982, 467 (Anm. Roxin, Höchstrichterliche Rspr. AT, 1998, Nr. 65; Geilen JK 1983 StGB § 24/7; Hassemer JuS 1983, 69; Puppe NStZ 1984, 488; Bloy JuS 1987, 528):

B, der seine Ehefrau Z schon wiederholt in brutalster, sadistischer Weise so geschlagen hatte, dass sie schwere Verletzungen davongetragen hatte und im Krankenhaus stationär behandelt werden musste, schlug am 20.03.1981 wiederum auf sie ein, würgte und biss sie. Aus Verzweiflung wollte sie sich das Leben nehmen. Sie schluckte in der Annahme, es handle sich um Rattengift, einen Suppenlöffel voll roter Körner. Der Todesdrohung des B entgegnete sie, er brauche sie nicht mehr zu töten, sie werde, weil sie Gift genommen habe, ohnehin sterben. Nachdem sie dem B das Päckchen mit dem Gift gezeigt hatte, brachte er sie sofort in das Krankenhaus. Dort wurde ihr der Magen ausgepumpt. Am folgenden Tag holte B seine noch stark geschwächte Frau gegen den Widerstand des Arztes aus dem Krankenhaus ab. Als beide zu Hause angekommen waren, bedrängte B die Z, in die Scheidung einzuwilligen. Er wollte seine Freundin heiraten. Wie bisher stets widersetzte sich Z auch diesmal dem Scheidungsverlangen des B. Aus Wut über ihre Weigerung schlug er mit einer Bierflasche und mit einem schweren Glasaschenbecher auf sie ein. Schließlich benutzte er einen Holzstuhl und – nachdem er den Stuhl auseinandergerissen hatte – die Stuhlbeine als Schlagwerkzeug. Mit den Stuhlbeinen schlug er, um Z schwer zu verletzen, mindestens achtmal wuchtig und gezielt auf ihren Kopf ein. Er schlug so heftig zu, dass die Stuhlbeine zerbrachen. Es war ihm bei diesen Schlägen klar, dass er den Tod der Z herbeiführen konnte. Ihr Tod war ihm recht, er war damit einverstanden. Als Z am Kopf heftig blutete, hörte B mit dem Schlagen auf. Sie war in die Knie gegangen, wimmerte und war zeitweilig kurz bewusstlos. B war sich im Klaren darüber, dass er ihr schwere Verletzungen beigebracht hatte. Er hielt es für möglich, dass es sich um lebensbedrohliche Verletzungen handelte. Er entschloss sich, sie – wie in früheren Fällen – mit dem Pkw zum Krankenhaus zu bringen. Obwohl sie stark benommen war, konnte Z bis zum Auto gehen. B fuhr bis auf etwa 95 Meter an einen Nebeneingang des Krankenhauses heran, ließ seine blutende Frau aussteigen und allein in Richtung Krankenhaus gehen und entfernte sich. Nicht lange danach wurde die Z etwa 40 m vom Haupteingang des Krankenhauses entfernt von einem Passanten aufgefunden. Sie lag bewusstlos im Gebüsch, den Kopf mit einer Strickjacke bedeckt, und hatte 30 % ihres Blutes verloren. Die Kopfverletzungen waren wegen der Gefahr eines Hirnödems lebensgefährlich. Ohne Auffindung und nachfolgende sofortige ärztliche Betreuung hätte Z wenigstens an Herz- und Kreislaufversagen versterben kön-

---

34/19 – BGHSt 64, 80 = NJW 2019, 3659 = NStZ 2020, 221 = StV 2020, 240 (Anm. famos 12/2019; Schiemann NJW 2019, 3662, Bosch Jura 2020, 192; Kudlich JA 2020, 64; Eisele JuS 2020, 275; Heghmanns ZJS 2020, 164; RÜ 2020, 95; Jäger NStZ 2020, 224; Renzikowski JR 2020, 332 und JR 2021, 129).

nen. B brachte Z nur in Krankenhausnähe, weil er die Schwere der Verletzungen erkannt hatte und nicht wusste, wie er den auf ihn fallenden Tatverdacht entkräften sollte. Er unterbrach jedoch die Heimfahrt und kehrte noch einmal in die Nähe des Krankenhauses zurück, um seine anfänglichen Zweifel, ob Z das Krankenhaus erreichte, zu beruhigen. Als er in der Eingangshalle eine weibliche Person mit einer weißen Kopfbedeckung wahrnahm, beruhigte er seine Zweifel und fuhr in der Überzeugung, Z in ärztliche Hände gebracht zu haben, nach Hause. ◄

Dass B nur bis auf 95 Meter an einen Nebeneingang des Krankenhauses heranfuhr, seine noch blutende Ehefrau aussteigen ließ und sich ohne Weiteres entfernte, ist keine sonderlich geeignete Rettungshandlung. Obwohl sich der Gedanke aufdrängt, dass das Ausbleiben des Erfolgs vorwiegend dem Passanten zu verdanken ist, hat B damit aber letztendlich den rettenden Kausalverlauf in Gang gesetzt.

Beispiel 355

BGH B. v. 14.08.2002 – 2 StR 251/02 (Gashahn) – NJW 2002, 3719 = NStZ 2003, 28 (Anm. RÜ 2002, 555; RA 2002, 726; famos 12/2002; Otto JK 2003 StGB § 24/31; Beckemper JA 2003, 277; LL 2003, 179); BGH B. v. 20.12.2002 – 2 StR 251/02 (Gashahn) – BGHSt 48, 147 = NJW 2003, 1058 = NStZ 2003, 308 = StV 2003, 214 (Anm. Puppe, AT, 4. Aufl. 2019, § 21 Rn. 36 ff.; Kaspar/Reinbacher, Casebook AT, 2020, Fall 20; famos 12/2002; Trüg JA 2003, 836; Martin JuS 2003, 619; Engländer JuS 2003, 641; RA 2003, 246; Puppe NStZ 2003, 309; Neubacher NStZ 2003, 576; Zwiehoff StV 2003, 631; Jakobs JZ 2003, 743; Seelmann JR 2004, 162):

B öffnete in Selbsttötungsabsicht zwei Gashähne in seiner im Erdgeschoss eines Zwölf-Familien-Hauses gelegenen Wohnung. Hierbei dachte er nicht daran, dass durch sein Handeln möglicherweise andere Hausbewohner zu Schaden kommen könnten. Nach dem Öffnen der Gashähne wurde dem B bewusst, dass es durch das ausströmende Gas zu einer Explosion kommen könnte und dass hierdurch andere Hausbewohner verletzt oder getötet werden könnten. Dies nahm er zunächst billigend in Kauf. Kurze Zeit später änderte er insoweit seine Willensrichtung. Er rief über die Notrufnummer zunächst die Feuerwehr, unmittelbar darauf die Polizei an, nannte seinen Namen und seine Anschrift und forderte die genannten Stellen auf, sogleich für eine Rettung der Hausbewohner zu sorgen, da er nicht wollte, dass diese durch eine – von B als möglich erkannte – Gasexplosion zu Schaden kämen. Seinen Entschluss, sich selbst durch Gasvergiftung zu töten, gab er nicht auf; der Aufforderung, das Gas abzudrehen, kam er daher nicht nach. Nach Beendigung des zweiten Telefongesprächs wurde B bewusstlos; wenige Minuten später traf die Feuerwehr ein, evakuierte etwa 50 Personen und drehte den Gashahn zu. ◄

Die bessere Rettungshandlung wäre das Zudrehen der Gashähne gewesen.

Beispiel 356

BGH U. v. 16.03.2006 – 4 StR 594/05 – NStZ 2006, 503 (Anm. RÜ 2006, 308; RA 2006, 565; famos 8/2006; LL 2007, 191):

B war am 19.06.2004 gegen 01:15 Uhr von der Abschlussfeier seines Fußballvereins nach Hause zurückgekehrt. Er war darüber verärgert, dass ihm, als er auf der Feier am Tisch eingeschlafen war, ein Büschel Haare abgeschnitten worden war. Um seine Wut abzureagieren, fuhr der B mit dem von ihm und anderen Familienmitgliedern genutzten Opel Zafira zum Deggendorfer Kreuz und weiter in Richtung Regensburg. Gegen 03:30 Uhr verließ er bei Schwarzach die Autobahn. Nach kurzem Halt fuhr er, ohne die Scheinwerfer einzuschalten, über die Autobahnausfahrt Schwarzach in Gegenrichtung auf die Autobahn. Dort setzte er auf der Standspur die Fahrt fort und beschleunigte das Fahrzeug, obwohl er auf eine Entfernung von mindestens 500 Meter erkannte, dass ihm ein Fahrzeug entgegenkam. Entweder befuhr B zu diesem Zeitpunkt mit seinem Fahrzeug bereits die rechte Fahrspur der A 3 oder er war, als er das entgegenkommende Fahrzeug wahrgenommen hatte, mit seinem Fahrzeug von der Standspur auf die rechte Fahrspur gewechselt. Dabei handelte er in der Absicht, einen Unfall zu verursachen, um Suizid zu begehen und nahm billigend in Kauf, dass durch einen Zusammenstoß mit dem entgegenkommenden Pkw andere Verkehrsteilnehmer getötet oder schwer verletzt werden. Ihm war bewusst, dass die Insassen des entgegenkommenden Fahrzeugs nicht damit rechneten, dass ihnen ein unbeleuchtetes Fahrzeug entgegenkam, so dass der Führer des Fahrzeugs keine Möglichkeit haben würde, einen Unfall zu vermeiden. Als eine Kollision der Fahrzeuge auf der rechten in Richtung Regensburg führenden Fahrspur für B und den Führer des entgegenkommenden Fahrzeugs objektiv durch eine Bremsung nicht mehr zu vermeiden war, gab B – jedenfalls nicht ausschließbar – seine Suizidabsicht auf und schaltete das Licht an seinem Fahrzeug ein, um den Führer des entgegenkommenden Fahrzeugs auf sich aufmerksam zu machen. Dieser versuchte nach links auszuweichen, was ihm jedoch nicht mehr gelang. Die Fahrzeuge stießen überlappend mit dem jeweils rechten Frontbereich zusammen. In dem Fahrzeug, mit dem der von B geführte Opel Zafira kollidierte, befanden sich sechs Personen. Der Beifahrer, die hinter diesem auf dem Rücksitz sitzende Ehefrau des Fahrzeuglenkers und seine neben ihrer Mutter sitzende vierjährige Tochter erlitten tödliche Verletzungen. Der Führer des Fahrzeugs und seine beiden hinter ihm auf dem Rücksitz sitzenden Töchter wurden schwer verletzt. ◄

Dem B könnte vorgehalten werden, das Licht einzustellen war als Rücktrittshandlung im Vergleich z. B. zum Ausweichen – eine Selbstgefährdung wäre angesichts des Vorverhaltens dann zumutbar – nicht ausreichend.

Die frühere Rspr.[177] und Teile der Lehre[178] nahmen bzw. nehmen eine Verhinderung der Vollendung i. S. d. § 24 I 1 2. Var. StGB nur dann an, wenn der Täter die für ihn **bestmögliche (optimale) Rettungshandlung** vornimmt (Bestleistung). Die heutige Rspr.[179] und die h. L.[180] lassen hingegen jedes Eröffnen einer neuen Kausalkette ausreichen, die für die Nichtvollendung der Tat ursächlich wird, sog. Chanceneröffnung.

Eine zwischen eigenhändiger Rettung und dem Einschalten Dritter differenzierende Auffassung[181] verlangt optimales Handeln nur in letzterem Falle. Gegen eine solche Differenzierung spricht aber bereits, dass der Wortlaut des § 24 I 1 StGB hierfür keine Anhaltspunkte bietet.

Richtigerweise ist dem restriktiven Ansatz zu folgen, zwar nicht i. S. v. Optimalität, aber von Absenken des Erfolgseintrittsrisikos auf ein nicht mehr rechtlich missbilligtes Maß, s. o.

Der Prämisse der h. M., der Wortlaut gebiete (Art. 103 II GG) den Verzicht auf einengende zusätzliche Voraussetzungen, ist nicht zu folgen, da kein Umkehrschluss zu § 24 I 2 StGB greift, sondern ein Erst-recht-Schluss, s. o. Dies erspart auch teleologisch zweifelhafte Ergebnisse: Abgesehen vom zweifelhaften und zweischneidigen Opferschutzargument (s. o.) ist das Prinzip „Ende gut, alles gut" kaum geeignet, die Strafzweckerwägungen sachgerecht abzubilden. Der bestenfalls halbherzig zurücktretende Täter sollte nicht in den Genuss der insofern vollständigen Strafbefreiung kommen, obwohl er allenfalls teilweise in die Legalität zurückkehrt (zum Unterlassungsvorwurf und zur mangelnden Vorsatzaufgabe s. o.). Der Täter muss also letztlich nur den Mindestvoraussetzungen des Strafrechts genügen, nämlich seine sog. Garantenpflicht aus § 13 StGB erfüllen. Eine Berücksichtigung halbherziger Aktivität auf Strafzumessungsebene reicht aus, auch insofern ein praktikabler Kompromiss zum Erhalt der abschreckenden Wirkung der Versuchsstrafbarkeit.

3. Rücktritt nach § 24 I 2 StGB

▶ Didaktischer Aufsatz:

- Noltensmeier/Henn, Der Rücktritt vom Versuch nach § 24 I 2 StGB, JA 2010, 269

a) Aufbau

96 I. „Vorprüfung": „Wegen Versuchs": Keine Vollendung(sstrafbarkeit)
II. Objektive Voraussetzungen

---

[177] Z. B. BGH U. v. 27.04.1982 – 1 StR 873/81 (Krankenhaus) – BGHSt 31, 46 (49).
[178] Z. B. Puppe, AT, 4. Aufl. 2019, § 21 Rn. 43 ff.; Krey/Esser, AT, 6. Aufl. 2016, Rn. 850.
[179] Z. B. BGH U. v. 22.08.1985 – 4 StR 326/85 – BGHSt 33, 295 = NJW 1986, 73 = NStZ 1986, 25 = StV 1985, 501 (Anm. Roxin, Höchstrichterliche Rspr. AT, 1998, Nr. 66; Otto JK 1986 StGB § 24/10; Seier JA 1986, 164; Hassemer JuS 1986, 237; Puppe NStZ 1986, 14; Roxin JR 1986, 424; Hassemer JuS 1988, 910).
[180] S. Joecks/Jäger, StGB, 13. Aufl. 2021, § 24 Rn. 35 f.; Bock JuS 2006, 603 (607).
[181] Etwa Roxin, AT II, 2003, § 30 Rn. 243 ff.

1. Tat wird ohne Zutun des Zurücktretenden nicht vollendet
   2. Bemühen, die Vollendung zu verhindern
III. Subjektive Voraussetzungen
   1. Rücktrittsvorsatz im Zeitpunkt der geprüften Handlung (sog. Rücktrittshorizont)
      a) Vorsatz bzgl. Bestehen einer Gefahr des Erfolgseintritts aufgrund der Verwirklichung des Versuchstatbestands (sog. beendeter Versuch)
      b) Vorsatz bzgl. Handlung (in Gestalt aktiven Tuns)
      c) Vorsatz bzgl. Schaffung einer Chance des Ausbleibens der Vollendung durch die Handlung
      d) Vorsatz bzgl. Ausbleiben des Erfolgs (Erlöschen des Vorsatzes bzgl. Erfolgsherbeiführung, auch in Unterscheidung zum Aufschieben)
      e) Vorsatz bzgl. Verursachung des Ausbleibens des Erfolgs durch die Handlung
      f) Vorsatz bzgl. Verwirklichung der Chance im Ausbleiben der Vollendung
   2. Freiwillig
   3. Ernsthaft

- Vorsatz bzgl. Gefahrminderung auf erlaubtes Risiko/Restrisiko

b) Grundlagen

Gem. § 24 I 2 StGB ist ein strafbefreiender Rücktritt (bereits) durch freiwilliges und ernsthaftes Bemühen, die Vollendung zu verhindern, möglich, wobei die Norm dadurch auf § 24 I 1 2. Var. StGB negativ abgrenzend Bezug nimmt, dass ausschließlich die Situation erfasst werden soll, dass die Tat ohne Zutun des Zurücktretenden nicht vollendet wird (während bei tatsächlicher Verhinderungskausalität § 24 I 1 2. Var. StGB erfüllt ist).

97

Man spricht auch vom **versuchten Rücktritt**[182] vom subjektiv (tauglichen und nicht fehlgeschlagenen) beendeten Versuch (beim unbeendeten Versuch griffe § 24 I 1 1. Var. StGB), der nicht zur Vollendung gelangt (da Rettungshandlung anderer, objektiv untauglicher oder doch konkret fehlgeschlagener Versuch).

c) Objektive Voraussetzungen

aa) Tat wird ohne Zutun des Zurücktretenden nicht vollendet
(1) Tat nicht vollendet
In der Wendung des § 24 I 2 StGB „Wird die Tat ohne Zutun des Zurücktretenden nicht vollendet" liegt eine eher umständliche Umschreibung eines Exklusivitätsverhältnis dieser Rücktrittsmodalität und § 24 I 1 2. Var StGB.

98

Die Passivkonstruktion verunklart, dass es nur um die dem Beteiligten zurechenbare Vollendung geht. § 24 I 2 StGB ist auch anwendbar, wenn der Erfolg in nicht

---

[182] Joecks/Jäger, StGB, 13. Aufl. 2021, § 24 Rn. 41 ff.

dem Täter zurechenbarer Weise eingetreten ist (Erfolgseintritt ohne Vollendungsstrafbarkeit des Täters),[183] s. o.

(2) Nichtvorliegen der objektiven Voraussetzungen des § 24 I 1 2. Var. StGB

99 § 24 I 2 StGB setzt voraus, dass keine Handlung des Täters gegeben ist, die objektiv ursächlich für das Ausbleiben der Vollendung geworden ist (Nichtanwendbarkeit des § 24 I 1 2. Var. StGB mangels Erfüllung der objektiven Voraussetzungen).

Unterscheiden lassen sich folgende Fallkonstellationen:

Erstens: Der an sich taugliche, aber konkret objektiv (nicht subjektiv – dann wäre kein Rücktritt möglich) fehlgeschlagene Versuch.[184]

Beispiel 357

BGH B. v. 03.02.1999 – 5 StR 645/98 – NStZ-RR 2000, 41 = StV 1999, 596 (Anm. Otto JK 2000 StGB § 24/30; RA 2000, 176):

B beabsichtigte, die Ehefrau des Z mit deren Willen zu „entführen", um mit ihr zukünftig zusammenzuleben. Im Rahmen der geplanten „Entführung" kam es in der ehelichen Wohnung zu einer Auseinandersetzung zwischen Z einerseits und dem B und einem Freund des B andererseits. Nachdem Z, der sich im Schlafzimmer der Wohnung befand, auf den Freund des B geschossen hatte und dieser vor der Schlafzimmertür zusammengebrochen war, gab B durch die geschlossene Schlafzimmertür vier Schüsse auf Z ab, ohne ihn dabei zu treffen. B vermutete, dass er Z tödlich getroffen habe. Die Abgabe weiterer Schüsse war aus der Sicht des B sinnlos, da sich Z – falls er ihn nicht ohnehin bereits getroffen hatte – inzwischen in Deckung gebracht haben musste. Nach der Tat fuhr B mit der Ehefrau des Z in ein Musikcafé, wo er zwei Bekannte aufforderte, die Polizei und Feuerwehr zu alarmieren und in die Tatwohnung zu schicken. Motiv für diese Rettungsbemühung war die Sorge des B um seinen angeschossenen Freund. ◄

Zweitens: Nach einem tauglichen Versuch verhindert ein anderer (das Opfer selbst oder ein Dritter) ohne Kenntnis des Täters die Vollendung.[185]

Beispiel 358

BGH B. v. 25.02.1997 – 4 StR 49/97 – NStZ-RR 1997, 193 = StV 1997, 518:

B lief, nachdem er einen Brand gelegt hatte, aus Reue über das, was er getan hatte, aus der Wohnung zu dem ca. 100 Meter entfernt installierten Feuermelder,

---

[183] Hoffmann-Holland, in: MK-StGB, 4. Aufl. 2020, § 24 Rn. 139; aus der Rspr. vgl. BGH U. v. 25.05.2011 – 5 StR 565/10 – NStZ 2012, 29 (Anm. Mandla NStZ 2012, 30); BGH U. v. 29.06.2016 – 2 StR 588/15 – NStZ 2016, 664 = StV 2017, 676 (Anm. Jäger JA 2016, 950; RÜ 2016, 708; Kudlich NStZ 2016, 665; LL 2017, 103).

[184] B. Heinrich, AT, 6. Aufl. 2019, Rn. 798; aus der Rspr. vgl. zuletzt BGH B. v. 27.11.2014 – 3 StR 458/14 – NStZ 2015, 331 = NStZ-RR 2015, 105.

[185] B. Heinrich, AT, 6. Aufl. 2019, Rn. 799.

mit dem er die Sirene auslöste. Die Feuerwehr war aber schon von dritter Seite alarmiert worden. ◄

Drittens der unerkannt untaugliche Versuch:[186]

Beispiel 359

BGH U. v. 29.04.1958 – 5 StR 28/58 – BGHSt 11, 324 = NJW 1958, 1051 (Anm. Lange JZ 1958, 671):
B hatte den Entschluss gefasst, sich mit Luminal das Leben zu nehmen und auch ihr Kind zu töten, weil dies ohne seine Mutter keine ausreichende Betreuung haben würde und weil sie ihm ein weiteres Leben, das ihr auch für das Kind nicht mehr lebenswert erschien, ersparen wollte. Am Abend des 18.12.1956 gab sie dem 1¾ Jahre alten Kind 2¼ Tabletten Luminal in Apfelsinensaft und nahm selbst 5¾ Tabletten ein. Die dem Kind gegebene Menge war unter den gegebenen Umständen, besonders bei dem Alter des Kinds, nicht geeignet, dessen Tod herbeizuführen. B glaubte aber, dass die Dosis tödlich sein würde. Als sie gegen Morgen von einem Brechreiz erwachte, bemerkte sie, dass das neben ihr liegende Kind noch lebte. Als ihre durch das Erbrechen der B wach gewordene Mutter sich erkundigte, was denn los sei, erklärte sie ihr, sie habe Luminal genommen und auch dem Kind davon gegeben; die Mutter solle sofort einen Arzt holen. Dies tat sie, weil sie vor allem ihr Kind retten wollte. Der von der Mutter herbeigeholte Arzt veranlasste die Überführung der B und des Kindes in ein Krankenhaus. Dort wurden sie beide von der Luminalvergiftung geheilt. ◄

Beispiel 360

BGH B. v. 11.12.2007 – 3 StR 489/07 – NStZ 2008, 329 (Anm. RA 2008, 305):
B packte nach einem Streit mit direktem Tötungsvorsatz seine 16 Jahre alte Tochter Z auf dem Balkon einer im 4. Stock eines Mehrfamilienhauses gelegenen Wohnung am Nacken und an den Beinen, hob sie über die Brüstung und ließ sie fallen. Z stürzte 8,81 Meter in die Tiefe und fiel auf das Dach einer Garage, wo sie benommen und regungslos liegen blieb. B nahm an, dass Z zumindest lebensbedrohlich verletzt sei und lief nach unten. Als er im Wohnzimmer an seiner Ehefrau vorbeilief, rief er ihr zu, sie solle einen Krankenwagen holen, da die Tochter sich vom Balkon gestürzt habe. Die Rettungsdienste wurden jedoch von anderen Zeugen herbeigerufen, die das Geschehen beobachtet hatten. Z hatte zahlreiche Verletzungen; diese waren aber nicht lebensgefährlich. ◄

---

[186] Eser/Bosch, in: Schönke/Schröder, StGB, 30, Aufl. 2019, § 24 Rn. 68; aus der Rspr. vgl. zuletzt BGH B. v. 23.02.2016 – 3 StR 5/16 (Anm. Bosch Jura 2016, 955; Eisele JuS 2016, 656; RÜ 2016, 371); BGH B. v. 31.05.2016 – 3 StR 135/16.

bb) Bemühen, die Vollendung zu verhindern

100 Das dem Täter abverlangte Bemühen um Vollendungsverhinderung setzt ein aktives Tun voraus. Bei einem Unterlassen des Täters kommt nur ein Rücktritt nach § 24 I 1 1. Var. StGB in Betracht.

Weitere objektive Restriktionen sind nicht zu verlangen, vgl. o., „freiwillig" und „ernsthaft" sind subjektive Voraussetzungen.

d) Subjektive Voraussetzungen

aa) Rücktrittsvorsatz im Zeitpunkt der geprüften Handlung (sog. Rücktrittshorizont)

101 § 24 I 2 StGB überwindet eine die Anwendbarkeit des § 24 I 1. Var. StGB ausschließende mangelnde Verhinderungskausalität. In subjektiver Hinsicht hingegen besteht Deckungsgleichheit.

Der Täter muss daher Vorsatz aufweisen bzgl. des Bestehens einer Gefahr des Erfolgseintritts aufgrund der Verwirklichung des Versuchstatbestands (sog. beendeter Versuch), bzgl. einer Handlung (in Gestalt aktiven Tuns), bzgl. der Schaffung einer Chance des Ausbleibens der Vollendung durch die Handlung, bzgl. des Ausbleibens des Erfolgs, bzgl. der Verursachung des Ausbleibens des Erfolgs durch die Handlung und bzgl. der Verwirklichung der Chance im Ausbleiben des Erfolgs.

bb) Freiwillig

102 Zur Auslegung der Freiwilligkeit s. o.

cc) Ernsthaft

103 Zur Auslegung der Ernsthaftigkeit s. o.

V. Rücktritt bei mehreren Beteiligten, § 24 II StGB

▶ Didaktische Aufsätze:

- Otto, Versuch und Rücktritt bei mehreren Tatbeteiligten, JA 1980, 641 und 707
- Loos, Beteiligung und Rücktritt, Jura 1996, 518
- Kölbel/Selter, § 24 II StGB – Der Rücktritt bei mehreren Tatbeteiligten, JA 2012, 1
- Dorn-Haag, Klausurrelevante Fragen des Rücktritts mehrerer Beteiligter gem. § 24 II, JA 2016, 674
- Ladiges, Der strafbefreiende Rücktritt bei Beteiligung mehrerer, JuS 2016, 15

1. Grundlagen

§ 24 II StGB[187] verschärft – zumindest *prima facie* – die Rücktrittsanforderungen gegenüber § 24 I StGB für den Fall, dass an der Tat mehrere beteiligt sind. Ein Rücktritt durch bloße Aufgabe genügt i. R. d. § 24 II StGB nicht explizit; aufgrund der anerkannten Möglichkeit einer Vollendungsverhinderung durch bloßes Unterlassen auch in Mehrpersonenkonstellationen (s. sogleich) relativieren sich die unterschiedlichen Normfassungen, s. daher o. zur mangelnden Sinnhaftigkeit der Unterscheidung von § 24 I und II StGB.

104

Zum persönlicher Anwendungsbereich der Beteiligung mehrerer s. o.

Das Verhältnis von § 24 II 1 und 2 StGB ist überwiegend dem von § 24 I 1 und 2 StGB nachgebildet, vgl. insofern o.

2. Rücktritt nach § 24 II 1 StGB

a) Grundlagen

Gem. § 24 II 1 StGB muss der Beteiligte die Vollendung der Tat verhindern. Dies entspricht den Voraussetzungen von § 24 I 1 2. Var. StGB, s. o. Dem Täter stellt sich gegenüber § 24 I 1 2. Var. StGB insofern eine u. U. erschwerte Aufgabe, als dass er die anderen Tatbeteiligten davon abhalten muss, sich seine bisherigen Tatbeiträge zunutze zu machen und die Tat ohne ihn fortzuführen.[188]

105

b) Aufgeben als Verhinderung

Allerdings gibt es sehr wohl Fallkonstellationen, in denen die Umkehrleistung des Täters nicht darüber hinausgehen muss, eine Fortsetzung seines eigenen Tuns zu unterlassen, weil bereits dann die Gefahr der Vollendung beseitigt wird. Hier besteht Einigkeit, dass sich der Täter mit diesem Unterlassen zufriedengeben darf.

106

Dies betrifft Fälle, in denen sicher ist, dass die Tat nicht durch weitere Tatbeteiligte weiter betrieben wird, d. h. bei angestiftetem oder unterstütztem zurücktretenden Einzeltäter,[189] bei gemeinsamem Aufgeben aller Beteiligten,[190] wenn der Erfolg allein in der Hand des Täters liegt (erfolgskontrollierendes Unterlassen aufgrund unverzichtbarer Tathandlung),[191] wenn der (Haupt-)Täter eine so be-

---

[187] Hierzu etwa Wessels/Beulke/Satzger, AT, 50. Aufl. 2020, Rn. 1072 ff.; näher Lenckner FS Gallas 1973, 281; Grünwald FS Welzel 1974, 701; Otto JA 1980, 641 und 707; Vogler ZStW 1986, 331; Jescheck ZStW 1987, 111; Roxin FS Lenckner 1998, 267; Müssig JR 2001, 238; Kölbel/Selter JA 2012, 1; Dorn-Haag JA 2016, 674; Ladiges JuS 2016, 15.

[188] Joecks/Jäger, StGB, 13. Aufl. 2021, § 24 Rn. 50.

[189] Vgl. z. B. Rengier, AT, 12. Aufl. 2020, § 38 Rn. 21; näher Mitsch FS Baumann 1992, 89.

[190] Kindhäuser/Hilgendorf, LPK, 8. Aufl. 2019, § 24 R. 62; aus der Rspr. vgl. zuletzt BGH B. v. 25.04.2017 – 4 StR 244/16 – NJW 2017, 1891 = NStZ 2017, 408 = NStZ-RR 2017, 207 = StV 2019, 96 (Anm. Bosch Jura 2017, 1451; Cornelius NJW 2017, 1893); BGH U. v. 27.04.2017 – 4 StR 592/16 (Anm. Eisele JuS 2017, 793; RÜ 2017, 512); BGH B. v. 29.08.2017 – 4 StR 116/17 (Anm. Eisele JuS 2018, 81); BGH B. v. 29.10.2019 – 1 StR 81/19 – NStZ-RR 2020, 82; BGH B. v. 27.11.2019 – 2 StR 609/18 – NStZ-RR 2020, 204 = StV 2021, 91.

[191] B. Heinrich, AT, 6. Aufl. 2019, Rn. 804; aus der Rspr. vgl. BGH B. v. 26.06.2011 – 4 StR 268/11 – StV 2012, 16 (Anm. Kudlich JA 2011, 869).

herrschende Stellung einnimmt, dass er davon ausgehen kann, sein Aufgeben halte alle anderen von weiterer Aktivität ab, und schließlich bei unterlassender Nebentäterschaft.[192]

3. Rücktritt nach § 24 II 2 StGB

107 § 24 II 2 1. Var. StGB[193] betrifft Konstellationen, in denen ein Verhindern der Vollendung i. S. d. § 24 II 1 StGB an fehlender Kausalität scheitert. Die Regelung entspricht im Anwendungsbereich und in den Voraussetzungen dem § 24 I 2 StGB.

§ 24 II 2 2. Var. StGB[194] lässt einen Rücktritt sogar trotz Tatvollendung zu, allerdings nur dann, wenn es dem Zurücktretenden gelungen ist, seinen eigenen Tatbeitrag zu beseitigen. Bei Fortwirken des Beitrags ist kein Rücktritt möglich.

Problematisch ist aber des Weiteren, ob die Annullierung des Tatbeitrags ausreicht (Verhinderung der ihm zuzurechnenden Vollendung)[195] oder ob zusätzlich erforderlich ist, dass der Täter weitere Bemühungen entfaltet, die Tat insgesamt zu verhindern.[196] Einerseits stellt die Norm mit „unabhängig von seinem früheren Tatbeitrag" eher auf die konkrete Täterzurechnung ab, allerdings wird das „Bemühen, die Vollendung der Tat zu verhindern" nicht weiter eingeschränkt. Immerhin wird man durch eine eher restriktive Behandlung des Tatbegriffs (bzw. eher großzügige Annahme eines Exzesses) verhindern können, dass allzu große Wertungswidersprüche zu § 24 I StGB entstehen und verfassungsrechtliche Bedenken (vor dem Hintergrund von Art. 3 I GG, aber auch aufgrund des Schuldprinzips, das einem *versari in re illicita* Grenzen setzt) gegen die Normfassung durchgreifen.

---

[192] Eser/Bosch, in: Schönke/Schröder, StGB, 30. Aufl. 2019, § 24 Rn. 27; aus der Rspr. vgl. BGH U. v. 19.05.2010 – 2 StR 278/09 – NStZ 2010, 690 (Anm. LL 2010, 741; RA 2010, 474; Satzger JK 2011 StGB § 24/41; Jahn JuS 2011, 78).

[193] Hierzu B. Heinrich, AT, 6. Aufl. 2019, Rn. 806.

[194] Hierzu z. B. Rengier, AT, 12. Aufl. 2020, § 38 Rn. 27 ff.; näher Walter JR 1976, 100; Haft JA 1979, 306; Renzikowski JuS 2013, 481.

[195] So Herzberg, in: MK-StGB, 1. Aufl. 2003, § 24 Rn.

[196] So die h. M., z. B. Rengier, AT, 12. Aufl. 2020, § 38 Rn. 27 ff.; aus der Rspr. vgl. RG U. v. 20.02.1890 – 219/90 – RGSt 20, 259; RG U. v. 10.10.1913 – V 9/13 – RGSt 47, 358; RG U. v. 04.12.1919 – III 402/19 – RGSt 54, 177; RG U. v. 15.10.1920 – II 1140/20 – RGSt 55, 105; RG U. v. 10.11.1925 – I 374/25 – RGSt 59, 412; BGH U. v. 06.03.1951 – 1 StR 75/50 – NJW 1951, 410; BGH U. v. 15.01.1954 – 1 StR 346/53 – NJW 1954, 1334 (Anm. Schröder JZ 1954, 672); BGH U. v. 18.10.1955 – 5 StR 418/55 – NJW 1956, 30; BGH U. v. 27.01.1956 – 2 StR 432/55 – BGHSt 9, 180 = NJW 1956, 1040 (Anm. Dreher MDR 1956, 499); BGH U. v. 13.03.1979 – 1 StR 739/78 – BGHSt 28, 346 = NJW 1979, 1721 (Anm. Roxin, Höchstrichterliche Rspr. AT, 1998, Nr. 71; Hemmer-BGH-Classics Strafrecht, 2003, Nr. 34; Geilen JK 1979 StGB § 24/2; Hassemer JuS 1979, 823; Backmann JuS 1981, 336); BGH U. v. 12.07.2001 – 4 StR 104/01.

H. Strafzumessung

I. Grundsätzliche Rechtsfolge, § 23 II StGB

Wie ein Versuch zu bestrafen ist, regelt § 23 II StGB. **108**

> **§ 23 II StGB (Strafbarkeit des Versuchs)**
> Der Versuch kann milder bestraft werden als die vollendete Tat (§ 49 Abs. 1).

Normiert ist also eine bloß fakultative Strafmilderung gegenüber dem Strafrahmen des vollendeten Delikts. Ob und inwieweit von dieser Milderungsmöglichkeit Gebrauch gemacht wird, ist in einer Fallbearbeitung nicht zu erörtern. Erforderlich wäre hierfür eine Gesamtschau, die neben der Persönlichkeit des Täters die Tatumstände im weitesten Sinne und dabei insbesondere die versuchsbezogenen Gesichtspunkte einbezieht, wie die Nähe zur Tatvollendung, objektive Gefährlichkeit des Versuchs und die eingesetzte kriminelle Energie, wobei die Kriterien problematisch sind.[197]

Im Gutachten genügt mithin eine kurze Erwähnung der Norm (ohne eigene Prüfungsebene Strafzumessung) nach dem Ergebnissatz.

II. Grober Unverstand, § 23 III StGB

Einen Sonderfall des sog. untauglichen Versuchs bildet der **grob unverständige** **109**
Versuch gem. § 23 III StGB.[198]

> **§ 23 III StGB (Strafbarkeit des Versuchs)**
> Hat der Täter aus grobem Unverstand verkannt, daß der Versuch nach der Art des Gegenstandes, an dem, oder des Mittels, mit dem die Tat begangen werden sollte, überhaupt nicht zur Vollendung führen konnte, so kann das Gericht von Strafe absehen oder die Strafe nach seinem Ermessen mildern (§ 49 Abs. 2).

---

[197] Zum Ganzen Eser/Bosch, in: Schönke/Schröder, StGB, 30. Aufl. 2019, § 23 Rn. 5 ff.; näher Frisch FS Spendel 1992, 381; aus der Rspr. vgl. zuletzt BGH B. v. 17.02.2016 – 1 StR 12/16 – NStZ-RR 2016, 136 = StV 2016, 562; BGH B. v. 12.05.2016 – 5 StR 102/16 – NStZ-RR 2016, 242 = StV 2016, 562; BGH B. v. 07.03.2017 – 3 StR 517/16 – NStZ-RR 2017, 134; BGH B. v. 25.07.2017 – 3 StR 113/17 – NStZ 2017, 640 = StV 2020, 303 (Anm. Bock NStZ 2017, 641); BGH U. v. 22.11.2017 – 2 StR 166/17 – NStZ-RR 2018, 102; BGH B. v. 22.10.2019 – 5 StR 449/19 – NStZ 2020, 599 = StV 2020, 75.

[198] Hierzu Krey/Esser, AT, 6. Aufl. 2016, Rn. 1255; näher Heinrich Jura 1998, 393; Seier/Gaude JuS 1999, 456; Bloy ZStW 2001, 76; Ellbogen FS von Heintschel-Heinegg 2015, 125; Mitsch ZIS 2016, 352; aus der Rspr. vgl. RG U. v. 24.05.1880 – 264/80 – RGSt 1, 439; BGH U. v. 14.01.1981 – 3 StR 459/80.

Rechtsfolge des § 23 III StGB ist lediglich eine fakultative Strafmilderung bzw. ein fakultatives Absehen von Strafe, so dass die Prüfung in der Fallbearbeitung auf der Ebene der Strafzumessung nach der Schuld erfolgt. Diese Prüfung betrifft aber nur die Einschlägigkeit der Norm, der Bearbeiter trifft keine weitere Sanktionsentscheidung.

Beispiel 361

B regte sich über den zunehmenden Fluglärm auf und wollte in der Weise dagegen vorgehen, dass er ein Flugzeug „abschoss", wobei er den Tod von Menschen billigend in Kauf nahm. Er kaufte sich eine große Steinschleuder, installierte diese in seinem Garten und schoss mehrmals Steinbrocken in Richtung der Flugzeuge, sobald diese über seinem Haus erschienen. Die Steinbrocken wurden jedoch höchstens 30 Meter in die Höhe geschleudert. ◄

Ein objektiver Dritter an Stelle des B hätte den Abschuss eines Flugzeuges durch eine Steinschleuder für völlig abwegig gehalten und ihm keinerlei Verwirklichungschance zugebilligt.

Beispiel 362

BGH U. v. 14.03.1995 – 1 StR 846/94 (Insektengift) – BGHSt 41, 94 = NJW 1995, 2176 = StV 1995, 581 (Anm. Roxin, Höchstrichterliche Rspr. AT, 1998, Nr. 57; Kaspar/Reinbacher, Casebook AT, 2020, Fall 18; Hemmer-BGH-Classics Strafrecht, 2003, Nr. 22; Geppert JK 1995 StGB § 23 III/1; Schmidt JuS 1995, 1042; Radtke JuS 1996, 878):
B sprühte das Insektengift „Detmol" aus einer Spraydose auf das Vesperbrot ihres Ehemannes Z, um ihn zu töten. Der Sprühvorgang dauerte zweimal je etwa eine Sekunde. Z verzichtete jedoch auf den Verzehr des Brotes, nachdem er einen ersten Bissen wegen des bitteren Geschmacks ausgespuckt hatte. Die 500ml-Spraydose enthielt 0,17 % des Giftes Fenitrothion, mithin 0,85 ml dieses Wirkstoffes. Die für einen Menschen mit 70 kg Körpergewicht tödliche Dosis dieses Giftes beträgt bei oraler Einnahme 40 g. ◄

Dass die orale Einnahme eines wirksamen, üblicherweise mit Warnhinweisen versehenen Giftes zum Tode eines Menschen führen würde, ist keine völlig abwegige Vorstellung. Nach allgemeiner Vorstellung ist ein Insektenschutzmittel in erster Linie giftig. Daran ändert auch die Tatsache nichts, dass es sich „nur" um ein Gift gegen Insekten handelt. Die Behauptung, dass das Mittel deswegen so konzipiert sein müsse, dass es Menschen nicht schadet, wäre doch reichlich naiv, zumal es sich bei oraler Einnahme noch um einen völlig anderen Kontakt handelt als beim Versprühen.

Erforderlich ist zunächst, dass der Versuch objektiv *ex ante* – subjektiv ist wie für alle Versuche Vorsatz im obigen Sinne von Entschluss und Plan erforderlich (vgl. auch „die Tat begangen werden sollte") – **nicht zur Vollendung führen konnte**. Die Norm erfasst aber nur bestimmte Arten eines solchen sog. untauglichen Versuchs, nämlich erstens die Untauglichkeit der Art des Gegenstandes, an dem die Tat begangen werden sollte (auch Tatobjekt, ggf. Tatopfer genannt), zweitens die Un-

H. Strafzumessung

tauglichkeit des Gegenstandes, mit dem die Tat begangen werden sollte (auch Tatmittel, -werkzeug o. ä. genannt). Ob § 23 III StGB auf andere Arten des sog. untauglichen Versuchs (v. a. untaugliches Tatsubjekt, vgl. o.) anwendbar ist (direkt oder analog), ist problematisch.[199]

Der Täter muss nun **aus grobem Unverstand** die Untauglichkeit verkannt haben. Grober Unverstand liegt nach h. M. vor, wenn der Täter dem Versuch auf der Grundlage einer völlig abwegigen Vorstellung von gemeinhin bekannten Tatsachen eine Verwirklichungsaussicht einräumt.[200] Zu unterscheiden sei dies von bloß grob unverständiger Motivation oder grob unverständiger Verkennung tatsächlicher Umstände.

Jedenfalls in letzterer Hinsicht wird aber die Problematik deutlich, innerhalb der sog. untauglichen Versuche differenzieren zu wollen, und zwar nicht nur nach einer gewissen Verständlichkeit des Irrtums, sondern auch nach dessen Bezugspunkt. Die Begrenzung auf naturgesetzliche Zusammenhänge führt hierbei nicht nur zu einem weitgehenden Leerlaufen der Norm, sie geht auch kaum mit dem Wortlaut der Norm konform: „Überhaupt nicht" bedeutet dasselbe wie „nicht" und ist für eine Restriktionsanknüpfung ungeeignet; ferner schiede die Alternative bzgl. des untauglichen Tatobjekts immer aus, da dies mit naturwissenschaftlichen Zusammenhängen nichts zu tun hat.[201] In typischen Lehrbuch-Fällen bedarf übrigens der Vorsatz bzgl. der Schaffung einer unerlaubten Gefahr kritischer Betrachtung, da ggf. der Täter selbst weiß, dass ein Erfolg extrem unwahrscheinlich ist (zur Erlaubtheit eines gesetzten Risikos aufgrund dessen geringer Größe s. o.).

Der **Maßstab** des groben Unverstands ist – da Unverstand durch weite Verbreitung nicht zum Verstand wird[202] – nicht der empirische, sondern der normativ erwartbaren Bildungs- und Kenntnisstand eines Durchschnittsbürgers.

Der grob unverständige Täter geht also irrig deswegen davon aus, eine Gefahr(voraussetzung) geschaffen zu haben, weil er naturwissenschaftliche Zusammenhänge, deren Kenntnis zum erwartbaren Bildungsstand eines Durchschnittsbürgers gehören, fehlerhaft zugrundelegt. Entsprechendes gilt dann aber – in gebotener Erweiterung der h. M. – für alle anderen Untauglichkeitsgründe, für die es zwar keinen Bildungsmaßstab geben darf, aber das Verkennen dennoch auf mehr oder weniger Unverständnis beim gedachten Durchschnittsmensch stößt. Eine Parallele zu Vermeidbarkeitsmaßstäben etwa der §§ 17, 35 II StGB liegt nahe. Bei alledem kann eine nicht allzu restriktive Anwendung einen gewissen Ausgleich für die umfassende Strafbarkeit der sog. untauglichen und auch mancher) sog. unbeendeter Versuche bilden, indem eine flexible Berücksichtigung auf Strafzumessungsebene ermöglicht wird.

---

[199] Dafür z. B. Eser/Bosch, in: Schönke/Schröder, StGB, 30. Aufl. 2019, § 23 Rn. 16 unter Hinweis auf die Gesetzgebungsmaterialien.
[200] Fischer, StGB, 68. Aufl. 2021, § 23 Rn. 7.
[201] S. Hoffmann-Holland, in: MK-StGB, 4. Aufl. 2020, § 23 Rn. 48 ff.
[202] Jakobs, AT, 2. Aufl. 1991, 25/83.

III. Strafrahmenverschärfung, insbesondere: „Versuch" eines Regelbeispiels

▶ Didaktische Aufsätze:

- Sternberg-Lieben, Versuch und § 243 StGB, Jura 1986, 183
- Eisele, Die Regelbeispielsmethode: Tatbestands- oder Strafzumessungslösung?, JA 2006, 309
- Huber, Versuchter besonders schwerer Fall des Diebstahls?, JuS 2016, 597

110 Zu benannten nicht abschließenden und nicht zwingenden Strafrahmenschärfungen des Besonderen Teils (sog. Regelbeispielen) s. o.

Unstrittig ist die Geltung der Indizwirkung des **vollendeten Regelbeispiels** auf das versuchte Delikt.[203] Der Wortlaut z. B. des § 243 StGB („Diebstahl") umfasst auch § 242 II StGB. Die Prüfung erfolgt erst bei der Strafzumessung und nicht im Tatentschluss, da Regelbeispiele nach ganz h. M. keine Tatbestandsmerkmale sind und ein verschärfter Strafrahmen erst relevant wird, wenn überhaupt der Strafrahmen des versuchten Delikts eröffnet ist.

Beispiel 363

B brach in ein Bürogebäude ein, fand aber nichts Stehlenswertes. ◀

B hat einen versuchten Diebstahl begangen (§§ 242, 22, 23 StGB). In der Strafzumessung ist der vollendete besonders schwere Fall (§ 243 I 2 Nr. 1 StGB) zu berücksichtigen.

111 Umstritten ist die Existenz eines **Versuchs des Regelbeispiels**,[204] d. h. die Frage, ob bei vollendetem oder versuchtem Grunddelikt der verschärfte Strafrahmen auch dann anzuwenden ist, wenn das Regelbeispiel nicht vollendet, sondern nur versucht ist.[205]

---

[203] Fischer, StGB, 68. Aufl. 2021, § 46 Rn. 103; näher Fabry NJW 1986, 15; aus der Rspr. vgl. BGH B. v. 22.08.1984 – 3 StR 209/84 – NStZ 1985, 217 = StV 1985, 103 (Anm. Arzt StV 1985, 104); BGH B. v. 28.07.2010 – 1 StR 332/10 – NStZ 2011, 167 (Anm. LL 2011, 323).

[204] Hierzu Joecks/Jäger, StGB, 13. Aufl. 2021, § 243 Rn. 49 ff.; näher von Löbbecke MDR 1973, 374; Lieben NStZ 1984, 538; Sternberg-Lieben Jura 1986, 183; Fabry NJW 1986, 15; Laubenthal JZ 1987, 1065; Degener FS Stree/Wessels 1993, 305; Eisele JA 2006, 309; Streng FS Puppe 2011, 1025; Huber JuS 2016, 597; Franzke NStZ 2018, 566; aus der Rspr. vgl. BayObLG U. v. 13.05.1997 – 2 St RR 52/97 – NStZ 1997, 442 (Anm. Geppert JK 1998 StGB § 243/3; LL 1998, 95; Graul JuS 1999, 852; Sander/Malkowski NStZ 1999, 36; Wolters JR 1999, 37); BGH B. v. 01.08.2013 – 4 StR 189/13 – NStZ 2013, 710 = StV 2014, 417 (Anm. RÜ 2013, 783; Jäger JA 2014, 230; Schwaab ZJS 2014, 705; LL 2014, 189; Barton StV 2014, 418).

[205] Entsprechend problematisch ist die Anwendung der Rücktrittsregeln auf Regelbeispielsversuche, Zaczyk, in: NK-StGB, 5. Aufl. 2017, § 24 Rn. 79; aus der Rspr. vgl. BGH B. v. 23.06.2000 – 2 StR 225/00 – NStZ-RR 2001, 199 = StV 2000, 554.

Beispiel 364

BGH B. v. 18.11.1985 – 3 StR 291/85 (Bleiumbördelung) – BGHSt 33, 370 = NJW 1986, 940 = StV 1986, 481 (Anm. Geppert JK 1986 StGB § 243/2; Hassemer JuS 1986, 569; Schäfer JR 1986, 522; Küper JZ 1986, 518; Eckstein JA 2001, 548):

B wollte in der Tatnacht in eine Gaststätte einbrechen, um mitnehmenswerte Gegenstände zu entwenden. Er versuchte, an einem aus mehreren kleineren Butzenfenstern bestehenden Seitenfenster der Gaststätte mit Hilfe eines Teppichmessers und eines Schraubenziehers die Bleieinfassung aufzustemmen. Der Tatplan war darauf gerichtet, mehrere Butzenscheiben aus ihrer Umfassung herauszunehmen und durch die so geschaffene Öffnung in die Gaststätte einzudringen. B hatte die Bleiumbördelung erst von einer noch im Fenster sitzenden Scheibe gelöst, als die Polizei erschien und dadurch die Fortführung der Tat unterband. ◄

Indem sich B mit dem Teppichmesser an dem Seitenfenster zu schaffen machte, liegt ein versuchter Diebstahl vor (§§ 242, 22, 23). Das Regelbeispiel des § 243 I 2 Nr. 1 StGB ist aber ebenfalls nur versucht.

Teilweise wird in der Lehre[206] und in der Rspr.[207] eine Anwendung des besonders schweren Falls bei bloß versuchtem Regelbeispiel abgelehnt.

Die überwiegende Rspr.[208] und Teile der Lehre[209] sehen dies anders.

Für die h. M. spricht, dass Regelbeispiele eine große Tatbestandsähnlichkeit aufweisen. Ferner passt das Telos der Versuchsstrafbarkeit für die Frage der Straferhöhung gleichermaßen. Unangemessene Rechtsfolgen drohen nicht: Das geringere Unrecht kann über § 23 II StGB berücksichtigt werden bzw. im Rahmen der konkreten Strafhöhe oder als Absehen von der Annahme eines besonders schweren Falls trotz Erfüllung des versuchten Regelbeispiels. Dennoch bestehen Bedenken aufgrund des auch für die Rechtsfolgenseite des Strafrechts geltenden Art. 103 II GG (und § 1 StGB): Die sog. Regelbeispiele sind nun einmal als Vollendung formuliert; die Modifikation des § 22 StGB betrifft nur die „Verwirklichung des Tatbestandes". Der korrekte Weg besteht also darin, ggf. einen unbenannten besonders schweren Fall anzunehmen.

---

[206] Joecks/Jäger, StGB, 13. Aufl. 2021, § 243 Rn. 50; Bosch, in: Schönke/Schröder, StGB, 30. Aufl. 2019, § 243 Rn. 44.
[207] OLG Düsseldorf B. v. 07.07.1983 – 2 Ss 254/83 – 140/83 II – NJW 1983, 2712 = StV 1983, 462 (Anm. Kratzsch JA 1984, 117); BGH B. v. 17.06.1997 – 5 StR 232/97 – NStZ-RR 1997, 293 (Anm. Otto JK 1998 StGB § 22/18).
[208] Vgl. BGH B. v. 28.07.2010 – 1 StR 332/10 – NStZ 2011, 167 (Anm. LL 2011, 323).
[209] Eisele, BT II, 5. Aufl. 2019, Rn. 151.

11. Kapitel: Fahrlässiges Begehungsdelikt, § 15 StGB

▶ **Didaktische Aufsätze:**

- Schünemann, Moderne Tendenzen in der Dogmatik der Fahrlässigkeits- und Gefährdungsdelikte, JA 1975, 435, 511, 575, 647, 715 und 787
- Quentin, Fahrlässigkeit im Strafrecht, JuS 1994, L41, L49 und L57
- Kretschmer, Das Fahrlässigkeitsdelikt, Jura 2000, 267
- Laue, Der Tatbestand des fahrlässigen Erfolgsdelikts, JA 2000, 666
- Mitsch, Fahrlässigkeit und Straftatsystem, JuS 2001, 105
- Beck, Achtung: Fahrlässiger Umgang mit der Fahrlässigkeit, JA 2009, 111 und 268
- Kaspar, Grundprobleme der Fahrlässigkeit, JuS 2012, 16 und 112

Fahrlässige Begehungsdelikte lassen sich in zwei Arten einteilen: reine Fahrlässigkeitsdelikte, bei denen keinerlei Vorsatz des Täters verlangt wird (s. sogleich A), und Vorsatz-Fahrlässigkeits-Kombinationen, bei denen der Täter teils vorsätzlich, teils fahrlässig handeln muss (s. u. B). 1

A. Reine Fahrlässigkeitsdelikte

I. Aufbau[1]

I. Tatbestand 2
   1. Objektiver Tatbestand
      a) Handlung
      b) Schaffung einer unerlaubten Gefahr des Erfolgseintritts

---

[1] Zur Erläuterung des von der h. M. abweichenden Aufbaus s. u. Der hier gewählte – nach Möglichkeit an das Vorsatzdelikt angelehnte – alternative Aufbau kann in einer Fallbearbeitung verwendet werden, da die meisten Korrektoren ihn kennen sollten, wird er doch in gängigen Lehrbüchern –

c) Erfolgseintritt
d) Verursachung
e) Verwirklichung der unerlaubten Gefahr im Erfolgseintritt
2. Subjektiver Tatbestand: Subjektive Fahrlässigkeit
II. Rechtswidrigkeit
III. Schuld

II. Allgemeines

1. Grundlagen; Strafbarkeit

3   § 15 StGB lautet:

> **§ 15 StGB (Vorsätzliches und fahrlässiges Handeln)**
> Strafbar ist nur vorsätzliches Handeln, wenn nicht das Gesetz fahrlässiges Handeln ausdrücklich mit Strafe bedroht.

Die in Praxis und Fallbearbeitung relevantesten reinen Fahrlässigkeitsdelikte des StGB sind:

> **§ 222 StGB (Fahrlässige Tötung)**
> Wer durch Fahrlässigkeit den Tod eines Menschen verursacht, wird mit Freiheitsstrafe bis zu fünf Jahren oder mit Geldstrafe bestraft.

> **§ 229 StGB (Fahrlässige Körperverletzung)**
> Wer durch Fahrlässigkeit die Körperverletzung einer anderen Person verursacht, wird mit Freiheitsstrafe bis zu drei Jahren oder mit Geldstrafe bestraft.

---

in Kommentaren ohnehin – teils ebenso oder ähnlich vertreten (s. z. B. Gropp/Sinn, AT, 5. Aufl. 2021, § 12 Rn. 190; Frister, AT, 8. Aufl. 2018, § 12 Rn. 7; Kindhäuser, AT, 8. Aufl. 2017, § 33 Rn. 49 f.; Freund, AT, 2. Aufl. 2009, § 5 Rn 18 ff.; Stratenwerth/Kuhlen, AT, 6. Aufl. 2011, § 15 Rn. 9 ff., 46; Jakobs, AT, 2. Aufl. 1991, 9/8 ff.), teils jedenfalls, wenn auch ablehnend, m. w. N. erwähnt (z. B. Krey/Esser, AT, 6. Aufl. 2016, Rn. 1340 mit Fn. 7). Die Aufbauentscheidung betrifft auch die Vorsatz-Fahrlässigkeits-Kombinationen inkl. erfolgsqualifizierter Delikte, ferner Delikte, die Leichtfertigkeit voraussetzen, s. jeweils u.

A. Reine Fahrlässigkeitsdelikte

§ 306d StGB (Fahrlässige Brandstiftung)
(1) Wer in den Fällen des § 306 Abs. 1 oder des § 306a Abs. 1 fahrlässig handelt oder in den Fällen des § 306a Abs. 2 die Gefahr fahrlässig verursacht, wird mit Freiheitsstrafe bis zu fünf Jahren oder mit Geldstrafe bestraft.
(2) Wer in den Fällen des § 306a Abs. 2 fahrlässig handelt und die Gefahr fahrlässig verursacht, wird mit Freiheitsstrafe bis zu drei Jahren oder mit Geldstrafe bestraft.

§ 316 StGB (Trunkenheit im Verkehr)
(1) Wer im Verkehr [...] ein Fahrzeug führt, obwohl er infolge des Genusses alkoholischer Getränke oder anderer berauschender Mittel nicht in der Lage ist, das Fahrzeug sicher zu führen, wird mit Freiheitsstrafe bis zu einem Jahr oder mit Geldstrafe bestraft, wenn die Tat nicht in § 315a oder § 315c mit Strafe bedroht ist.
(2) Nach Abs. 1 wird auch bestraft, wer die Tat fahrlässig begeht.

§ 315b I, V StGB (Gefährliche Eingriffe in den Straßenverkehr)
(1) Wer die Sicherheit des Straßenverkehrs dadurch beeinträchtigt, daß er
1. Anlagen oder Fahrzeuge zerstört, beschädigt oder beseitigt,
2. Hindernisse bereitet oder
3. einen ähnlichen, ebenso gefährlichen Eingriff vornimmt,
und dadurch Leib oder Leben eines anderen Menschen oder fremde Sachen von bedeutendem Wert gefährdet, wird mit Freiheitsstrafe bis zu fünf Jahren oder mit Geldstrafe bestraft.
[...]
(5) Wer in den Fällen des Absatzes 1 fahrlässig handelt und die Gefahr fahrlässig verursacht, wird mit Freiheitsstrafe bis zu zwei Jahren oder mit Geldstrafe bestraft.

§ 315c I, III Nr. 2 StGB (Gefährdung des Straßenverkehrs)
(1) Wer im Straßenverkehr
1. ein Fahrzeug führt, obwohl er
a) infolge des Genusses alkoholischer Getränke oder anderer berauschender Mittel oder
b) infolge geistiger oder körperlicher Mängel
nicht in der Lage ist, das Fahrzeug sicher zu führen, oder

> 2. grob verkehrswidrig und rücksichtslos
> a) die Vorfahrt nicht beachtet,
> b) falsch überholt oder sonst bei Überholvorgängen falsch fährt,
> c) an Fußgängerüberwegen falsch fährt,
> d) an unübersichtlichen Stellen, an Straßenkreuzungen, Straßeneinmündungen oder Bahnübergängen zu schnell fährt,
> e) an unübersichtlichen Stellen nicht die rechte Seite der Fahrbahn einhält,
> f) auf Autobahnen oder Kraftfahrstraßen wendet, rückwärts oder entgegen der Fahrtrichtung fährt oder dies versucht oder
> g) haltende oder liegengebliebene Fahrzeuge nicht auf ausreichende Entfernung kenntlich macht, obwohl das zur Sicherung des Verkehrs erforderlich ist,
> und dadurch Leib oder Leben eines anderen Menschen oder fremde Sachen von bedeutendem Wert gefährdet, wird mit Freiheitsstrafe bis zu fünf Jahren oder mit Geldstrafe bestraft.
> [...]
> (3) Wer in den Fällen des Absatzes 1
> [...]
> 2. fahrlässig handelt und die Gefahr fahrlässig verursacht,
> wird mit Freiheitsstrafe bis zu zwei Jahren oder mit Geldstrafe bestraft.

S. des Weiteren z. B. die §§ 161, 261 VI, 264 V, 324 III StGB, ferner existieren umfassende (z. T. flächendeckende) Fahrlässigkeitsstrafbarkeiten im Nebenstrafrecht und erst recht im Ordnungswidrigkeitenrecht.

Auffällig sind teils erhebliche **Strafrahmenunterschiede** zwischen Vorsatz- und Fahrlässigkeitsdelikten, z. B. bei den Tötungsdelikten. Diese lassen sich im Lichte der Strafzwecke mit geringerer Schuld und geringeren Präventionsbedürfnissen bei Fahrlässigkeitstaten bzw. -tätern erklären. Mit eine Rolle spielen mag die Verbreitetheit sorgfaltswidriger Verhaltensweisen (z. B. im Straßenverkehr).

Im StGB findet sich keine nähere Konkretisierung jenseits des bloßen Begriffs der Fahrlässigkeit, so dass Bedenken hinsichtlich der Bestimmtheit nach Art. 103 II GG erhoben werden.[2] Diese sind aber in der Rspr. ohne Konsequenzen geblieben und werden auch von der h. L. nicht geteilt. In der Tat sind die allgemeinen Straftatvoraussetzungen sehr vage gehalten, was aber keine Besonderheit des § 15 StGB ist (s. z. B. die §§ 16 oder 22 StGB). Richtig ist aber, dass ein Unbehagen bleibt, wenn fahrlässigkeitsbegründende Sorgfaltspflichtverletzungen keiner Gesetzesnorm des Straf- oder Primärrechts entnommen werden, sondern der allgemeinen Verkehrs-

---

[2] Hierzu Duttge, in: BeckOK-StGB, Stand 01.02.2021, § 15 Rn. 34; näher Bohnert ZStW 1982, 68; Duttge FS Kohlmann 2003, 13; Schmitz FS Samson 2010, 181; Herzberg ZIS 2011, 444; Duttge JZ 2014, 261; Herzberg FS Beulke 2015, 419; Bohn/Krause JuS 2019, 753.

anschauung; dies betrifft freilich auch das Vorsatzdelikt (v. a. die allgemeine Grenze zwischen erlaubter und unerlaubter Gefahr).

Fahrlässigkeitsdelikte müssen stets vollendet sein, einen fahrlässigen Versuch gibt es im deutschen Strafrecht nicht.

Die Kategorie fahrlässiger Schadensverursachung ist auch im Zivilrecht von großer Bedeutung, s. z. B. die §§ 276, 823 I BGB. Ggf. kann eine entsprechende zivilrechtliche Rspr. auch für die Auslegung der strafrechtlichen Fahrlässigkeitstatbestände fruchtbar gemacht werden, wobei allerdings im Lichte der *ultima-ratio*-Funktion des Strafrechts auf die grundsätzliche Asymmetrie der Akzessorietät zu achten ist.

2. Struktur des Fahrlässigkeitsdelikts; Maßstab der Fahrlässigkeit; Konsequenzen für den Aufbau

a) Fahrlässigkeit als Tatbestands- und/oder Schuldfrage

Wie ein Fahrlässigkeitsdelikt[3] zu prüfen ist, ist **umstritten**,[4] was damit zusammenhängt, dass keine Einigkeit über das Unrecht fahrlässiger Erfolgsverursachung besteht.

Überwunden ist die Auffassung (sog. **klassische Lehre**), dass Vorsatz (s. o. beim Vorsatzdelikt) und Fahrlässigkeit als Arten verwirklichter Schuld anzusehen sind.

Die heute **h. M.** nimmt an, dass die **objektive Fahrlässigkeit**, aufgrund derer der Erfolg verursacht wird (üblicherweise umschrieben als Sorgfaltspflichtverletzung bei vorhersehbarem Erfolgseintritt), schon zum **Tatbestand** gehört und nicht erst eine Frage der Schuld ist. Allerdings pflegt die h. M. einen zweistufigen Fahrlässigkeitsbegriff (Zweistufigkeitslehre) dahingehend, dass die **subjektive Fahrlässigkeit** (die Frage, ob der Täter ganz individuell die um Verkehr objektive Sorgfalt erkannt hat) erst als Aspekt der **Schuld** angesehen wird, woraus sich zugleich ergibt, dass nicht zwischen objektivem und subjektivem Tatbestand differenziert wird, sondern ein einheitlich objektivere Tatbestand angenommen wird, während alles speziell Subjektive erst in der Schuld erörtert wird.

Dafür, dass bereits die Tatbestandlichkeit erst durch Fahrlässigkeit konstituiert wird, spricht, dass in der Verursachung des Erfolgs allein kaum ein (sinnvoll ver-

4

---

[3] Zum Fahrlässigkeitsdelikt etwa Wessels/Beulke/Satzger, AT, 50. Aufl. 2020, Rn. 1100 ff.; näher Boldt ZStW 1956, 335; Maihofer ZStW 1958, 159; Wimmer ZStW 1958, 196; Wimmer ZStW 1963, 420; Mühlhaus DAR 1967, 34; Schünemann JA 1975, 435, 511, 575, 647, 715 und 787; Schmidhäuser FS Schaffstein 1975, 129; Schünemann FS Schaffstein 1975, 159; Gössel FS Bruns 1978, 43; Schroeder ZStW 1979, 257; Gössel ZStW 1979, 270; Gössel FS Bengl 1984, 23; Schöne GS Hilde Kaufmann 1986, 649; Struensee JZ 1987, 53; Herzberg JZ 1987, 536; Struensee JZ 1987, 541; Schroeder JZ 1989, 776; Lampe ZStW 1989, 1; Quentin JuS 1994, L41, L49 und L57; Kretschmer Jura 2000, 267; Laue JA 2000, 666; Mitsch JuS 2001, 105; Herzberg GA 2001, 568; Giezek FS Gössel 2002, 117; Weigend FS Gössel 2002, 129; Schünemann GS Meurer 2002, 37; Otto GS Schlüchter 2002, 77; Jähnke GS Schlüchter 2002, 99; Duttge GA 2003, 451; Hirsch FS Lampe 2003, 515; Herzberg NStZ 2004, 593 und 660; Freund FS Küper 2007, 63; Beck JA 2009, 111 und 268; Kaspar JuS 2012, 16 und 112; Rostalski GA 2016, 73; Herzberg GA 2016, 737.

[4] S. schon obige Nachweise, ferner z. B. Joecks/Jäger, StGB, 13. Aufl. 2021, § 15 Rn. 50 ff.

haltensbezogener) Unwert zu erblicken ist. Im Übrigen ist es auch konsequent, wenn man den Vorsatz als Aspekt des Tatbestands einordnet, die Fahrlässigkeit genauso handzuhaben. Auch die Fassung der §§ 15, 16 I, 18 StGB deutet daraufhin, dass der Gesetzgeber davon ausgeht, dass sich Vorsatz und Fahrlässigkeit in einem bloßen Stufenverhältnis hinsichtlich der Bezugspunkte der Täterpsyche befinden (näher s. sogleich), was parallele Prüfungsstrukturen gebietet.

Merkwürdig inkonsequent ist es ferner, wenn die h. M. die subjektive Fahrlässigkeit beim Begehungsdelikt in der Schuld belässt (beim fahrlässigen Unterlassungsdelikt hingegen wiederum nicht),[5] anstatt auch diese dem Tatbestand zuzuordnen.

Nach alledem ist einer in der Literatur teilweise vertretenen **einstufigen Lehre**[6] zu folgen, die die gesamte Fahrlässigkeit im Tatbestand verortet und insofern die Abkehr von der klassischen Lehre fortführt. Dies erfüllt auch die Zwecksetzung des Tatbestands, einen sinnvollen Normappell zu kommunizieren, der insofern daher subjektiv beschränkt auf das individuell Mögliche sein sollte, d. h. basierend auf Kenntnissen und Erkenntnisvermögen des Täters als tatbestandsrelevante Fahrlässigkeit. Eine andere Frage ist, wie genau objektive und subjektive Fahrlässigkeit handzuhaben sind (s. u.).

Dies führt zu einigen inhaltlichen Abweichungen, die darauf beruhen, dass an ein lediglich schuldloses, aber tatbestandsmäßiges und rechtswidriges Verhalten teilweise andere Rechtsfolgen geknüpft werden, die bei bereits nicht tatbestandsmäßigem Verhalten nicht greifen. Dies betrifft die Notwehr gem. § 32 StGB (gegenwärtiger rechtswidriger Angriff), den Vollrauschtatbestand gem. § 323a StGB (rechtswidrige Tat), vor allem die Möglichkeit, Maßregeln der Besserung und Sicherung (§§ 61 ff. StGB) auszusprechen. Allerdings hätte es zum einen der Gesetzgeber in der Hand, Abhilfe zu schaffen, zum anderen ist es in Fällen mangelnder subjektiver Fahrlässigkeit tatsächlich unangebracht, diese Normen anzuwenden, ganz abgesehen davon, dass Fälle fehlender subjektiver Fahrlässigkeit nicht allzu häufig sein dürften.

b) Unterscheidung von objektivem und subjektivem Tatbestand beim Fahrlässigkeitsdelikt

5 Für die h. M. gibt es beim Fahrlässigkeitsdelikt keinen subjektiven Tatbestand, sondern nur einen einheitlich-objektiven Tatbestand. Aber auch innerhalb derjenigen Auffassung, die sämtliche Fahrlässigkeitsfragen im Tatbestand prüft, herrscht Uneinigkeit, ob sich sinnvollerweise von einer Zweiteilung in objektiven und subjektiven Tatbestand sprechen lässt,[7] erst recht, wenn man bedenkt, dass der Regelfall die sog. unbewusste Fahrlässigkeit des Täters sein dürfte (näher sogleich).

---

[5] Hierzu Hoyer, in: SK-StGB, 9. Aufl 2017, Anh. zu § 16 Rn. 16 ff.
[6] S. schon obige Nachweise, ausf. Hoyer, in: SK-StGB, 9. Aufl 2017, Anh. zu § 16 Rn. 5 ff.
[7] Hiergegen Stratenwerth/Kuhlen, AT, 6. Aufl. 2011, § 15 Rn. 29 („nicht sinnvoll"); trennend zwischen objektivem und subjektivem Tatbestand aber etwa Gropp/Sinn, AT, 5. Aufl. 2021, § 12 Rn. 190; näher Schmoller FS Kindhäuser 2019, 441.

Zu folgen ist der Auffassung, die einen getrennten subjektiven Tatbestand bildet: Schon im Ansatz spricht hierfür die so entstehende Parallelität zum Vorsatzdelikt. Die Weise, wie § 16 I 1 und 2 StGB aufeinander bezogen sind, streitet für diese korrespondierende Lehre: Der „gesetzliche Tatbestand" i. S. d. § 16 I 1 StGB ist der objektive, auf den sich dann das Vorsatzerfordernis bezieht; aus § 16 I 2 StGB („bleibt unberührt") folgt, dass eine Abweichung zum Vorsatzdelikt nicht im objektiven, sondern dann in einem subjektiven Tatbestand besteht.[8]

c) Maßstab der Fahrlässigkeit: Individualisierung (Subjektivierung) vs. Generalisierung (Objektivierung); Sonderwissen, Sonderfähigkeiten

Darauf aufbauend ist zu fragen, welchen Inhalt die beiden Tatbestandssegmente haben, da es wiederum umstritten ist, ob nicht bereits der gesamte Begriff der Fahrlässigkeit individuell-subjektiv anzugehen ist.

Die Rspr.[9] und die h. L.[10] gehen davon aus, dass es als objektiv-tatbestandsmäßige Fahrlässigkeit einen **objektiv-generellen** Maßstab gibt, sog. „Verkehrskreise" (vgl. auch § 276 II BGB: „im Verkehr erforderliche Sorgfalt"), so dass es auf die Maßfigur eines besonnenen und gewissenhaften Menschen in der konkreten Lage und sozialen Rolle des Handelnden ankommt. Problematisch hieran ist, dass derartige Verkehrskreise letztlich beliebig weit oder eng zugeschnitten werden können, z. B. bei ärztlichen Kunstfehlern: Kommt es auf den Verkehrskreis aller Ärzte an? Ist die Erfahrung relevant? Facharztausbildung? Etc. Bei der Ermittlung des Sorgfaltsmaßstabs ist in vielen Fällen unklar, welche Vergleichsgruppe bei der Bewertung des Verhaltens heranzuziehen ist.[11] Der „generellste" Maßstab wäre der aller Menschen; der „individuellste" der des jeweiligen Täters.

Aus diesem Grunde vertritt ein Teil der Lehre[12] einen von vornherein **individuell** zugeschnittenen Sorgfaltsmaßstab: Der Täter muss hiernach *seine* Kenntnisse und Fähigkeiten zur Vermeidung des Erfolgs ausschöpfen. Konsequenzen hat diese Grundsatzfrage insbesondere in Fällen sog. Sonderwissens und -fähigkeiten des Täters, s. sogleich.

Ein abstrakt objektiver Maßstab/Tatbestand ist im geltenden System der Trennung von objektivem und subjektiven (s. o.) Tatbestand geboten. Die überindividuelle Bestimmung der unerlaubten Gefahrschaffung allerdings stößt insofern zwingend an Grenzen, da letztlich in die Abwägung bei der „Abgrenzung" von er-

---

[8] S. Hoyer, in: SK-StGB, 9. Aufl. 2017, Anh. zu § 16 StGB Rn. 1 ff.
[9] Z. B. BGH U. v. 01.02.2005 – 1 StR 422/04 – NStZ 2005, 446 (Anm. Kudlich JuS 2005, 848; RÜ 2005, 309; RA 2005, 376; Herzberg NStZ 2005, 602; Walther JZ 2005, 686).
[10] S. nur B. Heinrich, AT, 6. Aufl. 2019, Rn. 1038.
[11] Zur Frage des Sonderwissens und besonderer Fähigkeiten Wessels/Beulke/Satzger, AT, 50. Aufl. 2020, Rn. 1119; näher Schmidhäuser FS Schaffstein 1975, 129; Schünemann FS Schaffstein 1975, 159; Stratenwerth FS Jescheck 1985, 285; Castaldo GA 1993, 495; Freund FS Küper 2007, 63; Murmann FS Herzberg 2008, 123; Struensee FS Samson 2010, 199; Jakobs FS Kindhäuser 2019, 219; de Vicente Remesal GA 2020, 194.
[12] Z. B. Hoyer, in: SK-StGB, 9. Aufl. 2017, Anh. zu § 16 Rn. 17 f.; Stratenwerth/Kuhlen, AT, 6. Aufl. 2011, § 15 Rn. 15.

laubtem und unerlaubtem Risiko möglichst viele Aspekte einzustellen sind, die für die Formulierung einer sinnvollen Verhaltensnorm fruchtbar zu machen sind. Hierbei wird dann nicht selten ein derart eng gefasste Maßfigur entworfen, dass die Verallgemeinerbarkeit über den konkreten Täter hinaus zweifelhaft erscheinen muss. Eine Bildung genereller Maßstäbe ist immer anspruchsvoll und droht sich in der Bildung von mal engen mal weiten Verkehrskreisen in Behauptungen zu erschöpfen, zumal ja Sondernormen selten sind und empirische Daten ohnehin nicht zur Verfügung stehen (und das Sein selbst dann nur bedingte Aussagekraft über das normative Sollen entfaltet, vgl. kollektive Schlamperei).

Etwas merkwürdig mutet es spätestens dann an, wenn bei den Erfolgsqualifikationen (z. B. die Körperverletzung mit – fahrlässiger – Todesfolge, § 227 StGB, s. noch u. und ferner im Besonderen Teil) ein Fahrlässigkeitsmaßstab dafür gebildet werden soll, welche Sorgfalt man bei der Verwirklichung einer Körperverletzung (s. § 227 StGB), einer Brandstiftung (s. § 306c StGB), eines Raubs (s. § 251 StGB) walten lassen muss, damit das Opfer nicht stirbt, schließlich muss die Tätigkeit grundsätzlich unterlassen werden. Auch bei reinen Fahrlässigkeitsdelikten gibt es große Bereiche, in denen ein Verkehrskreis nicht gebildet werden kann, da wiederum die Tätigkeit grundsätzlich unterlassen werden muss (wie handelt z. B. ein sorgfältiger Drogendealer?).

Natürlich ist die konkrete (individuelle) Situation des Täters Gegenstand der strafrechtlichen Prüfung; dennoch handelt es sich um eine Missbilligung geschaffener Gefahren nach generalisiert aufgestellten Maßstäben für einen Menschen in der entsprechenden objektiven Situation als Grundlage der gefassten Vorstellungen. In diesem Sinne lassen sich – wie beim Vorsatzdelikt auch, s. o. – zurechnungslegitimierende objektive, generalisierbare Maßstäbe über den konkreten Täter hinaus aufstellen. Der Gegensatz zwischen Objektivem und Subjektivem, zwischen Individuellem und Generellem stellt sich mithin so scharf nicht. Unmögliches wird schon objektiv von niemandem geschuldet. Der subjektive Tatbestand erfüllt als weiterer Filter eine eigenständige Funktion (v. a. die Frage der Kenntnis des Täters von der Situation, aus der heraus die Rechtsordnung Verhaltensanforderungen ableitet), s. u.

Durch die Berücksichtigung detaillierter situativer Umstände kann sich eine Absenkung gegenüber einer normativen gedachten Maßfigur bzgl. des zu Verlangenden ergeben (Problem der Subjektivierung der Anforderungen „nach unten"); nicht hinnehmbare Strafbarkeitslücken drohen aber insbesondere angesichts ggf. sog. Übernahmefahrlässigkeit, s. sogleich, nicht, zumal auch ein fahrlässiges sog. Unterlassungsdelikt existiert (s. u.).

7   Schwierigkeiten wirft es auf, wenn der Täter über herausragende individuelle Fähigkeiten verfügt, aber nicht sein Bestmögliches gibt, wobei sein Geleistetes dem Standard einer normativen gedachten Maßfigur entspricht(Problem der Subjektivierung der Anforderungen „nach oben"). Dies ist die auch auf Grundlage der an sich generalisiert vorgehenden h. M. relevante Kontroverse,[13] ob **Sonderwissen und -fähigkeiten** des Täters zu berücksichtigen sind.

---

[13] S. o.

A. Reine Fahrlässigkeitsdelikte

Beispiel 365

Herzspezialist B ist ein absoluter Fachmann auf seinem Gebiet. Während bei einer besonders riskanten Herzoperation das Risiko eines tödlichen Ausgangs für den Patienten üblicherweise bei 30 % liegt, kann B in Folge seiner Fähigkeiten das Risiko auf etwa 10 % reduzieren. Bei der Operation von G erschien B betrunken zum Dienst. G starb in Folge der Operation. B besaß in betrunkenem Zustand die gleichen Fähigkeiten wie ein anderer Operateur im nüchternen Zustand, so dass das Risiko eines tödlichen Ausgangs, wenn er betrunken operierte, ebenfalls bei 30 % lag. ◄

Der besonnene und gewissenhafte Mensch in der konkreten Lage und sozialen Rolle des B wäre ein normaler Herzchirurg mit einem Risiko von 30 % gewesen, so dass nach h. M. eigtl. keine Sorgfaltspflichtverletzung vorläge.

An sich inkonsequenterweise weicht die h. M.[14] von ihrem objektiv-generalisierten Standpunkt in diesen Fällen ab und wendet den strengeren subjektiven Sorgfaltsmaßstab des besonders qualifizierten Täters an. Insofern erfolgt eine Annäherung an diejenigen, die das (un)erlaubten Risiko nach Maßgabe des konkreten Täters ermitteln; vermittelnd bzw. den generalisierten Maßstab konsequent ausbuchstabierend wird auch ein entsprechend spezifizierter Verkehrskreis unter Einengung auf das erhöhte Niveau vorgeschlagen.[15]

Eine vereinzelte Gegenauffassung[16] geht davon aus, dass ein Täter, der sich an das objektiv von der Rechtsordnung Geforderte hält, auch dann tatbestandslos bleibt, wenn er subjektiv mehr hätte leisten können. Dies ist in sich folgerichtig und entspricht am ehesten einem reinen Bild eines objektiven Tatbestands, einer objektiven Zurechnung, einer objektiven Fahrlässigkeit etc. Freilich gibt dies den Rechtsgüterschutz ein Stück weit Preis, obwohl eine angemessene Aktivierung seines Talents etc. auch für den Täter eigentlich nicht unzumutbar ist.

Unterschiede zwischen den Auffassungen werden aber ohnehin dadurch nivelliert, dass sich auch bei Sonderfähigkeiten oder -wissen nicht selten objektive Gesichtspunkte finden lassen, die für ein unerlaubtes Risiko sprechen (z. B. Aspekte der Vertragsauslegung bzgl. des ärztlichen Behandlungsvertrags; Auslegung der medizinischen *lex artis*; Täuschung; sonstiges Vorverhalten; jedenfalls aber unterdurchschnittliche Leistungs*bereitschaft*).[17]

In umgekehrten Fällen, in denen ein **minder qualifizierter** Täter den Erfolg verursacht, ist ebenfalls problematisch, ob es dann auf den Verkehrskreis der Menschen mit der minderen Qualifikation des Täters ankommt.

8

---

[14] S. nur Krey/Esser, AT, 6. Aufl. 2016, Rn. 1349.
[15] Puppe, in: NK, 5. Aufl. 2017, vor § 13 Rn. 161 („Standardfigur des sorgfältigen und gewissenhaften Rollenträgers unter Berücksichtigung besonderer Fähigkeiten weiter spezifizieren, wobei man aber auch dafür wieder Standards anwenden muss").
[16] S. auch Schroeder, in: LK, 11. Aufl. 2003, § 16 Rn. 147 ff. m. w. N.
[17] S. Gropp/Sinn, AT, 5. Aufl. 2021, § 12 Rn. 48.

Beispiel 366

Der unerfahrene Assistenzarzt B führte erstmals eine komplizierte Operation durch. Der Patient starb, als dem B ein Fehler unterlief, der einem erfahrenen Arzt nicht passiert wäre. ◄

Hier werden unangemessene Bereiche der Straflosigkeit (aufgrund mangelnder subjektivere Fahrlässigkeit) dadurch vermieden, dass die Fahrlässigkeit des Täters in einem sog. **Übernahmeverschulden** (Übernahmefahrlässigkeit)[18] liegt. Ein Assistenzarzt darf z. B. von vornherein nur bestimmte Operationen unbeaufsichtigt durchführen. Bekannt ist eine derartige Vorverlagerung des Anknüpfungspunkts auch von der Frage der Handlungsqualität und der sog. *actio libera in causa*.

d) Verhältnis von Vorsatz und Fahrlässigkeit

9   Das Verhältnis von Vorsatz und Fahrlässigkeit ist bzw. war umstritten.[19] Zutreffend ist, wofür bereits die Formulierung des § 15 StGB spricht, ein **Stufenverhältnis**: **Vorrang** hat die Prüfung des **Vorsatzdelikts**; Vorsatzdelikte verdrängen gleichgerichtete Fahrlässigkeitsdelikte aufgrund Gesetzeskonkurrenz (materielle Subsidiarität). Liegt kein Vorsatz vor, bleibt eine Verurteilung aus dem Fahrlässigkeitsdelikt möglich.

III. Tatbestand

1. Objektiver Tatbestand[20]

a) Grundlagen

10   Wie beim Vorsatzdelikt hängen die Einzelheiten der Prüfung vom jeweiligen Tatbestand ab. So ist z. B. Erfolg des § 222 StGB der Tod eines anderen Menschen, der des § 229 StGB eine Körperverletzung etc.

Die für das vollendete **Vorsatzdelikt** geltenden **Lehren zum objektiven Tatbestand** gelten für das Fahrlässigkeitsdelikt richtigerweise entgegen der h. M. in **gleicher** Weise.

Der besonderen Erörterung bedürfen – schon aus terminologischen Gründen die beim Fahrlässigkeitsdelikt sog. Sorgfaltspflichtverletzung und Vorhersehbarkeit des Erfolgs, ferner Täterschaftsfragen.

---

[18] Hierzu Wessels/Beulke/Satzger, AT, 50. Aufl. 2020, Rn. 1117; näher Jung FS Puppe 2011, 1401; aus der Rspr. vgl. BGH U. v. 07.07.2011 – 5 StR 561/10 (Vertuschung einer fehlerhaften Operation I) – BGHSt 56, 277 = NJW 2011, 2895 = NStZ 2012, 86 = StV 2012, 91 (Anm. Bosch JK 2011 StGB § 227/6; RA 2011, 530; Kudlich NJW 2011, 2856; Beckemper ZJS 2012, 132; Lindemann/Wostry HRRS 2012, 138; Sternberg-Lieben/Reichmann MedR 2012, 97).

[19] S. Fischer, StGB, 68. Aufl. 2021, § 15 Rn. 12a.

[20] Zur abweichenden h. M. s. o.

A. Reine Fahrlässigkeitsdelikte

b) Insbesondere: Objektive Fahrlässigkeit als Schaffung einer unerlaubten Gefahr des Erfolgseintritts und Verwirklichung dieser darin („objektive Zurechnung"); Verarbeitung der h. M.

aa) Grundlagen
Die in § 15 StGB und gewissen Tatbeständen des Besonderen Teils erwähnte Fahrlässigkeit ist im StGB nicht definiert. Es existieren unterschiedliche Terminologien und vielerlei Detailkontroversen.[21]
In § 276 II BGB findet sich immerhin eine Umschreibung.

11

> **§ 276 II BGB (Verantwortlichkeit des Schuldners)**
> Fahrlässig handelt, wer die im Verkehr erforderliche Sorgfalt außer Acht lässt.

Der Täter muss mithin eine ihm obliegende **Sorgfaltspflicht verletzt**[22] und hierdurch den Erfolg verursacht haben.

Gängig sind darüber hinaus Umschreibungen, die sowohl die objektive als auch die subjektive Fahrlässigkeit umreißen sollen, z. B.: Fahrlässig handelt, wer eine objektive Pflichtwidrigkeit begeht, sofern er diese nach seinen subjektiven Kenntnissen und Fähigkeiten vermeiden konnte, und wenn die Pflichtwidrigkeit objektiv und subjektiv vorhersehbar den Erfolg gezeitigt hat.[23]

Der objektive Gehalt solcher Formeln zur Definition der Fahrlässigkeit besteht neben der Sorgfaltspflichtverletzung in der **Vorhersehbarkeit des Erfolgs**.

Beide objektiven Elemente lassen sich auch derart umschreiben, dass der Täter eine **unerlaubte Gefahr geschaffen** haben muss (Sorgfaltswidrigkeit), welche sich im Erfolg verwirklicht (Vorhersehbarkeit). Dies **entspricht** den Anforderungen an den objektiven Tatbestand des Vorsatzdelikts (von der h. L. „objektive Zurechnung" genannt).[24]

---

[21] S. Fischer, StGB, 68. Aufl. 2021, § 15 Rn. 12a ff.
[22] Kindhäuser/Hilgendorf, LPK, 8. Aufl. 2019, § 15 Rn. 47 ff.
[23] S. B. Heinrich, AT, 6. Aufl. 2019, Rn. 987; aus der Rspr. vgl. zuletzt LG München I U. v. 19.01.2018 – 12 KLs 111 Js 239798/16 (Darknet-Forumbetreiber, Amoklauf München) (Anm. Wagner ZJS 2019, 436); LG Karlsruhe U. v. 19.12.2018 – 4 KLs 608 Js 19580/17 (Darknet-Forumbetreiber, Amoklauf München) – StV 2019, 400 (Anm. Nestler Jura 2019, 898; Eisele JuS 2019, 1122; Nadeborn jurisPR-StrafR 14/2019 Anm. 4; Beck/Nussbaum HRRS 2020, 112); BGH U. v. 12.09.2019 – 5 StR 325/19 – NStZ 2020, 553 = StV 2020, 389 (Anm. Oğlakcıoğlu StV 2020, 390); OLG Celle B. v. 16.09.2019 – 3 Ss 50/19 – StV 2020, 459; BGH U. v. 26.11.2019 – 2 StR 557/18 – BGHSt 64, 217 = NJW 2020, 2124 = NStZ 2020, 411 = StV 2020, 498 (Anm. famos 7/2020; Peters NJW 2020, 2128; Schiemann NStZ 2020, 416; Schöch JR 2020, 518; Kaspar JZ 2020, 959; Laustetter jurisPR-StrafR 17/2020 Anm. 5).
[24] Hoyer, in: SK-StGB, 9. Aufl. 2017, Anh. zu § 16 Rn. 8 und passim; Stein; in: SK-StGB, 9. Aufl. 2017, vor § 13 Rn. 26 (inkl. Übertragung auf das Unterlassungsdelikt); Gropp/Sinn, AT, 5. Aufl. 2021, § 12 Rn. 115 ff.; näher Kindhäuser GA 1994, 197; Hoyer ZStW 2009, 860; Grünewald GA 2012, 364.

Richtigerweise ist in der Fallbearbeitung beim Fahrlässigkeitsdelikt keine kumulative Prüfung von „objektiver Zurechnung" und objektiver Fahrlässigkeit bzw. Sorgfaltspflichtverletzung erforderlich (der Fallbearbeiter würde auch sofort merken, dass er zweimal das Gleiche prüft). Die Orientierung an der üblichen Terminologie mag Korrektoren entgegenkommen, verschleiert aber eher die sachliche Identität der Institute.

bb) Schaffung einer unerlaubten Gefahr des Erfolgseintritts

12 Hierzu (Bestimmung der unerlaubten Gefahr, d. h. Feststellung der Sorgfaltsanforderungen und ihre Verletzung, Sorgfaltspflichtverletzung; objektive Anhaltspunkte) s. o. beim Vorsatzdelikt.

cc) Realisierung des unerlaubten Risikos: Objektive Vorhersehbarkeit des Erfolgseintritts

13 Hierzu s. o. beim Vorsatzdelikt.

Die h. M. verwendet i. R. d. Fahrlässigkeitsdelikts die Formulierung, dass bei Vornahme der erfolgskausalen Handlung für den Täter der Erfolg vorhersehbar sein musste.[25] Nicht nur der Erfolg, sondern auch die Art und Weise, wie der Erfolg zustande gekommen sei, müsste auf der Linie der Befürchtungen liegen, welche die Verletzung einer Sorgfaltspflicht begründen.[26]

Dies ist nun dann der Fall, wenn der Kausalverlauf nicht außerhalb aller Lebenserfahrung lag, daher kann auf die entsprechenden Aspekte der (mangelnden) Setzung oder Verwirklichung eines unerlaubten Risikos verwiesen werden. Ferner

---

[25] Hierzu Kudlich, in: BeckOK-StGB, Stand 01.02.2021, § 15 Rn. 56 f.; näher Mühlhaus DAR 1967, 229; Triffterer FS Bockelmann 1979, 201; Rostalski JZ 2017, 560; aus der Rspr. vgl. zuletzt BGH U. v. 07.02.2017 – 5 StR 483/16 – BGHSt 62, 36 = NJW 2017, 1763 = NStZ 2017, 408 = StV 2020, 311 (Anm. Bosch Jura 2017, 991; Kudlich JA 2017, 470; Eisele JuS 2017, 893; LL 2017, 701; RÜ 2017, 370; famos 7/2017; Grünewald NJW 2017, 1764; Theile ZJS 2018, 99); BGH B. v. 15.02.2017 – 4 StR 375/16 – BGHSt 62, 49 = NJW 2017, 2211 = StV 2018, 243 (Anm. Bosch Jura 2017, 1340; Kudlich JA 2017, 712; Jahn JuS 2017, 1032; RÜ 2017, 575; famos 11/2017; Ast NJW 2017, 2214; LL 2018, 18; Steinberg StV 2018, 246); OLG Düsseldorf B. v. 18.04.2017 – III-2 Ws 528–577/16 (Love Parade) (Anm. Grosse-Wilde ZIS 2017, 638); LG München I U. v. 19.01.2018 – 12 KLs 111 Js 239798/16 (Darknet-Forumbetreiber, Amoklauf München) (Anm. Wagner ZJS 2019, 436); LG Karlsruhe U. v. 19.12.2018 – 4 KLs 608 Js 19580/17 (Darknet-Forumbetreiber, Amoklauf München) – StV 2019, 400 (Anm. Nestler Jura 2019, 898; Eisele JuS 2019, 1122; Nadeborn jurisPR-StrafR 14/2019 Anm. 4; Beck/Nussbaum HRRS 2020, 112); OLG Hamm B. v. 18.07.2019 – 4 RVs 65/19 – NJW 2019, 2868; BGH B. v. 21.08.2019 – 1 StR 191/19 – NStZ-RR 2019, 378 (Anm. Jäger JA 2020, 153); BGH U. v. 12.09.2019 – 5 StR 325/19 – NStZ 2020, 553 = StV 2020, 389 (Anm. Oğlakcıoğlu StV 2020, 390); BGH U. v. 26.11.2019 – 2 StR 557/18 – BGHSt 64, 217 = NJW 2020, 2124 = NStZ 2020, 411 = StV 2020, 498 (Anm. famos 7/2020; Peters NJW 2020, 2128; Schiemann NStZ 2020, 416; Schöch JR 2020, 518; Kaspar JZ 2020, 959; Laustetter jurisPR-StrafR 17/2020 Anm. 5); BGH U. v. 04.03.2020 – 5 StR 623/19 – NStZ-RR 2020, 143 (Anm. Nestler Jura 2020, 876; Kudlich JA 2020, 390; Eisele JuS 2020, 570; Putzke ZJS 2020, 644).

[26] So BGH U. v. 26.11.2019 – 2 StR 557/18 – BGHSt 64, 217 = NJW 2020, 2124 = NStZ 2020, 411 = StV 2020, 498 (Anm. famos 7/2020; Peters NJW 2020, 2128; Schiemann NStZ 2020, 416; Schöch JR 2020, 518; Kaspar JZ 2020, 959; Laustetter jurisPR-StrafR 17/2020 Anm. 5).

kommen auch die übrigen Gesichtspunkte in Betracht, z. B. der Pflichtwidrigkeits- und der Schutzzweckzusammenhang oder die Mitwirkung an freiverantwortlicher Selbstgefährdung. Einige erfahren geradezu ihren Hauptanwendungsbereich beim Fahrlässigkeitsdelikt und nicht beim Vorsatzdelikt

c) Insbesondere: Täterschaft (und Teilnahme) beim Fahrlässigkeitsdelikt
aa) Allgemeines

Anders als beim vorsätzlichen Begehungsdelikt, bei dem zwischen Täterschaft gem. § 25 StGB (in verschiedenen Formen) und Teilnahme gem. §§ 26 ff. StGB unterschieden werden kann und muss, ist dies beim Fahrlässigkeitsdelikt nicht der Fall. Es gibt nämlich keine Teilnahme an einer fahrlässigen Tat (s. §§ 26, 27 StGB: „zu dessen *vorsätzlich* begangener rechtswidriger Tat") und keine fahrlässige Teilnahme (s. wiederum §§ 26, 27 StGB: „wer *vorsätzlich* einem anderen"). **Jede Mitwirkung, die kausal für die Erfolgsherbeiführung wird, kann daher nur eine (täterschaftliche) Verwirklichung des Fahrlässigkeitsdelikts sein**[27] (dies nennt man auch **Einheitstäterschaft**), wobei problematisch ist, ob überhaupt auf § 25 StGB abzustellen ist.

14

> **Beispiel 367**
>
> B1 erbte von seinem Großvater eine Pistole. Sein Freund B2 überredete ihn, die Pistole einmal auszuprobieren. Sie gingen gemeinsam in den Wald und B2 forderte B1 auf, einen Ast von einem Baum zu schießen. B1 schoss. Die Kugel prallte jedoch ab und traf einen sich in der Nähe befindenden Spaziergänger, der sofort tot war. ◄

Neben dem eigentlich sog. unmittelbaren Täter, z. B. einem Schützen, ist auch derjenige Täter einer fahrlässigen Tötung, der den unmittelbar Handelnden zur Tat bestimmt hat, auch wenn dies im Vorsatzbereich „nur" eine Anstiftung zur (Haupt-) Tat i. S. d. § 26 StGB wäre.

So kommt im Beispiel für B1 und B2 gleichermaßen fahrlässige Tötung (§ 222 StGB) in Betracht.

Gleiches gilt für eine Mitwirkung, die an sich als Beihilfe i. S. d. § 27 StGB anzusehen wäre.[28]

Die Teilnahmevorschriften entfalten nach h. M. keine Sperrwirkung. Das auf den ersten Blick paradox anmutende Ergebnis, dass jemand, dessen Tatbeitrag i. F. d. Vorsatzes nicht für eine täterschaftliche Strafbarkeit ausgereicht hätte, sondern nur für eine als Teilnehmer, bei bloßer Fahrlässigkeit als Fahrlässigkeits(einheits)täter bestraft wird, relativiert sich bei Betrachtung der deutlich herabgesetzten Strafrahmen für Fahrlässigkeitstäter; innerhalb der Strafzumessung (§ 46 StGB) lässt sich ein eher entfernter Tatbeitrag angemessen berücksichtigen.

15

---

[27] S. nur Rengier, AT, 12. Aufl. 2020, § 53 Rn 1.f.; näher Lampe ZStW 1959, 579; Seebald GA 1964, 161; Otto FS Spendel 1992, 271; Schlehofer FS Herzberg 2008, 355.
[28] Zur „fahrlässigen Beihilfe" näher Bindokat JZ 1986, 421.

Anders soll dies nur bei **eigenhändigen** Delikten sein. Da bei diesen nach h. M. nur eine unmittelbare Täterschaft möglich ist, können entferntere fahrlässige Beiträge nicht als fahrlässige Verwirklichung eines solchen Delikts angesehen werden.

Beispiel 368

B1 lieh dem B2 auf dessen Bitte hin sein Auto. B1 wusste, dass B2 öfters alkoholisiert Auto fährt. Er vertraute jedoch darauf, dass B2 das Trinken an diesem Abend sein lassen würde. ◄

Auch bei fahrlässiger Trunkenheit im Verkehr (§ 316 II StGB) kann das Überlassen des Autos das in § 316 I StGB genannte Führen eines Fahrzeuges als Tathandlung nicht ersetzen. Freilich unterliegt das Institut der eigenhändigen Delikte insgesamt Bedenken, s. o.

16 Aspekte der Täterschaft bzw. Tatherrschaft spielen allerdings u. U. auf **Ebene der Schaffung oder Verwirklichung einer unerlaubten Gefahr** („objektiven Zurechnung") eine Rolle, insbesondere bei der Grenzziehung zwischen Verantwortungsbereichen des Täters und des Opfers, s. o.

bb) Fahrlässige Mittäterschaft (?)

▶ Didaktische Aufsätze:

- Otto, Mittäterschaft beim Fahrlässigkeitsdelikt, Jura 1990, 47
- Pfeiffer, Notwendigkeit und Legitimität der fahrlässigen Mittäterschaft, Jura 2004, 519

17 Umstritten ist, ob trotz grundsätzlicher Einheitstäterschaft Lehren zur Mittäterschaft gem. § 25 II StGB bei Fahrlässigkeitsdelikten anzuwenden sind – das Problem der sog. fahrlässigen Mittäterschaft.[29]

---

[29] Hierzu Krey/Esser, AT, 6. Aufl. 2016, Rn. 1342; näher Bindokat JZ 1979, 434; Otto Jura 1990, 47; Walder FS Spendel 1992, 363; Weißer JZ 1998, 230; Bottke GA 2001, 463; Vassilaki FS Schreiber 2003, 499; Pfeiffer Jura 2004, 519; Puppe GA 2004, 129; Renzikowski FS Otto 2007, 423; Gropp GA 2009, 265; Hoyer FS Puppe 2011, 515; Rotsch FS Puppe 2011, 887; Renzikowski ZIS 2021, 92; Hsu ZIS 2021, 100; aus der Rspr. vgl. OLG Schleswig U. v. 27.04.1981 – 1 Ss 756/80 (Zündholz) – NStZ 1982, 116 (Anm. Geilen JK 1982 StGB § 13/2); BayObLG U. v. 27.04.1990 – RReg. 2 St 392/89 (Kerze) – NJW 1990, 3032 (Anm. Otto JK 1991 StGB § 13/16); BGH U. v. 22.11.2000 – 3 StR 331/00 – NJW 2001, 1075 = NStZ 2001, 143 = StV 2001, 568 (Anm. Puppe, AT, 4. Aufl. 2019, § 15 Rn. 19 ff.; Engländer Jura 2001, 534; Utsumi Jura 2001, 538; Heuchemer JA-R 2001, 81; Martin JuS 2001, 512; Mitsch JuS 2001, 751; LL 2001, 409; RÜ 2001, 78; RA 2001, 170; famos 3/2001; Eisele NStZ 2001, 416; Jäger JR 2001, 512; Roxin JZ 2001, 667); OLG Bamberg B. v. 05.07.2007 – 3 Ws 44/06 – NStZ-RR 2008, 10.

A. Reine Fahrlässigkeitsdelikte

Beispiel 369

vgl. **Schweizer Bundesgericht U. v. 15.05.1987 (Felsbrocken)**[30] – **BGE 113 IV, 58:**
B1 und B2 sahen zwei schwere Steine am Abhang zu dem Fluss Töss liegen. B1 trat an den Abhang und rief, da er das Ufer nicht einsehen konnte, ob sich unten jemand befände. Niemand antwortete. Obwohl sie wussten, dass unten des Öfteren Fischer saßen, ließ jeder von ihnen einen der schweren Steine hinunterrollen. Einer der beiden Steine traf den Fischer G tödlich. Es ließ sich nicht ermitteln, ob B1 oder B2 den tödlich wirkenden Stein ins Rollen gebracht hatte. ◄

Wenn eine Zurechnung nach § 25 II StGB nicht stattfinden kann, könnten *in dubio pro reo* sowohl B1 als auch B2 straflos sein. Deswegen wird diskutiert, ob es aufgrund des gemeinsamen Entschlusses, die sorgfaltswidrigen Handlungen vorzunehmen, von denen nur eine zum Erfolg führte, eine fahrlässige Mittäterschaft gibt.

Die Rspr.[31] und die h. L.[32] lehnen es ab, mittels Zurechnung nach § 25 II StGB den mangelnden Nachweis individueller Kausalität zu überwinden.

Die Gegenauffassung[33] sieht dies anders und argumentiert, abgesehen vom praktisch unbefriedigenden Ergebnis der h. M., mit dem Wortlaut des § 25 II StGB: Die gemeinsame Begehung des Pflichtverstoßes sei als gemeinschaftliche Begehung aufzufassen.

Die Frage nach der Funktion des § 25 II StGB beim Fahrlässigkeitsdelikt steht im Zusammenhang mit dem grundsätzlichen Täterschaftskonzept im Lichte der Teilnahmevorschriften, insbesondere mit der (extensiven oder restriktiven) Auslegung des § 25 I 1. Var. StGB, s. o. Gibt es eine Handlung des einen, die (mit) kausal für die des anderen geworden ist (v. a. eine Absprache bzgl. des nun von jedem Durchzuführenden, also vorhergehende Planungshandlungen aller Art), dann kann letztlich dahinstehen, ob man die Begehung des Fahrlässigkeitsdelikts auf § 25 II StGB, auf § 25 I 1. Var. StGB oder auf einen direkt dem Fahrlässigkeitsdelikt zu entnehmenden extensiven Einheitstäterbegriff stützt. Lässt sich eine solche Handlung nicht feststellen – was wohl kaum einmal der Fall sein wird –, dann muss jede Erfolgszurechnung ausscheiden. Eine andere Frage ist, ob in der vorgelagerten Handlung bereits eine unerlaubte Gefahrschaffung gesehen werden kann, die sich sodann im Erfolg realisiert. Dies ist aber weder eine spezifische Frage des Fahrlässigkeitsdelikts noch des § 25 StGB.

---

[30] Zweifelhaft humoresk bisweilen auch als Rolling-Stones-Fall bezeichnet.
[31] S. o.
[32] Z. B. Kindhäuser/Hilgendorf, LPK, 8. Aufl. 2019, vor § 25 Rn. 48.
[33] Etwa B. Heinrich, AT, 6. Aufl. 2019, Rn. 999.

2. Subjektiver Tatbestand: Subjektive Fahrlässigkeit

a) Grundlagen; Verarbeitung der h. M.

18 Die h. M. bestimmt den Tatbestand des Fahrlässigkeitsdelikts rein objektiv und prüft die sog. subjektive Fahrlässigkeit[34] in der Schuld. Richtigerweise, s. o., handelt es sich aber bereits um den subjektiven Tatbestand des Fahrlässigkeitsdelikt. Die inhaltlichen Unterschiede sind gering.

Der Täter handelt dann subjektiv fahrlässig, wenn er nach seinen persönlichen Kenntnissen und Fähigkeiten in der Lage war, die objektive Sorgfaltspflichtverletzung zu vermeiden und die Tatbestandsverwirklichung vorauszusehen.[35] Indiziell hierfür sind v. a. Bildung, Intelligenz, soziale Stellung und Lebenserfahrung. Erforderlich sind eher deutliche Defizite beim Täter, selbst dann ist stets noch an ein sog. Übernahmeverschulden zu denken, s. o.

Betrachtet man den subjektiven Zustand eines Fahrlässigkeitstäters näher, so lassen sich über die Grundformel der h. M. hinaus, bestimmte zu fordernde Kenntnisse präzisieren, die es zugleich legitimieren, von einem wirklichen subjektiven Tatbestand zu sprechen, hierbei ist zwischen sog. bewusster und unbewusster Fahrlässigkeit zu unterscheiden:

b) Bewusste und unbewusste Fahrlässigkeit

19 Die Rspr. und die Lehre unterscheiden – obwohl dies im Gesetz nicht explizit angelegt ist – bewusste und unbewusste Fahrlässigkeit[36] dahingehend, dass bei bewusster Fahrlässigkeit (*luxuria*) der Täter mit der Möglichkeit einer Tatbestandsverwirklichung rechne, aber darauf vertraut, dass alles gut geht; bei unbewusster Fahrlässigkeit (*neglegentia*) rechne der Täter schon nicht mit der Verwirklichung

---

[34] Hierzu Wessels/Beulke/Satzger, AT, 50. Aufl. 2020, Rn. 1144; näher Schmidhäuser FS Schaffstein 1975, 129; Schünemann FS Schaffstein 1975, 159; Struensee JZ 1987, 53; Herzberg JZ 1987, 536; Struensee JZ 1987, 541; Wolf FS Puppe 2011, 1067; Nestler Jura 2015, 562; aus der Rspr. vgl. zuletzt BGH U. v. 07.02.2017 – 5 StR 483/16 – BGHSt 62, 36 = NJW 2017, 1763 = NStZ 2017, 408 = StV 2020, 311 (Anm. Bosch Jura 2017, 991; Kudlich JA 2017, 470; Eisele JuS 2017, 893; LL 2017, 701; RÜ 2017, 370; famos 7/2017; Grünewald NJW 2017, 1764; Theile ZJS 2018, 99); BGH B. v. 15.02.2017 – 4 StR 375/16 – BGHSt 62, 49 = NJW 2017, 2211 = StV 2018, 243 (Anm. Bosch Jura 2017, 1340; Kudlich JA 2017, 712; Jahn JuS 2017, 1032; RÜ 2017, 575; famos 11/2017; Ast NJW 2017, 2214; LL 2018, 18; Steinberg StV 2018, 246); LG Karlsruhe U. v. 19.12.2018 – 4 KLs 608 Js 19580/17 (Darknet-Forumbetreiber, Amoklauf München) – StV 2019, 400 (Anm. Nestler Jura 2019, 898; Eisele JuS 2019, 1122; Nadeborn jurisPR-StrafR 14/2019 Anm. 4; Beck/Nussbaum HRRS 2020, 112); BGH U. v. 12.09.2019 – 5 StR 325/19 – NStZ 2020, 553 = StV 2020, 389 (Anm. Oğlakcıoğlu StV 2020, 390); BGH U. v. 26.11.2019 – 2 StR 557/18 – BGHSt 64, 217 = NJW 2020, 2124 = NStZ 2020, 411 = StV 2020, 498 (Anm. famos 7/2020; Peters NJW 2020, 2128; Schiemann NStZ 2020, 416; Schöch JR 2020, 518; Kaspar JZ 2020, 959; Laustetter jurisPR-StrafR 17/2020 Anm. 5).

[35] Fischer, StGB, 68. Aufl. 2021, § 15 Rn. 17.

[36] B. Heinrich, AT, 6. Aufl. 2019, Rn. 1001 f.; aus der Rspr. vgl. zuletzt OLG Zweibrücken B. v. 08.10.2020 – 1 OLG 2 Ss 39/20 – NStZ-RR 2021, 59.

A. Reine Fahrlässigkeitsdelikte

eines Tatbestands. Im geltenden deutschen Strafrecht ist diese Differenzierung aber allenfalls für die Strafzumessung relevant.

Immerhin jedoch lassen sich diese beiden Arten der Fahrlässigkeit näher umschreiben, gerade im Lichte der Analyse der objektiven Fahrlässigkeit als Schaffung und Verwirklichung einer unerlaubten Gefahr:[37]

Bei der **bewussten** Fahrlässigkeit wird besonders deutlich, dass man dem Täter einen bestimmten Kenntnisstand im Zeitpunkt seiner Handlung vorwirft. Die Definition der h. M. besagt nämlich nichts Anderes, als dass der Täter **Vorsatz** hat bzgl. der **Setzung eines unerlaubten Risikos**; beispielsweise weiß der Täter, dass er die nach § 3 StVO zulässige Höchstgeschwindigkeit überschreitet. Zum richtigerweise kognitiv-normativen Vorsatzbegriff s. o. (angesichts dessen, dass die Kenntnis von Umständen relevant ist, aus denen auf die Risikohöhe zu schließen ist, so dass die Frage Vorsatz vs. Fahrlässigkeit lediglich eine quantitative ist, zeigt sich das Stufenverhältnis deutlich; vage muss naturgemäß die Grenze bleiben, ab *wie viel* Risikoumstandskenntnis von Vorsatz auszugehen ist, weil normativ niemand mehr von einem Ausbleiben des Erfolgs ausgehen darf).

Aber auch bei der **unbewussten** Fahrlässigkeit – hier erkennt der Täter nicht, eine unerlaubte Gefahr des Erfolgseintritts zu schaffen – hat der Täter bestimmte Kenntnisse, im Hinblick auf die man seine Handlung beurteilt: Er hat nämlich Vorsatz bzgl. **Risikoanhaltspunkten** für ein unerlaubtes Risiko. Der Täter kennt also Umstände, die Anhaltspunkte für ein unerlaubtes Risiko (Gefahrindikatoren) sind, aus denen der Täter also auf unerlaubtes Risiko hätte schlussfolgern müssen, und er handelt trotzdem; oder der Täter hat Kenntnis bzgl. Anlass die Richtigkeit und Vollständigkeit seines Wissens in Frage zu stellen, weil es konkrete Hinweise für die Unrichtigkeit oder Unvollständigkeit seines Wissens gibt (eigene Wahrnehmungen, Hinweise Dritter).[38] Beispielsweise weiß zwar der Täter nicht, dass er zu schnell fährt (z. B. weil er ein Verkehrsschild übersehen hat), er weiß aber, wann er dem Verkehrsgeschehen nicht genug Aufmerksamkeit geschenkt hat und daher, dass ihm Wissen um das derzeitige Tempolimit evtl. fehlt. Dies zeigt, dass sich sehr häufig eine vorgelagerte bewusste Setzung eines unerlaubten Risikos finden lässt, m. a. W. sind letztlich kaum Fälle denkbar, in denen es nicht einmal Anlass zur Überprüfung der Wissensbasis gibt. In Betracht kommen etwa Fälle unerkannter Krankheit, die plötzlich ausbricht (z. B. Epilepsie oder eine Geisteskrankheit)[39] oder Fälle, in denen der Täter unvorwerfbar sein Opfer falsch einschätzt (Irrtum bzgl. einer zurechnungsausschließenden freiverantwortlichen Selbstgefährdung) oder einen Dritten.[40]

---

[37] S. Hoyer, in: SK-StGB, 9. Aufl. 2017, Anh. zu § 16 Rn. 10 ff.
[38] Ausf. Hoyer, in: SK-StGB, 9. Aufl. 2017, Anh. zu § 16 Rn. 36 ff.
[39] S. Gropp/Sinn, AT, 5. Aufl. 2021, § 12 Rn. 147 f. („unerkannt an morbus Alzheimer erkrankt").
[40] Erst recht bei Täuschung durch Opfer, vgl. Hoyer, in: SK-StGB, 9. Aufl. 2017, Anh. zu § 16 Rn. 41 ff.; zu – ggf. mangelnden – Anhaltspunkten für strafbares Verhalten eines anderen Rn. 51 ff.

3. Ggf.: Leichtfertigkeit

20 Einige Tatbestände lassen zur Strafbarkeit nicht jede Fahrlässigkeit genügen, verlangen aber auch keinen Vorsatz, sondern stellen auf leichtfertiges Verhalten ab, z. B.:

> **§ 138 StGB (Nichtanzeige geplanter Straftaten)**
> (1) Wer von dem Vorhaben oder der Ausführung
> [...]
> 5. eines Mordes (§ 211) oder Totschlags (§ 212) oder eines Völkermordes (§ 6 des Völkerstrafgesetzbuches) oder eines Verbrechens gegen die Menschlichkeit (§ 7 des Völkerstrafgesetzbuches) oder eines Kriegsverbrechens (§§ 8, 9, 10, 11 oder 12 des Völkerstrafgesetzbuches) oder eines Verbrechens der Aggression (§ 13 des Völkerstrafgesetzbuches),
> 6. einer Straftat gegen die persönliche Freiheit in den Fällen des § 232 Abs.3 Satz 2, des § 232a Abs.3, 4 oder 5, des § 232b Abs. 3 oder 4, des § 233a Abs. 3 oder 4, jeweils soweit es sich um Verbrechen handelt, der §§ 234, 234a, 239a oder 239b,
> 7. eines Raubes oder einer räuberischen Erpressung (§§ 249 bis 251 oder 255) oder
> 8. einer gemeingefährlichen Straftat in den Fällen der §§ 306 bis 306c oder 307 Abs. 1 bis 3, des § 308 Abs. 1 bis 4, des § 309 Abs. 1 bis 5, der §§ 310, 313, 314 oder 315 Abs. 3, des § 315b Abs. 3 oder der §§ 316a oder 316c
> zu einer Zeit, zu der die Ausführung oder der Erfolg noch abgewendet werden kann, glaubhaft erfährt und es unterläßt, der Behörde oder dem Bedrohten rechtzeitig Anzeige zu machen, wird mit Freiheitsstrafe bis zu fünf Jahren oder mit Geldstrafe bestraft.
> (2) [...]
> (3) Wer die Anzeige leichtfertig unterläßt, obwohl er von dem Vorhaben oder der Ausführung der rechtswidrigen Tat glaubhaft erfahren hat, wird mit Freiheitsstrafe bis zu einem Jahr oder mit Geldstrafe bestraft.

> **§ 261 StGB (Geldwäsche)**
> (1) Wer einen Gegenstand, der aus einer rechtswidrigen Tat herrührt,
> 1. verbirgt,
> 2. in der Absicht, dessen Auffinden, dessen Einziehung oder die Ermittlung von dessen Herkunft zu vereiteln, umtauscht, überträgt oder verbringt,
> 3. sich oder einem Dritten verschafft oder
> 4. verwahrt oder für sich oder einen Dritten verwendet, wenn er dessen Herkunft zu dem Zeitpunkt gekannt hat, zu dem er ihn erlangt hat,

wird mit Freiheitsstrafe bis zu fünf Jahren oder mit Geldstrafe bestraft. In den Fällen des Satzes 1 Nummer 3 und 4 gilt dies nicht in Bezug auf einen Gegenstand, den ein Dritter zuvor erlangt hat, ohne hierdurch eine rechtswidrige Tat zu begehen. Wer als Strafverteidiger ein Honorar für seine Tätigkeit annimmt, handelt in den Fällen des Satzes 1 Nummer 3 und 4 nur dann vorsätzlich, wenn er zu dem Zeitpunkt der Annahme des Honorars sichere Kenntnis von dessen Herkunft hatte.

(2) Ebenso wird bestraft, wer Tatsachen, die für das Auffinden, die Einziehung oder die Ermittlung der Herkunft eines Gegenstands nach Abs. 1 von Bedeutung sein können, verheimlicht oder verschleiert.

(3) Der Versuch ist strafbar.

(4) Wer eine Tat nach Abs. 1 oder Abs.2 als Verpflichteter nach § 2 des Geldwäschegesetzes begeht, wird mit Freiheitsstrafe von drei Monaten bis zu fünf Jahren bestraft.

(5) In besonders schweren Fällen ist die Strafe Freiheitsstrafe von sechs Monaten bis zu zehn Jahren. Ein besonders schwerer Fall liegt in der Regel vor, wenn der Täter gewerbsmäßig handelt oder als Mitglied einer Bande, die sich zur fortgesetzten Begehung von Geldwäsche verbunden hat.

(6) Wer in den Fällen des Absatzes 1 oder 2 leichtfertig nicht erkennt, dass es sich um einen Gegenstand nach Absatz 1 handelt, wird mit Freiheitsstrafe bis zu zwei Jahren oder mit Geldstrafe bestraft. Satz 1 gilt in den Fällen des Absatzes 1 Satz 1 Nummer 3 und 4 nicht für einen Strafverteidiger, der ein Honorar für seine Tätigkeit annimmt.

(7) Wer wegen Beteiligung an der Vortat strafbar ist, wird nach den Absätzen 1 bis 6 nur dann bestraft, wenn er den Gegenstand in den Verkehr bringt und dabei dessen rechtswidrige Herkunft verschleiert.

(8) Nach den Absätzen 1 bis 6 wird nicht bestraft,

1. wer die Tat freiwillig bei der zuständigen Behörde anzeigt oder freiwillig eine solche Anzeige veranlasst, wenn nicht die Tat zu diesem Zeitpunkt bereits ganz oder zum Teil entdeckt war und der Täter dies wusste oder bei verständiger Würdigung der Sachlage damit rechnen musste, und
2. in den Fällen des Absatzes 1 oder des Absatzes 2 unter den in Nummer 1 genannten Voraussetzungen die Sicherstellung des Gegenstandes bewirkt.

(9) Einem Gegenstand im Sinne des Absatzes 1 stehen Gegenstände, die aus einer im Ausland begangenen Tat herrühren, gleich, wenn die Tat nach deutschem Strafrecht eine rechtswidrige Tat wäre und

1. am Tatort mit Strafe bedroht ist oder
2. nach einer der folgenden Vorschriften und Übereinkommen der Europäischen Union mit Strafe zu bedrohen ist: [...]

(10) [...]

Auch einige erfolgsqualifizierte Delikte, s. u., setzen Leichtfertigkeit voraus.

§ 239a I, III StGB (Erpresserischer Menschenraub)
(1) Wer einen Menschen entführt oder sich eines Menschen bemächtigt, um die Sorge des Opfers um sein Wohl oder die Sorge eines Dritten um das Wohl des Opfers zu einer Erpressung (§ 253) auszunutzen, oder wer die von ihm durch eine solche Handlung geschaffene Lage eines Menschen zu einer solchen Erpressung ausnutzt, wird mit Freiheitsstrafe nicht unter fünf Jahren bestraft.
[...]
(3) Verursacht der Täter durch die Tat wenigstens leichtfertig den Tod des Opfers, so ist die Strafe lebenslange Freiheitsstrafe oder Freiheitsstrafe nicht unter zehn Jahren.

§ 251 StGB (Raub mit Todesfolge)
Verursacht der Täter durch den Raub (§§ 249 und 250) wenigstens leichtfertig den Tod eines anderen Menschen, so ist die Strafe lebenslange Freiheitsstrafe oder Freiheitsstrafe nicht unter zehn Jahren.

§ 306c StGB (Brandstiftung mit Todesfolge)
Verursacht der Täter durch eine Brandstiftung nach den §§ 306 bis 306b wenigstens leichtfertig den Tod eines anderen Menschen, so ist die Strafe lebenslange Freiheitsstrafe oder Freiheitsstrafe nicht unter zehn Jahren.

§ 316a StGB (Räuberischer Angriff auf Kraftfahrer)
(1) Wer zur Begehung eines Raubes (§ 249 oder 250), eines räuberischen Diebstahls (§ 252) oder einer räuberischen Erpressung (§ 255) einen Angriff auf Leib oder Leben oder die Entschlußfreiheit des Führers eines Kraftfahrzeugs oder eines Mitfahrers verübt und dabei die besonderen Verhältnisse des Straßenverkehrs ausnutzt, wird mit Freiheitsstrafe nicht unter fünf Jahren bestraft.
[...]
(3) Verursacht der Täter durch die Tat wenigstens leichtfertig den Tod eines anderen Menschen, so ist die Strafe lebenslange Freiheitsstrafe oder Freiheitsstrafe nicht unter zehn Jahren.

Bei Leichtfertigkeit[41] handelt es sich – wie bei der groben Fahrlässigkeit im Zivilrecht, so dass ggf. auch die dortige Rspr. zu berücksichtigen ist – um einen erhöhten Grad der Fahrlässigkeit: Der Täter beachtet nicht, was sich ihm zur Reduzierung der Gefahr des Erfolgseintritts aufdrängte.

Insofern ist erstens unklar, ob im objektiven Tatbestand eine zusätzliche Ebene der Missbilligung von Gefahrsetzungen geschaffen wird (ob also eine einfache unerlaubte Gefahrschaffung nicht genügt, sondern diese irgendwie quantitativ oder qualitativ besonders gravierend sein muss); zweitens werden im subjektiven Tatbestand die Probleme der Unterscheidung zwischen Vorsatz und Fahrlässigkeit insofern verschärft, als es mithin auch Täterkenntnisse gibt, die über (einfache) subjektive Fahrlässigkeit hinausgehen, aber noch nicht für Vorsatz reichen. Beides relativiert sich freilich durch die ohnehin große Unbestimmtheit bei der Ermittlung der jeweils relevanten Grenzziehungen.

VI. Rechtswidrigkeit

Für das Fahrlässigkeitsdelikt gelten die gleichen Rechtfertigungsgründe wie für das Vorsatzdelikt.   21

Zu beachten ist, dass mangels Handlungsunrechts in Gestalt des Vorsatzes das Unrecht beim Fahrlässigkeitsdelikt bereits bei objektiver Rechtfertigung aufgehoben ist (ein isoliertes Versuchsunrecht existiert beim Fahrlässigkeitsdelikt nicht, so dass fahrlässiges Handlungsunrecht straflos bleibt): Ein subjektives Rechtfertigungselement ist mithin nicht erforderlich.[42]

Bei Vorsatzhandlungen mit ungewollten Auswirkungen sind letztere von der Rechtfertigung miterfasst: Der Täter darf fahrlässig erst recht vornehmen, was er vorsätzlich dürfte.

---

[41] Hierzu Fischer, StGB, 68. Aufl. 2021, § 15 Rn. 20; näher Hall FS Mezger 1954, 229; Maiwald GA 1974, 257; Tenckhoff ZStW 1976, 897; Arzt GS Schröder 1978, 119; Wegscheider ZStW 1986, 624; Radtke FS Jung 2007, 737; Steinberg ZStW 2019, 888; aus der Rspr. vgl. zuletzt BGH U. v. 13.07.2017 – 1 StR 536/16 – StV 2019, 440 (Anm. Bielefeld jurisPR-StrafR 25/2017 Anm. 3; Pflaum wistra 2018, 47; Schäfer JR 2018, 66); BGH B v. 10.01.2019 – 1 StR 311/17 – NStZ-RR 2019, 145 (Anm. Raschke NZWiSt 2019, 394); BGH U. v. 10.07.2019 – 1 StR 265/18 (Anm. Pflaum wistra 2020, 160); OLG Köln B. v. 03.07.2020 – 1 RBs 171/20 (Anm. Milic/Vogel NZWiSt 2021, 67).

[42] Kindhäuser/Hilgendorf, LPK, 8. Aufl. 2019, vor § 32 Rn. 17; näher Schaffstein FS Welzel 1974, 557; zum Erlaubnistatumstandsirrtum Ludes/Panneborg Jura 2013, 24; aus der Rspr. vgl. zuletzt BGH B. v. 21.03.2001 – 1 StR 48/01 – NJW 2001, 3200 = NStZ 2001, 591 = StV 2001, 566 (Anm. Eisele JA 2001, 922; LL 2001, 32; RÜ 2001, 366; RA 2001, 417; Otto NStZ 2001, 594; Kretschmer Jura 2002, 114; Martin JuS 2002, 88; Seelmann JR 2002, 249); BGH U. v. 26.05.2004 – 2 StR 505/03 (Sadomasochismus) – BGHSt 49, 166 = NJW 2004, 2458 = NStZ 2004, 621 = StV 2004, 655 (Anm. Kaspar/Reinbacher, Casebook AT, 2020, Fall 10; RÜ 2004, 480; RA 2004, 582; Hirsch JR 2004, 475; Hardtung Jura 2005, 401; Petersohn JA 2005, 93; Stree NStZ 2005, 40; Arzt JZ 2005, 103; Gropp ZJS 2012, 602); OLG Koblenz U. v. 19.12.2007 – 1 Ss 339/07 (Anm. Fromm SVR 2008, 263).

VI. Schuld

▶ Didaktische Aufsätze:

- Herzberg, Die Schuld beim Fahrlässigkeitsdelikt, Jura 1984, 402
- Nestler, Gilt für die Vermeidbarkeit des Verbotsirrtums ein „strengerer Maßstab" als für die Tatfahrlässigkeit?, Jura 2015, 562

1. Allgemeines

22 Die Schuldebene beim Fahrlässigkeitsdelikt entspricht grundsätzlich der beim Vorsatzdelikt.
Zur abweichenden Auffassung der h. M. bzgl. der subjektiven Fahrlässigkeit s. o.

2. Spezieller Entschuldigungsgrund: Unzumutbarkeit normgemäßen Verhaltens?

23 Beim Fahrlässigkeitsdelikt sind zunächst diejenigen Entschuldigungsgründe anwendbar, die auch beim Vorsatzdelikt gelten.

Darüber hinaus diskutiert man, ob die Unzumutbarkeit normgemäßen Verhaltens[43] ein fahrlässiges Verhalten entschuldigen kann.

> **Beispiel 370**
>
> RG U. v. 23.03.1897 – 576/97 (Leinenfänger) – RGSt 30, 25 (Anm. Roxin, Höchstrichterliche Rspr. AT, 1998, Nr. 43; Achenbach Jura 1997, 631):
> B stand als Kutscher bei einem Droschkenbesitzer in Dienst. Er führte eine mit zwei Pferden bespannte Droschke. Eines der Pferde war ein sog. „Leinenfänger", d. h. es hatte zeitweise die Gewohnheit, den Schweif über die Fahrleine zu schlagen und diese mit demselben herunter und fest an den Körper zu drücken. Dieser Fehler war sowohl dem B als auch dem Dienstherrn bekannt. Bei einer am 19.07.1896 von B ausgeführten Fahrt gelang es dem erwähnten Pferde auf einer Chaussee, die Leine mit dem Schwanze einzukneifen. Bei den vergeblichen Versuchen des B, die Leine hervorzuziehen, wurden die Pferde wild; B verlor völlig die Herrschaft über das Gespann, welches beim Weitergaloppieren den an der Seite der Chaussee gehenden Z umwarf, so dass dieser unter den Wagen geriet und einen Beinbruch erlitt. ◀

Die Sorgfaltspflichtwidrigkeit besteht nicht darin, dass B versuchte, die Leine hervorzuziehen, oder dass er die Kontrolle verlor, sondern darin, dass er mit einem Leinenfänger Fahrten unternahm. Man könnte es aber als unzumutbar ansehen, dass der in einem Abhängigkeitsverhältnis stehende Angestellte dagegen etwas hätte unternehmen sollen, wo sein Dienstherr doch Kenntnis von dem Fehler hatte.

---

[43] Hierzu Kindhäuser/Hilgendorf, LPK, 8. Aufl. 2019, § 15 Rn. 95; näher Henkel FS Mezger 1954, 249; Wittig JZ 1969, 546; Lücke JR 1975, 55; Achenbach JR 1975, 492; aus der Rspr. vgl. OLG Stuttgart B. v. 21.11.1996 – 1 Ws 166/96 – NStZ 1997, 190 (Anm. Puppe, AT, 4. Aufl. 2019, § 5 Rn. 1 ff.; Otto JK 1997 StGB vor § 13/11; Gössel JR 1997, 519).

Allerdings nimmt nur eine Minderheitsauffassung in der älteren Rspr.[44] und der Literatur[45] einen solchen Entschuldigungsgrund an.
Die h. M.[46] lehnt dies ab.
Ihr ist zu folgen. Zum einen drückt der Begriff der Unzumutbarkeit eher ein Ergebnis aus, die Voraussetzungen und Kriterien bleiben vage. Zum anderen gilt es, die Parallelität zwischen Vorsatz- und Fahrlässigkeitsdelikt zu erhalten. Hierfür spricht auch der Rechtsgüterschutz, ist doch der pönalisierte Erfolg ggf. der gleiche (z. B. der Tod eines Menschen). Der Gesetzgeber hat sich entschieden, lediglich i. R. d. §§ 33, 35 StGB eigene Interessen des Täters zu berücksichtigen; Erweiterungen müssen sorgfältig abgewogen werden, wenn sie auch im Interesse optimalen Rechtsgüterschutzes und einer Berücksichtigung der Grundrechte nicht ganz ausgeschlossen sind. Bloße Angst um den Arbeitsplatz kann aber ohnehin nicht genügen.

Fälle, in denen erstens die Lage des Täters nicht bei der Ermittlung der objektiven und subjektiven Fahrlässigkeit berücksichtigt werden kann und zweitens nicht i. R. d. allgemeinen Rechtfertigung oder Entschuldigung (§ 35 StGB und übergesetzlicher entschuldigender Notstand), dürften ohnehin selten sein. Restliche Härten können i. R. d. Strafzumessung oder strafprozessual gelöst werden.

B. Vorsatz-Fahrlässigkeits-Kombinationen (Teilvorsatzdelikte)

Vorsatz-Fahrlässigkeits-Kombinationen[47] sind Delikte, deren Tatbestand sich aus Elementen, die Vorsatz erfordern, und solchen, bzgl. derer Fahrlässigkeit genügt, zusammensetzen.

Man unterscheidet üblicherweise sog. eigentliche und uneigentliche Vorsatz-Fahrlässigkeits-Kombinationen.[48]

I. Sog. echte/eigentliche Vorsatz-Fahrlässigkeits-Kombinationen

Die sog. eigentlichen Vorsatz-Fahrlässigkeits-Kombinationen[49] sind Delikte, die als Grunddelikte nicht als Qualifikation auf einem anderen aufbauen, mit vorsätzlichen Verhaltensweisen, durch die fahrlässig ein bestimmter missbilligter Erfolg herbeigeführt wird.

---

[44] RG U. v. 23.03.1897 – 576/97 (Leinenfänger) – RGSt 30, 25.
[45] Z. B. Sternberg-Lieben/Schuster, in: Schönke/Schröder, StGB, 30. Aufl. 2019, § 15 Rn. 204.
[46] S. Krey/Esser, AT, 6. Aufl. 2016, Rn. 1352.
[47] Hierzu Joecks/Jäger, StGB, 13. Aufl. 2021, § 15 Rn. 71 ff.
[48] S. Joecks/Jäger, StGB, 13. Aufl. 2021, § 15 Rn. 71 f.
[49] Krey/Esser, AT, 6. Aufl. 2016, Rn. 212, 1368 ff.; näher Krey/Schneider NJW 1970, 640.

Im fallbearbeitungsrelevanten Bereich sind dies v. a. §§ 315b IV, 315c III Nr. 1, 315d IV StGB.

> **§ 315b StGB (Gefährliche Eingriffe in den Straßenverkehr)**
> (1) Wer die Sicherheit des Straßenverkehrs dadurch beeinträchtigt, daß er
> 1. Anlagen oder Fahrzeuge zerstört, beschädigt oder beseitigt,
> 2. Hindernisse bereitet oder
> 3. einen ähnlichen, ebenso gefährlichen Eingriff vornimmt,
> und dadurch Leib oder Leben eines anderen Menschen oder fremde Sachen von bedeutendem Wert gefährdet, wird mit Freiheitsstrafe bis zu fünf Jahren oder mit Geldstrafe bestraft.
> [...]
> (4) Wer in den Fällen des Absatzes 1 die Gefahr fahrlässig verursacht, wird mit Freiheitsstrafe bis zu drei Jahren oder mit Geldstrafe bestraft.
> (5) Wer in den Fällen des Absatzes 1 fahrlässig handelt und die Gefahr fahrlässig verursacht, wird mit Freiheitsstrafe bis zu zwei Jahren oder mit Geldstrafe bestraft.

§ 315b I StGB enthält das reine Vorsatzdelikt, § 315b V StGB das reine Fahrlässigkeitsdelikt, § 315b IV StGB die Kombination aus Vorsatz bzgl. des Eingriffsteils und Fahrlässigkeit bzgl. des Gefahrerfolgs.

> **§ 315c StGB (Gefährdung des Straßenverkehrs)**
> (1) Wer im Straßenverkehr
> 1. ein Fahrzeug führt, obwohl er
> a) infolge des Genusses alkoholischer Getränke oder anderer berauschender Mittel oder
> b) infolge geistiger oder körperlicher Mängel
> nicht in der Lage ist, das Fahrzeug sicher zu führen, oder
> 2. grob verkehrswidrig und rücksichtslos
> a) die Vorfahrt nicht beachtet,
> b) falsch überholt oder sonst bei Überholvorgängen falsch fährt,
> c) an Fußgängerüberwegen falsch fährt,
> d) an unübersichtlichen Stellen, an Straßenkreuzungen, Straßeneinmündungen oder Bahnübergängen zu schnell fährt,
> e) an unübersichtlichen Stellen nicht die rechte Seite der Fahrbahn einhält,
> f) auf Autobahnen oder Kraftfahrstraßen wendet, rückwärts oder entgegen der Fahrtrichtung fährt oder dies versucht oder
> g) haltende oder liegengebliebene Fahrzeuge nicht auf ausreichende Entfernung kenntlich macht, obwohl das zur Sicherung des Verkehrs erforderlich ist,

B. Vorsatz-Fahrlässigkeits-Kombinationen (Teilvorsatzdelikte)

> und dadurch Leib oder Leben eines anderen Menschen oder fremde Sachen von bedeutendem Wert gefährdet, wird mit Freiheitsstrafe bis zu fünf Jahren oder mit Geldstrafe bestraft.
> (2) In den Fällen des Absatzes 1 Nr. 1 ist der Versuch strafbar.
> (3) Wer in den Fällen des Absatzes 1
> 1. die Gefahr fahrlässig verursacht oder
> 2. fahrlässig handelt und die Gefahr fahrlässig verursacht,
> wird mit Freiheitsstrafe bis zu zwei Jahren oder mit Geldstrafe bestraft.

§ 315c I StGB enthält das reine Vorsatzdelikt, § 315c III Nr. 2 StGB das reine Fahrlässigkeitsdelikt, § 315c III Nr. 1 StGB die Vorsatz-Fahrlässigkeits-Kombination. Soweit freilich § 315c StGB die Merkmale des § 316 StGB in sich trägt – dies betrifft den Handlungsteil des § 315c I Nr. 1 lit. a StGB – lässt sich das Delikt auch als erfolgsqualifiziertes Delikt (s. sogleich) einordnen, was allerdings keine Konsequenzen zeitigt, da § 315c StGB gegenüber § 18 StGB ohnehin vorrangige Spezialregelungen enthält.

Beispiel 371

Nach einer Feier wusste B, dass er zu viel Alkohol getrunken hatte, als dass er noch Auto fahren dürfte. Er glaubte aber, noch gut fahren zu können. Auf dem Heimweg, den er mit dem Auto antrat, kam er von der Fahrbahn ab und rammte beinahe einen Fußgänger, der gerade noch zur Seite springen konnte. ◄

B hatte Vorsatz bzgl. einer Trunkenheitsfahrt, aber nicht, den Fußgänger zu rammen. In Betracht kommt deswegen die Vorsatz-Fahrlässigkeits-Kombination des § 315c I, III Nr. 1 StGB.

§ 315d I-IV StGB (Verbotene Kraftfahrzeugrennen)
(1) Wer im Straßenverkehr
1. ein nicht erlaubtes Kraftfahrzeugrennen ausrichtet oder durchführt,
2. als Kraftfahrzeugführer an einem nicht erlaubten Kraftfahrzeugrennen teilnimmt oder
3. sich als Kraftfahrzeugführer mit nicht angepasster Geschwindigkeit und grob verkehrswidrig und rücksichtslos fortbewegt, um eine höchstmögliche Geschwindigkeit zu erreichen,
wird mit Freiheitsstrafe bis zu zwei Jahren oder mit Geldstrafe bestraft.
(2) Wer in den Fällen des Absatzes 1 Nummer 2 oder 3 Leib oder Leben eines anderen Menschen oder fremde Sachen von bedeutendem Wert gefährdet, wird mit Freiheitsstrafe bis zu fünf Jahren oder mit Geldstrafe bestraft.
(3) Der Versuch ist in den Fällen des Absatzes 1 Nummer 1 strafbar.
(4) Wer in den Fällen des Absatzes 2 die Gefahr fahrlässig verursacht, wird mit Freiheitsstrafe bis zu drei Jahren oder mit Geldstrafe bestraft.

§ 315d I und II StGB enthalten reine Vorsatzdelikte, § 315d IV StGB regelt eine sich auf Abs. 2 beziehende Vorsatz-Fahrlässigkeits-Kombination.
Zu den einzelnen Delikten s. im Besonderen Teil.

II. Sog. erfolgsqualifizierte Delikte (unechte/uneigentliche Vorsatz-Fahrlässigkeits-Kombinationen)

▶ Didaktische Aufsätze:

- Wolter, Zur Struktur der erfolgsqualifizierten Delikte, JuS 1981, 168
- Bloy, Die Tatbestandsform des erfolgsqualifizierten Delikts, JuS 1995, L17
- Sowada, Die erfolgsqualifizierten Delikte im Spannungsfeld zwischen Allgemeinem und Besonderem Teil des Strafrechts, Jura 1995, 644
- Kühl, Das erfolgsqualifizierte Delikt, Jura 2002, 810 und 2003, 19
- Heinrich/Reinbacher, Objektive Zurechnung und „spezifischer Gefahrzusammenhang" bei den erfolgsqualifizierten Delikten, Jura 2005, 743
- Kudlich, Das erfolgsqualifizierte Delikt in der Fallbearbeitung, JA 2009, 246
- Isfen, Der Exzess beim erfolgsqualifizierten Delikt, Jura 2014, 1087
- Steinberg, Die Erfolgsqualifikation im juristischen Gutachten, JuS 2017, 970 und 1061
- Rönnau, Erfolgsqualifiziertes Delikt, JuS 2020, 108

1. Vollendetes sog. erfolgsqualifiziertes Delikt

a) Aufbau

26   Vorab: Prüfung und Bejahung des Grunddelikts.

   I. Tatbestand
      1. Objektiver Tatbestand
         a) Handlung in Gestalt der Verwirklichung des Grunddelikts
         b) Schaffung einer unerlaubten Gefahr des Eintritts der sog. schweren Folge durch die Verwirklichung des Grunddelikts
         c) Eintritt der sog. schweren Folge
         d) Verursachung sog. schweren Folge durch die Verwirklichung des Grunddelikts
         e) Verwirklichung der unerlaubten Gefahr durch die Verwirklichung des Grunddelikts im Eintritt der sog. schweren Folge
      2. Subjektiver Tatbestand: Wenigstens fahrlässig
   II. Rechtswidrigkeit
   III. Schuld

S. auch beim jeweiligen sog. erfolgsqualifizierten Delikt im Besonderen Teil.

b) Grundlagen

Als erfolgsqualifizierte Delikte[50] bezeichnet man diejenigen, die – unbeschadet etwaiger Modifikationen durch den jeweiligen Tatbestand – in den **Anwendungsbereichs des § 18 StGB** fallen. 27

> **§ 18 StGB (Schwerere Strafe bei besonderen Tatfolgen)**
> Knüpft das Gesetz an eine besondere Folge der Tat eine schwerere Strafe, so trifft sie den Täter oder den Teilnehmer nur, wenn ihm hinsichtlich dieser Folge wenigstens Fahrlässigkeit zur Last fällt.

Da im geltenden deutschen Strafrecht kein Fahrlässigkeitsdelikt existiert, an das eine derartige besondere strafschärfende Folge geknüpft wird, lässt sich der Deliktstyp dahingehend beschreiben, dass es sich um eine Kumulation der Unrechtsgehalte eines vorsätzlichen Grunddelikts (z. B. § 223 StGB) mit einem (existierenden, z. B. § 222 StGB, oder fiktiven) Fahrlässigkeitsdelikt handelt, wobei eine bemerkenswerte Strafschärfung auftritt, die neben der Unrechtskumulation nur durch ein zusätzliches unrechtsstiftendes Verknüpfungselement erklärt werden kann, s. u. Die häufigste sog. schwere Folge ist der Tod.

> **Beispiel 372**
> B versetzte dem G einen Faustschlag gegen den Kopf. G starb. Mit dem Tod des G hatte B nicht gerechnet. ◄

> **§ 223 I StGB (Körperverletzung)**
> Wer eine andere Person körperlich mißhandelt oder an der Gesundheit schädigt, wird mit Freiheitsstrafe bis zu fünf Jahren oder mit Geldstrafe bestraft.

> **§ 227 I StGB (Körperverletzung mit Todesfolge):**
> Verursacht der Täter durch die Körperverletzung (§§ 223 bis 226a) den Tod der verletzten Person, so ist die Strafe Freiheitsstrafe nicht unter drei Jahren.
> In minder schweren Fällen ist auf Freiheitsstrafe von einem Jahr bis zu zehn Jahren zu erkennen.

---

[50] Hierzu Krey/Esser, AT, 6. Aufl. 2016, Rn. 1368 ff.; näher Oehler GA 1954, 33; Schneider JR 1955, 414; Schneider JZ 1956, 750; Oehler ZStW 1957, 503; Baumann ZStW 1958, 227; Hardwig GA 1965, 97; Hirsch GA 1972, 65; Schubarth ZStW 1973, 754; Wolter JuS 1981, 168; Paeffgen JZ 1989, 220; Dornseifer GS Armin Kaufmann 1989, 427; Sowada Jura 1995, 644; Bloy JuS 1995, L17; Bussmann GA 1999, 21; Küpper ZStW 1999, 785; Kühl FG 50 Jahre BGH IV 2000, 237; Kühl Jura 2002, 810 und 2003, 19; Schroeder FS Lüderssen 2002, 599; Heinrich/Reinbacher Jura 2005, 743; Duttge FS Herzberg 2008, 309; Kudlich JA 2009, 246; Steinberg JuS 2017, 970 und 1061.

Die wohl wichtigsten sog. erfolgsqualifizierten Delikte sind die §§ 221 II Nr. 2, III, 226, 227, 239 III Nr. 2, IV, 251 (auch i. V. m. 252, 255), 306b I, 306c, 315b III i. V. m. 315 III Nr. 2, 315d V, 316a III, 340 III i. V. m. 226, 227 StGB. Zu § 315c III Nr. 1 StGB s. o.

S. also etwa:

§ 221 I, II Nr. 2, III StGB (Aussetzung)
(1) Wer einen Menschen
1. in eine hilflose Lage versetzt oder
2. in einer hilflosen Lage im Stich läßt, obwohl er ihn in seiner Obhut hat oder ihm sonst beizustehen verpflichtet ist,

und ihn dadurch der Gefahr des Todes oder einer schweren Gesundheitsschädigung aussetzt, wird mit Freiheitsstrafe von drei Monaten bis zu fünf Jahren bestraft.

(2) Auf Freiheitsstrafe von einem Jahr bis zu zehn Jahren ist zu erkennen, wenn der Täter

[…]

2. durch die Tat eine schwere Gesundheitsschädigung des Opfers verursacht.

(3) Verursacht der Täter durch die Tat den Tod des Opfers, so ist die Strafe Freiheitsstrafe nicht unter drei Jahren.

§ 226 I StGB (Schwere Körperverletzung)
Hat die Körperverletzung zur Folge, daß die verletzte Person

1. das Sehvermögen auf einem Auge oder beiden Augen, das Gehör, das Sprechvermögen oder die Fortpflanzungsfähigkeit verliert,
2. ein wichtiges Glied des Körpers verliert oder dauernd nicht mehr gebrauchen kann oder
3. in erheblicher Weise dauernd entstellt wird oder in Siechtum, Lähmung oder geistige Krankheit oder Behinderung verfällt,

so ist die Strafe Freiheitsstrafe von einem Jahr bis zu zehn Jahren.

§ 239 I, III Nr. 2, IV StGB (Freiheitsberaubung)
(1) Wer einen Menschen einsperrt oder auf andere Weise der Freiheit beraubt, wird mit Freiheitsstrafe bis zu fünf Jahren oder mit Geldstrafe bestraft.

[…]

(3) Auf Freiheitsstrafe von einem Jahr bis zu zehn Jahren ist zu erkennen, wenn der Täter

[…]

B. Vorsatz-Fahrlässigkeits-Kombinationen (Teilvorsatzdelikte)

2. durch die Tat oder eine während der Tat begangene Handlung eine schwere Gesundheitsschädigung des Opfers verursacht.
(4) Verursacht der Täter durch die Tat oder eine während der Tat begangene Handlung den Tod des Opfers, so ist die Strafe Freiheitsstrafe nicht unter drei Jahren.

§ 239a I, III StGB (Erpresserischer Menschenraub)
(1) Wer einen Menschen entführt oder sich eines Menschen bemächtigt, um die Sorge des Opfers um sein Wohl oder die Sorge eines Dritten um das Wohl des Opfers zu einer Erpressung (§ 253) auszunutzen, oder wer die von ihm durch eine solche Handlung geschaffene Lage eines Menschen zu einer solchen Erpressung ausnutzt, wird mit Freiheitsstrafe nicht unter fünf Jahren bestraft.
[...]
(3) Verursacht der Täter durch die Tat wenigstens leichtfertig den Tod des Opfers, so ist die Strafe lebenslange Freiheitsstrafe oder Freiheitsstrafe nicht unter zehn Jahren.

§ 251 StGB (Raub mit Todesfolge)
Verursacht der Täter durch den Raub (§§ 249 und 250) wenigstens leichtfertig den Tod eines anderen Menschen, so ist die Strafe lebenslange Freiheitsstrafe oder Freiheitsstrafe nicht unter zehn Jahren.

§ 306b I StGB (Besonders schwere Brandstiftung)
Wer durch eine Brandstiftung nach § 306 oder § 306a eine schwere Gesundheitsschädigung eines anderen Menschen oder eine Gesundheitsschädigung einer großen Zahl von Menschen verursacht, wird mit Freiheitsstrafe nicht unter zwei Jahren bestraft.

§ 306c StGB (Brandstiftung mit Todesfolge)
Verursacht der Täter durch eine Brandstiftung nach den §§ 306 bis 306b wenigstens leichtfertig den Tod eines anderen Menschen, so ist die Strafe lebenslange Freiheitsstrafe oder Freiheitsstrafe nicht unter zehn Jahren.

28 Es fällt auf, dass der Wortlaut einiger der Normen allein eine Kausalität der Begehung des Grunddelikts für den Eintritt der sog. schweren Folge zu verlangen scheint. Hier erfüllt § 18 StGB, welcher zugleich die Nichtgeltung des § 15 StGB (grundsätzliches Vorsatzerfordernis) klarstellt, die Funktion, **wenigstens Fahrlässigkeit** des Täters bzgl. der sog. schweren Folge vorauszusetzen. **Z. T.** wird dieses Fahrlässigkeitserfordernis verschärft, z. B. verlangt § 251 StGB **Leichtfertigkeit**.[51]

Angesichts dessen, dass die einzelnen Tatbestände durchaus unterschiedliche Begriffe aufweisen, überdies nicht selten ausdrücklich von § 18 StGB abweichen und zudem in unterschiedlichen systematischen und teleologischen Zusammenhängen stehen, handelt es sich beim sog. erfolgsqualifizierten Delikten nur in begrenztem Maße um eine Thematik des Allgemeinen Teils. S. insofern jeweils im Besonderen Teil.

Soweit sich allgemeine Lehren formulieren lassen, ist zu beachten, dass das sog. erfolgsqualifizierten Delikt als Vorsatz-Fahrlässigkeits-Kombination auf das Fundament des Fahrlässigkeitsdelikts aufbaut, so dass Struktur, Aufbau und einzelne Auslegungsergebnisse von der diesbzgl. Rechtsauffassung (s. o.) abhängen.

In einer **Fallbearbeitung** ist zu beachten, dass vor Prüfung eines sog. erfolgsqualifizierten Delikts erstens aus Gründen der Gesetzeskonkurrenz ggf. das entsprechende reine Vorsatzdelikt zu prüfen ist (z. B. § 212 StGB gegenüber § 227 StGB), und dass es zweitens sich bewährt hat, dass in der sog. Erfolgsqualifikation enthaltene sog. Grunddelikt abschichtend isoliert vorab zu prüfen (z. B. erst § 223 I StGB, dann ggf. Prüfung des § 227 StGB unter Teilverweis nach o.).

29 In der Literatur findet sich erhebliche **Grundsatzkritik** an der Deliktskategorie, zumal in Ansehung der derzeit meist hohen normierten **Mindeststrafen**, die auch die Strafe für das verwirklichte Grunddelikt und das zur sog. schweren Folge gehörige Fahrlässigkeitsdelikt (insbesondere die fahrlässige Tötung gem. § 222 StGB) in Tateinheit deutlich übersteigen, obwohl das Unrechtsplus „nur" in der abstrakten Gefahr des Eintritts der sog. schweren Folge (zumeist in Gestalt des Todes) liegt, die die Begehung des Grunddelikts geschaffen hat.

Diese sanktionenrechtlich motivierte Kritik ist allerdings in beträchtlichem Maße zu relativieren: Erstens darf man sich von der Strafrahmenobergrenze nicht irritieren lassen; diese ist ohnehin für Vorsatzkonstellationen vorbehalten. Zweitens sind nicht selten minder schwere Fälle normiert, die eine stark abgesenkte Mindeststrafe ermöglichen, s. z. B. § 227 II StGB (anders aber z. B. §§ 251, 306c StGB). Drittens gehört es zum gesetzgeberischen Gestaltungsspielraum, die Verknüpfung von sog. Grunddelikt und sog. schwerer Folge eher kräftig strafschärfend zu bewerten, zumal eine Beanstandung eines erfolgsqualifizierten Delikts (oder einer darauf beruhenden Verurteilung) durch das BVerfG – etwa aufgrund eines Verstoßes gegen das Übermaßverbot und das verfassungsrechtliche Schuldprinzip – nicht erfolgt ist. In gewisser Weise mag eine zukünftige richtige gesetzgeberische Reaktion

---

[51] Hierzu Krey/Esser, AT, 6. Aufl. 2016, Rn. 1337; näher Radtke FS Jung 2007, 737.

auf den beträchtlichen Strafrahmensprung auch darin liegen, die heute fast seltsam niedrig anmutende Strafandrohung des § 222 StGB anzuheben.

Dennoch ist bei der Auslegung der Tatbestandsvoraussetzungen die Sanktionshöhe im Blick zu behalten, um insofern restriktive Handhabungen zu begründen, die geeignet sind, ein ausreichendes zusätzliches Unrechtselement zu etablieren, s. sogleich (v. a. i. R. d. sog. Gefahrverwirklichungszusammenhangs) und im Besonderen Teil.

Selbstverständlich ist auch bei der Subsumtion der objektiven Fahrlässigkeit mit Augenmaß zu verfahren (etwa bzgl. Verhalten des Opfers oder sog. atypischen Kausalverläufen), ferner bzgl. der subjektiven Fahrlässigkeit (ggf. verkennt der Täter das Risiko oder Risikoanhaltspunkte).

Nicht zu leugnen ist, dass der Gesetzgeber jedenfalls selektiv vorgegangen ist, da sog. erfolgsqualifizierte Delikte insgesamt eher rar sind. Er legt offenbar eine gewisse Falltypizität zugrunde, dass aus (mindestens teilweiser, s. u.) Grunddeliktsverwirklichung nach der Lebenserfahrung nicht selten eine sog. schwere Folge resultiert (z. B. gibt es daher keinen Diebstahl mit Todesfolge, da es vielleicht eher untypische Fälle sind, in denen aus der Wegnahme einer Sache der Tod folgt); mangels empirischer Erkenntnisse zu Gefährdungs- und Verletzungshäufigkeiten ist dies freilich mehr oder weniger plausible normative Setzung, die *de lege lata* hinzunehmen ist.

c) Erforderlichkeit, Prüfung und Bejahung eines sog. Grunddelikts
§ 18 StGB betrifft lediglich solche „Folgen der Tat", an die das Gesetz eine „schwerere Strafe" knüpft. Insofern geht es um ein sog. Grunddelikt („Tat"), welches durch eintritt einer strafschärfenden „Folge" (daher auch sog. schwere Folge als verkürzende Sprechweise des Wortlauts des § 18 StGB) zur Qualifikation erstarkt.

Um deutlich zu machen, dass nicht § 15 StGB mit seinem durchgängigen Vorsatzerfordernis, sondern § 18 StGB gilt, hat es sich eingebürgert, von Erfolgsqualifikationen oder erfolgsqualifizierten Delikten zu sprechen.

Insofern betrifft § 18 StGB nicht Delikte mit einer sog. objektiver Bedingung der Strafbarkeit (s. o., v. a. §§ 231 und 323c StGB, s. auch u. im Besonderen Teil), da hier die Strafbarkeit überhaupt an diese Folge geknüpft wird (dass bei diesen Delikten § 15 StGB bzgl. dieses Merkmals nicht gelten soll, ergibt sich aus einer Auslegung des jeweiligen Delikts).

Ob auf ein qualifiziertes Delikt § 18 StGB anzuwenden ist oder § 15 StGB, ist abgesehen von wenigen ausdrücklichen Regelungen (z. B. § 226 II StGB) von der Auslegung des jeweiligen Tatbestands abhängig (s. daher jeweils auch im BT). Für § 18 StGB spricht insbesondere ein Wortlaut wie „verursachen" oder „zur Folge haben".

Zur Zweckmäßigkeit einer getrennten Prüfung von Grunddelikt (vorab) und sog. Erfolgsqualifikation s. o.

Welche Anforderungen eine vollendete sog. Erfolgsqualifikation bzgl. der (vollständigen?) Grundtatbestandsverwirklichung aufstellt, ist umstritten, s. u. Ggf. ist an ein versuchtes erfolgsqualifiziertes Delikt zu denken.

30

d) Tatbestand
aa) Grundlagen

31 Zum getrennten Aufbau von Grunddelikt und sog. Erfolgsqualifikation s. o. Wenn die sog. schwere Folge als eigener Tatbestand existiert (v. a. § 222 StGB), dann ist es möglich, auch diesen vorab zu prüfen (dann ist i. R. d. Erfolgsqualifikation unter umfassendem Verweis nach o. i. Ü. nur noch die Realisierung des Grunddeliktsrisikos in der sog. schweren Folge zu prüfen, s. sogleich). Da aber nicht bzgl. aller sog. schwerer Folgen ein eigener Tatbestand normiert ist (vgl. z. B. § 226 StGB, ferner gibt es keinen Tatbestand der leichtfertigen Tötung, wie ihn. z. B. § 251 StGB voraussetzen würde), kann derart nicht allgemein vorgegangen werden.

Je nach konkret geprüftem sog. erfolgsqualifizierten Delikt ist dessen Wortlaut zugrundezulegen, wobei es durchaus Unterschiede der Normfassungen gibt. Das Delikt ist ferner mit § 18 StGB zusammenzulesen (Einfügung des Begriffs der Fahrlässigkeit bzgl. der sog. schweren Folge), sofern nicht der Deliktstatbestand eine vorrangige Spezialregelung trifft (v. a. Erfordernis „leichtfertig" statt nur „fahrlässig", z. B. in §§ 251, 306c StGB).

Der Tatbestandsaufbau erfolgt in **Anlehnung** an das reine **Fahrlässigkeitsdelikt** (zur Abweichung von der h. M. insofern s. o., inkl. Inbezugnahme der von der h. L. sog. „objektiven Zurechnung"). Beim sog. erfolgsqualifizierten Delikt zeigen sich besonders deutlich inhaltsgleiche Strukturen,[52] die durch terminologische Unterschiede verdunkelt werden (besonders ersichtlich, wenn dieselben Aspekt unter unterschiedlicher Bezeichnung – Fahrlässigkeit, objektive Zurechnung, Gefahrverwirklichungszusammenhang, mehrfach auftauchen).

bb) Objektiver Tatbestand
(1) Handlung i. R. d. Grunddelikts

(a) Grundlagen; Handlung zur Vollendung des Grunddelikts

32 Die sprachliche Fassung der sog. erfolgsqualifizierenden Tatbestände, ggf. i. V. m. § 18 StGB (z. B. dann § 227 I StGB: Verursacht der Täter durch die Körperverletzung fahrlässig den Tod) macht deutlich, dass nicht irgendeine zur sog. schweren Folge führende Handlung genügen kann, sondern dass nur Handlungen relevant sind, die zum Grunddelikt gehören, d. h. als **Teil der Erfüllung des Grunddelikts** fungier(t)en; die Handlung der sog. Erfolgsqualifikation muss eine solche sein, die mindestens einen Teil des Verhaltens des Grunddelikts bildet.[53]

Zum Verhaltensteil des Vorsatzdelikts (Handlung, Schaffung einer unerlaubten Gefahr des Erfolgseintritts) s. o.

Bei mehraktigen Delikte kommt als Anknüpfungspunkt jede der tatbestandsteilerfolgsrelevanten Handlungen in Betracht (z. B. beim Raub die Nötigungs- oder die Wegnahmekomponente).

---

[52] S. auch z. B. Stein, in: SK-StGB, 9. Aufl. 2017, § 18 Rn. 23.
[53] Stein, in: SK-StGB, 9. Aufl. 2017, § 18 Rn. 25.

B. Vorsatz-Fahrlässigkeits-Kombinationen (Teilvorsatzdelikte)

Außertatbestandliche Handlungen sind irrelevant (z. B. auch solche, die die Tat verdecken oder nur die Flucht erleichtern sollen, ungeachtet des Zeitpunkt ihrer Vornahme); ohnehin wäre jedenfalls eine Gefahrverwirklichung in der sog. schweren Folge abzulehnen, da solche Handlungen bei jedem beliebigen Delikt auftauchen können,[54] vgl. u.

(b) Handlung nach Vollendung des Grunddelikts als Anknüpfungspunkt einer Erfolgsqualifikation (sukzessive Erfolgsqualifikation) (?)

Handlungen nach Erfolgseintritt des Grunddelikts sind jedenfalls dann außertatbestandlich, wenn die Tat in Gestalt des Grunddelikts nicht nur vollendet, sondern sogar beendet ist (zum Begriff der Beendigung s. o.); hier verläuft die äußerste Wortlautgrenze des materiell-rechtlichen Tatbegriffs.[55] Gleiches gilt für Delikte ohne Beendigungsstadium jenseits des Vollendungseintritts (z. B. die Körperverletzung gem. § 223 I StGB).[56]

Umstritten sind Delikte mit Beendigungsstadium (z. B. der Raub gem. § 249 I StGB) bzgl. Handlungen nach Vollendung, aber vor Beendigung, z. B. i. R. d. Beutesicherung. S. auch u. im Besonderen Teil bei § 251 StGB.

Angesichts der Tatbestandsspezifika bzgl. aller Auslegungsmethoden (z. B. wird bzgl. § 251 StGB mit der Existenz des räuberischen Diebstahls gem. § 252 StGB argumentiert) handelt es sich um keine verallgemeinerungsfähige Lehre des Allgemeinen Teils.

Richtigerweise ist das Einbeziehen des Beendigungsstadiums in den Tatbegriff (bzw. z. B. „durch den Raub", § 251 StGB) gänzlich abzulehnen. Hier verwirklicht sich jedenfalls keine unerlaubte Gefahr der zum Grunddelikt gehörenden Handlung mehr. Dies entspricht auch der (historischen) Funktion des § 18 StGB, welcher nur den Fahrlässigkeitsmaßstab klarstellen und keine Aussage zu einem erweiterten Tatbegriff treffen sollte. Hinzuweisen ist auch auf die Klarstellung in § 239 III Nr. 2, IV StGB („durch die Tat oder eine während der Tat begangene Handlung"); insofern ist ein Umkehrschluss aus dieser ausdrücklichen Normierung der Abweichung vom o. a. grunddeliktserfüllungsbezogenen für alle anderen Normen zu ziehen.[57]

(c) Versuch des Grunddelikts als Anknüpfungspunkt einer Vollendung der Erfolgsqualifikation (?)

Bleibt das Grunddelikt im Versuch stecken, so fragt sich, ob es damit auch nicht mehr zu einer vollendeten sog. Erfolgsqualifikation kommen kann, m. a. W. ob als Zwischenglied des Kausalverlaufs der Erfolg des Grunddelikts eingetreten sein muss, damit den Anforderungen der sog. Erfolgsqualifikationen entsprochen wird.

---

[54] Stein, in: SK-StGB, 9. Aufl. 2017, § 18 Rn. 25.
[55] Zur Beendigung als äußerste Grenze auch nach extensiver Auffassung z. B. bzgl. § 251 StGB (s. daher auch im Besonderen Teil) Wittig, in: BeckOK-StGB, Stand 01.02.2021, § 251 Rn. 5.
[56] Zu diesbzgl. Fragen des § 227 StGB (s. daher auch im Besonderen Teil) Hardtung, in: MK-StGB, 3. Aufl. 2017, § 227 Rn. 18.
[57] Stein, in: SK-StGB, 9. Aufl. 2017, § 18 Rn. 27.

Eine Minderheitsauffassung[58] legt den jeweiligen sog. erfolgsqualifizierten Tatbestand so aus, dass auch bei Versuch des Grunddelikts eine vollendete sog. Erfolgsqualifikation möglich ist (sog. Vollendungslösung).
Die ganz h. M.[59] hält eine Strafbarkeit wegen vollendeter Erfolgsqualifikation nicht für möglich; zum versuchten erfolgsqualifizierten Delikt s. u.
Zwar ist es bei unbefangener Betrachtung der sog. erfolgsqualifizierten Delikte noch unter den Wortlaut subsumierbar, als z. B. eine „Körperverletzung" (§ 227 I StGB) oder eine „Brandstiftung" (§ 306c StGB) auch den Versuch derselben anzusehen; der h. M. ist aber zu folgen: Erstens müsste anderenfalls für eine Klarheit beim Schuldspruch (§ 260 IV 1, 2 StPO) gesorgt werden, damit dieser nicht missverständlich gerät, sondern den bloßen Versuch des Grunddelikts klarstellt (dies lässt sich freilich einrichten: z. B. Körperverletzungsversuch mit Todesfolge). Zweitens dürften die Deliktsformulierungen mangels expliziter Versuchserwähnung als vom Normalfall der Vollendung als einzig möglichen ausgehend anzusehen sein. Drittens würde schlicht ein Teil des Erfolgsunrechts fehlen (vgl. auch das Schuldprinzip), eine mildernde Berücksichtigung bei der Strafzumessung kann dies nicht ausgleichen (zumal angesichts ggf. hoher Mindeststrafe).

(2) Schaffung einer unerlaubten Gefahr des Eintritts der sog. schweren Folge durch die Verwirklichung des Grunddelikts

(a) Grundlagen; Bezugspunkt der sog. schweren Folge

36 Die zum Grunddelikt gehörende Handlung muss eine unerlaubte Gefahr bzgl. des Eintritts der sog. schweren Folge (und nicht nur bzgl. des Eintritts des Erfolgs des Grunddelikts) schaffen.
Der Bezugspunkt der unerlaubten Gefahr ist also die sog. schwere Folge je nach Delikt (meistens der **Tod**, aber auch **andere** Verletzungserfolge, z. B. §§ 226, 306b I StGB).

(b) Grundsatz des § 18 StGB: wenigstens Fahrlässigkeit

37 2.2.1.4.2.2.2.1.(aa) **Allgemeines; Fahrlässigkeit** Gem. § 18 StGB muss der Täter bzgl. der sog. schweren Folge wenigstens fahrlässig handeln.

Zur **Struktur der Fahrlässigkeit** als (entgegen der h. M.) rein objektiv und subjektiv unrechtsbezogen s. o.
Im objektiven Tatbestand ist die objektive Fahrlässigkeit (quasi als erster Teil) angesprochen, dazu s. o. bei den reinen Fahrlässigkeitsdelikte (inkl. der Identität von Fahrlässigkeit und „objektiver Zurechnung" i. S. d. h. L., d. h. begriffen als Schaffung einer unerlaubten Gefahr und Realisierung derselben im Erfolg, insofern s. o. beim Vorsatzdelikt, auch zu den i. E. umstrittenen Fallgruppen).

---

[58] Wolters GA 2007, 65
[59] S. nur Hardtung, in: MK-StGB, 4. Aufl. 2020, § 18 Rn. 76.

Dass § 18 StGB wenigstens Fahrlässigkeit erfordert ist eine historisch zu erklärende Klarstellung, dass eine strafschärfende besondere Folge keine objektive Bedingung der Strafbarkeit ist. Heute ist angesichts des nunmehrigen § 15 StGB die Verwendung des Wortes „nur" missverständlich, besser wäre „bereits dann", da § 18 StGB gegenüber § 15 StGB geringere Anforderungen stellt.[60]

Zur mindestens teilweisen Zweifelhaftigkeit der strengen Strafrahmen trotz Reduzierung des Vorsatzerfordernisses (zumal die Zahl entsprechender Delikte nicht ganz gering ist und z. T. auch solche darunter sind, bei denen die sog. schwere Folge nicht ohne Weiteres auf der Gefährlichkeit des Grunddelikts beruht, sondern erst bei größerem situativen Kontext) s. o.

2.2.1.4.2.2.2.2.(bb) „Wenigstens" Durch das Wort „wenigstens" in § 18 StGB (ähnlich ggf. in den wichtigsten modifizierenden Tatbeständen, z. B. § 251 StGB, s. aber z. B. anders in § 30 I Nr. 3 BtMG) wird klargestellt, dass auch bei Vorsatz (oder wenn dieser nicht auszuschließen ist) die Erfolgsqualifikation anwendbar ist. Es besteht also kein Exklusivitätsverhältnis; zum ohnehin – zutreffenderweise anzunehmenden – Stufenverhältnis von Vorsatz und Fahrlässigkeit s. o. 38

Soweit die sog. schwere Folge **vorsätzlich** verwirklicht wird, hat dies für den objektiven Tatbestand keine Bedeutung. Zum subjektiven Tatbestand s. u.

Ferner gibt es zahlreiche Qualifikationen, die ausdrücklich (z. B. § 226 II StGB) oder im Wege der Auslegung mindestens Vorsatz oder sogar gesteigerte Vorsatzform (z. B. wiederum § 226 II StGB) voraussetzen; dies sind dann aber keine Vorsatz-Fahrlässigkeits-Kombinationen und keine sog. erfolgsqualifizierten Delikte mehr.

Zur Frage der **Leichtfertigkeit** s. sogleich.

(c) Spezialregelungen im Besonderen Teil
Eine Reihe sog. erfolgsqualifizierter Delikte trifft eine gegenüber § 18 StGB vorrangige engere Spezialregelung, indem **leichtfertiges** Handeln vorausgesetzt wird,[61] z. B. §§ 239a III, 239b II i. V. m. 239a III, 251 (auch i. V. m. 252, 255), 306c, 316a III StGB. 39

Zum (objektiven und subjektiven) Inhalt der Leichtfertigkeit s. o.

(d) Begründung der unerlaubten Gefahr bereits durch Verwirklichung des Grunddelikts (?)
Bezugspunkt des § 18 StGB bzw. der Leichtfertigkeit soll nach h. M. allein die Vorhersehbarkeit der schweren Folge sein, da die Sorgfaltswidrigkeit des Täters (besser, s. o.: Schaffung der unerlaubten Gefahr) bereits in der Verwirklichung des Grunddelikts liege.[62] 40

---

[60] Stein, in: SK-StGB, 9. Aufl. 2017, § 18 Rn. 2.
[61] Hierzu s. o.
[62] Kudlich, in: BeckOK-StGB, Stand 01.02.2021, § 18 Rn. 9; aus der Rspr. vgl. zuletzt BGH B. v. 15.02.2017 – 4 StR 375/16 – BGHSt 62, 49 = NJW 2017, 2211 = StV 2018, 243 (Anm. Bosch Jura 2017, 1340; Kudlich JA 2017, 712; Jahn JuS 2017, 1032; RÜ 2017, 575; famos 11/2017; Ast NJW 2017, 2214; LL 2018, 18; Steinberg StV 2018, 246).

Dem ist aber im Ansatz zu widersprechen:[63] Die Fahrlässigkeit bzgl. der sog. schweren Folge ist in beiden Komponenten (Schaffung der unerlaubten Gefahr des Erfolgseintritts, Verwirklichung dieser unerlaubten Gefahr im Erfolgseintritt) auf eben diese sog. schwere Folge zu beziehen. Die unerlaubte Gefahr bzgl. des Erfolgs des Grunddelikts ist aber nicht notwendigerweise zugleich eine unerlaubte Gefahr bzgl. der sog. schweren Folge. Zwar liegt u. U. aufgrund Nähe der Rechtsgüter (bzw. Wahrscheinlichkeiten, dass aus dem Betroffensein des einen das des anderen folgt, z. B. i. F. d. § 227 StGB; allerdings mangels Empirie ohnehin normativ angenommen und daher zweifelhaft) eine Deckungsgleichheit nicht fern, aber u. U. ist eben mangels Nähe begründungsbedürftig, warum das so sein soll (z. B. i. F. d. §§ 238 III, 239 IV StGB: an Nachstellungshandlungen oder Verlust der Fortbewegungsfreiheit stirbt man nicht ohne Weiteres), zumal wenn der Erfolgseintritt mit einer allenfalls niedrigen Bagatellschwelle versehen ist oder ein eher opferfernes Tatobjekt genügt (z. B. i. F. d. § 306c StGB). Ggf. beseht schließlich nicht einmal Personenidentität der Tatopfer (ausdrücklich in § 238 III StGB klargestellt, gänzlich opferoffen formuliert ist z. B. § 251 StGB; anders hingegen z. B. § 227 I StGB). Zu Handlungen im Beendigungsstadium, s. o.

Freilich zeigt der Gesetzgeber durch Normierung der Erfolgsqualifikation, dass er in der Verwirklichung des Grunddelikts ein ihm erheblich genug erscheinendes abstrakt unerlaubtes Risiko des Eintritts der sog. schweren Folge sieht. Allerdings kann es im konkreten Fall durchaus an unerlaubter Gefahrschaffung gerade bzgl. der sog. schweren Folge mangeln.

(e) Mangelnde Schaffung einer unerlaubten Gefahr trotz Verwirklichung des Grunddelikts

41 Zur (mangelnden) Schaffung einer unerlaubten Gefahr s. o. beim Vorsatzdelikt.

In Betracht kommt auch bzgl. der sog. schweren Folgen, dass der Täter keine Gefahrschaffung bzw. -steigerung gerade bzgl. der sog. schweren Folge bewirkt. Ferner liegt zwar immer eine abstrakte Unerlaubtheit in Gestalt der grunddeliktsrelevanten Handlung vor (s. o.; auch von absurd niedrigen Wahrscheinlichkeiten kann wohl nie ausgegangen werden), ggf. aber fehlt es an einer konkreten Unerlaubtheit (nämlich aufgrund Verhalten des Gefährdeten, vgl. z. B. ein den Anforderungen an einen Tatbestandsausschluss genügender Suizid[64] oder Behandlungsablehnung,[65] sofern man derartige Fälle nicht der Ebene der Verwirklichung der unerlaubten Gefahr zuordnet).

---

[63] Ausf. Stein, in: SK-StGB, 9. Aufl. 2017, § 18 Rn. 23.
[64] Zum Suizid z. B. als Frage des § 238 III StGB Gericke, in: MK-StGB, 3. Aufl. 2017, § 238 Rn. 55; aus der Rspr. vgl. BGH B. v. 15.02.2017 – 4 StR 375/16 – BGHSt 62, 49 = NJW 2017, 2211 = StV 2018, 243 (Anm. Bosch Jura 2017, 1340; Kudlich JA 2017, 712; Jahn JuS 2017, 1032; RÜ 2017, 575; famos 11/2017; Ast NJW 2017, 2214; LL 2018, 18; Steinberg StV 2018, 246).
[65] Zum Fall, dass behandelnde Ärzte mit Blick auf eine wirksame Patientenverfügung in rechtmäßiger Weise von einer Weiterbehandlung des moribunden Opfers absehen bzgl. § 251 StGB aus der Rspr. vgl. BGH B. v. 17.03.2020 – 3 StR 574/19 – NJW 2020, 3669 = StV 2021, 123 (Anm. Eisele JuS 2021, 86; RÜ 2021, 24; famos 10/2020; Mitsch NJW 2020, 3671; Bertlings jurisPR-StrafR 25/2020 Anm. 4; Kudlich JA 2021, 169; RÜ 2021, 24).

B. Vorsatz-Fahrlässigkeits-Kombinationen (Teilvorsatzdelikte)

(3) Eintritt der sog. schweren Folge
Die im jeweiligen Delikt vorgesehene sog. schwere Folge muss eintreten (z. B. der Tod eines als Opfer tauglichen Menschen).

42

(4) Verursachung der sog. schweren Folge durch die Verwirklichung des Grunddelikts
Für den Eintritt der sog. schweren Folge muss die grundtatbestandsrelevante Handlung ursächlich sein, was teils ausdrücklich normiert ist („verursacht", z. B. §§ 227 I, 251 StGB), teils im Wege der Auslegung gilt (z. B. „zur Folge Haben" nach § 226 I StGB, auch im Lichte des § 226 II StGB).

43

Zu den Anforderungen an die Verursachung (Ursächlichkeit, Kausalität) s. o. beim Vorsatzdelikt. Beim sog. erfolgsqualifizierten Delikt gelten diese gleichermaßen.[66]

(5) Verwirklichung der unerlaubten Gefahr durch die Verwirklichung des Grunddelikts im Eintritt der sog. schweren Folge (erfolgsqualifikationsspezifische, Unmittelbarkeits-, Risiko-, Gefahrverwirklichungszusammenhang)

(a) Grundlagen
Als zweiter objektiver Aspekt der Fahrlässigkeit (hier i. S. d. § 18 StGB) muss sich die unerlaubte Gefahr bzgl. der sog. schweren Folge in deren Eintritt verwirklicht haben. S. wiederum o. bei den reinen Fahrlässigkeitsdelikte (die h. M. nennt dies dort „Vorhersehbarkeit") und beim Vorsatzdelikt (als zweite Säule dessen, was die h. L. als „objektive Zurechnung" bezeichnet).

44

I. R. d. § 18 StGB passt dies überdies zum Begriff der „besonderen Folge", wobei die eigenständige Bedeutung der Wendung dahinstehen kann.

Hinzu kommt die Auslegung der Fassung des jeweiligen sog. erfolgsqualifizierten Tatbestands (z. B. § 227 I StGB „Verursacht…durch die Körperverletzung", ähnlich die meisten erfolgsqualifizierten Delikte, nur Austausch der Deliktsbezeichnung; s. aber ferner z. B. § 226 I StGB „Hat die Körperverletzung zur Folge"). Zu beachten ist insofern, dass aus der spezifischen Tatbestandsfassung folgen kann, dass eine Argumentation zur Gefahrenverwirklichung nicht auf andere Delikte übertragbar bzw. verallgemeinerbar ist (vgl. z. B. bei § 227 I StGB den Klammerzusatz, ferner „Tod der verletzten Person"); es ist insofern fraglich, inwieweit man die Thematik als eine des Allgemeinen teils angehen kann, zumal angesichts der unterschiedliche Nähe der Rechtsgüter von sog. Grunddelikt und sog. schwerer Folge bei den einzelnen Delikten; s. daher jeweils ergänzend im Besonderen Teil.

---

[66] Sternberg-Lieben/Schuster, in: Schönke/Schröder, StGB, 30. Aufl. 2019, § 18 Rn. 4; aus der Rspr. vgl. BGH U. v. 28.09.1951 – 2 StR 391/51 – BGHSt 1, 332 (Anm. Engisch JZ 1951, 787).

45 Angesichts der allgemeinen Fahrlässigkeitsdogmatik ist der verbreitete Hinweis im Grunde selbstverständlich, dass nämlich aus der in Fahrlässigkeitsfällen harten Straferhöhung (s. o., auch zu Relativierungen) folge, dass Kausalität zwischen sog. Grunddelikt und sog. schwerer Folge nicht genüge.[67]

Dass auch bei Vorsatz bzgl. der sog. schweren Folge eine Gefahrverwirklichung erforderlich ist, ergibt sich nicht nur aus der allgemeinen Dogmatik der strafrechtlichen Erfolgszurechnung (auch) beim Vorsatzdelikt, s. o., sondern auch daraus, dass sonst mangels eigenständigen Unrechts ein Grund für einen zusätzlichen (tateinheitlichen) Schuldspruch neben dem Delikt vorsätzlicher Herbeiführung der sog. schweren Folge (z. B. § 227 StGB neben § 212 StGB) entfiele.[68]

In terminologischer Hinsicht findet sich eine Bandbreite aus Formulierungen, die den Gefahrverwirklichungszusammenhang ausdrücken sollen (z. B. erfolgsqualifikationsspezifische, Unmittelbarkeits-, Risiko-, Gefahrverwirklichungszusammenhang),[69] anzustreben ist freilich eine für alle Deliktskategorien vereinheitlichende Begrifflichkeit, die Parallelen transparent werden lässt und nicht überdeckt.

(b) Anforderungen

46 Bereits die uneinheitliche Terminologie in Rspr. und Lehre zeigt eine gewisse Hilflosigkeit, *wann* ein erfolgsqualifikationsspezifischer, grunddeliktstypischer Zusammenhang etc. anzunehmen ist. Alle Umschreibungen (erst recht, wenn sie gesondert nur für die sog. erfolgsqualifizierte Delikte formuliert sind) sind vage bzw. nur eine Umformulierung des Problems.

Bei alledem muss zumal beachtet werden, die Entscheidung des Gesetzgebers, gem. § 18 StGB bereits einfache Fahrlässigkeit genügen zu lassen, nicht durch Überspannung der Anforderungen an die Verwirklichung der durch das sog. Grunddelikt geschaffenen Gefahr zu unterlaufen. Eine verfassungskonforme Reduktion (auf Leichtfertigkeit, Beinahe-Vorsatz[70] o. ä.) ist nicht oder jedenfalls nicht allgemein (s. ggf. im Besonderen Teil) geboten.

Das Restriktionsbedürfnis sinkt ohnehin, wenn man Handlungen nach Vollendung und außer(grund)tatbestandliche Handlungen (z. B. Verdeckungs- oder Fluchtermöglichungshandlungen) ausscheiden lässt, s. o.

Bei der Subsumtion der Grunddeliktsgefahrverwirklichung handelt es sich um eine mangels Erhebung empirischer Daten rein normative Frage, die angesichts der Unterschiedlichkeit der Rechtsgüter der einzelnen sog. Grunddelikte in Relation zur jeweiligen sog. schweren Folge und insofern unterschiedlicher Verletzungswahrscheinlichkeiten auf die selektive Wertentscheidung des Gesetzgebers zurückgeworfen wird, wenn dieser offenbar bei bestimmten sog. Grunddelikten eben eine

---

[67] S. nur Kindhäuser7Hilgendorf, LPK, 8. Aufl. 2020, § 18 Rn. 2.
[68] Stein, in: SK-StGB, 9. Aufl. 2017, § 18 Rn. 24; zu den sog. Konkurrenzen s. u.
[69] Zu divergierenden Bezeichnungen s. beispielsweise Rengier, AT, 12. Aufl. 2020, § 55 Rn. 4 („spezifischer Gefahrverwirklichungszusammenhang"); weitere Benennungen bei Krey/Esser, AT, 6. Aufl. 2016, § 52 Rn. 1369.
[70] So aber Stein, in: SK-StGB, 9. Aufl. 2017, § 18 Rn. 31 ff. („Vorsatznähe").

typische Gefahr vermutet. Ein Schutzzweckzusammenhang zwischen sog. Grunddelikt und sog. schwerer Folge besteht also immer, auch wenn das Plausibilitätsempfinden bzgl. der Wahrscheinlichkeiten, dass aus dem grunddeliktsrelevanten Verhalten die sog. schwere Folge resultiert, je nach Delikt unterschiedlich ausfällt.

Immerhin können aber die bereits beim **Vorsatzdelikt** relevanten anderen Gesichtspunkte und Fallgruppen mangelnder Risikorealisierung (v. a. also Pflichtwidrigkeitszusammenhang und Verhalten Dritter bzw. des Täters selbst – „Dazwischentreten"; Verhalten des Opfers je nach Einordnung in eine der Säulen, s. jeweils o.) fruchtbar gemacht werden.

Eine besondere Problematik besteht bei Delikten mit **alternativen Grunddeliktsvarianten** sowie **mehraktigen Delikten** (z. B. § 251 StGB). 47

Hier zeigt sich eine zu vermutende unterschiedliche Wahrscheinlichkeitsverteilung je nach (Teil-)Verwirklichung des sog. Grunddelikts, hier § 249 I StGB: Übt der Täter Gewalt gegen eine Person folgt daraus wahrscheinlicher ein Tod als aufgrund Anwendung von Drohungen mit gegenwärtiger Gefahr für Leib oder Leben. Jedenfalls insofern ist ferner die Nötigungskomponente des Raubs (jedenfalls bzgl. Gewalt) todesgefahrenträchtiger als die Wegnahmekomponente (Wegnahmehandlung oder Erfolgseintritt), dürfte doch die Wegnahme lebenswichtiger Sachen, z. B. Medikamente, eine seltene Konstellation sein, gleiches gilt bzgl. der Täterhandlung, die Wegnahme ermöglichen soll. Letzteres erklärt die i. R. d. § 251 StGB auf die Nötigungskomponente restringierende h. M.[71] Allerdings gibt dies den Opferschutz trotz nicht ganz fernliegender Kasuistik bzgl. der Wegnahmekomponente ohne Not preis, was v. a. im Vergleich zu nach h. M. durchaus erfassten Todeseintritten aufgrund einer Drohung befremdet, da es sich hier um mindestens ebenso seltene Fälle handeln dürfte (Herzinfarkt des Bedrohten o. ä.). Eine Aufspaltung des einheitlich in Bezug genommenen sog. Grunddelikts ist daher abzulehnen; ggf. greift ein sog. atypischer Kausalverlauf (s. beim Vorsatzdelikt).

Dass von einer Verwirklichung der Gefahr der Grunddeliktsbegehung in der sog. 48 schweren Folge als **allgemeine Restriktion** für alle sog. Erfolgsqualifikationen nur dann auszugehen wäre, wenn sich gerade der **Erfolg des Grunddelikts** zur sog. schwere Folge auswächst, wird ersichtlich nicht vertreten. Anders ist dies im Hinblick auf einzelne Delikte mit besonderer Nähe der betroffenen Rechtsgüter und ggf. engerem Wortlaut, v. a. bei § 227 StGB (Lehre von der Handlungsgefährlichkeit als h. M. vs. die sog. Letalitätslehre;[72] s. hierzu im Besonderen Teil).

---

[71] S. im Besonderen Teil sowie z. B. Kindhäuser, in: NK-StGB, 5. Aufl. 2017, § 251 Rn. 5; aus der Rspr. vgl. zuletzt BGH B. v. 14.02.2012 – 3 StR 446/11 – NStZ 2012, 379 (Anm. RA 2012, 409).

[72] Zsf. z. B. Eschelbach, in: BeckOK-StGB, Stand 01.02.2021, § 227 Rn. 5 f.; aus der Rspr. vgl. zuletzt BGH U. v. 07.11.2019 – 4 StR 226/19 – NStZ-RR 2020, 20 = StV 2020, 314; BGH U. v. 12.05.2020 – 1 StR 368/19 – StV 2021, 117; BGH B. v. 13.05.2020 – 4 StR 533/19 – StV 2020, 827; BGH B. v. 14.05.2020 – 1 StR 109/20 – StV 2021, 120 (Anm. Kudlich JA 2020, 785).

(6) Täterschaft, § 25 StGB

49 Wird das sog. erfolgsqualifizierte Delikt ohnehin durchgängig vorsätzlich begangen, so bestehen bzgl. der Täterschaft keine Besonderheiten gegenüber dem Vorsatzdelikt.
In der Fahrlässigkeitsvariante ist zunächst festzustellen, dass gem. § 11 II StGB das gesamte sog. erfolgsqualifizierte Delikt als Vorsatzdelikt fingiert wird, so dass § 25 (ff.) StGB ohne Weiteres anwendbar sind, allerdings bzgl. des Vorsatzteils (da bzgl. des Fahrlässigkeitsteils wie auch sonst beim reinen Fahrlässigkeitsdelikt sog. Einheitstäterschaft anzunehmen ist).[73]

> **§ 11 II StGB (Personen- und Sachbegriffe)**
> Vorsätzlich im Sinne dieses Gesetzes ist eine Tat auch dann, wenn sie einen gesetzlichen Tatbestand verwirklicht, der hinsichtlich der Handlung Vorsatz voraussetzt, hinsichtlich einer dadurch verursachten besonderen Folge jedoch Fahrlässigkeit ausreichen läßt.

Für die Mittäterschaft gem. § 25 II StGB genügt mithin die mittäterschaftliche Verwirklichung des sog. Grunddelikts, sodann aber muss jeder Mittäter selbst Fahrlässigkeit bzgl. der sog. schweren Folge aufweisen, wie sich § 18 StGB entnehmen lässt.[74] Zu beachten ist die Möglichkeit eines sog. Mittäterexzess, der sich nach der Reichweite der Tatverabredung richtet; insofern kommt z. B. § 227 StGB bei mangelnder Mittäterschaft bzgl. eines Totschlags nach § 212 I StGB (aber Mittäterschaft bzgl. einer Körperverletzung nach § 223 I StGB) eine Auffangbedeutung zu.[75]

cc) Subjektiver Tatbestand

50 Laut dem **Grundsatz des § 18 StGB** ist „wenigstens Fahrlässigkeit" erforderlich, so dass nach hier vertretener Auffassung im subjektiven Tatbestand die sog. subjektive Fahrlässigkeit zu prüfen ist, s. o. reine Fahrlässigkeitsdelikte.
„Wenigstens" stellt klar, dass erst recht Leichtfertigkeit und Vorsatz erfasst werden. **Spezialregelungen im Besonderen Teil** können erhöhte Anforderungen normieren; zur Leichtfertigkeit (z. B. in den §§ 251, 306c StGB) s. o.

---

[73] H. M., s. z. B. Stein, in: SK-StGB, 9. Aufl. 2017, § 18 Rn. 47.

[74] S. nur Sternberg-Lieben/Schuster, in: Schönke/Schröder, StGB, 30. Aufl. 2019, § 18 Rn. 6; näher Isfen Jura 2014, 1087.

[75] Zum Mittäterexzess im Lichte des sog. erfolgsqualifizierten Delikts Kudlich, in: BeckOK-StGB, Stand 01.02.2021, § 18 Rn. 20.1; näher Stuckenberg FS Jakobs 2007, 693; aus der Rspr. vgl. zuletzt BGH B. v. 04.02.2016 – 1 StR 344/15 – NStZ-RR 2016, 136 (Anm. Hecker JuS 2016, 944); BGH U. v. 04.12.2018 – 1 StR 255/18 – NStZ 2019, 287 = StV 2019, 608 (Anm. Kretschmer JR 2019, 254); BGH U. v. 12.05.2020 – 1 StR 368/19 – StV 2021, 117 (Anm. von Heintschel-Heinegg JA 2021, 425).

2. Versuchtes sog. erfolgsqualifiziertes Delikt

▶ Didaktische Aufsätze:

- Otto, Der Versuch des erfolgsqualifizierten Delikts, Jura 1985, 671
- Kühl, Versuch des erfolgsqualifizierten Delikts und Rücktritt, Jura 2003, 19
- Kuhli, Der Versuch beim erfolgsqualifizierten Delikt, JuS 2020, 289

a) Allgemeines

Da das sog. erfolgsqualifizierte Delikt als Vorsatz-Fahrlässigkeits-Kombination gem. § 11 II StGB als Vorsatzdelikt anzusehen ist, ist es auch im Versuch gem. §§ 22, 23 StGB strafbar, ferner ist § 24 StGB anwendbar.[76]   51

Zu unterscheiden sind Konstellationen des durchgehenden Versuchs von denen der tatsächlichen Vorsatz-Fahrlässigkeits-Kombination.

b) Durchgängiger Vorsatz bzgl. sog. Grunddelikt und sog. Erfolgsqualifikation

aa) Allgemeines

Da die Versuchsregelungen der §§ 22–24 StGB auf das reine Vorsatzdelikt zugeschnitten sind, ist die Möglichkeit eines versuchten sog. erfolgsqualifizierten Delikts jedenfalls dann vergleichsweise unproblematisch, wenn der Täter sowohl bzgl. des sog. Grunddelikt als auch bzgl. der sog. schweren Folge Vorsatz aufweist.   52

Zur empfohlenen Abschichtung der Grunddeliktsprüfung s. o. Sodann erfolgt eine Prüfung des Versuchs des erfolgsqualifizierten Delikts (im allgemeinen Versuchsaufbau).

bb) Versuch bei Ausbleiben der sog. schweren Folge

Bleibt die sog. schwere Folge aus, so kann die sog. Erfolgsqualifikation nur zum Versuch gelangen, unabhängig davon, ob das sog. Grunddelikt vollendet ist oder nicht.   53

(1) Sog. Grunddelikt vollendet

Die erste Konstellation, zeichnet sich dadurch aus, dass das Grunddelikt vollendet, die vom Vorsatz umfasste schwere Folge aber ausgeblieben ist.[77]   54

---

[76] Zum versuchten sog. erfolgsqualifizierten Delikt Hardtung, in: MK-StGB, 4. Aufl. 2020, § 18 Rn. 65 ff.; näher Ulsenheimer GA 1966, 257; Otto Jura 1985, 671; Laubenthal JZ 1987, 1065; Kühl FS Gössel 2002, 191; Kühl Jura 2003, 19; Küper FS Herzberg 2008, 323; Herzberg FS Amelung 2009, 159; Gössel ZIS 2011, 386; Mitsch NZWiSt 2019, 121.

[77] Hierzu B. Heinrich, AT, 6. Aufl. 2019, Rn. 689; aus der Rspr. vgl. zuletzt BGH B. v. 29.11.2012 – 3 StR 293/12 – NStZ-RR 2013, 137; BGH B. v. 05.06.2019 – 1 StR 34/19 – BGHSt 64, 80 = NJW 2019, 3659 = NStZ 2020, 221 = StV 2020, 240 (Anm. famos 12/2019; Schiemann NJW 2019, 3662, Bosch Jura 2020, 192; Kudlich JA 2020, 64; Eisele JuS 2020, 275; Heghmanns ZJS 2020, 164; RÜ 2020, 95; Jäger NStZ 2020, 224; Renzikowski JR 2020, 332 und JR 2021, 129).

Beispiel 373

BGH B. v. 29.03.2001 – 3 StR 46/01 – NJW 2001, 2187 = NStZ 2001, 371 (Anm. Kühl, Höchstrichterliche Rspr. BT, 2002, Nr. 56; Geppert JK 2001 StGB § 251/8; Baier JA 2001, 751; Martin JuS 2001, 821; LL 2001, 492; RÜ 2001, 267):

B und B2 hatten einen stark angetrunkenen Mann, Z, nachts zu einem Geldautomaten zu schleppen versucht, um dort unter Verwendung von dessen Scheckkarte an Geld zu gelangen. Als sich Z widersetzte, schlug B1 zuerst mit einem dicken Ast zweimal wuchtig auf dessen Kopf ein. Z erlitt als Abwehrverletzungen Brüche des rechten Mittelhandknochens und des rechten Ellenschafts sowie Kopfverletzungen und fiel zu Boden, worauf ihm B2 die Geldbörse aus der Jacke zog. Sodann schlug B1 mit dem Ast ein drittes Mal auf den Kopf des Z ein und trat mehrfach mit dem Fuß von oben auf und ebenfalls mehrfach von der Seite gegen dessen Kopf. Bei den Schlägen und Tritten nahm er den Tod des Z billigend in Kauf. Auf Aufforderung des B2 hörte B1 mit den Misshandlungen auf. Sie ließen Z schwer verletzt zurück in dem Bewusstsein, dass er sterben könne. Sie erzählten alsbald Freunden von der Tat. Als die vorschlugen, telefonisch einen Krankenwagen herbeizurufen, widersetzte sich B1 aus Furcht vor Entdeckung erfolgreich diesem Vorschlag. Z überlebte trotz schwerster Verletzungen. ◄

Im vorliegenden Fall handelt es sich um einen Raub (§ 249 StGB); ferner eine gefährliche Körperverletzung (§§ 223, 224 StGB). Der Raub ist als (besonders) schwerer Raub (§ 250 II Nr. 1, Nr. 3 StGB) qualifiziert.

§ 249 I StGB (Raub)
Wer mit Gewalt gegen eine Person oder unter Anwendung von Drohungen mit gegenwärtiger Gefahr für Leib oder Leben eine fremde bewegliche Sache einem anderen in der Absicht wegnimmt, die Sache sich oder einem Dritten rechtswidrig zuzueignen, wird mit Freiheitsstrafe nicht unter einem Jahr bestraft.

§ 250 I, II StGB (Schwerer Raub)
(1) Auf Freiheitsstrafe nicht unter drei Jahren ist zu erkennen, wenn
1. der Täter oder ein anderer Beteiligter am Raub
a) eine Waffe oder ein anderes gefährliches Werkzeug bei sich führt,
b) sonst ein Werkzeug oder Mittel bei sich führt, um den Widerstand einer anderen Person durch Gewalt oder Drohung mit Gewalt zu verhindern oder zu überwinden,
c) eine andere Person durch die Tat in die Gefahr einer schweren Gesundheitsschädigung bringt oder

> 2. der Täter den Raub als Mitglied einer Bande, die sich zur fortgesetzten Begehung von Raub oder Diebstahl verbunden hat, unter Mitwirkung eines anderen Bandenmitglieds begeht.
> (2) Auf Freiheitsstrafe nicht unter fünf Jahren ist zu erkennen, wenn der Täter oder ein anderer Beteiligter am Raub
> 1. bei der Tat eine Waffe oder ein anderes gefährliches Werkzeug verwendet,
> 2. in den Fällen des Absatzes 1 Nr. 2 eine Waffe bei sich führt oder
> 3. eine andere Person
> a) bei der Tat körperlich schwer mißhandelt oder
> b) durch die Tat in die Gefahr des Todes bringt.

Im Hinblick auf die Erfolgsqualifikation (hier § 251 StGB) ist die schwere Folge nicht eingetreten, es lag aber entsprechender Tatentschluss (hier also Tötungsvorsatz) vor.

> **§ 251 StGB (Raub mit Todesfolge)**
> Verursacht der Täter durch den Raub (§§ 249 und 250) wenigstens leichtfertig den Tod eines anderen Menschen, so ist die Strafe lebenslange Freiheitsstrafe oder Freiheitsstrafe nicht unter zehn Jahren.

Zum einen folgt hieraus neben dem vollendeten besonders schweren Raub (§§ 249 I, 250 II StGB) eine Versuchsstrafbarkeit wegen Erstrebens der schweren Folge als solcher (hier also: versuchter Totschlag, ggf. Mord, §§ 212 I, 211, 22, 23 StGB). Zum anderen ist aber auch (Tateinheit, § 52 StGB)[78] eine Strafbarkeit wegen versuchter Erfolgsqualifikation gegeben (hier: §§ 249 I, 251, 22, 23 StGB).

(2) Sog. Grunddelikt nur versucht
Bei der zweiten Konstellation sind sowohl das sog. Grunddelikt als auch die schwere Folge nur vom Vorsatz (bzw. dem sog. Tatentschluss) umfasst, aber nicht zur Vollendung gelangt.[79]

> **Beispiel 374**
>
> **BGH B. v. 10.05.2001 – 3 StR 99/01 – NStZ 2001, 534 = StV 2002, 81 (Anm. Otto JK 2002 StGB § 263/64):**
> B schoss in Tötungsabsicht mit einer Armbrust auf Z. Dieser abgegebene Schuss diente auch dazu, dem Z Schlüssel und Dokumente wegzunehmen und sich damit die Motoryacht anzueignen. Hierzu kam es jedoch nicht. ◄

---

[78] Zu den sog. Konkurrenzen s. u. und jeweils im Besonderen Teil, da bei unterschiedlichen sog. Erfolgsqualifikationen die Konkurrenzverhältnisse unterschiedlich beurteilt werden.
[79] S. B. Heinrich, AT, 6. Aufl. 2019, Rn. 690; aus der Rspr. vgl. BGH B. v. 10.05.2001 – 3 StR 99/01 – NStZ 2001, 534 = StV 2002, 81 (Anm. Otto JK 2002 StGB § 263/64).

Anerkanntermaßen ist eine solche Konstellation als versuchte Erfolgsqualifikation strafbar (hier nach §§ 249 I, 251, 22, 23 StGB). Hinzu kommt der ebenfalls verwirklichte versuchte Totschlag, vgl. o.

56 Problematisch ist es allerdings, wenn der **Versuch des Grunddelikts nicht strafbar** ist.[80]

Dies betrifft z. B. §§ 221 und 238 StGB. Mangels ausdrücklicher Normierung einer Versuchsstrafbarkeit und mangels Verbrechenscharakters des Grunddelikts (s. § 12 StGB) ist die versuchte Aussetzung oder Nachstellung straflos. Die Strafandrohung der §§ 221 III, 238 III StGB führt allerdings dazu, dass die deliktische sog. Erfolgsqualifikation allerdings aufgrund der Mindeststrafe als Verbrechen anzusehen ist.

Während eine Minderheitsauffassung[81] derartige Umwertungen eines Delikts zu einem Verbrechen für ausreichend hält, führt die h. M.[82] an, dass bereits der Versuch des Grunddelikts für sich genommen strafbar gewesen sein muss, da die nur von Fahrlässigkeit umfasste erfolgsqualifizierende Folge nur straferhöhend, aber nicht strafbegründend wirken darf (so der Wortlaut des § 18 StGB). Freilich dient die Formulierung des § 18 StGB nur der Unterscheidung von Qualifikationen und konstituierenden Delikten und ist auf die Vollendung zugeschnitten, während eine Aussage zum Versuch nicht getroffen werden sollte. Jedenfalls sind die §§ 12, 23 I StGB derogierende Spezialvorschriften.

57 Problematisch ist die Formulierung des Schuldspruchs, vgl. schon o.: Spricht man nur von einer versuchten Erfolgsqualifikation (z. B. versuchte Körperverletzung mit Todesfolge), so bleibt unklar, ob das Grunddelikt vollendet wurde, da der Bezugspunkt des „versucht" unklar ist. Allerdings ist dies hier unschädlich, da i. F. d. Vollendung des Grunddelikts dieses in Tateinheit hinzutritt, was im Gesamtergebnis als Klarstellung genügt. Denkbar ist aber auch eine Schuldspruchfassung, die z. B. auf vollendete Körperverletzung mit versuchter Todesfolge lautet.

cc) Versuch bei Eintritt der sog. schweren Folge

58 Umstritten ist die dritte Konstellation, bei dem das Grunddelikt nur ins Versuchsstadium gelangt und dennoch die schwere Folge eingetreten ist. Man bezeichnet dies auch als **erfolgsqualifizierten Versuch**,[83] um dies sprachlich etwas deutlicher zu machen.

---

[80] Hierzu B. Heinrich, AT, 6. Aufl. 2019, Rn. 699; aus der Rspr. vgl. BGH U. v. 10.07.1985 – 3 StR 104/85 – NStZ 1985, 501 = StV 1986, 201 (Anm. Otto JK 1986 StGB § 221/2; Ulsenheimer StV 1986, 201).

[81] Z. B. Stein, in: SK-StGB, 9. Aufl. 2017, § 18 Rn. 51.

[82] S. nur Krey/Esser, AT, 6. Aufl. 2016, Rn. 1375.

[83] Hierzu Hillenkamp/Cornelius, 32 Probleme aus dem Strafrecht AT, 15. Aufl. 2017, 16. P.; näher Geilen FS Welzel 1974, 655; Küper JZ 2019, 872; aus der Rspr. vgl. zuletzt BGH B. v. 05.06.2019 – 1 StR 34/19 – BGHSt 64, 80 = NJW 2019, 3659 = NStZ 2020, 221 = StV 2020, 240 (Anm. famos 12/2019; Schiemann NJW 2019, 3662; Bosch Jura 2020, 192; Kudlich JA 2020, 64; Eisele JuS 2020, 275; Heghmanns ZJS 2020, 164; RÜ 2020, 95; Jäger NStZ 2020, 224; Renzikowski JR 2020, 332); BGH B. v. 21.08.2019 – 1 StR 191/19 – NStZ-RR 2019, 378 (Anm. Jäger JA 2020, 153).

B. Vorsatz-Fahrlässigkeits-Kombinationen (Teilvorsatzdelikte)

Beispiel 375

BGH U. v. 09.10.2002 – 5 StR 42/02 (Guben) – BGHSt 48, 34 = NJW 2003, 150 = NStZ 2003, 149 = StV 2003, 74 (Anm. Puppe, AT, 4. Aufl. 2019, § 20 Rn. 25 ff.; Kaspar/Reinbacher, Casebook AT, 2020, Fall 5; Sowada Jura 2003, 549; Heger JA 2003, 455; Martin JuS 2003, 503; Laue JuS 2003, 743; LL 2003, 185; RÜ 2003, 26; RA 2003, 45; Hardtung NStZ 2003, 261; Puppe JR 2003, 123; Kühl JZ 2003, 637):

In der Nacht zum 13.02.1999 besuchten B1, B2 und Z1 die Diskothek „Dance-Club" in Guben. Alsbald gerieten sie dort in einen Streit mit mehreren vietnamesischen Besuchern, der in eine tätliche Auseinandersetzung vor der Diskothek mündete. In deren Verlauf, es war etwa 02:30 Uhr, griff Z2, ein kubanischer Staatsangehöriger mit dunkler Hautfarbe, zu einem flachen metallischen Gegenstand, der auch eine Machete gewesen sein kann. Als er damit auf die deutschen Jugendlichen zu rannte, flüchteten diese. Er lief hinter Z1 her, erreichte diesen und schlug ihm mit dem Gegenstand auf den Rücken. Bei der weiteren Flucht zog sich Z1 eine Prellung des Kniegelenks und eine oberflächliche Risswunde zu. Im Laufe der nächsten beiden Stunden trafen B1 und B2 in der Nähe der Diskothek auf B3, B4, B5, B6, B7, B8 und B9 und berichteten ihnen, dass sie von Ausländern bedroht und von Vietnamesen misshandelt worden seien. In erregter Stimmung gegenüber dem Ausländer Z2, gegenüber Vietnamesen und gegenüber Ausländern im Allgemeinen entschlossen sich B1-B9, den Kubaner auf eigene Faust zu suchen und zu ergreifen. Allen war bewusst, dass sie dabei Gewalt anwenden und die Person auch möglicherweise verletzen würden; auch die später hinzukommenden B10 und B11 erklärten sich damit einverstanden. Alsbald nachdem diese nunmehr aus elf Personen bestehende Gruppe mit den von B5, B6 und B9 geführten Fahrzeugen losgefahren war, sahen die B1 und B3 in der Nähe der Diskothek die Z3. Da sie annahmen, dass diese „mit Ausländern Bekanntschaften pflege", sprangen beide aus den Wagen und liefen auf Z3 zu. Sie riefen dabei sinngemäß: „Wir haben dir was mitgebracht – Hass, Hass, Hass – Ausländer raus!" und schütteten ihr dann Bier über den Kopf. Nach Rückkehr in die Fahrzeuge setzten sie die Suche nach dem Kubaner fort. Dabei schrien B1 und B3 weiterhin ausländerfeindliche Parolen; die Stimmung wurde durch das lautstarke Abspielen von Musikkassetten mit fremdenfeindlichen Texten weiter geschürt. In dieser Situation – es war etwa 04:40 Uhr – bemerkten sie drei Ausländer: Z4 und Z5 sowie den G, die nach dem Besuch des „Dance-Clubs" auf dem Heimweg waren. Die Fahrer bremsten auf Höhe der Ausländer die Autos scharf ab. B1 und B3 sowie weitere Beteiligte stürmten laut schreiend aus den Fahrzeugen auf die Ausländer zu. Diese ergriffen beim Anblick der zum Teil mit so genannten Bomberjacken und Springerstiefeln bekleideten Beteiligten angstvoll die Flucht zurück in Richtung Diskothek. Mittels der Pkw, in die diese Beteiligten wieder eingestiegen waren, setzten sie die Verfolgung fort. Nach ca. 50 bis 100 m überholten sie die Flüchtigen und bremsten die Wagen direkt vor ihnen ab, um den Weg zur Diskothek zu verstellen. Die Ausländer sahen, dass wiederum mehrere Beteiligte aus den Fahrzeugen sprangen – darin verblieben neben den Fahrern nur die B4 und B11 sowie B2 – und auf sie zuliefen. Aus Angst und in Panik liefen sie nunmehr in unterschiedliche Richtungen davon. Die Verfolger teilten sich entsprechend auf: Während Z5 und G durch B1 und B3 verfolgt wurden, liefen B9 sowie B7 und B10 hinter Z4 her; als B9 diesen eingeholt hatte, versetzte er ihm mehrere Tritte, so dass Z4 während des Laufs wiederholt zu Fall kam und schließlich gegen ein geparktes Auto stürzte, wobei er sich eine blutende Kopfwunde zuzog; ein in Richtung des Opfers geworfener Pflasterstein verfehlte dieses. Erst jetzt erkannte B9 an der Hautfarbe des am Boden Liegenden, dass es nicht der gesuchte Kubaner war. Er und die beiden anderen ließen vom Opfer ab und kehrten zu den Fahrzeugen zurück. B1 und B3 hatten hingegen die weitere Verfolgung der beiden anderen Flüchtenden nach einigen Metern abgebrochen, weil sie sie aus den Augen verloren hatten oder ihnen deren Vorsprung mittlerweile zu groß erschien. Ihre Suche nach den beiden weiteren gaben sie jedoch nicht auf. Indessen wähnten Z5 und G die Verfolger noch hinter sich. Sie liefen zu einem etwa 200 m von dem letzten Haltepunkt der Pkw entfernten Mehrfamilienhaus. Da G die Haustür nicht öffnen konnte, trat er in Todesangst die untere Glasscheibe der Tür ein. Dabei oder beim anschließenden Durchsteigen verletzte er sich an den im Türrahmen verbliebenen Glasresten; er zog sich eine 8,5 cm tiefe Wunde am rechten Bein und die Verletzung einer Schlagader zu. Binnen kurzer Zeit verblutete er. ◄

Zwar mangelt es hier an Tötungsvorsatz, die Problematik stellt sich aber trotzdem: Zu der von B1 und B3 beabsichtigten Körperverletzung von Z5 und G ist es laut BGH nicht gekommen. Indem G sich auf der Flucht so schwere Verletzungen zuzog, dass er verblutete, ist aber der Todeserfolg des § 227 StGB eingetreten.

Festzuhalten ist zunächst, dass bei nur versuchtem sog. Grunddelikt keine Vollendung des erfolgsqualifizierten Delikts möglich ist, s. o. (Ablehnung der „Vollendungslösung").

59 Bzgl. des Versuchs des sog. erfolgsqualifizierten Delikts ist in Ansehung der unterschiedlichen Tatbestandsfassungen und Rechtsgutsbezüge nur in begrenztem Maße eine allgemeine Lehre formulierbar, s. daher ergänzend jeweils im Besonderen Teil (v. a. bei den §§ 227, 251, 306c StGB).

Insbesondere bzgl. § 227 StGB wird bzw. wurde aufgrund des Wortlauts „Tod der verletzten Person" sowie der Nähe der Rechtsgüter der körperlichen Unversehrtheit und des Lebens in der Literatur[84] und der früheren Rspr.[85] ein derart restriktiver Gefahrverwirklichungszusammenhang vertreten, dass dieser nur bei Verwirklichung gerade des Körperverletzungserfolgs anzunehmen sei (sog. Letalitätslehre), woraus dann zugleich die Ablehnung des diesbzgl. erfolgsqualifizierten Versuch folgen

---

[84] Hardtung, in: MK-StGB, 3. Aufl. 2017, § 227 Rn. 11.
[85] S. nur BGH U. v. 02.02.1960 – 1 StR 14/60 (Pistolenschlag) – BGHSt 14, 110 (112); BGH U. v. 30.06.1982 – 2 StR 226/82 (Hochsitz; Kunstfehler) – BGHSt 31, 96 (99).

muss. Die Gegenauffassung in der heutigen Rspr.[86] und der wohl h. L.[87] lässt hingegen ausreichen, wenn sich die Körperverletzungshandlung in der schweren Folge verwirklicht.

Bei anderen sog. Erfolgsqualifikationen ist es konsentiert oder noch deutlichere Mehrheitsauffassung, dass es nicht auf den oder die Grunddeliktserfolge ankommt: So ist z. B. bzgl. § 251 StGB anerkannt, dass schon dann der Täter den Tod eines anderen Menschen „durch den Raub" verursacht hat, wenn das Opfer infolge der Nötigungskomponente verstirbt, auch wenn der Wegnahmeerfolg ausbleibt.

In der Tat sind die Restriktionsbedürfnisse auch im Lichte der Strafrahmen zu relativieren (s. o.), so dass der ohnehin derart interpretierbare Wortlaut des jeweiligen Delikts nicht (verfassungskonform, teleologisch o. ä.) einengend ausgelegt werden muss. Die gesetzgeberische Wertentscheidung einer gewissen Vermutung des Grunddeliktsgefährdungspotenzials auch bei Delikten, bei denen die Grunddeliktsvollendung vergleichsweise wenig mit einem tödlichen Ausgang zu tun hat (neben dem Raub etwa bei der Freiheitsberaubung gem. § 239 I StGB, schließlich kann das Opfer z. B. bereits bei einem Übewältigungsvorhaben versterben) ist zu respektieren. Differenzierungen zwischen den einzelnen Delikten bergen überdies die Gefahr von Rechtsunsicherheiten, da die entsprechenden Kriterien vage zu geraten drohen. Hinzu kommen bisweilen spezifische Argumente der Tatbestandsfassung (z. B. enthält der Klammerzusatz des § 227 I StGB den kompletten § 223 StGB, d. h. inklusive der Versuchsstrafbarkeit des § 223 II StGB).

De lege ferenda mögen Überarbeitungen von Voraussetzungs- und Rechtsfolgenseite durchaus wünschenswert sein.

Zum umstrittenen Fall, dass der Versuch des Grunddelikts für sich nicht strafbar ist (z. B. §§ 221, 238 StGB), s. o.

Erneut stellt sich die Problematik des **Schuldspruchs**: Die Verurteilung wegen versuchter Erfolgsqualifikation (z. B. versuchte Körperverletzung mit Todesfolge) sagt nichts über den Eintritt der sog. schweren Folge aus. Aufgrund Tateinheit des passenden Vorsatzdelikts (z. B. § 212 I StGB) ist i. F. d. Vorsatzvariante (zur Fahrlässigkeitsvariante) der sog. Erfolgsqualifikation dies aber unschädlich, vgl. o. Dennoch sollte sich eine Abhilfe z. B. durch Bezeichnung als Körperverletzungsversuch mit Todesfolge etablieren.

60

In einer Fallbearbeitung kann ferner die Platzierung der §§ 22, 23 StGB Klarheit befördern (z. B. §§ 223 I, II, 2, 23, 227 StGB statt §§ 223 I, II, 227, 22, 23 StGB).

---

[86] S. z. B. BGH U. v. 09.10.2002 – 5 StR 42/02 (Guben) – BGHSt 48, 34 = NJW 2003, 150 = NStZ 2003, 149 = StV 2003, 74 (Anm. Puppe, AT, 4. Aufl. 2019, § 20 Rn. 25 ff.; Kaspar/Reinbacher, Casebook AT, 2020, Fall 5; Sowada Jura 2003, 549; Heger JA 2003, 455; Martin JuS 2003, 503; Laue JuS 2003, 743; LL 2003, 185; RÜ 2003, 26; RA 2003, 45; Hardtung NStZ 2003, 261; Puppe JR 2003, 123; Kühl JZ 2003, 637).

[87] S. Eisele, BT I, 5. Aufl. 2019, Rn. 372.

dd) Rücktritt, § 24 StGB

61 § 24 StGB ist auch auf den Versuch des sog. erfolgsqualifizierten Delikts anwendbar. Schwierigkeiten entstehen dann, wenn das Rücktrittsverhalten des Täters nur eine der Deliktskomponenten erfasst (**Teilrücktritt**).[88]

Erstens betrifft dies den **Rücktritt nur von der sog. schweren Folge**.[89] Dieser ist aber nach ganz h. M. nach allgemeinen Voraussetzungen, die im Hinblick auf die Herbeiführung der sog. schweren Folge zu betrachten sind, immer möglich, und zwar selbst dann, wenn der Täter erkennt, dass er bereits das sog. Grunddelikt nicht mehr vollenden könnte und daher auch die sog. Erfolgsqualifikation nicht mehr als vollendetes Delikt verwirklichen kann (z. B. bei § 251 StGB: Abwendung des Todeserfolgs nach erkannter Unmöglichkeit einer Wegnahme).[90] Dies ist aber deswegen nicht richtig, weil in einem solchen Fall die Voraussetzungen des § 24 StGB nicht vorliegen (s. o., auch zum ambivalenten Argument des Opferschutzes; die h. M. würde von einem Fehlschlag sprechen). Es genügt eine Berücksichtigung bei der Strafzumessung.

Zweitens ist umstritten, ob ein **Rücktritt nur vom sog. Grunddelikt** (mit der Konsequenz des Durchschlagens auf die sog. Erfolgsqualifikation) nach Eintritt der sog. schweren Folge (- oder wenn § 24 StGB aus sonstigen Gründen bzgl. der sog. schweren Folge scheitert) möglich ist.[91]

> **Beispiel 376**
>
> BGH U. v. 14.05.1996 – 1 StR 51/96 – BGHSt 42, 158 = NJW 1996, 2663 = StV 1996, 546 (Anm. Roxin, Höchstrichterliche Rspr. AT, 1998, Nr. 70; Hemmer-BGH-Classics Strafrecht, 2003, Nr. 26; Geppert JK 1997 StGB 251/5; Sonnen JA 1997, 184; Martin JuS 1997, 178; Küper JZ 1997, 229):
>
> B1, B2 und B3 hatten sich bei einem Einbruch u. a. mit einer geladenen 9mm-Pistole bewaffnet, die nach der gemeinsamen Vorstellung aller drei dazu dienen sollte, möglichen Widerstand bei den beabsichtigten Wegnahmehandlungen zu brechen, wobei sie zumindest billigend in Kauf nahmen, dass die geladene Waffe auch auf Menschen gerichtet wurde. Bei Auftreten von Widerstand sollte in den Boden oder in die Luft geschossen werden. Im Verlauf des Geschehens löste sich aus der von B1 geführten Pistole ein Schuss, der den Hauseigentümer G tötete. Es ist nicht auszuschließen, dass B1 nicht bewusst und willentlich geschossen hatte. Nachdem B2 und B3 bemerkt hatten, dass B1, der sehr erschrocken war, auf G geschossen und diesen getroffen hatte, brachen sie die weitere Tatausführung ab und verließen den Tatort ohne Beute; B2 und B3 machten dem B1 wegen des Schusses heftige Vorwürfe. ◄

---

[88] Hierzu Kudlich, in: BeckOK-StGB, Stand 01.02.2021, § 18 Rn. 17.4.
[89] Hierzu Stein, in: SK-StGB, 9. Aufl. 2017, § 18 Rn. 52.
[90] So (zumindest in analoger Anwendung des § 24 StGB Stein, in: SK-StGB, 9. Aufl. 2017, § 18 Rn. 52.
[91] Hierzu Kudlich, in: BeckOK-StGB, Stand 01.02.2021, § 18 Rn. 17.3; näher Ulsenheimer FS Bockelmann 1979, 405; Jäger NStZ 1998, 161; Anders GA 2000, 64; Wolters GA 2007, 65; Streng FS Küper 2007, 629; aus der Rspr. vgl. bereits RG U. v. 10.12.1940 – 4 D 530/40 – RGSt 75, 52.

B. Vorsatz-Fahrlässigkeits-Kombinationen (Teilvorsatzdelikte)

Ungeachtet einer Strafbarkeit nach § 222 StGB könnten die B1 bis B3 durch die Aufgabe der weiteren Tatausführung vom versuchten Raub mit eingetretener Todesfolge (§§ 249 I, 250 II Nr. 1, Nr. 3 lit. b, 22, 23, 251 StGB) nach § 24 II 1 StGB zurückgetreten sein.

Teile der Lehre[92] halten einen Rücktritt vom erfolgsqualifizierten Versuch nach Eintritt der schweren Folge mangels Versuchscharakters der Tat für ausgeschlossen. Die Rspr.[93] und die h. L.[94] halten einen Rücktritt für möglich, so dass bei Vorliegen der übrigen Rücktrittsvoraussetzungen mit dem Grunddelikt, von dem zurückgetreten wird, zugleich der Anknüpfungspunkt für die Erfolgsqualifikation entfällt.

Zwar ist richtig, dass ein Rücktritt trotz Eintritt des Todes auf den ersten Blick unbefriedigend erscheint, allerdings greifen ggf. sonstige Delikte (im Vorsatzfalle genügen die §§ 212, 211 StGB, aber auch bei Fahrlässigkeit existiert immerhin § 222 StGB). Würde man unter den Begriff der Tat i. S. d. §§ 22, 24 StGB auch die schwere Folge subsumieren, so verstieße man insofern gegen Art. 103 II GG, § 1 StGB, als eine außertatbestandliche Folge für vollendungsrelevant erklärt würde.

c) Nur Fahrlässigkeit bzgl. sog. Erfolgsqualifikation

Liegt i. e. S. eine Vorsatz-Fahrlässigkeits-Kombination vor, so ist ein Versuch nur dahingehend denkbar,[95] dass das Grunddelikt versucht und sog. schwere Folge bereits deshalb eingetreten ist; § 22 StGB kann sich nicht auf den Fahrlässigkeitsteil beziehen und es gibt also keinen strafbaren fahrlässigen Versuch (s. o.). Insofern sind wie beim Vollendungsdelikt die Grundsätze zum Vorsatzdelikt auf den Vorsatzteil und die Grundsätze zum Fahrlässigkeitsdelikt auf den Fahrlässigkeitsteil anzuwenden.

Das bei der durchgängigen Vorsatzvariante Ausgeführte zu einem solchen sog. erfolgsqualifizierten Versuch gilt mithin auch hier.

Lediglich die Argumentation enthält eine neue Facette: Gegen die Anerkennung eines sog. erfolgsqualifizierten Delikts könnte in Fällen bloßer Fahrlässigkeit bzgl. der sog. schweren Folge sprechen, dass der Täter keine Vorstellung von der Verwirklichung der Erfolgsqualifikation hat und daher § 22 StGB nicht erfüllt ist. Dem ist allerdings zu entgegnen, dass gem. § 11 II StGB der Vorsatzcharakter des gesamten Delikts fingiert und § 22 StGB dadurch modifiziert wird, dass dessen Voraussetzungen nur für das sog. Grunddelikt gelten.

Zum Rücktritt von einem solchen Versuch vgl. o.

---

[92] Z. B. Jäger, AT, 8. Aufl. 2017, Rn. 326.
[93] S. nur BGH U. v. 14.05.1996 – 1 StR 51/96 – BGHSt 42, 158 (160).
[94] S. nur B. Heinrich, AT, 6. Aufl. 2019, Rn. 846 f.
[95] Zum Folgenden Stein, in: SK-StGB, 9. Aufl. 2017, § 18 Rn. 54 ff.

12. Kapitel: Begehen durch Unterlassen (sog. unechtes Unterlassungsdelikt), § 13 StGB

▶ Didaktische Aufsätze:

- Kaufmann, Methodische Probleme der Gleichstellung des Unterlassens mit der Begehung, JuS 1961, 173
- Böhm, Methodische Probleme der Gleichstellung des Unterlassens mit der Begehung, JuS 1961, 177
- Maiwald, Grundlagenprobleme der Unterlassungsdelikte, JuS 1981, 473
- Otto/Brammsen, Die Grundlagen der strafrechtlichen Haftung des Garanten wegen Unterlassens, Jura 1985, 530, 592 und 646, Jura 1986, 37
- Fahl/Scheurmann-Kettner, Unterlassungsdelikte, JA 1998, 658
- Ransiek, Das unechte Unterlassungsdelikt, JuS 2010, 490, 585 und 678
- Kühl, Das Unterlassungsdelikt, JA 2014, 507

A. Grundlagen

Aus § 13 StGB ergibt sich, dass nicht nur menschliches **Verhalten** (ein etwas weniger missverständlicher Oberbegriff als „Handlung") in Gestalt aktiven Tuns (hier passt „Handlung" schon besser, s. o. beim Begehungsdelikt) strafbar sein kann, sondern auch ein – so die die Begrifflichkeiten eher weiter verunklarende gesetzliche Überschrift des § 13 StGB – „Begehen durch Unterlassen".

Üblich ist es, vom sog. **Begehungsdelikt** (i. e. S., also aktiv) und dem sog. **Unterlassungsdelikt**[1] zu sprechen. Zu unterscheiden sind mithin Handlungsverbote

1

---

[1] Zum Unterlassungsdelikt etwa Rengier, AT, 12. Aufl. 2020, §§ 48 ff.; näher Vogt ZStW 1951, 381; Zimmermann NJW 1952, 1321; Grünwald ZStW 1958, 412; Schmitt JZ 1959, 432; Busch FS von Weber 1963, 192; Maiwald JuS 1981, 473; Schünemann ZStW 1984, 287; Gössel ZStW 1984, 321; Otto/Brammsen Jura 1985, 530, 592 und 646, Jura 1986, 37; Fahl/Scheurmann-Kettner JA 1998, 658; Gimbernat Ordeig ZStW 1999, 307; Schmidhäuser FS Müller-Dietz 2001, 761; Perdomo-Torres FS Jakobs 2007, 497; Ransiek JuS 2010, 490, 585 und 678; Kühl JA 2014, 507; Schünemann GA 2016, 301.

(strafbewehrte Pflichten, eine Handlung nicht vorzunehmen, sog. Begehungsdelikt) von Handlungsgeboten (strafbewehrte Pflichten, eine Handlung vorzunehmen, sog. Unterlassungsdelikt).

Insofern ist auch das sog. Unterlassungsdelikt auf den (aktiven) **Handlungsbegriff** bezogen, weil dem Täter vorgeworfen wird, eine Körperbewegung aus eigener Kraft bewusst nicht vollführt zu haben. Ob dies durchweg gilt, ist allerdings zweifelhaft, da sich Konstellationen bilden lassen, in denen die Strafbarkeit allenfalls an eine unterlassene **Hirntätigkeit** des Täters geknüpft werden kann[2] (wenn der Täter beispielsweise unterlässt, einen Rettungsplan gedanklich auszuarbeiten, was dazu führt, dass dann keine hinreichende Zeit mehr dafür und somit zur Erfolgsabwendung verbleibt); im Grunde ist diese unterlassene Befassung mit der Gefahr und ihrer Abwehr freilich nie ausschließlich als unterlassene Hirntätigkeit relevant, sondern nur als Frage der Vorverlagerung i. V. m. späterer Unmöglichkeit einer erfolgsverhindernden Körperbewegung.

In Fallbearbeitungen muss die Handlung, deren Nichtvornahme dem Täter vorgeworfen wird, im **Obersatz** genau benannt werden.

Über den Aufbau des v. a. objektiven Tatbestands des sog. Unterlassungsdelikts divergieren die Auffassungen stark, deutlich stärker noch als beim sog. Begehungsdelikt. Im Folgenden ist es erstens das Ziel, soweit als möglich Parallelen zum Begehungsdelikt herzustellen, damit sachliche Übereinstimmungen und Verwandtschaften herausgearbeitet und nicht durch Sonderschemata und -begrifflichkeiten verdeckt werden;[3] zweitens soll eine enge Anbindung an den Wortlaut des § 13 I StGB unter Verzicht auf eine gesetzesferne eigene Begrifflichkeit erfolgen, zumal wenn Missverständnisse drohen (z. B. bzgl. der sog. Garantenpflicht).

2   Man unterscheidet sog. **echte Unterlassungsdelikte** und sog. **unechte Unterlassungsdelikte**.

Echte Unterlassungsdelikte (auch: *delicta omissiva*) sind solche, in denen bereits die ausdrückliche Fassung des Tatbestands im Besonderen Teil lediglich ein Unterlassen umschreibt. Auch das Unterlassen kann also ein strafbares Verhalten, eine strafbare Handlung sein, z. B.:

> **§ 138 StGB (Nichtanzeige geplanter Straftaten)**
> (1) Wer von dem Vorhaben oder der Ausführung
> [...]
> 5. eines Mordes (§ 211) oder Totschlags (§ 212) oder eines Völkermordes (§ 6 des Völkerstrafgesetzbuches) oder eines Verbrechens gegen die Menschlichkeit (§ 7 des Völkerstrafgesetzbuches) oder eines Kriegsverbrechens (§§ 8, 9, 10, 11 oder 12 des Völkerstrafgesetzbuches) oder eines Verbrechens der Aggression (§ 13 des Völkerstrafgesetzbuches),

---

[2] Hierzu Stein, in: SK-StGB, 9. Aufl. 2017, vor § 13 Rn. 6.
[3] S. auch Freund/Rostalski, AT, 2. Aufl. 2019, § 6 Rn. 56 ff. und passim; Stein, in: SK-StGB, 9. Aufl. 2017, vor § 13 Rn. 15 ff.

A. Grundlagen

6. einer Straftat gegen die persönliche Freiheit in den Fällen des § 232 Abs. 3 Satz 2, des § 232a Abs. 3, 4 oder 5, des § 232b Abs.3 oder 4, des § 233a Abs. 3 oder 4, jeweils soweit es sich um Verbrechen handelt, der §§ 234, 234a, 239a oder 239b,
7. eines Raubes oder einer räuberischen Erpressung (§§ 249 bis 251 oder 255) oder
8. einer gemeingefährlichen Straftat in den Fällen der §§ 306 bis 306c oder 307 Abs. 1 bis 3, des § 308 Abs. 1 bis 4, des § 309 Abs. 1 bis 5, der §§ 310, 313, 314 oder 315 Abs. 3, des § 315b Abs. 3 oder der §§ 316a oder 316c

zu einer Zeit, zu der die Ausführung oder der Erfolg noch abgewendet werden kann, glaubhaft erfährt und es unterläßt, der Behörde oder dem Bedrohten rechtzeitig Anzeige zu machen, wird mit Freiheitsstrafe bis zu fünf Jahren oder mit Geldstrafe bestraft.

[...]

(3) Wer die Anzeige leichtfertig unterläßt, obwohl er von dem Vorhaben oder der Ausführung der rechtswidrigen Tat glaubhaft erfahren hat, wird mit Freiheitsstrafe bis zu einem Jahr oder mit Geldstrafe bestraft.

§ 221 I Nr. 2 StGB (Aussetzung)

(1) Wer einen Menschen
[...]
2. in einer hilflosen Lage im Stich lässt, obwohl er ihn in seiner Obhut hat oder ihm sonst beizustehen verpflichtet ist,
und ihn dadurch der Gefahr des Todes oder einer schweren Gesundheitsschädigung aussetzt, wird mit Freiheitsstrafe von drei Monaten bis zu fünf Jahren bestraft.

§ 323c I StGB (Unterlassene Hilfeleistung; [...])

Wer bei Unglücksfällen oder gemeiner Gefahr oder Not nicht Hilfe leistet, obwohl dies erforderlich und ihm den Umständen nach zuzumuten, insbesondere ohne erhebliche eigene Gefahr und ohne Verletzung anderer wichtiger Pflichten möglich ist, wird mit Freiheitsstrafe bis zu einem Jahr oder mit Geldstrafe bestraft.

Ferner sind im examensrelevanten Bereich die §§ 123 I, 206 II Nr. 3, 221 I Nr. 1, 225, 266, 315c I Nr. 2 lit. g, 339, 340 I, 357 StGB zu nennen, die zumindest außer einem aktiven Tun ausdrücklich oder aufgrund Auslegung auch ein Unterlassen umfassen. S. i. E. im Besonderen Teil.

Außer diesen sog. echten Unterlassungsdelikten hat der Gesetzgeber eine allgemeine Regelung geschaffen, die unter bestimmten Voraussetzungen jedes eigentlich aktivisch normierte Delikt als sog. **unechtes Unterlassungsdelikt** (*delictum commissivum per omissionem*) unter Strafe stellt, § 13 I StGB:

> **§ 13 I StGB (Begehen durch Unterlassen)**
> Wer es unterlässt, einen Erfolg abzuwenden, der zum Tatbestand eines Strafgesetzes gehört, ist nach diesem Gesetz nur dann strafbar, wenn er rechtlich dafür einzustehen hat, dass der Erfolg nicht eintritt, und wenn das Unterlassen der Verwirklichung des gesetzlichen Tatbestandes durch ein Tun entspricht.

Der Täter wird hier zur Abwendung eines Erfolges verpflichtet, „wenn er rechtlich dafür einzustehen hat" (sog. Garant). Strafbar ist aufgrund des jeweiligen Straftatbestands des Besonderen Teils i. V. m. § 13 StGB also auch bloße Passivität eines sog. Garanten, obwohl der Tatbestand ein aktives Tun beschreibt.

Beispiel 377

B sah, dass seine Ehefrau G gestürzt war und sich am Kopf verletzt hatte. Obwohl er erkannte, dass sie in Lebensgefahr schwebte, rief er keinen Arzt. G, die bei rechtzeitigem Verständigen eines Arztes gerettet worden wäre, starb. ◄

B, der als Ehegatte sog. Garant für den Schutz seiner Ehefrau ist (vgl. § 1353 BGB), hat sich gem. §§ 212 I, 13 StGB wegen Totschlags durch Unterlassen strafbar gemacht und eben nicht „nur" nach § 323c I StGB, welcher auch für Nichtgaranten gilt und insofern eine Auffangfunktion hat.

Diese Modifikation der Straftatbestände des Besonderen Teils durch § 13 StGB betrifft nur das Verhalten des Täters; die übrigen Tatbestandsmerkmale bleiben identisch.

Die Gesetzesfassung des § 13 StGB ist nicht sehr gelungen. Schon die gesetzliche Überschrift kündigt eher ungelenk die Gleichstellung von Unterlassen und aktivem Tun an. Der eigentliche Wortlaut verunklart, dass es um ein Verbot eines (*ex ante* unerlaubten) Verhaltens des Täters (hier in Gestalt von Unterlassen) geht und nicht um ein losgelöstes Einstehen (Garantie) für das Ausbleiben eines Erfolgs. Hinzu kommt eine scheinbare Beschränkung auf Erfolgsdelikte i. S. d. Definition der h. M. (s. o.), die dann eine andere Erfolgsdefinition für § 13 I StGB verwenden muss. Ähnlich wie beim Fahrlässigkeitsdelikt beschränkt sich der Gesetzgeber schließlich auf eine ganz rudimentäre Regelung der Verantwortlichkeitsvoraussetzungen, so dass bzgl. § 13 StGB Bedenken hinsichtlich der Bestimmtheit bestehen,[4] die allerdings das BVerfG[5] nicht teilt.

---

[4] S. Gaede, in: NK, 5. Aufl. 2017, § 13 Rn. 3; näher Kaufmann JuS 1961, 173; Böhm JuS 1961, 177; Seebode FS Spendel 1992, 317; Kühl FS Herzberg 2008, 177.
[5] S. BVerfG B. v. 10.06.1997 – 2 BvR 1516/96 – BVerfGE 96, 68 = NJW 1998, 50 = NStZ 1998, 144 (Anm. Fassbender NStZ 1998, 144); BVerfG B. v. 21.11.2002 – 2 BvR 2202//01 – NJW 2003, 1030 (Anm. Seebode JZ 2004, 305).

Dadurch, dass § 13 StGB die aktivisch formulierten Straftatbestände modifiziert, wird die allgemeine Handlungsfreiheit (Art. 2 I GG) erheblich eingeschränkt, da nicht bloß das Vermeiden eines bestimmten Verhaltens verlangt wird, sondern die Vornahme eines bestimmten Verhaltens, und das zudem unter vagen Voraussetzungen (v. a. bzgl. der sog. Garantenstellung). Gewisse Abschwächungen der Eingriffsintensität ermöglicht eine maßvolle Bestimmung des erlaubten (hier Unterlassungs-)Risikos.

De lege ferenda mag einmal erwogen werden, ob die bescheidenen Unterschiede in den Rechtsfolgen zwischen sog. Begehungs- und sog. unechtem Unterlassungsdelikt den dogmatischen Unterscheidungsaufwand, den § 13 StGB gebietet, wert sind. Dies gilt umso mehr, als eine sonderlich restriktive Handhabung des § 13 I StGB im Hinblick auf die sog. Garantenstellung ohnehin nicht ersichtlich ist und überdies das Gefälle zum Allgemeindelikt des § 323c I StGB nur bei einigermaßen schweren Straftaten relevant wird (zumal diesbzgl. eine Anhebung des Strafrahmens oder des Schaffens sog. Qualifikationen oder besonders schwerer Fälle denkbar wäre, etwa bei Eintritt einer gewichtigen Rechtsgutsverletzung).

B. Vorsätzliches vollendetes täterschaftliches unechtes Unterlassungsdelikt

I. Aufbau

I. „Vorprüfung": Unterscheidung von Begehen (aktivem Tun) und Unterlassen; Behandlung eines Begehens als Unterlassen   3
II. Tatbestand
  1. Objektiver Tatbestand
    a) Tatsituation: Gefahr des Erfolgseintritts
    b) Unterlassen der Erfolgsabwendung
      aa) Täter nimmt mögliche gefahrverringernde Handlung nicht vor
      bb) Unterlassene Handlung hätte Gefahr verringert
    c) Täterkreis (Tatsubjekt): Rechtlich dafür einzustehen haben, dass der Erfolg nicht eintritt; Einstandsperson (sog. Garantenstellung)
    d) Unerlaubtheit des Unterlassens (der Erfolgsabwendung), „objektive Zurechnung" I, „Zumutbarkeit"
    e) Erfolgseintritt
    f) Verursachung (hypothetische/Quasi-Kausalität)
    g) Verwirklichung des unerlaubten Unterlassens der Erfolgsabwendung im Erfolgseintritt („objektive Zurechnung" II)
    h) Sog. Entsprechungsklausel
    i) Täterschaft
  2. Subjektiver Tatbestand
    a) Allgemeines
    b) Sog. Entsprechungsklausel

III. Rechtswidrigkeit
IV. Schuld
V. Strafzumessung

II. Allgemeines

4   Das sog. unechte Unterlassungsdelikt kann nicht nur vorsätzlich, sondern auch (bei Vorhandensein eines Fahrlässigkeitsdelikts) fahrlässig verwirklicht werden. Es kann vollendet oder als bloßer Versuch vorliegen. Insofern sind zum einen die Lehren bzgl. des „normalen" vollendeten vorsätzlichen Begehungsdelikts fruchtbar zu machen, zum anderen aber auch die des fahrlässigen und des versuchten Begehungsdelikts, s. jeweils o. Die Reihenfolge der Darstellung orientiert sich an der beim sog. Begehungsdelikt.

III. Vorprüfung (?); Unterscheidung von Begehen (aktivem Tun) und Unterlassen; Behandlung eines Begehens als Unterlassen

▶   Didaktische Aufsätze:

- Ranft, Zur Unterscheidung von Tun und Unterlassen im Strafrecht, JuS 1963, 340
- Seelmann, Probleme der Unterscheidung von Handeln und Unterlassen im Strafrecht, JuS 1987, L33
- Stoffers, „Schwerpunkt der Vorwerfbarkeit" und die Abgrenzung von Tun und Unterlassen, JuS 1993, 23
- Röhl, Die Abgrenzung von Tun und Unterlassen und das fahrlässige Unterlassungsdelikt, JuS 1999, 895
- Führ, Die Abgrenzung von Tun und Unterlassen im Strafrecht – vom „Ziegenhaarfall" zu „Terri Schiavo", Jura 2006, 265

1. Grundlagen

5   Zur Sinnhaftigkeit des Begriffs der „Vorprüfung" und zur didaktischen Zweckmäßigkeit s. o. beim Versuch. Auch bzgl. des Inhalts besteht eine gewisse Verwandtschaft: Auch beim sog. unechten Unterlassungsdelikt handelt es sich zunächst nämlich um einen bloßen Merkposten dahingehend nämlich dass ein sog. **Begehungsdelikt Vorrang** gegenüber einem gleichgerichteten sog. Unterlassungsdelikt hat (sog. Gesetzeskonkurrenz, s. u.), auch bei zeitlicher Divergenz.[6] Insofern ist also, bevor die Prüfung eines sog. Unterlassungsdelikts zu beginnen ist, ein sog. Begehungsdelikt (zumindest) gedanklich durchzuprüfen. Insofern geht es nicht um eine „Abgrenzung" von Begehen und Unterlassen – so aber ein verbreiteter

---

[6] B. Heinrich, AT, 6. Aufl. 2019, Rn. 868.

Ansatz,⁷ – sondern um Unterschiedliches:⁸ Zunächst ist zu prüfen, ob der Täter das entsprechende sog. Begehungsdelikt verwirklicht hat. Ist dies nicht der Fall, kann ein sog. unechtes Unterlassungsdelikt geprüft werden. Ist aber das sog. **Begehungsdelikt an sich verwirklicht**, mag erwogen werden, ob das aktive Tun des Täters **ausnahmsweise trotzdem als Unterlassen** behandelt und damit doch nicht als Begehen bestraft wird (sog. Unterlassen durch Begehen).⁹ In beiden Fällen betreffen die entscheidenden Fragen aber eigentlich die Voraussetzungen des sog. Begehungsdelikts und nicht eine Prüfungsebene des sog. unechten Unterlassungsdelikts (vielmehr wäre hier allenfalls nach oben auf das sog. Begehungsdelikt zu verweisen); in evidenten Fällen kann ein Ansprechen des Begehens unterbleiben. In der Rspr. und der Literatur werden diese Überlegungsschritte nicht selten vermengt, v. a. bei Fahrlässigkeit des Täters.

2. Unterscheidung von Begehen (aktivem Tun) und Unterlassen
Tatsächlich ist die Frage, ob der Täter ein sog. Begehungsdelikt verwirklicht hat, oder ob dies scheitert und doch nur ggf. ein Unterlassen vorliegt, nicht immer einfach zu beantworten – dies ist der Sitz der Problematik der „Abgrenzung" von aktivem Tun und Unterlassen.¹⁰

6

Beispiel 378

RG U. v. 23.04.1929 – I 1265/28 (Ziegenhaar) – RGSt 63, 211:
B bezog für seine Pinselfabrik von einer Händlerfirma chinesische Ziegenhaare und ließ diese trotz der Mitteilung der Händlerfirma, dass er sie desinfizieren müsse, ohne vorherige Desinfektion durch seine Arbeiter zu Pinseln verarbeiten. Ein Arbeiter und drei Arbeiterinnen, die mit der Herstellung der Pinsel beschäftigt waren, und eine Arbeiterin, die mit den ersteren in Berührung kam,

---

⁷ S. nur Rengier, AT, 12. Aufl. 2020, § 48 Rn. 8 ff.
⁸ Stein, in: SK-StGB, 9. Aufl. 2017, vor § 13 Rn. 76 ff.
⁹ Hierzu beispielsweise Krey/Esser, AT, 6. Aufl. 2016, Rn. 1107 ff. („Aktives Tun und Unterlassen als Wertungsfrage"); näher Meyer-Bahlburg GA 1968, 49; Roxin FS Engisch 1969, 380.
¹⁰ Hierzu etwa Kindhäuser/Hilgendorf, LPK, 8. Aufl. 2020, § 13 Rn. 68 ff.; näher Spendel FS Schmidt 1961, 183; Ranft JuS 1963, 340; Lampe ZStW 1967, 476; Roxin FS Engisch 1969, 380; Engisch FS Gallas 1973, 163; Samson FS Welzel 1974, 579; Hruschka FS Bockelmann 1979, 421; Seelmann JuS 1987, L33; Volk FS Tröndle 1989, 219; Stoffers JuS 1993, 23; Stoffers GA 1993, 262; Struensee FS Stree/Wessels 1993, 133; Röhl JuS 1999, 895; Kargl GA 1999, 459; Brammsen GA 2002, 193; Walter ZStW 2004, 555; Führ Jura 2006, 265; Merkel FS Herzberg 2008, 193; Freund FS Herzberg 2008, 225; Streng ZStW 2010, 1; Loos FS Samson 2010, 81; Kuhlen FS Puppe 2011, 669; Ast ZStW 2012, 612; aus der umfangreichen Rspr. vgl. zuletzt BGH U. v. 04.09.2014 – 4 StR 473/13 (Jalloh) – BGHSt 59, 292 = NJW 2015, 96 (Anm. Puppe, AT, 4. Aufl. 2019, § 11 Rn. 25 ff.; RÜ 2014, 777; Satzger Jura 2015, 882; Jäger JA 2015, 72; Jahn JuS 2015, 180; LL 2015, 179; famos 1/2015; Schiemann NJW 2015, 20; Rostalski JR 2015, 306; Zimmermann/Linder ZStW 2016, 713; Dehne-Niemann HRRS 2017, 174); KG B. v. 12.12.2016 – 3 Ws 637/16 – 161 AR 160/16 – StV 2018, 304 (Anm. Ambrosy jurisPR-StrafR 5/2017 Anm. 3; Vogel StV 2018, 306); BGH B. v. 19.12.2018 – 1 StR 597/18 – NStZ-RR 2019, 74 = StV 2020, 86.

wurden durch Milzbrandbazillen, mit denen die Haare behaftet waren, angesteckt; die vier Arbeiterinnen sind an Milzbrand gestorben. ◀

Wirft man dem Fabrikanten ein bloßes Unterlassen vor (Nicht-Desinfektion der Haare) oder ein aktives Tun (Überreichen der infizierten Haare an die Arbeiter)?

Beispiel 379

BGH U. v. 14.03.2003 – 2 StR 239/02 (infizierter Arzt) – NStZ 2003, 657 = StV 2007, 76 (Anm. Puppe, AT, 4. Aufl. 2019, § 28 Rn. 7 ff.; RÜ 2003, 268; RA 2003, 378; famos 8/2003; Duttge JR 2003, 34; Geppert JK 2004 StGB § 13/38; Nepomuck StraFo 2004, 9; Paeffgen FS Rudolphi 2004, 187; Ulsenheimer StV 2007, 77):

B, der auch wissenschaftlich umfangreich aktiv war, genoss als Herzchirurg einen ausgezeichneten Ruf und operierte selbst mehrere hundert Patienten pro Jahr. Dem B war die in Ärztekreisen und Fachliteratur eingehend diskutierte Problematik der Gefahr wechselseitiger Hepatitis-B-Infektionen zwischen Ärzten und Patienten – einschließlich des besonderen Risikos bei chirurgischer Tätigkeit – bekannt; seit Beginn der 1990er-Jahre gehörte es darüber hinaus zum allgemeinen medizinischen Kenntnisstand, dass unter Umständen schon winzige, optisch nicht wahrnehmbare Mengen von Blut- oder Serumspuren (z. B. Schweißtropfen) für eine Übertragung des Virus ausreichend sind. Ebenso wusste B, dass das gesamte Personal der von ihm geführten Klinik – mit Ausnahme seiner eigenen Person sowie seines Stellvertreters – in regelmäßigen Abständen zu Kontrollen einbestellt wurde. B hingegen unterzog sich weder einer Untersuchung durch den Hochschularzt noch außerhalb des Klinikums; auch eine Impfung ließ er nicht vornehmen. Spätestens im Jahr 1992 infizierte der B sich mit Hepatitis B, ohne jemals Krankheitssymptome an sich festzustellen. Die Krankheit nahm einen chronischen Verlauf und von B ging eine extrem hohe Infektiösität aus. Im Zeitraum vom 27.05.1994 bis 06.11.1998 infizierte er bei Herzoperationen zwölf seiner Patienten. Bei einigen von ihnen kam es zu erheblichen gesundheitlichen Beschwerden; in drei Fällen verlief die Infektion chronisch. ◀

Liegt ein Begehungsdelikt vor, wenn nämlich an die Behandlungen anzuknüpfen ist, oder ein Unterlassungsdelikt, wenn auf das Versäumen der Untersuchungen abgestellt wird?

Beispiel 380

AG München U. v. 06.05.1987 – 462 Ds 123 Js 3284/87 – NJW 1987, 2314 = NStZ 1987, 407 (Anm. Herzberg JuS 1987, 777; Arloth NStZ 1987, 408):

B ging seit ihrem 12. Lebensjahr der Prostitution nach. Seit Anfang 1985 ist sie mit dem HIV-1-Virus infiziert. Die Gesundheitsbehörde untersagte ihr die Ausübung der Prostitution mit Bescheid vom 14.11.1985. Sie wurde belehrt, dass sie auch privat den Geschlechtsverkehr ausschließlich unter Verwendung von Kondomen durchführen dürfe. Gleichwohl ging sie weiterhin ihrer Tätigkeit nach. Zu einer Infizierung der Kunden kam es nicht. ◄

Festzuhalten ist, dass ein aktives (gefahrschaffendes und kausales) Tun des Täters ein sog. Begehungsdelikt erfüllt, was auch nicht dadurch aus der Welt geschafft werden kann, dass dem Täter eine gefahrmindernde Vorsichtsmaßnahme möglich gewesen wäre, die die Handlung des Täters zu einer erlaubten gemacht hätte.[11]

Anders ist es, wenn sich keine Handlung des Täters ermitteln lässt, die eine Gefahrsteigerung bewirkt hat; hier scheitert das sog. Begehungsdelikt, zu prüfen ist das sog. unechte Unterlassungsdelikt:

Beispiel 381

BGH B. v. 17.08.1999 – 1 StR 390/99 (Küchenbrand) – NStZ 1999, 607 (Anm. Puppe, AT, 4. Aufl. 2019, § 28 Rn. 1 ff.):
B ließ am Vormittag des 05.08.1998 ihre damals drei Jahre alte Tochter G für längere Zeit allein in der Wohnung zurück. Obwohl G schon früher in einem unbeaufsichtigten Moment die Herdplatten eingeschaltet hatte, traf B gegen diese Möglichkeit keine Vorkehrungen. Im Laufe des Tages setzte G die Herdplatten erneut in Gang. Durch die Hitzeentwicklung fing neben den Herdplatten liegendes Papier Feuer, es kam zu einem Küchenbrand; G erstickte. ◄

Stellt das Verlassen der Wohnung ein strafrechtlich relevantes aktives Tun dar oder kann der B nur ein Unterlassen (Aufsicht, Sicherung der Herdplatten) vorgeworfen werden? Ersteres scheidet aus: Ihr Verlassen der Wohnung hat das Risiko nicht erhöht; wäre sie nämlich vor Ort und untätig geblieben, wäre es ebenso zum tödlichen Feuer gekommen. Eine Risikoerhöhung lässt sich somit nur in Kombination mit dem Vorwurf des Unterlassens der Rettung formulieren. Der B ist somit (nur) unterlassene Gefahrminderung vorzuwerfen, dahingehend dass sie sich nicht eingriffsbereit gehalten hat; eine solche Pflicht folgt aber eben erst aus einer unterlassensrelevanten sog. Garantenstellung.

Nimmt man das sog. Begehungsdelikt als vorrangig zu prüfenden „Normalfall", so versteht sich von selbst, dass sich die Unterescheidung von aktivem Tun und Unterlassen danach richten muss, ob man eine Körperbewegung ausmachen kann, die die übrigen Deliktsvoraussetzungen erfüllt (wobei ein gesonderter Sprachgebrauch, wie etwa der vom Energieeinsatz,[12] nichts erhellt), v. a. also, ob der Täter eine Gefahr unerlaubt schafft oder eben nur eine anders entstandene Gefahr nicht mindert.

Da es sich bei der Frage der aktiven Gefahrsteigerung *ex ante* um eine normativierte Prognose handelt, was ohne die Täterhandlung geschehen wäre, ist eigentlicher *sedes materiae* die Frage, nach **welchen Kriterien** und unter Einbeziehung welcher Umstände man eine **Gefahrschaffung** oder- steigerung annimmt.

---

[11] Vgl. B. Heinrich, AT, 6. Aufl. 2019, Rn. 867.
[12] S. etwa Wessels/Beulke/Satzger, AT, 50. Aufl. 2020, Rn. 1157.

Wohl im Lichte von eher gefühlten Zweifeln, ob eine entsprechende Verurteilung sachgerecht ist (inkl. Anwendung des Regelstrafrahmens, der also nicht durch § 13 II StGB gemildert werden kann) versuchen sich die **Rspr.**[13] und die **h. L.**[14] an einer normativen Grenzziehung nach einem **Schwerpunkt der Vorwerfbarkeit.**

Allerdings[15] ist die Begehungsstrafbarkeit nach Maßgabe der Lehre von der sog. Gesetzeskonkurrenz unabhängig von etwaigen Schwerpunkten gesetzlich festgelegt, m. a. W.: Dem Täter kann nicht zugutekommen, dass er zusätzlich zur aktiven Herbeiführung des Erfolgs auch noch erfolgsabwendende Maßnahmen unterlässt. Hinzu kommt die eklatante Unbestimmtheit bei der Bestimmung eines Schwerpunkts, so dass die Gefahr von Gefühlsurteilen besteht. Die einzubeziehenden Kriterien bleiben im Dunkeln, erst recht Quantität und Verhältnis zueinander, mithin alles, was bei der Ermittlung eines Schwerpunkts helfen könnte. Gemeint ist offenbar eher eine Universalbetrachtung, ob der Täter eine mildere Behandlung verdient, weil sein aktives Tun durch eine gewisse Ferne zum Erfolg gekennzeichnet ist; eine solche Herabstufung widerspräche aber allen Zurechnungsprinzipien des sog. Begehungsdelikts (begonnen bei der Äquivalenz aller erfolgskausalen Handlungen) und wäre dem Gesetzgeber vorbehalten. Die Regelstrafrahmen ermöglichen meist auch eine angemessene Würdigung eher entfernterer Handlungen im Wege der Strafzumessung.

3. Lediglich Unterlassungsstrafbarkeit trotz Begehens (?)

a) Allgemeines

7   Als (angebliche, s. o.) Frage der Unterscheidung von Begehung und Unterlassung werden bestimmte Fallkonstellationen behandelt, in denen trotz aktiven Tuns eine Unterlassung und mithin eine Anwendbarkeit des § 13 StGB anzunehmen sein soll. Die Bedürfnisse auf Rechtsfolgenseite sind aufgrund der bloß fakultativen Strafmilderung gem. § 13 II StGB und der häufigen Existenz weiter Strafrahmen überschaubar; auf Voraussetzungsseite geht es nur um die Erforderlichkeit einer sog. Garantenstellung.

Zentrale Erwägung für eine kontrafaktisch-normative Herabstufung der Deliktsform ist die Annahme, dass der Unrechtsgehalt der Tat sich letztlich darin erschöpfe, dem Opfer eine aktive Leistung vorzuenthalten.[16]

Allerdings ist grundsätzlich schon deswegen zur Skepsis zu mahnen, weil unbilligen Ergebnissen durch die Erarbeitung angemessener Voraussetzungen für die Begehungsstrafbarkeit zu begegnen ist. Die Grundentscheidung des Gesetzgebers für einen gewissen Naturalismus aufgrund der Gegenüberstellung von Unterlassen und Begehen kann nicht durch teleologische Erwägungen hintergangen werden.

---

[13] S. o.
[14] Z. B. Krey/Esser, AT, 6. Aufl. 2016, Rn. 1107.
[15] Zur Kritik an dieser Formel Puppe, AT, 4. Aufl. 2019, § 28 Rn. 1 ff.; ausf. Puppe, AT 2, 2005, § 46 Rn. 1 ff.
[16] Vgl. Stein, in: SK-StGB, 9. Aufl. 2017, vor § 13 Rn. 76 ff.

§ 13 StGB erfüllt insofern nur eine Auffangfunktion. Zur hinreichenden Möglichkeit der Berücksichtigung bei der Strafzumessung i. R. d. sog. Begehungsdelikts s. o.

b) Rücknahme von Rettungsbemühungen

Die Beeinträchtigung **fremder** Rettungsbemühungen ist unumstritten ein aktives Tun; problematisch ist die Rücknahme **eigener** Rettungsbemühungen (sog. aktiver Rücktritt vom Gebotserfüllungsversuch).[17]

8

Beispiel 382

B sah den um Hilfe rufenden, ertrinkenden G. Er warf ihm einen Rettungsring zu. Kurz bevor G den Ring packen konnte, überlegte B es sich anders und zog ihn wieder weg. ◄

Mit dem Zuwerfen des Rettungsringes hatte B einen bei ungestörtem Fortgang des Geschehens zur Rettung des G führenden Kausalverlauf in Gang gesetzt, durch das Wegziehen ihn wieder abgebrochen. Ist das ein Begehen?

Die h. M.[18] differenziert nach dem Stadium der Rettung: Begehungstäter sei hiernach, wer die Rettung zu einem Zeitpunkt abbricht, in dem bereits eine gesicherte Rettungsmöglichkeit bestand, ansonsten bleibe es beim Unterlassungsvorwurf. In der Tat führt die gesicherte Rettungsmöglichkeit zum Erlöschen der Ursprungsgefahr, so dass der Täter dann eine neue Gefahr schafft; kam es noch zu keiner Chance des Opfers, aufbauend auf dem Täterverhalten sich zu retten, kann von einer eigenen Gefahrschaffung des Täters nicht die Rede sein. Allerdings ist eine aktive Gefahrschaffung bereits dann gegeben, wenn der Täter eine bereits gegebene Chance des Opfers, die richtigerweise nicht „gesichert" (heißt das 100 Prozent?) sein, sondern nur eine gewisse Mindestschwelle erreicht haben muss, reduziert. Deutlich zeigt sich, dass eine frei wertende Umdeutung von aktivem Tun

c) Sog. *Omissio libera in causa*
▶ Didaktischer Aufsatz:

- Satzger, Dreimal „in causa" – actio libera in causa, omissio libera in causa und actio illicita in causa, Jura 2006, 513

Als *omissio libera in causa* bezeichnet man es, wenn ein Unterlassungstäter sich in den Zustand der Handlungsunfähigkeit versetzt hat.[19]

9

---

[17] Hierzu B. Heinrich, AT, 6. Aufl. 2019, Rn. 873; näher Silva Sánchez FS Frisch 2013, 299; Puppe ZIS 2018, 484; aus der Rspr. vgl. KG B. v. 12.12.2016 – 3 Ws 637/16 – 161 AR 160/16 – StV 2018, 304 (Anm. Ambrosy jurisPR-StrafR 5/2017 Anm. 3; Vogel StV 2018, 306).

[18] S. Joecks/Jäger, StGB, 13. Aufl. 2021, § 13 Rn. 17.

[19] Hierzu Joecks/Jäger, StGB, 13. Aufl. 2021, § 13 Rn. 94; näher Bertel JZ 1965, 53; Baier GA 1999, 272; Satzger Jura 2006, 513; Dehne-Niemann GA 2009, 150; Otto FS Frisch 2013, 589; aus der Rspr. vgl. zuletzt BGH B. v. 29.01.2015 – 1 StR 587/14 – NJW 2015, 1190 = NStZ 2015, 517 = StV 2015, 439; KG B. v. 09.02.2016 – (4) 121 Ss 231/15 (5/16) – NStZ-RR 2016, 208 = StV

> **Beispiel 383**
>
> Bademeister B trank Alkohol und schlief volltrunken ein. Er hörte daher die Schreie der Nichtschwimmerin G nicht, die ins Wasser gefallen war und ertrank. ◄
>
> Im Zeitpunkt der Rettungspflicht handelte B mangels Handlungsfähigkeit nicht tatbestandsmäßig. Angeknüpft werden kann aber an sein fahrlässiges oder vorsätzliches Vorverhalten. Dieses war zwar ohne Weiteres ein aktives Tun (Trinken), dennoch wird dieser verschuldete Ausschluss der Rettungsfähigkeit als Unterlassungsdelikt bewertet, um eine Schlechterstellung gegenüber dem aus sonstigen Gründen nicht Rettenden zu vermeiden.[20] Aus der Warte der aktiven Gefahrsteigerung betrachtet (s. o.: Verlassen der Wohnung), lässt sich diese deswegen verneinen, weil das Verhalten des Täters nur i. V. m. mit seiner Eingriffs- bzw. Gefahrabwendungspflicht als kausal formulierbar ist.

d) Sog. Sterbehilfe

10 Diese besondere Problematik sei im Besonderen Teil erörtert.

e) Sog. Produkthaftung

▶ Didaktischer Aufsatz:

- Schmidt-Salzer, Zivilrechtliche und strafrechtliche Produktverantwortung, JA 1988, 465

11 Die h. M. problematisiert, ob beim Vertrieb gefährlicher und nicht zurückgerufener Produkte der Schwerpunkt der Vorwerfbarkeit beim aktiven In-Verkehr-Bringen des Produkts liegt oder beim Unterlassen des gebotenen Rückrufs.[21] Zur Kritik s. o.

> **Beispiel 384**
>
> BGH U. v. 06.07.1990 – 2 StR 549/89 (Lederspray) – BGHSt 37, 106 = NJW 1990, 2560 = NStZ 1990, 587 = StV 1990, 446 (Anm. Roxin, Höchstrichterliche Rspr. AT, 1998, Nr. 92; Puppe, AT, 4. Aufl. 2019, § 2 Rn. 9 ff. und 27 ff.;

2016, 478; BGH B. v. 11.10.2018 – 1 StR 257/18 – StV 2019, 748; OLG Braunschweig B. v. 08.04.2019 – 1 Ss 5/19 (Anm. Hiéramente jurisPR-StrafR 22/2019 Anm. 3); LG Freiburg U. v. 07.05.2019 – 4/17 8 Ns 81 Js 1825/13 (Anm. Wilke/Knauth NZWiSt 2019, 483); OLG Hamm B. v. 22.10.2020 – 5 RVs 83/20, 5 Ws 279/20 (Anm. Heghmanns ZJS 2021, 230).

[20] S. etwa Kindhäuser/Hilgendorf, LPK, 8. Aufl. 2019, § 13 Rn. 84.

[21] Hierzu Lackner/Kühl, StGB, 29. Aufl. 2018, § 13 Rn. 5; näher Schmidt-Salzer JA 1988, 465; Schmidt-Salzer NJW 1988, 1937; Vogel GA 1990, 241; Kuhlen JZ 1994, 1142; Schmidt-Salzer NJW 1996, 1; Hoyer GA 1996, 160; Deutscher/Körner wistra 1996, 292 und 327; Kühne NJW 1997, 1951; Hilgendorf FS Lenckner 1998, 699; Otto FS H. J. Hirsch 1999, 291; Tiedemann FS H. J. Hirsch 1999, 765; Bode FS 50 Jahre BGH 2000, 515; Kuhlen FG 50 Jahre BGH IV 2000, 647; Kellermann FS Kreuzer 2003, 265; Hilgendorf FS Weber 2004, 33; Kuhlen FS Eser 2005, 359; Bloy FS Maiwald 2010, 35; Timpe HRRS 2017, 272.

Kaspar/Reinbacher, Casebook AT, 2020, Fall 2; Hemmer-BGH-Classics Strafrecht, 2003, Nr. 1; Schmidt-Salzer NJW 1990, 2966; Kuhlen NStZ 1990, 566; Brammsen Jura 1991, 533; Hassemer JuS 1991, 253; Samson StV 1991, 182; Beulke/Bachmann JuS 1992, 737; Meier NJW 1992, 3193; Puppe JR 1992, 30; Hirte JZ 1992, 257; Brammsen GA 1993, 97; Hilgendorf NStZ 1994, 561; Jähnke Jura 2010, 582; Rotsch ZIS 2018, 1; Puppe ZIS 2018, 57):

Die E-GmbH befasste sich unter anderem mit der Herstellung von Schuh- und Lederpflegeartikeln. Dazu gehörten auch Ledersprays, die – abgefüllt in Treibgasdosen – zum Versprühen bestimmt waren und der Pflege, dem Imprägnieren oder dem Färben insbesondere von Schuhen und sonstigen Bekleidungsgegenständen dienen. Ab dem Spätherbst 1980 gingen Schadensmeldungen ein, in denen berichtet wurde, dass Personen nach dem Gebrauch von Ledersprays Marke „E" gesundheitliche Beeinträchtigungen erlitten hatten. Diese Beeinträchtigungen äußerten sich zumeist in Atembeschwerden, Husten, Übelkeit, Schüttelfrost und Fieber. Die Betroffenen mussten vielfach ärztliche Hilfe in Anspruch nehmen, bedurften oftmals stationärer Krankenhausbehandlung und kamen in nicht seltenen Fällen wegen ihres lebensbedrohlichen Zustands zunächst auf die Intensivstation. Die Befunde ergaben regelmäßig Flüssigkeitsansammlungen in den Lungen (Lungenödem). Die ersten Schadensmeldungen lösten firmeninterne Untersuchungen aus. Diese bezogen sich auf zurückgegebene Spraydosen. Fabrikationsfehler ergaben sich dabei nicht. Festgestellt wurde nur, dass bei einem Spray seit Mitte 1980 der Wirkstoffanteil des Silikonöls erhöht worden war. Diese Rezepturänderung wurde Anfang 1981 rückgängig gemacht. Gleichwohl folgten weitere Schadensmeldungen. Fachgespräche mit Toxikologen zweier Chemieunternehmen und einem beratenden Arzt brachten keine Klärung. Der Silikonöl-Wirkstoff wurde aus den Produkten genommen. Die Schadensmeldungen setzten sich jedoch fort. Am 12.05.1981 fand eine Sondersitzung der Geschäftsführung statt. Den einzigen Tagesordnungspunkt bildeten die bekanntgewordenen Schadensfälle. Teilnehmer waren unter anderem sämtliche Geschäftsführer der Firma W-GmbH, nämlich B1–4. Sie fassten den einstimmigen Beschluss, den Vertrieb des Ledersprays fortzusetzen. In der Folgezeit kam es zu weiteren Gesundheitsschäden nach der Verwendung von Ledersprays der bezeichneten Marke. ◄

Lag bereits bei Beginn des Vertriebs Vorsatz oder Fahrlässigkeit vor, so wird diese Begehungshandlung als aktive Risikosetzung dem Unterlassen vorgehen.

IV. Tatbestand

1. Objektiver Tatbestand

a) Grundlagen

Zum Bemühen um Annäherung zwischen sog. Begehungs- und unechtem Unterlassungsdelikt bzgl. Aufbau, Begriffen etc. s. o. Dies führt wiederum zu deutlichen

12

Abweichungen von der h. M.[22] in Aufbaufragen. Unumgänglich sind ferner gewisse Umformulierungen, die sich aus der Andersartigkeit des vorwerfbaren Täterverhaltens sowie dem Wortlaut des § 13 I StGB ergeben.

b) Tatsituation: Gefahr des Erfolgseintritts

13 Als Tatsituation des sog. unechten Unterlassungsdelikts muss eine Gefahr des Erfolgseintritts nach Maßgabe des jeweils in Betracht kommenden Delikts (z. B. § 212 StGB) bestehen, d. h. eine nach dem *ex ante* zu prognostizierendem Geschehensablauf gewisse Wahrscheinlichkeit des Erfolgseintritts.[23]

Zum Begriff des Erfolgs. s. o. Die h. M. gerät mit ihrem engen Erfolgs(delikts)verständnis in gewisse Schwierigkeiten, da § 13 I StGB ausdrücklich von einem Unterlassen der *Erfolgs*abwendung spricht. Dennoch ist es ganz h. M., dass auch reine Tätigkeitsdelikte (z. B. § 153 StGB) hierunter fallen,[24] wofür eine eigene Begriffsauslegung i. R. d. § 13 I StGB nötig wird. Bei eigenhändigen Delikten soll nach h. M. die täterschaftliche Unterlassungsbegehung ausgeschlossen sein;[25] zur Ablehnung der Rechtsfigur des eigenhändigen Delikts insgesamt s. o.

Die Gefahrermittlung erfolgt wie beim Begehungsdelikt, s. o. Vgl. auch die Gefahrbegriffe der §§ 34, 35 StGB.

Der Ursprung der Gefahr ist gleichgültig. Sofern die Gefahrenquelle ein Mensch ist, ist im Blick zu behalten, dass die menschlichen Willensbildungsprozesse unzureichend durchdrungen sind (Willensfreiheit?), s. o. beim sog. Begehungsdelikt.

Problematisch ist, ob die Erfolgseintrittswahrscheinlichkeit eine bestimmte **Höhe** erreicht haben muss. Da Risiken ein Stück weit normaler Teil des menschlichen Lebens sind und viele Risiken sich vergleichsweise langsam steigern (etwa das Todesrisiko bei unterlassener Ernährung), kann nicht jede noch so entfernte Gefahr relevant sein; Rückschaufehler aus dem eingetretenen Erfolg sind zu vermeiden. Jedenfalls wäre die Unerlaubtheit des Unterlassens zu verneinen, allerspätestens die Verwirklichung des unerlaubten Unterlassens im Erfolgseintritt (s. jeweils u. und schon beim sog. Begehungsdelikt).

Keine Gefahr besteht, wenn in hinreichend erfolgsabwendungschancenerhöhendem Maße bereits andere Menschen tätig sind; man nennt dies auch mangelnde **Erforderlichkeit** der Gefahrenabwehr.[26]

Bei **Dauerdelikten** besteht eine Gefahr im hiesigen Sinne auch dann noch, wenn der Erfolg bereits eingetreten ist und „nur" eine **Gefahr der Fortsetzung** anzunehmen ist (z. B. bei der Freiheitsberaubung gem. § 239 StGB).

---

[22] Ein für die h. M. exemplarisches Aufbauschema findet sich z. B. bei Joecks/Jäger, StGB, 13. Aufl. 2021, § 13 Rn. 10.

[23] Zu diesem Prüfungspunkt Schmidhäuser, AT, 2. Aufl. 1975, 16/26 („Gefahrenlage").

[24] Hierzu etwa Bosch, in: Schönke/Schröder, StGB, 30. Aufl. 2019, § 13 Rn. 3; näher Steiner MDR 1971, 260. Tenckhoff FS Spendel 1992, 347; aus der Rspr. vgl. BayObLG U. v. 18.08.1978 – RReg. 1 St 147/77 (Anm. Horn JR 1979, 291).

[25] Heine/Weißer, in: Schönke/Schröder, StGB, 30. Aufl. 2019, vor § 25 Rn. 105; aus der Rspr. vgl. BGH U. v. 27.07.1962 – 4 StR 215/62 – BGHSt 18, 6 = NJW 1962, 2069.

[26] Z. B. Lackner/Kühl, StGB, 29. Aufl. 2018, § 13 Rn. 5.

c) Unterlassen (der Erfolgsabwendung)
aa) Grundlagen
Das in § 13 I StGB eher angedeutete als tatsächlich umschriebene Verhalten des Täters („unterlässt, einen Erfolg abzuwenden") besteht darin, dass er eine mögliche *ex ante* gefahrverringernde Handlung (u. U. vorverlagert auf unterlassene Hirntätigkeit, s. o.) nicht vornimmt. Dies entspricht spiegelbildlich der Schaffung oder Steigerung einer Gefahr beim sog. Begehungsdelikt. 14

Bei Dauerdelikten ist nicht notwendigerweise die Erfolgsabwendung Bezugspunkt, sondern ggf. auch die Beendigung des Zustands (z. B. § 239 StGB), vgl. o.

bb) Nichtvornahme einer möglichen Handlung
Der Wortlaut des § 13 I StGB beschränkt sich nicht darauf, schlicht zu formulieren, dass jemand den „Erfolg nicht abwendet", sondern verwendet die Wendung „es unterlässt, einen Erfolg abzuwenden". Während Ersteres schlicht die Nichthandlung beschriebe, setzt Letzteres voraus, dass der Täter den Erfolg hätte abwenden können. Es geht also um das Nichthandeln trotz **Möglichkeit**. 15

> **Beispiel 385**
> B erkannte, dass G ertrinken würde. Er ist aber Nichtschwimmer. ◀

Es besteht Einigkeit, dass sich kein Täter wegen Unterlassens einer unmöglichen Handlung strafbar machen kann,[27] im Detail aber ist – abgesehen von der Zuordnung zu einer Gliederungsebene innerhalb des objektiven Tatbestands, was letztlich dahinstehen kann – nicht abschließend geklärt, welche Aspekte bei der Prüfung einer Unmöglichkeit zu berücksichtigen sind, insbesondere, ob ein **individualisierter** Maßstab anzulegen ist oder ein **objektivierter/generalisierter**.[28] Während es beim sog. Begehungsdelikt h. M. ist, dass das tatbestandliche Unrecht generalisiert zu messen ist, könnte ein Widerspruch darin liegen,[29] dass die ganz h. M.[30] beim sog. unechten Unterlassungsdelikt betont, relevant seien die Möglichkeiten des individuellen Täters.

In der Tat zeigt sich hier einmal mehr deutlich, dass auch ein objektiv formulierbarer Rechtsmaßstab nicht ohne Berücksichtigung der konkreten Situation desjenigen auskommt, von dem ein bestimmtes Verhalten verlangt wird. Allerdings besteht der scharfe Gegensatz zwischen den Maßstäben nicht, da sich die Grundlage des Täterwissens verobjektivieren lässt (s. o. beim vorsätzlichen und fahrlässigen sog. Begehungsdelikt). Die Ermittlung einer möglichst objektivierten Maßfigur bei der Bestimmung des rechtlich geschuldeten Verhaltens ist natürlich durchweg ein

---
[27] Fischer, StGB, 68. Aufl. 2021, § 13 Rn. 77 ff.; Joecks/Jäger, StGB, 13. Aufl. 2021, § 13 Rn. 26; aus der Rspr. vgl. zuletzt OLG Nürnberg B. v. 06.11.2017 – 1 Ws 297/17 (Anm. Jahn JuS 2018, 181; Staudinger jurisPR-StrafR 3/2019 Anm. 3); BGH v. 05.06.2019 – 5 StR 181/19 – NStZ-RR 2019, 271 = StV 2020, 301 (Anm. Nestler Jura 2019, 1219; Brüning ZJS 2019, 429).
[28] Hierzu Stein, in: SK-StGB, 9. Aufl. 2017, vor § 13 Rn. 3.
[29] So Stein, in: SK-StGB, 9. Aufl. 2017, vor § 13 Rn. 3.
[30] S. nur Joecks/Jäger, StGB, 13. Aufl. 2021, § 13 Rn. 26; anders aber Maiwald JuS 1981, 473.

zentrales Problem mit erheblichen Rechtsunsicherheiten, zumal in Bereichen mangelnder primärrechtlicher Regulierung, da etwa die zu berücksichtigenden situativen Umstände kaum präzise *ex ante* festzulegen sind. Dass im Tatstrafrecht objektive Unrechtsverwirklichung im Mittelpunkt steht, ändert nichts daran, dass Schaffung und Abwendung von Gefahr sich nicht (billigend oder missbilligend) bewerten lassen, ohne die diesbzgl. Situation des Täters (auch als Basis seiner Vorstellungen) einzubeziehen. Dies gilt bereits für das sog. Begehungsdelikt, s. o., und muss dann ebenso für das sog. unechte Unterlassungsdelikt gelten.

Der Kluft zwischen den grundlegenden Ansätzen der Generalisierung bzw. Individualisierung ist nicht so groß wie sie scheint, da die Anforderungen an eine gedachte Maßfigur durchaus auf die spezifische Situationen des sich verhaltenden Menschen rekurrieren. Wenn man überhaupt Verhaltensnormen aufstellt, dann kann eine solche nicht für jeden Mensch unterschiedlich sein; soll es sich um einen Aspekt des objektiven Tatbestands handeln, dann sind (nur) objektive Umstände das Subsumtionsmaterial einer solchen Norm. Keinesfalls ist es dabei geboten gedanklich zunächst von einem weit maßfigürlichen Täter (etwa einem Menschen, der schwimmen kann, wie dies in Deutschland auf die deutliche Mehrheit zutrifft) auszugehen und erst auf späterer Ebene individualisierte Einschränkungen (weil z. B. der konkrete Täter Nichtschwimmer ist) vorzunehmen. Anzumahnen ist aber, die objektiv situationsspezifische Komponente des Verhaltensvorwurfs bei allen Deliktsformen ehrlicher zu benennen.

Beim sog. unechten Unterlassungsdelikt zeigt sich die notwendige Fokussierung auf die spezifische Lage des gefahrenabwehrpflichtigen Täters ohnehin zwanglos: Erstens kann bereits mehreren Aspekten der gedehnten Formulierung des § 13 I StGB entnommen werden, dass eine Fokussierung auf das dem konkreten Täter in der Gefahrensituation Mögliche dem Gesetzgeber vor Augen stand („wer", „er rechtlich dafür einzustehen hat", „unterlässt"). Je nach Sichtweise beim sog. Begehungsdelikt wird dieses mithin modifiziert (was etwas Anderes wäre als Inkonsequenz) bzw. präzisiert. Freilich müsste auf dieser Ebene nicht einmal unbedingt ein sinnvoller Verhaltensvorwurf umrissen werden, da auch der Handlungsbegriff des sog. Begehungsdelikts sehr weit ist und erst durch den Aspekt der unerlaubten Gefahrschaffung das Missbilligenswerte des Verhaltens erarbeitet wird. Gewisse – mindestens terminologische – Unterschiede beider Deliktsformen sind Ausfluss der divergierenden Ausgangssituationen: Wer aktiv die unerlaubte Gefahr schafft, hat damit selbstverständlich seine Handlungsmöglichkeit erwiesen und zugleich ist der täterschaftlich in Betracht kommende Personenkreis klein. Demgegenüber unterlassen fast alle Menschen fast alles im Hinblick auf fast alle Gefahren, so dass eine teleologisch brauchbare Verhaltenssteuerung rasch zu situationsspezifischen Betrachtungen kommen muss. Es ist auch unentbehrlich, dass eine generalisierte Maßfigur auf einer bestimmten Situation, auf Fähigkeiten und Kenntnissen im Zeitpunkt des Verhaltens des Täters aufbaut. Angesichts der Tatsituation des sog. unechten Unterlassungsdelikts kommt v. a. eine Zeitkomponente hinzu, da nämlich bis zum Erfolgseintritt ein Zeitfenster der Abwendungsmöglichkeit sich mal mehr mal weniger schnell schließt. Insofern folgt aus der zur Verfügung stehenden Zeit überhaupt erst eine „Individualisierung"; Eilbedürftigkeit beeinflusst die möglichen gefahrmindernden Handlungen. Dem Nichtschwimmer ist (eigenhändige) Hilfe deswegen unmöglich, weil er nicht hinreichend Zeit hat, Schwimmen zu lernen; ob er fremde Hilfe beschaffen könnte, steht aber auf einem anderen Blatt, was wiederum deutlich macht, dass erfolgsbezogene Handlungsgebote so umfassend sind, dass schlagwortartige Teil-Unmöglichkeiten wenig weiterführen. Da ein Unterlassen eine fehlende Reaktion auf eine bereits bestehende (erkannte oder fahrlässig verkannte) Gefahr ist, verengt dies zwangsläufig den Kreis auf entsprechend taugliche Reaktionsadressaten; ein sinnvoller Maßstab der Reaktion auf eine Gefahr ist sonst nicht ermittelbar, da ein Anlass für die Befassung mit der Gefahr erforderlich ist. Selbst beim (auch fahrlässigen) Begehungsdelikt sind die Handlungsoptionen oft individuell begrenzt, zumal bei Eilbedürftigkeit (z. B. medizinische *lex artis*, Individualitäten von Patienten, Unterschiede in der Praxisausstattung etc.). Jedenfalls im Hinblick auf die *Unerlaubtheit* des Unterlassens der (weiteren) Gefahrverringerung (s. u.) ist bei alledem eine normative, objektive Wertung erforderlich, wie sehr ein Täter seine Möglichkeiten ausschöpfen muss. Ob man diese Denkschritte nun näher unterteilt oder unter einen gemeinsamen Begriff der Unmöglichkeit subsumiert – bei beiden Verhaltensformen erweist sich bereits im objektiven Tatbestand eine Pflichtenbemessung nach Kenntnisstand des Täters als unverzichtbar.

Die Relevanz dieser Fragen zeigt sich insbesondere – wie beim sog. Begehungsdelikt – bei Sonderwissen oder -fähigkeiten des Täters, s. o.

Nach alledem ist ein Unterlassen zunächst die Nicht-Ausschöpfung der rechtzeitig möglichen Gefahrenabwehrbefassung.

Eine gänzliche Unmöglichkeit kann es dabei eigentlich nur geben, wenn der Täter seine komplette Befassungsmöglichkeit verliert (vgl. o. Handlung: geistiger Steuerungsapparat ausgeschaltet, z. B. bei Schlaf). I. Ü. sorgt eher das i. d. R. enge Zeitfenster für etwaige Unmöglichkeit, was z. B. auch das Überwinden räumlicher Distanz,[31] die Benachrichtigung anderer Personen oder die Beschaffung erforderlicher Hilfsmittel betrifft. Die Begrenzung der Möglichkeiten folgt also aus der Summe der Umstände der Gesamtsituation (wobei erstaunlich viele Beispielsfälle automatisch auf extreme Eilbedürftigkeit ausgerichtet sind).

Eine mögliche Handlung ist bereits nicht vorgenommen, wenn sie nicht **sofort** ergriffen wird, vorausgesetzt, dass ein Abwarten *ex ante* die Erfolgsabwendungschancen senkt.[32] Relevant wird dies u. a. für aufeinander aufbauende Unterlassungen (z. B. Nahrungszufuhr).

16

Bei selbst herbeigeführter Handlungsunfähigkeit kommt eine sog. *omissio libera in causa* in Betracht, s. o.

cc) Unterlassene Handlung hätte Gefahr verringert
Beim sog. Begehungsdelikt muss die vorgenommene Handlung des Täters *ex ante* eine Gefahr des Erfolgseintritts begründet oder gesteigert haben; beim sog. unechten Unterlassungsdelikt muss die unterlassene Handlung so beschaffen sein,

17

---

[31] Vgl. Wessels/Beulke/Satzger, AT, 50. Aufl. 2020, Rn. 1168.
[32] Stein, in: SK-StGB, 9. Aufl. 2017, vor § 13 Rn. 30.

dass sie *ex ante* die bestehende Gefahr des Erfolgseintritts verringert hätte (also die Wahrscheinlichkeit verringert hätte), so dass also von einer Gefährlichkeit der Unterlassung gesprochen werden kann.[33] Bei sicherer Erfolglosigkeit eines Rettungsbemühens mangelt es hieran.[34] Verbreitet ist diesbzgl. auch die Terminologie von der Geeignetheit und Erforderlichkeit der Rettungshandlung[35] (was gegenüber dem sog. Begehungsdelikt eine unnötige eigenständige Begrifflichkeit ist).

Der zu prognostizierenden Geschehensablaufs i. F. d. Unterlassens ist mit dem Geschehensablaufs i. F. d. Handlung des Täters im Hinblick auf die Erfolgseintrittswahrscheinlichkeiten zu vergleichen. Zu Einzelheiten zur Gefahr(verringerung) s. o. beim sog. Begehungsdelikt.

Da es hier zunächst um jedwede Risikosenkung geht, muss bei mehreren möglichen Handlungen der Täter die *ex ante* effektivste vornehmen (größte Gefahrverringerung);[36] eine andere Frage ist natürlich, ob eine spätere – objektive oder subjektive – Voraussetzung bzgl. gerade dieser Unterlassung scheitert, so dass in zweiter Linie an die nächst effektive, nachrangige anzuknüpfen wäre.

Der Täter muss seine Möglichkeiten bis zum **erlaubten Maß der Risikobelassung** (s. o.) ausschöpfen. Bei gleicher Gefahrenverringerung *ex ante* hat der Täter die Wahl zwischen den entsprechenden Möglichkeiten,[37] wenn nicht eine kumulative (gleichzeitige oder sukzessive) Vornahme mehrerer Handlungen und daher weitere Gefahrenminderung möglich ist. Zur Minderung der Gefahrenverringerungschance durch Abwarten s. o.

Bezugspunkt der Risikobetrachtung ist die bestehende Gefahr des Erfolgseintritts aufgrund der eingetretenen Umstände. Ist die dem Täter mögliche Handlung ebenfalls (aber auf andere Weise) riskant,[38] so wird dies nicht an dieser Stelle saldiert, sondern betrifft die Frage der Unerlaubtheit der Unterlassung, s. u.

d) Täterkreis (Tatsubjekt): Rechtlich dafür einzustehen haben, dass der Erfolg nicht eintritt; Einstandsperson (sog. Garantenstellung)

▶ Didaktische Aufsätze:

- Arzt, Zur Garantenstellung beim unechten Unterlassungsdelikt, JA 1980, 553, 647 und 712
- Kühl, Die strafrechtliche Garantenstellung, JuS 2007, 497

---

[33] Stein, in: SK-StGB, 9. Aufl. 2017, vor § 13 Rn. 15.
[34] B. Heinrich, AT, 6. Aufl. 2019, Rn. 901 f.; aus der Rspr. vgl. zuletzt OLG Hamburg B. v. 08.06.2016 – 1 Ws 13/16 – NStZ 2016, 530 (Anm. RÜ 2016, 640; Miebach NStZ 2016, 536; LL 2017, 27; Kraatz JR 2017, 299; Wilhelm HRRS 2017, 68; Duttge MedR 2017, 145).
[35] Rengier, AT, 12. Aufl. 020, § 49 Rn. 8; Krey/Esser, AT, 6. Aufl. 2016, 1122; aus der Rspr. vgl. OLG Köln U. v. 16.01.1973 – Ss 222/72 – NJW 1973, 861.
[36] Stein, in: SK-StGB, 9. Aufl. 2017, vor § 13 Rn. 29.
[37] Kindhäuser/Hilgendorf, LPK, 8. Aufl. 2020, § 13 Rn. 9
[38] I.E. umstritten, vgl. Wessels/Beulke/Satzger, AT, 50. Aufl. 2020, Rn. 1173; Frister, AT, 9. Aufl. 2020, 22/24; aus der Rspr. vgl. BGH U. v. 28.07.1970 – 1 StR 175/70 (Anm. Ulsenheimer JuS 1972, 252; Spendel JZ 1973, 137).

- Rönnau, Grundwissen – Strafrecht: Garantenstellungen, JuS 2018, 526
- Bosch, Der Einfluss des Gesetzes sowie materieller Kriterien auf die Entstehung von Garantenpflichten, Jura 2019, 1239

aa) Allgemeines
(1) Grundlagen
§ 13 I StGB verpflichtet nicht jedermann zur Erfolgsabwendung, sondern ordnet die Unterlassungsstrafbarkeit „nur dann" an, „wenn er [der Täter] rechtlich dafür einzustehen hat, daß der Erfolg nicht eintritt". 18

Diese Begrenzung des Kreises der grundsätzlich verpflichteten Menschen und damit des tauglichen Täterkreises macht das sog. unechte Unterlassungsdelikt insoweit zu einem sog. Sonderdelikt (vgl. o.).

Zum recht misslungenen Wortlaut des § 13 I StGB inkl. verfassungsrechtlichen Bedenken s. bereits o. Hinzu kommt nun in aller Deutlichkeit, dass die Norm nicht klärt, sondern voraussetzt, unter welchen Voraussetzungen jemanden die beschriebene Einstandspflicht trifft. Ihr ist nur zu entnehmen, dass aus der Gesamtzahl aller Menschen eine irgendwie herausgehobene besondere Verantwortlichkeit bestehen muss.

(2) Begriffliches
Die in § 13 I StGB etwas umständlich normierte Tatsubjektseingrenzung wird allenthalben in der Rspr. und der Lehre **Garantenstellung** genannt (die diesen treffende Handlungspflicht Garantenpflicht).[39] 19

Der Begriff des „Garanten" ist in § 13 I StGB aber nicht enthalten und sollte schon deswegen (abgesehen von der Wahrnehmung dieses Begriffs als Fremdwort, welches in der Umgangssprache quasi nicht vorhanden ist bzw. nur als Garantie oder garantieren) aus methodischen Gründen nicht verwendet werden; er ist aber unschädlich, wenn man nicht aus dem Blick verliert, dass der recht umfassend klingende Begriff noch nichts darüber aussagt, welche Handlungspflichten konkret geboten sind. In Substantivierung des in § 13 I StGB verwendeten Verbs sei als gesetzesnähere Kurzbezeichnung „**Einstandsperson**" vorgeschlagen; Auslegungsgegenstand ist aber allein der genaue Normtext.

(3) Allgemeine Anforderungen
Da § 13 I StGB keine Anhaltspunkte für die Qualifikation als Einstandsperson liefert, existierten zahlreiche Streitigkeit en gros und en detail. Bisweilen scheint hierbei ein wenig aus dem Blick zu geraten, dass aus der Bejahung einer sog. Garantenstellung nicht ohne Weiteres die Strafbarkeit folgt, sondern die im Kern entscheidende 20

---

[39] S. nur Wessels/Beulke/Satzger, AT, 50. Aufl. 2020, Rn. 1174 ff.; zu den sog. Garantenstellungen und -pflichten näher Blei FS Mayer 1966, 119; Arzt JA 1980, 553, 647 und 712; Seelmann GA 1989, 241; Kühl JuS 2007, 497; Schünemann FS Amelung 2009, 303; Pawlik FS Roxin 2011, 931; Rönnau JuS 2018, 526.

21 Frage die ist, welche konkrete Handlungspflicht der Täter hatte (ob also sein Unterlassen verhaltensnormwidrig, also unerlaubt war).[40]

21 Zunächst einmal folgt aus der Aufnahme dieser Einstandspersonenstellung in § 13 I StGB, dass nicht jedermann als Täter des sog. unechten Unterlassungsdelikts in Frage kommen soll, der in der Lage gewesen wäre, den Erfolg abzuwenden. Die **Möglichkeit** der Erfolgsverhinderung bei erkannter (oder fahrlässig verkannter) Hilfsbedürftigkeit genügt zur Begründung einer sog. Garantenstellung also nicht.[41]

Im Umkehrschluss zu den sog. echten Sonderdelikten, insbesondere §§ 138,[42] 323c I StGB, kann die allgemeine mitmenschliche Mindestsolidarität, die jeder schuldet, nicht genügen,[43] die Täterstellung muss einer besonders herausgehobenen Verantwortlichkeit entspringen. Auf der anderen Seite darf man das restriktive Potenzial der Existenz sog. echter Sonderdelikte nicht überbewerten, da deren Bedeutung von vornherein als Auffangdelikte konzipiert ist und konsequenterweise die möglichen Höchststrafen eher niedrig angesetzt sind.

22 Gem. § 13 I StGB muss die Einstandspflicht „**rechtlich**" sein. Man mag also betonen, dass eine rein sittliche oder moralische Position nicht genügt, sondern der Rechtsordnungen entstammen muss.[44] Freilich wäre dies auch ansonsten bei der Handhabung einer straf*rechtlichen* Norm selbstverständlich, aber auch der deklaratorische Charakter relativiert sich dadurch, dass die Anforderungen an die rechtliche (gesetzliche?) Fundierung der sog. Garantenstellung alles andere als klar sind (wie auch etliche Fallgruppen zeigen werden). Selbst das Petitum einer außerstrafrechtlichen Rechtsgrundlage[45] stößt i. F. d. sog. Ingerenz (s. u.) an Grenzen. Sucht man i. Ü. nach öffentlich-rechtlichen oder zivilrechtlichen (inkl. „Verträgen",

---

[40] S. Freund/Rostalski, AT, 2. Aufl. 2019, § 6 Rn. 17 ff.
[41] Fischer, StGB, 68. Aufl. 2021, § 13 Rn. 8; aus der Rspr. vgl. BGH U. v. 25.09.2014 – 4 StR 586/13 – BGHSt 59, 318 = NJW 2014, 3669 = NStZ 2015, 150 = StV 2015, 420 (Anm. Hecker JuS 2014, 1133; Johnigk NJW 2014, 3671; Bosch Jura 2015, 221; Kudlich JA 2015, 74; Wohlers JR 2015, 397; Bringewat StV 2016, 462); BGH U. v. 11.09.2019 – 2 StR 563/18 – StV 2020, 373 (Anm. RÜ 2020, 231; Ruppert HRRS 2020, 250; Nussbaum ZJS 2021, 86); OLG Hamm U. v. 23.11.2020 – 3 RVs 47/20 – NStZ-RR 2021, 60 (Anm. Kirschey jurisPR-StrafR 3/2021 Anm. 3).
[42] Dazu, dass auch aus § 138 StGB keine Garantenstellung folgt, Kindhäuser/Hilgendorf, LPK, 8. Aufl. 2019, § 13 Rn. 32; aus der Rspr. vgl. LG Itzehoe B. v. 20.07.2009 – 1 Qs 63/09 – NStZ-RR 2010, 10 (Anm. Hecker JuS 2010, 549).
[43] Kindhäuser/Hilgendorf, LPK, 8. Aufl. 2019, § 13 Rn. 32; näher Meister MDR 1953, 649.
[44] Kindhäuser/Hilgendorf, LPK, 8. Aufl. 2019, § 13 Rn. 32; aus der Rspr. vgl. RG U. v. 28.02.1882 – 257/82 – RGSt 6, 70; OLG Schleswig U. v. 21.10.1953 – Ss 296/53 – NJW 1954, 285; BGH U. v. 17.12.1954 – 1 StR 183/54 – BGHSt 7, 268 = NJW 1955, 1038; BGH U. v. 24.02.1982 – 3 StR 34/82 – BGHSt 30, 391 = NJW 1982, 1235 = NStZ 1982, 245 (Anm. Puppe, AT, 4. Aufl. 2019, § 29 Rn. 14 ff.; Geilen JK 1982 StGB § 13/3; Hassemer JuS 1982, 702; Küpper JA 1983, 471); BayObLG U. v. 05.02.1987 – RReg. 3 St 174/86 – NJW 1987, 1654 = StV 1987, 397 (Anm. Hassemer JuS 1987, 830; Otto JZ 1987, 628; Hillenkamp JR 1988, 301; Rengier JuS 1989, 802); BayObLG B. v. 07.10.1992 – 3 ObOWi 86/92 – NJW 1993, 478 = NStZ 1993, 140; OLG Hamm U. v. 23.11.2020 – 3 RVs 47/20 – NStZ-RR 2021, 60 (Anm. Kirschey jurisPR-StrafR 3/2021 Anm. 3).
[45] Etwa Puppe, AT 2, 2005, § 45 Rn. 11.

s. u.) Rechtsgrundlagen,[46] so zeigen sich eine ganze Reihe von Fehlstellen sowie Lockerungen und Durchbrechungen bei der Übertragung hin zu einer strafrechtlichen sog. Garantenstellung: Erstens gibt es häufig keine expliziten Rechtsnormen bzgl. Sonderverantwortlichkeiten; die Behauptung allgemeiner (übergreifenden) Rechtsgedanken der Rechtsordnung steht nicht selten auf tönernen Füßen und/oder gerät derart weit, dass von echter Sonderverantwortlichkeit kaum gesprochen werden kann (z. B. *neminem laede*). Wie beim sog. Begehungsdelikt ist notgedrungen zu akzeptieren, dass Sondernormen nicht abschließend sein können (zumal Gebotsnormen bzw. normierte Handlungspflichten aufgrund hoher Eingriffsintensität wohl noch seltener als Verhaltensverbotsnormen sind). Zweitens ist selbst bei Existenz einer Rechtsnorm keineswegs immer klar, ob hieraus eine sog. Garantenstellung folgt (vom konkreten Inhalt der Handlungspflicht ganz zu schweigen), was nicht selten an der Vagheit derartiger Primärnormen liegt (z. B. § 1353 I 2 BGB bzgl. Ehegatten, Art. 6 GG bzgl. Ehe und Familie). Gerade das Zivilrecht ist durchsetzt von Generalklauseln und ausfüllungsbedürftigen (und durch Rechtsprechung gefüllten) Anspruchsgrundlagen (z. B. § 823 I BGB, der die Frage nach der Pflichtwidrigkeit eines Verhaltens nicht klärt). Überhaupt sind ja inhaltliche Gründe zu benennen, wann eine Norm eine sog. Garantenstellung normiert; so benannte Gründe mögen aber auch für nichtnormierte Bereiche zutreffen (vgl. Ehe vs. nichtehelicher Lebensgemeinschaft). Drittens ist unumstritten,[47] dass das zivilrechtliche Vertragsrecht (insbesondere die Nichtigkeitsgründe) die Begründung einer sog. Garantenstellung nicht positiv oder negativ determiniert, so dass dann doch „Faktisches" statt Rechtliches entscheidet. Überdies sind viele Vereinbarungen wiederum auslegungsbedürftig dahingehend, ob ihnen eine Einstandspflicht zu entnehmen ist.

Insgesamt stellen sich vergleichbare Probleme wie beim sog. Begehungsdelikt bzgl. der Unterscheidung von erlaubten und unerlaubten Gefahrschaffungen in Situationen existierender oder (v. a.) fehlender Sondernormen, letztlich unter Rückgriff auf utilitaristische Abwägungsprozesse zwischen gesellschaftlichen Vor- und Nachteilen (s. o.), erweitert durch Schwierigkeiten beim Umgang mit privatautonomen Vereinbarungen. Dem Begriff „rechtlich" i. S. d. § 13 I StGB kann insofern kaum restriktive Bedeutung jenseits einer allgemeinen Mahnung zur Zurückhaltung bei der Bemessung des Kreises der Einstandspersonen zukommen

Die Erarbeitung einer sog. Garantenstellung braucht nach alledem **inhaltliche Grundgedanken, materielle Kriterien**, die – auch in Anbindung an die Strafzwecke sowie zur Begründung eines gegenüber sog. echten Unterlassungsdelikten deutlich gesteigerten Unwerts – darum kreisen müssen, dass eine bestimmte Person in besonderer Weise zum Schutz des gefährdeten Rechtsguts aufgerufen ist und dass sich alle übrigen Beteiligten auf das helfende Eingreifen dieser Person verlassen und verlassen dürfen (berechtigtes Vertrauen).[48] Gewiss ist gerade fraglich, wann

23

---

[46] Zur sog. Garantenstellung aufgrund Gesetzes etwa Lackner/Kühl, StGB, 29. Aufl. 2018, § 13 Rn. 8; näher Stam ZStW 2019, 259.

[47] S. nur Krey/Esser, AT, 6. Aufl. 2016, Rn. 1141 ff.

[48] Gaede, in: NK-StGB, 5. Aufl. 2017, § 13 Rn. 34; aus der Rspr. vgl. zuletzt BGH B. v. 08.03.2017 – 1 StR 466/16 – BGHSt 62, 72 = NJW 2017, 2052 = NStZ 2017, 531 (Anm. Bosch Jura 2017, 1236;

berechtigtes Vertrauen/Verlassendürfen (eine Empirie wird ohnehin nicht erhoben) anzunehmen ist, zumal in einer heterogenen und sich in ihren Anschauungen stetig wandelnden Gesellschaft. Naturgemäß finden sich zahlreiche Ausarbeitungen mit enormer terminologischer Bandbreite sowie prinzipiellen Kontroversen und solchen bzgl. der Ergebnisse konkreter Fallkonstellationen. Verwiesen sei auf ausführliche Kasuistik-Sammlungen.[49]

Ungeachtet dessen ist aber anzumahnen, dass materielle Rechtsgutsschutzüberlegungen nicht die „rechtliche" Basis des § 13 I StGB eskamotieren dürfen; die Rechtsquelle ist heerauszuarbeiten; wo Normen vorhanden sind (z. B. im Familienrecht oder bzgl. Amtsträgern), müssen diese genannt, berücksichtigt und ausgelegt werden. Die Rspr. und die Lit. (auch durch die übliche – inhaltliche und nicht rechtsgrundlagenorientierte – Art der Unterteilung von sog. Garantenstellungen dazu verführt) weichen bisweilen etwas vorschnell auf teleologische Behauptungen gesellschaftlicher Erwartungen o. ä. aus. Hier steigert sich dann überdies die Gefahr, dass (erst recht aufgrund Rückschaufehlern in Ansehung eines eingetretenen Erfolgs) vorschnell sog. Garantenstellungen angenommen werden (vgl. die Suche nach einem Sündenbock).

(4) Unterteilungen der Einstandspersonen

24   Ganz mehrheitlich verbreitet[50] ist es, die sog. Garantenstellungen nach ihrer Funktion bzw. Schutzrichtung in sog. **Obhuts- und Überwachergaranten** zu unterteilen (sog. Funktionenlehre), wodurch also zwischen Sonderverantwortlichkeiten für das Tatopfer und solchen für die Gefahrenquelle unterschieden wird (s. sogleich).

Dies ist aber nicht immer trennscharf durchzuführen, ggf. können die Aspekte auch kumulativ vorliegen bzw. die Sonderverantwortlichkeit für ein Tatgeschehen aus beiden Perspektiven formuliert werden (z. B. im Strafvollzug bzgl. Straftaten der Gefangenen untereinander; bzgl. Bademeistern oder Baukranführern). Ferner findet sich keine Aussage zur Herkunft der sog. jeweiligen Garantenpflicht, sondern es handelt sich nur um eine Sortierung bereits angenommener Garantenstellungen nach dem (groben) Leistungsinhalt. Beschreibung statt Herleitung birgt aber die Gefahr, die rechtliche Fundierung zu vernachlässigen (s. o.).

Die früher herrschende Unterteilung – sog. formelle Rechtspflichtlehre, **Rechtsquellenlehre**, genetische Betrachtung – ist insofern an sich vorzugswürdig, da sie den Entstehungsgrund benennt (Gesetz, Vertrag, Ingerenz, sog. Garantentrias, später erweitert um enge Lebensbeziehungen, was im Grunde aber eine Aufgabe des Rechtsquellenansatzes war). Zentrale Frage ist ja gerade, ob bzw. warum jemand zur Einstandsperson wird (und nicht die der Sortierung aller

---

Brand NJW 2017, 2056; Becker NStZ 2017, 535; Ceffinato JR 2017, 543); BGH B. v. 08.03.2017 – 1 StR 540/16 – NStZ-RR 2017, 213.

[49] Z. B. bei Gaede, in. NK-StGB, 5. Aufl. 2017, § 13 Rn. 38 ff.

[50] S. nur Kindhäuser/Hilgendorf, LPK, 8. Aufl. 2019, § 13 Rn. 18 ff.; anders aber z. B. Lackner/Kühl, AT, 29. Aufl. 2018, § 13 Rn. 7 ff.

bereits gefundenen sog. Garantenstellungen, aus der. ohnehin nichts folgen kann). Allerdings sind materielle Kriterien unverzichtbar, eine strenge Rechtsquellenanbindung ist beim derzeitigen Stand der Normendichte (deren ernsthafte Intensivierung freilich kaum wünschenswert ist, s. o. beim sog. Begehungsdelikt) unmöglich. Dennoch mag es hilfreich sein, sich zusätzlich zu inhaltlichen Überlegungen immer auch zu vergegenwärtigen, ob man auf einer rein gesetzlichen Basis heraus argumentiert (und wenn ja, welche genau) oder auf einer Basis des „Vertrags" (im strafrechtlichen Sinne), also rein oder gesetzeskonkretisiert (z. B. durch das BGB oder das Polizeirecht) gewillkürt. Inhaltliche und methodische Erkenntnisinteressen sind zu **kumulieren**. Ohnehin ist die Erarbeitung einer evtl. vorhandenen Rechtsgrundlagen spätestens – in Parallele zum sog. Begehungsdelikt – als Quelle und Konkretisierung der Unerlaubtheit des Verhaltens, d. h. als Verhaltensnormen unumgänglich.

(5) Pflichtenumfang als Frage der Einstandsperson (?)
Weniger inhaltlich als strukturell problematisch ist die Frage, ob sich die Eigenschaft als Einstandsperson trennen lässt von der Frage ihrer konkreten Handlungspflichten. Ist also ein Unterlassen rechtlich erlaubt (z. B. im Bereich der Kinderaufsicht, weil das Kind hinreichend alt ist; vgl. ferner etwa die Grenzen der Gefahrminderung bei Tierhaltung), so lässt sich die Wendung „rechtlich dafür einzustehen hat, daß der Erfolg nicht eintritt" entweder einheitlich verstehen oder aufteilen in grundsätzliche (abstrakte) sog. Garantenstellung und konkrete (nicht selten) sog. Garantenpflicht. Abgesehen von der Ungesetzlichkeit dieser Begriffe dürften sie auch Verwirrung stiften; inhaltlich aber ist die Trennung sinnvoll, da sich die Zweistufigkeit, erst zu prüfen, ob der Täter dem Kreis der grundsätzlich verpflichteten Menschen angehört, sodann, welche Handlungen er hätte ausführen müssen, auch bei Begehungssonderdelikten findet.

Zunächst zum Täterkreis:

bb) Sonderbeziehung zum Tatgegenstand (insbesondere: Tatopfer): Sog. Obhutsgarant/Beschützergarant
(1) Allgemeines
Die sog. Obhuts- oder Beschützergarantenstellungen zeichnen sich dadurch aus, dass der Garant den oder die in seiner Obhut befindlichen Rechtsgutsträger vor allen Gefahren schützen muss.[51] Der Täter weist also eine Sonderbeziehung zum konkreten Tatgegenstand (zum Begriff des Tatgegenstands s. § 23 III StGB und o., insbesondere: Tatobjekt und Tatopfer) als Ort des Erfolgs und Endpunkt des Kausalverlaufs auf.

Ähnlich umrissen ist die Täterqualifikation des echten Unterlassungsdelikts nach § 221 I Nr. 2 StGB (Aussetzung).

---

[51] Fischer, StGB, 68. Aufl. 2021, § 13 Rn. 14.

> **§ 221 I Nr. 2 StGB (Aussetzung)**
> Wer einen Menschen
>
> [...]
> 2. in einer hilflosen Lage im Stich läßt, obwohl er ihn in seiner Obhut hat oder ihm sonst beizustehen verpflichtet ist,
> und ihn dadurch der Gefahr des Todes oder einer schweren Gesundheitsschädigung aussetzt, wird mit Freiheitsstrafe von drei Monaten bis zu fünf Jahren bestraft.

Die hierzu ergangene Rspr. liefert somit Anhaltspunkte für die Voraussetzungen an eine Beschützergarantenstellung nach § 13 StGB.

Im Folgenden seien die wichtigsten – zunächst rein gesetzliche, dann gewillkürte – Fallgruppen erläutert.

(2) (Rein) Gesetzliche (außervertragliche) Sonderbeziehung zum konkreten Tatgegenstand

(a) Allgemeines

27 Dass gesetzlich eine Beschützerstellung angeordnet wird, ohne dass es auf den Willen des Täters bei der Begründung dieser Stellung notwendigerweise ankommt, ist selten; häufiger sind Fälle, in denen der Täter sich willentlich in ein Näheverhältnis begibt, sei dieses Näheverhältnis dann auch näher gesetzlich ausgestaltet (s. u.). Der Volksmund weiß freilich v. a., dass man sich Familie nicht aussuchen kann (was bzgl. der Existenz von Wunsch-(?)Kindern bald so bald so liegen kann).

(b) Eltern-Kind-Verhältnis, §§ 1601, 1618a, 1626, 1626a, 1631 BGB

▶ Didaktische Aufsätze:

- Nikolaus, Die Begründung und Beendigung der Garantenstellung in der Familie, JA 2005, 605
- Kretschmer, Die Garantenstellung (§ 13 StGB) auf familienrechtlicher Grundlage, Jura 2006, 898
- Mitsch, Kinder und Strafrecht, Jura 2017, 792

28 Eltern und ihre Kinder stehen in einem familienrechtlichen Rechtsverhältnis, welches v. a. in den §§ 1601, 1618a, 1626, 1626a, 1631 BGB zum Ausdruck kommt (s. ferner Art. 6 GG) und zur Annahme wechselseitiger sog. Garantenstellungen führt,[52]

---

[52] B. Heinrich, AT, 6. Aufl. 2019, Rn. 931; näher Nikolaus JA 2005, 605; Kretschmer Jura 2006, 898; Mitsch Jura 2017, 792; aus der Rspr. vgl. zuletzt BGH B. v. 13.10.2016 – 3 StR 248/16 – NStZ 2017, 401; BGH B. v. 02.08.2017 – 4 StR 169/17 – NJW 2017, 3609 = NStZ 2018, 34 = StV 2018, 703 (Anm. Schiemann NJW 2017, 3611; famos 12/2017; Bosch Jura 2018, 197; Jäger JA 2018, 72; Eisele JuS 2018, 179; RÜ 2018, 26; Kudlich NStZ 2018, 36; Stefanopoulou HRRS 2018,

wobei von besonderer Bedeutung die Schutzpflichten der Eltern gegenüber ihren Kindern sind, aber auch Kinder ihre Eltern schützen[53] müssen. Dies bildet einen Ausgleich für das elterliche Sorgerecht, welches die Möglichkeit, andere von der Einwirkung auszuschließen, beinhaltet.[54]

Beispiel 386

BGH B. v. 17.08.1999 – 1 StR 390/99 (Küchenbrand) – NStZ 1999, 607 (Anm. Puppe, AT, 4. Aufl. 2019, § 28 Rn. 1 ff.):
    B ließ am Vormittag des 05.08.1998 ihre damals drei Jahre alte Tochter G für längere Zeit allein in der Wohnung zurück. Obwohl G schon früher in einem unbeaufsichtigten Moment die Herdplatten eingeschaltet hatte, traf B gegen diese Möglichkeit keine Vorkehrungen. Im Laufe des Tages setzte G die Herdplatten erneut in Gang. Durch die Hitzeentwicklung fing neben den Herdplatten liegendes Papier Feuer, es kam zu einem Küchenbrand; G erstickte. ◄

Beispiel 387

BGH U. v. 20.12.1983 – 1 StR 746/83 (Anzeige Angehöriger) – NStZ 1984, 164 = StV 1984, 460 (Anm. Roxin, Höchstrichterliche Rspr. AT, 1998, Nr. 44; Geilen JK 1984 StGB vor § 13/1; Seier JA 1984, 531):
    B unterließ es, ihren Ehemann bei Jugendamt oder Polizei anzuzeigen, als sie feststellte, dass dieser mit ihren beiden, 15 und 17 Jahre alten Töchtern aus erster Ehe fortgesetzt geschlechtlich verkehrte. ◄

In beiden Fällen liegt eine Obhutsgarantenstellung in Bezug auf die Kinder vor.

Auf die Frage der Ehelichkeit kommt es nicht an, vgl. Art. 6 V GG.[55]
Auch Pflegeeltern sind sog. Garanten, vgl. §§ 1909 III, 1915 I BGB.
Die sog. Garantenstellung **beginnt** mit den Geburtswehen.[56]
Ihr **Ende** ist insofern nicht leicht zu bestimmen, als die formale Grenzziehung bei der Volljährigkeit dem heutigen häufigen Näheverhältnis der Eltern zu ihren erwachsenen Kindern nicht gerecht wird.[57] Man wird sich kumulativ daran zu orien-

---

15); BGH U. v. 10.10.2017 – 1 StR 496/16 – NStZ 2018, 462 = StV 2018, 719 (Anm. Kudlich JA 2018, 472; RÜ 2018, 369; Drees NStZ 2018, 464).
[53] B. Heinrich, AT, 6. Aufl. 2019, Rn. 931; aus der Rspr. vgl. BGH U. v. 29.11.1963 – 4 StR 390/63 – BGH U. v. 29.11.1963 – 4 StR 390/63 – BGHSt 19, 167 = NJW 1964, 731 (Anm. Willms JuS 1964, 330; Schröder JR 1964, 227).
[54] Zu diesem Gesichtspunkt Stein, in: SK-StGB, 9. Aufl. 2017, § 13 Rn. 64.
[55] Bosch, in: Schönke/Schröder, StGB, 30. Aufl. 2019, § 13 Rn. 18 ff.; aus der Rspr. vgl. RG U. v. 04.01.1932 – II 1389/31 – RGSt 66, 71.
[56] Lackner/Kühl, StGB, 29. Aufl. 2018, § 13 Rn. 8; aus der Rspr. vgl. BGH U. v. 12.11.2009 – 4 StR 227/09 – NStZ 2010, 214 (Anm. Satzger JK 2010 StGB § 13/43; Hecker JuS 2010, 453; LL 2010, 315; RA 2010, 115; Stam HRRS 2011, 79).
[57] Kindhäuser/Hilgendorf, LPK, 8. Aufl. 2019, § 13 Rn. 58.

tieren haben, ob das faktische familiäre Verhältnis so gut ist, dass verständliche Schutzerwartungen aufgrund der effektiven Familiengemeinschaft bestehen.[58] Jedenfalls bei ernsthafterer Zerrüttung und Entfremdung kann dies nicht angenommen werden. Die Verpflichtung aus den echten Unterlassungsdelikten genügt dann zur Gewährleistung eines angemessenen Rechtsgüterschutzes.

(c) Sonstige Familie/Angehörige (?)

▶ Didaktische Aufsätze:

- Nikolaus, Die Begründung und Beendigung der Garantenstellung in der Familie, JA 2005, 605
- Kretschmer, Die Garantenstellung (§ 13 StGB) auf familienrechtlicher Grundlage, Jura 2006, 898
- Mitsch, Nahestehende Personen im Allgemeinen Teil des Strafrechts, Jura 2021, 136

29 In § 11 I Nr. 1 StGB ist der Begriff des Angehörigen definiert. Es besteht aber Einigkeit, dass nicht bzgl. jeder dort genannten Beziehung eine sog. Garantenstellung besteht.[59]

Verwandte gerader Linie und Verschwägerte können Einstandspersonen sein,[60] sofern ihr Verhältnis zu einander faktisch hinreichend eng verbunden gelebt wird.

Ähnliches sollte bei Geschwistern gelten:[61]

Beispiel 388

LG Kiel B. v. 02.06.2003 – VIII Ks 2/03 – NStZ 2004, 157 (Anm. Otto JK 2004 StGB § 13/39; RÜ 2004, 194; RA 2004, 272):
B beließ ihren Bruder G in der Zeit vom 31.01. bis zum 04.02.2002 in – durch den vorangegangenen Konsum von 6,9 ml Methadon ausgelöst – bewusstlosem Zustand in dessen Zimmer in der gemeinsamen Wohnung, ohne ihn einem Arzt zuzuführen oder ärztliche Hilfe zu rufen. G starb. ◀

---

[58] Hierzu Joecks/Jäger, StGB, 13. Aufl. 2021, § 13 Rn. 33 f.; näher Bülte GA 2013, 389.
[59] Heuchemer, in: BeckOK-StGB, Stand 01.02.2021, § 13 Rn. 38.
[60] B. Heinrich, AT, 6. Aufl. 2019, Rn. 931; näher Lilie JZ 1991, 541; Nikolaus JA 2005, 605; Kretschmer Jura 2006, 898; Otto FS Herzberg 2008, 255; Mitsch Jura 2021, 136; aus der Rspr. vgl. RG U. v. 01.12.1906 – I 297/06 – RGSt 39, 397; RG U. v. 10.02.1916 – III 955/15 – RGSt 49, 397; RG U. v. 02.10.1930 – II 673/30 – RGSt 64, 316; RG U. v. 27.10.1938 – 5 D 673/38 – RGSt 72, 373; OGH U. v. 24.03.1948 – StS 49/48 – OGHSt 1, 87; zur Verschwägerung RG U. v. 30.11.1939 – 5 D 735/39 – RGSt 73, 389; BGH U. v. 15.05.1959 – 4 StR 475/58 (Hammerteich) – BGHSt 13, 162 = NJW 1959, 1738 (Anm. Behrisch NJW 1960, 471; Gallas JZ 1960, 649 und 686).
[61] Hierzu (krit.) Stein, in: SK-StGB, 9. Aufl. 2017, § 13 Rn. 67; näher Nikolaus JA 2005, 605.

(3) Gewillkürte Sonderbeziehung zum konkreten Tatgegenstand

(a) Allgemeines

Aufgrund Willensakts kann der Täter in eine Sonderbeziehung zum konkreten Tatgegenstand treten. Um die Losgelöstheit von zivilrechtlichen Wertungen klarzustellen, sollte man als Obergriff nicht oder nur distanziert „Vertrag" verwenden, stattdessen eher Vereinbarung (was freilich bzgl. mancher Pflichtenstellung nicht recht passt, v. a. bzgl. Amtsträgern) bzw. wie hier gewillkürte Sonderbeziehung. Die Existenz von (zivilrechtlichen oder öffentlich-rechtlichen) Rechtsnormen, die die Ausgestaltung der gewillkürt begründeten Sonderbeziehung regeln, ändern an dem Ursprung in einem freiwilligen Willensakt nichts, s. o. 30

Die gewillkürte Sonderbeziehung muss **in Vollzug gesetzt** worden sein, d. h. der Vertrauenstatbestand muss bereits durch Übernahme der vereinbarten Tätigkeit etc. im Zeitpunkt des Gefahreneintritts geschaffen worden sein. Um dies zu betonen, wird häufig von der Fallgruppe der vereinbarten **tatsächlichen Übernahme** gesprochen.[62] Auch insofern gibt es keine Akzessorietät zu einem zivilrechtlichen Vertragsschluss.

(b) In Vollzug gesetzte Vereinbarung

Die garantenstellungsbegründende Übernahme einer Schutzfunktion für bestimmte Rechtsgüter durch in Vollzug gesetzte Vereinbarung[63] begleitet zunächst einmal typische zivilrechtliche Schuldverhältnisse; Beispiele sind ärztliche Behandlung, Pflegedienst, Babysitter, Bergführer, Bademeister, Bauaufsicht, Kfz-Wartung oder Bankverträge. 31

Beispiel 389

Bademeister B plauderte mit Badegästen und übersah so, dass G ertrank. ◄

---

[62] Etwa Krey/Esser, AT, 6. Aufl. 2016, Rn. 1142.
[63] Hierzu B. Heinrich, AT, 6. Aufl. 2019, Rn. 940 ff.; näher Stree FS Mayer 1966, 145; aus der Rspr. vgl. zuletzt BGH B. v. 08.03.2017 – 1 StR 466/16 – BGHSt 62, 72 = NJW 2017, 2052 = NStZ 2017, 531 (Anm. Bosch Jura 2017, 1236; Brand NJW 2017, 2056; Becker NStZ 2017, 535; Ceffinato JR 2017, 543); BGH B. v. 08.03.2017 – 1 StR 540/16 – NStZ-RR 2017, 213; LG Hamburg U. v. 08.11.2017 – 619 KLs 7/16 – NStZ 2018, 281 (Anm. Hoven NStZ 2018, 283; Lorenz jurisPR-StrafR 11/2018 Anm. 1; Hillenkamp MedR 2018, 379); BGH U. v. 03.07.2019 – 5 StR 132/18 – BGHSt 64, 121 = NJW 2019, 3092 = NStZ 2019, 662 = StV 2020, 106 (Anm. Kudlich JA 2019, 867; Kubiciel NJW 2019, 3033; Sowada NStZ 2019, 670; Engländer JZ 2019, 1049; Hillenkamp JZ 2019, 1053; Lorenz HRRS 2019, 351; Weißer ZJS 2020, 85; Rissing-van Saan/Verrel NStZ 2020, 121; Neumann StV 2020, 126; Grünewald JR 2020, 167; Stage/Hellmann jurisPR-StrafR 4/2020 Anm. 4; Spittler MedR 2020, 101); BGH U. v. 03.07.2019 – 5 StR 393/18 – BGHSt 64, 135 = NJW 2019, 3089 = NStZ 2019, 666 = StV 2020, 111 (Anm. RÜ 2019, 706; Kubiciel NJW 2019, 3033; Sowada NStZ 2019, 670; Engländer JZ 2019, 1049; Hillenkamp JZ 2019, 1053; Lorenz HRRS 2019, 351; Bosch Jura 2020, 96; Hecker JuS 2020, 82; Rissing-van Saan/Verrel NStZ 2020, 121; Neumann StV 2020, 126; Grünewald JR 2020, 167; Stage/Hellmann jurisPR-StrafR 4/2020 Anm. 5); BGH U. v. 11.09.2019 – 2 StR 563/18 – StV 2020, 373 (Anm. RÜ 2020, 231; Ruppert HRRS 2020, 250; Nussbaum ZJS 2021, 86); OLG Celle B. v. 16.09.2019 – 3 Ss 50/19 – StV 2020, 459.

Beispiel 390

BGH B. v. 06.03.2008 – 4 StR 669/07 (Kfz-Werkstatt) – BGHSt 52, 159 = NJW 2008, 1897 = NStZ 2008, 391 (Anm. Puppe, AT, 4. Aufl. 2019, § 30 Rn. 18 ff.; Geppert JK 2008 StGB § 13 I/2; Bosch JA 2008, 737; Lindemann ZJS 2008, 404; LL 2008, 537; RÜ 2008, 372; RA 2008, 376; Kühl NJW 2008, 1899; Kühl HRRS 2008, 359):

B1, Leiter der firmeneigenen Werkstatt eines Transportunternehmens, stellte bei einer Probefahrt fest, dass ein Sattelzug infolge schadhafter Bremsen im Straßenverkehr nicht mehr sicher beherrschbar war. Ohne weitere Prüfung ging er davon aus, dass die Bremsprobleme auf fehlerhafte Einsteller an den Vorderradbremsen zurückzuführen waren; in Wahrheit waren auch die Bremsbeläge der Hinterachse nahezu vollständig abgefahren. Bei einer einfachen Sichtkontrolle hätte er das Ausmaß der Mängel ohne Weiteres bemerkt. Er wies B2, den „Juniorchef" des Unternehmens, darauf hin, dass das Fahrzeug nicht mehr verkehrssicher sei und vor der Reparatur der Einsteller nicht mehr geführt werden könne. B2 ordnete gleichwohl die Weiterbenutzung des Fahrzeugs an unter Hinweis darauf, dass neue Einsteller am Wochenende eingebaut werden könnten. B1 trat dem nicht mehr entgegen und unterrichtete den Fahrer davon, dass die Einsteller bereits bestellt waren. Beim Betrieb des Gespanns kam es auf einer Gefällestrecke infolge des Versagens der Bremsen von Zugmaschine und Auflieger zu einem Unfall, bei dem drei Menschen getötet wurden. ◄

Nicht immer ist ganz eindeutig, welche Rechtsgüter bzw. Rechtsgutsträger Bezugspunkt der Schutzvereinbarung sind. So dient die Pflicht zur ordnungsgemäßen Fahrzeugwartung einerseits dem Schutz des Fahrers und der Insassen, andererseits aber auch dem Schutz aller anderen Verkehrsteilnehmer. Je größer der Kreis der zu Schützenden gezogen wird, umso eher lässt sich auch von einer Überwachungsgarantenpflicht sprechen, da es Aufgabe des Pflichtigen ist, jedermann vor den Gefahren eines unsicheren Fahrzeugs zu schützen. Die Unterteilung in Beschützer- und Überwachergaranten gelingt insofern nicht frei von Überschneidungen – die Rechtsfolgen sind ohnehin in der Handhabung der h. M. identisch. Bei der Bestimmung der personalen und sachlichen Reichweite sowie Dauer der Gewährsübernahme ist jedenfalls Zurückhaltung anzumahnen.

32 Auch eine **begonnene Hilfeleistung** kann zur sog. Garantenstellung führen, wenn der Täter die Situation des Hilfsbedürftigen risikoerhöhend verändert hat, und sei es auch nur, weil sich andere hilfsbereite Menschen auf den Hilfeleistenden verlassen.[64]

---

[64] B. Heinrich, AT, 6. Aufl. 2019, Rn. 945; aus der Rspr. vgl. BGH U. v. 05.12.1974 – 4 StR 529/74 – BGHSt 26, 35 = NJW 1975, 1175 (Anm. Roxin, Höchstrichterliche Rspr. AT, 1998, Nr. 91; Kaspar/Reinbacher, Casebook AT, 2020, Fall 21; Hassemer JuS 1975, 466); BGH U. v. 22.06.1993 – 1 StR 264/93 – NJW 1993, 2628 = NStZ 1994, 84 (Anm. Hemmer-BGH-Classics Strafrecht, 2003, Nr. 57; Otto JK 1994 StGB § 13/24; Jung JuS 1994, 262; Mitsch JuS 1994, 555; Hoyer NStZ 1994, 85).

Von besonderer Bedeutung ist die Frage einer vertraglichen sog. Garantenstellung beim **Betrug** durch Unterlassen, §§ 263 I, 13 StGB, aufgrund einer etwaigen **Täuschung durch Unterlassen**. 33

Beispiel 391

B kaufte im Supermarkt eine Flasche Schnaps für 9 Euro. An der Kasse überreichte er der Kassiererin Z einen 10-Euro-Schein. Z hielt diesen jedoch für einen 100-Euro-Schein und gab B 91 Euro zurück. Dieser freute sich und nahm das Geld ohne Widerspruch an. ◄

---

§ 263 I StGB (Betrug)
Wer in der Absicht, sich oder einem Dritten einen rechtswidrigen Vermögensvorteil zu verschaffen, das Vermögen eines anderen dadurch beschädigt, daß er durch Vorspiegelung falscher oder durch Entstellung oder Unterdrückung wahrer Tatsachen einen Irrtum erregt oder unterhält, wird mit Freiheitsstrafe bis zu fünf Jahren oder mit Geldstrafe bestraft.

Wenn die widerspruchslose Annahme des Geldes als Täuschung durch Unterlassen zu deuten ist, hatte B aufgrund des vorher abgeschlossenen (Trennungsprinzip!) Kaufvertrages (§ 433 BGB) eine Garantenstellung?

Hierbei ist restriktiv zu verfahren: Aus einem Vertragsverhältnis (Haupt- und Nebenpflichten, ggf. § 242 BGB) folgt nur bei besonderen Umständen eine Schutzverpflichtung gegenüber dem Vertragspartner. Dieser ist grundsätzlich selbst dafür verantwortlich, die für ihn wichtigen Informationen einzuholen (vgl. Privatautonomie), niemand kann von seinem Geschäftspartner, insbesondere im Massengeschäftsverkehr, erwarten, dass dieser ihn vor Irrtümern bewahrt. Anders ist dies bei ausdrücklicher Vereinbarung, bei besonderen Vertrauensverhältnissen (z. B. aufgrund ständiger Geschäftsverbindung) oder bei besonderer Schutzbedürftigkeit eines Partners bei gleichzeitig besonderer Überlegenheit des anderen.[65]
Für bestimmte Rechtsverhältnisse existieren auch gesetzliche Vorschriften, die bestimmte Aufklärungspflichten etc. vorsehen, z. B. im **Sozialrecht** (§ 60 I SGB I)[66] oder für Versicherungsverträge[67] (§ 19 VVG).

---

[65] Zur Täuschung durch Unterlassen z. B. Fischer, StGB, 68. Aufl. 2021, § 263 Rn. 38 ff.; aus der Rspr. vgl. zuletzt BGH B. v. 08.03.2017 – 1 StR 466/16 – BGHSt 62, 72 = NJW 2017, 2052 = NStZ 2017, 531 (Anm. Bosch Jura 2017, 1236; Brand NJW 2017, 2056; Becker NStZ 2017, 535; Ceffinato JR 2017, 543); BGH B. v. 08.03.2017 – 1 StR 540/16 – NStZ-RR 2017, 213.

[66] Hierzu Fischer, StGB, 68. Aufl. 2021, § 13 Rn. 28; näher Bringewat NStZ 2011, 131; Klose StraFo 2013, 192; aus der Rspr. vgl. zuletzt BGH B. v. 22.03.2016 – 3 StR 517/15 – NJW 2016, 2968 = NStZ 2016, 412 = StV 2017, 97 (Anm. Hoven NStZ 2016, 413); OLG Naumburg B. v. 13.05.2016 – 2 Rv 31/16 – NStZ 2017, 293 = StV 2017, 117; BGH B. v. 19.06.2018 – 4 StR 646/17 – NStZ-RR 2019, 78.

[67] Kindhäuser, in: NK-StGB, 5. Aufl. 2017, § 263 Rn. 158; aus der Rspr. vgl. BGH U. v. 23.01.1985 – 1 StR 691/84 – NJW 1985, 1563 = StV 1985, 368 (Anm. Sonnen JA 1985, 663; Seelmann JR 1986, 346).

34　Die freiwillige tatsächliche Übernahme endet nach Maßgabe der Vereinbarung. Eine Aufkündigung muss dabei jedenfalls rechtzeitig sein, so dass insbesondere der Pflichtige seine Pflichten nicht einfach einseitig beenden kann, sofern schon eine kritische Lage besteht.

(c) Sonderfälle
(aa) Ehe, § 1353 BGB

▶ Didaktische Aufsätze:

- Nikolaus, Die Begründung und Beendigung der Garantenstellung in der Familie, JA 2005, 605
- Kretschmer, Die Garantenstellung (§ 13 StGB) auf familienrechtlicher Grundlage, Jura 2006, 898

35　Gem. § 1353 I 2 BGB tragen Ehegatten „füreinander Verantwortung", woraus zumindest eine wechselseitige Schutzpflicht folgt,[68] vgl. auch Art. 6 GG. Für nach Altrecht verpartnerte Lebenspartner gilt § 2 LPartG.
Umstritten ist, wann die sog. Garantenstellung erlischt.[69]

Beispiel 392

BGH U. v. 24.07.2003 – 3 StR 153/03 – BGHSt 48, 301 = NJW 2003, 3212 = NStZ 2004, 30 = StV 2003, 611 (Anm. RÜ 2003, 497; RA 2003, 702; famos 11/2003; Freund NJW 2003, 3384; Geppert JK 2004 StGB § 13/37; Baier JA 2004, 354; Martin JuS 2004, 82; LL 2004, 32; Ingelfinger NStZ 2004, 409; Rönnau JR 2004, 158):

Am 25.01.2001 würgte B1 den Ehemann der B2, Z, bis an die Grenze der Bewusstlosigkeit und schlug ihm mit der Faust in den Magen. Er war über Z verärgert, weil dieser ihn wegen eines Diebstahls bei der Polizei angezeigt hatte. B2 hatte kurz vor der Tat von dem Vorhaben des B1 Kenntnis erlangt, unterließ es aber, ihren Ehemann, von dem sie sich etwa vier Wochen zuvor getrennt hatte, vor dem Angriff zu warnen. Auch unternahm sie keinerlei Bemühungen, den B1 von seiner Tat abzuhalten. ◀

Gem. § 1564 S. 1, 2 BGB ist die Ehe zwischen B2 und Z zivilrechtlich erst mit Rechtskraft einer richterlichen Entscheidung aufgelöst. Fraglich ist aber, ob die Garantenpflicht der B2 bereits mit der Trennung erloschen ist.

---

[68] Hierzu B. Heinrich, AT, 6. Aufl. 2019, Rn. 931; Nikolaus JA 2005, 605; näher Kretschmer Jura 2006, 898; aus der Rspr. vgl. zuletzt BGH U. v. 24.11.2016 – 4 StR 289/16 – NStZ 2017, 219 = StV 2017, 668 (Anm. Satzger Jura 2017, 1124; RÜ 2017, 165; Jäger NStZ 2017, 222).
[69] Hierzu Krey/Esser, AT, 6. Aufl. 2016, Rn. 1131; näher Nikolaus JA 2005, 605.

Während z. T.[70] formal auf das Bestehen der Ehe abgestellt wird, so dass die sog. Garantenstellung erst bei Scheidung endet, hält eine andere Auffassung[71] das tatsächliche Näheverhältnis für relevant, an welchem es nach einer Trennung fehlt. Die Rspr.[72] und ihr folgend die wohl h. L.[73] bemühen sich um eine vermittelnde Betrachtung, nach der die strafrechtliche Garantenpflicht unter Eheleuten ende, wenn sich ein Ehegatte vom anderen in der ernsthaften Absicht getrennt hat, die eheliche Lebensgemeinschaft nicht wiederherzustellen. Dies birgt zwar eine gewisse Rechtsunsicherheit, trifft aber den sachlichen Kern gegenseitig empfundener Schutzverantwortung, die auch nach einer Trennung noch eine Weile zumutbar ist, aber nicht unbedingt bis zur formalen Scheidung weiterwirkt.

Auch darüber hinaus ist problematisch, ob die Garantenstellung aus der formal bestehenden Ehe oder einem tatsächlichen gegenseitigen Vertrauensverhältnis abzuleiten ist[74] (vgl. auch Zweck-, Zwangs- und Scheinehen). Richtigerweise ist kumulativ Letzteres zu verlangen.

(bb) Verlöbnis, §§ 1297 ff. BGB
Auch bei Verlobten (§§ 1297 ff. BGB) resultiert aus der gewillkürten engen tatsächlichen Verbundenheit eine sog. Beschützergarantenstellung.[75]

36

(cc) Partnerschaft, nichteheliche Lebensgemeinschaft, Freundschaft

▶ Didaktischer Aufsatz:

- Mitsch, Nahestehende Personen im Allgemeinen Teil des Strafrechts, Jura 2021, 136

Auch ohne ein im BGH erwähntes Vertrags-/Rechtsverhältnis können Menschen sich gewillkürt so nahe stehen, dass sie einander im Hinblick auf die Gewähr gegenseitiger Hilfe und Fürsorge in Gefahrensituationen vertrauen (enge Lebensgemeinschaften oder enge natürliche Verbundenheit).[76]

37

Dies betrifft v. a. nichteheliche Lebensgemeinschaften[77] und Liebesbeziehungen,[78] aber ebenso sehr enge Freundschaften.[79]

---

[70] Jakobs, AT, 2. Aufl. 1993, 29/64.
[71] Stein, in: SK-StGB, 9. Aufl. 2017, § 13 Rn. 68.
[72] BGH U. v. 24.07.2003 – 3 StR 153/03 – BGHSt 48, 301.
[73] S. Joecks/Jäger, StGB, 13. Aufl. 2021, 3 13 Rn. 35 f.
[74] S. Stein, in: SK-StGB, 9. Aufl. 2017, § 13 Rn. 68.
[75] S. Kindhäuser/Hilgendorf, LPK, 8. Aufl. 2019, § 13 Rn. 58; aus der Rspr. vgl. BGH U. v. 02.09.1954 – 1 StR 325/54 (Anm. Heinitz JR 1955, 105); BGH U. v. 05.07.1960 – 5 StR 131/60 – NJW 1960, 1821 (Anm. Heinitz JR 1961, 29).
[76] Hierzu Joecks/Jäger, StGB, 13. Aufl. 2021, § 13 Rn. 37; näher Lilie JZ 1991, 541; Otto FS Herzberg 2008, 255; Mitsch Jura 2021, 136.
[77] Hierzu Gaede, in: NK-StGB, 5. Aufl. 2017, § 13 Rn. 57; näher Kretschmer JR 2008, 51.
[78] S. B. Heinrich, AT, 6. Aufl. 2019, Rn. 936; aus der Rspr. vgl. BGH U. v. 25.05.2011 – 5 StR 565/10 – NStZ 2012, 29 (Anm. Mandla NStZ 2012, 30).
[79] Hierzu Krey/Esser, AT, 6. Aufl. 2016, Rn. 1156; näher Skibbe FS Salger 1995, 755.

(dd) Häusliche Lebensgemeinschaft

38 Ein Zusammenwohnen in einer häuslichen Lebensgemeinschaft kann eine Beschützergarantenstellung begründen.[80] Zu unterscheiden ist dies aber von bloß zweckgebundenem Zusammenwohnen ohne Begründung eines gegenseitigen Vertrauensverhältnisses.

(ee) Gefahrengemeinschaft

39 Auch ohne auf lange Dauer angelegtes Näheverhältnis können Menschen wechselseitige Obhutspflichten zukommen, wenn sie sich anlässlich einer bestimmten Gefahrenlage zusammenschließen, um die Risiken gemeinsam zu reduzieren.[81]

Zu nennen sind z. B. Soldaten im Einsatz, Bergsteiger, Weltumsegler, Tiefseetaucher und Expeditionsteilnehmer.

Derartige Gefahrengemeinschaften sind freilich nicht sog. Zufallsgemeinschaften, die z. B. beim gemeinsamen Konsum von Alkohol („Zechgemeinschaften") oder Betäubungsmitteln oder aufgrund eines gemeinsam erlittenen Unglücks entstehen.[82] Ein Grenzfall ist die Gruppe illegal Einreisender[83] – hier stellt sich die Frage, ob die Strafbarkeit des Vorhabens die Annahme von Garantenstellungen ausschließt, zumal sich die Gruppe meist vorher nicht näher kennt.

(ff) Amtsträger

40 Besondere gesetzliche Ausprägungen der – mangels Zwangsdienstverpflichtung gewillkürten – Gewährsübernahme sind öffentlich-rechtliche Stellungen als Amtsträger.[84]

---

[80] Joecks/Jäger, StGB, 13. Aufl. 2021, § 13 Rn. 37; näher Honig FS Schaffstein 1975, 89; aus der Rspr. vgl. RG U. v. 10.09.1935 – 1 D 626/35 – RGSt 69, 321; RG U. v. 27.10.1938 – 5 D 673/38 – RGSt 72, 373; RG U. v. 30.11.1939 – 5 D 735/39 – RGSt 73, 389; RG U. v. 11.10.1940 – 4 D 533/40 – RGSt 74, 309; OGH U. v. 24.08.1948 – StS 49/48 – OGHSt 1, 87; BGH U. v. 06.06.1952 – 1 StR 113/52 – BGHSt 3, 20 = NJW 1952, 943; BGH U. v. 29.11.1963 – 4 StR 390/63 – BGHSt 19, 167 = NJW 1964, 731 (Anm. Willms JuS 1964, 330; Schröder JR 1964, 227); BGH U. v. 06.10.1976 – 3 StR 202/76 – BGHSt 27, 10 = NJW 1977, 204 (Anm. Roxin, Höchstrichterliche Rspr. AT, 1998, Nr. 95; Blei JA 1977, 137; Hassemer JuS 1977, 266; Naucke JR 1977, 290; Tenckhoff JuS 1978, 308); BGH U. v. 03.12.1982 – 2 StR 494/82 – NStZ 1983, 117 (Anm. Seier JA 1983, 393); BGH U. v. 07.09.1983 – 2 StR 239/83 – NStZ 1984, 163 = StV 1984, 239 (Anm. Geilen JK 1984 StGB § 13/6; Hassemer JuS 1984, 487; Rudolphi NStZ 1984, 149); BGH U. v. 17.10.1984 – 2 StR 433/84 – NStZ 1985, 122, BGH U. v. 07.11.1986 – 2 StR 494/86 – NJW 1987, 850 = NStZ 1987, 171 (Anm. Otto JK 1987 StGB § 13/13; Sonnen JA 1987, 334; Ranft JZ 1987, 859); BGH U. v. 08.04.1987 – 3 StR 91/87 (Anm. Otto JK 1988 StGB § 13/15); LG Kiel B. v. 02.06.2003 – VIII Ks 2/03 – NStZ 2004, 157 (Anm. Otto JK 2004 StGB § 13/39; RÜ 2004, 194; RA 2004, 272).

[81] B. Heinrich, AT, 6. Aufl. 2019, Rn. 937 f.

[82] B. Heinrich, AT, 6. Aufl. 2019, Rn. 938; aus der Rspr. vgl. zuletzt BGH U. v. 11.09.2019 – 2 StR 563/18 – StV 2020, 373 (Anm. RÜ 2020, 231; Ruppert HRRS 2020, 250; Nussbaum ZJS 2021, 86).

[83] Hierzu Bosch, in: Schönke/Schröder, StGB, 30. Aufl. 2019, § 13 Rn. 24; näher Kretschmer StraFo 2009, 189; BGH B. v. 14.11.2007 – 2 StR 458/07 – NStZ 2008, 276 = StV 2008, 182 (Anm. Satzger JK 2008 StGB § 13/40; RA 2008, 159; Kühl HRRS 2008, 359; Wilhelm NStZ 2009, 15).

[84] Hierzu B. Heinrich, AT, 6. Aufl. 2019, Rn. 947 ff.; näher Zaczyk FS Rudolphi 2004, 361.

Von besonderer Fallrelevanz sind **Polizisten**,[85] denen gefahrenabwehrrechtliche (z. B. § 174 LVwG-SH) und strafprozessuale (§ 163 StPO) Handlungspflichten zukommen.

Beispiel 393

Polizist B1 sah, wie B2 den Z verprügelte. Um sich nicht unnötig Arbeit zu machen, schritt er nicht ein. ◄

§ 163 I StPO (Aufgaben der Polizei im Ermittlungsverfahren)
Die Behörden und Beamten des Polizeidienstes haben Straftaten zu erforschen und alle keinen Aufschub gestattenden Anordnungen zu treffen, um die Verdunkelung der Sache zu verhüten. Zu diesem Zweck sind sie befugt, alle Behörden um Auskunft zu ersuchen, bei Gefahr im Verzug auch, die Auskunft zu verlangen, sowie Ermittlungen jeder Art vorzunehmen, soweit nicht andere gesetzliche Vorschriften ihre Befugnisse besonders regeln.

§ 258 I StGB (Strafvereitelung)
Wer absichtlich oder wissentlich ganz oder zum Teil vereitelt, daß ein anderer dem Strafgesetz gemäß wegen einer rechtswidrigen Tat bestraft oder einer Maßnahme (§ 11 Abs. 1 Nr. 8) unterworfen wird, wird mit Freiheitsstrafe bis zu fünf Jahren oder mit Geldstrafe bestraft.

§ 258a I StGB (Strafvereitelung im Amt)
Ist in den Fällen des § 258 Abs. 1 der Täter als Amtsträger zur Mitwirkung bei dem Strafverfahren oder dem Verfahren zur Anordnung der Maßnahme (§ 11 Abs. 1 Nr. 8) oder ist er in den Fällen des § 258 Abs. 2 als Amtsträger zur Mitwirkung bei der Vollstreckung der Strafe oder Maßnahme berufen, so ist die Strafe Freiheitsstrafe von sechs Monaten bis zu fünf Jahren, in minder schweren Fällen Freiheitsstrafe bis zu drei Jahren oder Geldstrafe.

---

[85] S. Fischer, StGB, 68. Aufl. 2021, § 13 Rn. 30 ff.; näher Geerds GS Schröder 1978, 389; Pawlik ZStW 1999, 335; aus der Rspr. vgl. zuletzt BGH U. v. 04.09.2014 – 4 StR 473/13 (Jalloh) – BGHSt 59, 292 = NJW 2015, 96 (Anm. Puppe, AT, 4. Aufl. 2019, § 11 Rn. 25 ff.; RÜ 2014, 777; Satzger Jura 2015, 882; Jäger JA 2015, 72; Jahn JuS 2015, 180; LL 2015, 179; famos 1/2015; Schiemann NJW 2015, 20; Rostalski JR 2015, 306; Zimmermann/Linder ZStW 2016, 713; Dehne-Niemann HRRS 2017, 174); OLG Nürnberg B. v. 06.11.2017 – 1 Ws 297/17 (Anm. Jahn JuS 2018, 181; Staudinger jurisPR-StrafR 3/2019 Anm. 3).

41 Problematisch ist, ob die amtliche Handlungspflicht auch **außerhalb der Dienstzeit** gilt.[86]

> **Beispiel 394**
>
> **OLG Koblenz U. v. 05.02.1998 – 1 Ss 275/97 – NStZ-RR 1998, 332 = StV 1999, 541 (Anm. Geppert JK 1999 StGB § 258/13; Martin JuS 1999, 194):**
> B1 und B2 waren als Polizeibeamte bis einschließlich Juli 1991 tätig. Vom 01.08.1991 bis Juli 1993 waren sie zur Absolvierung eines Studiums an die Fachhochschule abgeordnet. An einem nicht mehr genau feststellbaren Wochentag im Oktober oder November 1992 begegneten sie nach 17 Uhr auf einem Stadtbummel dem per Haftbefehl wegen des dringenden Verdachts eines Betäubungsmittelverbrechens gesuchten Z. Z berichtete ihnen bei einem gemeinsamen Lokalbesuch, dass es ihm gelungen sei, aus der wegen einer Haschischsache angeordneten Untersuchungshaft zu fliehen. Gemeinsam suchten sie anschließend noch eine weitere Gaststätte auf, wo man zusammen Bier trank. Als es in diesem Lokal zu einer Auseinandersetzung zwischen einem Gast und einem Bediensteten kam und der Gastwirt deswegen die Polizei benachrichtigte, suchte Z das Weite. Während der gesamten Zeit hatten B1 und B2 nichts unternommen, um ihn festnehmen zu lassen. Z verübte in der Folgezeit schwere Verbrechen. ◄

Nach in der Rspr.[87] teilweise vertretener Auffassung besteht immer eine Ermittlungspflicht.

Andere vertreten die Ansicht, es bestehe außerdienstlich keine Ermittlungspflicht.[88] Die überwiegende Rspr.[89] und die wohl h. L.[90] nehmen dagegen eine Einzelfallabwägung zwischen dem öffentlichen Interesse an der Strafverfolgung und dem privaten Interesse des Amtsträgers vor. Diese soll sich an der Intensität der Verknüpfung mit der Privatsphäre, der Schwere des Vergehens und dem Grad der Gefährdung der Allgemeinheit orientieren. Entsprechend der h. M. würde wohl vorliegend wegen der Schwere und Summe der Delikte eine Garantenstellung angenommen. Manche Vertreter stellen bzgl. einer Ermittlungspflicht auch auf die Straftatenkataloge der § 138 StGB, §§ 100a II, 100b II StPO oder auf § 12 StGB ab.[91]

Für eine umfassend verstandene Ermittlungspflicht spricht der weite Wortlaut des § 163 I StPO. Das Legalitätsprinzip ist von überragender Bedeutung für die Durch-

---

[86] Hierzu Rössner/Safferling, 30 Probleme aus dem Strafprozessrecht, 3. Aufl. 2017, 2. P.; näher Krause GA 1964, 110; Geerds GS Schröder 1978, 389; Krause JZ 1984, 548; Laubenthal FS Weber 2004, 109; aus der Rspr. vgl. zuletzt OLG Nürnberg B. v. 06.11.2017 – 1 Ws 297/17 (Anm. Jahn JuS 2018, 181; Staudinger jurisPR-StrafR 3/2019 Anm. 3).
[87] OLG Stuttgart U. v. 18.11.1949 – Ss 133/49 – NJW 1950, 198.
[88] Etwa Hoyer, in: SK-StGB, 9. Aufl. 2019, § 258a Rn. 6.
[89] Vgl. schon BGH U. v. 16.12.1958 – 1 StR 456/58 – BGHSt 12, 277 = NJW 1959, 494.
[90] Beulke/Swoboda, Strafprozessrecht, 15. Aufl. 2020, Rn. 91; Hecker, in: Schönke/Schröder, StGB, 30. Aufl. 2019, § 258a Rn. 11.
[91] Hierzu Beulke/Swoboda, Strafprozessrecht, 15. Aufl. 2020, Rn. 91.

setzung des staatlichen Strafanspruchs sowie den Schutz der Allgemeinheit und die Gleichheit vor dem Gesetz. Gegen eine Einzelfallabwägung lässt sich zudem einwenden, dass die zu Grunde liegenden Kriterien zu vage sind, so dass ein Verstoß gegen Art. 103 II GG möglich erscheint. Dies gilt umso mehr, als etwaige Fehleinschätzungen zu einer Bestrafung nach § 258a StGB führen. Die Ausrichtung an festen Straftatenkatalogen zeitigt unbefriedigende Ergebnisse im Einzelfall. Die h. M. misst ferner der Privatsphäre des Beamten nicht hinreichend Gewicht zu. Dass Beamte in einem besonderen Verhältnis zum Staat stehen und in gewisser Weise „immer im Dienst" sind, bedeutet nicht, dass hieraus eine strafbewehrte Pflicht zum Einschreiten nach Dienstschluss folgt. Auch Beamte müssen eine rechtlich geschützte Privatsphäre haben, um ein normales soziales Leben führen zu können, was unmöglich wäre, wenn jeder private Gesprächspartner Angst davor hätte, etwas Falsches zu sagen. Eine Garantenstellung scheidet daher aus. Selbst wenn man eine sog. Garantenstellung annähme, mangelt es jedenfalls an der Unerlaubtheit der Unterlassung.

Als weitere Beispiele der Garanten kraft Amtes sind zu nennen Bürgermeister,[92] Bedienstete des Ordnungsamts,[93] der Umweltbehörden,[94] des Strafvollzugs,[95] des Jugendamts[96] oder des Finanzamts,[97] Schiffsführer (Kapitäne),[98] ferner Lehrer[99] und Schulleiter.[100]

---

[92] Vgl. Joecks/Jäger, StGB, 13. Aufl. 2021, § 13 Rn. 42; näher Pfohl NJW 1994, 418; aus der Rspr. vgl. BGH U. v. 19.08.1992 – 2 StR 86/92 – BGHSt 38, 325 = NJW 1992, 3247 = NStZ 1993, 285 (Anm. Puppe, AT, 4. Aufl. 2019, § 29 Rn. 34 ff.; Otto JK 1993 StGB § 13/21; Jung JuS 1993, 346; Schall JuS 1993, 719; Schwarz NStZ 1993, 285; Michalke NJW 1994, 1693; Nestler GA 1994, 514).

[93] Fischer, StGB, 68. Aufl. 2021, § 13 Rn. 33; aus der Rspr. vgl. BGH B. v. 15.07.1986 – 4 StR 301/86 – NJW 1987, 199 = NStZ 1986, 503 (Anm. Winkelbauer JZ 1986, 1119; Otto JK 1987 StGB § 13/12; Rudolphi JR 1987, 336).

[94] Hierzu Fischer, StGB, 68. Aufl. 2021, § 13 Rn. 33; näher Horn NJW 1981, 1; Geisler NJW 1982, 11; Rudolphi FS Dünnebier 1982, 561; Scheu NJW 1983, 1707; Meinberg NJW 1986, 2220; Winkelbauer NStZ 1986, 149; Schünemann wistra 1986, 235; Papier NJW 1988, 1113; Keller FS Rebmann 1989, 241; Pfohl NJW 1994, 418.

[95] Hierzu Fischer, StGB, 68. Aufl. 2021, § 13 Rn. 34 f.; näher Grunst StV 2005, 453; aus der Rspr. vgl. OLG Hamburg U. v. 04.08.1995 – 2 Ss 113/94 – NStZ 1996, 102 = StV 1996, 606 (Anm. Geppert JK 1996 StGB § 258/9; Klesczewski NStZ 1996, 103; Volckart StV 1996, 608; Küpper JR 1996, 524); BGH U. v. 30.04.1997 – 2 StR 670/96 – BGHSt 43, 82 = NJW 1997, 2059 = NStZ 1997, 597 = StV 1997, 526 (Anm. Sonnen JA 1997, 837; Martin JuS 1997, 1047; Rudolphi NStZ 1997, 599; Geppert JK 1998 StGB § 258/110; Seebode JR 1998, 338; Klesczewski JZ 1998, 313).

[96] Fischer, StGB, 68. Aufl. 2021, § 13 Rn. 33; näher Bringewat NJW 1998, 944; Kunkel StV 2002, 333; Beulke/Swoboda FS Gössel 2002, 73; Hassemer FS Hassemer 2010, 729; aus der Rspr. vgl. OLG Oldenburg U. v. 02.09.1996 – Ss 249/96 – NStZ 1997, 238 = StV 1997, 133 (Anm. Otto JK 1997 StGB § 13/26; Bringewat StV 1997, 135).

[97] Heuchemer, in: BeckOK-StGB, Stand 01.02.2021, § 13 Rn. 52; näher Schneider wistra 2004, 1; Dusch/Rommel NStZ 2014, 188.

[98] Fischer, StGB, 68. Aufl. 2021, § 13 Rn. 28a; näher Esser/Bettendorf NStZ 2012, 233; Fahl JA 2012, 161.

[99] Heuchemer, in: BeckOK-StGB, Stand 01.02.2021, § 13 Rn. 36; aus der Rspr. vgl. OLG Köln U. v. 29.10.1985 – Ss 301/85 – NJW 1986, 1947.

[100] Fischer, StGB, 68. Aufl. 2021, § 13 Rn. 33; aus der Rspr. vgl. BGH B. v. 26.07.2007 – 4 StR 240/07 – NStZ-RR 2008, 9 (Anm. Geppert JK 2008 StGB § 157/5; Kudlich JA 2008, 233).

(gg) Organe juristischer Personen

42 Juristische Personen des öffentlichen und privaten Rechts bedienen sich natürlicher Personen (genannt sei z. B. der Geschäftsführer einer GmbH); diese handeln aufgrund eines Bestellungsakts für sie, welcher i. V. m. gesetzlichen Konkretisierungen (z. B. nach dem GmbH-Gesetz) auch dahin auszulegen ist – Einzelheiten sind vielfach umstritten[101] –, dass der Organwalter die entsprechende juristische Person vor Schaden beschützen muss.[102]

cc) Sonderbeziehung zur Tatsituation (in Gestalt der Gefahr des Erfolgseintritts): Sog. Überwachergarant

(1) Allgemeines

43 Die sog. Überwachergarantenstellungen zeichnen sich dadurch aus, dass der Garant alle Rechtsgüter vor Schäden aus einer von ihm beherrschten **Gefahrenquelle** schützen muss.[103] Es besteht also eine Sonderbeziehung zum Ursprung der Tatsituation in Gestalt der Gefahr des Erfolgseintritts, d. h. zum Anfangspunkt des Kausalverlaufs.

Im Folgenden seien die wichtigsten Fallgruppen erläutert.

(2) (Rein) Gesetzliche (außervertragliche) Sonderbeziehung zur Tatsituation

(a) Allgemeines

44 Zur geringen Zahl rein gesetzlicher sog. Garantenstellungen, da vielfach gewillkürte Akte zum Begründen der Position erforderlich sind, s. o.

Ein Stück weit der Unterscheidung von gesetzliches und gewillkürten Einstandspersonen entziehen sich bestimmte Verkehrssicherungspflichten (immerhin ist dort aber etwa die Besitzbegründung bzgl. einer gefährlichen Sache freiwillig) und die sog. Ingerenz (freilich kann das Vorverhalten des Täters als gewillkürt betrachtet werden).

(b) Gesetzliche Beaufsichtigungspflicht

▶ Didaktischer Aufsatz:

- Mitsch, Kinder und Strafrecht, Jura 2017, 792

---

[101] Z. B.bzgl. Aufsichtsratsmitgliedern einer Aktiengesellschaft, hierzu näher Cramer FS Stree/Wessels 1993, 563; Lüderssen FS Lampe 2003, 727; Zwiehoff FS Eisenhardt 2007, 573; Leipold FS Mehle 2009, 347; Krause NStZ 2011, 57; Krause FS Wessing 2016, 241; Schwerdtfeger NZWiSt 2018, 266; aus der Rspr. vgl. OLG Braunschweig B. v. 14.06.2012 – Ws 44/12, Ws 45/12 – NJW 2012, 3798 = StV 2013, 94 (Anm. Corsten wistra 2013, 73; Rübenstahl NZWiSt 2013, 267; Mutter/Kruchen CCZ 2013, 123).

[102] Joecks/Jäger, StGB, 13. Aufl. 2021, § 13 Rn. 42.

[103] Fischer, StGB, 68. Aufl. 2021, § 13 Rn. 15; aus der Rspr. vgl. BGH U. v. 11.09.2019 – 2 StR 563/18 – StV 2020, 373 (Anm. RÜ 2020, 231; Ruppert HRRS 2020, 250; Nussbaum ZJS 2021, 86).

Unter **Beaufsichtigungspflicht**[104] versteht man die Pflicht eines sog. Garanten, rechtswidriges Verhalten anderer Menschen zu unterbinden. Da die Rechtsordnung aber jedenfalls bei erwachsenen (für Kinder s. § 19 StGB, für Jugendliche § 3 JGG) Menschen grundsätzlich (s. aber § 20 StGB) von strafrechtlicher Eigenverantwortlichkeit ausgeht, muss hierbei große Zurückhaltung geübt werden – eine Reduktion auf Fälle, in denen der Überwachte in seiner Autonomie beschränkt ist oder (gesetzlich fundiert) wird.

Eltern müssen ihre Kinder – nach Maßgabe ihres Alters, s. o. – überwachen (vgl. auch § 832 BGB).[105]

Beispiel 395

Vater B verhinderte nicht, dass sein Sohn den Nachbarsjungen Z verprügelte. ◄

§ 832 I BGB (Haftung des Aufsichtspflichtigen)
Wer kraft Gesetzes zur Führung der Aufsicht über eine Person verpflichtet ist, die wegen Minderjährigkeit oder wegen ihres geistigen oder körperlichen Zustands der Beaufsichtigung bedarf, ist zum Ersatz des Schadens verpflichtet, den diese Person einem Dritten widerrechtlich zufügt. Die Ersatzpflicht tritt nicht ein, wenn er seiner Aufsichtspflicht genügt oder wenn der Schaden auch bei gehöriger Aufsichtsführung entstanden sein würde.

(3) Gewillkürte Sonderbeziehung zur Tatsituation

(a) Allgemeines
Auch bei Existenz von (zivilrechtlichen oder öffentlich-rechtlichen) Rechtsnormen, die die Ausgestaltung der Vereinbarung regeln, liegt der Ursprung der sog. Garantenstellung ggf. in einer Vereinbarung zur Übernahme eines entsprechenden Grundverhältnisses.

Eine Sonderform strafbaren Geschehenlassens von Straftaten bei Innehaben bestimmter Positionen normiert § 357 StGB.

---

[104] Hierzu B. Heinrich, AT, 6. Aufl. 2019, Rn. 969 ff.
[105] Joecks/Jäger, StGB, 13. Aufl. 2021, § 13 Rn. 50; näher Mitsch Jura 2017, 792; aus der Rspr. vgl. OLG Schleswig U. v. 21.10.1953 – Ss 296/53 – NJW 1954, 285; BGH B. v. 17.02.1954 – GSSt 3/53 – BGHSt 6, 46 = NJW 1954, 766 (Anm. Bockelmann JR 1954, 361; Sax JZ 1954, 474); BGH U. v. 17.12.1954 – 1 StR 183/54 – BGHSt 7, 268 = NJW 1955, 1038; KG U. v. 03.01.1968 – (1) 1 Ss 379/67 (123/67) (Anm. Lackner JR 1969, 29); BGH U. v. 27.11.1979 – VI ZR 98/78 – NJW 1980, 1044; BGH U. v. 10.07.1984 – VI ZR 273/82 – NJW 1984, 2574; OLG Düsseldorf B. v. 22.08.1986 – 5 Ss 296/86 – 232/86 I – NJW 1987, 201.

> **§ 357 StGB (Verleitung eines Untergebenen zu einer Straftat)**
> (1) Ein Vorgesetzter, welcher seine Untergebenen zu einer rechtswidrigen Tat im Amt verleitet oder zu verleiten unternimmt oder eine solche rechtswidrige Tat seiner Untergebenen geschehen läßt, hat die für diese rechtswidrige Tat angedrohte Strafe verwirkt.
> (2) Dieselbe Bestimmung findet auf einen Amtsträger Anwendung, welchem eine Aufsicht oder Kontrolle über die Dienstgeschäfte eines anderen Amtsträgers übertragen ist, sofern die von diesem letzteren Amtsträger begangene rechtswidrige Tat die zur Aufsicht oder Kontrolle gehörenden Geschäfte betrifft.

Ähnlich im Wehrstrafrecht:

> **§ 41 WStG (Mangelhafte Dienstaufsicht)**
> (1) Wer es unterläßt, Untergebene pflichtgemäß zu beaufsichtigen oder beaufsichtigen zu lassen, und dadurch wenigstens fahrlässig eine schwerwiegende Folge (§ 2 Nr. 3) verursacht, wird mit Freiheitsstrafe bis zu drei Jahren bestraft.
> (2) Der Versuch ist strafbar.
> (3) Wer die Aufsichtspflicht leichtfertig verletzt und dadurch wenigstens fahrlässig eine schwerwiegende Folge verursacht, wird mit Freiheitsstrafe bis zu sechs Monaten bestraft.
> [...]

Und im Ordnungswidrigkeitenrecht:

> **§ 130 I OWiG**
> Wer als Inhaber eines Betriebes oder Unternehmens vorsätzlich oder fahrlässig die Aufsichtsmaßnahmen unterläßt, die erforderlich sind, um in dem Betrieb oder Unternehmen Zuwiderhandlungen gegen Pflichten zu verhindern, die den Inhaber treffen und deren Verletzung mit Strafe oder Geldbuße bedroht ist, handelt ordnungswidrig, wenn eine solche Zuwiderhandlung begangen wird, die durch gehörige Aufsicht verhindert oder wesentlich erschwert worden wäre. Zu den erforderlichen Aufsichtsmaßnahmen gehören auch die Bestellung, sorgfältige Auswahl und Überwachung von Aufsichtspersonen.

(b) Gewillkürte Beaufsichtigung des Verhaltens anderer Menschen
(aa) **Grundlagen**
Im Bereich öffentlich-rechtlicher Regelungen, die Amtsträgerpflichten näher ausgestalten, sind gesetzlich angeordnet autonomiebeschränkt insbesondere **Insassen** im Straf- und Maßregelvollzug[106] sowie in psychiatrischen Anstalten, ferner kommen zumindest in gewissen Bereichen stark hierarchischer Aufgabenerfüllung dienstlich **Untergebene** in Betracht.[107]

Betreuer i. S. d. §§ 1896 ff. BGB stehen für ihre Betreuten ein, s. § 1901 BGB.[108]
Umstritten ist, ob **Ehegatten** einander von Straftaten abhalten müssen.[109]

47

Beispiel 396

B1 verhinderte nicht, dass seine Ehefrau B2 nicht existierende Gegenstände bei Ebay versteigerte. ◄

Während in der älteren Rspr.[110] eine Garantenstellung angenommen wurde, lehnen dies die h. L.[111] und die heutige Rspr.[112] ab.

In der Tat ändert eine Ehe (trotz § 1353 I 2 BGB) nichts an der Eigenverantwortlichkeit des Einzelnen; eine Handlungspflicht wäre auch schädlich für das (grundrechtlich geschützte, Art. 6 I GG, s. auch z. B. § 52 I Nr. 2 StPO) Verhältnis der Ehegatten zueinander.

---

[106] Gaede, in: NK-StGB, 5. Aufl. 2017, § 13 Rn. 52; näher Wagner FS StA SH 1992, 511; zum Anstaltsleiter Verrel GA 2003, 595; zu Mitarbeitern im Jugendstrafvollzug Walter NStZ 2010, 57; zum Personal im Maßregelvollzug StA Paderborn NStZ 1999, 51 (Vollzugslockerung) (Anm. Pollähne NStZ 1999, 53).

[107] Hierzu Gaede, in: NK-StGB, 5. Aufl. 2017, § 13 Rn. 52; näher Rudolphi NStZ 1991, 361.

[108] Bosch, in: Schönke/Schröder, StGB, 30. Aufl. 2019, § 13 Rn. 52; aus der Rspr. vgl. OLG Celle U. v. 21.11.2007 – 32 Ss 99/07 – NJW 2008, 1012 (Anm. Bosch JA 2008, 471).

[109] Hierzu Joecks/Jäger, StGB, 13. Aufl. 2021, § 13 Rn. 51; aus der Rspr. vgl. RG U. v. 19. 10.1937 – 1 D 702/37 – RGSt 72, 19; RG U. v. 16.09.1940 – 3 D 510/40 – RGSt 74, 283; BGH U. v. 19.12.1950 – 4 StR 14/50 – NJW 1951, 204; BGH U. v. 22.01.1953 – 5 StR 417/52 – NJW 1953, 591; OLG Schleswig U. v. 21.10.1953 – Ss 296/53 – NJW 1954, 285; BGH U. v. 15.10.1954 – 2 StR 12/54 – BGHSt 6, 322 = NJW 1954, 1818; OLG Bremen U. v. 18.04.1956 – Ss 24/55 – NJW 1957, 72; BGH U. v. 05.05.1964 – 1 StR 26/64 – BGHSt 19, 295 = NJW 1964, 1330 (Anm. Willms JuS 1964, 370; Geilen JuS 1965, 426); BayObLG U. v. 07.05.1982 – RReg. 1 St 47/82 – NJW 1982, 1891; OLG Koblenz B. v. 09.07.1985 – 1 Ss 275/85 – NJW 1986, 1003 (Anm. Geppert JK 1986 OWiG § 14/2); OLG Stuttgart U. v. 25.07.1985 – 1 Ss 394/85 – NJW 1986, 1767 (Anm. Otto JK 1986 StGB § 13/9; Ranft JZ 1987, 909); OLG Celle U. v. 28.06.2000 – 33 Ss 28/00 – StV 2000, 624.

[110] RG U. v. 16.09.1940 – 3 D 510/40 – RGSt 74, 283.

[111] Z. B. B. Heinrich, AT, 6. Aufl. 2019, Rn. 970.

[112] S. OLG Stuttgart U. v. 25.07.1985 – 1 Ss 394/85 – NJW 1986, 1767.

Erst recht wird man bei bloßen Lebensgefährten[113] oder noch weniger engen Bekanntschaften[114] keine Überwachergarantenstellung annehmen können.

(bb) Insbesondere: Geschäftsherrenhaftung des Betriebsinhabers für betriebsbezogene Straftaten seiner Mitarbeiter

▶ Didaktische Aufsätze:

- Otto, Die Haftung für kriminelle Handlungen in Unternehmen, Jura 1998, 409
- Lindemann/Sommer, Die strafrechtliche Geschäftsherrenhaftung und ihre Bedeutung für den Bereich der Criminal Compliance, JuS 2015, 1057

48 Eine besondere – strittige -, dem Wirtschaftsstrafrecht zuzuordnende Fallgruppe ist die sog. **Geschäftsherrenhaftung** des Betriebsinhabers für betriebsbezogene Straftaten seiner Mitarbeiter.[115]

Beispiel 397

BGH U. v. 20.10.2011 – 4 StR 71/11 – BGHSt 57, 42 = NJW 2012, 1237 = NStZ 2012, 142 = StV 2012, 403 (Anm. Bosch JK 2012 StGB § 13 I/45; Jäger JA 2012, 395; Wagner ZJS 2012, 704; LL 2012, 269; RÜ 2012, 97; famos 6/2012; Mansdörfer/Trüg StV 2012, 432; Roxin JR 2012, 305; Schramm JZ 2012, 969; Kudlich HRRS 2012, 177; Kuhn wistra 2012, 297; Poguntke CCZ 2012, 158; Bülte NZWiSt 2012, 176; Schlösser NZWiSt 2012, 281; Zimmermann WiJ 2013, 94; Selbmann HRRS 2014, 235):

B1 war in der Straßenbauabteilung der Stadt H beschäftigt. Nach deren Zusammenlegung mit der Grünflächenabteilung der Stadt im städtischen Bauhof im Frühsommer 2006 war er Vorarbeiter einer Kolonne, der außer ihm u. a. B2 und B3 angehörten. Zwischen Februar 2006 und Juli 2008 wurde der ebenfalls beim städtischen Bauhof angestellte, aber in einer anderen Kolonne tätige Z während der Arbeitszeit wiederholt Opfer demütigender körperlicher Übergriffe von B2 und B3, die hierfür bisweilen auch Knüppel, Ketten oder andere Werkzeuge ver-

---

[113] Hierzu Fischer, StGB, 68. Aufl. 2021, § 13 Rn. 45; aus der Rspr. vgl. OLG Düsseldorf B. v. 11.08.1993 – 2 Ss 241/93 – 87/93 II – NJW 1994, 272 = StV 1995, 256 (Anm. Otto JK 1994 StGB § 154/3).

[114] Gaede, in: NK-StGB, 5. Aufl. 2017, § 13 Rn. 40; aus der Rspr. vgl. zu Trinkgenossen BGH U. v. 23.05.2007 – 5 StR 97/07; zum Fahrgast bzgl. Fahrzeugführer OLG Oldenburg U. v. 22.08.1961 – 1 Ss 179/61 – NJW 1961, 1938.

[115] Hierzu Fischer, StGB, 68. Aufl. 2021, § 13 Rn. 67 ff.; näher Bock, Criminal Compliance, 2. Aufl. 2013, S. 317 ff.; Göhler FS Dreher 1977, 611; Schünemann wistra 1982, 41; Otto Jura 1998, 409; Schünemann FG 50 Jahre BGH IV 2000, 621; Gimbernat Ordeig FS Roxin 2001, 651; Schall FS Rudolphi 2004, 267; Otto FS Schroeder 2006, 339; Nietsch CCZ 2013, 192; Hernández Baualto FS Frisch 2013, 333; Lindemann/Sommer JuS 2015, 1057; Roxin FS Beulke 2015, 239; Timpe StraFo 2016, 237; Geneuss ZIS 2016, 259; Hefendehl GA 2019, 705; aus der Rspr. vgl. zuletzt BGH B. v. 06.02.2018 – 5 StR 629/17 – NStZ 2018, 648 = StV 2019, 16 (Anm. Wagner NZWiSt 2019, 365; Nassif CCZ 2019, 98).

wendeten. Unter anderem kam es zu folgenden Vorfällen: Am 22.02.2006 drängten B2 und B3 den Z in eine Friedhofskapelle. B2 hielt ihn an den Armen fest, während B3 ihm mit einem Holzknüppel mehrere wuchtige Schläge gegen den Oberkörper versetzte. Anfang 2008 forderten B2 und B3 den Z auf, sich einen vermeintlichen Schaden an einem der zum Bauhof gehörenden Fahrzeuge anzuschauen, packten ihn, als er sich dem Fahrzeug genähert hatte, von hinten und stießen seinen Kopf heftig auf die Motorhaube. Im Frühjahr 2008 erhielt Z, weil er sich für eine berufliche Fortbildung angemeldet hatte, beim Beladen eines Fahrzeugs Schläge von B2 und B3. B1 war zwar bei diesen drei Taten anwesend; eine aktive Tatbeteiligung konnte jedoch nicht festgestellt werden. ◄

Hatte B1 als Vorarbeiter der Kolonne, der B2 und B3 angehörten, eine sog. Überwachergarantenstellung?

Die Rspr. und die h. L.[116] bejahen eine sog. Garantenstellung betrieblicher Vorgesetzter bzgl. der Verhinderung betriebsbezogener Straftaten.
Eine Gegenauffassung[117] lehnt eine solche ab.
Vergleichen lässt sich die Kontroverse mit der Problematik der sog. mittelbaren Täterschaft kraft Organisationsherrschaft in Wirtschaftsunternehmen, zumal die jeweilige Argumentation sehr ähnlich ist. Die h. M. sieht das Unternehmen als Gefahrenquelle und folgert aus dem Direktionsrecht des Vorgesetzten oder Inhabers (s. § 106 I GewO) die Garantenstellung bzgl. betriebsbezogener Straftaten. Dem ist aber entgegenzuhalten, dass Arbeitnehmer bei der Erfüllung ihres synallagmatischen Arbeitsvertrags eigenverantwortlich bleiben. Aus der Möglichkeit zum Einschreiten folgt noch keine Pflicht, es mangelt an einer Brücke von einem Dürfen, nämlich dem arbeitsrechtlichen Direktionsrecht, zu einem Sollen, d. h. einer strafrechtlich relevanten Direktionspflicht. Kein Hilfemonopol macht aus einem Täter nach § 323c I StGB einen Garanten. Zweifelhaft ist auch, ob das erlaubte ubiquitäre und sozial nützliche Verhalten des unternehmerischen Erwerbs zur Quelle eines besonderen Risikos erklärt werden kann.

Folgt man der h. M. in der Annahme einer sog. Garantenstellung, so kann deren Erfüllung auch auf nachgeordnetes Personal **delegiert** werden. Für dieses entsteht dann eine abgeleitete sog. Garantenstellung aus gewillkürter Übernahme nach Maßgabe des Arbeitsvertrags. Dies gilt insbesondere für sog. Compliance-Beauftragte, deren Funktion die Einhaltung der Rechtsnormen bei der unternehmerischen Tätigkeit ist.[118]

49

---

[116] S. B. Heinrich, AT, 6. Aufl. 2019, Rn. 970.
[117] Bock, Criminal Compliance, 2. Aufl. 2013, S. 325 ff.; Stein, in: SK-StGB, 9. Aufl. 2017, § 13 Rn. 44.
[118] Hierzu Fischer, StGB, 68. Aufl. 2021, § 13 Rn. 39; aus der Rspr. vgl. (*obiter dictum*) BGH U. v. 17.07.2009 – 5 StR 394/08 (BSR) – BGHSt 54, 44 = NJW 2009, 3173 = NStZ 2009, 686 = StV 2009, 687 (Anm. Puppe, AT, 4. Aufl. 2019, § 29 Rn. 17 ff.; Jahn JuS 2009, 1142; Rotsch ZJS 2009, 712; RÜ 2009, 636; RA 2009, 589; Stoffers NJW 2009, 3176; Berndt StV 2009, 689; Kretschmer JR 2009, 474; Mosiek HRRS 2009, 565; Barton jurisPR-StrafR 22/2009 Anm. 1 und jurisPR-StrafR 23/2009 Anm. 1; Thomas CCZ 2009, 239; Satzger JK 2010 StGB § 13/42; Mosbacher/Dierlamm

(c) Gewillkürte tatsächliche Gewalt über die Gefahrenquelle (Verkehrssicherungspflicht)
(aa) Allgemeines

50 Die strafrechtliche Pflicht zur Eindämmung von Gefahren, die nicht von spezifisch zu beaufsichtigenden Menschen ausgehen, geht vielfach parallel mit der zivilrechtlichen Verkehrssicherungspflicht, die denjenigen trifft, der die Herrschaft über eine Gefahrenquelle innehat.

(bb) Einzelfälle
(aaa) Gefährliche Gegenstände, Einrichtungen und Veranstaltungen

▶ Didaktischer Aufsatz:

- Mitsch, Tiere und Strafrecht, Jura 2017, 1388

51 Eine dem Täter sonderverantwortlich zuzuordnende Gefahrenquelle können gefährliche Gegenstände sein, die zu überwachen sind, z. B. Tiere:[119]

Beispiel 398

Hundehalter B vergaß, den Zwinger zu verschließen; sein Hund entwich und biss den Z. ◀

Kraftfahrzeuge:[120]

Beispiel 399

OLG Karlsruhe U. v. 07.02.1980 – 1 Ss 319/79 – NJW 1980, 1859 (Anm. Geppert JK 1981 StGB § 1/1):

B1 hat bei einem Unfall entweder in alkoholbedingt fahruntüchtigem Zustand selbst einen Pkw geführt oder als für das vorgenannte Fahrzeug verantwortlicher Mithalter und Fahrzeuginsasse dem für ihn erkennbar absolut fahruntüchtigen B2 nach größtenteils gemeinschaftlichem Alkoholgenuss den Pkw zum Führen überlassen. Infolge der Fahruntüchtigkeit des Fahrers geriet der Pkw auf die linke Fahrbahnseite und prallte gegen einen entgegenkommenden Pkw, dessen Fahrer getötet wurde und dessen Beifahrerin eine Schädelprellung, eine Risswunde am rechten Mittelfinger, eine Knieprellung rechts und einen Schock erlitt. ◀

NStZ 2010, 268; Warneke NStZ 2010, 312; Dannecker/Dannecker JZ 2010, 981; Spring GA 2010, 222; Kraft wistra 2010, 81; Fecker/Kinzl CCZ 2010, 13; Krüger ZIS 2011, 1; Schneider/Gottschaldt ZIS 2011, 573; Geiger CCZ 2011, 170; Brozat CCZ 2011, 227; Schwarz wistra 2012, 13; Raum CCZ 2012, 197; Schmid JA 2013, 835).

[119] B. Heinrich, AT, 6. Aufl. 2019, Rn. 964.
[120] Fischer, StGB, 68. Aufl. 2021, § 13 Rn. 64.

Ferner Grundstücke,[121] Baustellen[122] und Gebäude.[123]

Beispiel 400

LG Saarbrücken B. v. 24.10.2005 – 8 Qs 73/05 – NStZ-RR 2006, 75 (Anm. RA 2006, 434):
B1 als Bezirksbauleiter und Verantwortlicher in der W-Schule in E und B2 als Hausmeister der vorgenannten Schule kamen ihrer Verkehrssicherungspflicht nicht nach, so dass die Jugendlichen Z1, Z2 und Z3, die sich auf einem Flachdach der W-Schule, das von einer Seite aus ebenerdig zugänglich ist, befanden, aus einer Höhe von ca. 3,50 m in die Tiefe stürzten, da sich das dort zur Sicherung angebrachte Eisengitter nicht in einem verkehrssicheren Zustand befand und bereits nicht ausreichend dimensioniert war, aber auch starke Korrosion aufwies, so dass bereits ein mehr oder weniger starkes Anlehnen geeignet war, die Geländerkonstruktion zum Einsturz zu bringen, und sich Z1, Z2 und Z3, die sich am Geländer festhielten und abstürzten, erhebliche Verletzungen zuzogen. ◄

Auch Veranstaltungen sind zu überwachende Gefahrenquellen.[124]

Beispiel 401

LG Waldshut-Tiengen U. v. 12.09.2000 – Ns 22 Js 6046/98 – NJW 2002, 153 (Anm. LL 2002, 177):
Am 02.08.1998 fanden auf einer Mountainbikerennstrecke in Todtnau die deutschen Meisterschaften in der Kategorie Mountainbike-Downhill statt. Veranstalter war der Bund Deutscher Radfahrer, Ausrichter des Rennens ein örtlicher Verein. Während des Wettkampfs kam es zu einem tödlichen Unfall, als an einer Steilstrecke einer der Teilnehmer stürzte, sein Fahrrad durch die Luft flog und einen 31-jährigen Zuschauer am Kopf traf. Dieser verstarb trotz intensiver medizinischer Behandlung im November 1998 an einem schweren Schädelhirntrauma. B war vom Bund Deutscher Radfahrer als Vorsitzender eines aus drei Personen bestehenden Wettkampfausschusses eingesetzt worden. Nach den gerichtlichen Feststellungen war er dafür zuständig, dass die Rennstrecke den Wettkampfregeln des Verbands entsprach, hatte den Kurs abzunehmen und für die Behebung etwaiger Beanstandungen durch den Ausrichter zu sorgen. ◄

---

[121] B. Heinrich, AT, 6. Aufl. 2019, Rn. 964.
[122] B. Heinrich, AT, 6. Aufl. 2019, Rn. 964; aus der Rspr. vgl. BGH U. v. 13.11.2008 – 4 StR 252/08 (Abbrucharbeiten) – BGHSt 53, 38 = NJW 2009, 240 = NStZ 2009, 146 = StV 2009, 406 (Anm. Satzger JK 2009 StGB § 222/8; RÜ 2009, 96; RA 2009, 113; Bußmann NStZ 2009, 386; Renzikowski StV 2009, 443; Kraatz JR 2009, 182; Duttge HRRS 2009, 145; Wegner HRRS 2009, 381).
[123] Fischer, StGB, 68. Aufl. 2021, § 13 Rn. 65.
[124] B. Heinrich, AT, 6. Aufl. 2019, Rn. 964.

(bbb) Inverkehrbringen von Produkten (Produkthaftung)

▶ Didaktischer Aufsatz:

- Schmidt-Salzer, Zivilrechtliche und strafrechtliche Produktverantwortung, JA 1988, 465

52 Zur „Abgrenzung" von Tun und Unterlassen bei der strafrechtlichen Produkthaftung s. schon o.

Beispiel 402

BGH U. v. 06.07.1990 – 2 StR 549/89 (Lederspray) – BGHSt 37, 106 = NJW 1990, 2560 = NStZ 1990, 587 = StV 1990, 446 (Anm. Roxin, Höchstrichterliche Rspr. AT, 1998, Nr. 92; Puppe, AT, 4. Aufl. 2019, § 2 Rn. 9 ff. und 27 ff.; Kaspar/Reinbacher, Casebook AT, 2020, Fall 2; Hemmer-BGH-Classics Strafrecht, 2003, Nr. 1; Schmidt-Salzer NJW 1990, 2966; Kuhlen NStZ 1990, 566; Brammsen Jura 1991, 533; Hassemer JuS 1991, 253; Samson StV 1991, 182; Beulke/Bachmann JuS 1992, 737; Meier NJW 1992, 3193; Puppe JR 1992, 30; Hirte JZ 1992, 257; Brammsen GA 1993, 97; Hilgendorf NStZ 1994, 561; Jähnke Jura 2010, 582; Rotsch ZIS 2018, 1; Puppe ZIS 2018, 57):

Die E-GmbH befasste sich unter anderem mit der Herstellung von Schuh- und Lederpflegeartikeln. Dazu gehörten auch Ledersprays, die – abgefüllt in Treibgasdosen – zum Versprühen bestimmt waren und der Pflege, dem Imprägnieren oder dem Färben insbesondere von Schuhen und sonstigen Bekleidungsgegenständen dienen. Ab dem Spätherbst 1980 gingen Schadensmeldungen ein, in denen berichtet wurde, dass Personen nach dem Gebrauch von Ledersprays Marke „E" gesundheitliche Beeinträchtigungen erlitten hatten. Diese Beeinträchtigungen äußerten sich zumeist in Atembeschwerden, Husten, Übelkeit, Schüttelfrost und Fieber. Die Betroffenen mussten vielfach ärztliche Hilfe in Anspruch nehmen, bedurften oftmals stationärer Krankenhausbehandlung und kamen in nicht seltenen Fällen wegen ihres lebensbedrohlichen Zustands zunächst auf die Intensivstation. Die Befunde ergaben regelmäßig Flüssigkeitsansammlungen in den Lungen (Lungenödem). Die ersten Schadensmeldungen lösten firmeninterne Untersuchungen aus. Diese bezogen sich auf zurückgegebene Spraydosen. Fabrikationsfehler ergaben sich dabei nicht. Festgestellt wurde nur, dass bei einem Spray seit Mitte 1980 der Wirkstoffanteil des Silikonöls erhöht worden war. Diese Rezepturänderung wurde Anfang 1981 rückgängig gemacht. Gleichwohl folgten weitere Schadensmeldungen. Fachgespräche mit Toxikologen zweier Chemieunternehmen und einem beratenden Arzt brachten keine Klärung. Der Silikonöl-Wirkstoff wurde aus den Produkten genommen. Die Schadensmeldungen setzten sich jedoch fort. Am 12.05.1981 fand eine Sondersitzung der Geschäftsführung statt. Den einzigen Tagesordnungspunkt bildeten die bekanntgewordenen Schadensfälle. Teilnehmer waren unter anderem sämtliche Geschäftsführer der Firma W-GmbH, nämlich

B. Vorsätzliches vollendetes täterschaftliches unechtes Unterlassungsdelikt 731

B1–4. Sie fassten den einstimmigen Beschluss, den Vertrieb des Ledersprays fortzusetzen. In der Folgezeit kam es zu weiteren Gesundheitsschäden nach der Verwendung von Ledersprays der bezeichneten Marke. ◄

Die sog. Garantenstellung, aus der sich z. B. eine Pflicht zum Rückruf von Produkten nach Erkennen der Gefährlichkeit ergibt,[125] folgert die h. M. aus dem Wissens- und Wirkungsvorsprung des Produzenten gegenüber den Verbrauchern. Zwar ist das Inverkehrbringen an sich nicht zu beanstanden, die Produkte stammen aber aus der Sphäre des Produzenten, so dass sich dessen Verantwortung aus diesem – wenn auch unerkannt – riskanten Akt ergibt. Allerdings gilt es, die Anforderungen an die zu ergreifenden Maßnahmen nicht zu überspannen, insbesondere kann die sehr strenge zivilrechtliche Haftung nicht uneingeschränkt auf das Strafrecht übertragen werden.

(ccc) Räumlichkeiten; Grundstück

▶ Didaktischer Aufsatz:

- Tenckhoff, Garantenstellung des Wohnungsinhabers bei Angriffen auf einen Gast, JuS 1978, 308

Zu unterscheiden ist die Überwachungspflicht bzgl. einer beherrschten Gefahrenquelle von Fällen, in denen ein anderer Mensch Straftaten eigenverantwortlich lediglich in genutzten Räumlichkeiten oder auf dem Grundstück des Unterlassenden begeht.[126]

53

Beispiel 403

BGH B. v. 30.09.2009 – 2 StR 329/09 – NStZ 2010, 221 = StV 2010, 128 (Anm. Bosch JA 2010, 306; RA 2010, 29):
B1 und B2 teilten sich seit sieben Jahren eine Wohnung. B1 übernachtete im Wohnzimmer oder in der Küche, während B2 das Schlafzimmer benutzte. Zum Ausgleich für Unterkunft und Verpflegung leitete B2 seine Hartz-IV-Bezüge an B1 weiter. B2 handelte seit mindestens einem Jahr mit Betäubungsmitteln, die er vorwiegend in den Niederlanden erwarb. Er nutzte das Schlafzimmer sowohl zur Lagerung der Drogen als auch zur Abwicklung der Drogengeschäfte mit Konsumenten. Dies war der B1 bekannt und wurde von ihr geduldet. ◄

---

[125] Vgl. B. Heinrich, AT, 6. Aufl. 2019, Rn. 968; aus der Rspr. vgl. BGH U. v. 19.07.1995 – 2 StR 758/94 (Glykol) – NJW 1995, 2933 = NStZ 1995, 605 = StV 1996, 73 (Anm. Geppert JK 1996 StPO § 136a/8; Fezer StV 1996, 77; Samson StV 1996, 93).

[126] Hierzu Krey/Esser, AT, 6. Aufl. 2016, Rn. 1157 ff.; näher Tenckhoff JuS 1978, 308; Reus/Vogel MDR 1990, 869; aus der Rspr. vgl. zuletzt LG Karlsruhe U. v. 22.04.2015 – 9 Ns 650 Js 42323/13 – StV 2015, 645; BGH U. v. 25.04.2017 – 5 StR 106/17 – NStZ-RR 2017, 219 = StV 2018, 503; BGH B. v. 28.03.2019 – 1 StR 598/18 – NStZ-RR 2019, 218 = StV 2020, 369; BGH B. v. 21.10.2020 – 6 StR 227/20 – NStZ-RR 2021, 17.

Da eine Wohnung kein typischerweise rechtsgutsgefährdender Bereich ist und diese auch keine Herrschaft über andere anwesende Personen vermittelt, folgt aus dem Tatort keine sog. Garantenstellung für die B1.

Anders gelagert ist dies bei Gaststätten.[127]

Zum einen wird hier Alkohol ausgeschenkt, was für Tatbestandsverwirklichungen nach §§ 315c I Nr. 1 lit. a, 316 StGB sowie v. a. §§ 222, 229 StGB relevant werden kann.

Beispiel 404

BGH B. v. 13.11.1962 – 4 StR 267/63 – BGHSt 19, 152 = NJW 1964, 412 (Anm. Roxin, Höchstrichterliche Rspr. AT, 1998, Nr. 90; Willms JuS 1964, 208; Geilen JZ 1965, 469):

B betrieb eine Gastwirtschaft. Gegen Mitternacht kehrten bei ihm drei Gäste ein. Alle drei hatten schon vorher Alkohol getrunken. In der Gastwirtschaft des B knobelten sie zusammen mit diesem zehn bis zwölf Runden Whisky aus. Gegen drei Uhr morgens wollten sie mit einem Pkw wegfahren. B erkannte, dass keiner von ihnen mehr sicher fahren konnte, und riet ihnen deshalb, eine Taxe zu nehmen. Sie folgten diesem Ratschlag nicht. Der Blutalkoholgehalt betrug bei dem, der den Wagen führte, 2,14 ‰, bei dem mitfahrenden Halter 1,97 ‰. Auf der Fahrt kam der Wagen infolge Fahruntüchtigkeit des Fahrers von der Straße ab und geriet auf einen Acker. Dort überschlug er sich. Zwei Personen wurden verletzt. ◄

Durch den Ausschank trug der Wirt zur Schaffung einer Gefahrenquelle bei.

Zum anderen vertrauen die Gäste darauf, dass sie nicht von anderen Gästen angegriffen werden, sondern der Wirt in diesen Fällen von seinem Hausrecht Gebrauch macht.

Beispiel 405

BGH U. v. 05.07.1966 – 5 StR 280/66 – NJW 1966, 1763:

Als Inhaberin einer Gastwirtschaft duldete B, dass vier männliche Stammgäste einer jungen Frau, die sich geweigert hatte, mit einem von ihnen zum zweiten Male zu tanzen, gewaltsam das Haupthaar und einen Teil der Schamhaare abschnitten. ◄

B hatte rechtlich dafür einzustehen, dass der jungen Frau keine Körperverletzungen zugefügt würden.

---

[127] B. Heinrich, AT, 6. Aufl. 2019, Rn. 966.

(d) Vorherige eigene unerlaubte Gefahrschaffung (sog. Ingerenz)

▶ Didaktische Aufsätze:

- Herzberg, Garantenpflichten aufgrund gerechtfertigtem Vorverhalten, JuS 1971, 74
- Sowada, Die Garantenstellung aus vorangegangenem Tun (Ingerenz), Jura 2003, 236
- Theile, Verdeckungsabsicht und Tötung durch Unterlassen, JuS 2006, 110
- Kretschmer, Notwehr (§ 32 StGB) und Unterlassen (§ 13 StGB) – eine wechselseitige Beziehung zweier Rechtsfiguren, JA 2015, 589

Unter Ingerenz versteht man ein Vorverhalten des später Unterlassenden, welches das Rechtsgut einer Gefahr aussetzte.[128] Aus der unerlaubt (s. sogleich) gefahrschaffenden Handlung des Täters und insofern dem von ihm selbst ausgelösten Kausalverlauf folgt dessen Verantwortung (ähnlich einem Verhaltensstörer im öffentlichen Recht). Ob man dies als Obhuts- oder Überwachergarantenstellung ein-

54

---

[128] Zur sog. Ingerenz Kindhäuser/Hilgendorf, LPK, 8. Aufl. 2020, § 13 Rn. 46 ff.; näher Lampe ZStW 1960, 93; Herzberg JuS 1971, 74; Bringewat MDR 1971, 716; Schünemann GA 1974, 231; Herzberg JZ 1986, 986; Dencker FS Stree/Wessels 1993, 159; Jakobs FG 50 Jahre BGH IV 2000, 29; Otto FS Gössel 2002, 99; Roxin FS Trechsel 2002, 551; Sowada Jura 2003, 236; Jasch NStZ 2005, 8; Walther FS Herzberg 2008, 503; Kretschmer JA 2015, 589; van Weezel FS Kindhäuser 2019, 561; aus der Rspr. vgl. zuletzt BGH B. v. 20.09.2016 – 3 StR 174/16 – NStZ 2017, 92 = StV 2019, 106 (Anm. RÜ 2017, 103; Lorenz HRRS 2017, 309); BGH U. v. 24.11.2016 – 4 StR 289/16 – NStZ 2017, 219 = StV 2017, 668 (Anm. Satzger Jura 2017, 1124; RÜ 2017, 165; Jäger NStZ 2017, 222); BGH B. v. 08.03.2017 – 1 StR 466/16 – BGHSt 62, 72 = NJW 2017, 2052 = NStZ 2017, 531 (Anm. Bosch Jura 2017, 1236; Brand NJW 2017, 2056; Becker NStZ 2017, 535; Ceffinato JR 2017, 543); BGH U. v. 09.05.2017 – 1 StR 265/16 – NJW 2017, 3798 = StV 2018, 36 (Anm. Kubiciel/Mennemann jurisPR-StrafR 22/2017 Anm. 1; Webel wistra 2017, 399; Baur/Holle wistra 2017, 499; Jenne/Martens CCZ 2017, 285; Moritz jurisPR-Compl 5/2017 Anm. 1; Wehnert StV 2018, 38; Hugger/Pasewaldt NZWiSt 2018, 388; Adick/Linke NZWiSt 2018, 391; Görtz WiJ 2018, 88); BGH U. v. 12.07.2017 – 5 StR 134/17 – NStZ 2018, 209 = StV 2019, 557 (Anm. RÜ 2017, 780; Jäger JA 2018, 230; LL 2018, 177); BGH U. v. 13.09.2017 – 2 StR 188/17 – NStZ 2018, 84 = StV 2018, 733 (Anm. Bosch Jura 2018, 311; Kudlich JA 2018, 149; LL 2018, 312; RÜ 2018, 23; famos 7/2018; Rückert NStZ 2018, 85); LG Hamburg U. v. 08.11.2017 – 619 KLs 7/16 – NStZ 2018, 281 (Anm. Hoven NStZ 2018, 283; Lorenz jurisPR-StrafR 11/2018 Anm. 1; Hillenkamp MedR 2018, 379); BGH U. v. 03.07.2019 – 5 StR 132/18 – BGHSt 64, 121 = NJW 2019, 3092 = NStZ 2019, 662 = StV 2020, 106 (Anm. Kudlich JA 2019, 867; Kubiciel NJW 2019, 3033; Sowada NStZ 2019, 670; Engländer JZ 2019, 1049; Hillenkamp JZ 2019, 1053; Lorenz HRRS 2019, 351; Weißer ZJS 2020, 85; Rissing-van Saan/Verrel NStZ 2020, 121; Neumann StV 2020, 126; Grünewald JR 2020, 167; Stage/Hellmann jurisPR-StrafR 4/2020 Anm. 4; Spittler MedR 2020, 101); BGH U. v. 03.07.2019 – 5 StR 393/18 – BGHSt 64, 135 = NJW 2019, 3089 = NStZ 2019, 666 = StV 2020, 111 (Anm. RÜ 2019, 706; Kubiciel NJW 2019, 3033; Sowada NStZ 2019, 670; Engländer JZ 2019, 1049; Hillenkamp JZ 2019, 1053; Lorenz HRRS 2019, 351; Bosch Jura 2020, 96; Hecker JuS 2020, 82; Rissing-van Saan/Verrel NStZ 2020, 121; Neumann StV 2020, 126; Grünewald JR 2020, 167; Stage/Hellmann jurisPR-StrafR 4/2020 Anm. 5); BGH U. v. 11.09.2019 – 2 StR 563/18 – StV 2020, 373 (Anm. RÜ 2020, 231; Ruppert HRRS 2020, 250; Nussbaum ZJS 2021, 86).

ordnet, ist eine Frage der Perspektive und kann mangels Relevanz i. R. d. § 13 I StGB dahinstehen.

Kernproblem der sog. Ingerenz ist, ob und ggf. wann von einer „rechtlichen" Einstandspflicht auszugehen ist.

Die ganz h. M.[129] erkennt die sog. Ingerenz als Fall rechtlicher Einstandspflicht an – jedenfalls dann, wenn das vorherige gefahrschaffende Täterverhalten **unerlaubt** (m. a. W. mindestens fahrlässig also sorgfaltspflichtwidrig) war.

Beispiel 406

Autofahrer B fuhr zu schnell und daher den Fußgänger G an. Er stieg aus und sah, dass dieser ohne Hilfe sterben würde. Um keinen Ärger mit der Polizei zu bekommen, ließ er G zurück. ◄

Einen unverschuldet Unfallbeteiligten trifft nur die allgemeine Hilfeleistungspflicht des § 323c I StGB. Aus der pflichtwidrigen Geschwindigkeitsüberschreitung (§ 3 StVO) erwächst dem B aber eine sog. Garantenstellung, so dass mit dem Zurücklassen des G ein Totschlag durch Unterlassen im Raum steht, §§ 212 I, 13 I StGB.

55 Umstritten ist dann aber weiter, ob auch **rechtlich erlaubtes** riskantes Vorverhalten zur sog. Ingerenz führt.[130]

Beispiel 407

BGH U. v. 19.07.1973 – 4 StR 284/73 (Normalfahrer) – BGHSt 25, 218 = NJW 1973, 1706 (Anm. Roxin, Höchstrichterliche Rspr. AT, 1998, Nr. 94; Hassemer JuS 1973, 785; Otto NJW 1974, 528; Rudolphi JR 1974, 160):

B fuhr in der Nacht zum 01.10.1971 mit seinem Pkw auf der B 26 bei nebeligem Wetter mit einer Geschwindigkeit von etwa 50 km/h den in gleicher Richtung gehenden, sein Fahrrad rechts neben sich herschiebenden, erheblich angetrunkenen G an und verletzte ihn schwer. Dass er irgendwie schuldhaft zu diesem Unfall beigetragen hat, ist nicht erwiesen, auch nicht, dass er fahruntüchtig war oder sich sonst vorschriftswidrig verhalten hat. Es ist nicht ausgeschlossen, dass G so kurz vor dem B in dessen Fahrbahn hineinlief oder hineinschwankte, dass der Unfall für B bei den gegebenen Umständen unvermeidbar war. B hielt an, lief etwa 25–30 m auf der Straße zurück und rief laut „Hallo", als er niemanden sah. Da er keine Antwort erhielt, setzte er einige Minuten später seine Fahrt fort, obwohl er auch weiterhin damit rechnete, einen Menschen angefahren und so schwer verletzt zu haben, dass dieser möglicherweise hilflos auf der Fahrbahn lag und deshalb auf der stark befahrenen Straße

---

[129] S. nur Fischer, StGB, 68. Aufl. 2021, § 13 Rn. 47 ff.; krit. aber z. B. Seebode NStZ 1993, 83 (84).

[130] Hierzu Hillenkamp/Cornelius, 32 Probleme aus dem Strafrecht AT, 15. Aufl. 2017, 29. P.; zur Rspr. s. o.

B. Vorsätzliches vollendetes täterschaftliches unechtes Unterlassungsdelikt

durch andere Kfz getötet würde. G wurde einige Zeit danach, bevor Hilfsmaßnahmen anderer Kraftfahrer wirksam geworden waren, von einem Lkw überfahren und tödlich verletzt. ◄

Es ist nicht erwiesen, dass B schuldhaft zu dem Unfall beigetragen hat, fahruntüchtig war oder sich sonst vorschriftswidrig verhalten hat.

Beispiel 408

BGH U. v. 16.02.2000 – 2 StR 582/99 – NStZ 2000, 414 = StV 2001, 616 (Anm. Puppe, AT, 4. Aufl. 2019, § 29 Rn. 1 ff.; LL 2000, 810; RÜ 2000, 421; RA 2000, 474; Geppert JK 2001 StGB § 13/31; Schröder JA 2001, 191; Engländer JuS 2001, 958):

Am 30.09.1998 befanden sich B, sein Freund Z und das spätere Tatopfer G in einer Gaststätte. Z und G hatten eine Auseinandersetzung. Der erboste G verließ das Lokal, drohte aber wiederzukommen. Er holte ein großes Brotmesser und lauerte Z auf. Als B und Z das Lokal verließen und sich gerade getrennt hatten, sprang G hervor und brachte dem überraschten Z mit dem Messer am Kopf eine lange Schnittverletzung bei. Z schrie um Hilfe und rannte in Todesangst davon; G verfolgte ihn. B folgte den beiden, um seinem Freund zu helfen. G unterbrach die Verfolgung des Z und wandte sich, das Messer in der Hand haltend, nunmehr angriffsbereit dem B zu. Dieser prallte in vollem Lauf auf G und riss ihn zu Boden, wobei diesem das Messer aus der Hand fiel. Es kam zu einem Kampf am Boden, wobei es dem B gelang, in den Besitz des Messers zu kommen, mit dem er nun auf seinen Gegner einstach. B fügte dem G neben Abwehrverletzungen an Arm und Hand als erstes drei tiefe Stichverletzungen an der Rückseite des rechten Oberschenkels zu, unter denen sich die später zum Tode führende Schlagaderverletzung befand. Während dieser Phase des Kampfes musste B sich noch gegen den Angriff seines Gegners wehren und damit rechnen, dass dieser die Absicht hatte, ihm das Messer wieder zu entwinden und es dann gegen den B zu richten. Das änderte sich, nachdem B die ersten Stiche gesetzt hatte. Infolge der ihm zugefügten schweren Verletzung schwand die Angriffskraft des G und es gelang dem B, seinen Gegner mit dem Rücken auf den Boden zu fixieren und sich – das Gesicht in Richtung von dessen Füßen, den Rücken zum Kopf des Z – auf seinen Brustkorb zu setzen oder zu knien. Dem B wurde bewusst, dass er „etwas Schlimmes getan" hatte. Er sprang auf, rief zu Z „Lass uns abhauen!", und beide rannten zum Pkw des B. B glaubte in diesem Augenblick nicht, dass G bereits im Sterben lag, aber es war ihm klar, dass er ihn durch die heftigen Stiche so schwer verletzt hatte, dass dieser ohne ärztliche Behandlung verbluten würde. Obwohl er nicht damit rechnete – was in Anbetracht der tiefen Nachtzeit, der menschenleeren Örtlichkeit und des Regenwetters auch nicht anzunehmen war –, dass dem G rechtzeitig Hilfe zuteil werden würde, fuhr er mit Z davon. Er tat dies, weil er wegen seiner Vorstrafen befürchtete, dass die Polizei ihm nicht glauben würde, und nahm den Tod des Z durch Verbluten dabei billigend in Kauf. ◄

Angenommen, dass die Messerstiche gerechtfertigt waren, hatte B trotzdem eine Garantenstellung kraft Ingerenz, als er den verletzten G seinem Schicksal überließ?

Die frühere Rspr.[131] und Teile der Lehre[132] halten auch eine nicht unerlaubte Risikosetzung für ausreichend, um eine sog. Garantenstellung kraft sog. Ingerenz zu begründen.
Die heutige Rspr.[133] und die h. L.[134] verlangen demgegenüber ein pflichtwidriges Verhalten, an dem es bei nicht fahrlässigem Handeln und v. a. auch bei gerechtfertigtem Handeln fehlt.
Zu folgen ist der h. M. Zwar mag auch derjenige, der schuldlos eine Gefahr begründet hat, sich für diese verantwortlich fühlen; auch aus Opfersicht besteht kein Unterschied bzgl. des Risikos. Allerdings genügt der Schutz des § 323c I StGB in diesen Fällen vollauf. Von einer rechtlichen Einstandspflicht i. S. d. § 13 I StGB kann man bei schlichter wertfreier Kausalität nicht sprechen. Bei einem in Notwehr handelnden Verteidiger erscheint es besonders paradox, diesen mit einer sog. Garantenstellung zu belasten, obwohl er doch dem Angreifer eher ferner als anderen Mitmenschen steht. Ein Angreifer würde insofern sogar bessergestellt als ein zufällig Verunglückter, zu dessen Gunsten nur die allgemeine Rettungspflicht nach § 323c I StGB eingreift. Darüber hinaus ist eine sog. Garantenstellung aber auch dann abzulehnen, wenn der Geschädigte nichts zur Situation beigetragen hat – etwa in Fällen des Notstands –, hieraus folgt eben noch nicht, dass der Unterlassende die rechtliche Verantwortung innehat.
Über die bloße Erfolgsursächlichkeit und Pflichtwidrigkeit des Vorverhaltens hinaus wird ferner verlangt, dass der Täter durch sein Vorverhalten die **nahe Gefahr** für den Schadenseintritt geschaffen haben müsse, was bei der Missachtung einer Vorschrift angenommen wird, die dem Schutz des betroffenen Rechtsguts dient.[135] Dies ist aber eher ein Hinweis auf allgemeine Zurechnungsvoraussetzungen (hier: Verwirklichung der unerlaubten Gefahr im Erfolgseintritt, s. u. und s. bereits o. beim sog. Begehungsdelikt).

56   Problematisiert werden v. a. sog. **Mittäterexzesse**.[136]

---

[131] Vgl. BGH U. v. 25.09.1952 – 4 StR 41/52 – BGHSt 3, 203 (204).
[132] Z. B. Lackner/Kühl, StGB, 29. Aufl. 2018, § 13 Rn. 13.
[133] Vgl. schon BGH U. v. 29.07.1970 – 2 StR 221/70 – BGHSt 23, 327.
[134] Fischer, StGB, 68. Aufl. 2021, § 13 Rn. 52.
[135] Hierzu Joecks/Jäger, StGB, 13. Aufl. 2021, § 13 Rn. 55; aus der Rspr. vgl. zuletzt BGH B. v. 15.05.2018 – 3 StR 130/18 (Anm. Eisele JuS 2018, 77; RÜ 2018, 638); BGH U. v. 20.09.2018 – 3 StR 195/18 – NStZ-RR 2019, 190 = StV 2020, 149 (Anm. Eisele JuS 2019, 721; RÜ 2019, 369; RÜ2 2019, 138); BGH U. v. 03.07.2019 – 5 StR 132/18 – BGHSt 64, 121 = NJW 2019, 3092 = NStZ 2019, 662 = StV 2020, 106 (Anm. Kudlich JA 2019, 867; Kubiciel NJW 2019, 3033; Sowada NStZ 2019, 670; Engländer JZ 2019, 1049; Hillenkamp JZ 2019, 1053; Lorenz HRRS 2019, 351; Weißer ZJS 2020, 85; Rissing-van Saan/Verrel NStZ 2020, 121; Neumann StV 2020, 126; Grünewald JR 2020, 167; Stage/Hellmann jurisPR-StrafR 4/2020 Anm. 4; Spittler MedR 2020, 101); BGH U. v. 11.09.2019 – 2 StR 563/18 – StV 2020, 373 (Anm. RÜ 2020, 231; Ruppert HRRS 2020, 250; Nussbaum ZJS 2021, 86).
[136] S. Fischer, StGB, 68. Aufl. 2021, § 13 Rn. 49; aus der Rspr. vgl. zuletzt BGH B. v. 15.05.2018 – 3 StR 130/18 (Anm. Eisele JuS 2018, 77; RÜ 2018, 638); BGH U. v. 11.09.2019 – 2 StR 563/18 – StV 2020, 373 (Anm. RÜ 2020, 231; Ruppert HRRS 2020, 250; Nussbaum ZJS 2021, 86).

Beispiel 409
BGH U. v. 19.08.2004 – 5 StR 218/04 (Schweinetrog) – NStZ 2005, 93 (Anm. Kudlich JuS 2005, 568; LL 2005, 314; RA 2005, 28; Heinrich NStZ 2005, 94):

Bei einer gemeinsamen Heimfahrt mit Fahrrädern zwangen B1, B2 und B3 den G, sich mit ihnen auf ein abgelegenes landwirtschaftliches Gelände und dort in einen großen Schweinestall zu begeben, wo sie weiterhin abwechselnd auf den Jungen einschlugen und ihn ängstigen wollten. Zweimal zwangen sie ihn, in die Steinkante eines Schweinetrogs zu beißen. B1 wollte ihn damit durch Nachstellen einer brutalen Mordszene aus einem Film, der jedenfalls auch B2 bekannt war, schockieren. Als der verängstigte Junge, der Aufforderung folgend, zum zweiten Mal in den Steintrog biss, entschloss sich B1 spontan aus einem Motivbündel von menschenverachtender Abenteuerlust und Imponierbedürfnis, die Filmszene vollends in die Realität umzusetzen. Er sprang G mit direktem Tötungsvorsatz mit beiden Füßen, an denen er Springerstiefel mit Stahlkappen trug, auf den Kopf. B2 und B3 hatten hiermit möglicherweise nicht gerechnet. Während sich B1, nunmehr schockiert, abwandte und zunächst abseits hielt, beschloss B3, das Opfer, das sichtbar schwerste Kopfzerquetschungen und Schädelbrüche erlitten hatte, endgültig zu beseitigen, um die Entdeckung der Tat zu verhindern. Er suchte gemeinsam mit B2 nach einem geeigneten Tatwerkzeug. B2 fand einen großen schweren Betonstein. Diesen warf er G zweimal auf den Kopf. Anschließend vergruben sie die Leiche des G in einer Jauchegrube.

Beispiel 410
B1 und B2 begingen einen Banküberfall. Bei der Flucht hinderte B1 den B2 nicht daran, entgegen der vorherigen Absprache einen Verfolger zu erschießen. ◄

In solchen Fällen stellt sich die Frage, ob den anderen Mittätern vorgeworfen werden kann, den durch den sog. Exzess herbeigeführten Erfolg nicht verhindert zu haben. Die für sog. Ingerenz notwendige pflichtwidrige Risikosetzung liegt in der Mitwirkung an der mittäterschaftlichen Vortat. Allerdings könnte der sog. Mittäterexzess den Zusammenhang zur Verwirklichung im Erfolg und damit die Garantenstellung ausschließen.

Je nach mittäterschaftlicher Vortat liegt der Risikoverwirklichungszusammenhang im Hinblick auf das Unterlassungsdelikt mal näher, mal ferner. Allerdings wird dieser bei typischem Eskalieren sowie Delikten zur Tatverdeckung häufig vorliegen. Insofern liegt in jeder Mittäterschaft eine potenzielle sog. Überwachergarantenstellung für das Verhalten der übrigen Mittäter. Vor Ausweichen auf eine Unterlassungstat ist freilich zu prüfen, ob nicht die Mittäterschaftsabrede – ggf. stillschweigend – erweitert worden ist, s. o. bei § 25 II StGB.

57 Umstritten ist, ob auch eine **vorsätzliche Risikosetzung** zur Garantenstellung kraft Ingerenz bzgl. des gleichen Erfolgs führt.[137]

Beispiel 411

BGH U. v. 12.12.2002 – 4 StR 297/02 – NJW 2003, 1060 = NStZ 2003, 312 = StV 2004, 600 (Anm. Otto JK 2003 StGB § 211/40; LL 2003, 486; RÜ 2003, 121; RA 2003, 175; Freund NStZ 2004, 123; Stein JR 2004, 79; Wilhelm NStZ 2005, 177):
B misshandelte mit bedingtem Tötungsvorsatz die zur Tatzeit zwei Jahre alte, mit ihm in Hausgemeinschaft lebende Tochter seiner damaligen Lebensgefährtin in derart massiver Weise, dass das Kind später verstarb. Obwohl er erkannt hatte, dass das schwer verletzte Kind ohne alsbaldige ärztliche Hilfe sterben würde, unterließ er jegliche Rettungsbemühungen. ◄

Teile der Rspr.[138] und Lehre[139] lehnen die sog. Garantenstellung in diesen Fällen ab, während die überwiegende Rspr.[140] und die h. L.[141] eine solche bejahen.

Zwar spricht für die verneinende Auffassung die Gefahr, dass man eine Unterlassungshaftung daran anknüpft, der Täter habe seine vorsätzliche Tat nicht abgebrochen, ihm also vorwirft, nicht zurückgetreten zu sein; § 24 StGB enthält nämlich nur ein Recht und keine Pflicht. Allerdings kann eben diese Pflicht aus § 13 StGB folgen. Zutreffend ist es, auch in diesen Fällen eine sog. Ingerenz anzunehmen und etwaige mehrfache Gesetzesverletzungen auf Konkurrenzebene zu lösen, wobei in der Regel das sog. Unterlassungsdelikt zurücktritt (sog. materielle Subsidiarität), es sei denn, qualifizierende Merkmale werden verwirklicht. In der Tat liegt ein Erst-recht-Schluss nahe: Wenn bereits die fahrlässige Risikosetzung für eine sog. Ingerenz genügt, dann erst recht eine vorsätzliche. Dies vermeidet auch die missliche Folge, dass es für später hinzutretende Teilnehmer an einer neuen rechtswidrigen (Haupt-)Tat fehlt – für den schon abgeschlossenen aktiven Tatteil wäre eine Teilnahme unstreitig ausgeschlossen.

---

[137] Hierzu Stein, in: SK-StGB, 9. Aufl. 2017, § 13 Rn. 58; näher Grünewald GA 2005, 502; Theile JuS 2006, 110; Hillenkamp FS Otto 2007, 287; aus der Rspr. vgl. BGH U. v. 11.10.2005 – 1 StR 250/05 – NStZ-RR 2006, 10 (Anm. Satzger JK 2006 StGB § 227/2); BGH B. v. 19.11.2013 – 4 StR 292/13 – BGHSt 59, 68 = NJW 2014, 711 = NStZ 2014, 155 = StV 2014, 685 (Anm. Bosch JK 2014 StGB § 263a/18; Heghmanns ZJS 2014, 323; LL 2014, 511; RÜ 2014, 305; Trüg NStZ 2014, 157).
[138] BGH U. v. 24.10.1995 – 1 StR 465/95 – NStZ-RR 1996, 131 = StV 1996, 131 (Anm. Otto JK 1996 StGB § 221/4; Stein JR 1999, 265).
[139] Tag JR 1995, 133 (136).
[140] Etwa BGH U. v. 11.07.2003 – 2 StR 531/02 – NStZ 2004, 89 (Anm. RA 2003, 639; Schneider NStZ 2004, 91).
[141] Gaede, in: NK-StGB, 5. Aufl. 2017, § 13 Rn. 44.

e) Unerlaubtheit des Unterlassens (der Erfolgsabwendung), „objektive Zurechnung" I, „Zumutbarkeit"

aa) Grundlagen; erlaubtes (Rest-)Risiko der Unterlassung

Das Verhalten des Unterlassungstäters muss, damit ihm ein eingetretener Erfolg zugerechnet werden kann, wie das des Begehungstäters ein unerlaubtes sein; der unerlaubten Gefahrschaffung beim sog. Begehungsdelikt (s. o.; in der Terminologie der h. M. Schaffung einer unerlaubten Gefahr, „objektive Zurechnung" I; „objektive Fahrlässigkeit", Sorgfaltspflichtverletzung etc.) entspricht die unerlaubte Nichtverringerung der Gefahr beim sog. unechten Unterlassungsdelikt.[142] Erst dann wird aus einer „Garantenstellung" eine „Garantenpflicht" (nämlich die zur Handlung); zur Kritik an der unübersichtlichen und uneinheitlich verwendeten Begrifflichkeit s. aber o. Angesichts der Parallele zum vorsätzlichen und fahrlässigen Begehungsdelikt können alle dortigen diesbzgl. Problemkreise und Fallgruppen auch beim sog. unechten Unterlassungsdelikt relevant werden.

58

Der Unterlassungstäter schuldet erstens ohnehin nur eine Verringerung der Gefahr auf das **erlaubte Maß der Risikobelassung**, ist die Gefahrenhöhe unterhalb des erlaubten (Rest-)Risikos, mangelt es bereits ab dann an der Tatsituation einer relevanten Gefahr des Erfolgseintritts, s. o.

Aber auch eine noch bestehende hinreichend große Gefahr bedeutet nicht, dass der Täter alles Mögliche tun muss. Seine Handlungspflicht wird durch die – zugegebenermaßen wie beim sog. Begehungsdelikt heikel zu bestimmende – Grenze zwischen erlaubtem und unerlaubtem Verhalten eingeschränkt. Eine Gefahr, die man schaffen durfte oder dürfte, muss man auch nicht abwenden.[143] Der Bereich der **erlaubten Nichtbefassung** mit einer bestehenden (Rest-)Gefahr wird ggf. durch Sondernormen, i. Ü. aber durch wenig rechtssichere Abwägungsprozesse im Hinblick auf gesellschaftliche Vor- und Nachteile vorgenommen, die aus entsprechenden Verhaltensanforderungen folgen (würden). Welche z. B. Vorsichts- und Aufsichtsmaßnahmen bei der Kindererziehung gelten, lässt sich – abgesehen von wenigen Grundsätzen im BGB – kaum abstrahierbar formulieren, kollidieren doch Rechtsgutschutzaspekte mit einem gewissen und ständig wachsenden Maß kindlicher freiheitlicher Entwicklungsbedürfnisse. Hilfe bei der Herstellung praktischer Konkordanz liefert bisweilen eine Fülle an (auch zivilrechtlicher) Rechtsprechungskasuistik.

Ganz allgemein ist vor der Überspannung der Handlungsanforderungen zu warnen, da ein zu enges Reglement aus Handlungsverpflichtungen Kollateralschäden erzeugt; z. B. bilden bei unternehmerischer Tätigkeit und der Erstellung wirtschaftlicher Güter Schutz- und Überwachungspflichten zum einen Kostenfaktoren, zum anderen werden eventuell Innovationen, deren Risikopotenzial nicht immer leicht abschätzbar ist, verhindert oder verzögert. Auch darüber hinaus ist ein lebenspraktisch vernünftiges Maß anzumahnen, zumal der Aufwand beim Austreiben

---

[142] Vgl. Stein, in: SK-StGB, 9. Aufl. 2017, vor § 13 Rn. 14 ff. („verhaltenspflichtwidriges Unterlassen"); zur „objektiven Zurechnung" beim Unterlassungsdelikt Kindhäuser/Hilgendorf, LPK, 8. Aufl. 2020, § 13 Rn. 22 f.; näher Kölbel JuS 2006, 309; Haas FS Kindhäuser 2019, 177.
[143] Jakobs, AT, 2. Aufl. 1991, 29/19.

letzter Minimalrisiken überproportional steigen kann. Die Anforderungen an den sog. Garanten sind freilich umso höher, je größer bei erkennbarer Gefährlichkeit einer Handlung die Schadenswahrscheinlichkeit und die etwaige Schadensintensität sind.[144] Sofern die Gefahrenquelle ein Mensch ist, ist ohnehin stets zu berücksichtigen, dass die menschlichen Willensbildungsprozesse unzureichend durchdrungen sind (Willensfreiheit?), s. o. beim sog. Begehungsdelikt.

bb) Sog. Zumutbarkeit (?)
▶ Didaktische Aufsätze:

- Herzberg, Beteiligung an einer Selbsttötung oder tödlichen Selbstgefährdung als Tötungsdelikt, JA 1985, 131, 177, 265 und 336
- Neumann, Die Strafbarkeit der Suizidbeteiligung als Problem der Eigenverantwortlichkeit des „Opfers", JA 1987, 244

59 Im Tatbestands des echten Unterlassungsdelikt des § 323c I StGB ist eine Zumutbarkeit ausdrücklich („zuzumuten") als Voraussetzung normiert und wird dort als Tatbestandsmerkmal angesehen.[145]

> **§ 323c I StGB (Unterlassene Hilfeleistung; [...])**
> Wer bei Unglücksfällen oder gemeiner Gefahr oder Not nicht Hilfe leistet, obwohl dies erforderlich und ihm den Umständen nach zuzumuten, insbesondere ohne erhebliche eigene Gefahr und ohne Verletzung anderer wichtiger Pflichten möglich ist, wird mit Freiheitsstrafe bis zu einem Jahr oder mit Geldstrafe bestraft.

I. R. d. sog. unechten Unterlassungsdelikts ist umstritten, ob man eine Unzumutbarkeit des Tätigwerdens[146] auf Tatbestands-, Rechtswidrigkeits- oder Schuldebene berücksichtigen sollte. Richtigerweise sind zumindest manche der Zumutbarkeitsfragen im Tatbestand anzusiedeln – dies erfordert freilich keine gesonderte Begriff-

---

[144] Zur verhaltenspflichtwidrigen Unterlassung Stein, in: SK-StGB, 9. Aufl. 2017, vor § 13 Rn. 14 ff.; aus der Rspr. vgl. BGH B. v. 05.08.2015 – 1 StR 328/15 – BGHSt 61, 21 = NJW 2016, 176 = NStZ 2016, 406 = StV 2016, 426 (Anm. Puppe, AT, 4. Aufl. 2019, § 29 Rn. 38 ff.; Bosch Jura 2016, 450; Jäger JA 2016, 392; Eisele JuS 2016, 276; LL 2016, 252; RÜ 2016, 167; famos 3/2016; Schiemann NJW 2016, 178; Roxin StV 2016, 428; Herbertz JR 2016, 548); BGH U. v. 11.09.2019 – 2 StR 563/18 – StV 2020, 373 (Anm. RÜ 2020, 231; Ruppert HRRS 2020, 250; Nussbaum ZJS 2021, 86).

[145] Fischer, StGB, 68. Aufl. 2021, § 323c Rn. 15.

[146] Hierzu B. Heinrich, AT, 6. Aufl. 2019, Rn. 903 ff.; näher Henkel FS Mezger 1954, 249; Dallinger JR 1968, 6; Stree FS Lenckner 1998, 393; aus der Rspr. vgl. zuletzt BGH B. v. 08.03.2017 – 1 StR 466/16 – BGHSt 62, 72 = NJW 2017, 2052 = NStZ 2017, 531 (Anm. Bosch Jura 2017, 1236; Brand NJW 2017, 2056; Becker NStZ 2017, 535; Ceffinato JR 2017, 543); BGH B. v. 08.03.2017 – 1 StR 540/16 – NStZ-RR 2017, 213; BGH U. v. 11.09.2019 – 2 StR 563/18 – StV 2020, 373 (Anm. RÜ 2020, 231; Ruppert HRRS 2020, 250; Nussbaum ZJS 2021, 86).

lichkeit, da Auswirkungen eines etwaigen Verhaltens auf den Täter selbst, bei allen Deliktsformen die Grenzziehung zwischen erlaubter und unerlaubter Risikosetzung mitbeeinflusst. Keinen Gewinn an Bestimmtheit liefert die „(Un-)Zumutbarkeit", da deren Kriterien genau so vage sind. Unzumutbarkeit sei anzunehmen, wenn der Täter – statt den Erfolg abzuwenden – eigenen billigenswerten Interessen erheblichen Umfangs nachgeht, die in einem angemessenen Verhältnis zum drohenden Erfolg stehen.[147]

Zu berücksichtigen sein soll insbesondere eine ernsthafte Gefahr für Leib oder Leben des Unterlassenden – zu beachten ist hier freilich, dass für eine derartige Konfliktlage im Einzelfall § 34 StGB geschaffen wurde; tatbestandsrelevant sind nur solche Aspekte, die, falls man überhaupt von einer Handlungsmöglichkeit ausgehen kann (so gibt es beispielsweise keine scharfe Trennung zwischen Schwimmern und Nichtschwimmern, sondern gewisse Gewässer sind auch für Schwimmer, die aber eher ungeübt sind, in bestimmtem Maße gefährlich), sich bereits in eine abstrahiert vorgezogenen Abwägungswertung einer Maßfigur teleologisch sinnvoll einstellen lassen (z. B. ist eine Handlungsverpflichtung zur Blutspende, erst recht zur Organspende zweifelhaft, erst recht bei nicht unbeträchtlichem medizinischen Risiko für den sog. Garanten).

Die Gefahr der **Strafverfolgung** ändert an der Zumutbarkeit des Handelns zumindest bei einigem Gewicht des drohenden Erfolgs nichts.[148] Insofern wird der Grundsatz *nemo tenetur, se ipsum accusare* im Interesse des Rechtsgüterschutzes eingeschränkt.

cc) Sog. Pflichtenkollision
▶ Didaktische Aufsätze:

- Hruschka, Rettungspflichten in Notstandssituationen, JuS 1979, 385
- Dingeldey, Pflichtenkollision und rechtsfreier Raum, Jura 1979, 478
- Otto, Die strafrechtliche Beurteilung der Kollision rechtlicher gleichrangiger Interessen, Jura 2005, 470
- Rönnau, Grundwissen – Strafrecht: Rechtfertigende Pflichtenkollision, JuS 2013, 113
- Kretschmer, Notwehr (§ 32 StGB) und Unterlassen (§ 13 StGB) – eine wechselseitige Beziehung zweier Rechtsfiguren, JA 2015, 589

---

[147] Fischer, StGB, 68. Aufl. 2021, § 13 Rn. 80 ff.
[148] Krey/Esser, AT, 6. Aufl. 2016, Rn. 1174; näher Ulsenheimer GA 1972, 1; aus der Rspr. vgl. zuletzt BGH B. v. 08.03.2017 – 1 StR 466/16 – BGHSt 62, 72 = NJW 2017, 2052 = NStZ 2017, 531 (Anm. Bosch Jura 2017, 1236; Brand NJW 2017, 2056; Becker NStZ 2017, 535; Ceffinato JR 2017, 543); BGH B. v. 08.03.2017 – 1 StR 540/16 – NStZ-RR 2017, 213.

60 Umstritten ist die Behandlung sog. Pflichtenkollisionen, hier die Kollision zweier Handlungspflichten beim sog. unechten Unterlassungsdelikt, deren kumulative Erfüllung unmöglich ist.[149]

> **Beispiel 412**
>
> Das Haus des B brannte. Die beiden Söhne des B drohten in den Flammen umzukommen. B konnte nur einen retten, der andere erstickte oder verbrannte. ◄

Isoliert betrachtet, wäre die Rettung des verstorbenen Sohnes möglich gewesen, wenn B sich zuerst um diesen gekümmert hätte. B, der als Vater sog. Beschützergarant war, hat aber zugunsten des anderen Sohnes den erforderlichen Rettungsversuch unterlassen. Es muss jedoch berücksichtigt werden, dass B in der Gesamtschau nur einen Sohn retten konnte.

Die aktuell im Lichte der Corona-Pandemie meistdiskutierte Fallgruppe ist die sog. Triage,[150] bei der es um die Verteilung(skriterien) begrenzter medizinischer Ressourcen (z. B. Beatmungsplätze) auf eine zu große Zahl bedürftiger Patienten geht.

Die h. M.[151] nimmt einen besonderen Rechtfertigungsgrund beim sog. unechten Unterlassungsdelikt an, die daher sog. rechtfertigende Pflichtenkollision. Andere[152] halten bereits den Tatbestand für nicht erfüllt, wieder andere[153] nehmen eine Entschuldigung an.

Zu folgen ist einer Verortung im Tatbestand: Mehr als das Mögliche kann nicht verlangt werden – *ultra posse nemo obligatur*, vgl. § 275 I BGB. Sind die Handlungspflichten gleichwertig, so muss der Täter nur so viele wie möglich erfüllen, das Unterlassen der übrigen Rettungshandlungen kann kein Verhaltensnormverstoß sein. Schon abstrakt lässt sich ein vor dem Hintergrund der Strafzwecke sinnvoller Vorwurf an einen derart überlasteten Täter nicht richten. Eine Verhaltensnorm darf nichts prinzipiell Unmögliches verlangen. Es ist keine Kollisionsnorm (also ein Rechtfertigungsgrund) erforderlich, da der Konflikt zwischen zwei Normen glei-

---

[149] Hierzu Joecks/Jäger, StGB, 13. Aufl. 2021, § 13 Rn. 74 ff.; näher Gallas FS Mezger 1954, 311; Mangakis ZStW 1972, 447; Dingeldey Jura 1979, 478; Hruschka JuS 1979, 385; Hruschka FS Larenz 1983, 257; Lampe FS Lenckner 1998, 159; Gropp FS H. J. Hirsch 1999, 207; Neumann FS Roxin 2001, 421; Otto Jura 2005, 470; Rönnau JuS 2013, 113; Kretschmer JA 2015, 589; Coca Vila ZStW 2018, 959; aus der Rspr. vgl. BGH U. v. 28.07.1970 – 1 StR 175/70 (Anm. Ulsenheimer JuS 1972, 252; Spendel JZ 1973, 137); BGH B. v. 30.07.2003 – 5 StR 221/03 (§ 266a StGB) = BGHSt 48, 307 = NJW 2003, 3787 = NStZ 2004, 283 = StV 2004, 208 (Anm. Martin JuS 2004, 254; Radtke NStZ 2004, 562).

[150] Hierzu Rengier, AT, 12. Aufl. 2020, § 49 Rn. 46a ff.; näher Hoven/Hahn JA 2020, 481; Rönnau/Wegner JuS 2020, 403; Engländer/Zimmermann NJW 2020, 1398; Sowada NStZ 2020, 452; Hoven JZ 2020, 449; Merkel/Augsberg JZ 2020, 704; Walter GA 2020, 656; Jäger/Gründel ZIS 2020, 151; Ast ZIS 2020, 268; Taupitz MedR 2020, 440; Sternberg-Lieben MedR 2020, 627; Jansen ZIS 2021, 155; Streng-Baunemann ZIS 2021, 170.

[151] S. nur Joecks/Jäger, StGB, 13. Aufl. 2021, § 13 Rn. 74 ff.

[152] Freund, in: MK-StGB, 4. Aufl. 2020, § 13 Rn. 193 ff.

[153] Fischer, StGB, 68. Aufl. 2021, vor § 32 Rn. 11a.

chen Typs (nämlich zwei Gebotsnormen) besteht; diese Abwägungsfrage ist durch eine sinnvolle Tatbestandslehre zu lösen.

Ein erlaubtes Unterlassen liegt daher vor, wenn mehrere Handlungspflichten nicht kumulativ erfüllbar sind und der Täter die gewichtigste erfüllt oder doch eine von gleichgewichtigen.

Auf das Motiv der Auswahl (z. B. Sympathie bzw. Antipathie) kommt es nicht an.[154]

Bei ungleichgewichtigen Handlungspflichten muss der wichtigeren nachgekommen werden (vgl. den Rechtsgedanken des § 34 StGB). Bei der Abwägung der Pflichten berücksichtigt die h. M. nicht nur das gefährdete Rechtsgut, sondern auch etwaiges Vorverschulden eines zu Rettenden; ferner geht die Erfüllung einer Garantenpflicht dem § 323c I StGB nach h. M. vor,[155] auch wenn dann entgegen der Handhabung i. R. d. § 34 StGB ggf. Leben gegen Leben abgewogen wird.

Wird der Täter gar nicht tätig, dann liegt objektiv kumulative Tatbestandserfüllung vor, subjektiv können sich Fragen des *dolus alternativus* stellen,[156] s. o.

dd) Insbesondere: Gefährdetenzustimmung
(1) Grundlagen
Zur Gefährdetenzustimmung als konkrete Erlaubtheit einer geschaffenen Gefahr s. o.

61

Die dortigen Erwägungen gelten erst recht bzgl. einer unterlassenen Gefahrenverminderung.

(2) Insbesondere: Zustimmung bzgl. §§ 216, 13 StGB
Ein Sonderfall der Erlaubtheit eines Unterlassens ist die Nichtverhinderung einer **Selbstschädigung** bis hin zum **Suizid**.[157]

62

> **Beispiel 413**
>
> BGH U. v. 12.02.1952 – 1 StR 59/50 – BGHSt 2, 150 = NJW 1952, 552 (Anm. Roxin, Höchstrichterliche Rspr. AT, 1998, Nr. 86; Gallas JZ 1952, 371; Dreher MDR 1952, 711; Meister GA 1953, 166):

---

[154] Vgl. Baumann/Weber/Mitsch/Eisele, AT, 12. Aufl. 2016, § 21 Rn. 101 („im Belieben").
[155] S. B. Heinrich, AT, 6. Aufl. 2019, Rn. 516.
[156] Vgl. Stein, in: SK-StGB, 9. Aufl. 2017, vor § 13 Rn. 45.
[157] Hierzu Eser/Sternberg-Lieben, in: Schönke/Schröder, StGB, 30. Aufl. 2019, vor § 211 Rn. 39 ff.; näher Kohlhaas NJW 1973, 548; Schmidhäuser FS Welzel 1974, 801; Geilen JZ 1975, 145; Bringewat ZStW 1975, 623; Roxin FS Dreher 1977, 331; Klinkenberg JR 1978, 441; Wellmann JR 1979, 182; Klinkenberg JR 1979, 183; Spann/Liebhardt/Braun FS Bockelmann 1979, 487; Bottke GA 1982, 346; Herzberg JA 1985, 131, 177, 265 und 336; Herzberg NJW 1986, 1635; Herzberg JZ 1986, 1021; Neumann JA 1987, 244; Baumann JZ 1987, 131; Herzberg JZ 1987, 132; Schreiber FS Jakobs 2007, 615; Kutzer FS Schöch 2010, 481; Kutzer ZRP 2012, 135; Henking JZ 2015, 174; Herzberg ZIS 2016, 440; aus der Rspr. vgl. zuletzt BGH U. v. 11.09.2019 – 2 StR 563/18 – StV 2020, 373 (Anm. RÜ 2020, 231; Ruppert HRRS 2020, 250; Nussbaum ZJS 2021, 86).

Der Ehemann der B tötete sich wegen ehelicher und häuslicher Zerwürfnisse durch Erhängen. Als er schon bewusstlos, aber noch zu retten war, kam B dazu, erkannte dies, ließ ihn aber hängen. Sie war mit dem Verlauf der ohne ihr Zutun in Fluss gekommenen Dinge einverstanden und wollte ihn nicht durch Hilfeleistung abändern. ◄

Beispiel 414

BGH U. v. 04.07.1984 – 3 StR 96/84 (Wittig) – BGHSt 32, 367 = NJW 1984, 2639 = NStZ 1985, 119 (Anm. Roxin, Höchstrichterliche Rspr. AT, 1998, Nr. 87; Hemmer-BGH-Classics Strafrecht, 2003, Nr. 55; Solbach JA 1984, 756; Sowada Jura 1985, 75; Hassemer JuS 1985, 238; Schultz JuS 1985, 270; Gropp NStZ 1985, 97; Eser MedR 1985, 6):

B1 war der Hausarzt der 76-jährigen Witwe G Sie litt an hochgradiger Verkalkung der Herzkranzgefäße und an Gehbeschwerden wegen einer Hüft- und Kniearthrose. Nachdem ihr Ehemann – von ihr „Peterle" genannt – im März 1981 gestorben war, sah sie in ihrem Leben keinen Sinn mehr. Gegenüber dem B1 und Dritten äußerte sie öfter die Absicht, aus dem Leben zu scheiden. Schon zu Lebzeiten ihres Ehemannes hatte sie sich mit der Problematik des Suizids beschäftigt und Bücher darüber gelesen. Sie wollte nicht in einen Zustand der Hilflosigkeit geraten und weder in ein Krankenhaus noch in ein Pflegeheim eingewiesen werden. Dies hatte sie auch dem B1 erklärt, der vergeblich versuchte, sie von ihren Suizidgedanken abzubringen. Er wusste, dass schon seit Oktober 1980 ein von ihr verfasstes Schriftstück mit folgendem Text auf ihrem Schreibtisch lag: „Willenserklärung. Im Vollbesitz meiner Sinne bitte ich meinen Arzt keine Einweisung in ein Krankenhaus oder Pflegeheim, keine Intensivstation und keine Anwendung lebensverlängernder Medikamente. Ich möchte einen würdigen Tod sterben. Keine Anwendung von Apparaten. Keine Organentnahme." Am 13.04.1981 verfasste sie ein weiteres Schriftstück etwa desselben Inhalts mit der zusätzlichen „Erklärung": „Ich bin über 76 Jahre alt und möchte nicht länger leben." Bei einem Hausbesuch am 27.11.1981 sagte ihr der B1 zu, sie am nächsten Tag zwischen 19 und 20 Uhr erneut aufzusuchen, um mit ihr über ihre Weigerung, sich in ein Krankenhaus einliefern zu lassen, zu sprechen. Wie verabredet, klingelte B1 am 28.11.1981 zwischen 19:15 und 19:30 Uhr an der Haustür. Obwohl Licht brannte, öffnete G nicht. Er begab sich daraufhin zu dem in der Nähe wohnenden B2, von dem er wusste, dass er einen Zweitschlüssel besaß. Mit diesem gelangten beide in die Wohnung von G. Sie lag bewusstlos auf der Couch. Unter ihren gefalteten Händen befand sich ein Zettel, auf dem sie handschriftlich vermerkt hatte: „An meinen Arzt – bitte kein Krankenhaus – Erlösung! – 28.11.1981 – G." Auf einen anderen in der Wohnung befindlichen Zettel hatte sie geschrieben: „– ich will zu meinem Peterle –". Anhand zahlreicher Medikamentenpackungen und des Abschiedsbriefs erkannte B1, dass sie eine Überdosis Morphium und Schlafmittel in Selbsttötungsabsicht zu sich genommen hatte. Sie atmete, wie er feststellte, nur noch sechsmal je Minute; ihr

Puls war nicht zu fühlen. B1 ging davon aus, dass G nicht, jedenfalls nicht ohne schwere Dauerschäden zu retten sein werde. Das Wissen um den immer wieder geäußerten Selbsttötungswillen und die vorgefundene Situation veranlassten ihn schließlich, nichts zu ihrer Rettung zu unternehmen. Er blieb mit B2 in der Wohnung, bis er am nächsten Morgen gegen 7 Uhr den Tod feststellen konnte. ◄

Beispiel 415
BGH B. v. 16.07.1993 – 2 StR 294/93 – NJW 1994, 1357 = NStZ 1994, 29 (Anm. Puppe, AT, 4. Aufl. 2019, § 20 Rn. 14 ff.; Loos JR 1994, 511; Otto JK 1995 StGB § 13/25):

B hatte G, eine italienische Staatsangehörige, im Jahr 1987 geheiratet. Ihm war bekannt, dass diese an Schizophrenie litt und sich deswegen bereits in Italien in stationärer psychiatrischer Behandlung befunden hatte. Die Ehe verlief anfänglich harmonisch, G begleitete den B, der als Schiffsführer auf einem Rheinschiff tätig war, auf dessen Fahrten. Seit Anfang 1989 kam es dann zu häufigen Auseinandersetzungen, die sowohl auf der psychischen Erkrankung der G wie auch auf übermäßigem Alkoholgenuss des B beruhten. Am 18.02.1989 legte B sein Schiff in X. an. Am Abend kam es wiederum zu einem Streit zwischen den Ehegatten. G stieg, den B heftig beschimpfend, auf das Dach des Schiffes, wo sie sich bereits zuvor nach einem Streit aufgehalten hatte und vom B zurückgeholt worden war. Gegen 20:35 Uhr begab sich auch dieser auf das Dach. G befand sich zu dieser Zeit auf der Mitte des Daches. B blieb ca. 2 bis 2,5m von ihr entfernt stehen. Auf Grund ihrer Äußerungen war ihm klar, dass seine Ehefrau beabsichtigte, ins Wasser zu springen, um sich umzubringen. Er wusste, dass sie nicht schwimmen konnte und wegen ihrer psychischen Erkrankung die Tragweite ihres Handelns nicht erkannte. Als B auf sie zuging, drehte sie sich zur Landseite hin um, rief „Ich jetzt gehen", lief in Richtung Steuerbord und sprang mit einem kräftigen Satz ins Wasser. Zu diesem Zeitpunkt herrschte Dunkelheit. Die Außentemperatur betrug 11 bis 12 Grad Celsius und die Wassertemperatur 9,5 Grad Celsius. Der Rhein war an dieser Stelle 3 Meter tief, die Fließgeschwindigkeit an der Oberfläche mäßig, in tiefen Wasserschichten stärker. An den Außenseiten des Steuerhauses befand sich je ein Rettungsring. In ca. 350 Meter Entfernung lag ein Boot des Wasser- und Schifffahrtsamtes. B, der eine BAK von 2,7 Promille aufwies, war sich bewusst, dass er seine Ehefrau retten musste und fühlte sich dazu trotz des genossenen Alkohols in der Lage. Er sah auf der Wasseroberfläche zunächst eine kreisförmige Wellenbewegung, dann seine Ehefrau noch einmal mit Hinterkopf und Schulter auftauchen. Er ging davon aus, dass seine Frau gerettet werden könnte, wenn er entweder ihr nachspringen und sie an das ca. 20 bis 25 Meter entfernte Ufer bringen oder sofort die in der Nähe seines Schiffes stationierte Wasserschutzpolizei telefonisch unterrichten würde. Er unternahm jedoch zunächst nichts. Gegen 21:40 Uhr verständigte er dann von dem Vorfall die Wasserschutzpolizei X, die im Hafen von X, 700 Meter rheinabwärts von der Anlegestelle des B entfernt, ihre Dienststelle hat. Von dort aus wurde umgehend eine – erfolglose – Suchaktion nach G durchgeführt. Deren Leiche wurde am 8.03.1989 ca. 50 Kilometer rheinabwärts geborgen. ◄

Beispiel 416

StA München I V. v. 30.07.2010 – 125 Js 11736/09 – NStZ 2011, 345 (Anm. RA 2011, 439):
 Nachdem bei ihr im Jahre 2007 eine Alzheimer-Demenz diagnostiziert worden war, entschloss sich G, durch Selbsttötung aus dem Leben zu scheiden, da sie nicht bis zur vollen Ausprägung des Krankheitsbildes am Leben bleiben wollte. Nachdem sie sich umfänglich informiert und ihren Tod von langer Hand geplant hatte, setzte G den Zeitpunkt auf den 28.02.2009 fest. Am Abend dieses Tages kamen die Kinder der G, B1 und B2, in die Wohnung ihrer Mutter. Zunächst unterhielt man sich dort und aß gemeinsam. Sodann nahm G ein Mittel gegen Übelkeit ein. Ca. eine halbe Stunde später schluckte sie 16 Tabletten des Medikaments „Weimer quin forte" und 45 Tabletten des Medikaments „Luminal". Daraufhin trank man gemeinsam Sekt. Nach ca. zehn Minuten wurde G müde, putzte sich die Zähne und zog sich ihr Nachthemd an. Anschließend begab sie sich zu Bett. Nacheinander gingen B1 und B2 zu ihrer Mutter und verabschiedeten sich. Bei geöffneter Tür setzten sich B1 und B2 danach im Wohnzimmer zusammen. Ab und an sah jemand nach der G, welche innerhalb kürzester Zeit tief und fest eingeschlafen war sowie ruhig und regelmäßig atmete. Als gegen 00:30 Uhr des 01.03.2009 die Atmung flach und unregelmäßig wurde, setzten sich B1 und B2 an das Bett ihrer Mutter und hielten deren Hand. Gegen 00:41 Uhr wurde auf Grund der fehlenden Atmung und des fehlenden Pulses letztendlich der Tod festgestellt. ◄

Beispiel 417

BGH U. v. 21.12.2011 – 2 StR 295/11 – NStZ 2012, 319 (Anm. Bosch JK 2012 StGB § 13 I/47; Kudlich JA 2012, 470; Hecker JuS 2012, 755; Brüning ZJS 2012, 691; RA 2012, 353; Murmann NStZ 2012, 387; Oğlakcıoğlu NStZ-RR 2012, 246; Kuhli HRRS 2012, 331; Puppe ZIS 2013, 45):
 B war seit dem Jahre 2006 mit G befreundet. Es entstand eine intime Beziehung, in der sich B dominant zeigte, während ihm G „in Hörigkeit und Liebe" zugetan war. B war zeitweise aggressiv. Er demütigte G in diesen Phasen durch sexuell motivierte Machtspiele und betrieb „emotionale Erpressung". G zog sich in ihrer Familie und im Freundeskreis immer mehr zurück. Sie verfolgte aber ihre Ausbildung zielstrebig und nahm zum Wintersemester 2008/2009 ein Studium in Trier auf. Vor diesem Hintergrund erklärten B und G jeweils, dass sie ihre Beziehung beenden wollten. B wandte sich einer neuen Freundin zu, mit der er sich verlobte. Er stand aber weiter mit G in Kontakt, rief sie am 07.06.2009 nach einem Streit mit seiner Verlobten an und vereinbarte mit ihr, dass beide ei-

nige Zeit gemeinsam in Trier verbringen würden, wo G über ein Zimmer in einer Wohngemeinschaft verfügte. B nahm eine zu mehr als der Hälfte gefüllte Flasche „Cleanmagic" dorthin mit. Dabei handelte es sich um ein Reinigungsmittel mit dem Wirkstoff Gamma-Butyrolacton. Er hatte sich im Internet über die Wirkungsweise informiert und benutzte es sehr vorsichtig in genau dosierten Mengen als Drogenersatz. Er hatte auch der G angeboten, ebenfalls dieses Mittel zu konsumieren, was aber nicht erfolgt war. G wusste von der Gefährlichkeit des Mittels, ohne ebenso eingehend wie B darüber informiert zu sein. B stellte die Flasche „Cleanmagic" im Zimmer der G auf den Wohnzimmertisch. Das Paar verbrachte in den folgenden Tagen die meiste Zeit in diesem Zimmer und war mehrfach täglich miteinander intim. G, die den B als „die Liebe ihres Lebens" bezeichnete, hoffte wieder auf eine gemeinsame Zukunft. Am 12.06.2009 erklärte ihr B jedoch, dass er weiter an seiner Verlobung mit einer anderen Frau festhalte. G war darüber tief enttäuscht. Gegen 23 Uhr hörte Z, die in derselben Wohngemeinschaft lebte, laute Geräusche aus dem Zimmer der G und erkundigte sich durch die geschlossene Zimmertür, ob alles in Ordnung sei, was G bejahte. Danach, jedenfalls aber vor 23:35 Uhr, nahm die G, die nie zuvor Selbsttötungsgedanken geäußert hatte, aus einem spontanen Entschluss heraus die Flasche „Cleanmagic", schüttete vor den Augen des B etwa 30 Milliliter des Reinigungsmittels in ein Glas, mischte dies mit einem Getränk und trank die Hälfte der Mischung, darunter 15 bis 25 Milliliter des Reinigungsmittels. Bereits sechs bis sieben Milliliter bewirken bei einer Person von ihrer Statur Bewusstlosigkeit, Verflachung der Atmung und Atemstillstand. B, der am Computer saß, hatte zuvor die Verzweiflung der G bemerkt und wahrgenommen, dass sie aus der Flasche von „Cleanmagic" trank. Er erkannte an der verbleibenden Restmenge die erhebliche Dosis. Er wusste um die schnelle Resorption und die Lebensgefährlichkeit des Mittels für Menschen, die es trinken. Er forderte G auf, sich zu übergeben. Diese erbrach aber erst fünf Minuten nach dem Verschlucken des Reinigungsmittels einen Teil der Flüssigkeit und verfiel in Bewusstlosigkeit. B suchte im Internet nach Informationen über Gegenmaßnahmen, unterließ es aber, notärztliche Hilfe zu rufen und nahm dabei den Tod der G in Kauf. Er beobachtete lediglich die Situation und recherchierte weiter im Internet. Hätte er unverzüglich einen Notarzt gerufen, so hätte G zumindest innerhalb einer halben Stunde nach Einnahme des Mittels gerettet werden können. Gegen 00:30 Uhr klopfte Z an der Zimmertür, um sich nach G zu erkundigen. B hatte sich aber dazu entschlossen, keine fremde Hilfe heranzulassen und erklärte, dass sie schlafe. Um 01:55 Uhr beendete er seine Computerrecherchen und verließ die Wohnung. Danach entdeckten Z und deren Freund die leblose G und riefen den Notarzt, der sie dann aber nicht mehr retten konnte. ◄

Beispiel 418

LG Berlin U. v. 08.03.2018 – (502 KLs) 234 Js 339/13 (1/17) – NStZ-RR 2018, 246 (Anm. famos 11/2018; Miebach NStZ-RR 2018, 248; Lorenz/Dorneck jurisPR-StrafR 18/2018 Anm. 1):

Im Februar 2013 wandte sich die jahrelang schwerkranke, ständig unter starken Schmerzen leidende 44-jährige G an B, ihren Hausarzt, bei dem sie seit über 12 Jahren in Behandlung war, mit der nachdrücklichen Bitte, sie bei einer Selbsttötung zu unterstützen, da ihr ihr Leben nicht mehr lebenswert erschien. B gab dieser Bitte nach, weil er der Überzeugung ist, dass ein Arzt einen Patienten, den er über Jahre behandelt hat, auch in einer solchen Situation nicht alleine lassen dürfe und ihm die lange Kranken- und Leidensgeschichte seiner Patientin und die erfolglosen, vollständig ausgeschöpften Therapiemöglichkeiten bekannt waren. Gleichzeitig wollte er verhindern, dass sich G, was sie in Erwägung gezogen und ihm gegenüber geäußert hatte, von einem Hochhaus stürzen oder vor eine U-Bahn werfen muss, um ihr Vorhaben umzusetzen. Er stellte daraufhin zwei Privatrezepte über eine nicht näher bekannte Menge des Medikaments Luminal aus, von denen er mindestens eins selbst einlöste und der später Verstorbenen das Medikament übergab. Während seines letzten Hausbesuchs bei G traf er diese tief verzweifelt und zur Selbsttötung fest entschlossen, aus seiner Sicht aber voll geschäftsfähig, an. G übergab B ihren Wohnungsschlüssel und bat ihn, sie nach der Einnahme der Tabletten zu Hause zu betreuen und den Leichenschauschein auszufüllen. Sodann nahm G bei klarem Verstand und in dem vollen Bewusstsein, was sie tat, eine tödliche Menge des Medikaments ein. Später begab sich B in die Wohnung der G und fand diese dort in einem tief komatösen Zustand vor. Dem Wunsch der G Folge leistend und sich diesem verpflichtet fühlend unternahm B keinerlei Rettungsversuche, da er der Überzeugung ist, einen Patienten nicht gegen seinen ausdrücklichen Willen behandeln zu dürfen. Zwei Tage später stellte er den Tod fest und füllte den Leichenschauschein aus. ◄

Sobald der Suizident die Tatherrschaft verloren hat (etwa durch Bewusstlosigkeit), kommt für Garanten eine Strafbarkeit wegen Totschlages durch Unterlassen in Betracht, §§ 212 I, 13 I StGB.

Wenn man die Straflosigkeit des Suizids und folgerichtig der aktiven Suizidteilnahme akzeptiert, so wäre es – entgegen der älteren Rspr.[158] – widersinnig, nach Übergang einer „Tatherrschaft" eine Unterlassensstrafbarkeit anzunehmen – dies betrifft auch § 323c I StGB. Besonders deutlich wird dies in Fällen, in denen aktive Hilfe zum Suizid geleistet wurde: Derjenige, der dem freiverantwortlichen Suizidenten den Strick reichte, müsste ggf. bei Erlangung der Tatherrschaft Rettungsmaßnahmen ergreifen, dürfte nach Genesung des Suizidenten diesem sodann straflos erneut Beihilfe zum Suizid leisten usw.[159] Aus § 216 StGB lässt sich nichts Gegenteiliges ableiten, da sich die dortige Sperre bzgl. der Zustimmung eines Opfers aus spezifischen Gründen unerwünschter Begehungstäterschaft ableitet, die i. R. d. § 13 I StGB nicht gelten können.[160]

---

[158] S. nur BGH U. v. 12.02.1952 – 1 StR 59/50 – BGHSt 2, 150.
[159] So B. Heinrich, AT, 6. Aufl. 2019, Rn. 891.
[160] Stein, in: SK-StGB, 9. Aufl. 2017, vor § 13 Rn. 39.

(3) Insbesondere: Reichweite des § 228 StGB i. F. d. Unterlassens

Erst recht gilt dies für die Reichweite des § 228 StGB (sonst drohen insofern z. B. Zwangsbehandlungen entgegen der Patientenautonomie).[161]

63

f) Erfolgseintritt

§ 13 I StGB drückt etwas verklausuliert aus („Erfolg abzuwenden"), dass die Strafbarkeit wegen Unterlassung – insofern wie beim sog. Begehungsdelikt – nur bei eingetretenem Erfolg greift.

64

g) Verursachung (hypothetische/Quasi-Kausalität)

Der Wortlaut des § 13 I StGB „Erfolg abzuwenden" ist so zu verstehen, dass das Unterlassen des Täters ursächlich für den Erfolgseintritt gewesen sein muss; diese grundsätzliche Übertragung der Anforderungen an das sog. Begehungsdelikt bzgl. *ex post* festgestellter Erfolgsverursachung ließe sich auch aus der sog. Entsprechungsklausel (s. u.) i. V. m. dem jeweiligen Tatbestand ableiten.

65

Wie man dies **begrifflich** fassen sollte, auch in Klarstellung, dass es um ein Unterlassen des Täters geht, ist umstritten, aber letztlich einerlei. Gängig ist beim sog. unechten Unterlassungsdelikt die Bezeichnung als hypothetische oder Quasi-Kausalität.[162] Die abweichende Bezeichnung beruht darauf, dass problematisch ist, ob man ein „Nichts" (das Unterlassen) als (naturwissenschaftlich, empirisch, philosophisch?) kausal für einen Erfolg bezeichnen kann, da es an einer Veränderung in der Außenwelt gerade fehlt. In der Tat handelt es sich bei einer Verursachung durch Unterlassen um eine andere Art von Element einer zur Erklärung des Erfolgs notwendigen Gesamtursache, nämlich um eine negative (hemmende) Bedingungen. Der erfolgsverursachende Bedingungskomplex enthält also positive Bedingungen (z. B. die Ursachen für die Existenz der Gefahr) und negative (wie eben das Ausbleiben einer gefahrvermindernden Handlung). Die terminologische Klarstellung schadet wohl nicht, gerät allenfalls ungelenk, wenn man bedenkt, dass auch die *Condicio*-Formel der Rspr. eine hypothetische Prüfung zu verlangen scheint (s. o.).

---

[161] Hierzu Stein, in: SK-StGB, 9. Aufl. 2017, vor § 13 Rn. 39.

[162] Hierzu Krey/Esser, AT, 6. Aufl. 2016, Rn. 1123 ff.; näher Hall GS Grünhut 1967, 213; Herzberg MDR 1971, 881; Wachsmuth/Schreiber NJW 1982, 2094; Ranft ZStW 1985, 268; Kaufmann FS Jescheck 1985, 273; Maiwald FS Küper 2007, 329; Spendel FS Herzberg 2008, 247; Marinucci FS Maiwald 2010, 485; Greco ZIS 2011, 674; Dehne-Niemann GA 2012, 89; Luzón Peña GA 2018, 520; aus der Rspr. vgl. zuletzt BGH U. v. 03.07.2019 – 5 StR 132/18 – BGHSt 64, 121 = NJW 2019, 3092 = NStZ 2019, 662 = StV 2020, 106 (Anm. Kudlich JA 2019, 867; Kubiciel NJW 2019, 3033; Sowada NStZ 2019, 670; Engländer JZ 2019, 1049; Hillenkamp JZ 2019, 1053; Lorenz HRRS 2019, 351; Weißer ZJS 2020, 85; Rissing-van Saan/Verrel NStZ 2020, 121; Neumann StV 2020, 126; Grünewald JR 2020, 167; Stage/Hellmann jurisPR-StrafR 4/2020 Anm. 4; Spittler MedR 2020, 101); BGH U. v. 03.07.2019 – 5 StR 393/18 – BGHSt 64, 135 = NJW 2019, 3089 = NStZ 2019, 666 = StV 2020, 111 (Anm. RÜ 2019, 706; Kubiciel NJW 2019, 3033; Sowada NStZ 2019, 670; Engländer JZ 2019, 1049; Hillenkamp JZ 2019, 1053; Lorenz HRRS 2019, 351; Bosch Jura 2020, 96; Hecker JuS 2020, 82; Rissing-van Saan/Verrel NStZ 2020, 121; Neumann StV 2020, 126; Grünewald JR 2020, 167; Stage/Hellmann jurisPR-StrafR 4/2020 Anm. 5); BGH U. v. 19.08.2020 – 1 StR 474/19 – NJW 2021, 326 (Anm. Bosch Jura 2021, 456; RÜ 2021, 95; Mitsch NJW 2021, 330).

In Synthese der §§ 13 I und z. B. 222 StGB ließe sich auch durch Verwendung des Kompositums Unterlassungsverursachung, Abwendungsverursachung o. ä. ein Klarstellungsbedürfnis befriedigen, da im allgemeinen Sprachgebrauch eine Verursachung tatsächlich eher aktivisch konnotiert sein dürfte.

Zur Kritik an dem Kausalitätsverständnis der h. M. s. o. beim sog. Begehungsdelikt: Richtet man den Verursachungsbegriff ohnehin an eine *ex post* festgestellte Gefahrenerhöhung aus (**probabilistische Kausalität**), so mindern sich die Divergenzen der Verursachung durch Begehen und der durch Unterlassen stark.

66 Die **Anforderungen** an die Unterlassungsverursachung sind umstritten.[163]

Einigkeit besteht darüber, dass Unterlassungsverursachung dann vorliegt, wenn der Erfolg mit Sicherheit ausgeblieben wäre, hätte der Täter gebotenerweise gehandelt. Unproblematisch ist auch der umgekehrte Fall, wenn mit Sicherheit feststeht, dass der Erfolg dennoch eingetreten wäre. Dann fehlt es an einer Unterlassungsverursachung, ggf. kommt ein Versuch in Betracht.

Häufig ist aber die Konstellation, dass unklar bleibt (z. B. aufgrund der Grenzen der Rechtsmedizin), ob der Erfolg entfallen wäre, wenn der Täter gehandelt hätte.

Beispiel 419

BGH B. v. 13.06.2002 – 4 StR 51/02 – NStZ-RR 2002, 303 (Anm. RA 2002, 544):

B1, B2, B3, B4 und B5 wollten in einem Abrisshaus einem Obdachlosen – notfalls mit Gewalt – Geld abnehmen. In Ausführung dieses Vorhabens weckte B1 den dort schlafenden G und verlangte von ihm die Herausgabe von Geld. Als dieser angab, kein Geld zu haben, schlug B1 ihm mit der Faust mehrmals ins Gesicht und durchsuchte seine Jackentaschen, fand aber nichts. Daraufhin misshandelten ihn auch die übrigen Beteiligten. Nachdem sie das Haus verlassen hatten, befürchteten sie, die Verletzungen könnten möglicherweise zum Tod des G geführt haben. Sie kehrten später zu dem Gebäude zurück, auch, um sich über den Gesundheitszustand des G zu vergewissern. Als sie ihn noch lebend vorfanden und er wahrheitswidrig angab, ihm seien gerade 2000 DM geraubt worden, misshandelten sie ihn – insbesondere durch Tritte – weiter, diesmal mit mindestens bedingtem Tötungsvorsatz. Dann verließen sie das Haus. Zu diesem Zeitpunkt lebte G noch. Er verstarb schließlich aufgrund der erlittenen massiven Gewalteinwirkungen, wobei ihm die todbringenden Verletzungen möglicherweise bereits im ersten Tatkomplex beigebracht worden waren; die Misshandlungen im zweiten Tatkomplex haben den Todeseintritt jedoch beschleunigt. Das Leben des G hätte „mit einiger Wahrscheinlichkeit" gerettet werden können, wenn er umgehend ärztlicher Hilfe zugeführt worden wäre. ◄

In dubio pro reo muss davon ausgegangen werden, dass dem G die tödlichen Verletzungen schon im ersten Tatkomplex beigebracht worden sind, als die B1–B5 noch keinen Tötungsvorsatz hatten. Während es dort also am subjektiven Tatbestand fehlt, verbleibt für den zweiten Tatkomplex keine todesursächliche Handlung. Es kommt aber eine Strafbarkeit wegen Totschlages oder Mordes

---

[163] S. obige Nachweise, zsf. Gaede, in: NK-StGB, 5. Aufl. 2017, § 13 Rn. 14 ff.

B. Vorsätzliches vollendetes täterschaftliches unechtes Unterlassungsdelikt 751

durch Unterlassen (§§ 212 I, 211, 13 I StGB) in Betracht, weil die B1–B5 das unvorsätzlich gesetzte Risiko des Todes nicht beseitigten (sondern sogar steigerten). Dabei ist aber nicht sicher, ob der Todeserfolg noch hätte verhindert werden können, und deswegen die Unterlassungsverursachung problematisch.

Die Rspr.[164] und die h. L.[165] fordern, dass der Erfolg bei Hinzudenken der unterlassenen Handlung mit an **Sicherheit grenzender Wahrscheinlichkeit** verhindert worden wäre, während eine beachtliche Minderheitsauffassung[166] jede Risikoverringerung (Eröffnung einer Rettungschance) für ausreichend erachtet (sog. **Risikoerhöhungslehre** bzw. Risikoverringerungslehre).

Sofern die h. M. statt Sicherheit eine an Sicherheit grenzende Wahrscheinlichkeit verlangt, liegt hierin eine Vermengung des materiellen Rechts (konsequent wäre hier eine Auslegung als Sicherheit der Erfolgsverhinderung) mit dem Prozessrecht (das Strafprozessrecht muss i. R. d. § 261 StPO ein Stück weit pragmatisch mit Restzweifeln umgehen und diese für rechtlich unbeachtlich erklären).[167] Aber ohnehin ist die unterlassene Gefahrenverminderung ausreichend: Zur widerlegbaren Kritik an der Risikoerhöhungslehre, insbesondere zur Vereinbarkeit mit dem Wortlaut der Tatbestandsfassungen s. o. Auch aus der Verwendung des Verbs „abwenden" § 13 I StGB folgt nichts Anderes. Jedenfalls in Ansehung der schon dem historischen Gesetzgeber bekannten unklaren Kausalprozesse bei menschlichen Entscheidungen und zur Verhinderung gespaltener Kausalitätsbegriffe, ist ein einheitliches Verständnis geboten und vom Wortlaut gedeckt: Wenn feststeht, dass eine Handlung des Täters die Gefahr des Erfolgseintritts gesenkt hätte, genügt dies entgegen der h. M. für eine Erfolgshaftung wegen sog. unechten Unterlassungsdelikts.

Plastisch wird das auch im Bereich **mehrstufiger Unterlassungen**, da dort nie mit an Sicherheit grenzender Wahrscheinlichkeit feststeht, dass ein Handeln des Täters dazwischengeschaltete andere Personen zur Erfolgsvermeidung angehalten hätte.[168]

---

[164] Z. B. BGH U. v. 06.07.1990 – 2 StR 549/89 (Lederspray) – BGHSt 37, 106.
[165] S. B. Heinrich, AT, 6. Aufl. 2019, Rn. 888 f.
[166] Z. B. Otto, AT, 7. Aufl. 2004, § 9 Rn. 99 ff.; Puppe ZJS 2008, 600 (601).
[167] Zur Frage des strafprozessualen Beweismaßes Miebach, in: MK-StPO, 2016 § 261 Rn. 51 ff.; aus der Rspr. vgl. zuletzt BGH U. v. 20.11.2019 – 2 StR 554/18 – NStZ 2021, 33 (Anm. Hauck NStZ 2021, 34); BGH U. v. 17.12.2019 – 1 StR 171/19 – StV 2020, 751; BGH B. v. 14.04.2020 – 5 StR 14/20 – NJW 2020, 2741 = NStZ 2020, 431 = StV 2020, 811 (Anm. Eisenberg StV 2020, 813); BayObLG B. v. 24.04.2020 – 201 StRR 30/20 – NStZ 2020, 684; BGH U. v. 01.07.2020 – 2 StR 326/19 – NStZ-RR 2020, 355; BGH U. v. 13.10.2020 – 1 StR 299/20 – NStZ-RR 2021, 24; BGH B. v. 13.10.2020 – 3 StR 322/20 – NStZ-RR 2021, 77; BGH B. v. 11.11.2020 – 5 StR 256/20 – NJW 2021, 645 (Anm. Eisele JuS 2021, 272; RÜ 2021, 170; Grünewald NJW 2021, 649); BGH U. v. 25.11.2020 – 5 StR 493/19 – StV 2021, 249; BGH U. v. 14.01.2021 – 3 StR 124/20 – NStZ-RR 2021, 113.
[168] Hierzu Bosch, in: Schönke/Schröder, StGB, 30. Aufl. 2019, § 13 Rn. 62; näher Greco ZIS 2011, 674; Bosch FS Puppe 2011, 373.

Beispiel 420

BGH B. v. 06.03.2008 – 4 StR 669/07 (Kfz-Werkstatt) – BGHSt 52, 159 = NJW 2008, 1897 = NStZ 2008, 391 (Anm. Puppe, AT, 4. Aufl. 2019, § 30 Rn. 18 ff.; Geppert JK 2008 StGB § 13 I/2; Bosch JA 2008, 737; Lindemann ZJS 2008, 404; LL 2008, 537; RÜ 2008, 372; RA 2008, 376; Kühl NJW 2008, 1899; Kühl HRRS 2008, 359):

B1, Leiter der firmeneigenen Werkstatt eines Transportunternehmens, stellte bei einer Probefahrt fest, dass ein Sattelzug infolge schadhafter Bremsen im Straßenverkehr nicht mehr sicher beherrschbar war. Ohne weitere Prüfung ging er davon aus, dass die Bremsprobleme auf fehlerhafte Einsteller an den Vorderradbremsen zurückzuführen waren; in Wahrheit waren auch die Bremsbeläge der Hinterachse nahezu vollständig abgefahren. Bei einer einfachen Sichtkontrolle hätte er das Ausmaß der Mängel ohne Weiteres bemerkt. Er wies B2, den „Juniorchef" des Unternehmens, darauf hin, dass das Fahrzeug nicht mehr verkehrssicher sei und vor der Reparatur der Einsteller nicht mehr geführt werden könne. B2 ordnete gleichwohl die Weiterbenutzung des Fahrzeugs an unter Hinweis darauf, dass neue Einsteller am Wochenende eingebaut werden könnten. B1 trat dem nicht mehr entgegen und unterrichtete den Fahrer davon, dass die Einsteller bereits bestellt waren. Beim Betrieb des Gespanns kam es auf einer Gefällestrecke infolge des Versagens der Bremsen von Zugmaschine und Auflieger zu einem Unfall, bei dem drei Menschen getötet wurden. ◄

Unklar ist, ob sich der Juniorchef von erneuter Kritik hätte beeindrucken lassen.

Auch in Konstellationen der **Produkthaftung** ist oft unklar, ob ein pflichtgemäßer Rückruf die betroffenen Kunden wirklich erreicht hätte und wie sich diese verhalten hätten.

Nach hier vertretener Auffassung liegt in beiden Fällen ohnehin Unterlassungsverursachung vor. Aber auch Vertreter der h. M.[169] modifizieren ihren Ansatz dahingehend, dass in Fällen psychisch vermittelter hypothetischer Kausalverläufe ein rechtmäßiges Verhalten aller anderen Menschen unwiderleglich vermutet wird.

67   Bei **mehreren handlungspflichtigen Garanten** (sog. paralleles/kollektives Unterlassen) ist das Unterlassen jedes einzelnen Garanten kausal, wenn bei pflichtgemäßem Handeln aller Verpflichteten (sog. Garantengemeinschaft) der Erfolg hätte abgewendet werden können. Niemand soll sich damit entlasten können, dass das Bemühen, die gebotene Kollegialentscheidung herbeizuführen, erfolglos geblieben wäre, weil ihn die anderen Beteiligten im Streitfalle überstimmt hätten. Sonst könnte sich jeder Garant allein durch den Hinweis auf die gleichartige und ebenso pflichtwidrige Untätigkeit gleichgeordneter Garanten von jeder strafrechtlichen Haftung entlasten.[170] Dies entspricht der Rechtslage beim Begehungsdelikt

---

[169] S. nur Lindemann ZJS 2008, 404 (407f.); näher Puppe, AT, 4. Aufl. 2019, § 30 Rn. 1 ff.

[170] S. Bosch, in: Schönke/Schröder, StGB, 30. Aufl. 2019, § 13 Rn. 61 ff.; näher Greco ZIS 2011, 674; aus der Rspr. vgl. BGH U. v. 06.11.2002 – 5 StR 281/01 (Politbüro des ZK der SED) – BGHSt

bzgl. der Kausalität im Rahmen von Kollektiventscheidungen (Gremienentscheidungen, überbedingte Erfolge).
Zu (sonstigen) Einzelheiten der Verursachung s. o. beim Begehungsdelikt.

h) Verwirklichung des unerlaubten Unterlassens der Erfolgsabwendung im Erfolgseintritt („objektive Zurechnung" II)

Parallel zum vorsätzlichen und fahrlässigen Begehungsdelikt (Verwirklichung einer unerlaubten Gefahr, „objektive Zurechnung" II; „objektive Fahrlässigkeit", Vorhersehbarkeit etc.) muss das unerlaubte Unterlassen des Täters sich im Erfolgseintritt verwirklicht haben. Alle dortigen diesbzgl. Problemkreise (Fallgruppen) können auch beim Unterlassungsdelikt relevant werden,[171] z. B. muss die Handlungspflicht dem Schutz des durch die in Frage stehende Norm geschützten Rechtsgutes dienen (Schutzzweckzusammenhang).[172]

68

i) Unterlassen entspricht der Verwirklichung des gesetzlichen Tatbestandes durch ein Tun (sog. Entsprechungsklausel, Modalitätenäquivalenz)

▶ Didaktische Aufsätze:

- Satzger, Wann „entspricht" ein Unterlassen einem Tun? Zur Entsprechungsklausel in § 13 StGB, Jura 2011, 749
- Fahl, Zum (richtigen) Prüfungsstandort der Entsprechungsklausel in § 13 StGB, JA 2013, 674

Gem. § 13 I StGB setzt die Strafbarkeit wegen Unterlassens voraus, dass „das Unterlassen der Verwirklichung des gesetzlichen Tatbestandes durch ein Tun entspricht." Diese sog. Entsprechungsklausel[173] erfordert, dass das Unterlassen dem Unrechtsgehalt aktiver Tatbestandsverwirklichung so nahe kommt, dass es sich dem

69

48, 77 = NJW 2003, 522 = NStZ 2003, 141 (Anm. Puppe, AT, 4. Aufl. 2019, § 30 Rn. 1 ff.; Otto JK 2003 StGB vor § 13/15 und § 13/34; RÜ 2003, 71; RA 2003, 102; Ranft JZ 2003, 582; Dreher JuS 2004, 17).

[171] Vgl. Rengier, AT, 12. Aufl. 2020, § 49 Rn. 24 f.

[172] Bosch, in: Schönke/Schröder, StGB, 30. Aufl. 2019, § 13 Rn. 8 f.; aus der Rspr. vgl. BGH U. v. 06.07.1990 – 2 StR 549/89 (Lederspray) – BGHSt 37, 106 = NJW 1990, 2560 = NStZ 1990, 587 = StV 1990, 446 (Anm. Roxin, Höchstrichterliche Rspr. AT, 1998, Nr. 92; Puppe, AT, 4. Aufl. 2019, § 2 Rn. 9 ff. und 27 ff.; Kaspar/Reinbacher, Casebook AT, 2020, Fall 2; Hemmer-BGH-Classics Strafrecht, 2003, Nr. 1; Schmidt-Salzer NJW 1990, 2966; Kuhlen NStZ 1990, 566; Brammsen Jura 1991, 533; Hassemer JuS 1991, 253; Samson StV 1991, 182; Beulke/Bachmann JuS 1992, 737; Meier NJW 1992, 3193; Puppe JR 1992, 30; Hirte JZ 1992, 257; Brammsen GA 1993, 97; Hilgendorf NStZ 1994, 561; Jähnke Jura 2010, 582; Rotsch ZIS 2018, 1; Puppe ZIS 2018, 57).

[173] Hierzu Krey/Esser, AT, 6. Aufl. 2016, Rn. 1129f.; näher Roxin FS Lüderssen 2002, 577; Satzger Jura 2011, 749; Fahl JA 2013, 674; aus der Rspr. vgl. zuletzt BGH U. v. 04.08.2015 – 1 StR 624/14 – NJW 2015, 3047 = NStZ 2016, 95 = StV 2016, 435 (Anm. Engländer NJW 2015, 3049; Momsen-Pflanz StV 2016, 440).

Unrechtstypus des Tatbestands einfügt.[174] Die Norm nennt dabei keinerlei Kriterien, so dass Inhalt und Restriktionspotenzial kryptisch bleiben.

Bei reinen Erfolgsdelikten i. S. d. h. M. wird hierbei ohne Weiteres eine Gleichstellung angenommen. Anders soll dies bei sog. verhaltensgebundenen Delikten sein, worunter solche verstanden werden, die eine bestimmte Verhaltensweise erfordern (z. B. §§ 142, 164, 211, 224, 240, 263, 253 StGB).[175] Näheres sei im Besonderen Teil dargestellt.

Die **Einordnung** der sog. Entsprechungsklausel in den Deliktsaufbau ist nicht frei von Zweifeln, da nicht alle Aspekte, die gegen eine Entsprechung angeführt werden, zum objektiven Tatbestand gehören, z. B. wird beim Mordmerkmal der Verdeckungsabsicht, § 211 II StGB, das Entsprechen z. T. verneint, s. im Besonderen Teil.

Anstatt aber daraus zu folgern, dass es sich um eine (teleologisch nach Maßgabe der Angemessenheit der fakultativen Strafmilderung in § 13 II StGB geprägten?) eher unbestimmte Gesamtbewertungsebene handele,[176] sollte man die sog. Entsprechungsklausel beim bezweifelten Merkmal ansprechen, d. h. ggf. (auch) im subjektiven Tatbestand.

j) Täterschaft, § 25 StGB

▶ Didaktische Aufsätze:

- Schultz, Aufhebung von Garantenstellungen und Beteiligung durch Unterlassen, JuS 1985, 270
- Sowada, Täterschaft und Teilnahme beim Unterlassungsdelikt, Jura 1986, 399
- Bachmann/Eichinger, Täterschaft/Teilnahme beim Unterlassungsdelikt, JA 2011, 105 und 509
- Satzger, Beteiligung und Unterlassen, Jura 2015, 1055
- Otto, Beihilfe durch Unterlassen, JuS 2017, 289

70   Bereits ganz grundsätzlich ist umstritten, ob § 25 StGB für sog. unechte Unterlassungsdelikte überhaupt gilt oder ob nicht § 13 I StGB für eine gewissermaßen automatische Täterschaft des sog. Garanten aufgrund seiner (Handlungs-)Pflicht sorgt.[177]

---

[174] Fischer, StGB, 68. Aufl. 2021, § 13 Rn. 83, 84.
[175] Hierzu Fischer, StGB, 68. Aufl. 2021, § 13 Rn. 85; näher Kargl ZStW 2007, 250.
[176] Zu einem solchen Ansatz s. etwa Kargl ZStW 2007, 250.
[177] Hierzu Gaede, in: NK-StGB, 5. Aufl. 2017, § 13 Rn. 26 ff.; näher Kielwein GA 1955, 225; Grünwald GA 1959, 110; Stree GA 1963, 1; Ranft ZStW 1982, 815; Schultz JuS 1985, 270; Sowada Jura 1986, 399; Bottke Coimbra-Symposium Roxin 1995, 235; Bottke FS Rudolphi 2004, 15; Hoffmann-Holland ZStW 2006, 620; Ranft FS Otto 2007, 403; Bachmann/Eichinger JA 2011, 105 und 509; Krüger ZIS 2011, 1; Haas ZIS 2011, 392; Satzger Jura 2015, 1055; Murmann FS Beulke FS 2015, 181; Otto JuS 2017, 289; Noll ZStW 2018, 1007; aus der Rspr. vgl. zuletzt BGH U. v. 09.05.2017 – 1 StR 265/16 – NJW 2017, 3798 = StV 2018, 36 (Anm. Kubiciel/Mennemann jurisPR-StrafR 22/2017 Anm. 1; Webel wistra 2017, 399; Baur/Holle wistra 2017, 499; Jenne/

Wenn allerdings außer dem unterlassenden Garanten keine weitere Person als Tatbeteiligter ersichtlich ist, dann ist der Garant ohnehin ohne Weiteres Täter i. S. d. § 25 I 1. Var. StGB. § 13 I StGB stellt ausweislich der Normüberschrift das „Begehen durch Unterlassen" dem Begehen i. e. S. gleich, so dass auch ein Unterlassungstäter die Tat i. S. d. § 25 StGB begehen kann. Hinzu kommt die sog. Entsprechungsklausel.

(Ergebnisrelevant) Umstritten ist aber, ob und wie beim Unterlassenden in **Mehrpersonenkonstellationen** zwischen Täterschaft und Teilnahme unterschieden werden kann, v. a. wenn ein sog. Garant das (aktive) Begehen der Tat durch einen Dritten nicht verhindert. 71

Beispiel 421

Gefängniswärter B1 schritt nicht ein, als Insasse B2 den Gefängniskoch schlug. ◄

Beispiel 422

BGH B. v. 18.10.2018 – 3 StR 126/18 (Anm. Hecker JuS 2019, 400):

B1 und ihr Ehemann B2 kümmerten sich nach der Geburt des gemeinsamen Sohnes gemeinsam um das Kind. Bereits binnen weniger Tage nach der Geburt entwickelte B2 indes eine heftige Eifersucht auf das Kind. Gleichzeitig ärgerte er sich darüber, dass die B1 ihm immer wieder Ratschläge erteilte, wie er mit dem Säugling umgehen müsse. Aus Eifersucht und Frustration, die zunehmend mit Wut gepaart waren, begann er dem zu diesem Zeitpunkt 13 Tage alten Kind Schmerzen und Verletzungen zuzufügen. In der Nacht zum 21.10.2015 übernahm B2 die Versorgung seines Sohnes und begab sich deshalb mit ihm gegen 23:00 Uhr in das Wohnzimmer, während B1 im Schlafzimmer verblieb. Als das Kind wieder zu weinen anfing und es ihm nicht gelang, es zu beruhigen, beschloss B2 gegen Mitternacht, seinen Sohn zu töten. Zuvor nahm er über annähernd drei Stunden mehrfach Misshandlungen des Säuglings vor, indem er sich mit vollem Gewicht auf den Kopf des bäuchlings auf einem Kissen liegenden Kindes setzte und dieses, nachdem es zunächst verstummt war, dann aber wieder zu schreien angefangen hatte, mehrere Male heftig schüttelte. Auch dies führte dazu, dass das Kind eine Zeit lang ruhig wurde, bevor es wieder zu weinen begann. Schließlich missbrauchte B2 den Säugling sexuell, indem er seinen erigierten Penis einige Zentimeter weit in dessen Anus einführte. Obwohl B1 das wiederholte Schreien des Kindes im angrenzenden Wohnzimmer hörte und daraus schloss, dass B2 dem Kind wiederholt erheblich wehtat, gab sie sich schlafend und griff nicht ein, um ihrem Mann vorzuspielen, dass sie ihm vertraue.

Martens CCZ 2017, 285; Moritz jurisPR-Compl 5/2017 Anm. 1; Wehnert StV 2018, 38; Hugger/Pasewaldt NZWiSt 2018, 388; Adick/Linke NZWiSt 2018, 391; Görtz WiJ 2018, 88); BGH B. v. 15.05.2018 – 3 StR 130/18 (Anm. Eisele JuS 2018, 77; RÜ 2018, 638); BGH B. v. 18.10.2018 – 3 StR 126/18 – NStZ 2019, 341 = StV 2020, 308 (Anm. Hecker JuS 2019, 400).

Dagegen traute sie ihm in Wahrheit nicht, sondern nahm zur Erreichung des genannten Zwecks billigend in Kauf, dass er den gemeinsamen Sohn quälte und den erst 18 bis 19 Tage alten Säugling dadurch auch in die Gefahr einer schweren Gesundheitsschädigung und einer erheblichen Entwicklungsschädigung bis hin zu der des Todes brachte. B2, der sich durch den Umstand, dass sie ungeachtet der lauten Schreie des Kindes nicht im Wohnzimmer erschien, um nach dem Rechten zu sehen, in seinem Tötungsentschluss bestärkt sah, setzte diesen kurz vor drei Uhr um, indem er das Kind mit beiden Händen an der Hüfte packte und seinen Kopf zweimal gegen die Kante des hölzernen Tisches schlug, so dass es alsbald verstarb. ◄

B2 ist Begehungstäter; ist daneben B1 Täter eines Unterlassungsdelikts (oder bloßer Gehilfe)?

Die Rspr. folgt auch hier einem subjektiven Ansatz,[178] indem sie auf den Willen zur Täterschaft (*animus auctoris*) oder Teilnahme (*animus socii*) abstellt.

Teile der Lehre[179] gehen in diesen Fällen immer von Beihilfe des Unterlassenden aus.

Andere differenzieren nach Art der Garantenstellung; ein sog. Beschützergarant sei immer Täter, ein sog. Überwachergarant immer Gehilfe.[180]

Wieder andere[181] nehmen stets (Neben-)Täterschaft des Unterlassenden an.

Die wohl h. L.[182] sieht auch bei den Unterlassungsdelikten die (potenzielle) Tatherrschaft als maßgeblich an. Richtigerweise allerdings liegt eine „Tatherrschaft" in diesen Konstellationen immer beim Begehungstäter. Zu allgemeinen Schwächen der Tatherrschaftslehre (die für den Unterlassungsbereich schon terminologisch Missverständnisse begünstigt sowie die Gefahr, den gesetzesfremden Begriff selbst zum Auslegungsgegenstand zu machen) sowie des subjektiven Ansatzes s. o. Dass stets (etwa aus § 13 I StGB folgend) Täterschaft vorliegen soll, kann nicht überzeugen: Dies wäre eine Schlechterstellung gegenüber einer aktiven Förderung eines Begehungstäters (§ 27 II 2 StGB), das Einheitstäterprinzip würde hier §§ 26, 27 StGB aushebeln, obwohl § 9 II 1 StGB von der Möglichkeit einer Teilnahme durch Unterlassen ausgeht. Die sog. Garantenstellung hat nur die Funktion, den grundsätzlichen Täterkreis für eine Unterlassungsverantwortlichkeit einzugrenzen, nicht die Architektur der Beteiligungsformen zu verschieben.

Gegen eine Differenzierung nach der Art der sog. Garantenstellung spricht, dass sich aus der ohnehin nicht im Gesetz vorkommenden Differenzierung der sog. Garantenstellungen keine unterschiedlichen Pflichteninhalte ergeben; hinzu kommen Abgrenzungsschwierigkeiten zwischen den Garantenstellungen.

Richtigerweise sind die o. entwickelten Grundsätze des sog Begehungsdelikts zu übertragen: Die Gegenüberstellung des § 25 StGB mit den §§ 26, 27 StGB gilt auch

---

[178] Vgl. schon RG U. v. 16.06.1930 – II 419/30 – RGSt 64, 273 (275).
[179] Z. B. Lackner/Kühl, StGB, 29. Aufl. 2018, § 27 Rn. 5.
[180] Bosch JA 2007, 418 (21); Krüger ZIS 2011, 1 (6 ff.).
[181] Gaede, in: NK-StGB, 5. Aufl. 2017, § 13 Rn. 26.
[182] S. nur B. Heinrich, AT, 6. Aufl. 2019, Rn. 1214.

hier. Soweit also v. a. Täterschaft von der Beihilfe unterschieden werden soll, müssen Kriterien ausgewertet werden, ob der sog. Garant Eigenbezug zur Tat aufweist oder Fremdbezug, insbesondere muss also das Verhältnis des Handelnden und des Unterlassenden zueinander untersucht werden (Gleichordnung vs. Über-/Unterordnung). In einer Reihe von Fällen wird auch an eine Mittäterschaft zu denken sein.

2. Subjektiver Tatbestand

a) Allgemeines

Im Hinblick auf den subjektiven Tatbestand des sog. unechten Unterlassungsdelikts[183] sind nach heute ganz h. M. die allgemeinen Regeln anwendbar, insbesondere genügt Eventualvorsatz dort, wo dies auch beim sog. Begehungsdelikt der Fall ist. 72

Der Vorsatz muss sich auf alle Tatbestandsmerkmale beziehen, u. a. muss der Täter Vorsatz bzgl. der Möglichkeit eines Rettungsversuchs aufweisen,[184] ferner hinreichende Vorstellungen zur Unterlassungsverursachung[185] und insbesondere Vorsatz bzgl. der sog. Garantenstellung, nicht aber bzgl. der sog. Garantenpflicht.[186] Der Unterlassende muss also die Umstände kennen, die ihn zum sog. Garanten werden lassen, sonst greift § 16 I 1 StGB; die daraus resultierende Verpflichtung muss er nicht kennen, hier liegt nur ggf. § 17 StGB vor, im Bereich des sog. unechten Unterlassungsdelikt spricht man statt von einem Verbotsirrtum auch von einem Gebotsirrtum.

b) Unterlassen entspricht der Verwirklichung des gesetzlichen Tatbestandes durch ein Tun (sog. Entsprechungsklausel, Modalitätenäquivalenz)

Falls ein subjektives Tatbestandsmerkmalen Zweifeln hinsichtlich der Erfüllung der sog. Entsprechungsklausel gibt, ist diese im subjektiven Tatbestand (ggf. erneut) zu thematisieren. 73

---

[183] Hierzu Krey/Esser, AT, 6. Aufl. 2016, Rn. 1175; näher Hardwig ZStW 1962, 27; Kaufmann FS von Weber 1963, 207; Grünwald FS Mayer 1966, 281.
[184] Fischer, StGB, 68. Aufl. 2021, § 13 Rn. 87; aus der Rspr. vgl. zuletzt BGH U. v. 19.08.2020 – 1 StR 474/19 – NJW 2021, 326 (Anm. Bosch Jura 2021, 456; RÜ 2021, 95; Mitsch NJW 2021, 330).
[185] B. Heinrich, AT, 6. Aufl. 2019, Rn. 911; aus der Rspr. vgl. BGH U. v. 28.06.2017 – 5 StR 20/16 – BGHSt 62, 223 – NJW 2017, 3249 = NStZ 2017, 701 = StV 2018, 278 (Anm. Puppe, AT, 4. Aufl. 2019, § 2 Rn. 57 ff.; Jäger JA 2017, 873; RÜ 2017, 713; Hoven NStZ 2017, 707; Ast HRRS 2017, 500; Bosch Jura 2018, 99; Rissing-van Saan/Verrel NStZ 2018, 57; Rosenau/Lorenz JR 2018, 168; Sternberg-Lieben/Sternberg-Lieben JZ 2018, 32; Greco GA 2018, 539; Henckel HRRS 2018, 273; Jansen MedR 2018, 38; Otto/Rissing-van Saan MedR 2018, 543); BGH U. v. 19.08.2020 – 1 StR 474/19 – NJW 2021, 326 (Anm. RÜ 2021, 95; Mitsch NJW 2021, 330).
[186] Hierzu Fischer, StGB, 68. Aufl. 2021, § 13 Rn. 87 f.; näher Busch FS Mezger 1954, 165; Börker JR 1956, 87; Satzger Jura 2011, 432.; aus der Rspr. vgl. zuletzt BGH B. v. 02.08.2017 – 4 StR 169/17 – NJW 2017, 3609 = NStZ 2018, 34 = StV 2018, 703 (Anm. Schiemann NJW 2017, 3611; famos 12/2017; Bosch Jura 2018, 197; Jäger JA 2018, 72; Eisele JuS 2018, 179; RÜ 2018, 26; Kudlich NStZ 2018, 36; Stefanopoulou HRRS 2018, 15).

V. Rechtswidrigkeit

74 I. R. d. Rechtswidrigkeit gelten die Grundsätze der Rechtfertigung beim sog. Begehungsdelikt. Die Pflichtenkollision (nach h. M. ein Rechtfertigungsgrund) ist richtigerweise eine Tatbestandsfrage, s. o.

VI. Schuld

75 Auch i. R. d. Schuld gelten die allgemeinen Regelungen.
Hervorzuheben ist der sog. Gebotsirrtum[187] als Sonderfall des Verbotsirrtum nach § 17 StGB: Hier weiß der Täter nicht um die Pflichten, die aus seiner erkannten Garantenstellung folgen. Glaubt umgekehrt der „Täter" irrig an eine Garantenpflicht, so handelt es sich um ein strafloses sog. Wahndelikt.[188]

VII. Strafzumessung

76 § 13 II StGB enthält eine fakultative Strafmilderung, bzgl. derer die Kriterien der Strafrahmenwahl i. R. problematisch sind.[189]
In einer Fallbearbeitung genügt eine kurze Erwähnung der Norm (nicht einmal eine eigene Ebene ist zwingend, sondern ein Anführen nach dem Endergebnis reicht aus).

> **§ 13 II StGB (Begehen durch Unterlassen)**
> Die Strafe kann nach § 49 Abs. 1 gemildert werden.

---

[187] Hierzu Krey/Esser, AT, 6. Aufl. 2016, Rn. 175 mit Fn. 3; näher Börker JR 1956, 87; aus der Rspr. vgl. BGH B. v. 29.05.1961 – GSSt 1/61 – BGHSt 16, 155 = NJW 1961, 1682 (Anm. Roxin, Höchstrichterliche Rspr. AT, 1998, Nr. 96; Puppe, AT, 4. Aufl. 2019, § 31 Rn. 1 ff.; Hemmer-BGH-Classics Strafrecht, 2003, Nr. 16; Bähr JuS 1961, 368; Fuhrmann GA 1962, 161; Kaufmann JZ 1963, 504).

[188] Fischer, StGB, 68. Aufl. 2021, § 13 Rn. 88; aus der Rspr. vgl. BGH B. v. 16.07.1993 – 2 StR 294/93 – NJW 1994, 1357 = NStZ 1994, 29 (Anm. Puppe, AT, 4. Aufl. 2019, § 20 Rn. 14 ff.; Loos JR 1994, 511; Otto JK 1995 StGB § 13/25).

[189] Hierzu Fischer, StGB, 68. Aufl. 2021, § 13 Rn. 99 ff.; näher Bruns FS Tröndle 1989, 125; Lerman GA 2008, 78; aus der Rspr. vgl. zuletzt BGH U. v. 21.08.2014 – 3 StR 203/14 – NStZ 2015, 265 = NStZ-RR 2014, 368 = StV 2015, 297; BGH U. v. 04.08.2015 – 1 StR 624/14 – NJW 2015, 3047 = NStZ 2016, 95 = StV 2016, 435 (Anm. Engländer NJW 2015, 3049; Momsen-Pflanz StV 2016, 440).

C. Versuchtes täterschaftliches unechtes Unterlassungsdelikt

▶ Didaktische Aufsätze:

- Kudlich, Der Versuch des unechten Unterlassungsdelikts, JA 2008, 601
- Exner, Versuch und Rücktritt vom Versuch eines Unterlassungsdelikts, Jura 2010, 276
- Rönnau, Grundwissen – Strafrecht: Versuchsbeginn bei Mittäterschaft, mittelbarer Täterschaft und unechten Unterlassungsdelikten, JuS 2014, 109
- Kaltenhäuser, Die Kombination von Versuchs-, Fahrlässigkeits- und unechtem Unterlassungsdelikt – Aufbaufragen und Kernprobleme, JA 2017, 268

I. Aufbau

    I. Versuchs-„Vorprüfung"   77
       1. Keine Strafbarkeit wegen vollendeten Delikts
       2. Strafbarkeit des Versuchs, §§ 23 I, 12 I StGB, ggf. i. V. m. BT
   II. Unterlassungs-„Vorprüfung": Unterscheidung von Begehen (aktivem Tun) und Unterlassen; Behandlung eines Begehens als Unterlassen
  III. Tatbestand
       1. Objektiver Tatbestand: Unterlassung
       2. Subjektiver Tatbestand
          a) Vorsatz: Tatbestandsverwirklichungsentschluss und Ablaufplan (sog. Tatentschluss; Tatplan)
          b) Unmittelbares Ansetzen zur Verwirklichung des Tatbestandes nach Vorstellung (des Täters) von der Tat
          c) Ggf.: Sonstige subjektive Tatbestandsmerkmale
  IV. Rechtswidrigkeit
   V. Schuld
  VI. Ggf. Rücktritt, § 24 StGB
 VII. Strafzumessung

II. Allgemeines

Der Versuch des sog. unechten Unterlassungsdelikts ist nach ganz h. M. wie der des sog. Begehungsdelikts strafbar.[190]   78

Bestritten wird dies von einer Minderheitsauffassung[191] v. a. für untaugliche Unterlassungsversuche, da es in diesen Fällen weder eine Rechtsgutsgefährdung

---

[190] Fischer, StGB, 68. Aufl. 2021, § 13 Rn. 89, 90; näher Maihofer GA 1958, 289; Rudolphi MDR 1967, 1; Herzberg MDR 1973, 89.
[191] Z. B. Spendel NJW 1965, 1881.

noch eine äußerliche Manifestation gebe, so dass letztlich nur der böse Gedanke bestraft werde. Mit der h. M. ist aber aus dem Zusammenspiel der allgemeinen Versuchsgrundsätze nach §§ 22, 23 StGB (subjektive Betrachtungsweise) i. V. m. § 13 I StGB (Unterlassen als tatbestandsmäßige Handlung) auf die umfassende Versuchsstrafbarkeit zu schließen.

Beispiel 423

BGH U. v. 22.09.1992 – 5 StR 379/92 (Bahngleis) – BGHSt 38, 356 = NJW 1992, 3309 = NStZ 1993, 32 = StV 1993, 24 (Anm. Puppe, AT, 4. Aufl. 2019, § 32 Rn. 1 ff. und 12 ff.; Otto JK 1993 StGB § 22/16; Niepoth JA 1994, 337):

Nach einer Zechtour trafen B1 und B2 gegen 00:30 Uhr auf einem S-Bahnhof den ihnen unbekannten Z. B1 schlug den betrunkenen Z mit einem Faustschlag ins Gesicht nieder, trat ihm dann brutal ins Gesicht und in den Bauch und schlug mehrmals den Kopf des Z auf den Boden. Auf der Bahnhofstreppe sagte B1 zu B2 „Der muss weg!". Er meinte damit, dass Z zur Vermeidung einer drohenden Strafverfolgung getötet werden sollte. B2 verstand das und befürchtete ebenfalls, durch Z als Mittäter der vorangegangenen Straftat überführt zu werden. B1 und B2 kehrten auf den Bahnsteig zurück, wo Z allein und bewusstlos in seinem Blut lag. B1 warf ihn auf das Gleisbett, um ihn von einem S-Bahn-Zug überfahren zu lassen. Er sprang sodann auf die Gleise hinunter, um den Z so hinzulegen, dass er überfahren werden würde. B1 und B2 rechneten damit, dass noch Züge verkehrten, und verließen den Bahnhof. Ein von einem Augenzeugen der Schläge und Tritte alarmierter weiterer Zeuge lief auf den Bahnsteig, sah den Z, der inzwischen vom Gleis etwas heruntergeglitten war, und versuchte vergeblich, ihn auf den Bahnsteig zu heben, schob ihn in eine Hohlkehle unter der Bahnsteigkante und lief dem um 00:49 Uhr einlaufenden S-Bahn-Zug entgegen. Der Fahrer hielt den Zug etwas vor dem üblichen Haltepunkt an. Der Kurzzug hätte ohnehin vor der Stelle gehalten, an der der Z gelegen hatte. Der Fahrer hätte auf der geraden Strecke und wegen der guten Ausleuchtung des Bahnhofs einen Mann, der dort auf den Gleisen lag, rechtzeitig gesehen. Der schwer verletzte Z erfuhr stationäre chirurgische Versorgung einschließlich zweier Nachoperationen wegen Wundinfektionen. ◄

Das Tatgericht und der BGH sahen das Verhalten des hier B2 genannten Angeklagten im zweiten Geschehensabschnitt als einen versuchten Mord, begangen zumindest durch Unterlassen, an.

III. „Vorprüfungen"

79   Hierzu s. zum einen o. beim versuchten sog. Begehungsdelikt und zum anderen o. beim vollendeten sog. unechten Unterlassungsdelikt.

IV. Tatbestand

1. Grundlagen
Beim versuchten sog. unechten Unterlassungsdelikt gelten die Grundsätze des versuchten sog. Begehungsdelikts auch für den Versuch des sog. unechten Unterlassungsdelikts. Problematische Modifikationen, die sich aus § 13 I StGB ergeben, resultieren aus dem Mangel einer Handlung i. S. aktiven Tuns. Diese Mängel im äußeren Manifestationsgeschehen relativieren sich aber dadurch, dass richtigerweise ohnehin der Versuch in sogar noch stärkerem Maße zu subjektivieren ist als von der h. M. angenommen).

2. Insbesondere: Unmittelbares Ansetzen zur Verwirklichung des Tatbestandes nach Vorstellung (des Täters) von der Tat
Umstritten ist, wann ein Unterlassungstäter i. S. d. § 22 StGB nach seiner Vorstellung von der Tat zur Verwirklichung des Tatbestandes **unmittelbar ansetzt**.[192]

Beispiel 424

B beschloss, ihr Kind verhungern zu lassen. Sie fütterte es einen Tag lang nicht. ◄

Hat die B schon mit dem Unterlassen über einen Tag hinweg unmittelbar angesetzt?

Z. T.[193] wird auf den letztmöglichen Eingriffszeitpunkt abgestellt, wonach hier ein unmittelbares Ansetzen zu verneinen wäre; z. T.[194] auf das Unterlassen des erstmöglichen Eingriffs.
Die h. M.[195] stellt auf den Grad der Gefahr aus der Täterperspektive ab: Besteht eine **unmittelbare Gefahr** für das geschützte Handlungsobjekt, genügt das Verstreichenlassen der ersten Abwendungsmöglichkeit, i. Ü. wird das unmittelbare Ansetzen bei **Aus-der-Hand-Geben** des Kausalverlaufs angenommen.
Die Lösung ist wie beim sog. Begehungsdelikt zunächst einmal daraufhin zu differenzieren, ob ein sog. beendeter und sog. unbeendeter Versuch vorliegt. Bei einem sog. beendeten Versuch ist ein unmittelbares Ansetzen ohne Weiteres anzunehmen, die Übertragung auf eine Unterlassenstat ist nur eine Umformulierung: Erkennt der Täter (oder nimmt an), dass eine hinreichend große Gefahr des Erfolgseintritts besteht, so ist sein Nichtstun bereits ein unmittelbares Ansetzen. Wie groß diese angenommene Gefahr sein muss, entzieht sich wie vieles bei der Betrachtung

---

[192] Hierzu Hillenkamp/Cornelius, 32 Probleme aus dem Strafrecht AT, 15. Aufl. 2017, 1. P.; näher Maihofer GA 1958, 289; Grünwald JZ 1959, 46; Herzberg MDR 1973, 89; Rönnau JuS 2014, 109; aus der Rspr. vgl. zuletzt OLG Hamburg B. v. 08.06.2016 – 1 Ws 13/16 – NStZ 2016, 530 (Anm. RÜ 2016, 640; Miebach NStZ 2016, 536; LL 2017, 27; Kraatz JR 2017, 299; Wilhelm HRRS 2017, 68; Duttge MedR 2017, 145).
[193] Etwa Armin Kaufmann, Die Dogmatik der Unterlassungsdelikte, 1959, S. 210 ff.
[194] Etwa Herzberg MDR 1973, 89 (96); RG U. v. 07.07.1927 – II 504/27 – RGSt 61, 360 (361 f.).
[195] S. nur Kindhäuser/Hilgendorf, LPK, 8. Aufl. 2019, § 22 Rn. 26.

von Risiken und der subjektiven Risikobetrachtungsbasis einer näheren Präzisierung. Zum Ringen um den sog. unbeendeter Versuch s. o. Relevant ist die Gefahr der Fortsetzung eines sog. unbeendeten Versuchs zu einem sog. beendeten, das bedeutete auf ein Unterlassen übertragen: Der Täter erkennt (oder nimmt an), dass er wahrscheinlich bis zum Eintritt der hinreichenden Gefahr bei seinem Unterlassungsvorhaben bleibt.

V. Rechtswidrigkeit

82   Hierzu s. o.

VI. Schuld

83   Hierzu s. o.

VII. Strafzumessung

84   Hierzu s. jeweils o, § 23 II, III StGB und § 13 II StGB.

VIII. Rücktritt, § 24 StGB

85   Der Rücktritt vom Unterlassungsversuch setzt voraus, dass der Täter nunmehr die gebotene Handlung vornimmt, so dass er stets **aktiv** werden muss und sich der Rücktritt nach § 24 I 1 2. Var. StGB richtet – insofern mag man sagen, dass Unterlassungsversuche stets sog. beendete Versuche sind.[196]

D. Fahrlässiges unechtes Unterlassungsdelikt

▶   Didaktischer Aufsatz:

- Kaltenhäuser, Die Kombination von Versuchs-, Fahrlässigkeits- und unechtem Unterlassungsdelikt – Aufbaufragen und Kernprobleme, JA 2017, 268

---

[196] I.E. problematisch; zum Rücktritt vom Versuch des Unterlassungsdelikts Stein, in: SK-StGB, 9. Aufl. 2017, vor § 13 Rn. 70 ff.; näher Grünwald JZ 1959, 46; Lönnies NJW 1962, 1950; Stein GA 2010, 129; Engländer JZ 2012, 130; Murmann GA 2012, 711; Mitsch FS Kindhäuser 2019, 293; aus der Rspr. vgl. zuletzt BGH U. v. 29.06.2016 – 2 StR 588/15 – NStZ 2016, 664 = StV 2017, 676 (Anm. Jäger JA 2016, 950; RÜ 2016, 708; Kudlich NStZ 2016, 665; LL 2017, 103).

D. Fahrlässiges unechtes Unterlassungsdelikt

I. Aufbau

I. „Vorprüfung": „Unterscheidung von Begehen (aktivem Tun) und Unterlassen";   **86**
    Behandlung eines Begehens als Unterlassen
II. Tatbestand
  1. Objektiver Tatbestand
    a) Tatsituation: Gefahr des Erfolgseintritts
    b) Unterlassen der Erfolgsabwendung
        aa) Täter nimmt ihm mögliche gefahrverringernde Handlung nicht vor
        bb) Unterlassene Handlung hätte Gefahr verringert
    c) Täterkreis (Tatsubjekt): Rechtlich dafür einzustehen haben, dass der Erfolg nicht eintritt; Einstandsperson (sog. Garantenstellung)
    d) Unerlaubtheit des Unterlassens (der Erfolgsabwendung), „objektive Zurechnung" I, „Zumutbarkeit"
    e) Erfolgseintritt
    f) Verursachung (hypothetische/Quasi-Kausalität)
    g) Verwirklichung des unerlaubten Unterlassens der Erfolgsabwendung im Erfolgseintritt („objektive Zurechnung" II)
    h) Sog. Entsprechungsklausel
  2. Subjektiver Tatbestand
    a) Allgemeines; subjektive Fahrlässigkeit
    b) Sog. Entsprechungsklausel
III. Rechtswidrigkeit
IV. Schuld
V. Strafzumessung

II. Erläuterungen

Sofern es ein fahrlässiges Begehungsdelikt gibt, existiert auch das entsprechende   **87**
fahrlässige sog. unechte Unterlassungsdelikt.[197]

> **Beispiel 425**
>
> B1 schloss seine Pistole nicht ordnungsgemäß weg; sein Sohn B2 erschoss mit der Waffe den G. ◄

Besonders sorgfältig ist vor der Prüfung eines sog. unechten Unterlassungsdelikts darauf zu achten, ob nicht die Voraussetzungen eines sog. Begehungsdelikts vorliegen.
    Zum nach hiesigem Konzept von der h. M. abweichenden Aufbau des Fahrlässigkeitsdelikts s. o. Der objektiver Tatbestand ist hiernach ebenfalls identisch mit

---

[197] Hierzu Wessels/Beulke/Satzger, AT, 50. Aufl. 2020, Rn. 1230 ff.; näher Schöne JZ 1977, 150; Struensee JZ 1977, 217; Kaltenhäuser JA 2017, 268.

dem des vorsätzlichen vollendeten sog. unechten Unterlassungsdelikts, zu diesem s. o.

Möglich ist auch die Verwirklichung eines sog. erfolgsqualifizierten Delikts durch Unterlassen,[198] z. B. gem. §§ 223 I, 13,227 StGB.

---

[198] S. z. B. zu § 227 StGB Kindhäuser/Hilgendorf, LPK, 8. Aufl. 2019, § 227 Rn. 2; näher Ingelfinger GA 1997, 573; Jansen ZStW 2018, 1087; aus der Rspr. vgl. zuletzt BGH U. v. 22.11.2016 – 1 StR 354/16 – BGHSt 61, 318 = NJW 2017, 418 = NStZ 2017, 223 (Anm. Satzger Jura 2017, 992; Kudlich JA 2017, 229; Eisele JuS 2017, 561; Brüning ZJS 2017, 727; RÜ 2017, 167; Berster NJW 2017, 420; Lorenz NStZ 2017, 226; Jansen jurisPR-StrafR 2/2017 Anm. 1); BGH U. v. 26.01.2017 – 3 StR 479/16 – NStZ 2017, 410 (Anm. Satzger Jura 2017, 1452; Engländer NStZ 2018, 135).

13. Kapitel: Teilnahmedelikte (Anstiftung und Beihilfe; Versuch der Beteiligung), §§ 26 ff. StGB

▶ Didaktische Aufsätze:

- Baumann, Täterschaft und Teilnahme, JuS 1963, 51, 85 und 125
- Herzberg, Grundfälle zur Lehre von Täterschaft und Teilnahme, JuS 1974, 237, 374, 574 und 719, JuS 1975, 35, 171, 575, 647, JuS 1976, 40
- Otto, Anstiftung und Beihilfe, JuS 1982, 557
- Kühl, Täterschaft und Teilnahme, JA 2014, 668

A. Grundlagen

I. Allgemeines; Begriffliches

Die **Straftatbestände** sind als Normalfall einer eigenen **täterschaftlichen** Begehung **formuliert**, z. B.:

> **§ 223 I StGB (Körperverletzung)**
> Wer eine andere Person körperlich mißhandelt oder an der Gesundheit schädigt, wird mit Freiheitsstrafe bis zu fünf Jahren oder mit Geldstrafe bestraft.

Neben der in § 25 I 1. Var. StGB klargestellten sog. unmittelbaren Täterschaft gibt es auch die sog. mittelbare Täterschaft gem. § 25 I 2. Var. StGB und die Mittäterschaft gem. § 25 II StGB.

> **§ 25 StGB (Täterschaft)**
> (1) Als Täter wird bestraft, wer die Straftat selbst oder durch einen anderen begeht.
> (2) Begehen mehrere die Straftat gemeinschaftlich, so wird jeder als Täter bestraft (Mittäter).

Das deutsche Strafrecht unterscheidet – sog. **dualistisches Beteiligungssystem**[1] – zwischen Täterschaft (§ 25 StGB) und Teilnahme.[2] Gem. § 28 I StGB fallen unter die Teilnahme Anstiftung i. S. d. § 26 StGB und Beihilfe i. S. d. § 27 StGB, hinzu kommt die versuchte Beteiligung gem. § 30 StGB. Der Oberbegriff für Täterschaft und Teilnahme ist gem. § 28 II StGB „Beteiligung".

> **§ 26 StGB (Anstiftung)**
> Als Anstifter wird gleich einem Täter bestraft, wer vorsätzlich einen anderen zu dessen vorsätzlich begangener rechtswidriger Tat bestimmt hat.

> **§ 27 StGB (Beihilfe)**
> (1) Als Gehilfe wird bestraft, wer vorsätzlich einem anderen zu dessen vorsätzlich begangener rechtswidriger Tat Hilfe geleistet hat.
> (2) Die Strafe für den Gehilfen richtet sich nach der Strafdrohung für den Täter. Sie ist nach § 49 Abs. 1 zu mildern.

> **§ 30 StGB (Versuch der Beteiligung)**
> (1) Wer einen anderen zu bestimmen versucht, ein Verbrechen zu begehen oder zu ihm anzustiften, wird nach den Vorschriften über den Versuch des Verbrechens bestraft. Jedoch ist die Strafe nach § 49 Abs. 1 zu mildern. § 23 Abs. 3 gilt entsprechend.
> (2) Ebenso wird bestraft, wer sich bereit erklärt, wer das Erbieten eines anderen annimmt oder wer mit einem anderen verabredet, ein Verbrechen zu begehen oder zu ihm anzustiften.

Beispiel 426

B1 erschoss im Auftrag des B2 den G, wofür er eine Waffe verwendete, die er sich von dem in den Plan eingeweihten B3 lieh. ◄

B1 ist Täter des Totschlags i. S. d. § 25 I 1. Var. StGB, B2 Anstifter i. S. d. § 26 StGB, B3 Gehilfe i. S. d. § 27 StGB.

---

[1] B. Heinrich, AT, 6. Aufl. 2019, Rn. 1174.
[2] Zur Teilnahme z. B. Krey/Esser, AT, 6. Aufl. 2016, Rn. 983 ff.; näher Piotet ZStW 1957, 14; Mayer FS Rittler 1957, 243; Baumann JuS 1963, 51, 85 und 125; Lampe ZStW 1965, 262; Herzberg JuS 1974, 237, 374, 574 und 719, JuS 1975, 35, 171, 575, 647, JuS 1976, 40; Sax ZStW 1978, 927; Otto JuS 1982, 557; Puppe GA 2013, 514; Kühl JA 2014, 668; zur Selbständigkeit des Teilnahmedelikts Herzberg GA 1971, 1; Meyer GA 1979, 252.

> **Beispiel 427**
>
> B2 bat B1, den Z zu erschießen. B1 lehnte ab. ◄

Mangels auch nur versuchter Tat des B1 bleibt für B2 „nur" eine Strafbarkeit wegen versuchter Anstiftung zum Totschlag, §§ 212, 30 I StGB.

In einer Fallbearbeitung ist, sofern der Bearbeitervermerk nichts Anderes anordnet, **zunächst** zu prüfen, ob eine **täterschaftliche** Tatbestandsverwirklichung durch einen der Beteiligten vorliegt („Täter vor Teilnehmer"; „Beginn mit dem Tatnächsten"). Auch nachdem eine täterschaftliche Strafbarkeit eines Beteiligten bejaht wurde, darf bei den anderen Beteiligten nicht leichthin auf eine bloße Teilnahmestrafbarkeit ausgewichen werden, da auch hier vorrangig eine Täterschaft i. S. d. § 25 StGB zu prüfen ist, es sei denn, dass eine solche evident ausscheidet. Festzuhalten ist, dass sich mit dem Vorliegen von Täterschaft die Prüfung von Teilnahme erledigt hat, weil sie von der Täterschaft aufgrund Gesetzeskonkurrenz (s. u.) verdrängt wird. Auch verdrängt eine Anstiftung die Beihilfe.

II. (Gemeinsamer?) Strafgrund

Aus Warte eines **restriktiven Täterbegriffs** sind die §§ 26, 27 StGB Strafausdehnungsgründe, so dass begründungsbedürftig ist, warum überhaupt (ferner warum im geltenden Umfang) die Teilnahme an einer fremden (Haupt-)Tat strafbar ist, warum also das (Haupt-)Tatunrecht dem Teilnehmer zugerechnet wird.[3]   2

Aus Warte eines **extensiven Täterbegriffs** i. R. d. § 25 StGB sind die §§ 26, 27 StGB grundsätzlich Strafeinschränkungsgründe, so dass sich insofern nicht die Frage stellt, warum das Gesetz Anstiftung und Beihilfe bestraft, sondern warum es dies nicht als täterschaftliche Deliktsbegehung tut (hierzu s. o. bei § 25 StGB). Auch wenn man § 25 StGB extensiv auslegt, erledigt sich jedoch die Strafgrundproblematik nicht gänzlich, da es auch dann Fälle gibt, in denen eine Täterschaftsstrafbarkeit ausscheidet, eine Teilnahme aber möglich ist (nämlich bei sog. Sonderdelikten, die ein sog. Extraneus nicht verwirklichen kann, an denen er aber teilnehmen kann, s. o.).

---

[3] Hierzu Wessels/Beulke/Satzger, AT, 50. Aufl. 2020, Rn. 867 ff.; näher Esser GA 1958, 321; Meyer GA 1979, 252; Roxin FS Stree/Wessels 1993, 365; Lüderssen FS Miyazawa 1995, 449; Heghmanns GA 2000, 473; Amelung FS Schroeder 2006, 147; Koriath FS Maiwald 2010, 417; Schroeder GA 2016, 65; Gerson ZIS 2016, 183 und 295; Camargo FS Kindhäuser 2019, 49; aus der Rspr. vgl. BGH U. v. 25.10.1990 – 4 StR 371/90 (Hoferbe) – BGHSt 37, 214 = NJW 1991, 933 = NStZ 1991, 123 = StV 1991, 155 (Anm. Roxin, Höchstrichterliche Rspr. AT, 1998, Nr. 12; Puppe, AT, 4. Aufl. 2019, § 27 Rn. 5 ff.; Kaspar/Reinbacher, Casebook AT, 2020, Fall 26; Hemmer-BGH-Classics Strafrecht, 2003, Nr. 36; Geppert JK 1991 StGB § 26/4; Sonnen JA 1991, 103; Streng JuS 1991, 910; Puppe NStZ 1991, 124; Roxin JZ 1991, 680; Müller MDR 1991, 830; Geppert Jura 1992, 163; Küpper JR 1992, 294; Schlehofer GA 1992, 307; Kubiciel JA 2005, 694; Kudlich NJW 2017, 3097).

Der Fassung der Teilnahmenormen lässt sich entnehmen, dass dem Teilnehmer die Veranlassung (§ 26 StGB) bzw. Förderung (§ 27 StGB) einer fremden (Haupt-)Tat vorgeworfen wird, da hierin jeweils eine (Mit-)Verursachung des täterschaftlichen Unrechts liegt – ein **mittelbarer eigener Rechtsgutsangriff**, der zugleich dafür sorgt, dass der Teilnehmer in der gesetzlich vorgesehenen Weise für das Unrecht der (Haupt-)Tat (diese ist der eigentliche, unmittelbare Angriff auf das Rechtsgut) bestraft wird, ihm dies also **zugerechnet** wird.

Zum Grund, warum ein solch mittelbarer Rechtsgutsangriff (eben in Ansehung der Existenz der §§ 26, 27 StGB) trotz unerlaubt gefährlicher Erfolgsverursachung **nicht** unter **§ 25 StGB** subsumiert wird, s. o. Sehr wohl geht es um eine grundsätzlich täterschaftliche Haftung – wie es auch mangels Anwendbarkeit der §§ 26, 27 StGB die sog. Einheitstäterschaft beim Fahrlässigkeitsdelikt zeigt –, die durch die Teilnahmevorschriften eingeschränkt wird. Scheidet die täterschaftliche Deliktsbegehung an einem anderen Merkmal (wie etwa eine besondere Subjektsqualität, was im Übrigen nicht bei allzu vielen Tatbeständen der Fall ist), dann mag man von einer Strafausdehnung durch die Teilnahme insofern sprechen, als und soweit die Teilnahmestrafbarkeit dieses täterschaftsausschließende Merkmal nicht voraussetzt. Nur der Verzicht auf solche Merkmale in den §§ 26 ff. StGB ist im eigentlichen Sinne begründungsbedürftig und damit der Umfang der Teilnahmestrafbarkeit im Vergleich zur Täterschaftsstrafbarkeit in Voraussetzungen und Rechtsfolge.

Im Hinblick auf die Voraussetzungsseite bedarf – auch unter Zugrundelegung der allgemeinen Strafzwecke, s. o. – der Erklärung, warum die §§ 26, 27 StGB gleichermaßen eine **akzessorische** Teilnahmestrafbarkeit (i. e. die Abhängigkeit der Teilnahmestrafbarkeit von der Begehung einer sog. Haupt-Tat) normieren, wobei die Akzessorietät aber **limitiert** ist (weil es nämlich auf objektive und subjektive Tatbestandsmäßigkeit sowie Rechtswidrigkeit der (Haupt-)Tat ankommt, nicht aber auf deren Schuldhaftigkeit, was auch § 29 StGB klarstellt). Darauf, ob der Teilnehmer die eigentlichen Tatbestandsmerkmale des (Haupt-)Tatbestands verwirklicht, kommt es nicht an; § 26 StGB ersetzt diese durch ein Bestimmen, § 27 StGB durch ein Hilfeleisten. Damit wird deutlich, dass Strafgrund jedenfalls das von der (Haupt-)Tat **abgeleitete Unrecht** ist, zu dem der Teilnehmer beiträgt. Es gibt keine Strafbarkeit wegen Anstiftung oder Beihilfe als solcher – die Bezeichnung als Teilnahmedelikte darf da nicht missverstanden werden – , sondern erst in **Kombination** mit einer als (Haupt-)Tat in Betracht kommenden Tatbestandsverwirklichung, was sich textlich und numerisch ausdrücken muss (z. B. Anstiftung zum Totschlag gem. §§ 212 I, 26 StGB; Beihilfe zum Diebstahl gem. §§ 242 I, 27 StGB).

3   Die Erarbeitung eines **gemeinsamen Strafgrunds** wird *de lege lata* dadurch **erschwert**, dass der **Strafrahmen** der Teilnahmeformen **unterschiedlich** ist. Gem. § 26 StGB wird der Anstifter „gleich einem Täter" bestraft, also aus dem allgemeinen Strafrahmen des jeweiligen Tatbestands. Gem. § 27 II 2 StGB gilt hingegen für den Gehilfen eine obligatorische Strafmilderung.

Der tätergleiche Strafrahmen für den Anstifter kann nur aus einer gewissen Gemeinsamkeit mit der Täterschaft und einer Unterschiedlichkeit zur Beihilfe folgen. Umgekehrt formuliert wird der mittelbare Rechtsgutsangriff des Gehilfen als weniger gravierend angesehen. Der Unterschied besteht nicht in der Mitverursachung des Deliktserfolgs, sondern darin, dass der Anstifter bereits für den betätigten Vorsatz des (Haupt-)Täters mitursächlich wurde, während der Gehilfe die Beweggründe des (Haupt-)Täters nicht dergestalt beeinflusst. (s. jeweils u. näher). Weil der Anstifter die in der Tat betätigten Beweggründe (mit-)verursacht haben muss, der Gehilfe aber nicht, wird dem **Anstifter** das **Handlungs- und Erfolgsunrecht** zugerechnet, dem **Gehilfen** aber nur das **Erfolgsunrecht**.[4] Die unerlaubte Schaffung (und Verwirklichung) der Gefahr, dass ein anderer Mensch einen Beweggrund (vgl. auch Willen, Tatentschluss, was aber missverständlich ist, s. u.) zur Begehung einer vorsätzlichen rechtswidrigen (Haupt-)Tat fasst und diese deshalb begeht, genügt zur Begründung des Strafrahmens (wie auch für eine Täterschaft bzgl. des Einsatz von Tieren dies etwa genügt). Bei der Beihilfe mangelt es am realisierten Risiko einer Tatmotivbeeinflussung.

Mit dem tätergleichen Strafrahmen bei der Anstiftung werden vielerorts tatbestandliche Restriktionsansätze begründet. Die Überzeugungskraft wird aber dadurch relativiert, dass immerhin der Schuldspruch anders lautet (nämlich auf explizit Anstiftung zum jeweiligen Delikt) und zudem zwar der Strafrahmen gleich ist, aber eine Strafzumessung innerhalb dieses Strafrahmens (was nur bei Mord und Völkermord wegen der dort zwingend angeordneten lebenslangen Freiheitsstrafe versagt) die Mittelbarkeit des Anstifterverhaltens bei der Erfolgsherbeiführung mildernd berücksichtigt.

B. Vollendete Teilnahme durch Begehen

I. Allgemeines

Der – sozusagen – Normfall des Teilnahmedelikts ist die (vorsätzliche) vollendete Teilnahme durch Begehen.

Da die §§ 26, 27 StGB ausdrücklich verlangen, dass der Anstifter bzw. Gehilfe „vorsätzlich" gehandelt hat, gibt es keine fahrlässige Teilnahme (sog. Einheitstäterschaft beim Fahrlässigkeitsdelikt, s. o.). Der vollendeten Teilnahme lässt sich die versuchte gegenüberstellen, bzgl. derer nicht die §§ 22–24 StGB gelten, sondern § 30 StGB als abschließende Spezialregelung, s. u. Zur Teilnahme durch Begehen existiert (i. V. m. § 13 StGB) als Pendant eine Teilnahme durch Unterlassen, s. u.

Zwar bestehen zwischen Anstiftung und Beihilfe Gemeinsamkeiten bei den objektiven und subjektiven Voraussetzungen (z. B. bzgl. des Erfolgs in Gestalt der Haupt-Tat sowie Regelungen zum Umfang der Akzessorietät), dennoch wird im Folgenden insofern kein partieller „Allgemeiner Teil" gebildet, damit nicht der Blick für nötige Differenzierungen verstellt wird. I. R. d. Beihilfe wird, wo angebracht, auf das bei der Anstiftung Ausgeführte verwiesen.

---

[4] S. Hoyer, in: SK-StGB, 9. Aufl. 2017, vor § 26 Rn. 21.

II. Anstiftung, § 26 StGB

▶ Didaktische Aufsätze:

- Schulz, Anstiftung oder Beihilfe, JuS 1986, 933
- Geppert, Die Anstiftung (§ 26 StGB), Jura 1997, 299 und 358
- Bock, Grundwissen zur Anstiftung (§ 26 StGB), JA 2007, 599
- Koch/Wirth, Grundfälle zur Anstiftung, JuS 2010, 203
- Rönnau, Grundwissen Strafrecht – Anstiften, JuS 2020, 919

1. Aufbau

5   I. Tatbestand
    1. Objektiver Tatbestand
       a) Handlung
       b) Bestimmen: Unerlaubte Schaffung einer Gefahr, dass anderer Mensch einen (ggf. weiteren) Beweggrund für die Begehung einer vorsätzlichen rechtswidrigen (Haupt-)Tat fasst und diese deshalb begeht
       c) Zwischenerfolgseintritt: Anderer Mensch fasst Beweggrund für die Begehung einer vorsätzlichen rechtswidrigen (Haupt-)Tat
       d) Erfolgseintritt: Begehung einer vorsätzlichen rechtswidrigen (Haupt-)Tat durch anderen Menschen
       e) Verursachung von Zwischenerfolg und Erfolg
       f) Verwirklichung der unerlaubten Gefahrschaffung im Eintritt von Zwischenerfolg und Erfolg
       g) „Täterschaft" bzgl. Bestimmen
    2. Subjektiver Tatbestand
  II. Rechtswidrigkeit
  III. Schuld
  IV. Strafzumessung

2. Allgemeines

6   § 26 StGB regelt die Anstiftung.[5]

> **§ 26 StGB (Anstiftung)**
> Als Anstifter wird gleich einem Täter bestraft, wer vorsätzlich einen anderen zu dessen vorsätzlich begangener rechtswidriger Tat bestimmt hat.

Zum Verhältnis von Anstiftung und Täterschaft (und der Beeinflussung der Auslegung des § 25 StGB durch die Existenz des § 26 StGB) s. o.

---

[5] Zu § 26 StGB etwa Krey/Esser, AT, 6. Aufl. 2016, Rn. 1033 ff.; näher Less ZStW 1957, 43; Schulz JuS 1986, 933; Geppert Jura 1997, 299 und 358; Bock JA 2007, 599; Koch/Wirth JuS 2010, 203; zu verwandten Normen Rogall GA 1979, 11.

Zur Erklärungsbedürftigkeit und Aussagekraft des tätergleichen Strafrahmens (auch in Unterscheidung zu dem der Beihilfe, § 27 II 2 StGB) s. o.

3. Tatbestand

a) Objektiver Tatbestand

aa) Grundlagen
Der Tatbestandsaufbau des Anstiftungsdelikts (i. S. d. Kombination des § 26 StGB mit einem Straftatbestand des Besonderen Teils) lässt sich parallel zum Täterschaftsdelikt handhaben, da sich das Bestimmen eines anderen zu dessen vorsätzlich begangener rechtswidriger Tat nach allgemeinen Grundsätzen zerlegen lässt (ebenso wie man z. B. das Töten eines Menschen nach § 212 I StGB in Prüfungsbausteine gliedern kann).

bb) Handlung
Der Anstifter muss den (Haupt-)Täter zu dessen vorsätzlicher rechtswidriger Tat bestimmt haben. Wie jede Begehungsstrafbarkeit erfordert das Bestimmen i. S. d. § 26 StGB zunächst ein Erfüllen des Handlungsbegriffs, zu diesem s. o.

cc) Bestimmen: Unerlaubte Schaffung einer Gefahr, dass ein anderer Mensch einen (ggf. weiteren) Beweggrund für die Begehung einer vorsätzlichen rechtswidrigen (Haupt-)Tat fasst und diese deshalb begeht

▶ Didaktische Aufsätze:

- Hilgendorf, Was meint „zur Tat bestimmen" in § 26 StGB?, Jura 1996, 9
- Küpper, Besondere Erscheinungsformen der Anstiftung, JuS 1996, 23
- Krüger, Zum Bestimmen im Sinne von §§ 26, 30 StGB, JA 2008, 492
- Kretschmer, Welchen Einfluss hat die Lehre der objektiven Zurechnung auf das Teilnahmeunrecht?, Jura 2008, 265

(1) Allgemeines; Form der Einflussnahme
Üblicherweise wird die Mindestanforderung an ein Bestimmen[6] so ausgedrückt, dass ein **Hervorrufen des Tatentschlusses** beim (Haupt-)Täter erforderlich ist.[7]
Bereits diese Ausgangsdefinition ist aber präzisierungsbedürftig, weil es nicht darum geht, ob der (Haupt-)Täter zu irgendeinem Zeitpunkt vor seiner Tathandlung bereits Tatentschluss hatte, sondern darum, ob im Zeitpunkt seiner Tathandlung sein betätigter Vorsatz von dem Anstifter mitmotiviert wurde (s. noch sogleich beim sog. *omnimodo facturus*).[8]

---

[6] Zum Bestimmen etwa Kudlich, in: BeckOK-StGB, Stand 01.02.2021, § 26 Rn. 12; näher Puppe GA 1984, 101; Hilgendorf Jura 1996, 9; Amelung FS Schroeder 2006, 147; Krüger JA 2008, 492; Joerden FS Puppe 2011, 563; Timpe GA 2013, 145; Gerson ZIS 2016, 183 und 295.
[7] Hoyer, in: SK-StGB, 9. Aufl. 2017, § 26 Rn. 5.
[8] Joecks/Scheinfeld, in: MK-StGB, 4. Aufl. 2020, § 26 Rn. 34; Puppe, AT 2, 2005, § 44 Rn. 10.

Erhellend ist auch ein Vergleich mit der Beihilfe gem. § 27 StGB: Für eine Anstiftung genügt nicht irgendeine (Mit-)Verursachung der (Haupt-)Tat, sondern erforderlich ist (Mit-)Verursachung des im Zeitpunkt der Tat wirksamen Vorsatzes, während bei der Beihilfe kein vom Teilnehmer geschaffener Tatbeweggrund mit wirksam geworden sein muss.

Ausgehend von dieser so klargestellten konsentierten Basisdefinition lässt sich das Bestimmen zur (Haupt-)Tat wie der Verhaltensteil des Täterschaftsdelikt (s. o.; vgl. auch „objektive Zurechnung" I)[9] ausdrücken: Der Anstifter schafft unerlaubt eine Gefahr dafür, dass der (Haupt-)Täter die (Haupt-)Tat begeht,[10] wobei diese Gefahrschaffung darauf bezogen ist, dass der (Haupt-)Täter einen – ggf. zusätzlichen – Beweggrund dafür fasst, die Tat zu begehen, und dass er deshalb die Tat tatsächlich begeht. Dies und damit auch das objektive Restriktionspotenzial bzgl. der unerlaubten Gefahrschaffung (sowie Entsprechungen im subjektiven Tatbestand) ist im Hinterkopf zu behalten i. R. d. Kontroverse zur verengenden Auslegung des Bestimmens i. S. d. § 26 StGB.

10 Es ist nämlich umstritten, ob über das Hervorrufen des (konkret betätigten) Tatentschlusses hinaus weitere Anforderungen an das Bestimmen zu stellen sind.[11]

Beispiel 428

Um endlich den Täter wiederholter Diebstähle in seiner Firma zu ertappen, ließ B1 das Tablet seiner Frau im unverschlossenen Büro liegen. Wie erwartet steckte B2 das Tablet ein. Sofort danach wurde er von B1 gestellt. ◄

Fraglich ist hier, ob das bloße Schaffen tatprovozierender Umstände ein Bestimmen darstellt.

Nach von der Rspr.[12] und Teilen der Lehre[13] vertretener Auffassung genügt jede Verursachung, dann also auch das bloß faktische Herbeiführen einer anreizenden Sachlage.

Die h. L.[14] verlangt demgegenüber eine kommunikative Beeinflussung des Täters.
In der Literatur finden sich weitere, noch restriktivere Auffassungen: Teilweise[15] wird ein „Unrechtspakt" – eine Verabredung eines gemeinsamen Tatplans – zwi-

---

[9] Zur „objektiven Zurechnung" beim Teilnahmedelikt Joecks/Scheinfeld, in: MK-StGB, 4. Aufl. 2020, § 26 Rn. 58 ff.; näher Kretschmer Jura 2008, 265.
[10] S. auch Joecks/Scheinfeld, in: MK-StGB, 4. Aufl. 2020, § 26 Rn. 29, 58 ff.
[11] Hierzu Hillenkamp/Cornelius, 32 Probleme aus dem Strafrecht AT, 15. Aufl. 2017, 23. P.; aus der Rspr. vgl. zuletzt BGH B. v. 02.06.2015 – 4 StR 144/15 – NStZ-RR 2016, 316; BGH U. v. 07.02.2017 – 1 StR 231/16 – NStZ 2017, 401 = StV 2018, 485 (Anm. Immel NStZ 2017, 404); BGH U. v. 07.11.2017 – 1 StR 195/17 – StV 2018, 519 (Anm. Abraham HRRS 2018, 164); BGH U. v. 11.01.2018 – 3 StR 482/17 – StV 2018, 482; BGH B. v. 13.05.2020 – 5 StR 614/19 – NJW 2020, 3610 = NStZ-RR 2020, 278 (Anm. Bosch Jura 2020, 1145; RÜ 2020, 709; Basar jurisPR-StrafR 4/2021 Anm. 4).
[12] S. o.
[13] Z. B. Lackner/Kühl, StGB, 29. Aufl. 2018, § 26 Rn. 2.
[14] S. Krey/Esser, AT, 6. Aufl. 2016, Rn. 1038f.
[15] Puppe, AT, 4. Aufl. 2019, § 25 Rn. 3 ff.

schen Täter und Anstifter vorausgesetzt, z. T.[16] eine zielgerichtete Aufforderung (Kollusion) oder eine Motivherrschaft[17] über den Täter.

Relevant wird die Auseinandersetzung mit den restriktiveren Auffassungen insbesondere bei eher unverbindlichen Vorschlägen. 11

Beispiel 429

B1 schlug dem B2 vor, aus einer Auslage vor einem Modegeschäft ein T-Shirt zu entwenden, weil es sich um eine gute Gelegenheit handele. Dies sah B2 genauso und folgte dem Vorschlag. ◄

Während in diesen Fällen eine Kausalität ohne Weiteres vorliegt, ebenso eine kommunikative Beeinflussung, so fehlt es doch an einer Motivherrschaft und einem Unrechtspakt. Nach diesen Ansichten entfiele eine Anstiftungsstrafbarkeit und es verbliebe eine etwaige Beihilfe.

Festzuhalten ist zunächst, dass das in § 26 StGB verwendete Verb „bestimmen" nicht zwingend ein besonderes Verhältnis zwischen dem Anstifter und dem Täter voraussetzt; der allgemeine Sprachgebrauch[18] bezeichnet mit einem Bestimmen zwar sehr wohl auch eher robuste Einwirkungen auf den Täter (etwa i. S. e. Anordnung, Festsetzung), abschließend ist dies aber nicht, da letztlich jede Veranlassung abgedeckt ist.[19] Nicht einmal eine Beschränkung auf Kommunikation lässt sich folgern (s. nur „das Leben ist vom Zufall bestimmt"; der Zufall kommuniziert aber nicht).

Das zentrale Argument der Vertreter restriktiver Handhabung ist der tätergleiche Strafrahmen des § 26 StGB. Zur Relativierung dessen Aussagekraft s. bereits o. Jedenfalls ist es keineswegs ausgemacht, dass eine Zurechnung des Handlungs- und Erfolgsunrechts nicht bereits aufgrund der unerlaubten Schaffung und Realisierung einer vom Anstifter gesetzten Gefahr der (Haupt-)Tatbegehung stattfinden sollte. Von Unangemessenheit des tätergleichen Strafrahmens, Ausuferung der Anstiftung o. ä. lässt sich in – ggf. besonders geschickten, effektiven und niederträchtigen – nonverbalen und subtilen Beeinflussungen nicht unbedingt sprechen, zumal der Gesetzgeber es in der Hand hätte, die Normfassung zu verengen (wie es aber auch bereits die Vorläufernorm bewusst nicht tat, sondern jedes Mittel genügen ließ,[20] was der Reformgesetzgeber nicht abändern wollte).[21] Befürchtungen, dass Alltags-

---

[16] B. Heinrich, AT, 6. Aufl. 2019, Rn. 1292.
[17] Hoyer, in: SK-StGB, 9. Aufl. 2017, § 26 Rn. 12f.
[18] S. https://www.duden.de/rechtschreibung/bestimmen und https://www.dwds.de/wb/bestimmen.
[19] Ausf. zum Wortlaut im Lichte des Alltagssprachgebrauchs Joecks/Scheinfeld, in: MK-StGB, 4. Aufl. 2020, § 26 Rn. 19.
[20] § 48 I RStGB: „Als Anstifter wird bestraft, wer einen Anderen zu der von demselben begangenen strafbaren Handlung durch Geschenke oder Versprechen, durch Drohung, durch Mißbrauch des Ansehens oder der Gewalt, durch absichtliche Herbeiführung oder Beförderung eines Irrthums oder *durch andere Mittel* vorsätzlich bestimmt hat".
[21] Zur Historie Joecks/Scheinfeld, in: MK-StGB, 4. Aufl. 2020, § 26 Rn. 20.

situationen pönalisiert werden sind dahingehend zu entkräften, dass erstens die Ebene der Unerlaubtheit der Gefahrschaffung – wie beim Täterschaftsdelikt auch – der richtige Ort für Abwägungsentscheidungen i. S. e. Sozialadäquanz ist, und dass zweitens der Anstifter den subjektiven Tatbestand des § 26 StGB i. V. m. dem jeweiligen Delikt verwirklichen muss. Es gilt auch nicht, die Anstiftung von der (psychischen) Beihilfe „abzugrenzen" (es handelt sich ja ohnehin um eine vorrangige Prüfung der Anstiftung, die bei Bejahung eine Prüfung der Beihilfe entbehrlich werden lässt), da das Mittel der Tatmotivbeeinflussung nichts über deren Wirksamwerden im betätigten Tatentschluss besagt; der mittelbare Rechtsgutsangriff des Anstifters ist ganz anderer Art als der des Gehilfen. Auch ein Täter, der einer provozierenden Situation, einer Andeutung, einem Vorschlag o. ä. nachgibt, ist – gleichwohl frei – Vordermann einer mittelbaren Erfolgsverursachung durch den Anstifter. Da auch ohne unmittelbares Einwirken auf das Opfer ohne Weiteres eine Täterschaft möglich ist (etwa beim Einsatz eines Tiers), bestehen keine Bedenken, den Anstifter für die wirksam gewordene Entschlussfassung in die Verantwortung zu nehmen. Wenn für eine Täterschaft das Tatmittel einerlei ist, und zwar aus gutem Grund, da die Wahrscheinlichkeitshöhe bzgl. der Erfolgsherbeiführung sich nicht an abstrahierten Tatmittelkategorien messen lässt, dann kann dies bedenkenlos auch für die Anstiftung gelten, weil eben auch dort die Quantität der Gefahrschaffung nicht von Kommunikation oder anderen Kategorisierungen abhängt. Wieso der (Haupt-)Täter die Handlung des Anstifters als Beweggrund (mit) zugrundegelegt hat, entzieht sich ebenfalls sinnvoller Differenzierung – Gefälligkeitserweisung, Lästigkeit, Vertrauen in bessere Kompetenz, auch das sind Beweggründe, für deren Realisierung in der (Haupt-)Tat der Anstifter einstehen sollte.

Überhaupt passt eine vom Wortlaut nicht veranlasste Einengung nicht zum Grundsatz der Äquivalenz aller Handlungen, Gefahrschaffungen, Verursachungen; auch Täterschaft kennt die Begehung aus der Distanz mit evtl. geringerer Hemmschwelle oder krimineller Energie. Der Unterschied zwischen den Beteiligungsformen ist insofern nicht allzu groß; es greift auch zu kurz, die Anstiftung nur mit der Mittäterschaft nach § 25 II StGB zu vergleichen, denn der Vergleich mit der sog. unmittelbaren oder mittelbaren Täterschaft zeigt ein mitnichten enges Haftungskonzept selbst unter dem Schuldspruch der täterschaftlichen Verwirklichung. Deswegen ist ja die Lehre von der „objektiven Zurechnung" entstanden und diese ist auch im Bereich der Teilnahme entsprechend tauglich und hinreichend.[22]

Nichts Anderes ergibt der Vergleich mit § 111 StGB: Die erfolgreiche öffentliche etc. Aufforderung zu Straftaten wird gem. § 111 I StGB wie eine Anstiftung bestraft (die erfolglose eingeständig milder, § 111 II StGB), hieraus kann man aber weder fordern, dass § 26 StGB auch eine Aufforderung voraussetzt noch sogar weitere Restriktionen.[23] Die dem Gesetzgeber bekannte Weite der Strafrahmen genügt für eine Erklärung dafür, dass trotz zusätzlicher Gefährdung des Gemeinschaftsfriedens

---

[22] S. Joecks/Scheinfeld, in: MK-StGB, 4. Aufl. 2020, § 26 Rn. 28.
[23] So aber Hoyer, in: SK-StGB, 9. Aufl. 2017, vor § 26 Rn. 55.

aufgrund der Öffentlichkeit etc. § 111 I StGB „nur" eine anstiftergleiche Strafe vorsieht. I. Ü. dürfte das eigentliche Anliegen des § 111 StGB die Pönalisierung der von § 26 StGB nicht (und von § 30 StGB nur partiell) erfassten erfolglosen öffentlichen etc. Anstiftung gem. § 111 II StGB gewesen sein, so dass wohl i. F. d. § 111 I StGB der Gesetzgeber nicht von einem ggü. der (Haupt-)Tatbegehung nennenswerten zusätzlichen strafbedürftigen Unrecht ausging. Nach verbreiteter, wenn auch umstrittener Auffassung, hat § 111 StGB ohnehin nur Auffangcharakter und wird von einer verwirklichten Anstiftung gem. § 26 StGB verdrängt.[24] Gewiss wäre freilich eine Harmonisierung der §§ 26 und 111 I StGB *de lege ferenda* wünschenswert.

Lässt man alle für den betätigten Tatentschluss mitursächlichen Handlungen in Betracht kommen, so werden schließlich auch Schwierigkeiten vermieden, die bei der Handhabung (Auslegung?) der von den restringierenden Auffassungen verwendeten (gesetzesfernen) Begriffe entstehen; selbst der von der h. M. angeführte Begriff der Kommunikation ist unklar („man kann nicht nicht kommunizieren").

Der Anstifter bestimmt nach alledem einen anderen zu dessen (Haupt-)Tat, wenn er es unerlaubt gefährlich verursacht, dass der (Haupt-)Täter die Tat zumindest auch wegen der Anstiftungshandlung begeht. Hierbei genügt – wie sonst auch – eine Mitverursachung.[25]

(2) Bezugspunkt Zwischenerfolg: Unerlaubte Schaffung einer Gefahr, dass anderer Mensch einen (ggf. weiteren) Beweggrund für die Begehung einer vorsätzlichen rechtswidrigen (Haupt-)Tat fasst

(a) Grundlagen
Der Erfolg der Anstiftung liegt in der (Haupt-)Tatbegehung, allerdings genügt nicht jede unerlaubte Gefahrschaffung diesbzgl. – anders als i. R. d. § 27 StGB und auch im Ansatz i. R. d. § 25 StGB –, sondern diese ist zwingend vermittelt über den Tatentschluss (das Tatmotiv, den Beweggrund) als notwendiger Zwischenerfolg,[26] der für die und im Zeitpunkt der (Haupt-)Tatbegehung wirksam sein muss.

12

Die gängige Kurzformel vom „Hervorrufen des Tatentschlusses" ist demgegenüber sehr missverständlich, weil sie scheinbar eine Anstiftung bereits dann ausscheiden lässt, wenn der (Haupt-)Täter bereits – aus anderen Gründen – zur Tat entschlossen war.

---

[24] S. Lackner/Kühl, StGB, 29. Aufl. 2018, § 111 Rn. 10; Bosch, in: MK-StGB, 3. Aufl. 2017, § 111 Rn. 16.

[25] Fischer, StGB, 68. Aufl. 2021, § 26 Rn. 4; aus der Rspr. vgl. zuletzt BGH U. v. 07.02.2017 – 1 StR 231/16 – NStZ 2017, 401 = StV 2018, 485 (Anm. Immel NStZ 2017, 404); BGH U. v. 25.10.2017 – 1 StR 146/17 – NStZ-RR 2018, 80 = StV 2018, 508 (Anm. Oğlakcıoğlu StV 2018, 510; Schulz-Merkel jurisPR-StrafR 9/2018 Anm. 5); BGH U. v. 07.11.2017 – 1 StR 195/17 – StV 2018, 519 (Anm. Abraham HRRS 2018, 164); BGH U. v. 11.07.2019 – 1 StR 634/18 – BGHSt 64, 152 = NJW 2020, 412 = StV 2020, 776 (Anm. Reuker jurisPR-StrafR 8/2020 Anm. 5; Gehm wistra 2020, 164); BGH B. v. 13.05.2020 – 5 StR 614/19 – NJW 2020, 3610 = NStZ-RR 2020, 278 (Anm. Bosch Jura 2020, 1145; RÜ 2020, 709; Basar jurisPR-StrafR 4/2021 Anm. 4).

[26] Offenlassend Joecks/Scheinfeld, in: MK-StGB, 4. Aufl. 2020, § 26 Rn. 7.

(b) Sog. *omnimodo facturus* (?)

▶ Didaktischer Aufsatz:

- Satzger, Der „omnimodo facturus" – und das, was man in jedem Fall dazu wissen muss, Jura 2017, 1169

(aa) Allgemeines

13   So ist es dann verständlich, wenn ausgehend von der Kurzformel des Bestimmens eine Kurzformel zum sog. *omnimodo facturus* – lateinisch: jemand, der es ohnehin getan hätte – formuliert wird, dass nämlich eine vollendete Anstiftung i. S. d. § 26 StGB ausscheide und nur eine Beihilfe gem. § 27 StGB oder eine versuchte Anstiftung gem. § 30 I StGB Betracht komme.[27] Ein bloß (allgemein) Tatgeneigter könne hingegen i. S. d. § 26 StGB zur Tat bestimmt werden.[28]

Beispiel 430

BGH U. v. 25.10.2017 – 1 StR 146/17 – NStZ-RR 2018, 80 = StV 2018, 508 (Anm. Oğlakcıoğlu StV 2018, 510; Schulz-Merkel jurisPR-StrafR 9/2018 Anm. 5):

B bestellte am 23.22.2014 über das Internet 100 g des synthetischen Cannabinoids JWH-122 zum Preis von 346,05 € bei der Fa. S in Shanghai (China). Das mit der Bestellung verbundene Kaufangebot des B nahmen die chinesischen Lieferanten an und versandten die Ware aus China an die Wohnanschrift des B in Deutschland. Die Betreiber der Internetseiten waren nur ganz allgemein dazu bereit, Betäubungsmittel aus ihrem für jedermann abrufbaren Sortiment zu versenden und so in andere Länder einzuführen. Ihre Entschlüsse zu den beiden Einfuhren nach Deutschland wurden erst durch die Angebote des B konkret hervorgerufen. Dies wusste und wollte der B. Er wählte im Bestellvorgang individuell die Cannabinoide und deren Menge aus und gab seine deutsche Adresse als Lieferanschrift an. ◀

Letzteres ist sicher richtig; Ersteres ist es nicht, jedenfalls bedarf es der Unterscheidung von Konstellationen danach, aus welchen Beweggründen heraus und insofern eine Ergänzung der Aussage.[29] Eventuell zeigt sich hier eine Konsequenz der

---

[27] Hierzu z. B. Krey/Esser, AT, 6. Aufl. 2016, Rn. 1042 f.; näher Bock JR 2008, 143; Satzger Jura 2017, 1169; aus der Rspr. vgl. zuletzt BGH U. v. 07.02.2017 – 1 StR 231/16 – NStZ 2017, 401 = StV 2018, 485 (Anm. Immel NStZ 2017, 404); BGH U. v. 25.10.2017 – 1 StR 146/17 – NStZ-RR 2018, 80 = StV 2018, 508 (Anm. Oğlakcıoğlu StV 2018, 510; Schulz-Merkel jurisPR-StrafR 9/2018 Anm. 5); BGH U. v. 07.11.2017 – 1 StR 195/17 – StV 2018, 519 (Anm. Abraham HRRS 2018, 164); BGH B. v. 13.05.2020 – 5 StR 614/19 – NJW 2020, 3610 = NStZ-RR 2020, 278 (Anm. Bosch Jura 2020, 1145; RÜ 2020, 709; Basar jurisPR-StrafR 4/2021 Anm. 4).

[28] B. Heinrich, AT, 6. Aufl. 2019, Rn. 1295.

[29] S. Puppe, AT 2, 2005, § 44 Rn. 10 („Einen *omnimodo facturus* gibt es nicht."); Hoyer, in: SK-StGB, 9. Aufl. 2017, § 26 Rn. 6 ff.; Joecks/Scheinfeld, in: MK-StGB, 4. Aufl. 2020, § 26 Rn. 34 f.

Falschheit der sog. *Condicio*-Formel mit einer vermeintlichen Relevanz hypothetischer Geschehnisse und einem Hang zu Saldo-Betrachtungen (s. o. beim Täterschaftsdelikt). Entscheidend ist nämlich nicht, ob der Täter schon vorher aus einem anderem Beweggrund die Tat begehen wollte; der relevante **Zeitpunkt** des beim Täter vorhandenen Tatentschlusses ist der der **Tatbegehung**, d. h. des **in der (Haupt-)Tat wirksam gewordenen Tatentschlusses** (Beweggrund). Bei gänzlichem Austausch eines Beweggrunds liegt ohne Weiteres vollendete Anstiftung vor; dasselbe gilt aber auch bei Mitverursachung. Erst recht ist es einerlei, wie fest oder schwankend (nur tatgeneigt) der bisherige Entschluss gewesen sein mag. Unbetätigte Gedanken sind immer irrelevant (zumal sie sich ohnehin laufend aufgrund beliebigen Anlasses verändern können), erst bei Betätigung entsteht Handlungsunrecht. Auch an die Irrelevanz hypothetischer Kausalverläufe ist zu erinnern. Insofern ist hier wie auch beim Versuch der Begriff des Tatentschlusses unglücklich, da der Sachgehalt als betätigter und somit manifestierter Tatvorsatz (inkl. Beweggründen) verdeckt wird. Die Zurechnung des kompletten Handlungs- und Erfolgsunrechts ist angesichts der allgemeinen alleinigen Relevanz betätigter Tatpläne nicht unbillig; eine (mildernde) Berücksichtigung vorheriger (Haupt-)Täterpläne auf Strafzumessungsebene genügt in diesen Fällen, falls man zu einer Strafbarkeit gelangt, durchweg.

Beispiel 431[30]

B1 war fest entschlossen, den G zu töten, weil er ihn irrig für den Liebhaber seiner Frau hielt. Davon nichts ahnend versprach der B2 dem B1, er erhalte 20.000 Euro, wenn er den G töte. Kurz darauf erkannte B1 seinen Irrtum und in einem anderen den wahren Liebhaber seiner Frau. Er tötete den G aber dennoch, und zwar des Geldes wegen. ◄

B2 ist wegen Anstiftung zum Totschlag (§§ 212 I, 26 StGB). Das von ihm geschaffenen Tatmotiv war bei der (Haupt-)Tathandlung wirksam.

Beispiel 432

B1 wollte G töten, allerdings nicht eigenhändig. Er bat daher B2 darum. Dieser hatte aber insgeheim schon lange vor, mit G abzurechnen, und die Tat auch bereits geplant, bevor B1 an ihn herantrat. ◄

B1 ist (nur) dann nicht wegen Anstiftung zum Totschlag (§§ 212 I, 26 StGB) strafbar, wenn B2 die Tat ganz ohne Rücksicht auf die Bitte des B1 beging. Ist die Bitte zumindest auch eines der Tatmotive im Zeitpunkt der Tathandlung geworden, liegt Anstiftung vor.

---

[30] Nach Joecks/Scheinfeld, in: MK-StGB, 4. Aufl. 2020, § 26 Rn. 34.

Kein Bestimmen liegt daher vor, wenn ein Angestifteter den zunächst gefassten Tatvorsatz endgültig aufgibt und die Tat später aufgrund eines ganz neuen Vorsatzes begeht.[31]

(bb) Bewirken einer Tat(entschluss)änderung

▶ Didaktischer Aufsatz:

- Küpper, Besondere Erscheinungsformen der Anstiftung, JuS 1996, 23

(aaa) Allgemeines

14 Verwirft man die Lehre vom sog. *omnimodo facturus* im o. a. Sinne, beeinflusst dies die Bewältigung von Konstellationen, in denen der Anstifter bewirkt, dass der (Haupt-)Täter sein Vorhaben ändert und daher eine im Vergleich zur ursprünglichen Planung geänderte (Haupt-)Tat begeht.[32] Man unterscheidet üblicherweise die sog. Abstiftung, Aufstiftung und (sonstige) Umstiftung.

Da Grundlage der jeweils h. M. die Prämisse mangelnder Anstiftbarkeit eines sog. *omnimodo facturus* ist,[33] schlägt die Ablehnung dieser Prämisse durch auf die Ablehnung dieser vermeintlich besonderen Konstellationen.[34] Da ein Tatentschluss vor Tatbegehung irrelevant ist, erledigt sich auch die Problematik der Tat(entschluss)änderung. Wird der Tatbeweggrund (Motiv, Vorhaben, Entschluss etc., s. o.) bei Tatbegehung vom Anstifter (mit-)beeinflusst, so ist tatbestandsmäßig egal, ob und warum sich der (Haupt-)Täter vom Anstifter hat umstimmen lassen oder ob der (Haupt-)Täter erstmals an eine Tatbegehung dachte. Dies harmoniert wiederum mit der Irrelevanz unbetätigter Gedanken und hypothetischer Kausalverläufe, zumal eine vorschnelle Risiko-Saldierung droht.

I. E.:

(bbb) Abstiftung (Herunterstiftung)

▶ Didaktischer Aufsatz:

- Kudlich, Die Abstiftung, JuS 2005, 592

15 Von einer Abstiftung (auch: Herunterstiftung) spricht man dann, wenn der Täter sich dahingehend beeinflussen lässt, dass er nur noch eine leichtere Form (ein „Minus") der Straftat begeht (z. B. statt einer Qualifikation ein Grunddelikt).

---

[31] Hoyer, in: SK-StGB, 9. Aufl. 2017, § 26 Rn. 5; aus der Rspr. vgl. BGH B. v. 25.11.1986 – 4 StR 631/85 – NStZ 1987, 118 (Anm. Sonnen JA 1987, 28).

[32] Hierzu z. B. Krey/Esser, AT, 6. Aufl. 2016, Rn. 1044 ff.; näher Stree FS Heinitz 1972, 277; Bemmann FS Gallas 1973, 273; Küpper JuS 1996, 23; Satzger Jura 2017, 1169.

[33] Und zwar z. T. auch bei denen, die kurz zuvor die Lehre vom sog. *omnimodo facturus* zutreffend relativiert haben.

[34] S. Puppe, AT 2, 2005, § 44 Rn. 10 (Zusammenfassung in Thesen), ausf. § 41 Rn. 8 ff.

Beispiel 433

B1 wollte sich an Z rächen und ihn daher mit einem Messer stechen. B2 meinte zu ihm, Faustschläge täten es ja wohl auch. B1 stimmte dem schließlich zu und führte die Tat mit bloßen Händen aus. ◄

Für die h.M ist der zu einer Qualifikation (z. B. § 224 I Nr. 2 StGB) Entschlossene notwendigerweise auch zum darin enthaltenen Grunddelikt (z. B. § 223 I StGB) entschlossen, so dass er nicht mehr i. S. d. § 26 StGB bestimmt werden könne. In Frage komme allenfalls eine psychische Beihilfe oder § 30 StGB, wobei dann jedoch u. U. die objektive Zurechnung fehle (Risikoverringerung) oder ein Rechtfertigungsgrund, insbesondere § 34 StGB, einschlägig sei.

Richtigerweise kommt es aber nicht auf einen unbetätigten vorherigen Tatentschluss an, s. o. Zutreffend ist es aber, zu problematisieren, ob in einer abmildernden Einwirkung auf den (Haupt-)Täter die **Schaffung einer Gefahr** liegt und ggf. die **Unerlaubtheit** einer solchen Gefahrschaffung.

In ersterer Hinsicht stellt sich wie beim Täterschaftsdelikt (s. o.)[35] die Schwierigkeit, eine **Gefahrenverminderung** von der **Neuschaffung einer anderen Gefahr** zu unterscheiden. Tatsächlich nämlich dürfte es sich bei echten, auf den Erfolg in der ganz konkreten Gestalt bezogenen Risikosenkungen um eher seltene Ausnahmen handeln. Auch beim Austausch eines Tatmittels z. B. zur Körperverletzung ist die Identität der Risiko-Art keineswegs selbstverständlich (ein Messerstich beispielsweise verletzt typischerweise ganz anders und ggf. andere Körperregionen als ein Faustschlag); Saldo-Betrachtungen dürfen nicht zu weit greifen.

Ggf. ist der Anstifter gem. **§ 34 StGB gerechtfertigt**; unangemessene Bestrafungen drohen also nicht.

(ccc) Aufstiftung, Hochstiftung, Übersteigerung (vom Grunddelikt zur Qualifikation)
Den umgekehrten Fall – der Täter war lediglich zur Begehung des Grunddelikts entschlossen, ihm wird sodann geraten, Umstände zu verwirklichen, die einen Qualifikationstatbestand erfüllen – nennt man Aufstiftung, Hochstiftung oder Überstiftung.[36]

Beispiel 434

B1 wollte sich an Z rächen und ihm daher einen Faustschlag versetzen. B2 riet ihm, doch dafür einen Baseballschläger zu benutzen. So geschah es. ◄

Hier hat B2 den eine Körperverletzung (§ 223 I StGB) planenden B1 zu einer gefährlichen Körperverletzung (§ 224 Nr. 2 StGB) veranlasst.

---

[35] Hierzu Kindhäuser/Zimmermann, AT, 9. Aufl. 2020, § 11 Rn. 14 ff.
[36] Hierzu Hillenkamp/Cornelius, 32 Probleme aus dem Strafrecht AT, 15. Aufl. 2017, 25. P.; näher Hardtung FS Herzberg 2008, 411; Kahlo FS Seebode 2008, 159.

Beispiel 435

BGH U. v. 03.06.1964 – 2 StR 14/64 – BGHSt 19, 339 = NJW 1964, 1809 (Anm. Roxin, Höchstrichterliche Rspr. AT, 1998, Nr. 84; Puppe, AT, 4. Aufl. 2019, § 25 Rn. 8 ff; Hemmer-BGH-Classics Strafrecht, 2003, Nr. 35; Willms JuS 1964, 502; Cramer JZ 1966, 31):

B1 und B2 beabsichtigten, aus der Wohnung der Ladeninhaberin G, einer alten Frau von über achtzig Jahren, Geld zu entwenden. Da B1 bereits einmal wegen Diebstahls verurteilt worden war, wollte er die Tat selbst nicht durchführen, sollte jedoch an der Beute teilhaben. B2 rechnete damit, bei der Durchsuchung des Wohnzimmers von G bemerkt zu werden, und wollte sie niederschlagen, um unerkannt entkommen zu können. B1 schlug vor, er sollte einen Knüppel mitnehmen und G auf den Hinterkopf schlagen, damit sie bewusstlos werde. B2 ließ sich dazu bestimmen und führte die Tat so aus. G ist infolge der ihr mit einem Stuhlbein zugefügten Hiebe auf den Schädel verstorben. ◄

§ 249 I StGB (Raub)
Wer mit Gewalt gegen eine Person oder unter Anwendung von Drohungen mit gegenwärtiger Gefahr für Leib oder Leben eine fremde bewegliche Sache einem anderen in der Absicht wegnimmt, die Sache sich oder einem Dritten rechtswidrig zuzueignen, wird mit Freiheitsstrafe nicht unter einem Jahr bestraft.

§ 250 I, II StGB (Schwerer Raub)
(1) Auf Freiheitsstrafe nicht unter drei Jahren ist zu erkennen, wenn
1. der Täter oder ein anderer Beteiligter am Raub
a) eine Waffe oder ein anderes gefährliches Werkzeug bei sich führt,
b) sonst ein Werkzeug oder Mittel bei sich führt, um den Widerstand einer anderen Person durch Gewalt oder Drohung mit Gewalt zu verhindern oder zu überwinden,
c) eine andere Person durch die Tat in die Gefahr einer schweren Gesundheitsschädigung bringt oder
2. der Täter den Raub als Mitglied einer Bande, die sich zur fortgesetzten Begehung von Raub oder Diebstahl verbunden hat, unter Mitwirkung eines anderen Bandenmitglieds begeht.
(2) Auf Freiheitsstrafe nicht unter fünf Jahren ist zu erkennen, wenn der Täter oder ein anderer Beteiligter am Raub
1. bei der Tat eine Waffe oder ein anderes gefährliches Werkzeug verwendet,
2. in den Fällen des Absatzes 1 Nr. 2 eine Waffe bei sich führt oder
3. eine andere Person
a) bei der Tat körperlich schwer mißhandelt oder
b) durch die Tat in die Gefahr des Todes bringt.

B1 hat dem B2 ausgehend von einem Raub (§ 249 I StGB) zur Verwirklichung eines besonders schweren Raubes (§ 250 II Nr. 1 StGB) geraten.

In diesen Fällen gehen die Rspr.[37] und Teile der Lehre[38] von einer Anstiftung zum qualifizierten Delikt aus. Hierfür spreche der erhebliche eigene und neue Unrechtsgehalt der Qualifikation gegenüber dem Grunddelikt.

Freilich bleibt bei dieser Lösung aus Warte der h. M. außer Betracht, dass der Täter immerhin bzgl. des Grunddelikts bereits fest entschlossen war und nicht mehr bestimmt werden konnte. Dem Anstifter würden Unrechtsteile angelastet, für die er nicht verantwortlich ist. Daher wird in der Literatur vielfach ein sog. analytisches Trennungsprinzip vertreten:[39] Eine Haftung als Anstifter komme nur für Tatsteigerungen in Betracht, die einem selbstständigen Tatbestand unterfallen (z. B. unerlaubter Waffenbesitz, § 52 WaffG); i. Ü. liegt allenfalls – psychische – Beihilfe oder § 30 StGB vor.

An einer unerlaubten Schaffung bzw. Steigerung der Gefahr des Erfolgseintritts ist in diesen Fällen nicht zu zweifeln; auch im Hinblick auf das Grunddelikt liegt eine Gefahren(neu)schaffung vor, eine saldierte Verneinung der Risikoerhöhung ist abzulehnen, vgl. o. Eine Beeinflussung der betätigten Beweggründe als Grund der Zurechnung von Handlungs- und Erfolgsunrecht liegt vor, so dass sich in den Bedenken der missverständliche Gedanke eines – hier partiellen – sog. *omnimodo facturus* widerspiegelt. Eine (mildernde) Berücksichtigung des vorherigen Plans des (Haupt-)Täters auf Strafzumessungsebene genügt.

(ddd) (Sonstige) Umstiftung

Als Umstiftung bezeichnet man es, wenn der bereits zu einer bestimmten Tat Entschlossene durch den Anstifter zu einer anderen Tat (einem „*aliud*") bestimmt wird.[40]

Ändert sich das gefährdete Rechtsgut, handelt es sich ohne Weiteres um eine völlig andere Tat, so dass eine Anstiftung vorliegt.

Beispiel 436

B1 wollte eine Körperverletzung begehen, um sich abzureagieren. Sein Freund B2 riet ihm dazu, etwas zu stehlen. Auch dann werde sich B1 besser fühlen. ◄

Wenn das neue Delikt allerdings wesentlich leichter ist, kommt eine Rechtfertigung nach § 34 StGB in Betracht.

---

[37] BGH U. v. 03.06.1964 – 2 StR 14/64 – BGHSt 19, 339.
[38] Wessels/Beulke/Satzger, AT, 50. Aufl. 2020, Rn. 571.
[39] Z. B. Hoyer, in: SK-StGB, 9. Aufl. 2017, § 26 Rn. 19.
[40] Hoyer, in: SK-StGB, 9. Aufl. 2017, § 26 Rn. 21; aus der Rspr. vgl. BGH B. v. 08.08.1995 – 1 StR 377/95 – NStZ-RR 1996, 1 = StV 1996, 2 (Anm. Geppert JK 1996 StGB § 26/5).

18 Problematisch ist es, wenn sich die Modifikation des Entschlusses innerhalb desselben Tatbestands bewegt und also lediglich Tatmodalitäten betrifft.[41]

> **Beispiel 437**
>
> B1 wollte sich an Z rächen und ihn daher mit einem Baseballschläger verprügeln. B2 riet dem B1, lieber einen Golfschläger zu verwenden. ◄

Hier stellt die h. M. auf die Wesentlichkeit von Änderungen ab, wobei für die Beurteilung der Wesentlichkeit die Erhöhung der Intensität der Rechtsgutsbeeinträchtigung zugrunde liege.[42] Einzelheiten sind naturgemäß umstritten.[43]

Mit der Ablehnung eines weit verstandenen sog. *omnimodo facturus* erledigen sich derlei „Abgrenzungs"schwierigkeiten bzgl. wesentlicher und unwesentlicher Modifikationen ohnehin.

(3) Bezugspunkt Erfolg: Begehung einer vorsätzlichen rechtswidrigen (Haupt-)Tat durch anderen Menschen

(a) Allgemeines; sog. limitierte Akzessorietät

19 Das Bestimmen i. S. d. § 26 StGB ist auf die Begehung einer vorsätzlichen rechtswidrigen (Haupt-)Tat durch anderen Menschen bezogen („zu"). Vermittels der Beeinflussung des dann in der (Haupt-)Tat wirksam gewordenen Tatentschlusses muss es zur Tatbegehung gekommen sein, so dass das Bestimmen letztlich die unerlaubte Gefahrschaffung bzgl. dieser Tatbegehung ist.

Die Teilnahmestrafbarkeit ist dabei nach dem Grundsatz der sog. **limitierten Akzessorietät** ausgestaltet[44] – akzessorisch insofern, als Tatbestandsmerkmal der Teilnahmestrafbarkeit das Vorliegen einer sog. Haupttat eines sog. Haupttäters ist (es gibt also kein eigenständiges Anstiftungsdelikt bzw. -unrecht); limitiert insofern als §§ 26, 27 StGB nur eine vorsätzliche und rechtswidrige (Haupt-)Tat voraussetzen, nicht aber eine schuldhaft begangene (Haupt-)Tat, s. auch § 29 StGB. Hinzu kommt die Akzessorietätslockerung bzgl. besonderer persönlicher Merkmale gem. § 28 I StGB.

In einer Fallbearbeitung sind, wenn nicht der Bearbeitervermerk etwas Anderes anordnet, Täter vor Teilnehmern zu prüfen, so dass i. R. d. Teilnahmeprüfung bzgl.

---

[41] S. Hoyer, in: SK-StGB, 9. Aufl. 2017, § 26 Rn. 24; aus der Rspr. vgl. BGH B. v. 08.08.1995 – 1 StR 377/95 – NStZ-RR 1996, 1 = StV 1996, 2 (Anm. Geppert JK 1996 StGB § 26/5).

[42] Speziell zur Veränderung der Tatzeit Schroeder GA 2006, 375; bei einer Tötung allerdings ist zu beachten, dass der Begriff des Tötens i. S. d. § 212 StGB gerade die Verkürzung der Lebenszeit ausdrückt; daher ist die Lebenszeitverkürzung dem Anstifter als eigenständiges Unrecht zuzurechnen, Hoyer, in: SK-StGB, 9. Aufl. 2017, § 26 Rn. 24.

[43] S. z. B. Krey/Esser, AT, 6. Aufl. 2016, Rn. 1049.

[44] Hierzu z. B. Kindhäuser/Hilgendorf, LPK, 8. Aufl. 2020, vor § 25 Rn. 17 ff.; näher Börker JR 1953, 166; Tröndle GA 1956, 129; Jakobs GA 1996, 253; Falcone ZIS 2020, 212; Schladitz ZIS 2020, 498.

der (Haupt-)Tat schlicht nach oben verwiesen werden kann. Nur, wenn der Bearbeitervermerk eine Prüfung des Täters ausschließt, ist die (Haupt-)Tat bzgl. Tatbestandsmäßigkeit und Rechtswidrigkeit inzident im objektiven Tatbestand der Anstiftung zu prüfen.

(b) (Haupt-)Tat
(aa) Allgemeines
Als „Tat" i. S. d. § 26 StGB kommt gem. **§ 11 I Nr. 5 StGB** nur eine solche in Betracht, „die den Tatbestand eines Strafgesetzes verwirklicht". Eine Einschränkung auf bestimmte Deliktsarten gibt es nicht. 20

Im Grundsatz ist die Inbezugnahme der (Haupt-)Tat so zu verstehen, dass der (Haupt-)Täter den gesamten objektiven und subjektiver Tatbestand des jeweiligen Delikts verwirklichen muss. Teilverwirklichungen müssen als solche strafbar sein, s. sogleich. In der Wendung „zu dessen vorsätzlich begangener" liegt nur ein Ausschluss rein fahrlässiger Delikte, kein Verzicht auf eventuelle weitere subjektive Tatbestandsmerkmale.

(bb) Anstiftung nach Vollendung der (Haupt-)Tat (sog. sukzessive Anstiftung)

▶ Didaktische Aufsätze:

- Börner, Die sukzessive Anstiftung, Jura 2006, 415
- Grabow, Die sukzessive Anstiftung, Jura 2009, 408

I. d. R. wird das Bestimmen vor Versuchsbeginn, geschweige denn Vollendung, erfolgen. Möglich ist aber auch eine sog. sukzessive Anstiftung, also eine **Anstiftung nach bereits vollendetem Delikt**, aber nur soweit die Vollendung noch einer Vertiefung durch weitere, den Tatbestand vollständig verwirklichende Einzelakte zugänglich ist.[45] I. Ü. scheitert dies daran, dass es auf die Betätigung der Beweggründe im Zeitpunkt der Vollendungshandlung ankommt – mit der Konsequenz dass der noch nicht erfolgte Eintritt einer etwaigen Beendigung für das Bestimmen zur Tat unbeachtlich ist. 21

(cc) Anstiftung zum versuchten Delikt
§ 26 StGB trifft keine Aussage darüber, dass die (Haupt-)Tat vollendet sein muss. Es gibt daher auch eine Anstiftung zum bloß versuchten Delikt, sofern der Versuch dieses Delikts nach den §§ 23 I, 12 StGB strafbar ist – **Teilnahme am Versuch**. 22

Beispiel 438

B1 forderte B2 auf, den Z zu töten. B2 schoss daraufhin auf Z, verfehlte aber das Ziel. ◀

B1 ist Anstifter zum versuchten Totschlag, §§ 212 I, 22, 23, 26 StGB.

---

[45] Hierzu Krey/Esser, AT, 6. Aufl. 2016, Rn. 1050; näher Börner Jura 2006, 415; Grabow Jura 2009, 408.

Ist es noch nicht einmal zu einer versuchten (Haupt-)Tat gekommen, so greift allenfalls § 30 StGB, der aber die versuchte Anstiftung nur bzgl. Verbrechen erfasst (die versuchte Beihilfe überhaupt nicht, so dass diese straflos ist).[46]

Die vom Anstifter *ex ante* zu schaffende **Gefahr** des Erfolgseintritts muss bei alledem aber eine solche bzgl. der **Deliktsvollendung** sein, auch wenn sie *ex post* nur zu einem Versuch geführt hat. Dem entspricht im subjektiven Tatbestand ein erforderlicher Vollendungsvorsatz, s. u.

Zur Teilnahme an der versuchten Beteiligung nach § 30 StGB s. u.

(dd) Anstiftung zum sog. unechten Unterlassungsdelikt

▶ Didaktischer Aufsatz:

- Satzger, Beteiligung und Unterlassen, Jura 2015, 1055

23 § 26 StGB schränkt die (Haupt-)Tat nicht auf ein sog. Begehungsdelikt ein, so dass der Erfassung sog. unechter Unterlassungsdelikte (seien sie vollendet, seien sie als Versuch strafbar) nichts im Wege steht.[47] Zur Anwendung der verschiedenen Beteiligungsformen auf diese Deliktsform s. o.; § 9 II 1 StGB erwähnt die Teilnahme durch Unterlassen explizit.

Die Anstiftung zu einem Unterlassungsdelikt kann durch aktives Tun erfolgen, aber auch ihrerseits durch Unterlassen (zur vollendeten Teilnahme durch Unterlassen s. u.).

(ee) Anstiftung zum Teilnahmedelikt (Kettenteilnahme)

24 Gem. § 26 StGB muss die „Tat" „begangen" sein, was die Umschreibungen der Täterschaft gem. § 25 StGB in bezug nimmt (nur ein Täter begeht die Tat, ein Teilnehmer nimmt eben nur an einer von einem anderen begangenen Tat teil).

Die sog. **Kettenteilnahme**[48] existiert daher nur als Teilnahme an der täterschaftlichen (Haupt-)Tat, sie ist freilich mittelbar, da ein anderer Teilnehmer im Kausalverlauf zwischen Erstteilnehmer und Täter auftaucht. Die Kette der Zurechnung trägt nur im Hinblick auf das schwächste Glied, d. h. das niedrigste Unrecht: Besteht die Kette allein aus Anstiftenden, so werden auch die entfernteren Kettenglieder als Anstifter zur (Haupt-)Tat bestraft. Die „Anstiftung" zur Beihilfe zur (Haupt-)Tat ist aber nur als Beihilfe zu bestrafen, weil der „Anstifter" nur auf den Tatentschluss des Gehilfen einwirkt, während der betätigte Tatentschluss des (Haupt-)Täters nicht mitverursacht wird.

---

[46] Fischer, StGB, 68. Aufl. 2021, § 26 Rn. 2; näher Bockelmann FS Gallas 1973, 261; aus der Rspr. vgl. OLG Düsseldorf B. v. 29.01.1993 – 1 Ws 10/93 – NJW 1993, 2253 = StV 1993, 478.

[47] Ganz h. M., s. nur Lackner/Kühl, 29. Aufl. 2018, § 26 Rn. 3; Hillenkamp/Cornelius, 32 Probleme aus dem Strafrecht AT, 15. Aufl. 2017, 30. P.; näher Meyer MDR 1975, 286; Satzger Jura 2015, 1055; aus der Rspr. vgl. BGH U. v. 06.05.1960 – 2 StR 65/60 – BGHSt 14, 280 = NJW 1960, 1677; BGH U. v. 23.09.1997 – 1 StR 430/97 – NStZ 1998, 83 = StV 1998, 125.

[48] Hierzu Fischer, StGB, 68. Aufl. 2021, § 26 Rn. 9; näher Schwind MDR 1969, 13; Krell JR 2011, 499.; aus der Rspr. vgl. zuletzt BGH B. v. 22.12.2015 – 2 StR 419/15 – NStZ 2016, 463 = StV 2017, 307 (Anm. Eisele JuS 2016, 470).

> **Beispiel 439**
>
> B1 forderte B2 auf, den B3 zu einer Tötung aufzufordern; den B4 forderte er auf, dem B5 bei einem Einbruch Werkzeug zu leihen. ◄

Bzgl. des B1 handelt es sich um eine Anstiftung zur Anstiftung der (Haupt-)Tat, die als Anstiftung zur (Haupt-)Tat zu bestrafen ist. Bzgl. des B5 liegt eine Anstiftung zur Beihilfe zur (Haupt-)Tat vor, die wegen des mittleren Kettenglieds als Beihilfe zur (Haupt-)Tat zu bestrafen ist.

Zur Teilnahme am Versuch der Beteiligung gem. § 30 StGB s. u.

(c) Vorsätzlich begangen; rechtswidrig
(aa) Allgemeines

Die (Haupt-)Tat muss nach dem ausdrücklichen Wortlaut des § 26 StGB erstens **vorsätzlich** begangen sein (was auf die §§ 15, 16 StGB rekurriert); zweitens muss die (Haupt-)Tat **rechtswidrig** (also nicht gerechtfertigt) sein.

Bzgl. der **Schuld** ist die Akzessorietät der Teilnahme gelockert (limitiert): Außer der Nichterwähnung in § 26 StGB ordnet § 29 StGB dies an. Auch bei schuldlos oder entschuldigt begangener (Haupt-)Tat ist also eine Anstifterstrafbarkeit möglich. Wer ein schuldlos oder entschuldigt handelndes Werkzeug zur Tatbegehung veranlasst, kann allerdings bereits sog. mittelbarer Täter sein (allerdings richtigerweise entgegen der h. M. nur bei unerlaubter Defektverursachung), s. o.

> **§ 29 StGB (Selbstständige Strafbarkeit des Beteiligten)**
> Jeder Beteiligte wird ohne Rücksicht auf die Schuld des anderen nach seiner Schuld bestraft.

Die nichtakzessorische Behandlung der Schuld gilt jedenfalls für sog. allgemeine Schuldmerkmale (i. e. die Schuldausschließung gem. §§ 19, 20, 17 S. 1, 35 I, 33 StGB; zur Schuldminderung s. §§ 21, 17 S. 2, 35 II StGB). Umstritten ist, ob es daneben auch spezielle Schuldmerkmale gibt (und ggf. unter welchen Voraussetzungen und welche das sind) und ob ggf. § 29 StGB für diese anzuwenden ist (oder § 28 StGB)[49] s. o. bei der Schuld bzgl. des Täterschaftsdelikts. Nach zutreffender h. M. (s. o.) gibt es keine reinen speziellen Schuldmerkmale, da sämtliche diesbzgl. diskutierten Merkmale (z. B. „rücksichtslos" in § 315c I Nr. 2 StGB) für den Tatbestand und damit (zumindest auch) das Strafunrecht der betreffenden Tatbestandsvariante konstitutiv sind.[50] Zwar kann dann bei strafbegründenden Merkmalen ein Teilnehmer schlechter stehen als es bei Täterschaft der Fall wäre, da er

---

[49] Hierzu ausf. (gegen die h. M. bejahend) Hoyer, in: SK-StGB, 9. Aufl. 2017, § 29 Rn. 3 ff.
[50] Joecks/Scheinfeld, in: MK-StGB, 4. Aufl. 2020, § 28 Rn. 15.

dann mangels Merkmalsverwirklichung straflos wäre; auch gäbe es dann einen eigenständigen Anwendungsbereich des § 29 StGB jenseits der Formulierung der §§ 26, 27 StGB. Allerdings liegt den Delikten des StGB das einheitliche Konzept eines unrechtsumreißenden Tatbestands zugrunde, den der Täter komplett verwirklichen muss, damit überhaupt eine teilnahmefähige (Haupt-)Tat vorliegt, die den Teilnehmer zu einem Beteiligten i. S. d. § 29 StGB machen kann. Die Schuldebene ist demgegenüber vom Gesetzgeber bewusst und ausdrücklich nur im Rahmen bestimmter Institute des Allgemeinen Teils eröffnet.

Erst recht irrelevant für eine Teilnahmefähigkeit der (Haupt-)Tat ist es, ob der Täter wegen dieser Tat tatsächlich bestraft wird oder auch nur prozessual oder materiell (aus Gründen jenseits Tatbestand oder Rechtswidrigkeit, s. z. B. Strafausschließungs- und -aufhebungsgründe wie z. B. § 24 StGB, ferner Erwägungen der sog. Gesetzeskonkurrenzen) bestraft werden kann.[51]

(bb) Anstiftung zum fahrlässigen Begehungsdelikt
(aaa) Keine Anstiftung zum reinen Fahrlässigkeitsdelikt

26   Da § 26 StGB explizit eine vorsätzlich begangene (Haupt-)Tat voraussetzt, ist eine Anstiftung zu einem reinen Fahrlässigkeitsdelikt nicht möglich. Hieraus folgt der sog. **Einheitstäterbegriff** im Bereich der Fahrlässigkeit, s. o.

Hierin liegt zumindest für den Gehilfen (der Wortlaut des § 27 StGB ist an dieser Stelle parallel) eine gewisse Benachteiligung, da eine Strafmilderung nach § 27 II 2 StGB nicht zu erlangen ist; freilich sind die Strafrahmen der Fahrlässigkeitsdelikte auch ohne diese Milderung niedrig. Eine Sperrwirkung bei der Anwendung des (täterschaftlichen) Fahrlässigkeitsdelikts entfalten die §§ 26, 27 StGB nicht, einerlei, ob man § 25 StGB anwendet oder nicht. Hierhin bestätigt sich auch der hier vertretene eher weite und *ex negativo* im Lichte der §§ 26, 27 StGB ausgelegte Täterschaftsbegriff beim vorsätzlichen Täterschaftsdelikt.

(bbb) Anstiftung zu Vorsatz-Fahrlässigkeits-Kombinationen: §§ 11 II, 18 StGB

▶   Didaktische Aufsätze:

- Kudlich, Teilnahme am erfolgsqualifizierten Delikt, JA 2000, 511
- Noak, Teilfahrlässige Teilnahme an Vorsatz-Fahrlässigkeits-Kombinationen, JuS 2005, 312

27   Im Unterschied zu reinen Fahrlässigkeitsdelikten sind eigentliche und uneigentliche **Vorsatz-Fahrlässigkeits-Kombinationen** teilnahmefähig, § 11 II StGB.[52]

---

[51] S. etwa zu persönlichen Strafaufhebungsgründen Wessels/Beulke/Satzger, AT, 50. Aufl. 2020, Rn. 870; aus der Rspr. vgl. zuletzt BGH U. v. 04.05.2017 – 3 StR 69/17 – NStZ 2018, 286 = StV 2018, 562 (Anm. Kudlich NStZ 2018, 288).

[52] Hierzu Kindhäuser/Hilgendorf, LPK, 8. Aufl. 2020, § 11 Rn. 52 ff. und vor § 25 Rn. 19; näher Oehler GA 1954, 33; Seebald GA 1964, 161; Kudlich JA 2000, 511; aus der Rspr. vgl. BGH U. v. 20.05.1986 – 1 StR 224/86 – NJW 1987, 77 = StV 1986, 475 (Anm. Geppert JK 1986 StGB § 251/1).

> **§ 11 II StGB (Personen- und Sachbegriffe)**
> Vorsätzlich im Sinne dieses Gesetzes ist eine Tat auch dann, wenn sie einen gesetzlichen Tatbestand verwirklicht, der hinsichtlich der Handlung Vorsatz voraussetzt, hinsichtlich einer dadurch verursachten besonderen Folge jedoch Fahrlässigkeit ausreichen läßt.

Bei sog. **Erfolgsqualifikationen** (z. B. § 227 StGB) ist aber § 18 StGB zu beachten.

> **§ 18 StGB (Schwerere Strafe bei besonderen Tatfolgen)**
> Knüpft das Gesetz an eine besondere Folge der Tat eine schwerere Strafe, so trifft sie den Täter oder den Teilnehmer nur, wenn ihm hinsichtlich dieser Folge wenigstens Fahrlässigkeit zur Last fällt.

Mithin ist bei sog. erfolgsqualifizierten Delikten für den Teilnehmer eine eigene Fahrlässigkeit erforderlich, aber auch ausreichend. Eine akzessorische Behandlung scheidet insofern aus.[53] Zwar setzt § 26 StGB Anstiftervorsatz voraus; dieser muss sich aber nur auf den Vorsatzteil der Vorsatz-Fahrlässigkeits-Kombination beziehen, wobei dahinstehen kann, ob dies dem § 11 II StGB, § 18 StGB (ggf. analog) oder dem § 29 StGB zu entnehmen ist.[54]

(cc) Erlaubnistatumstandsirrtum des (Haupt)-Täters
Umstritten ist, ob eine Teilnahmestrafbarkeit möglich ist, wenn sich der (Haupt-) Täter in einem sog. **Erlaubnistatumstandsirrtum** befand.[55]

> **Beispiel 440**
> B1 und B2 gingen durch den dunklen Stadtpark. Der wild gestikulierende Z kam auf sie zu, um Feuer zu erbitten. B1 erkannte dies, dennoch forderte er die B2, die an einen Überfall glaubte, auf, dem Z einen Schlag mit ihrem Regenschirm zu versetzen, was auch geschah. ◄

Diejenigen, die lediglich die Schuld oder eine sog. Vorsatzschuld ausschließen, gehen konsequenterweise von einer vorsätzlichen rechtswidrigen (Haupt-)Tat aus;

---

[53] B. Heinrich, AT, 6. Aufl. 2019, Rn. 1282; näher Ziege NJW 1954, 179; Hanack/Sasse DRiZ 1954, 216; Gössel FS Lange 1976, 219; aus der Rspr. vgl. zuletzt BGH U. v. 14.01.2016 – 4 StR 72/15 – NJW 2016, 2516 = NStZ 2016, 211 (Anm. Bosch Jura 2016, 703; Puppe NStZ 2016, 575; Hinz JR 2016, 400).
[54] Hierzu von Heintschel-Heinegg, in: BeckOK-StGB, Stand 01.02.2021, § 11 Rn. 56; näher Noak JuS 2005, 312.
[55] Hierzu Hoyer, in: SK-StGB, 9. Aufl. 2017, vor § 26 Rn. 36 f.; Hillenkamp/Cornelius, 32 Probleme aus dem Strafrecht AT, 15. Aufl. 2017, 22. P.

diejenigen, die § 16 I 1 StGB direkt oder analog anwenden, verneinen die vorsätzliche (Haupt-)Tat. Die besseren Gründe sprechen für Letzteres: Da es sich um einen Sachverhaltsirrtum handelt, der dazu führt, dass der (Haupt-)Täter sich an sich rechtstreu verhalten möchte, ist die mindestens analoge gänzliche Anwendung des § 16 I 1 StGB nur folgerichtig, während die Konstruktion einer ansonsten nirgends relevanten Vorsatzschuld rein ergebnisbezogen anmutet. Der Vorsatzbegriff der §§ 26, 27 StGB ist identisch auszulegen wie der der §§ 15, 16 StGB, was dann besonders deutlich wird, wenn Anstifter und (Haupt-)Täter demselben Irrtum unterliegen.

(dd) Gescheiterte sog. mittelbare Täterschaft

29 Umstritten ist, ob der Mangel einer vorsätzlichen rechtswidrigen (Haupt-)Tat durch eine objektiv verwirklichte mittelbare Täterschaft überwunden werden kann (objektiv mittelbare Täterschaft, subjektiv Teilnahme: Verkennen der Tatherrschaft); dies ist aufgrund des klaren Wortlauts der §§ 26, 27 StGB, die eine tatsächlich gegebene *vorsätzliche* (Haupt-)Tat voraussetzen, abzulehnen.

Beispiel 441

Arzt B1 überreicht der Krankenschwester B2 eine Spritze mit Gift, mit der Bitte, diese dem Patienten G zu verabreichen. B1 glaubt irrig, B2 erkenne die Giftigkeit. B2 verbreicht arglos dem G die Spritze; G stirbt. ◄

Gleiches gilt, wenn eine mittelbare Täterschaft mangels Verwirklichung eines besonderen Merkmals ausscheiden muss,[56] ferner bei Eigenhändigkeit des Delikts.[57]

(4) Schaffung einer Gefahr

30 Der Anstifter muss *ex ante* eine **Gefahr** des **Erfolgseintritts** (also der **Deliktsvollendung**, s. o.) geschaffen haben. Schon objektiv (nicht erst subjektiv) ist der Tatbestand also nicht gegeben, wenn die Tat des (Haupt-)Täters nicht zur Vollendung gelangen konnte, sondern sich in einem objektiv ungefährlichen sog. untauglichen Versuch erschöpfen musste[58] (z. B. die Aufforderung zur Tat mit einer vom Täter nicht erkannten ungeladenen Waffe).

Bereits einen solchen „Anstifter" könnte man als bloßen sog. agent provocateur bezeichnen, zu diesem s. noch u.

Zur sog. Abstiftung als – angebliche – Gefahrverminderung s. o.

I. Ü. kann auf die Grundsätze zur Gefahrschaffung beim Täterschaftsdelikt verwiesen werden.

---

[56] Kudlich, in: BeckOK-StGB, Stand 01.02.2021, § 25 Rn. 38.
[57] Kudlich, in: BeckOK-StGB, Stand 01.02.2021, § 25 Rn. 38; aus der Rspr. vgl. KG U. v. 25.08.1976 – (1) Ss 374/75 (27/76) – NJW 1977, 817 (Anm. Röhmel JA 1977, 284; Hassemer JuS 1977, 553; Schall JuS 1979, 104).
[58] Joecks/Scheinfeld, in: MK-StGB, 4. Aufl. 2020, § 26 Rn. 59 („Nullrisiko").

(5) Unerlaubtheit der Gefahrschaffung

▶ Didaktischer Aufsatz:

- Kretschmer, Welchen Einfluss hat die Lehre der objektiven Zurechnung auf das Teilnahmeunrecht?, Jura 2008, 265

(a) Grundlagen
Ebenso wie beim Täterschaftsdelikt ist eine Unerlaubtheit der Gefahrschaffung auch i. R. d. § 26 StGB erforderlich,[59] schon um Wertungswidersprüche zu vermeiden. Wegen des tätergleichen Strafrahmens bei § 26 StGB wird auch das Bedürfnis nach Restriktion bzgl. Unerlaubtheit ebenfalls als groß empfunden. Zu den – i. E. problematischen und oft mangels Sonderverhaltensnormen an Vagheit leider nicht armen – Quellen der Unerlaubtheit s. o. beim Täterschaftsdelikt. Unterscheiden kann man wiederum die kumulativen Erfordernisse der abstrakten und der konkreten Unerlaubtheit.

31

(b) Abstrakte Unerlaubtheit
(aa) Allgemeines, „neutrale Anstiftung"
Analog zur weitaus intensiver diskutierten Problematik der „neutralen" Beihilfe, s. u., ist fraglich, ob es sog. „neutrale" Anstiftungen gibt und ggf. wie solche zu behandeln sind.[60]
Festzuhalten ist zunächst, dass die Redeweise von der „Neutralität" bestimmter als nicht strafwürdig erachteter Teilnahmehandlungen eine unnötige und ärgerliche Sonderbegrifflichkeiten ist. Erstens ist es beim Täterschaftsdelikt unüblich von einer „neutralen Täterschaft" in Fällen mangelnder unerlaubter Gefahrschaffung zu sprechen, so dass man beim Teilnahmedelikt schon zwecks Aufzeigens paralleler Strukturen keine eigene Terminologie einführen sollte. Zweitens suggeriert der Begriff der Neutralität (von Alltagshandlungen) ein nur aufzufindendes Merkmal bestimmter Handlungen, was den Wertungsakt dahinter verdeckt; es ist ja gerade die Frage, was das erlaubte Risiko i. R. d. Bestimmens gem. § 26 StGB ausmacht – das Ergebnis eines erlaubten (Rest-)Risikos aufgrund Ablehnung eines abstrakten Gefährdungsverbots als neutrale Teilnahme zu bezeichnen, führt nicht weiter.
Problematische Fallgestaltungen sind z. B. Berichterstattungen in den Medien (vgl. einen Nachahmer- bzw. Fortbildungseffekt) und insbesondere Rechts-

32

---

[59] Zur „objektiven Zurechnung" beim Teilnahmedelikt Joecks/Scheinfeld, in: MK-StGB, 4. Aufl. 2020, § 26 Rn. 58 ff.; näher Kretschmer Jura 2008, 265; aus der Rspr. vgl. OLG Stuttgart B. v. 19.06.1979 – 3 Ss (8) 237/79 – NJW 1979, 2573 (Anm. Hassemer JuS 1979, 907; Geppert JK 1980 StGB § 263/5; Joecks JA 1980, 127; Loos NJW 1980, 847; Frank NJW 1980, 848; Müller JuS 1981, 255; Heid JuS 1982, 22).
[60] Hierzu Joecks/Scheinfeld, in: MK-StGB, 4. Aufl. 2020, § 26 Rn. 62; näher Timpe GA 2013, 145.

beratungen,[61] ferner wirtschaftliche Auftragsvergaben.[62] Zu Lösungsansätzen auf – objektiver und subjektiver – Tatbestands- und Rechtswidrigkeitsebene s. u. bei der sog. „neutralen" Beihilfe.

(bb) Anforderungen an die Konkretisierung der zu verursachenden (Haupt)-Tat und den (Haupt-)Täter

▶ Didaktische Aufsätze:

- Fahl, Bestimmtheitsanforderungen bei Anstiftung und Aufforderung – zum Verhältnis von § 26 StGB zu § 111 StGB, Jura 2020, 431
- Fahl, Der Sturm auf das Kapitol – zum dogmatischen Verhältnis von § 26 StGB zu § 111 StGB, JA 2021, 273

33   Als Aspekt der *sub specie* § 26 StGB erlaubten Gefahrschaffung bereits ein Problem des objektiven Tatbestands[63] und nicht erst des Vorsatzes[64] (sonst müsste ein eigener Vorsatzbegriff für § 26 StGB und ggf. § 27 StGB, s. u., gelten) ist die Grenzziehung zwischen personell bzw. inhaltlich vager und daher nicht missbilligter Gefahrschaffungen und solcher, die hinreichend konkret und daher unerlaubt sind.[65]

Ein Bestimmen zur (Haupt-)Tat nach § 26 StGB liegt zum einen nur dann vor, wenn der Anstifter einen **bestimmten Täter** oder individuell bestimmbaren **Täterkreis** anvisiert.[66] Bei ganz offenen Aufrufen, z. B. im Internet,[67] greift § 26 StGB nicht, wie sich aus dem Auffangdelikt des § 111 StGB[68] *e contrario* erhellt.

> **§ 111 I StGB (Öffentliche Aufforderung zu Straftaten)**
> Wer öffentlich, in einer Versammlung oder durch Verbreiten von Schriften (§ 11 Abs. 3) zu einer rechtswidrigen Tat auffordert, wird wie ein Anstifter (§ 26) bestraft.

---

[61] Hierzu Heine/Weißer, in: Schönke/Schröder, StGB, 30. Aufl. 2019, § 26 Rn. 12 ff.; näher Baumgarte wistra 1992, 41; Ignor StraFo 2000, 42; Krell wistra 2020, 177; aus der Rspr. vgl. BGH B. v. 20.09.1999 – 5 StR 729/98 – NStZ 2000, 34 = StV 2000, 479 (Anm. Puppe, AT, 4. Aufl. 2019, § 26 Rn. 8 ff.; Otto JK 2000 StGB § 27/14; RA 2000, 92).
[62] Hierzu Bülte/Hagemeier NStZ 2015, 317.
[63] So Puppe, AT, 4. Aufl. 2019, § 25 Rn. 2; Lackner/Kühl, StGB, 29. Aufl. 2018, § 26 Rn. 5.
[64] So aber Joecks/Jäger, StGB, 13. Aufl. 2021, § 26 Rn. 22.
[65] Deutliche Verknüpfung mit der unerlaubten Risikosetzung bei Joecks/Scheinfeld, in: MK-StGB, 4. Aufl. 2020, § 26 Rn. 66.
[66] B. Heinrich, AT, 6. Aufl. 2019, Rn. 1288; näher Kasiske GA 2016, 756; Fahl Jura 2020, 431; Fahl JA 2021, 273.
[67] Hierzu Ostendorf/Frahm/Doege NStZ 2012, 529; Bosch Jura 2016, 381.
[68] Hierzu s. die Kommentare zum StGB; näher Dreher FS Gallas 1973, 307; Paeffgen FS Hanack 1999, 591; Kasiske GA 2016, 756; Hambel ZJS 2019, 10; Fahl Jura 2020, 431; aus der Rspr. vgl. zuletzt BGH B. v. 19.06.2018 – 4 StR 484/17 – NStZ-RR 2018, 308 = StV 2020, 169.

Überspannt werden dürfen die Anforderungen aber nicht, schließlich betrifft die eigentliche Bedeutung des § 111 StGB den Fall des § 111 II StGB, ferner ist eine letztlich aufgrund der (Haupt-)Tatbegehung erfolgreiche im Ausgangspunkt breitgestreute Suche nach einem Täter (etwa in Internetplattformen als ggf. gar gewissermaßen Auftragsausschreibung) angesichts etwaigen Interessentenzulaufs sicherlich nicht weniger gefährlich als das Ansprechen eines einzelnen Menschen. *De lege ferenda* sollten §§ 26 und 111 I StGB überschneidungsfrei harmonisiert werden.

Inhaltlich kann nur dann von einem unerlaubt gefährlichen Bestimmen gesprochen werden, wenn der Anstifter die **Tat hinreichend konkretisiert** hatte. Umstritten ist, wann dies der Fall ist.[69]

Beispiel 442

BGH U. v. 21.04.1986 – 2 StR 661/85 (Bank oder Tankstelle machen) – BGHSt 34, 63 = NJW 1986, 2770 = NStZ 1986, 407 = StV 1988, 419 (Anm. Roxin, Höchstrichterliche Rspr. AT, 1998, Nr. 83; Puppe, AT, 4. Aufl. 2019, § 25 Rn. 1 ff.; Geppert JK 1986 StGB § 26/3; Herzberg JuS 1987, 617; Sieg MDR 1987, 551; Günther StV 1988, 421):

B1 traf sich am 19.02.1983 mit B2, der nach einem Streit mit seinem Vater unter Mitnahme eines Revolvers und eines Pkw das Elternhaus verlassen hatte, um ins Ausland zu gehen. B2 erzählte dem B1, er wolle ins Ausland fliehen, weil er – was nicht zutraf – einen Türken angeschossen habe. B1 fragte B2, ob er Geld habe. Als B2 verneinte, schlug er ihm vor, dann solle er doch das Auto oder die Waffe verkaufen. B2 erklärte dazu, er wolle die Waffe behalten; das Auto könne er nicht verkaufen, weil es nicht auf ihn zugelassen sei. B1 hielt ihm entgegen, ohne Geld könne er nicht ins Ausland gehen. Er äußerte: „Dann müsstest Du eine Bank oder Tankstelle machen." B1 verabredete mit B2 ein weiteres Treffen für den 21.02.1983, 12.00 Uhr. Am Vormittag dieses Tages überfiel B2 eine Zweigstelle der Sparkasse; er bedrohte einen Bankangestellten mit dem Revolver, forderte ihn auf, Geld in seine Sporttasche zu füllen, und erbeutete auf diese Weise 39.775 DM. ◄

---

[69] Hierzu Lackner/Kühl, StGB, 29. Aufl. 2018, § 26 Rn. 5; näher Roxin FS Salger 1995, 129; Fahl Jura 2020, 431; aus der Rspr. vgl. zuletzt BGH U. v. 07.02.2017 – 1 StR 231/16 – NStZ 2017, 401 = StV 2018, 485 (Anm. Immel NStZ 2017, 404); BGH U. v. 21.02.2017 – 1 StR 223/16 – NStZ 2017, 465 (Anm. Puppe, AT, 4. Aufl. 2019, § 8 Rn. 10 ff.; Bock NStZ 2017, 468); BGH U. v. 25.10.2017 – 1 StR 146/17 – NStZ-RR 2018, 80 = StV 2018, 508 (Anm. Oğlakcıoğlu StV 2018, 510; Schulz-Merkel jurisPR-StrafR 9/2018 Anm. 5); BGH U. v. 07.11.2017 – 1 StR 195/17 – StV 2018, 519 (Anm. Abraham HRRS 2018, 164); BGH U. v. 11.07.2019 – 1 StR 634/18 – BGHSt 64, 152 = NJW 2020, 412 = StV 2020, 776 (Anm. Reuker jurisPR-StrafR 8/2020 Anm. 5; Gehm wistra 2020, 164).

Fraglich ist, ob B1 den B2 zu dessen (Haupt-)Tat (§§ 253, 255, 250 II Nr. 1 StGB) i. S. d. § 26 StGB bestimmt hat. Ist die Äußerung „eine Bank oder Tankstelle machen" hinreichend konkret?

Nach der Rspr.[70] und der h. L.[71] muss der Anstifter sein Ansinnen soweit konkretisieren, dass die Tat als individualisierbares Geschehen erkennbar ist.

Teilweise wird aber auch vertreten, dass es ausreiche, wenn die wesentlichen Dimensionen des Unrechts festgelegt würden.[72]

Die Unterscheidungskraft dieser formelhaften Wendungen ist ohnehin begrenzt. Eher andersherum sollte man den Bereich akzeptierter Gefahrschaffungen auf ganz allgemeine Ausführungen, Überlegungen, Empfehlungen, Brainstormings, „Schnapsideen" o. ä. beschränken, zumal bei bloß groben Motiven (etwa Geldmangel, Rache oder „Streich").

(cc) Sog. agent provocateur (Lockspitzel, Tatprovokation)

▶ Didaktische Aufsätze:

- Maaß, Die Behandlung des „agent provocateur" im Strafrecht, Jura 1981, 514
- Herzberg, Der agent provocateur und die „besonderen persönlichen Merkmale" (§ 28 StGB), JuS 1983, 737
- Suhr, Zur Strafbarkeit von verdeckt operierenden Polizeibeamten, JA 1985, 629
- Deiters, Der agent provocateur, JuS 2006, 302
- Rönnau, Grundwissen – Strafrecht: Agent provocateur, JuS 2015, 19

34 Als „agent provocateur" (Lockspitzel, Tatprovokateur) bezeichnet man denjenigen, der einen späteren (Haupt-)Täter anstiftet, um diesen zu überführen; umstritten ist, ob ein solches Verhalten eine Anstiftung gem. § 26 StGB verwirklichen kann, falls es zu einer tauglichen (Haupt-)Tat kommt.[73]

Eine Sonderdogmatik des sog. agent provocateurs darf es nicht geben, so dass ein ggf. empfundenes Straffreiheitsbedürfnis (erst recht bzgl. Amtsträgern, insbesondere Polizisten, die dergestalt aktiv werden) nicht davon entbindet, das etwaige abzulehnende Tatbestandsmerkmal zu benennen und sorgfältig begründet abzulehnen. Bei Bejahung des Tatbestands hülfe. u. U. § 34 StGB als Rechtfertigungsgrund.

---

[70] S. nur BGH U. v. 21.04.1986 – 2 StR 661/85 (Bank oder Tankstelle machen) – BGHSt 34, 63.
[71] S. Joecks/Jäger, StGB, 13. Aufl. 2021, § 26 Rn. 22f.
[72] Roxin, AT II, 2003, § 26 Rn. 136.
[73] Hierzu Hillenkamp/Cornelius, 32 Probleme aus dem Strafrecht AT, 15. Aufl. 2017, 24. P.; näher Stratenwerth MDR 1953, 717; Plate ZStW 1972, 294; Küper GA 1974, 321; Franzheim NJW 1979, 2014; Maaß Jura 1981, 514; Körner StV 1982, 382; Herzberg JuS 1983, 737; Seelmann ZStW 1983, 797; Suhr JA 1985, 629; Ostendorf StV 1985, 73; Sommer JR 1986, 485; Deiters JuS 2006, 302; Rönnau JuS 2015, 19; aus der Rspr. vgl. OLG Oldenburg B. v. 04.03.1999 – Ss 40/99 – NJW 1999, 2751 (Anm. Geppert JK 2000 StGB § 26/6); BGH B. v. 21.06.2007 – 3 StR 216/07 – NStZ 2008, 41 = StV 2007, 527 (Anm. Geppert JK 2008 StGB § 26/8).

Während die wohl h. M.[74] erst den subjektiven Tatbestand problematisiert, bemühen sich andere (zunächst) um eine restriktive Erarbeitung des objektiven Tatbestands, namentlich im Lichte der unerlaubten Gefahrschaffung („objektive Zurechnung" I).[75]

In der Tat kann es erstens schon an einer Gefahrschaffung fehlen, wenn nur ein sog. untauglicher Versuch veranlasst werden sollte, s. o. Zweitens kann ein eingegangenes Risiko des Erfolgseintritts so gering sein, dass es gesellschaftlich als Restrisiko in Abwägung zu den Zielen der Tatprovokation hinzunehmen ist (etwa bei Überwachung der Tat durch die Polizei, die aus ganz unwahrscheinlichen Gründen nicht zur Ergreifung des Täters führt). Drittens könnte man dies sogar bei hoher Wahrscheinlichkeit des Erfolgseintritts vertreten, wen nur sichergestellt wird, dass das Rechtsgut nicht oder nicht erheblich (etwa weil rasch reversibel) geschädigt wird (man also z. B. einem Dieb die Beute rasch nach ganz kurzer Zeit wieder abnehmen kann). Letzteres birgt freilich aufgrund Aufweichens der Grenze der formellen Vollendung Rechtsunsicherheiten, abgesehen davon, dass der Bezugspunkt der unerlaubten Gefahrschaffung eben die Deliktsvollendung und nicht eine Beendigung oder eine Rechtsgutsverletzung ist; hier genügt eine etwaige Rechtfertigung.

Die h. M. gelangt zu ähnlichen Ergebnissen, wenn auch erst im subjektiven Tatbestand:

Unproblematisch straflos ist der sog. agent provocateur, der lediglich die Begehung einer versuchten (Haupt-)Tat in seinen Vorsatz aufgenommen hat, hier mangelt es nämlich am Vollendungsvorsatz.

Beispiel 443

BayObLG B. v. 03.10.1978 – RReg. 3 St 230/78 – NJW 1979, 729 (Anm. Geilen JK 1979 StGB § 242/1; Hassemer JuS 1979, 295; Paeffgen JR 1979, 297):
Am 14.04.1977 entwendete B1, die damals in einer Klinik als Schwesternhelferin tätig war, aus einer auf einem Tisch in einem Krankenzimmer abgestellten Handtasche eine Geldbörse mit 110 DM Inhalt. Zur Aufklärung des Diebstahls schaltete die Krankenhausverwaltung den Polizisten B2 ein. Dieser präparierte ihm zur Verfügung gestellte Geldscheine und ließ sie in einem anderen Krankenzimmer in eine Geldbörse legen, die in eine auf dem Nachtkästchen abgestellte Toilettentasche gesteckt wurde. Sodann beauftragte die Stationsschwester B3 am 25.04.1977 die B1, die Nachtkästchen abzustauben. Bei dieser Gelegenheit entnahm B1 der Geldbörse einen präparierten 50-DM-Schein und verstaute ihn zunächst in einer Tasche ihres Kittels. Sodann versteckte sie das Geld in der Wäschekammer. ◄

---

[74] S. nur Wessels/Beulke/Satzger, AT, 50. Aufl. 2020, Rn. 892 f.
[75] Joecks/Scheinfeld, in: MK-StGB, 4. Aufl. 2020, § 26 Rn. 60.

Aufgrund Einverständnisses in den Gewahrsamswechsel liegt mangels Wegnahme lediglich ein versuchter Diebstahl vor, so dass es der Anstiftung an Vollendungsgefahr, spätestens Vollendungsvorsatz fehlt.

36 Problematisch ist der Ausschluss des Anstiftervorsatzes dann, wenn Vollendungsvorsatz vorliegt und der (Haupt-)Täter erst nach Vollendung der (Haupt-)Tat überführt werden sollte.

Beispiel 444

Polizist B1 wollte endlich den stadtbekannten Dieb B2 überführen. Er überredete ihn, in eine bestimmte Villa einzusteigen und dort wertvolle Goldmünzen zu entwenden. Der Eigentümer und Gewahrsamsinhaber Z wusste von nichts. B2 hatte bereits einige Münzen in seine Jackeninnentasche gesteckt. Dies hatte B1 billigend in Kauf genommen, weil er den B2 ohnehin nach dem Verlassen der Villa verhaften wollte. ◄

Hier hatte B1 Eventualvorsatz hinsichtlich der Vollendung der Wegnahme aufgrund Gewahrsamsübergangs.

Während Teile der Lehre[76] in diesen Fällen der Deliktsvollendung einen Anstiftungsvorsatz des agent provocateur bejahen, verneinen die Rspr.[77] und die h. L.[78] einen solchen.

Von besonderer Bedeutung ist diese Frage bei der Bekämpfung von Betäubungsmittelkriminalität, da die nicht examensrelevanten Delikte des BtMG sehr früh vollendet werden.

Sehr fraglich ist überdies die Auswirkung einer Tatprovokation auf den (Haupt-)Täter[79] zumindest dann, wenn dieser bislang unverdächtig und nicht tatgeneigt war.

Beispiel 445

BGH U. v. 18.11.1999 – 1 StR 221/99 – BGHSt 45, 321 = NJW 2000, 1123 = NStZ 2000, 269 = StV 2000, 57 (Anm. Endriß/Kinzig StraFo 1998, 299; Geppert JK 2000 MRK Art. 6 I/1; Lesch JA 2000, 450; Kudlich JuS

---

[76] Z. B. Hoyer, in: SK-StGB, 9. Aufl. 2017, vor § 26 Rn. 69.
[77] S. o.
[78] S. nur B. Heinrich, AT, 6. Aufl. 2019, Rn. 1315.
[79] Hierzu Meyer-Goßner/Schmitt, StPO, 64. Aufl. 2021, Einl. Rn. 148a; Rössner/Safferling, 30 Probleme aus dem Strafprozessrecht, 3. Aufl. 2017, 4. P.; näher Lüderssen FS Peters 1974, 349; Franzheim NJW 1979, 2014; Maaß Jura 1981, 514; Sieg StV 1981, 636; Körner StV 1982, 382; Dencker FS Dünnebier 1982, 447; Seelmann ZStW 1983, 797; Foth NJW 1984, 221; Taschke StV 1984, 178; Herzog NStZ 1985, 153; Creutz ZRP 1988, 415; Fischer/Maul NStZ 1992, 7; Maul FS 50 Jahre BGH 2000, 569; Kreuzer FS Schreiber 2003, 225; Eschelbach GA 2015, 545; Roxin FS Beulke 2015, 987; Güntge FS Ostendorf 2015, 387; Dölp StraFo 2016, 265; Schmidt ZIS 2017, 56; Jahn/Hübner StV 2020, 207; aus der Rspr. vgl. zuletzt BGH U. v. 04.07.2018 – 5 StR 650/17 (Anm. Conen StV 2019, 358); BGH B. v. 07.10.2019 – 1 StR 206/19 – NStZ-RR 2020, 30; EGMR U. v. 15.10.2020 – 40495/15 (Akbay) – StV-S 2021, 1 (Anm. Hübner HRRS 2020, 441; Payandeh JuS 2021, 185).

2000, 951; LL 2000, 485; RA 2000, 277; famos 6/2000; Endriß/Kinzig NStZ 2000, 271; Sinner/Kreuzer StV 2000, 114; Lesch JR 2000, 434; Roxin JZ 2000, 368; Sommer StraFo 2000, 150; Weber NStZ 2002, 50):

Im Juli 1997 sprach B1, eine Vertrauensperson der Polizei (VP), den B2 in einer Versicherungsangelegenheit an. Im Verlauf des Gesprächs fragte B1, ob dieser jemanden kenne, der 1 kg Kokain besorgen könnte. B2 erklärte, er mache keine solchen Geschäfte und verfüge auch nicht über entsprechende Kontakte. In den folgenden Wochen erfolgten zwei weitere Anfragen durch B1. B1 stellte dem B2 dabei einen Gewinn in Höhe von etwa 5000 DM in Aussicht. B2 lehnte jeweils erneut ab. Erst nach einer vierten Anfrage – etwa einen Monat nach der ersten Anfrage – sagte der B2 zu, er werde sich umhören. B2 sprach den ihm als Drogenkonsumenten bekannten B3 an, der ihn an einen gemeinsamen Bekannten, den B4, verwies. Dieser hielt es für möglich, dass ein weiterer Landsmann, der B5, von dem er laufend Kokain zum Eigenkonsum bezog, über eine ausreichende Quelle verfüge. B5 ließ sich vom B2 den B1 vorstellen. Dieser gab zu verstehen, dass hinter ihm ein finanzkräftiger Käufer stehe, der bereit sei, über 100.000 DM für 1 kg Kokain zu bezahlen. Die Beteiligten verständigten sich, dass das Geschäft im Oktober 1997 abgewickelt werden sollte. Bei der Übergabe von rund 1 kg Kokain an den von B1 herangeführten polizeilichen Scheinaufkäufer und nach Erhalt des Kaufpreises wurden die B2, B3, B4 und B5 festgenommen. ◄

Nach h. M.[80] ist aber abgesehen von Extremfällen auch bei Verstoß gegen das Prinzip des fairen Verfahrens gem. Art. 6 I EMRK weder ein Strafausschließungsgrund noch ein Verfahrenshindernis oder Beweisverwertungsverbot anzunehmen, sondern lediglich eine **Strafmilderung**. Jedenfalls bleibt die Rechtswidrigkeit der (Haupt-)Tat und somit die Teilnahmefähigkeit erhalten.

(c) Konkrete Unerlaubtheit
(aa) Anstifter als tauglicher Tatgegenstand (Tatopfer)

▶ Didaktischer Aufsatz:

- Nowak, Der Tatteilnehmer als sein eigenes Opfer – Zugleich Überlegungen zum Strafzweck der Anstiftung, JuS 2004, 197

Zur konkrete Unerlaubtheit der Gefahrschaffung vgl. o. beim Täterschaftsdelikt. 37
Im Hinblick auf das Teilnahmedelikt lässt sich die Frage der „Opfer"einstellung zum Rechtsgut auch als Frage der tauglichen **Tatsubjektsqualität** auffassen: Die (Haupt-)Tat muss gegenüber einem anderen als dem Anstifter begangen werden; dieser kann nicht Opfer seines eigenen mittelbaren Rechtsgutsangriffs sein. Wenn

---

[80] S. o.

die (Haupt-)Tat überhaupt trotz Zustimmung des Opfers in die Tatbegehung begangen werden kann – was angesichts der Disponibilität der weitaus meisten Individualrechtsgüter sich auf vorsätzliche Tötungsdelikte beschränkt, vgl. ferner § 228 StGB – so ist es selbst dann aufgrund der Teleologie der Teilnahmestrafbarkeit so, dass eine Teilnahme an einem Delikt gegen ein eigenes Individualrechtsgut des Teilnehmers nicht strafbar ist; das **Rechtsgut** der (Haupt-)Tat muss auch **gegenüber dem Teilnehmer** geschützt sein.[81]

Beispiel 446

B1 forderte B2 auf, ihn zu töten. B2 schritt zur Tat, B1 überlebte aber. ◄

Die Anstiftung zur versuchten Tötung auf Verlangen (§§ 216, 26 StGB) an sich selbst kann aufgrund der Erlaubtheit des Suizids nicht strafbar sein (Rechtsgut der Tötungsdelikte ist nur der Schutz fremden Lebens).

(bb) Sog. notwendige Teilnahme

38 Als sog. **notwendige Teilnahme**[82] bezeichnet man Konstellationen, bei denen der Tatbestand gesetzlich nur dergestalt erfüllt werden kann, dass mindestens zwei Menschen beteiligt sind.[83] Man unterscheidet sog. Konvergenzdelikte, bei denen mehrere Beteiligte nebeneinander oder nacheinander gleichgerichtete Handlungen im Hinblick auf dieselbe Rechtsgutsbeeinträchtigung ausführen (z. B. §§ 121, 125, 224 I Nr. 4 StGB) – hier gelten keine Besonderheiten – und sog. Begegnungsdelikte, bei denen mehrere Beteiligte von verschiedenen Seiten her aufeinander und damit das Rechtsgut einwirken (nämlich als Täter und Opfer), z. B. §§ 120, 174, 180, 181a, 201, 216, 291 StGB. Die Behandlung dieser Deliktsgruppe ist i. E. umstritten; jedenfalls ist ein Beteiligter straflos, wenn er durch den Tatbestand gerade geschützt werden soll (z. B. der Bewucherte in § 291 StGB), der Anstifter ist hier kein taugliches Tatsubjekt des Anstiftungsdelikts, vgl. o.

---

[81] Hoyer, in: SK-StGB, 9. Aufl. 2017, vor § 26 Rn. 31; näher Ebert JZ 1983, 633; Nowak JuS 2004, 197.

[82] Hierzu Krey/Esser, AT, 6. Aufl. 2016, Rn. 1031 f.; näher Otto FS Lange 1976, 197; Wolter JuS 1982, 343; Herrlein/Werner JA 1994, 561; Graalmann-Scheerer GA 1995, 349; Magata Jura 1999, 246; aus der Rspr. vgl. zuletzt OLG Stuttgart U. v. 23.07.2015 – 2 Ss 94/15 – NStZ 2016, 155 (Anm. RÜ 2015, 713; Kunkel jurisPR-StrafR 20/2015 Anm. 4; Niehaus DAR 2015, 720; Hecker JuS 2016, 82; LL 2016, 37; Dehne-Niemann HRRS 2016, 453; Mitsch NZV 2016, 564); BVerfG B. v. 21.12.2015 – 2 BvR 2347/15 – NJW 2016, 558 (Anm. Weißer ZJS 2016, 525; Fateh/Moghadam MedR 2016, 714.); LG Heilbronn B. v. 09.03.2017 – 8 KLs 24 Js 28058/15 (Anm. RÜ 2017, 504; Borutta jurisPR-StrafR 8/2017 Anm. 4); OLG Stuttgart B. v. 07.04.2017 – 1 Ws 42/17 – NJW 2017, 1971 (Anm. Kudlich JA 2017, 632; Hecker JuS 2017, 795; LL 2017, 836; Hecker NJW 2017, 1973; Lampe jurisPR-StrafR 12/2017 Anm. 2; Böse ZJS 2018, 189); BGH B. v. 21.07.2020 – 2 StR 99/19 – NJW 2021, 247 = NStZ-RR 2020, 373 (Anm. Brand NJW 2021, 249).

[83] Hoyer, in: SK-StGB, 9. Aufl. 2017, vor § 26 Rn. 72.

B. Vollendete Teilnahme durch Begehen

dd) Zwischenerfolgseintritt: Anderer Mensch fasst Beweggrund für die Begehung einer vorsätzlichen rechtswidrigen (Haupt-)Tat
Als Zwischenerfolg des Anstiftungsdelikts muss der (Haupt-)Täter einen Beweggrund erlangt haben, den er als Tatentschluss in der (Haupt-)Tat betätigt. 39
Dies muss weder der erste noch der einzige Beweggrund sein; zur fehlerträchtigen Rechtsfigur des sog. *omnimodo facturus* s. o.

ee) Erfolgseintritt: Begehung einer vorsätzlichen rechtswidrigen (Haupt-)Tat durch anderen Menschen
Der **Erfolg** der Anstiftung ist die vorsätzliche rechtswidrige (Haupt-)Tat des (Haupt-)Täters. 40
Während die Gefahrschaffung *ex ante* auf eine Vollendung des Delikts gerichtet gewesen sein muss, genügt als bereits die Anstiftungsstrafbarkeit auslösender Erfolgseintritt des Anstiftungsdelikts schon die bloß versuchte (Haupt-)Tat, gewissermaßen als Teilverhaltensfolge, für die der Anstifter wiederum limitiert akzessorisch haftet.

ff) Verursachung von Zwischenerfolg und Erfolg
Die Handlung des Anstifters muss den in der (Haupt-)Tat betätigten Tatentschluss des (Haupt-)Täters verursacht haben, damit ein Bestimmen vorliegt. 41
Es gelten dieselben Kausalitätslehren wie beim Täterschaftsdelikt. Insbesondere genügt **Mitursächlichkeit**.[84] Angesichts der dem Gesetzgeber seit jeher bekannten Grenzen biologisch-medizinischen Wissens bzgl. des Wirkens menschlicher Willensbildungsprozesse ist die Fassung des § 26 StGB, will man gespaltene Kausalitätsbegriffe vermeiden, eine zentrale Erwägung dafür, sich auch *ex post* mit probabilistischer Kausalität zufrieden zu geben, vgl. o.

gg) Verwirklichung der unerlaubten Gefahrschaffung im Eintritt von Zwischenerfolg und Erfolg

▶ Didaktischer Aufsatz:

- Kretschmer, Welchen Einfluss hat die Lehre der objektiven Zurechnung auf das Teilnahmeunrecht?, Jura 2008, 265

In dem in der (Haupt-)Tat betätigten Tatentschluss des (Haupt-)Täters muss sich die unerlaubte Gefahrschaffung verwirklicht haben. 42

---

[84] Fischer, StGB, 68. Aufl. 2021, § 26 Rn. 4; aus der Rspr. vgl. zuletzt BGH U. v. 07.02.2017 – 1 StR 231/16 – NStZ 2017, 401 = StV 2018, 485 (Anm. Immel NStZ 2017, 404); BGH U. v. 25.10.2017 – 1 StR 146/17 – NStZ-RR 2018, 80 = StV 2018, 508 (Anm. Oğlakcıoğlu StV 2018, 510; Schulz-Merkel jurisPR-StrafR 9/2018 Anm. 5); BGH U. v. 07.11.2017 – 1 StR 195/17 – StV 2018, 519 (Anm. Abraham HRRS 2018, 164); BGH U. v. 11.07.2019 – 1 StR 634/18 – BGHSt 64, 152 = NJW 2020, 412 = StV 2020, 776 (Anm. Reuker jurisPR-StrafR 8/2020 Anm. 5; Gehm wistra 2020, 164); BGH B. v. 13.05.2020 – 5 StR 614/19 – NJW 2020, 3610 = NStZ-RR 2020, 278 (Anm. Bosch Jura 2020, 1145; RÜ 2020, 709; Basar jurisPR-StrafR 4/2021 Anm. 4).

Es gilt das beim Täterschaftsdelikt Ausgeführte („objektive Zurechnung" II), s. o., auch zu den diskutierten Konstellationen (insbesondere etwa sog. atypische Kausalverläufe, auch inkl. vorsätzlicher sog. Exzesse). Die verbreitete allzu rasche Bejahung der Risikorealisierung führt zu Verschiebungen der Problematiken in den subjektiven Tatbestand mit Folgeproblemen bzgl. der Auslegung des § 16 I 1 StGB, namentlich worauf sich die Umstandskenntnis bzgl. „Kausalverläufen" beziehen muss. Schon damit nicht gesetzesfern überschießende Innentendenzen bzgl. wesentlicher und unwesentlicher „Abweichungen" erzeugt werden, ist sorgfältig zu erwägen, ob bei eher ungewöhnlichen Geschehensabläufen überhaupt von objektiver Verwirklichung der vom Anstifter unerlaubt geschaffenen Gefahr in der (Haupt-)Tatbegehung die Rede sein kann, zumal etwa bei Divergenzen zu im Bestimmensakt erhaltenen Vorgaben.[85] Erwogen werden mag auch, in Fällen sog. Abstiftung, falls man eine Gefahrneuschaffung bejaht hat, die Gefahrrealisierung zu verwerfen.

hh) „Täterschaft" bzgl. Bestimmen

▶ Didaktischer Aufsatz:

- Küpper, Besondere Erscheinungsformen der Anstiftung, JuS 1996, 23

43 Nicht abschließend geklärt ist, ob das Bestimmen i. S. d. § 26 StGB dadurch von einer Teilnahme an der Anstiftungstat eines anderen unterschieden werden muss, dass man § 25 StGB heranzieht, also gewissermaßen Anstiftungstäterschaft verlangt.[86] Jedenfalls der Sache nach geschieht das, da einerseits eine bloße Beihilfe zur Anstiftung eines anderen als Beihilfe zur (Haupt-)Tat angesehen wird und eine Anstiftung zur Anstiftung als mittelbare Anstiftung zur (Haupt-)Tat, s. o., und andererseits eine „mittäterschaftliche Anstiftung"[87] (Bezugnahme also auf § 25 II StGB, zumindest entsprechend) sowie eine Anstiftung in sog. mittelbarer Täterschaft (Bezugnahme also auf § 25 I 2. Var. StGB, zumindest entsprechend) weitgehend konsentiert ist.[88] Auch wenn die Unterscheidung der verschiedenen Täterschaftsformen nach Maßgabe des § 25 StGB entbehrlich bzw. eher phänomenologisch ist (vgl. o. beim Täterschaftsdelikt, was bzgl. der Teilnahmedelikte erst recht gilt), bleibt jedenfalls die Aufgabe, zu bloßen Teilnahmeakten abzugrenzen; hier gelten die beim Täterschaftsdelikt angeführten Kriterien.

---

[85] S. auch Joecks/Scheinfeld, in: MK-StGB, 4. Aufl. 2020, § 26 Rn. 93.
[86] Hierzu Lackner/Kühl, StGB, 29. Aufl. 2018, § 26 Rn. 8.
[87] H.M., hierzu Hoyer, in: SK-StGB, 9. Aufl. 2017, § 26 Rn. 31; näher Küpper JuS 1996, 23; aus der Rspr. vgl. BGH U. v. 22.03.2000 – 3 StR 10/00 – NStZ 2000, 421 (Anm. RA 2000, 456; Otto JK 2001 StGB § 26/7; LL 2001, 32).
[88] S. Heine/Weißer, in: Schönke/Schröder, StGB, 30. Aufl. 2019, § 26 Rn. 5 (in der Überschrift zurückhaltender als „Mittelbare Anstiftung und Mitanstiftung" bezeichnet.

b) Subjektiver Tatbestand

▶ Didaktischer Aufsatz:

- Satzger, Teilnehmerstrafbarkeit und „Doppelvorsatz", Jura 2008, 514
- Fahl, Bestimmtheitsanforderungen bei Anstiftung und Aufforderung – zum Verhältnis von § 26 StGB zu § 111 StGB, Jura 2020, 431

aa) Allgemeines; Irrtum über Tatumstände, § 16 StGB

In § 26 StGB wird ausdrücklich klargestellt, dass der Anstifter (allgemeinen Regeln folgend, §§ 15, 16 StGB) **vorsätzlich** gehandelt haben muss. Üblicherweise[89] bezeichnet man den Anstiftervorsatz als doppelten (bzgl. der sog. Haupttat und andererseits bzgl. des Bestimmens), was aber irreführend ist, da es sich um einen einzigen Vorsatz handelt, der sich wie sonst auch auf alle und daher mehrere Tatbestandsmerkmale bezieht. Dies betrifft auch ggf. qualifizierende Merkmale[90] (bei diesbzgl. mangelndem Vorsatz greift aber eine Anstiftung zum darin Grunddelikt, was auch für andere Stufenverhältnisse gilt,[91] nicht aber bei einem *aliud*, selbst wenn eine gewisse Ähnlichkeit der Tatbestände besteht). Mangelt es an einem Anstiftungsvorsatz im Hinblick auf bestimmte vom (Haupt-)Täter verursachte Folgen, so kommt ggf. die Anstiftung zu einer Erfolgsqualifikation in Betracht, z. B. den §§ 227, 251 StGB, hier genügt bzgl. der schweren Folge Fahrlässigkeit bzw. Leichtfertigkeit.[92]

44

Der Vorsatz des Anstifters muss sich nur auf die Umstände beziehen, welche die vorsätzliche rechtswidrige (Haupt-)Tat verwirklichen; er muss nicht selbst die Bewertung nachvollzogen haben.[93]

Es gelten die beim Täterschaftsdelikt ausgeführten Lehren bzgl. Vorsatz und Irrtümern über Tatumstände i. S. d. § 16 StGB.

(Eventual-)Vorsatz i. S. d. § 15 StGB genügt[94] wie für Täterschaft grundsätzlich auch, so dass es auf eine darüber hinausweisende Ernsthaftigkeit o. ä. nicht an-

---

[89] Etwa Wessels/Beulke/Satzger, AT, 50. Aufl. 2020, Rn. 888; aus der Rspr. vgl. zuletzt BGH B. v. 27.10.2020 – 1 StR 350/20 – NStZ-RR 2021, 49 = StV-S 2021, 21.

[90] Aus der Rspr. vgl. BGH U. v. 15.12.1981 – 1 StR 733/81 – NJW 1982, 2738 = NStZ 1982, 171 = StV 1982, 208.

[91] S. Hoyer, in: SK-StGB, 9. Aufl. 2017, § 26 Rn. 27; aus der Rspr. vgl. BGH U. v. 24.04.1951 – 1 StR 130/51 – BGHSt 1, 131; BGH U. v. 28.02.1956 – 1 StR 536/55 – BGHSt 9, 131 = NJW 1956, 1038 (Anm. Schneider NJW 1956, 1364; Kaufmann JZ 1956, 606); BGH U. v. 12.02.1987 – 4 StR 652/86 (Anm. Sonnen JA 1987, 394).

[92] Fischer, StGB, 68. Aufl. 2021, § 227 Rn. 10; aus der Rspr. vgl. zuletzt BGH U. v. 25.11.2015 – 1 StR 349/15 – NStZ-RR 2016, 43 (Anm. Hecker JuS 2016, 364; RÜ 2016, 230; Satzger Jura 2017, 115).

[93] Hoyer, in: SK-StGB, 9. Aufl. 2017, vor § 26 Rn. 41; aus der Rspr. vgl. BayObLG U. v. 27.03.1991 – RReg. 4 St 198/90 – NJW 1991, 2582 (Anm. Wild JuS 1992, 911; Wolf JR 1992, 428).

[94] Kindhäuser/Hilgendorf, LPK, 8. Aufl. 2019, § 26 Rn. 27; aus der Rspr. vgl. zuletzt BGH U. v. 07.02.2017 – 1 StR 231/16 – NStZ 2017, 401 = StV 2018, 485 (Anm. Immel NStZ 2017, 404); BGH U. v. 25.10.2017 – 1 StR 146/17 – NStZ-RR 2018, 80 = StV 2018, 508 (Anm. Oğlakcıoğlu StV 2018, 510; Schulz-Merkel jurisPR-StrafR 9/2018 Anm. 5); BGH U. v. 11.07.2019 – 1 StR 634/18 – BGHSt 64, 152 = NJW 2020, 412 = StV 2020, 776 (Anm. Reuker jurisPR-StrafR 8/2020 Anm. 5; Gehm wistra 2020, 164); BGH B. v. 27.10.2020 – 1 StR 350/20 – NStZ-RR 2021, 49 = StV-S 2021, 21.

kommt. Sog. alternativer oder kumulativer Vorsatz liegt je nach Detailgrad der Tatentschlussverursachung nicht fern.[95] Zur Kontroverse bzgl. erhöhter subjektiven Anforderungen bei sog. neutralen Handlungen s. o. und v. a. s. u. bei § 27 StGB.

Als in Relation zum tatsächlich nötigen Erfolgseintritt (hier genügt ein Versuch) überschießende Innentendenz ist im subjektiven Anstiftungstatbestand Vorsatz dahingehend erforderlich, dass es zur **Vollendung** der (Haupt-)Tat kommen soll.[96] Dies ergibt sich freilich an dieser Stelle daraus zwanglos, dass ganz allgemein Vorsatz bzgl. der Gefahr des Erfolgseintritts erforderlich ist; dazu, dass es sich schon objektiv um eine Vollendungsgefahr handeln muss, s. o. Nur dann lässt sich von einem eigenen Rechtsgutsangriffs des Anstifters kumulativ zum Zurechnungsgedanken sprechen. Soll die (Haupt-)Tat geplantermaßen im Versuch stecken bleiben, bezeichnet man einen solchen Tatveranlasser als „agent provocateur", der nach Maßgabe der objektiven Vollendungsgrenze häufig schon nicht objektiv tatbestandsmäßig agiert, s. o.; falls dieser die objektiven Tatbestandsvoraussetzungen erfüllen sollte, kommt mangelnder Vollendungsvorsatz oder ein Fall des § 16 I 1 StGB in Betracht.

Einer weiteren überschießende Innentendenz in Gestalt einer **Konkretisierung** des Anstiftervorsatzes im Hinblick auf (Haupt-)**Täter** und (Haupt-)**Tat** bzw. eines entsprechend eigenständigen Vorsatzbegriffs bedarf es entgegen der h. M.[97] (abgesehen von der Vagheit ihrer Formel: „Tat als konkret-individualisierbares Geschehen erkennbar") nicht,[98] sie wäre auch methodisch abzulehnen: Ganz unkonkrete Tatveranlassungen sind bereits mangels unerlaubter Gefahrschaffung oder -realisierung objektiv kein Bestimmen,[99] s. o.; i. Ü. sind gespaltene Vorsatzbegriffe bzgl. unterschiedlicher Beteiligungsformen schon mangels gesetzlicher Verankerung abzulehnen.

45   Sämtliche beim Täterschaftsdelikt unter § 16 StGB subsumierbare **Irrtümer über Tatumstände** kommen auch für einen Anstifter in Betracht. Eine Sonder-

---

[95] Vgl. Heine/Weißer, in: Schönke/Schröder, StGB, 30. Aufl. 2019, § 26 Rn. 18; aus der Rspr. vgl. BGH B. v. 12.09.1996 – 1 StR 509/96 – NStZ 1997, 281 = StV 1997, 410 (Anm. Otto JK 1998 StGB § 263/49).

[96] Kindhäuser/Hilgendorf, LPK, 8. Aufl. 2019, § 26 Rn. 30; aus der Rspr. vgl. RG U. v. 17.02.1887 – 99/87 – RGSt 15, 315; RG U. v. 28.03.1887 – 513/87 – RGSt 16, 25; RG U. v. 30.10.1899 – 3120/99 – RGSt 32, 353; RG U. v. 17.11.1904 – 1178/04 – RGSt 37, 321; RG U. v. 13.12.1910 – IV 1193/10 – RGSt 44, 172; RG U. v. 06.10.1921 – 339/21 – RGSt 56, 169.

[97] S. etwa Wessels/Beulke/Satzger, AT, 50. Aufl. 2020, Rn. 890 f.; näher Roxin FS Salger 1995, 129; Fahl Jura 2020, 431; aus der Rspr. vgl. zuletzt BGH U. v. 13.01.2015 – 1 StR 454/14 – NJW 2015, 967 = NStZ-RR 2015, 75; BGH U. v. 07.02.2017 – 1 StR 231/16 – NStZ 2017, 401 = StV 2018, 485 (Anm. Immel NStZ 2017, 404); BGH U. v. 21.02.2017 – 1 StR 223/16 – NStZ 2017, 465 (Anm. Puppe, AT, 4. Aufl. 2019, § 8 Rn. 10 ff.; Bock NStZ 2017, 468); BGH U. v. 25.10.2017 – 1 StR 146/17 – NStZ-RR 2018, 80 = StV 2018, 508 (Anm. Oğlakcıoğlu StV 2018, 510; Schulz-Merkel jurisPR-StrafR 9/2018 Anm. 5); BGH U. v. 07.11.2017 – 1 StR 195/17 – StV 2018, 519 (Anm. Abraham HRRS 2018, 164); BGH U. v. 11.07.2019 – 1 StR 634/18 – BGHSt 64, 152 = NJW 2020, 412 = StV 2020, 776 (Anm. Reuker jurisPR-StrafR 8/2020 Anm. 5; Gehm wistra 2020, 164).

[98] S. auch Hoyer, in: SK-StGB, 9. Aufl. 2017, § 26 Rn. 29 und vor § 26 Rn. 47.

[99] Joecks/Scheinfeld, in: MK-StGB, 4. Aufl. 2020, § 26 Rn. 66.

begrifflichkeit ist unnötig, auch wenn es insbesondere verbreitet ist, den sog. **Haupttäterexzess** als Fallgruppe mangelnder Anstiftung zu problematisieren.[100] Falls überhaupt der objektive Tatbestand erfüllt ist, so kann es selbstverständlich am Anstiftervorsatz bzgl. der Begehung der tatsächlich geschehenen (Haupt-)Tat mangeln;[101] in Betracht kommen dann die versuchte Beteiligung gem. § 30 StGB sowie Fahrlässigkeitsdelikte.

Für sonstige **Abweichungen**[102] gelten ebenfalls die auch für das Täterschaftsdelikt anzuwenden objektiven und subjektiven Grundsätze zur sog. Kausalverlaufsabweichung bzw. zum sog. Irrtum über den Kausalverlauf, s. jeweils o. Naturgemäß ist das Ziehen einer rechtssicheren Grenze zwischen zuzurechnenden und nicht mehr zuzurechnenden unwesentlichen oder wesentlichen Abweichungen nicht möglich; letztlich spielen vermutete Wahrscheinlichkeitsverteilungen bzgl. bestimmter Geschehensabläufe eine Rolle.

Vom Vorsatz des Anstifters umfasst sein muss auch die **Vorsätzlichkeit der (Haupt-)Tatbegehung**. Verkennt der Anstifter die Vorsätzlichkeit (irrige Annahme von sog. mittelbarer Täterschaft) so ist § 26 StGB richtigerweise angesichts des klaren Wortlauts nicht erfüllt, s. o.

Ferner muss der Anstifter vorsätzlich hinsichtlich der **Rechtswidrigkeit der (Haupt-)Tatbegehung** handeln.[103]

Der subjektive Tatbestand der Anstiftung hat gem. § 26 StGB **keine weiteren subjektiven Merkmale**, auch wenn die (Haupt-)Tat solche aufweist. Setzt die (Haupt-)Tat im subjektiven Tatbestand über den Vorsatz hinaus eine bestimmte Absicht voraus (z. B. subjektive Mordmerkmale i. S. d. § 211 StGB, die Zueignungsabsicht bei § 242 I StGB oder die Bereicherungsabsicht bei § 263 I StGB), so muss der Anstifter nur Vorsatz dahingehend haben, dass der (Haupt-)Täter den subjektiven Tatbestand voll verwirklicht.[104] Zur etwaigen Anwendbarkeit des § 28 StGB s. u.

bb) Insbesondere: Auswirkung eines *error in persona* des (Haupt-)Täters

▶ Didaktische Aufsätze:

- Geppert, Zum „error in persona vel obiecto" und zur „aberratio ictus", insbesondere vor dem Hintergrund der neuen „Rose-Rosahl-Entscheidung" (= BGHSt 37, 214 ff.), Jura 1992, 163

---

[100] Kindhäuser/Hilgendorf, LPK, 8. Aufl. 2019, § 26 Rn. 29; aus der Rspr. vgl. RG U. v. 09.11.1933 – II 321/33 – RGSt 67, 343; BGH U. v. 27.05.1998 – 3 StR 66/98 – NJW 1998, 3361 = NStZ 1998, 511 (Anm. Geppert JK 1999 StGB § 251/6; LL 1999, 32).
[101] Fischer, StGB, 68. Aufl. 2021, § 26 Rn. 15.
[102] Hierzu Fischer, StGB, 68. Aufl. 2021, § 26 Rn. 14 ff.; näher Montenbruck ZStW 1972, 323.
[103] S. etwa Hoyer, in: SK-StGB, 9. Aufl. 2017, § 26 Rn. 25; näher Schumann FS Stree/Wessels 1993, 383.
[104] Vgl. Hoyer, in: SK-StGB, 9. Aufl. 2017, § 26 Rn. 26; Joecks/Scheinfeld, in: MK-StGB, 4. Aufl. 2020, § 28 Rn. 36 ff.; aus der Rspr. vgl. RG U. v. 06.10.1921 – 339/21 – RGSt 56, 169.

- Toepel, Aspekte der Rose-Rosahl-Problematik, JA 1996, 886, JA 1997, 248 und 344
- Kudlich/Koch, Tatbestandsirrtum – error in persona – aberratio ictus, JA 2017, 827

46 Wenn der (Haupt-)Täter bei Begehung seiner Tat einem sog. *error in persona vel obiecto* unterliegt, ist dieser bei Gleichwertigkeit der Rechtsgüter mangels Subsumierbarkeit unter § 16 I 1 StGB unbeachtlich, s. o. beim Täterschaftsdelikt.

Wurde dieser Täter zur (Haupt-)Tat angestiftet, ist umstritten, wie sich der sog. *error in persona vel obiecto*, dem der (Haupt-)Täter unterlag, auf die Strafbarkeit des Anstifters auswirkt.[105]

Beispiel 447

vgl. PrOTr U. v. 05.05.1859 – GA 7 (1858), 322 und RG U. v. 20.08.1936 – 5 D 488/36 – RGSt 70, 296 (Rose-Rosahl) (Anm. Bemmann MDR 1958, 817; Alwart JuS 1979, 351; Dehne-Niemann Jura 2009, 373):

Der Holzhändler Rosahl aus Schiepzig (nahe Halle) versprach dem Arbeiter Rose, ihn reichlich zu belohnen, wenn er den Zimmermann Schliebe aus Lieskau erschösse. Rose legte sich daraufhin zwischen Lieskau und Schiepzig in den Hinterhalt, um Schliebe, den er genau kannte, aufzulauern. Während der Dämmerung sah er einen Mann des Weges daherkommen. Diesen erschoss er, da er ihn für Schliebe hielt. In Wirklichkeit war es der 17-jährige Kantorssohn Harnisch. ◀

Beispiel 448

BGH U. v. 25.10.1990 – 4 StR 371/90 (Hoferbe) – BGHSt 37, 214 = NJW 1991, 933 = NStZ 1991, 123 = StV 1991, 155 (Anm. Roxin, Höchstrichterliche Rspr. AT, 1998, Nr. 12; Puppe, AT, 4. Aufl. 2019, § 27 Rn. 5 ff.; Kaspar/Reinbacher, Casebook AT, 2020, Fall 26; Hemmer-BGH-Classics Strafrecht, 2003, Nr. 36; Geppert JK 1991 StGB § 26/4; Sonnen JA 1991, 103; Streng JuS 1991, 910; Puppe NStZ 1991, 124; Roxin JZ 1991, 680; Müller MDR 1991, 830; Geppert Jura 1992, 163; Küpper JR 1992, 294; Schlehofer GA 1992, 307; Kubiciel JA 2005, 694; Kudlich NJW 2017, 3097):

B1 hatte sich 1984 entschlossen, Z – seinen Sohn aus erster Ehe und Hoferben – zu töten. Er hatte dem Sohn den Hof gegen Einräumung eines Nießbrauchs übergeben; das Nießbrauchsrecht machte Z ihm aber streitig. Dieser ließ

---

[105] Hierzu Hillenkamp/Cornelius, 32 Probleme aus dem Strafrecht AT, 15. Aufl. 2017, 26. P.; näher Geppert Jura 1992, 163; Weßlau ZStW 1992, 105; Stratenwerth FS Baumann 1992, 57; Roxin FS Spendel 1992, 289; Bemmann FS Stree/Wessels 1993, 397; Toepel JA 1996, 886, JA 1997, 248 und 344; Kudlich/Koch JA 2017, 827.

sich auch – meist unter Alkohol – eine Reihe tätlicher Übergriffe zuschulden kommen. B1 fürchtete daher neben der Existenzvernichtung den Verlust seines Heimes und sah den häuslichen Frieden nachhaltig gestört. Obwohl er selbst finanziell von Landverkäufen des Sohnes profitiert und die Hofübergabe ihn von seinen Schulden befreit hatte, glaubte er, dass die Tötung des Sohnes zur eigenen Rettung und zur Rettung der Familie erforderlich sei. Es gelang ihm, den B2 gegen das Versprechen einer Geldsumme für die Tötung zu gewinnen; er selbst fühlte sich als Vater außerstande, die Tat zu begehen. B2 sollte Z im Pferdestall töten, den dieser bei seiner Heimkehr regelmäßig durchquerte; das nähere Vorgehen war ihm überlassen. Um sicherzugehen, dass andere Personen nicht zu Schaden kamen, unterrichtete B1 den B2 über die Gewohnheiten und das Aussehen seines Sohnes, ferner legte er ihm ein Lichtbild vor. Er suchte am 24.11.1985 B2 auf und setzte ihm im Hinblick auf mehrere gescheiterte Anläufe – bei einem von ihnen hatte B2 den Z auch gesehen – eine Frist zur Ausführung der Tat, welche nunmehr mit einem von B1 ausfindig gemachten Kleinkalibergewehr verübt werden sollte. B2 begab sich am 25.11.1985 zum Hof des B1 und in den Pferdestall. Er traf dort zufällig mit dem B1 zusammen, der sein Vorhaben erkannte und sich durch eine Frage vergewisserte, dass er Z werde identifizieren können. B2 wartete sodann in dem Stall auf das Erscheinen des Z. Es war dunkel, eine gewisse Helligkeit wurde lediglich dadurch erzeugt, dass Schnee lag. Gegen 19.00 Uhr betrat G, ein Nachbar, den Hof und öffnete die Stalltür. Er ähnelte Z in der Statur und führte in der Hand eine Tüte mit sich, wie dies auch Z zu tun pflegte. B2 nahm deshalb an, Z vor sich zu haben und erschoss den nichts ahnenden G aus kurzer Entfernung. ◄

Die frühere Rspr.[106] und Teile der Lehre[107] halten den für den Täter unbeachtlichen sog. *error in persona vel obiecto* auch beim Anstifter immer für unbeachtlich. Demgegenüber geht ein anderer Teil der Literatur davon aus, der sog. *error in persona vel obiecto* bedeute für den Anstifter immer eine sog. *aberratio ictus*.[108] Dann würde dieser – ggf. neben fahrlässiger Tötung – wegen versuchter Anstiftung zur Tötung haften, sofern man mit der h. M. die *aberratio ictus* als einen Anwendungsfall des § 16 I 1 StGB ansieht (was richtigerweise aber abzulehnen ist, s. o.).
Nach Auffassung der neueren Rspr.[109] und eines Teils der Literatur[110] ist ein solcher Irrtum des (Haupt-)Täters auch für den Anstifter unbeachtlich, wenn die Verwechslung sich im Rahmen des nach allgemeiner Lebenserfahrung Vorhersehbaren bewegt.

---

[106] PrOTr U. v. 05.05.1859 – GA 7 (1858), 322.
[107] Puppe, AT, 4. Aufl. 2019, § 27 Rn. 9 ff.
[108] Kühl, AT, 8. Aufl. 2017, § 20 Rn. 209.
[109] BGH U. v. 25.10.1990 – 4 StR 371/90 – BGHSt 37, 214.
[110] Küpper JR 1992, 296.

Eine anders differenzierende Auffassung unterscheidet zwischen solchen Konstellationen, in denen der Irrtum des Vordermanns auf einem vorsätzlichen oder fahrlässigen Lösen von den Vorgaben des Hintermanns beruht – dann sog. *aberratio ictus* –, und solchen, in denen der Irrtum auf einen Planungsfehler des Hintermanns zurückgeht.[111]

Zunächst einmal ist festzuhalten, dass bereits die Erfüllung des **objektiven Tatbestands** nicht selbstverständlich ist, da bei sehr unwahrscheinlichen Geschehensabläufen, v. a. bei starken (erst recht bewussten) Abweichungen von Vorgaben des Anstifters eine mangelnde Verwirklichung der unerlaubten Gefahrschaffung in Betracht kommt.

Der subjektive Tatbestand betrifft also nur Fälle, in denen die „objektive Zurechnung" bejaht wurde; mangels besonderer Vorsatzanforderungen kann es also nur Situationen betreffen, in denen der Anstifter die objektiven Risiken verkannte. Die Subsumtion der §§ 15, 16 I 1 StGB unterliegt sodann keinen Besonderheiten: Die Identität des Tatopfers ist weder unmittelbar noch mittelbar tatbestandsrelevant, eine entsprechende Fehlvorstellung ist tatbestandsextern und fällt nicht unter § 16 I 1 StGB, einerlei welche lateinische Bezeichnung man wählt. Die ohnehin eher naturalistisch anmutende „Abgrenzung" von sog. *error in persona* und sog. *aberratio ictus* versagt in Anstiftungsfällen noch häufiger, da der Anstifter das Angriffsobjektiv typischerweise nicht direkt vor Augen hat bzw. dem Täter vor Augen bringen kann, was Fehler vorprogrammiert. Der Wortlaut des § 26 StGB („gleich einem Täter") spricht ohnehin eher für als gegen eine besondere Irrtumslehre, zumal der Unterschied zwischen dem Aufhetzen eines Tiers und eines (Haupt-)Täters qualitativ und quantitativ im Hinblick auf etwaige Abweichungen nicht durchgreifend groß ist.

Dass zumindest eine Zurechnung des versuchten Delikts erfolgen muss, ergibt sich schon daraus, dass Vorstellung und also Vorsatz von Anstifter und Täter identisch sind, da und soweit der Täter das herbeiführen will, wofür der Anstifter vorsätzlich kausal wurde. Darüber hinaus aber ist auch eine Zurechnung des Erfolgs richtig, um der Akzessorietät der Anstiftung als Erfolgshaftung (s. o.) gerecht zu werden. Dies erspart auch eine schwierige Grenzziehung zwischen Verantwortungsbereichen für Irrtümer. Das sog. Binding'sche Blutbad-Argument (angenommen, der sog. Haupttäter schritte nach Erkennen seines Irrtums erneut zur Tat, irrt aber bei der nächsten Ausführung abermals, so fragt sich, ob der Anstifter als Anstifter zum „ganzen Gemetzel" ebenso vollumfänglich haften soll wie der irrende sog. Haupttäter) lässt sich dahingehend entkräften, dass ja die Tötung eines zweiten Menschen einen (quantitativen) Exzess des Täters bildet, der schon deswegen dem Anstifter nicht zuzurechnen ist (anders natürlich, wenn etwaiges erneutes Tätigwerden besprochen war).

---

[111] Hoyer, in: SK-StGB, 9. Aufl. 2017, vor § 26 Rn. 53.

Da es sich mithin letztlich nur um einen Spezialfall der Irrtümer über die Schaffung einer unerlaubten Gefahr, die Verursachung des Erfolgs und die Verwirklichung der unerlaubten Gefahr im Erfolgseintritt (sog. Irrtum über den Kausalverlauf, s. o.) handelt, ist der Rspr. und mancher Stimme im Schrifttum darin zuzustimmen, nach Vorhersehbarkeit, Lebenserfahrung, konkreter Fehlerverantwortlichkeit o. ä. zu differenzieren – es sind Umformulierungen der ins Subjektive gezogenen Fragen der unerlaubten Schaffung und Realisierung der Erfolgsgefahr.

4. Rechtswidrigkeit

Zur Rechtswidrigkeit als allgemeine zweite Prüfungsebene s. o. beim Täterschaftsdelikt. Eine hier zu prüfende eigene Rechtfertigung des Anstifters darf nicht verwechselt werden mit der Frage der Rechtfertigung der (Haupt-)Tat, da diese zum objektiven Tatbestand des Anstiftungsdelikts gehört. 47

5. Schuld

Zur Schuld als allgemeine dritte Prüfungsebene s. o. beim Täterschaftsdelikt. 48
Die Schuld des (Haupt-)Täters ist in jeder Hinsicht irrelevant.

6. Strafzumessung

a) Allgemeines

Wie beim Täterschaftsdelikt auch sind Aspekte der Strafzumessung für den Anstifter nur bei besonderem Anlass zu erörtern. Hierzu zählen neben Figuren des Allgemeinen Teils wie v. a. §§ 17 S. 2 und 21 StGB insbesondere sog. Regelbeispiele. Da die Strafzumessung höchstpersönlich ist, muss ein Teilnehmer sog. Regelbeispiele stets selbst verwirklichen;[112] freilich wird der Vorsatz bzgl. durch vom (Haupt-)Täter verwirklichte strafzumessungsrelevante Gesichtspunkte im Wege der allgemeinen Strafzumessung (§ 46 StGB) innerhalb des normalen Strafrahmens berücksichtigt werden. 49

b) Besondere persönliche Merkmale, § 28 StGB

▶ Didaktische Aufsätze:

- Schünemann, Die Bedeutung der „Besonderen persönlichen Merkmale" für die strafrechtliche Teilnehmer- und Vertreterhaftung, Jura 1980, 354 und 568
- Fischer/Gutzeit, Grundfragen zu § 28 StGB, JA 1998, 41
- Otto, Besondere persönliche Merkmale im Sinne des § 28 StGB, Jura 2004, 469
- Valerius, Besondere persönliche Merkmale, Jura 2013, 15

---

[112] Fischer, StGB, 68. Aufl. 2021, § 46 Rn. 105; aus der Rspr. vgl. BGH B. v. 21.09.1995 – 1 StR 316/95 – StV 1996, 87; BGH B. v. 13.09.2007 – 5 StR 65/07 (Anm. RA 2007, 734).

- Radtke, Besondere persönliche Merkmale gem. § 28 StGB, JuS 2018, 641
- Gerhold, Akzessorietätseinschränkungen und -durchbrechungen nach den §§ 28, 29 StGB in Klausur und Praxis, JA 2019, 81
- Gerhold, Grundfragen der Akzessorietät der Teilnahme bei Beteiligung mehrerer an einem vorsätzlichen Tötungsdelikt iSd §§ 211 f., 28 f. StGB, JA 2019, 721

aa) Grundlagen

50 Die Strafbarkeit des Anstifters bestimmt sich im Schuldspruch (Anstiftung zu welchem Delikt) und in der Rechtsfolge grundsätzlich nach der (Haupt-)Tat, sog. **Akzessorietät**, die freilich nach Maßgabe der §§ 26 und 29 StGB **limitiert** ist, s. o. Die Tatbestandsmerkmale der (Haupt-)Tat muss der Anstifter nicht selbst verwirklichen, er muss nur die objektiven und subjektiven Voraussetzungen des § 26 StGB erfüllen, insofern wird bei objektivem Bestimmen zur (Haupt-)Tat dem Anstifter alles zugerechnet, worauf sich sein Vorsatz bezieht.

§ 28 StGB enthält demgegenüber betreffend „**besondere persönliche Merkmale**" besondere Anordnungen, die ebenfalls als Limitierung, Lockerung oder Durchbrechung der Akzessorietät[113] bezeichnet werden können, wobei die Richtigkeit dieser Bezeichnungen auch davon abhängt, wie man die Rechtsfolgen des § 28 StGB handhabt. Folgt man der hiesigen Einordnung, dass die Norm durchgängig nur die Strafzumessung betrifft, so beschränkt dies die Lockerung etc. auf die Sanktionsebene.

> **§ 28 StGB (Besondere persönliche Merkmale)**
> (1) Fehlen besondere persönliche Merkmale (§ 14 Abs. 1), welche die Strafbarkeit des Täters begründen, beim Teilnehmer (Anstifter oder Gehilfe), so ist dessen Strafe nach § 49 Abs. 1 zu mildern.
> (2) Bestimmt das Gesetz, daß besondere persönliche Merkmale die Strafe schärfen, mildern oder ausschließen, so gilt das nur für den Beteiligten (Täter oder Teilnehmer), bei dem sie vorliegen.

Bei einem Merkmal, das unter § 28 I oder II StGB fällt, kommt es also darauf an, ob der Teilnehmer **selbst** dieses **verwirklicht**, es genügt nicht, dass der (Haupt-)Täter es tut und der Anstifter dies weiß. Die – misslungene – Norm birgt allerdings sowohl auf Voraussetzungs- als auch auf Rechtsfolgenseite erhebliche Schwierigkeiten.

---

[113] S. nur Krey/Esser, AT, 6. Aufl. 2016, Rn. 1009 ff.; näher Dahm NJW 1949, 809; Lange JR 1949, 165; Hardwig GA 1954, 65; Roeder ZStW 1957, 223; Herzberg ZStW 1976, 68; Langer FS Lange 1976, 241; Steinke MDR 1977, 365; Schünemann Jura 1980, 354 und 568; Herzberg GA 1991, 145; Küper ZStW 1992, 559; Niedermair ZStW 1994, 388; Fischer/Gutzeit JA 1998, 41; Hirsch FS Schreiber 2003, 153; Otto Jura 2004, 469; Küper JZ 2006, 1157; Puppe ZStW 2008, 504; Hoyer GA 2012, 123; Valerius Jura 2013, 15; Radtke JuS 2018, 641; Gerhold JA 2019, 81; Gerhold JA 2019, 721.

bb) Begriff der „besonderen persönlichen Merkmale"

(1) Verweis auf § 14 I StGB: „Merkmal"
§ 28 StGB setzt in beiden Absätzen gleichermaßen voraus, dass zum Tatbestand der (Haupt-)Tat **„besondere persönliche Merkmale"** gehören. 51
Zur Definition liefert § 28 I StGB (für § 28 II StGB kann nichts Abweichendes gelten) einen auf § 14 I StGB verweisenden Klammerzusatz

---

§ 14 StGB (Handeln für einen anderen)
(1) Handelt jemand
1. als vertretungsberechtigtes Organ einer juristischen Person oder als Mitglied eines solchen Organs,
2. als vertretungsberechtigter Gesellschafter einer rechtsfähigen Personengesellschaft oder
3. als gesetzlicher Vertreter eines anderen,
so ist ein Gesetz, nach dem besondere persönliche Eigenschaften, Verhältnisse oder Umstände (besondere persönliche Merkmale) die Strafbarkeit begründen, auch auf den Vertreter anzuwenden, wenn diese Merkmale zwar nicht bei ihm, aber bei dem Vertretenen vorliegen.
(2) Ist jemand von dem Inhaber eines Betriebs oder einem sonst dazu Befugten
1. beauftragt, den Betrieb ganz oder zum Teil zu leiten, oder
2. ausdrücklich beauftragt, in eigener Verantwortung Aufgaben wahrzunehmen, die dem Inhaber des Betriebs obliegen,
und handelt er auf Grund dieses Auftrags, so ist ein Gesetz, nach dem besondere persönliche Merkmale die Strafbarkeit begründen, auch auf den Beauftragten anzuwenden, wenn diese Merkmale zwar nicht bei ihm, aber bei dem Inhaber des Betriebs vorliegen. Dem Betrieb im Sinne des Satzes 1 steht das Unternehmen gleich. Handelt jemand auf Grund eines entsprechenden Auftrags für eine Stelle, die Aufgaben der öffentlichen Verwaltung wahrnimmt, so ist Satz 1 sinngemäß anzuwenden.
(3) Die Absätze 1 und 2 sind auch dann anzuwenden, wenn die Rechtshandlung, welche die Vertretungsbefugnis oder das Auftragsverhältnis begründen sollte, unwirksam ist.

Da § 14 I StGB bzgl. „besondere" und „persönliche" bloß dieselben Worte (wie § 28 StGB sie enthält) wiederholt, handelt es sich allenfalls um eine Definition des „Merkmals", nämlich dahingehend, dass **Eigenschaften, Verhältnisse** oder **Umstände** gemeint sind. Freilich ist jedenfalls der Begriff des Umstands (auch in Ansehung des Begriffs in § 16 I StGB) denkbar weit, so dass ohnehin erst die Kombination mit „besondere persönliche" ein Restriktionspotenzial entfalten kann. Ferner müssen sich Auslegungsergebnisse des § 14 StGB nicht zwingend mit denen in § 28 StGB decken, da beide Normen unterschiedliche Stoßrichtungen verfolgen: § 14

StGB rechnet besondere persönliche Merkmale einem Dritten (nämlich dem Vertreter) zu und bewirkt so eine Ausweitung der strafrechtlichen Tatbestände, wohingegen § 28 StGB umgekehrt die Akzessorietät für den Dritten (Teilnehmer) lockert.[114]

(Besondere persönliche) **Eigenschaften** sind Merkmale, die ihrem Träger untrennbar anhaften,[115] z. B. Alter (§ 173 III StGB) oder Geschlecht (§ 183 I StGB).

(Besondere persönliche) **Verhältnisse** meint Beziehungen zu anderen Personen, Sachen oder Institutionen (z. B. die Amtsträgereigenschaft).[116]

(Besondere persönliche) **Umstände** sind solche Merkmale, die ihren Träger zwar vorübergehend, aber nicht notwendigerweise dauerhaft kennzeichnen (z. B. Gewerbsmäßigkeit).[117]

(2) „Persönliche"

52 Schon die üblichen Definitionen der dem § 14 I StGB zugrunde liegenden Merkmalsunterarten kommen nicht ohne Einbeziehung der Komponente des Persönlichen aus. Persönlich sind diejenigen Merkmale, die einen Bezug zur Person des Täters haben, sie tragen dazu bei, einen Menschen in seinem individuellen So-Sein zu beschreiben.[118] In diesem Sinne sind subjektive Merkmale stets persönliche Merkmale, bei objektiven Merkmalen kommt es auf ihren jeweiligen personalen Bezug an.

(3) „Besondere"; täter- und tatbezogene Merkmale (?)

53 Die persönlichen Merkmale müssen aber „besondere" sein. Da nicht näher geregelt wird, was das differenzierende Kriterium des Besonderen sein sollen, bleibt die Bedeutung kryptisch.[119]

Hieraus zu folgern, dass keinerlei Einschränkung erfolgt (so die sog. **Einheitslösung**) (sämtliche persönlichen Merkmale fallen unter § 28 StGB), was eine umfassende Anwendung von Strafmilderungen ermöglichen soll, damit ein Teilnehmer bzgl. persönlicher Merkmale möglichst wenig schlechter gestellt wird als wenn er Täter gewesen wäre, kann nicht durchweg die Angemessenheit der Strafmilderung plausibel machen (wieso sollte z. B. eine zu § 183 I StGB anstiftende Frau milder zu behandeln sein als ein anstiftender Mann?). Herrschend ist daher eine sog. **Differenzierungslösung**, die innerhalb der persönlichen Merkmalen zwischen unter § 28 StGB fallenden und anderen unterscheidet, wobei die „Abgrenzung"skriterien i. E. wiederum umstritten sind. Prämisse dieser h. M. ist es, dass es zahlreiche

---

[114] Hoyer, in: SK-StGB, 9. Aufl. 2017, § 28 Rn. 15.
[115] Heine/Weißer, in: Schönke/Schröder, StGB, 30. Aufl. 2019, § 28 Rn. 12.
[116] Heine/Weißer, in: Schönke/Schröder, StGB, 30. Aufl. 2019, § 28 Rn. 13.
[117] Hoyer, in: SK-StGB, 9. Aufl. 2017, § 28 Rn. 16.
[118] S. Kudlich, in: BeckOK-StGB, Stamd 01.02.2021, § 28 Rn. 4; Joecks/Scheinfeld, in: MK-StGB, 4. Aufl. 2020, § 28 Rn. 20.
[119] Zum Folgenden ausf. Joecks/Scheinfeld, in: MK-StGB, 4. Aufl. 2020, § 28 Rn. 201 ff.

Tatbestände gibt, die persönlich formulierte Tatbestandsmerkmale enthalten, welche aber funktionell sachlicher Natur sind.

Am verbreitetsten ist die Unterscheidung von **täterbezogenen** und **tatbezogenen** Merkmalen; nur erstere sollen unter § 28 StGB fallen.[120] Natürlich verschiebt das nur die Grenzziehungsschwierigkeiten hin zu einer neuen, zudem gesetzesfernen, Begrifflichkeit, die zudem anfällig für Missverständnisse ist, da bei unbefangener Betrachtungsweise alle subjektiven Tatbestandsmerkmale sowie Tatsubjektseigenschaften einbezogen zu werden scheinen. **Täterbezogen** seien Eigenschaften, Verhältnisse und andere Umstände, die vornehmlich mit der Person des Beteiligten verknüpft sind und das personale Unrecht, die Schuld oder die Strafbarkeit mitbestimmen (z. B. Motive, Tendenzen, höchstpersönliche Pflichtenstellung). **Tatbezogen** seien diejenigen Merkmale, die das sachliche Unrecht der Tat kennzeichnen (z. B. Erfolg, Tatmittel, aber auch Vorsatz und Absichten).

54

Besonders problematisch ist die Unterscheidung bei subjektiven Tatbestandsmerkmalen.[121] Auf die wichtigsten überschießenden Innentendenzen, nämlich die Zueignungs- (v. a. §§ 242 I, 249 i StGB) und Bereicherungsabsicht (v. a. §§ 253 I, 255, 263 I, 259 I StGB), wendet die h. M. § 28 StGB nicht an.

55

Im hier interessierenden Pflichtfachbereich ist anerkannt oder doch jeweils h. M., dass insbesondere die §§ 142, 153, 201 III, 211 II 1. und 3. Gruppe, 216, 221, 225, 244 I Nr. 2, 246 II, 258 VI, 266, 266b, 306b II Nr. 2 StGB, 315c I Nr. 2, 323a, 331, 332, 340 StGB besondere persönliche Merkmale enthalten.

Insbesondere bei den **Mordmerkmalen** ist anerkannt, dass die subjektiven Mordmerkmale unter § 28 StGB fallen. Umstritten ist allerdings, ob § 28 I StGB (so die Rspr.) oder § 28 II StGB (so die ganz h. L.) Anwendung findet.

Umstritten ist ferner insbesondere, ob die sog. Garantenstellung i. S. d. § 13 I StGB ein besonderes persönliches Merkmal ist, was die h. M. bejaht.[122]

S. jeweils im Besonderen Teil.

56

Die zahlreichen Kontroversen bzgl. einzelner Tatbestände und Merkmale sind kaum mehr zu überblicken. Argumentativ gilt es insbesondere die Rechtsfolgensinnhaftigkeit bzgl. § 28 StGB zu berücksichtigen, ferner Rechtsgutsaspekte. Bzgl. § 28 II StGB kann eine Orientierung an der Entscheidung des Gesetzgebers erfolgen, an ein Merkmal eine Strafmodifikation zu knüpfen; bzgl. § 28 I StGB ist eine derartige Orientierung an der äußerlichen Gesetzesfassung nicht möglich, nur eine allgemeine Berücksichtigung sinnvoller Strafzumessungserwägungen.

---

[120] Kindhäuser/Hilgendorf, LPK, 8. Aufl. 2019, § 28 Rn. 6 f.; näher Herzberg ZStW 1976, 68; Langer FS Lange 1976, 241; Grünwald GS Armin Kaufmann 1989, 555; Schünemann FS Küper 2007, 561; aus der Rspr. vgl. zuletzt BGH U. v. 23.10.2018 – 1 StR 454/17 – BGHSt 63, 282 = NJW 2019, 1621 = NStZ 2020, 493 = StV 2019, 751 (Anm. Bosch Jura 2019, 782; Ransiek JR 2019, 345; Ibold HRRS 2019, 206; Feindt/Rettke wistra 2019, 332).
[121] Näher Joecks/Scheinfeld, in: MK-StGB, 4. Aufl. 2020, § 28 Rn. 36 ff.
[122] Hierzu Kindhäuser/Hilgendorf, LPK, 8. Aufl. 2019, § 28 Rn. 11 ff.; näher Geppert ZStW 1970, 40; Vogler FS Lange 1976, 265; Satzger Jura 2015, 1055.

Von Bedeutung ist selbstverständlich auch, wie genau ein für die Anwendung des § 28 StGB in Betracht kommendes Merkmal ausgelegt wird (Ob und Wie eines täterbezogenen Gehalts?). Bei nicht wenigen Tatbestandsmerkmalen (z. B. bei einigen Mordmerkmalen) ist die Vermengung objektiver und subjektiver Elemente zu konstatieren, von deren genauem Gehalt die Einordnung als besondere persönliche Merkmale i. S. d. § 28 StGB abhängen kann.

cc) § 28 I StGB

57 § 28 I StGB ist explizit eine Strafzumessungsregel (in Gestalt einer obligatorischen Strafmilderung i. V. m. § 49 I StGB), die daher unstrittig in der entsprechenden Ebene geprüft wird. Es handelt sich quasi um eine semi-akzessorisch Behandlung: Der Schuldspruch erfolgt als volle verurteilende Unrechtszurechnung, lediglich die Rechtsfolge ist gemildert.

Die Norm findet nur Anwendung auf diejenigen besondere persönliche Merkmale, „welche die **Strafbarkeit** des Täters **begründen**": Das ist der Fall, wenn ohne dieses Merkmal kein Tatbestand mehr verwirklicht wird. Im Pflichtfachbereich zu nennen sind z. B. die §§ 203 I Nr. 1, II Nr. 1, 331 ff., 339, 343 StGB. Umstritten sind die subjektiven Mordmerkmale, s. im Besonderen Teil.

Beispiel 449

Nichtamtsträger B1 überredete Amtsträger B2 dazu, ein Bestechungsgeld anzunehmen. ◂

Hier greift bzgl. §§ 331/332, 26 StGB der § 28 I StGB, so dass der Nichtamtsträger einem gemilderten Strafrahmen unterliegt.

dd) § 28 II StGB

58 § 28 II StGB ist auf besondere persönliche Merkmale anzuwenden, welche „die **Strafe schärfen, mildern oder ausschließen**" (sog. strafbarkeitsmodifizierende Merkmale). Auch ohne Vorliegen des Merkmals wird also ein Tatbestand erfüllt, nur wird dieser anders (oder – selten – gar nicht) bestraft.
Schärfungen und **Milderungen** betreffen v. a. Qualifikationen und Privilegierungen, sind allerdings auch dann anwendbar, wenn eigenständige Sondertatbestände aufeinander bezogen sind.

Der mit Abstand wichtigste, aber auch strittigste Anwendungsbereich ist der der Tötungsdelikte (§§ 212, 211, 216 StGB). Bei diesen ist umstritten, ob der Mord eine Qualifikation des Totschlags ist und die Tötung auf Verlangen eine Privilegierung, was die ganz h. L. (daher ggf. Anwendung des § 28 II StGB) entgegen der Rspr. (die ggf. § 28 I StGB anwendet) bejaht.

Als **strafausschließende** Merkmale sind z. B. die §§ 24, 36, 257 III, 258 V, VI StGB zu nennen.

Die **Rechtsfolgen** des § 28 II StGB sind mangels klarer Anordnung im Wortlaut der Norm umstritten,[123] was auch den Prüfungsstandort beeinflusst: Die Rspr.[124] und die h. L.[125] nehmen eine **Tatbestandsverschiebung** an.

Hieraus folgte dann, dass in einer Fallbearbeitung aus Gründen des Sachzusammenhangs die Frage des § 28 II StGB bereits **im objektiven Tatbestand** der Anstiftung oder Beihilfe i. R. d. (Haupt-)Tat zu prüfen ist. Dort wird zwar einerseits i. d. R. nach oben verwiesen, andererseits kann sich gerade aufgrund § 28 II StGB die (Haupt-)Tat verschieben, so dass z. B. (nach jeweils h. M.) der (Haupt-)Täter sich nur wegen Totschlags strafbar gemacht hat, der Anstifter aber wegen Anstiftung zum Mord zu bestrafen ist (oder andersherum).

Beispiel 450

B1 tötete ohne besonderes Interesse den Erbonkel des B2. Der habgierige B2 hatte ihm für diese Tat eine Waffe überlassen. ◄

Sieht man mit der h. L. Mord als Qualifikation des Totschlages, kommt hier § 28 II StGB zur Anwendung. B2 weist mit der Habgier ein besonderes persönliches Merkmal auf, das B1 fehlt. Nach der Lehre von der Tatbestandsverschiebung hätte er sich wegen Anstiftung zum Mord (§§ 211, 26 StGB), nicht zum Totschlag strafbar gemacht. Sieht man mit der Rspr. die Delikte als voneinander unabhängig an, könnte höchstens § 28 I StGB zur Anwendung gelangen. Dieser sieht aber nur eine Strafmilderung, keine Strafschärfung vor, so dass es bei der Strafbarkeit wegen Anstiftung zum Totschlag (§§ 212 I, 26 StGB) bliebe.

Beispiel 451

B1 tötete seinen Erbonkel aus Habgier. B2 hatte ihm ohne eigene Habgier für diese Tat eine Waffe überlassen. ◄

Hier führt die Ansicht der h. L. zu einer Tatbestandsverschiebung nach § 28 II StGB zur Beihilfe zum Totschlag (§§ 212 I, 27 I StGB), statt zum Mord. Nach der Rspr. bliebe es bei der Beihilfe zum Mord (§§ 211, 27 I StGB); die Strafe wäre aber nach §§ 28 I, 49 I StGB zu mildern.

Eine Gegenauffassung[126] geht von einer bloßen **Strafrahmenverschiebung** aus. Für den Prüfungsaufbau folgt hieraus, dass Fragen des § 28 StGB lediglich für die Strafzumessung relevant werden. Der Schuldspruch erfolgt aus Anstiftung zum

---

[123] Hierzu Heine/Weißer, in: Schönke/Schröder, StGB, 30. Aufl. 2019, § 28 Rn. 27; näher Cortes Rosa ZStW 1978, 413; Küper FS Jakobs 2007, 311; Roger GA 2013, 694; aus der Rspr. vgl. zuletzt BGH U. v. 19.07.2006 – 2 StR 162/06 – NJW 2007, 1221 = NStZ 2007, 101; BGH B. v. 19.10.2006 – 4 StR 393/06 – NStZ 2007, 526 = StV 2007, 241 (Anm. LL 2007, 825; Satzger JK 2008 StGB § 244a/1); BGH U. v. 30.05.2007 – 2 StR 22/07 – NJW 2007, 3013 = NStZ-RR 2007, 279 = StV 2007, 458; BGH B. v. 06.11.2007 – 5 StR 449/07; BGH B. v. 14.07.2010 – 2 StR 104/10 – BGHSt 55, 229 = NJW 2010, 3669 = NStZ 2011, 457 = StV 2011, 161 (Anm. Satzger JK 2011 StGB § 28 II/2; Wieck-Noodt NStZ 2011, 458; Hoyer GA 2012, 123).
[124] S. BGH B. v. 14.07.2010 – 2 StR 104/10 – BGHSt 55, 229 (231).
[125] Z. B. B. Heinrich, AT, 6. Aufl. 2019, Rn. 1357.
[126] Hoyer, in: SK-StGB, 9. Aufl. 2017, § 28 Rn. 45.

vom (Haupt-)Täter begangenen Delikt, es wird aber der Strafrahmen desjenigen Delikts angewendet, dessen besondere persönliche Merkmale der Anstifter verwirklicht.

Relevant sind die Auffassungsunterschiede neben der Fassung des Schuldspruchtenors v. a. für § 30 StGB (eine Strafmilderung betrifft den Verbrechenscharakter nicht, § 12 III StGB), für etwaige Strafantragserfordernisse und die Verjährung.

Beide Auffassungen führen argumentativ den Wortlaut der Norm an: „Gilt das" kann nämlich gleichermaßen so aufgefasst werden, dass es sich auf „das Gesetz" quasi als Ganzes (also inkl. Tatbestand bzw. Schuldspruch) bezieht, oder auf „das Gesetz" i. S. d. Rechtsfolgenanordnung bzw. auf „Strafe schärfen, mildern oder ausschließen". Die h. M. kann die vergleichende Betrachtung mit der klaren Rechtsfolgenklarstellung in § 28 I StGB anführen (*e contrario*?), ferner, dass § 28 II StGB auch strafausschließende Merkmale umfasst (bei denen ggf. ja kein Schuldspruch ohne Strafe erfolgt, sondern ein Freispruch). Die Gegenauffassung, der hier gefolgt werden soll, passt aber zum einen besser zum Strafgrund der Teilnahme bzw. Anstiftung, s. o. (Unrechtszurechnung und mittelbarer Rechtsgutsangriff), zum anderen droht sonst ein Wertungswiderspruch: Sonst wäre eine Zurechnung eines durch besondere persönliche Merkmale erst begründeten (Haupt-)Tatunrechts i. R. d. 28 I StGB möglich, aber bei Annahme einer Tatbestandsverschiebung erfolgte keine Zurechnung eines durch besondere persönliche Merkmale erhöhten (Haupt-)Tatunrechts i. R. d. 28 II StGB.

III. Beihilfe, § 27 StGB

▶ Didaktische Aufsätze:

- Murmann, Zum Tatbestand der Beihilfe, JuS 1999, 548
- Geppert, Die Beihilfe (§ 27 StGB), Jura 1999, 266
- Gaede, Die strafbare Beihilfe und ihre aktuellen Probleme, JA 2007, 757
- Seher, Grundfälle zur Beihilfe, JuS 2009, 793

1. Aufbau

59 I. Tatbestand
1. Objektiver Tatbestand
   a) Handlung
   b) Hilfeleisten: Unerlaubte Schaffung einer Gefahr(steigerung) bzgl. der vorsätzlichen rechtswidrigen (Haupt-)Tat eines anderen Menschen
   c) Erfolgseintritt: Begehung einer vorsätzlichen rechtswidrigen (Haupt-) Tat durch anderen Menschen
   d) Verursachung des Erfolgseintritts
   e) Verwirklichung der unerlaubten Gefahrschaffung im Erfolgseintritt
   f) „Täterschaft" bzgl. Hilfeleisten
2. Subjektiver Tatbestand

II. Rechtswidrigkeit
III. Schuld
IV. Strafzumessung

2. Allgemeines
§ 27 StGB regelt die Beihilfe.[127]

60

> **§ 27 StGB (Beihilfe)**
> (1) Als Gehilfe wird bestraft, wer vorsätzlich einem anderen zu dessen vorsätzlich begangener rechtswidriger Tat Hilfe geleistet hat.
> (2) Die Strafe für den Gehilfen richtet sich nach der Strafdrohung für den Täter. Sie ist nach § 49 Abs. 1 zu mildern.

Zum **Strafgrund** der Teilnahme vgl. bereits o.
Besonders begründungsbedürftig ist die gegenüber §§ 25, 26 StGB gem. § 27 II 2 StGB angeordnete obligatorische Strafmilderung: Weil der Gehilfe nicht (mit-)ursächlich für die in der (Haupt-)Tat betätigten Beweggründen werden muss (der Täter muss nicht einmal von der Beihilfe wissen, s. u.), sondern nur – aber immerhin – die Gefahr der (Haupt-)Tatbegehung erhöht, wird ihm nicht das Handlungsunrecht, sondern nur das Erfolgsunrecht der (Haupt-)Tat zugerechnet.[128]

Ein Stück weit freilich folgt erst aus der Existenz des § 27 StGB (und des § 26 StGB), dass überhaupt eine reduzierte Zurechnung erfolgt, da für die meisten Fälle i. Ü. eine – wenn auch nicht unmittelbare, was aber nach allgemeinen Grundsätzen unschädlich ist – täterschaftliche Begehung vorläge (s. o.); insofern ist die gesetzliche Anordnung zu akzeptieren, dass bei bloßer Hilfe zur fremden Tat aufgrund dieses Fremdbezugs bzw. dieser Unterordnung (s. o.) kein Begehen vorliegt (s. § 25 StGB). Angesichts meist weit gespreizter Strafrahmen ist die Bedeutung des § 27 II 2 StGB praktisch begrenzt, zumal die Wichtigkeit eines Gehilfenbeitrags in die allgemeine Strafzumessung eingestellt wird.

In einer Fallbearbeitung darf es abgesehen von evidenten Fällen nicht unterbleiben, vor Erörterung der Beihilfe eine täterschaftliche Begehung (§ 25 StGB) zu prüfen, ebenso ist die Anstiftung (§ 26 StGB) vor der Beihilfe zu prüfen.

---

[127] Zu § 27 StGB z. B. Krey/Esser, AT, 6. Aufl. 2016, Rn. 1069 ff.; näher Geppert Jura 1999, 266; Murmann JuS 1999, 548; Gaede JA 2007, 757; Kindhäuser FS Otto 2007, 355; Seher JuS 2009, 793; zu Delikten, in denen materielle Beihilfe zur Vollendung erhoben wird Sommer JR 1981, 490; zu Vorstufen der Beihilfe Letzgus GS Vogler 2004, 49; zu Reformüberlegungen zu § 126a StGB-E oder § 127 StGB-E bzgl. internetbasierter Handelsplattformen im Darknet und Surface-Web Kubiciel/Mennemann jurisPR-StrafR 8/2019 Anm. 1; Bachmann/Arslan NZWiSt 2019, 241; Ceffinato ZRP 2019, 161; Oehmichen/Weißenberger KriPoZ 2019, 174; Zöller KriPoZ 2019, 274; Kusche JZ 2021, 27; Gerhold ZRP 2021, 44.
[128] Hoyer, in: SK-StGB, 9. Aufl. 2017, § 27 Rn. 1.

3. Tatbestand

a) Objektiver Tatbestand

aa) Allgemeines

61 Der Tatbestand der Beihilfe ähnelt objektiv und subjektiv dem der Anstiftung, lediglich das Bestimmen des Anstifters wird ersetzt durch das Hilfeleisten des Gehilfen. Ausgehend von dieser Beihilfehandlung wird parallel zum Anstiftungsdelikt und damit ein Stück weit parallel zum Täterschaftsdelikt (vgl. jeweils o.) aufgebaut.

bb) Handlung

62 Der Gehilfe muss zu der vorsätzlich begangenen rechtswidrigen (Haupt-)Tat Hilfe geleistet haben. Wie jede Begehungsstrafbarkeit erfordert das Hilfeleisten i. S. d. § 27 StGB zunächst ein Erfüllen des Handlungsbegriffs, zu diesem s. o.

cc) Hilfeleisten: Unerlaubte Schaffung einer Gefahr(steigerung) bzgl. der vorsätzlichen rechtswidrigen (Haupt-)Tat eines anderen Menschen

▶ Didaktische Aufsätze:

- Geppert, Zum Begriff der „Hilfeleistung" im Rahmen von Beihilfe (§ 27 StGB) und sachlicher Begünstigung (§ 257 StGB), Jura 2007, 589
- Timpe, Der Tatbestand der Beihilfe, JA 2012, 430
- Kretschmer, Welchen Einfluss hat die Lehre der objektiven Zurechnung auf das Teilnahmeunrecht?, Jura 2008, 265

(1) Grundlagen

63 Was unter einem Hilfeleisten zu verstehen ist, ist bereits ganz grundsätzlich umstritten.[129] Dies wurzelt allerdings weniger in einer beihilfespezifischen Auslegungskontroverse als vielmehr in unterschiedlichen Grundverständnissen bzgl. Verursachung (Kausalität) und Gefahrschaffung/-erhöhung, in mancher Hinsicht gar eher in begrifflichen Missverständnissen.

---

[129] Hierzu Hillenkamp/Cornelius, 32 Probleme aus dem Strafrecht AT, 15. Aufl. 2017, 27. P.; näher Class FS Stock 1966, 115; Schaffstein FS Honig 1970, 169; Dreher MDR 1972, 553; Vogler FS Heinitz 1972, 295; Samson FS Peters 1974, 121; Spendel FS Dreher 1977, 167; Roxin FS Miyazawa 1995, 501; Harzer/Vogt StraFo 2000, 39; Charalambakis FS Roxin 2001, 625; Geppert Jura 2007, 589; Zieschang FS Küper 2007, 733; Jakobs FS Rüping 2008, 17; Timpe JA 2012, 430; Zaczyk FS Kindhäuser 2019, 629; aus der Rspr. vgl. zuletzt BGH U. v. 21.02.2017 – 1 StR 223/16 – NStZ 2017, 465 (Anm. Puppe, AT, 4. Aufl. 2019, § 8 Rn. 10 ff.; Bock NStZ 2017, 468); BGH U. v. 09.05.2017 – 1 StR 265/16 – NJW 2017, 3798 = StV 2018, 36 (Anm. Kubiciel/Mennemann jurisPR-StrafR 22/2017 Anm. 1; Webel wistra 2017, 399; Baur/Holle wistra 2017, 499; Jenne/Martens CCZ 2017, 285; Moritz jurisPR-Compl 5/2017 Anm. 1; Wehnert StV 2018, 38; Hugger/Pasewaldt NZWiSt 2018, 388; Adick/Linke NZWiSt 2018, 391; Görtz WiJ 2018, 88); BGH B. v. 14.12.2017 – StB 18/17 – NStZ-RR 2018, 72 = SstV 2020, 175; BGH U. v. 19.12.2017 – 1 StR 56/17 – NStZ 2018, 328 = StV 2019, 48 (Anm. Kudlich NStZ 2018, 329; Budde NZWiSt 2019, 27); LG München I U. v. 19.01.2018 – 12 KLs 111 Js 239798/16 (Darknet-Forumbetreiber,

B. Vollendete Teilnahme durch Begehen

Beispiel 452

B1 trug dem Dieb B2 die Leiter zum Tatort. B2 hätte die Leiter auch selbst zum Tatort tragen können. ◄

Hat B1 die Tat des B2 gar nicht gefördert, weil sein Beitrag nicht notwendig war?

Beispiel 453

B1 lieh dem B2 für einen Einbruch ein Brecheisen, damit dieser eine Wohnungstür aufbrechen konnte. Allerdings war die Tür unverschlossen und B2 verwendete das Brecheisen nicht. ◄

Gilt hier dasselbe für B1, weil sein Beitrag sich in keiner Weise im Kausalverlauf niedergeschlagen hat?

Einigkeit besteht darüber, dass die Hilfeleistung nicht *condicio sine qua non* gewesen sein muss.[130] Zum gerade in diesem Sinne höchst missverständnisanfälligen Sprachgebrauch der Kausalitätslehre der Rspr. s. o. beim Täterschaftsdelikt.

Die Rspr.[131] und die wohl h. L.[132] wollen aber gänzlich auf ein Kausalitätserfordernis verzichten und jede „Förderung" ausreichen lassen. Allerdings ist auch eine Förderung ohne Kausalbeitrag begrifflich ausgeschlossen. Ein einflusslos gebliebener Beitrag stellt keine Förderung dar. Andernfalls würde auch die Straflosigkeit der bloß versuchten Beihilfe (§ 30 I StGB *e contrario*) unterlaufen.

Verschiedene Ansätze in der Literatur[133] betonen mithin das Erfordernis einer kausalen Risikosetzung, benannt u. a. als Modifikationskausalität, Verstärkungs-,

---

Amoklauf München) (Anm. Wagner ZJS 2019, 436); BGH U. v. 15.05.2018 – 1 StR 159/17 – NStZ-RR 2018, 368 = StV 2019, 49 (Anm. Grosse-Wilde wistra 2019, 72); BGH B. v. 17.05.2018 – 1 StR 108/18 – NStZ 2019, 461 = NStZ-RR 2018, 368 = StV 2020, 660 (Anm. RÜ 2019, 23); BGH U. v. 28.06.2018 – 1 StR 78/18 – StV 2019, 447; BGH B. v. 05.09.2018 – 2 StR 31/18 – NStZ-RR 2019, 6 = StV 2020, 847; BGH U. v. 20.09.2018 – 3 StR 195/18 – NStZ-RR 2019, 190 = StV 2020, 149 (Anm. Eisele JuS 2019, 721; RÜ 2019, 369; RÜ2 2019, 138); BGH U. v. 07.11.2018 – 2 StR 361/18 (Anm. Kudlich JA 2019, 389); AG Rudolstadt U. v. 19.11.2018 – 790 Js 24932/18 – StV 2019, 332; LG Karlsruhe U. v. 19.12.2018 – 4 KLs 608 Js 19580/17 (Darknet-Forumbetreiber, Amoklauf München) – StV 2019, 400 (Anm. Nestler Jura 2019, 898; Eisele JuS 2019, 1122; Nadeborn jurisPR-StrafR 14/2019 Anm. 4; Beck/Nussbaum HRRS 2020, 112); BGH U. v. 20.12.2018 – 3 StR 236/17 – BGHSt 64, 10 = NJW 2019, 1818 = StV 2019, 608 (Anm. Gierharke NJW 2019, 1779; Wohlers JR 2019, 615); BGH B. v. 23.01.2019 – 1 StR 450/18 – StV 2019, 821; LG Köln U. v. 15.05.2019 – 157 Ns 131/18 – StV 2020, 191; BGH B. v. 21.04.2020 – 4 StR 287/19 – NStZ 2020, 730 (Anm. Kudlich NStZ 2020, 732); AG Landau/Isar B. v. 20.05.2020 – 6 Cs 504 Js 30099/19 – StV 2020, 610; BGH B. v. 28.07.2020 – 2 StR 64/20 – NStZ-RR 2020, 319; BGH B. v. 21.09.2020 – StB 28/20 – NStZ-RR 2020, 351; BGH U. v. 30.09.2020 – 3 StR 511/19 – NStZ-RR 2021, 7.

[130] S. nur Fischer, StGB, 68. Aufl. 2021, § 27 Rn. 14.
[131] S. o.
[132] S. Wessels/Beulke/Satzger, AT, 50. Aufl. 2020, Rn. 582.
[133] Hierzu B. Heinrich, AT, 6. Aufl. 2019, Rn. 1326 ff.; diff. Hoyer, in: SK-StGB, 9. Aufl. 2017, § 27 Rn. 3 ff.

oder Förderungskausalität, Chancenerhöhung oder Risikoerhöhung. All diesen Ansätzen ist aus gutem Grund gemein, dass von einem objektiven Hilfeleisten nur bei (unerlaubter) Schaffung einer Gefahr(steigerung) bzgl. der Begehung einer (Haupt-)Tat und damit einer Rechtsgutsbeeinträchtigung auszugehen ist – dies passt sodann zwanglos in das Gefüge mit dem Täterschafts- und dem Anstiftungsdelikt. Wenn sogar täterschaftlich verwirklichtes Erfolgsunrecht sowie anstifterlich zuzurechnendes Erfolgsunrecht Kausalität voraussetzt, dann ist dies auch für die Zurechnung zum Gehilfen erforderlich; nur dann ist auch die partielle (§ 27 II 2 StGB) Zurechnung des (Haupt-)Tatunrechts geboten und die Teleologie der Teilnahmestrafbarkeit gewahrt. Überdies wäre ohnehin mindestens Kausalitätsvorsatz erforderlich, wer nämlich nicht für einen Erfolgseintritt kausal werden will, ist nur agent provocateur; aus § 27 I StGB ergibt sich aber keine überschießende Innentendenz, daher gehört Kausalität ebenfalls zum objektiven Tatbestand. § 27 StGB ist insofern auch kein Gefährdungsdelikt, da der Zurechnungszusammenhang *ex post* feststehen muss.

Bedenkt man aber nun, dass Kausalität richtigerweise probabilistisch zu verstehen ist (s. o.), so bestehen keine Bedenken bzgl. Strafbarkeitslücken o. ä., in gewisser Weise handelt es sich also um ein Scheinproblem. Ergebnisunterschiede zur Gegenauffassung, die ja auch Kriterien dafür benennen muss, worin das Fördern der (Haupt-)Tat besteht, sind daher auch ohnehin kaum ersichtlich.

Nach alledem liegt Hilfeleisten vor, wenn der Gehilfe unerlaubt eine Gefahr dafür schafft, dass der (Haupt-)Täter die (Haupt-)Tat begeht, und sich diese unerlaubte Gefahr in der (Mit-)Verursachung der tatsächlichen (Haupt-)Tatbegehung verwirklicht.

(2) Bezugspunkt Erfolg: Begehung einer vorsätzlichen rechtswidrigen (Haupt-)Tat durch anderen Menschen

(a) Allgemeines

64 Das in § 27 StGB genannten Erfordernis der vorsätzlich begangenen rechtswidrigen (sog. Haupt-)Tat ist identisch mit dem entsprechenden Merkmal in § 26 StGB, daher s. o.

(b) Beihilfe nach Vollendung der (Haupt-)Tat, sog. sukzessive Beihilfe (?)

▶   Didaktische Aufsätze:

- Laubenthal, Zur Abgrenzung zwischen Begünstigung und Beihilfe zur Vortat, Jura 1985, 630
- Grabow/Pohl, Die sukzessive Mittäterschaft und Beihilfe, Jura 2009, 656
- Mitsch, Die Beendigung als ungeschriebenes Merkmal der Straftat, JA 2017, 407

B. Vollendete Teilnahme durch Begehen

Umstritten ist, ob bei Delikten, die ein Beendigungsstadium aufweisen, ein **Hilfe-** 65
leisten nach Vollendung, aber vor Beendigung möglich ist[134] (sog. **sukzessive**
Beihilfe).

Beispiel 454

BGH U. v. 23.04.1953 – 4 StR 743/52 – BGHSt 4, 132 = NJW 1953, 992:
B1 hatte von einem umzäunten Schrottplatz ca. 6 t Schrott entwendet und diesen ca. 100 m vom Tatort entfernt hinter einer Hecke versteckt. B1 fuhr am nächsten Tag mit B2 in dessen Lkw zum Aufbewahrungsort der Beute, um dem B2 beim Fortschaffen behilflich zu sein. Nach dem Aufladen des Schrotts auf die Ladefläche fuhr B2 die gestohlene Ware zu einem Schrotthändler, der den Schrott kaufte. ◄

Indem B1 mit Zueignungsabsicht den Schrott aus der Gewahrsamssphäre des Schrottplatzinhabers in ausreichende Entfernung verbrachte, vollendete er bereits einen Diebstahl (§ 242 I StGB). Konnte der B2 zu dieser Tat hinterher noch Hilfe leisten?

Die Rspr.[135] und Teile der Lehre[136] bejahen die Möglichkeit einer sukzessiven Beihilfe, die wohl h. L.[137] lehnt sie ab.

Die bejahende Auffassung verweist darauf, dass eine Unterstützung des Täters nach Erfolgseintritt oft ebenso förderlich beim Angriff auf das Rechtsgut sei, so dass es keinen Unterschied bzgl. der Interessenlage des Opfers darstelle, ob die Hilfe vor Vollendung oder nach Vollendung, aber vor Beendigung geleistet wird. Ferner liege anders als bei Mittäterschaft das Unrecht lediglich in der Beihilfehandlung, insofern drohe keine unzulässige täterschaftliche Zurechnung bereits abgeschlossener Vorgänge.

Überzeugender ist die Gegenauffassung, die zu Recht auf Art. 103 II GG, § 1 StGB hinweist, wenn die Strafbarkeit wegen Teilnahme von dem unpräzisen Begriff

---

[134] Hierzu Wessels/Beulke/Satzger, AT, 50. Aufl. 2020, Rn. 909 ff.; näher Furtner JR 1960, 367; Furtner MDR 1965, 431; Laubenthal Jura 1985, 630; Rudolphi FS Jescheck 1985, 559; Bitzilekis ZStW 1987, 723; Walter NStZ 2008, 549; Grabow/Pohl Jura 2009, 656; Mitsch JA 2017, 407; aus der Rspr. vgl. zuletzt BGH U. v. 21.02.2017 – 1 StR 223/16 – NStZ 2017, 465 (Anm. Puppe, AT, 4. Aufl. 2019, § 8 Rn. 10 ff.; Bock NStZ 2017, 468); BGH B. v. 28.03.2017 – 2 StR 395/16 – NStZ-RR 2017, 198 (Anm. RÜ 2017, 506); OLG Karlsruhe U. v. 10.07.2017 – 2 Rv 10 Ss 581/16 – NStZ-RR 2017, 355 (Anm. Hecker JuS 2017, 1125; RÜ 2017, 718; Schulz-Merkel NZV 2018, 43); BGH B. v. 05.09.2018 – 2 StR 31/18 – NStZ-RR 2019, 6 = StV 2020, 847; BGH U. v. 20.09.2018 – 3 StR 195/18 – NStZ-RR 2019, 190 = StV 2020, 149 (Anm. Eisele JuS 2019, 721; RÜ 2019, 369; RÜ2 2019, 138); BGH B. v. 23.01.2019 – 1 StR 450/18 – StV 2019, 821; LG Köln U. v. 15.05.2019 – 157 Ns 131/18 – StV 2020, 191; BGH B. v. 11.09.2019 – 2 StR 350/19 – NStZ-RR 2020, 251 = StV 2020, 388; BGH B. v. 21.04.2020 – 4 StR 287/19 – NStZ 2020, 730 (Anm. Kudlich NStZ 2020, 732); BGH B. v. 29.07.2020 – 4 StR 69/20 – NStZ 2021, 47 (Anm. Stoll NStZ 2021, 47); BGH U. v. 30.09.2020 – 5 StR 99/20 – NStZ-RR 2020, 377.

[135] S. obige Nachweise,

[136] Wessels/Beulke/Satzger, AT, 50. Aufl. 2020, Rn. 583.

[137] S. nur B. Heinrich, AT, 6. Aufl. 2019, Rn. 1324.

der Beendigung abhängig gemacht wird. Der Wortlaut „Tat" in § 27 I StGB (vgl. auch §§ 11 I Nr. 5 sowie 22 und 24 StGB) setzt der Auslegung Grenzen. Eine Zurechnung des Erfolgsunrechts kann nicht begründet werden, wenn dieses schon ohne die Gehilfenhandlung vollständig vorliegt. Förderungen nach Vollendung sind aus tatbestandlicher Sicht nur Veränderungen unbeachtlicher Begleitumstände; es mag sich die Strafverfolgung verzögern, für die Erfassung von Anschlusshandlungen allerdings hat der Gesetzgeber die §§ 257 ff. StGB geschaffen.

§ 257 I-III StGB (Begünstigung)
(1) Wer einem anderen, der eine rechtswidrige Tat begangen hat, in der Absicht Hilfe leistet, ihm die Vorteile der Tat zu sichern, wird mit Freiheitsstrafe bis zu fünf Jahren oder mit Geldstrafe bestraft.
(2) Die Strafe darf nicht schwerer sein als die für die Vortat angedrohte Strafe.
(3) Wegen Begünstigung wird nicht bestraft, wer wegen Beteiligung an der Vortat strafbar ist. Dies gilt nicht für denjenigen, der einen an der Vortat Unbeteiligten zur Begünstigung anstiftet.

§ 258 I StGB (Strafvereitelung)
Wer absichtlich oder wissentlich ganz oder zum Teil vereitelt, daß ein anderer dem Strafgesetz gemäß wegen einer rechtswidrigen Tat bestraft oder einer Maßnahme (§ 11 Abs. 1 Nr. 8) unterworfen wird, wird mit Freiheitsstrafe bis zu fünf Jahren oder mit Geldstrafe bestraft.

§ 259 I StGB (Hehlerei)
Wer eine Sache, die ein anderer gestohlen oder sonst durch eine gegen fremdes Vermögen gerichtete rechtswidrige Tat erlangt hat, ankauft oder sonst sich oder einem Dritten verschafft, sie absetzt oder absetzen hilft, um sich oder einen Dritten zu bereichern, wird mit Freiheitsstrafe bis zu fünf Jahren oder mit Geldstrafe bestraft.

§ 261 I, II StGB (Geldwäsche; Verschleierung unrechtmäßig erlangter Vermögenswerte)
(1) Wer einen Gegenstand, der aus einer in Satz 2 genannten rechtswidrigen Tat herrührt, verbirgt, dessen Herkunft verschleiert oder die Ermittlung der Herkunft, das Auffinden, den Verfall, die Einziehung oder die Sicherstellung eines solchen Gegenstandes vereitelt oder gefährdet, wird mit

> Freiheitsstrafe von drei Monaten bis zu fünf Jahren bestraft. Rechtswidrige Taten im Sinne des Satzes 1 sind
> 1. Verbrechen,
> 2. Vergehen nach
> a) den §§ 108e, 332 Absatz 1 und 3 sowie § 334, jeweils auch in Verbindung mit § 335a,
> [...]
> 4. Vergehen
> a) nach den §§ 152a, 181a, 232 Absatz 1 bis 3 Satz 1 und Absatz 4, § 232a Absatz 1 und 2, § 232b Absatz 1 und 2, § 233 Absatz 1 bis 3, § 233a Absatz 1 und 2, den §§ 242, 246, 253, 259, 263 bis 264, 265c, 266, 267, 269, 271, 284, 299, 326 Abs. 1, 2 und 4, § 328 Abs. 1, 2 und 4 sowie § 348,
> [...]
> die gewerbsmäßig oder von einem Mitglied einer Bande, die sich zur fortgesetzten Begehung solcher Taten verbunden hat, begangen worden sind, und
> [...]
> (2) Ebenso wird bestraft, wer einen in Absatz 1 bezeichneten Gegenstand
> 1. sich oder einem Dritten verschafft oder
> 2. verwahrt oder für sich oder einen Dritten verwendet, wenn er die Herkunft des Gegenstandes zu dem Zeitpunkt gekannt hat, zu dem er ihn erlangt hat.

In der Tat muss sich die eine sog. sukzessive Beihilfe bejahende Auffassung ohnehin der Problematik des Verhältnisses zwischen Begünstigung und Beihilfe stellen: Teilweise wird unter Hinweis auf § 257 III 1 StGB auf einen generellen Vorrang der Beihilfe abgestellt,[138] was zu einer weitgehenden Beschneidung des Anwendungsbereichs des § 257 I StGB, nämlich bzgl. des gesamten Beendigungsstadiums, führt. Die h. M.[139] innerhalb der eine sukzessive Beihilfe bejahenden Auffassung stellt auf den Willen des Helfenden ab: Wolle der Täter dazu beitragen, die Tat erfolgreich zu beenden, so liege Beihilfe vor, wolle er aber das vom Vortäter erlangte lediglich gegen Entziehung sichern, so liege eine Begünstigung vor. Merkwürdig ist allerdings, dass dann derjenige, der die Beendigung einer Tat fördert, der möglicherweise schwereren Bestrafung wegen Beihilfe zur Tat deshalb entgehen könnte, weil er zugleich auch eine Vorteilssicherung anstrebt.

Unstrittig ist **nach Beendigung** der (Haupt-)Tat sowie bei Delikten ohne Beendigungsstadium keine Beihilfe mehr möglich.[140]

---

[138] Hecker, in: Schönke/Schröder, StGB, 30. Aufl. 2019, § 257 Rn. 7.
[139] S. Cramer, in: MK-StGB, 3. Aufl. 2017, § 257 Rn. 24; aus der Rspr. vgl. BGH U. v. 23.04.1953 – 4 StR 743/52 – BGHSt 4, 132 (133).
[140] Wessels/Beulke/Satzger, AT, 50. Aufl. 2020, Rn. 909; aus der Rspr. vgl. zuletzt OLG Karlsruhe U. v. 10.07.2017 – 2 Rv 10 Ss 581/16 – NStZ-RR 2017, 355 (Anm. Hecker JuS 2017, 1125; RÜ 2017, 718; Schulz-Merkel NZV 2018, 43); BGH B. v. 23.01.2019 – 1 StR 450/18 – StV 2019, 821; BGH B. v. 11.09.2019 – 2 StR 350/19 – NStZ-RR 2020, 251 = StV 2020, 388.

Klargestellt sei, dass das Konstrukt der abzulehnenden „sukzessiven Beihilfe" auf den bereits vorliegenden Erfolgseintritt rekurriert; eine Beihilfe nach der *Handlung* des Täters ist ohne Weiteres möglich.

Bei **Dauerdelikten** ist eine Beihilfe solange möglich, wie der rechtswidrige Zustand noch nicht beendet ist; problematisch ist dabei allerdings, ob eine Ursächlichkeit für die Fortführung der Tat zu verlangen ist.[141]

Bei **steigerbaren Erfolgen** (vgl. o. bei der sog. sog. sukzessive Anstiftung) genügt ein Hilfeleisten zu einer entsprechenden Steigerung.

(3) Schaffung einer Gefahr

67 Der Gehilfe muss *ex ante* eine **Gefahr** des **Erfolgseintritts** (also der **Deliktsvollendung**, s. o.) geschaffen haben. S. o. beim Täterschaftsdelikt und bei § 26 StGB.

Schon objektiv (nicht erst subjektiv) ist der Tatbestand nicht gegeben, wenn die Tat des (Haupt-)Täters nicht zur Vollendung gelangen konnte.

Anerkanntermaßen kann die Hilfeleistung bereits im **Vorbereitungsstadium** erbracht werden, solange nur der Tatbeitrag bei Ausführung der (Haupt-)Tat fortwirkt.[142] Dies gilt sogar vor Entschließung des (Haupt-)Täters.[143]

Die Hilfeleistung kann auch **heimlich** erfolgen – in dem Sinne, dass der (Haupt-)Täter von der Hilfe nichts zu wissen braucht.[144] Anders ist dies naturgemäß bei psychischer Beihilfe.

Wie sonst auch gilt die Äquivalenz aller Gefahrschaffung; ein ggf. recht geringes Gewicht des Tatbeitrags ist nur für die Strafzumessung von Bedeutung.[145]

---

[141] S. Fischer, StGB, 68. Aufl. 2021, § 27 Rn. 8, 8a; aus der Rspr. vgl. BGH B. v. 02.09.2009 – 5 StR 266/09 – BGHSt 54, 140 = NJW 2010, 248 = StV 2010, 247 (Anm. Senge jurisPR-StrafR 24/2009 Anm. 4; Mosbacher NStZ 2010, 457; Möller StV 2010, 247).

[142] B. Heinrich, AT, 6. Aufl. 2019, Rn. 1323; aus der Rspr. vgl. zuletzt BGH U. v. 19.12.2017 – 1 StR 56/17 – NStZ 2018, 328 = StV 2019, 48 (Anm. Kudlich NStZ 2018, 329; Budde NZWiSt 2019, 27); BGH U. v. 15.05.2018 – 1 StR 159/17 – NStZ-RR 2018, 368 = StV 2019, 49 (Anm. Grosse-Wilde wistra 2019, 72); BGH B. v. 16.01.2019 – 5 StR 249/18 – NStZ-RR 2019, 184 (Anm. Nestler Jura 2019, 1011; Schneider NZWiSt 2019, 320); BGH B. v. 23.01.2019 – 1 StR 450/18 – StV 2019, 821; BGH B. v. 21.04.2020 – 4 StR 287/19 – NStZ 2020, 730 (Anm. Kudlich NStZ 2020, 732); BGH U. v. 30.09.2020 – 3 StR 511/19 – NStZ-RR 2021, 7.

[143] Fischer, StGB, 68. Aufl. 2021, § 27 Rn. 5; aus der Rspr. vgl. zuletzt BGH B. v. 20.09.2016 – 3 StR 49/16 (Gröning) – BGHSt 61, 253 = NJW 2017, 498 = NStZ 2017, 158 (Anm. Heinrich Jura 2017, 1367; Brüning ZJS 2018, 285; LL 2017, 180; RÜ 2017, 97; famos 2/2017; Grünewald NJW 2017, 500; Rommel NStZ 2017, 161; Momsen StV 2017, 546; Roxin JR 2017, 88; Safferling JZ 2017, 258; Fahl HRRS 2017, 167; Burghardt ZIS 2019, 21; Otto FS Kindhäuser 2019, 709).

[144] Schild, in: NK-StGB, 5. Aufl. 2017, § 27 Rn. 15; aus der Rspr. vgl. zuletzt OLG Karlsruhe U. v. 10.07.2017 – 2 Rv 10 Ss 581/16 – NStZ-RR 2017, 355 (Anm. Hecker JuS 2017, 1125; RÜ 2017, 718; Schulz-Merkel NZV 2018, 43).

[145] Aus der Rspr. vgl. BGH U. v. 16.11.2006 – 3 StR 139/06 – BGHSt 51, 144 = NJW 2007, 384 = NStZ 2007, 230 = StV 2007, 59 (Anm. Satzger JK 2007 StGB § 27 I/20; Kudlich JA 2007, 309; Bosch JA 2007, 312; Jahn JuS 2007, 382; LL 2007, 387; RÜ 2007, 28; RA 2007, 22; famos 2/2007; Widmaier NStZ 2007, 234; Mosbacher JR 2007, 387).

B. Vollendete Teilnahme durch Begehen

Man unterscheidet üblicherweise **physische** (Tathilfe) und **psychische** Beihilfe,[146] so noch explizit die Differenzierung in § 49 I RStGB („Als Gehülfe wird bestraft, wer dem Thäter zur Begehung des Verbrechens oder Vergehens durch Rath oder That wissentlich Hülfe geleistet hat".)
Ersteres umfasst v. a. die Mithilfe am Tatort und das Zurverfügungstellen von Gegenständen. Die psychische Beihilfe lässt sich weiter unterscheiden in **kognitive** Beihilfe (Rathilfe) und **voluntative** Beihilfe (Bestärkung des Tatentschlusses).[147]
Rathilfe ist unstrittig ein Hilfeleisten i. S. d. § 27 StGB.[148]

68

Beispiel 455

B1 erklärte dem B2 die Funktionsweise der Alarmanlage einer Bank, so dass dieser sie ausschalten und die Bank ausrauben konnte. ◀

Problematisch ist die Annahme eines Hilfeleistens, wenn weder physische noch kognitive Beihilfe vorliegt und sich die Handlung in einer sog. psychischen (genauer voluntativen) Beihilfe erschöpft.[149]

Beispiel 456

BGH B. v. 14.11.2006 – 4 StR 374/06 – NStZ-RR 2007, 37:
B1, B2 und zwei weitere Männer begaben sich zum Kiosk der Familie Z. B2 betrat den Kiosk und verlangte von der dort tätigen Z die Herausgabe von 100 Euro, wobei er ihr ein langes Küchenmesser vor die Brust hielt. B1 und die beiden anderen standen währenddessen vor der Tür des Kiosks, wobei sie durch ihre Erscheinung ebenfalls einen einschüchternden Eindruck auf Z machten. Diese kam der Aufforderung des B2 nicht nach, sondern sprühte ihm Pfefferspray in die Augen. ◀

---

[146] B. Heinrich, AT, 6. Aufl. 2019, Rn. 1322.
[147] Hoyer, in: SK-StGB, 9. Aufl. 2017, § 27 Rn. 11.
[148] Hoyer, in: SK-StGB, 9. Aufl. 2017, § 27 Rn. 11; aus der Rspr. vgl. RG U. v. 18.01.1886 – 3386/85 – RGSt 13, 265; RG U. v. 20.12.1938 – 1 D 942/38 – RGSt 73, 52.
[149] Zur voluntativen Beihilfe Hoyer, in: SK-StGB, 9. Aufl. 2017, § 27 Rn. 11 ff.; näher Stoffers Jura 1993, 11; Charalambakis FS Roxin 2001, 625; aus der Rspr. vgl. zuletzt BGH U. v. 20.09.2018 – 3 StR 195/18 – NStZ-RR 2019, 190 = StV 2020, 149 (Anm. Eisele JuS 2019, 721; RÜ 2019, 369; RÜ2 2019, 138); BGH U. v. 07.11.2018 – 2 StR 361/18 (Anm. Kudlich JA 2019, 389); BGH B. v. 19.12.2018 – 1 StR 597/18 – NStZ-RR 2019, 74 = StV 2020, 86; BGH U. v. 20.12.2018 – 3 StR 236/17 – BGHSt 64, 10 = NJW 2019, 1818 = StV 2019, 608 (Anm. Gierharke NJW 2019, 1779; Wohlers JR 2019, 615); LG Köln U. v. 15.05.2019 – 157 Ns 131/18 – StV 2020, 191; BGH B. v. 05.06.2019 – 5 StR 181/19 – NStZ-RR 2019, 271 = StV 2020, 301 (Anm. Nestler Jura 2019, 1219; Brüning ZJS 2019, 429); BGH B. v. 06.06.2019 – StB 14/19 – BGHSt 64, 89 = NJW 2019, 2627 = NStZ 2019, 539 = StV 2020, 147 (Anm. Bosch Jura 2019, 1121; Jahn JuS 2019, 1030; RÜ 2019, 582; famos 9/2019; Gierhake NJW 2019, 2635; Kulhanek NStZ 2019, 544; Kudlich JR 2020, 82); BGH B. v. 18.06.2019 – 5 StR 51/19 – NStZ-RR 2019, 240; BGH B. v. 22.08.2019 – 1 StR 205/19 – NStZ-RR 2019, 379; BGH B. v. 21.04.2020 – 4 StR 287/19 – NStZ 2020, 730 (Anm. Kudlich NStZ 2020, 732); BGH B. v. 28.07.2020 – 2 StR 64/20 – NStZ-RR 2020, 319; BGH B. v. 09.09.2020 – 2 StR 304/20 – NStZ-RR 2021, 10 (Anm. Nestler Jura 2021, 342); BGH B. v. 21.09.2020 – StB 28/20 – NStZ-RR 2020, 351; BGH B. v. 21.10.2020 – 6 StR 227/20 – NStZ-RR 2021, 17.

Hat B1 bei einem Raub (§ 249 I StGB) oder einer räuberischen Erpressung (§§ 253 I, 255 StGB) Hilfe geleistet, indem er vor der Tür des Kiosks stand und einen einschüchternden Eindruck auf Z machte?

Zwar erkennen die Rspr.[150] und die ganz h. L.[151] eine solche voluntative Beihilfe entgegen einer beachtlichen Minderheitsauffassung[152] prinzipiell an. Jedoch schichten auch sie die so geartete Beihilfe ab von bloßer Kenntnis und innerer Billigung sowie reiner Anwesenheit des Betreffenden, ferner vom Unterlassensvorwurf, für den eine Garantenstellung erforderlich ist. Zu beachten ist nämlich die Straflosigkeit der versuchten Beihilfe mangels Normierung in § 30 StGB. Grundsätzlich reicht bloße Anwesenheit am Tatort in Kenntnis einer Straftat selbst bei deren Billigung nicht aus, die Annahme von Beihilfe i. S. e. aktiven Tuns zu begründen.[153] Anderes gilt nur dann, wenn die Billigung der Tat gegenüber dem Täter zum Ausdruck gebracht und dieser dadurch in seinem Tatentschluss oder in der Bereitschaft, ihn weiter zu verwirklichen, bestärkt wird und – was sorgfältiger und genauer Feststellungen bedarf – die Tat in ihrer konkreten Gestalt gefördert oder erleichtert wird. Jedoch ist auch in diesem Fall – wie bei jeder strafrechtlichen Verantwortlichkeit für positives Tun – ein durch Handeln erbrachter Tatbeitrag des Gehilfen unabdingbare Voraussetzung; dieser kann im Einzelfall schon darin bestehen, dass der Gehilfe den (Haupt-)Täter im Wissen um dessen Vorhaben zur Tatausführung begleitet, etwa mitfährt oder mitgeht, seine Anwesenheit gleichsam „einbringt", um den (Haupt-)Täter in seinem Tatentschluss zu bestärken und ihm das Gefühl erhöhter Sicherheit zu geben.

Bisweilen ist sogar eine Anstiftung gegeben, denn die h. M. nimmt allzu rasch einen sog. *omnimodo facturus* an. Da aber allein die Beweggründe des Täters bei Begehung der (Haupt-)Tat relevant sind, mangelt es nur dann an einer Anstiftung, wenn der (Haupt-)Täter die Handlung des Teilnehmers nicht als nunmehrigen (ggf. weiteren) Beweggrund seiner Tat zugrunde legt.

(4) Unerlaubtheit der Gefahrschaffung

▶ Didaktischer Aufsatz:

- Kretschmer, Welchen Einfluss hat die Lehre der objektiven Zurechnung auf das Teilnahmeunrecht?, Jura 2008, 265

---

[150] S. o.
[151] S. nur Kindhäuser/Hilgendorf, LPK, 8. Aufl. 2019, § 27 Rn. 11.
[152] Hruschka JR 1983, 177; Puppe, AT, 4. Aufl. 2019, § 26 Rn. 6 f.; restriktiv auch Hoyer, in: SK-StGB, 9. Aufl. 2017, § 27 Rn. 13 f.
[153] So (auch zum Folgenden) OLG Düsseldorf B. v. 05.09.2005 – 2 Ss 24/05 – 16/05 III – NStZ-RR 2005, 336 (Anm. RÜ 2005, 530; Geppert JK 2006 StGB § 27/19).

(a) Allgemeines

Ebenso wie beim Täterschaftsdelikt und bei der Anstiftung ist eine Unerlaubtheit der Gefahrschaffung auch i. R. d. § 27 StGB erforderlich.[154]
In ärgerlicher Sonderbegrifflichkeit (vgl. schon o. bzgl. einer „neutralen Anstiftung") werden Konstellationen von Hilfeleistungen, deren Strafwürdigkeit nach § 27 StGB aufgrund grundsätzlicher gesellschaftlicher Nützlichkeit bezweifelt wird, als „neutrale Beihilfe" bezeichnet:

69

(b) „Neutrale" Beihilfe

▶ Didaktische Aufsätze:

- Ambos, Beihilfe durch Alltagshandlungen, JA 2000, 721
- Lesch, Strafbare Beteiligung durch berufstypisches Verhalten, JA 2001, 986
- Beckemper, Strafbare Beihilfe durch alltägliche Geschäftsvorgänge, Jura 2001, 163
- Rotsch, „Neutrale Beihilfe" – Zur Fallbearbeitung im Gutachten, Jura 2004, 14
- Bechtel, Die neutrale Handlung – Problemfeld im Rahmen des Förderungsbeitrags isd § 27 StGB, Jura 2016, 865
- Rönnau/Wegner, Beihilfe und „neutrales" Verhalten, JuS 2019, 527

Unter dem Stichwort der „neutralen" Beihilfe diskutiert man, ob die Beihilfestrafbarkeit bei sog. neutralen Handlungen des Alltags- und Berufslebens einzuschränken ist.[155]

70

Beispiel 457

B1 betreibt ein Fachgeschäft für Farben. B2 suchte dieses Geschäft auf und kaufte ein halbes Dutzend Spraydosen der Farbe Rot. B1 ahnte angesichts der Umstände, dass diese für Graffiti eingesetzt werden sollten, im Hinblick auf die Einnahmen nahm er dies jedoch billigend in Kauf. In der Tat brachte B2 auf einigen Eisenbahnwaggons Graffiti auf. ◀

§ 303 I, II StGB (Sachbeschädigung):
(1) Wer rechtswidrig eine fremde Sache beschädigt oder zerstört, wird mit Freiheitsstrafe bis zu zwei Jahren oder mit Geldstrafe bestraft.
(2) Ebenso wird bestraft, wer unbefugt das Erscheinungsbild einer fremden Sache nicht nur unerheblich und nicht nur vorübergehend verändert.

---

[154] Zur „objektiven Zurechnung" bei der Beihilfe Joecks/Scheinfeld, in: MK-StGB, 4. Aufl. 2020, § 27 Rn. 48 ff.; näher Kretschmer Jura 2008, 265.
[155] Hierzu Hillenkamp/Cornelius, 32 Probleme aus dem Strafrecht AT, 15. Aufl. 2017, 28. P.; näher Meyer-Arndt wistra 1989, 281; Niedermair ZStW 1995, 507; Hassemer wistra 1995, 41 und 81; Löwe-Krahl wistra 1995, 201; Tag JR 1997, 49; Ransiek wistra 1997, 41; Otto FS Lenckner 1998,

Begreift man Hilfeleistung als mitursächlichen Beitrag, der das Risiko einer Rechtsgutsverletzung erhöht hat, so liegt dieser mit dem Verkauf der Spraydosen vor. Zu berücksichtigen ist aber einerseits, dass es sich bei dem Verkauf von Spraydosen um eine sozialübliche und abstrakt ungefährliche Handlung handelt, und andererseits, dass B1 das Vorhaben des B2 ahnte und trotzdem billigend in Kauf nahm.

Abgesehen von Lehrbuchbeispielen zum Verkauf von Tatwerkzeugen sind insbesondere erbrachte Dienstleistungen problematisch, wobei v. a. die Beratung durch Bankangestellte zu anonymen Kapitaltransfers ins Ausland sowie Beratungsleistungen durch Rechtsanwälte[156] praktisch relevant geworden sind.

Eine erste Auffassung[157] sieht keine Besonderheiten, geht von einer extensiven Strafbarkeit aus und verneint die Strafbarkeit nur bei Rechtfertigungsgründen.

Andere Auffassungen lassen den objektiven Tatbestand mit verschiedenen Begründungen entfallen, verweisen u. a. auf einen Bereich der Sozialadäquanz bzw. des erlaubten Risikos,[158] auf eine sog. professionelle Adäquanz,[159] oder verlangen zur Begründung einer Strafbarkeit einen besonderen objektiven deliktischen Sinnbezug[160] oder ein Sonderverhalten i. S. e. Abstimmung auf die Tat.[161]

193; Weigend FS Nishihara 1998, 197; Behr wistra 1999, 245; Amelung FS Grünwald 1999, 9; Lüderssen FS Grünwald 1999, 329; Ambos JA 2000, 721; Wohlers NStZ 2000, 169; Otto JZ 2000, 436; Harzer/Vogt StraFo 2000, 39; Beckemper Jura 2001, 163; Lesch JA 2001, 986; Samson/Schillhorn wistra 2001, 1; Rabe von Kühlewein JZ 2002, 1139; Frisch FS Lüderssen 2002, 539; Schall GS Meurer 2002, 103; Moos FS Trechsel 2002, 477; Müller FS Schreiber 2003, 343; Rotsch Jura 2004, 14; Schneider NStZ 2004, 312; Hartmann ZStW 2004, 585; Yamanaka FS Jakobs 2007, 767; Bechtel Jura 2016, 865; Heuking/von Coelln WiJ 2017, 157; Rönnau/Wegner JuS 2019, 527; Kudlich FS Kindhäuser 2019, 231; aus der Rspr. vgl. zuletzt BGH U. v. 19.12.2017 – 1 StR 56/17 – NStZ 2018, 328 = StV 2019, 48 (Anm. Kudlich NStZ 2018, 329; Budde NZWiSt 2019, 27); BGH U. v. 15.05.2018 – 1 StR 159/17 – NStZ-RR 2018, 368 = StV 2019, 49 (Anm. Grosse-Wilde wistra 2019, 72); BGH B. v. 05.07.2018 – 1 StR 42/18 – NStZ-RR 2018, 286 = StV 2018, 776; BGH U. v. 23.10.2018 – 1 StR 234/17 – NStZ-RR 2019, 115 = StV 2019, 747 (Anm. Nestler Jura 2019, 783; RÜ 2019, 236); LG Karlsruhe U. v. 19.12.2018 – 4 KLs 608 Js 19580/17 (Darknet-Forumbetreiber, Amoklauf München) – StV 2019, 400 (Anm. Nestler Jura 2019, 898; Eisele JuS 2019, 1122; Nadeborn jurisPR-StrafR 14/2019 Anm. 4; Beck/Nussbaum HRRS 2020, 112); LG Nürnberg-Fürth B. v. 21.02.2019 – 18 Qs 30/17 (Anm. Lucke NZWiSt 2019, 466; Pelz jurisPR-Compl 5/2019 Anm. 3); LG Köln U. v. 11.06.2019 – 109 KLs 3/18 (Anm. Niemann wistra 2020, 38); AG Landau/Isar B. v. 20.05.2020 – 6 Cs 504 Js 30099/19 – StV 2020, 610; BGH U. v. 27.05.2020 – 5 StR 433/19 – NStZ-RR 2020, 373 (Anm. RÜ 2020, 787; Reichling wistra 2021, 66); BGH B. v. 21.07.2020 – 2 StR 99/19 – NJW 2021, 247 = NStZ-RR 2020, 373 (Anm. Brand NJW 2021, 249); BGH U. v. 30.09.2020 – 3 StR 511/19 – NStZ-RR 2021, 7.

[156] Hierzu Heine/Weißer, in: Schönke/Schröder, StGB, 30. Aufl. 2019, § 27 Rn. 29; näher Baumgarte wistra 1992, 41; von Briel StraFo 1997, 71; Ignor StraFo 2000, 42; Krell wistra 2020, 177.

[157] Beckemper Jura 2001, 163 (169).

[158] Murmann JuS 1999, 552; s. auch Hoyer, in: SK-StGB, 9. Aufl. 2017, § 27 Rn. 24.

[159] Hassemer, wistra 1995, 41 und 81 (83).

[160] Frisch Jura 1992, 376.

[161] Heine/Weißer, in: Schönke/Schröder, StGB, 30. Aufl. 2019, § 27 Rn. 10.

Die Rspr.¹⁶² und ein Teil der Lehre¹⁶³ bestimmen die dann straflose „neutrale" Beihilfe nach der inneren Willensrichtung, nämlich sei ein Tatförderungswille oder sicheres Wissen erforderlich; hingegen liege keine Beihilfe vor, wenn der Helfende nur *dolus eventualis* hatte.

In dieser Kontroverse manifestiert sich das **allgemeine Problem** einer weiten Risiko- und Kausalitätslehre, die zur Vermeidung ausufernder Erfolgszurechnung weiterer Restriktion bedarf. Bemerkenswert ist zunächst, dass dies auch die Rspr. hier anerkennt, wenngleich wiederum nicht als Aspekt des objektiven Tatbestands (bzw. der „objektiven Zurechnung"), sondern lediglich als Vorsatzproblem (was dann bei Fahrlässigkeitsdelikten versagen würde). Die zahlreichen Sonderbegrifflichkeiten tragen zur Lösung nichts bei, sondern verstellen den Blick darauf, dass es um das dem ganzen Strafrechtssystem zugrunde liegenden Problem der **Unerlaubtheit der Gefahrschaffung** geht, d. h. um die Abschichtung von als schon abstrakt gefährlich verbotenem Verhalten und von Verhalten, welches aufgrund Erlaubnisnorm oder sonst übergeordneter Interessen erlaubt sein soll. Ob hierbei **rein objektiv** vorgegangen werden soll oder es **auch** auf **Subjektives** ankommen soll, ist an sich bereits und dann mit Geltung auch für alle Teilnahmedelikte beim Täterschaftsdelikt zu erarbeiten. Hier gilt es, Inkonsequenzen zu verhindern. Nach hier vertretener Auffassung ist auf **objektiv** *ex ante* festzulegende Verhaltensnormen abzustellen, die zwar nach zahlreichen Parametern situationsbedingt zu konkretisieren sind, aber nicht individualisiert subjektiv vorgehen (s. daher z. B. zur Irrelevanz von Sonderwissen o.). Die Erlaubnisfrage gilt insofern gleichermaßen für das vorsätzliche wie das fahrlässige Täterschaftsdelikt durch Begehen oder Unterlassen. Natürlich liegt in der Frage abstrakter Gefährdungsverbote in Bereichen ohne explizite Verbots- oder Gebotsnorm eine allgemeine – rechtsunsichere – Schwachstelle des gesamten Strafrechts.

Speziell in typischen Situationen der sog. neutralen Beihilfe zeigt sich eine Parallele zum beim sog. echten oder unechten Unterlassungsdelikt Ausgeführten: Demjenigen, dem Informationen zugehen, die eine gewisse Gefahr des Erfolgseintritts nahelegen (hier durch die menschliche Gefahrquelle in Gestalt des sog. Haupttäters, der zu einer sog. Haupttat schreiten will), treffen rechtliche Pflichten zu Vermeidung des Erfolgseintritts. Bzgl. bloßen Unterlassens bestehen ggf. Handlungspflichten aus § 13 StGB oder einem echten Unterlassungsdelikt, v. a. §§ 138, 323c I StGB. Erst recht darf die bestehende Gefahr nicht gesteigert werden (insofern stellt sich nicht nur die Frage einer sog. neutralen Beihilfe, sondern auch die einer gewissermaßen „neutralen Täterschaft", etwa als Mittäterschaft nach § 25 II StGB). Wer nicht passiv bleiben darf, darf erst recht nicht aktiv gefahrschaffend tätig werden.¹⁶⁴ Die objektiv bestehende Gefahr muss eine bestimmte Höhe erreichen. Diese Höhe ergibt sich aus allen äußeren Umständen (z. B. Äußerungen des Tatwilligen). Kernfrage ist

---

¹⁶² S. o.
¹⁶³ Hoyer, in: SK-StGB, 9. Aufl. 2017, § 27 Rn. 30 ff.
¹⁶⁴ Hoyer, in: SK-StGB, 9. Aufl. 2017, § 27 Rn. 33.

insofern, wann jemand, um nicht zum Gehilfen zu werden, sich seiner Handlungen (z. B. Verkauf eines Produkts oder Erbringen einer Dienstleistung) enthalten muss. Hypothetische Kausalverläufe dürfen bei alledem nicht hinzugedacht werden, so dass Hinweise auf die Austauschbarkeit oder Angepasstheit der Gehilfenhandlung nicht tragen.

Dies hat alles richtigerweise zunächst nichts zu tun mit den Kenntnissen des Gehilfen; diese werden erst im subjektiven Tatbestand relevant, insbesondere sofern nämlich objektive gefahrbegründende Umstände verkannt wurden (z. B. überhört ein Verkäufer den vom Käufer geäußerten deliktischen Verwendungszweck). In Zuspitzung der allgemeine Problematik der Individualisierung des erlaubten Risikos/Sorgfaltsmaßstabs etc., der Berücksichtigung von Sonderwissen und -fähigkeiten (s. o.) wird vielfach das zentrale systematische Prinzip der Unterscheidung von Objektivem und Subjektivem ohne Not aufgegeben. Richtigerweise nämlich genügt ein objektivierter Maßstab bei der Festlegung von Verhaltensanforderungen in der Situation des konkreten Täters (woraus ist objektiv *ex ante* hinreichend hohe Gefahr der Haupttat-Begehung zu schließen?). Die Meinungsvielfalt bei der Bewältigung der „neutralen Beihilfe" wurzelt größtenteils darin, dass es sich um Formulierungsansätze handelt, objektive Gefahren-Situation zu beschreiben (vgl. v. a. den „deliktischen Sinnbezug" oder das „Sonderverhalten"). Das Kernproblem subjektiver Restriktion liegt demgegenüber darin, zu erklären, wieso eine Abweichung von §§ 15, 16 StGB anzunehmen sein soll, m. a. W. die Herkunft einer überschießenden Innentendenz (die dann ja auch bei „neutraler Anstiftung" und „neutraler Täterschaft" gelten müsste). Böser Wille macht ein erlaubtes Risiko nicht zu einem unerlaubten. Nur ein Strafrechtssystem, welches durchweg subjektiviert-individualisiert vorgeht und also die Verhaltensanforderungen an den konkreten Menschen von dessen höchstpersönlichem Wissen und Wollen abhängig macht, ist frei von Widersprüchen und durchaus konstruierbar. Es ist aber abzulehnen, s. o. beim Täterschaftsdelikt.

Entgegen der Anmutung mancher bewusst humoristisch gestalteter Lehrbuchbeispiele ist die Annahme eines erlaubten Risikos auch bei berufstypischen Handlungen keineswegs selbstverständlich. Erstens ermöglicht eine maßvolle, auch verfassungsrechtlich sensibilisierte Grenzziehung der nötigen Gefahrenhöhe einen hinreichend straffreien Raum erlaubter Nichtbefassung mit einer (Rest-)Gefahr, so dass sich schädliche Wirkungen auf das Wirtschaftsleben und das soziale Miteinander in Grenzen halten lassen. Zweitens steht es dem Gesetzgeber frei, in verbietender oder erlaubender Richtung klärende Verhaltensnormen zu erlassen (dies gilt übrigens auch für Rechtfertigungsgründe), was gerade für wirtschaftliche Fragen wiederkehrender Art (etwa Steuerberatung) durchaus nicht fernliegt. Drittens ist auch die Annahme bloßen sog. Eventualvorsatzes an gewisse Voraussetzungen gebunden, deren Erfüllung sich häufig schon kaum mit dem Begriff der „Neutralität", „Alltagshandlung" in Einklang bringen lässt. Ggf. müssten Rspr. und Schrifttum ihren Vorsatzbegriff überdenken (zu diesem und Kritik daran s. o.). Viertens genügen sanktionenrechtliche und prozessuale Instrumente für eine Abbildung (ggf. stark) reduzierter Strafbedürftigkeit.

B. Vollendete Teilnahme durch Begehen

Insgesamt stellt es eine Verniedlichung strafrechtlicher Verbote und Gebote dar, wenn verbreitetem Geschäftsgebaren normative Kraft beigemessen wird. Die Abwägung zwischen Nutzen und Schaden ist insofern durch die vom Gesetzgeber geschaffenen Tatbestände vorgegeben (die man in ihrer Weite *de lege ferenda* durchaus kritisieren kann), so dass es guter Gründe bedarf, eine Gefahrschaffung als erlaubt anzusehen.

dd) Erfolgseintritt: Begehung einer vorsätzlichen rechtswidrigen (Haupt-)Tat durch anderen Menschen

Der **Erfolg** der Beihilfe ist die vorsätzliche rechtswidrige (Haupt-)Tat des (Haupt-)Täters. 71

Während die Gefahrschaffung *ex ante* auf eine Vollendung des Delikts gerichtet gewesen sein muss, genügt als bereits die Beihilfestrafbarkeit auslösender Erfolgseintritt des Beihilfedelikts schon die bloß versuchte (Haupt-)Tat, gewissermaßen als Teilverhaltensfolge, für die der Gehilfe wiederum limitiert akzessorisch haftet.

ee) Verursachung des Erfolgseintritts

Zur Problematik der Kausalität der Beihilfe s. o. 72

Richtigerweise gelten die auch beim Täterschaftsdelikt relevanten Kausalitätslehren, s. o.

In Beihilfekonstellationen ist v. a. darauf zu achten, ob sich der *ex ante* gefährliche Tatbeitrag als *ex post* nutzlos erwiesen hat. Dann mangelt es an einer Verursachung des Erfolgseintritts bzw. an einer Gefahrenverwirklichung (s. u.), was sich bei Annahme probabilistischer Kausalität ohnehin überschneidet. Zu bedenken ist aber eine etwaige sog. psychische Beihilfe (oder sogar eine Anstiftung), wenn der Tatentschluss des (Haupt-)Täters gestärkt wurde.

Keine Erfolgsverursachung liegt vor, wenn der „Gehilfe" seinen Tatbeitrag vor Versuchsbeginn **annulliert**. Scheitern aber Rücknahmebemühungen des Gehilfen, so ändert sein erloschener Vorsatz nichts an seiner Beihilfe.

Beispiel 458

B1 lieh dem Dieb B2 ein Brecheisen, verlangte es aber heraus, noch bevor B2 zum Diebstahl schritt. B2 lehnte das Herausgabeverlangen jedoch ab und setzte das Brecheisen bei seinem nächsten Einbruch ein. ◄

ff) Verwirklichung der unerlaubten Gefahrschaffung im Erfolgseintritt

▶ Didaktischer Aufsatz:

- Kretschmer, Welchen Einfluss hat die Lehre der objektiven Zurechnung auf das Teilnahmeunrecht?, Jura 2008, 265

In der (Haupt-)Tat des (Haupt-)Täters muss sich die unerlaubte Gefahrschaffung 73 verwirklicht haben. Es gilt das beim Täterschaftsdelikt sowie bei der Anstiftung Ausgeführte („objektive Zurechnung" II), s. jeweils o.

gg) „Täterschaft" bzgl. Hilfeleisten

74 Zur Anwendung des § 25 StGB auf die Teilnahmedelikte vgl. o. bei § 26 StGB.

Auch eine Beihilfe soll in Mittäterschaft und in mittelbarer Täterschaft möglich sein,[165] wobei dahinstehen kann, ob § 25 StGB direkt oder analog greift oder ein Art Einheitstäterbegriff gilt, zumal eine täterschaftliche Beihilfe nicht von einer Teilnahme an einer Beihilfe „abgegrenzt" werden muss, da auch diese als Beihilfe zur Haupttat strafbar wäre, s. o.

b) Subjektiver Tatbestand

▷ Didaktischer Aufsatz:

- Satzger, Teilnehmerstrafbarkeit und „Doppelvorsatz", Jura 2008, 514

aa) Grundlagen

75 § 27 StGB verlangt ausdrücklich, dass die Hilfeleistung vorsätzlich erfolgt. Man spricht – unnötig und missverständlich – vom doppelten Gehilfenvorsatz.[166]

Wiederum genügt (**Eventual-)Vorsatz** i. S. d. § 15 StGB; eine darüber hinausgehende Solidarisierung o. Ä. ist nicht erforderlich, innere Distanzierungen o. Ä. sind irrelevant.[167]

Zur – abzulehnenden – subjektiven Einschränkung bei sog. „neutraler" Beihilfe s. o.

Zum Vorsatz bzgl. der vorsätzlich begangenen rechtswidrigen Haupttat (inkl. Abweichungs- bzw. Irrtumsfragen, § 16 StGB) vgl. o. bei § 26 StGB. Die allgemeinen Lehren sind anzuwenden.

Erforderlich ist auch i. R. d. § 27 StGB Vollendungsvorsatz.[168]

bb) Konkretisierung der Vorstellung von der Haupttat (?)

76 Problematisch ist, wie **konkret** die Vorstellung des Gehilfen von der ins Auge gefassten (Haupt-)Tat sein muss.[169]

---

[165] H.M., s. Hoyer, in: SK-StGB, 9. Aufl. 2017, § 27 Rn. 37; aus der Rspr. vgl. zuletzt LG Detmold U. v. 17.06.2016 – 4 Ks 9/15, 4 Ks – 45 Js 3/13 – 9/15 (Anm. Schulz-Merkel jurisPR-StrafR 25/2016 Anm. 3).

[166] S. nur Krey/Esser, AT, 6. Aufl. 2016, Rn. 1091.

[167] Kindhäuser/Hilgendorf, LPK, 8. Aufl. 2019, § 27 Rn. 24; aus der Rspr. vgl. zuletzt BGH U. v. 21.02.2017 – 1 StR 223/16 – NStZ 2017, 465 (Anm. Puppe, AT, 4. Aufl. 2019, § 8 Rn. 10 ff.; Bock NStZ 2017, 468); BGH U. v. 09.05.2017 – 1 StR 265/16 – NJW 2017, 3798 = StV 2018, 36 (Anm. Kubiciel/Mennemann jurisPR-StrafR 22/2017 Anm. 1; Webel wistra 2017, 399; Baur/Holle wistra 2017, 499; Jenne/Martens CCZ 2017, 285; Moritz jurisPR-Compl 5/2017 Anm. 1; Wehnert StV 2018, 38; Hugger/Pasewaldt NZWiSt 2018, 388; Adick/Linke NZWiSt 2018, 391; Görtz WiJ 2018, 88); BGH B. v. 10.08.2017 – 1 StR 573/16 – StV 2018, 29; BGH U. v. 08.11.2017 – 2 StR 542/16 – NStZ-RR 2018, 58 = StV 2019, 91; BGH U. v. 19.12.2017 – 1 StR 56/17 – NStZ 2018, 328 = StV 2019, 48 (Anm. Kudlich NStZ 2018, 329; Budde NZWiSt 2019, 27).

[168] B. Heinrich, AT, 6. Aufl. 2019, Rn. 1336; aus der Rspr. vgl. zuletzt LG Gießen B. v. 04.08.2014 – 7 Qs 26/14 – StV 2015, 226 (Anm. Liesching StV 2015, 227; Jahn FS Wessing 2016, 533).

[169] Hierzu Wessels/Beulke/Satzger, AT, 50. Aufl. 2020, Rn. 905; näher Roxin FS Salger 1995, 129; aus der Rspr. vgl. zuletzt BGH B. v. 21.12.2016 – 1 StR 112/16 – NStZ 2017, 337 = StV 2018, 20 (Anm. Kudlich NStZ 2017, 339; Beyer NZWiSt 2017, 366; Schörner/Bockemühl StV 2018, 20);

Beispiel 459

BGH U. v. 18.04.1996 – 1 StR 14/96 (Edelstein-Gutachten) – BGHSt 42, 135 = NJW 1996, 2517 = NStZ 1997, 272 = StV 1997, 411 (Anm. Roxin, Höchstrichterliche Rspr. AT, 1998, Nr. 85; Fahl JA 1997, 11; Martin JuS 1997, 277; Scheffler JuS 1997, 598; Kindhäuser NStZ 1997, 273; Schlehofer StV 1997, 412; Loos JR 1997, 297; Roxin JZ 1997, 210; Otto JK 1999 StGB § 27/11):

B1, ein vereidigter Sachverständiger für geschliffene Edelsteine, Diamanten und Perlen, wurde im November 1989 von B2 beauftragt, den Wert mehrerer hundert Edelsteine (Rubine, Saphire und Smaragde) zu begutachten. Dabei herrschte stillschweigende Einigkeit darüber, dass die als „Schätzung" bezeichneten Gutachten einen überhöhten Wert ausweisen und späteren betrügerischen Handlungen dienen sollten. B1 erkannte, dass mit Hilfe der falschen Wertangaben die Steine entweder zu einem überhöhten Wert veräußert oder beliehen werden sollten, beides nahm er billigend in Kauf. ◄

Die Urkundenfälschung (§ 267 I StGB) soll hier außer Acht bleiben. Genügt es für den Vorsatz bzgl. der von B2 nachher tatsächlich ausgeführten (Haupt-)Tat (Betrug gem. § 263 StGB), dass B1 die unlauteren Absichten des B2 erahnte, aber von dessen konkretem Vorhaben nichts wusste?

Die h. M. nimmt bei der Beihilfe andere, nämlich geringere, Anforderungen an die (Haupt-)Tatkonkretisierung an als bei der Anstiftung, was v. a. mit dem gemilderten Beihilfestrafrahmen begründet wird: Bei der milder bestraften Beteiligungsform der Beihilfe reiche es aus, wenn der Gehilfe den wesentlichen Unrechtsgehalt der (Haupt-)Tat erfasst. Opfer,[170] Tatzeit oder nähere Details müssten nicht bekannt sein.

BGH B. v. 07.02.2017 – 3 StR 430/16 – NStZ 2017, 274 (Anm. RÜ 2017, 304); BGH U. v. 21.02.2017 – 1 StR 223/16 – NStZ 2017, 465 (Anm. Puppe, AT, 4. Aufl. 2019, § 8 Rn. 10 ff.; Bock NStZ 2017, 468); BGH U. v. 09.05.2017 – 1 StR 265/16 – NJW 2017, 3798 = StV 2018, 36 (Anm. Kubiciel/Mennemann jurisPR-StrafR 22/2017 Anm. 1; Webel wistra 2017, 399; Baur/Holle wistra 2017, 499; Jenne/Martens CCZ 2017, 285; Moritz jurisPR-Compl 5/2017 Anm. 1; Wehnert StV 2018, 38; Hugger/Pasewaldt NZWiSt 2018, 388; Adick/Linke NZWiSt 2018, 391; Görtz WiJ 2018, 88); BGH B. v. 28.11.2017 – 3 StR 272/17 – NStZ 2018, 740 = StV 2018, 781 (Anm. RÜ2 2018, 134); BGH U. v. 19.12.2017 – 1 StR 56/17 – NStZ 2018, 328 = StV 2019, 48 (Anm. Kudlich NStZ 2018, 329; Budde NZWiSt 2019, 27); LG München I U. v. 19.01.2018 – 12 KLs 111 Js 239798/16 (Darknet-Forumbetreiber, Amoklauf München) (Anm. Wagner ZJS 2019, 436); BGH U. v. 15.05.2018 – 1 StR 159/17 – NStZ-RR 2018, 368 = StV 2019, 49 (Anm. Grosse-Wilde wistra 2019, 72); LG Karlsruhe U. v. 19.12.2018 – 4 KLs 608 Js 19580/17 (Darknet-Forumbetreiber, Amoklauf München) – StV 2019, 400 (Anm. Nestler Jura 2019, 898; Eisele JuS 2019, 1122; Nadeborn jurisPR-StrafR 14/2019 Anm. 4; Beck/Nussbaum HRRS 2020, 112); BGH U. v. 20.12.2018 – 3 StR 236/17 – BGHSt 64, 10 = NJW 2019, 1818 = StV 2019, 608 (Anm. Gierharke NJW 2019, 1779; Wohlers JR 2019, 615); BGH B. v. 09.05.2019 – 1 StR 19/19 – NStZ-RR 2019, 249; BGH U. v. 17.10.2019 – 3 StR 521/18 – NJW 2020, 1080 = NStZ 2020, 273 = StV 2020, 660 (Anm. Bosch Jura 2020, 530; RÜ 2020, 236; Kudlich NJW 2020, 1083; Hinderer NStZ 2020, 276); BGH B. v. 16.12.2020 – 4 StR 297/20 – NStZ-RR 2021, 78.

[170] Oder auch nur die Opferzahl, Fischer, StGB, 68. Aufl. 2021, § 27 Rn. 22; aus der Rspr. vgl. BGH U. v. 16.11.2006 – 3 StR 139/06 – BGHSt 51, 144 = NJW 2007, 384 = NStZ 2007, 230 = StV

Dem ist aber entgegenzuhalten, dass ein einheitlicher Vorsatzbegriff für alle Beteiligungsformen gilt (§§ 15, 16 StGB, von dem abzuweichen der Wortlaut der §§ 26, 27 StGB keinen Anlass bieten), vgl. o.; die Strafmilderung lässt sich bereits daraus ableiten, dass mangels Einfluss auf den betätigten Tatentschluss des (Haupt-)Täters dem Gehilfen lediglich das Erfolgsunrecht zugerechnet wird. Insofern hat die h. M. in der Sache Recht, dass der Gehilfenvorsatz bzgl. der (Haupt-)Tat nur auf das wesentliche Ausmaß des Erfolgsunrechts beschränkt.[171]

4. Rechtswidrigkeit

77   Zur Rechtswidrigkeit als allgemeine zweite Prüfungsebene s. o. beim Täterschaftsdelikt. Eine hier zu prüfende eigene Rechtfertigung des Gehilfen darf nicht verwechselt werden mit der Frage der Rechtfertigung der (Haupt-)Tat, da diese zum objektiven Tatbestand des Beihilfedelikts gehört.

5. Schuld

78   Zur Schuld als allgemeine dritte Prüfungsebene s. o. beim Täterschaftsdelikt. Die Schuld des (Haupt-)Täters ist in jeder Hinsicht irrelevant.

6. Strafzumessung

79   Die Beihilfestrafbarkeit ist gem. § 27 II 2 StGB gegenüber dem Strafrahmen der (Haupt-)Tat obligatorisch gemildert.

Im Gutachten genügt eine kurze Erwähnung der Norm (ohne eigene Prüfungsebene Strafzumessung) nach dem Ergebnissatz.

Zu sog. Regelbeispielen sowie besonderen persönlichen Merkmalen (§ 28 StGB) s. o. bei § 26 StGB.

C. Vollendete Teilnahme durch Unterlassen, §§ 26 ff., 13 StGB

▶   Didaktischer Aufsatz

- Bloy, Anstiftung durch Unterlassen?, JA 1987, 490

80   Es ist sowohl für die Anstiftung[172] als auch für die Beihilfe[173] umstritten, ob es neben einem Tatverhaltens i. S. e. Begehens auch eine solche i. S. e. Unterlassens[174]

2007, 59 (Anm. Satzger JK 2007 StGB § 27 I/20; Kudlich JA 2007, 309; Bosch JA 2007, 312; Jahn JuS 2007, 382; LL 2007, 387; RÜ 2007, 28; RA 2007, 22; famos 2/2007; Widmaier NStZ 2007, 234; Mosbacher JR 2007, 387).

[171] Hierzu Hoyer, in: SK-StGB, 9. Aufl. 2017, § 27 Rn. 34 f., vor § 26 Rn. 47.

[172] Zur Anstiftung durch Unterlassen Kindhäuser/Hilgendorf, LPK, 8. Aufl. 2020, § 26 Rn. 22 ff.; näher Meyer MDR 1975, 892; Bloy JA 1987, 490; aus der Rspr. vgl. BGH U. v. 18.05.1993 – 1 StR 209/93 – NStZ 1993, 489 (Anm. Geppert JK 1994 StGB § 154/2).

[173] Zur Beihilfe durch Unterlassen Kindhäuser/Hilgendorf, LPK, 8. Aufl. 2020, § 27 Rn. 17.

[174] Gegenüber dem Täterschaftsdelikt Änderung der Darstellungsreihenfolge, da bzgl. Versuch Spezialregelung in § 30 StGB existiert, s. zu dieser u.

(§ 13 StGB) gegeben kann. Hierbei hängt die Reichweite der Teilnahme durch Unterlassen auch davon ab, wie man die Täterschaft beim sog. unechten Unterlassungsdelikt handhabt, s. o.

Die Teilnahme durch Unterlassen darf bei alledem nicht verwechselt werden mit einer Teilnahme durch Begehen an einem Unterlassungsdelikt (zu Unterlassungsdelikten als sog. Haupttat s. o.).

Während z. T. eine Teilnahme durch Unterlassen verneint wird,[175] ist sie richtigerweise[176] nach allgemeinen Grundsätzen zu bejahen.

Beispiel 460

B1 sah, dass sein vierzehnjähriger Sohn B2 den gleichaltrigen Nachbarssohn B3 überredete, mit dem Auto seines Vaters zu fahren. B1 griff nicht ein. B3 tat schließlich, was B2 ihm angetragen hatte. ◀

§ 21 I Nr. 1 StVG (Fahren ohne Fahrerlaubnis)
Mit Freiheitsstrafe bis zu einem Jahr oder mit Geldstrafe wird bestraft, wer
1. ein Kraftfahrzeug führt, obwohl er die dazu erforderliche Fahrerlaubnis nicht hat [...]

Der Garant ist im Rahmen des § 13 I StGB verpflichtet, Straftaten zu verhindern, dazu zählt auch die Anstiftung. Zumindest, wenn man zu Recht, s. o., keine Kollusion, Motivherrschaft o. Ä. verlangt, muss der sog. Garant sich die Verletzung der Verhinderungspflicht derart entgegenhalten lassen, dass seine Untätigkeit in Ansehung der Erfolgsgefahr Inhalt der Pflichtverletzung wird. Auch die sog. Entsprechungsklausel steht bei dem Erfolgsdelikt der Anstiftung nicht entgegen. Unbilligkeiten bei der Strafzumessung beugt die Strafmilderung nach § 13 II StGB vor (zudem bei der Beihilfe zusätzlich § 27 II 2 StGB).

D. Versuchte Teilnahme durch Begehen, „Versuch der Beteiligung", § 30 StGB

▶ Didaktische Aufsätze:

- Roxin, Die Strafbarkeit von Vorstufen der Beteiligung (§ 30 StGB), JA 1979, 169
- Geppert, Die versuchte Anstiftung (§ 30 Abs. 1 StGB), Jura 1997, 546
- Dessecker, Im Vorfeld eines Verbrechens: die Handlungsmodalitäten des § 30 StGB, JA 2005, 549
- Hinderer, Versuch der Beteiligung, § 30 StGB, JuS 2011, 1072

---

[175] Bzgl. Anstiftung etwa B. Heinrich, AT, 6. Aufl. 2019, Rn. 1293.
[176] S. schon Bock JA 2007, 599 (601).

I. Allgemeines

81 Die §§ 26, 27 StGB setzen als Erfolgseintritt eine mindestens versuchte vorsätzliche rechtswidrige (Haupt-)Tat voraus. Kam es noch nicht einmal zu einem Versuch einer (Haupt-)Tat, so kommt eine Vorfeldstrafbarkeit nach § 30 StGB in Betracht (etwas missverständlich als Versuch der Beteiligung überschrieben).[177] In dessen Rahmen also muss der eigene Rechtsgutsangriff des Teilnehmers nicht zur Vollendung gelangt sein.

> **§ 30 StGB (Versuch der Beteiligung)**
> (1) Wer einen anderen zu bestimmen versucht, ein Verbrechen zu begehen oder zu ihm anzustiften, wird nach den Vorschriften über den Versuch des Verbrechens bestraft. Jedoch ist die Strafe nach § 49 Abs. 1 zu mildern. § 23 Abs. 3 gilt entsprechend.
> (2) Ebenso wird bestraft, wer sich bereit erklärt, wer das Erbieten eines anderen annimmt oder wer mit einem anderen verabredet, ein Verbrechen zu begehen oder zu ihm anzustiften.

§ 30 StGB ist, soweit es sich um versuchte Teilnahme handelt, *lex specialis* **gegenüber den §§ 22, 23 StGB**. Erst die Existenz des § 30 StGB verdrängt bzw. sperrt die Anwendung der allgemeinen Versuchsnormen, die ansonsten – mangels Einschränkung im Wortlaut der §§ 22, 23, 26, 27 StGB – zur Anwendung kämen. Es wäre also bzgl. Delikten, deren Versuch strafbar ist, die versuchte Anstiftung nicht nur bzgl. Verbrechen strafbar, wie dies § 30 I StGB abschließend vorsieht (und überdies ist die Strafmilderung gem. § 30 I 2 StGB obligatorisch, anders als § 23 II StGB); die versuchte Beihilfe wäre nicht (wie sich *e contrario* § 30 StGB ergibt) straflos, sondern im gleichen Umfang strafbar. Es handelt sich also diesbzgl. um eine **Strafbarkeitseinschränkung**, anders ist dies bzgl. der versuchten Täterschaft, die in der Tat zumindest i. R. d. § 30 II StGB vorverlagert wird (insofern ist die gesetzliche Überschrift treffend weit, da sie nicht nur „Versuch der Teilnahme", sondern der „Beteiligung" lautet, was gem. § 28 II StGB auch inklusive Täterschaft legaldefiniert ist).[178]

Die Frage nach dem **Strafgrund** der Norm[179] ist daher differenziert nach den einzelnen Modalitäten in § 30 I und II StGB zu betrachten, s. jeweils u.

---

[177] Zu § 30 StGB etwa Krey/Esser, AT, 6. Aufl. 2016, Rn. 1334 ff.; näher Dreher GA 1954, 11; Roxin JA 1979, 169; Geppert Jura 1997, 546; Dessecker JA 2005, 549; Hinderer JuS 2011, 1072; Rogall FS Puppe 2011, 859.

[178] Hoyer, in: SK-StGB, 9. Aufl. 2017, § 30 Rn. 3 f.

[179] Hierzu Kindhäuser/Hilgendorf, LPK, 8. Aufl. 2019, § 30 Rn. 1 f.; aus der Rspr. vgl. zuletzt BGH B. v. 23.03.2017 – 3 StR 260/16 – BGHSt 62, 96 = NJW 2017, 2134 = StV 2018, 721 (Anm. Bosch Jura 2017, 1237; Eisele JuS 2017, 891; LL 2017, 842; RÜ 2017, 509; famos 6/2017; Kudlich NJW 2017, 2136; Weißer ZJS 2018, 197); BGH B. v. 07.09.2017 – AK 42/17 – NStZ-RR 2018, 10; BGH B. v. 08.05.2019 – 1 StR 76/19 – NStZ 2019, 595 = StV 2020, 86 (Anm. Bosch Jura 2019, 1120; Eisele JuS 2019, 1028; Rückert NStZ 2019, 597).

Rechtsgut ist jeweils das durch das von § 30 StGB in Bezug genommene Delikt bedrohte.[180] Dies zeigt auch der grundsätzliche Strafrahmenbezug zur Haupttat, wenn auch gemildert, § 30 I 1, 2 StGB.

Der Versuch der Beteiligung existiert nicht als selbstständige Strafnorm,[181] sondern wird erst dadurch konstituiert, dass er auf einen Verbrechenstatbestand gerichtet ist (z. B. also §§ 212 I, 30 StGB).

II. § 30 I StGB

1. Aufbau

I. „Vorprüfung" 82
   1. Keine Strafbarkeit wegen vollendeter Anstiftung
   2. Strafbarkeit des Versuchs: Verbrechen als (Haupt-)Tat, §§ 30 I, 12 I StGB
II. Tatbestand
   1. Objektiver Tatbestand: Handlung
   2. Subjektiver Tatbestand
      a) Vorsatz: Tatbestandsverwirklichungsentschluss und Ablaufplan (sog. Tatentschluss; Tatplan)
      b) Unmittelbares Ansetzen zur Verwirklichung des Tatbestandes nach Vorstellung (des Täters) von der Tat
III. Rechtswidrigkeit
IV. Schuld
V. Ggf. Rücktritt, § 31 I Nr. 1, II StGB
VI. Strafzumessung

2. Grundlagen

§ 30 I StGB enthält die **versuchte Anstiftung** („zu bestimmen versucht, ein Verbrechen zu begehen") und die **versuchte sog. Kettenanstiftung**[182] („oder zu ihm anzustiften"). Der Prüfungsaufbau ähnelt daher dem des täterschaftlichen Versuchsdelikts. Mit der Normfassung „versucht" wird stillschweigend auf § 22 StGB verwiesen, so dass die dort geltenden Grundsätze und Lehren – die nach hiesiger Auffassung abweichend von der h. M. zu bestimmen sind – gelten. 83

---

[180] Hoyer, in: SK-StGB, 9. Aufl. 2017, § 30 Rn. 12; aus der Rspr. vgl. BGH U. v. 04.07.2018 – 2 StR 245/17 – BGHSt 63, 161 = NJW 2019, 449 = NStZ 2019, 199 = StV 2020, 88 (Anm. Eisele JuS 2019, 497; Sinn ZJS 2019, 241; Kudlich NJW 2019, 453; Schiemann NStZ 2019, 186; Mitsch JR 2019, 262; Puschke HRRS 2019, 346).

[181] So noch die 1876 geschaffene Vorläufernorm des § 49a RStGB; Anlass der Normschaffung war, dass ein belgischer Schmied namens Duchesne sich gegenüber dem Erzbischof von Paris 1873 zur Ermordung Bismarcks (wegen dessen Kulturkampf-Politik) bereit erklärt hatte.

[182] Zur versuchten Kettenanstiftung Fischer, StGB, 68. Aufl. 2021, § 30 Rn. 8; näher Kroß Jura 2003, 250.

Beispiel 461

B meldete sich bei seinem Freund Z1 und fragte diesen, ob er bereit sei, gegen eine Belohnung in Höhe von 10.000 Euro den Z2 zu töten. Z1 lehnte entrüstet ab. ◄

Beispiel 462

B meldete sich bei seinem Freund Z1 und fragte diesen, ob er bereit sei, an den Z2 heranzutreten und diesen zu beauftragen, gegen eine Belohnung in Höhe von 10.000 Euro den Z3 zu töten. Z1 lehnte entrüstet ab. ◄

Einerlei ist (wie i. R. d. § 22 StGB), ob der Versuch ein sog. **untauglicher** war[183] (was sich auch aus §§ 30 I 3 i. V. m. 23 III StGB folgern lässt).

Umstritten ist, ob § 30 I StGB auch die **versuchte sog. mittelbare Täterschaft** erfasst, was dann relevant wird, wenn die Voraussetzungen des § 22 StGB nicht erfüllt sind (so dass sich das Problem je nach Auslegung des unmittelbaren Ansetzens i. F. d. sog. mittelbaren Täterschaft als unterschiedlich bedeutsam erweist).[184]

Zwar werden bei enger Handhabung des § 22 StGB Strafbarkeitslücken geschlossen, wenn zumindest § 30 I StGB auf alle Fälle des Bestimmens anzuwenden ist (ohne dass man Versuchsbeginn bei sog. mittelbarer Täterschaft weit nach vorn verlagern müsste), wofür ein Erst-recht-Schluss aus der versuchten Anstiftung spricht. Die gesetzliche Überschrift mag auch ein erweitertes Verständnis des Bestimmens erlauben, zumal ein expliziter Bezug auf § 26 StGB in § 30 I StGB fehlt.

Mit der h. M.[185] allerdings ist dies abzulehnen. Nicht nur legt die Verwendung des Worts Bestimmen grammatikalisch und systematisch (zwischen den §§ 26 und 30 StGB liegen nur wenige Normen) eine Beschränkung auf die Anstiftung nahe, sondern § 30 I StGB greift auch den Begriff des Begehens der Tat (nämlich durch den Bestimmten) auf – ein Vordermann als Werkzeug eines sog. mittelbaren Täters begeht die Tat aber nicht. Ohnehin greifen Bedenken gegen eine eher weite Handhabung des § 22 StGB i. F. d. sog. mittelbaren Täterschaft nicht durch.

Der **Strafgrund** des § 30 I StGB besteht in der abstrakten Gefahr, dass der Anstoß zu einer Straftat eine selbstständig weiterwirkende Kausalkette in Gang setzt: Derjenige, der einen anderen zur Begehung eines Verbrechens auffordert, setzt Kräfte in Richtung auf das angegriffene Rechtsgut in Bewegung, über die er nicht mehr die volle Herrschaft behält.[186] Dies ist im Grunde eine Kombination der Strafgründe von Versuch und Anstiftung, s. jeweils o.

---

[183] Heine/Weißer, in: Schönke/Schröder, StGB, 30. Aufl. 2019, § 30 Rn. 7; aus der Rspr. vgl. RG U. v. 20.05.1904 – 6241/03 – RGSt 37, 171; RG U. v. 27.10.1938 – 5 D 673/38 – RGSt 72, 373; RG U. v. 03.10.1940 – 5 D 479/40 – RGSt 74, 303.

[184] Hierzu (bejahend) Hoyer, in: SK-StGB, 9. Aufl. 2017, § 30 Rn. 5 ff.

[185] Etwa Joecks/Scheinfeld, in: MK-StGB, 4. Aufl. 2020, § 30 Rn. 13.

[186] Kindhäuser/Hilgendorf, LPK, 8. Aufl. 2020, § 30 Rn. 2; aus der Rspr. vgl. zuletzt BGH B. v. 23.03.2017 – 3 StR 260/16 – BGHSt 62, 96 = NJW 2017, 2134 = StV 2018, 721 (Anm. Bosch Jura

3. „Vorprüfung"

a) Allgemeines
Zur sog. Vorprüfung beim Versuch und ihrer Sinnhaftigkeit s. o.   84

b) Keine Strafbarkeit wegen vollendeter Anstiftung
Aus Gründen der sog. Gesetzeskonkurrenz verdrängt eine Vollendungsstrafbarkeit   85
eine gleichgerichtete Versuchsstrafbarkeit – dies ist bei der Anstiftung genauso.
In einem Gutachten ist vorrangig also (nach Verneinung von Täterschaft) ein vollendetes Anstiftungsdelikt zu prüfen, auf das i. R. d. § 30 I StGB nach o. verwiesen werden kann, es sei denn dessen Nichtvorliegen ist evident (dann kurze Feststellung in der „Vorprüfung").

c) Strafbarkeit des Versuchs: Verbrechen als (Haupt-)Tat
Alle Modalitäten des § 30 StGB gelten nur im Hinblick auf **Verbrechen** i. S. d. § 12   86
I StGB, während die „Versuchte Beteiligung" an einem Vergehen i. S. d. § 12 II
StGB straflos ist.

> **§ 12 StGB (Verbrechen und Vergehen)**
> (1) Verbrechen sind rechtswidrige Taten, die im Mindestmaß mit Freiheitsstrafe von einem Jahr oder darüber bedroht sind.
> (2) Vergehen sind rechtswidrige Taten, die im Mindestmaß mit einer geringeren Freiheitsstrafe oder die mit Geldstrafe bedroht sind.
> (3) Schärfungen oder Milderungen, die nach den Vorschriften des Allgemeinen Teils oder für besonders schwere oder minder schwere Fälle vorgesehen sind, bleiben für die Einteilung außer Betracht.

Die examensrelevantesten Verbrechen sind die §§ 154, 212 I, 211, 226, 227, 239a, b, 244 IV 244a, 249, 250 I, 251, 252, 255, 260a, 263 V, 267 IV, 306 ff., 315b III i. V. m. 315 III, 316a, 339 StGB.

Umstritten ist, für welche Person die ins Auge gefasste Tat ein Verbrechen sein   87
muss,[187] was bei besonderen persönlichen Merkmalen i. S. d. § 28 II StGB relevant
werden kann, sofern man diese Norm als tatbestandsrelevant erachtet.

2017, 1237; Eisele JuS 2017, 891; LL 2017, 842; RÜ 2017, 509; famos 6/2017; Kudlich NJW 2017, 2136; Weißer ZJS 2018, 197); BGH B. v. 07.09.2017 – AK 42/17 – NStZ-RR 2018, 10; BGH B. v. 08.05.2019 – 1 StR 76/19 – NStZ 2019, 595 = StV 2020, 86 (Anm. Bosch Jura 2019, 1120; Eisele JuS 2019, 1028; Rückert NStZ 2019, 597).

[187] Hierzu Kindhäuser/Hilgendorf, LPK, 8. Aufl. 2019, § 30 Rn. 8 ff.; näher Börker JR 1956, 286; Valerius Jura 2013, 15; aus der Rspr. vgl. BGH U. v. 04.02.2009 – 2 StR 165/08 – BGHSt 53, 174 = NJW 2009, 1221 = NStZ 2009, 322 = StV 2010, 301 (Anm. Dehne-Niemann Jura 2009, 695; Geppert JK 2009 StGB § 30/7; von Heintschel-Heinegg JA 2009, 547; LL 2009, 678; RÜ 2009, 304; RA 2009, 323; famos 6/2009; Mitsch JR 2009, 359).

> **Beispiel 463**
>
> B, motiviert durch das ernstliche Verlangen des Z1, versuchte, den Z2 dazu zu bewegen, den Z1 zu töten, wobei Z2 von dem Verlangen des Z1 nichts wusste. ◄

Z2 könnte nur zu einem Totschlag oder Mord (§§ 211, 212 StGB) angestiftet werden. Wegen des ernstlichen Verlangens des Z1 würde es sich – sofern man mit der h. L. ein Stufenverhältnis annimmt und überdies die Rechtsfolge des § 28 II StGB in einer Tatbestandsverschiebung sieht – für B1 aber gem. § 28 II StGB als Anstiftung zur Tötung auf Verlangen (§§ 216 I, 26 StGB) darstellen. Die Tötung auf Verlangen nach § 216 StGB ist kein Verbrechen, Totschlag und Mord sind es aber schon.

> **§ 216 I StGB (Tötung auf Verlangen)**
> Ist jemand durch das ausdrückliche und ernstliche Verlangen des Getöteten zur Tötung bestimmt worden, so ist auf Freiheitsstrafe von sechs Monaten bis zu fünf Jahren zu erkennen.

Die Rspr.[188] und ein Teil der Lehre[189] stellen auf den präsumtiven Täter ab, die wohl h. L.[190] auf den Anstifter; wieder andere[191] verlangen, dass die Tat in Bezug auf beide Personen ein Verbrechen sein muss.

Dafür, dass die beabsichtigte (Haupt-)Tat ein Verbrechen sein muss, spricht bereits der Wortlaut des § 30 I StGB („ein Verbrechen zu begehen", was auf § 25 StGB rekurriert); auch soll § 30 I StGB gerade besonders gefährliche (Haupt-)Taten erfassen, was für schlichte Akzessorietät spricht. Ein etwaiger Wertungswiderspruch zur vollendeten Anstiftung (dort Anwendung des § 28 II StGB) relativiert sich bei der Annahme bloßer Strafzumessungsrelevanz des § 28 II StGB, s. o. Es handelt sich ohnehin um seltene Fälle (abgesehen von § 216 StGB v. a. die kriminologisch eher randständige Aussageerpressung gem. § 343 StGB). Die versuchte sog. mittelbare Täterschaft ist richtigerweise nicht von § 30 StGB erfasst und daher nicht in den Blick zu nehmen.

Alle Deliktsarten kommen in Betracht, solange es sich nur um ein Verbrechen, auf das sich der Versuch (mit seinem Vollendungsvorsatz, s. o.) beziehen kann. Erfasst ist also insbesondere auch das sog. unechte Unterlassungsdelikt („Versuchte Beteiligung" am Unterlassen durch aktives Tun, nicht zu verwechseln mit „Versuchter Beteiligung" durch Unterlassen, hierzu s. u.).

---

[188] S. o.
[189] Hinderer JuS 2011, 1072 (1073).
[190] S. Wessels/Beulke/Satzger, AT, 50. Aufl. 2020, Rn. 562.
[191] Hoyer, in: SK-StGB, 9. Aufl. 2017, § 30 Rn. 22.

4. Tatbestand

a) Grundlagen
Indem § 30 I StGB die Wendung „versucht" gebraucht, wird die Tatbestandslehre des versuchten Täterschaftsdelikts übertragen, hierzu s. o.

88

b) Objektiver Tatbestand
Zum Aufbau eines täterschaftlichen Versuchstatbestands entgegen der h. M. (betreffend Reihenfolge und Inhalt von objektivem und subjektivem Tatbestand), s. o. Für den Versuchstatbestand des § 30 I StGB gilt dasselbe, so dass sich der objektive Tatbestand in der Vornahme einer **Handlung** erschöpft.

89

c) Subjektiver Tatbestand
aa) Grundlagen
Zum subjektiven Tatbestand des täterschaftlichen Versuchsdelikts s. o. Dieser ist auf den spezifischen Vorsatzinhalt des § 30 I StGB zu übertragen, welcher wiederum auf dem subjektiven Tatbestand des § 26 StGB basiert, einerseits direkt, andererseits mittelbar:

90

bb) Vorsatz: Tatbestandsverwirklichungsentschluss und Ablaufplan (sog. Tatentschluss; Tatplan)

(1) Versuchte Anstiftung
§ 30 I 1. Var. StGB („einen anderen zu bestimmen versucht, ein Verbrechen zu begehen") ist die – direkte – versuchte Anstiftung. Der Begriff des Bestimmens verweist richtigerweise allein auf § 26 StGB und nicht darüber hinaus auf die versuchte sog. mittelbare Täterschaft, vgl. o.

91

Der subjektive Tatbestand des § 30 I StGB ist identisch mit dem **subjektiven Tatbestand des § 26 StGB**, man könnte auch von einem Tatentschluss zur Anstiftung sprechen: Erforderlich ist der Vorsatz, bei einem anderen den Entschluss zur Begehung eines Verbrechens hervorzurufen.

Hierbei ist heute (wie bei § 26 StGB) anerkannt, dass **Eventualvorsatz** ausreicht und eine darüber hinausgehende „Ernstlichkeit" nicht zu verlangen ist,[192] so dass es genügt, wenn der i. S. d. § 30 I StGB Bestimmende es für möglich gehalten und billigend in Kauf genommen hat, dass der Aufgeforderte die Aufforderung ernst nehmen und durch sie zur Tat bestimmt werden könnte. Es handelt sich um die schlichte Anwendung der §§ 22, 15, 16 StGB auf § 30 I StGB. Hieraus folgt auch,

---

[192] Früher strittig, s. B. Heinrich, AT, 6. Aufl. 2019, Rn. 1366; aus der Rspr. vgl. zuletzt BGH U. v. 11.04.2018 – 5 StR 595/17 (IS-Vermögen) – NStZ-RR 2018, 221 = StV 2019, 85 (Anm. Nestler Jura 2018, 963; Jahn JuS 2018, 719; RÜ 2018, 440; Bechtel Jura 2019, 63; Wachter StV 2019, 87; Li NZWiSt 2019, 405).

dass der Bestimmende nicht um den Verbrechenscharakter wissen bzw. ihn annehmen muss, sondern nur um die diesen ergebenden Umstände.[193]

Die h. M. betont, der Tatentschluss müsse sich hierbei auf eine hinreichend **konkretisierte** (Haupt-)Tat beziehen: Die (Haupt-)Tat müsse so genau ins Auge gefasst werden, dass der andere sie nun ausführen könnte, wenn er wollte.[194] In Wirklichkeit sind die Anforderungen an den Anstiftungsvorsatz aber keine gesonderte Frage des § 30 I StGB, sondern wie bei § 26 StGB zu entscheiden, s. daher o.

(2) Versuchte Anstiftung zur Anstiftung (sog. Kettenanstiftung)

▶ Didaktischer Aufsatz:

- Kroß, Die versuchte Kettenanstiftung und der Rücktritt der an ihr Beteiligten, Jura 2003, 250

92 § 30 I 2. Var. StGB („einen anderen zu bestimmen versucht, […] zu ihm [nämlich: einem Verbrechen] anzustiften") ist die versuchte Anstiftung zur Anstiftung, auch als versuchte Kettenanstiftung bezeichnet.[195]

Erst recht ist die vollendete Anstiftung zur versuchten Anstiftung erfasst, weil sie den diesbzgl. Versuch in sich enthält.[196] Eine Strafbarkeit nach § 30 I StGB besteht auch, wenn die Kette der Bestimmenden nach der Vorstellung des Auffordernden mehr als zwei Glieder umfassen soll.[197]

cc) Unmittelbares Ansetzen zur Verwirklichung des Tatbestandes nach Vorstellung (des Täters) von der Tat

93 Der stillschweigende Verweis des § 30 I StGB auf § 22 StGB umfasst die strafbegründende Bedeutung des unmittelbaren Ansetzens nach Vorstellung von der Tat. Zur systematischen Analyse und Auslegung s. o. beim versuchten Täterschaftsdelikt.

---

[193] Hoyer, in: SK-StGB, 9. Aufl. 2017, § 30 Rn. 25.

[194] Kindhäuser/Hilgendorf, LPK, 8. Aufl. 2019, § 30 Rn. 4; aus der Rspr. vgl. zuletzt BGH U. v. 08.08.2012 – 2 StR 526/11 – NJW 2013, 483 = NStZ 2013, 33; BGH B. v. 07.09.2017 – AK 42/17 – NStZ-RR 2018, 10; BGH B. v. 16.08.2018 – 4 StR 200/18 – NStZ-RR 2018, 353 = StV 2018, 776; BGH B. v. 08.05.2019 – 1 StR 76/19 – NStZ 2019, 595 = StV 2020, 86 (Anm. Bosch Jura 2019, 1120; Eisele JuS 2019, 1028; Rückert NStZ 2019, 597).

[195] Z. B. Krey/Esser, AT, 6. Aufl. 2016, Rn. 1334; näher Kroß Jura 2003, 250; aus der Rspr. vgl. BGH U. v. 27.01.1955 – St E 22/54 – BGHSt 7, 234 (Anm. von Weber JZ 1955, 588); BGH U. v. 04.10.1957 – 2 StR 366/57 – BGHSt 10, 388 = NJW 1957, 1770 (Anm. Blei NJW 1958, 30); BGH U. v. 29.10.1997 – 2 StR 239/97 – NStZ 1998, 347 (Anm. LL 1998, 595; Kretschmer NStZ 1998, 401; Graul JR 1999, 249).

[196] Joecks/Scheinfeld, in: MK-StGB, 4. Aufl. 2020, § 30 Rn. 40.

[197] Joecks/Scheinfeld, in: MK-StGB, 4. Aufl. 2020, § 30 Rn. 41.

Eine Minderheitsauffassung[198] sieht i. R. d. § 30 I StGB nur bei Zugang oder gar Kenntnisnahme der Anstiftungserklärung beim präsumtiven Täter ein unmittelbares Ansetzen als gegeben an, während allerdings die Rspr.[199] und die h. L.[200] die allgemeinen Regeln des § 22 StGB anwenden.

Beispiel 464

B1 forderte Z1 schriftlich auf, den Z2 zu töten. Der in die Post gegebene Brief kam aber bei Z1 nie an. ◄

Rspr. und h. L. kämen zu einem unmittelbaren Ansetzen, die Minderheitsauffassung nicht.

In der Tat gibt der Wortlaut des § 30 I StGB keine gesonderte Restriktion her, zumal § 30 I StGB eine Strafbarkeitseinschränkung gegenüber §§ 22, 23 StGB normiert (s. o.), so dass schon das Bedürfnis dafür zweifelhaft ist. Außerdem geht § 31 I Nr. 1 StGB von der Existenz auch sog. unbeendeter Versuche aus, ganz abgesehen davon, dass ggf. alles Erforderliche bereits mit Absenden einer Aufforderung o. ä. getan ist, so dass sogar der Bereich der sog. beendeten Versuche wenig sachgerecht beschnitten würde.

5. Rechtswidrigkeit

Für die Rechtswidrigkeit des Bestimmenden gelten keine Besonderheiten, s. daher beim Täterschaftsdelikt. 94

6. Schuld

Auch für die Rechtswidrigkeit des Bestimmenden gelten keine Besonderheiten, s. daher beim Täterschaftsdelikt. 95

7. Rücktritt, § 31 I Nr. 1, II StGB

▶ Didaktischer Aufsatz:

- Schröder, Grundprobleme des § 49a StGB, JuS 1967, 289

a) Allgemeines

§ 31 StGB[201] regelt den Rücktritt vom Versuch der Beteiligung als für die Strafbarkeit nach § 30 StGB geltende *lex specialis* gegenüber § 24 StGB. 96

---

[198] Jakobs, AT, 2. Aufl. 1993, 12/175.
[199] Vgl. BGH U. v. 14.06.2005 – 1 StR 503/04 – BGHSt 50, 142 = NJW 2005, 2867 = NStZ 2005, 626 = StV 2005, 660 (Anm. LL 2005, 753; RÜ 2005, 534; RA 2005, 604; Kudlich JA 2006, 91; Kütterer-Lang JuS 2006, 206; Kühl NStZ 2006, 94; Puppe JR 2006, 75; Mosenheuer ZIS 2006, 99; Steinberg GA 2008, 516).
[200] S. nur Joecks/Jäger, StGB, 13. Aufl. 2021, § 30 Rn. 10 f.
[201] Hierzu Wessels/Beulke/Satzger, AT, 50. Aufl. 2020, Rn. 1087 ff.; näher Schröder MDR 1949, 714; Schröder JuS 1967, 289; Mitsch FS Herzberg 2008, 443.

> **§ 31 StGB (Rücktritt vom Versuch der Beteiligung)**
> (1) Nach § 30 wird nicht bestraft, wer freiwillig
> 1. den Versuch aufgibt, einen anderen zu einem Verbrechen zu bestimmen, und eine etwa bestehende Gefahr, daß der andere die Tat begeht, abwendet,
> 2. nachdem er sich zu einem Verbrechen bereit erklärt hatte, sein Vorhaben aufgibt oder,
> 3. nachdem er ein Verbrechen verabredet oder das Erbieten eines anderen zu einem Verbrechen angenommen hatte, die Tat verhindert.
> (2) Unterbleibt die Tat ohne Zutun des Zurücktretenden oder wird sie unabhängig von seinem früheren Verhalten begangen, so genügt zu seiner Straflosigkeit sein freiwilliges und ernsthaftes Bemühen, die Tat zu verhindern.

Voraussetzung der Anwendung des § 31 StGB ist, dass es bei einer **Strafbarkeit nach § 30 StGB** geblieben ist[202] und insofern keine vollendete Teilnahme vorliegt (bzgl. derer § 24 StGB greifen kann und auch dass nur, wenn die sog. Haupttat nur als Versuch i. S. d. §§ 22, 23 StGB begangen wurde).

Wie beim Rücktritt vom täterschaftlichen Versuchsdelikt gem. § 24 StGB handelt es sich bei § 31 StGB um einen persönlichen Strafaufhebungsgrund,[203] der nach der Schuld zu prüfen ist.

Auch i. Ü. ist § 31 StGB, der nach dem Vorbild des § 24 StGB unter Aufgreifen der dortigen Begriffe gestaltet ist, in seiner Teleologie und seinen Merkmalen (z. B. der durchgängig erforderlichen Freiwilligkeit) wie § 24 StGB auszulegen, s. daher o., auch zur auf § 31 StGB zu übertragenden Kritik der beim Rücktritt etablierten gesetzesfernen Sonderbegrifflichkeiten.[204]

Bzgl. § 30 I StGB ist nur § 31 I Nr. 1, II StGB einschlägig, i. Ü. s. u. bei § 30 II StGB.

b) Rücktritt nach § 31 I Nr. 1 StGB
aa) Grundlagen

97 Indem § 31 I Nr. 1 StGB auf „den Versuch [...], einen anderen zu einem Verbrechen zu bestimmen" verweist, nimmt er auf § 30 I 1. Var. StGB Bezug (ohne die Norm zu nennen); erst recht muss die Norm für die versuchte Kettenanstiftung nach § 30 I 2. Var. StGB sinngemäß Anwendung finden.[205]

---

[202] Fischer, StGB, 68. Aufl. 2021, § 31 Rn. 2; aus der Rspr. vgl. BGH B. v. 25.11.1986 – 4 StR 631/85 – NStZ 1987, 118 (Anm. Sonnen JA 1987, 28).

[203] Kindhäuser/Hilgendorf, LPK, 8. Aufl. 2019, § 31 Rn. 1.

[204] S. auch Joecks/Scheinfeld, in: MK-StGB, 4. Aufl. 2020, § 31 Rn. 5.

[205] Hierzu Zaczyk, in: NK-StGB, 5. Aufl. 2017, § 31 Rn. 6; Heine/Weißer, in: Schönke/Schröder, StGB, 30. Aufl. 2019, § 31 Rn. 6.

bb) Aufgeben des Versuchs, einen anderen zu einem Verbrechen zu bestimmen

Stets muss der Bestimmende den entsprechenden Versuch (freiwillig) aufgeben; hierzu vgl. o. § 24 I 1 1. Var. StGB.

Wenn keine „Gefahr, daß der andere die Tat begeht" i. S. d. § 31 I Nr. 1 StGB besteht – Situation des sog. unbeendeten Versuch der Beteiligung nach § 30 I StGB[206] –, genügt dies bereits für die Nichtbestrafung.

98

cc) Abwenden einer etwa bestehenden Gefahr, dass der andere die Tat begeht

In der Situation des sog. beendeten Versuchs der Beteiligung nach § 30 I StGB muss der Bestimmende eine „bestehende Gefahr, daß der andere die Tat begeht" abwenden.

99

Unklar ist, ob es insofern auf eine objektiv bestehende Gefahr ankommt – so ist der Wortlaut gefasst –, oder ob die Vorstellung des Betreffenden allein relevant ist (wie es bei der „Abgrenzung" von sog. unbeendeten und beendeten Versuch i. R. d. § 24 I 1 StGB der Fall ist).[207] Bei aller Teleologie kann für Letzteres nur *de lege ferenda* plädiert werden. Gleiches gilt angesichts des klaren Wortlauts („bestehende" Gefahr, nicht „geschaffene" o. ä.) auch bzgl. Gefahren, die der Versuchstäter selbst nicht einmal mitverursacht hat; das darin liegende *versari in re illicita* dürfte mit dem Schuldprinzip noch vereinbar sein, eine Normüberarbeitung ist freilich wünschenswert.[208]

Ein Abwenden der Gefahr erfordert die Verursachung dessen, dass sich die Gefahr der Tatbegehung schon nicht in einem Tatversuch niederschlägt.[209] Bei irriger Annahme der Gefahr ist objektiv keine Abwendung möglich, daher kann § 31 I Nr. 1 StGB nicht erfüllt werden, allerdings ggf. § 31 II StGB.[210]

c) Rücktritt nach § 31 II StGB

§ 31 II StGB ist § 24 I 2, II 2 StGB nachgebildet, vgl. insoweit o.

100

Es handelt sich um – mangels objektiver Verhinderungskausalität – die Situation des sog. versuchten Rücktritts vom sog. beendeten Versuch.

---

[206] Fischer, StGB, 68. Aufl. 2021, § 31 Rn. 3; aus der Rspr. vgl. BGH U. v. 16.05.1973 – 2 StR 269/72; BGH U. v. 07.10.1983 – 1 StR 615/83 – NJW 1984, 2169 = StV 1984, 70 (Anm. Sonnen JA 1984, 259; Küper JR 1984, 265; Kühl JZ 1984, 292); BGH U. v. 21.10.1983 – 2 StR 485/83 – BGHSt 32, 133 = NJW 1984, 745 = NStZ 1984, 73 = StV 1984, 282 (Anm. Geppert JK 1984 StGB § 31/1; Kühl JZ 1984, 292); BGH U. v. 18.04.1990 – 2 StR 84/90 (Anm. Sonnen JA 1990, 319); BGH B. v. 13.03.1997 – 4 StR 39/97 – NStZ-RR 1997, 289 (Anm. Otto JK 1998 StGB § 31/3); BGH B. v. 10.10.2006 – 1 StR 377/06 – NStZ 2007, 287 = StV 2007, 82; BGH B. v. 06.09.2007 – 4 StR 409/07 – StV 2008, 248 (Anm. RA 2007, 754).

[207] Hierzu Hoyer, in: SK-StGB, 9. Aufl. 2017, § 31 Rn. 10 f.; näher Herzberg JZ 1989, 114.

[208] Zur Problematik Joecks/Scheinfeld, in: MK-StGB, 4. Aufl. 2020, § 31 Rn. 17.

[209] Hoyer, in: SK-StGB, 9. Aufl. 2017, § 31 Rn. 12.

[210] S. etwa Wessels/Beulke/Satzger, AT, 50. Aufl. 2020, Rn. 1094.

Für ein „ernsthaftes Bemühen, die Tat zu verhindern" ist in aller Regel ein aktives Tätigwerden erforderlich, es kann aber etwa ein bloßes Unterlassen einer als notwendig erachteten Handlung genügen.[211]

8. Strafzumessung

101 § 30 I 1 StGB eröffnet zunächst grundsätzlich den Strafrahmen des täterschaftlichen Versuchsdelikts („wird nach den Vorschriften über den Versuch des Verbrechens bestraft"). Allerdings wird dies durch § 30 I 2 StGB dahingehend modifiziert, dass eine obligatorische Strafmilderung angeordnet wird. Im Gutachten genügt eine kurze Erwähnung der Norm (ohne eine eigene Prüfungsebene der Strafzumessung) nach dem Ergebnissatz.

Gem. § 30 I 3 StGB gilt § 23 III StGB entsprechend, zu diesem s. o.

III. § 30 II StGB

1. Aufbau

102 I. Tatbestand
　　1. Objektiver Tatbestand
　　　　a) Sich-bereit-Erklären, ein Verbrechen zu begehen oder zu ihm anzustiften, § 30 II 1. Var. StGB
　　　　b) Erbieten eines anderen Annehmen, ein Verbrechen zu begehen oder zu ihm anzustiften, § 30 II 2. Var. StGB
　　　　c) Mit einem anderen verabreden, ein Verbrechen zu begehen oder zu ihm anzustiften, § 30 II 3. Var. StGB
　　2. Subjektiver Tatbestand
II. Rechtswidrigkeit
III. Schuld
IV. Rücktritt, § 31 I Nr. 2, 3, II StGB
V. Strafzumessung

2. Grundlagen

103 § 30 II StGB bedroht bestimmte Vorbereitungshandlungen im Vorfeld eines Verbrechens mit Strafe. Bei den einzelnen Modalitäten handelt es sich um an sich deutlich zu differenzierende eigenständige Tatbestände, zumal ihnen durchaus unterschiedliche Strafgrundüberlegungen zugrundeliegen, die aus eher loseren Sachzusammenhangsgründen gemeinsam behandelt werden.

Die zum eigenen Delikt (wenn auch mit Verknüpfung mit einem Straftatbestand des Besonderen Teils) erhobenen Vorbereitungshandlungen verfügen über einen

---

[211] Joecks/Scheinfeld, in: MK-StGB, 4. Aufl. 2020, § 31 Rn. 26; aus der Rspr. vgl. BGH U. v. 13.05.1953 – 5 StR 11/53 – BGHSt 4, 200 = NJW 1953, 1271 (Anm. Maurach GA 1953, 119); BGH B. v. 25.11.1986 – 4 StR 631/85 – NStZ 1987, 118 = StV 1987, 386 (Anm. Sonnen JA 1987, 28).

ausgebildeten objektiven und subjektiven Tatbestand, so dass ein Zerlegen der Begriffe nach allgemeinen Grundsätzen (Handlung, Schaffung einer unerlaubten Gefahr des Erfolgseintritts, Erfolgseintritt, Verursachung, Verwirklichung der unerlaubten Gefahrschaffung im Erfolgseintritt, s. o. beim Täterschaftsdelikt) möglich ist und sich entsprechende (v. a. Zurechnungs-)Probleme stellen können.

3. Tatbestand

a) Allgemeines
Da es sich um vertatbestandlichte und formal vollendbare Vorbereitungsdelikte handelt, kann der übliche tatbestandliche Aufbau angewendet werden.

104

b) Objektiver Tatbestand
aa) Grundlagen
Alle Varianten des § 30 II StGB betreffen die Stoßrichtung, „ein Verbrechen zu begehen oder zu ihm anzustiften".

105

Zur Charakterisierung als **Verbrechen** vgl. o. Allerdings gebietet die Konstellation der versuchten Mittäterschaft (§ 30 II 3. Var. 1. Unterfall StGB, s. sogleich) mangels Relevanz der Akzessorietät der Teilnahme von der (Haupt-)Tat eine Modifikation: Da die anvisierte Begehung (das verweist auf § 25 StGB) des Verbrechens für den konkreten Täter festzustellen ist, ist nur derjenige strafbar, für den die verabredete Tat ein Verbrechen ist, einerlei ob die Tat auch für die anderen Mittäter ein Verbrechen wäre.[212]

Das in Frage kommende Verbrechen soll entweder **begangen** werden („ein Verbrechen zu begehen") – dies bezieht sich auf § 25 StGB, und zwar in allen Möglichkeiten, so dass sog. unmittelbare, mittelbare oder Mittäterschaft denkbar ist[213] – oder Gegenstand einer **Anstiftung** werden („zu ihm anzustiften"), was i. S. d. § 26 StGB zu verstehen ist.

In dieser Normierung rasch verschachtelt erscheinender Konstellationen zeigt sich ein bemerkenswerter Ehrgeiz des Gesetzgeber an nicht gerade zentraler Stelle.

Zu den einzelnen Modalitäten:

bb) Sich-bereit-Erklären, ein Verbrechen zu begehen oder zu ihm anzustiften, § 30 II 1. Var. StGB

▶ Didaktischer Aufsatz:

- Bülte/Wick, Das „Sich-bereit-Erklären" zu einem Verbrechen, § 30 II Var. 1 StGB, JA 2019, 508

---

[212] Umstritten, zum Ganzen Hoyer, in: SK-StGB, 9. Aufl. 2017, § 30 Rn. 15f., 51.
[213] Vgl. Hoyer, in: SK-StGB, 9. Aufl. 2017, § 30 Rn. 36 (bzgl. des Sich-bereit-Erklärens zur Begehung).

106 Der **Strafgrund** des Sich-bereit-Erklärens – bisweilen wird auch „Sich-Erbieten" verwendet, weil § 30 II 2. Var. StGB diese Begrifflichkeit nutzt – liegt in der Bekämpfung von Gefahren für das von dem Verbrechenstatbestand geschützte Rechtsgut durch eine motivationale Bindung des Täters; immerhin gibt es eine kommunikative Beziehung zwischen den Vorfeldbeteiligten. So steht z. B. das Sich-Erbieten zur Tatbegehung nach der Vorstellung des Täters am Anfang einer Kausalkette, die in die Vollendung der Tat einmünden soll. Die Erklärung der Tatbereitschaft gegenüber einem anderen kann auch schon eine (abstrakte) Gefährdung des geschützten Rechtsguts verursachen, weil sich der Täter hiernach an seine nach außen hervorgetretene Erklärung gebunden fühlen kann.[214] Insofern tritt in den Hintergrund, dass kein Kausalverlauf aus der Hand gegeben wurde, da der Sich-bereit-Erklärende ja selbst die Tatbegehung trotz seiner Erklärung in der Hand hat; bereits der eventuell verspürte Druck, nicht wortbrüchig zu werden, begründet als selbst geschaffenes Tatmotiv die abstrakte Gefährlichkeit.

Jemand erklärt sich dann i. S. d. § 30 II StGB bereit, ein Verbrechen zu begehen oder zu ihm anzustiften, wenn er seine Bereitschaft zur Tat einem anderen mitteilt (sei es aus eigener Initiative, sei es aufgrund der Initiative Dritter).[215]

Die bloße Kundgabe, ein Verbrechen begehen zu wollen, genügt nicht; vielmehr muss die Erklärung gegenüber einem Adressaten erfolgen, bei dem der Erklärende Interesse an der Einhaltung seiner Zusage hat.[216] Ein Sich-Bereit-Erklären liegt nach der Rspr. sogar dann vor, wenn der Täter die Erklärung gegenüber dem potenziellen Opfer abgibt, jedenfalls dann, wenn die Erklärung in der konkreten Fallkonstellation geeignet ist, eine motivationale Selbstbindung des Täters zu begründen.[217] Angesichts der Straflosigkeit von Selbstverletzungen ist dies zweifelhaft, freilich ist gegenüber vorsätzlichen Tötungen eine Opferzustimmung nicht strafausschließend (s. § 216 StGB).

Die abstrakte Gefahr besteht in hinreichender Höhe bereits mit Abgabe der Erklärung, so dass es richtigerweise keines Zugangs bedarf, solange dieser nur mit einiger Wahrscheinlichkeit zu erwarten ist.[218]

---

[214] Joecks/Scheinfeld, in: MK-StGB, 4. Aufl. 2020, § 30 Rn. 43; Hoyer, in: SK-StGB, 9. Aufl. 2017, § 30 Rn. 11; aus der Rspr. vgl. BGH U. v. 04.07.2018 – 2 StR 245/17 – BGHSt 63, 161 = NJW 2019, 449 = NStZ 2019, 199 = StV 2020, 88 (Anm. Eisele JuS 2019, 497; Sinn ZJS 2019, 241; Kudlich NJW 2019, 453; Schiemann NStZ 2019, 186; Mitsch JR 2019, 262; Puschke HRRS 2019, 346).

[215] Joecks/Jäger, StGB, 13. Aufl. 2021, § 30 Rn. 15; Kindhäuser/Hilgendorf, LPK, 8. Aufl. 2019, § 30 Rn. 18.

[216] Hoyer, in: SK-StGB, 9. Aufl. 2017, § 30 Rn. 37; aus der Rspr. vgl. BGH B. v. 17.12.2014 – StB 10/14 – NJW 2015, 1032 = NStZ 2015, 455 (Anm. Schiemann NJW 2015, 1034); BGH U. v. 11.04.2018 – 5 StR 595/17 (IS-Vermögen) – NStZ-RR 2018, 221 = StV 2019, 85 (Anm. Nestler Jura 2018, 963; Jahn JuS 2018, 719; RÜ 2018, 440; Bechtel Jura 2019, 63; Wachter StV 2019, 87; Li NZWiSt 2019, 405); BGH U. v. 08.07.2020 – 5 StR 168/20 – NStZ-RR 2020, 287.

[217] BGH U. v. 04.07.2018 – 2 StR 245/17 – BGHSt 63, 161 = NJW 2019, 449 = NStZ 2019, 199 = StV 2020, 88 (Anm. Eisele JuS 2019, 497; Sinn ZJS 2019, 241; Kudlich NJW 2019, 453; Schiemann NStZ 2019, 186; Mitsch JR 2019, 262; Puschke HRRS 2019, 346).

[218] Umstritten, hierzu Joecks/Scheinfeld, in: MK-StGB, 4. Aufl. 2020, § 30 Rn. 48.

Das Sich-bereit-Erklären ist unabhängig von der subjektiven Einstellung des Erklärungsempfängers, so dass dessen innerer Vorbehalt, die Tat nicht zu wollen, eine Strafbarkeit nach dieser Tatbestandsvariante nicht hindert;[219] zu begründen ist dies damit, dass das Gefühl, gegenüber dem anderen im Wort zu stehen, unabhängig vom (heimlichen) Willen des anderen ist.

Zur „Ernstlichkeit" des Erklärenden s. im subjektiven Tatbestand.

cc) Erbieten eines anderen Annehmen, ein Verbrechen zu begehen oder zu ihm anzustiften, § 30 II 2. Var. StGB

Bei der Annahme des Erbietens handelt es sich um einen zum materiell vollendeten Vorbereitungsdelikt verselbstständigten **Spezialfall** der **versuchten Anstiftung** oder sog. Kettenanstiftung, da der Annehmende den (dann aber nicht hinreichend betätigten) Tatentschluss des sich Erbietenden mitverursacht; daher ist der **Strafgrund** des § 30 II 2. Var. StGB identisch mit dem des § 30 I StGB,[220] s. o.

Das Erbieten eines anderen – dieses muss also zunächst einmal vorliegen; gemeint ist ein Sich-bereit-Erklären i. S. d. § 30 II 1. Var. StGB, s. o. – wird angenommen, wenn der Handelnde sich mit dem Angebot eines anderen einverstanden erklärt, ein Verbrechen zu begehen oder zu ihm anzustiften.[221] Dies kann auch konkludent erfolgen.[222]

Da relevanter Zeitpunkt des Tatentschlusses erst die Tatbegehung ist (zur insofern nötigen Aufgabe der üblichen Lehre vom sog. *omnimodo facturus* s. o.) und bis dahin nie auszuschließen ist, dass ein bereits bestehender Tatentschluss erlischt und neu gefasst oder auf andere motivatorische Basis gestellt wird, kann es nicht darauf ankommen, ob das Erbieten von jemandem kam, der schon zur Tat entschlossen war.[223]

Ein Zugang der Annahmeerklärung ist richtigerweise nicht erforderlich, vgl. o. Zum einen liegt bei Abgabe eine gewisse Zugangswahrscheinlichkeit in aller Regel vor, so dass bereits eine abstrakte Gefahr besteht; zum anderen handelt es sich nur um einen Spezialfall der versuchten Anstiftung, so dass ein Gleichklang mit den Grundsätzen der § 30 I und 22 StGB herzustellen ist.

Umstritten ist, ob das Erbieten des anderen ernstlich gewesen sein muss.[224] Während dies von der früheren Rspr.[225] und Teilen der Lehre[226] bejaht wurde bzw. wird,

---

[219] Vgl. aus der Rspr. BGH B. v. 11.08.1999 – 5 StR 217/99; BGH B. v. 23.03.2017 – 3 StR 260/16 – BGHSt 62, 96 = NJW 2017, 2134 = StV 2018, 721 (Anm. Bosch Jura 2017, 1237; Eisele JuS 2017, 891; LL 2017, 842; RÜ 2017, 509; famos 6/2017; Kudlich NJW 2017, 2136; Weißer ZJS 2018, 197).

[220] Wessels/Beulke/Satzger, AT, 50. Aufl. 2020, Rn. 920.

[221] Kindhäuser/Hilgendorf, LPK, 8. Aufl. 2019, § 30 Rn. 22.

[222] Joecks/Scheinfeld, in: MK-StGB, 4. Aufl. 2020, § 30 Rn. 49.

[223] Umstritten, s. Joecks/Jäger, StGB, 13. Aufl. 2021, § 30 Rn. 16.

[224] Hierzu B. Heinrich, AT, 6. Aufl. 2019, Rn. 1370; aus der Rspr. vgl. RG U. v. 16.02.1923 – I 3/23 – RGSt 57, 243; BGH U. v. 07.04.1998 – 1 StR 801/97 – NStZ 1998, 403 (Anm. Otto JK 1999 StGB § 30/5; Geerds JR 1999, 426).

[225] Vgl. RG U. v. 16.02.1923 – I 3/23 – RGSt 57, 243 (244 ff.).

[226] Z. B. Hoyer, in: SK-StGB, 9. Aufl. 2017, § 30 Rn. 41.

sehen dies die heutige Rspr.[227] und Teile der Lehre[228] anders. Zuzugeben ist, dass einem ernst gemeinten Erbieten eine deutlich größere Gefahrensteigerung innewohnt, wenn es angenommen wird; wer von Anfang an zum Wortbruch entschlossen ist, wird nicht ohne Weiteres durch das Annehmen des Erbietens beeinflusst. Ein gewisses (Rest-)Risiko, dass nun doch ein Tatentschluss gefasst wird, da man die Annahme erhalten hat, besteht aber durchaus, und das nicht zwangsläufig in vernachlässigbarer Höhe.

dd) Mit einem anderen Verabreden, ein Verbrechen zu begehen oder zu ihm anzustiften, § 30 II 3. Var. StGB

109 **Strafgrund** der Verabredung ist eine Kumulation der eigenen Gefährlichkeit und der des anderen: Zum einen wird bereits ein gefährlicher Kausalverlauf aus der Hand gegeben, da eine geweckte Tatbereitschaft des anderen eventuell nicht mehr rückgängig gemacht werden kann (s. o. bei § 30 I StGB); zum anderen hat jeder zwar die Erfüllung seines eigenen Tatbeitrags selbst in der Hand, allerdings greift hier wiederum der Aspekt der Willensbildung dahingehend, dass man nicht wortbrüchig werden möchte (s. o. beim Sich-bereit-Erklären).

Verabredung ist die ernstliche und konkretisierte Vereinbarung von mindestens zwei Beteiligten zur gemeinschaftlichen Begehung eines Verbrechens.[229] Von wem die Initiative ausgeht, ist irrelevant.[230] Die Erklärungen können ausdrücklich oder konkludent erfolgen und müssen wechselseitig zugehen. Man könnte von einem „Vertrag" sprechen, der aber natürlich zivilrechtlich aufgrund § 134 BGB nichtig ist.

110 Die Verabredung kann auf zweierlei bezogen sein, erstens auf die **Begehung** eines Verbrechens, zweitens auf eine **Anstiftung** zu einem Verbrechen.

Ersteres ist schon durch den Wortlaut „begehen", der stillschweigend die Begrifflichkeit des § 25 StGB aufgreift, auf Täterschaft verengt. Heute ist unstrittig, dass es sich um eine Vereinbarung handeln muss, die eine mittäterschaftliche Begehung zum Gegenstand hat, eine Verabredung zwischen zukünftigem Täter und einem zukünftigen Gehilfen genügt nicht[231] (Situation der **versuchten Mittäterschaft** aufgrund gegenseitiger versuchter Anstiftung zur mittäterschaftlichen Tatbegehung). Dies ergibt sich auch aus einem Umkehrschluss zu § 30 I StGB: Da

---

[227] Seit BGH U. v. 04.10.1957 – 2 StR 366/57 – BGHSt 10, 388 = NJW 1957, 1770 (Anm. Blei NJW 1958, 30); vgl. zuletzt BGH B. v. 23.03.2017 – 3 StR 260/16 – BGHSt 62, 96 = NJW 2017, 2134 = StV 2018, 721 (Anm. Bosch Jura 2017, 1237; Eisele JuS 2017, 891; LL 2017, 842; RÜ 2017, 509; famos 6/2017; Kudlich NJW 2017, 2136; Weißer ZJS 2018, 197).

[228] B. Heinrich, AT, 6. Aufl. 2019, Rn. 1370.

[229] Kindhäuser/Hilgendorf, LPK, 8. Aufl. 2019, § 30 Rn. 23; aus der Rspr. vgl. RG U. v. 24.09.1920 – IV 717/20 – RGSt 55, 87.

[230] Hoyer, in: SK-StGB, 9. Aufl. 2017, § 30 Rn. 46; aus der Rspr. vgl. RG U. v. 30.04.1925 – II 205/25 – RGSt 59, 214.

[231] B. Heinrich, AT, 6. Aufl. 2019, Rn. 1371; aus der Rspr. vgl. zuletzt BGH B. v. 16.03.2011 – 5 StR 581/10 (Zauberwald) – NStZ 2011, 570 = StV 2012, 146 (Anm. Kaspar/Reinbacher, Casebook AT, 2020, Fall 25; RA 2011, 366; famos 10/2011; Weigend NStZ 2011, 572; Rotsch ZJS 2012, 680; Reinbacher NStZ-RR 2012, 40; Rackow/Bock/Harrendorf StV 2012, 687); BGH B. v.

nicht einmal die versuchte Beihilfe strafbar ist, ist erst recht nicht die bloße Verabredung einer Beihilfe strafbar. Insofern hat die „Abgrenzung" zwischen Täterschaft und Teilnahme hier strafbegründende Wirkung.

Beispiel 465

BGH U. v. 28.06.2007 – 3 StR 140/07 – NStZ 2007, 697 (Anm. RA 2007, 669; famos 12/2007; Kudlich JA 2008, 146; LL 2008, 110):
Zwischen den bereits anderweitig verheirateten B1 und B2 entwickelte sich ein Liebesverhältnis. Nachdem B1 geäußert hatte, dass eine Scheidung „mit dem Haus und den vier Kindern" sein finanzieller Ruin sei und es eine gemeinsame Zukunft nur gebe, wenn seiner Ehefrau etwas zustoße, strebten B1 und B2 deren Tötung ernsthaft an. B2 schlug vor, sie besorge Gift, das B1 seiner Ehefrau beibringen solle. Dies lehnte B1 ab, da der Verdacht sogleich auf ihn falle. Zwischen den beiden war es noch zu keiner Einigung über die Modalitäten der Tatbegehung gekommen, als die Pläne vorzeitig aufgedeckt wurden. ◄

Das Besorgen von Gift stellt lediglich eine Beihilfehandlung dar. Eine Verbrechensverabredung i. S. d. § 30 II StGB liegt damit nicht vor.

§ 30 II 3. Var. 2. Unterfall StGB erfasst ferner die Verabredung zu einer Anstiftung (also eine Situation der **versuchten „mittäterschaftlichen" Anstiftung**).

Die Vereinbarung muss hinreichend **konkret** sein:[232] Erforderlich ist eine Willensbildung, kraft derer jeder Beteiligte in der Lage ist, die von dem anderen zugesagten verbrecherischen Handlungen einzufordern.[233] Ausreichend ist aber eine Konkretisierung in wesentlichen Grundzügen; es ist unschädlich, wenn Zeit, Ort und Modalitäten noch offen bleiben.[234] Bloße vage Tatgeneigtheit und Fantasien

---

09.07.2015 – 2 StR 58/15 – NStZ-RR 2015, 343; BGH B. v. 12.11.2015 – 2 StR 197/15 – NStZ 2016, 338 = StV 2017, 445; BGH B. v. 20.10.2016 – 3 StR 321/16 – StV 2017, 308; BGH B. v. 23.03.2017 – 3 StR 260/16 – BGHSt 62, 96 = NJW 2017, 2134 = StV 2018, 721 (Anm. Bosch Jura 2017, 1237; Eisele JuS 2017, 891; LL 2017, 842; RÜ 2017, 509; famos 6/2017; Kudlich NJW 2017, 2136; Weißer ZJS 2018, 197); BGH B. v. 21.11.2018 – 1 StR 506/18 – NStZ 2019, 655 = StV 2020, 88 (Anm. Theile ZJS 2019, 246; Cornelius NStZ 2019, 656).

[232] B. Heinrich, AT, 6. Aufl. 2019, Rn. 1371.

[233] Heine/Weißer, in: Schönke/Schröder, StGB, 30. Aufl. 2019, § 30 Rn. 24; aus der Rspr. vgl. BGH B. v. 16.03.2011 – 5 StR 581/10 (Zauberwald) – NStZ 2011, 570 = StV 2012, 146 (Anm. Kaspar/Reinbacher, Casebook AT, 2020, Fall 25; RA 2011, 366; famos 10/2011; Weigend NStZ 2011, 572; Rotsch ZJS 2012, 680; Reinbacher NStZ-RR 2012, 40; Rackow/Bock/Harrendorf StV 2012, 687).

[234] Cornelius, in: BeckOK-StGB, Stand 01.02.2021, § 30 Rn. 13; aus der Rspr. vgl. zuletzt BGH B. v. 23.03.2017 – 3 StR 260/16 – BGHSt 62, 96 = NJW 2017, 2134 = StV 2018, 721 (Anm. Bosch Jura 2017, 1237; Eisele JuS 2017, 891; LL 2017, 842; RÜ 2017, 509; famos 6/2017; Kudlich NJW 2017, 2136; Weißer ZJS 2018, 197); BGH B. v. 21.11.2018 – 1 StR 506/18 – NStZ 2019, 655 = StV 2020, 88 (Anm. Theile ZJS 2019, 246; Cornelius NStZ 2019, 656).

I. E. umstritten.

genügen freilich nicht,²³⁵ wenngleich Bedingungen einer Verabredung nicht entgegen stehen.²³⁶ Die Anforderungen sind schon deswegen nicht zu hoch anzusetzen, weil eine rechtlich relevante abstrakte Gefahr bereits in einem frühen Planungsstadium entstehen kann,²³⁷ wobei natürlich zumindest eine tatbestandliche Zuordnung möglich sein muss.

112 Die „**Ernstlichkeit**" des gerade Geprüften ist eine Frage des subjektiven Tatbestands, s. u., die „Ernstlichkeit" des oder der anderen Verabredenden ggf. eine des objektiven Tatbestands.²³⁸ In Ansehung des mehrteilig kumulativen Strafgrunds spricht mehr dafür, zumindest zwei tatbereite Verabredende zu verlangen und nicht den Glauben an die Tatbereitschaft genügen zu lassen.²³⁹ Zwar geht § 31 StGB von der Existenz sog. untauglicher Versuche aus, aber dies muss nicht zwangsläufig Konstellationen innerer Vorbehalte mitumfassen, immerhin verlangt § 30 II 3. Var. StGB eine Verabredung, woran eben bei objektiver Einseitigkeit zu zweifeln ist (zumal im Lichte der fehlenden Schaffung einer auch nur abstrakten Gefahr).

c) Subjektiver Tatbestand
113 Es gelten die allgemeinen Vorsatzanforderungen.

Aus wohl historischen Gründen wird in Rspr. und Schrifttum bei den verschiedenen Tatmodalitäten das Erfordernis einer „Ernstlichkeit" der jeweiligen Handlung des Geprüften erörtert.²⁴⁰ Richtigerweise ist der Begriff aufzugeben und es ist § 15 StGB auf die objektiven Voraussetzungen des § 30 II StGB anzuwenden (bzw. § 22 StGB im Hinblick auf Deutungen als Spezialfälle der versuchten Anstiftung). In diesem Sinne muss durchweg die (Haupt-)Tatbegehung bzw. diesbzgl. Anstiftung vom Tatplan umfasst sein:

---

²³⁵ Fischer, StGB, 68. Aufl. 2021, § 30 Rn. 12a; aus der Rspr. vgl. BGH B. v. 16.03.2011 – 5 StR 581/10 (Zauberwald) – NStZ 2011, 570 = StV 2012, 146 (Anm. Kaspar/Reinbacher, Casebook AT, 2020, Fall 25; RA 2011, 366; famos 10/2011; Weigend NStZ 2011, 572; Rotsch ZJS 2012, 680; Reinbacher NStZ-RR 2012, 40; Rackow/Bock/Harrendorf StV 2012, 687).

²³⁶ Cornelius, in: BeckOK-StGB, Stand 01.02.2021, § 30 Rn. 7; aus der Rspr. vgl. BGH U. v. 03.12.1958 – 2 StR 500/58 (Ausbruch) – BGHSt 12, 306 = NJW 1959, 777 (Anm. Roxin, Höchstrichterliche Rspr. AT, 1998, Nr. 45).

²³⁷ S. aber BGH B. v. 21.11.2018 – 1 StR 506/18 – NStZ 2019, 655 = StV 2020, 88 (Anm. Theile ZJS 2019, 246; Cornelius NStZ 2019, 656).

²³⁸ Zur Einordnung der jeweiligen Ernstlichkeit Heine/Weißer, in: Schönke/Schröder, StGB, § 30 Rn. 26 („typischerweise Vorsatzproblem").

²³⁹ Umstritten, hierzu Heine/Weißer, in: Schönke/Schröder, StGB, § 30 Rn. 29; aus der Rspr. vgl. zuletzt BGH B. v. 16.03.2011 – 5 StR 581/10 (Zauberwald) – NStZ 2011, 570 = StV 2012, 146 (Anm. Kaspar/Reinbacher, Casebook AT, 2020, Fall 25; RA 2011, 366; famos 10/2011; Weigend NStZ 2011, 572; Rotsch ZJS 2012, 680; Reinbacher NStZ-RR 2012, 40; Rackow/Bock/Harrendorf StV 2012, 687); BGH B. v. 23.03.2017 – 3 StR 260/16 – BGHSt 62, 96 = NJW 2017, 2134 = StV 2018, 721 (Anm. Bosch Jura 2017, 1237; Eisele JuS 2017, 891; LL 2017, 842; RÜ 2017, 509; famos 6/2017; Kudlich NJW 2017, 2136; Weißer ZJS 2018, 197); BGH U. v. 11.04.2018 – 5 StR 595/17 (IS-Vermögen) – NStZ-RR 2018, 221 = StV 2019, 85 (Anm. Nestler Jura 2018, 963; Jahn JuS 2018, 719; RÜ 2018, 440; Bechtel Jura 2019, 63; Wachter StV 2019, 87; Li NZWiSt 2019, 405).

²⁴⁰ S. Heine/Weißer, in: Schönke/Schröder, StGB, § 30 Rn. 26 ff.

Dies betrifft zunächst das Sich-bereit-Erklären.[241] Im Übrigen kommt es nicht darauf an, ob und ggf. wie fest der Erklärende die Tat ohnehin schon begehen will, vgl. den sog. *omnimodo facturus*;[242] dies ist dadurch erklärbar, dass ein Verpflichtungsgefühl auch erst einige Zeit nach Erklärungsabgabe entstehen kann, wenn man ansonsten, also ohne Erklärung, den Tatentschluss u. U. schon wieder aufgegeben hätte.

Bzgl. des Annehmens des Erbietens ist umstritten, ob das nur zum Schein erfolgte Annehmen erfasst ist.[243] Hier zeigt sich, dass der Begriff der Ernstlichkeit die Gefahr von Missverständnissen birgt: Hat der Annehmende den Vorsatz, dass bei dem sich Erbietenden die Annahmeerklärung den Tatentschluss schafft oder stärkt (gewissermaßen also Vorsatz bzgl. der Schaffung oder Erhöhung der abstrakten Gefahr des Erfolgseintritts), so ist seine sonstige innere Haltung zur Tatbegehung irrelevant.

Im Hinblick auf eine Verabredung i. S. d. § 30 II StGB ist es richtigerweise schon objektiv vorausgesetzt, dass mindestens zwei wirklich Tatbereite sich verabreden, s. o. Ist dies gegeben genügt subjektiv nach allgemeinen Grundsätzen Vorsatz diesbzgl.[244]

4. Rechtswidrigkeit
Für die Rechtswidrigkeit gelten i. R. d. § 30 II StGB keine Besonderheiten, s. daher beim Täterschaftsdelikt. **114**

5. Schuld
Auch für die Schuld gelten i. R. d. § 30 II StGB keine Besonderheiten, s. daher beim Täterschaftsdelikt. **115**

6. Rücktritt, § 31 I Nr. 2, 3, II StGB

▶ Didaktischer Aufsatz:

- Schröder, Grundprobleme des § 49a StGB, JuS 1967, 289

---

[241] B. Heinrich, AT, 6. Aufl. 2019, Rn. 1369; aus der Rspr. vgl. zuletzt BGH B. v. 23.03.2017 – 3 StR 260/16 – BGHSt 62, 96 = NJW 2017, 2134 = StV 2018, 721 (Anm. Bosch Jura 2017, 1237; Eisele JuS 2017, 891; LL 2017, 842; RÜ 2017, 509; famos 6/2017; Kudlich NJW 2017, 2136; Weißer ZJS 2018, 197); BGH U. v. 08.07.2020 – 5 StR 168/20 – NStZ-RR 2020, 287.
[242] Umstritten, s. etwa Wessels/Beulke/Satzger, AT, 50. Aufl. 2020, Rn. 919.
[243] S. Wessels/Beulke/Satzger, AT, 50. Aufl. 2020, Rn. 920; aus der Rspr. vgl. BGH B. v. 23.03.2017 – 3 StR 260/16 – BGHSt 62, 96 = NJW 2017, 2134 = StV 2018, 721 (Anm. Bosch Jura 2017, 1237; Eisele JuS 2017, 891; LL 2017, 842; RÜ 2017, 509; famos 6/2017; Kudlich NJW 2017, 2136; Weißer ZJS 2018, 197).
[244] S. obige Nachweise, ferner z. B. Heine/Weißer, in: Schönke/Schröder, StGB, 30. Aufl. 2019, § 30 Rn. 29.

a) Allgemeines

116 Zur allgemeinen Konzeption des § 31 StGB s. o.
Bzgl. § 30 II StGB ist nur § 31 I Nr. 2, 3, II StGB einschlägig, i. Ü. s. o. bei § 30 I StGB.

b) Rücktritt nach § 31 I Nr. 2 StGB

117 § 31 I Nr. 2 StGB betrifft ausdrücklich den Fall des Sich-bereit-Erklärens, so dass durch diesen Normwortlaut der Anwendungsbereich des § 30 II 1. Var. StGB (ohne die Norm zu nennen) beschrieben wird.

Für einen Rücktritt lässt die Vorschrift die (freiwillige) Aufgabe des Vorhabens genügen, was daran liegt, dass ein eigenes zur Tat Schreiten erforderlich wäre, also die Situation des sog. unbeendeten Versuchs besteht und keine schon geschaffene Gefahr ausgeräumt werden muss.

Umstritten ist, ob eine Entäußerung der Aufgabe erforderlich ist.[245] Nach h. M. ist dies (entgegen einer Minderheitsauffassung) nicht der Fall, so dass eine innere Willensumkehr ausreicht. Da Vorhaben der bloße (wenn auch betätigte) Tatentschluss ist, legen der Wortlaut sowie eine Parallele zu den Anforderungen an ein Aufgeben i. S. d. § 24 I 1 1. Var. StGB die Position der h. M. nahe.

c) Rücktritt nach § 31 I Nr. 3 StGB

118 § 31 I Nr. 3 StGB betrifft ausdrücklich die Fälle des Verabredens und des Annehmens eines Erbietens, so dass durch diesen Normwortlaut der Anwendungsbereich des § 30 II 2. und 3. Var. StGB (ohne die Norm zu nennen) beschrieben wird.

Zu den Anforderungen an eine Verhinderung der Tat vgl. o. bei § 24 I 1 2. Var., II 1 StGB. Erforderlich ist zwar grundsätzlich ein aktives Tun, auch bei § 31 I Nr. 3 StGB reicht es aber aus, wenn ein Beteiligter untätig bleibt, sofern nach seiner Vorstellung das Verbrechen ohne ihn nicht ausgeführt werden kann.[246]

d) Rücktritt nach § 31 II StGB

199 Zu § 31 II StGB als sog. versuchter Rücktritt s. o. bei § 30 I StGB.

7. Strafzumessung

120 § 30 II StGB ordnet dieselbe Strafe wie § 30 I StGB an („Ebenso wird bestraft"), so dass damit auch § 30 I 2, 3 StGB gelten, s. o.

---

[245] S. Fischer, StGB, 68. Aufl. 2021, § 31 Rn. 4; aus der Rspr. vgl. OLG Hamm B. v. 05.11.1996 – 3 Ss 1180/96 – NStZ-RR 1997, 133 = StV 1997, 242 (Anm. Otto JK 1997 StGB § 30/4); BGH B. v. 16.03.2011 – 5 StR 581/10 (Zauberwald) – NStZ 2011, 570 = StV 2012, 146 (Anm. Kaspar/Reinbacher, Casebook AT, 2020, Fall 25; RA 2011, 366; famos 10/2011; Weigend NStZ 2011, 572; Rotsch ZJS 2012, 680; Reinbacher NStZ-RR 2012, 40; Rackow/Bock/Harrendorf StV 2012, 687).

[246] Fischer, StGB, 68. Aufl. 2021, § 31 Rn. 5; aus der Rspr. vgl. zuletzt BGH B. v. 07.09.2016 – 1 StR 202/16 – NStZ-RR 2016, 367.

E. Versuchte Teilnahme/„Versuch der Beteiligung" durch Unterlassen, §§ 30, 13 StGB

Ob die Modalitäten des § 30 StGB auch durch Unterlassen (§ 13 StGB) verwirklicht werden könne, wird soweit ersichtlich nirgends erörtert. 121

Hält man eine vollendete Teilnahme durch Unterlassen für möglich (zutreffenderweise, s. o.), dann wird dies auch für die versuchte Anstiftung i. R. d. § 30 I StGB zu gelten haben, zumal auch unstrittig das täterschaftliche Versuchsdelikt durch Unterlassen begangen werden kann, s. o., und richtigerweise bei sog. unechten Unterlassungsdelikten die allgemeine Beteiligungsformenlehre anzuwenden ist, s. o. Der Aufbau der versuchten Anstiftung durch Unterlassen ergibt sich aus einer Kombination des Schemas zu § 30 I StGB (welches wiederum § 26 StGB und Versuch kombiniert) mit dem Schema zum versuchten täterschaftlichen sog. unechten Unterlassungsdelikt.

Beispiel 466

B1 hörte, wie sein Sohn B2 versucht, den B3 zu einem Totschlag an Z zu überreden. B1 griff nicht ein, um B2 zur Ordnung zu rufen. B3 lehnte aber ohnehin nach einiger Zeit das Ansinnen vehement ab. ◀

Auch bzgl. § 30 II StGB bestehen keine Bedenken, Unterlassungen unter den Voraussetzungen des § 13 I StGB zu erfassen. Der Aufbau folgt aus einer Kombination des Schemas zu § 30 II StGB mit dem Schema zum vorsätzlichen vollendeten täterschaftlichen sog. unechten Unterlassungsdelikt.

F. Teilnahme an den Teilnahmedelikten

Zur sog. **Kettenteilnahme** (Anstiftung zur Anstiftung, Anstiftung zur Beihilfe, Beihilfe zur Anstiftung und Beihilfe zur Beihilfe) s. o. 122

Bzgl. der **Teilnahme an § 30 StGB** ist zu differenzieren:

Die (vollendete) **Anstiftung** zu § 30 I StGB ist im Erst-recht-Schluss zur ausdrücklich in § 30 I StGB normierten Strafbarkeit der versuchten Anstiftung zur Anstiftung ebenfalls nach § 30 I StGB strafbar, s. o.[247]

Eine Anstiftung zu den Tatformen des § 30 II StGB ist möglich und ebenfalls als Fall des § 30 I StGB (nicht §§ 30 II i. V. m. 26 StGB, da § 30 StGB keine taugliche sog. Haupttat ist, sondern eine die §§ 26, 27 StGB insofern verdrängende Spezialvorschrift) strafbar.[248]

---

[247] Umfassend zur Teilnahme an § 30 StGB Heine/Weißer, in: Schönke/Schröder, StGB, 30. Aufl. 2019, § 30 Rn. 33 ff.; näher Busch NJW 1959, 1119; Busch FS Maurach 1972, 245.

[248] H.M., s. Joecks/Scheinfeld, in: MK-StGB, 4. Aufl. 2020, § 30 Rn. 69; a. A. etwa Zaczyk, in: NK-StGB, 5. Aufl. 2017, § 31 Rn. 65.

Eine **Beihilfe** bzgl. § 30 I oder II StGB ist nach ganz h. M. nicht möglich, was darin seine Begründung findet, dass die sich *e contrario* § 30 I StGB ergebende Nichtstrafbarkeit der versuchten Beihilfe die Anwendung des § 27 StGB sperrt.[249]

---

[249] Joecks/Jäger, StGB, 13. Aufl. 2021, § 30 Rn. 17.

14. Kapitel: „Mehrere Gesetzesverletzungen" (sog. Konkurrenzen), §§ 52 ff. StGB

▶ **Didaktische Aufsätze**

- Warda, Grundfragen der strafrechtlichen Konkurrenzlehre, JuS 1964, 81
- Kühl, Das leidige Thema der Konkurrenzen, JA 1978, 475
- Geppert, Grundzüge der Konkurrenzlehre (§§ 52 bis 55 StGB), Jura 1982, 358 und 418
- Tiedemann, Grundzüge der Konkurrenzlehre, JuS 1987, L17
- Mitsch, Konkurrenzen im Strafrecht, JuS 1993, 385
- Geppert, Grundzüge der Konkurrenzlehre (§§ 52 bis 55 StGB), Jura 2000, 598 und 651
- Seher, Zur strafrechtlichen Konkurrenzlehre – Dogmatische Strukturen und Grundfälle, JuS 2004, 392 und 482
- Walter, Zur Lehre von den Konkurrenzen: Die Bedeutung der Konkurrenzen und wie man sie prüft JA 2004, 133
- Steinberg/Bergmann, Über den Umgang mit den „Konkurrenzen" in der Strafrechtsklausur, Jura 2009, 905
- Rückert, Die Lehre von den Konkurrenzen in der Klausurpraxis, JA 2014, 826
- Kretschmer, Konkurrenzlehre (§§ 52 und 53 StGB) im Strafrecht, JA 2019, 581 und 666
- Dorn-Haag, Die Konkurrenzen in der gutachterlichen Fallbearbeitung, Jura 2020, 322
- Bauerkamp/Chastenier, Grundzüge der strafrechtlichen Konkurrenzlehre (§§ 52 ff. StGB), ZJS 2020, 347
- Rönnau/Wegner, Konkurrenzen, JuS 2021, 17

A. Grundlagen

1 Die strafrechtlichen Sachverhalte in Theorie und Praxis zeichnen sich häufig dadurch aus, dass der **Täter mehr als einen Straftatbestand** verwirklicht.

> **Beispiel 467**
>
> Der betrunkene B (1,3 Promille BAK) fuhr mit dem Auto zur Bank, wobei er einen Fußgänger anfuhr und diesen achselzuckend zurückließ. Bei der Bank angekommen, zog er sich eine Maske über den Kopf, nahm im Kundenraum eine Geisel und forderte die Kassiererin auf, Geld herauszugeben, was auch geschah. Auf der Flucht mit einem nun spontan gestohlenen fremden Auto erschoss B den Polizisten G und rammte mehrere andere Fahrzeuge. ◄

Zu diesem Beispiel s. nur die §§ 316, 223, 224, 229, 315c, 142, 323c, 249, 250, 253, 255, 239a, 239b, 239, 240, 242, 211, 212, 303, 315b StGB.

In einer Fallbearbeitung gilt es, **alle** ernsthaft in Betracht kommenden Straftatbestände nach Maßgabe bestimmter Aufbaukriterien (insbesondere Chronologie und Deliktsschwere) abzuhandeln. Auch der Strafrechtspraktiker tut dies bei der strafprozessualen Bearbeitung zumindest gedanklich. Natürlich ist es eine Wertungsfrage, wann im Ergebnis nicht erfüllte Tatbestände anzusprechen sind. Hier gilt es, mit gesundem Menschenverstand und Blick auf die zur Verfügung stehenden Ressourcen den mutmaßlichen Willen des Sachverhaltserstellers zu erspüren. Leider haben da unterschiedliche Prüfer durchaus verschiedene Auffassungen.

Die Fallbearbeitung endet mit einem **Endergebnis**, welches alle verwirklichten Tatbestände enthält.

Es ist üblich, auch zur **Anwendung der §§ 52 ff. StGB und den Ausnahmen** von deren Anwendung – d. h. zu den sog. **Konkurrenzen**[1] – Stellung zu nehmen.

Die **Begrifflichkeit** ist etwas verwirrend: Die gesetzliche Überschrift des 3. Titels des 3. Abschnitts des Allgemeinen Teils des StGB (das sind die §§ 52–55 StGB) lautet „Strafbemessung bei mehreren Gesetzesverletzungen", was nicht sehr gelungen ist (s. sogleich). In der Rspr. und dem Schrifttum ist der gesetzesferne Begriff der Konkurrenzen (von *concurrere* = zusammenlaufen, gemeint ist: von Deliktsverwirklichungen) üblich.

2 Der Gesetzgeber hat nicht den einfachen Weg gewählt, schlicht alle in Betracht kommenden Strafen zu addieren, da dies rasch zu einer hohen Strafe führen könnte,

---

[1] Zu den sog. Konkurrenzen etwa Krey/Esser, 6. Aufl. 2016, Rn. 1380 ff. näher Jescheck ZStW 1955, 529; Geerds DRiZ 1963, 429; Warda JuS 1964, 81; Kühl JA 1978, 475; Geppert Jura 1982, 358 und 418; Tiedemann JuS 1987, L17; Mitsch JuS 1993, 385; Geppert Jura 2000, 598 und 651; Seher JuS 2004, 392 und 482; Walter JA 2004, 133; Erb ZStW 2005, 37; Puppe ZIS 2007, 254; Steinberg/Bergmann Jura 2009, 905; Rückert JA 2014, 826; Kretschmer JA 2019, 581 und 666; Dorn-Haag Jura 2020, 322; Bauerkamp/Chastenier ZJS 2020, 347 und 432; Puppe ZStW 2020, 1; Rönnau/Wegner JuS 2021, 17; zu Reformüberlegungen Preiser ZStW 1959, 341; Schoreit FS Rebmann 1989, 443.

A. Grundlagen

die nicht mehr (auch verfassungsrechtlich sowie kriminalpolitisch) angemessen und sinnvoll ist.[2]

Das StGB unterscheidet stattdessen in den §§ 52 ff. Rechtsfolgen, die an eine Tateinheit geknüpft werden (§ 52 StGB) von denjenigen, die an eine Tatmehrheit (§§ 53–55 StGB) geknüpft werden.

> **§ 52 I, II StGB (Tateinheit)**
> (1) Verletzt dieselbe Handlung mehrere Strafgesetze oder dasselbe Strafgesetz mehrmals, so wird nur auf eine Strafe erkannt.
> (2) Sind mehrere Strafgesetze verletzt, so wird die Strafe nach dem Gesetz bestimmt, das die schwerste Strafe androht. Sie darf nicht milder sein, als die anderen anwendbaren Gesetze es zulassen.

> **§ 53 I, II StGB (Tatmehrheit)**
> (1) Hat jemand mehrere Straftaten begangen, die gleichzeitig abgeurteilt werden, und dadurch mehrere Freiheitsstrafen oder mehrere Geldstrafen verwirkt, so wird auf eine Gesamtstrafe erkannt.
> (2) Trifft Freiheitsstrafe mit Geldstrafe zusammen, so wird auf eine Gesamtstrafe erkannt. Jedoch kann das Gericht auf Geldstrafe auch gesondert erkennen; soll in diesen Fällen wegen mehrerer Straftaten Geldstrafe verhängt werden, so wird insoweit auf eine Gesamtgeldstrafe erkannt.

> **§ 54 StGB (Bildung der Gesamtstrafe)**
> (1) Ist eine der Einzelstrafen eine lebenslange Freiheitsstrafe, so wird als Gesamtstrafe auf lebenslange Freiheitsstrafe erkannt. In allen übrigen Fällen wird die Gesamtstrafe durch Erhöhung der verwirkten höchsten Strafe, bei Strafen verschiedener Art durch Erhöhung der ihrer Art nach schwersten Strafe gebildet. Dabei werden die Person des Täters und die einzelnen Straftaten zusammenfassend gewürdigt.
> (2) Die Gesamtstrafe darf die Summe der Einzelstrafen nicht erreichen. Sie darf bei zeitigen Freiheitsstrafen fünfzehn Jahre und bei Geldstrafe siebenhundertzwanzig Tagessätze nicht übersteigen.
> (3) Ist eine Gesamtstrafe aus Freiheits- und Geldstrafe zu bilden, so entspricht bei der Bestimmung der Summe der Einzelstrafen ein Tagessatz einem Tag Freiheitsstrafe.

---

[2] Jäger, in: SK-StGB, 9. Aufl. 2017, vor § 52 Rn 1.

Während bei Tateinheit nur auf eine einzige Strafe erkannt wird, ist bei Tatmehrheit also aus den Einzelstrafen eine Gesamtstrafe zu bilden (näher s. u.) Der Grund für diese gesetzliche Differenzierung liegt in der – etwas naturalistischen – Vorstellung, dass bei nur einer einzigen Handlung (sozusagen bei nur einmaligem Überschreiten der Schwelle zu kriminellem Verhalten) von einem geringeren Unrechts- und Schuldgehalt auszugehen ist.[3]

3   Die „Strafbemessung" – es handelt sich der Sache nach aber um eine Strafrahmenbestimmung[4] – ist an sich eine **sanktionenrechtliche** Frage, deren Abhandlung in einer Fallbearbeitung dennoch traditionellerweise erwartet wird.

Hierdurch wird ein durchaus wünschenswerter Gleichklang zwischen dem **Urteilstenor** (§ 260 IV, V StPO; ähnlich auch bereits die staatsanwaltliche Anklageschrift, § 200 I StPO) und einem Fallbearbeitungsendergebnis hergestellt. Auch darüber hinaus entfaltet die materiell-rechtliche Lehre der sog. Konkurrenzen beträchtliche strafprozessuale Wirkung, v. a. i. R. d. Auslegung des **prozessualen Tatbegriffs**.[5]

Das Straftatvoraussetzungsrecht wird durch die §§ 52 ff. StGB und damit zusammenhängende Rechtsinstitute nicht beeinflusst; klargestellt sei also, dass eine Verwirklichung des Straftatbestands nie erlischt, sondern nur eben ggf. für die Rechtsfolge unbeachtlich bleibt (s. u.).

4   Fragen der Konkurrenzlehre beeinflussen vor allem aber auch die **Technik und Taktik der Fallbearbeitung**. Dies gilt namentlich für Überlegungen zur Gesetzeseinheit (s. u.): Wenn ein Beteiligter nicht wegen bestimmter Tatbestandserfüllungen verurteilt wird, v. a. weil er andere, insbesondere schwerere, Tatbestände erfüllt hat, wäre es ein Fehleinsatz der Zeitressourcen einer Klausur bzw. Platzressourcen einer Hausarbeit, den verdrängten Delikten längere Ausführungen zu widmen. Auch bei der Reihenfolge der Deliktsprüfungen wird man Gesetzeseinheitsfragen berücksichtigen. Da die sog. Konkurrenzen v. a. am Ende der Fallbearbeitung ausgearbeitet werden und dem Korrektor daher bei der Notenvergabe in besonders frischer Erinnerung sind, können Bearbeiter mit überzeugenden Ausführungen zu den Konkurrenzen den Korrektor, der zwischen zwei Punktestufen schwankt, bisweilen zur Vergabe der höheren Punktezahl bewegen.

Die Erarbeitung der §§ 52 ff. StGB und der Ausnahmen ihrer Anwendung ist bedauerlicherweise recht unübersichtlich, zumal über Begrifflichkeiten und Schemata besonders großer Dissens besteht (ganz abgesehen von unüberschaubarer Kasuistik), dies gilt auch für die Rspr. Das hier gewählte System stellt insofern einen Vorschlag dar:

Zunächst enthält **§ 53 StGB** (Tatmehrheit) den gesetzlichen **Normalfall**, dass nämlich, wenn „mehrere Straftaten begangen" worden sind (gemeint sind Tat-

---

[3] Jäger, in: SK-StGB, 9. Aufl. 2017, vor § 52 Rn 5.
[4] Jäger, in: SK-StGB, 9. Aufl. 2017, vor § 52 Rn 6.
[5] Zur Tat im prozessualen Sinne (und dem Indizcharakter der materiell-rechtlichen Tateinheit bzw. Tatmehrheit) sowie zu deren rechtlicher Relevanz s. etwa Krey/Heinrich, Deutsches Strafverfahrensrecht, 2. Aufl. 2019, Rn. 1677 ff.; Beulke/Swoboda, Strafprozessrecht, 15. Aufl. 2020, Rn. 512 ff.

A. Grundlagen

bestandserfüllungen), aus den jeweils einzeln „verwirkten" Strafen eine Gesamtstrafe zu bilden ist.

Allerdings ist statt dieser Norm der **§ 52 StGB** (Tateinheit) einschlägig, wenn nämlich mehrere Strafgesetzverletzungen (gemeint sind wiederum Tatbestandserfüllungen) durch **„dieselbe Handlung"** (man spricht auch prägnant von Handlungseinheit oder -identität).geschehen sind.

Die §§ 52 ff. StGB sind jedoch insgesamt nur anwendbar, wenn es überhaupt zu „mehreren Gesetzesverletzungen" kam (s. die Überschrift des Titels: „Strafbemessung bei mehreren Gesetzesverletzungen"); dies ist gerade bei komplexeren Tatbeständen sowie sehr raschen Geschehnissen keineswegs immer eindeutig zu beantworten.

Als vierter Aspekt kommt noch eine weitere die Anwendbarkeit der §§ 52 ff. StGB (als teleologische Reduktion) einschränkende Ebene der sog. Gesetzeseinheit hinzu (zur Begründung s. u., aber auch zur Kritik an der extensiven Handhabung und damit an der zu starken Einschränkung der §§ 52 ff. StGB mindestens im Hinblick auf die Klarstellungsfunktion des Tenors).

In welcher Reihenfolge man diese vier Arbeitsschritte abhandelt, ist beliebig und wird entsprechend auch in der Literatur uneinheitlich gehandhabt. Vorgeschlagen sei folgendes Verfahren: Als erste Vorüberlegung ist festzustellen, ob mehrere „Gesetzesverletzungen" vorliegen. Ist dies der Fall, dann schließt sich die Frage an: Liegt ein Fall der sog. Gesetzeseinheit vor (zweite Vorüberlegung)? Liegt keine sog. Gesetzeseinheit vor, so ist zu erörtern, ob die „Gesetzesverletzungen" durch dieselbe Handlung i. S. d. § 52 I StGB begangen wurden (dann Tateinheit, § 52 StGB) oder nicht (dann Tatmehrheit, §§ 53 ff. StGB).

Während man die letzte Frage zweckmäßigerweise i. R. d. Endergebnisses erörtert, empfiehlt sich die Behandlung der Vorüberlegungen, wenn überhaupt geboten und nicht ohnehin evident, bereits bei oder nach der Prüfung derjenigen Delikte, bei denen sich derartige Fragen stellen.

Die Konkurrenzen sind **für jeden Beteiligten gesondert** zu prüfen.[6]

Bei alledem handelt es sich bei den §§ 52 ff. StGB (und den Ausnahmen ihrer Anwendbarkeit) zwar um eine Materie des Allgemeinen Teils; diese wird aber in großem Maße durch deliktsspezifische Erwägungen geprägt, daher finden sich Ausführungen zu den sog. Konkurrenzen in den Kommentierungen stets auch am Ende der Erörterung der einzelnen Tatbestände.

---

[6] Fischer, StGB, 68. Aufl. 2021, vor § 52 Rn. 34; aus der Rspr. vgl. zuletzt BGH B. v. 06.08.2019 – 3 StR 190/19 – NStZ-RR 2019, 375 = StV 2021, 104 (Anm. Schlösser StV 2021, 107); BGH B. v. 22.08.2019 – 1 StR 267/19 – NStZ 2020, 403 (Anm. RÜ2 2020, 65); BGH B. v. 15.10.2019 – 3 StR 379/19 – NStZ-RR 2020, 64; BGH B. v. 18.12.2019 – 4 StR 582/19 – NStZ-RR 2020, 103; BGH B. v. 24.03.2020 – 6 StR 36/20 – NStZ-RR 2020, 206; BGH B. v. 14.05.2020 – 1 StR 555/19 – NStZ-RR 2020, 348 (Anm. Rolletschke wistra 2020, 465); BGH B. v. 20.05.2020 – 4 StR 23/20 – StV 2021, 35; BGH B. v. 08.07.2020 – 5 StR 144/20 – NStZ-RR 2020, 306; BGH U. v. 19.08.2020 – 5 StR 558/19 – NJW 2021, 90 (Anm. Gaede NJW 2021, 98; Leverenz HRRS 2021, 86; Hiéramente/Schwerdtfeger jurisPR-StrafR 1/2021 Anm. 2; Rettke wistra 2021, 113; Meyer NZWiSt 2021, 151).

Da an dieser Stelle detaillierte Kenntnisse der einzelnen Delikte des Besonderen Teils noch nicht vorhanden sind, beschränkt sich das Folgende auf wichtige Grundstrukturen.

B. Erste Vorüberlegung: Mehrheit von Strafgesetzverletzungen; Tatbestandserfüllungseinheit (tatbestandliche Bewertungseinheit; tatbestandliche Handlungseinheit; Erfolgseinheit)

I. Allgemeines; Begriffliches; Grundfall der Tatbestandserfüllungseinheit

6   Die §§ 52–55 ff. StGB finden nur dann Anwendung, wenn der Täter „mehrere Strafgesetze verletzt" hat (s. § 52 I StGB, ferner vgl. die Überschrift des Titels: „Strafbemessung bei mehreren Gesetzesverletzungen"). Diese gesetzlichen Begriffe sind unglücklich, da man Gesetze durch Handlungen nicht verletzen kann; man kann nur deren Voraussetzungen für die Verhängung einer Strafe erfüllen.[7] Gemeint ist die Erfüllung mehrerer Tatbestände bzw. die mehrfache Erfüllung desselben Tatbestands. Kein Fall der sog. Konkurrenzen ist also die nur einmalige Erfüllung eines Tatbestands.

Nimmt der Täter nur eine einzige Körperbewegung vor, die nur einen einzigen Tatbestand erfüllt – z. B. Ausruf eines Schimpfworts gegenüber einem anderen Menschen (Beleidigung gem. § 185 StGB) -, so stellt sich die Frage nach der Relevanz der §§ 52 ff. StGB von Anfang an nicht.[8]

Des Weiteren kann es aber sein, dass aufgrund der Besonderheit des jeweiligen Tatbestands nur eine einzige Tatbestandserfüllung anzunehmen ist, obwohl mehrere trennbare Handlungen des Täters vorliegen. Dies wird **tatbestandliche Bewertungseinheit** (auch, aber missverständlich, weil sie gerade nicht zur Anwendung von § 52 StGB führt, sondern bereits im Vorfeld der Frage Tateinheit oder Tatmehrheit, §§ 52, 53 StGB, relevant wird, **tatbestandliche Handlungseinheit**) genannt, hier vorgeschlagen sei **Tatbestandserfüllungseinheit** (denkbar ist ferner die Bezeichnung als **Erfolgseinheit**,[9] um das zentrale Element zu betonen). Hier wird der Täter nur wegen einer einzigen oder einmaligen (sozusagen einheitlichen) Tatbestandserfüllung verurteilt. Aus der Fassung des jeweiligen Tatbestands ergibt sich jeweils, dass alle Handlungen, die zur Erfüllung der Tatbestandsvoraussetzungen geführt haben, als Einheit angesehen werden; derartige Delikte mit zusammenfassenden Begriffen bzgl. eher komplexer Handlungen sind durchaus nicht selten. Man unterscheidet einige Fallgruppen deren Benennung, „Abgrenzung" etc. i. E. problematisch ist, ebenso die Zuordnung bestimmter Fälle zu einzelnen Fallgruppen;

---

[7] Freund/Rostalski, AT, 3. Aufl. 2019, § 11 Rn. 11; näher Schmidhäuser FS Dünnebier 1982, 407.
[8] Jäger, in: SK-StGB, 9. Aufl. 2017, vor § 52 Rn. 11.
[9] Vgl. die Konzeption einer Erfolgseinheit bei Puppe, in NK-StGB, 5. Aufl. 2017, vor § 52 Rn. 25 ff.

freilich kann Derartiges letztlich dahinstehen, sofern jedenfalls von nur einer einzigen Tatbestandserfüllung auszugehen ist.

II. Sog. mehraktige, zusammengesetzte und pauschalierende Delikte, Organisationsdelikte

Bestimmte Straftatbestände normieren Tathandlungen und Erfolge, die bereits begrifflich aus einer Mehrzahl von Handlungen bestehen. Wann dies der Fall ist, ist im Wege der Auslegung festzustellen und z. T. umstritten.

Beispiel 468

BGH B. v. 19.11.2009 – 3 StR 244/09 – BGHSt 54, 189 = NJW 2010, 1680 = NStZ 2010, 277 = StV 2010, 307 (Anm. Satzger JK 2010 StGB § 238/1; Kudlich JA 2010, 389; Heghmanns ZJS 2010, 269; LL 2010, 247; RA 2010, 154; famos 8/2010; Gazeas NJW 2010, 1684; Mitsch NStZ 2010, 513; Seher JZ 2010, 582; Winkler jurisPR-StrafR 4/2010 Anm. 1; Buß JR 2011, 84):

B lernte im April 2006 die Z kennen und führte mit dieser bis Ende 2007 eine Beziehung. Nach der Trennung kam es wiederholt zu Auseinandersetzungen, da B die Trennung nicht akzeptieren wollte. Es kam zu folgenden einzelnen Vorfällen:

Am 29.03.2008 klingelte er an der Tür des Mehrfamilienhauses, in dem sich die Wohnung der Z befand. Z öffnete das Badezimmerfenster und forderte den B auf zu verschwinden. Dieser kündigte jedoch an, bis zum nächsten Morgen zu warten, um zu sehen, wer aus dem Haus komme; außerdem bedrohte er die Z mit dem Tode und beschimpfte sie als „Nutte" und „Hure".

Am Mittag des 24.04.2008 rief B die Z mehrfach an und erklärte, er werde sie nicht in Ruhe lassen. Am Nachmittag desselben Tages fing er sie auf dem Rückweg von ihrer Arbeit ab, beobachtete in der Folgezeit ihre Wohnung mit einem Fernglas und drohte der Z telefonisch und durch lautes Rufen, er werde ihr ein Messer in den Hals stecken, sie abstechen und umbringen; außerdem bezeichnete er sie als Schlampe. ◄

§ 238 I StGB (Nachstellung)
Mit Freiheitsstrafe bis zu drei Jahren oder mit Geldstrafe wird bestraft, wer einer anderen Person in einer Weise unbefugt nachstellt, die geeignet ist, deren Lebensgestaltung schwerwiegend zu beeinträchtigen, indem er beharrlich

1. die räumliche Nähe dieser Person aufsucht,
2. unter Verwendung von Telekommunikationsmitteln oder sonstigen Mitteln der Kommunikation oder über Dritte Kontakt zu dieser Person herzustellen versucht,

> 3. unter missbräuchlicher Verwendung von personenbezogenen Daten dieser Person
> a) Bestellungen von Waren oder Dienstleistungen für sie aufgibt oder
> b) Dritte veranlasst, Kontakt mit ihr aufzunehmen, oder
> 4. diese Person mit der Verletzung von Leben, körperlicher Unversehrtheit, Gesundheit oder Freiheit ihrer selbst, eines ihrer Angehörigen oder einer anderen ihr nahestehenden Person bedroht oder
> 5. eine andere vergleichbare Handlung vornimmt.

Die Voraussetzung „beharrlich" enthält das Erfordernis wiederholten Handelns, so dass mehrere der in Nr. 1–5 aufgeführten Handlungen dennoch nur zu einer einzigen Verwirklichung des § 238 I StGB führen.[10]

Ähnliches gilt für § 225 StGB.[11]

> **§ 225 I StGB (Mißhandlung von Schutzbefohlenen)**
> Wer eine Person unter achtzehn Jahren oder eine wegen Gebrechlichkeit oder Krankheit wehrlose Person, die
>
> 1. seiner Fürsorge oder Obhut untersteht,
> 2. seinem Hausstand angehört,
> 3. von dem Fürsorgepflichtigen seiner Gewalt überlassen worden oder
> 4. ihm im Rahmen eines Dienst- oder Arbeitsverhältnisses untergeordnet ist,
>
> quält oder roh mißhandelt, oder wer durch böswillige Vernachlässigung seiner Pflicht, für sie zu sorgen, sie an der Gesundheit schädigt, wird mit Freiheitsstrafe von sechs Monaten bis zu zehn Jahren bestraft.

Weitere Beispiele finden sich im Staatsschutzstrafrecht (v. a. §§ 94, 98, 99, 109f StGB),[12] bzgl. der Bildung krimineller und terroristischer Vereinigungen (§§ 129, 129a StGB)[13] und im Nebenstrafrecht.

---

[10] Fischer, StGB, 68. Aufl. 2021, § 238 Rn. 39; aus der Rspr. vgl. zuletzt KG U. v. 12.08.2019 – (3) 121 Ss 89/19 (53/19).

[11] Fischer, StGB, 68. Aufl. 2021, § 225 Rn. 21; aus der Rspr. vgl. BGH U. v. 30.03.1995 – 4 StR 768/94 – BGHSt 41, 113 = NJW 1995, 2045 = NStZ 1996, 35 = StV 1995, 460 (Anm. Schmidt JuS 1995, 939; Otto JK 1996 StGB § 223b/2; Hirsch NStZ 1996, 37; Wolfslast/Schmeissner JR 1996, 338; Warda FS H. J. Hirsch 1999, 391).

[12] Hierzu Fischer, StGB, 68. Aufl. 2021, § 99 Rn. 10; näher Paeffgen JR 1999, 89; Lampe/Schneider GA 1999, 105.

[13] Hierzu Fischer, StGB, 68. Aufl. 2021, § 129 Rn. 49; näher Haberstumpf MDR 1979, 977; aus der Rspr. vgl. zuletzt BGH B. v. 18.12.2018 – StB 52/18 – BGHSt 64, 1 = NJW 2019, 1470 = NStZ 2019, 354 = StV 2020, 149 (Anm. Arnoldi NStZ 2019, 357); BGH B. v. 31.07.2019 – AK 37/19 (LTTE) – NStZ-RR 2019, 309; BGH B. v. 21.09.2020 – StB 28/20 – NStZ-RR 2020, 351.

Bei sog. konkreten **Gefährdungsdelikten**, bei denen mehrere Gefahrerfolge auf einer einzigen oder andauernden Handlung beruhen, liegt nur eine einzige Verwirklichung des Tatbestands vor.[14]

> **Beispiel 469**
> **BGH B. v. 23.05.1989 – 4 StR 190/89 – NJW 1989, 2550 (Anm. Hassemer JuS 1990, 66):**
> B verletzte einen US-Soldaten lebensgefährlich. Auf seiner Flucht fuhr er auch über den Bürgersteig. Hierbei fuhr er gezielt auf zwei Personen zu und setzte seine Fahrt fort, nachdem er eine Person ein Stück auf der Kühlerhaube mitgenommen hatte. ◄

> **§ 315b I StGB (Gefährliche Eingriffe in den Straßenverkehr)**
> Wer die Sicherheit des Straßenverkehrs dadurch beeinträchtigt, daß er
>
> 1. Anlagen oder Fahrzeuge zerstört, beschädigt oder beseitigt,
> 2. Hindernisse bereitet oder
> 3. einen ähnlichen, ebenso gefährlichen Eingriff vornimmt,
> und dadurch Leib oder Leben eines anderen Menschen oder fremde Sachen von bedeutendem Wert gefährdet, wird mit Freiheitsstrafe bis zu fünf Jahren oder mit Geldstrafe bestraft.

Auch ein Verkehrsteilnehmer, der sich im Straßenverkehr befindet, kann in den Straßenverkehr eingreifen, wenn er sein Fahrzeug pervertiert, es z. B. wie eine Waffe verwendet. Die konkrete Gefährdung beider Personen geht auf das Fahren mit dem Kraftfahrzeug zurück, weswegen nur eine Verwirklichung des § 315b StGB vorliegt.

III. Aufrechterhaltung eines sog. Dauerdelikts

Hat ein Täter sämtliche Tatbestandsmerkmale eines sog. Dauerdelikts verwirklicht, so bleibt es bei der einmaligen Strafgesetzverletzung, auch wenn er sodann weitere Handlungen vornimmt, die dieses Dauerdelikt fortführen oder aufrechterhalten,[15] z. B. die §§ 239, 316, 123, 315c StGB; 21 StVG oder Besitzdelikte.

8

---

[14] Zu § 315b StGB Fischer, StGB, 68. Aufl. 2021, § 315b Rn. 23; näher Engelhardt DRiZ 1982, 106; aus der Rspr. vgl. BGH B. v. 12.01.1995 – 4 StR 742/94 – NJW 1995, 1766 (Anm. Geppert JK 1995 StGB § 315b/5; Sowada NZV 1995, 465).
[15] Kindhäuser/Hilgendorf, LPK, 8. Aufl. 2020, vor § 52 Rn. 25; näher Oske MDR 1965, 532; aus der Rspr. vgl. zuletzt BGH B. v. 10.10.2019 – 4 StR 96/19 – NStZ-RR 2020, 183 = StV 2020, 582 und 2021, 81; BGH B. v. 08.07.2020 – 4 StR 72/20 – NStZ-RR 2020, 384.

Hierbei sind zwar kurzfristige Unterbrechungen unschädlich, tritt allerdings eine **Zäsur** ein,[16] so wird auch die tatbestandliche Bewertungseinheit unterbrochen und die erneute Begehung des Dauerdelikts begründet eine eigene Strafbarkeit.

Beispiel 470

BGH U. v. 17.02.1967 – 4 StR 461/66 – BGHSt 21, 203 = NJW 1967, 942 (Anm. Roxin, Höchstrichterliche Rspr. AT, 1998, Nr. 100):
B hatte im Zustand alkoholbedingter absoluter Fahruntüchtigkeit mit seinem Kraftwagen an einem Fußgängerüberweg zwei Menschen angefahren und tödlich verletzt. Als er, noch im Fahren, die schweren Unfallfolgen mindestens hinsichtlich eines Menschen erkannte, fasste er den Entschluss, sich den Feststellungen durch Flucht zu entziehen, und fuhr deshalb ohne Halt weiter. ◄

Der Unfall stellt eine derartige Zäsur dar, so dass zu der ersten Verwirklichung des § 316 StGB (vgl. auch § 315c StGB) aufgrund des Weiterfahrens im alkoholisierten Zustand eine weitere Verwirklichung des § 316 StGB hinzukommt (neben u. a. § 142 StGB).[17]

IV. Sog. iterative oder sukzessive Tatbestandserfüllung zu Lasten desselben Rechtsguts(trägers)

9   Die sog. iterativen und sukzessiven Tatbestandserfüllungen zu Lasten desselben Rechtsgutsträgers innerhalb einer einzigen zusammenhängenden Tatsituation stellen nach der Rspr.[18] und der h.L.[19] nur eine einzige Tatbestandserfüllung und mithin eine hier sog. Tatbestandserfüllungseinheit dar.

Iterative (schrittweise) Tabestandserfüllung ist dabei eine Folge von Einzelakten in einem engen räumlich-zeitlichen Zusammenhang, mit denen sich der Täter dem tatbestandsmäßigen Erfolg annähert; sukzessive (wiederholte) Tatbestandsverwirklichung ist die wiederholte Verwirklichung des gleichen Tatbestands in einem engen räumlich-zeitlichen Zusammenhang.[20]

---

[16] S. Sternberg-Lieben/Bosch, in: Schönke/Schröder, StGB, 30. Aufl. 2019, vor § 52 Rn. 84 ff.

[17] Zur Zäsurwirkung eines Unfalls Sternberg-Lieben/Bosch, in: Schönke/Schröder, StGB, 30. Aufl. 2019, vor § 52 Rn. 85; Krüger NJW 1966, 489; Brückner NZV 1996, 266; aus der Rspr. vgl. zuletzt KG B. v. 30.08.2016 – (3) 161 Ss 146/16 (82/16) – NStZ-RR 2017, 85 = StV 2018, 401 (Anm. Weder NZV 2017, 192); OLG Hamm B. v. 27.06.2017 – 4 RVs 75/17 (Anm. Weder NZV 2017, 493; Krumm SVR 2017, 434); OLG Hamm B. v. 22.08.2017 – 5 RVs 41/17 – NStZ-RR 2018, 26; BGH B. v. 17.10.2018 – 4 StR 149/18 – NStZ-RR 2019, 29 (Anm. Sandherr NZV 2019, 38).

[18] Vgl. zuletzt BGH U. v. 13.02.2019 – 2 StR 301/18 – BGHSt 64, 55 = NJW 2019, 2040 = StV 2020, 474; BGH B. v. 17.04.2019 – 5 StR 32/19 – NStZ 2019, 471; BGH U. v. 28.08.2019 – 5 StR 298/19 – NStZ-RR 2019, 345.

[19] S. von Heintschel-Heinegg, in: MK-StGB, 4. Aufl. 2020, § 52 Rn. 36 ff.

[20] Von Heintschel-Heinegg, in: MK-StGB, 4. Aufl. 2020, § 52 Rn. 34.

Beispiel 471

B gab Z fünf Ohrfeigen direkt hintereinander. ◄

Es liegt nur eine einzige Körperverletzung nach § 223 I StGB vor.

Beispiel 472

B brach in das Haus des Z ein, nahm zunächst dessen Brieftasche an sich, brach dann dessen Tresor auf und machte sich mit der gesamten Beute davon. ◄

Es liegt nur ein einziger Wohnungseinbruchdiebstahl nach §§ 242 I, 244 I Nr. 3 StGB vor.

Bei sog. echten und unechten **Unterlassungsdelikten** bildet das Unterlassen mehrerer erfolgsabwendender Handlungen, die sich auf denselben Erfolg beziehen, ebenfalls eine Tatbestandserfüllungseinheit, so dass nur ein einheitliches Unterlassungsdelikt vorliegt.[21]

Gleiches gilt bei einer Mehrheit von Sorgfaltspflichtverletzungen, die zu einem einzigen Erfolg führen.[22]

Mehrere **Versuche** zu Lasten desselben Rechtsguts(-trägers) bilden eine tatbestandliche Einheit, die erst dann endet, wenn der Täter nicht mehr strafbefreiend zurücktreten kann.[23]

Mehrere **Beihilfehandlungen** zu einer (Haupt-)Tat, stellen aufgrund der Akzessorietät der Teilnahme nur eine einzige strafbare Beihilfe zu dieser (Haupt-) Tat dar.[24]

Auch dann, wenn ein Straftatbestand mehrere Tathandlungen umfasst, die dasselbe Rechtsgut gegen Beeinträchtigungen in verschiedenen Stadien schützen, wird z. T. eine tatbestandliche Bewertungseinheit angenommen. So liegt nach Auffassung der Rspr.[25] i. R. d. § 267 I StGB nur eine einzige Verwirklichung des **§ 267 I StGB**

---

[21] B. Heinrich, AT, 6. Aufl. 2019, Rn. 1422; aus der Rspr. vgl. zuletzt BGH U. v. 22.07.2015 – 2 StR 389/13 – NJW 2016, 419.

[22] Puppe, in: NK-StGB, 5. Aufl. 2017, § 52 Rn. 28; aus der Rspr. vgl. RG U. v. 01.11.1887 – 2134/87 – RGSt 16, 290; RG U. v. 04.04.1919 – IV 986/18 – RGSt 53, 226. BGH U. v. 19.12.2019 – 1 StR 293/19 – StV 2020, 662 (Anm. RÜ 2020, 381).

[23] B. Heinrich, AT, 6. Aufl. 2019, Rn. 1423; aus der Rspr. vgl. zuletzt.

[24] Fischer, StGB, 68. Aufl. 2021, vor § 52 Rn. 36; näher Heghmanns FS Roxin 2011, 867; aus der Rspr. vgl. zuletzt BGH B. v. 14.05.2019 – 3 StR 65/19 – NStZ-RR 2020, 114 = StV 2020, 387; BGH B. v. 22.08.2019 – 1 StR 267/19 – NStZ 2020, 403 (Anm. RÜ2 2020, 65); BGH B. v. 15.10.2019 – 3 StR 379/19 – NStZ-RR 2020, 64; BGH B. v. 21.04.2020 – 4 StR 287/19 – NStZ 2020, 730 (Anm. Kudlich NStZ 2020, 732); BGH B. v. 20.05.2020 – 4 StR 23/20 – StV 2021, 35; BGH B. v. 06.10.2020 – 4 StR 251/20 – NStZ-RR 2020, 375; BGH B. v. 16.12.2020 – 4 StR 297/20 – NStZ-RR 2021, 78.

[25] Vgl. zuletzt BGH B. v. 23.08.2017 – 1 StR 173/17 – NJW 2018, 87 = NStZ 2018, 344 = StV 2018, 429 (Anm. Hoven NJW 2018, 89); BGH B. v. 24.04.2018 – 5 StR 85/18 – NStZ 2018, 468; BGH B. v. 05.09.2018 – 2 StR 400/17 – NStZ-RR 2019, 7.

vor,[26] wenn der Täter zunächst eine unechte Urkunde herstellt oder eine echte Urkunde verfälscht und diese dann später gebraucht, wenn der Täter bereits in der ersten Phase den späteren Gebrauch ins Auge gefasst hatte.[27]

10 Abgesehen von gewissen Zuordnungs- und Begriffsunklarheiten stellen sich allerdings gravierende „Abgrenzungs"probleme bzgl. relevanten und irrelevanten Zäsuren, von denen die Annahme einer Mehrzahl von „Gesetzesverletzungen" abhängt. Selbst bei einem engen räumlich-zeitlichen Zusammenhang sollten in Fällen, in denen sich einzelne Erfolge separieren lassen (etwa aufgrund Unterschiedlichkeit von Tatobjekten oder aufgrund verbaler Unterscheidbarkeit einzelner Ehrverletzungen bei einem Schwall beleidigender Worte), nicht ohne Not mehrere Tatbestandserfüllungen zu einer einzigen fusioniert werden. Nicht nur findet sich kein Anlass dafür im Gesetz, er besteht auch nicht aus kriminalpolitischen Bedürfnissen o. ä.: Die Rechtsfolge des § 52 StGB ermöglicht ohne Weiteres eine angemessene Sanktionierung; die Erweiterung des Schuldspruchs ist nicht zu beanstanden, zumal i. R. d. Strafzumessung die Tatsache der Zusammenfassung an sich mehrerer Tatbestandserfüllungen zur sog. Tatbestandserfüllungseinheit zu berücksichtigen ist. Gerade die Existenz der sog. gleichartigen Tateinheit in § 52 I 1. Var. StGB zeigt, dass der Gesetzgeber diesen Fall durchaus bedacht hat. Im Übrigen ist auf die §§ 154, 154a StPO hinzuweisen, die eine Überfrachtung des Strafverfahrens verhindern. I.Ü. ist an die Informationsfunktion von Anklage (§ 200 StPO) und Urteil (§ 260 StPO) zu erinnern.

V. Erfüllung mehrerer Tatbestandsvarianten

11 Ähnliche Bedenken gegenüber der h.M. betreffen auch Fälle, in denen der Täter mehrere Tatbestandsvarianten – inkl. Qualifikationsvarianten – erfüllt.[28]

Beispiel 473

BGH B. v. 24.03.1994 – 4 StR 656/93 – NJW 1994, 2034 = NStZ 1994, 394 = StV 1994, 426 (Anm. Geppert JK 1994 StGB § 250/7; von Heintschel-Heinegg JA 1994, 538; von Hippel JR 1995, 125):
B hatte dem Z „fünf Pack Heroingemisch" entwendet. Als Z auf den B mit einem Gummiknüppel einschlug, um ihm das entwendete Heroingemisch wieder abzunehmen, versetzte B ihm mit Tötungsvorsatz einen Stich mit einem Messer in den Bauch. ◀

---

[26] Die Lehre geht hingegen z. T. von sog. Gesetzeskonkurrenz (mitbestrafte Vor- oder Nachtat) aus, s. Hoyer, in: SK-StGB, 9. Aufl. 2019, § 267 Rn. 113 f.
[27] Ähnliches gilt bzgl. § 146 StGB, Fischer, StGB, 68. Aufl. 2021, § 146 Rn. 22; aus der Rspr. vgl. zuletzt BGH U. v. 16.06.2016 – 3 StR 2/16 – NStZ-RR 2016, 276.
[28] S, hierzu Puppe, in NK-StGB, 5. Aufl. 2017, vor § 52 Rn. 15; näher Altenhain ZStW 1995, 382.

> **§ 252 StGB (Räuberischer Diebstahl)**
> Wer, bei einem Diebstahl auf frischer Tat betroffen, gegen eine Person Gewalt verübt oder Drohungen mit gegenwärtiger Gefahr für Leib oder Leben anwendet, um sich im Besitz des gestohlenen Gutes zu erhalten, ist gleich einem Räuber zu bestrafen.

> **§ 250 II Nr. 1, 3 StGB (Schwerer Raub)**
> Auf Freiheitsstrafe nicht unter fünf Jahren ist zu erkennen, wenn der Täter oder ein anderer Beteiligter am Raub
>
> 1. bei der Tat eine Waffe oder ein anderes gefährliches Werkzeug verwendet, […]
> 3. eine andere Person
> a) bei der Tat körperlich schwer mißhandelt oder
> b) durch die Tat in die Gefahr des Todes bringt.

Hier hat B mit dem Messer mindestens ein gefährliches Werkzeug i.S.d. § 250 II Nr. 1 StGB verwendet. Durch den Stich in den Bauch hat er den Z aber auch i.S.d. § 250 II Nr. 3 lit. a StGB körperlich schwer misshandelt.

Jedenfalls sind in einem Gutachten alle in Betracht kommenden Varianten zu prüfen und ggf. kumulativ zu bejahen. Es liegt nach h.M. aber nur ein einziger qualifizierter räuberischer Diebstahl vor. Dass der Täter zugleich mehrere Varianten verwirklicht hat, soll allein für die Strafzumessung relevant sein. Richtigerweise existieren aber keine durchgreifenden Bedenken gegen die Anwendung des § 52 StGB.

VI. Exkurs: Fortgesetzte Handlung und Fortsetzungstat (Fortsetzungszusammenhang) – überholt

Nur knapp erwähnt, da überholt, sei die sog. fortgesetzte Handlung:[29] Nach früherer – komplexer, stets grundsätzlich und in Details umstrittener – Rspr. konnten mehrere an sich völlig eigenständige Tatbestandsverwirklichungen als eine einzige „Gesetzesverletzung" – in Gestalt einer fortgesetzten Handlung – angesehen wer-

12

---

[29] Hierzu Kindhäuser/Hilgendorf, LPK, 8. Aufl. 2019, vor § 52 Rn. 27 f.; näher Schubath JR 1951, 341; Reinicke NJW 1953, 1004; Roth-Stielow NJW 1955, 450; Hellmer GA 1956, 65; Mann/Mann ZStW 1963, 251; Bringewat ZStW 1972, 585; Honig GS Schröder 1978, 167; Ostendorf DRiZ 1983, 426; Jung JuS 1989, 289; Jähnke GA 1989, 376; Kratzsch JR 1990, 177; Timpe JA 1991, 12; Fischer NStZ 1992, 415; Schumann StV 1992, 392; Foth FS Nirk 1992, 293; Geppert Jura 1993, 649; von Heintschel-Heinegg JA 1993, 136.

den, wenn sich die Einzelakte gegen das gleiche Rechtsgut richteten, in der Begehungsweise gleichartig und von einem Gesamtvorsatz getragen waren. Anwendungsfälle waren insbesondere Sexualstraftaten (v. a. sexueller Missbrauch von Kindern, §§ 176, 176a StGB) und Serienbetrug. Hierdurch erlangte der Täter eine sanktionenrechtlich recht vorteilhafte Stellung, was zum Vorwurf des „Mengenrabatts" führte. Probleme stellten sich v. a. aber in prozessualer Hinsicht, z. B. begann – zum Nachteil des Täters – die Verjährung der Gesamttat erst mit Beendigung des letzten Teilakts; auch folgte aus dem Fortsetzungszusammenhang ein weit reichender Strafklageverbrauch (Art. 103 III GG). Insbesondere aber drohten die prozessualen Anforderungen an die Konkretisierung des vorgeworfenen Verhaltens in Anklage und Urteil immer weiter ausgehöhlt zu werden.

Im Jahre 1994 hat der große Senat des **BGH** die fortgesetzte Handlung faktisch **aufgegeben**.[30]

Heutige Lösungen[31] können ggf. bei der oben beschriebenen Tatbestandserfüllungseinheit ansetzen, ferner bei der sog. natürlichen Handlungseinheit, s. u. I.Ü. ist es sanktionenrechtlich durchaus möglich, eine unangemessen hohe Bestrafung des Täters durch die Annahme einer Vielzahl selbstständiger Taten dadurch zu verhindern, dass bei Annahme von Tatmehrheit (§§ 53 ff. StGB) die sog. Einsatzstrafe nur gering erhöht wird. Die Verjährungsproblematik entschärft sich durch die nach h.M. mögliche strafschärfende Berücksichtigung verjährter Taten. Die Bewältigung der prozessualen Probleme obliegt dem Strafverfahrensrecht.

C. Zweite Vorüberlegung: Sog. Gesetzeseinheit (Gesetzeskonkurrenz, unechte, scheinbare Konkurrenz, Scheinkonkurrenz)

▶ Didaktische Aufsätze

- Seier, Die Gesetzeseinheit und ihre Rechtsfolgen, Jura 1983, 225
- Mitsch, Gesetzeseinheit im Strafrecht, JuS 1993, 471
- Fahl, Zur Gesetzeskonkurrenz im Strafrecht, JA 1995, 654
- Walter, Zur Lehre von den Konkurrenzen: die Gesetzeskonkurrenz, JA 2005, 468
- Puppe, Was ist Gesetzeskonkurrenz?, JuS 2016, 961

---

[30] S. BGH B. v. 03.05.1994 – GSSt 2/93, GSSt 3/93 – BGHSt 40, 138 = NJW 1994, 1663 = NStZ 1994, 383 = StV 1994, 306 (Anm. Hemmer-BGH-Classics Strafrecht, 2003, Nr. 37; von Heintschel-Heinegg JA 1994, 272 und 586; Schmidt JuS 1994, 1076; Hamm NJW 1994, 1636; Geisler Jura 1995, 74; Zschokelt JA 1997, 411); vgl. auch zuletzt OLG Frankfurt B. v. 20.12.2017 – 1 Ss 174/17 – NJW 2018, 715 = NStZ 2018, 414 (Anm. Braun NStZ 2018, 414).

[31] S. Fischer, StGB, 68. Aufl. 2021, vor § 52 Rn. 51 ff.; näher Zschockelt NStZ 1994, 361; Arzt JZ 1994, 1000; Ruppert MDR 1994, 973; Zschockelt DRiZ 1994, 250; Bittmann/Dreier NStZ 1995, 105; Zschockelt NStZ 1995, 109; Tenter DRiZ 1995, 306; Erb GA 1995, 430; Geppert NStZ 1996, 57 und 118; Zschockelt StraFo 1996, 131; Zieschang GA 1997, 457; Körner StV 1998, 626; Gubitz JR 1998, 491; Rissing-van Saan FS 50 Jahre BGH 2000, 475.

I. Allgemeines

Gelangt man zu dem Ergebnis, dass der Täter „mehrere Strafgesetze verletzt" hat, so bedeutet dies noch nicht, dass die §§ 52, 53 ff. StGB anzuwenden sind, da diese Normen teleologisch reduziert werden: Weitgehend anerkanntermaßen nämlich besteht die Möglichkeit, dass ein Strafgesetz von einem anderen dergestalt **verdrängt** wird, dass es hinter dieses (oder diesem, beide sprachlichen Fassungen werden verwendet) **zurücktritt** und daher im **Endergebnis** und im Strafurteil **nicht** mehr auftaucht. Dieses Verhältnis bestimmter Delikte zueinander wird **Gesetzeseinheit** genannt;[32] diejenigen Bezeichnungen, die das Wort „Konkurrenz" enthalten (Gesetzeskonkurrenz, unechte, scheinbare Konkurrenz), verunklaren, dass i. F. d. sog. Gesetzeseinheit gerade nicht mehrere Strafgesetze nebeneinander zur Anwendung kommen („konkurrieren"). 13

Das Zurücktreten des verdrängten Straftatbestands darf nicht dahingehend missverstanden werden, dass die Tatbestandserfüllung erlischt o. ä. Relevant wird dies dann, wenn ein an sich verdrängender Tatbestand doch nicht zur Anwendung kommt (z. B. aufgrund eines Rücktritts nach § 24 StGB; ebenso, wenn das verdrängende Delikt aus prozessualen Gründen nicht geahndet werden kann),[33] so dass ein an sich verdrängter Tatbestand **wieder auflebt**,[34] ferner bzgl. einer Teilnahme (auch ein aufgrund sog. Gesetzeseinheit verdrängtes Delikt bleibt **teilnahmefähig**).[35] Es bleibt auch relevant für sog. Anschlussdelikte (§§ 257 ff. StGB).[36]

Da bestimmte Mehrfachverwirklichungen von Tatbeständen häufig vorkommen, kann es freilich sein, dass bei einem konkret betroffenen Delikt die Auslegung der Tatbestandsmerkmale dahingehen umstritten ist, ob es nicht bereits an einer Tatbestandsverwirklichung mangelt, zu solchen sog. **Tatbestandslösungen** s. jeweils im Besonderen Teil, z. B. bei § 246 StGB, dem sog. Sicherungsbetrug oder der sog. Sicherungserpressung.

Von praktischer Bedeutung können die verdrängten Delikte ferner bei der **Strafzumessung** sein,[37] was im sanktionenrechtlichen Ergebnis zu einer starken An-

---

[32] Zur Gesetzeseinheit bzw. Gesetzeskonkurrenz z. B. Wessels/Beulke/Satzger, AT, 50. Aufl. 2020, Rn. 1265 ff.; Krey/Esser, AT, 6. Aufl. 2016, Rn. 1388 ff.; Klug ZStW 1956, 399; Vogler FS Bockelmann 1979, 715; Seier Jura 1983, 225; Mitsch JuS 1993, 471; Fahl JA 1995, 654; Walter JA 2005, 468; Puppe JuS 2016, 961.
[33] Fischer, StGB, 568. Aufl. 2021, vor § 52 Rn. 44 ff.; aus der Rspr. vgl. zuletzt BGH B. v. 18.12.2019 – 3 StR 264/19 – NStZ-RR 2020, 172 = StV 2020, 475.
[34] Problematisch, hierzu von Heintschel-Heinegg, in: MK-StGB, 4. Aufl. 2020, vor § 52 Rn. 66 ff.
[35] S.o.; aus der Rspr. vgl. BGH U. v. 06.12.1994 – 5 StR 305/94 – BGHSt 40, 374 = NJW 1995, 1166 = NStZ 1995, 203 = StV 1995, 60 (Anm. Bohnert NStZ 1995, 460).
[36] S. Ruhmannseder, in: BeckOK-StGB, Stand 01.02.2021, § 259 Rn. 8; aus der Rspr. vgl. BGH U. v. 23.04.1969 – 3 StR 51/69 – NJW 1969, 1260.
[37] Wegen § 46 III StGB problematisch; ferner Rechtsgedanke des § 52 II 2 StGB; ggf. aber Sperrwirkung der Privilegierung); s. Puppe, in: NK-StGB, 5. Aufl. 2017, vor § 52 Rn. 49 ff.; aus der Rspr. vgl. zuletzt BGH B. v. 08.05.2019 – 4 StR 449/18 (Anm. Fahl JR 2020, 139); BGH B. v. 06.05.2020 – 2 StR 391/19 – NStZ-RR 2020, 252.

näherung von sog. Gesetzeseinheit und Tateinheit nach § 52 StGB führt, zumal das verdrängte Gesetz Nebenstrafen, Nebenfolgen und Maßnahmen auslösen kann.[38]

Fragen der sog. Gesetzeseinheit prägen die Anlage einer Fallbearbeitung: Ausführungen zu im Ergebnis verdrängten Delikten sollten i. d. R., wenn sie nicht ganz weggelassen werden, kurz gehalten werden. Auch sollten diese Delikte eher am Ende einer Fallbearbeitung geprüft werden. Ggf. kann und sollte eine Problematik, die den Tatbestand oder die Rechtswidrigkeit eines zurücktretenden Delikts betrifft, offen gelassen werden, wenn dieses Delikt ohnehin aufgrund sog. Gesetzeseinheit verdrängt wird.

Die sog. Gesetzeseinheit sollte daher nicht erst im Endergebnis thematisiert werden, sondern bereits bei der Prüfung des verdrängten Delikts; in evidenten Fällen genügt die Feststellung, dass das Delikt ohnehin kraft sog. Gesetzeseinheit zurücktritt (z. B. bei ausdrücklicher Subsidiarität, s. u.).

14 Der **Grund** für die Annahme einer sog. Gesetzeseinheit – statt die §§ 52, 53 ff. StGB anzuwenden und zu einer Tateinheit oder Tatmehrheit zu gelangen – liegt i. d. R. darin, dass es einer zusätzlichen Verurteilung wegen des verdrängten Delikts nicht bedarf, da der **Unrechtsgehalt** der Tat **bereits** vollständig oder doch normativ **hinreichend** durch die Verurteilung wegen des verdrängenden Delikts **erfasst** wird.[39]

Enthält ein Delikt wenigstens eine Tatsache, die der andere Tatbestand nicht erfasst, so ist an sich eine sog. Gesetzeseinheit ausgeschlossen, damit das Urteil auch diese Tatsache erfassen kann; hiervon wird allerdings von der h.M. immer wieder abgewichen – letztlich aus Gründen der Übersichtlichkeit des Tenors, der von relativen Bagatellen bereinigt werden soll; in diesen Fällen ist die Ablehnung einer sog. Gesetzeseinheit aus Klarstellungsgründen allerdings stets vertretbar.

In Einzelfällen liegt die Annahme von sog. Gesetzeseinheit auch daran, dass bei Anwendung des verdrängten Tatbestands die Erreichung eines rechtserheblichen Zwecks der Anwendung des verdrängenden Tatbestands vereitelt würde; dies betrifft v. a. eine Sperrwirkung[40] der Privilegierung (z. B. die Sperrwirkung des § 216 StGB gegenüber § 211 StGB).[41]

Allgemein ist die Nonchalance der h.M. bzgl. der Nichtanwendung der §§ 52 ff. StGB zu kritisieren: Dies betrifft bereits die mangelnde Verankerung im Gesetz (was lediglich nicht für die sog. ausdrückliche Subsidiarität gilt, s. u.). Des Weiteren

---

[38] Puppe, in: NK-StGB, 5. Aufl. 2017, vor § 52 Rn. 7a, 51; aus der Rspr. vgl. zuletzt BGH B. v. 09.11.2017 – 1 StR 204/17 – NStZ-RR 2018, 50; BGH B. v. 18.04.2018 – 2 StR 1/18 – NStZ-RR 2018, 217.

[39] B. Heinrich, AT, 6. Aufl. 2019, Rn. 1434; aus der Rspr. vgl. zuletzt BGH B. v. 21.08.2019 – 3 StR 7/19 – NStZ-RR 2020, 176 = StV 2021, 36 (Anm. Jäger JA 2020, 310; RÜ 2020, 100; Fahl NStZ-RR 2020, 177; Kretschmer JR 2020, 491); BGH U. v. 16.01.2020 – 1 StR 113/19 – NStZ-RR 2020, 213 = StV 2020, 746 (Anm. Hecker JuS 2020, 895; Bechtel JR 2020, 570; Hagedorn HRRS 2021, 121); BGH B. v. 29.04.2020 – 3 StR 532/19 – NStZ-RR 2020, 243; BGH B. v. 11.06.2020 – 5 StR 157/20 – NJW 2020, 2347 (Anm. Bosch Jura 2020, 1144; von Heintschel-Heinegg JA 2020, 707; Singelnstein NJW 2020, 2349; Kulhanek JR 2020, 624).

[40] S. Sternberg-Lieben/Bosch, in: Schönke/Schröder, StGB, 30. Aufl. 2019, vor § 52 Rn. 143; näher Küpper GS Meurer 2002, 123.

[41] S. Joecks/Jäger, StGB, 13. Aufl. 2021, § 216 Rn. 25.

ist der Aufwand, der für Fragen der sog. Gesetzeseinheit betrieben wird, gegenüber einer schlichten Anwendung der §§ 52, 53 StGB kaum sachgerecht investiert (zumal nach h.M. verdrängte Delikte eben in der Strafzumessung des verdrängenden Delikts berücksichtigt werden, s.o.). Für die Behebung prozessualer Nöte und Lästigkeiten genügen die §§ 154, 154a StPO.

> **§ 154 I Nr. 1 StPO (Teileinstellung bei mehreren Taten)**
> Die Staatsanwaltschaft kann von der Verfolgung einer Tat absehen,
>
> 1. wenn die Strafe oder die Maßregel der Besserung und Sicherung, zu der die Verfolgung führen kann, neben einer Strafe oder Maßregel der Besserung und Sicherung, die gegen den Beschuldigten wegen einer anderen Tat rechtskräftig verhängt worden ist oder die er wegen einer anderen Tat zu erwarten hat, nicht beträchtlich ins Gewicht fällt [...]

> **§ 154a I Nr. 1 S. 1 StPO (Beschränkung der Verfolgung)**
> Fallen einzelne abtrennbare Teile einer Tat oder einzelne von mehreren Gesetzesverletzungen, die durch dieselbe Tat begangen worden sind,
> [...]
> nicht beträchtlich ins Gewicht, so kann die Verfolgung auf die übrigen Teile der Tat oder die übrigen Gesetzesverletzungen beschränkt werden.

Selbst in Fällen der sog. Spezialität wäre es eher eine Frage der Gewöhnung, die aufgrund Einschlussverhältnisses verdrängten Delikte mit in den Schuldspruch aufzunehmen (nicht einmal bei Qualifikationen droht größere Verwirrung, allenfalls bei – ohnehin eher seltenen – Privilegierungen). Eine Überarbeitung des StGB in dieser Hinsicht ist darüber hinaus wünschenswert.

Man unterscheidet üblicherweise drei **Arten** der sog. Gesetzeseinheit, die man (unnötig latinisiert) Spezialität, Subsidiarität und Konsumtion nennt.

II. Sog. Spezialität

Die sog. Spezialität (man sagt auch *lex specialis derogat legi generali*) umschreibt 15 ein logisches Einschlussverhältnis.[42] Enthält ein Tatbestand einen anderen voll-

---

[42] B. Heinrich, AT, 6. Aufl. 2019, Rn. 1437; aus der Rspr. vgl. zuletzt BGH B. v. 31.10.2018 – 2 StR 281/18 – BGHSt 63, 228 = NJW 2019, 1311 = StV 2019, 678 (Anm. Bosch Jura 2019, 680; Eisele JuS 2019, 915; RÜ 2019, 308; Mitsch NJW 2019, 1258); BGH B. v. 11.06.2020 – 5 StR 157/20 – NJW 2020, 2347 (Anm. Bosch Jura 2020, 1144; von Heintschel-Heinegg JA 2020, 707; Singelnstein NJW 2020, 2349; Kulhanek JR 2020, 624).

ständig und normiert lediglich weitere Voraussetzungen, so findet nur der umfassendere Tatbestand Anwendung.

Dies betrifft v. a. **Qualifikationen** und **Privilegierungen** im Verhältnis zum Grundtatbestand, z. B. verdrängt § 224 StGB als Qualifikation die Strafbarkeit aus § 223 StGB, § 216 StGB verdrängt die §§ 211, 212 StGB als Privilegierung.

Beispiel 474

B schlug Z mit einem Hammer. ◄

Beispiel 475

B tötete G auf dessen ernstliches Verlangen hin. ◄

In einer Fallbearbeitung ist es gleichermaßen angängig, die Norm des Grunddelikts zusätzlich zu nennen (z. B. §§ 223 I, 224 I Nr. 4 StGB) oder dies zu unterlassen.

Bisweilen ist das Verhältnis von Tatbeständen zueinander umstritten, s. z. B. die §§ 211 ff. oder 249/255 StGB, s. jeweils im Besonderen Teil.

Umstritten ist auch, ob **Regelbeispielsmerkmale** (z. B. nach § 243 I 2 StGB) ebenfalls verdrängende Wirkung haben.[43] Hiergegen spricht ihr Charakter als bloße Strafzumessungsregeln ohne Tatbestandscharakter.

Klarzustellen ist, dass die nur versuchte Qualifikation das vollendete Grunddelikt nicht verdrängt, da das Ergebnis zum Ausdruck bringen muss, dass es zu einer tatsächlichen und nicht nur versuchten Rechtsgutsverletzung gekommen ist.[44] Vergleichbares gilt bei Verschiedenheit der Beteiligungsformen.

Auch dann, wenn ein Tatbestand keine Qualifikation, sondern eine *lex sui generis* ist, kann bei **zusammengesetzten Delikten** Spezialität vorliegen: Z. B. enthält der (vollendete) Raub gem. § 249 StGB vollständig die Elemente der Nötigung gem. § 240 StGB und des Diebstahls gem. § 242 StGB.[45]

Ferner enthalten Erfolgsqualifikationen das entsprechende Fahrlässigkeitsdelikt im Hinblick auf die schwere Folge (z. B. die §§ 227, 251 StGB gegenüber § 222 StGB).[46]

---

[43] Hierzu bzgl. § 243 StGB Eisele, BT II, 5. Aufl. 2019, Rn. 166 f.; Näheres im Besonderen Teil.

[44] Sternberg-Lieben/Bosch, in: Schönke/Schröder, StGB, 30. Aufl. 2019, vor § 52 Rn. 106; aus der Rspr. vgl. BGH B. v. 26.02.2010 – 2 StR 510/09 – NStZ-RR 2010, 170.

[45] Sternberg-Lieben/Bosch, in: Schönke/Schröder, StGB, 30. Aufl. 2019, vor § 52 Rn. 105; aus der Rspr. vgl. BGH B. v. 30.03.2005 – NStZ-RR 2005, 202.

[46] Sternberg-Lieben/Bosch, in: Schönke/Schröder, StGB, 30. Aufl. 2019, vor § 52 Rn. 105; näher Widmann MDR 1966, 554; Hruschka GA 1967, 42; aus der Rspr. vgl. BGH U. v. 21.09.1965 – 1 StR 269/65 – BGHSt 20, 269 = NJW 1965, 2411 (Anm. Fuchs NJW 1966, 868).

III. Sog. Subsidiarität

Von Subsidiarität spricht man dann, wenn nach dem ausdrücklichen oder stillschweigenden Willen des Gesetzgebers ein Tatbestand nur hilfsweise greifen soll, wenn ein anderer nicht greift (Auffang-, Reserve-, Lückenbüßerfunktion).[47]

1. Sog. ausdrückliche (formelle) Subsidiarität

Ausdrücklich ordnet der Gesetzgeber die Subsidiarität z. B. an in den §§ 107b I, 109e V, 125 I, 145 II, 145d, 183a, 202 I, 218b I 1, 246, 248b, 265, 265a, 316 StGB, wobei er die Subsidiarität z. T. nur gegenüber bestimmten Delikten normiert.

> **§ 145d I StGB (Vortäuschen einer Straftat)**
> Wer wider besseres Wissen einer Behörde oder einer zur Entgegennahme von Anzeigen zuständigen Stelle vortäuscht,
>
> 1. daß eine rechtswidrige Tat begangen worden sei oder
> 2. daß die Verwirklichung einer der in § 126 Abs. 1 genannten rechtswidrigen Taten bevorstehe,
>
> wird mit Freiheitsstrafe bis zu drei Jahren oder mit Geldstrafe bestraft, wenn die Tat nicht in § 164, § 258 oder § 258a mit Strafe bedroht ist.

> **§ 246 I StGB (Unterschlagung)**
> Wer eine fremde bewegliche Sache sich oder einem Dritten rechtswidrig zueignet, wird mit Freiheitsstrafe bis zu drei Jahren oder mit Geldstrafe bestraft, wenn die Tat nicht in anderen Vorschriften mit schwererer Strafe bedroht ist.

> **§ 248b I StGB (Unbefugter Gebrauch eines Fahrzeugs)**
> Wer ein Kraftfahrzeug oder ein Fahrrad gegen den Willen des Berechtigten in Gebrauch nimmt, wird mit Freiheitsstrafe bis zu drei Jahren oder mit Geldstrafe bestraft, wenn die Tat nicht in anderen Vorschriften mit schwererer Strafe bedroht ist.

---

[47] Hierzu B. Heinrich, AT, 6. Aufl. 2019, Rn. 1438 ff.; aus der Rspr. vgl. BGH B. v. 11.06.2020 – 5 StR 157/20 – NJW 2020, 2347 (Anm. Bosch Jura 2020, 1144; von Heintschel-Heinegg JA 2020, 707; Singelnstein NJW 2020, 2349; Kulhanek JR 2020, 624).

> **§ 265 I StGB (Versicherungsmißbrauch)**
> Wer eine gegen Untergang, Beschädigung, Beeinträchtigung der Brauchbarkeit, Verlust oder Diebstahl versicherte Sache beschädigt, zerstört, in ihrer Brauchbarkeit beeinträchtigt, beiseite schafft oder einem anderen überläßt, um sich oder einem Dritten Leistungen aus der Versicherung zu verschaffen, wird mit Freiheitsstrafe bis zu drei Jahren oder mit Geldstrafe bestraft, wenn die Tat nicht in § 263 mit Strafe bedroht ist.

> **§ 265a I StGB (Erschleichen von Leistungen)**
> Wer die Leistung eines Automaten oder eines öffentlichen Zwecken dienenden Telekommunikationsnetzes, die Beförderung durch ein Verkehrsmittel oder den Zutritt zu einer Veranstaltung oder einer Einrichtung in der Absicht erschleicht, das Entgelt nicht zu entrichten, wird mit Freiheitsstrafe bis zu einem Jahr oder mit Geldstrafe bestraft, wenn die Tat nicht in anderen Vorschriften mit schwererer Strafe bedroht ist.

> **§ 316 I StGB (Trunkenheit im Verkehr)**
> Wer im Verkehr (§§ 315 bis 315d) ein Fahrzeug führt, obwohl er infolge des Genusses alkoholischer Getränke oder anderer berauschender Mittel nicht in der Lage ist, das Fahrzeug sicher zu führen, wird mit Freiheitsstrafe bis zu einem Jahr oder mit Geldstrafe bestraft, wenn die Tat nicht in § 315a oder § 315c mit Strafe bedroht ist.

Zu beachten ist, dass die sog. ausdrückliche Subsidiarität nach dem jeweiligen Wortlaut der Norm nur bzgl. derselben Tat (zu diesem Begriff s. u.) greift.

Ob die sog. ausdrückliche Subsidiarität auch gegenüber Versuch und Teilnahme gilt, ist bzgl. einzelner Tatbestände umstritten.[48] Um klarzustellen, dass es zu einer (täterschaftlichen) Vollendung eines eigentlich subsidiären Delikts gekommen ist, kann die Anwendung der §§ 52 ff. StGB naheliegen.

Ebenso umstritten ist bei einzelnen Tatbeständen mit umfassend angeordneter Subsidiarität, ob diese nur bzgl. Delikten mit gleicher Angriffsrichtung gilt (**Rechtsgutsbezug**) oder auch gegenüber gänzlich anderen Delikten.[49] Während der Wortlaut für Letzteres streitet (freilich je nach Auslegung des Tatbegriffs der jeweiligen Norm), spricht die Teleologie der sog. Subsidiarität für Ersteres.

---

[48] S. zu § 246 StGB Rengier, BT I, 20. Aufl. 2018, § 2 Rn. 12; Hohmann, in: MK-StGB, 3. Aufl. 2017, § 246 Rn. 60.

[49] Insbesondere bei § 246 StGB; hierzu. Joecks/Jäger, StGB, 13. Aufl. 2021, § 246 Rn. 38; Näheres s. im Besonderen Teil.

2. Sog. stillschweigende (materielle) Subsidiarität

a) Allgemeines
Die von der h.M.[50] angenommene Rechtsfigur sog. stillschweigende Subsidiarität wird von dieser aus einer geringeren Intensität des Rechtsgutsangriffs abgeleitet. 18

Neben die obige Grundsatzkritik an einer Beschränkung des Anwendungsbereichs der §§ 52 ff. StGB zugunsten einer sog. Gesetzeseinheit tritt im Hinblick auf die sog. stillschweigende Subsidiarität, dass es sich zum Teil um Fälle des logischen Einschlussverhältnisses und daher der sog. Spezialität handelt,[51] während bzgl. des anderen Teils allzu rasch die Informations- bzw. Klarstellungsfunktion des Tenors beiseite geschoben wird – die Praxis inkorporiert im Grunde die §§ 154, 154a StPO systemwidrig ins materielle Recht, obwohl doch eher ein Umkehrschluss aus den Normen der sog. ausdrücklichen Subsidiarität nahe läge.

b) Versuchsdelikt gegenüber Vollendungsdelikt
Eine **Deliktsvollendung** verdrängt – eigentlich als *lex specialis*, s.o. – vorgelagerte,[52] auf das gleiche Ziel gerichtete **Versuche** bzgl. desselben Tatbestands.[53] 19

In einer Fallbearbeitung ist insofern von einer streng chronologischen Prüfung abzuweichen. Bei Bejahung einer Vollendungsstrafbarkeit wird die Prüfung vorheriger Versuche oft auch ganz entbehrlich sein.

c) Fahrlässigkeitsdelikt gegenüber Vorsatzdelikt
Verursacht der Täter einen Erfolg sowohl vorsätzlich als auch fahrlässig, so verdrängt eine Strafbarkeit wegen des vollendeten Vorsatzdelikts die aus einem entsprechenden Fahrlässigkeitsdelikt.[54] 20

e) Unterlassungsdelikt gegenüber Begehungsdelikt
Vergleichbares gilt bzgl. einer Erfolgsherbeiführung durch Begehen und Unterlassen.[55] 21

> **Beispiel 476**
>
> B stach G nieder und fuhr nach Hause, ohne sich um ihn weiter zu kümmern. ◄

---

[50] S. etwa B. Heinrich, AT, 6. Aufl. 2019, Rn. 1440.
[51] Puppe, in: NK, 5. Aufl. 2017, vor § 52 Rn. 21.
[52] Insofern ließe sich auch von mitbestraften Vortaten sprechen.
[53] Kindhäuser/Hilgendorf, LPK, 8. Aufl. 2019, vor § 52 Rn. 33; aus der Rspr. vgl. zuletzt BGH B. v. 21.08.2019 – 3 StR 7/19 – NStZ-RR 2020, 176 = StV 2021, 36 (Anm. Jäger JA 2020, 310; RÜ 2020, 100; Fahl NStZ-RR 2020, 177; Kretschmer JR 2020, 491).
[54] Kindhäuser/Hilgendorf, LPK, 8. Aufl. 2019, vor § 52 Rn. 33; näher Fuchs GA 1964, 65; Widmann MDR 1966, 554; Mylonopoulos ZStW 1987, 685; Herzberg FG 50 Jahre BGH IV 2000, 51; aus der Rspr. vgl. zuletzt BGH B. v. 18.03.2015 – 3 StR 634/14 – NStZ 2015, 587 = StV 2015, 634.
[55] Kindhäuser/Hilgendorf, LPK, 8. Aufl. 2019, vor § 52 Rn. 33; aus der Rspr. vgl. zuletzt BGH B. v. 21.07.2015 – 3 StR 261/15 – StV 2016, 431; BGH U. v. 10.10.2017 – 1 StR 496/16 – NStZ 2018, 462 = StV 2018, 719 (Anm. Kudlich JA 2018, 472; RÜ 2018, 369; Drees NStZ 2018, 464).

Anders kann dies allerdings insbesondere dann sein, wenn das Unterlassungsdelikt qualifiziert ist (z. B. §§ 212 I, 211, 13 StGB: Verdeckungsmord durch Unterlassen).

f) Teilnahmedelikt gegenüber Täterschaftsdelikt

22 Ein Stufenverhältnis gilt auch für die verschiedenen Beteiligungsformen[56] nach §§ 25, 26, 27, 30 StGB in eben dieser Reihenfolge: Die leichtere Beteiligungsform bzgl. des gleichen Delikts bzw. Rechtsguts wird von der schwereren als subsidiär (oder im Wege der Spezialität, vgl. o.) verdrängt.

g) Durchgangsdelikt

23 Da in jeder **Tötung** zugleich eine **Körperverletzung** enthalten ist,[57] verdrängt das Tötungsdelikt das entsprechende Körperverletzungsdelikt.[58] Dies gilt natürlich nur bei jeweiliger Vollendung, sonst ist eine Klarstellung des Körperverletzungserfolgs geboten.

Ein weiteres Beispiel für ein Durchgangsdelikt ist die **Bedrohung** nach § 241 StGB im Verhältnis zur **Nötigung** nach § 240 StGB.[59]

---

§ 241 StGB (Bedrohung)
(1) Wer einen Menschen mit der Begehung einer gegen ihn oder eine ihm nahestehenden Person gerichteten rechtswidrigen Tat gegen die sexuelle Selbstbestimmung, die körperliche Unversehrtheit, die persönliche Freiheit oder gegen eine Sache von bedeutendem Wert bedroht, wird mit Freiheitsstrafe bis zu einem Jahr oder mit Geldstrafe bestraft.
(2) Wer einen Menschen mit der Begehung eines gegen ihn oder eine ihm nahestehende Person gerichteten Verbrechens bedroht, wird mit Freiheitsstrafe bis zu zwei Jahren oder mit Geldstrafe bestraft.
(3) Ebenso wird bestraft, wer wider besseres Wissen einem Menschen vortäuscht, daß die Verwirklichung eines gegen ihn oder eine ihm nahestehende Person gerichteten Verbrechens bevorstehe.

---

[56] Kindhäuser/Hilgendorf, LPK, 8. Aufl. 2019, vor § 52 Rn. 33; aus der Rspr. vgl. zuletzt BGH B. v. 23.03.2017 – 3 StR 260/16 – BGHSt 62, 96 = NJW 2017, 2134 = StV 2018, 721 (Anm. Bosch Jura 2017, 1237; Eisele JuS 2017, 891; LL 2017, 842; RÜ 2017, 509; famos 6/2017; Kudlich NJW 2017, 2136; Weißer ZJS 2018, 197).

[57] Daher richtigerweise Spezialität, so auch von Heintschel-Heinegg, in: MK-StGB, 4. Aufl. 2020, vor § 52 f. Rn. 36.

[58] Fischer, StGB, 68. Aufl. 2021, § 212 Rn. 22; näher Welzel FS von Weber 1963, 242; aus der Rspr. vgl. zuletzt BGH B. v. 23.11.2017 – 4 StR 219/17 – NStZ-RR 2018, 44.

[59] I.E. problematisch, s. Joecks/Jäger, StGB, 13. Aufl. 2021, § 241 Rn. 8; aus der Rspr. vgl. zuletzt BGH B. v. 28.06.2018 – 1 StR 171/18 – NStZ-RR 2019, 10 = StV 2019, 559; BGH B. v. 08.05.2019 – 4 StR 449/18 (Anm. Fahl JR 2020, 139); BGH B. v. 29.09.2020 – 3 StR 238/20 – NStZ-RR 2021, 13.

C. Zweite Vorüberlegung: Sog. Gesetzeseinheit (Gesetzeskonkurrenz, ... 875

(4) Wird die Tat öffentlich, in einer Versammlung oder durch Verbreiten eines Inhalts (§ 11 Absatz 3) begangen, ist in den Fällen des Absatzes 1 auf Freiheitsstrafe bis zu zwei Jahren oder auf Geldstrafe und in den Fällen der Absätze 2 und 3 auf Freiheitsstrafe bis zu drei Jahren oder auf Geldstrafe zu erkennen.
(5) Die für die angedrohte Tat geltenden Vorschriften über den Strafantrag sind entsprechend anzuwenden.

§ 240 I, II StGB (Nötigung)
(1) Wer einen Menschen rechtswidrig mit Gewalt oder durch Drohung mit einem empfindlichen Übel zu einer Handlung, Duldung oder Unterlassung nötigt, wird mit Freiheitsstrafe bis zu drei Jahren oder mit Geldstrafe bestraft.
(2) Rechtswidrig ist die Tat, wenn die Anwendung der Gewalt oder die Androhung des Übels zu dem angestrebten Zweck als verwerflich anzusehen ist.

h) Gefährdungsdelikt gegenüber Verletzungsdelikt

Ein – vollendetes, sonst ist Klarstellung geboten[60] – Verletzungsdelikt (z. B. § 212 StGB) verdrängt das auf den gleichen Erfolg ausgerichtete Gefährdungsdelikt (z. B. § 221 StGB).[61] **24**

§ 221 I StGB (Aussetzung)
Wer einen Menschen

1. in eine hilflose Lage versetzt oder
2. in einer hilflosen Lage im Stich läßt, obwohl er ihn in seiner Obhut hat oder ihm sonst beizustehen verpflichtet ist,
und ihn dadurch der Gefahr des Todes oder einer schweren Gesundheitsschädigung aussetzt, wird mit Freiheitsstrafe von drei Monaten bis zu fünf Jahren bestraft.

---

[60] Sternberg-Lieben/Bosch, in: Schönke/Schröder, StGB, 30. Aufl. 2019, vor § 52 Rn. 114; Maatz NStZ 1995, 209; aus der Rspr. vgl. BGH B. v. 31.08.2004 – 1 StR 347/04 – NStZ-RR 2004, 367 = StV 2005, 88 (Anm. Kudlich JuS 2005, 276; Geppert JK 2005 StGB § 306c/1; Wolff JR 2005, 128).
[61] Kindhäuser/Hilgendorf, LPK, 8. Aufl. 2019, vor § 52 Rn. 33; aus der Rspr. vgl. zuletzt BGH B. v. 27.09.2016 – 4 StR 391/16 – NStZ 2017, 90 = StV 2018, 745 (Anm. Puppe, AT, 4. Aufl. 2019, § 33 Rn. 19 ff.; Bosch Jura 2017, 492; Bock NStZ 2017, 91); BGH B. v. 21.08.2019 – 3 StR 7/19 – NStZ-RR 2020, 176 = StV 2021, 36 (Anm. Jäger JA 2020, 310; RÜ 2020, 100; Fahl NStZ-RR 2020, 177; Kretschmer JR 2020, 491).

Dies gilt aber nur dann, wenn das Gefährdungsdelikt kein über das Verletzungsdelikt hinausreichendes **Kollektivrechtsgut** schützt,[62] was z. B. für § 231 StGB[63] diskutiert wird.

> **§ 231 StGB (Beteiligung an einer Schlägerei)**
> (1) Wer sich an einer Schlägerei oder an einem von mehreren verübten Angriff beteiligt, wird schon wegen dieser Beteiligung mit Freiheitsstrafe bis zu drei Jahren oder mit Geldstrafe bestraft, wenn durch die Schlägerei oder den Angriff der Tod eines Menschen oder eine schwere Körperverletzung (§ 226) verursacht worden ist.
> (2) Nach Absatz 1 ist nicht strafbar, wer an der Schlägerei oder dem Angriff beteiligt war, ohne daß ihm dies vorzuwerfen ist.

Auch im Übrigen ist zu beachten, dass eine sog. Gesetzeseinheit nicht die Informations- und Klarstellungsfunktion des Tenors beeinträchtigen darf, so dass eine pauschale Verdrängung[64] abzulehnen ist.

IV. Sog. Konsumtion

1. Allgemeines

25 Sog. Konsumtion wird angenommen, wenn bei Begehung eines (des konsumierenden) Delikts ein anderes (konsumiertes) Delikt zwar nicht notwendigerweise (dann griffe sog. Spezialität), aber **typischerweise** ebenfalls verwirklicht wird und dem mitverwirklichten Delikt kein eigenes Gewicht zukommt.[65] Vorausgesetzt wird, dass der Unrechtsgehalt der strafbaren Handlung durch einen der anwendbaren Straftatbestände bereits erschöpfend erfasst wird; bei dieser Beurteilung seien die Rechtsgüter zugrunde zu legen, die der Täter angreift, daneben die Tatbestände, die der Gesetzgeber zu deren Schutz geschaffen hat; die Verletzung des durch den einen Straftatbestand geschützten Rechtsguts müsse eine – wenn nicht notwendige, so

---

[62] Z. B. zu § 265b StGB im Verhältnis zu § 263 StGB Fischer, StGB, 68. Aufl. 2021, § 265b Rn. 3; aus der Rspr. vgl. BGH B. v. 21.02.1989 – 4 StR 643/88 – BGHSt 36, 130 = NJW 1989, 1868 = NStZ 1989, 267 = StV 1989, 304 (Anm. Kindhäuser JR 1990, 520).

[63] S. Sternberg-Lieben, in: Schönke/Schröder, StGB, 29. Aufl. 2014, § 231 Rn. 13; aus der Rspr. vgl. zuletzt BGH U. v. 22.01.2015 – 3 StR 233/14 – BGHSt 60, 166 = NJW 2015, 1540 = NStZ 2015, 270 (Anm. Satzger Jura 2015, 1138; LL 2015, 663; RÜ 2015, 305; Mitsch NJW 2015, 1545; Zabel JR 2015, 619; Knauer HRRS 2015, 435); BGH U. v. 28.11.2018 – 5 StR 379/18 – NStZ 2019, 206.

[64] Beispielsweise bzgl. § 221 StGB BGH B. v. 27.09.2016 – 4 StR 391/16 – NStZ 2017, 90 = StV 2018, 745 (Anm. Puppe, AT, 4. Aufl. 2019, § 33 Rn. 19 ff.; Bosch Jura 2017, 492; Bock NStZ 2017, 91).

[65] Hierzu Krey/Esser, AT, 6. Aufl. 2016, Rn. 1391 f.; näher von Heintschel-Heinegg FS Jakobs 2007, 131; Fahl GA 2019, 721; Hoven GA 2020, 724.

doch regelmäßige – Erscheinungsform der Verwirklichung des anderen Tatbestandes sein.⁶⁶
Es handelt sich also um eine normative Ausscheidung, die daher noch aus zusätzlichen Gründen zu kritisieren ist, da zur allgemeinen Skepsis bzgl. der sog. Gesetzeseinheit die Problematik tritt, Kriterien dafür zu benennen, was „typischerweise" ist (zumal empirische Daten natürlich nicht erhoben werden). Letztlich eröffnet sich eine recht freie Wertung bzgl. der Relation des Ausmaßes von Rechtsgutsverletzungen zueinander, die eigentlich den §§ 154, 154a StPO vorbehalten ist. Daher verwundert es nicht, dass bzgl. wohl jedes diskutierten Anwendungsfalls der Konsumtion die Ablehnung der sog. Gesetzeseinheit vertreten wird, wobei stets mit der Klarstellungsfunktion einer kumulativen Verurteilung argumentiert werden kann.

Je nach zeitlichem Verhältnis beider Delikte spricht man von einer **mitbestraften Begleittat, Vortat oder Nachtat.**

2. Bei Gleichzeitigkeit: Sog. mitbestrafte Begleittat

Eine sog. mitbestrafte Begleittat kommt dann in Betracht, wenn die Verwirklichung eines Straftatbestands den Unrechtsgehalt einer **zugleich** mitverwirklichten Tatbestandserfüllung so aufzehrt, dass eine Verurteilung wegen beider Delikte entbehrlich erscheint.⁶⁷

26

Beispiel 477

B brach in das Haus des Z ein, um dort Geld zu stehlen. Hierbei beschädigte er die Eingangstür. ◄

§§ 242, 244 I Nr. 3 StGB verdrängen § 303 StGB.

Beispiel 478

B erschoss G und ruinierte dabei dessen Hemd. ◄

§ 212 I StGB verdrängt nach h.M. § 303 StGB.⁶⁸ Da allerdings zwei völlig verschiedene Rechtsgüter verletzt werden (Leben und Eigentum), wäre an sich eine klarstellende tateinheitliche Ver-

---

⁶⁶ Krey/Esser, AT, 6. Aufl. 2016, Rn. 1391; aus der Rspr. vgl. zuletzt BGH B. v. 31.10.2018 – 2 StR 281/18 – BGHSt 63, 228 = NJW 2019, 1311 = StV 2019, 678 (Anm. Bosch Jura 2019, 680; Eisele JuS 2019, 915; RÜ 2019, 308; Mitsch NJW 2019, 1258); BGH B. v. 27.11.2018 – 2 StR 481/17 – BGHSt 63, 253 = NJW 2019, 1086 = NStZ 2019, 202 = StV 2020, 234 (Anm. Jäger JA 2019, 386; RÜ 2019, 174; famos 3/2019; Mitsch NJW 2019, 1091; Grosse-Wilde HRRS 2019, 160; Pschorr jurisPR-StrafR 9/2019 Anm. 3); BGH B. v. 21.08.2019 – 3 StR 7/19 – NStZ-RR 2020, 176 = StV 2021, 36 (Anm. Jäger JA 2020, 310; RÜ 2020, 100; Fahl NStZ-RR 2020, 177; Kretschmer JR 2020, 491); BGH B. v. 29.04.2020 – 3 StR 532/19 – NStZ-RR 2020, 243; BGH B. v. 11.06.2020 – 5 StR 157/20 – NJW 2020, 2347 (Anm. Bosch Jura 2020, 1144; von Heintschel-Heinegg JA 2020, 707; Singelnstein NJW 2020, 2349; Kulhanek JR 2020, 624).

⁶⁷ Krey/Esser, AT, 6. Aufl. 2016, Rn. 1391; aus der Rspr. vgl. zuletzt BGH B. v. 24.08.2017 – 1 StR 625/16 – StV 2019, 49.

⁶⁸ S. Steinberg/Bergmann Jura 2009, 905 (909); krit. aber Kühl, AT, 8. Aufl. 2017, § 21 Rn. 61.

urteilung geboten,[69] was in einer Fallbearbeitung dazu führen würde, dass bei lebensnaher Auslegung vieler Sachverhalte mit Tötungshandlungen zugleich § 303 StGB zu bejahen wäre. Die Annahme einer mitbestraften Begleittat entspricht insofern eher einer Annäherung an die Praxis, die einer Sachbeschädigung in diesen Fällen kaum Beachtung schenken wird. An sich ist dies aber kein materiell-rechtliches Argument.

3. Bei Vor- oder Nachzeitigkeit: Sog. mitbestrafte Vor- oder Nachtat

a) Sog. mitbestrafte Vortat

27 Sog. mitbestrafte Vortaten sind solche, die gegenüber dem Unrechtsgehalt einer später begangenen Tat ihr eigenes Gewicht verlieren.[70]

Zum vorrangig zu prüfenden Fall einer sog. stillschweigenden Subsidiarität s.o.

Beispiel 479

BGH B. v. 30.01.2001 – 1 StR 512/00 – NJW 2001, 1508 = NStZ 2001, 316 = StV 2001, 403 (Anm. Otto JK 2001 StGB § 263a/12; Fad JA-R 2001, 110; Martin JuS 2001, 718; LL 2001, 485; RÜ 2001, 173; RA 2001, 304; famos 5/2001; Wohlers NStZ 2001, 539):

B entwendete vier Spindschlüssel des Thermariums in Bad S. Er bearbeitete diese, so dass sie zu einer Vielzahl von Spindschlössern passten. Mit den Schlüsseln öffnete er sodann im Thermarium Spinde und entnahm diesen in mehreren Fällen die Scheckkarte des Badegasts; zugleich verschaffte er sich Kenntnis von der zugehörigen persönlichen Geheimzahl (PIN), die der Karteninhaber auf einem Zettel oder auf einer Visitenkarte vermerkt hatte. Die in einem Falle als Telefonnummer „getarnt" notierte Geheimzahl entschlüsselte er. Mit diesen Scheckkarten tätigte er in der Folge an Geldautomaten in Süddeutschland und in Frankreich mehrere Abhebungen. ◄

Eigentliches Ziel aller Handlungen des B war es, an Geldautomaten Geld abzuheben. Daher mag man die vorherigen Diebstähle an den Schlüsseln und wohl auch die an den Scheckkarten als sog. mitbestrafte Vortaten des späteren Computerbetrugs ansehen.[71]

---

[69] Kühl, AT, 8. Aufl. 2017, § 21 Rn. 61.
[70] Kindhäuser/Hilgendorf, LPK, 8. Aufl. 2019, vor § 52 Rn. 36; aus der Rspr. vgl. zuletzt BGH U. v. 13.07.2017 – 1 StR 536/16 (Anm. Bielefeld jurisPR-StrafR 25/2017 Anm. 3; Pflaum wistra 2018, 47; Schäfer JR 2018, 66).
[71] Problematisch, s. Sternberg-Lieben/Bosch, in: Schönke/Schröder, StGB, 30. Aufl. 2019, vor § 52 Rn. 128.

b) Sog. mitbestrafte Nachtat

Sog. mitbestrafte Nachtaten sind solche, denen gegenüber dem Unrechtsgehalt einer vorher begangenen Tat kein eigenes Gewicht zukommt.[72] Dies sind insbesondere Taten, die der **Nutzung** (inkl. Beschädigung) oder **Sicherung** einer sich zuvor verschafften Sache dienen.[73]

28

> **Beispiel 480**
>
> B stahl ein Auto, benutzte es dann ein Jahr lang und verkaufte es hiernach an den eingeweihten Z. ◄

Die Unterschlagung nach § 246 StGB, die in der Benutzung und in dem Weiterverkauf liegen könnte – es ist aber schon umstritten, ob eine solche sog. Zweitzueignung überhaupt tatbestandsmäßig ist -, ist jedenfalls bloß eine mitbestrafte Nachtat gegenüber dem vorherigen Diebstahl nach § 242 I StGB.

Vergleichbares gilt für den sog. **Sicherungsbetrug**[74] (§ 263 StGB) und die sog. **Sicherungserpressung**[75] (§ 253 StGB), wobei auch hier jeweils problematisch ist, ob überhaupt ein Schaden vorliegt oder bereits die Tatbestandsmäßigkeit ausscheidet.

> **Beispiel 481**
>
> B steckte im Kaufhaus eine DVD in seine Jacke. Am Ausgang wurde er von Ladendetektiv Z gefragt, ob er unbezahlte Ware bei sich habe. B verneinte; Z glaubte ihm und ließ den B gehen. ◄

Keine sog. Gesetzeseinheit liegt aber vor, wenn ein neuer Schaden entsteht (sog. **Schadensvertiefung**) oder ein **anderer Rechtsgutsträger** als bei der vorherigen Tat betroffen ist.[76]

---

[72] Kindhäuser/Hilgendorf, LPK, 8. Aufl. 2019, vor § 52 Rn. 37; näher Baumann MDR 1959, 10; aus der Rspr. vgl. zuletzt BGH U. v. 13.07.2017 – 1 StR 536/16 – StV 2019, 440 (Anm. Bielefeld jurisPR-StrafR 25/2017 Anm. 3; Pflaum wistra 2018, 47; Schäfer JR 2018, 66); BGH B. v. 22.05.2018 – 4 StR 598/17 (Anm. RÜ 2018, 578); BGH B. v. 20.05.2020 – 2 StR 611/19 – StV 2020, 745 (Anm. RÜ 2020, 578).

[73] Sternberg-Lieben/Bosch, in: Schönke/Schröder, StGB, 30. Aufl. 2019, vor § 52 Rn. 129; aus der Rspr. vgl. zuletzt BGH B. v. 22.05.2018 – 4 StR 598/17 (Anm. RÜ 2018, 578).

[74] Hierzu Sternberg-Lieben/Bosch, in: Schönke/Schröder, StGB, 30. Aufl. 2019, vor § 52 Rn. 131; Sickor GA 2007, 590; Bittmann NStZ 2012, 289; Kretschmer JuS 2013, 24; aus der Rspr. vgl. zuletzt BGH B. v. 25.07.2017 – 5 StR 46/17 – NStZ-RR 2017, 313 = StV 2018, 291 (Anm. Schumann HRRS 2017, 511; Lorenz jurisPR-StrafR 6/2018 Anm. 2; Meyer NZWiSt 2018, 79).

[75] Hierzu Sternberg-Lieben/Bosch, in: Schönke/Schröder, StGB, 30. Aufl. 2019, vor § 52 Rn. 131; Grabow NStZ 2014, 121; aus der Rspr. vgl. BGH B. v. 26.05.2011 – 3 StR 318/10 – NStZ 2012, 95 = StV 2011, 677 (Anm. Jäger JA 2011, 950; LL 2011, 805; RA 2011, 551; Satzger JK 2012 StGB §§ 253, 255/15; Mitsch HRRS 2012, 181).

[76] Sternberg-Lieben/Bosch, in: Schönke/Schröder, StGB, 30. Aufl. 2019, vor § 52 Rn. 132; aus der Rspr. vgl. OLG Stuttgart U. v. 14.01.1970 – 1 Ss 699/69 – NJW 1970, 672 (Anm. Hassemer JuS

Beispiel 482

BGH B. v. 27.08.2008 – 2 StR 329/08 – NStZ 2009, 38 (Anm. von Heintschel-Heinegg JA 2008, 899; RÜ 2008, 716):
B1 erwarb in 34 Fällen Topfsets, Messerblöcke und -sets und weitere Küchengeräte, die der B2 zuvor – wie B1 wusste – aus dem Hochregallager der Firma Z entwendet hatte. Er veräußerte die angekauften Waren einzeln mit Gewinn über das Internet-Auktionsportal eBay. ◄

Der Eigentümer der Sachen war nicht derselbe wie der spätere jeweilige Käufer. Im Hinblick auf die Zahlung des Kaufpreises kommt zur Hehlerei des B1 ein Betrug zu Lasten der ahnungslosen Käufer, die aufgrund § 935 BGB nicht Eigentümer der Sachen werden konnten.

Ein Sonderfall der mitbestraften Nachtat ist das einem Begehen nachfolgende Unterlassen der Erfolgsabwendung; dies lässt sich aber als Fall der materiellen Subsidiarität begreifen.

D. Tateinheit, § 52 StGB

▶ Didaktische Aufsätze

- Kraß, Die Identität der Ausführungshandlungen bei der Tateinheit, JuS 1991, 821
- Walter, Zur Lehre von den Konkurrenzen: Handlungseinheit und Handlungsmehrheit, JA 2004, 572
- Puppe, Die Lehre von der Tateinheit, JuS 2017, 503 und 637

I. Allgemeines

29 Gem. § 52 I StGB wird dann „nur auf eine Strafe erkannt", wenn dieselbe Handlung (daher spricht man auch substantivierend von Handlungseinheit oder Handlungsidentität) mehrere Strafgesetze oder dasselbe Strafgesetz mehrmals verletzt. Dies nennt sich laut der gesetzliche Überschrift des § 52 StGB Tateinheit.[77] Geläufig – aber gesetzesfern und daher unnötig, überdies unnötig latinisierend – ist auch die Bezeichnung als Idealkonkurrenz (deshalb, da es sich nur der Idee nach um mehrere Gesetzesverletzungen handele).[78]

1970, 360; Widmaier NJW 1970, 673).

[77] Hierzu Wessels/Beulke/Satzger, AT, 50. Aufl. 2020, Rn. 1280 ff.; näher Hartung SJZ 1950, 326; Kraß JuS 1991, 821; Walter JA 2004, 572; Puppe JuS 2017, 503 und 637.

[78] Jäger, in: SK. 9. Aufl. 2017, § 52 Rn. 2.

D. Tateinheit, § 52 StGB

> **§ 52 StGB (Tateinheit)**
> (1) Verletzt dieselbe Handlung mehrere Strafgesetze oder dasselbe Strafgesetz mehrmals, so wird nur auf eine Strafe erkannt.
> (2) Sind mehrere Strafgesetze verletzt, so wird die Strafe nach dem Gesetz bestimmt, das die schwerste Strafe androht. Sie darf nicht milder sein, als die anderen anwendbaren Gesetze es zulassen.
> (3) [...]
> (4) [...] Im übrigen muß oder kann auf Nebenstrafen, Nebenfolgen und Maßnahmen (§ 11 Abs. 1 Nr. 8) erkannt werden, wenn eines der anwendbaren Gesetze sie vorschreibt oder zuläßt.

Die in § 52 I 1. Var. StGB beschriebene Verletzung mehrerer Strafgesetze durch dieselbe Handlung wird **ungleichartige Tateinheit** genannt; die mehrmalige Verletzung desselben Strafgesetzes (§ 52 I 2. Var. StGB) **gleichartige Tateinheit**.[79]

In einer Fallbearbeitung wird lediglich die (materiell-rechtliche)[80] Tateinheit (oder Tatmehrheit) festgestellt und begründet, so dass die sich daran anknüpfenden Rechtsfolgen oder Fragen der Urteilsfassung keine weitere Beachtung finden.

§ 52 II 1 StGB enthält das sog. **Absorptionsprinzip**, da nur eine Einzelstrafe nach dem schwersten Gesetz verhängt wird, welche gewissermaßen die übrigen Gesetzesverletzungen absorbiert. Der Gesetzgeber erachtet insofern die mit der „Haupttat" einhergehenden Tatbestandsverwirklichungen als nicht gesondert strafwürdig. Allerdings kommt den milderen Gesetzen abgesehen von § 52 II 2 StGB und § 52 IV 2 StGB Bedeutung bei der Strafzumessung innerhalb der Einzelstrafe zu.

Die Annahme von Tateinheit ist für den Täter i. d. R. günstiger als die Annahme von Tatmehrheit, da bei Tateinheit nur eine einzelne Strafe für das schwerste Delikt und keine Gesamtstrafe für mehrere Deliktsverwirklichungen verhängt wird, so dass ggf. *in dubio pro reo* Tateinheit vorliegt.[81]

Bzgl. Voraussetzungen und Fallgruppen der Tateinheit existieren unterschiedliche Terminologien und Unterteilungen. Die folgende Zweiteilung (Handlungseinheit im natürlichen Sinne und Handlungseinheit im normativen Sinne) stellt daher nur einen Vorschlag dar.

---

[79] Fischer, StGB, 68. Aufl. 2021, § 52 Rn. 1; näher Puppe GA 1982, 143.

[80] Zu unterscheiden von der prozessualen Tateinheit i.S.d. § 264 StPO, hierzu Krey/Heinrich, Deutsches Strafverfahrensrecht, 2. Aufl. 2019, Rn. 1677 ff.; Beulke/Swoboda, Strafprozessrecht, 15. Aufl. 2020, Rn. 512 ff.

[81] Fischer, StGB, 68. Aufl. 2021, vor § 52 Rn. 1; aus der Rspr. vgl. BGH B. v. 19.11.2014 – 4 StR 284/14 – NStZ-RR 2015, 41.

II. „Dieselbe Handlung" im körperlichen Sinne (natürliche Handlungseinheit)

30 Ohne Weiteres liegt Tateinheit vor, wenn der Täter nur **eine einzige Körperbewegung** ausführt, die auf einem einzigen Handlungsentschluss beruht[82] (z. B. ein einziger Schuss), sog. Handlungseinheit im natürlichen Sinne (etwas weniger verwechslungsanfällig ist „im körperlichen Sinne").

Dies gilt aufgrund der vollständigen Identität der objektiven Ausführungshandlung auch dann, wenn hieraus **vielfältige Folgen** – auch mehrere Erfolge zu Lasten verschiedener Rechtsgutsträger – resultieren.[83]

Besonders deutlich wird dies dann, wenn eine **Beteiligung** mehrerer vorliegt: Die durch eine einzige Aufforderung etc. vorgenommene **Anstiftung** zur mehrmaligen Begehung einer Tat, zur gleichzeitigen Verwirklichung mehrerer Tatbestände oder die gleichzeitige Anstiftung mehrerer (Haupt-)Täter führt zur Annahme von Tateinheit beim Anstifter.[84] Darauf, in welchem Verhältnis die (Haupt-)Taten zueinander stehen, kommt es dann nicht an.

Beispiel 483

B1 forderte B2 auf, seine beiden Brüder zu töten, was B2 tat. ◄

Gleiches gilt für die **Beihilfe** zu mehreren (Haupt-)Taten durch eine einzige Unterstützungshandlung.[85]

Beispiel 484

B1 schenkte dem B2 für dessen Einbrüche ein Brecheisen, welches B2 etliche Male einsetzte. ◄

---

[82] B. Heinrich, AT, 6. Aufl. 2019, Rn. 1411; aus der Rspr. vgl. zuletzt BGH B. v. 10.07.2017 – GSSt 4/17 – BGHSt 63, 1 = NJW 2018, 2905 = NStZ 2019, 89 = StV 2019, 326 (Anm. Oğlakcıoğlu NJW 2018, 2907; Kudlich JR 2018, 659; El-Ghazi jurisPR-StrafR 20/2018 Anm. 1; Immel NStZ 2019, 92); OLG Bremen B. v. 08.09.2017 – 1 Ws 98/17 – StV 2018, 480; OLG Hamm U. v. 13.02.2018 – 1 RVs 100/17 – NStZ 2019, 695 (Anm. Wagner ZJS 2020, 288).
[83] Fischer, StGB, 68. Aufl. 2021, vor § 52 Rn. 27 f.
[84] Fischer, StGB, 68. Aufl. 2021, vor § 52 Rn. 35; aus der Rspr. vgl. zuletzt BGH B. v. 21.11.2017 – 1 StR 491/17 – NStZ-RR 2018, 105.
[85] Fischer, StGB, 68. Aufl. 2021, vor § 52 Rn. 36; aus der Rspr. vgl. zuletzt BGH B. v. 23.04.2019 – 2 StR 118/19 – NStZ-RR 2019, 239 = StV 2020, 662; BGH U. v. 23.05.2019 – 4 StR 601/18 – NStZ 2020, 235; BGH B. v. 25.07.2019 – 1 StR 230/19 – NStZ-RR 2019, 347 = StV 2020, 737 (Anm. Pflaum wistra 2020, 21); BGH B. v. 22.08.2019 – 1 StR 267/19 – NStZ 2020, 403 (Anm. RÜ2 2020, 65); BGH B. v. 15.10.2019 – 3 StR 379/19 – NStZ-RR 2020, 64; BGH B. v. 14.05.2020 – 1 StR 555/19 – NStZ-RR 2020, 348 (Anm. Rolletschke wistra 2020, 465); BGH B. v. 28.07.2020 – 2 StR 594/19 – NStZ-RR 2021, 48; BGH B. v. 16.12.2020 – 4 StR 297/20 – NStZ-RR 2021, 78.

Auch im Hinblick auf den Tatbeitrag im Rahmen einer **Mittäterschaft**[86] oder sog. **mittelbaren Täterschaft**[87] liegt trotz etwaiger vielfacher Folgen Tateinheit vor, wenn der Beitrag in einer einzigen körperlichen Handlung erbracht wird.

Umstritten, aber im Lichte der Behandlung der anderen Beteiligungsformen vorzugswürdig, ist die Annahme von Tateinheit bzgl. **§ 30 II StGB** (i. F. d. Verabredung).[88]

III. „Dieselbe Handlung" im normativen Sinne (juristische Handlungseinheit)

Auch dann, wenn **mehrere Körperbewegungen** vorliegen, kann es sich um Tateinheit i. S. d. § 52 I StGB handeln. Dies sei hier Handlungseinheit im normativen Sinne genannt;[89] außer der Auffangkonstruktion der – ärgerlich missverständlich benannten – sog. natürlichen Handlungseinheit fallen hierunter Fälle der sog. Teilidentität und der sog. Verklammerung.   31

1. Teilidentität

Tateinheit kraft Teilidentität der Ausführungshandlungen[90] liegt vor, wenn sich die Verwirklichung mehrerer Tatbestände derart **überschneidet**, dass ein Teilakt zur Verwirklichung beider Tatbestände beiträgt, auch wenn unterschiedliche höchstpersönliche Rechtsgüter betroffen sind. Hierbei genügt eine Überschneidung im Beendigungsstadium,[91] nicht aber im Vorbereitungs- oder Versuchsstadium.   32

---

[86] Fischer, StGB, 68. Aufl. 2021, vor § 52 Rn. 35; aus der Rspr. vgl. zuletzt BGH B. v. 06.08.2019 – 3 StR 190/19 – NStZ-RR 2019, 375 = StV 2021, 104 (Anm. Schlösser StV 2021, 107); BGH B. v. 15.08.2019 – 5 StR 205/19 – NJW 2019, 3799 = NStZ-RR 2019, 381; BGH B. v. 05.09.2019 – 4 StR 611/18 – NStZ-RR 2019, 377; BGH B. v. 27.11.2019 – 2 StR 609/18 – NStZ-RR 2020, 204 = StV 2021, 91; BGH B. v. 10.12.2019 – 3 StR 529/19 – NStZ-RR 2020, 80 = StV 2020, 661; BGH B. v. 18.12.2019 – 4 StR 582/19 – NStZ-RR 2020, 103; BGH B. v. 19.05.2020 – 2 StR 398/19 – NStZ-RR 2020, 373; BGH U. v. 19.08.2020 – 5 StR 558/19 – NJW 2021, 90 (Anm. Gaede NJW 2021, 98; Leverenz HRRS 2021, 86; Hiéramente/Schwerdtfeger jurisPR-StrafR 1/2021 Anm. 2; Rettke wistra 2021, 113; Meyer NZWiSt 2021, 151).

[87] Fischer, StGB, 68. Aufl. 2021, vor § 52 Rn. 35; aus der Rspr. vgl. zuletzt BGH U. v. 27.06.2018 – 1 StR 282/17 – NStZ 2019, 158 = StV 2020, 737 (Anm. Weidemann wistra 2019, 285); BGH B. v. 05.03.2020 – 1 StR 530/19 – NStZ-RR 2020, 206 (Anm. Abersfelder NZWiSt 2020, 408); BGH B. v. 16.09.2020 – 1 StR 275/20 (Anm. Gehm NZWiSt 2021, 113).

[88] Fischer, StGB, 68. Aufl. 2021, § 30 Rn. 16; aus der Rspr. vgl. BGH U. v. 17.02.2011 – 3 StR 419/10 – BGHSt 56, 170 = NJW 2011, 2375 = NStZ-RR 2011, 368 (Anm. Satzger JK 2012 StGB § 25 II/18; Duttge NStZ 2012, 438).

[89] S. – aber mit abweichendem Inhalt – Krey/Esser, AT, 6. Aufl. 2016, Rn. 1384; Kindhäuser/Hilgendorf, LPK, 8. Aufl. 2019, vor § 52 Rn. 16.

[90] Hierzu B. Heinrich, AT, 6. Aufl. 2019, Rn. 1417; aus der Rspr. vgl. zuletzt BGH B. v. 06.08.2020 – 1 StR 198/20 – NStZ 2021, 295; BGH U. v. 26.08.2020 – 6 StR 115/20 – NStZ 2020, 691 (Anm. Stuckenberg JR 2021, 229); BGH B. v. 10.02.2021 – 6 StR 453/20 – NStZ-RR 2021, 110.

[91] Lackner/Kühl, StGB, 29. Aufl. 2018, § 52 Rn. 3 f.; näher Bitzilekis ZStW 1987, 723.

> **Beispiel 485**
>
> **BGH B. v. 12.11.2003 – 2 StR 294/03 – NStZ 2004, 329 (Anm. Kudlich JuS 2004, 927):**
> B erbeutete bei dem Überfall auf eine Tankstelle durch unter Verwendung einer Gaspistole mit Platzpatronen Bargeld und Telefonkarten im Gesamtwert von knapp 3.000 DM. Während der Tankwart telefonisch die Polizei informierte, nahm der anwesende Z sofort die Verfolgung des B auf und verlangte von ihm, das Geld zurückzugeben. B versuchte jedoch, mit der Beute zu entkommen. Z konnte ihn 300 m von der Tankstelle entfernt stellen und in den Schwitzkasten nehmen. B wollte sich um jeden Preis aus der Umklammerung befreien und fliehen, um nicht als Täter überführt zu werden. Er setzte die Tatwaffe heftig auf die Kleidung des Z auf und drückte ab. Dabei nahm er zumindest billigend in Kauf, Z durch eine Schussverletzung im Herzbereich zu töten. ◀

Hier überschneiden sich der versuchte Mord (§§ 212, 211, 22, 23 StGB) und das Beendigungsstadium der räuberischen Erpressung (§§ 253 I, 255 StGB).

Ebenso wenig reicht eine Überschneidung im subjektiven Bereich (vgl. auch Zweckbeziehung) oder bzgl. der Motivation aus.

33 Teilidentität darf nicht mit **Gleichzeitigkeit** gleichgesetzt werden. Relevant wird dies bei **Dauerdelikten,**[92] die nicht Bestandteil der Verwirklichung des weiteren Delikts geworden sind. Tateinheit liegt nur bei einem inneren (funktionalen) **Zusammenhang** von Dauerdelikt und weiterem Delikt vor. Dieser ist gegeben, wenn das Dauerdelikt (z. B. § 123 StGB) Mittel zur Begehung eines Zustandsdeliktes (z. B. § 242 StGB) ist – oder umgekehrt (z. B. § 303 StGB zwecks § 123 StGB).

> **Beispiel 486**
>
> B betrat den Garten des Z, um eine Statue zu stehlen. ◀

> **Beispiel 487**
>
> B beschädigte die Eingangstür, als er sich Zutritt zum Haus des Z verschaffte. ◀

Am notwendigen sachlichen Zusammenhang fehlt es, wenn das Zustandsdelikt nur während (bei Gelegenheit, anlässlich) der Dauerstraftat verübt wird.

---

[92] Zur Tateinheit bei Dauerdelikten von Heintschel-Heinegg, in: BeckOK-StGB, Stand 01.02.2021, § 52 Rn. 42; näher Oske MDR 1965, 532; Zieschang FS Rissing-van Saan 2011, 787; aus der Rspr. vgl. zuletzt BGH B. v. 31.10.2018 – 2 StR 281/18 – BGHSt 63, 228 = NJW 2019, 1311 = StV 2019, 678 (Anm. Bosch Jura 2019, 680; Eisele JuS 2019, 915; RÜ 2019, 308; Mitsch NJW 2019, 1258); BGH B. v. 08.07.2020 – 4 StR 72/20 – NStZ-RR 2020, 384.

> **Beispiel 488**
>
> vgl. OLG Koblenz U. v. 16.06.1977 – 1 Ss 227/77 – NJW 1978, 716 (Anm. Kinnen MDR 1978, 545):
> Der stark alkoholisierte B nötigte seine Beifahrerin Z sexuell während einer Autofahrt. ◄

In diesen Fällen kommt freilich eine sog. natürliche Handlungseinheit in Betracht, s. sogleich.

2. Klammerwirkung (Verklammerung)
▶ **Didaktischer Aufsatz**

- Geppert, Zur Rechtsfigur der „Tateinheit durch Verklammerung", Jura 1997, 214

Die von der h.M. angenommene Tateinheit kraft Verklammerung[93] betrifft Situationen, in denen der Täter während eines mehraktigen oder Dauerdelikts mehrere weitere Straftatbestände erfüllt, die einander ihrerseits nicht überschneiden.

34

> **Beispiel 489**
>
> BGH B. v. 19.11.2009 – 3 StR 244/09 – BGHSt 54, 189 = NJW 2010, 1680 = NStZ 2010, 277 = StV 2010, 307 (Anm. Satzger JK 2010 StGB § 238/1; Kudlich JA 2010, 389; Heghmanns ZJS 2010, 269; LL 2010, 247; RA 2010, 154; famos 8/2010; Gazeas NJW 2010, 1684; Mitsch NStZ 2010, 513; Seher JZ 2010, 582; Winkler jurisPR-StrafR 4/2010 Anm. 1; Buß JR 2011, 84):
> B lernte im April 2006 die Z kennen und führte mit dieser bis Ende 2007 eine Beziehung. Nach der Trennung kam es wiederholt zu Auseinandersetzungen, da B die Trennung nicht akzeptieren wollte. Es kam zu folgenden einzelnen Vorfällen:
> Am 29.03.2008 klingelte er an der Tür des Mehrfamilienhauses, in dem sich die Wohnung der Z befand. Z öffnete das Badezimmerfenster und forderte den B auf zu verschwinden. Dieser kündigte jedoch an, bis zum nächsten Morgen zu warten, um zu sehen, wer aus dem Haus komme; außerdem bedrohte er die Z mit dem Tode und beschimpfte sie als „Nutte" und „Hure".
> Am Mittag des 24.04.2008 rief B die Z mehrfach an und erklärte, er werde sie nicht in Ruhe lassen. Am Nachmittag desselben Tages fing er sie auf dem Rück-

---

[93] Hierzu z. B. Wessels/Beulke/Satzger, AT, 50. Aufl. 2020, Rn. 1284 f.; näher Wahle GA 1968, 97; Geppert Jura 1997, 214.; aus der Rspr. vgl. zuletzt BGH U. v. 01.08.2018 – 3 StR 651/17 – NStZ 2019, 511 (Anm. Jäger JA 2019, 467; Eisele JuS 2019, 495; Heuser ZJS 2019, 529; RÜ 2019, 170; Rückert HRRS 2019, 245); BGH U. v. 20.09.2018 – 3 StR 195/18 – NStZ-RR 2019, 190 = StV 2020, 149 (Anm. Eisele JuS 2019, 721; RÜ 2019, 369; RÜ2 2019, 138); KG U. v. 12.08.2019 – (3) 121 Ss 89/19 (53/19); BGH B. v. 15.10.2019 – 3 StR 379/19 – NStZ-RR 2020, 64; BGH B. v. 18.12.2019 – 3 StR 264/19 – NStZ-RR 2020, 172 = StV 2020, 475; BGH B. v. 20.05.2020 – 2 StR 611/19 – StV 2020, 745 (Anm. RÜ 2020, 578).

weg von ihrer Arbeit ab, beobachtete in der Folgezeit ihre Wohnung mit einem Fernglas und drohte der Z telefonisch und durch lautes Rufen, er werde ihr ein Messer in den Hals stecken, sie abstechen und umbringen; außerdem bezeichnete er sie als Schlampe. ◄

Die Nachstellung (§ 238 StGB) verklammert die Bedrohung und die Beleidigung (§§ 241 und 185 StGB).

Allerdings ist auch nach h.M. eine Verklammerung **nicht** möglich, wenn das verbindende Delikt nach Maßgabe der abstrakten Strafrahmen **leichter** wiegt als die verbundenen Delikte; wiegt dagegen nur eines der betroffenen Delikte schwerer als dasjenige, das die Verbindung begründet, so bleibt es bei der Klammerwirkung.[94]

Beispiel 490

B führte unerlaubt eine Waffe mit sich und bedrohte damit auf der Straße die Z und nahm anschließend ihre Handtasche weg. Danach ging er unter weiterer Mitführung der Waffe, wie von Anfang an geplant, zur G und erschoss diese. ◄

Beispiel 491

BGH U. v. 08.11.2007 – 3 StR 320/07 (Kotten) – NStZ 2008, 209 (Anm. Puppe, AT, 4. Aufl. 2019, § 34 Rn. 10 ff.):

B versuchte über einen längeren Zeitraum vergeblich, mit der Z eine Liebes- und Sexualbeziehung einzugehen. Nachdem dies gescheitert war, traf er umfangreiche Vorbereitungen, um Z gegebenenfalls gegen ihren Willen in einem Kotten festzuhalten, und lockte sie dorthin. Nach einem ersten Gespräch erkannte er, dass sich Z erneut ablehnend verhielt und auch nicht bereit war, freiwillig seinen Wünschen zur einverständlichen Vornahme sexueller Handlungen und zur Anfertigung erotischer Fotos nachzukommen. Er äußerte nun, sie solle hier bleiben, sie gehe nirgendwo mehr hin. B fesselte Z, kettete sie an, strangulierte sie in lebensbedrohlicher Weise und verbrachte sie mehrfach für längere Zeiträume in eine von ihm präparierte sargähnliche Kiste. Während des sich über fast einen Tag hinziehenden Tatgeschehens führte er gegen ihren Willen sexuelle Handlungen aus und drohte ihr schließlich, sie mittels einer Kettensäge umzubringen. Daneben versuchte er weiter, sie in mehreren Gesprächen von seinen Absichten zu überzeugen. Nachdem ein erster Fluchtversuch der Z gescheitert war, gelang es ihr schließlich, die Abwesenheit des B auszunutzen, sich aus der sargähnlichen Kiste zu befreien, zu dem benachbarten Anwesen zu gelangen und dort Hilfe zu finden. ◄

---

[94] Fischer, StGB, 68. Aufl. 2021, vor § 52 Rn. 30; aus der Rspr. vgl.
BGH B. v. 14.06.2018 – 3 StR 180/18 – NStZ-RR 2018, 313; BGH B. v. 15.10.2019 – 3 StR 379/19 – NStZ-RR 2020, 64; BGH B. v. 18.12.2019 – 3 StR 264/19 – NStZ-RR 2020, 172 = StV 2020, 475; BGH B. v. 20.05.2020 – 2 StR 611/19 – StV 2020, 745 (Anm. RÜ 2020, 578).

D. Tateinheit, § 52 StGB

Die vergleichsweise weniger schwerwiegende Freiheitsberaubung (§ 239 StGB) verklammert nicht die übrigen Tatbestandsverwirklichungen (§§ 223, 224, 177 StGB) zur Tateinheit.

Zustandsdelikte (z. B. Körperverletzungsdelikte) sind nicht für die Herbeiführung einer Klammerwirkung geeignet.[95]

Die Rspr. behält sich überdies eine sog. **Entklammerung** und damit Auflösung einer an sich gegebenen Tateinheit vor, wenn die Verbindung zu einer gemeinsamen Tat dem Gerechtigkeitsprinzip oder sozial-ethischen Bewertungsgrundsätzen widerspricht.[96]

Auf die prozessuale Behandlung der Verbindungstat kommt es nicht an: Die Verklammerung gilt insbesondere auch dann, wenn das verbindende (dritte) Delikt nach den §§ 154, 154a StPO von der Verfolgung ausgenommen worden ist.[97]

Gegen das Rechtsinstitut als Ganzes ist – auch jenseits einzelner Aspekte des komplexen und vagen Geflechts – **Kritik** zu üben: Die aus rechtspolitischem Impetus (Vermeidung als zu hoch angesehener Strafe) ersonnene Figur zur Ermöglichung der Tateinheit erscheint angesichts des Normtexts „dieselbe Handlung" gewagt, was sich auch bei der Formulierung von Anklageschriften erweisen dürfte, wenn plötzlich ganz disparate, zeitlich weit auseinanderliegende Geschehnisse durch dieselbe Handlung begangen worden sein sollen. Die gesetzesnähere Lösung wäre in der Annahme von Tatmehrheit (§§ 53 ff. StGB) und sodann einer moderaten Bemessung der Gesamtstrafe zu suchen; eine wenigstens die Rspr. klarstellende, besser aber noch ganz neu konzipierte – Novellierung der §§ 52 ff. StGB wäre ohnehin wünschenswert. *De lege lata* ist immerhin fraglich, wieso erstens Zeitgleichheit jenseits reiner Normativität etwas damit zu tun hat, ob Körperbewegungen (Handlungen) identisch sind, zweitens wieso, wenn noch nicht einmal gänzliche Zeitgleichheit besteht, eine partielle genügen soll und wieso drittens als weitere Extension eine Art Hängebrücke zwischen anderen Überlappungen die Gesamtidentität begründen soll, wobei auch noch die Anforderungen an diese Brücke unbestimmt sind („annähernde Wertgleichheit") und die Rückausnahme der mangelnden Tatschwere erst recht wenig damit zu tun hat, ob die Rechtsfolgen des § 52 StGB denen der §§ 53 ff. StGB vorzuziehen sind. Insgesamt handelt es sich um eine freihändige Rechtsanwendung bei klar trennbaren Tatbestandsverwirklichungen, die letztlich einem tatmotivgeleiteten tatbestandsübergreifenden *dolus malus* durchschlagendes Gewicht verleihen möchte und so den eigentlich objektiven Begriff „dieselbe Handlung" durch außertatbestandliche Zwecke denaturiert.

35

---

[95] Von Heintschel-Heinegg, in: MK-StGB, 4. Aufl. 2020, § 52 Rn. 90 ff.; aus der Rspr. vgl. BGH U. v. 14.03.2012 – 2 StR 561/11 – NStZ-RR 2013, 10.

[96] Zsf. Lackner/Kühl, StGB, 29. Aufl. 2018, § 52 Rn. 6; aus der Rspr. vgl. BGH U. v. 13.12.2012 – 4 StR 99/12 – NStZ-RR 2013, 147.

[97] Fischer, StGB, 68. Aufl. 2021, vor § 52 Rn. 30a; aus der Rspr. vgl. BGH B. v. 22.11.2012 – 4 StR 302/12 – NStZ-RR 2013, 82.

3. Sog. natürliche Handlungseinheit
▶ **Didaktische Aufsätze**

- Blei, Die natürliche Handlungseinheit, JA 1972, 711 und 1973, 95
- Schroeder, Die Behandlung der natürlichen Handlungseinheit in strafrechtlichen Übungsarbeiten, Jura 1980, 240
- Sowada, Probleme der natürlichen Handlungseinheit, Jura 1995, 245
- Wagemann, Natürliche Handlungseinheit bei Angriffen auf höchstpersönliche Rechtsgüter, Jura 2006, 580
- Reichenbach, Uneigentliche Organisationsdelikte, Jura 2016, 139

36 Eine Art **Auffangfunktion** kommt der sog. natürlichen Handlungseinheit[98] zu.

Die Terminologie ist missverständlich: Es handelt sich gerade nicht um eine natürliche, sondern um eine **normative** Betrachtungsweise.

Tateinheit aufgrund einer sog. natürlichen Handlungseinheit liege dann vor, wenn mehrere Handlungen im physischen Sinne bei – angeblich – natürlicher Betrachtungsweise als eine einzige Handlung i.S.d. § 52 I StGB anzusehen seien.[99] Tateinheit sei dann anzunehmen, wenn eine Aufspaltung in Einzeltaten wegen eines außergewöhnlich **engen zeitlichen und situativen Zusammenhangs** willkürlich und gekünstelt erschiene; unter dieser Voraussetzung soll es dann auch irrelevant sein, ob verschiedene Rechtsgutsträger betroffen sind.

37 Eröffnet ist damit eine frustrierend vage[100] (Gesamt-)Bewertung, die sich an einer Reihe von **Kriterien**[101] ausrichtet, welche in einer Fallbearbeitung unter Fruchtbarmachung des Sachverhalts heranzuziehen sind.

Erstens die **zeitliche** Nähe: Je weniger Zeit zwischen den Tatbestandsverwirklichungen verstreicht, umso eher wird Tateinheit anzunehmen sein.

Zweitens die **räumliche** Nähe: Eine geringe Distanz zwischen den Tatorten spricht für Tateinheit.

Drittens die **äußerliche Gleichartigkeit** der Betätigungsakte.

---

[98] Hierzu Krey/Esser, AT, 6. Aufl. 2016, Rn. 1386; näher Hellmer GA 1956, 65; Blei JA 1972, 711, JA 1973, 95; Schroeder Jura 1980, 240; Warda FS Oehler 1985, 241; Sowada Jura 1995, 245; Wagemann Jura 2006, 580; aus der Rspr. vgl. zuletzt BGH B. v. 24.01.2019 – 5 StR 480/18 – NStZ 2020, 345 = StV 2019, 448; BGH U. v. 13.02.2019 – 2 StR 301/18 – BGHSt 64, 55 = NJW 2019, 2040 = StV 2020, 474; BGH B. v. 16.04.2019 – 3 StR 48/19 – NStZ-RR 2019, 211; BGH U. v. 11.07.2019 – 1 StR 683/18 – NStZ-RR 2019, 310; BGH U. v. 19.09.2019 – 3 StR 180/19 – NJW 2020, 1751 = NStZ-RR 2020, 136; BGH B. v. 14.11.2019 – 5 StR 76/19 – NStZ-RR 2020, 45 = StV 2020, 738; BGH B. v. 08.07.2020 – 5 StR 144/20 – NStZ-RR 2020, 306; BGH U. v. 15.07.2020 – 6 StR 43/20 – NStZ 2020, 618; BGH U. v. 26.08.2020 – 6 StR 115/20 – NStZ 2020, 691 (Anm. Stuckenberg JR 2021, 229); BGH B. v. 01.09.2020 – 2 StR 264/20 – NStZ-RR 2021, 13; BGH U. v. 14.01.2021 – 4 StR 95/20 – NJW 2021, 795 (Anm. Bosch Jura 2021, 588; Kudlich JA 2021, 339; Eisele JuS 2021, 366; RÜ 2021, 165; RÜ2 2021, 63; Mitsch NJW 2021, 798; Schultheis jurisPR-StrafR 6/2021 Anm. 2).

[99] Joecks/Jäger, StGB, 13. Aufl. 2021, vor § 52 Rn. 7.

[100] Kritik bei von Heintschel-Heinegg, in: MK-StGB, 4. Aufl. 2020, § 52 Rn. 52, 59.

[101] S. Kindhäuser/Hilgendorf, LPK, 8. Aufl. 2019, vor § 52 Rn. 18.

Beispiel 492

BGH B. v. 22.11.2012 – 4 StR 302/12 – NStZ-RR 2001, 82:
B feuerte im Abstand von wenigen Sekunden ohne Vorwarnung aus einer Nahdistanz von ungefähr einem Meter in Combatschützenstellung, beide Hände an der Waffe, leicht zusammengekauert je einmal in Richtung Bauch-Brustbereich auf Z1 und Z2, die bei seinem erneuten Eintreffen von ihren Plätzen aufgestanden waren. ◄

Beispiel 493

BGH B. v. 24.07.2012 – 4 StR 193/12 – NStZ-RR 2013, 13:
B hob am 29.08.2010 gegen 11.53 Uhr und 11.58 Uhr mit derselben EC-Karte bei derselben Bankfiliale unbefugt Geld ab. ◄

Viertens die **Einheitlichkeit der Willensrichtung**.
Paradigmatisch ist die Annahme von Tateinheit für Taten, die bei einer **Flucht** begangen werden.

Beispiel 494

BGH B. v. 20.02.2001 – 4 StR 556/00 (Anm. Geppert JK 2001 StGB § 142/19):
B wollte sich der Verhaftung wegen des zuvor begangenen Betäubungsmitteldelikts durch Flucht mit einem Kraftfahrzeug entziehen. Um die ihn unter Einsatz von Sonderrechten (blaues Rundumlicht und Martinshorn) verfolgenden Kräfte eines Sondereinsatzkommandos der Polizei abzuschütteln, fuhr er mit weit überhöhter Geschwindigkeit (bis zu 130 km/h) und unter Missachtung weiterer Verkehrsregelungen durch verschiedene Straßen der dicht besiedelten Berliner Innenstadt. Dabei verursachte er bedingt vorsätzlich drei Unfälle mit jeweils erheblichem Fremdschaden. Zweimal setzte er in Kenntnis des Unfalls seine Fluchtfahrt fort, bei dem dritten Unfallereignis wurde er schwer verletzt und schließlich festgenommen. ◄

S. aber auch z. B. eine einheitliche Amok-Fahrt.

Beispiel 495

BGH U. v. 16.08.2005 – 4 StR 168/05 – NStZ 2006, 167 (Anm. BGH U. v. 16.08.2005 – 4 StR 168/05 – NStZ 2006, 167 (Anm. RÜ 2005, 585; RA 2005, 661; Satzger JK 2006 StGB § 211/47; Eidam JA 2006, 11; Jahn JuS 2006, 88; LL 2006, 323):
Der zur Tatzeit 63 Jahre alte B hielt sich am Vormittag des 21.06.2003 ab etwa 9.00 Uhr in dem von ihm und seiner Lebensgefährtin betriebenen Lokal „F." auf. Er hatte in der vorangegangenen Nacht nur ca. vier Stunden geschlafen und war bereits um 06.30 Uhr aufgestanden. Er war müde und fühlte sich durch den am

Vortag genossenen Alkohol immer noch stark beeinträchtigt. Gleichwohl nahm er im Verlauf des Vormittags bis kurz vor Begehung der Tat weitere alkoholische Getränke zu sich. Wegen seines übermäßigen Alkoholkonsums und seines ungepflegten Aussehens kam es am späteren Vormittag zu einer Auseinandersetzung mit seiner Lebensgefährtin, die ihm deswegen Vorwürfe machte und drohte, ihn noch am selben Abend zu verlassen. Gegen 14.15 Uhr verließ B das Lokal mit dem Bemerken, seinen Pkw, einen Chevrolet Camaro, in die Garage fahren zu wollen, obwohl seine Lebensgefährtin ihn gebeten hatte, dies wegen seiner Alkoholisierung zu unterlassen. Er startete den Motor, ließ ihn mehrfach aufheulen und lenkte das Fahrzeug sodann in einer etwa S-förmig verlaufenden, insgesamt 86 m langen Wegstrecke zunächst nach links über die S-Straße hinweg auf den gegenüberliegenden Gehweg in den dortigen Terrassenbereich des Eiscafés „D.". Ohne anzuhalten fuhr er, ein Bankgebäude passierend, auf dem Gehweg weiter, überquerte kurz vor Erreichen der N-Straße erneut die S-Straße und steuerte das Fahrzeug auf den gegenüberliegenden Gehweg in die Außenterrasse des Café „Fl.". Diese durchfuhr er über eine Strecke von ca. 10 m. Anschließend überquerte er die N-Straße und kam nach weiteren 20 m zum Stehen. B fuhr „zügig" mit etwa gleich bleibender Geschwindigkeit von max. 34 bis 37 km/h. Die Außenterrassen der beiden Cafés waren zu dieser Zeit voll besetzt, auf den Gehwegen herrschte Fußgängerverkehr. Während der Fahrt kollidierte das Fahrzeug des B mit mehreren Gegenständen, u. a. mit Mobiliar des Eiscafés „D.". Ein 68-jähriger Gast dieses Cafés wurde durch aufgeschleudertes Mobiliar getroffen und verletzt. Auf der Terrasse des Cafés „Fl." wurden zunächst vier erwachsene Personen und die 7-jährige Z1 vom Fahrzeug des B erfasst und gestreift und hierdurch verletzt. Schließlich erfasste B mit dem Fahrzeug den an einem Tisch sitzenden 29-jährigen Z2, der unter das Fahrzeug gezogen und bis zu dessen Stillstand 20 m mitgeschleift wurde. Z2 wurde lebensgefährlich verletzt. Drei weitere Personen konnten dem Fahrzeug des B durch einen rechtzeitigen Sprung zur Seite ausweichen. ◄

Umgekehrt unterbricht ein **neuer Tatentschluss** die Tateinheit.
Z. B. kann ein Unfall eine Zäsur darstellen, die das Weiterfahren des Täters zu einer neuen Tat werden lässt.[102]

Beispiel 496

BGH U. v. 17.02.1967 – 4 StR 461/66 – BGHSt 21, 203 = NJW 1967, 942 (Anm. Roxin, Höchstrichterliche Rspr. AT, 1998, Nr. 100):
B hatte im Zustand alkoholbedingter absoluter Fahruntüchtigkeit mit seinem Kraftwagen an einem Fußgängerüberweg zwei Menschen angefahren und tödlich verletzt. Als er, noch im Fahren, die schweren Unfallfolgen mindestens hin-

---

[102] Sternberg-Lieben/Bosch, in: Schönke/Schröder, StGB, 30. Aufl. 2019, vor § 52 Rn. 85; näher Krüger NJW 1966, 489; Brückner NZV 1996, 266; aus der Rspr. vgl. zuletzt BGH B. v. 17.10.2018 – 4 StR 149/18 – NStZ-RR 2019, 29 = StV 2019, 449 (Anm. Sandherr NZV 2019, 38); BGH B. v. 10.10.2019 – 4 StR 96/19 – NStZ-RR 2020, 183 = StV 2020, 582 und 2021, 81.

sichtlich eines Menschen erkannte, fasste er den Entschluss, sich den Feststellungen durch Flucht zu entziehen, und fuhr deshalb ohne Halt weiter. ◀

E. Tatmehrheit, §§ 53 ff. StGB

Tatmehrheit[103] – so die gesetzliche Überschrift des § 53 StGB; man spricht ferner unnötig gesetzesfern und latinisierend von Realkonkurrenz, da nicht nur der Idee nach mehrere Gesetzesverletzungen vorliegen, sondern tatsächlich – liegt vor, wenn mehrere Straftaten begangen wurden (also mehrere „Strafgesetze verletzt wurden" bzw. mehrere Tatbestände erfüllt, s.o.), aber weder eine sog. Gesetzeseinheit anzunehmen ist noch Tateinheit nach § 52 StGB. 38

Man spricht, obwohl § 53 I StGB anders als § 52 I StGB die Fälle nicht ausdrücklich aufführt, von **gleichartiger** Tatmehrheit, wenn derselbe Straftatbestand erfüllt wurde, und von **ungleichartiger**, wenn verschiedene Straftatbestände erfüllt wurden.

Die – in einer Fallbearbeitung irrelevanten – Rechtsfolgen normieren die §§ 53–55 StGB.

> **§ 53 StGB (Tatmehrheit)**
> (1) Hat jemand mehrere Straftaten begangen, die gleichzeitig abgeurteilt werden, und dadurch mehrere Freiheitsstrafen oder mehrere Geldstrafen verwirkt, so wird auf eine Gesamtstrafe erkannt.
> (2) Trifft Freiheitsstrafe mit Geldstrafe zusammen, so wird auf eine Gesamtstrafe erkannt. Jedoch kann das Gericht auf Geldstrafe auch gesondert erkennen; soll in diesen Fällen wegen mehrerer Straftaten Geldstrafe verhängt werden, so wird insoweit auf eine Gesamtgeldstrafe erkannt.
> (3) § 52 Abs. 3 und 4 gilt sinngemäß.

> **§ 54 StGB (Bildung der Gesamtstrafe)**
> (1) Ist eine der Einzelstrafen eine lebenslange Freiheitsstrafe, so wird als Gesamtstrafe auf lebenslange Freiheitsstrafe erkannt. In allen übrigen Fällen wird die Gesamtstrafe durch Erhöhung der verwirkten höchsten Strafe, bei Strafen verschiedener Art durch Erhöhung der ihrer Art nach schwersten Strafe gebildet. Dabei werden die Person des Täters und die einzelnen Straftaten zusammenfassend gewürdigt.

---

[103] Hierzu Wessels/Beulke/Satzger, AT, 50. Aufl. 2020, Rn. 1288 ff.; näher Wilhelm NStZ 2008, 425; zu Reformüberlegungen Rebmann FS Bengl 1984, 99.

> (2) Die Gesamtstrafe darf die Summe der Einzelstrafen nicht erreichen. Sie darf bei zeitigen Freiheitsstrafen fünfzehn Jahre und bei Geldstrafe siebenhundertzwanzig Tagessätze nicht übersteigen.
> (3) Ist eine Gesamtstrafe aus Freiheits- und Geldstrafe zu bilden, so entspricht bei der Bestimmung der Summe der Einzelstrafen ein Tagessatz einem Tag Freiheitsstrafe.

> **§ 55 I StGB (Nachträgliche Bildung der Gesamtstrafe)**
> Die §§ 53 und 54 sind auch anzuwenden, wenn ein rechtskräftig Verurteilter, bevor die gegen ihn erkannte Strafe vollstreckt, verjährt oder erlassen ist, wegen einer anderen Straftat verurteilt wird, die er vor der früheren Verurteilung begangen hat. Als frühere Verurteilung gilt das Urteil in dem früheren Verfahren, in dem die zugrunde liegenden tatsächlichen Feststellungen letztmals geprüft werden konnten.

Es gilt das sog. **Asperationsprinzip**: Es werden **Einzelstrafen** festgelegt, die dann zur **Gesamtstrafe** verbunden werden. Hierbei wird die höchste verwirkte Einzelstrafe im Ergebnis nur moderat erhöht, um eine überharte Bestrafung zu vermeiden, da das Strafübel für den Betroffenen nicht linear, sondern exponentiell steigt. In der Strafrechtspraxis kursieren hierfür nicht selten Faustformeln – z. B. für die gleichartige Tatmehrheit: Zur ersten Einzelstrafe treten die weiteren in halber Höhe.

15. Kapitel: Materiell-rechtliche Handhabung unvollständiger Tatsachenfeststellungen

▶ Didaktische Aufsätze:

- Hruschka, Die Herbeiführung eines Erfolges durch einen von zwei Akten bei eindeutigen und mehrdeutigen Tatsachenfeststellungen, JuS 1982, 317
- Wolter, Grundfälle zu „in dubio pro reo" und Wahlfeststellung, JuS 1983, 363, 602 und 769, JuS 1984, 37, 530 und 606
- Noak, Tatsächlich unklare Sachverhalte im Strafrecht: Zu „in dubio pro reo" sowie eindeutigen und wahldeutigen Straffeststellungen, Jura 2004, 539
- Wachsmuth/Waterkamp, Non-Liquet-Situationen und ihre materiell-rechtliche Lösung, JA 2005, 509
- Norouzi, Grundfälle zur Wahlfeststellung, Präpendenz und Postpendenz, JuS 2008, 17 und 113

A. Grundlagen

Nicht immer kann ein Strafgericht das angeklagte Geschehen vollständig aufklären, auch in einer Fallbearbeitung ist der Sachverhalt bisweilen bewusst oder unbewusst mehrdeutig gestaltet. Betroffen sein können objektive oder subjektive Tatumstände. In diesen *Non-liquet*-Situationen stellt sich dann die Frage, ob die für die Strafbarkeitssubsumtion relevanten Tatsachenzweifel zum diesbzgl. Freispruch *in dubio pro*[1] *reo* (vgl. nur Art. 6 II EMRK, § 261 StPO) bzw. zur diesbzgl. Verneinung der Strafbarkeit führen.[2]

1

---

[1] Hierzu Beulke/Swoboda, Strafprozessrecht, 15. Aufl. 2020 Rn. 25; näher Stuckenberg JA 2000, 568.
[2] Zu unklaren Sachverhalten Krey/Esser, AT, 6. Aufl. 2016, Rn. 1397 ff.; näher Hruschka JuS 1982, 317; Wolter JuS 1983, 363, 602 und 769, JuS 1984, 37, 530 und 606; Noak Jura 2004, 539; Wachsmuth/Waterkamp JA 2005, 509; Norouzi JuS 2008, 17 und 113.

Dies gilt natürlich nur für Tatsachen, nicht für Rechtsfragen.[3] Diese muss der Bearbeiter selbst beantworten – in der Praxis das Gericht (*iura novit curia*).

Diese Thematik steht an der Schnittstelle von Strafprozessrecht (da Ausgangspunkt der Problematik die – teilweise gescheiterte – Ermittlung des zu subsumierenden Sachverhalts ist) und materiellem Recht (da es um die eindeutige oder alternative Subsumtion einer oder mehrerer Strafnormen unter diesen unvollständigen Sachverhalt geht).[4] Die Zuordnung zu einer der Materien (oder zu beiden) beeinflusst auch die Relevanz des Bestimmtheitsgrundsatzes nach Art. 103 II GG, welcher nach h. M.[5] nicht im Strafprozessrecht gilt.

B. Vorab: Lebensnahe Auslegung (Ergänzung) eines Sachverhalts in der Fallbearbeitung

2 Bleiben in einem Fallbearbeitungssachverhalt subsumtionsrelevante Tatsachen unklar, so gilt hier zunächst das Gebot der **lebensnahen Auslegung und Ergänzung des Sachverhalts**. Schon damit der Text des Sachverhalts nicht übermäßig lang gerät, wird der Ersteller des Sachverhalts bestimmte Tatsachen nicht explizit mitteilen, sondern als gegeben voraussetzen. Der Bearbeiter muss hier vom „Normalfall" ausgehen und dabei auf seine Allgemeinbildung und Lebenserfahrung zurückgreifen.

Es ist bei der Auslegung und Ergänzung des Sachverhalts aber höchste **Vorsicht** geboten: Der Bearbeiter darf die Grenze zur Unterstellung oder zur Erfindung eines eigenen Sachverhalts nicht überschreiten; die Abgrenzung ist hierbei schwierig, der Bearbeiter geht stets ein Wagnis ein. Ggf. sind auch mehrere Möglichkeiten gleich lebensnah, wofür ohnehin kein empirisch belastbarer objektiver Maßstab besteht. Insbesondere bei der täterbelastenden Handhabung läuft der Bearbeiter Gefahr, gegen den Rechtsgedanken des Grundsatzes *in dubio pro reo* zu verstoßen. Im Grunde gilt, dass ein Sachverhalt alle Umstände enthalten muss, auf die der Bearbeiter die Strafbarkeit des zu Prüfenden stützt; insofern ist es zu bedauern, dass ein gegenüber der Praxis großzügigerer Maßstab den Ausbildungshorizont bildet, was aber an der üblichen Kürze der universitär verwendeten Sachverhalte liegt.

C. Grundsatz: *in dubio pro reo*, Art. 6 II EMRK, § 261 StPO

3 Lässt sich ein täterbelastender Umstand dem Sachverhalt auch nach lebensnaher Auslegung und Ergänzung nicht entnehmen, so darf er – *in dubio pro reo* – der Prüfung nicht zugrundegelegt werden. Ggf. scheitert eine Strafbarkeitsprüfung daran.

---

[3] B. Heinrich, AT, 6. Aufl. 2019, Rn. 1452.
[4] Vgl. Hecker, in: Schönke/Schröder, StGB, 30. Aufl. 2019, nach § 1 Rn. 68.
[5] S. nur Hecker, in: Schönke/Schröder, StGB, 30. Aufl. 2019, § 1 Rn. 5.

In der Praxis ist ggf. **freizusprechen**.

Dies ist im **Grundsatz** auch dann so, wenn **mehrere** strafbarkeitsbegründende Tatsachen betroffen sind, von denen sich aber keine gesichert nachweisen lässt, sondern nur feststeht, dass eine dieser Tatsachenvarianten zutrifft. Es darf also grundsätzlich weder die eine noch die andere Geschehensversion abgeurteilt werden. Dies gilt erst recht, wenn die mehrdeutige Feststellung in **einer Variante** zur **Straflosigkeit** führt:

Beispiel 497

Bei B wurde Diebesgut gefunden. Es bleibt unklar, ob B die Sachen selbst gestohlen hat, sie als gestohlen angekauft hat oder sie im guten Glauben erworben hat. ◄

Zwar wäre in der ersten Variante ein Diebstahl gem. § 242 I StGB, in der zweiten Variante eine Hehlerei gem. § 259 StGB erfüllt, in der dritten Variante aber mangels Vorsatzes kein Tatbestand.

Alle im Sachverhalt als möglich dargestellten Geschehensvarianten sind daher – zweckmäßigerweise in eigenen Prüfungsabschnitten getrennt – auf ihre Strafbarkeit hin zu untersuchen.[6]

D. Ausnahmen

I. Allgemeines

Vom Erfordernis des Freispruchs aufgrund fehlender gesicherter Tatsachenfeststellungen gibt es aber **Ausnahmen** in Fällen, in denen der Täter sich im festgestellten Gesamtgeschehen auf jeden Fall strafbar gemacht hat, allerdings unklar bleibt, auf welche genaue Weise er dies (faktisch und/oder gesetzlich) getan hat; hier kann der Täter aufgrund einer **Entweder-oder-Betrachtung** letztlich doch in bestimmter Weise verurteilt werden; über die Anforderungen an diese Ausnahmen herrscht z. T. Streit, i. E.: 4

II. Sog. unechte (gleichartige) Wahlfeststellung

Ergibt die Prüfung der Geschehensvarianten, dass sich der Täter jeweils nach derselben Vorschrift strafbar gemacht hat, so liegt ein Fall der sog. unechten oder gleichartigen Wahlfeststellung vor.[7] 5

---

[6] Kindhäuser/Hilgendorf, LPK, 8. Aufl. 2019, vor § 52 Rn. 62.
[7] Hierzu zsf. B. Heinrich, AT, 6. Aufl. 2019, Rn. 1474 f.

Beispiel 498

B beschwor vor zwei verschiedenen Gerichten in ein und derselben Sache jeweils eine genau entgegengesetzte Aussage. ◄

Es steht fest, dass B einen Meineid nach §§ 153, 154 StGB begangen hat; dass unklar bleibt, vor welchem Gericht, ist dann irrelevant.[8]

Beispiel 499

vgl. BGH U. v. 12.10.1989 – 4 StR 318/89 – BGHSt 36, 262 = NJW 1990, 129 = NStZ 1990, 385 = StV 1990, 60 (Anm. Otto JK 1990 StGB § 1/9; Prittwitz NStZ 1990, 385; Otto JR 1990, 205; Rudolphi JZ 1990, 197):
Der HIV-infizierte B übte mit Z mehrfach ungeschützten Geschlechtsverkehr aus und infizierte diese dabei. Unklar blieb, bei welchem „Akt" dies geschah. ◄

Welche Handlung ursächlich war, ist für die Strafbarkeit wegen einer vorsätzlichen gefährlichen oder einer fahrlässigen Körperverletzung nach §§ 223 I, 224 I Nr. 1 bzw. 229 StGB hier unerheblich.

Auch die Unklarheit bzgl. der genauen Täterschaftsform[9] oder des genauen Tatbeitrags[10] ist unschädlich.

Gleiches gilt für die Frage, welche **Variante** eines bestimmten **Tatbestands** der Täter verwirklicht hat, z. B. welches Mordmerkmal i. S. d. § 211 StGB.[11]

In all diesen Fällen bloßer Tatsachenalternativität erfolgt anerkanntermaßen[12] eine sog. **eindeutige Verurteilung auf wahldeutiger (Tatsachen-)Grundlage**.

Die übliche **Begrifflichkeit** der „Wahlfeststellung" soll die Tatsachenalternativität zum Ausdruck bringen, die Bejahung der Strafnorm wird nämlich alternativ, d. h. wahlweise auf verschiedene Täterhandlungen gestützt. „Gleichartig" nennt man diese Wahlfeststellung aufgrund der Tatbestandsgleichheit; „unecht" nennt man sie im Gegensatz zur sog. echten Wahlfeststellung, zu dieser s. u.

---

[8] Hierzu B. Heinrich, AT, 6. Aufl. 2019, Rn. 1474; aus der Rspr. vgl. BayObLG U. v. 12.05.1965 – RReg. 1 b St 501/64 – NJW 1965, 2211 (Anm. Koffka JR 1965, 430; Sax JZ 1965, 745; Fuchs NJW 1966, 1110; Fuchs DRiZ 1967, 16).

[9] S. Lackner/Kühl, StGB, 29. Aufl. 2018, § 25 Rn. 20; aus der Rspr. vgl. BGH B. v. 28.05.2014 – 3 StR 206/13 – BGHSt 59, 244 = NJW 2014, 3114 = NStZ 2015, 93 = StV 2015, 433 (Anm. Kretschmer JR 2015, 276).

[10] Hecker, in: Schönke/Schröder, StGB, 30. Aufl. 2019, § 1 Rn. 60; aus der Rspr. vgl. BGH B. v. 24.09.1982 – 2 StR 476/82 – NJW 1983, 405 (Anm. Kratzsch JA 1983, 338).

[11] Eser/Sternberg-Lieben, in: Schönke/Schröder, StGB, 30. Aufl. 2019, § 211 Rn. 13; aus der Rspr. vgl. BGH U. v. 08.03.2012 – 4 StR 498/11 – NStZ 2012, 441 (Anm. Satzger JK 2012 StGB § 211/65; famos 8/2012).

[12] S. nur Joecks/Jäger, StGB, 13. Aufl. 2021, § 1 Rn. 17; umstritten ist aber die Zulässigkeit der sog. unechen Wahlfeststellung, wenn mehre Taten im prozessualen Sinne vorliegen, hierzu Frister, in: NK, 5. Aufl. 2017, nach § 2 Rn. 96 ff.

Ergibt die Prüfung der Geschehensvarianten, dass sich der Täter jeweils nach verschiedenen Vorschriften strafbar gemacht hat, so ist nach dem Verhältnis der jeweiligen Delikte zueinander zu differenzieren:

III. Stufenverhältnis

Stehen die jeweiligen Delikte oder die Begehungsformen in einem Stufenverhältnis, dann wird der Täter anerkanntermaßen eindeutig auf wahldeutiger (Tatsachen-) Grundlage wegen des milderen Delikts oder der milderen Begehungsform bestraft.[13] In gewisser Weise handelt es sich um einen Spezialfall der sog. unechten Wahlfeststellung, da die Verwirklichung der milderen Strafbarkeit in allen Varianten gleichermaßen erfüllt ist und nur in einer der Varianten durch eine schwere Strafbarkeit verdrängt wird. Insofern handelt es sich nur scheinbar bzw. partiell um unvollständige Tatsachenfeststellungen (da eben die mildere Strafbarkeit zweifelsfrei subsumiert werden kann, so dass es sich um eine eindeutige Verurteilung handelt). Zur Bestimmung des Stufenverhältnisses kann auf das o. bei der sog. Gesetzeseinheit Erörterte zurückgegriffen werden, und zwar auf die Grundsätze der sog. Spezialität und der sog. Subsidiarität.

6

Beispiel 500

B tötete G. Unklar blieb, ob er vorsätzlich oder fahrlässig handelte. ◄

Hier erfolgt die Verurteilung lediglich wegen des milderen Fahrlässigkeitsdelikts, § 222 StGB.

IV. Sog. Post- und Präpendenz

▶ Didaktische Aufsätze:

- Richter, Die Postpendenzfeststellung, Jura 1994, 130
- Walper, Die Voraussetzungen der Postpendenzentscheidung und der Tenor des Strafurteils, Jura 1998, 622

Als **Postpendenz**[14] bezeichnet man (eher sperrig) die Situation, dass ein Nachtatgeschehen feststeht, zudem aber unklar ist, ob der Täter sich an der Vortat beteiligt hat.

7

---

[13] Hierzu B. Heinrich, AT, 6. Aufl. 2019, Rn. 1459 ff.
[14] Hierzu Wessels/Beulke/Satzger, AT, 50. Aufl. 2020, Rn. 1315; näher Wolter GA 1974, 161; Küper FS Lange 1976, 65; Bauer wistra 1990, 218; Richter Jura 1994, 130; Walper Jura 1998, 622; aus der Rspr. vgl. zuletzt OLG Hamburg B. v. 12.01.2016 – 2 Rev 80/15 – NStZ-RR 2016, 118 = StV 2019, 688; BGH B. v. 31.05.2016 – 3 StR 54/16 – NStZ-RR 2016, 274; BGH U. v. 25.10.2017 – 2 StR 495/12 – NStZ-RR 2018, 47 (Anm. RÜ 2018, 166); BGH B. v. 09.11.2017 – 2 StR 320/17 – NStZ-RR 2018, 49 (Anm. Bosch Jura 2018, 424; LL 2018, 394; RÜ 2018, 104; RÜ2 2018, 37); BGH U. v. 09.01.2020 – 3 StR 288/19 – NStZ-RR 2020, 175.

Beispiel 501

Bei B wurde Diebesgut gefunden, das B nicht gutgläubig erworben hat. Unklar ist, ob B schon an dem Diebstahl beteiligt gewesen war. ◄

§ 259 StGB setzt eine Personenverschiedenheit zwischen dem Vortäter und dem Hehler voraus („Sache, die *ein anderer* gestohlen oder sonst durch eine gegen fremdes Vermögen gerichtete rechtswidrige Tat erlangt hat"). Um eine als grob unbillig empfundene doppelte Anwendung des Zweifelssatzes zu vermeiden, ist es anerkanntermaßen zulässig, den Täter wegen des Nachtatgeschehens (hier: § 259 StGB) zu verurteilen. Die Verurteilung soll nicht daran scheitern, dass noch ein zusätzlicher Strafbarkeitsvorwurf erhoben werden könnte, der aber nicht aufzuklären ist. Ein Verstoß gegen den *In-dubio-pro-reo*-Grundsatz liegt nicht vor, da das Nachtatgeschehen einwandfrei festgestellt wurde.

Den umgekehrten Fall bezeichnet man als **Präpendenz**. Hier steht ein Vortatgeschehen fest, eine eventuell begangene Nachtat aber nicht.[15]

Beispiel 502

Fest steht, dass B einen Diebstahl durch Beschaffen eines Einbruchwerkzeugs förderte. Unklar bleibt, ob B später als Mittäter agierte. ◄

Eine Beihilfe nach § 27 StGB setzt die (Haupt-)Tat eines anderen voraus. Um wiederum einen unbilligen Freispruch zu vermeiden, hindert die nur eventuelle eigene (Haupt-)Tatbegehung die Verurteilung wegen Beihilfe nicht.

Die zentrale materiell-rechtliche Erwägung ähnelt dem bzgl. des Stufenverhältnisses. Bestimmte Deliktsformen sind als Auffangtatbestand konzipiert, wobei der Gesetzgeber die Situation der Unerweislichkeit der vorrangigen Straftatbestandsbegehung nicht bedacht bzw. normiert hat. Eine Auslegung der komplementär formulierten Tatbestände (wie z. B. § 259 StGB gegenüber z. B. § 242 StGB) ist durchaus dahingehend möglich, dass eine nur eventuelle Verwirklichung des anderen Tatbestands nicht unter die Verdrängungsformulierung (z. B. „ein anderer gestohlen" i. S. d. § 259 I StGB) subsumiert wird. Wünschenswert wären freilich gesetzliche Klarstellungen i. R. der Tatbestandsfassungen oder etwa einer sog. formellen Subsidiarität (so dass ein Stufenverhältnis griffe, s. o.).

V. Sog. echte (ungleichartige) Wahlfeststellung (?)

▶ Didaktische Aufsätze:

- Schulz, Wahlfeststellung und Tatbestandsreduktion, JuS 1964, 635
- Röhmel, Die Wahlfeststellung, JA 1975, 371
- Stuckenberg, Wahlfeststellung, JA 2001, 221

---

[15] B. Heinrich, AT, 6. Aufl. 2019, Rn. 1457.

- Kruse, Wahlfeststellung in Gutachten, Strafurteil und Anklageschrift, Jura 2008, 173
- Ceffinato, Das Institut der Wahlfeststellung und seine verfassungsmäßige Zulässigkeit, Jura 2014, 655
- Baur, Die ungleichartige Wahlfeststellung nach der Entscheidung des Großen Strafsenats, JA 2018, 568

1. Allgemeines

Umstritten ist, ob das Rechtsinstitut einer sog. echten (ungleichartigen) Wahlfeststellung[16] nach der aktuellen *lex lata* existiert. Hierunter versteht man eine sog. **wahldeutige Verurteilung auf wahldeutiger Grundlage**, d. h., dass in jeder der möglichen Geschehensvarianten (das ist die wahldeutige Grundlage) ein anderer Straftatbestand verwirklicht wurde (sonst wäre es eine sog. unechte Wahlfeststellung, s. o.) und deshalb eine Verurteilung bzw. Strafbarkeitsbejahung wegen des einen *oder* des anderen Delikts erfolgt. Das Endergebnis in einer Fallbearbeitung bzw. der Tenor eines Urteils enthält dann mithin die Strafbarkeit bzw. Verurteilung wegen z. B. „Diebstahl oder Hehlerei".

8

Beispiel 503[17]

Bei B wurde Diebesgut gefunden. Es steht fest, dass B die Sachen selbst gestohlen hat oder sie als gestohlen angekauft hat. ◄

Relevant wird dies erst, wenn kein Stufenverhältnis und keine Postpendenz oder Präpendenz greift (Vorrang eindeutiger Verurteilung vor einer sog. echten Wahlfeststellung).[18]

---

[16] Zur sog. echten Wahlfeststellung z. B. Joecks/Jäger, StGB, 13. Aufl. 2021, vor § 1 Rn. 17 ff.; näher Zeiler ZStW 1951, 156; Schaffstein NJW 1952, 725; Nüse GA 1953, 33; Rheinen NJW 1957, 942; Zeiler ZStW 1960, 4; von Hippel NJW 1963, 1533; Schulz JuS 1964, 635; Schorn DRiZ 1964, 45; Hruschka MDR 1967, 265; Hruschka JZ 1970, 637; Jakobs GA 1971, 257; Otto FS Peters 1974, 373; Röhmel JA 1975, 371; Montenbruck GA 1988, 531; Stuckenberg JA 2001, 221; Kruse Jura 2008, 173; Wolter GA 2013, 271; Freund FS Wolter 2013, 35; Ceffinato Jura 2014, 655; Freund/Rostalski JZ 2015, 164; Stuckenberg JZ 2015, 714; Freund/Rostalski JZ 2015, 716; Kotsoglou ZStW 2015, 334; Wolter GA 2016, 316; Pohlreich ZStW 2016, 676; Baur JA 2018, 568; aus der Rspr. vgl. zuletzt BGH B. v. 08.05.2017 – GSSt 1/17 – BGHSt 62, 164 = NJW 2017, 2842 = NStZ 2018, 41 = StV 2017, 811 (Anm. RÜ 2017, 709; famos 10/2017; Jahn NJW 2017, 2846; Stuckenberg StV 2017, 815; Zeller/Thomas jurisPR-StrafR 24/2017 Anm. 2; LL 2018, 101); BGH U. v. 25.10.2017 – 2 StR 495/12 - - NStZ-RR 2018, 47 (Anm. RÜ 2018, 166); BGH B. v. 07.02.2018 – 2 StR 545/17 – NJW 2018, 1557 = NStZ 2018, 465 = StV 2020, 234 (Anm. Kudlich JA 2018, 549; Hecker JuS 2018, 1009; RÜ 2018, 433; Krell NStZ 2018, 466); BVerfG B. v. 05.07.2019 – 2 BvR 167/18 – NJW 2019, 2837 = StV 2019, 667 (Anm. Hecker JuS 2019, 1119; RÜ 2019, 638; Ullrich jurisPR-StrafR 20/2019 Anm. 1); BGH U. v. 09.01.2020 – 3 StR 288/19 – NStZ-RR 2020, 175.

[17] Zur Wahlfeststellung zwischen §§ 242 und 259 StGB Fischer, StGB, 68. Aufl. 2021, § 242 Rn. 62; aus der Rspr. vgl. OLG Düsseldorf B. v. 27.04.1999 – 2 Ss 31/99–14/99 III – NStZ-RR 1999, 304 (Anm. RÜ 2000, 29).

[18] Schmitz, in: MK-StGB, 4. Aufl. 2020, nach § 1 Rn. 48 f.

2. Zulässigkeit (?)

9 Die Zulässigkeit einer solchen wahldeutigen Verurteilung ist bereits ganz grundsätzlich umstritten.[19]

Die Rspr.[20] und die h. L.[21] akzeptieren diese, wenn auch nur unter bestimmten Voraussetzungen im Hinblick auf das Verhältnis der Delikte zueinander (s. u.).

Eine Gegenauffassung[22] lehnt die echte Wahlfeststellung ab. Dieser Ablehnung hatte sich der zweite Strafsenat des BGH[23] angeschlossen, der die sog. echte Wahlfeststellung aufgrund Verstoßes gegen Art. 103 II GG für verfassungswidrig hielt und bei den anderen Senaten angefragt hatte, ob sie sich seiner Rechtsansicht anschließen oder ob sie an ihrer bisherigen, entgegenstehenden Rspr. festhalten. Die anderen Strafsenate teilen die Bedenken aber nicht.[24] Der zweite Strafsenat legte daher die Frage dem Großen Senat für Strafsachen vor,[25] dessen Entscheidung[26] im Sinne der Zulässigkeit und Beibehaltung der sog. echten Wahlfeststellung ausgefallen ist. Das BVerfG[27] verneint eine Verfassungswidrigkeit.

Die h.M. ist eher auf eine kriminalpolitische Motivation gestützt, „ungerechte" Freisprüche zu verhindern. Sie wägt zur Herstellung praktischer Konkordanz zwischen Einzelfallgerechtigkeit und Rechtssicherheit insofern unter Bevorzugung ersterer ab.

Richtig ist, dass es wenig befriedigt, wenn zwar feststeht, dass der Täter entweder (wie im obigen Beispiel) einen Diebstahl oder eine Hehlerei begangen hat, sich also sicher strafbar gemacht hat, dieser aber dennoch freigesprochen werden „muss". Allerdings überzeugt die Kritik der Gegenauffassung: Es existiert keine gesetzliche Grundlage der sog. echten Wahlfeststellung (mehr, vgl. den 1935 eingeführten – sogar unbegrenzten – § 2b RStGB,[28] 1946 durch das Kontrollratsgesetz

---

[19] S. o.

[20] S. o.

[21] S. z. B. Kindhäuser/Hilgendorf, LPK, 8. Aufl. 2019, vor § 52 Rn. 55 ff.

[22] Z. B. Frister, in: NK-StGB, 5. Aufl. 2017, nach § 2 Rn. 76 ff.

[23] BGH B. v. 28.01.2014 – 2 StR 495/12 – NStZ 2014, 392 = NStZ-RR 2014, 307 = StV 2014, 580 (Anm. von Heintschel-Heinegg JA 2014, 710; Jahn JuS 2014, 753; Bosch JK 2014 GG Art. 103 II/6; Wagner ZJS 2014, 436; LL 2014, 740; RÜ 2014, 507; famos 9/2014; Schuhr NStZ 2014, 437; Frister StV 2014, 584; Stuckenberg ZIS 2014, 461; Bauer wistra 2014, 475; Kröpil JR 2015, 116); BGH B. v. 02.11.2016 – 2 StR 495/12 (Anm. Kratz jurisPR-StrafR 1/2017 Anm. 1).

[24] Erster Senat: BGH B. v. 24.06.2014 – 1 ARs 14/14 – NStZ-RR 2014, 308 (Anm. RÜ 2015, 97); Dritter Senat: BGH B. v. 30.09.2014 – 3 ARs 13/14 – NStZ-RR 2015, 39 (Anm. RÜ 2015, 97); Vierter Senat: BGH B. v. 11.09.2014 – 4 ARs 12/14 – NStZ-RR 2015, 40 (Anm. RÜ 2015, 97); Fünfter Senat: BGH B. v. 16.07.2014 – 5 ARs 39/14 – NStZ-RR 2014, 307 (Anm. RÜ 2015, 97).

[25] BGH B. v. 02.11.2016 – 2 StR 495/12 (Anm. Linder ZIS 2017, 311; LL 2017, 231; Kratz jurisPR-StrafR 1/2017 Anm. 1).

[26] BGH B. v. 08.05.2017 – GSSt 1/17 – BGHSt 62, 164 = NJW 2017, 2842 = NStZ 2018, 41 = StV 2017, 811 (Anm. RÜ 2017, 709; famos 10/2017; Jahn NJW 2017, 2846; Stuckenberg StV 2017, 815; Zeller/Thomas jurisPR-StrafR 24/2017 Anm. 2; LL 2018, 101).

[27] BVerfG B. v. 05.07.2019 – 2 BvR 167/18 – NJW 2019, 2837 = StV 2019, 667 (Anm. Hecker JuS 2019, 1119; RÜ 2019, 638; Ullrich jurisPR-StrafR 20/2019 Anm. 1).

[28] „Steht fest, daß jemand gegen eines von mehreren Strafgesetzen verstoßen hat, ist aber eine Tatfeststellung nur wahlweise möglich, so ist der Täter aus dem mildesten Gesetz zu bestrafen".

Nr. 11 wieder aufgehoben; insofern greift ein gewisser Umkehrschluss), so dass nur eine eindeutige Bejahung oder Verneinung einer Tatbestandsverwirklichung anzuerkennen ist. Art. 103 II GG ist zum einen sehr wohl einschlägig, da zwar die Tatsachenfeststellung prozessual ist, die Subsumtion unter die Straftatbestände aber natürlich materiell-rechtlich; zum anderen sieht Art. 103 II GG keine Schranken vor und verfassungsimmanente Schranken – zu denen durchaus die Einzelfallgerechtigkeit als Teil des Rechtsstaatsprinzip gehören kann – greifen jedenfalls nicht entscheidend durch, weil die Abwägung richtigerweise zugunsten der Normenklarheit ausfallen muss. Dass das BVerfG keine Bedenken hegt, ändert nichts daran, dass diese Gesichtspunkte zumindest fachrechtlich mitzubedenken sind; das BVerfG hat selbstverständlich nichts dahingehend präjudiziert, dass die Existenz der sog. echten Wahlfeststellung eine verfassungsrechtlich gebotene Auslegung des StGB ist. Wenn man dem Täter nicht alle Tatumstände nachweisen kann, dann scheitert die Strafbarkeit schlicht an der Nichterfüllung der staatlichen Beweislast. Es besteht auch die Gefahr, dass ein ebenfalls möglicher, aber nicht strafbarer Sachverhalt übersehen wird. Ein bloß restriktiver Umgang mit den Voraussetzungen einer solchen Wahlfeststellung – was stets vage bleiben muss und „Abgrenzungs" schwierigkeiten erzeugt – kann hierüber nicht hinwegtäuschen. Es wäre eine Aufgabe des Gesetzgebers, (erneut) im Allgemeinen Teil des StGB Abhilfe zu schaffen oder z. B. neue Auffangtatbestände zu normieren. Die folgenden Ausführungen erfolgen daher rein hilfsweise darstellend.

3. Ggf.: Verhältnis der Delikte zueinander

Auf welche Delikte die sog. echte Wahlfeststellung anwendbar ist, ist umstritten.[29] Problematisch sind namentlich die Anforderungen an das Verhältnis der in Betracht kommenden Tatbestände zueinander. Während Teile der Lehre auf eine „Identität im Unrechtskern" abstellen,[30] verwenden die Rspr.[31] und die h. L.[32] den Maßstab der **rechtsethischen und psychologischen Vergleichbarkeit**. Die Sachunterschiede halten sich in Grenzen, da sich die zur Ausfüllung der Begriffe zugrundegelegten Kriterien überschneiden.

Erforderlich ist für die rechtsethische Vergleichbarkeit eine etwa **gleiche Schwere** der Schuldvorwürfe, ferner müssen die Tatbestände **sittlich und rechtlich vergleichbar** bewertet werden, was insbesondere bei Identität oder doch **Ähnlichkeit des geschützten Rechtsguts** der Fall ist. Die psychologische Vergleichbarkeit betrifft die **psychische Beziehung** des Täters zur Tat; dieser muss eine ähnliche Einstellung und Motivationslage aufweisen.

Naturgemäß verbleibt ein beträchtlicher Wertungsspielraum, was wiederum gegen die Zulässigkeit spricht, s. o.

---

[29] Hierzu Kindhäuser/Hilgendorf, LPK, 8. Aufl. 2019, vor § 52 Rn. 56 ff.
[30] Hierzu Kindhäuser/Hilgendorf, LPK, 8. Aufl. 2019, vor § 52 Rn. 61.
[31] S. obige Nachweise.
[32] S. nur B. Heinrich, AT, 6. Aufl. 2019, Rn. 1470 f.

4. Fallgruppen

11 Der wichtigste Fall der sog. echten Wahlfeststellung betrifft die §§ 242, 259 StGB.[33]

Auch im Hinblick auf eine ganze Reihe weiterer Vermögensdelikte nimmt die h.M. die Zulässigkeit einer sog. echten Wahlfeststellung an (vielfach umstritten), z. B. bzgl. §§ 242, 246 und 259 StGB,[34] §§ 242 und 257 StGB,[35] §§ 242 und 263 StGB,[36] §§ 242 und 289 StGB[37] oder §§ 263 und 263a StGB.[38]

Scheitert eine Vergleichbarkeit des Schuldgehalts daran, dass eines der Delikte qualifiziert ist, so kommt Wahlfeststellung mit dem entsprechenden Grunddelikt in Betracht.[39]

Im Bereich der Nichtvermögensdelikte ist insbesondere die Wahlfeststellung zwischen einem Aussagedelikt und § 164 StGB zu nennen.[40]

Beispiel 504

BGH B. v. 03.11.1983 – 1 StR 178/83 – BGHSt 32, 146 = NJW 1984, 2109 = NStZ 1984, 260 = StV 1984, 98 (Anm. Brauns JA 1984, 383; Geppert JK 1985 StGB § 1/2; Schröder NJW 1985, 780):

Nach einem Verkehrsunfall am 17.08.1980 hatte B bei der Polizei angegeben, der Z habe den verunglückten Pkw geführt. Als Zeugin beim Ermittlungsrichter am 20.08.1980 und in der Hauptverhandlung vor dem AG am 18.12.1980 verweigerte sie die Auskunft, in der Berufungshauptverhandlung am 08.04.1981 bekundete sie uneidlich, sie selbst habe das Fahrzeug geführt. ◄

---

[33] S. z. B. Joecks/Jäger, StGB, 13. Aufl. 2021, § 259 Rn. 48; aus der Rspr. vgl. zuletzt BGH U. v. 25.10.2017 – 2 StR 495/12 – NStZ-RR 2018, 47 (Anm. RÜ 2018, 166); BVerfG B. v. 05.07.2019 – 2 BvR 167/18 – NJW 2019, 2837 = StV 2019, 667 (Anm. Hecker JuS 2019, 1119; RÜ 2019, 638; Ullrich jurisPR-StrafR 20/2019 Anm. 1).

[34] B. Heinrich, AT, 6. Aufl. 2019, Rn. 1472; aus der Rspr. vgl. BGH U. v. 26.07.1961 – 2 StR 190/61 – BGHSt 16, 184 = NJW 1961, 1936 (Anm. Deubner JuS 1962, 21).

[35] B. Heinrich, AT, 6. Aufl. 2019, Rn. 1472; aus der Rspr. vgl. zuletzt BGH U. v. 26.01.2017 – 3 StR 482/16 (Anm. RÜ 2017, 377).

[36] H.M.; s. Fischer, StGB, 68. Aufl. 2021, § 1 Rn. 42; aus der Rspr. vgl. BGH U. v. 18.09.1984 – 4 StR 483/84 – NStZ 1985, 123 = StV 1985, 92 (Anm. Geppert JK 1985 StGB § 1/3).

[37] Fischer, StGB, 68. Aufl. 2021, § 1 Rn. 42; aus der Rspr. vgl. OLG Düsseldorf U. v. 22.08.1988 – 5 Ss 231/88 – 195/88 I – NJW 1989, 115.

[38] B. Heinrich, AT, 6. Aufl. 2019, Rn. 1472; aus der Rspr. vgl. BGH B. v. 12.02.2008 – 4 StR 623/07 – NJW 2008, 1394 = NStZ 2008, 281 = StV 2008, 250 (Anm. Geppert JK 2008 StGB § 263a/15; von Heintschel-Heinegg JA 2008, 660; RÜ 2008, 311; RA 2008, 312); BGH U. v. 20.02.2014 – 3 StR 178/13 – NStZ 2014, 579 (Anm. LL 2014, 815; RÜ 2014, 437).

[39] Vgl. zu §§ 250 und 259 bzw. § 246 StGB aus der Rspr. BGH U. v. 15.04.1986 – 1 StR 103/86 (Anm. Otto JK 1987 StGB § 1/4).

[40] B. Heinrich, AT, 6. Aufl. 2019, Rn. 1472; aus der Rspr. vgl. zuletzt AG Duisburg-Hamborn U. v. 28.03.2017 – 29 Ds 78/16 (Anm. Kudlich JA 2017, 788).

D. Ausnahmen

Hier lässt sich nicht aufklären, ob sich B vor der Polizei – die keine zur eidlichen Vernehmung zuständige Stelle i. S. d. § 153 StGB ist – wegen falscher Verdächtigung (§ 164 StGB) oder in der Berufungshauptverhandlung wegen falscher uneidlicher Aussage (§ 153 StGB) strafbar gemacht hat.

Verneint wurde die Zulässigkeit einer Wahlfeststellung u. a. bzgl. §§ 242 und 253 StGB,[41] bzgl. § 258 StGB und einem Tötungsdelikt[42] und bzgl. § 263 StGB und § 267 StGB.[43]

Auch zwischen einem etwaigen **Vollrausch** nach § 323a StGB und der evtl. schuldhaft begangenen **Rauschtat** ist nach h.M. keine sog. Wahlfeststellung möglich.[44]

Beispiel 505

B tötete G. Unklar bleibt, ob er derart alkoholisiert war, dass er sich im Zustand des § 20 StGB oder des § 21 StGB befand, oder ob er nüchtern war. ◄

Im Übrigen sei bzgl. der bejahenden oder verneinenden Kasuistik auf die Kommentarliteratur verwiesen.[45]

---

[41] Kindhäuser/Hilgendorf, LPK, 8. Aufl. 2019, vor § 52 Rn. 59; aus der Rspr. vgl. zuletzt BGH B. v. 07.02.2018 – 2 StR 545/17 – NJW 2018, 1557 = NStZ 2018, 465 (Anm. Kudlich JA 2018, 549; Hecker JuS 2018, 1009; RÜ 2018, 433; Krell NStZ 2018, 466).

[42] Fischer, StGB, 68. Aufl. 2021, § 1 Rn. 44; aus der Rspr. vgl. BGH U. v. 12.05.2010 – 2 StR 46/10.

[43] B. Heinrich, AT, 6. Aufl. 2019, Rn. 1472; aus der Rspr. vgl. OLG Düsseldorf U. v. 28.06.1974 – 3 Ss 312/74 – NJW 1974, 1833 (Anm. Hassemer JuS 1975, 125; Oexmann NJW 1974, 2296).

[44] Fischer, StGB, 68. Aufl. 2021, § 323a Rn. 24; näher Tröndle FS Jescheck 1985, 665; Berster ZStW 2012, 991; aus der Rspr. vgl. OLG Karlsruhe B. v. 21.09.2004 – 1 Ss 102/04 – NJW 2004, 3356 (Anm. LL 2004, 829; Geppert JK 2005 StGB § 323a/7).

[45] Z. B. Fischer, StGB, 68. Aufl. 2021, § 1 Rn. 42 ff.

The manufacturer's authorised representative in the EU is Springer Nature Customer Service Centre GmbH, Europaplatz 3, 69115 Heidelberg, Germany. If you have any concerns regarding our products, please contact ProductSafety@springernature.com

Printed and bound by CPI Group (UK) Ltd, Croydon, CR0 4YY

23/03/2026

02076752-0001